LA PATOLOGÍA DE LA JUSTICIA CONSTITUCIONAL

ALLAN R. BREWER-CARÍAS

Profesor Emérito de la Universidad Central de Venezuela
Simón Bolívar Professor, University of Cambridge (1985-1986)
Professeur Associé, Université de Paris II (1989-1990)
Adjunct Professor of Law, Columbia Law School, New York (2006-2008)

# LA PATOLOGÍA DE LA JUSTICIA CONSTITUCIONAL

**Tercera edición ampliada**

Fundación de Derecho Público

EDITORIAL JURÍDICA VENEZOLANA
2014

**Primera edición**:

Editorial Investigaciones Jurídicas S.A,
San José, C.R.: setiembre del 2012 pp. 596 p.; 21 x 13.6 cm.
ISBN 978-9977-13-536-6

**Segunda edición ampliada**:

European Research Center of Comparative Law,
Forschungszentrum in der Rechtsvergleichung
Englerstr.5, 49143 Bissendorf, Niedersachsen, Germany, 2013
ISBN 978-3-9815238-7-4

**Tercera edición ampliada**


http://www.allanbrewercarias.com
Email: allan@brewercarias.com

Hecho el Depósito de Ley
ISBN: 978-980-365-273-9
Depósito Legal: 54020143403586

Editado por: Editorial Jurídica Venezolana
Avda. Francisco Solano López, Torre Oasis, P.B., Local 4, Sabana Grande,
Apartado 17.598 – Caracas, 1015, Venezuela
Teléfono 762.25.53, 762.38.42. Fax. 763.5239
http://www.editorialjuridicavenezolana.com.ve
Email fejv@cantv.net

Impreso por: Lightning Source, an INGRAM Content company,
para Editorial Jurídica Venezolana International Inc.
Panamá, República de Panamá.
Email: editorialjuridicainternational@gmail.com

Portada: detalle de una reproducción de un grabado del *Augsburg manuscript* (Libro de los Milagros) (1550-1552).

Diagramación, composición y montaje
por: Francis Gil, en letra Times New Roman, 10,5
Interlineado 11, Mancha 19 x 12.5 cm.

# SUMARIO

## NOTA A LA TERCERA EDICIÓN AMPLIADA

En los últimos años hemos dedicado decenas de artículos y comentarios jurisprudenciales y varios libros, al estudio de ciertas irregularidades patológicas detectadas en las Jurisdicciones Constitucionales, que han sido cometidas al ejercer el control de la constitucionalidad de las leyes y demás actos estatales de rango legal del Estado, con particular referencia a Venezuela, en relación con las ejecutorias de la Sala Constitucional del Tribunal Supremo de Justicia. Así, en 2007, apareció publicado el libro ***Crónica sobre la "in" justicia constitucional. La Sala Constitucional y el autoritarismo en Venezuela***, Colección Instituto de Derecho Público, Universidad Central de Venezuela, N° 2, Caracas 2007, 702 pp., dedicado a estudiar las sentencias más emblemáticas de la patología de la justicia constitucional en el período 1999 hasta 2007; y en 2012 apareció publicado el libro ***Práctica y distorsión de la justicia constitucional en Venezuela (2008-2012),*** Colección Justicia N° 3, Acceso a la Justicia, Academia de Ciencias Políticas y Sociales, Universidad Metropolitana, Editorial Jurídica Venezolana, Caracas 2012, 520 pp., el cual abarcó el estudio de la patología de la justicia constitucional en el período 2008-2012.

Al estudio de las sentencias enfermas de la Jurisdicción Constitucional, dictadas por la misma Sala Constitucional de Venezuela con posterioridad a 2012, con algunas referencias adicionales del derecho comparado en América Latina, dediqué este libro sobre ***La patología de la justicia constitucional***, editado inicialmente por la Editorial Investigaciones Jurídicas/ Editorial Jurídica Venezolana, San José, Costa Rica 2012, 596 pp.; del cual en 2013 apareció una segunda edición ampliada editada por el European Research Center of Comparative Law, Bissendorf, Niedersachsen, Alemania 2013, 588 pp.

Ahora aparece esta tercera edición, de nuevo ampliada de dicha obra sobre ***La patología de la justicia constitucional***, editada por la Fundación de Derecho Público, Editorial Jurídica Venezolana, a la cual se han incorporado, entre otros, los trabajos que analizan las más recientes sentencias de la Sala Constitucional que han afectado el principio democrático, algunos de los cuales se publicaron en el libro ***Golpe a la democracia, dado, por la Sala Constitucional***, Editorial Jurídica Venezolana, Colección Estudios Políticos N° 8, Caracas 2014, 354 pp.

La enfermedad de la justicia constitucional en Venezuela, que se estudia en todos los libros mencionados, y particularmente en este, sin duda afectó al propio Estado, el cual incluso, en virtud de las ejecutorias de la propia Jurisdicción Constitucional ha dejado de ser el Estado de derecho, el Estado democrático, el Estado de Justicia y el Estado descentralizado al cual tan floridamente se refiere el texto de la Constitución de 1999. El resultado de ello ha sido que la justicia impartida, particularmente en materia constitucional, en lugar de haber sido el supremo valor de dar a cada quien lo que le corresponde en plano de igualdad, se ha convertido en un instrumento utilizado por el Poder Ejecutivo, del cual se sirve "a la carta," para moldar la justicia de acuerdo con lo que sus órganos necesiten para la ejecución de las propias políticas estatales, así éstas sean contrarias a la Constitución, y particularmente cuando se ha necesitado de una "interpretación" de la misma o de leyes, para torcerlas, en forma acorde, no con la Constitución, sino con la decisión política del Ejecutivo, de que se trate.

En esta forma, la Constitución, por la vía de la interpretación constitucional vinculante, ha sido objeto de múltiples mutaciones decididas por la Sala Constitucional, por ejemplo, para centralizar competencias que eran exclusivas de los Estados de la Federación; para eliminar el principio de la alternabilidad republicana dando paso a la reelección indefinida; para asegurar el financiamiento de las actividades electorales del partido oficial; para impedir la revocación popular del mandato del Presidente de la República; para instalar en el ejercicio del Poder Ejecutivo a funcionarios no electos; para revocar el mandato de diputados y alcaldes; para admitir el proselitismo político de los militares en la Fuerza Armada; en fin, para ampliar las competencias de la propia Jurisdicción Constitucional, como por ejemplo ocurrió en materia de interpretación abstracta de la Constitución, e incluso para asegurar el absurdo e improcedente "control de la constitucionalidad" de las sentencias de la Corte Interamericana de Derechos Humanos, para declararlas como "inejecutables" en Venezuela.

Esa interpretación constitucional a la carta, además, ha servido para que por la vía de la interpretación inconstitucional, la Sala Constitucional haya procedido a reformar leyes, como por ejemplo sucedió en materia del procedimiento de amparo o para establecer normas tributarias nuevas en materia de impuesto sobre la renta; y, todo ello, casi siempre, a iniciativa de los propios abogados del Estado.

A todo ello se agrega la abstención de la Sala Constitucional de controlar la constitucionalidad de todas las leyes que se han dictado para desconstitucionalizar el Estado.

Los estudios que conforman este volumen, destinados como se dijo, a analizar las enfermedades o la patología de la justicia constitucional, los hemos agrupados en las siguientes siete partes, analizando: *primero*, las actuaciones del Juez Constitucional respecto del control de las Asambleas Constituyentes; *segundo,* las actuaciones del Juez Constitucional en materia de control de constitucionalidad de las reformas a la Constitución; *tercero*, la usurpación del poder por el Juez Constitucional con ocasión del ejercicio del control de constitucionalidad de las leyes; *cuarto*, la actuación del Juez Constitucional en relación con el control de constitucionalidad del régimen político y del sistema de gobierno democráticos; *quinto*, la actuación del Juez Constitucional en contra del principio democrático; *sexto*, los avances y carencias de la actuación del Juez Constitucional en la protección de los derechos humanos; y *séptimo*, el bizarro desarrollo de mecanismos de control de constitucionalidad de las sentencia de la Corte Interamericana de Derechos Humanos, para calificarlas como "inejecutables," y la aparición de algunos signos de patología de la justicia convencional.

Todo ello muestra, en lugar de un avanzado sistema de justicia constitucional como por ejemplo lo tenemos en el papel de la Constitución venezolana, más bien un agravado marco de "injusticia" en la administración de la misma, que estamos en la obligación de analizar, y frente a la cual no debemos permanecer indiferentes. Al menos debemos advertir de sus síntomas y peligros, para tratar de evitar que las enfermedades se propaguen.

En esta materia, no olvidemos que "*La indiferencia ante la injusticia es la puerta del infierno*," como nos lo recuerda siempre la inscripción que se puede leer en un monumento al Holocausto ubicado al constado del viejo pero imponente edificio de la División de Apelaciones de la Corte Suprema del Estado de Nueva York, al comenzar la Avenida Madison, entre las calles 25 y 26 de Manhattan.

New York, noviembre de 2014

# INTRODUCCIÓN

# EL JUEZ CONSTITUCIONAL, SUS PODERES DE CONTROL Y LA PATOLOGÍA DE LA JUSTICIA CONSTITUCIONAL

## I. TEORÍA Y PRÁCTICA DE LA JUSTICIA CONSTITUCIONAL

La culminación de la configuración del Estado Constitucional de derecho de nuestro tiempo puede decirse que se produjo con la aceptación generalizada de la justicia constitucional, como potestad asignada a los jueces para garantizar la supremacía de la Constitución.

Conforme a esa potestad, es característica común de todos los países democráticos del mundo contemporáneo, que los jueces constitucionales tengan como función primordial interpretar y aplicar la Constitución con el fin de preservar y garantizar esa supremacía, lo que generalmente ocurre cuando ejercen el control de la constitucionalidad de las leyes, así como cuando garantizan la vigencia del principio democrático y la efectividad de los derechos fundamentales, rol en el cual también asumen el papel de adaptar la Constitución cuando los cambios sociales y el tiempo así lo requieren.

Ese proceso se completó en el mundo contemporáneo, particularmente, después de la segunda guerra mundial, partiendo de varios de los principios fundamentales del constitucionalismo contemporáneo, entre los cuales se destacan:

*Primero*, el principio de que la soberanía reside en el pueblo, y que ningún órgano del Estado es ni puede ser soberano, con lo cual se puso fin a la antigua soberanía del Parlamento y de la ley como supuesta expresión de la voluntad general.

*Segundo*, el principio de que el pueblo, en ejercicio de su soberanía, otorga la Constitución, de manera que la misma sólo puede ser modificada por el propio pueblo, directamente o mediante los mecanismos por éste dispuestos en la propia Constitución; y

*Tercero*, el principio de que la Constitución otorgada por el pueblo es la ley suprema del Estado y de la sociedad, la cual se impone a todos, gobernantes y gobernados, en la cual se regula no sólo el ejercicio mismo de la soberanía, sino la organización del Estado con las competencias y límites de los órganos que ejercen el Poder Público; el régimen político democrático para el funcionamiento de la sociedad; y la declaración y reconocimiento de los derechos humanos, entre los cuales se destaca el propio derecho a la Constitución y a su supremacía.

Estos tres principios implican que todos los actos estatales, incluidas las leyes, están sujetos a la Constitución y, por tanto, al control de constitucionalidad que los ciudadanos tienen el derecho de requerir para garantizar la supremacía constitucional, mediante el ejercicio de acciones y recursos ante los órganos jurisdiccionales a los cuales se asigna competencia para no aplicar las leyes que estimen inconstitucionales cuando decidan casos concretos, o para declarar su nulidad con efectos *erga omnes* al decidir procesos constitucionales.[1]

El rol de los jueces constitucionales, por tanto, puede decirse que hoy es común, sea cual sea el sistema de justicia constitucional adoptado, siendo una característica de sus funciones en el mundo contemporáneo el que se haya consolidado un proceso de convergencia progresiva de principios y soluciones,[2] lo que en muchos casos dificulta que se pueda establecer la que fue la clásica y clara distinción entre los llamados sistemas concentrados y difusos de control de constitucionalidad,[3] que tanto han dominado la materia por mucho tiempo.[4]

---

1 Véase en general sobre los sistemas de justicia constitucional, Allan R. Brewer–Carías, "La Justicia Constitucional," en *Revista Jurídica del Perú*, N° 3, 1995, Trujillo, Perú, pp. 121 a 160; Allan R. Brewer-Carías, "Control de la constitucionalidad. La justicia constitucional" en *El Derecho Público de finales de Siglo. Una perspectiva iberoamericana*, Fundación BBV, Editorial Civitas, Madrid 1996, pp. 517–570; Allan R. Brewer-Carías, *Judicial Review in Comparative Law*, Cambridge 1989; *Instituciones Políticas y Constitucionales*, Tomo VI: La Justicia Constitucional, Universidad Católica del Táchira - Editorial Jurídica Venezolana, Caracas, San Cristóbal, 1996, 21 ss.; Allan R. Brewer-Carías, *La Justicia Constitucional. Procesos y procedimientos constitucionales*, UNAM, México 2007; *Derecho Procesal Constitucional. Instrumentos para la Justicia Constitucional*, Ed. Investigaciones Jurídicas, San José Costa Rica 2012.

2 Véase Lucio Pegoraro, "Clasificaciones y modelos de justicia constitucional en la dinámica de los ordenamientos," en *Revista Iberoamericana de Derecho Procesal Constitucional*, N° 2, Instituto Iberoamericano de Derecho Procesal Constitucional, Editorial Porrúa, México 2004, pp. 131 ss.; Alfonse Celotto, "La justicia constitucional en el mundo: formas y modalidades," en *Revista Iberoamericana de Derecho Procesal Constitucional*, N° 1, Instituto Iberoamericano de Derecho Procesal Constitucional, Editorial Porrúa, México 2004, pp. 3 ss.

3 Véase por ejemplo, Francisco Fernández Segado, *La justicia constitucional ante el siglo XXI. La progresiva convergencia de los sistemas americano y europeo-kelseniano*, Librería Bonomo Editrice, Bologna 2003, pp. 40 ss.; Francisco Fernández Segado, "La obsolecencia de la bipolaridad 'modelo Americano-modelo europeo-kelseniano' como criterio analítico del control de constitucionalidad y la búsqueda de una nueva tipología explicativa," en su libro *La Justicia Constitucional: Una visión de derecho comparado*, Tomo I, Ed. Dykinson, Madrid 2009, pp. 129-220; Guillaume Tusseau, *Contre les "modèles" de justice constitutionnelle: essai de critique méthodologique*, Bononia University Press, Edition bilingue: françaisitalien, 2009; Guillaume Tusseau, "Regard critique sur les outils méthodologique du comparatisme. L'example des modèles de justice constitutionnelle," en *IUSTEL, Revista General de Derecho Público Comparado,* N° 4, Madrid, enero 2009, pp. 1-34

4 Véase Mauro Cappelletti, *Judicial Review in Contemporary World*, Indianapolis 1971, p.45; Mauro Cappellettiy y J.C. Adams, "Judicial Review of Legislation: European Antecedents and Adaptations", en *Harvard Law Review*, 79, 6, April 1966, p. 1207; Mauro Cappelletti, "El control judicial de la constitucionalidad de las leyes en el derecho comparado", en *Revista de la Facultad de Derecho de México*, 61, 1966, p. 28; Allan R. Brewer-Carías, *Judicial Review in Comparative Law*, Cambridge University Press, Cambridge 1989; Allan R. Brewer-Carías, *Études de droit public comparé,* Bruillant, Bruxelles 2000, pp. 653 ss. En rela-

Lo que es claro en la actualidad, es que cualquiera sea el sistema de justicia constitucional que se adopte, el juez constitucional tiene siempre un conjunto de tareas esenciales mediante las cuales debe asegurar:

*Primero*, como comisario del poder constituyente, que la soberanía permanezca siempre en el pueblo y no sea usurpada por los órganos constituidos.

*Segundo*, como tal comisario del poder constituyente, que los principios pétreos de la Constitución permanezcan en vigencia como lo resolvió el pueblo al aprobar la Constitución.

*Tercero*, como garante de la supremacía constitucional que la Constitución sólo se pueda reformar conforme a los procedimientos de revisión constitucional dispuestos en el propio texto constitucional por voluntad del pueblo.

*Cuarto*, como garante de la rigidez constitucional que el legislador ordinario no efectúe reformas constitucionales, irrespetando los procedimientos establecidos en la Constitución.

*Quinto*, como poder constituido del Estado, que en el ejercicio de sus funciones de control, actúe sometido a la Constitución, conforme a las atribuciones que la misma le asigna, sin poderla mutar ilegítimamente.

*Sexto*, como garante del régimen político democrático previsto en la Constitución, que el acceso al poder solo se haga conforme a sus previsiones; y

*Séptimo*, como garante de los derechos fundamentales, su efectiva vigencia y protección conforme a los principios de la progresividad y universalidad

En efecto, y en particular refiriéndonos a la relación del juez constitucional con el legislador, que es quizás donde con más frecuencia se evidencia la patología de la justicia constitucional, los jueces constitucionales, sin duda, pueden ayudar al Legislador a llevar a cabo sus funciones; pero en ningún caso pueden sustituirlo ni pueden promulgar leyes, ni poseen base política discrecional alguna para crear normas legales o disposiciones que no puedan ser deducidas de la Constitución misma. En ese sentido es que es posible afirmar como principio general, que los jueces constitucionales aún siguen siendo considerados –como Hans Kelsen solía decir– como "Legisladores Negativos;"[5] es decir, que no pueden ser "Legisladores Positivos" en el sentido de que los mismos no pueden elaborar ni crear leyes *ex novo* que sean producto

---

ción con dicha diferencia, que hemos utilizado con gran frecuencia, se puede afirmar que el único aspecto de la misma que aún permanece constante, es el que se refiere al órgano jurisdiccional de control, en el sentido de que en el sistema difuso de control de constitucionalidad el mismo corresponde a todos los tribunales y jueces, siendo todos ellos "jueces constitucionales" sin la necesidad de que sus poderes estén establecidos expresamente en la Constitución; mientras que en el sistema concentrado de control de constitucionalidad, es la Constitución la que debe establecer la Jurisdicción Constitucional en forma expresa, asignando a una sola Corte, Tribunal o Consejo Constitucional, o al Tribunal o Corte Suprema existente, la facultad exclusiva de controlar la constitucionalidad de las leyes y de poder anularlas cuando sean inconstitucionales.

5 Véase Hans Kelsen, "La garantie juridictionnelle de la constitution (La Justice constitutionnelle)", en *Revue du droit public et de la science politique en France et a l'ètranger*, Librairie Général de Droit et the Jurisprudence, Paris 1928, pp. 197-257; Hans Kelsen, *La garantía jurisdiccional de la Constitución (La justicia constitucional)*, Universidad Nacional Autónoma de México, México 2001.

"de su propia concepción," ni pueden adoptar "reformas" respecto de leyes que han sido concebidas por otros actores legislativos.[6]

Este sigue siendo, sin duda, el principio general sobre la justicia constitucional en el derecho comparado en su relación con el Legislador, a pesar de que en las últimas décadas el papel de los jueces constitucionales haya cambiado considerablemente, pues su rol no limita ya a sólo declarar la inconstitucionalidad o no de las leyes, o a anularlas o no por razones de inconstitucionalidad.[7]

Al contrario, en todos los sistemas de justicia constitucional se han venido desarrollado nuevos enfoques conforme a los cuales, por ejemplo, basados en el principio de conservación de las leyes, y debido a la presunción de constitucionalidad de la cual gozan, los jueces constitucionales tienden a evitar tener que anularlas o a declararlas inconstitucionales (aún cuando sean contrarias a la Constitución), y proceden cada vez con más frecuencia a interpretarlas de acuerdo con la Constitución, en conformidad con ella, o en armonía con sus normas. Ello ha permitido al juez constitucional evitar que se produzcan vacíos legislativos y, en algunos casos, incluso, llenarlos en forma temporal y hasta permanente cuando los mismos se producen por una eventual declaración de nulidad o inconstitucionalidad de la ley.

Además, en la actualidad es aún más frecuente constatar cómo los jueces constitucionales, en lugar de estar controlando la constitucionalidad de leyes existentes, cada vez con más frecuencia controlan la ausencia de tales leyes, o las omisiones o abstenciones absolutas del legislador, o sus omisiones relativas. Al controlar estas omisiones legislativas, el juez constitucional, en muchos casos, ha asumido el papel de ayudante o de auxiliar del Legislador, creando normas que normalmente derivan de la Constitución; y aún, en algunos casos, sustituyendo al propio Legislador, asumiendo un papel abierto de "Legislador Positivo," expidiendo reglas temporales y provisionales para ser aplicadas en asuntos específicos que aún no han sido objeto de regulación legislativa, pero que deducen de la propia Constitución.

Una de las principales herramientas que han acelerado este nuevo papel de los jueces constitucionales ha sido la aplicación de principios como el de la progresividad y de la prevalencia de los derechos humanos,[8] tal y como ha ocurrido, por ejemplo, con el "redescubrimiento" del derecho a la igualdad y a la no discriminación

---

6 Véase Laurence Claus y Richard S. Kay, *Constitutional Courts as 'Positive Legislators' in the United States, U.S. National Report*, XVIII International Congress of Comparative Law, Washington, July, 2010, pp. 3, 5. El texto de este *National Report* y de todos los otros que se citan en esta Introducción presentados al *XVIII International Congress of Comparative Law*, Washington, Julio de 2010, se publicaron en Allan R. Brewer-Carías, *Constitucional Courts as Positive Legislators*, Cambridge University Press, New York 2011.

7 Véase en general, Allan R. Brewer-Carías, *Constitucional Courts as Positive Legislators*, Cambridge University Press, New York 2011; "Prólogo" sobre "Los tribunales constitucionales como legisladores positivos. Una aproximación comparativa," al libro de Daniela Urosa Maggi, *La Sala Constitucional del Tribunal Supremo de Justicia como Legislador Positivo*, Academia de Ciencias Políticas y Sociales, Serie Estudios Nº 96, Caracas 2011, pp. 9-70.

8 Véase Pedro Nikken, *La protección internacional de los derechos humanos: su desarrollo progresivo*, Instituto Interamericano de Derechos Humanos, Ed. Civitas, Madrid 1987; Mónica Pinto, "El principio *pro homine*. Criterio hermenéutico y pautas para la regulación de los derechos humanos," en *La aplicación de los tratados sobre derechos Humanos por los tribunales locales*, Centro de Estudios Legales y Sociales, Buenos Aires, 1997, p. 163.

que han hecho los jueces constitucionales en todos los sistemas. En estos casos, en interés de la protección de los derechos y garantías de los ciudadanos, lo cierto es que no han existido dudas para aceptar la legitimidad de la acción de los jueces constitucionales, aun cuando interfieran con las funciones Legislativas, al aplicar principios y valores constitucionales.

En relación con esto, en realidad, la discusión principal actual no se enfoca ya en tratar de rechazar estas actividades "legislativas" por parte de los jueces constitucionales, sino en determinar el alcance y los límites de sus decisiones y el grado de interferencia permitido en relación con las funciones legislativas. Como lo ha expresado Francisco Fernández Segado, el objetivo en realidad es evitar "convertir al guardián de la Constitución en soberano."[9] Sin embargo, muchas veces dicho objetivo no se logra, surgiendo signos patológicos fundamentalmente, primero, en las relaciones entre los jueces constitucionales y el poder constituyente, que a veces muestran a los mismos promulgando reglas constitucionales y hasta mutando la Constitución; y segundo, en las relaciones entre los jueces constitucionales y el legislador, al asumir tareas no sólo de auxiliares del mismo, complementando disposiciones legales, agregando nuevas disposiciones a las existentes y también determinando los efectos temporales de la leyes; sino llenando las omisiones absolutas o relativas del legislador.

## II. LOS JUECES CONSTITUCIONALES Y El PODER CONSTITUYENTE

Los jueces constitucionales, en efecto, siendo los comisarios del poder constituyente para asegurar la supremacía constitucional, con gran frecuencia interfieren con el propio poder constituyente, promulgando, en algunos casos, reglas de orden constitucional, por ejemplo, cuando resuelven controversias o conflictos constitucionales entre los órganos del Estado; cuando ejercen el control de constitucionalidad respecto de disposiciones constitucionales o sobre enmiendas constitucionales; y cuando realizan mutaciones legítimas a la Constitución mediante la adaptación de sus disposiciones a los tiempos modernos, dándoles significado concreto.

El primer caso se refiere a los jueces constitucionales cuando interfieren con el poder constituyente, resolviendo conflictos constitucionales o controversias entre órganos del Estado, papel que es común por ejemplo en los Estados Federales. Es así, por ejemplo, que la Corte Constitucional austriaca ha llegado a actuar como un legislador positivo, "promulgando normas de rango constitucional" al ejercer poderes de regulación, por ejemplo, en relación con la distribución de competencias entre la Federación y los "*Länder,*" (o Estados Federados) reservándose la última palabra en la materia.[10] También ha sido el caso en los Estados Unidos, donde la Suprema Corte ha ido determinando de manera progresiva las facultades del gobierno federal en relación con los Estados, basándose en la denominada "*commerce clause*," siendo

---

9 Véase Francisco Fernández Segado, "Algunas reflexiones generales en torno a los efectos de las sentencias de inconstitucionalidad y a la relatividad de ciertas fórmulas esterotipadas vinculadas a ellas," en *Anuario Iberoamericano de Justicia Constitucional*, Centro de Estudios Políticos y Constitucionales, N° 12, 2008, Madrid 2008, p. 161.

10 Véase Konrad Lachmayer, *Constitutional Courts as 'Positive Legislators,' Austrian National Report*, XVIII International Congress of Comparative Law, Washington, July, 2010, pp. 1-2.

difícil hoy en día imaginar cualquier cosa que el Congreso no pueda regular.[11] A través de multitud de decisiones relativas a asuntos relacionados con la forma federal del Estado y la distribución vertical de competencias, la Corte Suprema, sin lugar a dudas, han promulgado reglas constitucionales en la materia.

En otros países con forma federal del Estado, como Venezuela por ejemplo, sin embargo, el poder de control de constitucionalidad en materia de distribución de competencias entre el Poder Nacional y el de los Estados, ha servido para arrebatarle competencias a los Estados, centralizándolas, mediante una mutación ilegítima de la Constitución realizada por la Sala Constitucional del Tribunal Supremo de Justicia.[12] Tema que, por supuesto, forma parte del capítulo relativo a la patología de la justicia constitucional.

La segunda forma en la cual los jueces constitucionales pueden participar en la conformación de normas constitucionales es cuando se les otorga la facultad para controlar la constitucionalidad de las normas de la Constitución misma, como también sucede en Austria, donde se ha facultado a la Corte Constitucional para confrontar la Constitución con sus propios principios básicos, como el principio democrático, el de la forma federal del Estado, el principio del *Rechtsstaat*, la separación de poderes y el sistema general de derechos humanos.[13]

La tercera forma en la cual los jueces constitucionales interfieren con el Poder Constituyente, es cuando tienen el poder de revisar la constitucionalidad de las reformas y enmiendas constitucionales, como se prevé expresamente en Colombia, Ecuador y Bolivia, aún cuando dicho poder esté limitado a los aspectos procedimentales de las reformas.[14]

En todo caso, en esos y otros países ha habido discusiones en torno a las posibilidades de que los jueces constitucionales puedan también controlar la constitucionalidad del mérito o fondo de las reformas o enmiendas constitucionales, por ejemplo en relación con las cláusulas constitucionales inalterables (*cláusulas pétreas*) expresamente definidas como tales en las Constituciones. El principio básico en estos casos, es que las facultades de los jueces constitucionales tienen como norte mantener

---

11 Véase Erwin Chemerinsky, *Constitutional Law. Principles and Policies*, Aspen Publishers, New York 2006, pp. 259-260.

12 Véase sentencia de la Sala Constitucional N° 565 de 15 de abril de 2008, Caso: Procurador General de la República, *interpretación del artículo 164.10 de la Constitución de 1999*, en http://www.tsj.gov.ve/decisiones/scon/Abril/565-150408-07-1108.htm Véase los comentarios en Allan R. Brewer-Carías, "La ilegitima mutación de la Constitución y la legitimidad de la jurisdicción constitucional: la "reforma" de la forma federal del Estado en Venezuela mediante interpretación constitucional," en *Memoria del X Congreso Iberoamericano de Derecho Constitucional,* Instituto Iberoamericano de Derecho Constitucional, Asociación Peruana de Derecho Constitucional, Instituto de Investigaciones Jurídicas-UNAM y Maestría en Derecho Constitucional-PUCP, IDEMSA, Lima 2009, tomo 1, pp. 29-51.

13 Véase sentencia de la Corte Constitucional VfSlg 16.327/2001. Véase en Konrad Lachmayer, *Constitutional Courts as 'Positive Legislators, Austrian National Report*, XVIII International Congress of Comparative Law, Washington, July, 2010, p. 6 (nota 20).

14 Véase las referencias en Allan R. Brewer-Carías, *Reforma Constitucional y Fraude a la Constitución. Venezuela 1999-2009*, Academia de Ciencias Políticas y Sociales, Caracas 2009, pp. 78 ss.

y garantizar la supremacía constitucional y, en particular, la supremacía de las cláusulas constitucionales pétreas, pudiendo ejercer el control de constitucionalidad respecto de reformas o enmiendas que pretendan modificarlas en contra de lo previsto en la Constitución.[15] En tales casos, sin embargo, para no confrontar la voluntad del pueblo ni sustituir al poder constituyente originario mismo, dicho control de constitucionalidad debe ejercerse antes de que la propuesta de reforma o enmienda haya sido aprobada mediante voto popular, cuando éste sea el caso.

No obstante, aun en ausencia de una autorización constitucional expresa, existen casos en los cuales los jueces constitucionales han controlado la constitucionalidad de las reformas y enmiendas constitucionales en cuanto al fondo. Éste fue el caso, por ejemplo, en Colombia, cuando la Corte Constitucional en sentencia de 26 de Febrero de 2010 anuló la Ley N° 1,354 de 2009 que convocaba a un referendo con el propósito de aprobar una reforma a la Constitución encaminada a permitir la reelección por un tercer periodo del Presidente de la República, al considerar que tal reforma contenía "violaciones sustanciales del principio democrático," e introducía reformas que implicaban la "sustitución o subrogación de la Constitución."[16]

En otros casos, como en la India, la Corte Suprema ha sido la que ha impuesto límites "tácitos" a la facultad del Parlamento para enmendar la Constitución, excluyendo de su alcance las previsiones básicas referidas a la estructura de la misma,[17] como sería por ejemplo, la facultad para efectuar el control de constitucionalidad,[18] convirtiéndose así la Corte Suprema, como lo afirmó Surya Deva, "probablemente, en la corte más poderosa de cualquier democracia."[19]

El cuarto caso en el cual los jueces constitucionales interfieren con el Poder Constituyente, se produce cuando asumen el rol de adaptar las disposiciones constitucionales a los tiempos presentes, mediante su interpretación, particularmente en materias relativas a la protección y vigencia de los derechos fundamentales. En estos casos, por ejemplo, partiendo del rol jugado por la Suprema Corte estadounidense, los jueces constitucionales "realizan legislación constitucional positiva" particular-

---

15 Véase Allan R. Brewer-Carías, *Reforma Constitucional y Fraude a la Constitución. Venezuela 1999-2009*, Academia de Ciencias Políticas y Sociales, Caracas 2009, pp. 78 ss.; y "La reforma constitucional en América Latina y el control de constitucionalidad", en *Reforma de la Constitución y control de constitucionalidad. Congreso Internacional, Pontificia Universidad Javeriana, Bogotá Colombia, junio 14 al 17 de 2005*, Bogotá, 2005, pp. 108-159.

16 Véase el Comunicado sobre su texto publicado por la Corte Constitucional, N° 9 de 26 de febrero de 2010, en www.corteconstitu-cional.com. Véanse los comentarios en Sandra Morelli, *The Colombian Constitutional Court: from Institutional Leadership, to Conceptual Audacity, Colombian National Report*, XVIII International Congress of Comparative Law, Washington, July, 2010, pp. 13-16.

17 Véase caso *Kesvananda Bharti v State of Kerala,* Corte Suprema de la India, en Surya Deva, *"Constitutional Courts as 'Positive Legislators: The Indian Experience," Indian National Report, XVIII International Congress of Comparative Law, Washington, July, 2010,* pp. 5-6.

18 Véase casos *Waman Rao v Union of India* AIR 1981 SC 271; *S P Sampath Kumar v Union of India* AIR 1987 SC 386; y *L Chandra Kumar v Union of India* AIR 1997 SC 1125, en *Idem*, p. 6 (nota 41).

19 *Idem*, p. 6.

mente cuando el fallo que "dictan, crea obligaciones públicas "afirmativas" a cargo de los entes públicos.[20]

Este papel de los jueces constitucionales, sin duda, ha sido el resultado de un proceso de "redescubrimiento" de derechos fundamentales no expresamente establecidos en las Constituciones, con lo que se ha ampliado, así, el alcance de sus disposiciones, manteniéndose "viva" la Constitución.[21] Y es precisamente en los Estados Unidos donde la elaboración de principios y valores constitucionales por la Suprema Corte constituye "el ejemplo más destacado de legislación positiva en el transcurso de la jurisprudencia constitucional."[22] Así sucedió, en efecto, partiendo del caso *Brown v. Board of Education of Topeka*, 347 U.S. 483 (1954), cuando la Corte Suprema interpretó la cláusula de "igualdad de protección" de la Cuarta Enmienda con el fin de ampliar la naturaleza del principio de igualdad y no discriminación; o cuando decidió acerca de la garantía constitucional del "debido proceso" (Enmiendas V y XIV), o sobre la cláusula abierta de la Enmienda IX, con el propósito de desarrollar el sentido de la "libertad." Han dicho estos autores que este proceso transformó a la Corte Suprema en "el legislador [constitucional] actual más poderoso de la nación."[23]

Lo mismo ocurrió por ejemplo, en Francia, donde careciendo la Constitución de una declaración de derechos fundamentales, el papel del Consejo Constitucional durante las últimas décadas ha sido precisamente la transformar la Constitución, ampliando el *bloc de constitutionnalité*, otorgándole rango constitucional, mediante el Preámbulo de la Constitución de 1958, al Preámbulo de la Constitución de 1946, y finalmente, a la Declaración de los Derechos del Hombre y de los Ciudadanos de 1789. [24]

Este papel de los jueces constitucionales adaptando las Constituciones con el fin de garantizar los derechos fundamentales, descubriéndolos dentro de sus textos, o deduciéndolos de los previstos en los mismos, puede considerarse en la actualidad como una tendencia principal en el derecho comparado, la cual puede ser identificada en muchos países con diferentes sistemas de control de constitucionalidad, como es el caso de Suiza, Alemania, Portugal, Austria, Polonia, Croacia, Grecia y la India,

---

20 Véase Laurence Claus y Richard S. Kay, *Constitutional Courts as 'Positive Legislators' in the United States, U.S. National Report*, XVIII International Congress of Comparative Law, Washington, July 2010, p. 6.

21 Véase Mauro Cappelletti, "El formidable problema del control judicial y la contribución del análisis comparado," en *Revista de Estudios Políticos*, N° 13, Madrid 1980, p. 78; "The Mighty Problem" of Judicial Review and the Contribution of Comparative Analysis," en *Southern California Law Review*, 1980, p. 409.

22 Véase en Laurence Claus y Richard S. Kay, *Constitutional Courts as 'Positive Legislators' in the United States, U.S. National Report*, XVIII International Congress of Comparative Law, Washington, July, 2010, pp. 12-13.

23 *Idem*, p. 20.

24 Véase Louis Favoreu, "Le principe de Constitutionalité. Essai de definition d'apres la jurisprudence du Conseil Constitutionnel", *Recueil d'étude en Hommage a Charles Eisenman*, Paris 1977, p. 34. Véase también, en el derecho comparado, Francisco Zúñiga Urbina, *Control de Constitucionalidad y sentencia*, Cuadernos del Tribunal Constitucional, N° 34, Santiago de Chile 2006, pp. 46-68.

donde los jueces constitucionales han efectuado cambios importantes a la Constitución, extendiendo el alcance de los derechos fundamentales.[25]

Por otra parte, en asuntos que no tienen relación con los derechos fundamentales, también es posible identificar casos de mutaciones constitucionales legítimas realizadas por los jueces constitucionales en asuntos constitucionales claves relacionados con la organización y el funcionamiento del Estado. El Tribunal Federal Constitucional Alemán, por ejemplo, en el caso *AWACS-Urteil* decidido en 12 de julio de 1994,[26] resolvió respecto del despliegue militar en tiempos de paz, de misiones de las Fuerzas Armadas Alemanas en otros países, que aún cuando la Constitución no lo establece, la decisión respectiva debe tener el consentimiento del Parlamento, entendiéndose que ello se derivaba del texto constitucional. En este caso, sin duda, el Tribunal mutó la Constitución, incluso dictando detalladas prescripciones legislativas sustitutivas ordenando al Legislador y al Ejecutivo proceder de acuerdo con ellas, hasta tanto se dictase la legislación correspondiente.

La Corte Constitucional de Austria, en esta materia de mutaciones constitucionales puede decirse que ha creado un nuevo marco constitucional que debe ser seguido por el Parlamento en áreas que no han sido reguladas de manera expresa en la Constitución, como sucedió, por ejemplo, en el caso de los procesos de privatización, imponiendo reglas obligatorias a todas las autoridades del Estado.[27]

El Consejo de Estado de Grecia también ha impuesto límites a los órganos del Estado en asuntos relacionados con las privatizaciones excluyendo de su ámbito, por ejemplo, los poderes de policía.[28]

---

25 Véase Tobias Jaag, *Constitutional Courts as 'Positive Legislators:' Switzerland, Swiss National Report*, XVIII International Congress of Comparative Law, Washington, July 2010, p 11; I. Härtel, *Constitutional Courts as Positive Legislators, German National Report*, XVIII International Congress of Comparative Law, Washington, July 2010, p. 12; Marek Safjan, *The Constitutional Courts as a Positive Legislator, Polish National Report*, XVIII International Congress of Comparative Law, Washington, July 2010, p. 9; Sanja Barić and Petar Bačić, *Constitutional Courts as positive legislators. National Report: Croatia, Croatian National Report*, XVIII International Congress of Comparative Law, Washington, July 2010, p. 23 ss.; Julia Iliopoulos-Strangas and Stylianos-Ioannis G. Koutna, *Constitutional Courts as Positive Legislators. Greek National Report,* XVIII International Congress of Comparative Law, Washington, July 2010, p. 14; Joaquim de Sousa Ribeiro and Esperança Mealha, *The Constitutional Courts as a Positive Legislator, Portuguese National Report*, XVIII International Congress of Comparative Law, Washington, July 2010, pp. 9-10; Surya Deva, *Constitutional Courts as 'Positive Legislators: The Indian Experience*, *Indian National Report*, XVIII International Congress of Comparative Law, Washington, July 2010, p. 4.

26 Véase caso *BVferG*, July 12, 1994, BVeffGE 90, 585-603, en Christian Behrendt, *Le judge constitutionnel, un législateur-cadre positif. Un analyse comparative en droit francais, belge et allemande*, Bruylant, Bruxelles 2006, pp. 352-356.

27 Véase casos *Austro Control* VfSlg 14.473/1996; *Bundeswertpapieraufsicht* (Federal Bond Authority) VfSlg 16.400/2001; *E-Control* VfSlg 16.995/2003; *Zivildienst-GmbH* (Compulsory community service Ltd), VfSlg 17.341/2004, en Konrad Lachmayer, "*Constitutional Courts as 'Positive Legislators*"' Austrian National Report, XVIII International Congress of Comparative Law, Washington, July, 2010, p. 11 (nota 31).

28 Véase sentencia del Consejo de Estado N° 1934/1998, *ToS* 1998, 598 (602-603), en Julia Iliopoulos-StrangasyStylianos-Ioannis G. Koutna, *Constitutional Courts as Positive Legisla-*

La Corte Constitucional de la República de Eslovaquia, por ejemplo, ha reformulado las disposiciones constitucionales en relación con la posición y autoridad del Presidente de la República dentro de la organización general del Estado, convirtiéndose, como lo indican Ján Svák y Lucia Bertisová, en "la creadora directa del sistema constitucional de la República de Eslovaquia."[29]

Por último, la Corte Suprema de Canadá, a través del muy importante instrumento de las "decisiones referenciales" (*referal judgements*) ha creado y declarado las reglas constitucionales que, por ejemplo, rigen en procesos constitucionales importantes como el relativo a la "patriación" de la Constitución de Canadá que la separó del Reino Unido (*Patriation Reference,* 1981)[30]; y la posible secesión de Quebec del resto de Canadá, (*Quebec Secession Reference*, 1998)[31] determinando, como lo mencionó Kent Roach, reglas constitucionales básicas que sirven de guía da los cambios constitucionales, y destinadas además evitar crisis constitucionales potenciales.

Pero también en materia de mutaciones constitucionales, el derecho comparado muestra lamentables ejemplos de mutaciones ilegítimas, que en lugar de reforzar el constitucionalismo, lo que han hecho es romperle principio democrático y el Estado de derecho, como las que han ocurrido en Venezuela en la década 2000-1020, durante la cual la Sala Constitucional del Tribunal Supremo, al servicio del autoritarismo, ha modificado la Constitución para incluso implementar mediante sus sentencias diversas reformas constitucionales que fueron rechazadas por el pueblo mediante referendo en diciembre de 2007.[32] De nuevo, sin duda, se trata de temas que forman parte del capítulo de la patología de la justicia constitucional.

---

*tors. Greek National Report*, XVIII International Congress of Comparative Law, Washington, July, 2010, p. 16 (nota 125).

29 Véase sentencia N° I. ÚS 39/93, en Ján Svák y Lucia Berdisová, *Constitutional Court of the Slovak Republic as Positive Legislator via Application and Interpretation of the Constitution, Slovak National Report*, XVIII International Congress of Comparative Law, Washington, July, 2010, p. 4.

30 Véase sentencia [1981] 1 S.C.R. 753, en Kent Roach, *Constitutional Courts as Positive Legislators: Canada Country Report*, XVIII International Congress of Comparative Law, Washington, July, 2010, p. 9.

31 *Idem*, p. 9.

32 Véanse los comentarios sobre algunos casos en Allan R. Brewer-Carías, "El juez constitucional al servicio del autoritarismo y la ilegítima mutación de la Constitución: el caso de la Sala Constitucional del Tribunal Supremo de Justicia de Venezuela (1999-2009)," en *Revista de Administración Pública*, N° 180, Madrid 2009, pp. 383-418; "El Juez Constitucional vs. La alternabilidad republicana (La reelección continua e indefinida), en *Revista de Derecho Público*, N° 117, (enero-marzo 209), Caracas 2009, pp. 205-211; "La ilegítima mutación de la constitución por el juez constitucional: la inconstitucional ampliación y modificación de su propia competencia en materia de control de constitucionalidad," en *Libro Homenaje a Josefina Calcaño de Temeltas,* Fundación de Estudios de Derecho Administrativo (FUNEDA), Caracas 2009, pp. 319-362; "La ilegitima mutación de la Constitución y la legitimidad de la jurisdicción constitucional: la "reforma" de la forma federal del Estado en Venezuela mediante interpretación constitucional," en *Memoria del X Congreso Iberoamericano de Derecho Constitucional,* Instituto Iberoamericano de Derecho Constitucional, Asociación Peruana

## III. LOS JUECES CONSTITUCIONALES Y EL LEGISLADOR

El papel más importante y común de los jueces constitucionales, sin duda, se desarrolla en relación con la legislación existente, no sólo al declarar su inconstitucionalidad e incluso anular las leyes, sino al interpretarla de conformidad o en armonía con la Constitución, proporcionando directrices o pautas al Legislador en su tarea de legislar.

Tradicionalmente, el papel de los jueces constitucionales controlando la constitucionalidad de las leyes había estado condicionada por la aplicación del clásico binomio: *inconstitucionalidad / invalidez-nulidad* que conformó la actividad inicial de los jueces constitucionales en su calidad de "Legisladores Negativos."[33] Ese rol, en la actualidad, puede decirse que ha sido superado, de manera que los jueces constitucionales progresivamente han venido asumido un papel más activo en la interpretación de la Constitución y de las leyes con el fin, no sólo de anularlas o de no aplicarlas cuando fueren consideradas inconstitucionales, sino de interpretarlas en conformidad con la Constitución,[34] entre otros propósitos, para preservar la propia acción del Legislador y de las leyes que ha promulgado. En esta forma, los jueces constitucionales se han convertido en importantes instituciones de orden constitucional en la tarea de ayudar y cooperar con el Legislador en sus funciones legislativas.

En este carácter, los jueces constitucionales cada vez con más frecuencia han venido dictando decisiones interpretativas, tal como ha ocurrido en Italia, España, Francia y Hungría,[35] donde en muchos casos han decidido no anular la ley impugnada, resolviendo en cambio, modificar su significado al establecer un contenido nue-

---

de Derecho Constitucional, Instituto de Investigaciones Jurídicas-UNAM y Maestría en Derecho Constitucional-PUCP, IDEMSA, Lima 2009, tomo 1, pp. 29-51.

33 Véase F. Fernández Segado, *El Tribunal Constitucional como Legislador Positivo, Spanish National Report*, XVIII International Congress of Comparative Law, Washington, July, 2010, pp. 8 ss.

34 Véase caso *Ashwander v. TVA*, 297 U.S. 288, 346-48 (1936), Corte Suprema de los Estados Unidos (Juez Brandeis). El principio se formuló por primera vez en el caso *Crowell v. Benson*, 285 U.S. 22, 62 (1932). Véase "Notes. Supreme Court Interpretation of Statutes to avoid constitutional decision," *Columbia Law Review*, Vol. 53, Nº 5, New York, May 1953, pp. 633-651.

35 Véase Gianpaolo Parodi, *The Italian Constitutional Court as 'Positive Legislator," Italian National Report*, XVIII International Congress of Comparative Law, Washington, July, 2010, p. 3; Francisco Fernández Segado, *El Tribunal Constitucional como Legislador Positivo, Spanish National Report*, XVIII International Congress of Comparative Law, Washington, July, 2010, p. 34; Bertrand Mathieu, *Le Conseil constitutionnel 'législateur positif. Ou la question des interventions du juge constitutionnel français dans l'exercise de la function legislative, French National Report*, XVIII International Congress of Comparative Law, Washington, July, 2010, p. 13; Lóránt Csink, Józef Petrétei and Péter Tilk, *Constitutional Court as Positive Legislator. Hungarian National Report*, XVIII International Congress of Comparative Law, Washington, July, 2010, p. 4.

vo, como resultado de la interpretación constitucional que han hecho de la ley acorde con la Constitución.[36]

En efecto, en relación con el proceso de interpretación de las leyes en armonía o en conformidad con la Constitución al momento de poner a prueba su inconstitucionalidad, los jueces constitucionales, con el fin de evitar la anulación o invalidación de la ley, con frecuencia han creado nuevas normas legislativas, en algunas ocasiones incluso alterando el significado de la disposición particular, agregando a su redacción lo que se ha considerado que le falta.

Este tipo de decisiones, llamadas "sentencias aditivas," han sido emitidas con frecuencia por la Corte Constitucional Italiana. Como lo ha explicado Gianpaolo Parodi, con estas decisiones, a pesar de que no alteran "el texto de la disposición que se declara como inconstitucional," la Corte ha "transformado su significado normativo, en ocasiones reduciendo y en otras ampliando su esfera de aplicación, pero no sin dejar de introducir una nueva norma al sistema legal," o "crear" nuevas normas.[37] Fue el caso, por ejemplo, de la decisión adoptada por la Corte Constitucional italiana en 1969 en relación con la constitucionalidad del artículo 313.3 del Código Penal donde la posibilidad de acusación por vilipendio contra la Corte Constitucional estaba sujeta a la previa autorización del Ministerio de Justicia y Gracia. La Corte consideró que tal autorización contrariaba su independencia y era inconstitucional, deduciendo subsecuentemente que la autorización debía ser dada por la propia Corte,[38] forzando la norma –como lo ha dicho Díaz Revorio–, a decir que no decía, incluso si se eliminaba la parte de la misma que se consideraba incompatible con la independencia de la Corte.[39] Estas decisiones aditivas también han sido aplicadas de manera regular, por ejemplo, en Alemania por parte de la Corte Constitucional Federal, y en Perú, por el Tribunal Constitucional.

Estas decisiones aditivas en la modalidad de "sentencias substitutivas" se han utilizado en forma regular, por ejemplo, de nuevo, en casos relacionados con la protección al derecho a la igualdad y a la no discriminación, buscando eliminar las diferencias establecidas en la ley. Es el caso en España, donde el Tribunal Constitucional, por ejemplo, ha extendido el beneficio de las pensiones de la Seguridad Social a "hijos y hermanos" cuando en la ley solo está concedido a "hijas y hermanas,"[40] o ha otorgado a quienes viven en unión marital de hecho y estable, los derechos otorga-

---

36 Véase Francisco Javier Díaz Revorio, *Las sentencias interpretativas del Tribunal Constitucional,* Lex Nova, Valladolid 2001, pp. 59 ss.; y en José Julio Fernández Rodríguez, *La justicia constitucional europea ante el Siglo XXI,* Tecnos, Madrid 2007, pp. 129 ss.

37 Véase Gianpaolo Parodi, *The Italian Constitutional Court as 'Positive Legislator,' Italian National Report,* XVIII International Congress of Comparative Law, Washington, July, 2010, p. 6.

38 Véase sentencia N° 15, de 15 de febrero de 1969, en Francisco Javier Díaz Revorio, *Las sentencias interpretativas del Tribunal Constitucional,* Lex Nova, Valladolid 2001, pp. 151-152.

39 *Idem*, p. 152.

40 Véase sentencia STC 3/1993, January 14, 1993, en Francisco Javier Díaz Revorio, *Las sentencias interpretativas del Tribunal Constitucional,* Lex Nova, Valladolid 2001, pp. 177, 274; F. Fernández Segado, *El Tribunal Constitucional como Legislador Positivo, Spanish National Report,* XVIII International Congress of Comparative Law, Washington, July, 2010, p. 42.

dos a los casados en matrimonio;[41] casos en los cuales, como lo ha afirmado Francisco Fernández Segado, es posible considerar al Tribunal Constitucional Español como un "real legislador positivo."[42]

Una situación similar se puede encontrar en Portugal, donde el Tribunal Constitucional, por ejemplo, ha extendido al viudo los derechos de pensión asignadas a la viuda;[43] a las uniones *de hecho*, los derechos de las personas casadas; y a los hijos producto de las uniones *de hecho*, los derechos que se otorgan a los hijos legítimos. De acuerdo con de Sousa Ribeiro, estas decisiones se pueden considerar como sentencias aditivas, pues su implementación cambia el ámbito de las normas legislativas, independientemente de cualquier reforma a la letra de las mismas.[44]

De manera similar, en Sudáfrica, la Corte Constitucional ha extendido algunos derechos típicos de parejas casadas, a las uniones del mismo sexo que se encuentren en situación estable.[45]

En Canadá, la Corte de Apelaciones de Ontario deshizo la definición de matrimonio como "la unión de un hombre y una mujer" y la sustituyó por concepto genérico neutral de una "unión entre personas," para permitir los matrimonios entre personas del mismo sexo. Estas decisiones, como lo afirmó Kent Roach, "equivalen a enmiendas o adiciones judiciales a la legislación."[46]

Una solución similar de decisiones aditivas para reforzar el derecho a la igualdad y a la no discriminación se puede encontrar en muchos casos similares en los Países Bajos, en Perú, Costa Rica, Argentina, Hungría, Polonia, la República Checa y Francia.[47] En este último, por ejemplo, en un caso en particular en relación con el

---

41 Véase sentencia STC 222/1992, December 11, 1992, en Francisco Javier Díaz Revorio, *Las sentencias interpretativas del Tribunal Constitucional,* Lex Nova, Valladolid 2001, pp. 181, 182, 275; F. Fernández Segado, *El Tribunal Constitucional como Legislador Positivo, Spanish National Report*, XVIII International Congress of Comparative Law, Washington, July, 2010, p. 41.

42 Véase F. Fernández Segado, *El Tribunal Constitucional como Legislador Positivo, Spanish National Report*, XVIII International Congress of Comparative Law, Washington, July, 2010, p. 48.

43 Véase sentencia N° 449/87 del Tribunal Constitucional, en Joaquim de Sousa Ribeiro y Esperança Mealha, *Constitutional Courts as "Positive Legislators," Portuguese National Report*, International Congress of Comparative Law, Washington, July, 2010, p. 8.

44 *Idem*, p. 9.

45 Véase en Iván Escobar Fornos, "Las sentencias constitucionales y sus efectos en Nicaragua," en *Anuario Iberoamericano de Justicia Constitucional*, Centro de Estudios Políticos y Constitucionales, N° 12, 2008, Madrid 2008, pp. 111-112.

46 Véase Kent Roach, *Constitutional Courts as Positive Legislator, Canadian National Report*, XVIII International Congress of Comparative Law, Washington Julio 2010, p. 7.

47 Véase por ejemplo, Marek Safjan, *The Constitutional Courts as a Positive Legislator, Polish National Report*, XVIII International Congress of Comparative Law, Washington, Julio 2010, pp. 13-14; Lóránt Csink, Józef Petrétei and Péter Tilk, *Constitutional Court as Positive Legislator. Hungarian National Report, Hungarian National Report*, XVIII International Congress of Comparative Law, Washington, Julio 2010, p. 5; Zdenek Kühn, *Czech Constitutional Court as Positive Legislator, Czech National Report*, XVIII International Congress of Comparative Law, Washington, Julio 2010, p. 9; J. Uzman T. Barkhuysen & M.L. van Emmerik, *The Dutch Supreme Court: A Reluctant Positive Legislator?*, Dutch *National Report*,

derecho a obtener oportuna respuesta en asuntos relativos a las comunicaciones televisivas, como lo mencionó Bertrand Mathieu, el Consejo Constitucional, simplemente, "sustituyó la voluntad del legislador,"[48] cambiando la letra de la ley.

## IV. LOS JUECES CONSTITUCIONALES Y LA AUSENCIA DE LEGISLACIÓN

Pero en el mundo contemporáneo, uno de los roles de mayor importancia de los jueces constitucionales no es ya el control de la constitucionalidad de las leyes existentes, sino el control de constitucionalidad de la ausencia de dichas leyes o de las omisiones que contengan las leyes sancionadas, cuando el Legislador no cumple su obligación constitucional de legislar en asuntos específicos o cuando la legislación ha sido sancionada de manera incompleta o discriminatoria.

Este control de la constitucionalidad de las omisiones legislativas varía según se trate de omisiones absolutas y relativas, estando ambas sujetas a control de constitucionalidad.[49]

En relación con el control de constitucionalidad de las omisiones legislativas absolutas, este se desarrolla por los jueces constitucionales a través de dos medios judiciales distintos: Primero, al decidir acciones directas ejercidas contra las omisiones absolutas e inconstitucionales del Legislador; y segundo, cuando deciden acciones de amparo o de protección de derechos fundamentales presentadas contra la omisión del Legislador que en el caso particular, impide al accionante la posibilidad de efectivamente gozar de su derecho.

La acción directa de inconstitucionalidad contra las omisiones legislativas absolutas se estableció por primera vez en el mundo contemporáneo en la Constitución de la antigua Yugoslavia de 1974 (Artículo 377), habiendo influido, dos años después, en su incorporación en la Constitución de Portugal de 1976, donde se le asignó la legitimación activa para accionar a determinados altos funcionarios públicos.[50] La acción se conservó en la Constitución de 1982, teniendo las decisiones (*Parecer*) del

---

XVIII International Congress of Comparative Law, Washington, Julio 2010, p. 14; Fernán Altuve Febres, *El Juez Constitucional como legislador positivo en el Perú, Peruvian National Report*, XVIII International Congress of Comparative Law, Washington, Julio 2010, pp. 14-15; Rubén Hernández Valle, *Las Cortes Constitucionales como Legisladores positivos, Costa Rican National Report*, XVIII International Congress of Comparative Law, Washington, Julio 2010, p. 38; Alejandra Rodríguez Galán and Alfredo Mauricio Vítolo, *Constitutional Courts as "Positive Legislators," Argentinean National Report*, XVIII International Congress of Comparative Law, Washington, Julio 2010, p. 17.

48 Véase en Bertrand Mathieu, *Le Conseil constitutionnel 'législateur positif. Ou la question des interventions du juge constitutionnel français dans l'exercise de la function legislative, French National Report*, XVIII International Congress of Comparative Law, Washington, Julio 2010, p. 16.

49 Véase José Julio Fernández Rodríguez, *La inconstitucionalidad por omisión. Teoría general. Derecho comparado. El caso español,* Civitas, Madrid 1998, pp. 33, 114 ss.

50 Véase Jorge Campinos, "Brevísimas notas sobre a fiscalizacão da constitucionalidade des leis em Portugal," en Giorgo Lombardi (Coord.), *Constituzione e giustizia constitutionale nel diritto comparato*, Maggioli, Rímini, 1985; y *La Constitution portugaise de 1976 et sa garantie*, UNAM, Congreso sobre La Constitución y su Defensa, (mimeo), México, Agosto 1982, p. 42.

Tribunal Constitucional, en estos casos, el sólo efecto de informar al órgano legislativo competente sobre la decisión de inconstitucionalidad de la omisión, en las cuales se puede recomendar la adopción de la legislación correspondiente.[51]

Algunos años después, la acción directa de inconstitucionalidad contra las omisiones legislativas absolutas se adoptó en algunos países latinoamericanos, en particular en Brasil (1988),[52] y luego en Costa Rica, Ecuador y Venezuela, donde se ha usado extensivamente. Una importante diferencia debe sin embargo destacarse, y es que en estos últimos países, la legitimación se ha ampliado, y en el caso de Venezuela, incluso, la acción contra las omisiones legislativas absolutas ha sido concebida como una acción popular.[53] Además, en el caso de Venezuela, la Sala Constitucional del Tribunal Supremo ha sido dotada de facultades expresas en la Constitución (Artículo 336.7) para establecer no solo la inconstitucionalidad de la omisión, sino también los términos y, de ser necesario, los lineamientos para la corrección de la omisión legislativa. En esta materia, además, la propia Sala Constitucional ha ampliado sus propias facultades en los casos de control de la omisión legislativa absoluta en relación con actos legislativos no normativos, y en 2004, por ejemplo, después de que la Asamblea Nacional no cumplió su función de designar a los miembros del Consejo Nacional Electoral, la Sala no solo declaró la inconstitucionalidad de la omisión, sino que procedió a designar directamente a dichos altos funcionarios, usurpando sin duda las facultades exclusivas de la Asamblea Nacional, lamentablemente asegurando de esta manera el control total por parte del Poder Ejecutivo del Poder Electoral.[54] Otro caso, sin duda, del capítulo de la patología de la justicia constitucional.

También en Hungría, la Constitución permite a la Corte Constitucional decidir *ex officio* o mediante petición de cualquier solicitante, en relación con la inconstitucionalidad de las omisiones legislativas, pudiendo instruir al Legislador sobre el sentido en el cual debe llevar a cabo su tarea en un lapso de tiempo específico, y hasta definiendo el contenido de las reglas que deben ser sancionadas.[55] Esta facultad también

---

51 Véase en José Julio Fernández Rodríguez, *La inconstitucionalidad por omisión. Teoría general. Derecho comparado. El caso español,* Civitas, Madrid 1998, pp. 265-266.

52 Véase por ejemplo, Marcia Rodrigues Machado, "Inconstitutionalidade por omissão," en *Revista da Procuradoria Greal de São Paulo*, Nº 30, 1988, pp. 41 ss.;

53 Véase Allan R. Brewer-Carías y Víctor Hernández Mendible, *Ley Orgánica del Tribunal Supremo de Justicia*, Caracas 2010.

54 Véase los comentarios a las decisiones Nº 2073 de 4 de agosto de 2003 (Caso: *Hermánn Escarrá Malaver y otros*) y Nº 2341 de 25 de agosto de 2003 (Caso: *Hermánn Escarrá M. y otros*), en Allan R. Brewer-Carías, "El secuestro del Poder Electoral y la confiscación del derecho a la participación política mediante el referendo revocatorio presidencial: Venezuela 2000-2004," en *Boletín Mexicano de Derecho Comparado*, Instituto de Investigaciones Jurídicas, Universidad Nacional Autónoma de México, Nº 112. México, enero-abril 2005 pp. 11-73.

55 Véase en Lóránt Csink, Józef Petrétei y Péter Tilk, *Constitutional Court as Positive Legislator, Hungarian National Report*, XVIII International Congress of Comparative Law, Washington, July, 2010, pp. 5-6.

ha sido atribuida en Croacia a la Corte Constitucional, la cual también puede proceder *ex officio.*[56]

El otro medio comúnmente utilizado por los jueces constitucionales para ejercer el control de constitucionalidad en relación con las omisiones legislativas inconstitucionales son las acciones de amparo,[57] o las acciones judiciales específicas de protección de los derechos fundamentales que pueden intentarse contra los daños o amenazas que tales omisiones puedan provocar sobre dichos derechos.

En este sentido, en Alemania, la acción de amparo o de protección constitucional de los derechos fundamentales (*Verfassungsbeschwerde*),[58] ha sido utilizada por el Tribunal Constitucional Federal como un medio para ejercer el control de constitucionalidad de las omisiones legislativas, lo que se ha aplicado, por ejemplo, en casos relacionados con los derechos de los hijos ilegítimos, imponiendo la aplicación de las mismas condiciones de los legítimos, exhortando al Legislador a reformar el Código Civil en un período específico de tiempo.[59]

En la India, también, la Corte Suprema ha controlado las omisiones legislativas, al decidir acciones de protección de derechos fundamentales, como en fue el importante caso relacionado con el "acoso escolar" (*ragging / bullying*) en las Universidades, en el cual la Corte no solo exigió que el Legislador promulgara la legislación omitida, sino que prescribió los pasos detallados que debían adoptarse a los efectos de frenar la nociva práctica, delineando los diferentes modos de castigo que las autoridades educativas podían utilizar. La Corte Suprema de la India incluso designó, en el 2006, a un Comité de seguimiento de las medidas judiciales adoptadas, ordenando, en el 2007, la implementación de sus recomendaciones.[60]

En una orientación similar, mediante los *equitable remedies*, como las *injunctions*, la Suprema Corte de los Estados Unidos ha desarrollado en forma progresiva el sistema de protección judicial de los derechos fundamentales (*civil right injunctions*), llenando el vacío originado por las omisiones legislativas, en particular, dictando medidas coercitivas y prohibitivas, así como de carácter estructural (*structural*

---

56 Véase Sanja Barić y Petar Bačić, *Constitutional Courts as Positive Legislators, Croatian National Report*, XVIII International Congress of Comparative Law, Washington, July, 2010, pp. 12-13.

57 Véase en general en el derecho comparado: Allan R. Brewer-Carías, *Constitutional Protection of Human Rights in Latin America. A Comparative Study of Amparo Proceeding*, Cambridge University Press, New York 2009, pp. 324 ss.

58 Véase en general, Francisco Fernández Segado, "El control de las omisiones legislativas por el Bundesverfassungsgericht," en *Revista de Derecho*, N° 4, Universidad Católica del Uruguay, Konrad Adenauer Stiftung, Montevideo 2009, pp. 137-186.

59 Sentencia del Tribunal Constitucional Federal N° 26/1969 of January 29, 1969, en I. Härtel, *Constitutional Courts as Positive Legislators, German National Report*, XVIII International Congress of Comparative Law, Washington, July, 2010, p. 19.

60 Casos *Vishwa Jagriti Mission v Central Government* AIR 2001 SC 2793, y *University of Kerala v Council of Principals of Colleges of Kerala,* en Surya Deva, *Constitutional Courts as 'Positive Legislators: The Indian Experience*, *Indian National Report*, XVIII International Congress of Comparative Law, Washington, July, 2010, p. 9 (footnote 58).

*injunctions*).[61] Esto tuvo un desarrollo muy importante, particularmente después de la decisión de la Corte Suprema adoptada en el caso de *Brown v. Board of Education,* 347 U.S. 483 (1954); 349 U.S. 294 (1955) en el cual se declaró discriminatorio el sistema escolar dual que existía, permitiendo que los tribunales asumieran la supervisión de las políticas y prácticas institucionales del Estado con el fin de evitar la discriminación racial.[62] Estas iniciativas judiciales mediante las *injunctions* fueron aplicadas, después, en otros importantes casos litigiosos sobre derechos individuales relacionados con el tema de las reasignaciones de circunscripciones electorales, los hospitales psiquiátricos, las cárceles, las prácticas comerciales y el medio ambiente. También, al adoptar estas soluciones equitativas para la protección de los derechos fundamentales, la Suprema Corte de los Estados Unidos ha terminado creando una "legislación judicial complementaria," por ejemplo, en relación con las condiciones para las detenciones y allanamientos policiales, cuando están relacionadas con la investigación y persecución de delitos.

En América Latina las acciones de amparo constitucional también ha sido el instrumento que ha utilizado el juez constitucional para la protección de los derechos fundamentales contra las omisiones legislativas.[63] Este es especialmente el caso del *mandado de injunção* brasileño, el cual funciona precisamente como una orden judicial concedida precisamente en los casos en los cuales la ausencia de disposiciones legislativas que hacen imposible o dificultoso el ejercicio de los derechos y libertades constitucionales. Con las decisiones judiciales resultantes declarando la inconstitucionalidad de la omisión, los tribunales no sólo han otorgado al Congreso un plazo para corregir su omisión, sino que han establecido las reglas, algunas veces por analogía, que deben aplicarse en caso de que la omisión persista, lo que ha ocurrido por ejemplo en materia del régimen de la seguridad social y del derecho de huelga de los trabajadores del sector público.[64]

En Argentina también es posible encontrar la misma tendencia general en los casos en los cuales la Corte Suprema ha terminado actuando como órgano complementario del Legislador en asuntos relacionados con la protección de derechos fundamentales, al decidir recursos de amparo.[65] También en Colombia, al decidir recur-

---

61 Véase William Tabb y Elaine W. Shoben, *Remedies,* Thomson West, 2005, p. 13; Owen M. Fiss, *The Civil Rights Injunctions*, Indiana University Press, 1978, pp. 4–5; Owen M. Fiss y Doug Rendelman, *Injunctions*, The Foundation Press, 1984, pp. 33–34; y Allan R. Brewer-Carías, *Constitutional Protection of Human Rights in Latin America*, Cambridge University Press, New York 2009, pp. 69 ss.

62 Véase caso *Missouri v. Jenkins*, 515 U.S. 70 (1995), en Laurence Claus y Richard S. Kay, *Constitutional Courts as 'Positive Legislators' in the United States, US National Report*, XVIII, International Congress of Comparative Law, Washington, July, 2010, p. 31 (footnote 104).

63 Véase Allan R. Brewer-Carías, *Constitutional Protection of Human Rights in Latin America*, Cambridge University Press, New York 2009.

64 Véase Thomas Bustamante y Evanlida de Godoi Bustamante, *Constitutional Courts as "Negative Legislators: The Brazilian Case,* Brazil National Report, XVIII, International Congress of Comparative Law, Washington, July 2010, p. 19.

65 Véase en Alejandra Rodríguez Galán y Alfredo Mauricio Vítolo, *Constitutional Courts as Positive Legislators, Argentinean National Report*, XVIII, International Congress of Comparative Law, Washington, July, 2010, p. 17.

sos de *tutela*, incluso referidos a violaciones masivas de derechos humanos como las ocurridas con las personas desplazadas, la Corte Constitucional ha creado, *ex officio*, lo que se conoce con el nombre de "*estado de cosas inconstitucionales,*" configurándose una situación jurídica que ha desembocado en la sustitución de los jueces ordinarios, del Legislador y de la Administración en la definición y coordinación de las políticas públicas.[66]

En Canadá, de manera muy similar a la acción de amparo latinoamericano, conforme a la Constitución, los tribunales tienen la potestad de adoptar una amplia variedad de decisiones de protección de los derechos fundamentales, incluso exigiendo al gobierno la realización de acciones positivas con el propósito de cumplir con la Constitución y de solucionar los efectos de violaciones constitucionales. Estos poderes judiciales han sido usados ampliamente, por ejemplo, para hacer cumplir la protección de las idiomas minoritarios, y garantizar las obligaciones que en materia de bilingüismo que tienen las Provincias; en asuntos de justicia penal, debido a la ausencia de disposiciones legislativas para asegurar juicios expeditos y la presentación de evidencias al acusado por parte del fiscal acusador; y en asuntos de extradición de las personas que podrían enfrentar la pena de muerte en el Estado solicitante.[67]

En cierta forma, en el Reino Unido, a pesar de que el principio constitucional básico continúa siendo que los tribunales no pueden sustituir ni interferir en las tareas del Parlamento, también es posible identificar importantes decisiones de los mismos en materia constitucional de protección de derechos humanos, estableciendo lineamientos que suplementan las atribuciones del Parlamento o del Gobierno. Esto ha ocurrido, por ejemplo, en materia de esterilización de adultos intelectualmente discapacitados y de personas en estado vegetativo permanente, casos en los cuales los tribunales han establecidos reglas para su aplicación en ausencia de la legislación pertinente.[68]

También en la República Checa, la Corte Constitucional ha llenado el vacío derivado de la omisión legislativa en asuntos como el relacionado con el aumento de alquileres en apartamentos, en los que la Corte consideró que "su rol de protectora de la constitucionalidad no puede quedar limitada a una mera posición de legislador "negativo."[69]

---

66 Véase en Sandra Morelli, *The Colombian Constitutional Court: from Institutional Leadership, to Conceptual Audacity, Colombian National Report*, XVIII, International Congress of Comparative Law, Washington, July, 2010, p. 5.

67 Véase casos: *Reference re Manitoba Language Rights* [1985] 1 S.C.R. 721; [1985] 2 S.C.R. 347; [1990] 3 S.C.R. 1417n; [1992] 1 S.C.R. 212; *R. v. Stinchcombe* [1991] 3 S.C.R. 326, en Kent Roach, *Constitutional Courts as Positive Legislators: Canada Country Report*, XVIII, International Congress of Comparative Law, Washington, July, 2010, pp. 11-12.

68 Véase casos *Re F (Mental Patient: Sterilisation)* [1990] 2 *AC 173; y Airedale NHS Trust v Bland,* en John Bell, *Constitutional Courts as 'Positive Legislators': United Kingdom, British National Report*, XVIII, International Congress of Comparative Law, Washington, July, 2010, p. 7.

69 Sentencia Pl. ÚS 8/02, *Rent Control II*, N° 528/2002 Sb. de 20 de noviembre de 2002; y Pl. ÚS 2/03, *Rent Control III*, N° 84/2003 Sb, de 19 de marzo de 2003, en Zdenek Kühn, *Czech Constitutional Court as Positive Legislator, Czech National Report*, XVIII, International Congress of Comparative Law, Washington, July, 2010, p. 14 (nota 58).

Durante las últimas décadas, en particular en los sistemas de control concentrado de constitucionalidad, en los casos del control de las omisiones legislativas cuando se trata de previsiones legales deficientes o inadecuadas que afectan específicamente el goce o ejercicio de los derechos fundamentales, los jueces constitucionales han venido desarrollado la técnica de declarar la inconstitucionalidad de dichas disposiciones insuficientes, pero sin anularlas, enviando en cambio directrices, lineamientos y recomendaciones y hasta mandatos al Legislador, con el fin de lograr que se corrijan las omisiones legislativas inconstitucionales. En todos estos casos, puede decirse que los jueces constitucionales han actuado como ayudantes y colaboradores del Legislador, especialmente también con el fin de proteger el derecho a la igualdad y a la no discriminación. Estas instrucciones o directrices que emanan de los jueces constitucionales dirigidas al Legislador en algunos casos son meras recomendaciones no vinculantes; en otros casos tienen carácter obligatorio; y en otros, son concebidas como "leyes" provisionales.

En términos generales, en relación con las recomendaciones judiciales no obligatorias emanadas de los jueces constitucionales, la Corte Constitucional italiana ha dictado las llamadas sentencias exhortativas o delegadas o *sentenze indiritzzo,*[70] mediante las cuales declara la inconstitucionalidad de una disposición legislativa, pero sin introducir la norma que debería aplicarse mediante la interpretación, dejando esta tarea al Legislador. En otros casos, la instrucción dirigida al legislador puede tener carácter condicional en relación con la potestad de la Corte Constitucional en materia de control de constitucionalidad, en el sentido de que si el Legislador no legisla y llena el vacío legislativo, la Corte procedería a anular la ley. En Italia también se ha desarrollado la fórmula llamada de la *doppia pronuncia,*[71] que opera cuando el Legislador no ejecuta las recomendaciones de la Corte, en cuyo caso esta declararía la inconstitucionalidad de la ley impugnada en una segunda decisión.

Este tipo de decisiones judiciales de tipo exhortativo también se han aceptado en Alemania donde se denominan "decisiones de apelación," mediante las cuales el Tribunal Constitucional Federal puede emitir "advertencias al Legislador," contentivas de directrices legislativas y estableciendo un plazo para que se promulgue la disposición omitida.[72]

Esta misma técnica ha sido aplicada en Francia y en Bélgica, donde el Consejo Constitucional y la Corte Constitucional, respectivamente, también han dictado este tipo de directrices dirigidas al Legislador, las cuales, aún sin tener efectos directos sobre la normativa a dictar, pueden establecer un marco para la futura acción legisla-

---

70 Véase L. Pegoraro, *La Corte e il Parlamento. Sentenze-indirizzo e attivitá legislativa*, Cedam, Padova 1987, pp. 3 ss.; Francisco Javier Díaz Revorio, Las *sentencias interpretativas del Tribunal Constitucional,* Ed. Lex Nova, Valladolid, 2001, p. 268.

71 Véase Iván Escovar Fornos, *Estudios Jurídicos*, Tomo I, Ed. Hispamer, Managua 2007, p. 504.

72 Véase Francisco Javier Díaz Revorio, *Las sentencias interpretativas del Tribunal Constitucional,* Ed. Lex Nova, Valladolid, 2001, pp. 264; y Iván Escovar Fornos, *Estudios Jurídicos*, Tomo I, Ed. Hispamer, Managua 2007, p. 505.

tiva.[73] Una técnica similar se ha aplicado en Polonia, llamada de las "señalizaciones," por medio de la cual el Tribunal Constitucional llama la atención del legislador sobre problemas de naturaleza general.[74] También se ha aplicado en Serbia, la República Checa y México.[75]

En países con sistemas de control difuso de constitucionalidad, como en Argentina, estas decisiones judiciales tipo exhorto también han sido dictadas por la Corte Suprema, en casos relacionados con acciones colectivas de amparo, exhortando a las autoridades involucradas a sancionar nuevas disposiciones legales con el fin de atender, por ejemplo, la situación de sobrepoblación y degradación del sistema penitenciario.[76] Estas facultades también han sido utilizadas en casos de control judicial de "convencionalidad" en relación con la Convención Americana de los Derechos Humanos. Una situación similar se ha producido con decisiones de la Corte Suprema de los Países Bajos, enviando al Legislador "consejos exhortativos."[77]

En muchos casos de control de la constitucionalidad de las omisiones legislativas relativas, generalmente basadas también en la violación del derecho a la no discriminación y a la igualdad, los jueces constitucionales han declarado la inconstitucionalidad de la omisión relativa, pero sin anular la disposición, asumiendo, en cambio, de manera progresiva un papel más positivo, emitiendo en relación con el Legislador, no sólo directrices sino también mandatos o instrucciones con el fin de que aquél reforme o corrija las leyes de la manera indicada por el juez. Esto ha transformado a los jueces constitucionales en un tipo de auxiliar legislativo, imponiéndole al Legislador ciertas tareas, estableciendo un plazo preciso para el desarrollo de las mismas.

Esta técnica de control de constitucionalidad ha sido utilizada en Alemania, donde el Tribunal Constitucional Federal, por medio de decisiones mandatorias ha emitido órdenes al Legislador, por ejemplo, en asuntos relacionados con el régimen de pensión alimenticia, con las incompatibilidades profesionales, con el reembolso de gastos en las campañas electorales, con las condiciones de los profesores, con el

---

73 Véase sentencia BVerfG, de 19 de Julio de 1966, BVerfGE 20, 56 (114-115), en Christian Behrendt, *Le judge constitutionnel, un législateur-cadre positif. Un analyse comparative en droit francais, belge et allemande*, Bruylant, Bruxelles 2006, pp. 176-179, 185 ss.

74 Véase por ejemplo la "señalización" en relación con la protección de inquilinos de de 29 de junio de 2005, OTK ZU 2005/6A/77, en Marek Safjan, *The Constitutional Courts as a Positive Legislator, Polish National Report*, International Congress of Comparative Law, Washington, July, 2010, p. 16 (nota 45).

75 Véase por ejemplo, Héctor Fix Zamudio y Eduardo Ferrer Mac Gregor, "Las sentencias de los tribunales constitucionales en el ordenamiento mexicano," en *Anuario Iberoamericano de Justicia Constitucional*, N° 12, 2008, Centro de Estudios Políticos y Constitucionales, Madrid 2008, p. 252.

76 Véase caso *Verbitsky*, CSIJ, Fallos. 328:1146, en Néstor P. Sagüés, "Los efectos de las sentencias constitucionales en el derecho argentino," en *Anuario Iberoamericano de Justicia Constitucional*, Centro de Estudios Políticos y Constitucionales, N° 12, 2008, Madrid 2008, p. 340.

77 Véase caso *Harmonisation Act* de 1989, en J. Uzman T. Barkhuysen & M.L. van Emmerik, "*The Dutch Supreme Court: A Reluctant Positive Legislator?*", *Dutch National Report*, XVIII, International Congress of Comparative Law, Washington, July, 2010, p. 6.

aborto y el servicio civil alternativo, incluso indicando al Legislador lo que no debe hacer a los efectos de evitar agravar las desigualdades consideradas inconstitucionales.[78]

Similares decisiones emitidas por Cortes Constitucionales puede encontrarse en Bélgica, Austria, Croacia y Colombia.[79] En el caso de Francia, debido al tradicional sistema de control de constitucionalidad a priori de las leyes ejercido por el Consejo Constitucional, uno de los medios más importantes para asegurar el cumplimiento de sus decisiones han sido las directrices, llamadas "*réserves d'interprétation*" o "*réserves d'application*", aunque no dirigidas al legislador sino a las autoridades administrativas que deben emitir los reglamentos de la ley y a los jueces que deben aplicar la ley.[80]

Finalmente, en muchos otros casos de control de la constitucionalidad de las omisiones legislativas, los jueces constitucionales no se han limitado sólo a emitir mandatos al Legislador buscando que sancione disposiciones legislativas a los efectos de llenar los vacíos producidos por sus omisiones, sino que han asumido directamente el papel de "legisladores provisionales" al incluir en sus decisiones, cuando declaran la inconstitucionalidad de previsiones legales, medidas o normas que han de aplicarse a los asuntos específicos considerados como inconstitucionales, hasta que el Legislador sancione la ley que está obligado a producir.

En estos casos, el juez constitucional declara la anulación o invalidez de la disposición inconstitucional, pero además para evitar que se materialice el vacío legislativo que la nulidad origina, establece en forma temporal ciertas normas en la materia para ser aplicadas hasta la promulgación de nueva legislación que debe emitirse.[81] Los jueces constitucionales, en estos casos, en la práctica, puede decirse que actúan como "legisladores sustitutivos" aunque no para usurpar las funciones del Legislador sino para preservar su propia libertad legislativa.[82]

---

78 Véase sentencias BVerfG, de 14 de Julio de 1981, BVerfGE 57, 381; BVerfG, de 15 de febrero de 1967, BVerfGE 21, 183; BVerfG, de 9 de marzo de 1976, BVerfGE 41, 414, en I. Härtel, *Constitutional Courts as Positive Legislators, German National Report*, XVIII, International Congress of Comparative Law, Washington, July, 2010, p. 9.; y Christian Behrendt, *Le judge constitutionnel, un législateur-cadre positif. Un analyse comparative en droit francais, belge et allemande*, Bruylant, Bruxelles 2006, pp. 259-288.

79 Véase por ejemplo, Mónica Liliana Ibagón, "Control jurisdiccional de las omisiones legislativas en Colombia," en Juan Vega Gómez y Edgar Corzo Sosa, *Instrumentos de tutela y justicia constitucional. Memoria del VII Congreso Iberoamericano de Derecho Constitucional*, Universidad Nacional Autónoma de México, México 2002, pp. 322-323.

80 Véase Bertrand Mathieu, *Le Conseil constitutionnel 'législateur positif. Ou la question des interventions du juge constitutionnel français dans l'exercise de la function legislative, French National Report*, XVIII International Congress of Comparative Law, Washington, July, 2010, p. 10.

81 Véase Christian Behrendt, *Le judge constitutionnel, un législateur-cadre positif. Un analyse comparative en droit francais, belge et allemande*, Bruylant, Bruxelles 2006, pp. 333 ss.

82 Véase Otto Bachof, "Nuevas reflexiones sobre la jurisdicción constitucional entre derecho y política," en *Boletín Mexicano de Derecho Comparado*, XIX, N° 57, México 1986, pp. 848-849.

Esta técnica también ha sido aplicada en Alemania por el Tribunal Constitucional Federal, el cual ha asumido "un poder legislativo auxiliar" y ha actuado como una especie de "organización de reparación parlamentaria" [83] como sucedió en 1975, cuando decidió sobre la impugnación de las normas legales relativas a la despenalización parcial del aborto. En dicho proceso, después de declarar como inconstitucionales las disposiciones respectivas del Código Penal, el Tribunal consideró que "en el interés de la transparencia de la ley" era apropiado establecer una "regulación provisional" en la materia a ser aplicable hasta que las nuevas disposiciones fuesen sancionadas por el Legislador,"[84] procediendo entonces a dictar una "legislación provisional" muy detallada sobre el asunto la cual se aplicó durante casi 15 años, hasta 1992, cuando el parlamento sancionó la esperada reforma del Código. Pero la misma fue nuevamente impugnada por inconstitucional ante el Tribunal Constitucional Federal, el cual, en 1993, en una nueva decisión, después de declarar de nuevo, la reforma, como contraria a la Constitución,[85] estableció una vez más en forma por lo demás muy detallada, como "legislador real", todas las normas reguladoras sobre el aborto en el país.

En Suiza, la Corte Suprema en diferentes casos ha dictado normas con el fin de llenar el vacío creado por omisiones legislativas en materias relativas a la aplicación de derechos constitucionales, como ha ocurrido, por ejemplo, en relación con los procesos relacionados con la detención de extranjeros; el derecho de asilo; y las reglas sobre expropiaciones.[86]

También en la India, la Corte Suprema ha asumido el papel de legislador provisional en asuntos relativos a la protección de derechos fundamentales, en casos relacionados con las capturas y arrestos realizados por la policía, emitiendo avisos destinados a todos los entes gubernamentales estableciendo en detalle los requerimientos que debían seguirse en todos los casos de arresto y captura hasta que se dictasen las respectivas disposiciones legales. En este caso, aún cuando la normativa judicial era de carácter provisional y temporal, en la práctica han seguido conformando la

---

83 Véase Christian Behrendt, *Le judge constitutionnel, un législateur-cadre positif. Un analyse comparative en droit francais, belge et allemande*, Bruylant, Bruxelles 2006, p. 341, notas 309 y 310.

84 Véase sentencia BVerfG, de 25 de febrero de 1975, BVerfGE 39, 1, (68), en Christian Behrendt, *Le judge constitutionnel, un législateur-cadre positif. Un analyse comparative en droit francais, belge et allemande*, Bruylant, Bruxelles 2006, pp. 342 ff; y I. Härtel, "*Constitutional Courts as Positive Legislators,*" *German National Report*, XVIII International Congress of Comparative Law, Washington, July, 2010, p. 14.

85 Véase sentencias BVerfG, de 25 de mayo de 1993 (*Schwangerrschaftsabbruch II*), y BVerfGE 88, 203, de 25 de febrero de 1975, en Christian Behrendt, *Le judge constitutionnel, un législateur-cadre positif. Un analyse comparative en droit francais, belge et allemande*, Bruylant, Bruxelles 2006, pp. 346-351.

86 Véase sentencias BGE 91 I 329 ss. (Expropiación sustantiva); BGE 94 I 286 ss. (Apropiación de derechos de vecinos). Véase en Tobias Jaag, *Constitutional Courts as 'Positive Legislators:' Switzerland, Swiss National Report*, XVIII International Congress of Comparative Law, Washington, July, 2010, p. 16 (nota 89).

"legislación" aplicables en la materia.[87] La Corte Suprema también ha ejercido los mismos poderes protegiendo los derechos de las mujeres trabajadoras contra el acoso sexual en los lugares de trabajo, emitiendo órdenes "para la protección de estos derechos con el fin de llenar el vacío legislativo."[88]

Dentro de este tipo de decisiones de control de constitucionalidad que incluyen normas provisionales establecidas mediante la interpretación de la Constitución, es posible incluir a las llamadas "*súmula vinculante*" emitidas por el Tribunal Supremo Federal de Brasil, como por ejemplo, las relativas a la prohibición del nepotismo en el Poder Judicial, y a la delimitación de las tierras de los pueblos indígenas.[89]

También en Venezuela es posible hallar casos en los que la Sala Constitucional del Tribunal Supremo, en ausencia de leyes reguladoras correspondientes, ha emitido decisiones que contienen disposiciones normativas, resultado del ejercicio por la Sala Constitucional de la llamada "jurisdicción normativa," mediante la cual ha establecido normas completas reguladoras de ciertas situaciones que no han sido objeto de regulación legislativa, como por ejemplo, en relación con las relaciones estables *de facto* entre hombres y mujeres, y en asuntos relativos a la fertilización in vitro.[90]

## V. LOS JUECES CONSTITUCIONALES Y LOS PODERES DE CONTROL DE CONSTITUCIONALIDAD

Por último, la cuarta tendencia que puede identificarse en el derecho comparado en relación con los jueces constitucionales actuando como "legisladores positivos," se relaciona con la actividad normativa que tradicionalmente han desplegado en relación con la legislación en materia de control de constitucionalidad o de justicia constitucional. En este sentido, los jueces constitucionales no sólo han dictado normas en relación con sus propios poderes de revisión o control cuando ejercen la justicia constitucional y con las acciones que pueden ser interpuestas ante ellos, sino en relación con el procedimiento aplicable en los procesos constitucionales. Esta situación varía, por supuesto según el sistema de control de constitucionalidad que se haya adoptado.

---

87 Véase caso *D K Basu v State of West Bengal*, (1997) 1 SCC 416, en Surya Deva, *Constitutional Courts as 'Positive Legislators: The Indian Experience, Indian National Report*, XVIII International Congress of Comparative Law, Washington, July, 2010, pp. 6-7.

88 Véase caso *Vishaka v State of Rajasthan*, 1997 SC 3011, en Surya Deva, *Constitutional Courts as 'Positive Legislators: The Indian Experience, Indian National Report*, XVIII International Congress of Comparative Law, Washington, July, 2010, p. 8 (nota 49).

89 Véase *Súmula vinculante* N° 13, STF, *DJ* 1°.set.2006, ADC 12 MC/DF, Rel. Min. Carlos Britto, y STF, *DJ* 25.set.2009, Pet 3388/RR, Rel. Min. Carlos Britto, en Luis Roberto Barroso et al, "Notas sobre a questão do Legislador Positivo" (*Brazil)*, XVIII International Congress of Comparative Law, Washington, July, 2010, pp. 33-37; 43-46.

90 Véase sentencia N° 1682 de 15 de Julio de 2005, caso *Carmela Manpieri, Interpretación del artículo 77 de la Constitución*, en http://www.tsj.gov.ve/decisiones/scon/Julio/1682-150705-04-3301.htm; y sentencia N° 1456 de 27 de julio de 2006, caso *Yamilex Núñez de Godoy*, en http://www.tsj.gov.ve/decisiones/scon/Ju-lio/1456-270706-05-1471.htm Véase Daniela Urosa Maggi, *Cortes Constitucionales como 'Legisladores Positivos:' La experiencia venezolana, Venezuelan Nacional Report*, XVIII International Congress of Comparative Law, Washington, July, 2010, p. 19-20.

En el sistema difuso o descentralizado de control de constitucionalidad, el poder-deber de todos los tribunales y jueces de desechar la aplicación de leyes que estimen contrarias a la Constitución, aplicando ésta preferentemente al decidir casos concretos, no necesita estar expresamente establecido en la Constitución. Estos poderes derivan del principio de supremacía de la Constitución tal como lo delineó el Juez John Marshall, en la conocida decisión de la Corte Suprema de Estados Unidos en el caso *Marbury* vs. *Madison* 1 Cranch 137 (1803). En consecuencia, en los Estados Unidos, debido a este vínculo esencial entre la supremacía de la Constitución y la *judicial review*, el poder de los jueces de controlar la constitucionalidad de las leyes fue una creación de la Suprema Corte, como también lo fue unas décadas después en Noruega, en Grecia, y en Argentina,[91] donde el control de constitucionalidad también fue producto de la creación jurisprudencial de sus respectivas Cortes Supremas de Justicia.

Por otra parte, y en particular en relación con la protección de los derechos y libertades fundamentales, dado los principios de progresividad y prevalencia arraigados ya en el constitucionalismo contemporáneo, los jueces constitucionales en su carácter de interpretes supremos de la Constitución, en ausencia de la legislación pertinente, han creado incluso la misma acción de amparo como un medio judicial para la protección de aquellos. Este fue el caso, también de Argentina en 1957, de la República Dominicana en 1999,[92] y en la República de Eslovaquia, donde la Corte Constitucional "creó" un medio específico de protección de los derechos fundamentales.[93]

En materia específica de la protección de los derechos e intereses difusos y colectivos establecidos en la Constitución, en Venezuela, la Sala Constitucional ha admitido la acción directa del amparo en la materia, fijando su regulación;[94] y en la India, la Corte Suprema ha expandido la acción para la protección de los derechos fundamentales, para abarcar la protección de dichos derechos colectivos y difusos, conformando los llamados "litigios de interés público."[95]

---

91 Véase Allan R. Brewer-Carías, *Judicial Review in Comparative Law*, Cambridge University Press, Cambridge 1989.

92 Véase Allan R. Brewer-Carías, *Constitutional Protection of Human Rights in Latin America*, Cambridge University Press, New York, 2010.

93 Véase sentencia de la Corte Constitucional Nº III. ÚS 117/01, en Ján SvákyLucia Berdisová, *Constitutional Court of the Slovak Republic as Positive Legislator via Application and Interpretation of the Constitution, Slovak National Report*, XVIII International Congress of Comparative Law, Washington, July, 2010, p. 9.

94 Véase sentencias Nº 656 de 30 de junio de 2000, caso *Dilia Parra Guillen (Peoples' Defender)*, en http://www.tsj.gov.ve/decisio-nes/scon/Junio/656-300600-00-1728%20.htm; Nº 1395 de 21 de noviembre de 2000, caso *William Dávila* Case, en *Revista de Derecho Público*, Nº 84, Editorial Jurídica Venezolana, Caracas, 2000, pp. 330; Nº 1571 de 22 de agosto de 2001, caso *Asodeviprilara*, en http://www.tsj.gov.ve/decisiones/scon/Agosto/1571-220801-01-1274%20.htm. Véase Daniela Urosa Maggi, *Cortes Constitucionales como 'Legisladores Positivos:' La experiencia venezolana, Venezuelan National Report,* XVIII International Congress of Comparative Law, Washington, July, 2010, p. 11-12.

95 Véase casos *S P Gupta v Union of India* AIR 1982 SC 149; *PUDR v Union of India* AIR 1982 SC 1473; *Bandhua Mukti Morcha v Union of India* (1984) 3 SCC 161, en Surya Deva,

Ahora bien, en contraste con lo que ocurre en los sistemas de control difuso de control de constitucionalidad, en los sistemas de control concentrado, la facultad exclusiva de los Tribunales o Cortes Constitucionales o de las Cortes Supremas de controlar la constitucionalidad de los actos legislativos, como Jurisdicción Constitucional, tiene que estar siempre establecida en forma expresa en la Constitución, no pudiendo ser establecida por deducción a través de decisiones judiciales.[96]

Sin embargo, si bien este principio general se ha mantenido incólume, en algunos casos, los jueces constitucionales lo que han hecho es ampliar o adaptar sus competencias de control de constitucionalidad, como ocurrió, por ejemplo, los ya mencionados casos en los cuales los Tribunales o Cortes Constitucionales han aplicado la técnica de declarar la inconstitucionalidad de las leyes, pero sin anularlas, o cuando han asumido la facultad de extender la aplicación de la ley declarada inconstitucional durante un tiempo, o cuando han emitido directrices destinadas al legislador a los efectos de que legisle en armonía con la Constitución. Esta ha sido, como se ha visto, por ejemplo, la técnica desarrollada en Alemania, incluso como lo indicó Inés Härtel, "sin autorización legal, de hecho, *contra legem*."[97] En España, el Tribunal Constitucional ha aplicado la misma técnica también a pesar de la disposición contraria contenida en la Ley Orgánica del Tribunal Constitucional.[98]

Pero en otros casos, los jueces constitucionales han creado sus propias facultades de revisión judicial no establecidas en la Constitución, como ha sucedido en Venezuela, donde la Sala Constitucional del Tribunal Supremo ha creado un nuevo medio de control de constitucionalidad no previsto en la Constitución, como el llamado "recurso abstracto para la interpretación constitucional,"[99] que puede ser intentado por cualquier persona interesada en resolver las dudas que resulten de disposiciones constitucionales ambiguas u oscuras. Este recurso ha permitido a la Sala Constitu-

---

*Constitutional Courts as 'Positive Legislators: The Indian Experience*, *Indian National Report*, XVIII International Congress of Comparative Law, Washington, July, 2010, p. 2, 4-5.

96 Véase Allan R. Brewer-Carías, *Judicial Review in Comparative Law*, Cambridge University Press, Cambridge 1989, pp. 185 ss.; y Jorge Carpizo, *El Tribunal Constitucional y sus límites*, Grijley Ed, Lima 2009, p. 41.

97 Véase I. Härtel, *Constitutional Courts as Positive Legislators, German National Report*, XVIII International Congress of Comparative Law, Washington, July, 2010, p. 8; Francisco Fernández Segado, "Algunas reflexiones generales en torno a los efectos de las sentencias de inconstitucionalidad y a la relatividad de ciertas fórmulas esterotipadas vinculadas a ellas," en *Anuario Iberoamericano de Justicia Constitucional*, Centro de Estudios Políticos y Constitucionales, Nº 12, 2008, Madrid 2008, p. 162.

98 Véase F. Fernández Segado, *El Tribunal Constitucional como Legislador Positivo, Spanish National Report*, XVIII International Congress of Comparative Law, Washington, July, 2010, p. 6, 11.

99 Véase sentencia Nº 1077 de 22 de septiembre de 2000, caso *Servio Tulio León*, en *Revista de Derecho Público*, Nº 83, Editorial Jurídica Venezolana, Caracas 2000, pp. 247 ss. Véase Allan R. Brewer-Carías, "Le Recours d'Interprétation Abstrait de la Constitution au Vénézuéla," en *Renouvau du droit constitutionnel. Mélanges en l'honneur de Louis Favoreu*, Paris 2007, pp. 61-70; y "La ilegítima mutación de la constitución por el juez constitucional: la inconstitucional ampliación y modificación de su propia competencia en materia de control de constitucionalidad," en *Libro Homenaje a Josefina Calcaño de Temeltas*, Fundación de Estudios de Derecho Administrativo (FUNEDA), Caracas 2009, pp. 319-362.

cional emitir muchos importantes y con frecuencia controversiales fallos, y más grave aún, a través de su ejercicio por el Procurador General, la Sala Constitucional ha mutado ilegítimamente, importantes disposiciones constitucionales. Fue el caso, por ejemplo, de las decisiones adoptadas en relación con los referendos consultivo y revocatorio entre 2002 y 2004, mediante los cuales la Sala transformó el referendo revocatorio en un referendo ratificatorio no establecido en la Constitución.[100] Estas decisiones, sin duda, también pertenecen al capítulo de la patología de la justicia constitucional.

Finalmente, en relación con la interferencia judicial en las funciones legislativas, también puede mencionarse el proceso de creación de normas procesales por los jueces constitucionales para el ejercicio de sus funciones de control de constitucionalidad, cuando las mismas no se han establecido en la legislación respectiva.

Con tal fin, como ha sucedido en el Perú, el Tribunal Constitucional ha afirmado poseer "autonomía procesal," habiendo ejercido facultades ampliadas en el desarrollo y complementación de las reglas procesales aplicables a los procesos constitucionales, en aspectos no regulados en forma expresa en la ley.[101]

En Alemania, igualmente se ha utilizado el mismo principio de la autonomía procesal (*Verfahrensautonomie*) para explicar las facultades desarrolladas por el Tribunal Constitucional Federal para complementar las normas procesales en el trámite del control de constitucionalidad basándose en la interpretación del artículo 35 de la Ley del Tribunal Constitucional Federal relacionado con la ejecución de sus decisiones.

En otros casos, la interferencia judicial en asuntos legislativos en relación con las normas procesales en materia de control de constitucionalidad ha sido más intensa,

---

100 La mutación constitucional tuvo precisamente por objeto evitar en 2004 la revocación del mandato del Presidente de la Republica, Hugo Chávez. Este había sido electo en agosto de 2000 con 3,757,744 votes; siendo suficiente para revocarle el mandato de acuerdo con la Constitución, que los votos por su revocatoria fuesen superiores a esa cifra. El número de votos a favor de la revocatoria del mandato del Presidente expresados en el referendo que tuvo lugar el 15 de agosto de 2004 fue de 3,989,008, por lo que su mandato fue constitucionalmente revocado. Sin embargo, el Consejo nacional Electoral el 27 de agosto de 2004), en virtud de que en el mismo referendo la opción por la no revocación del mandato obtuvo 5.800.629 votos, decidió "ratificar" al Presidente en su cargo hasta la terminación de su mandato en enero de 2007. Véase *El Nacional*, Caracas, 28 de agosto de 2004, pp. A-1 y A-2. Véase los comentarios al caso en Allan R. Brewer-Carías, "La Sala Constitucional vs. El derecho ciudadano a la revocatoria de mandatos populares o de cómo un referendo revocatorio fue inconstitucionalmente convertido en un "refrendo ratificatorio," en *Crónica sobre la "in" justicia constitucional. La Sala Constitucional y el autoritarismo en Venezuela*, Colección Instituto de Derecho Público, Universidad Central de Venezuela, N° 2, Editorial Jurídica Venezolana, Caracas 2007, pp. 350 ss.

101 Decisión del Tribunal Constitucional, Exp. N° 0020-2005-AI/TC, FJ 2, en Francisco Eguiguren y Liliana Salomé, *Función contra-mayoritaria de la Juridicción Constitucional, su legitimidad democrática y los conflictos entre el Tribunal Constitucional y el Legislador*, Peruvian National Report, XVIII International Congress of Comparative Law, Washington, July, 2010, p. 14; y Fernán Altuve-Febres, *El Juez Constitucional como legislador positivo en el Perú, Peruvian National Report II*, XVIII International Congress of Comparative Law, Washington, July, 2010, pp. 22-23.

como ha sucedido en Colombia, donde la Corte Constitucional ha asumido incluso la competencia exclusiva para establecer los efectos de sus propias decisiones, sustrayendo la materia del ámbito de las competencias del legislador.[102]

En Venezuela, la Sala Constitucional del Tribunal Supremo de Justicia, también ha invocado su "jurisdicción normativa" para establecer normas procesales aplicables en los procesos constitucionales cuando la materia no se ha regulado en las leyes, como ha sucedido, en particular, en los procesos destinados a controlar la omisión legislativa absoluta,[103] y de habeas data, estableciendo en detalle las normas procesales "con el fin de llenar el vacío existente."[104] El vacío legislativo, en todo caso, fue luego llenado con las previsiones de la Ley Orgánica del Tribunal Supremo de Justicia de 2010.[105]

## COMENTARIOS FINALES INTRODUCTIVOS

De lo anteriormente señalado sobre el rol de los jueces constitucionales en sus relaciones con el poder constituyente y con el legislador y sus acciones y omisiones, es evidente que en el mundo contemporáneo los mismos han venido asumiendo de manera progresiva una ingerencia activa en áreas que hace sólo unas décadas les pertenecían exclusivamente a aquellos, en algunos casos descubriendo y deduciendo normas constitucionales, en particular en asuntos relacionados con la vigencia y protección de los derechos humanos no expresamente consagrados en la Constitución y que incluso, en muchos casos no podrían siquiera ser considerados como derivados de la intención de un Constituyente antiguo y original, cuando sancionó una Constitución concebida para una sociedad diferente.

En otros casos, los jueces constitucionales han asumido de manera progresiva funciones legislativas, complementando al Legislador en su papel de creador de leyes, en muchos casos llenando los vacíos resultantes de las omisiones legislativas,

102 Véase Decisión C-113/93. Véase en Germán Alfonso López Daza, *Le juge constitutionnel colombien, législateur-cadre positif: un gouvernement des juges Colombian National Report I*, XVIII International Congress of Comparative Law, Washington, July, 2010, p. 9.

103 Véase sentencia Nº 1556 of July 9, 2002, caso *Alfonzo Albornoz y Gloria de Vicentini*, en http://www.tsj.gov.ve/decisiones/scon/Julio/1556-090702-01-2337%20.htm. Véase Daniela Urosa Maggi, *Cortes Constitucionales como 'Legisladores Positivos:' La experiencia venezolana*, Venezuelan National Report, XVIII International Congress of Comparative Law, Washington, July, 2010, pp. 10-11.

104 Véase sentencia Nº 1511 of November 9, 2009, caso *Mercedes Josefina Ramírez, Acción de Habeas Dat*, en http://www.tsj.gov.ve/decisiones/scon/Noviembre/1511-91109-2009-09-0369.html. Véase Allan R. Brewer-Carías, "El proceso constitucional de las acciones de habeas data en Venezuela: las sentencias de la Sala Constitucional como fuente del Derecho Procesal Constitucional" en Eduardo Andrés Velandia Canosa (Coordinador), *Homenaje al Maestro Héctor Fix Zamudio. Derecho Procesal Constitucional. Memorias del Primer Congreso Colombiano de Derecho Procesal Constitucional* Mayo 26, 27 y 28 de 2010, Bogotá 2010, pp. 289-295; y Daniela Urosa Maggi, "*Cortes Constitucionales como 'Legisladores Positivos:' La experiencia venezolana*," Venezuelan National Report, XVIII International Congress of Comparative Law, Washington, July, 2010, p. 13.

105 Véase Allan R. Brewer-Carías y Víctor Hernández Mendible, *Ley Orgánica del Tribunal Supremo de Justicia*, Editorial Jurídica Venezolana, Caracas 2010.

en otros, mandando lineamientos y ordenes al Legislador, y además, adoptando legislación provisional resultante del ejercicio de sus funciones de control de constitucionalidad.

Sin embargo, en todos esos casos, el principio básico que condiciona todas esas tareas de los jueces constitucionales, por supuesto, tiene que ser que los mismos como garantes de la Constitución tienen siempre que estar subordinados a la misma, sin que puedan invadir el campo y llegar a sustituir al Legislador o el del poder constituyente. Lo contrario equivaldría a desarrollar lo que se ha denominado como el "totalitarismo judicial irresponsable,"[106] que es la manifestación más evidente de la patología de la justicia constitucional producto del resquebrajamiento de las tareas esenciales de los jueces constitucionales, lo que ha sucedido, por ejemplo, cuando se han puesto al servicio de políticas autoritarias, sirviendo de instrumentos para la demolición de las bases del Estado de derecho.

Ello se ha reflejado en la práctica constitucional reciente, por ejemplo:

*Primero*, cuando el juez constitucional ha renunciado a ser el comisario del poder constituyente, permitiendo tanto la constitución de Asambleas Constituyentes al margen de las previsiones constitucionales, como que además, usurpen y suplanten la voluntad popular, dejando de asegurar que la soberanía permanezca siempre en el pueblo y no sea usurpada por los órganos constituidos.

*Segundo*, cuando el juez constitucional ha renunciado a asumir ese rol de comisario del poder constituyente para asegurar la vigencia de los principios pétreos consagrados en la Constitución, permitiendo el desarrollo de procesos de reforma constitucional en relación con los mismos, incluso sin asegurarse la participación popular.

*Tercero*, cuando el juez constitucional como garante de la supremacía constitucional, a pesar de que las Constituciones prevén expresamente diversos procedimientos de revisión constitucional, ha renunciado a controlar irregulares procedimientos constitucionales utilizados para la reforma constitucional, apartándose de lo dispuesto por voluntad del pueblo y que están plasmados en el propio texto constitucional, trastocándose la distinción entre los diversos procedimientos de reforma.

*Cuarto*, cuando el juez constitucional como garante de la rigidez constitucional ha renunciado a garantizar la rigidez constitucional y a controlar que el legislador ordinario no efectúe reformas constitucionales mediante los procedimientos de la legislación ordinaria.

---

106 Véase Sandra Morelli, *La Corte Constitucional: un papel por definir*, Academia Colombiana de Jurisprudencia, 2002; y "*The Colombian Constitutional Court: from Institutional Leadership, to Conceptual Audacity,*" Colombian National Report, XVIII International Congress of Comparative Law, Washington, July, 2010, p. 3. Véase también, Allan R. Brewer-Carías, "*Quis Custodiet Ipsos Custodes*: De la interpretación constitucional a la inconstitucionalidad de la interpretación," en *VIII Congreso Nacional de derecho Constitucional, Perú*, Fondo Editorial 2005, Colegio de Abogados de Arequipa, Arequipa, Septiembre 2005, pp. 463-489, y en *Revista de Derecho Público*, N° 105, Editorial Jurídica Venezolana, Caracas 2006, pp. 7-27; *Crónica sobre la "In" Justicia Constitucional. La Sala Constitucional y el autoritarismo en Venezuela*, Editorial Jurídica Venezolana, Caracas 2007; y *Reforma Constitucional y Fraude a la Constitución*, Academia de Ciencias Políticas y Sociales, Caracas 2009.

*Quinto*, cuando el juez constitucional, a pesar de que debe asegurar su supremacía y su rigidez, sometiéndose a sus postulados, ha usurpando el poder constituyente, desligándose de la propia Constitución, llegando a veces a mutarla ilegítimamente.

*Sexto*, cuando el Juez Constitucional, al ejercer la justicia constitucional, ha procedido a reformar las leyes usurpando la función legislativa de la Asamblea Nacional.

*Séptimo*, cuando el Juez Constitucional como garante por antonomasia del régimen democrático previsto en la Constitución para asegurar que el acceso al poder solo se haga conforme a sus previsiones, en la práctica constitucional, se ha abstenido ilegítimamente de controlar las rupturas al hilo constitucional,

*Octavo*, cuando el Juez Constitucional ha sido el instrumento del Estado para violar el principio democrático.

*Noveno*, cuando en materia de protección de los derechos constitucionales, el Juez Constitucional ha admitido la reducción del ámbito de protección de los derechos, quedando excluidos de protección ciertas personas agraviadas y ciertos derechos constitucionales, y excluidos de control ciertos actos estatales lesivos, y ciertas personas a pesar de tener la condición de agraviantes.

Toda esa práctica constitucional lo que pone en evidencia es que los jueces constitucionales en muchos casos no han asumido su rol de comisarios del poder constituyente y de la supremacía constitucional; práctica que es importante estudiar y analizar a los efectos de establecer las causas, los síntomas y la evolución de los males, a los efectos de poder diagnosticarlos a tiempo y prevenir que recurran.

Se trata, por tanto, ni más ni menos, que estudiar las afecciones de la justicia constitucional, particularmente de cara a las recientes experiencias constitucionales que se han producido en algunos de nuestros países de América Latina, donde se han arraigado regímenes autoritarios tanto en fraude a la Constitución como en fraude a la propia voluntad popular.

Ello lo haremos analizando la práctica constitucional en las últimas décadas en los países de América Latina particularmente en los siguientes cinco aspectos, que constituyen las partes fundamentales de este libro:

En la *primera parte* analizamos el sentido y alcance del control de constitucionalidad que ejercen y han ejercido los jueces constitucionales respecto de las asambleas constituyentes, en particular, respecto de la convocatoria de las mismas cuando no han estado previstas y reguladas en los textos constitucionales como mecanismos de reforma constitucional; así como respecto de los poderes y ejecutorias de dichas asambleas constituyentes como poderes constituidos, y respecto de la asunción o usurpación por estas del poder constituyente originario

En la *segunda parte* estudiamos el sentido y alcance del control de constitucionalidad que ejercen y han ejercido los jueces constitucionales en relación con las reformas a la Constitución, en particular, cuando las mismas se refieren a los denominados principios o cláusulas pétreas; cuando se realizan por los órganos constituidos al margen de los procedimientos establecidos en la Constitución, o cuando se realizan por el legislador ordinario en contra de la rigidez constitucional.

En la *tercera parte*, estudiamos las desviaciones del control de constitucionalidad que ejercen y han ejercido los jueces constitucionales cuando con ocasión al mismo, los propios jueces constitucionales han usurpado el poder constituyente efectuando mutaciones ilegítimas a la Constitución, o han usurpado la función legislativa, actuando abiertamente como Legisladores y no precisamente a los efectos de garantizar valores constitucionales superiores democráticos o relativos a la vigencia y efectividad de los derechos humanos.

En la *cuarta parte*, estudiamos las desviaciones del control de constitucionalidad que ejercen y han ejercido los jueces constitucionales a los efectos de garantizar la vigencia y permanencia del régimen político y el sistema de gobierno democráticos, con el contraste entre casos en los cuales el juez constitucional, de oficio, ha asumido la defensa del orden democrático frente a un golpe de estado, y casos en los cuales el juez constitucional se ha abstenido de defenderlo.

En la *quinta parte*, estudiaremos las casos de ruptura del principio democrático por el Juez Constitucional, cuando ha procedido a revocar el mandato de representantes electos, por ejemplo de diputados y alcaldes, y ha consolidad la violación del derecho a la participación.

Y en la *sexta parte*, estudiamos el alcance, avances y carencias del control de constitucionalidad que ejercen y han ejercido los jueces constitucionales para la protección de los derechos fundamentales conforme a los principios de universalidad y progresividad, en particular, en relación con la necesaria protección de todos los derechos fundamentales, de todas las personas agraviadas, frente a todas las personas o entes agraviantes, y frente a todos los actos estatales.

# PRIMERA PARTE

# EL JUEZ CONSTITUCIONAL Y EL CONTROL DE CONSTITUCIONALIDAD RESPECTO DE LAS ASAMBLEAS CONSTITUYENTES

## I. EL JUEZ CONSTITUCIONAL Y EL CONTROL DE CONSTITUCIONALIDAD RESPECTO DE LA CONVOCATORIA DE ASAMBLEAS CONSTITUYENTES NO PREVISTAS NI REGULADAS EN LA CONSTITUCIÓN

No ha sido infrecuente que en América latina, ante la crisis de los sistemas políticos, y ante la falta de respuesta de las instituciones democráticas, se plantee la necesidad de recomponer el sistema político apelando a la voluntad popular, mediante la convocatoria de una Asamblea Constituyente. Sin embargo, ello, para ser factible, tiene que tener una regulación constitucional.

En efecto, los mecanismos para la reforma de la Constitución en una sociedad democrática constituyen una de las piezas esenciales del Estado Constitucional, del Estado de derecho y de la democracia constitucional,[107] pues al ser establecidos en la propia Constitución, puede decirse que la soberanía popular queda perfectamente juridificada; es decir, sujeta a limitaciones en cuanto a su manifestación, no sólo impuestas a los órganos del Estado mismo, sino al funcionamiento de la propia democracia y a la manifestación de dicha soberanía popular.

Por ello, si bien en la generalidad de las Constituciones se proclama que la soberanía reside en el pueblo o que corresponde al pueblo del cual emanan todos los poderes del Estado, sin embargo, le imponen al propio pueblo, en su ejercicio, la observancia de las propias disposiciones constitucionales. Por ello, a la soberanía popular en las Constituciones se la ha dotado de un carácter jurídico y no sólo fáctico, lo que por supuesto no implica que se haga de la Constitución una fuente de la soberanía misma. El pueblo es el soberano y, como tal, es el que juridifica, al adoptar la Constitución, el ejercicio de su propia soberanía, otorgando además, a la misma, carácter supremo. En el Estado constitucional, por tanto, es el pueblo el que se auto-

---

107 Véase lo expuesto en Allan R. Brewer-Carías, "La reforma constitucional en una sociedad democrática" (Conferencia dictada en el acto de presentación del libro *Visión y análisis comparativo de reformas constitucionales en Iberoamérica*, Senado de la República Dominicana, Santo Domingo 12 de julio 2006), en *Estudios sobre el Estado constitucional (2005-2006)*, Editorial Jurídica Venezolana, Caracas, 2007, pp. 709-712. Véase también en www.allanbrewercarias.com, Sección I, 1, 943 (2006).

limita a través de la Constitución adoptada como norma suprema para ejercer la soberanía; de manera que la Constitución normativiza su ejercicio.

Pero sin duda, la soberanía, a pesar de ser dotada en las Constituciones de ese carácter jurídico, en definitiva resulta ser un concepto político o una cuestión de hecho, cuyo ejercicio en una sociedad democrática tiene que tender a fundamentarse en el consenso político, para lograr que sea, precisamente, la expresión del pueblo. En otras palabras, el ejercicio de la soberanía popular en un Estado constitucional de derecho, nunca puede consistir en la imposición de la voluntad de una fracción sobre la otra. Tiene que buscar responder al consenso político, que por supuesto es cambiante, como también es cambiante el juego de las relaciones sociales y políticas.

La clave del éxito de las Constituciones, como normas dotadas de supremacía, en cualquier sociedad democrática es, precisamente, llegar a ser el resultado del consenso o de un pacto de toda una sociedad –y no de voluntades circunstanciales– y, además, poder prever en sus normas, tanto la forma de materialización de los cambios constitucionales, como los mecanismos que permitan garantizar, en su momento, que la voluntad popular no vaya a ser suplantada.

Por eso, la normativización de la soberanía popular, más que una limitación impuesta por el propio pueblo a su manifestación, es una garantía para que al pueblo pueda asegurársele la libre determinación de decidir su futuro. Por eso es que decimos que la juridificación de la soberanía popular implica su autolimitación procedimental, mediante el establecimiento de normas que aseguren efectivamente la formación de la voluntad soberana.

En todo caso, los mecanismos de reforma constitucional deben ser regulados en las Constituciones en forma tal que asegurando la manifestación de la voluntad popular, a la vez, permita que se realicen los cambios necesarios que exige cualquier sociedad democrática. Se trata, siempre, de la búsqueda del equilibrio entre soberanía popular y supremacía constitucional, que son los principios que siempre están presentes en toda reforma constitucional: Por una parte, la supremacía constitucional, que implica que la Constitución es la ley de leyes, que obliga por igual a gobernantes y gobernados, prescribiendo los mecanismos para la reforma constitucional como límites a los poderes constituidos y al propio pueblo; y por la otra, la soberanía popular que faculta al pueblo, como titular de la soberanía, el ejercicio del poder constituyente para modificar el Estado constitucional, su organización y la propia Constitución, en la forma prescrita en ella misma.

El *primero*, el principio de la supremacía constitucional, es un concepto jurídico; y el segundo, el de la soberanía popular, es un concepto político (aunque juridificado); y en torno a ambos es que gira el poder constituyente, es decir, el poder de reformar la Constitución que siempre debe resultar de un punto de equilibrio entre ambos principios. Ni la supremacía constitucional puede impedir el ejercicio de la soberanía por el pueblo, ni este pueda expresarse al margen de la Constitución. En esta forma, en el equilibrio entre ambos principios, que es el equilibrio entre el derecho y los hechos, o entre el derecho y la política, es cómo el poder constituyente debe manifestarse en un Estado constitucional y democrático de derecho. Es decir, la reforma constitucional debe resultar del equilibrio previsto en la Constitución entre soberanía popular y supremacía constitucional, como juridificación del poder constituyente, para hacerlo operativo desde el punto de vista democrático.

Por todo lo anterior, puede decirse que la reforma de la Constitución o el poder de reforma constitucional, es un poder jurídico que descansa en un acto de autolimitación del poder constituyente el cual fija en el texto constitucional los mecanismos de actuación de ese poder de revisión. Por ello el artículo 375 de la Constitución de Honduras declara enfáticamente que ella en caso alguno pierde su vigencia ni deja de cumplirse "cuando fuere modificada por cualquier otro medio y procedimiento distintos del que ella mismo dispone;" y la Constitución de Venezuela igualmente dispone que la misma "no perderá su vigencia si dejare de observarse por acto de fuerza o porque fuere derogada por cualquier otro medio distinto al previsto en ella" (art. 333).

Lo importante a destacar, en todo caso, es que esta juridificación o fijación jurídica no implica que la soberanía nacional, como poder constituyente, desaparezca. En realidad puede decirse que por la propia autolimitación constitucionalmente establecida, una vez regulado el poder constituyente en la Constitución, el mismo entra en un estado latente pero teniendo siempre la posibilidad de manifestarse cuando sea requerido, conforme al procedimiento que el mismo pueblo ha instituido en el texto constitucional.

Por ello la importancia que tiene para el Estado constitucional democrático de derecho que esta juridificación del poder constituyente sea, en definitiva, un instrumento para el fortalecimiento de la democracia. Se trata de la previsión, en forma de normas, de los mecanismos pacíficos y racionales para que el pueblo adopte en un momento y circunstancias determinadas el orden político y jurídico apropiado para sus fines esenciales. De allí la posibilidad misma de plantear el mecanismo constitucional de la Asamblea Constituyente para la reforma de la Constitución, pero para ello, obviamente, el mismo tiene que ser previamente juridificada.

En todo caso, cualquiera que sea el procedimiento constitucionalmente establecido para la reforma constitucional, el mismo debe garantizar la manifestación democrática de la voluntad popular en el marco constitucional, y evitar que por la fuerza o por la expresión de mayorías circunstanciales se imponga la voluntad de una facción del pueblo sobre las otras. La historia, por lo demás, enseña que nada que se imponga a una sociedad por la fuerza perdura; ni nada que pretenda basarse en la imposición de la voluntad de una facción de la sociedad aplastando o excluyendo a las otras, perdura.

Una reforma constitucional, por tanto, para que perdure, por sobre todo, tiene que ser un instrumento para la inclusión, el consenso y la conciliación. Es cierto que a veces ha sido el resultado de un armisticio después de alguna guerra fraticida, como tantos ejemplos nos muestra la historia; en otros casos, ha sido el resultado de un pacto para evitar la confrontación, como también nos lo muestra la historia reciente. Pero en todo caso, debe ser un instrumento de conciliación, que permita no sólo adaptar las Constituciones a las exigencias políticas de los tiempos contemporáneos, sino que las mismas sean efectivamente la manifestación de la voluntad popular. Ese es el reto que todo país tiene al plantearse el tema de la reforma constitucional, cuya asunción tiene que garantizar la perdurabilidad de la democracia, perfeccionándola para todos. Ese es el reto, por lo demás, en los casos en los cuales se ha planteado la convocatoria de una Asamblea Constituyente para reformar la Constitución no estando dicha institución prevista en el propio texto constitucional. Dos experiencias recientes deben destacarse, en las cuales la respuesta del Juez Constitucional fue distinta: en el caso de Venezuela en 1999, el Juez Constitucional se abstuvo de decidir con claridad el conflicto planteado entre soberanía popular y supremacía constitucional, abriendo la vía de la Asamblea Constituyente mediante una sentencia ambigua; [108]; en el caso de Honduras en 2009, en cambio, el Juez Constitucional se enfrentó a los designios del Presidente de la República de querer imponer su voluntad de convocar una Asamblea Constituyente sin reformar la Constitución.

### 1. *El caso de Colombia en 1991: la propuesta del Presidente de la República para la realización de una consulta popular sobre la convocatoria de una Asamblea Nacional Constituyente no prevista en la Constitución, sobre la base de un acuerdo político general de consenso y luego de varias consultas populares, con el aval del Juez Constitucional*

La crisis política en la cual se encontraba Colombia a finales de los años ochenta, con el colapso de los partidos políticos tradicionales, provocó la necesidad de buscar alternativas para recomponer el sistema político, habiéndose planteado la fórmula de convocar para ello a una Asamblea Constituyente. El debate político condujo a que durante el mandato del Presidente Virgilio Barco, en 1988 se concretara el intento de convocar un referendo constituyente, propuesta que sin embargo no pudo avanzar políticamente, no sólo por falta de acuerdo político general de consenso sobre el tema, sino porque en ausencia de ello, surgía sobre todo el escollo de que la institución de la Asamblea Constituyente no estaba regulada en la Constitución de 1886 como mecanismo de reforma constitucional.

El artículo 209 de la misma, en efecto, establecía los mecanismos para la reforma constitucional atribuyéndolo a los poderes constituidos, con la aprobación por mayoría cualificada del Congreso en dos legislaturas continúas. El tema era esencialmente político, por lo que el Presidente Barco promovió dicho acuerdo entre los partidos políticos y los movimientos sociales, conocido como el "Acuerdo de la Casa de Nariño" de fecha 20 de febrero de 1988, creando una Comisión para promover la Asamblea Constituyente. Dicho Acuerdo, sin embargo, fue anulado unos meses después de haber entrado en funcionamiento la Comisión, por sentencia del Consejo de Estado

Luego del fracaso de este intento, el Gobierno del presidente Barco tomó la iniciativa legislativa para llevar a cabo la modificación constitucional necesaria, lo cual tampoco tuvo éxito, particularmente porque en el proyecto de reforma se había incorporado, además, la prohibición de la extradición de nacionales, que era un tema sensible particularmente frente al narcotráfico, y a las imputaciones que por este delito se habían efectuado en los Estados Unidos de América.

El proyecto de reforma fue retirado en diciembre de 1988, y otros acontecimientos políticos agravaron la situación política general, entre ellos, el asesinato del can-

---

108 Véase Allan R. Brewer-Carías, *Asamblea Constituyente y Ordenamiento Constitucional*, Biblioteca de la Academia de Ciencias Políticas y Sociales, Caracas, 1999; y *Poder Constituyente Originario Y Asamblea Nacional Constituyente (Comentarios sobre la interpretación jurisprudencial relativa a la naturaleza, la misión y los límites de la Asamblea Nacional Constituyente)*, Editorial Jurídica Venezolana. Caracas, 1999, 25 ss. Más recientemente véase, en Allan R. Brewer-Carías, *Asamblea Constituyente y Poder Constituyente 1999*, Vol. VI, Colección Tratado de Derecho Constitucional, Fundación de Derecho Público, Editorial Jurídica Venezolana, Caracas 2014, 1.198 pp.

didato presidencial Luis Carlos Galán, el aumento del terrorismo urbano, el asesinato de Carlos Pizarro, también candidato a la Presidencia por parte de los grupos guerrilleros. Incluso en ese mismo mes de diciembre se llegó a proponer la convocatoria de un "Referendo extraordinario por la paz y la democracia" que debería realizarse el 21 de enero de 1990 para consolidar los acuerdos de paz que se habían logrado con movimientos guerrilleros (M-19). La presión violenta que se originó por el narcotráfico para que la consulta al pueblo también se refiriera a la extradición, obligó al gobierno del presidente Barco a abandonar totalmente la iniciativa.

Fue entonces a comienzos de 1990 cuando grupos de estudiantes de varias universidades del país impulsaron la inclusión de lo que se llamó una "séptima papeleta" en las elecciones parlamentarias y municipales previstas para el 11 de marzo de 1990 permitiendo a la ciudadanía pronunciarse en favor o en contra de una Asamblea Constituyente, para así buscar apoyar para la convocatoria a una asamblea constituyente, a pesar de que este mecanismo de reforma constitucional no estaba autorizado en la Constitución y contrariaba expresa prohibición constitucional (artículo 13 del plebiscito de 1957).

Sin embargo, el respaldo a esta iniciativa popular por algo más de dos millones de votos que fueron contados informalmente, creó una situación de facto que el gobierno del Presidente Barco interpretó, adoptando el decreto N° 927 de 3 de mayo de 1990 por el cual se facultó a la organización electoral para contabilizar los votos que se depositaran en las elecciones presidenciales del 27 de mayo, para expresar apoyo o rechazo a la posibilidad de convocar una asamblea encargada de reformar la Constitución. El 86 por ciento de los colombianos se pronunció entonces por una asamblea constituyente que redactara una nueva Carta Fundamental.

Antes de la votación, y con motivo de la impugnación del Decreto N° 927 de 1990, sin embargo, la Corte Suprema dictó la sentencia N° 59 de 24 de mayo de 1990,[109] en la cual se afirmó –como lo reseño la Corte posteriormente en la sentencia N° 138 de 9 de octubre de 1990-, que la autorización que el Gobierno había hecho para que la organización electoral contabilizara los votos que se podían presentar por la convocatoria de una Asamblea Constitucional, encontraba:

> "sustento en las manifestaciones de violencia que continuamente azotan al país, en la ineficacia de las instituciones para enfrentar esas situaciones, en la necesidad de "rediseñar" dichas instituciones para ponerlas acordes con los tiempos modernos, en la decisión de la voluntad popular mayoritariamente expresada el pasado 27 de mayo en favor de la posibilidad de convocar una Asamblea Constitucional y –sobre todo– en el fundamento de legitimidad que debe tener la organización política."[110]

Con la votación que pudiese producirse en favor de la convocatoria de una Asamblea Constitucional, la Corte Suprema afirmó que se confería un mandato político, que como voluntad popular, debía ser contabilizada lo cual había sido ordenado en Decreto N° 927 de 1990. Por ello, en definitiva, dicho Decreto fue declarado

109 Véase el texto en ftp://ftp.camara.gov.co/camara/basedoc/csjnf/sp/1990/csj_sp_s59_2505_1990.html

110 Véase las referencia s la sentencia en http://hdhc.blogspot.com/2007/05/csj-sentencia-138-de-1990.html

constitucional por la Corte Suprema en la sentencia Nº 59 de 24 de mayo de 1990, en la cual, entre otros aspectos, agregó – como luego lo resumió en la sentencia Nº 138 de octubre de 1990- "que el fortalecimiento de las instituciones políticas fundamentales era necesario para hacer frente a las muy diversas formas de ataque a que se viene sometiendo la paz pública y que así lo había entendido la opinión nacional hasta convertirse en este punto en un "clamor popular" que tenia significación política; a este respecto dijo también: "Este movimiento ha sido tan eficaz, que los mismos alzados en armas en todos los acuerdos que vienen realizando con el Gobierno para poner fin a la subversión, han condicionado su reintegro a la vida civil a la realización de dicha Asamblea".[111]

Una vez electo César Gaviria como Presidente, luego del acuerdo político celebrado con los grupos políticos representados en el Congreso, puede decirse que recogió e institucionalizó el mandato electoral del 11 de marzo y del 27 de mayo de 1990 y lo elevó a la categoría de ley en sentido material emitiendo el Decreto legislativo Nº 1926 24 de agosto de 1990[112] que dictó en ejercicio de las facultades de estado de sitio, mediante el cual fijó el temario sobre el cual debía versar la reforma de la Constitución y convocó a los colombianos para que el 9 de diciembre de 1990 eligieran a los miembros de la Asamblea. En esta forma, el gobierno asumió la iniciativa del proceso, pero trasladando parte de la responsabilidad del desarrollo, del mismo, por una parte, a la decisión que debí adoptar la Corte Suprema de Justicia sobre la constitucionalidad del decreto, con antelación a la realización de la votación; y por la otra, al electorado mismo, en dicha votación, para que eligiera los setenta de la Asamblea.

Este decreto, después de tres sucesivas expresiones de voluntad popular expresadas a partir de la "séptima papeleta," fue sometido a control de constitucionalidad por parte de la Corte Suprema de Justicia, la cual en sentencia Nº 138 de 9 de octubre de 1990,[113] dictada antes de que se eligiera la Asamblea Constituyente, decidió que la misma era un órgano habilitado para ejercer el poder constituyente, para lo cual no tenía límite en el ejercicio de sus competencias, declarando sin embargo la inconstitucionalidad del decreto (inexequibilidad) sólo en cuanto a fijarle temario a la Asamblea restringiéndole sus atribuciones. La Corte, en la parte esencial final de la extensa sentencia decidió que:

> "si bien el derecho a darse una Constitución jurídica, como reguladora de la organización política, surge inicialmente con la función primordial de limitar el ejercicio del poder, de atribuir competencias, también es cierto que hoy se le agrega la de integrar los diversos grupos sociales, la de conciliar intereses opuestos, en la búsqueda de lo que se ha denominado el consenso constitucional, por lo que el acuerdo sobre el contenido de la Constitución se convierte en

---

111 Véase las referencia s la sentencia en http://hdhc.blogspot.com/2007/05/csj-sentencia-138-de-1990.html

112 Véase en *Diario Oficial* Nº 39.512, de 24 de agosto de 1990.

Véase el texto en http://www.presidencia.gov.co/prensa_new/decre-toslinea/1990/agosto/24/dec1926241990.pdf

113 Véase el texto en las referencia s la sentencia en http://hdhc.blogspot.com/2007/05/csj-sentencia-138-de-1990.html

una premisa fundamental para el restablecimiento del orden público, la consecución de la armonía social, la convivencia ciudadana y la paz, con todo lo que dicho concepto implica como fin último de la organización estatal [...] Tanto por razones filosóficas como jurisprudenciales, para definir si el Decreto 1926 de 24 de agosto de 1990 es constitucional no basta compararlo con los artículos 218 de la Constitución y 13 del Plebiscito del primero de diciembre de 1967 sino tener en cuenta su virtualidad para alcanzar la paz. Aunque es imposible asegurar que el mencionado decreto llevará necesariamente a la anhelada paz, no puede la Corte cerrar esa posibilidad.

Se recogen aquí, al más alto nivel normativo, las ideas de la Constitución como tratado de paz entre los individuos y grupos que componen la sociedad, y del constitucionalismo de consenso o de tregua como alternativa al constitucionalismo de guerra o de conflicto que ha caracterizado la evolución política nacional. En desarrollo de esta racionalidad de reconciliación democrática, la Corte declara exequible el decreto 1926, con excepción de su temario restringido y de la caución en dinero para garantizar la seriedad de 'la aspiración por parte de los candidatos a la asamblea, porque es preciso proceder con toda diligencia y previsión a interpretar los anhelos de cambio y renovación de las instituciones que ha expresado el pueblo, primero informalmente [el 11 de marzo] y luego del 27 de mayo en forma legítima y avalada por la propia sentencia Nº 59 de 24 de mayo de 1990 de la Corte Suprema de Justicia."[114]

En esta forma, la Asamblea Constituyente colombiana quedó facultada para reformar íntegramente la Carta Política, habiéndose elegido el 9 de diciembre de 1990 los 70 constituyentes que la compusieron, quienes asumieron dicha tarea, como en efecto lo hizo el año siguiente, cuando sancionó la Constitución de 1991.

Dicho proceso, gracias a la base de consenso político que existió para la convocatoria y composición de dicha Asamblea constituyente, y la subsiguiente sentencia de la Corte Suprema de Justicia que supo interpretar su rol en medio no sólo del consenso político existente, sino de la crisis política del país, el mismo pudo evolucionar posteriormente en forma democrática, como hoy lo constatamos. Para ello, como años después lo explicaría en Venezuela Cesar Gaviria Trujillo:

"Nuestra Asamblea Constituyente fue fruto de un sano equilibrio entre el pragmatismo político y la creatividad jurídica. Ambos se combinaron para abrir un camino nuevo que parecía inalcanzable, para movilizar políticamente a todo un país en torno a la idea de la necesidad de cambiar la Constitución por fuera del Congreso de la República. Y de que tal cambio tenía que trascender la simple operación de algunas instituciones. Lo que se requería era un cambio en los principios que fundaban la nacionalidad, en lo que comúnmente se denomina la parte dogmática de la Constitución."

Agregando sobre el consenso político logrado para convocar la Asamblea, lo siguiente:

---

114 Véase la cita en Hernando Valencia Villa, "El Constituyente de 1990 y la Constituyente de 1991," en http://www.banrepcul-tural.org/sites/default/files/lablaa/revistas/analisispolitico/ap11.pdf

"Apelamos entonces al mecanismo que fue usado para regresar a la democracia y hacerle frente a la violencia partidista, después de la ruptura constitucional del General Rojas, de crear el Frente Nacional. Ello fue un Acuerdo político que esta vez incluiría no solo a los partidos tradicionales de Colombia, el liberal y el Conservador, sino a las nuevas fuerzas políticas, el Movimiento de Salvación Nacional y el movimiento de la recién desmovilizada guerrilla, el M-19.

Después de una extensa negociación suscribimos dos acuerdos políticos con los jefes de los partidos y fuerzas políticas que obtuvieron en esas mismas elecciones más del 96% de los votos. En ellos se definieron los lineamientos generales para la convocación, elección, integración y organización de la Asamblea Constitucional. También se fijaron el número de sus delegatarios, sus poderes y su competencia, que estaba limitada a los temas de reforma señalados expresamente en él. Además, mediante esos acuerdos se convocó a la ciudadanía a votar el 8 de diciembre de 1990. Así, las fuerzas políticas eran las que respaldaban, en representación del pueblo, esta segunda etapa de auto convocatoria."[115]

Luego de dichos acuerdos políticos, y del consenso existente en el país, la Corte Suprema de Justicia, como Juez Constitucional adoptó su decisión, con la cual poniéndose a tono con el objetivo final de salvar la democracia y el Estado de Derecho, abrió la posibilidad de que se convocara la Asamblea Constituyente que por su integración plural pudo redactar la Constitución como pacto político o tratado de paz.

2. *El caso de Venezuela de 1999: la convocatoria por el Presidente de la República de una consulta popular sobre la convocatoria de una Asamblea Constituyente no prevista en la Constitución, y la ambigua decisión adoptada por el Juez Constitucional (jurisdicción contencioso administrativa)*

En Venezuela, también sumida en una grave crisis política que afectó a los partidos tradicionales, durante la campaña electoral presidencial de 1998, el entonces candidato Hugo Chávez Frías propuso al electorado como su fundamental propuesta política sobre el Estado, la convocatoria de una Asamblea Nacional Constituyente para "refundar el Estado", la cual tampoco estaba prevista en la Constitución de 1961 como un procedimiento válido para la reforma constitucional. La Constitución, en realidad sólo establecía expresamente dos mecanismos para su revisión, que eran la "enmienda" y la "reforma general."[116]

---

115 Véase Cesar Gaviria Trujillo, ¿Cómo nació la Asamblea Constituyente colombiana?, *Palabras del Secretario General de la Organización de los Estados Americanos, César Gaviria en el encuentro "Jornadas Constituyentes" organizado por el Consejo Nacional Electoral de Venezuela,* Caracas, Venezuela, 15 de julio 1999, en http://7papeleta.org/2010/01/22/%C2%BFcomo-nacio-la-asamblea-constituyente-colombiana-cesar-gaviria-trujillo-caracas-1999/

116 Véase sobre estas previsiones Allan R. Brewer-Carías, "Los procedimientos de revisión constitucional en Venezuela" en *Boletín de la Academia de Ciencias Políticas y Sociales*, N° 134, Caracas 1997, pp. 169-222; y en Eduardo Rozo Acuña (Coord.), *I Procedimenti di revisione costituzionale nel Diritto Comparato,* Atti del Convegno Internazionale organizzato dalla Facoltà di Giurisprudenza di Urbino, 23-24 aprile 1997, a cargo del Prof., Università Degli Studi di Urbino, pubblicazioni della Facoltà di Giurisprudenza e della Facoltá di Scienze Politiche, Urbino, Italia, 1999, pp. 137-181.

Una Asamblea Constituyente cuando no es producto de un golpe de Estado o una ruptura fáctica del orden constitucional, para poder ser convocada tiene que estar regulada constitucionalmente como mecanismo para la reforma de la Constitución, como a partir de la Constitución de 1999 se estableció expresamente en Venezuela.[117] En 1998, por tanto, ante la propuesta del entonces Presidente electo Hugo Chávez Frías sobre la Asamblea Constituyente, el problema jurídico que se planteaba era determinar cómo elegirla.

En esta forma, la misma crisis del régimen democrático que se había producido en Colombia en las mismas décadas de los ochenta y noventa, en Venezuela, a diferencia de lo que ocurrió en Colombia, no originó una recomposición democrática del sistema político que hubiese sido el producto de un consenso político entre todos los actores del sistema, pues en realidad lo que ocurrió fue el apoderamiento del poder por un solo grupo político, que lo asaltó a mansalva y con alevosía, utilizando fraudulentamente los instrumentos democráticos para terminar de destruir lo que quedaba de sistema de partidos, demoler las instituciones democráticas e imponer un régimen autoritario, lo que se inició precisamente mediante la convocatoria y elección en 1999 de una Asamblea Constituyente sectaria, exclusionista y excluyente. En Venezuela, lamentablemente no aprendimos las virtudes de la negociación y el consenso democráticos, y la Asamblea Constituyente de 1999, al contrario de la de Colombia en 1990, fue impuesta al país por una facción política que aplastó la institucionalidad democrática.

Sobre la propuesta de convocar la Asamblea Constituyente en Venezuela, a comienzos de 1999, nos referíamos al dilema jurídico de siempre en esta materia en el sentido si –decíamos–, ¿la vamos a convocar violando la Constitución o la vamos a convocar respetando la Constitución?, y agregábamos:

> "En el pasado, por la fuerza, siempre hemos optado por la primera vía; en el momento presente, con la globalización democrática que caracteriza al mundo contemporáneo y con el desarrollo político de nuestro propio pueblo, no habría derecho a que el nuevo gobierno y los partidos tradicionales, por su incomprensión, también nos lleven a tomar la vía del desprecio a la Constitución, precisamente, la "fulana Constitución," como se la ha calificado recientemente.
>
> Las fuerzas políticas tradicionales representadas en el Congreso tienen que aceptar que el sistema político iniciado en los años cuarenta, sencillamente terminó, y tienen que entender que el precio que tienen que pagar por mantener la democracia, consecuencia de su incomprensión pasada, es reformar de inmediato la Constitución para establecer el régimen de la Asamblea Constituyente, en la cual, sin duda, nuevamente perderán cuotas de poder.
>
> Pero las nuevas fuerzas políticas también representadas en el Congreso, y el presidente electo Hugo Chávez Frías, también tienen que entender que la Constitución no está muerta, que es el único conjunto normativo que rige a todos los venezolanos y que su violación por la cúpula del poder lo único que lograría sería abrir el camino a la anarquía.

---

117 Véase los comentarios sobre los mecanismos de reforma de la Constitución en la Constitución de 1999 en Allan R. Brewer-Carías, *La Constitución de 1999. Derecho Constitucional Venezolano*, Editorial Jurídica venezolana, Tomo I, Caracas 2004, pp. 157 ss.

Los venezolanos de comienzos del siglo XXI no nos merecemos una ruptura constitucional y tenemos que exigir que la inevitable y necesaria Asamblea Constituyente se convoque y elija lo más pronto posible, pero mediante un régimen establecido constitucionalmente, pues no hay otra forma que no sea mediante una reforma de la Constitución para establecer la forma de la Asamblea (unicameral o no), el número de sus integrantes, las condiciones y forma de su elección y postulación (uninominal o no) su rol democrático y su relación con los principios republicanos y de la democracia representativa, incluyendo, la separación de los Poderes Públicos.

Ninguna otra autoridad o poder del Estado puede establecer ese régimen y menos aún puede ser el resultado de una consulta popular o referéndum consultivo. Este, para lo único que sirve es para obtener un mandato popular que habría que actualizar constitucionalmente, mediante una reforma del Texto Fundamental. De lo contrario sería como si se pretendiera establecer la pena de muerte, prohibida en el artículo 51 de la Constitución, mediante un simple "referéndum consultivo." Si éste se realizase, lo único que significaría sería la expresión de una voluntad popular que habría de plasmarse en la reforma constitucional del artículo 51 de la Constitución, pero no podría nunca considerarse, en sí mismo, como una reforma a la Constitución.

Lo mismo sucede con el tema de la Asamblea Constituyente: la elección de Hugo Chávez Frías puede considerarse como la expresión de una voluntad popular pro constituyente que debe plasmarse en la Constitución mediante su reforma específica. Por ello, si el 23 de enero próximo el Congreso inicia la reforma específica de la Constitución para establecer el régimen de la Constituyente, para cuando se realice el referéndum consultivo prometido por el Presidente electo (60 días después del 15 de febrero, es decir, el 15 de abril) podría en realidad realizarse el referéndum aprobatorio de la reforma constitucional que regule la Constituyente y procederse a su convocatoria.

Esta es una fórmula para resolver el tema de la constitucionalización de la Asamblea Constituyente, la cual es indispensable para poder convocarla democráticamente, es decir, en el marco de la Constitución, conforme a la cual fue electo presidente Hugo Chávez Frías y se juramentará próximamente en su cargo."[118]

Por tanto, a comienzos de 1999, la discusión jurídica relativa a la posibilidad de la convocatoria de una Asamblea Constituyente en 1999 se centró en la cuestión de si resultaba o no necesario que dicho instrumento político estuviese previamente regulado en la Constitución; es decir, la discusión exigía resolver el dilema entre soberanía popular y supremacía constitucional. Con fundamento en el primer principio, el de la soberanía popular, se sostenía que mediante un *Referéndum* regulado incluso sólo legalmente, podía consultarse al pueblo sobre la convocatoria y régimen de la Asamblea Constituyente, y como resultado de esa manifestación del pueblo soberano, podía procederse a convocarla para reformar la Constitución aún cuando esta no previera su existencia, no siendo necesaria una reforma previa para regularla. Con fundamento en el segundo principio, el de la supremacía constitucional, se sos-

---

118 Véase Allan R. Brewer-Carías, (sobre la Asamblea Constituyente) "Necesaria e inevitable", en *El Universal*, Caracas, 19-01-1999, p. 1-14.

tenía y sosteníamos[119] que para convocar una Asamblea Constituyente había que previamente preverla y regularla en la Constitución mediante una Reforma Constitucional.

Es decir, estando aún bajo la vigencia de la Constitución de 1961, la única forma de poder convocar una Asamblea Constituyente en Venezuela, era reformando la Constitución para regularla, y si no se reformaba la Constitución, era si ello resultaba de alguna interpretación judicial que se hiciese de la Constitución por parte de la Corte Suprema de Justicia, como juez constitucional, para precisamente, evitar que ocurriera una confrontación fáctica entre el principio de la soberanía popular y el principio de la supremacía constitucional.

El tema que se debatía en 1998 era en definitiva sobre la forma de convocar la Asamblea Constituyente que tanto había prometido el Presidente electo, en el sentido de que: o se reformaba previamente la Constitución para regularla y luego elegía, como planteábamos;[120] o se convocaba sin regularla previamente en la Constitución, sólo apelando a la soberanía popular al margen de las previsiones constitucionales[121] como lo planteaba el Presidente electo. Se trataba, en definitiva de resolver el conflicto constitucional mencionado entre supremacía constitucional y soberanía popular, que sólo la Corte Suprema podía enfrentar y asumir, pues sólo el juez contencioso administrativo actuando como juez constitucional podía hacerlo.

Sin embargo, aún antes de que se pudiera asumir que la Corte Suprema habría resuelto el conflicto, lo cierto es que el Presidente electo había optado pública y abiertamente por la segunda vía, anunciando públicamente su decisión de convocar la Asamblea Constituyente apenas asumiera la Presidencia de la República, el 2 de febrero de 1999, sin necesidad de reformar previamente la Constitución de 1961 para regularla. Durante esos días, en todo caso apoyado, por la popularidad que en ese momento tenía, formuló amenazas y ejerció indebida y públicamente presiones contra la Corte Suprema de Justicia buscando apoyo de su propuesta.[122]

La propuesta presidencial, en todo caso, consistía en utilizar ilegítimamente la vía de un referendo consultivo previsto en una ley para convertirlo en un "referendo decisorio," en fraude a la Constitución. En 1999, por ello, indicábamos que

---

119 Véase Allan R. Brewer-Carías, *Asamblea Constituyente... op. cit.* p. 56.

120. Véase en Allan R. Brewer-Carías, *Asamblea Constituyente y Ordenamiento... cit.*, pp. 153 a 227; Allan R. Brewer-Carías, "El desequilibrio entre soberanía popular y supremacía constitucional y la salida constituyente en Venezuela en 1999, en *Revista Anuario Iberoamericano de Justicia Constitucional,* N° 3, 1999, Centro de Estudios Políticos y Constitucionales, Madrid 2000, pp. 31-56. Más recientemente véase, en Allan R. Brewer-Carías, *Asamblea Constituyente y Poder Constituyente 1999*, Vol. VI, Colección Tratado de Derecho Constitucional, Fundación de Derecho Público, Editorial Jurídica Venezolana, Caracas 2014, 1.198 pp.

121. Sobre los problemas jurídicos que precedieron a la conformación de la Asamblea Nacional Constituyente, véase Hildegard Rondón de Sansó, *Análisis de la Constitución venezolana de 1999,* Editorial Ex Libris, Caracas, 2001, pp. 3-23.

122 Véase las críticas que expresamos en su momento a las presiones presidenciales al Poder Judicial, en Allan R. Brewer-Carías, "Expresiones de Chávez atentan contra independencia del Poder Judicial," en *Cambio*. Mérida, 14 de febrero 1999, p. 3; y en *Frontera*. Mérida, 14 de febrero 1999, p. 3-A.

"La convocatoria a dicha Asamblea Constituyente, sin estar prevista en la Constitución, siempre consideramos que no sería otra cosa que un desconocimiento de la Constitución de 1961. En efecto, el referéndum consultivo que prevé el artículo 181 de la Ley Orgánica del Sufragio es un medio de participación popular de carácter consultivo y no de orden decisorio. Es evidente que una consulta al pueblo nunca podría considerarse inconstitucional, pues es una manifestación de la democracia. Pero pretender que mediante una consulta popular pudiera crearse un órgano constitucional, como la Asamblea Constituyente, establecerse su régimen y que pudiera proceder a realizar la reforma constitucional eso si podía considerarse inconstitucional, pues ello implicaría reformar la Constitución, y para ello, habría que seguir ineludiblemente el procedimiento pautado en el artículo 246 que exige la actuación del Poder Constituyente Instituido que implica, incluso, que la reforma sancionada se someta a un referéndum aprobatorio. Sustituir todo ello por un referéndum consultivo podía considerarse como una violación de la Constitución.

El referéndum consultivo, en realidad, sólo es eso, una consulta que se traduce en la manifestación de un mandato político que debe ser seguido por los órganos constitucionales para reformar la Constitución y regular lo que la consulta popular propone. Pero pretender que con la sola consulta popular se pudiera crear un nuevo Poder Constituyente de reforma, podía significar el desconocimiento de la Constitución y la apertura del camino de la anarquía.

El problema constitucional que estaba planteado, sin embargo, sólo podía ser resuelto por la Corte Suprema de Justicia, y así ocurrió con las mencionadas sentencias del 19-01-99."[123]

En efecto, para diciembre de 1998, la Corte Suprema conocía de sendos recursos de interpretación del artículo 181 de la Ley Orgánica del Sufragio y Participación Política, que era la única norma que regulaba los referendos consultivos, que habían sido intentados para que resolviera, justamente, sobre la posibilidad de una consulta popular (referendo consultivo) sobre la convocatoria de la Asamblea Nacional Constituyente, a través de un "referendo consultivo" como el establecido en dicha norma, y si "se puede determinar *la existencia de voluntad popular para una futura reforma constitucional* y, en caso afirmativo, si ese mecanismo legal de participación puede servir de fundamento a los efectos de convocar a una Asamblea Constituyente, de manera tal que se respete el ordenamiento constitucional vigente."

El resultado de la presión política que se originó, fue precisamente la emisión de dos sentencias por la Corte Suprema, el 19 de enero de 1999,[124] dos semanas antes de que el Presidente electo tomara posesión de su cargo, en las cuales la Corte Suprema, sin resolver expresamente lo que se le había solicitado interpretar, sin em-

---

123 Véase en Véase en Allan R. Brewer-Carías, *Asamblea Constituyente y Ordenamiento... cit.*, pp. 181-182.

124 Véase el texto en *Revista de Derecho Público*, N° 78-80, Editorial Jurídica Venezolana, Caracas 1999, pp. 55-73. Véase los comentarios a dichas sentencias en Allan R. Brewer-carías, "La configuración judicial del proceso constituyente o de cómo el guardián de la Constitución abrió el camino para su violación y para su propia extinción", en *Idem.* pp. 453 ss.; y en Allan R. Brewer-Carías, *Asamblea Constituyente y Ordenamiento Constitucional,* Academia de Ciencias Políticas y Sociales, Caracas 1999, pp. 151 ss.

bargo se refirió ampliamente al derecho constitucional a la participación política y glosó también ampliamente, aún cuando en forma teórica, la doctrina constitucional sobre el poder constituyente, desencadenando así el proceso que luego no pudo ni contener ni limitar, costándole como se dijo, su propia existencia.

En relación con el mencionado dilema que existía en ese momento político entre supremacía constitucional y soberanía popular, de la interpretación que se dio a las mencionadas sentencias de la Corte Suprema sobre si se podía convocar un *referéndum consultivo* sobre la Asamblea Constituyente, en definitiva se dedujo que la misma se podía crear mediante la sola manifestación de esa voluntad popular consultiva, aunque fuera expresada al margen de la Constitución de 1961, sin que ésta se reformara previamente.

El tema que debió enfrentar la Corte Suprema era dilucidar cuál principio de los dos que constituyen los dos pilares fundamentales que rigen al Estado Constitucional, debía prevalecer en Venezuela en ese momento: o el principio democrático representativo o el principio de la supremacía constitucional, lo que en todo caso exigía que se mantuviera el equilibrio entre ambos[125]. Para ello, la Corte comenzó por constatar que la Constitución de 1961, como cualquiera de las Constituciones rígidas contemporáneas (que son materialmente todas las del mundo, con excepción de la del Reino Unido y la de Israel), gozaban de supremacía, pues estaba "en el tope de la jerarquía normativa del país, de manera que su acatamiento está por encima de las leyes ordinarias". Esa Constitución de 1961 establecía el *Estado Constitucional*, que conforme a la sentencia:

> "cimienta su estructura y razón de ser en dos principios fundamentales: a) Por un lado, en la tesis de la *democracia* o "gobierno del pueblo, por el pueblo y para el pueblo"; b) por otro, en el principio de la *supremacía de la Constitución,* que coloca a esta en la cúspide del ordenamiento jurídico del Estado, lo cual *obliga tanto a los gobernantes como a los gobernados* a someterse a ella."

En estos párrafos, la sentencia destacó las bases del sistema constitucional venezolano, propios de un Estado Constitucional democrático representativo, es decir, un Estado organizado por una Constitución que goza de supremacía y rigidez; conforme al régimen de la democracia que indudablemente es representativa, en contraste con la democracia directa que la praxis política dejó en la historia. Eso significaba, ni más ni menos, que la Constitución, como manifestación de la voluntad popular expresada como Poder Constituyente, era la norma suprema que obliga a los órganos del Poder Público, como Poderes Constituidos y a los ciudadanos, que sólo puede ser modificada conforme a sus propias normas (rigidez).

Sin embargo, formulado el planteamiento, la sentencia señaló la doble cuestión que estaba planteada en el recurso de interpretación que se le había formulado, y que es la tensión existía, por una parte, entre el principio de la *soberanía popular y de la*

125. Véase los comentarios sobre el dilema en Lolymar Hernández Camargo, *La Teoría del Poder Constituyente. Un caso de estudio: el proceso constituyente venezolano de 1999,* UCAT, San Cristóbal, 2000, pp. 53 y ss.; Claudia Nikken, *La Cour Suprême de Justice et la Constitution vénézuélienne du 23 Janvier 1961.* Thèse Docteur de l'Université Panthéon Assas, (Paris II), Paris 2001, pp. 366 y ss.

*democracia* y, por la otra, el principio de la *supremacía constitucional;* es decir, como dice la sentencia, por una parte:

> "Si la Constitución, como norma suprema y fundamental puede prever y organizar sus propios procesos de transformación y cambio, en cuyo caso, el principio democrático quedaría convertido en una mera declaración *retórica"*;

y por otra parte,

> "o si se estima que, para preservar la soberanía popular, es al pueblo a quien corresponderá siempre, como titular del Poder Constituyente, realizar y aprobar cualquier modificación de la Constitución, en cuyo supuesto lo que se verá *corrosivamente* afectada será la idea de supremacía".

Después de realizar algunas citas doctrinales genéricas, la sentencia precisó el dilema así:

> "El asunto planteado es el dilema de si la propia Constitución, le es dado regular sus propios procesos de modificación y de reforma o si se considera que la soberanía corresponde directamente al pueblo, como titular del Poder Constituyente, reordenando al Estado. En el primer caso estaríamos en presencia del Poder Constituido. En el segundo, el Poder Constituyente tendría carácter absoluto e ilimitado".

De este dilema concluyó la Corte señalando que

> "Pareciera ocioso indicar que la idea de supremacía deja de tener sentido cuando se considera que Poder Constituyente y Poder Constituido se identifican y que el Poder Constituyente es creado por la Constitución, en lugar de considerarse a la Constitución como obra del Poder Constituyente".

La verdad es que de estos párrafos no se entiende constitucionalmente la conclusión del dilema entre soberanía popular y supremacía constitucional que planteó la Corte, pues la Constitución siempre es obra del Poder Constituyente que la sanciona, y es ese Poder Constituyente el que organiza políticamente a la sociedad prescribiendo un régimen democrático representativo, en el cual el pueblo solo puede actuar mediante sus representantes conforme a la Constitución que es obra del Poder Constituyente.

Este, el Poder Constituyente, al dictar la Constitución, es el que resuelve subsumirse en el marco de una Constitución otorgándole supremacía y prescribiendo la forma de su modificación, que no se verifica en forma alguna, por los Poderes constituidos, sino por el Poder Constituyente Instituido en la propia Constitución que se manifestaba finalmente mediante un *Referéndum aprobatorio* de la reforma constitucional (art. 246 de la Constitución de 1961), que implicaba la manifestación directa y final del pueblo soberano. No era acertado, por tanto, como lo hizo la Corte en la sentencia, confundir el Poder Constituyente Instituido de reforma de la Constitución con los Poderes Constituidos, los cuales no podían reformarla en ningún caso.

En ese dilema, si la Corte se atenía al sólo principio democrático de democracia representativa que está a la base del Estado constitucional, el pueblo soberano sólo podía manifestarse como poder constituyente instituido mediante los mecanismos de modificación constitucional previstos en la Constitución de 1961 (art. 246). Sin embargo, de acuerdo con lo expresado por la Corte Suprema de Justicia en su mencionada sentencia, "Si la Constitución, como norma suprema y fundamental puede prever y organizar sus propios procesos de transformación y cambio..., *el principio democrático quedaría convertido en una mera declaración retórica...*" Es decir, conforme a esa frase se podía deducir que para que el principio democrático no fuera una mera "declaración retórica," los procesos de cambio o transformación constitucional no debían quedar reducidos a los que se preveían en la Constitución como norma suprema y fundamental. Pero si la Corte se atenía al otro principio del constitucionalismo moderno, el de la supremacía constitucional, es decir, el necesario respeto de la Constitución adoptada por el pueblo soberano que obliga y se impone por igual, como lo dijo la Corte, tanto a los gobernantes (poderes constituidos) como a los gobernados (poder constituyente), toda modificación de la voluntad popular plasmada en la Constitución sólo podía realizarse a través de los mecanismos de reforma o enmienda que establecía la misma Constitución que era, precisamente, obra de la soberanía popular. Sobre ello, sin embargo, la Corte Suprema dijo que "Si se estima que para preservar la soberanía popular, es al pueblo a quien corresponderá siempre, como titular del poder constituyente, realizar y aprobar cualquier modificación de la Constitución,... *la que se verá corrosivamente afectada será la idea de supremacía.*" Es decir, para que el principio de la supremacía constitucional no se viera corrosivamente afectado, las modificaciones a la Constitución sólo la podía realizar el pueblo a través de los mecanismos previstos en la propia Constitución.

Era claro, por tanto, cual era el dilema abierto desde el punto de vista constitucional en ese momento histórico de Venezuela: o la soberanía popular era pura retórica si no podía manifestarse directamente fuera del marco de la Constitución; o la supremacía constitucional se veía corrosivamente afectada si se permitía que el pueblo soberano, como titular del poder constituyente, pudiera modificar la Constitución fuera de sus normas.

Del planteamiento del dilema mencionado la Corte señaló en su sentencia que "la pregunta que se formula es si procede convocar a una revisión de la Constitución o si procede la convocatoria a un Poder Constituyente, a un poder soberano," pasando luego a analizar el artículo 4° de la Constitución, respecto del cual señaló que conforme los criterios interpretativos tradicionalmente expuestos:

> "consagra exclusivamente el principio de la representación popular por estimar que la soberanía reside en el pueblo, pero que este no puede ejercerla directamente sino que lo hace a través de los órganos del poder público a quienes elige, es decir, que el medio para depositar ese poder soberano es el sufragio".

Es decir, la Corte en su sentencia, al referirse al artículo 4° de la Constitución de 1961 que establecía que la soberanía reside en el pueblo quien la ejerce mediante representantes, interpretó conforme a lo que consagra, que no es otra cosa que el principio de la democracia representativa conforme al cual el pueblo soberano solo puede actuar mediante sus representantes electos.

Pero frente a este principio constitucional, la Corte, en su sentencia, se refirió sin embargo al principio de la democracia directa (que confundió con "democracia participativa") señalando que:

> "Un sistema participativo, por el contrario, consideraría que el pueblo retiene siempre la soberanía ya que, si bien puede ejercerla a través de sus representan-

tes, también puede por sí mismo hacer valer su voluntad frente al Estado. Indudablemente quien posee un poder y puede ejercerlo delegándolo, con ello no agota su potestad, sobre todo cuando la misma es originaria, al punto que la propia Constitución lo reconoce"

De esta apreciación sobre la democracia directa confundida con democracia participativa, que aparentemente contrasta con el principio de la democracia representativa que adopta la Constitución, la Corte continuó su argumentación sobre la posibilidad que tiene el pueblo de manifestarse directamente y no a través de representantes, en la forma siguiente:

> "De allí que el titular del poder (soberanía) tiene implícitamente la facultad de hacerla valer *sobre aspectos para los cuales no haya efectuado su delegación.* La Constitución ha previsto a través de sufragio la designación popular de los órganos de representación; pero no ha enumerado los casos en los cuales esta potestad puede directamente manifestarse.
>
> Ahora bien, no puede negarse la posibilidad de tal manifestación si se estima que ella, por reconocimiento constitucional, radica en el ciudadano y sólo cuando la misma se destina a la realización de funciones del Estado específicamente consagrados en el texto fundamental (funciones públicas), se ejerce a través de los delegatarios. De allí que, la posibilidad de delegar la soberanía mediante el sufragio en los representantes populares, no constituye un impedimento para *su ejercicio directo en las materias en las cuales no existe previsión expresa de la norma sobre el ejercicio de la soberanía a través de representantes.* Conserva así el pueblo su potestad originaria para casos como el de ser consultado en torno a materias objeto de un referendo".

Conforme a este razonamiento de la Corte, resultaba entonces, sin duda, la posibilidad de efectuar un referendo consultivo sobre la convocatoria de una Asamblea Constituyente; pero no resultaba posibilidad alguna de que mediante una consulta se pudiera regular y convocar una Asamblea Constituyente no prevista ni regulada en la propia Constitución, que acometiera la reforma constitucional, pues, precisamente, es la Constitución *la que regulaba expresamente* que la reforma constitucional debía realizarse por el Poder Constituyente Instituido mediante la participación de representantes electos integrantes de las Cámaras Legislativas y la aprobación de la misma por el pueblo mediante un *Referéndum aprobatorio* (art. 146 de la Constitución de 1961). Precisamente, en este supuesto de reforma de la Constitución, estamos en presencia de un caso en el cual, conforme lo indica la sentencia, el pueblo soberano, al sancionar la Constitución mediante sus representantes, reguló mediante *previsión expresa* la forma para la realización de la reforma constitucional a través de sus delegados y de un *Referéndum aprobatorio.*

De manera que en este caso, conforme a lo que señaló la Corte, si bien la consulta popular sobre la convocatoria de una Asamblea Constituyente podía hacerse; sin embargo, la misma, si se convocaba, no tenía autoridad constitucional para reformar la Constitución, pues en forma expresa ésta regula cómo puede reformarse por el Poder Constituyente Instituido. Se insiste, conforme al criterio de la Corte, la soberanía popular podía manifestarse directamente "cuando *no existe previsión expresa* de la norma sobre el ejercicio de la soberanía a través de representantes"; por lo que en sentido contrario, cuando existía previsión expresa de la norma constitucional sobre el ejercicio de la soberanía a través de representantes, no podía manifestarse directamente dicha soberanía popular.

Precisamente, en relación con la reforma constitucional, el artículo 246 establecía en forma expresa cómo debía manifestarse la soberanía popular a tales efectos, previendo la participación de los representantes electos (Senadores y Diputados) que integraban las Cámaras Legislativas y la participación directa posterior del pueblo soberano mediante un *Referéndum aprobatorio* de la reforma constitucional. Por tanto, en esta parte de la motivación de la sentencia lejos de deducirse que se podría modificar la Constitución vía una Asamblea Constituyente no prevista en la misma como consecuencia de una consulta popular, en realidad resultaba lo contrario.

En efecto, siempre consideramos que para que la soberanía popular manifestada en un *Referéndum Consultivo* se materializara en la convocatoria de una Asamblea Constituyente, el *régimen de la Constituyente* tenía necesariamente que estar consagrado con rango constitucional. Es decir, sólo la Constitución podría establecer el carácter de dicha Asamblea (unicameral o bicameral); la forma de elección (uninominal, plurinominal, por cooptación, por representación corporativa); las condiciones de elegibilidad de los constituyentes; las condiciones de postulación de los mismos (por firmas abiertas, por partidos políticos, por grupos de electores); la duración de su mandato y sus funciones y poderes, particularmente en relación con los Poderes Constituidos (Congreso, Corte Suprema de Justicia, Poder Ejecutivo, Poderes estadales, Poderes municipales).En nuestro criterio, por tanto, siempre consideramos que no bastaba un *Referéndum Consultivo* para que pudiera convocarse una Asamblea Constituyente, pues el régimen de la misma no podía ser establecido por los Poderes Constituidos, ni por Ley del Congreso, ni por Decreto Ejecutivo[126].

El *Referéndum Consultivo* lo que podía significar era, sólo, la manifestación de voluntad del pueblo dirigida al Poder Constituyente Instituido para que pudiera proceder a regular la Constituyente en la Constitución, y poder convocarla. Por consiguiente, el Poder Constituyente Instituido -como consecuencia de dicho mandato- debía ser el encargado de reformar la Constitución para regular la Constituyente, conforme al procedimiento previsto en el artículo 246; reforma que debía someterse a *Referéndum aprobatorio*. En consecuencia, consideramos que todo intento de convocar una Asamblea Constituyente, basado en una consulta popular (*Referéndum consultivo*), sin que interviniera la representación popular recién electa constituida en el Congreso, y sin que interviniera el pueblo mediante un *Referéndum aprobatorio* como Poder Constituyente Instituido, de acuerdo con la Constitución, debía ser considerada como una violación de la misma y, en consecuencia, del derecho ciudadano a su supremacía constitucional.

Por tanto, como se ha dicho, la Constitución de 1961 no preveía que se pudiera convocar una Asamblea Constituyente para reformar la Constitución conforme al artículo 4° del propio texto. Es cierto que esa norma señala que "la soberanía reside en el pueblo" pero agrega "quien la ejerce, mediante el sufragio, por los órganos del Poder Público". De ello resulta, que para que esta norma pudiera entrar en aplicación para la convocatoria de una Asamblea Constituyente era necesario que la Constitución misma la regulase como un órgano del Poder Público, en ese caso del Poder

126 *Idem*, p. 63.

Constituyente Instituido y, además, estableciera cuál es el régimen del sufragio para que el pueblo eligiera sus representantes en la Asamblea.

Por ello, siempre estimamos que un *Referéndum Consultivo* sobre la Constituyente no podía conducir a otra cosa que a materializar una manifestación de voluntad, por el pueblo soberano, constitutiva de un mandato político y popular dirigido a los órganos del Poder Público, particularmente al Poder Constituyente Instituido para que asumiera, conforme a la Constitución, su reforma para regular la Constituyente, es decir, para establecer el régimen de la Asamblea Constituyente como un mecanismo de reforma constitucional. Siempre consideramos que nadie más tenía el poder constitucional ni la competencia para regular dicho régimen, el cual no podía derivar de un *Referéndum consultivo,* pues se distorsionaría el funcionamiento del Poder Constituyente Instituido que regula la Constitución.

Esto, incluso, deriva de los propios razonamientos de la sentencia de la Corte Suprema de Justicia del 19 de enero de 1999. En efecto, como se ha dicho, la sentencia precisa con claridad, sobre el *Referéndum consultivo* regulado en el artículo 181 de la Ley Orgánica del Sufragio y Participación Política, que:

> "Aún cuando el resultado de la decisión popular adquiere *vigencia inmediata,* (se refiere a la voluntad popular manifestada a través de la consulta), *su eficacia sólo procedería cuando, mediante los mecanismos legales establecidos,* se dé cumplimiento a la modificación jurídica aprobada".

Es decir, la consulta popular debe considerarse en forma inmediata como la manifestación del pueblo (vigencia), pero conforme al criterio de la Corte, ello no bastaba para considerar que tenía eficacia si la consulta conducía a una reforma del ordenamiento jurídico, en cuyo caso, la eficacia de la manifestación de la voluntad popular sólo se producía cuando mediante los mecanismos legales o constitucionales se diese cumplimiento a la modificación jurídica aprobada en el *Referéndum consultivo.*

Un ejemplo puede aclarar el planteamiento de la Corte: se puede convocar a un *Referéndum Consultivo* sobre el establecimiento de la pena de muerte en el país; el cual tendría vigencia inmediata, como consulta popular, pero no tendría efectividad sino hasta tanto el Poder Constituyente Instituido reformase el artículo 58 de la Constitución que no sólo regula el derecho a la vida como inviolable, sino que prohíbe el establecimiento de la pena de muerte. En este sentido la eficacia del *Referéndum consultivo* solo procedía cuando se hiciese la reforma constitucional; como lo dijo la Corte:

> "siguiendo procedimientos ordinarios previstos en el orden jurídico vigente, a través de los órganos del Poder Público *competentes* en cada caso. Dichos órganos estarán en la obligación de proceder en ese sentido".

Por supuesto, las modificaciones al orden jurídico para hacer eficaz la voluntad popular manifestada en el Referéndum, sólo pueden adoptarse por los órganos del Poder Público que tengan constitucional y legalmente *competencia* para hacer las reformas. Dicha competencia, en ningún caso, podría derivar del propio *Referéndum consultivo,* a menos que se persiga delegar el Poder Constituyente Originario en un órgano de los Poderes Constituidos, lo que sería atentatorio con el principio democrático de la soberanía popular.

En la sentencia de la Corte Suprema, como ya se ha dicho, se insistió en este mismo argumento, pero específicamente referido al *Referéndum consultivo* sobre la convocatoria a una Asamblea Constituyente, al destacarse que ello tenía especial transcendencia nacional

> "en la medida en que los resultados de una consulta popular como la que se pretende, sería factor decisivo para que los órganos *competentes* del Poder Público Nacional diseñen en los mecanismos de convocatoria y operatividad de una Asamblea a los fines propuestos; o para que, previamente, tomen la iniciativa de enmienda o de reforma que incluya la figura de una Asamblea de esta naturaleza".

En esta decisión, sin embargo, se abrieron dos posibilidades concretas para que el *Referéndum* sobre la Asamblea Constituyente adquiriera eficacia. En *primer* lugar, que los órganos competentes del Poder Público Nacional diseñasen los mecanismos de convocatoria y operatividad de una Asamblea a los fines propuestos. En este caso, por supuesto, lo importante era determinar si algún órgano del Poder Público Nacional (Ejecutivo o Legislativo) tenía *competencia* para "diseñar los mecanismos de convocatoria y operatividad de una Asamblea Constituyente" a los fines de reformar la Constitución. La respuesta evidentemente era y es negativa, pues conforme al ordenamiento jurídico vigente, ningún órgano del Poder Público tenía ni tiene competencia para ello y menos aún cuando los mecanismos de convocatoria de una Asamblea Constituyente comportaban, modificaciones a la Constitución. Este era el caso, por ejemplo, del establecimiento de un sistema puramente uninominal para la elección de los constituyentes, lo que implicaba la reforma del artículo 113 de la Constitución que consagraba el derecho político a la representación proporcional de las minorías.

Pero en *segundo* lugar, la sentencia de la Corte planteó la alternativa, como *consecuencia de la consulta popular* sobre la convocatoria de la Asamblea Constituyente, de que previamente los órganos del Poder Público Nacional (se refirió al Congreso) tomasen la iniciativa de enmienda o de reforma de la Constitución que incluyera la figura de la Asamblea Constituyente.

No se olvide que conforme al mencionado artículo 246 de la Constitución, la reforma constitucional una vez sancionada por las Cámaras como cuerpos colegisladores, se debe aprobar mediante *Referéndum aprobatorio.* Ninguna norma autoriza en la Constitución, a cambiar dicho régimen por un *Referéndum Consultivo*, cuyo texto -el de la consulta- se formule sin una sanción previa por los representantes del pueblo en el Congreso, y que sea producto de la sola voluntad del Ejecutivo Nacional.

Nada, por tanto, impedía que se convocase a un *Referéndum consultivo* para consultar al pueblo sobre el tema de la convocatoria a una Constituyente; en cambio, en la Constitución, nada se regula para que una reforma constitucional se derivase de una consulta popular, sin que su texto hubiese sido discutido y sancionado por las Cámaras Legislativas que integran el Congreso y luego sancionado mediante *Referéndum aprobatorio.*

La Corte Suprema de Justicia, sin embargo, señaló en su sentencia, que las normas constitucionales relativas a la reforma constitucional no ataban al Poder Constituyente manifestado mediante un *Referéndum consultivo*, de lo que deriva la posibilidad de que mediante este se pudiera estructurar otra vía para la reforma de la Constitución, mediante una Asamblea Constituyente, no prevista expresamente en ella.

Para llegar a esta conclusión, la Corte Suprema de Justicia, en su sentencia dedicó un Capítulo (V) a la "Técnica interpretativa de la Ley Orgánica del Sufragio y Participación Política", cuyo artículo 181 había sido objeto del recurso de interpretación intentado. Conforme al criterio de la Corte:

> "Ello se circunscribe a determinar si de conformidad con dicha norma, puede convocarse a un referéndum consultivo, a los fines de determinar si corresponde a la voluntad popular que se convoque a Asamblea Constituyente".

Al precisar sus consideraciones sobre este tema, la Corte puntualizó en la sentencia, que el "análisis interpretativo" que hacía, "versaba sobre la convocatoria a referéndum" y nada más; precisando que la interpretación que realizó no versaba ni se refería "a consulta plebiscitaria", sobre lo cual agregó:

> "En realidad, si bien ambas figuras tienden a confundirse teóricamente, mientras el referéndum se refiere a un texto o proyecto, el plebiscito tiende a ratificar la confianza en un hombre o gobernante" (Cfr. Leclerq, Claude, *Institutions Politiques et Droit Constitutionnels,* París 3 ème Edition, pág. 137).

La Corte, en esta forma, deslindó los conceptos y precisó el mecanismo de participación política que regulaba el artículo 181 de la Ley Orgánica del Sufragio y Participación Política, que quedó reducido a un *Referéndum consultivo,* que como se ha dicho antes, tiene por objeto consultar la opinión del pueblo sobre una decisión que, por supuesto, normalmente está plasmada en un proyecto por escrito. Por eso, la Corte señaló que el *Referéndum consultivo* se refiere a un texto o proyecto, que es el que debe someterse a consulta.

En cuanto al plebiscito, no sólo se traduce en un voto de confianza "a un hombre o gobernante" como lo dijo la Corte, sino que su carácter nunca es consultivo sino decisorio. Con el plebiscito se le pide al pueblo que decida; con el *Referéndum consultivo* se le pide al pueblo su opinión sobre una decisión que debe adoptar el órgano del Poder Público que formula la consulta.

Ahora bien, hechas estas precisiones y analizado el artículo 181 de la Ley Orgánica del Sufragio y Participación Política, la Corte concluyó señalando que de dicha norma se desprendía "la consagración jurídica de la figura del referéndum consultivo como mecanismo llamado a canalizar la participación popular en los asuntos públicos nacionales."

Al constatar que la duda planteada por los solicitantes del recurso de interpretación "viene fundamentalmente referida al aspecto sustancial del *Referéndum consultivo"*; con el objeto de determinar "si la materia objeto del mismo podría estar referida a la voluntad popular de reformar la Constitución mediante la convocatoria de una Asamblea Constituyente"; y luego de analizar las materias que conforme al artículo 181 de la Ley Orgánica del Sufragio y Participación Política no pueden someterse a referéndum, la Corte concluyó señalando que:

> "el principio general en materia de participación democrática radica en que la globalidad de los asuntos de especial trascendencia nacional puede ser consultado a través de este mecanismo."

Sin embargo, a renglón seguido, la Corte hizo el razonamiento ya referido anteriormente en varias oportunidades, de que el resultado del *Referéndum Consultivo* no tenía efectos de inmediato, sino "sólo procedería cuando, mediante los mecanismos legales establecidos, se dé cumplimiento a la modificación jurídica aprobada."

Es decir, el *Referéndum consultivo* sobre la convocatoria de una Asamblea Constituyente podía hacerse y adquiría vigencia, pero no sería eficaz para reformar la Constitución sino una vez regulada dicha Asamblea en la propia Constitución o en otro instrumento acorde con la consulta popular como mecanismo político del Poder Constituyente Instituido para hacer la reforma general.

Ahora, si bien el razonamiento lógico de la sentencia conduciría a la primera conclusión, la misma podía interpretarse también en el segundo sentido, dada la consideración que hizo sobre la distinción entre Poder Constituyente y Poderes Constituidos, en el Capítulo relativo a la interpretación del artículo 181 de la Ley Orgánica del Sufragio y Participación Política, señalando lo siguiente sobre el Poder Constituyente Originario:

> "El Poder Constituyente Originario se entiende como potestad primigenia de la comunidad política para darse una organización jurídica y constitucional. En este orden de motivos, la idea del Poder Constituyente presupone la vida nacional como unidad de existencia y de decisión. Cuando se trata del gobierno ordinario, en cualquiera de las tres ramas en que se distribuye su funcionamiento, estamos en presencia del Poder Constituido. En cambio, lo que organiza, limita y regula normativamente la acción de los poderes constituidos es función del Poder Constituyente. Este no debe confundirse con la competencia establecida por la Constitución para la reforma de alguna de sus cláusulas. La competencia de cambiar preceptos no esenciales de la Constitución, conforme a lo previsto en su mismo texto, es Poder Constituyente Instituido o Constituido, y aun cuando tenga carácter extraoficial, está limitado y regulado, a diferencia del Poder Constituyente Originario, que es previo y superior al régimen jurídico establecido."

Distinguió así la Corte, en su sentencia, tres conceptos esenciales del constitucionalismo moderno. En *primer* lugar, la del Poder Constituyente Originario el cual, a decir verdad, en los Estados Constitucionales estables solo se manifiesta una vez, al constituirse el Estado, como "potestad primigenia de la comunidad política para darse una organización jurídica y constitucional". En ese caso, como lo dijo el Abate Sieyès el 20 de julio de 1789 ante el Comité Constitucional de la Asamblea revolucionaria,

> "El poder constituyente todo lo puede... No se encuentra de antemano sometido a ninguna Constitución... Por ello, para ejercer su función, ha de verse libre de toda forma y todo control, salvo los que a él mismo le pudiera (plugiera) adoptar."[127]

127 Véase la cita en Pedro De Vega, *La Reforma Constitucional y la Problemática del Poder Constituyente*, Madrid, 1988, p. 28.

Así concebido, el Poder Constituyente originario es *supra leges* y queda *legibus solutus*, fuera de toda limitación. Es un hecho que precede al derecho que dicho Poder crea y ordena en una Constitución.

Sin embargo, este Poder Constituyente Originario, en el mundo contemporáneo, es una mera representación histórica. Ese fue el que asumieron las Asambleas coloniales norteamericanas para crear, *ex novo,* Estados soberanos y ese fue el que asumió la Asamblea Nacional francesa con la Revolución, para transformar radicalmente el Estado francés. Así también fue el Congreso General de las Provincias de Venezuela, cuando organizó la Confederación de Venezuela en 1811 y antes, así fueron las manifestaciones de los Cabildos Capitales de las Provincias de la Capitanía General de Venezuela que adoptaron las Constituciones Provinciales.

Pero una vez constituidos los Estados modernos, el Poder Constituyente Originario, así concebido, difícilmente aparece de nuevo, salvo que sea como manifestación *fáctica,* producto de una revolución y, por tanto, de situaciones de hecho.

Por ello, no es frecuente que ni siquiera después de una ruptura constitucional en un país constituido, se active en forma absoluta e inmediata el Poder Constituyente Originario. Así resulta de la práctica constitucional de nuestro país donde, a pesar de las rupturas constitucionales, las Asambleas o Congresos Constituyentes de 1830, 1858, 1863, 1893, 1901, 1904, y 1946 nunca se conformaron *legibus solutus,* pues siempre tuvieron los limites derivados del principio republicano y de la conservación del ordenamiento jurídico precedente en todo lo no modificado por la nueva Constitución que se adoptaba.

En todos los casos, además, el Poder Constituyente originario se constitucionalizó al adoptarse la Constitución, y el principio de la representación democrática condicionó su ejercicio. Como lo ha destacado Pedro de Vega al comentar las ideas de Sieyès:

> "Al ser la Nación un ente abstracto, que sólo puede expresar su voluntad a través de representantes, la potestad constituyente sólo podrá actuarse a través del mecanismo de la representación. El poder constituyente deja de ser entonces el poder en el que el pueblo directamente participa, como titular indiscutible de la soberanía, para convertirse en el poder de las Asambleas en las que la Nación delega sin competencias."[128]

Esto condujo, incluso, a que en Europa se pasara inconvenientemente de la Soberanía Nacional a la Soberanía y absolutismo de los Parlamentos, principio que sigue rigiendo en la Constitución del Reino Unido (el de la Soberanía parlamentaria por delegación del pueblo).

Ahora bien, como principio, en el Estado Constitucional, una vez aprobada la Constitución, el Poder Constituyente Originario desaparece, se subsume en la Constitución, se juridifica o constitucionaliza, y ese texto adquiere supremacía, regulándose usualmente el Poder Constituyente Instituido, como mecanismo para reformar o modificar la Constitución.

Distintos al Poder Constituyente Originario y al Poder Constituyente Instituido, son los Poderes Constituidos, que son el producto de la voluntad del Poder Constituyente

---

128 Véase Pedro De Vega, *op. cit* p. 32.

manifestada a través de la Asamblea, están sometidos esencialmente a la Constitución y no pueden modificarla.

Ahora bien, en cuanto al Poder Constituyente Instituido, es decir, el poder de modificar la Constitución, este es el resultado constitucional de la tensión que deriva de los dos principios señalados que son pilares del Estado Constitucional, ya comentados: el principio de la democracia representativa y el principio de la supremacía constitucional, y que se encuentra inserto en el constitucionalismo desde la primera Constitución de la República Francesa de 1791, que estableció:

> "La Asamblea Nacional constituyente declara que la Nación tiene el derecho imprescindible de cambiar su Constitución, sin embargo, considerando que es más conforme al interés nacional, usar únicamente por los medios expresados en la propia Constitución del derecho de reformar los artículos que, según la experiencia, se estime deben ser cambiados, establece que se procederá a ello por medio de una Asamblea de revisión."[129]

En consecuencia, es de la esencia del constitucionalismo moderno tanto el concepto de Poder Constituyente Originario como el de Poder Constituyente Instituido para reformar la Constitución, distintos al de los Poderes Constituidos, los cuales no pueden reformar la Constitución y se encuentran sometidos a ésta. Por ello, tiene razón la Corte Suprema cuando en la sentencia comentada expresó que:

> "En este sentido, se observa que el hecho de estar enmarcado históricamente el Poder Constituyente en la normativa constitucional, no basta para entenderlo subrogado permanentemente al Poder Constituido.
>
> Pretender lo contrario, o sea, que las facultades absolutas e ilimitadas que en un sistema democrático corresponden por definición a la soberanía popular puedan ser definitivamente abdicados en los órganos representativos constituidos, equivaldría, en palabras de BERLIA: "que los elegidos dejan de ser los representantes de la nación soberana para convertirse en los representantes soberanos de la nación". (Cfr. BERLIA, G. "*De la Compétence Constituante*" en *Revue de Droit Public,* 1945 p. 353, citado por Pedro DE VEGA en *La Reforma Constitucional y la Problemática del Poder Constituyente*, Editorial Tecnos, Madrid, 1985, p. 231)."

De ello resulta, por tanto, que el Poder Constituyente tanto Originario como Instituido no puede quedar subrogados a los Poderes Constituidos; y que si bien el Poder Constituyente Originario corresponde al pueblo, éste es el que, como tal, tiene facultades absolutas e ilimitadas; no así sus representantes electos en una Asamblea Constituyente, los cuales no pueden confundirse con el propio pueblo soberano, ni la Asamblea Constituyente puede ser comprendida en forma alguna con el Poder Constituyente Originario.

Por último, en el Capítulo de la sentencia de la Corte Suprema relativo a la "técnica interpretativa de la Ley Orgánica del Sufragio y Participación Política", la Corte entró a hacer algunas consideraciones sobre la reforma constitucional confun-

---

129 Art. Primero, Título VII, Véase en Jacques Godechat (ed), *Les Constitutions de la France, depuis 1789*, París 1979, págs. 65-66.

diendo lamentablemente, el Poder Constituyente Instituido con los Poderes Constituidos. En efecto, la Corte señaló:

> "Nuestra Carta Magna, no sólo predica la naturaleza popular de la soberanía sino que además se dirige a limitar los mecanismos de reforma constitucional que se atribuyen a los Poderes Constituidos, en función de constituyente derivado.
>
> Así, cuando los artículos 245 al 249 de la Constitución consagran los mecanismos de enmienda y reforma general, está regulando los procedimientos conforme a los cuales el Congreso de la República puede modificar la Constitución. Y es por tanto, a ese Poder Constituido y no al Poder Constituyente, que se dirige la previsión de inviolabilidad contemplada en el artículo 250 *ejusdem.*
>
> De allí, que cuando los poderes constituidos propendan a derogar la Carta Magna a través de "cualquier otro medio distinto del que ella dispone" y, en consecuencia, infrinjan el límite que constitucionalmente se ha establecido para modificar la Constitución, aparecería como aplicable la consecuencia jurídica prevista en la disposición transcrita en relación con la responsabilidad de los mismos, y en modo alguno perdería vigencia el Texto Fundamental."

Ante estas afirmaciones debe dejarse muy claramente establecido que conforme a la Constitución de 1961, era incorrecto decir que la reforma constitucional se atribuía a "los Poderes Constituidos, en función de poder constituyente derivado". Al contrario, en la Constitución se distinguía, con toda precisión, entre los Poderes Constituidos (de los cuales forman parte, en particular, a nivel nacional, el Congreso o a nivel estadal, las Asambleas Legislativas), y el Poder Constituyente Instituido para la reforma constitucional que no se puede confundir con aquellos. Una cosa es constatar que algunos Poderes Constituidos, en alguna forma, participen en el Poder Constituyente Instituido de reforma constitucional; y otra es decir que el Poder Constituyente Instituido de reforma constitucional se atribuye a los Poderes Constituidos, lo cual no es correcto.

En efecto, el Poder Constituyente Instituido para la reforma constitucional, conforme al artículo 246 de la Constitución, funcionaba como proceso complejo, con la participación de las siguientes instituciones: los representantes populares electos; las Cámaras Legislativas Nacionales; y el pueblo directamente mediante *Referéndum aprobatorio*. Por tanto, no era cierto que la Constitución atribuyera al Congreso de la República (Poder Constituido) la potestad de poder modificar la Constitución; y tampoco era cierto que la reforma constitucional se atribuyera a los Poderes Constituidos, en función de constituyente derivado; al contrario, se atribuía al Poder Constituyente Instituido en cuya formación participaban, en un acto complejo, tanto los representantes electos popularmente considerados individualmente, como las Cámaras Legislativas Nacionales y el pueblo soberano.

Siendo errada la premisa de la que partió la Corte al confundir el Poder Constituyente Instituido para la reforma constitucional con los Poderes Constituidos, en nuestro criterio, era igualmente errada la apreciación que formuló en el sentido de que el artículo 250 de la Constitución sobre la inviolabilidad de la Constitución, solo estaría dirigido a los Poderes Constituidos y no al Poder Constituyente. Al contrario, mientras la Constitución estaba vigente, el artículo 250 se aplicaba al Poder Constituyente Instituido para la reforma constitucional y era, conforme a los principios de la democracia representativa y de la supremacía constitucional, un freno a la aparición del Poder Constituyente originario, que solo podría manifestarse *de facto*. Sin embargo, la Corte Suprema, en su sentencia continuó en su línea de razonamiento sobre el Poder Constituyente originario, no limitado y absoluto, señalando lo siguiente:

> "Sin embargo, en ningún caso podría considerarse al Poder Constituyente originario incluido en esa disposición (art. 250), que lo haría nugatorio, por no estar expresamente previsto como medio de cambio constitucional. Es inmanente a su naturaleza de poder soberano, ilimitado y principalmente originario, el no estar regulado por las normas jurídicas que hayan podido derivar de los poderes constituidos, aún cuando éstos ejerzan de manera extraordinaria la función constituyente.
>
> Esta, indudablemente, es la tesis recogida por el propio constituyente de 1961, el cual, consagró normas reguladoras de la reforma o enmienda de la Constitución dirigidas al Poder Constituido y a un tiempo, incluso desde el Preámbulo, la consagración de la democracia como sistema político de la nación, sin soslayar, coherentemente, el reconocimiento de la soberanía radicada directamente en el pueblo.
>
> Ello conduce a un conclusión: la soberanía popular se convierte en supremacía de la Constitución cuando aquélla, dentro de los mecanismos jurídicos de participación decida ejercerla."

Tres aspectos deben destacarse de estos párrafos de la sentencia.

En *primer lugar*, la afirmación de que el Poder Constituyente no está regulado por las normas jurídicas que hayan podido emanar de los Poderes Constituidos. Ello es evidente y entendemos que nadie lo niega, pues sería contrario al principio de la soberanía popular. Sin embargo, una cosa es que el Poder Constituyente Originario no esté sometido a las normas jurídicas que puedan emanar de los Poderes Constituidos y otra es que el Poder Constituyente no esté sometido a su propia obra, que es la Constitución. Lo primero nadie lo refuta, pero lo segundo es totalmente refutable pues sería contrario al principio de la supremacía constitucional. Una vez que en un país, el Poder Constituyente sanciona una Constitución, la constitucionalización del Estado y del orden jurídico implica que el texto es supremo y que, como lo afirmó la Corte en la misma sentencia "obliga tanto a los gobernantes como a los gobernados a someterse a ella" y los gobernados son, precisamente, el pueblo soberano que al sancionar la Constitución se autolimita y se somete a su propia norma. Como también lo dijo la Corte en el párrafo antes transcrito, es la soberanía popular la que se convierte en supremacía constitucional cuando aquélla lo decida a través de los mecanismos de participación previstos en el ordenamiento jurídico.

En consecuencia, no es cierto que en la Constitución de 1961, las normas reguladoras de la reforma constitucional estén sólo "dirigidas al Poder Constituido". Constituyen, sin duda, manifestaciones de la rigidez constitucional que proscribe que la Constitución pueda ser modificada mediante la legislación ordinaria adoptada a las Cámaras Legislativas como Poder Constituido, pero no puede decirse que sólo están dirigidas a los Poderes Constituidos. Al contrario, esencialmente regulan al Poder Constituyente Instituido y constituyen una autolimitación que el Poder Constituyente Originario se ha impuesto.

Por ello, insistimos, la conclusión que se formuló en el último de los párrafos transcritos de la sentencia es precisamente la manifestación de la autolimitación mencionada del Poder Constituyente Originario: la soberanía popular (Poder Constituyente Originario) se convierte en supremacía de la Constitución cuando aquélla (soberanía popular, Poder Constituyente Originario) dentro de los mecanismos jurídicos de participación decida ejercerla (la soberanía popular).

Y así, efectivamente, cuando se sancionó la Constitución de 1961 el Congreso constituyente en representación de la soberanía popular, decidió ejercerla, y convertir el proceso de reforma constitucional, en supremacía constitucional.

En *segundo lugar,* debe mencionarse, de nuevo, la afirmación de la Corte de que los Poderes Constituidos pueden ejercer "de manera extraordinaria la función constituyente". Ello, se insiste, es incorrecto. De acuerdo con la Constitución, las Cámaras Legislativas como Poderes Constituidos, jamás ejercen ni ordinaria ni extraordinariamente la función constituyente. Participan en el Poder Constituyente Instituido, como también participa el pueblo soberano al aprobar mediante *Referéndum aprobatorio* la reforma constitucional. Pero de allí a atribuirle a los Poderes Constituidos la función constituyente hay una gran distancia.

En *tercer lugar,* debe destacarse la referencia que hizo la Corte al Preámbulo de la Constitución, como consagratorio de la democracia como sistema político de la Nación, con el reconocimiento de la soberanía radicada directamente en el pueblo. Ello llevó a la sentencia a dedicarle un Capítulo (VI) al "Preámbulo de la Constitución", particularmente por lo que se refiere a la declaración relativa al orden democrático "como único e irrenunciable medio de asegurar los derechos y la dignidad de los ciudadanos". El Preámbulo, sin duda, constituye expresión de un "proyecto político nacional", que es el de la democracia *representativa* plasmado en el artículo 4 del Texto Constitucional, la cual siempre debe conciliarse con el principio de la supremacía constitucional que informa todo el articulado de la Constitución.

Finalmente, de nuevo debe hacerse particular referencia al último párrafo de la cita anterior de la sentencia, donde se afirma, con razón, que "la soberanía popular se convierte en supremacía de la Constitución cuando aquélla, dentro de los mecanismos jurídicos de participación, decida ejercerla".

De ello deriva, en *primer lugar*, el principio de autolimitación del Poder Constituyente Originario cuando adopta la Constitución, y convierte la soberanía popular en supremacía constitucional, lo que implica que el pueblo soberano debe también regirse por la Constitución que él mismo ha adoptado. En consecuencia, la Constitución de 1961 rige incluso para el pueblo, quien es quien se ha impuesto la autolimitación de que la misma sea reformada, con su directa participación (*Referéndum aprobatorio*), en el Poder Constituyente Instituido.

Pero en *segundo lugar,* el mencionado párrafo de la sentencia permite que en caso de que la soberanía popular se manifieste mediante los mecanismos jurídicos de participación, como un *Referéndum consultivo,* a través del mismo pueda instituirse otra forma de reforma constitucional, cediendo allí el principio de la supremacía constitucional frente a la soberanía popular.

Este, en definitiva, fue el punto medular de la solución política que el máximo órgano jurisdiccional dio al conflicto que estaba planteado, entre soberanía popular y supremacía constitucional: aún cuando la Constitución no regula expresamente la

Asamblea Constituyente como Poder Constituyente Instituido para la reforma constitucional, la misma puede ser convocada como resultado de una consulta popular realizada mediante *Referéndum consultivo* regulado en la Ley Orgánica del Sufragio y Participación Política, que la Corte consideró como manifestación del derecho a la participación política, como un derecho inherente de la persona humana; convirtiéndose entonces la soberanía popular, de nuevo, en supremacía constitucional.

De ello resultaba, por supuesto, que no era necesaria reforma constitucional alguna para que se pudiera reconocer como derecho constitucional al referendo o la consulta popular sobre la convocatoria al pueblo para una Asamblea Constituyente. Pero en realidad, ese no era el problema; este resultaba de la secuela de la consulta popular. En efecto, una vez efectuado el *Referéndum consultivo* conforme al artículo 182 de la Ley Orgánica del Sufragio y Participación Política, si la respuesta era por el "si" para la convocatoria a la Asamblea Constituyente, ello tenía "vigencia inmediata" en cuanto a mandato popular obligatorio para los órganos del Estado, el cual, sin embargo, en sí mismo no tenía eficacia, como lo afirmó la Corte en la sentencia, sino:

> "cuando, mediante los mecanismos legales establecidos, se dé cumplimiento a la modificación jurídica aprobada. Todo ello siguiendo *procedimientos ordinarios previstos en el orden jurídico vigente,* a través de los órganos del Poder Público *competentes* en cada caso."

He aquí el problema jurídico, que quedaba por resolver y que dependía de la forma cómo se hiciera la consulta popular o de la manera como se manifestase la voluntad popular. Una vez que el pueblo, mediante el *Referéndum consultivo,* se manifestase a favor de la convocatoria de una Asamblea Constituyente, venía ineludiblemente la tarea de establecer formalmente el régimen de la misma por los órganos del Poder Público Nacional *con competencia* para ello, los cuales debían, obligatoriamente, mediante los mecanismos legales *establecidos,* dar cumplimiento a la modificación jurídica aprobada en el referéndum. Sin embargo, en el ordenamiento constitucional y legal vigente no había atribución de competencia alguna, a órgano alguno del Poder Público Nacional, para establecer el régimen de una Asamblea Constituyente con poder para reformar la Constitución por una vía distinta a la de los artículos 245 y 246 de la Constitución.

Ese régimen no podría establecerse ni por una Ley del Congreso ni por un Decreto del Presidente de la República, salvo que en la consulta popular se preguntase expresamente sobre los diversos elementos que configurarían dicho régimen (carácter, número de miembros, forma de elección, condiciones de elegibilidad, duración, mandato acorde con la Constitución vigente) y sobre el órgano del Poder Público que debía regular la Constituyente. Sin embargo, en dicho régimen no se podían establecer condiciones de elegibilidad de los constituyentes distintos a los previstos en el artículo 112 de la Constitución; ni un sistema electoral totalmente uninominal que por ejemplo, no garantice el derecho a la representación proporcional de las minorías como lo prevé el artículo 113 de la Constitución. Para establecer un régimen de esa naturaleza, indudablemente que en la Constitución, la competencia la tenía el Poder Constituyente Instituido para la reforma constitucional conforme al artículo 246 de la Constitución. Precisamente, por este escollo jurídico, quizás, la sentencia expresamente se refirió a las dos vías que se abrían para hacer efectivo el *Referéndum consultivo* sobre la convocatoria a una Asamblea Constituyente:

La *primera*, era que "los órganos *competentes* del Poder Público Nacional diseñen los mecanismos de convocatoria y operatividad de una Asamblea Constituyente", por supuesto, conforme a los términos de la consulta. Para que esta primera vía fuera factible, tenía que existir en el ordenamiento jurídico la atribución de *competencia* a algún órgano del Poder Público Nacional para establecer el régimen de una Constituyente para modificar la Constitución en una forma distinta a la prevista en los artículos 245 y 246 de la Constitución, y esa atribución no existía. La única posibilidad que quedaba, sin embargo, desde el punto de vista jurídico-constitucional, era que en la propia consulta popular no sólo se formularan las preguntas sobre el régimen de la Constituyente, sino se inquiriera al pueblo sobre el órgano del Poder Público que debía formalizar ese régimen, y siempre que el mismo no implicase modificaciones a la Constitución vigente.

La segunda, como alternativa, era que previamente a la convocatoria efectiva de la Asamblea Constituyente, los órganos del Poder Público Nacional "tomen la iniciativa de enmienda o de reforma que incluya la figura de una Asamblea Constituyente"; lo cual resultaba necesario si el régimen de la Constituyente implicaba reformas a la misma Constitución (por ejemplo, conforme a lo señalado, a los artículos 112 y 113).

La Corte, en definitiva, lo que resolvió fue la constitucionalidad del *Referéndum consultivo* sobre la convocatoria de una Asamblea Constituyente, pero no resolvió expresamente sobre la constitucionalidad de su convocatoria sin que se estableciera previamente su régimen mediante una reforma constitucional.

Sin embargo, todos los argumentos de la motivación de las sentencias apuntaban a que, dependiendo de cómo se hiciera la consulta popular, se legitimase posteriormente el instrumento político de la Asamblea Constituyente convocada para reformar la Constitución, incluso sin que se produjese una reforma constitucional previa, pero siempre que su estatuto resultara, todo, del Poder Constituyente Originario manifestado mediante *Referéndum* que reflejase la voluntad popular, como efectivamente ocurrió con el *Referéndum Consultivo* del 25 de abril de 1999 que permitió la elección de la Asamblea Nacional Constituyente el 25 de julio de 1999, fijándole su misión y los límites de su actuación en democracia y en un Estado de Derecho.

De lo anterior queda claro que en ese momento, de la discusión jurídica que se había abierto en el país para enfrentar el dilema entre soberanía popular y supremacía constitucional, habían quedado precisadas las dos posiciones indicadas:

Por una parte, la de quienes sostenían y sostuvimos que derivado del principio de la supremacía constitucional, en el Estado constitucional democrático de derecho representativo la Constitución establece los mecanismos para su revisión (reforma y enmienda), y al no regular a la Asamblea Constituyente como medio para la reforma, para que ésta pudiera convocarse debía previamente crearse y establecerse su régimen en el texto constitucional, mediante una reforma constitucional, que le diese *status* constitucional.

Por otra parte, la de quienes sostenían, encabezados por el Presidente de la República, que derivado del principio de que la soberanía reside en el pueblo como lo decía el artículo 4 de la Constitución de 1961, la consulta popular sobre la convocatoria y régimen de la Asamblea Constituyente, como manifestación de dicha soberanía popular declarada por el pueblo como poder constituyente originario mediante referendo, era suficiente para que la misma se convocara y eligiera, y acometiera la reforma constitucional sin necesidad de que previamente se efectuase una reforma constitucional para regularla. Se trataba, en definitiva, del debate sobre el poder constituyente en el Estado constitucional democrático representativo que intermitentemente ha dominado la discusión constitucional en todos los Estados modernos, y que siempre ha estado en la precisa frontera que existe entre los hechos y el derecho.

La Corte Suprema de Justicia en Sala Constitucional, actuando como juez constitucional, sin embargo, no optó por ninguna de las dos posiciones, y en las sentencias de 19 de enero de 1999, sin resolver expresamente y con claridad el asunto, abrió la vía para interpretar que la figura de una Asamblea Constituyente, aún cuando no prevista en el texto de la Constitución, podía ser creada y regulada por los ciudadanos en ejercicio del derecho a la participación política, mediante un *Referéndum Consultivo*. Es decir, que el poder constituyente originario, que es el pueblo, podía manifestar su voluntad mediante un *Referéndum Consultivo* y crear la Asamblea Nacional Constituyente como instrumento político para reformar la Constitución.

Para ello se limitó a decidir que la consulta popular mediante *Referéndum* sobre la convocatoria a una Asamblea Constituyente conforme al artículo 181 de la Ley Orgánica del Sufragio y Participación Política era perfectamente legítima y constitucional, pero sin resolver expresamente el problema constitucional de si era o no necesaria la reforma constitucional previa que regulara la Asamblea Constituyente para poder convocarla. Las sentencias, en realidad, fueron de contenido ambiguo, lo que permitió que fueran "interpretadas" como la supuesta solución al conflicto constitucional existente, dando lugar, como consecuencia de un "referendo consultivo," a la subsecuente convocatoria, elección y constitución de una Asamblea Nacional, lo que en todo caso ocurrió en democracia y sin ruptura constitucional a la usanza tradicional.

En las mismas, en definitiva, la Sala se limitó a decidir que conforme al artículo 181 de la Ley Orgánica del Sufragio y Participación Política, sí se podía realizar un referendo consultivo, para consultar el parecer del pueblo sobre la convocatoria de una Asamblea Constituyente; lo que nadie negaba, pues se trataba de una consulta popular sobre una materia de trascendencia nacional; pero sin decidir sobre el otro asunto que se le había planteado, y que era el esencial desde el punto de vista constitucional, es decir, sobre si en definitiva, para convocar la Asamblea Constituyente bastaba el referendo consultivo o era necesario, además, reformar previamente la Constitución, la Corte nada resolvió ni decidió, y menos en forma precisa y clara.

En realidad, sobre este asunto, en las sentencias, la Sala llegó a la conclusión de que una vez efectuado un referendo consultivo conforme al artículo 181 de la Ley Orgánica del Sufragio y Participación Política, "aún cuando el resultado de la decisión popular adquiera vigencia inmediata, *su eficacia sólo procedería* cuando, mediante los *mecanismos legales establecidos se de cumplimiento a la modificación jurídica aprobada*. Todo ello siguiendo procedimientos ordinarios previstos en el orden jurídico vigente, a través de los órganos del Poder Público *competentes* en cada caso. Dichos órganos estarán en la *obligación de proceder* en ese sentido."

De este párrafo lo que se deducía, en realidad, era que una consulta popular sobre la convocatoria a una Asamblea Constituyente no bastaba para efectivamente convocarla y reunirla, de manera que la consulta popular sólo podía interpretarse como un mandato político para que los órganos del Poder Público *competentes* pudieran proceder a efectuar las modificaciones jurídicas derivadas de la consulta popular, siguiendo los procedimientos ordinarios previstos en el orden jurídico vigente, tanto constitucional como legal. Sólo después de que estas modificaciones se efectuasen, conforme al criterio de la Corte, que no podían ser otras que no fueran las que resultasen de una revisión constitucional (reforma o enmienda), entonces era que la consulta popular podía ser efectiva. Ello implicaba que para efectuar la reforma e incorporar a la Constitución la figura de la Asamblea Constituyente, debía asegurarse la participación de los diputados y senadores y de las Cámaras Legislativas, con la participación del pueblo vía referendo aprobatorio conforme a los artículos 245 y 246 de la Constitución de 1961.

Es decir, lejos de decidir con precisión la cuestión constitucional planteada respecto de la posibilidad constitucional de la convocatoria de una Asamblea Constituyente sin una reforma previa de la Constitución, las sentencias de la Corte Suprema del 19 de enero de 1999, dentro de su imprecisión y ambigüedad, dejaron abierta la discusión constitucional, y con ello, la vía jurídico-judicial para la convocatoria de un referendo consultivo para que el pueblo se pronunciara sobre la convocatoria de una Asamblea Nacional Constituyente, sin que esta institución estuviese prevista en la Constitución de 1961, vigente en ese momento, como un mecanismo de revisión constitucional[130]. Con esta decisión, la Corte Suprema no sólo sentó las bases para el inicio del proceso constituyente venezolano de 1999, sino que dio comienzo al proceso que condujo al golpe de Estado perpetrado por la Asamblea Constituyente y, casi un año después, a que los nuevos titulares del Poder Público decretaran la extinción de la propia Corte Suprema que con su abstención había iniciado el proceso que les dio origen.

El resultado de esta ausencia de decisión de la Corte, sin embargo, en el momento político que vivía el país, en la práctica fue suplida por la "opinión pública" que se conformó por los titulares de primera página de los diarios nacionales de los días 20 de enero de 1999 y siguientes, los cuales fueron los que abrieron efectiva e insólitamente dicha vía hacia el proceso constituyente, al "informar" en grandes letras que, supuestamente, la Corte Suprema de Justicia había decidido que se podía proceder a convocar una Asamblea Nacional Constituyente para revisar la Constitución, sin necesidad de reformar previamente la Constitución de 1961, que la regulara[131].

En ese momento, la euforia de los que de ello derivaron un "triunfo" jurídico[132], y la incredulidad y duda de otros, que no encontraban la "decisión" que anunciaba la

---

130. Véase Jesús María Casal, "La apertura de la Constitución al proceso político", en *Constitución y Constitucionalismo Hoy*, Fundación Manuel García-Pelayo, Caracas 2000, pp. 127 y ss.

131. *El Nacional*, Caracas 21-01-99, p. A-4 y D-1; *El Universal*, Caracas 21-01-99, p. 1-2 y 1-3; *El Universal*, Caracas 20-01-99, p. 1-15. El titular de primera página del diario *El Nacional* del 20-01-99 rezó así: "CSJ, considera procedente realizar un referéndum para convocar la Constituyente"; el titular del cuerpo de *Política* del mismo diario, del 21-01-99, rezó así: "No es necesario reformar la Constitución para convocar el referéndum" y el del día 22-01-99 rezó así: "La Corte Suprema no alberga dudas sobre la viabilidad de la Constituyente". Véase los comentarios coincidentes de Lolymar Hernández Camargo, *La Teoría del Poder Constituyente, cit.*, p. 63.

132. Ello se deducía de la propia Exposición de Motivos del Decreto N° 3 del 02-02-99 del Presidente de la República convocando al referendo consultivo sobre la Asamblea Nacional Constituyente en la se dijo que: "b) La Corte Suprema de Justicia, en sus decisiones del 19 de ene-

prensa en el texto de la sentencia, impidieron precisar con exactitud el contenido de la misma.[133]

El resultado final de esta carencia, y la opinión pública construida de ella, buscándose evitar el conflicto constitucional, desviaron la discusión jurídica constitucional hacia otros aspectos, siendo el resultado final la convocatoria del referendo consultivo sobre la Asamblea Nacional Constituyente que se efectuó en abril de 1999, la elección de la misma en julio de 1999, y la subsiguiente asunción del "poder constituyente originario" por la Asamblea a partir de agosto de 1999, con lo cual intervino todos los poderes constituidos, entre ellos el Poder Judicial, disolviendo el Congreso y finalmente a la propia Corte Suprema que le había dado origen, dando, en fin, un golpe de Estado.

3. *El caso de Honduras de 2009: la propuesta del Presidente de la República para la realización de una consulta popular sobre la convocatoria de una Asamblea Nacional Constituyente no prevista en la Constitución, el tratamiento aplicado por el Juez Constitucional (jurisdicción contencioso administrativa) suspendiendo la propuesta, y la lamentable mala praxis final del técnico ejecutor (los militares).*

El precedente venezolano de convocatoria de un referendo consultivo sobre la convocatoria de una Asamblea Nacional Constituyente no prevista en la Constitución, para reformarla, se siguió a la letra en 2007 por el presidente Rafael Correa en Ecuador, donde se recurrió a la misma fórmula, haciéndose prevalecer la expresión de la voluntad popular mediante una simple consulta, aún manifestada sin asidero constitucional, conduciendo a la Asamblea Constituyente a la asunción del Poder total del Estado, salvo el del Presidente de la República, no sólo para redactar una nueva Constitución sino para intervenir y controlar todos los otros poderes del Estado.[134]

---

ro de 1999, ha establecido que para realizar el cambio que el país exige, es el Poder Constituyente, como poder soberano previo y total, el que puede, en todo momento, modificar y transformar el ordenamiento constitucional, de acuerdo con el principio de la soberanía popular consagrado en el artículo 4 de la Carta Fundamental; c) El referendo previsto en la Ley Orgánica del Sufragio y Participación Política, es un mecanismo democrático a través del cual se manifiesta el poder originario del pueblo para convocar una Asamblea Nacional Constituyente y un derecho inherente a la persona humana no enumerado, cuyo ejercicio se fundamenta en el artículo 50 del Texto Fundamental y que, ese derecho de participación, se aplica no sólo durante elecciones periódicas y de manera permanente a través del funcionamiento de las instituciones representativas, sino también en momentos de transformación institucional que marcan la vida de la Nación y la historia de la sociedad". (*Gaceta Oficial* N° 36.634 de 02-02-99).

133. Véase Allan R. Brewer-Carías, *Poder Constituyente Originario y Asamblea Nacional Constituyente,* Fundación de Derecho Público, Caracas 1999, pp. 66 y ss. Véase además, lo expuesto en Allan R. Brewer-Carías, *Golpe de Estado y proceso constituyente en Venezuela,* UNAM, México 2002, pp. 85 y ss.

134 Véase lo expresado sobre este proceso en Allan R. Brewer-Carías, "El inicio del proceso constituyente en Ecuador en 2007 y las lecciones de la experiencia venezolana de 1999," texto de la Videoconferencia dada el 19 de abril de 2007 desde la Universidad de Columbia, Nueva York, al Programa de Postgrados de Jurisprudencia, Universidad San Francisco de Quito, 19 abril 2007. Véase en www.allanbrewercarias.com, Sección I, 1, 949 (2007).

En Ecuador, sin embargo, lo que se evidenció fue el *síndrome del retardo* pues el Tribunal Constitucional a pesar de los intensos conflictos entre el Congreso y el Tribunal Electoral, sólo decidió sobre la convocatoria de la Asamblea Constituyente no prevista en la Constitución pero con "plenos poderes" constitucionales muy tardíamente, cuando la misma había sido electa.

En todo caso, la modalidad de la convocatoria de una consulta popular para obtener la opinión del pueblo sobre la convocatoria de una Asamblea Nacional Constituyente no prevista en la Constitución como mecanismo de reforma constitucional, para con base en la expresión popular poder convocarla, forzando la prevalencia de la soberanía popular sobre la supremacía constitucional, fue también lo que quiso imponer en Honduras el Presidente José Manuel Zelaya en 2009, con la diferencia de que en ese país, los tribunales de la jurisdicción contencioso administrativa actuando en ese caso, sin duda, como tribunales constitucionales, efectivamente asumieron su función, y funcionaron y decidieron como contralores de la constitucionalidad y legalidad de las actuaciones del Presidente de la República, llegando a suspender los efectos de los actos ejecutivos dictados en la materia.[135]

En efecto, el 24 de marzo del 2009, en cadena televisiva y de radio, el Presidente de Honduras anunció que en Consejo de Ministros del día anterior (23 de marzo de 2009), se había emitido un Decreto Ejecutivo N° PCM-05-2009, en el cual se había ordenado realizar una "amplia consulta popular" para que la ciudadanía hondureña pudiera expresar libremente su acuerdo o no con la convocatoria a una Asamblea Nacional Constituyente, a los efectos de dictar y aprobar una nueva constitución política, disponiendo que el ente que estaría a cargo de la ejecución del Decreto sería el Instituto Nacional de Estadística (INE), previendo la realización de la consulta para el último domingo del mes de junio del 2009.

El texto de la consulta popular que el Presidente de la República proponía, en lo que en definitiva era un "referendo consultivo," consistía en la siguiente pregunta:

> "¿Está usted de acuerdo que en las elecciones generales del 2009, se instale una cuarta urna para decidir sobre la convocatoria a una Asamblea Nacional Constituyente que apruebe una nueva Constitución Política?"

Este Decreto N° PCM-005-2009, según se afirmó en el primer "Considerando" del Decreto N° PCM-019-2009 de fecha 26 de mayo de 2009, *nunca se llegó a pu-*

---

135 Para la narración de los hechos y actos estatales adoptados en este caso, así como las diversas decisiones y actuaciones judiciales realizadas por la Jurisdicción contencioso administrativa y la Corte Suprema de Honduras, hemos partido exclusivamente, del estudio del contenido de las copias de las actas procesales respectivas. Véase *Expediente Zelaya*, Documentos, *El Nacional*, Caracas. Véase las copias de las actas procesales ante la Jurisdicción contencioso administrativa y la Corte Suprema de Honduras, en *Expediente Zelaya*, Documentos, *El Nacional*, Caracas. Véase Allan R. Brewer-Carías, "Reforma constitucional, asamblea nacional constituyente y control judicial contencioso administrativo: El caso de Honduras (2009) y el precedente venezolano (1999)", en *Revista Aragonesa de Administración Pública*, N° 34, (junio 2009), Gobierno de Aragón, Zaragoza 2009, pp. 481-529; y en *Revista Mexicana Statum Rei Romanae de Derecho Administrativo. Homenaje de Nuevo León a Jorge Fernández Ruiz*, Con. 3, Julio-Dic 2009, Asociación Mexicana de Derecho Administrativo, Facultad de Derecho y Criminología de la Universidad Autónoma de Nuevo León, Monterrey, México 2009, pp.11-77.

*blicar* por el Poder Ejecutivo en el Diario Oficial, "por razones de mérito y oportunidad." Por ello se lo consideró como un *acto administrativo tácito de carácter general emitido por el Poder Ejecutivo* que había sido ampliamente publicitado, aún cuando no formalmente publicado en el Diario Oficial, que es el requisito para que cualquier acto de efectos generales pueda producir efectos (artículo 255 de la Constitución y artículo 32 de la Ley de Procedimiento Administrativo).

En todo caso, en virtud de que la publicitada propuesta presidencial se apartaba de lo que la Constitución de Honduras establecía en materia de reforma constitucional, el 8 de mayo de 2009, dos fiscales del Ministerio Público, órgano constitucional al cual corresponde ser garante de la Constitución, presentaron ante el Juzgado de Letras de lo Contencioso Administrativo de Tegucigalpa (Municipio del Distrito Central), una demanda ordinaria contencioso administrativa "contra el Estado de Honduras," de declaratoria de ilegalidad y la nulidad del "*acto administrativo tácito de carácter general emitido por el Poder Ejecutivo*" y que estaba contenido en el mencionado Decreto Ejecutivo N° PCM-05-2009, por considerar que el mismo no estaba ajustado a derecho.

Los Fiscales solicitaron además, ante el mismo Juzgado contencioso administrativo, como medida cautelar, que suspendiera los efectos del acto impugnado. En el proceso (Orden de ingreso N° 151-2009), el Estado de Honduras estuvo representado por la Procuradora General de la República, quien actuó en el proceso.

El Artículo 121 de la Ley de la Jurisdicción de lo Contencioso Administrativo prescribe que procede la suspensión de efectos de los actos administrativos impugnados en vía contencioso administrativa, cuando "la ejecución hubiere de ocasionar daños o perjuicios de reparación imposible o difícil," por lo que con base en dicha norma, en el libelo de la demanda que originó el juicio, la parte demandante, es decir, el Ministerio Público, solicitó ante el Juez contencioso administrativo que dictase una medida cautelar incidental de suspensión de los efectos del acto administrativo impugnado, lo que efectivamente fue decidido por el Juzgado el 27 de mayo de 2009 mediante sentencia interlocutoria de suspensión del acto impugnado (es decir, del Decreto presidencial N° PCM-05-2009 de 23 de marzo de 2009).

Para dictar dicha sentencia interlocutoria, el Juez contencioso administrativo actuando como juez constitucional, apreció la solicitud del Ministerio Público que se fundamentaba en la consideración de que el acto administrativo impugnado era "de gran impacto que ocasionaría daños y perjuicios de reparación imposible al sistema democrático del país *en franca violación a la Constitución de la República y demás leyes,* así como perjuicios económicos, por ejecutar acciones de la dimensión de una consulta a nivel nacional, y por perjuicios graves a la sociedad de difícil reparación a todas las instituciones del poder ejecutivo, y se prohíba a todas las empresas privadas que estén ejerciendo contratos para la ejecución del decreto."

Y además, en su sentencia el Juez agregó que la parte demandada, es decir, el Estado de Honduras representado por la Procuradora General de la República, al devolver la vista, había reconocido que el Juzgado tenía la potestad de suspender actos administrativos, y había indicado que el acto impugnado, de ser ciertas las imputaciones sobre el mismo, "constituye grave infracción al ordenamiento jurídico, que lesiona intereses del Estado de Honduras y de la generalidad del pueblo hondureño, ocasionando un daño al Estado de Honduras de reparación imposible, así como de las erogaciones económicas ya que el poder ejecutivo ha publicitado por medios de comunicación privados para el cometido del acto administrativo impugnado, y que generan gastos cuantiosos para la administración pública, los que tienden a incrementarse cada día." Es decir, ambas partes en el proceso contencioso administrativo, representantes de instituciones fundamentales del Estado, estuvieron contestes con los poderes del juez contencioso administrativo sobre la suspensión de los efectos del acto impugnado, y con que dicho Juez, de acuerdo con la Ley de la Jurisdicción, emitiera la sentencia que correspondiera.

Por su parte, el Juez Titular del Juzgado contencioso administrativo para decidir la incidencia de suspensión de efectos del Decreto presidencial impugnado, consideró que cuando se resuelven solicitudes de esta naturaleza, "se ha de tomar en consideración que la tutela judicial no será efectiva, si al pronunciarse la sentencia definitiva, resulta difícil o prácticamente imposible la satisfacción de la pretensión contenida en la demanda," considerando entonces que la correcta decisión de solicitud que se le había formulado, exigía conforme a la más clásica técnica judicial en materia de medidas cautelares:

> "la ponderación y armonización de dos principios en pugna, por un lado, el de la efectiva tutela judicial, y, por otro, el de la eficacia de la acción administrativa, esto por la presunción de legitimidad del acto impugnado, principios que buscan evitar que con la ejecución del acto impugnado se causen perjuicios de difícil o imposible reparación, de no decretarse la suspensión del acto que se impugna, por lo que al decretar la suspensión de los efectos de un determinado acto impugnado lo que se busca es prever que al momento de emitirse un fallo definitivo sea meramente declarativo e ineficaz con respecto a las pretensiones del demandante."

Con base en lo anterior, el Juez en su sentencia interlocutoria de suspensión, teniendo en cuenta que ambas partes en el proceso habían estado contestes sobre sus facultades legales en materia contencioso administrativa para decidir sobre la revisión, suspensión y nulidad de actos administrativos; y considerando "que El Estado de Honduras es un Estado de Derecho, por lo que sus actuaciones están sometidas únicamente al imperio de la Constitución de la República y las leyes," decidió que era "procedente decretar la suspensión del acto administrativo tácito objeto de revisión en el presente juicio por considerar que su implementación redundaría en daños de carácter económico, político y sociales que serían de imposible reparación para el Estado de Honduras."

Esa decisión la adoptó el Juez contencioso administrativo, como se dijo, en tanto que juez constitucional, en aplicación de los artículos 5, 80, 82, 90, 245, 303, 304 y 305 de la Constitución de la República; artículos 1,11, 40 y 137 de la Ley de Organización y Atribuciones de los Tribunales; artículos 1,2; 3, 7, 13 letra b), 101, 120, 121, 122, 125, 129, 132 y 134 de la Ley de la Jurisdicción de lo Contencioso Administrativo; artículos 130, 131, 134, 138, 141 y 142 del Código de Procedimientos Civiles; y artículos 9, 15 y 16 de la Ley del Ministerio Público; y además, en aplicación del Oficio número SCSJ-3623-88 y Acuerdo número 03-98 de la Honorable Corte Suprema de Justicia.

La consecuencia de declarar con lugar la cuestión incidental de suspensión de los efectos del acto impugnado, que era el acto administrativo tácito de carácter general impugnado contenido en el Decreto Ejecutivo N° PCM-05-2009 del 23 de marzo del

2009, tal como lo habían solicitado los Fiscales del Ministerio Público demandantes, fue además, la orden judicial de suspensión de "cualquier tipo de publicidad sobre lo establecido en el mismo" y, en general, "del procedimiento de consulta a los ciudadanos por parte del Poder Ejecutivo a través del Presidente Constitucional de la República, o cualquiera de las instituciones que componen la estructura administrativa del Poder Ejecutivo."

Por tanto, el objetivo de la decisión cautelar de suspensión de efectos del acto administrativo impugnado fue el que el Presidente de la República y, en general, todos los órganos del Poder Ejecutivo se abstuvieran de realizar actividad alguna relativa a la propuesta presidencial de consulta popular a los ciudadanos sobre el tema de una Asamblea Nacional Constituyente no prevista en la Constitución. Para asegurar el cumplimiento de la sentencia, el Juez en su decisión, mandó notificarla "al Señor Presidente Constitucional de la República a través del Señor Secretario de Estado en el Despacho Presidencial, para su conocimiento y cumplimiento inmediato, haciéndole las prevenciones establecidas en el artículo 101 de la Ley de la Jurisdicción de lo Contencioso Administrativo de no cumplir la misma."

La anterior decisión del Juez contencioso administrativa, como se dijo, fue dictada el día 27 de mayo de 2009 suspendiendo los efectos del acto administrativo tácito contendido en el Decreto ejecutivo N° PCM-05-2009 de 24 de marzo de 2009 (nunca publicado), que ordenaba la realización de una consulta popular no autorizada en la Constitución. Sin embargo, y quizás sabiendo el Presidente de la República que la decisión del Tribunal Contencioso Administrativo iba a ser dictada suspendiendo los efectos de su PCM-05-2009 de 23 de marzo de 2009, el cual como se dijo nunca fue publicado en Gaceta Oficial "por razones de mérito y oportunidad"(es decir, deliberadamente); el día anterior a la sentencia, es decir, el 26 de mayo de 2009, el Presidente de la República en Consejo de Ministros emitió un "nuevo" Decreto Ejecutivo N° PCM-19-2009, el cual tampoco fue publicado en el Diario Oficial *La Gaceta* sino un mes después, es decir, el día 25 de Junio de 2009 (N° 31.945), mediante el cual se decidió anular y dejar "sin ningún valor y efecto" el Decreto PCM-05-2009 que ordenaba una consulta popular, a partir de su emisión; y que como se dijo había sido el acto impugnado y cuya suspensión de efectos era inminente. Ello, por supuesto era contradictorio: si un acto no publicado en el Diario oficial como lo decía uno de los Considerandos del decreto no surtía efectos, no parecía lógico que en el mismo decreto se resolviese "dejar sin efectos" un acto que supuestamente no había surtido efectos.

En todo caso, en lugar del Decreto de 23 de marzo de 2009 que se revocaba y, en concreto en lugar de la "consulta popular" que entonces se había ordenado, mediante un nuevo Decreto N° PCM-20-2009 dictado el mismo día 26 de mayo de 2009 (publicado también un mes después en el Diario Oficial *La Gaceta* N° 31.945 del 25 de junio de 2009), el Presidente había dispuesto que se realizase, no una consulta popular, sino "*una encuesta nacional de opinión*," que se debía llevar a cabo el 28 de junio de 1999, en la cual debía formularse una pregunta similar en su forma a la antes propuesta para la "consulta popular, pero sustancialmente distinta, de si:

> "¿Está usted de acuerdo que en las elecciones generales del 2009, se instale una cuarta urna en la cual el pueblo decida la convocatoria a una Asamblea Nacional Constituyente? Si___ No____."

En el nuevo Decreto, que se calificó como "de ejecución inmediata" aún cuando debía publicarse en el Diario Oficial (artículo 5), además, se instruía "a todas las dependencias y órganos de la Administración pública, Secretarias de Estado, Instituciones Descentralizadas y Desconcentradas, para que se incorporasen y ejecutasen activamente, "todas las tareas que le sean asignadas para la realización del proyecto denominado "Encuesta de Opinión Pública convocatoria Asamblea Nacional Constituyente," considerando que según el referido Decreto, ello constituía, "una actividad oficial del Gobierno."

La diferencia era notoria: antes lo que se buscaba era que el pueblo, con una respuesta afirmativa a la pregunta de la "consulta popular," decidiera "*sobre la convocatoria a una Asamblea Nacional Constituyente que apruebe una nueva Constitución Política*"; ahora lo que se buscaba era que el pueblo con una respuesta afirmativa a la pregunta de una "encuesta nacional de opinión," decidiera "*la convocatoria a una Asamblea Nacional Constituyente."* El efecto de la manifestación popular era, por tanto, radicalmente distinto, y lo que aparentemente era una propuesta para una "consulta popular" y luego para una "encuesta de opinión," se había convertido en una propuesta para un referendo decisorio tendiente a lograr una "decisión" popular al margen de la Constitución. Tal como ocurrió en Venezuela en febrero de 1999, cuando el Presidente de la República, utilizando la vía de un "referendo consultivo" previsto en una ley, propuso la formulación de una pregunta que era más bien la de un referendo decisorio no previsto en ley alguna, con el cual se pretendía modificar la Constitución.[136]

El nuevo Decreto N° PCM-20-2009, por otra parte, contenía una extensa motivación entre otros, en los Artículos 2 y 5,1 de la Constitución, en los cuales se dispone que la soberanía corresponde al pueblo del cual emanan todos los Poderes del Estado, agregando que "el Gobierno debe sustentarse en el principio de la democracia participativa del cual se deriva la integración nacional, que implica participación de todos los sectores políticos en la administración pública, a fin de asegurar y fortalecer el progreso de Honduras basado en la estabilidad política y en la coalición nacional." En los considerandos del Decreto se afirmaba igualmente que "la sociedad hondureña ha experimentado cambios sustanciales y significativos en los últimos veintisiete años, cambios que demandan un nuevo marco constitucional para adecuarlo a la realidad nacional, como una legítima aspiración de la sociedad." Por último, en el decreto se afirmó que había sido en virtud de diversas solicitudes de ciudadanos en forma individual o por medio de sectores y grupos sociales organizados del país, que el Poder Ejecutivo, había "decidido convocar a la ciudadanía en general para que emita su opinión y formule propuestas de solución a problemas colectivos que les afecte; como ser la instalación de una cuarta urna que permita un eficaz ejercicio de su derecho."

Dos días después de este Decreto N° PCM-19-2009, en fecha 29 de mayo del 2009, el Presidente de la República, mediante cadena nacional informo al pueblo Hondureño a través del entonces Secretario de Estado en el Despacho de la Defensa Nacional, Dr. Edmundo Orellana Mercado, que el Presidente constitucional en Consejo de Ministros, había aprobado otro acuerdo ejecutivo N° 027-2009, en el cual se ordenaba se llevase a la practica una "encuesta nacional de opinión," bajo la respon-

136. Véase en Allan R. Brewer-Carías, *Asamblea Constituyente y Ordenamiento... cit.*, pp. 180 ss.

sabilidad del Instituto Nacional de Estadística (INE), y en este, se ordenaba a las Fuerzas Armadas de Honduras, que apoyasen con sus medios logísticos y demás recursos necesarios al Instituto Nacional de Estadística (INE), estableciendo que dicho acuerdo ejecutivo entraba en vigencia a partir de su fecha (29/05/09).

Estos Decretos, son de los que en el derecho administrativo se conocen como "reedición" de los actos administrativos dictados después de que han sido impugnados en vía contencioso administrativa y, en este caso, en la víspera de que se suspendieran judicialmente sus efectos, por otros actos administrativos que en definitiva perseguían objetivos similares, lo que está proscrito en materia contencioso administrativa, pues constituye una burla a los poderes de control de la jurisdicción.

El mismo día del anuncio presidencial del decreto N° PCM-27-2009, el 29 de mayo de 2009, los abogados del Ministerio Público que actuaban como parte demandante en el proceso contencioso administrativo (parte incidentista) solicitaron aclaratoria de la sentencia interlocutoria de suspensión de efectos que se había dictado, y el Juez Titular, al constatar sus propios poderes como los de todos los jueces de la Jurisdicción contencioso administrativa para adoptar "cuantas medidas sean necesarias para satisfacer totalmente lo resuelto en los fallos que emitan, esto, a fin de asegurar el estricto cumplimiento de lo ordenado en los mismos, para la ejecución de la tutela judicial efectiva, y no se evadan a través de otros actos administrativos, las disposiciones contenidas en sus fallos", consideró "que de haberse emitido, o de emitirse acto administrativo que contravenga o venga a contravenir lo dispuesto en la sentencia interlocutoria de fecha 27 de Mayo del 2009, sería para evadir lo ordenado en la misma, así como el mandato judicial mismo, por lo que cualquier decisión administrativa dictada en este sentido es improcedente, por no poder evadirse el mandamiento judicial a través de actos administrativos."

Como consecuencia, resolvió aclarar en sentencia de 29 de mayo de 2009, que

> "La Sentencia Interlocutoria de fecha 27 de mayo del 2009 en el sentido que los efectos de la suspensión ordenada, del acto tácito de carácter general que contiene el Decreto Ejecutivo número PCM-05-2009 de fecha 23 de marzo del 2009, incluye a cualquier otro acto administrativo de carácter general o particular, que se haya emitido o se emita, ya sea expreso o tácito, por su publicación o falta de publicación en el Diario Oficial *La Gaceta*, que conlleve al mismo fin del acto administrativo tácito de carácter general que ha sido suspendido, así como cualquier cambio de denominación en el procedimiento de consulta o interrogatorio, que implique evadir el cumplimiento de la sentencia interlocutoria que se aclara."

Es decir, el juez contencioso administrativo censuró, conforme a lo previsto en los Artículos 82, 84, 132 y 134 de la Ley de la Jurisdicción de lo Contencioso Administrativo; y en el artículo 195 del Código de Procedimientos Civiles, cualquier tipo de "reedición" o novación administrativa que pudiera permitir burlar los efectos de la decisión judicial de suspensión de efectos de la "consulta popular" que había sido ordenada por el Presidente de la República, cualquiera que fuese la "forma" que se le pretendiera dar.

Contra las decisiones del Juzgado de Letras de lo Contenciosos Administrativo, es decir, contra la sentencia interlocutoria de 27 de mayo de 2009 y su aclaración de 29 de mayo de 2009, que declaró con lugar la cuestión incidental de suspensión de efectos del Decreto Ejecutivo impugnado, y se prohibió cualquier tipo de publicidad sobre el procedimiento de consulta a los ciudadanos por parte del Poder Ejecutivo que comprometiera la estructura administrativa del Poder Ejecutivo y cualquier otro que se emitiera aunque cambiase de denominación, el Presidente Constitucional de la República en su condición de Titular del Poder Ejecutivo, representado por un abogado, intentó acción de amparo por ante la Corte de Apelaciones de lo Contencioso Administrativo en Tegucigalpa.

Esta Corte, en sentencia de 16 de junio de 2009, consideró que siendo el proceso contencioso administrativo desarrollado ante el Juzgado de Letras, un proceso en el cual las partes eran el Ministerio Público como demandante, y el Estado de Honduras como demandado, la acción de amparo que pudiera intentarse contra las decisiones dictadas en el proceso sólo podían ser interpuestas por las partes interesadas en el mismo; de lo que concluyó resolviendo que "siendo el demandado, el Estado de Honduras, resulta obvio que quien interpone el amparo carece de legitimación para ejercer la presente acción, puesto que constitucionalmente el representante legal del Estado es la Procuraduría General de la República, quien no ha interpuesto recurso alguno y por ende ha consentido la sentencia y la aclaración recurrida." De ello concluyó la Corte de Apelaciones que en el caso sometido a su consideración, la acción de amparo intentada resultaba inadmisible, lo que ocurre "cuando los actos hayan sido consentidos por el agraviado y se entenderán que han sido consentidos por el agraviado, cuando no se hubieren ejercitado, dentro de los términos legales, los recursos o acciones;" resolviendo entonces, en nombre del Estado de Honduras, rechazar de plano la demanda de amparo por considerarla inadmisible, en aplicación de los artículos 183, 228, 303, 304, 321, 322 y 323 de la Constitución de la República; 41, 44, 46 numeral 3 y párrafo ultimo de la Ley Sobre la Justicia Constitucional.

A los efectos de dar cumplimiento a la sentencia interlocutoria antes referida, en fecha 3 de Junio de 2009, el Juzgado de Letras de la Jurisdicción de lo Contencioso Administrativo, libró una primera comunicación judicial dirigida al Presidente de la República, a través del Secretario de Estado en el Despacho de la Presidencia, para que adoptase las medidas que procedieran y practicase lo exigido en cumplimiento de la sentencia interlocutoria dictada.

Posteriormente, uno de los abogados del Ministerio Público, con fecha 18 de junio de 2009, solicitó al Juzgado de Letras Contencioso Administrativo, que nuevamente librara comunicaciones judiciales dirigidas al Presidente de la República y al secretario de Estado de la Presidencia, a efecto de que informasen ante el Juzgado sobre las medidas que hubiesen adoptado para dar estricto cumplimiento a la sentencia interlocutoria de 27 de mayo de 2009 y su aclaratoria de fecha 29 de mayo de 2009, y asimismo para que se abstuviesen de realizar actos de carácter general o particular distintos a lo ordenado en la antes mencionada sentencia interlocutoria y su respectiva aclaratoria.

Acorde con ello, el Juez titular del Juzgado de Letras de lo Contencioso Administrativo, en la misma fecha 18 de junio de 2009, libró sendas comunicaciones judiciales dirigidas Presidente de la República y al Secretario de Estado en el Despacho de la Presidencia, requiriéndoles que informasen sobre las medidas que hubiesen adoptado para dar estricto cumplimiento a la sentencia interlocutoria antes mencionada, y para que se abstuviesen de realizar actos generales y particulares contrarios a la misma, "haciéndole la advertencia que de verificarse el incumplimiento de la sentencia interlocutoria y su respectiva aclaratoria antes mencionadas, se le hace la advertencia de lo establecido en el artículo 349 del Código Penal, sin perjuicio de la responsabilidad civil en que incurriere por los daños y perjuicios que causare a los interesados; asimismo, de infringir lo dispuesto en la sentencia interlocutoria y su respectiva aclaratoria antes mencionadas, este Juzgado le aplicará multa que se hará efectiva mediante el procedimiento de apremio, la que no podrá ser menor de quinientos lempiras (Lps. 500.00), ni mayor de cinco mil lempiras (Lps. 5,000.00)." El informe que se solicitaba, conforme a las notificaciones judiciales, debía ser rendido "bajo su personal y directa responsabilidad ante este Juzgado en el plazo máximo e improrrogable de cinco (5) días hábiles siguientes a recibida la presente, comunicación, advirtiéndole que de no hacerlo así en el plazo señalado, este Juzgado le impondrá multa por cantidad no inferior a los doscientos lempiras (Lps. 200.00), ni superior a los dos mil lempiras (Lps. 2,000.00)."

Luego, el mismo día 18 de junio de 2009, el Juez libró una tercera comunicación judicial dirigida al Presidente de la República, a través de la Secretaría General del Despacho Presidencial, a fin que dentro del plazo de cinco (5) días, informara al órgano jurisdiccional que medidas había adoptado para dar cumplimiento a la sentencia interlocutoria y su respectiva aclaración. Ninguna de las comunicaciones anteriores fueron respondidas por el Presidente de la República ni por funcionario alguno del Poder Ejecutivo.

A pesar de las precisas órdenes judiciales emanadas del Juzgado de lo contencioso administrativo, que prohibían al Presidente de la República realizar actos generales y particulares contrarios a la decisión de suspensión de efectos del Decreto presidencial sobre la consulta popular sobre la Asamblea Constituyente, éste continuó con su proyecto de realizar la "encuesta de opinión" prohibida judicialmente.

El Juzgado de Letras Contencioso Administrativo, en atención al requerimiento formulado por el Fiscal General de la República en el cual denunció el desacato por parte del Poder Ejecutivo de las órdenes judiciales, con fecha 26 de junio de 2009 dictó una nueva decisión judicial ordenando a las Fuerzas Armadas de Honduras, por medio del Jefe del Estado Mayor Conjunto, "el *inmediato decomiso* de toda la documentación y material necesario y relacionado con la encuesta de opinión que el Poder Ejecutivo, en *abierta violación a la orden emanada de este Juzgado*, pretende realizar el día domingo 28 de junio de dos mil nueve."

Para adoptar esta decisión judicial, el Juez se había previamente dirigido al Jefe del Estado Mayor Conjunto de las Fuerzas Armadas de Honduras solicitándole información sobre el cumplimiento de lo ordenado por el Juzgado, a lo que las Fuerzas Armadas habían respondido el 24 de junio de 2009, informándole "que han acatado lo ordenado en la misma."

La decisión judicial de decomiso antes indicada se adoptó luego de que el Juez expresara, *primero,* que en virtud de la decisión judicial de fecha 27 de mayo de 2009, se había ordenado la suspensión de "toda actividad tendiente a realizar cualquier tipo de consulta o encuesta de opinión con el objetivo de instalar una cuarta urna en las elecciones generales de noviembre próximo para convocar a una Asamblea Nacional Constituyente; *lo que conlleva inexorablemente la derogatoria de la Constitución de la República;*" *segundo*, "con el objeto de dar cumplimiento a la suspensión decretada mediante el fallo supraindicado se libraron las correspondientes comunicaciones judiciales a efecto de dar conocimiento a distintas instituciones, entre ellas la Presidencia de la República, a que se *abstuviesen de continuar realizando actividades orientadas a la realización de cualquier consulta o encuesta de opinión*;" y *tercero*, "que a pesar de lo anterior, el Poder Ejecutivo, en pleno *desconocimiento del fallo judicial, ha continuado con el intento de realizar la encuesta de opinión* programada para el próximo domingo 28 de los corrientes."

El Juez contencioso administrativo para ordenar el decomiso de toda la documentación y material necesario y relacionado con la encuesta de opinión que el Poder Ejecutivo pretendía realizar "en abierta violación a la orden emanada de este Juzgado," partió de lo dispuesto en el artículo 304 de la Constitución, que atribuye a los "órganos jurisdiccionales aplicar las leyes a casos concretos; juzgar y ejecutar lo juzgado." Consideró, además, que conforme a la previsión del artículo 274 de la Constitución, las Fuerzas Armadas "están sujetas a las disposiciones de su Ley Constitutiva y a las demás leyes y reglamentos que regulen su funcionamiento," y conforme al artículo 1 de la Ley Constitutiva de las Fuerzas Armadas, estas se instituyen para, entre otras cosas, "defender el imperio de la Constitución."

Con base en lo anterior; consideró que "siendo que la celebración de la Encuesta de Opinión tiene como propósito final mancillar la Constitución de la República; las Fuerzas Armadas de Honduras, en apego a las disposiciones anteriormente relacionadas, son la institución llamada a su defensa evitando la consumación de tal propósito," resolviendo de acuerdo con los artículos 272,304 y 274 de la Constitución de la República; 1, 132 y de la Ley de la Jurisdicción Contencioso Administrativo; 1 de la Ley Constitutiva de las Fuerzas Armadas,

> "PRIMERO: Ordenar a las Fuerzas Armadas de Honduras, por medio del Jefe del Estado Mayor Conjunto, el *inmediato decomiso* de toda la documentación y material necesario y relacionado con la *encuesta de opinión que el poder ejecutivo, en abierta violación a la orden emanada de este juzgado, pretende realizar el día domingo 28 de junio de dos mil nueve*. Asimismo se le ordena a las Fuerzas Armadas de Honduras, que dichos documentos y material relacionado, por constituir una amenaza flagrante a la Constitución de la República, sea incinerado de forma inmediata."

A los efectos de que se realizase la medida ordenada, el Juez habilitó todos los días y horas inhábiles, bajo la coordinación técnica y legal de la Fiscalía General de la República; exigiéndose a todos los funcionarios y empleados de las diferentes Secretarías de Estado, entes descentralizados y desconcentrados, brindar toda la colaboración necesaria a fin de que las Fuerzas Armadas de Honduras pudiesen realizar de forma oportuna y eficiente el decomiso del material destinado a ser usado en la Encuesta de Opinión mencionada. A tal efecto, además, el juez facultó a las Fuerzas Armadas de Honduras, con el propósito del efectivo cumplimiento de lo ordenado, a utilizar los bienes e instalaciones de las instituciones del Estado, que considerase necesarias, en especial, las telecomunicaciones."

El mismo día 24 de junio de 2009, al acatar el Jefe del Estado Mayor Conjunto de las Fuerzas Armadas y proceder a decomisar el material destinado a la realización de la encuesta de opinión prohibida por el Juez contencioso administrativa, que se consideraba violatoria de la Constitución, el Presidente de la República mediante resolución, procedió a separar al señor Romeo Orlando Vásquez Velásquez de su cargo de Jefe del Estado Mayor Conjunto de las Fuerzas Armadas de Honduras.

Tanto el General Vásquez Velásquez, mediante abogado, como el Fiscal Especial para la Defensa de la Constitución René Mauricio Aceituno Ulloa actuando a favor de *los intereses generales de la sociedad y del orden jurídico constitucional*, interpusieron sendos recursos de amparo contra la resolución presidencial mencionada, por ante la Sala Constitucional de la Corte Suprema de Justicia (Registro Nos. 881 y 883-09), la cual luego de acumular los recursos, en fecha 25 de junio de 2009 decidió con base en lo establecido en el artículo 40 de la Ley Constitutiva de las Fuerzas Armadas, contenida en el decreto 39-2001, de fecha 30 de abril del 2001, que es la Ley Especializada y aplicable en el caso; en los artículos 183, 245, 278, 280, 303, 313 atribución 5ta, 316, 321 y 323 de la Constitución de la República; en el artículo 8 de la Declaración Universal de los Derechos Humanos; en los artículos 8 y 25 de la Convención Americana sobre Derechos Humanos; en los artículos 1, 2, 4, 5, 7, 9 numeral 3 letra a), 41, 43, 44, 45, 48, 49, 59 numeral 1), 119, 124 y demás aplicables de la Ley Sobre Justicia Constitucional; a admitir los recursos de amparo de mérito, y "decretar bajo la responsabilidad de los recurrentes la suspensión provisional del acto reclamado," ordenando "a la autoridad recurrida la inmediata remisión de los antecedentes formados al efecto o en su defecto el correspondiente informe dentro del plazo de un (01) día." La Sala Constitucional, además, mandó que se diera "inmediato cumplimiento a lo ordenado" en la providencia que se ordenó comunicar al Presidente de la República.

El día 25 de junio de 2009, el Presidente de la República, junto a varias personas, entre ellos funcionarios del Poder Ejecutivo, después de haber realizado un pronunciamiento público en las instalaciones de la Casa de Gobierno y que fue de conocimiento general a través de los diferentes medios de comunicación, anunciando qua él tenía que realizar una misión, le pidió a la gente que se encontraba reunida en el lugar que lo acompañara, y se traslado a las instalaciones de la base área "Hernán Acosta Mejía", lugar del cual el Presidente de la República, desacatando de nuevo las decisiones judiciales, retiró 814 cajas que contenían el material que sería utilizado para realizar la encuesta de opinión, que había ordenado realizar a nivel nacional el día domingo 28 de junio del 2009, y que había sido prohibida por el Poder Judicial.

Con motivo de todos los desacatos presidenciales ante las decisiones judiciales, y la actuación del Presidente de la república en contra de la Constitución, el día 25 de junio de 2009, el Fiscal General de la República, "en representación de los mas altos intereses generales de la Sociedad Hondureña," compareció ante la Corte Suprema de Justicia, formulando requerimiento fiscal en contra del Presidente de la República José Manuel Zelaya Rosales, a quien lo acusó como responsable, a título de autor, de los delitos contra la forma de gobierno, traición a la patria, abuso de autoridad y usurpación de funciones, en perjuicio de la administración pública y el Estado de Honduras, solicitando se librase contra él orden de captura, y luego de que se le comunicasen los hechos que se le imputaban, se le recibiera su declaración de imputado, se le suspendiera en el ejercicio del cargo, y se autorizase allanamiento de morada.

Las diversas actuaciones descritas por el Fiscal General ante la Corte, y atribuidas al Presidente de la República, consideró que se subsumían en los siguientes tipos penales:

*Primero*, en el Delito contra la Forma de Gobierno tipificado en el artículo 328,3 del Código Penal a cuyo efecto el Fiscal General consideró que si bien es cierto, el Gobierno debe sustentarse en el principio de la democracia participativa, los únicos mecanismos de consulta a los ciudadanos en el ordenamiento de Honduras son el referéndum y el plebiscito, correspondiendo exclusivamente al Congreso Nacional conocer de los mismos y discutir las peticiones, las cuales deben ser aprobadas mediante decreto con el voto afirmativo de las dos terceras partes de la totalidad de sus miembros, en el cual se deben determinar los extremos de la consulta, correspondiendo al Tribunal Supremo Electoral la convocatoria correspondiente, siendo dicho órgano y no el Poder Ejecutivo, el único ente legitimado para convocar, organizar y dirigir las consultas a los ciudadanos (artículo 5 de la Constitución).

El Fiscal General consideró que siendo el tipo penal un delito de peligro abstracto y de mera actividad, basta la sola realización de actos encaminados fuera de las vías legales a cualesquiera de los fines estipulados en el artículo 328 del Código Penal, para que se configure el ilícito penal enunciado; siendo la publicidad difundida a través de los diferentes medios de comunicación, promoviendo la convocatoria para la consulta popular o encuesta de opinión popular, actuaciones que caen dentro del supuesto de la norma penal sustantiva, lesionando la Segundad Interior del Estado como bien jurídico, objeto de protección, al constituir un acto encaminado fuera de las vías legales tendiente a despojar en parte las facultades que la constitución le atribuye al Congreso Nacional y al Tribunal Supremo Electoral.

*Segundo*, en el delito de Traición a la Patria, que el Fiscal General consideró tipificado en la Constitución de la República, derivado de los intentos de realizar reformas constitucionales contrariando lo dispuesto en los artículos 2, 4, 5, párrafo séptimo, 373 y 374; y estimó como dirigido a "afectar las bases constitucionales de la unidad del Estado como un Ente político, acciones que se consuman a través de actos encaminados fuera de las vías legales a despojar en parte las facultades atribuidas a los Poderes legalmente constituidos, indicando que ese era el caso concreto el Presidente de la República José Manuel Zelaya, quien, estimó

> "suplantó la soberanía popular, la cual se ejerce en este País por representación de conformidad a lo que establece la norma constitucional, donde la soberanía corresponde al pueblo del cual emanan todos los Poderes del Estado, asimismo arrogándose facultades que nunca las tuvo en virtud que las mismas son de competencia del Congreso Nacional, en virtud de que a través de la emisión de tres decretos ejecutivos, convoco a la ciudadanía Hondureña a participar en una encuesta de opinión popular para que "el pueblo decida la convocatoria a una Asamblea Nacional Constituyente."

En tal sentido, consideró el Fiscal General que el hecho de convocar a una Asamblea Nacional Constituyente, "es evidente que con la misma se pretende derogar la actual Constitución," y conforme a los artículos 373, 374 y 375 de la Constitución, "bajo ninguna circunstancia se podrá dictar y aprobar una nueva constitución porque esta traería consigo *la reforma de artículos pétreos,* mismos que no podrán reformarse en ningún caso," todo lo cual configura una "conducta contraria a derecho por parte del Ciudadano Presidente de la República, suplantando al Poder Legislativo a convocado a la Ciudadanía Hondureña a la encuesta de opinión."

*Tercero*, en el delito de Abuso de Autoridad regulado en el artículo 349,1 del Código Penal y que sanciona al funcionario o empleado público "que se niegue a dar el debido cumplimiento a órdenes, sentencias, providencias, acuerdos o decretos dictados por autoridades judiciales o administrativas dentro de los límites de sus respectivas competencias y con las formalidades legales..." En este caso, consideró el Fiscal General que se reúnen los elementos objetivos de este tipo penal, "en vista de que el Ciudadano Presidente de la República en flagrante omisión a los apercibimientos emanados a través de las comunicaciones libradas por el Juzgado de lo Contencioso Administrativo," incumplió con las disposiciones contenidas relativas a la ejecución de la sentencia, y a pesar de haber sido apercibido, hizo caso omiso, y "con pleno conocimiento y voluntad, procedió a realizar actos contrarios a la sentencia dictada."

*Cuarto*, en el tipo penal de Usurpación de Funciones conforme el artículo 354 del Código Penal, ya que conforme al artículo 15, numeral 5 y 8 de la Ley Electoral y de las Organizaciones Políticas, es atribución del Tribunal Supremo Electoral, organizar dirigir, administrar y vigilar los procesos electorales y consultas populares; así como convocar a elecciones, referéndums y plebiscitos; y además, conforme al artículo 5, quinto párrafo de la Constitución, "corresponde únicamente al Tribunal Supremo Electoral, convocar, organizar y dirigir las consultas a los ciudadanos señalados en los párrafos anteriores"

En el caso, consideró el Fiscal General que el hecho del Presidente de la República de emitir tres decretos, "referentes a la realización de una consulta, llamada posteriormente encuesta de opinión," cuyo objetivo era "consultar si las personas estaban de acuerdo con la instalación de una cuarta urna en las elecciones generales para decidir si se convoca a una Asamblea Nacional Constituyente que emita una nueva Constitución de la República," lo que era atribución exclusiva del Tribunal Supremo Electoral.

El Fiscal General, además, destacó que en la gama de delitos imputados, el Presidente de la República además "vulneró el principio de legalidad el cual se encuentra descrito en el artículo 321 Constitución de la República, que establece: "Los servidores del Estado no tienen más facultades que las que expresamente les confiere la ley..." ejerciendo arbitrariamente la función pública con desviación y abuso de poder.

Con fundamento en lo que expuso ante la Corte Suprema de Justicia, el Fiscal General consideró que debido a la alta investidura que como alto Funcionario del Estado ostentaba el presidente "y existiendo un peligro de fuga por la gravedad de la pena que pueda imponérsele" como resultado del proceso, solicitó se ordenase el allanamiento de Morada para la aprehensión del acusado José Manuel Zelaya Rosales. El Fiscal General, además, para evitar la impunidad y en virtud de que conforme al artículo 33 de la Ley de la Administración Pública los Secretarios de Estado son colaboradores del Presidente de la República, y teniendo el titular de la Secretaria de Estado en los Despachos de Seguridad a través de la Policía Nacional, la facultad legal de hacer efectivas las órdenes de captura emanadas de autoridad competente, debido al conflicto de intereses y al temor fundado que tenía el Ministerio Público que no se le diera cumplimento a la orden Judicial, solicitó de la Corte Suprema que se instruyera a las Fuerzas Armadas de Honduras a través del Jefe del Estado Mayor Conjunto, la facultad de hacer que se cumplan los mandatos de la constitución, las leyes y Reglamentos le imponen a las Fuerzas Armadas, y procedieran hacer efectiva la orden de captura del acusado Presidente.

Con fecha 26 de junio de 2009, conforme a lo alegado y solicitado por el Fiscal General, la Corte Suprema de Justicia resolvió y en consecuencia se dirigió al Jefe del Estado Mayor Conjunto de las Fuerzas Armadas, General de División, Romeo Vásquez Velásquez, ordenando la captura del Presidente de la República de Honduras, José Manuel Zelaya Rosales, "a quien se le supone responsable de los delitos de: *contra la forma de gobierno, traición a la patria, abuso de autoridad y usurpación de funciones* en perjuicio de la Administración Pública y del Estado de Honduras." La Corte Suprema también se dirigió en la misma fecha, al Estado Mayor Conjunto de las Fuerzas Armadas de Honduras, ordenando proceder en el momento pertinente al allanamiento de la vivienda del Presidente de la República de Honduras, José Manuel Zelaya Rosales,

> "entre las seis de la mañana y las seis de la tarde y ponerlo a la orden de la autoridad correspondiente por suponerlo responsable de la comisión de los hechos delictivos: CONTRA LA FORMA DE GOBIERNO, TRAICIÓN A LA PATRIA, ABUSO DE AUTORIDAD Y USURPACIÓN DE FUNCIONES en perjuicio de la Administración Pública y del Estado de Honduras, lo anterior a raíz del requerimiento fiscal presentado en esta Corte por parte del Ministerio Publico."

El día 28 de junio de 2009, sin embargo, la orden judicial no fue ejecutada tal como se ordenó judicialmente, y el Presidente Zelaya después de haber sido detenido en su residencia durante la noche, fue ilegalmente extrañado del país y un avión lo trasladó a Costa Rica, indudablemente en violación de lo previsto en los artículos 81 y 102 de la Constitución.

Al día siguiente, 29 de junio de 2009, la Corte Suprema de Justicia, consideró que como era "de público y notorio conocimiento que el ciudadano José Manuel Zelaya Rosales, ha dejado de ostentar la condición de Presidente Constitucional de la República," carácter por el cual había sido presentado el Requerimiento Fiscal ante el Supremo Tribunal de Justicia, para que se le siguiese el procedimiento establecido en la normativa procesal penal que regula el enjuiciamiento criminal para los más altos funcionarios del Estado; al haber dejado el Presidente Zelaya de ostentar la condición de alto funcionario del Estado, consideró la Corte que entonces no era procedente seguir su enjuiciamiento de conformidad a los artículos 414, 415, 416, 417 del Código Procesal Penal, debiéndose en consecuencia, conocerse por la vía del procedimiento penal ordinario, "a fin de garantizarle así las reglas propias del debido proceso al imputado." Como consecuencia, resolvió, además de tener por presentado el Requerimiento Fiscal junto con los documentos que se acompañaron, remitirlo al Juzgado de Letras Unificado de lo Penal de Tegucigalpa, para que se continuase con el procedimiento ordinario establecido en el Código Procesal Penal.

En esta decisión, la Corte Suprema, sin embargo, no suministró fundamento jurídico alguno ni indicó con base en qué acto jurídico el Presidente Zelaya el día 28 de junio había "dejado de ostentar la condición de Presidente Constitucional de la República;" limitándose a decir que ello era de "de público y notorio conocimiento." Lo que había ocurrido, en realidad, era que había sido expatriado (eso era quizás lo público y notorio) en forma inconstitucional, pero no por ello habría dejado de ser

Presidente Constitucional. En este aspecto, el tema que habría quedado pendiente de resolver es si, para el caso de que el Presidente expatriado llegase a regresar al país, si debería continuar ser procesado por la Corte Suprema de Justicia, en virtud de su condición de Presidente, y no por parte de un tribunal penal ordinario como ex funcionario.

En Honduras, sin la menor duda, el Juzgado de Letras Contencioso Administrativo con sede en Tegucigalpa, al ejercer el control de la constitucionalidad e ilegalidad sobre los actos administrativos dictados por el Presidente de Honduras relativos a la consulta popular sobre la convocatoria de una Asamblea Nacional Constituyente, actuó como juez constitucional, ejerciendo las competencias que le asigna la Ley 29/1998 reguladora de la Jurisdicción Contencioso Administrativa; competencia de control que, lamentablemente, aún por la vía del recurso contencioso administrativo de interpretación, la Sala Político Administrativa de la Corte Suprema de Venezuela actuando como juez contencioso administrativo diez años antes se abstuvo de ejercer, cuando le tocó resolver sobre la misma inconstitucional situación: la convocatoria de un referendo consultivo por el Presidente de la república sin estar previsto este mecanismo de reforma constitucional en el texto de la Constitución.

De las previsiones constitucionales tanto en Honduras como en Venezuela, en efecto, el ejercicio de la justicia constitucional corresponde conforme a la Constitución, no sólo a la Jurisdicción Constitucional que en ambos países ejercen las Salas Constitucionales del Supremo Tribunal, sino a la Jurisdicción Contencioso Administrativa, al ejercer su competencia de anulación de los actos administrativos de efectos generales o particulares contrarios a derecho, es decir, contrarios a la Constitución, a las leyes o a las demás fuentes del derecho administrativo[137]. Es decir, todos los jueces contencioso administrativos, conforme al artículo 259 de la Constitución de Venezuela y a la Ley reguladora de la Jurisdicción Contencioso Administrativa en Honduras, tienen potestad para declarar la nulidad de los actos administrativos, no sólo por ilegalidad sino por inconstitucionalidad, ejerciendo la justicia constitucional.

De lo anterior resulta que así como debe diferenciarse la Jurisdicción Constitucional que se atribuye a las Salas Constitucionales, de la función de justicia constitucional que corresponde conforme a las Constituciones de Venezuela (artículo 334) y Honduras (artículo 320) a todos los jueces; también, debe establecerse claramente la diferenciación entre la Jurisdicción Constitucional y la Jurisdicción Contencioso Administrativa, la cual radica en la competencia *por el objeto* que se atribuye a los Tribunales que las componen: la Jurisdicción Constitucional que corresponde a los Tribunales Supremos en *Sala Constitucional,* tiene por objeto conocer de las acciones de nulidad por inconstitucionalidad *contra las leyes y demás actos de rango legal o ejecución directa e inmediata de la Constitución;* en cambio, la Jurisdicción Contencioso Administrativa que corresponde a los tribunales de la misma conforme a la Ley, tiene por objeto, entre otros, conocer de las acciones de nulidad por inconstitucionalidad o ilegalidad *contra los actos administrativos* generales o particulares,

---

137 Véase Allan R. Brewer–Carías, *La Justicia Constitucional*, Universidad Nacional Autónoma de México, México 2007, pp. 447 ss.; y *La Justicia Contencioso Administrativa,* Tomo VII, *Instituciones Políticas y Constitucionales,* Editorial Jurídica Venezolana, Caracas–San Cristóbal 1996, pp. 26 ss.

que siempre son de rango *sub legal;* o como lo precisa la Ley reguladora de la Jurisdicción Contencioso Administrativa de Honduras, los tribunales de la Jurisdicción "conocerán de las pretensiones que se deduzcan en relación con la actuación de las Administraciones públicas sujeta al Derecho Administrativo, con las disposiciones generales *de rango inferior a la Ley* y con los Decretos legislativos cuando excedan los límites de la delegación" (art. 1). Por ello, de acuerdo con el artículo 76,1 de la Ley Justicia Constitucional de Honduras (2004), la acción de inconstitucionalidad procede "contra las leyes y otras normas de carácter y aplicación general *no sometidos al control de la jurisdicción contencioso administrativa*, que infrinjan preceptos constitucionales."[138]

Esto implica que ambas Jurisdicciones se diferencian por el objeto de las acciones y no por el motivo de las mismas: la Jurisdicción Constitucional conoce de la nulidad de las leyes y demás actos de rango legal o de ejecución directa e inmediata de la Constitución; en cambio, la Jurisdicción Contencioso Administrativa, conoce de la nulidad de los actos administrativos, que son de rango sub-legal, sea cual fuere el motivo de impugnación. En Honduras, a la Sala Constitucional, conforme al artículo 319,12 le corresponde la competencia para "declarar la inconstitucionalidad de las leyes en la forma y casos previstos en esta Constitución", como competencia "originaria y exclusiva" (artículo 184), previéndose que "las sentencias que declaren la inconstitucionalidad de una norma será de ejecución inmediata y tendrá efectos generales, y por tanto derogarán la norma inconstitucional' (art. 316). Con esta previsión incorporada en la Constitución, en la reforma de 2000 se pasó así de un método de control concentrado de constitucionalidad de las leyes con efectos *inter partes*, a un método de control concentrado con efectos generales, *erga omnes*, permaneciendo previsto el método difuso de control de la constitucionalidad de las leyes (art. 320), aún cuando sin operatividad, como potestad atribuida a todos los jueces para desaplicar las leyes que consideren inconstitucionales al decidir los casos concretos que deben resolver.

Con base en estos poderes del juez contencioso administrativo de actuar como juez constitucional, controlando la constitucionalidad y legalidad de las actuaciones del Poder Ejecutivo, fue que se desarrolló en Honduras el proceso judicial contencioso administrativo contra los decretos presidenciales de marzo-mayo de 2009 para la convocatoria de una consulta popular o encuesta de opinión que encubrían una propuesta de referendo "decisorio" sobre la convocatoria de una Asamblea Nacional Constituyente, y que condujeron finalmente a la orden de detención y a la orden de enjuiciamiento del Presidente de la República, José Manuel Zelaya, entre otros hechos y actos, por desacato a las decisiones del Poder Judicial.

El control judicial desarrollado por la Jurisdicción Contencioso Administrativa, en todo caso, puede decirse que fue un proceso de defensa de la democracia; sin

---

138 Véase en general sobre la ley de Justicia Constitucional de Honduras, nuestros comentarios, Allan R. Brewer-Carías, "El sistema de justicia constitucional en Honduras" en *El sistema de Justicia Constitucional en Honduras (Comentarios a la Ley sobre Justicia Constitucional)*, Instituto Interamericano de Derechos Humanos, Corte Suprema de Justicia. República de Honduras, San José, 2004, pp. 1-148; y "La reforma del sistema de justicia constitucional en Honduras", en *Revista Iberoamericana de Derecho Procesal Constitucional. Proceso y Constitución* (Directores Eduardo Ferrer Mac-Gregor y Aníbal Quiroga León), N° 4, 2005, Editorial Porrúa, México, pp. 57-77.

embargo, llama la atención que al ejercerse el control de los actos del Presidente de la República dictados en violación de la Constitución y sobre las vías de hecho en que incurrió contrarias al Poder Judicial y al ordenamiento jurídico de Honduras, en ninguna de las actas procesales fundamentales del proceso se haya usado la palabra "democracia." Sin embargo, en un Estado Constitucional, la defensa de la Constitución es siempre defensa de la democracia entendida como el régimen político que busca asegurar que el ejercicio del poder público por el pueblo, como titular que es de la soberanía, se haga en la forma prescrita en la Constitución, tanto en forma indirecta a través de representantes electos (democracia representativa), como en forma directa manifestando su voluntad para la toma de decisiones mediante referendo (democracia directa).

Para asegurar que el ejercicio de ese poder no sea ni abusivo ni arbitrario, el propio pueblo lo somete a límites establecidos tanto en la Constitución del Estado que él mismo ha adoptado como norma suprema, como en la legislación que deben sancionar sus representantes en los órganos del Estado. La Constitución y las leyes contienen, así, los límites que el propio pueblo se impone a sí mismo y a sus representantes para ejercer el poder público, por lo que todo control respecto de la sumisión de los órganos del Estado a la Constitución, es un control de defensa a la propia democracia. Por ello, el Estado que se organiza en una Constitución adoptada en una sociedad democrática, es esencialmente un Estado sometido a controles.

Para garantizar ese Estado y la propia democracia es que se establece un sistema que permita la posibilidad de controlar el ejercicio del poder, de manera que los propios órganos que ejercen el poder en el Estado puedan, mediante su división y distribución, frenar el ejercicio mismo del poder, y así los diversos poderes del Estado puedan limitarse mutuamente. Por ello la existencia de sistemas de justicia constitucional y justicia contencioso administrativa desarrollado en todos los países democráticos.

La democracia como régimen político, por tanto, es mucho más que la sola elección de representantes mediante votación popular, o de la convocatoria a referendos, siendo la democracia representativa, por supuesto, de su esencia, sin la cual como régimen político, no podría existir. Tal como lo precisó la *Carta Democrática Interamericana* adoptada en la Asamblea General de la Organización de Estados Americanos, en Lima, el 11 de septiembre de 2001: además de la celebración de elecciones periódicas, libres, justas y basadas en el sufragio universal y secreto, como expresión de la soberanía del pueblo, la democracia representativa contiene acumulativamente una serie de otros *elementos esenciales*, sin los cuales no puede existir como régimen político, entre los cuales está, el respeto a los derechos humanos y las libertades fundamentales, el acceso al poder y su ejercicio con sujeción al Estado de derecho; el régimen plural de partidos y organizaciones políticas; y la necesaria existencia de la separación e independencia de los poderes públicos (artículo 3). Además, la misma Carta definió que el ejercicio de la democracia, acumulativamente contiene estos otros componentes fundamentales, que son: la transparencia de las actividades gubernamentales, la probidad, la responsabilidad de los gobiernos en la gestión pública, y el respeto por los derechos sociales y la libertad de expresión y de prensa; la subordinación constitucional de todas las instituciones del Estado a la autoridad civil legalmente constituida y el respeto al estado de derecho de todas las entidades y sectores de la sociedad (artículo 4).

La democracia, por tanto, como se dijo, es mucho más que las solas elecciones y votaciones, y entre sus elementos quizás el más esencial es el que se refiere a la separación e independencia de los Poderes Públicos, ya que el mismo es el que asegura que los otros factores de la propia democracia puedan ser una realidad política[139]. En otros términos, sin control del poder no sólo no hay ni puede haber real democracia ni efectivo Estado de derecho, sino que no se puede lograr la efectiva vigencia de todos los mencionados factores esenciales de la democracia. Es decir, sólo controlando al Poder es que puede haber elecciones completamente libres y justas, y representatividad efectiva; sólo controlando al poder es que puede haber pluralismo político; sólo controlando al Poder es que puede haber efectiva participación democrática; sólo controlando al Poder es que puede asegurarse una efectiva transparencia en el ejercicio del gobierno, con exigencia de la rendición de cuentas por parte de los gobernantes; sólo controlando el Poder es que se puede asegurar un gobierno sometido a la Constitución y las leyes, es decir, un Estado de derecho; sólo controlando el Poder es que puede haber un efectivo acceso a la justicia y esta pueda funcionar con efectiva autonomía e independencia; y sólo controlando al Poder es que puede haber real y efectiva garantía de respeto a los derechos humanos.

Al contrario demasiada concentración y centralización del poder, como ocurre en cualquier gobierno autoritario, así tenga origen electoral, si no hay controles efectivos sobre los gobernantes, y peor aún, si estos tienen o creen tener apoyo popular, inevitablemente conduce a la corta o a la larga a la tiranía. Y esa fue la historia de la humanidad durante la primera mitad del Siglo pasado, que nos mostró precisamente a tiranos que usaron el voto de la mayoría para acceder al poder y desde allí aplicaron el autoritarismo para acabar con la propia democracia y con todos sus elementos, comenzando por el respeto a los derechos humanos; y es la historia reciente en América Latina que nos muestra la emergencia de regímenes autoritarios usando y manipulando fraudulentamente las previsiones constitucionales y los medios electorales, como ha sido el caso de Venezuela, para violar la Constitución y destruir la democracia.[140]

---

139 Véase sobre la Carta Democrática Interamericana y la crisis de la democracia en Venezuela, Allan R. Brewer-Carías, *La crisis de la democracia venezolana. La Carta Democrática Interamericana y los sucesos de abril de 2002*, Ediciones El Nacional, Caracas 2002. pp. 137 y ss.

140 Véase Allan R. Brewer-Carías, "La demolición del Estado de Derecho en Venezuela Reforma Constitucional y fraude a la Constitución (1999-2009)," en *El Cronista del Estado Social y Democrático de Derecho*, N° 6, Editorial Iustel, Madrid 2009, pp. 52-61; "El autoritarismo establecido en fraude a la Constitución y a la democracia y su formalización en "Venezuela mediante la reforma constitucional. (De cómo en un país democrático se ha utilizado el sistema eleccionario para minar la democracia y establecer un régimen autoritario de supuesta "dictadura de la democracia" que se pretende regularizar mediante la reforma constitucional)" en el libro *Temas constitucionales. Planteamientos ante una Reforma,* Fundación de Estudios de Derecho Administrativo, FUNEDA, Caracas 2007, pp. 13-74; "Constitution Making in Defraudation of the Constitution and Authoritarian Government in Defraudation of Democracy. The Recent Venezuelan Experience", en *Lateinamerika Analysen*, 19, 1/2008, GIGA, Germa Institute of Global and Area Studies, Institute of Latin American Studies, Hamburg 2008, pp. 119-142; y *Dismantling Democracy in Venezuela. The Chávez Authoritarian Experiment*, Cambridge University Press, New York, 2010.

En Honduras, sin duda, funcionaron los controles, y las actividades del Presidente Zelaya violatorias de la Constitución, fueron controladas por los tribunales de la Jurisdicción Contencioso Administrativa, la cual demostró tener una autonomía e independencia que muchas jurisdicciones de otros países podrían envidiar. En este caso, fue dicha Jurisdicción la que defendió la Constitución y la democracia; y el desacato a sus decisiones, ajustadas a derecho, fueron las que condujeron a la Corte Suprema de Justicia a ordenar el procesamiento del Presidente. Lamentablemente, al final, como se dijo, la orden judicial dada a las Fuerzas Armadas por la Corte Suprema, no fue ejecutada como ordenado, y el Presidente Zelaya fue ilegalmente extrañado del país en violación de lo previsto en los artículos 81 y 102 de la Constitución, con las consecuencias internacionales conocidas.

## II. EL JUEZ CONSTITUCIONAL Y EL CONTROL DE CONSTITUCIONALIDAD DE LOS PODERES Y EJECUTORIAS DE LAS ASAMBLEAS CONSTITUYENTES COMO PODERES CONSTITUIDOS, Y LA ASUNCIÓN O USURPACIÓN POR ÉSTAS DEL PODER CONSTITUYENTE ORIGINARIO

Como lo indicó Eduardo García de Enterría, un Tribunal Constitucional es el "comisario del poder constituyente, encargado de defender la Constitución y de velar por que todos los órganos constitucionales conserven su estricta calidad de poderes constituidos,"[141] por lo cual el primer reto que tiene la justicia constitucional en América Latina, particularmente frente a las experiencias constitucionales recientes, es precisamente asegurar que la soberanía permanezca en el pueblo como poder constituyente y que no se asuma ni se usurpe por órgano constituido alguno del Estado.

Por ello, en un régimen de Estado constitucional, es esencial la distinción entre el poder constituyente que corresponde al pueblo, y los poderes constituidos que corresponden a los órganos del Estado, incluyendo en estos a las llamadas Asambleas Constituyentes, de manera que el juez constitucional pueda frenar las pretensiones incluso de estas de pretender ejercer en si mismas un poder constituyente "originario" o con "plenos poderes" para imponer su voluntad sobre los órganos constituidos, sobre todo porque como lo afirmó el Tribunal Supremo de Venezuela en la sentencia citada, "Una reforma constitucional sin ningún tipo de límites, constituiría un fraude constitucional."

Eso sucedió precisamente con la Asamblea Nacional Constituyente de Venezuela de 1999,[142] y la Asamblea Constituyente de Ecuador en 2007, con el agravante de que ninguna de las dos estaba prevista en las Constituciones vigentes en esos países como mecanismo de reforma de la Constitución, de manera que incluso su elección y conformación no tenía base constitucional. La misma se estableció *ad hoc*, a la medida y mediante sendos referendos consultivos, totalmente manipulados desde el poder, con los cuales se barrió el principio de supremacía constitucional.

---

141 Véase E. García de Enterría, *La Constitución como norma y el Tribunal constitucional*, Madrid, 1985, p. 198.

142 Véase Allan R. Brewer-Carías, *Reforma Constitucional y Fraude a la Constitución (1999-2009)*, Academia de Ciencias Políticas y Sociales, Caracas 2009.

El primer reto que la justicia constitucional tiene en América Latina en el futuro, por tanto, es el asumir efectivamente el rol de guardián del poder constituyente e impedir que los órganos constituidos del Estado, incluyendo los circunstanciales, asuman o usurpen el poder constituyente del pueblo.[143]

### 1. *El caso de la Asamblea nacional Constituyente de Venezuela en 1999: una Asamblea Constituyente que usurpó el "poder constituyente originario" y cuyos actos el Juez Constitucional los consideró inmunes al control de constitucionalidad*

En tal sentido debe recordarse el caso del proceso constituyente venezolano de 1999, el cual fue desarrollado al margen de la Constitución, por una Asamblea Constituyente que asumió poderes constituyentes originarios que el pueblo no le había atribuido.[144]

A tal efecto, el mismo día en el cual el Presidente Hugo Chávez tomó posesión de su cargo para el cual había sido electo conforme a las previsiones de la Constitución de 1961, el 2 de febrero de 1999, dictó un Decreto Nº 3 para la realización de un referendo consultivo buscando que el pueblo se pronunciase "sobre la convocatoria de una Asamblea Nacional Constituyente" (Art. 1) que no estaba prevista en la Constitución de 1961 como un mecanismo de reforma constitucional; "con el propósito de transformar el Estado y crear un nuevo ordenamiento jurídico que permita el funcionamiento efectivo de una Democracia Social y Participativa" (primera pregunta). Con dicho decreto el Presidente buscaba que el pueblo lo autorizara, pura y sim-

---

143 Ello fue precisamente lo que hicieron los tribunales contencioso administrativos en Honduras, incluyendo la Corte Suprema de Justicia en 2009 al decidir como jueces constitucionales la suspensión de los efectos de los actos de convocatoria de una Asamblea Constituyente por el Presidente de la República, no prevista en la Constitución, para modificar una cláusula pétrea constitucional como as la prohibición de la reelección presidencial. Lamentablemente, en ese caso, la labor del juez constitucional, fue empañada por una actuación militar que expulsó al Presidente de la República del territorio, originando una crisis política continental. Véase en general sobre este caso, Allan R. Brewer-Carías, "Reforma Constitucional, Asamblea Nacional Constituyente y Control judicial contencioso administrativo: El caso de Honduras (2009) y el precedente venezolano (1999)", en *Revista de la Facultad de Derecho*, Nº 60-61, (2005-2009), Universidad Católica Andrés Bello, Caracas 2009, pp. 63-112; en *Revista Mexicana Statum Rei Romanae de Derecho Administrativo. Homenaje de Nuevo León a Jorge Fernández Ruiz*, Con. 3, Julio-Dic 2009, Asociación Mexicana de Derecho Administrativo, Facultad de Derecho y Criminología de la Universidad Autónoma de Nuevo León, Monterrey, México 2009, pp. 11-77; y en *Revista Aragonesa de Administración Pública*, Nº 34, (junio 2009), Gobierno de Aragón, Zaragoza 2009, pp. 481-529. Véase igualmente Allan R. Brewer-Carías, *Reforma Constitucional, Asamblea Constituyente, y Control Judicial: Honduras (2009), Ecuador (2007) y Venezuela (1999)*, Serie Derecho Administrativo Nº 7, Universidad Externado de Colombia, Bogotá 2009, 144 pp.

144 Véase Allan R. Brewer-Carías, *Asamblea Constituyente y Ordenamiento Constitucional*, Serie Estudios Nº 53, Biblioteca de la Academia de Ciencias Políticas y Sociales, Caracas 1999, 328 pp. Sobre las sentencias de la Corte Suprema de Justicia de 22 de enero de 1999 que avalaron el desencadenamiento del proceso constituyente véase: Allan R. Brewer-Carías, *Poder Constituyente Originario y Asamblea Nacional Constituyente*, Caracas 1999. Más recientemente véase, en Allan R. Brewer-Carías, *Asamblea Constituyente y Poder Constituyente 1999*, Vol VI, Colección Tratado de Derecho Constitucional, Fundación de Derecho Público, Editorial Juridica Venezolana, Caracas 2014, 1.198 pp.

plemente, para que fuera él mismo quien fijase "mediante un Acto de Gobierno [...], oída la opinión de los sectores políticos, sociales y económicos, las bases del proceso comicial en el cual se elegirán los integrantes de la Asamblea Nacional Constituyente" (Segunda pregunta).[145] Es decir, pretendió el Presidente que mediante un referendo, el pueblo le delegara la potestad constituyente de establecer el estatuto de una Asamblea Constituyente no establecida en la Constitución que proponía se eligiera.

Del contenido del Decreto de convocatoria, sin embargo, se evidenciaba que lo que se convocaba no era un referendo consultivo que era lo único que autorizaba el artículo 181 de la Ley Orgánica del Sufragio y Participación Política que se había invocado como su base legal, de manera que de las preguntas lo que realmente se evidenciaban es que lo que se estaba convocando en realidad, era un referendo decisorio y autorizatorio no regulado ni previsto en dicha norma legal.[146] Además la convocatoria que se pretendía no era para que la Asamblea reformara la Constitución, sino para que asumiera un poder total y pudiera incluso sustituir a los poderes constituidos aún antes de la aprobación de una nueva Constitución, buscando delegar además en el Presidente de la República el poder soberano mismo de decidir el estatuto de la Constituyente, lo que vulneraba los principios más elementales del Estado de derecho y era incompatible con los valores supremos de una sociedad democrática.

Como era de esperarse, a las pocas semanas, el Decreto Nº 3 fue impugnado por inconstitucional ante la Sala Político-Administrativa de la Corte Suprema de Justicia[147], por ser un instrumento destinado a servir para un fraude a la Constitución, impugnándose igualmente los actos del Consejo Supremo Electoral convocando el referendo. Una de las acciones de nulidad fue decidida por la Sala Político Administrativa en sentencia de 18 de marzo de 1999, mediante la cual se anuló la segunda de las preguntas propuestas por el Presidente en la convocatoria al referendo, considerando que el estatuto de la Constituyente tenía que aprobarse por el pueblo.[148]

Para ello, la sentencia afirmó que la actuación de una Asamblea Constituyente era posible porque lo permitía la Constitución de 1961, lo que implicaba considerar que la misma no podía perder vigencia alguna durante la actuación de la Asamblea Nacional Constituyente, la cual debía encontrar en dicho texto el límite de su actuación. Ello significaba que durante el funcionamiento de la Asamblea, los poderes constituidos debían continuar actuando conforme a la Constitución que estaba vi-

---

145 Véase en *Gaceta Oficial* Nº 36.634 de 02-02-99.

146 Como lo señaló Ricardo Combellas, "Estamos hablando de un referendo consultivo, no de un referendo decisorio, cuya aprobación demanda necesariamente en Venezuela, tal como lo propuso con visión avanzada la Comisión Bicameral, una reforma constitucional" en *¿Qué es la Constituyente? Voz para el futuro de Venezuela*, COPRE, Caracas 1998.

147 Véase el texto de la acción de nulidad en Allan R. Brewer-Carías, *Asamblea Constituyente y Ordenamiento Constitucional*, Academia de Ciencias Políticas y Sociales, Caracas 1999, pp. 255 a 321. Véase la relación de todas las acciones de nulidad intentadas en Carlos M. Escarrá Malavé, *Proceso Político y Constituyente*, Caracas 1999, anexo 4.

148 Véase el texto de la sentencia en Allan R. Brewer-Carías, *Poder Constituyente Originario y Asamblea Nacional Constituyente*, Caracas 1999, pp. 169 a 185; y en *Revista de Derecho Público*, Nº 77-80, Editorial Jurídica Venezolana, Caracas 1999, pp. 73 y ss.

gente, no pudiendo la Asamblea ni disolverlos ni asumir directamente sus competencias constitucionales.

Días antes de ser publicada dicha sentencia, sin embargo, el día 10 de marzo de 1999, y sin duda ya advertido, el Presidente de la República, emitió un nuevo acto administrativo reformatorio del Decreto Nº 3, mediante el cual ordenó publicar en Gaceta Oficial la propuesta del Ejecutivo Nacional mediante la cual fijaba las bases de la convocatoria de la Asamblea Nacional Constituyente, conforme a lo que luego decidió la Corte, esta vez disponiendo que las mismas serían sometidas a la aprobación del pueblo en el referendo convocado.[149] En esas bases, sin embargo, se incorporó una frase en la Décima Base, en la cual se afirmaba que:

> "Una vez instalada la Asamblea Nacional Constituyente, como poder originario que recoge la soberanía popular, deberá dictar sus propios estatutos de funcionamiento, teniendo como límites los valores y principios de nuestra historia republicana, así como el cumplimiento de los tratados internacionales, acuerdos y compromisos válidamente suscritos por la República, el carácter progresivo de los derechos fundamentales del hombre y las garantías democráticas dentro del más absoluto respeto de los compromisos asumidos."

Este texto fue reproducido por el Consejo Nacional Electoral en la nueva convocatoria que tuvo que hacer para el referendo consultivo, de manera que la Resolución respectiva que dictó fue de nuevo impugnada por considerarse que desacataba el fallo de la Corte Suprema del 18 de marzo de 1999, cuando le pretendía atribuir "carácter originario" a la futura Asamblea Nacional Constituyente.

Dicha impugnación fue resuelta por la Sala Político Administrativa de la Corte Suprema, en la sentencia de 13 de abril de 1999[150], en la cual observó que ciertamente:

> "en la sentencia dictada por esta Sala el 18 de marzo de 1999 se expresó con meridiana claridad que la Asamblea Constituyente a ser convocada, 'no significa, en modo alguno, por estar precisamente vinculada su estructuración al propio espíritu de la Constitución vigente, bajo cuyos términos se producirá su celebración, la alteración de los principios fundamentales del Estado democrático de derecho', y que 'en consecuencia, es la Constitución vigente la que permite la preservación del Estado de derecho y la actuación de la Asamblea Nacional Constituyente, en caso de que la voluntad popular sea expresada en tal sentido en la respectiva consulta".

En consecuencia, a los efectos de que no se indujera "a error al electorado y a los propios integrantes de la Asamblea Nacional Constituyente, si el soberano se manifestase afirmativamente acerca de su celebración, en lo atinente a su alcance y límites", la Sala ordenó que se eliminase la frase "como poder originario que recoge la

---

149 Contenido en un "Aviso Oficial" publicado en *Gaceta Oficial* Nº 36.658 de 10–03–99, con las bases de la convocatoria de la asamblea nacional constituyente, para ser sometida para la aprobación del pueblo en el referéndum convocado para el 25 de abril de 1999.

150 Véase el texto en Allan R. Brewer-Carías, *Poder Constituyente Originario y Asamblea Nacional Constituyente*, Caracas 1999, pp. 190 a 198. Igualmente en *Revista de Derecho Público*, Nº 77-80, Editorial Jurídica Venezolana, Caracas 1999, pp. 85 y ss.

soberanía popular," a cuyo efecto corrigió y reformuló expresamente el texto de la base comicial octava, sin dicha frase.

Después de todas estas vicisitudes judiciales,[151] y de la corrección del Decreto N° 3 de 2 de febrero de 1999, que fue el primer acto violatorio de la Constitución de 1961 en todo aquél proceso, el proceso constituyente quedó abierto, habiéndose celebrado el referendo consultivo el 25 de abril de 1999, en el cual se aprobó la propuesta de convocar una Asamblea Constituyente la cual fue electa el 25 de julio de 1999, integrada con una mayoría abrumadora de constituyentes propuestos por el Presidente Chávez.[152]

La Asamblea, en todo caso, estaba sometida a las bases aprobadas por la voluntad popular expresada en el referendo consultivo del 25 de abril de 1999; razón por la cual, durante su funcionamiento debió haber respetado la vigencia de la Constitución de 1961, la cual sólo podía perder vigencia cuando el pueblo se pronunciara, mediante posterior referendo aprobatorio sobre la nueva Constitución. Sin embargo, ello no fue así, y fue la Asamblea Constituyente la que materializó el golpe de Estado contra la Constitución,[153] desacatando además las órdenes judiciales emanadas de la Corte Suprema, para lo cual sus miembros incurrieron expresamente en el "error" que quiso evitar la Corte, y, contrariando su decisión, desde su instalación el 3 de agosto de 1999 asumieron expresamente lo que se denominó un "poder constituyente originario" que el pueblo no le había conferido.[154]

En esa oportunidad, en efecto, al aprobar su Estatuto de Funcionamiento en forma inconstitucional por violación a la voluntad popular expresada en el referendo consultivo del 25 de abril,[155] la Asamblea se declaró a si misma "depositaria de la voluntad popular y expresión de su Soberanía con las atribuciones del Poder Origi-

---

151 Véase sobre las diversas sentencias dictadas en el proceso de conformación de la Constituyente, Allan R. Brewer-Carías, "La configuración judicial del proceso constituyente en Venezuela de 1999 o de cómo el guardián de la Constitución abrió el camino para su violación y para su propia extinción", en *Revista de Derecho Público*, N° 77-80, Editorial Jurídica Venezolana, Caracas 1999, pp. 453-514.

152 De un total de 131 constituyentes electos, 125 con el apoyo del Presidente Chávez, con lo que la "oposición" quedó formada por sólo 6 constituyentes electos como independientes. Cuatro electos en la circunscripción nacional (Allan R. Brewer-Carías, Alberto Franceschi, Claudio Fermín y Jorge Olavarría) y dos en las circunscripciones regionales (Antonio Di'-Giampaolo y Virgilio Ávila Vivas).

153 Véase Allan R. Brewer-Carías, *Golpe de Estado y proceso constituyente en Venezuela, op. cit*, p. 160.

154 En el acto de instalación, el discurso dado por quien venía de ser electo presidente de la Asamblea concluyó con estas frases "la Asamblea Nacional Constituyente es originaria y soberana", en *Gaceta Constituyente (Diario de Debates), Agosto-Septiembre 1999*, Sesión de 03-08-99, N° 1, p. 4. Véase nuestro voto salvado respecto de la aprobación de dicho Estatuto por la Asamblea Constituyente, en Allan R. Brewer-Carías, *Debate Constituyente (Aportes a la Asamblea Nacional Constituyente)*, Tomo I (8 agosto-8 septiembre 1999), Fundación de Derecho Público, Editorial Jurídica Venezolana, Caracas 1999, pp. 15 a 39.

155 Véase *Gaceta Constituyente* (*Diario de Debates*), Agosto-Septiembre 1999, Sesión de 07-08-99, N° 4, p. 151. Véase también nuestro voto salvado por razones de inconstitucionalidad respecto de la aprobación del Estatuto en *Gaceta Constituyente* (*Diario de Debates*), Agosto-Septiembre 1999, Sesión de 07-08-99, N° 4, pp. 6 a 13.

nario para reorganizar el Estado Venezolano y crear un nuevo ordenamiento jurídico democrático," disponiendo además, que "en uso de las atribuciones que le son inherentes, podrá limitar o decidir la cesación de las actividades de las autoridades que conforman el Poder Público" (artículo 1). Como consecuencia de ello, la Asamblea también resolvió que "todos los organismos del Poder Público quedaban subordinados" a la misma y, en consecuencia, que estaban en la obligación de cumplir y hacer cumplir los "actos jurídicos estatales" que emitiera (parágrafo primero, artículo 1°).

En esta forma, la Asamblea se auto atribuyó potestades públicas por encima tanto de la Constitución de 1961 como de las "normas constitucionales" contenidas en la expresión de la voluntad soberana del pueblo en las "bases comiciales" votadas en el referendo de 25 de abril de 1999. En cuanto a las previsiones de la Constitución entonces vigente de 1961, por disposición de la propia Asamblea, en su Estatuto de Funcionamiento se dispuso que sólo se mantendrían en vigencia "en todo aquello que no colida o sea contrario con los actos jurídicos y demás decisiones de la Asamblea Nacional Constituyente" (art. 1, parágrafo segundo).[156]

Con la asunción de este poder, la Asamblea había consumado el golpe de Estado, pues se daba a sí misma una carta blanca para violar una Constitución que estaba vigente, y someter a todos los órganos del Poder Público constituido y electos a estarle "subordinados," imponiéndoles la obligación de cumplir sus "actos jurídicos estatales"; ruptura del hilo constitucional que luego se materializó mediante sucesivos actos constituyentes que la propia antigua Corte Suprema de Justicia como juez constitucional no supo controlar hasta que fue cesada, víctima de su propia debilidad o complicidad. Entre dichos actos constituyentes dictados como "poder constituyente originario" que conformaron el golpe de Estado contra la Constitución de 1961, se destacan:

En *primer* lugar, el "Decreto mediante el cual se declara la reorganización de todos los órganos del Poder Público" de fecha 12 de agosto de 1999,[157] para cuya emisión la Asamblea invocó que supuestamente ejercía "el poder constituyente otorgado por este [el pueblo] mediante referendo..."; es decir, que ejercía un "poder constituyente" que supuestamente le había otorgado el "poder constituyente" (pueblo) en el "referendo," lo cual no era cierto, por lo cual en realidad la Asamblea se fundamentó para aprobar el Decreto, en "lo dispuesto en el artículo primero del Estatuto de esta Asamblea" mediante el cual se había auto conferido, a sí misma, dicho supuesto carácter de poder constituyente originario.

---

156 Véase en *Gaceta Constituyente* (*Diario de Debates*), Agosto-Septiembre 1999, Sesión de 07-08-99, N° 4, p. 144. Véase el texto, además, en *Gaceta Oficial* N° 36.786 de 14-09-99. Como ha señalado Lolymar Hernández Camargo, con la aprobación del Estatuto "quedó consumada la inobservancia a la voluntad popular que le había impuesto límites a la Asamblea Nacional Constituyente... Se auto proclamó como poder constituyente originario, absoluto e ilimitado, con lo cual el Estado perdió toda razón de ser, pues si se mancilló la voluntad popular y su manifestación normativa (la Constitución), no es posible calificar al Estado como de derecho ni menos aun democrático", en *La Teoría del Poder Constituyente*, *cit.*, p. 73.

157 *Gaceta Oficial* N° 36.764 de 13-08-99. Véase en Allan R. Brewer-Carías, *Debate Constituyente*, tomo I, *op. cit.*, pp. 43 a 56; y en *Gaceta Constituyente* (*Diario de Debates*), Agosto-Septiembre de 1999, *cit.*, Sesión de 12-08-99, N° 8, pp. 2 a 4.

En *segundo* lugar, el decreto de 19 de agosto de 1999 mediante el cual la Asamblea Nacional Constituyente resolvió declarar "al Poder Judicial en emergencia" (Art. 1°), creando una Comisión de Emergencia Judicial, que asumió el proceso de intervención de la Justicia, [158] lesionando la autonomía e independencia del Poder Judicial, suplantando los órganos regulares del gobierno y administración de la Justicia. [159] El Decreto tuvo la misma fundamentación que los anteriores "en ejercicio del poder constituyente originario" supuestamente otorgado por el pueblo a la Asamblea mediante referendo, lo cual no era cierto, pues fue mediante el artículo 1° del Estatuto de Funcionamiento de la propia Asamblea y el artículo único del Decreto de la Asamblea que declaró la reorganización de todos los Poderes Públicos constituidos, con los cuales la Asamblea se auto confirió a dicho poder. Este proceso de intervención política del poder judicial incluso fue formalmente conocido por la Corte Suprema de Justicia, la cual, como juez constitucional, adoptó el 23 de agosto de 1999 un desafortunado Acuerdo, [160] en el cual "fijó posición" ante la ilegítima intervención llegando aceptarla mediante la designación de uno de sus propios magistrados como integrante de la ilegítima Comisión de Emergencia Judicial nombrada por la Asamblea.

En *tercer* lugar, el "Decreto mediante el cual se regulan las funciones del Poder Legislativo"[161] dictado por la Asamblea el 25 de agosto de 1999, reformado cinco días después, el 30 de agosto de 1999[162]; arrogándose esta vez directa y abiertamente un "poder constituyente originario" que nadie le había otorgado, sino ella misma en su propio Estatuto de funcionamiento. Mediante este Decreto, la Asamblea, materialmente, declaró la cesación de las Cámaras Legislativas (Senado y Cámara de Diputados), cuyos miembros habían sido electos unos meses antes, en noviembre de 1998, atribuyéndole además, inconstitucionalmente, la función legislativa del Estado a la Comisión Delegada del Congreso y a la propia Asamblea Constituyente.[163]

En el Decreto de regulación del Poder Legislativo, la Asamblea también intervino y eliminó las Asambleas Legislativas de los Estados de la Federación, violando la

158 *Gaceta Oficial* N° 36.772 de 25-08-99 reimpreso en *Gaceta Oficial* N° 36.782 de 08-09-99.

159 Véase en Allan R. Brewer-Carías, Debate Constituyente, Tomo I, *op. cit.*, p. 57 a 73; y en *Gaceta Constituyente (Diario de Debates)*, Agosto-Septiembre de 1999, *cit.*, Sesión de 18-08-99, N° 10, pp. 17 a 22. Véase el texto del Decreto en *Gaceta Oficial* N° 36.782 de 08-09-99.

160 Véanse nuestros comentarios sobre el Acuerdo en Allan R. Brewer-Carías, *Debate Constituyente*, Tomo I, *op. cit.*, pp. 141 y ss. Véanse además, los comentarios de Lolymar Hernández Camargo, *La Teoría del Poder Constituyente*, *cit.*, pp. 75 y ss.

161 *Gaceta Oficial* N° 36.772 de 25-08-99.

162 *Gaceta Oficial* N° 36.776 de 31-08-99.

163 Véase en Allan R. Brewer-Carías, *Debate Constituyente*, Tomo I, *op. cit.*, pp. 75 a 113; y en *Gaceta Constituyente (Diario de Debates)*, Agosto-Septiembre 1999, *cit.*, Sesión de 25-08-99, N° 13, pp. 12 a 13 y 27 a 30 y Sesión de 30-08-99, N° 16, pp. 16 a 19. Véase el texto del Decreto en *Gaceta Oficial* N° 36.772 de 26-08-99. Con posterioridad, sin embargo, y con la intermediación de la Iglesia Católica, el 9-9-99, la directiva de la Asamblea llegó a un acuerdo con la directiva del Congreso, con lo cual, de hecho, se dejó sin efecto el contenido del Decreto, siguiendo el Congreso funcionando conforme al régimen de la Constitución de 1961. Véase el texto del Acuerdo en *El Nacional*, Caracas 10-9-99, p. D-4.

Constitución y vulnerando la autonomía de los Estados, al disponer que las funciones de las mismas serían ejercidas por unas Comisiones Delegadas de cada una, regulando la forma de su integración (Art. 11); y además, revocando el mandato de los Diputados de las Asambleas que no integrasen las Comisiones delegadas respectivas (Art. 12).

Finalmente, en *cuarto* lugar, el Decreto del "Régimen de Transición del Poder Público," [164] dictado el 22 de diciembre de 1999, dos días después de la "proclamación" de la nueva Constitución luego de haber sido aprobada por el pueblo, pero una semana antes de su entrada formal en vigencia, pues la publicación de la Constitución en Gaceta Oficial había sido deliberadamente demorada hasta el 30 de diciembre de 1999, [165] mediante el cual la Asamblea modificó la propia Constitución (y su régimen transitorio) recién aprobada (15-12-1999), sin someter ese "acto constitucional" a la aprobación popular."

El juez constitucional, frente a todos estos actos "constituyentes" dictados en ejercicio de un pretendido "poder constituyente originario," que no tenía atribuido, simplemente se abstuvo de controlar efectivamente su constitucionalidad, para lo cual adoptó varias decisiones avalando el golpe de Estado que se había consumado. Entre ellas se destacan:

*Primero,* una confusa sentencia del 14 de octubre de 1999 (caso: Impugnación del Decreto de Regulación de las Funciones del Poder Legislativo) [166] mediante la cual, la antigua Corte Suprema, cambiando el criterio que previamente había sustentado en la sentencia anterior de la Sala Político Administrativa del 18 de marzo de 1999, desligó formalmente y *ex post facto* a la Asamblea de su sometimiento a la Constitución de 1961, permitiendo que aquélla pudiera desconocerla, con lo cual "legitimó" el golpe de Estado que la Asamblea había dado al desconocer la Constitución de 1961, particularmente en los diversos actos "constituyentes" e inconstitucionales que había adoptado en los dos meses precedentes.

*Segundo*, otra sentencia dictada esta vez con motivo de la impugnación del Decreto sobre el Régimen de Transición del Poder Público por el nuevo Tribunal Supremo de Justicia cuyos integrantes habían sido nombrados en dicho Decreto, la Sala Constitucional en sentencia N° 4 de fecha 26 de enero de 2000 (Caso Eduardo García), decidiendo en causa propia reconoció que dicho Decreto, a pesar de que no era emanación de la voluntad popular (no había sido aprobado en el referendo aprobatorio de la Constitución), era "un acto de rango y naturaleza constitucional," concluyendo que:

> "dado el carácter originario del poder conferido por el pueblo de Venezuela a la Asamblea Nacional Constituyente, mediante la pregunta N° 1 y la Base Comicial Octava del referendo consultivo nacional, aprobado el 25 de abril de 1999, y por tanto la no sujeción de este poder al texto constitucional vigente pa-

---

164 Véase en *Gaceta Oficial* N° 36.859 de 29-12-99.

165 Véase en *Gaceta Constituyente (Diario de Debates)*, Noviembre 1999-Enero 2000, cit., Sesión de 22-12-99, N° 51, pp. 2 y ss. Véase *Gaceta Oficial* N° 36.859 de 29-12-99; y *Gaceta Oficial* N° 36.860 de 30-12-99.

166 Véase en *Revista de Derecho Público*, N° 77-80, Editorial Jurídica Venezolana, Caracas 1999, pp. 111 y ss.

ra la época, la demanda propuesta, al fundamentar las presuntas transgresiones en la referida Constitución y no en los parámetros y principios consagrados en las bases fijadas en le citado referendo, conduce forzosamente a su improcedencia."

Con ello, *ex post facto*, el juez constitucional no sólo aceptó que la Asamblea Constituyente había sido titular de un "poder constituyente originario" que supuestamente le había conferido el pueblo, lo cual no era cierto, sino que dispuso que los actos de la Asamblea Constituyente no habían estado sujetos a la Constitución de 1961, vigente durante su funcionamiento. Con ello, la Sala Constitucional del Tribunal Supremo en definitiva dispuso la inmunidad jurisdiccional respecto de los actos constituyentes. Ello lo ratificó el Tribunal Supremo en sentencia Nº 6 de fecha 27 de enero de 2000, al declarar de nuevo, como improcedente, otra acción de nulidad interpuesta contra el referido Decreto, indicando que la Sala entendía:

> "que hasta la fecha de la publicación de la nueva Constitución, la que le precedió (1961) estuvo vigente, lo cual se desprende de la Disposición Derogatoria Única; y como los actos de la Asamblea Nacional Constituyente no estaban sujetos a la Constitución derogada, los mismos sólo podrían estar regulados -como fuera señalado por la sentencia de la Corte Suprema de Justicia en Pleno antes referida- por normas supra constitucionales. Así, por argumento en contrario, sólo los actos dictados por la Asamblea Nacional Constituyente con posterioridad a la publicación de la nueva Constitución estarían sujetos a ésta."

De todo lo anterior resultó que el acto de la Asamblea Nacional Constituyente (Decreto sobre el Régimen de Transición del Poder Público) impugnado en esta oportunidad, publicado en la Gaceta Oficial número 36.859 del 29 de diciembre de 1999, esto es, con anterioridad a la entrada en vigencia de la nueva Constitución de Venezuela de 1999, se consideró que no estaba sujeto ni a ésta ni a la Constitución precedente de 1961. Reconoció, así, el Tribunal Supremo de Justicia, rango constitucional al régimen transitorio inventado por la Asamblea Nacional Constituyente, pero desligándolo tanto de la Constitución de 1961 como de la propia Constitución de 1999; régimen transitorio que además contenía el acto de designación de los propios Magistrados. Lo menos que podían haber hecho dichos magistrados era inhibirse, pero no fue así; y esa y otras sentencias que juzgaron sobre dicho régimen, constituyeron violación del principio elemental del Estado de derecho conforme al cual nadie puede ser juez en su propia causa.

*Tercero*, otra sentencia, la Nº 186 de 28-03-2000 (caso: Allan R. Brewer-Carías y otros), dictada con motivo de declarar sin lugar la demanda de nulidad intentada contra el Estatuto Electoral del Poder Público dictado el 30 de enero de 2000[167] por la propia Asamblea Constituyente sin tener potestad alguna para ello, la Sala Constitucional legitimó de nuevo el rango constitucional de las disposiciones de "Transición del Poder Público" argumentando esta vez que la Asamblea Nacional Constituyente, para cumplir su misión de transformar el Estado, crear un nuevo ordenamiento jurídico y dictar una nueva Constitución que sustituyera a la de 1961, supuestamente tenía varias alternativas para regular el régimen constitucional transitorio: Una, elaborar unas "Disposiciones Transitorias" que formaran parte de la Constitu-

167 Véase en *Gaceta Oficial* Nº 36.884 de 03-02-2000.

ción para ser aprobada por el pueblo mediante referendo; y otra, dictar actos constituyentes aparte, de valor y rango constitucional, que originarían un régimen transitorio constitucional paralelo, no aprobado por el pueblo.

Ello, sin embargo no era cierto, pues conforme a la voluntad popular expresada en el referendo de 25 de abril de 1999, sólo el propio pueblo podía aprobar la Constitución mediante referendo aprobatorio, por lo que no podía existir ninguna otra norma de rango constitucional que no fuera aprobada por el propio pueblo. Por tanto, partiendo del falso supuesto de que conforme al referendo del 25 de abril de 1999, la Asamblea Nacional Constituyente podía poner en vigencia normas constitucionales no aprobadas por el pueblo, el Tribunal Supremo de Justicia consideró que el Estatuto Electoral impugnado, al tener rango constitucional, no podía violar la Constitución de 1999, como fue lo que habíamos alegado en el recurso de nulidad.[168]

De esta premisa fundamental, falsa y contradictoria, el Tribunal Supremo de Justicia entonces derivó su decisión, en la cual:

*Primero*: Reconoció la existencia de un vacío legal (que sólo la Asamblea había creado) en las Disposiciones Transitorias de la Constitución de 1999, y pretendió llenarlo con una interpretación violatoria de la soberanía popular. El "limbo jurídico" que refiere con toda diligencia la sentencia había sido inventado por la Asamblea Nacional Constituyente, y no fue originado por el pueblo al aprobar las Disposiciones Transitorias de la Constitución. Al haber sido creado por dicha Asamblea, por su arbitrariedad, de lo que se requería era de un remedio judicial constitucional por parte del Tribunal Constitucional y no de una bendición. Este, en efecto, lo que hizo fue aceptar la violación constitucional y forzando la interpretación, trató de enderezar un entuerto constitucional.

*Segundo*: Incurrió en contradicción, al considerar que el régimen transitorio de orden constitucional iniciado el 25 de abril de 1999 "finalizó con la aprobación de la Constitución" del 30 de diciembre de 1999 por el pueblo, y paralelamente, admitió la existencia de otro régimen transitorio "paraconstitucional" no aprobado por el pueblo.

*Tercero*: Contradijo la sentencia de la propia Sala Constitucional del 27 de febrero de 2000, que había establecido la sumisión de los actos de la Asamblea Nacional Constituyente dictados con posterioridad a la publicación de la Constitución el 30 de diciembre 1999, a la Constitución de 1999, pues en esta nueva sentencia señaló que los actos de la Asamblea Nacional Constituyente dictados después de esa fecha también tenían rango "constitucional." No es que eran "supraconstitucionales" sino de igual rango que la Constitución aprobada por referendo, sin estar ello regulado en las Disposiciones Transitorias de la propia Constitución y sin haber sido aprobadas por el pueblo.

*Cuarto*: Contradijo y desconoció el poder derogatorio expreso de la nueva Constitución en relación con todas las normas preconstitucionales contrarias a sus disposiciones y no sólo las dictadas con base en la Constitución de 1961. No hay Disposición Transitoria alguna en la Constitución de 30 de diciembre de 1999 que hubiera

168 Véase Allan R. Brewer-Carías, *La Constitución de 1999*, 3ª Edición, Caracas 2001, pp. 270 y ss.

asegurado la supervivencia de normas dictadas por la Asamblea Nacional Constituyente, que después de publicada la Constitución, contrariasen sus disposiciones. El Tribunal Supremo de Justicia, así, pretendió de nuevo suplir el vacío producido por la arbitrariedad de la Asamblea Nacional Constituyente, y marginó la voluntad popular.

Sin embargo, el aspecto más importante de la sentencia que se comenta del Tribunal Supremo es que dejó sentado el principio de que supuestamente la Asamblea Nacional Constituyente podía dictar normas de rango constitucional, no aprobadas por el pueblo mediante referendo, y que por tanto escapaban de todo control judicial por el juez constitucional. Esto, sin duda, era un criterio violatorio de la base comicial novena del referendo del 25 de abril de 1999, que la antigua Corte Suprema de Justicia en Corte Plena, en la citada sentencia de 14 de octubre de 1999 (Caso: *Henrique Capriles Radonski vs. Decreto de Regulación de funciones del Poder Legislativo*) había considerado de rango "supraconstitucional".

En efecto, la base comicial novena del referendo del 25 abril de 1999, que, se insiste, se había considerado de rango supraconstitucional por lo que a ella estaba sometida la Asamblea Nacional Constituyente en su actuación, estableció que la nueva Constitución que elaborara la Asamblea sólo entraría en vigencia una vez aprobada mediante referendo. De ello se deducía que la voluntad popular en Venezuela, expresada en el referendo del 25 de abril de 1999, fue que la Asamblea Nacional Constituyente –a diferencia de lo que había ocurrido en Colombia en 1991- no podía poner en vigencia la nueva Constitución ni norma constitucional alguna, sino que éstas tenían que ser aprobadas por el pueblo, mediante referendo.

Al dictar esta sentencia, el Tribunal Supremo se había olvidado consultar la base comicial Novena (la sentencia sólo hizo referencia a las bases primera y octava) que imponía, con carácter supraconstitucional, la exigencia de que la Constitución y toda norma de rango constitucional producto de la Asamblea Nacional Constituyente tenía que ser aprobada por el pueblo mediante referendo, para poder considerarse aprobada definitivamente. Eso ocurrió con el texto de la Constitución y sus Disposiciones Transitorias aprobadas en el referendo del 15 de diciembre de 1999, pero no ocurrió con el "Régimen Transitorio del Poder Público" dictado por la Asamblea con posterioridad y, al cual, sin embargo, el Tribunal Supremo le reconoció "rango análogo a la Constitución" con vigencia "paralelamente a la Constitución vigente."

La Sala Constitucional, sin embargo, simplemente aceptó que el régimen transitorio dictado al margen de la Constitución de 1999, no aprobado por el pueblo, había sido "emanación del poder constituyente," es decir, habían surgido "del régimen nacido del referendo del 25 de abril de 1999, que es un régimen de producción originaria de rango análogo a la Constitución misma," lo que como se ha visto, no era cierto. Lo grave de la decisión del juez constitucional, además, fue que dispuso, sobre la vigencia de dicho régimen de transición del Poder Público, que el mismo "tendrá vigencia hasta la implantación efectiva de la organización y funcionamiento de las instituciones previstas por la Constitución aprobada, de conformidad con la legislación que a los efectos apruebe la Asamblea Nacional." Con ello, la Constitución de 1999, por decisión del juez constitucional, quedó con muchas de sus disposiciones en suspenso, prolongándose la transitoriedad a veces hasta por una década, como ocurrió con la intervención del Poder Judicial, cuya Comisión de Reorganización sobrevivió hasta 2011[169]..

De lo anterior resulta, por tanto, que conforme a la doctrina sentada por el juez constitucional, en Venezuela, a partir de 2000 existieron dos regímenes constitucionales paralelos: uno contenido en la Constitución de 1999 que fue aprobada por el pueblo; y otro, dictado por la Asamblea Nacional Constituyente con posterioridad a dicha aprobación, no aprobado por el pueblo y de vigencia imprecisa hasta que se aprobase toda la legislación que preveía la propia Constitución de 1999, lo cual en muchos casos ha durado lustros. El Tribunal Supremo de Justicia, lamentablemente, en lugar de cumplir su deber como contralor de la constitucionalidad, quiso resolver el vacío creado por la Asamblea Constituyente después de aprobada la Constitución de 1999 por referendo popular, y así violentó el ordenamiento constitucional y frustró la esperanza de que pudiera apuntalar el Estado de Derecho, precisamente cuando comenzaba a entrar en aplicación la nueva Constitución.

Todo este sistema de doble régimen constitucional paralelo y yuxtapuesto lo confirmó la Sala Constitucional, posteriormente, en el auto dictado el 12 de diciembre de 2000 con motivo de resolver sobre la pretensión de amparo que había acumulado la Defensora del Pueblo a la acción de nulidad por inconstitucionalidad que intentó contra la Ley Especial para la Ratificación o Designación de los Funcionarios y Funcionarias del Poder Ciudadano y Magistrados y Magistradas del Tribunal Supremo de Justicia para el Primer Período Constitucional de 14 de noviembre de 2000[170], en el cual señaló que "a partir de la aprobación de las bases comiciales y la instalación de la Asamblea Nacional Constituyente [...], hasta la promulgación de la actual Constitución" [...] siguió vigente la Constitución de la República de Venezuela de 1961, coexistiendo con los actos que dictó la Asamblea Nacional Constituyente, [que] en lo que contraríen a dicha Constitución, adquirieron la categoría de actos constitucionales, ya que es el pueblo soberano, por medio de sus representantes, quien deroga puntualmente disposiciones constitucionales, creando así un doble régimen, donde como ya lo ha señalado esta Sala, coexistía la Constitución de 1961 con los actos constituyentes."

Es insólito que un tribunal constitucional, encargado de velar por la supremacía constitucional, pudiera llegar a considerar que el Régimen de Transición del Poder Público dictado por la Asamblea Nacional Constituyente, después de aprobada popularmente la Constitución de 1999 y de haber sido proclamada por la propia Asamblea, pudiera tener el mismo rango que la propia Constitución sin haber sido aprobado por el pueblo. ¿Para qué, entonces, la realización de un referendo aprobatorio de la Constitución, si la Asamblea Nacional Constituyente supuestamente podía, a

169 Véase Allan R. Brewer-Carías, "La Ley del Código de Ética del juez venezolano de 2010 y la interminable transitoriedad del régimen disciplinario judicial" en *Revista de Derecho Público*, N° 128, Editorial Jurídica Venezolana, Caracas, 2012, p 83 y ss. Asimismo "La aceptación por el juez constitucional de la interminable transitoriedad constitucional en materia del régimen disciplinario judicial" en *Práctica y Distorsión de la Justicia Constitucional en Venezuela (2008-2012)*, Colección Justicia N° 3, Acceso a la Justicia, Academia de Ciencias Políticas y Sociales, Universidad Metropolitana, Editorial Jurídica Venezolana. Caracas, 2012, pp. 51-62.

170 *Gaceta Oficial* N° 37.077 de 14-11-00.

su discreción, poner en vigencia normas de rango constitucional, sin aprobación popular? Este papel del Tribunal Supremo de Justicia en relación con el proceso constituyente venezolano, sin duda, como lo afirmamos en 2002, "se recordará, sí, en los anales de nuestra historia constitucional, pero no precisamente por su apego a la constitucionalidad."[171]

2. *El caso de la Asamblea Constituyente de Ecuador en 2007: una Asamblea Constituyente que asumió "plenos poderes" y que proclamó que sus propios actos eran inmunes al control de constitucionalidad por parte del Juez Constitucional*

En Ecuador, en 2007 puede decirse que sucedió algo similar a lo que ocurrió en Venezuela 1999:[172] El presidente Rafael Correa, en lo que materialmente fue su primer decreto de gobierno dictado también en el mismo día de la toma de posesión de su cargo, el 15 de enero de 2007, dictó el Decreto N° 2 convocando a una consulta popular para que se convocara e instalase una Asamblea Constituyente que no estaba prevista en la Constitución vigente en ese momento como mecanismo para reformar la Constitución, en términos muy similares al Decreto N° 3 antes comentado del presidente Hugo Chávez de Venezuela de 1999.

El Decreto presidencial ecuatoriano N° 2, convocando una consulta popular, fue para que el pueblo se pronunciara sobre la siguiente pregunta:

> "¿Aprueba usted que se convoque e instale una Asamblea Constituyente con plenos poderes, de conformidad con el Estatuto Electoral que se adjunta, para que transforme el marco institucional del Estado, y elabore una nueva Constitución?"

El Decreto, ya siguiendo la lección del caso venezolano, sin embargo, dispuso que no sería el Presidente el que pretendía dictar el Estatuto de la Constituyente, sino que en la papeleta de votación se debía incorporar dicho Estatuto relativo a su elección, instalación y funcionamiento, cuyo texto, sin embargo, igual que en el caso venezolano, el Presidente propuso en forma unilateral, sin debate alguno en el país. En dicho Estatuto, sobre la "naturaleza y finalidad de la Asamblea Constituyente" se dispuso en su artículo 1°, lo siguiente:

> "*Artículo 1.* Naturaleza y finalidad de la Asamblea Constituyente. La Asamblea Constituyente es convocada por el pueblo ecuatoriano y está dotada de plenos poderes para transformar el marco institucional del Estado, y para elaborar una nueva Constitución. La Asamblea Constituyente respetará, profundizando en su contenido social y progresivo, los derechos fundamentales de los

---

171 Véase Allan R. Brewer-Carías, *Golpe de Estado y proceso constituyente en Venezuela,* Universidad Nacional Autónoma de México, México 2002, p. 363.

172 Véase sobre el proceso en Ecuador: Allan R. Brewer-Carías, "El inicio del proceso constituyente en Ecuador en 2007 y las lecciones de la experiencia venezolana de 1999," en José Ma. Serna de la Garza (Coordinador), *Procesos Constituyentes contemporáneos en América Latina. Tendencias y perspectivas,* Universidad Nacional Autónoma de México, México 2009, pp. 451-505; y *Reforma Constitucional, Asamblea Constituyente, y Control Judicial: Honduras (2009), Ecuador (2007) y Venezuela (1999),* Serie Derecho Administrativo N° 7, Universidad Externado de Colombia, Bogotá 2009.

ciudadanos y ciudadanas. El texto de la Nueva Constitución será aprobado mediante Referéndum Aprobatorio."

Es decir, en el decreto presidencial del Ecuador, como también se expresó en el mismo sentido de las bases comiciales que había propuesto el Presidente venezolano en 1999, se planteó la convocatoria de una Asamblea Constituyente "con plenos poderes para que transforme el marco institucional del Estado, y elabore una nueva Constitución." Esto planteaba otro tema y era el relativo a si la Asamblea Constituyente, durante su funcionamiento, estaba sometida, como todos los órganos del Estado y los individuos, a la Constitución de 1998 que le había dado origen, la cual conforme se deducía del propio Estatuto de la Asamblea, debería permanecer vigente hasta que el pueblo, mediante referendo, aprobase la nueva Constitución. Ello, como hemos señalado, no quedó claro en Venezuela en 1999, y la Asamblea Nacional Constituyente de ese año, una vez electa, se apartó de la Constitución alegando que tenía poder constituyente originario, que en la terminología utilizada en Ecuador era con "plenos poderes," interviniendo y disolviendo los poderes constituidos, todo al margen de la Constitución entonces vigente.

En Ecuador, en todo caso sucedió algo similar, siendo el tema de los plenos poderes que se querían atribuir a la Asamblea Constituyente uno de los temas centrales en el debate parlamentario, donde en la Comisión de Asuntos Constitucionales se presentaron propuestas para la modificación de la pregunta de la consulta, para reducir los "plenos poderes" sólo para elaborar una nueva Constitución, y para elimina la propuesta inicial para que la Asamblea tuviera la posibilidad de modificar el marco institucional del Estado, circunscribiéndose su labor específica a emitir una nueva Carta Política.

Así, por ejemplo, en la sesión del 8 de febrero de 2007, se buscaba generar consenso en cuanto al tema de la consulta popular y posterior instalación de la Asamblea Constituyente, de manera que la misma respetara "los poderes constituidos y garantizara la participación de todos los ciudadanos". Agregaba la propuesta de uno de los diputados que la Constituyente debía "respetar las funciones de las instituciones legalmente constituidas", aclarando que "dar plenos poderes se corre el riesgo no únicamente de una disolución del Congreso, sino del Ejecutivo, Corte Suprema, Tribunales Constitucional y Supremo Electoral, algo que podría desarticular el aparto institucional del Estado, lo cual nadie apoya." A ello respondió el 9 febrero el Ministro de Gobierno, indicando "que no se pretende, a través de la Asamblea, disolver los poderes del Estado." Otros diputados consideraban, al contrario que "la Asamblea Nacional Constituyente es de plenos poderes aunque otros digan lo contrario, ya que está establecido en diferentes doctrinas que una Asamblea tiene plenos poderes, a diferencia de una reforma constitucional que se podría hacer desde el Congreso."

De acuerdo con este debate, una de las propuestas en el Congreso, apuntaba a que la Asamblea Constituyente respetara "los períodos del Ejecutivo, Legislativo, prefectos, alcaldes, consejeros, concejales y delegados a Juntas Parroquiales", y no interfiriera en sus funciones; otros congresistas plantearon la necesidad de que se le dieran "atribuciones ilimitadas a la Asamblea." En todo caso, el 13 de febrero de 2007, con 57 votos, el Congreso Nacional aprobó dar paso a la consulta popular como paso previo a la instalación de una Asamblea Constituyente, pero con una serie de modificaciones al proyecto original.

El Presidente de la República el 14 de febrero consideraba que con esa decisión, el Congreso "se había sometido a la voluntad popular al haber aprobado la consulta popular con 57 votos"; y en esa misma fecha, se anunciaba la decisión del Tribunal Supremo Electoral, de que la convocatoria oficial de la consulta popular se haría el 1 de marzo y la votación se realizaría el 15 de abril de 2007; aún cuando se encontraba a la espera de "una posible modificación al estatuto para la Asamblea Constituyente, por parte del Ejecutivo." En la misma fecha del 14 de febrero, el Presidente de la República, ya manifestaba su posición sobre el tema central del debate parlamentario, cuestionando la decisión del Congreso y anunciando que "una vez que se haya instalado la Asamblea Nacional Constituyente pondrá a disposición su cargo y pedirá la disolución del Congreso Nacional"; ello a pesar de que el Parlamento en día anterior había negado la posibilidad de que la Constituyente destituya a las dignidades elegidas el 15 de octubre y el 26 de noviembre.

El 27 de febrero, en todo caso, consecuencia del debate, el Presidente de la República emitió un nuevo decreto N° 148, conservando el texto de la pregunta formulada en el Decreto inicial N° 2 del 15 de febrero, anexando el Estatuto Electoral en el cual se incorporaron modificaciones diversas, el cual fue entregado al Tribunal Supremo Electoral el 28 de febrero. Con esos instrumentos el Tribunal Supremo Electoral procedió a la convocatoria de la consulta popular sobre la Asamblea Constituyente, sucediéndose varios debates y conflictos institucionales entre el Poder Ejecutivo, el Tribunal Electoral, el Congreso y el Tribunal Constitucional.

El resultado fue que el Congreso, el 2 de marzo, aprobó demandar ante el Tribunal Constitucional la inconstitucionalidad de la convocatoria de consulta popular realizada por el Tribunal Supremo Electoral, la cual se presentó el 9 de marzo, con expresa solicitud de celeridad, expresando el Presidente de la Comisión de Asuntos Constitucionales que se trataba de un "primer paso para frenar una dictadura." Sobre dicha demanda de inconstitucionalidad que preparó el Congreso, el Presidente de la República el 6 de marzo ya declaraba que la misma no cabía, y que sería una obstrucción a un proceso electoral en marcha, y obstruirlo "sería una descarada intromisión de un poder del Estado en otro poder en principio independiente", advirtiendo que ello no se permitiría "decida lo que decida la mayoría anti patriota, anti histórica, anti ciudadana corrupta," y anunciado que el Gobierno garantizaba "el funcionamiento de este Tribunal Supremo Electoral y la ejecución de la consulta popular."

El 9 de marzo, el Presidente del Tribunal Constitucional, rechazaba las declaraciones del Presidente de la República de que no acatará los fallos de esa institución. El Presidente del Tribunal Supremo Electoral, por su parte, sobre la demanda expresó que un eventual pronunciamiento de inconstitucionalidad a la consulta popular, planteada por el Congreso Nacional al Tribunal Constitucional, "no puede obstaculizar un referéndum ya convocado, puesto que su decisión no tendría un carácter retroactivo."

Agregó además, amenazando al Tribunal Constitucional, que "en estos momentos del periodo electoral nada ni nadie puede detener el proceso", y otro miembro del organismo señalaba que "un fallo en contra de la consulta sería ilegítimo," agregando que "si los vocales del Tribunal Constitucional pretenden tramitar incluso esa demanda, y peor aún resolverla, también están atentando en contra del proceso electoral y serán juzgados."

Las amenazas contra el Tribunal Constitucional siguieron, y el 13 de marzo el Tribunal Supremo Electoral dio a conocer que los vocales de la Comisión de Admisibilidad del Tribunal Constitucional serían sancionados por haber dado acogida y acceder a tramitar la demanda presentada por el Congreso Nacional para evitar la realización de la consulta popular el 15 de abril. Además, uno de los integrantes del Tribunal Supremo Electoral consideró que los vocales del Tribunal Constitucional debían "inadmitir cualquier demanda en contra del Tribunal, [porque] el artículo 155 así lo establece porque se trataría de una interferencia más al proceso electoral que está en marcha."

La reacción del Tribunal Supremo Electoral contra todos los congresistas que votaron por la "demanda de inconstitucionalidad en contra de la consulta popular y también por la destitución del presidente del Tribunal" no se hizo esperar, y todos quienes el 9 de marzo habían votado fueron destituidos. El Presidente del Congreso solicitó al Tribunal Constitucional que dirimiera la constitucionalidad de las actuaciones del Tribunal Supremo Electoral, de destituir a esos 57 legisladores, lo cual no fue admitido por el Tribunal según decisión del 13 de marzo. La razón para ello habría sido que el pedido fue presentado por el Presidente del Congreso, sin ponerlo a consideración de los diputados, por lo que en el caso se carecía de resolución del Congreso Nacional en el que se hubiera autorizado al Presidente a presentar la demanda de "dirimencia de competencia." El Tribunal Constitucional en esta forma se salía del debate y renunció a ser el garante de la supremacía constitucional.

La destitución de los congresistas, quienes conformaban la mayoría del parlamento, por supuesto paralizó al órgano legislativo. Algunos congresistas destituidos intentaron diversos recursos de amparo contra la decisión del Tribunal Supremo Electoral, los cuales, al ser admitidos, provocaron que el Tribunal Supremo Electoral destituyera a los jueces que los habían acordado. El 2 de abril de 2007, el Tribunal Supremo Electoral ratificó la resolución que había adoptado el 7 marzo mediante la cual había destituido de su cargo a 57 legisladores, frente a lo cual el Presidente del Congreso clamaba en la prensa para que el Tribunal Constitucional decidiera la cuestión; "Ni los unos ni los otros, el Tribunal Constitucional es el que tiene la última palabra y voy a acatar lo que diga el Tribunal Constitucional."

Conforme a la Ley de Control Constitucional del Ecuador, el Tribunal Constitucional es el "órgano supremo del control constitucional" (artículo 3), y ante un conflicto constitucional como el que se evidencia del recuento de las vicisitudes jurídicas planteadas en tres meses, desde el 15 de enero al 15 de abril de 2007, tenía que haber decidido. Llama la atención, sin embargo, que en ese período, antes de la votación de la consulta popular, el Tribunal Constitucional no decidió ninguna de las acciones intentadas en su sede, de manera que el 15 de abril de 2007, se efectuó la consulta popular, habiendo resultado aprobado con abrumadora mayoría la convocatoria a la Constituyente.

Sin embargo, posteriormente, y ya quizás demasiado tarde, fue cuando mediante sentencia del 5 de julio de 2007[173] el Tribunal Constitucional decidió la acción de inconstitucionalidad que habían interpuesto los Congresistas contra la Resolución PLE-TSE-13-13-2-2007 del Tribunal Supremo Electoral básicamente por el temor a que se produjera una clausura del Congreso. En la decisión, el Tribunal Constitucio-

173 Resolución n° 008-07-TC, R.O. N° 133, 24 de julio de 2007.

nal se pronunció en relación con la atribución a la Asamblea Constituyente ya electa y los "plenos poderes" que se le asignaron en el artículo 1° del Estatuto, considerando que dicha norma no le otorgaba a la Asamblea Constituyente el poder de asumir facultades de los poderes constituidos sino que quedaba limitada a dictar el nuevo texto constitucional y que mientras ejerciese el poder constituyente el orden constitucional establecido seguiría vigente.

Pero como se dijo, la decisión adoptada después de electa la Asamblea, y no antes como procedía, fue tarde, y la justicia tarde a veces no es justicia. Por ello, una vez electa la Asamblea Constituyente en la cual los partidarios del presidente Correa obtuvieron una mayoría superior al 80 % de los escaños, la Asamblea, en su primera decisión, que fue el del Mandato Constituyente N° 1 del 29 de noviembre de 2007[174] (Artículos 2, 3, 5, 6 y 7), contrariando la decisión del Tribunal Constitucional, hizo su propia interpretación de los "plenos poderes" que le asignaba la pregunta sometida a consulta popular, y procedió a establecer que sus decisiones eran superiores a cualquier otra norma del orden jurídico y que, por ello, no podían ser susceptibles de control o impugnación por parte de los poderes constituidos, lo que por supuesto incluía al propio Tribunal Constitucional.

La Asamblea Constituyente estableció, además, que los jueces y tribunales que tramitaran cualquier acción contraria a sus decisiones serían destituidos de su cargo y sometidos al enjuiciamiento correspondiente. La Asamblea Constituyente, además, asumió la función legislativa del Estado, y procedió a cesar a los parlamentarios que habían sido electos el año anterior, el 15 de octubre de 2006. Al mes siguiente, al aprobar su Reglamento de Funcionamiento del 11 de diciembre de 2007,[175] la Asamblea Constituyente estableció que el ordenamiento jurídico se mantendría vigente "con la excepción de lo que resuelva en sentido contrario la asamblea constituyente."

En Ecuador, por tanto, el Tribunal Constitucional se abstuvo de ejercer oportunamente el control de constitucionalidad de los actos de convocatoria de la Asamblea Constituyente; con la diferencia con Venezuela en que no fue que el Tribunal Constitucional el que declaró la inmunidad jurisdiccional de los actos de la Asamblea Constituyente mediante la asignación a los mismos de un rango "para constitucional", sino que fue la propia Asamblea Constituyente ecuatoriana la que declaró a sus propios actos como inmunes al control de constitucionalidad, lo cual fue aceptado por el Tribunal Constitucional.

Estos dos casos de experiencias constitucionales recientes en América Latina muestran, sin duda, cómo el primero de los retos de la justicia constitucional sigue siendo el que el Juez Constitucional asuma efectivamente el rol de guardián del poder constituyente que sólo corresponde al pueblo, e impida que los órganos constituidos del Estado, incluyendo los circunstanciales Asambleas Constituyentes, asuman o usurpen el poder constituyente del pueblo.

---

174 R.O. N° 223, Suplemento, 30 de noviembre de 2007.

175 Disposición final primera, R.O. n° 236, suplemento, 30 de diciembre de 2007.

# SEGUNDA PARTE

# EL JUEZ CONSTITUCIONAL Y EL CONTROL DE CONSTITUCIONALIDAD DE LAS REFORMAS A LA CONSTITUCIÓN

## I. EL JUEZ CONSTITUCIONAL Y EL CONTROL DE CONSTITUCIONALIDAD DE LAS REFORMAS CONSTITUCIONALES RESPECTO DE LOS PRINCIPIOS "PÉTREOS"

### 1. *El tema de los principios constitucionales pétreos y su posible modificación*

Las Constituciones con gran frecuencia establecen limitaciones al poder constituyente derivado o instituido para reformar o modificar ciertas cláusulas de las mismas, que el pueblo, en el momento de sancionarla, las ha considerado de la esencia de la organización política del Estado y la sociedad, y las ha formulado como irreformables, es decir, como cláusulas pétreas, que sólo el pueblo mismo como poder constituyente originario podría reformar.

Siendo uno de los límites constitucionales establecidos al poder constituyente derivado, dado el principio de la supremacía constitucional que rige en todas las Constituciones, cualquier intento de reformar dichos principios por el poder constituyente instituido podría ser objeto de control de constitucionalidad por parte del Juez Constitucional. La única excepción de principio se plantearía en los casos de aprobación de las reformas o enmiendas a dichos principios pétreos mediante referendo o consulta popular, en cuyo caso podría considerarse que priva el principio de la soberanía popular sobre el de la supremacía constitucional.

Estas cláusulas pétreas o inmodificables que se establecen en los textos constitucionales recogiendo principios o normas de orden esencial para la organización política, si bien en general son cláusulas expresas, también se consagran en otros casos en forma implícita.

Entre las primeras se destacan las que excluyen toda reforma sobre determinadas materias, como sucede con el artículo 248 de la Constitución de El Salvador de 2000 en el cual se dispone que:

> "*Artículo 248:* ...No podrán reformarse en ningún caso los artículos de esta Constitución que se refieren a la forma y sistema de gobierno, al territorio de la República y a la alternabilidad en el ejercicio de la Presidencia de la República".

En el Salvador, el procedimiento de reforma de la Constitución está a cargo del poder constituyente derivado o instituido que para tal fin corresponde a dos legislaturas subsiguientes: *primero*, a la Asamblea Legislativa en funciones en el período constitucional en el cual se propone la reforma, la cual debe aprobar la reforma con el voto de la mitad más uno de los Diputados electos; y *segundo*, para que la reforma aprobada se pueda decretar, la misma debe "ser ratificada por la siguiente Asamblea Legislativa con el voto de los dos tercios de los Diputados electos." Una vez que así sea ratificada la reforma, se debe emitir el decreto correspondiente, el cual se debe mandar a publicar en el Diario Oficial.

De acuerdo con estas previsiones, sin embargo, no todo en el texto constitucional es reformable por el poder constituyente instituido, del cual queda excluido la forma de gobierno democrático y el sistema presidencial de gobierno que no pueden ser objeto de reforma, al igual que el principio de la alternabilidad republicana en el ejercicio del cargo de Presidente de la República.

A tal punto este principio de la alternabilidad republicana en el ejercicio de la Presidencia de la República se establece con carácter pétreo que en la Constitución, por una parte, el principio se declara en el artículo 88 como "indispensable para el mantenimiento de la forma de gobierno y sistema político establecidos" de manera que "la violación de esta norma obliga a la insurrección;" y por la otra, que en el artículo 75.4 se establece la causal de pérdida de los "derechos de ciudadano," para quienes "suscriban actas, proclamas o adhesiones para promover o apoyar la reelección o la continuación del Presidente de la República, o empleen medios directos encaminados a ese fin."

En la Constitución de la República Dominicana de 2010 se establecen diversos principios pétreos, excluidos por tanto del poder constituyente derivado. Así, el artículo 3 de la Constitución al referirse a la "inviolabilidad de la soberanía y principio de no intervención, concluye afirmando que "el principio de la no intervención constituye una norma invariable de la política internacional dominicana." Por su parte, el artículo 268 de la Constitución precisa sobre la forma de gobierno como norma pétrea, que "ninguna modificación a la Constitución podrá versar sobre la forma de gobierno que deberá ser siempre civil, republicano, democrático y representativo."

En la República Dominicana, las reformas constitucionales pueden proponerse ante el Congreso Nacional por la tercera parte de los miembros de una u otra cámara, o por el Poder Ejecutivo (art. 269). En tal caso, debe convocarse una "Asamblea Nacional Revisora" mediante ley del Congreso que declare la necesidad de la reforma constitucional, ordenándose su reunión e indicándose el objeto de la reforma y los artículos de la Constitución sobre los cuales debe versar (art. 270). Esa Asamblea Nacional Revisora, se forma con la presencia de más de la mitad de los miembros de cada una de las cámaras, y una vez que la misma vote y proclame la reforma, la Constitución debe ser publicada íntegramente con los textos reformados (art. 271). Sin embargo, si la reforma versa "sobre derechos, garantías fundamentales y deberes, el ordenamiento territorial y municipal, el régimen de nacionalidad, ciudadanía y extranjería, el régimen de la moneda, y sobre los procedimientos de reforma instituidos en esta Constitución," una vez votada y aprobada por la Asamblea Nacional Revisora, se requiere que la reforma sea ratificada por la mayoría de los ciudadanos con derecho electoral, en referendo aprobatorio convocado al efecto por la Junta Central Electoral (art. 272).

En la Constitución de Guatemala de 1993 también se establece una enumeración de artículos de la Constitución que se definen como "no reformables", para lo cual el artículo 281 dispone que "en ningún caso podrán reformarse los artículos 140 (independencia del Estado y al sistema de gobierno), 141 (soberanía popular), 165.g (desconocimiento del mandato del Presidente después de vencido su período constitucional), 186 (prohibiciones para optar a cargos de Presidente y Vicepresidente) y 187 (prohibición de reelección)." La norma agrega en forma reiterativa, además, que en forma alguna pueden reformarse "toda cuestión que se refiera a la forma republicana de gobierno, al principio de no reelección para el ejercicio de la Presidencia de la República, ni restársele efectividad o vigencia a los artículos que estatuyen alternabilidad en el ejercicio de la Presidencia de la República, así como tampoco dejárseles en suspenso o de cualquier otra manera de variar o modificar su contenido." La Constitución incluso define en su artículo 136.f, entre los deberes y derechos políticos de los ciudadanos, el "defender el principio de alternabilidad y no reelección en el ejercicio de la Presidencia de la República."

En Guatemala, el poder constituyente para la reforma constitucional se atribuye, primero, a una Asamblea Nacional Constituyente, en los casos de reforma del artículo que la regula (art. 278), y de cualquier artículo de los contenidos en el Capítulo I del Título II de la Constitución sobre "derechos Individuales," a cuyo efecto, el Congreso de la República, con el voto afirmativo de las dos terceras partes de los miembros que lo integran, debe convocar dicha Asamblea Nacional Constituyente (art. 278). En estos casos, la Asamblea Nacional Constituyente y el Congreso de la República pueden funcionar simultáneamente (art. 279). *Segundo*, para cualquier otra reforma constitucional, el Congreso de la República es el llamado a aprobarla con el voto afirmativo de las dos terceras partes del total de diputados, y las mismas sólo pueden entrar en vigencia cuando sean ratificadas mediante la consulta popular (arts. 173, 280)

En el caso de Honduras, el artículo 374 de la Constitución también dispone una enumeración de artículos no reformables, así:

> "*Artículo 374*: No podrán reformarse, en ningún caso, el Artículo anterior (procedimiento para la reforma constitucional), el presente Artículo, los artículos constitucionales que se refieren a la forma de gobierno, al territorio nacional, al período presidencial, a la prohibición para ser nuevamente Presidente de la República, el ciudadano que lo haya desempeñado bajo cualquier título y referente a quienes no pueden ser Presidente de la República por el período subsiguiente".

En cuanto a la forma de gobierno, que el artículo 4 dispone que es republicana, democrática y representativa, la misma norma agrega en cuanto a la alternabilidad en el ejercicio de la Presidencia de la República que la misma "es obligatoria," indicándose que "la infracción de esta norma constituye delito de traición a la Patria." Por otra parte, conforme al artículo 239 de la misma Constitución, quien haya desempeñado la titularidad del Poder Ejecutivo no puede ser Presidente o Designado, de manera que "el que quebrante esta disposición o proponga su reforma, así como aquellos que lo apoyen directa o indirectamente, cesarán de inmediato en el desempeño de sus respectivos cargos, y quedarán inhabilitados por diez años para el ejercicio de toda función pública." Por otra parte, el artículo 42.5 de la Constitución también dispone que la calidad de ciudadano se pierde "por incitar, promover o apoyar el continuismo o la reelección del Presidente de la República."

En todo caso, para la reforma constitucional con las limitaciones mencionadas, el artículo 373 atribuye el poder constituyente a dos legislaturas sucesivas: *primero*, el Congreso Nacional en funciones al proponerse la reforma, el cual la puede decretar en sesiones ordinarias, con dos tercios de votos de la totalidad de sus miembros, señalando en el decreto el artículo o artículos que hayan de reformarse; y *segundo*, a la subsiguiente legislatura ordinaria, la cual debe ratificar el decreto de reforma por igual número de votos, para que entre en vigencia.

En otros casos, como en la Constitución del Brasil, lo que se establece es que no se pueden abolir determinadas instituciones o principios, pero ello no impide la reforma de los artículos que las consagran. En tal sentido, el artículo 60 § 4, establece que:

> "No será objeto de deliberación la propuesta de enmienda tendiente a abolir: I. La forma federal del Estado; II. El voto directo, secreto, universal y periódico; III. La separación de los Poderes; IV. Los derechos y garantías individuales".

Ahora bien, aparte de las cláusulas pétreas expresa y textualmente insertas en los textos constitucionales, de otras disposiciones de las Constituciones también se pueden derivar muchas otras cláusulas que encajarían dentro de tal categoría, por la forma y carácter irrevisable que se establecen respecto de las mismas, por parte del poder constituyente.

Es el caso, por ejemplo, de la Constituciones que establecen en algunos de sus artículos el *carácter eterno* de un principio o disposición constitucional, como resulta del artículo 1 de la Constitución de Venezuela cuando declara que la República "es *irrevocablemente* libre e independiente..."; del artículo 5 que declara que "la soberanía reside *intransferiblemente* en el pueblo", o del artículo 6 de la misma Constitución cuando prescribe que el gobierno de la República "y de las entidades políticas que la componen *es y será siempre* democrático, participativo, electivo, descentralizado, alternativo, responsable, pluralista y de mandatos revocables". Estas previsiones, consagran sin duda principios pétreos, que no pueden revocarse, ni modificarse en forma alguna.

En el caso de la Constitución venezolana de 1999, la misma dispuso en sus artículos 340 a 349, tres procedimientos para la revisión o modificación de la misma, exigiéndose siempre la participación del pueblo como poder constituyente originario, distinguiéndolos según la intensidad de las transformaciones que se proponen, y que son: las Enmiendas Constitucionales, las Reformas Constitucionales y la Asamblea Nacional Constituyente. Cada procedimiento tiene su sentido y ámbito de aplicación según la importancia de las modificaciones a la Constitución, de manera que para la aprobación de las "enmiendas" que pueden surgir de iniciativa popular o de los órganos del Poder Ejecutivo o legislativo, sólo se requiere la aprobación por el pueblo como poder constituyente originario manifestado mediante referendo aprobatorio; para la aprobación de la "reforma constitucional" que puede proponerse también por iniciativa popular o a propuesta del Poder Ejecutivo o Legislativo, requiere la aprobación por uno de los poderes constituidos, que es la Asamblea Nacional, y, además, del pueblo como poder constituyente originario manifestado mediante referendo; y para la revisión constitucional mediante una "Asamblea Nacional Constituyente", se estableció la participación del pueblo como poder constituyente originario, para primero, decidir mediante referendo su convocatoria, y segundo, para la elección de los miembros de la Asamblea Constituyente.

Sobre estos tres mecanismos para la revisión constitucional, la propia Sala Constitucional del Tribunal Supremo de Justicia ha señalado que:

> "Cada uno de estos mecanismos de reforma tiene sus peculiaridades, los cuales con una somera lectura del texto constitucional se puede apreciar que, por ejemplo, el procedimiento de enmienda, va a tener por objeto la adición o modificación de uno o varios artículos de la Constitución, tal como lo señala el artículo 340 de la Carta Magna. Por su parte, la reforma constitucional, se orienta hacia la revisión parcial de la Constitución, así como la sustitución de una o varias de sus normas (artículo 342). Ambos mecanismos, están limitados por la no modificación de la estructura fundamental del texto constitucional, y por un referéndum al cual debe estar sometido para su definitiva aprobación, Ahora bien, en el caso de que se quiera transformar el Estado, crear un nuevo ordenamiento jurídico y redactar una nueva Constitución, el texto constitucional vigente consagra la posibilidad de convocatoria a una Asamblea Nacional Constituyente (Artículo 347 *eiusdem*). Igualmente, las iniciativas para proceder a la enmienda, reforma o convocatoria de la Asamblea Constituyente, están consagradas en el texto constitucional de manera expresa"[176].

De lo anterior resulta que no puede utilizarse uno de los procedimientos de revisión constitucional para fines distintos a los regulados en la propia Constitución, pues de lo contrario, se incurriría en un fraude constitucional[177], tal como ocurrió con la reforma constitucional sancionada por la Asamblea Nacional el 2 de noviembre de 2007, que fue rechazada por voto popular en el referendo del 2 de diciembre de 2007,[178] y con la Enmienda Constitucional de febrero de 2009.

---

176 Véase sentencia N° 1140 de la Sala Constitucional de 05-19-2000, en *Revista de Derecho Público*, N° 84, Editorial Jurídica Venezolana, Caracas, 2000.

177 La Sala Constitucional del Tribunal Supremo de Justicia en la sentencia N° 74 de 25-01-2006 señaló que un *fraude a la Constitución* ocurre cuando se destruyen las teorías democráticas "mediante el procedimiento de cambio en las instituciones existentes aparentando respetar las formas y procedimientos constitucionales", o cuando se utiliza "del procedimiento de reforma constitucional para proceder a la creación de un nuevo régimen político, de un nuevo ordenamiento constitucional, sin alterar el sistema de legalidad establecido, como ocurrió con el *uso fraudulento de los poderes* conferidos por la ley marcial en la Alemania de la Constitución de *Weimar*, forzando al Parlamento a conceder a los líderes fascistas, en términos de dudosa legitimidad, la plenitud del poder constituyente, otorgando un poder legislativo ilimitado"; y que un *falseamiento de la Constitución* ocurre cuando se otorga "a las normas constitucionales una interpretación y un sentido distinto del que realmente tienen, que es en realidad una modificación no formal de la Constitución misma", concluyendo con la afirmación de que "*Una reforma constitucional sin ningún tipo de límites, constituiría un fraude constitucional*". Véase en *Revista de Derecho Público,* N° 105, Editorial Jurídica Venezolana, Caracas 2006, pp. 76 ss.

178 Véase lo expuesto en Allan R. Brewer-Carías "El juez constitucional vs. la supremacía constitucional. (O de cómo la jurisdicción constitucional en Venezuela renunció a controlar la constitucionalidad del procedimiento seguido para la "reforma constitucional" sancionada

En todo caso, de esa distinción de procedimientos para la reforma constitucional, la posible modificación de un principio pétreo sólo podría ser posible mediante el mecanismo de la Asamblea Nacional Constituyente dispuesto para que el pueblo, como depositario del poder constituyente originario, [179] la convoque "con el objeto de transformar el Estado, crear un nuevo ordenamiento jurídico y redactar una nueva Constitución"(art. 347). Corresponde por tanto siempre al pueblo como poder constituyente originario, convocar la Asamblea Constituyente, por lo que a pesar de que no esté expresamente regulado en el texto de la Constitución, el Consejo Nacional Electoral debe convocar un referendo para que el pueblo se pronuncie sobre dicha convocatoria, y sobre el estatuto básico de la Asamblea en relación con su integración, forma de elección de sus miembros, misión y duración.[180] Luego de que el pueblo se pronuncie sobre la convocatoria de la Asamblea, debe procederse a la elección de los miembros de la misma conforme al resultado de la consulta popular. La aprobación de la Constitución que emane de la Asamblea Nacional Constituyente que se elija, sin embargo, no está sometida a referendo aprobatorio. En contraste, debe recordarse que la Constitución de 1999, sancionada por la Asamblea Nacional Constituyente, fue aprobada mediante referendo del 15 de diciembre de 1999 para poder entrar en vigencia; y que la propia Constitución exige que en los casos de Enmiendas y de Reformas constitucionales, las mismas deben ser sometidas a referendos aprobatorios (Arts. 341 y 344).

Otras cláusulas que implican límites a la revisión constitucional son las que establecen el principio de la progresividad en la protección o garantía de los derechos humanos, por ejemplo en cuanto a los inherentes a la persona humana, las cuales implican que dichas garantías no pueden ser objeto de reformas que reduzcan el ámbito de protección de los derechos. Es el caso de la previsión del artículo 19 de la Constitución de Venezuela.

La consecuencia de todos estos límites constitucionales a la reforma constitucional, es que si se traspasasen por el poder constituyente derivado, las reformas serían contrarias a la Constitución, por lo que deberían ser objeto de control constitucional por parte de los órganos de la Jurisdicción Constitucional. Sin embargo, en esta materia, estamos en el campo de los principios que derivan del postulado de la supremacía constitucional, ya que ninguna Constitución de América Latina establece expresamente competencia de los órganos de la Jurisdicción Constitucional para controlar la constitucionalidad *sustantiva* de las reformas constitucionales.

En cambio, en algunas constituciones lo que existe es una limitación expresa al control de constitucionalidad que puede ejercer el juez constitucional sobre las reformas constitucionales, limitándolas a los aspectos adjetivos o procedimentales de

---

por la Asamblea Nacional el 02 de noviembre de 2007, antes de que fuera rechazada por el pueblo en el referendo del 02 de diciembre de 2007),"en *Revista de Derecho Público*, N° 112, Editorial Jurídica Venezolana, Caracas, 2007, pp. 661-694.

179 Véase lo expuesto en Allan R. Brewer-Carías, *Poder Constituyente originario y Asamblea Nacional Constituyente*, Caracas 1999.

180 En esta forma por mi parte quedan superadas las dudas que expresé en esta materia en Allan R. Brewer-Carías, *Las Constituciones de Venezuela*, Academia de Ciencias Políticas y Sociales, tomo I, Caracas 2008, pp. 346-347; y en *Historia Constitucional de Venezuela*, Editorial Alfa, Tono II, pp. 251-252.

las mismas lo que ha llevado a excluir el control respecto de los contenidos materiales de la reforma constitucional. Es el caso, por ejemplo de Colombia, donde la Constitución expresamente al atribuir competencia a la Corte Constitucional para ejercer el control de constitucionalidad respecto de las leyes de reforma constitucional, dispone expresamente en su artículo 241 que es sólo "sólo por vicios de procedimiento en su formación." Ello ha llevado a la propia Corte Constitucional incluso a decidir en sentencia Nº 555 de 2003[181] que tuvo por objeto ejercer el control de constitucionalidad de la Ley 796 de 2003 mediante la cual se proponía un conjunto extenso de reformas constitucionales a ser sometidas a referendo, que el control constitucional sobre las reformas constitucionales "*recae entonces sobre el procedimiento de reforma y no sobre el contenido material del acto reformatorio,*" es decir, considerando que:

> "la exclusión del control constitucional del contenido material de una reforma constitucional es natural, pues el contenido de toda reforma constitucional es por definición contrario a la Constitución vigente, ya que precisamente pretende modificar sus mandatos. Admitir que una reforma constitucional pueda ser declarada inexequible por violar materialmente la Constitución vigente equivale entonces a petrificar el ordenamiento constitucional y anular la propia cláusula de reforma, por lo que la restricción impuesta por el artículo 241 superior a la competencia de la Corte es una consecuencia necesaria del propio mecanismo de reforma constitucional. No le corresponde entonces a la Corte examinar si los contenidos materiales de la ley que convoca a un referendo son o no constitucionales, ni mucho menos políticamente oportunos, sino que debe exclusivamente estudiar si el procedimiento de formación de esa ley se ajusta o no a las exigencias constitucionales, puesto que la ley de referendo está orientada a reformar (esto es, a contradecir materialmente) el ordenamiento constitucional vigente hasta ese momento." [182]

La Corte Constitucional colombiana, al ratificar conforme a la Constitución de 1991 que el ámbito del control de constitucionalidad sobre las reformas constitucionales estaba restringido a los aspectos adjetivos o procedimentales, observó que "la Constitución colombiana de 1991, a diferencia de otras constituciones, como la alemana, la italiana o la francesa, o algunas de nuestras constituciones nacionales, no contiene cláusulas pétreas o irreformables," de manera que "los únicos límites que la Carta prevé para el poder de reforma son de carácter estrictamente formal y procedimental, esto es, que el acto legislativo, el referendo o la convocatoria a una Asamblea Constituyente hayan sido realizados conforme a los procedimientos establecidos en la Carta." [183]

Sin embargo, y a pesar de esta precisión, la Corte Constitucional en la sentencia C-141 de 2010, donde ejerció el control de constitucionalidad sobre una ley de convocatoria a un referendo con origen en una iniciativa ciudadana para permitir una segunda reelección presidencial, como se trataba de un cuerpo normativo promulgado dentro de un procedimiento de reforma a la Constitución, indicó que la misma no

181 Véase en http://www.elabedul.net/Documentos/Leyes/2003/C-551-03_sentencia.pdf.

182 Véase en http://www.elabedul.net/Documentos/Leyes/2003/C-551-03_sentencia.pdf.

183 Véase en http://www.elabedul.net/Documentos/Leyes/2003/C-551-03_sentencia.pdf.

sólo estaba sujeta a requerimientos procedimentales, sino también a "límites competenciales," en el sentido de que mediante la misma no podían afectarse "principios estructurales plasmados originalmente en el texto constitucional" los cuales sólo podían ser modificados mediante la convocatoria de una Asamblea Nacional Constituyente. La Corte, en efecto dijo:

> "El único de los mecanismos contemplados en el artículo 374 constitucional que no está sujeto a límites de competencia es una Asamblea Nacional Constituyente, siempre que sea convocada para proferir una nueva Carta, siendo la vía del referendo constitucional no idónea para transformar los principios estructurales plasmados originalmente en el texto constitucional."

Y precisamente, con base en ello, como se verá más adelante, la Corte Constitucional Colombiana mediante la sentencia Nº C-141 de 2010 declaró la inconstitucionalidad de la Ley de reforma constitucional que proponía la posibilidad de una segunda reelección del Presidente de la República, por considerar que era contraria a los principios democráticos y particularmente al de la alternabilidad republicana, que según la Corte sólo podrían ser reformados mediante una Asamblea Constituyente.

2. *El síndrome de la abstención en el caso venezolano: la reforma constitucional vía enmienda del principio pétreo de la alternabilidad republicana, previamente distorsionado por el juez constitucional, y la renuncia a controlar la constitucionalidad del procedimiento utilizado para la reforma*

En todo caso, distinto es el caso de las Constituciones que por una parte contienen cláusulas pétreas y por la otra no tienen la limitación expresa que está en la Constitución colombiana sobre el ámbito del control de constitucionalidad a cargo del juez constitucional, como guardián de la supremacía de la Constitución. En esos casos, en nuestro criterio, el juez constitucional si tiene competencia para controlar la constitucionalidad de las reformas constitucionales antes de su aprobación por el pueblo, cuando incidan sobre cláusulas pétreas, como por ejemplo la prevista en el artículo 6 de la Constitución cuando proclama que:

> *"Artículo 6. El gobierno de la República Bolivariana de Venezuela y de las entidades políticas que la componen* ***es y será siempre*** *democrático, participativo, electivo, descentralizado, alternativo, responsable, pluralista y de mandatos revocables".*

Es decir, cualquier reforma constitucional que pretenda cambiar el sistema de gobierno en Venezuela y establecer, por ejemplo un sistema autocrático (contrario a la democracia), excluyente de la participación (contrario a participativo), con magistrados no electos por el pueblo (contrario a electivo), centralizado (contrario a la descentralización), que elimine la alternabilidad en el ejercicio de los cargos (con magistrados a perpetuidad, o de mandatos ilimitados), irresponsable (contrario a responsable), con una doctrina oficial única excluyente de toda otra (contrario a pluralista) y de mandatos no revocables ( contrario a manatos revocables), en nuestro criterio puede y tiene que poder ser controlada por el juez constitucional.

Por ejemplo, entre esos principios pétreos en la Constitución venezolana se destaca el principio de la alternabilidad republicana, que implica límites a la reelección, particularmente, la reelección presidencial, que a pesar de la larga tradición constitucional que ha tenido en Venezuela, se quiso reformar en la reforma constitucional que a iniciativa del Presidente de la República se propuso en 2007, y que luego de sancionada por la Asamblea Nacional,[184] fue sin embargo rechazada por el pueblo el referéndum de diciembre de 2007.

El principio de la alternabilidad además de estar en el mencionado artículo 6 de la Constitución de 1999, se reflejaba en el límite constitucional que imponía el artículo 230 de la Constitución para la reelección del Presidente de la República, al prever que sólo podía ser "reelegido de inmediato y por una sola vez, para un nuevo período."

Este principio de la alternabilidad republicana se comenzó a establecer en las Constituciones hace doscientos años, preciosamente en la Constitución Federal de los Estados de Venezuela del 21 de diciembre de 1811 que fue la primera de toda América Hispana, con la que se incorporó el principio al constitucionalismo venezolano e hispanoamericano al prever en su artículo 188, lo siguiente:

> "Artículo 188. Una dilatada continuación en los principales funcionarios del Poder Ejecutivo es peligrosa a la libertad, y esta circunstancia reclama poderosamente una rotación periódica entre los miembros del referido Departamento para asegurarla."

Es decir, desde el inicio se incorporó al constitucionalismo el principio de que debía haber una rotación periódica en los titulares del Poder Ejecutivo, considerándose, con razón, que la dilatada continuidad en el ejercicio de sus funciones era peligrosa a la libertad.

El principio lo expresó Simón Bolívar pocos años después, en su Discurso de Angostura de presentación del proyecto de Constitución al Congreso de 1819, al expresar:

> "La continuación de la autoridad en un mismo individuo frecuentemente ha sido el término de los gobiernos democráticos. Las repetidas elecciones son esenciales en los sistemas populares, porque nada es tan peligroso como dejar permanecer largo tiempo en un mismo ciudadano el poder. El pueblo se acostumbra a obedecerle y él se acostumbra a mandarlo; de donde se origina la usurpación y la tiranía. ... nuestros ciudadanos deben temer con sobrada justicia que el mismo Magistrado, que los ha mandado mucho tiempo, los mande perpetuamente."[185].

El principio, sin embargo, no se enunció en el texto de la Constitución de 1819 en el cual no se usa la expresión alternabilidad, estableciéndose sólo expresamente su consecuencia respecto del Presidente de la República, al prever limites a la reelección del mismo, indicándose en el artículo 3, sección primera del Título 7°, que "la duración del presidente será de cuatro años, y no podrá ser reelegido más de una vez sin intermisión." Con ello se inició la tradición de establecer en las Constitucio-

184 Véase Allan R. Brewer-Carías, *La reforma constitucional de 2007 (Comentarios al proyecto inconstitucionalmente sancionado por la Asamblea Nacional el 2 de noviembre de 2007)*, Colección Textos Legislativos, N° 43, Editorial Jurídica Venezolana, Caracas 2007.

185 Véase en Simón Bolívar, *Escritos Fundamentales*, Caracas, 1982.

nes límites a la reelección presidencial. La misma limitación a la reelección presidencial se incorporó en el artículo 107 de la Constitución de Colombia de 1821.

Fue sin embargo, en la Constitución de 1830, una vez reconstituido el Estado de Venezuela al disolverse la Gran Colombia, cuando el principio enunciado en la Constitución de 1811 y formulado por el Libertador, se incorporó expresamente en forma directa como cláusula pétrea, al establecerse que

> "Art. 6. El Gobierno de Venezuela es y será siempre republicano, popular, representativo, responsable y alternativo."

Expresar en la Constitución que el gobierno "**es y será siempre alternativo**" significa lo que las palabras expresan, que se trata de la formulación de un principio constitucional pétreo que apunta a que nunca el gobierno de la República puede dejar de ser alternativo, el cual en consecuencia siempre se ha expresado como tal, en todos los 26 textos constitucionales que ha tendido Venezuela en toda su historia constitucional, en la misma invariable forma que aún se conserva en la Constitución de 1999 (art 6).

Y la palabra utilizada para expresar el principio ha sido siempre la misma de "alternabilidad," en el sentido de gobierno "alternativo" o de la "alternabilidad republicana" en el poder, y que expresa la idea de que no puede haber cargos producto de la elección popular ocupados por una misma persona, que las personas deben turnarse sucesivamente en los cargos, o que los cargos deben desempeñarse por turnos (*Diccionario de la Real Academia Española).*[186] Por ello, la Sala Electoral del Tribunal Supremo de Justicia de Venezuela en sentencia N° 51 de 18-3-2002, consideró el principio de la alternabilidad como "principio general y presupuesto democrático," indicando que el mismo significa "el ejercicio sucesivo de un cargo por personas distintas, pertenezcan o no a un mismo partido."

El principio, sin duda, como se deriva del texto de la Constitución de 1811 y del pensamiento del Libertador, se concibió históricamente para enfrentar las ansias de perpetuación en el poder, es decir, el continuismo, y evitar las ventajas que podrían tener en los procesos electorales quienes ocupan cargos y a la vez puedan ser candidatos para ocupar los mismos cargos. El principio de "gobierno alternativo," por tanto, no es equivalente al de "gobierno electivo;" la elección es una cosa, y la necesidad de que las personas se turnen en los cargos es otra.

La consecuencia de que el principio de la alternabilidad republicana se haya concebido siempre en la Constitución como un principio constitucional pétreo, la expresó el Tribunal Supremo al sostener que es un "principio general y presupuesto democrático" de la organización del Estado, que como tal, no puede ser modificado o reformado por los procedimientos de "reforma constitucional" o de "enmienda constitucional," sino por el procedimiento de la convocatoria de una Asamblea Nacional Constituyente. Ello significa que no puede utilizarse uno de los procedimientos de revisión constitucional para fines distintos a los regulados en la propia Consti-

186 Véase el Voto Salvado a la sentencia N° 53, de la Sala Constitucional de 2 de febrero de 2009 (Caso: *Interpretación de los artículos 340,6 y 345 de la Constitución)*, en http:/www.tsj.gov.ve/decisiones/scon/Febrero/53-3209-2009-08-1610.html.

tución, pues de lo contrario, se incurriría en un *fraude constitucional*[187], tal como ocurrió con la reforma constitucional sancionada por la Asamblea Nacional el 2 de noviembre de 2007, que fue rechazada por voto popular en el referendo del 2 de diciembre de 2007, en la cual precisamente, se pretendió modificar el principio pétreo de la alternabilidad republicana mediante la eliminación de toda limitación a la reelección presidencial.

En efecto, además de su enunciado expreso en el texto de las constituciones como principio de la "alternabilidad," el mismo se materializó en el texto de las Constituciones venezolanas, con la inclusión de limitaciones expresas a las posibilidades de reelección en cargos electivos;[188] entendiendo por reelección, como lo destacó la Sala Constitucional del Tribunal Supremo citando a Dieter Nohlen, como "la posibilidad de que un funcionario sometido a elección pública, cuyo ejercicio se encuentre sujeto a un período previamente determinado o renovación periódica, pueda ser nuevamente postulado y electo una o más veces a la misma posición de Derecho."[189]

Así sucedió en las Constituciones de 1830, 1858, 1864, 1874, 1881, 1891, 1893, 1901, 1904, 1909, 1936, 1845 y 1947,[190] en las cuales se estableció, por ejemplo, la prohibición de la reelección del Presidente de la República para el período constitucional inmediato.[191] En la historia constitucional del país, en realidad, la prohibición

---

187 La Sala Constitucional del Tribunal Supremo de Justicia en la sentencia N° 74 de 25-01-2006 señaló que un *fraude a la Constitución* ocurre cuando se destruyen las teorías democráticas "mediante el procedimiento de cambio en las instituciones existentes aparentando respetar las formas y procedimientos constitucionales", o cuando se utiliza "del procedimiento de reforma constitucional para proceder a la creación de un nuevo régimen político, de un nuevo ordenamiento constitucional, sin alterar el sistema de legalidad establecido, como ocurrió con el *uso fraudulento de los poderes* conferidos por la ley marcial en la Alemania de la Constitución de *Weimar*, forzando al Parlamento a conceder a los líderes fascistas, en términos de dudosa legitimidad, la plenitud del poder constituyente, otorgando un poder legislativo ilimitado"; y que un *falseamiento de la Constitución* ocurre cuando se otorga "a las normas constitucionales una interpretación y un sentido distinto del que realmente tienen, que es en realidad una modificación no formal de la Constitución misma", concluyendo con la afirmación de que "*Una reforma constitucional sin ningún tipo de límites, constituiría un fraude constitucional*". Véase en *Revista de Derecho Público*, Editorial Jurídica Venezolana, N° 105, Caracas 2006, pp. 76 ss.

188 Las restricciones a la reelección presidencial son tradicionales en los sistemas presidenciales de gobierno, como son los de América Latina, y no en los sistemas parlamentarios como los que existen en Europa. Véase, Allan R. Brewer-Carías, *Reflexiones sobre la Revolución Norteamericana (1776), la Revolución Francesa (1789) y la Revolución Hispanoamericana (1810-1830) y sus aportes al constitucionalismo moderno*, Universidad Externado de Colombia, Bogotá 2008, pp. 106 ff.

189 Véase Dieter Nohlen, "La Reelección", en VVAA, *Tratado Electoral Comparado de América Latina,* Fondo de Cultura Económica y otros, México 1998, pp. 140 y ss. Citado en sentencia N° 51 de 18 de marzo de 2000 (Caso: *Federación Venezolana de Maestros (FVM) vs. Consejo Nacional Electoral*), en *Revista de Derecho Público*, N° 89-92, Editorial Jurídica Venezolana, Caracas, 2002, p. 109.

190 Véase el texto de todas las Constituciones en Allan R. Brewer-Carías, *Las Constituciones de Venezuela*, 2 vols., Academia de Ciencias Políticas y Sociales, Caracas 2008.

191 Sobre estas previsiones constitucionales, la Sala Constitucional del Tribunal Supremo, sin embargo, en sentencia N° 1.488 de 28 de julio de 2006 (*Caso*: Consejo Nacional Electoral vs.

de la reelección presidencial inmediata solamente dejó de establecerse en las Constituciones de los gobiernos autoritarios: ocurrió así en la efímera Constitución de 1857; en las Constituciones de Juan Vicente Gómez de 1914, 1922, 1925, 1928, 1929 y 1931; en la Constitución de Marcos Pérez Jiménez de 1953; y en la enmienda constitucional promovida por Hugo Chávez Frías en 2009. La prohibición de la reelección, en cambio, respecto del Presidente de la República, en el período democrático iniciado en 1958,[192] fue más amplia y la misma se extendió en la Constitución de 1961, a los dos períodos siguientes (10 años).

La flexibilización del principio, en cambio, como antes se dijo, aún cuando sin dejar de establecer limitaciones a la reelección presidencial, se produjo inicialmente en las Constituciones de 1819 y 1821 en las cuales se previó la posibilidad de reelección inmediata por una sola vez del Presidente de la República ("no podrá ser reelegido más de una vez sin intermisión"); y se recogió en la Constitución de 1999, en cuyo artículo 230 se permitió la posibilidad de reelección presidencial de inmediato, pero por una sola vez, para un nuevo período.[193]

Por su parte, el artículo 192 de la Constitución de 1999, respecto de otros cargos electivos dispuso que los diputados a la Asamblea Nacional podían ser reelegidos sólo "por dos periodos consecutivos como máximo"; el artículo 160 dispuso que los Gobernadores de Estado podían ser "reelegidos, de inmediato y por una sola vez, para un nuevo período"; el artículo 162 dispuso que los legisladores a los Consejos Legislativos de los Estados podían ser reelegidos sólo "por dos periodos consecutivos como máximo"; y el artículo 174 dispuso que los Alcaldes podían ser "reelegidos, de inmediato y por una sola vez, para un nuevo período."

---

Revisión Decisión Sala Electoral del Tribunal Supremo de Justicia), concluyó indicando que "desde la Constitución de 1830 hasta la de 1947, se prohíbe de forma absoluta la reelección, sin que tal medida, aislada y sin la determinación de un sistema de gobierno que lo hiciera viable, en realidad, no sólo no impidió la existencia de gobiernos no democráticos, sino que sólo sirvió para disfrazar a través de subalternos, la verdadera continuidad de gobiernos con intereses ajenos al bienestar de la sociedad. De este modo, por ejemplo, las Constituciones gomecistas, de 1909 (artículo 84), 1914 (artículo 83), 1919 (artículo 83), 1928 (artículo 103) y 1931 (artículo 103), prohibieron la reelección inmediata con los resultados que han quedado para la historia, por lo que se evidencia que no puede haber divorcio entre una medida individual en el método de gobierno y la concepción general de justicia de un Estado." Véase en *Revista de Derecho Público,* N° 107, Editorial Jurídica Venezolana, Caracas 2006, pp. 90 ss.

192 Véase Allan R. Brewer-Carías, *Historia Constitucional de Venezuela*, 2 vols., Editorial Alfa, Caracas 2008.

193 Sobre esta previsión de la Constitución de 1999, la Sala Constitucional del Tribunal Supremo expresó en la sentencia mencionada N° 1488 de 28 de julio de 2006, que: "la Constitución de 1999, retomando la idea de la Constitución de Angostura, y en plena armonía con los principios garantistas a favor del ciudadano y de su rol protagónico en la empresa de desarrollo del Estado, permitió la reelección presidencial, pero dentro de un marco de políticas públicas en el que ello no es una medida aislada de inspiración caudillista, sino que constituye un elemento más dentro de una visión progresista en el que la separación de poderes, los derechos de los ciudadanos y los mecanismos de participación de los mismos, pueden generar los contrapesos y la colaboración necesarios para la satisfacción de los intereses del Estado que no son otros que los de los propios ciudadanos." Véase en *Revista de Derecho Público,* N° 107, Editorial Jurídica Venezolana, Caracas 2006, pp. 90 ss.

En este contexto de las limitaciones a la reelección, y su significado frente al continuismo y al abuso de poder, la misma Sala Electoral del Tribunal Supremo de Justicia en su sentencia N° 51 de 18 de marzo de 2000 (Caso: *Federación Venezolana de Maestros (FVM) vs. Consejo Nacional Electoral*), indicó que:

> "Este calificado "derecho" de reelección, aunque justificado como un mecanismo de extensión del buen gobierno, podría desvirtuarse y convertirse en una grave amenaza para la democracia: las ansias de perpetuación en el poder (continuismo), así como la evidente ventaja en los procesos electorales de quien ocupa el cargo y a su vez es candidato a ocupar el mismo, han producido tanto en Venezuela como en el resto de Hispanoamérica un profundo rechazo a la figura de la reelección. En el caso de la designación del Presidente de la República o el funcionario equivalente, esta desaprobación se ha traducido en rigurosas previsiones constitucionales, así, por ejemplo, en las Constituciones venezolanas de 1830, 1858, 1891, 1893, 1901, 1904, 1909, 1936, 1945 y 1947, se prohibía la reelección inmediata o para el período constitucional inmediatamente siguiente; la Constitución de 1961 prohibía la reelección hasta por diez años o dos períodos constitucionales después de la terminación del mandato, y actualmente, la Constitución de 1999, optando por una modalidad distinta para resguardar la alternabilidad, establece en su artículo 230: "...El Presidente o Presidenta de la República puede ser reelegido, de inmediato y por una sola vez, para un período adicional". Es de resaltar que aunque su formulación rompa con la tradición, las limitaciones a la reelección previstas por la Constitución de la República Bolivariana de Venezuela ("...de inmediato y por una sola vez..."), ponen freno a las distorsiones que siempre han preocupado a nuestra democracia: el continuismo y el ventajismo electoral." [194]

La misma Sala Electoral, para reforzar el argumento de la compatibilidad de las limitaciones a la reelección con el principio de la alternabilidad, y la preocupación democrática frente al continuismo y ventajismo políticos, en la misma sentencia se refirió en particular a lo que se perseguía con el referendo sindical de 2000, exponiendo lo siguiente:

> "En este mismo sentido, la convocatoria a referendo sindical contenida en Resolución del Consejo Nacional Electoral, número 001115-1979 del 15 de noviembre de 2000, publicada en Gaceta Oficial número 37.081 del 20 de noviembre de 2000 y que en referendo celebrado el 3 de diciembre de 2000, resultara favorecida la opción "Si", se preguntaba: ¿Está usted de acuerdo con la renovación de la dirigencia sindical, en los próximos 180 días, bajo Estatuto Especial elaborado por el Poder Electoral, conforme a los principios de alternabilidad y elección universal, directa y secreta, consagrados en el artículo 95 de la Constitución de la República Bolivariana de Venezuela, y que se suspenda durante ese lapso en sus funciones los directivos de las Centrales, Federaciones y Confederaciones Sindicales establecidas en el país? (Énfasis añadido). Resulta entonces claro que la tradicional preocupación democrática, tan evidente en la figura Presidente de la República, se extiende ahora a las asociaciones sindica-

---

194 Véase en *Revista de Derecho Público*, N° 89-92, Editorial Jurídica Venezolana, Caracas, 2002, p. 109.

les, organizaciones de la sociedad en las que resulta imperativo -tanto en la teoría como en la práctica- democratizar, y con ello, la alternancia en los cargos de dirección a través de elecciones libres.

El intento de armonizar el principio de alternabilidad de los cargos de elección pública y las ventajas prácticas de la posibilidad de reelección, han producido, por una parte, fórmulas como las ya mencionadas prohibiciones de reelegirse inmediatamente, aunque ello no impida posteriores reelecciones; y, por la otra, la posibilidad de reelección inmediata, pero sólo una o dos veces más. Asimismo se han aceptado combinaciones de las dos anteriores, como reelección inmediata con posibilidades de una nueva elección después de transcurrido cierto tiempo; y, la no reelección inmediata con una única posibilidad de reelegirse posteriormente una o dos veces más. En todo caso corresponde al órgano legislativo correspondiente, escoger la fórmula más conveniente.[195]

La propia Sala Electoral, sobre la justificación de la limitación a la reelección sucesiva, años después, en sentencia N° 73 de 30 de marzo de 2006 (Caso: Asociados de la Caja de Ahorro Sector Empleados Público), insistiría que:

> "se presenta como una técnica de control legislativo derivada en la inconveniencia de que un ciudadano se perpetúe en el poder, pretendiendo, entre otras cosas, restar capacidad de influencia a quien lo ha ejercido, y sobre todo preservar la necesidad de que los aspirantes estén en un mismo pie de igualdad y que los funcionarios electos no distraigan sus esfuerzos y atención en asuntos diferentes a la completa y cabal realización de su gestión."[196]

No le faltaba razón a la Sala Electoral del Tribunal Supremo en destacar la preocupación por la suerte de la democracia frente al "continuismo y ventajismo electoral," pues a los pocos años, por una parte, la Sala Constitucional del mismo Tribunal Supremo, en 2006, comenzaría a allanar el camino para cambiar el carácter pétreo del principio de la alternabilidad republicana, despojándolo de su carácter de principio fundamental del ordenamiento constitucional que solo podría ser cambiado mediante la convocatoria de una "Asamblea Nacional Constituyente;" y por la otra, consecuencialmente, el Presidente de la República presentaría en 2007 un proyecto de "reforma constitucional" para eliminar toda restricción a la reelección presidencial.

En efecto, en cuanto al tema de la reelección en los cargos electivos, a pesar del principio de la alternabilidad y de las restricciones constitucionales existentes en la materia, el mismo comenzó a ser tratado por la Sala Constitucional del Tribunal Su-

---

195 Véase en *Revista de Derecho Público*, N° 89-92, Editorial Jurídica Venezolana, Caracas, 2002, p. 109. En materia sindical, el principio de la alternabilidad como signo de la democracia sindical se sostuvo luego en la sentencia de la misma Sala N° 175 de 20-10-2003 (Caso: Solicitud de convocatoria a elecciones en el Sindicato de Trabajadores de la empresa Telenorma (Sitraten) en el Estado Miranda), en *Revista de Derecho Público*, N° 93-96, Editorial Jurídica Venezolana, Caracas, 2003, pp. 192 ss. Igualmente en materia de elecciones en Colegios profesionales en sentencia N° 194 de 18-11-2003 (Caso *Judith Sayago Briceño y otro vs. Comisión Electoral del Colegio de Médicos del Estado Barinas*), *Idem*, pp. 378 ss.

196 Véase en *Revista de Derecho Público,* N° 105, Editorial Jurídica Venezolana, Caracas 2006, p. 173.

premo de Justicia en la sentencia N° 1.488 de 28 de julio de 2006,[197] dictada con motivo de revisar una sentencia de la Sala Electoral del mismo Tribunal Supremo, al considerar el tema de la constitucionalidad del artículo 126 de la entonces vigente Ley Orgánica del Sufragio y Participación Política de 1998, que imponía a los funcionarios susceptibles de ser reelegidos, la obligación de separarse de sus cargos.

Para declarar que dicha norma era contraria a la Constitución, la Sala, sin embargo, entró a resolver de oficio y en forma general sobre el tema de la reelección presidencial, sin que nadie se lo hubiese pedido y sin que ello hubiera sido necesario para la revisión judicial de una sentencia que estaba realizando, considerando en definitiva que cualquier reforma o cambio que se pudiese adoptar en la materia, permitiendo la reelección indefinida, no afectaba la estructura del Estado, de lo que resultó la negación del carácter pétreo de su fundamento que es el principio de la alternabilidad republicana, y el allanamiento del camino para proceder a establecer la reelección indefinida mediante reforma o enmienda constitucional, y no mediante la convocatoria de una Asamblea Constituyente. Ello, sin duda, fue lo que motivó en definitiva el intento de reforma constitucional de 2007, rechazado por el pueblo, y la posterior propuesta de una enmienda constitucional en 2009, estableciendo la reelección indefinida como principio constitucional, que si fue aprobada por el pueblo.

Para ello, la Sala Constitucional, en su sentencia N° 1488 de 2006 comenzó por vincular el pensamiento de Bolívar en 1819 con el de Hamilton; analizó la historia de las previsiones constitucionales limitativas sobre la reelección en Venezuela y en toda la América Latina; y analizó, para justificar su tesis, las reformas constitucionales en la materia que se habían efectuado en Colombia y Costa Rica. La Sala Constitucional, en efecto, argumentó así:

***Primero***, se refirió a la Constitución de 1819 que consideró "inspirada parcialmente en las ideas del Libertador Simón Bolívar, la cual como se ha dicho, estableció la posibilidad de reelección inmediata del Presidente pero por una sola vez "sin intermisión" (artículo 3, sección primera del Título Séptimo), de lo cual dedujo la Sala que planteaba:

> "la visión del Padre de la Patria a la par de las del gran pensador norteamericano Alexander Hamilton, quien en "El Federalista" expuso una defensa a la reelección como modelo de gobernabilidad legítimo dentro de un contexto democrático."

Olvidó, sin embargo, la Sala Constitucional, referirse a las ideas de Bolívar que en realidad fueron expresadas en su Discurso de presentación del proyecto de Constitución de 1819, en el cual, como se ha dicho, se refirió a la continuación de la autoridad en un mismo individuo como la mayor amenaza a los gobiernos democráticos, considerando como lo más peligroso, el "dejar permanecer largo tiempo en un mismo ciudadano el poder," pues –decía– "el pueblo se acostumbra a obedecerle y él se acostumbra a mandarlo," lo que origina "la usurpación y la tiranía."

***Segundo***, pasó luego la Sala Constitucional a referirse a las ideas de Hamilton, considerando que las mismas "a pesar de haber transcurrido más doscientos años de

197 Véase *Caso*: Consejo Nacional Electoral vs. Revisión Decisión Sala Electoral del Tribunal Supremo de Justicia, en *Revista de Derecho Público*, N° 107, Editorial Jurídica Venezolana, Caracas 2006, pp. 90 ss.

haber sido emitidas, tienen una actualidad que llama a la reflexión y que todavía se invocan en las discusiones que se generan con este motivo." A tal efecto, la Sala destacó que:

> "Hamilton señalaba que la reelección era necesaria para que el pueblo pudiera prolongar una administración positiva en su propio beneficio y aprovechando las virtudes del gobernante reelegido, pues la exclusión de éste a pesar de su buen gobierno, sólo traería más males que beneficios a la sociedad y perjudicaría el conducir del gobierno. Igualmente, consideraba que el impedir la reelección provocaría que disminuyeran los incentivos para el correcto proceder de los gobernantes al no tener el aliciente en la continuidad de su gestión, facilitando la tentación de actuaciones no adecuadas dada la inexistencia del incentivo que implica la aprobación de la gestión a través de la reelección, y además, privaría a la sociedad de una persona con experiencia y conocimiento en el manejo del cargo y que facilitaría por esta misma causa el mantenimiento del sistema político, de modo que su ausencia también tendría consecuencias para dicho sistema (Hamilton, Madison y Jay, El Federalista, Fondo de Cultura Económica, México 1994, artículo 72, pp. 308 y ss.)."

***Tercero***, pasó luego la Sala a buscar apoyo contemporáneo para justificar el tema de la reelección presidencial, refiriéndose a Sartori, señalando que éste:

> "luego de analizar varios escenarios a favor y en contra de la reelección, llega a la conclusión que "(…) el argumento fundamental a favor de la reelección es que los presidentes que gobiernan bien deben ser recompensados, y que desperdiciar a un buen presidente es indudablemente un grave desperdicio. No se puede negar que ambos bandos tienen razones válidas. No es un problema que tenga la misma solución para todos los países". A esto agregaba "(…) también es cierto que negar la reelección es negar la recompensa, y que esto constituye una grave falla" (Sartori, Giovanni, Ingeniería Constitucional Comparada, Fondo de Cultura Económica, 1994. pp. 191 y 192)."

***Cuarto***, de lo dicho por Sartori, la Sala Constitucional consideró que se trataba de un "refuerzo de las ideas de Hamilton y de Bolívar," lo cual por supuesto no es cierto, pues Bolívar no argumentó sobre la reelección presidencial como lo hizo Hamilton, y al contrario, si sobre algo argumentó como no lo hizo Hamilton, fue contra el continuismo presidencial.

Sin embargo, la Sala Constitucional consideró que las reflexiones hechas por Sartori, como investigador contemporáneo dan fe "de la vigencia de las mismas y de lo aplicables que son todavía a nuestra realidad," concluyendo entonces que "no se trata entonces, de una discusión interesada o circunscrita a las coyunturas del momento," sino al contrario, de "una discusión que ha mantenido su vigencia a lo largo del tiempo y que plantea la necesidad de una solución de acuerdo con las necesidades y realidades de cada sociedad, discutidas y planteadas por el poder originario del mismo y que se concretan en el Texto Constitucional, de ahí su trascendencia y la necesidad de verla en el todo del sistema jurídico y en relación con persona alguna."

***Quinto***, la Sala Constitucional para reforzar su argumento a favor de "la figura de la reelección," recurrió al derecho comparado haciendo una síntesis de su implantación "en diferentes países de nuestro entorno latinoamericano," de la cual concluyó que había una "aplastante mayoría a favor de la reelección … pues de un total de diecinueve países, quince tienen como norma la reelección, es decir, más del 75% de Latinoamérica se encuentra a favor de dicha figura, mientras otros cuatro (Guatemala, Honduras, México y Paraguay) prohíben de forma absoluta la reelección." De ello, la Sala Constitucional derivó que había una "tendencia" en la "perspectiva de evolución del Derecho Constitucional comparado," que era la de "incorporar la figura de la reelección al sistema democrático," tal como en su criterio había ocurrido en "Colombia y de Costa Rica, países que por distintos medios y con circunstancias también diferentes establecieron la figura dentro de su sistema constitucional, armonizándose en ambos casos, dicha introducción, con el sistema democrático que en ellas se ha establecido, tomando en consideración sus propias realidades," de lo que la Sala concluyó que "la tendencia en nuestro ámbito continental es a favor de la figura de la reelección."

***Sexto***, con base en lo anterior, la Sala pasó a transcribir párrafos del fallo C-1040/05 del 19 de octubre de 2005 de la Corte Constitucional de Colombia, que estimó como una "valiosa contribución, aún considerando las diferencias con la Constitución venezolana," respecto del tema de la reelección, al referirse al alegato presentado a la consideración de dicha Corte "respecto a que la inclusión de la reelección en la Constitución constituía un cambio en la estructura del Estado," donde señaló lo siguiente:

> "Los elementos esenciales que definen el Estado social y democrático de derecho fundado en la dignidad humana no fueron sustituidos por la reforma. El pueblo decidirá soberanamente a quién elige como Presidente, las instituciones de vigilancia y control conservan la plenitud de sus atribuciones, el sistema de frenos y contrapesos continua operando, la independencia de los órganos constitucionales sigue siendo garantizada, no se atribuyen nuevos poderes al Ejecutivo, la reforma prevé reglas para disminuir la desigualdad en la contienda electoral que será administrada por órganos que continúan siendo autónomos, y los actos que se adopten siguen sometidos al control judicial para garantizar el respeto al Estado Social de Derecho. No cabe señalar, para establecer la presencia de una sustitución de la Constitución, que el Presidente abusaría de su poder, el cual se vería ampliado por la posibilidad de hacer política electoral y que ello conduciría a un régimen de concentración de poder en el que, por otra parte, el Congreso perdería la independencia para el ejercicio de la función legislativa y de control político, porque en su elección habría podido tener juego el Presidente en ejercicio, con lo cual se habría modificado el sistema de separación de poderes. Como se ha dicho, tales cuestionamientos no apuntan a mostrar la inviabilidad del diseño institucional, sino que reflejan el temor de quienes los plantean, de que contrariando las previsiones expresas de la Carta en materia de límites y controles al ejercicio del poder, este se desbordase en el sentido que anticipan. Se trata de consideraciones de tipo práctico sobre las consecuencias que estiman previsibles de la reforma, pero no un resultado que pueda ser atribuido necesariamente al nuevo diseño institucional".

Esta decisión de la Corte Colombiana, la consideró la Sala Constitucional venezolana como una ratificación "respecto a la necesidad que la inclusión de la reelección no sirve de nada si no se hace dentro de un sistema democrático que garantice la justicia y los derechos inherentes a la persona humana, pues en tal contexto, junto con la existencia de elementos institucionales que hagan los controles necesarios, dicha medida resulta cónsona con la democracia y con las libertades que ésta debe defender," destacando adicionalmente lo expresado por la misma Corte Constitucional colombiana al señalar:

> "En relación con la forma de Estado se tiene que, con o sin reelección presidencial inmediata, Colombia sigue siendo un Estado social de Derecho, organizado en forma de república unitaria, descentralizada, con autonomía de sus entidades territoriales, democrática, participativa y pluralista. Ninguno de esos elementos definitorios de la forma que adopta el Estado colombiano puede tenerse como suprimido, subvertido o integralmente sustituido en razón a que, por virtud del acto legislativo acusado, hoy en Colombia se permite la reelección presidencial, eventualidad que estaba proscrita en la Constitución de 1991".

Como lo destacó la Sala Constitucional en su sentencia, la Corte Colombiana, concluyó señalando que:

> "En dirección contraria a la presentada por la demandante, cabría señalar que el Acto Legislativo 2 de 2004 no solamente no conduce, desde el punto de vista del diseño institucional, a una supresión de los elementos democráticos de la Constitución de 1991, sino que, desde una perspectiva diferente, que puede plantearse legítimamente en el contexto de una democracia pluralista, podría sostenerse que los reafirma, en la medida en que permite que el electorado se pronuncie de manera efectiva sobre la gestión de sus gobernantes, posibilidad que estaba excluida en el diseño previo a la reforma. Se trata de visiones contrapuestas, una que hace énfasis en las oportunidades que deben brindarse a los sectores diversos de la sociedad que no se encuentren en el gobierno para constituirse en alternativas efectivas de poder, y otra que privilegia las bondades de la continuidad en el gobierno de un proyecto político que ha sido encontrado exitoso por el electorado en un libre juego democrático. No obstante las diferencias que sobre el diseño institucional, los mecanismos de participación y las condiciones de equilibrio plantean las dos visiones, no puede señalarse que una de ellas conlleve una sustitución del Estado social, democrático y pluralista de derecho".

De lo anterior, la Sala Constitucional venezolana terminó señalando que "el Tribunal Constitucional de la hermana República" concluyó que:

> "la reelección no constituiría un cambio en el sistema constitucional de su país, sino que por el contrario se convertiría en un medio de reafirmación democrática. Responde igualmente dicho órgano jurisdiccional a los temores respecto de las consecuencias prácticas que puede acarrear la reelección y en tal sentido pone en evidencia que los mismos se presentaran tanto en cuanto no se cuente con los mecanismos que permitan controlar las acciones del Ejecutivo, y que por estar éstas, lo mismo que en nuestra Constitución, expresamente establecidos, sólo habría que velar por su cumplimiento, de modo que la figura en sí no sería la responsable de irregularidad alguna, sino que ello sería responsabilidad de la equilibrada ejecución del sistema de contrapesos y de controles que tenga el Texto Constitucional, por lo que su falta o no de ejecución no queda al arbitrio de una persona, sino de los poderes que al efecto tengan dichas responsabilidades."

***Séptimo***, la Sala Constitucional pasó luego a analizar la sentencia N° 02771 del 4 de abril de 2003 de la Sala Constitucional de la Corte Suprema de Costa Rica, en la cual se pronunció "respecto a la nulidad de la reforma constitucional de 1969 por la que se suprimió el artículo de la Constitución que permitía la reelección presidencial luego de dos períodos alternos," en la cual dicha Sala costarricense afirmó lo siguiente:

> "El derecho de elección, como derecho político, también constituye un derecho humano de primer orden, y por ende, es un derecho fundamental. La reelección tal y como se pudo constatar en el considerando V, estaba contemplada en la Constitución Política de 1949 y constituye una garantía del derecho de elección, pues le permite al ciudadano tener la facultad de escoger, en una mayor amplitud de posibilidades, los gobernantes que estima convenientes. Por consiguiente, fue la voluntad popular a través de la Constituyente, la que dispuso que existiera la reelección presidencial, con el fin de garantizarse el pueblo el efectivo derecho de elección. De hecho, a pesar de que la reforma parcial en cuestión se produjo posteriormente, esto se viene a confirmar luego con la suscripción de la Convención Americana de Derechos Humanos, que en el artículo 23 establece: '1. Todos los ciudadanos deben gozar de los siguientes derechos y oportunidades (...) b) de votar y ser elegidos en elecciones periódicas auténticas, realizadas por sufragio universal e igual y por voto secreto que garantice la libre expresión de la voluntad de los electores, (...)'; y que no admite mayores limitaciones, que las siguientes: '2. La ley puede reglamentar el ejercicio de los derechos y oportunidades a que se refiere el inciso anterior, exclusivamente por razones de edad, nacionalidad, residencia, idioma, instrucción, capacidad civil o mental, o condena, por juez competente, en proceso penal.' De este último párrafo de la Convención de Derechos Humanos, se desprenden de manera clara, las únicas razones por las cuales pueden establecerse restricciones al ejercicio de los derechos ahí declarados.
>
> La reelección, según se desprende de la voluntad popular suscrita históricamente, establece la posibilidad para el ciudadano de elegir libremente a sus gobernantes, por lo que al reformarse la Constitución en detrimento de la soberanía del pueblo, y en desgaste de sus derechos fundamentales, lo que se produjo en este caso fue la imposición de más limitaciones que las ya existentes en razón de edad, nacionalidad, residencia, idioma, instrucción, capacidad civil o mental, o condena". (Énfasis de la Sala).

De esta decisión del Alto Tribunal de Costa Rica, la Sala Constitucional venezolana apreció que el mismo:

> "no concibe la reelección sólo como un derecho individual por parte del pasible de serlo, sino que además constituye un derecho de los electores a cuyo arbitrio queda la decisión de confirmar la idoneidad o no del reelegible, y que al serle sustraída dicha posibilidad mediante una reforma realizada por un poder no constituyente, se realizó un acto de sustracción de la soberanía popular, quedando dicha posibilidad de forma exclusiva, y dentro de los límites que impone a todo poder los derechos humanos, inherentes a la persona humana, al poder constituyente, el cual basado en razones de reestructuración del Estado puede

imponer condiciones o modificar el ejercicio de derechos en razón de la evolución de toda sociedad así como de la dinámica social.

No puede entonces, alterarse la voluntad del soberano, por medio de instrumentos parciales y que no tengan su origen en el propio poder constituyente, es a él al cual corresponde la última palabra, teniendo como se ha dicho como único límite, los derechos inherentes a la persona humana y derivados de su propia dignidad."

***Octavo***, partiendo de estos razonamiento, la Sala Constitucional venezolana concluyó compartiendo los criterios expuestos, "despetrificando" el principio de la alternabilidad republicana, al afirmar que en nuestro ordenamiento, la reelección "no supone un cambio de régimen o forma del Estado, y muy por el contrario, reafirma y fortalece los mecanismos de participación dentro del Estado Democrático, Social de Justicia y Derecho que estableció el Constituyente en 1999." Afirmó luego la Sala que:

"De igual manera, la reelección, amplía y da progresividad al derecho de elección que tienen los ciudadanos, y optimiza los mecanismos de control por parte de la sociedad respecto de sus gobernantes, haciéndolos examinadores y juzgadores directos de la administración que pretenda reelegirse, y por lo mismo, constituye un verdadero acto de soberanía y de ejercicio directo de la contraloría social. Negar lo anterior, es tanto como negar la existencia de sociedades cambiantes y en constante dinámica e interacción. Es pretender concebir el Derecho Constitucional como un derecho pétreo e inconmovible, ajeno a las necesidades sociales. Mas aún, en nuestras sociedades, donde estas necesidades sociales son tan ingentes, los cambios constitucionales son más necesarios en la medida en que se constate su existencia para mejorar las condiciones de los ciudadanos en peor situación socioeconómica, pues la norma constitucional sólo debe estar a su servicio."

Por tales razones, terminó afirmando la Sala Constitucional que "no puede afirmarse que la reelección no sea un principio compatible con la democracia," y por el contrario, puede señalarse que el mismo, "puede ser una herramienta útil que garantice la continuidad en el desarrollo de las iniciativas que beneficien a la sociedad, o simplemente sirva para que dichos ciudadanos manifiesten directamente su censura por un gobierno que considere no ha realizado sus acciones en consonancia con las necesidades sociales."[198]

Fue luego de la anterior aproximación del Juez Constitucional al tema de la reelección presidencial, despetrificando indirectamente el principio de la alternabilidad republicana, que el Presidente de la República, al año siguiente, en 2007, propuso a la Asamblea Nacional una "reforma constitucional" para consolidar el Estado centralizado, militarista, Socialista y Policial, uno de cuyos aspectos era precisamente eliminar todo vestigio del principio de la alternabilidad en la Jefatura del Estado, al proponer que se estableciera la posibilidad de reelección inmediata y sin límites del Presidente de la República. La reforma pretendía modificar el artículo 230 de la Constitución, no sólo aumentando el período constitucional del Presidente de la Re-

---

198 *Idem.*

pública de seis a siete años (ya en 1999 se había aumentado de cinco a seis años), sino estableciendo expresamente que el Presidente de la República "puede ser reelegido o reelegida" eliminando la limitación de la Constitución de 1999 de esa posibilidad sólo "por una sola vez, para un nuevo período." En esta forma, el principio de la alternabilidad republicana, cuyo objeto central es la consolidación del pluralismo político, base de los regímenes democráticos, materialmente desaparecía con la reforma constitucional propuesta.[199]

La reforma constitucional, sin embargo, fue rechazada por el pueblo en el referendo del 2 de diciembre de 2007, lo que de acuerdo con el espíritu de las previsiones constitucionales, implicaba que una nueva modificación de la Constitución en el mismo sentido no debía plantearse en el mismo período constitucional, no sólo como "reforma" sino como "enmienda."[200] Ello es lo que se deduce del principio establecido en el artículo 345 de la Constitución. Sin embargo, en los meses siguientes a dicho rechazo popular, el Presidente insistió en la modificación de la Constitución, lo que acogió la Asamblea Nacional, reformulado la rechazada "reforma" constitucional en una "enmienda" constitucional para burlar el sentido de la prohibición antes indicada.

Para entender el fraude cometido es necesario recordar la distinción mencionada entre dos de los procedimientos para la modificación de la Constitución, la reforma y la enmienda constitucionales que se establecen en el texto constitucional de 1999. Ambos procedimientos de modificación de la Constitución tienen en común, que mediante ellos no se puede alterar o modificar la estructura y principios fundamentales de la Constitución (arts. 340 y 342), lo que sólo puede hacerse mediante el procedimiento de la Asamblea Nacional Constituyente (art. 347).

Por otra parte, también tienen en común el hecho de que ambos procedimientos requieren de aprobación popular mediante referendo para que la modificación constitucional tenga vigencia. En la Constitución no se regula poder constituyente "derivado" alguno. Solo hay un "poder constituyente originario" que es el pueblo, el cual tiene que aprobar por referendo tanto la Enmienda como la Reforma Constitucional, o la convocatoria a Asamblea Nacional Constituyente que es el tercer mecanismo para modificar la Constitución. La Asamblea Nacional y los órganos que tienen la iniciativa de Enmienda y de Reforma Constitucional, sólo coadyuvan en el proceso de modificación constitucional, pero no son "poder constituyente derivado".

En cuanto a la distinción entre la Enmienda Constitucional y la Reforma Constitucional, la misma existe, en *primer* lugar, en cuanto al alcance del procedimiento de modificación: La Enmienda Constitucional tiene por objeto la adición o modificación de artículos de la Constitución (no la supresión de ellos); en cambio, la Refor-

---

199 En la *Exposición de Motivos de la Propuesta de Reforma Constitucional* del Presidente de la República del Proyecto de Reforma Constitucional, agosto de 2007, se afirmó, pura y simplemente, sin fundamento, ni argumento, ni lógica alguna, que "la propuesta de la reelección presidencial profundiza el principio de alternabilidad republicana", basándose sólo, en el derecho del Presidente de la República a ser reelecto en el cargo, y en el derecho del pueblo de elegir su candidato, p. 7.

200 Véase Allan R. Brewer-Carías, *La reforma constitucional de 2007 (Comentarios al proyecto inconstitucionalmente sancionado por la Asamblea Nacional el 2 de noviembre de 2007)*, Editorial Jurídica Venezolana, Caracas 2007.

ma Constitucional tiene por objeto la revisión parcial y sustitución de artículos, siempre que no se afecten, como se dijo, los principios y la estructura fundamental del texto (arts. 340, 342).

En *segundo* lugar, la otra distinción entre la Enmienda y la Reforma Constitucional se refiere a la iniciativa y a la intervención de la Asamblea Nacional en el procedimiento de modificación constitucional. La Enmienda Constitucional no necesita ser discutida por la Asamblea Nacional, pero si su iniciativa parte de la propia Asamblea Nacional, la misma debe, primero apoyarla por el voto de al menos el 30% de sus integrantes y luego, aprobarla mediante el procedimiento de formación de las leyes con el voto de la mayoría de sus integrantes (art. 341). En cuanto a la Reforma Constitucional, se debe presentar ante la Asamblea Nacional la cual siempre debe aprobarla en tres discusiones mediante voto de 2/3 de sus integrantes. Cuando la iniciativa de Reforma parta de la propia Asamblea Nacional, debe ser apoyada por mayoría de sus integrantes.

Por último, en *tercer* lugar, en la Constitución también hay una previsión en cuanto a los efectos del rechazo popular de la modificación constitucional, en el sentido de una prohibición constitucional que se establece en el sentido de que no se puede presentar a la Asamblea Nacional otra iniciativa de reforma constitucional cuando la misma ha sido rechazada por el pueblo en el mismo período constitucional. Esta restricción, si bien sólo está establecida expresamente como efecto del rechazo a la "Reforma Constitucional," no estableciéndose nada en cuanto a los efectos del rechazo de la "Enmienda Constitucional," conforme al espíritu y propósito de la Constitución, sin duda, que se puede deducir que también debe extenderse a cualquier otra forma de modificación de la Constitución, pues de lo contrario, la burla al sentido de la misma sería fácil.

Ahora bien, con base en esta grieta formal de la Constitución, fue precisamente que se planteó por la Asamblea Nacional, después del rechazo popular a la "Reforma constitucional" en 2007, la idea de proceder a proponer en 2008 una "Enmienda Constitucional" para reformar el artículo 230 de la Constitución y eliminar toda prohibición sobre la reelección de cargos, y por ende, vaciar de contenido al principio de la alternabilidad republicana.

En realidad, la propuesta inicial del Proyecto de Enmienda Constitucional en 2008 sólo perseguía modificar el artículo 230 de la Constitución sobre reelección del Presidente de la República, lo cual luego se extendió a los artículos 160, 162, 174 y 192 de la Constitución sobre reelección de otros cargos electivos, en los cuales se establecían límites para la reelección, a los efectos de eliminarlos todos. Los Artículos 162 y 192 establecían que los miembros de Consejos Legislativos de los Estados y los Diputados a la Asamblea Nacional, sólo podrían reelegirse por dos períodos como máximo; y los Artículos 160, 174, y 230 establecían que los Gobernadores y Alcaldes, y el Presidente de la República, solo podían reelegirse de inmediato y por una sola vez, para un nuevo período.

Ante la discusión y rechazo que suscitó la propuesta, que significaba volver a someter en el mismo período constitucional al voto popular, como "enmienda," la misma propuesta de modificación de la Constitución que ya había sido rechazada como "reforma", contrariando el espíritu de la prohibición que establece el artículo

345 de la Constitución,[201] la Asamblea decidió en enero de 2009 extender el contenido de la propuesta de "enmienda constitucional" no sólo respecto del artículo 230 de la Constitución, sino de los artículos 160, 162, 174, 192 del texto fundamental en los cuales también se establecía la restricción para la reelección, para también eliminarla respecto de los Gobernadores de Estado, de los miembros de los Consejos Legislativos de los Estados, de los Alcaldes municipales, y de los diputados a la Asamblea Nacional. En esta forma, el principio de la alternabilidad republicana que establece el artículo 6 de la Constitución como principio pétreo, quedaba materialmente eliminado en relación con todos los cargos de elección popular.

Precisamente por ello, y en particular por el uso de la vía de la Enmienda para aprobar lo que ya había sido rechazado por la vía de la reforma, se planteó un recurso e interpretación constitucional que fue introducido el 11 de diciembre de 2008 ante la Sala Constitucional del Tribunal Supremo en relación con el alcance del artículo 345 del texto fundamental a los efectos de que la Sala determinara si la prohibición contenida en dicha norma en el sentido de que la iniciativa de Reforma Constitucional que no fuese aprobada no podía presentarse de nuevo en un mismo período constitucional a la Asamblea Nacional, se extendía también al procedimiento de Enmienda constitucional. Dos temas precisos se sometieron a la interpretación de la Sala Constitucional en un recurso de interpretación:

*Primero,* determinar si la prohibición constitucional establecida para someter a consulta popular una modificación constitucional ya rechazada popularmente en un mismo período constitucional también se aplica, cuando se somete la misma modificación a referendo por vía de Enmienda Constitucional, en el mismo período constitucional.

*Segundo*, determinar si la Enmienda de 2008-2009 que buscó establecer el principio de la reelección indefinida para cargos electivos, alteraba el principio de la "alternabilidad" del gobierno que el artículo 6 de la Constitución establece como un principio fundamental, que además es de carácter pétreo ("El gobierno **es y será siempre**... alternativo...), y que es común en los sistemas presidenciales de gobierno.[202]

En respuesta, la Sala Constitucional, muy diligentemente y confundiendo deliberadamente el sentido de la norma, en sentencia N° 53 de 3 de febrero de 2009[203] dictada precisamente con el objeto de allanar el camino constitucional para la realiza-

---

201 Artículo 345 "...La iniciativa de reforma constitucional que no sea aprobada no podrá presentarse de nuevo en un mismo período constitucional a la Asamblea Nacional."

202 Las restricciones a la reelección presidencial son tradicionales en los sistemas presidenciales de gobierno, como son los de América Latina, y no en los sistemas parlamentarios como los que existen en Europa. Véase, Allan R. Brewer-Carías, *Reflexiones sobre la Revolución Norteamericana (1776), la Revolución Francesa (1789) y la Revolución Hispanoamericana (1810-1830) y sus aportes al constitucionalismo moderno*, Universidad Externado de Colombia, Bogotá 2008, pp. 106 ss.

203 Véase la sentencia N° 53, de la Sala Constitucional de 2 de febrero de 2009 (Caso: *Interpretación de los artículos 340,6 y 345 de la Constitución)*, en http:/www.tsj.gov.ve/decisiones/scon/Febrero/ 53-3209-2009-08-1610.html

ción del referendo aprobatorio,[204] sostuvo que la misma no estaba destinada a regular los efectos de la manifestación de rechazo popular de la modificación propuesta, sino que la norma estaba sólo dirigida a *regular a la Asamblea Nacional*, en el sentido de que lo que no podría era exigírsele que debatiera una reforma constitucional una vez que ya la había debatido en el mismo período constitucional y había sido rechazada por el pueblo. La Sala olvidó que la norma constitucional a lo que estaba dirigida era a regular las consultas *a la voluntad popular* en materia de modificación de la Constitución y sus efectos, y no los efectos de los debates en la Asamblea Nacional.

En efecto, la prohibición constitucional de volver a someter a consulta una reforma rechazada, en realidad está dirigida a regular los efectos de la voluntad popular expresada mediante referendo, en el sentido de que no se puede consultar al pueblo de nuevo la misma modificación constitucional que el pueblo ya ha rechazado en un mismo período constitucional.

Lo importante de la prohibición establecida en el Título de la Constitución relativo a la "Reforma Constitucional" que en Venezuela sólo puede realizarse con la participación del pueblo, es que la misma se refiere precisamente a los efectos de la expresión de la voluntad popular que es manifestación del poder constituyente originario, y no a los efectos del debate que pueda haber habido en la Asamblea Nacional en la materia, que no es poder constituyente, ni siquiera derivado, ya que no puede haber modificación constitucional alguna sin aprobación popular.

La decisión de la Sala Constitucional fue una nueva burla a la Constitución al ignorar la prohibición de sucesivas consultas populares, basándose en dos artilugios que se utilizaron en este caso de la Enmienda 2008-2009: *primero*, el utilizado por la Asamblea Nacional, en su iniciativa de Enmienda, al extenderla a otros artículos constitucionales además del 230, para tratar de diferenciar la Enmienda de 2008-2009 de la rechazada Reforma Constitucional de 2007; y *segundo*, el utilizado por la Sala Constitucional al considerar que la prohibición constitucional de consultar al pueblo sobre reformas rechazadas era sólo formal respecto de las discusiones en la Asamblea Nacional, ignorando su propósito esencial de respetar la voluntad popular una vez que ésta se ha expresado en forma negativa respecto de una modificación de la Constitución.

Esa voluntad hay que respetarla, que es lo que persigue la Constitución, por lo que una vez que el pueblo se ha manifestado rechazando una modificación al texto constitucional, no se lo puede estar convocando sucesivamente sin límites en el mismo período constitucional para volver a pronunciarse sobre lo mismo.

Pero aparte de burlar la prohibición constitucional de sucesivas consultas populares en un periodo constitucional sobre modificaciones constitucionales, una vez que el pueblo las ha rechazado, la Sala Constitucional, en la misma sentencia, procedió a mutar ilegítimamente la Constitución, eliminando el carácter de principio fundamental del gobierno que además de "democrático" y "electivo" conforme al artículo 6 de la Constitución, debe ser **siempre** "alternativo," considerando que dicho principio no se alteraba con las reformas propuestas en la Enmienda Constitucional 2008-2009.

---

204 Véanse los comentarios en Allan R. Brewer-Carías, "El Juez Constitucional vs. la alternabilidad republicana (La reelección continua e indefinida)," en *Revista de Derecho Público*, N° 117, enero marzo 2009, Editorial Jurídica Venezolana, Caracas 2009, pp. 205-214.

Esta, como se dijo, propugnó establecer en la Constitución la posibilidad de la reelección continua y sin límites de los cargos electivos lo cual fue aprobado en el referendo, pero sin duda, alterando un principio fundamental del constitucionalismo venezolano establecido desde 1830 en todas las Constituciones, que es el de la "alternabilidad" en el gobierno, y que en el artículo 6 de la Constitución de 1999 se formula como uno de los principios fundamentales del mismo, con una fórmula que lo convierte en una de las llamadas "cláusulas pétreas" o inmodificables. Como se dijo, la norma dispone desde 1930 que "El gobierno **es y será siempre**... alternativo ...", lo que implica que ello nunca podría ser alterado al menos mediante reformas o enmiendas. Esa fue la voluntad del pueblo al aprobar la Constitución, establecer el principio de alternabilidad republicana como una cláusula pétrea.

La Sala Constitucional del Tribunal Supremo de Justicia, sin embargo, en la mencionada sentencia N° 53 de 3 de febrero de 2009,[205] decidió allanar el camino constitucional para la realización del referendo aprobatorio de la Enmienda Constitucional que se realizó el 15 de febrero de 2009, en el cual se aprobó el proyecto de Enmienda Constitucional relativa a los artículos 160, 162, 174, 192 y 230 de la Constitución, estableciéndose entonces en Venezuela, al contrario de la tradición constitucional precedente, el principio de la reelección continua e indefinida de cargos electivos, contrariando el principio constitucional de la alternabilidad republicana (art. 6), y violando la prohibición constitucional de realizar una consulta popular sobre modificaciones a la Constitución ya rechazadas por el pueblo en un mismo período constitucional (art. 345).

Para ello, la Sala Constitucional "interpretó" como equivalentes los términos gobierno "alternativo" y gobierno "electivo," eliminando así la propia noción de "alternabilidad."

En efecto, la alternabilidad del gobierno, como principio del constitucionalismo venezolano, que es además, propio de los sistemas presidenciales de gobierno, como se ha dicho, es un principio que se construyó como opuesto al continuismo o a la permanencia en el poder por una misma persona, por lo que toda previsión que permita que esto ocurra, es contraria a dicho principio.

Este principio, por tanto, no se puede confundir con el principio "electivo" del gobierno o el más general principio "democrático" que el mismo artículo 6 de la Constitución establece. Una cosa es poder elegir a los gobernantes, y otra cosa es el principio de alternabilidad que impide poder reelegir al mismo gobernante ilimitadamente.

Es contrario a la Constitución, por tanto, interpretar, como lo hizo la Sala Constitucional en su mencionada sentencia N° 53 del 3 de febrero de 2009, que el principio

205 Véase la sentencia N° 53, de la Sala Constitucional de 2 de febrero de 2009 (Caso: *Interpretación de los artículos 340,6 y 345 de la Constitución)*, en http:/www.tsj.gov.ve/decisiones/scon/Febrero/ 53-3209-2009-08-1610.html .Véase sobre esta sentencia los comentarios en Allan R. Brewer-Carías, "El Juez Constitucional vs. La alternabilidad republicana (La reelección continua e indefinida), en *Revista de Derecho Público*, N° 117, (enero-marzo 2009), Caracas 2009, pp. 205-211 (publicado también en http://www.analitica.com/va/politica/opinion/6273405.asp), y Allan R. Brewer-Carías "La ilegítima mutación constitucional del principio pétreo de la alternabilidad republicana" en *Práctica y Distorsión de la Justicia Constitucional en Venezuela (2008-2012), op. cit.*, pp. 101-119.

de la alternabilidad "lo que exige es que el pueblo como titular de la soberanía tenga la posibilidad periódica de escoger sus mandatarios o representantes", confundiendo "gobierno alternativo" con "gobierno electivo."

Por ello es falso lo que afirmó la Sala Constitucional en el sentido de que "sólo se infringiría el mismo si se impide esta posibilidad al evitar o no realizar las elecciones". Con su sentencia, la Sala Constitucional, de nuevo, lo que hizo fue mutar ilegítimamente el texto de la Constitución, y al contrario de lo que afirmó, la eliminación de la causal de inelegibilidad para el ejercicio de cargos públicos derivada de su ejercicio previo por parte de cualquier ciudadano, sí trastocó el principio de alternabilidad en el ejercicio del poder.

Se insiste, lo expuesto por la Sala Constitucional se refirió al principio de gobierno "electivo" que en los términos del mismo artículo 6 de la Constitución, es el que implica que "el electorado, como actor fundamental del proceso democrático, acuda a procesos comiciales periódicamente en los que compitan, en igualdad de condiciones, las diversas opciones políticas que integran el cuerpo social;" pero no al principio de gobierno "alternativo" que implica que no se pueda elegir indefinidamente una misma persona para el mismo cargo, así haya hecho un "buen gobierno."

El principio de la alternabilidad, para evitar el continuismo en el poder, precisamente implica la limitación que el pueblo, como poder constituyente originario, se ha impuesto a si mismo, en cuanto a que supuestamente pueda tener la "oportunidad de decidir entre recompensar a quienes estime como sus mejores gobernantes, o bien renovar completamente las estructuras del poder cuando su desempeño haya sido pobre." Esta supuesta "oportunidad," por el principio de la alternabilidad en la Constitución, pudo haberse ejercido antes de 1999, sólo después de que, en sus casos, transcurrieran uno o dos períodos constitucionales siguientes al ejercicio de la Presidencia por quien pretendiera de nuevo optar a dicho cargo, y en la Constitución de 1999 sólo ocurrió en 2006, por una sola vez para un período inmediato, mediante la reelección ya efectuada del Presidente Chávez. Pero establecer dicha "oportunidad" como reelección continua, sin límite, es contrario al principio de la alternabilidad.

Por tanto, al contrario de que decidió la Sala Constitucional, la posibilidad de reelección continúa sí alteraba el principio fundamental del gobierno "alternativo", que es uno de los valores democráticos que informan nuestro ordenamiento jurídico. Dicho principio, que se alteraba si se establecía la posibilidad de elección continua de cargos electivos y que es distinto del principio del gobierno "electivo," al tener una formulación pétrea en el artículo 6 de la Constitución ("es y será siempre") no podía ser objeto de modificación constitucional alguna, y en el supuesto negado de que pudiera ser modificado, ello no podía realizarse ni por los procedimientos de Enmienda ni de Reforma Constitucional sino sólo mediante la convocatoria de una Asamblea Nacional Constituyente.

La Sala Constitucional, con su sentencia Nº 53 del 3 de febrero de 2009, una vez más al servicio del autoritarismo, sin embargo, mutó la Constitución a través de una interpretación de la misma, modificando ilegítimamente el sentido del principio del gobierno 'alternativo" que los venezolanos dispusieron **que siempre** debía regir sus gobiernos, obviando la prohibición constitucional de que se pudiera consultar en un mismo período constitucional la voluntad popular sobre modificaciones constitucionales que ya el pueblo ha rechazado.

Esta inconstitucional sentencia, en todo caso, lo que tuvo por objeto fue, como se dijo, despejar el camino para que el régimen autoritario pudiera someter a referendo una Enmienda Constitucional relativa a un principio fundamental, pétreo, de la Constitución, que sólo podía modificarse mediante la convocatoria a una Asamblea Nacional Constituyente.

Y así fue como entonces en Venezuela se aprobó la Enmienda Constitucional mediante referéndum de 15 de febrero de 2009, para establecer el principio de la elección continua e ilimitada del Presidente de la República y de todos los cargos de elección popular; referéndum en el cual se aprobó el proyecto de Enmienda Constitucional relativa a los artículos 160, 162, 174, 192 y 230 de la Constitución, estableciéndose en Venezuela, al contrario de la tradición constitucional anterior, el principio de la posibilidad de reelección continua e inmediata de cargos electivos, eliminando el principio constitucional de la alternabilidad republicana (Art. 6), y violando la prohibición constitucional de realizar una consulta popular sobre modificaciones a la Constitución ya rechazadas por el pueblo en un mismo período constitucional (Art. 345).

## II. EL JUEZ CONSTITUCIONAL Y EL CONTROL DE CONSTITUCIONALIDAD DE LAS REFORMAS CONSTITUCIONALES EFECTUADAS AL MARGEN DE LOS PROCEDIMIENTOS CONSTITUCIONALES

Las Constituciones, como manifestaciones de la voluntad popular, establecen expresamente los mecanismos y procedimientos para su reforma, los cuales confirman el principio de la rigidez, y ellos deben respetarse por los órganos constituidos del Estado. Por consiguiente, toda manipulación de las normas constitucionales para producir su reforma o modificación sin sujetarse a los procedimientos constitucionales no sólo es inconstitucional sino que puede calificarse como un "fraude a la Constitución."

Sobre ello se refirió hace ya varias décadas, G. Liet-Veaux al estudiar las revoluciones de Italia, Alemania y Francia cuando se establecieron los regímenes fascista y nacional-socialista, precisando que el fraude constitucional consiste en crear un nuevo órgano de revisión encargado de dictar una nueva Constitución, distinto al previsto en ésta; o en la utilización del procedimiento de reforma para, sin romper con el sistema de legalidad establecido, proceder a la creación de un nuevo régimen político y un ordenamiento constitucional diferente[206].

Como lo expresó hace unos años la Sala Constitucional del Tribunal Supremo de Justicia de Venezuela en la sentencia N° 74 de 25 de enero de 2006, un *fraude a la Constitución* ocurre cuando se destruyen las teorías democráticas "mediante el procedimiento de cambio en las instituciones existentes *aparentando respetar las formas y procedimientos* constitucionales", o cuando se utiliza el "del procedimiento de reforma constitucional para proceder a la creación de un nuevo régimen político, de un nuevo ordenamiento constitucional, sin alterar el sistema de legalidad establecido, como ocurrió con el *uso fraudulento de los poderes* conferidos por la ley marcial en la Alemania de la Constitución de *Weimar*, forzando al Parlamento a conceder a los

---

206 Véase G. Liet-Veaux, "La fraude à la Constitution", *Revue du Droit Public*, París 1943, pp. 116-150.

líderes fascistas, en términos de dudosa legitimidad, la plenitud del poder constituyente, otorgando un poder legislativo ilimitado." [207]

De lo anterior resulta que la Constitución como manifestación de la voluntad del pueblo como poder constituyente originario, debe prevalecer sobre la voluntad de los órganos constituidos, por lo que su modificación sólo puede llevarse a cabo conforme se dispone en su propio texto, como expresión-imposición de la voluntad popular producto de ese poder constituyente originario que le corresponde en exclusiva.

Este postulado de la supremacía de la Constitución en tanto que norma fundamental, que además se encuentra expresado en artículos de muchas constituciones (p.e. el artículo 7 de la Constitución venezolana de 1999), es uno de los pilares fundamentales del Estado Constitucional, que comenzó a desarrollarse desde los propios albores del constitucionalismo moderno, cuando en 1788, Alexander Hamilton en *The Federalist*, afirmó que "ningún acto legislativo contrario a la Constitución, puede ser válido", al punto de que "negar esto significaría afirmar que ... "los representantes del pueblo son superiores al pueblo mismo; que los hombres que actúan en virtud de poderes, puedan hacer no sólo lo que sus poderes no les autorizan sino también lo que les prohíben".[208]

La contrapartida de la obligación de los órganos constituidos de respetar la Constitución, de manera que el poder constituyente originario prevalezca sobre la voluntad de dichos órganos estatales constituidos, es el derecho constitucional que todos los ciudadanos tienen en un Estado Constitucional, a que se respete la voluntad popular expresada en la Constitución, es decir, el derecho fundamental a la supremacía constitucional. Nada se ganaría con señalar que la Constitución, como manifestación de la voluntad del pueblo, debe prevalecer sobre la de los órganos del Estado, si no existiere el derecho de los integrantes del pueblo de exigir el respeto de esa Constitución, y además, la obligación de los órganos jurisdiccionales de velar por dicha supremacía.

El constitucionalismo moderno, por tanto, no sólo está montado sobre el principio de la supremacía constitucional, sino que como consecuencia del mismo, también está montado sobre el derecho del ciudadano a esa supremacía[209], que se concreta, conforme al principio de la separación de poderes, en un derecho fundamental a la tutela judicial efectiva de la supremacía constitucional, es decir, a la justicia constitucional.

Por ello, el mismo Hamilton, al referirse al papel de los jueces en relación con dicha supremacía constitucional también afirmó:

> "Una Constitución es, de hecho, y así debe ser considerada por los jueces, como una ley fundamental. Por tanto, les corresponde establecer su significado así como el de cualquier acto proveniente del cuerpo legislativo. Si se produce

---

207 Véase en *Revista de Derecho Público* N° 105, Editorial Jurídica Venezolana, Caracas 2006, pp. 76 ss.

208 *The Federalist* (ed. B.F. Wright), Cambridge, Mass. 1961, pp. 491-493.

209 Véase Allan R. Brewer-Carías, "El amparo a los derechos y libertades constitucionales (una aproximación comparativa)" en *La protección jurídica del ciudadano Estudios en Homenaje al Profesor Jesús González Pérez*, Madrid 1993, Tomo III, pp. 2.696 y 2.697.

una situación irreconciliable entre ambos, por supuesto, la preferencia debe darse a la que tiene la mayor obligatoriedad y validez, o, en otras palabras, la Constitución debe prevalecer sobre las Leyes, así como la intención del pueblo debe prevalecer sobre la intención de sus representantes."

Con base en estos postulados se desarrolló, no sólo la doctrina de la supremacía de la Constitución, sino también, aún más importante, la doctrina de "los jueces como guardianes de la Constitución", tal como lo expresó el mismo Hamilton al referirse a la Constitución como limitación de los poderes del Estado y, en particular, de la autoridad legislativa, afirmando que:

> "Limitaciones de este tipo sólo pueden ser preservadas, en la práctica, mediante los Tribunales de justicia, cuyo deber tiene que ser el de declarar nulos todos los actos contrarios al tenor manifiesto de la Constitución. De lo contrario, todas las reservas de derechos o privilegios particulares, equivaldrían a nada."[210]

De estos postulados puede decirse que en el constitucionalismo moderno surgió el sistema de justicia constitucional en sus dos vertientes, como protección de la parte orgánica de la Constitución, y como protección de su parte dogmática, es decir, de los derechos y libertades constitucionales, lo que en definitiva, no es más que la manifestación de la garantía constitucional del derecho fundamental del ciudadano al respeto de la supremacía constitucional.

Tratándose de un derecho fundamental de los ciudadanos dado el principio de la reserva legal es evidente que sólo la Constitución podría limitarlo, es decir, sería incompatible con la idea misma del derecho fundamental de la supremacía constitucional que se postula, cualquier limitación legal al mismo, sea manifestada en actos estatales excluidos del control judicial de constitucionalidad; sea en derechos constitucionales cuya violación no fuera amparable en forma inmediata.

La supremacía constitucional es una noción absoluta, que no admite excepciones, por lo que el derecho constitucional a su aseguramiento tampoco puede admitir excepciones, salvo por supuesto, las que establezca la propia Constitución. Todos los actos estatales, por tanto, incluso aquellos que se dicten con motivo de los procedimientos de revisión o reforma constitucional, cualquiera que sea su naturaleza, en tanto que sean manifestaciones de voluntad de los poderes constituidos, están sometidos a la Constitución y al control judicial de constitucionalidad. De lo contrario, no tendría sentido ni la supremacía constitucional ni el derecho ciudadano a dicha supremacía constitucional.

Ejemplos hay del ejercicio de este poder de control por el juez constitucional, así como de la ilegítima renuncia del juez constitucional a ejercerlo, bajo el peso del autoritarismo. En el primer caso de ejercicio del control por el juez constitucional está la decisión del la Corte Constitucional de Colombia de 2010, respecto de la Ley sobre la reforma constitucional sobre el tema de la reelección presidencial, la cual fue declarada inexequible por violar la Constitución,[211] de lo que resultó que el Pre-

---

210 *The Federalist* (ed. B.F. Wright), Cambridge, Mass. 1961, pp. 491-493.

211 Véase la sentencia de la Corte Constitucional sobre la Ley Nº 1354 de 2009, en Comunicado Nº 9, de 26 de febrero de 2010, en www.corteconstitucional.com.

sidente de la República no pudo volver a ser reelecto en 2011; y respecto al segundo caso, es decir, la ilegítima renuncia del juez constitucional a ejercer el control de constitucionalidad, se encuentra la lamentable sentencia de la Sala Constitucional N° 53 del 3 de febrero de 2009.

1. *El caso de Venezuela en 2009: el juez constitucional renunciando a controlar la constitucionalidad del procedimiento de reforma constitucional desarrollado en violación de la Constitución*

A pesar de la previsión expresa de los diversos procedimientos para la reforma constitucional, el Presidente de la República de Venezuela, Hugo Chávez Frías, en enero de 2007, al tomar posesión de su segundo mandato presidencial (2007-2013), anunció al país que propondría una serie de reformas a la Constitución de 1999, para cuya elaboración designó un Consejo Presidencial para la Reforma de la Constitución,[212] el cual estuvo presidido por la Presidenta de la Asamblea Nacional e integrado por altos funcionarios del Estado, como fueron: el Segundo Vicepresidente de la Asamblea Nacional y otros cuatro diputados, la Presidenta del Tribunal Supremo de Justicia, el Defensor del Pueblo, el Ministro del Trabajo, la Procuradora General de la República, y el Fiscal General de la República.

En esta forma, el Presidente de la República comprometió de antemano en su proyecto a los titulares de, materialmente, todos los poderes públicos, indicando en forma expresa en el Decreto que el trabajo de dicho Consejo se debía realizar "de conformidad con los lineamientos del Jefe de Estado en estricta confidencialidad" (art. 2).[213] Es decir, el Consejo no tenía libertad alguna de pensamiento, y su trabajo debía desarrollarse en estricta confidencialidad, lo que de por sí es contrario a los principios que deben guiar cualquier reforma constitucional en un país democrático.

Las pautas para la reforma constitucional que en diversos discursos y alocuciones fue dando el Presidente de la República, apuntaron, por una parte, a la conformación de un Estado del Poder Popular o del Poder Comunal, o Estado Comunal, estructurado desde los Consejos Comunales que ya habían sido creados en 2006, al margen de la Constitución,[214] como unidades u organizaciones sociales no electas mediante sufragio universal, directo y secreto y sin autonomía territorial, supuestamente dispuestos para canalizar la participación ciudadana, pero conforme a un sistema de conducción centralizado desde la cúspide del Poder Ejecutivo Nacional; y por la otra, a la estructuración de un Estado socialista, con una doctrina socialista y "bolivariana" como doctrina oficial, sustituyendo al sistema plural de libertad de pensamiento y acción que siempre ha existido en el país y, en particular, sustituyendo la libertad económica y el estado de economía mixta que siempre ha existido, por un sistema de economía estatista y colectivista, de capitalismo de Estado, sometido a

212 Véase Decreto N° 5138 de 17-01-2007, *Gaceta Oficial,* N° 38.607, de 18-01-2007.

213 Ello también lo declaró públicamente, además, la Presidenta de la Asamblea Nacional al instalarse el Consejo. Véase en *El Universal*, 20-02-2007.

214 Ley de Consejos Comunales, *Gaceta Oficial,* N° 5806 *Extra.*, 10-04-2006; reformada en *Gaceta Oficial* N° 39.335 del 28 de diciembre de 2009. Véase Allan Brewer-Carías, "Introducción General al Régimen de los Consejos Comunales", en *Ley Orgánica de Consejos Comunales*. Editorial Jurídica Venezolana, Caracas, 2010, pp. 11-66.

una planificación centralizada, minimizando el rol del individuo y eliminando todo vestigio de libertad económica y de propiedad privada.

Es decir, el objetivo definido por el Presidente era transformar radicalmente al Estado y crear un nuevo ordenamiento jurídico, lo que no podía realizarse mediante el mecanismo de "reforma constitucional" que regula la Constitución, sino que exigía, conforme a su artículo 347, que se convocara y eligiera una Asamblea Nacional Constituyente, lo que, por supuesto, hubiera podido implicar que la reforma se le escapara de su control férreo.

En todo caso, el 2 de noviembre de 2007, la Asamblea Nacional, luego de haberle dado tres discusiones en algo más de un mes al Anteproyecto de reforma que el Presidente de la República le había presentado el 15 de agosto de 2007,[215] sancionó el proyecto de reforma a la Constitución de 1999, el cual fue sometido a referendo que se fijó para el 2 de diciembre de 2007, en el cual, como se ha dicho, el poder constituyente originario se pronunció por rechazarlo por la mayoría de votos.

La rechazada reforma, en todo caso, era una propuesta de modificación constitucional que buscaba transformar aspectos esenciales y fundamentales del Estado, por lo que, sin duda, de haber sido aprobada, hubiera sido una de las más sustanciales de toda la historia constitucional de Venezuela. Con ella, en efecto, se buscaba cambiar radicalmente el modelo de Estado Descentralizado, Democrático, Pluralista y Social de Derecho que, con todos sus problemas, está regulado en la Constitución de 1999, por el de un Estado socialista, centralizado, policial y militarista,[216] con una doctrina oficial "bolivariana", que se identificaba como "el Socialismo del Siglo XXI"[217] y un sistema económico de capitalismo de Estado. Esa reforma se sancionó, como se ha dicho, conforme a la propuesta que durante 2007 formuló el Presidente de la República, Hugo Chávez Frías, burlando el procedimiento que la Constitución requería para un cambio tan fundamental. Se trataba, por tanto, de una reforma fraudulenta o realizada en *fraude a la Constitución*, pues se ha utilizado para ello un procedimiento previsto para otros fines, engañando al pueblo.[218]

---

215 Véase el *Proyecto de Exposición de Motivos para la Reforma Constitucional, Presidencia de la República, Proyecto Reforma Constitucional. Propuesta del Presidente Hugo Chávez Agosto 2007*. El texto completo fue publicado como *Proyecto de Reforma Constitucional. Versión atribuida al Consejo Presidencial para la reforma de la Constitución de la República Bolivariana de Venezuela*, Caracas, Atenea, 1 de julio de 2007.

216 Véase Allan R. Brewer-Carías, *Hacia la Consolidación de un Estado Socialista, Centralizado, Policial y Militarista. Comentarios sobre el sentido y alcance de las propuestas de reforma constitucional 2007*. Colección Textos Legislativos, N° 42, Editorial Jurídica Venezolana. Caracas, 2007, 157 pp.

217 Véase el *Proyecto de Exposición de Motivos para la Reforma Constitucional, Presidencia de la República, Proyecto Reforma Constitucional. Propuesta del presidente Hugo Chávez Agosto 2007*, p. 19.

218 Sobre el concepto de fraude a la Constitución véase la sentencia de la Sala Constitucional del Tribunal Supremo de Justicia, N° 74 de 25-01-2006, en *Revista de Derecho Público* N° 105, Editorial Jurídica Venezolana, Caracas, 2006, pp. 76 y ss. Véase Allan R. Brewer-Carías, *Reforma Constitucional y fraude a la Constitución (1999-2009)*, Academia de Ciencias Políticas y Sociales, Caracas 2009.

La consecuencia de esta propuesta de reforma a la Constitución en relación con los ciudadanos, era que, con la misma, de haber sido aprobada, se hubiera establecido en Venezuela, formalmente, una ideología y doctrina de Estado, de corte socialista y supuestamente "bolivariana", la cual, en consecuencia, a pesar de su imprecisión -y he allí lo más peligroso-, se pretendía que fuera una doctrina "oficial", y por tanto, no hubiera admitido disidencia alguna.[219]. No se olvide que todos los ciudadanos tienen un deber constitucional esencial de cumplir y hacer cumplir la Constitución (Art. 131), por lo que, de haberse aprobado la reforma, todos los ciudadanos hubieran tenido el deber de contribuir activamente en la implementación de la doctrina oficial del Estado. En ello no hubiera podido admitirse ni siquiera la neutralidad. Por tanto, todo pensamiento, toda expresión del pensamiento, toda acción o toda omisión que pudiera haber sido considerada como contraria a la doctrina oficial socialista y "bolivariana", o que simplemente la "autoridad" no considerase que contribuía a la construcción y siembra del socialismo, hubiera constituido una violación a un deber constitucional y hubiera podido, por tanto, ser criminalizada; es decir, hubiera podido haber dado lugar a sanciones, incluso, penales. Se trataba de crear un pensamiento único, que constitucionalmente no hubiera admitido disidencia.

En todo caso, lo que planteó el Presidente como "reforma constitucional", lo que propuso su Consejo Presidencial y lo que sancionó la Asamblea Nacional en noviembre de 2007, como se ha dicho, evidentemente no constituía "una revisión parcial de la Constitución y la sustitución de una o varias de sus normas que no modifiquen la estructura y principios fundamentales del texto Constitucional", que es lo que, conforme al artículo 342, puede realizarse mediante el procedimiento de la "reforma constitucional", el cual se desarrolla mediante la sola discusión y sanción del proyecto por la Asamblea Nacional y posterior sometimiento a referendo aprobatorio.

Lo que se sancionó como proyecto de reforma constitucional por la Asamblea Nacional, en realidad, requería la convocatoria de una Asamblea Constituyente, y al no hacerlo, lo que el Presidente de la República y la Asamblea Nacional cometieron fue un *fraude a la Constitución*, como lo advirtieron reiteradamente las instituciones más representativas del país.[220], Incluso, sobre el tema, se refirió en términos preci-

---

219 Véase Allan R. Brewer-Carías, "El sello socialista que se pretendía imponer al Estado", en *Revista de Derecho Público*, Nº 112, Editorial Jurídica Venezolana. Caracas, 2007, pp. 71-75.

220 En tal sentido se han pronunciado, por ejemplo, las Academias de Medicina, Ciencias Políticas y Sociales, y de Ingeniería y el Hábitat (23-10-2007, *El Universal*); la Conferencia Episcopal Venezolana (19-10-2007, *El Nacional*), el Instituto de Previsión Social del Abogado, los Colegios de Abogados de Distrito Capital, de los Estados Miranda, Aragua, Cojedes, Falcón, Lara, Guárico, Carabobo y la Confederación de Profesionales Universitarios de Venezuela (02-11-2007). Incluso, es significativo que el día 5 de noviembre de 2007, el general Raúl Baduel, quien fuera Ministro de la Defensa del Presidente Chávez hasta julio de 2007, se hubiera pronunciado públicamente sobre el tema advirtiendo sobre el proceder de los Poderes Ejecutivo y Legislativo "que innecesariamente y de forma atropellada, mediante procedimientos fraudulentos, quieren imponer una propuesta que requiere una consulta más amplia a través de una Asamblea Nacional Constituyente"; que con ello, ambos Poderes "le están quitando poder al pueblo alterando los valores, los principios y la estructura del Estado sin estar facultados para ello, ya que el Poder Constituyente reside en el pueblo y es el único capaz de llevar a cabo un cambio de esa magnitud", que "esta propuesta de reforma sólo le está

sos el magistrado Jesús Eduardo Cabrera, en su Voto salvado a la sentencia N° 2042 de la Sala Constitucional de 2 de noviembre de 2007:

> "En criterio de quien disiente, un sistema de organización social o económico basado en la propiedad y administración colectiva o estatal de los medios de producción, como lo es básicamente el socialista, en sus distintas concepciones, cual es el propuesto en el Proyecto de reforma, chocaría con lo que, para quien suscribe, y la propia Sala, era considerado Estado social, y ello -en criterio del disidente- puede afectar toda la estructura y los principios fundamentales del Texto Constitucional, hasta el punto en que un nuevo ordenamiento jurídico tendría que ser creado para desarrollar la construcción del socialismo.
>
> No es que Venezuela no pueda convertirse en un Estado socialista. Si ello lo decide el pueblo, es posible; pero a juicio del voto salvante, tal logro sería distinto al que la Sala ha sostenido en el fallo de 24 de enero de 2002 (Caso: *Créditos Indexados*) y ello conduciría no a una reforma de la Constitución, sino a una nueva Constitución, la cual debería ser votada por el poder constituyente originario. Al menos, en nuestro criterio, esto es la consecuencia del fallo N° 85 de 24 de enero de 2002."

Y es que, en efecto, la reforma constitucional sancionada el 2 de noviembre de 2007 era de tal trascendencia, que así, incluso, lo reconocieron, quizás sin darse cuenta, los propios diputados de la Asamblea Nacional cuando dispusieron que con la misma se sustituyera completamente la Constitución de 1999, ordenando a tal efecto, en la Disposición Final, que la Constitución -de haber sido aprobada por el pueblo- se imprimiera "íntegramente en un solo texto... Con la reforma aquí sancionada y en el correspondiente texto único corríjanse los artículos aplicando la nueva terminología señalada en esta Reforma Constitucional, en cuanto sea aplicable, suprimiéndose y sustituyéndose de acuerdo al contenido de esta Reforma así como las firmas, fechas y demás datos de sanción y promulgación".

Es decir, de haberse aprobado la reforma por referendo, la Constitución hubiera tenido que conocerse como la "Constitución de 2007", es decir, una Constitución diferente, como efectivamente resultaba de su contenido. Por lo demás, con esa Disposición final se le pretendía dar carta blanca, no se sabe a quién, para que cambiase otras normas constitucionales sin procedimiento constitucional alguno, como ya ocurrió con la "reimpresión" de la Constitución de 1999, en marzo de 2000.[221]

En todo caso, fue la voluntad de llevar adelante la reforma contrariando la Constitución y con la sola participación de una Asamblea Nacional, totalmente controlada y dominada por el Presidente y sus seguidores, y evitar los "riesgos" que podían derivar de la elección de una Asamblea Nacional Constituyente, lo que llevó al Pre-

---

quitando poder al pueblo por dos vías, primero, porque usurpa de manera fraudulenta el Poder Constituyente del pueblo y segundo, porque las autoridades de la nueva geometría del poder que se crearía no serían elegidas por el pueblo"; y que "de culminar este proceso con la aprobación del mismo por las vías propuestas y la Asamblea Nacional, se estaría consumando en la práctica un golpe de Estado, violando de manera descarada el texto constitucional y sus mecanismos e introduciendo cambios de manera fraudulenta", *El Universal*, Caracas, 6-11-07.

221 *Gaceta Oficial* N° 5453 Extra. de 24-03-2000.

sidente de la República y a sus seguidores, a repetir una vez más la táctica política del fraude a la Constitución, que ya era un común denominador del régimen instalado en el país a partir de 1999, es decir, utilizar las instituciones existentes aparentando respetar las formas y procedimientos constitucionales (en este caso el procedimiento de "reforma constitucional"), para en cambio proceder a una radical trasformación del Estado, o sea, como lo ha advertido el Tribunal Supremo al definir el fraude constitucional, a pretender realizar "la creación de un nuevo régimen político, de un nuevo ordenamiento constitucional, sin alterar el sistema de legalidad establecido"[222].

Esto como se dijo anteriormente, ya había ocurrido en febrero de 1999, mediante la convocatoria del referendo consultivo sobre la Asamblea Nacional Constituyente que no estaba entonces prevista en la Constitución vigente de 1961[223]; luego ocurrió con la emisión por dicha Asamblea Constituyente, después de que la nueva Constitución de 1999 ya se había aprobado por referendo popular, con el "Decreto del Régimen Transitorio de los Poderes Públicos" que obviamente no fue sometido a aprobación popular[224]; y continuó ocurriendo en los últimos años, con la destrucción progresiva y sistemática de la democracia y de las instituciones del Estado de derecho, utilizándose sus instituciones desde el ejercicio del poder, secuestrando los derechos y libertades públicas[225].

En 2007, una vez más, para sancionar una reforma a la Constitución se utilizaron fraudulentamente sus propias previsiones pero para fines distintos a los establecidos en ellas, acudiéndose al procedimiento de "reforma constitucional" (art. 342), pero para producir una transformación radical del Estado, y trastocar el Estado Social y Democrático de Derecho y de Justicia de orden civil y convertirlo en un Estado Socialista, Centralizado, Policial y Militarista, donde se buscaba que desapareciera la democracia representativa, la alternabilidad republicana y toda idea de descentralización del poder, se retrocedía en materia de protección de los derechos humanos, y se concentraba todo el poder en la Jefatura del Estado, desapareciendo la libertad económica y el derecho de propiedad.

---

222 Véase la sentencia Nº 74 de 25-01-2006 de la Sala Constitucional del Tribunal Supremo de Justicia en *Revista de Derecho Público,* Nº 105, Editorial Jurídica Venezolana, Caracas 2006, pp. 76 ss.

223 Véase Allan R. Brewer-Carías, *Asamblea Constituyente y Ordenamiento Constitucional*, Academia de Ciencias Políticas y Sociales, Caracas 1999.

224 Véase Allan R. Brewer-Carías, *Golpe de Estado y proceso constituyente en Venezuela*, Universidad Nacional Autónoma de México, México 2002.

225 Véase Allan R. Brewer-Carías, "El autoritarismo establecido en fraude a la Constitución y a la democracia y su formalización en "Venezuela mediante la reforma constitucional. (De cómo en un país democrático se ha utilizado el sistema eleccionario para minar la democracia y establecer un régimen autoritario de supuesta "dictadura de la democracia" que se pretende regularizar mediante la reforma constitucional)" en el libro *Temas constitucionales. Planteamientos ante una Reforma*, Fundación de Estudios de Derecho Administrativo, FUNEDA, Caracas 2007, pp. 13-74. Véase también, "Constitution Making in Defraudation of the Constitution and Authoritarian Government in Defraudation of Democracy. The Recent Venezuelan Experience", en *Lateinamerika Analysen*, 19, 1/2008, GIGA, Germa Institute of Global and Area Studies, Institute of Latin American Studies, Hamburg 2008, pp. 119-142.

Ello no era posible hacerlo constitucionalmente con el procedimiento de la "reforma", sino que requería del procedimiento de convocatoria de una Asamblea Nacional Constituyente (Art. 347). Por ello, en sentido similar, como lo reseñó el Tribunal Supremo de Justicia al referirse a un hecho histórico trascendente, ello también ocurrió "con el uso fraudulento de los poderes conferidos por la ley marcial en la Alemania de la Constitución de Weimar, forzando al Parlamento a conceder a los líderes fascistas, en términos de dudosa legitimidad, la plenitud del poder constituyente, otorgando un poder legislativo ilimitado"[226].

Todo este fraude constitucional que cometió la Asamblea Nacional al sancionar la reforma propuesta por el Presidente de la República, fraude que también cometió el propio Presidente al proponerla y el Consejo Presidencial para la Reforma Constitucional al avalarla, y el Consejo Nacional Electoral al convocar el referendo aprobatorio de la misma, comenzó a evidenciarse no sólo del contenido de los discursos y anuncios oficiales, sino de las propuestas formuladas por el mencionado Consejo (integrado, como se dijo, por los titulares de los demás Poderes Públicos) de cambios radicales respecto de una serie de artículos de la Constitución, y cuya divulgación, a pesar del "pacto de confidencialidad" que había ordenado el Presidente, se efectuó mediante documento en junio de 2007[227].

Si bien las propuestas del Consejo, en algunos casos, no fueron acogidas por el Presidente de la República en el "Anteproyecto para la primera reforma constitucional" presentado el 15 de agosto de 2007 ante la Asamblea Nacional[228], con las mismas ya se mostraba cual era el pensamiento y la intención de los más altos funcionarios del gobierno y del Estado que formaron dicho Consejo, razón por la cual, en definitiva, en su casi totalidad fueron luego consideradas y aprobadas por la Asamblea Nacional e incorporadas en el proyecto de reforma constitucional sancionada. Muchas de ellas eran consecuencia de las propuestas de reforma que formuló el Presidente de la República, pero otras no, y en todo caso, el Presidente, en el documento que éste presentó ante la Asamblea, claramente anunció que lo suyo se trataba de un Anteproyecto para una "primera reforma" constitucional, con lo que se abría la puerta para la incorporación de otras reformas.

---

226 Véase la sentencia de la Sala Constitucional del Tribunal Supremo de Justicia N° 74 de 25-01-2006, en *Revista de Derecho Público,* N° 105, Editorial Jurídica Venezolana, Caracas 2006, pp. 76 y ss.

227 El documento circuló en junio de 2007 con el título Consejo Presidencial para la Reforma de la Constitución de la República Bolivariana de Venezuela, "Modificaciones propuestas". El texto completo fue publicado como *Proyecto de Reforma Constitucional. Versión atribuida al Consejo Presidencial para la reforma de la Constitución de la república Bolivariana de Venezuela*, Editorial Atenea, Caracas 01 de julio de 2007, 146 pp. Véase Allan R. Brewer-Carías, *Hacia la consolidación de un Estado Socialista, Centralizado, Policial y Militarista. Comentarios sobre el sentido y alcance de las propuestas de reforma constitucional 2007,* Colección Textos Legislativos, N° 42, Editorial Jurídica Venezolana, Caracas, 2007, p. 157.

228 Véase *Proyecto de Reforma Constitucional. Elaborado por el ciudadano Presidente de la República Bolivariana de Venezuela, Hugo Chávez Frías* Editorial Atenea, Caracas agosto 2007, 58 pp. En el Anteproyecto presentado por el Presidente de la República a la Asamblea Nacional, se formulan propuestas respecto de los artículos 11, 16, 18, 67, 70, 87, 90, 100, 112, 113, 115, 136, 141, 156, 167, 168, 184, 185, 225, 230, 236, 251, 252, 300, 302, 305, 307, 318, 320, 321, 328 y 329.

En todo caso, con el proyecto de reforma constitucional sancionado por la Asamblea Nacional en Noviembre de 2007, en Venezuela se buscaba efectuar una radical transformación del Estado y se sentar las bases para la creación de un nuevo ordenamiento jurídico, para:

*Primero*, transformar el Estado en un **Estado Socialista,** con una doctrina política oficial de carácter socialista, que se denominaba además como "doctrina bolivariana", con lo cual se eliminaba toda posibilidad de pensamiento distinto al oficial y, por tanto, toda disidencia, pues la doctrina política oficial se incorporaba en la Constitución, como política y doctrina del Estado y la Sociedad, constituyendo un deber constitucional de todos los ciudadanos cumplir y hacerla cumplir. Con ello, se sentaban las bases para la criminalización de la disidencia.

*Segundo*, transformar el Estado en un **Estado Centralizado**, de poder concentrado bajo la ilusión del "Poder Popular," lo que implicaba la eliminación definitiva de la forma federal del Estado, imposibilitando la participación política y degradando la democracia representativa; todo ello, mediante la supuesta organización de la población para la participación en los Consejos del Poder Popular, como los Comunales, que son instituciones sin autonomía política alguna, cuyos miembros se declaraba que no eran electos, y que son controlados desde la Jefatura del gobierno y para cuyo funcionamiento, el instrumento preciso era el partido único, se ha creado a partir de 2007.

*Tercero*, transformar el Estado en un **Estado de economía estatista, socialista y centralizada,** propia de un capitalismo de Estado, con lo que se eliminaba la libertad económica y la iniciativa privada, y se pretendía que desapareciera la propiedad privada, que con la reforma hubieran dejado de ser derechos constitucionales, dándosele al Estado la propiedad de los medios de producción, la planificación centralizada y la posibilidad de confiscar bienes de las personas materialmente sin límites, configurándolo como un Estado del cual todo dependía, y a cuya burocracia quedaba sujeta la totalidad de la población. Ello chocaba, sin embargo, con las ideas de libertad y solidaridad social que se proclamaban en la propia Constitución, sentando las bases para que el Estado sustituyera a la propia sociedad y a las iniciativas particulares, minimizándoselas.

*Cuarto*, transformar el Estado en un **Estado Policial** (represivo), con la tarea fundamental de someter a toda la población a la doctrina oficial socialista y "bolivariana", y velar que la misma se cumpliera en todos los órdenes, lo que se aseguraba mediante la regulación, con acentuado carácter regresivo y represivo del ejercicio de los derechos civiles en situaciones de excepción, previéndose amplios márgenes de restricción y suspensión.

*Quinto*, transformar el Estado en un **Estado Militarista**, dado el rol que se le daba a la "Fuerza Armada Bolivariana" en su configuración y funcionamiento, toda sometida al Jefe de Estado, y con la creación del nuevo componente de la "Milicia Popular Bolivariana.

En esta forma, siete años después de la sanción de la Constitución de 1999, el mismo Presidente de la República que en aquél momento motorizó la concepción y sanción de aquella, a través de sus seguidores, quienes controlaron totalmente la Asamblea Constituyente; en 2007 había conducido el proceso de cambiar de nuevo la Constitución, esta vez por una Asamblea Nacional también totalmente controlada por sus seguidores, pero con el objeto, en este caso, de transformar radicalmente el sistema político constitucional venezolano, estableciendo un Estado Centralizado del Poder Popular, como Estado Socialista, de economía estatal y centralizada, y como Estado Militarista y Policial de ideología única oficial, lo que se apartaba radicalmente de la concepción del Estado descentralizado, civil, social, democrático y pluralista de derecho y de justicia, y de economía mixta que reguló la Constitución de 1999.

Con las reformas sancionadas por la Asamblea, además, materialmente desaparecía la democracia representativa y las autonomías político territoriales, buscando sustituírsela por un esquema estatal centralizado supuestamente montado sobre una democracia "participativa y protagónica" que estaba controlada total y centralizadamente desde arriba, por el Jefe de Estado, en la cual quedaba proscrita toda forma de descentralización política y autonomía territorial, y que a la vez, restringía los mecanismos de participación política que estaban directamente regulados en la Constitución, como son los referendos y la participación de la sociedad civil en los Comité de Postulaciones de altos funcionarios.

Como se ha dicho, las reformas sancionadas tuvieron su origen directo en el "*Anteproyecto para la 1era. Reforma Constitucional, Propuesta del Presidente Hugo Chávez*", que presentó ante la Asamblea Nacional el 15 de agosto de 2007, y en las "Propuestas de Reforma Constitucional" formuladas en junio de 2007 por la Comisión Presidencial para la Reforma Constitucional[229], de cuyo contenido se evidencia la magnitud del fraude constitucional que se buscaba cometer, utilizándose, para engañar al pueblo, un procedimiento inadecuado para hacer unas reformas sustanciales que afectaban casi todo el texto constitucional. Por la trascendencia de los cambios efectuados, como se ha dicho, se debió haber recurrido al procedimiento de la convocatoria de una Asamblea Nacional Constituyente y no al procedimiento de "reforma constitucional". Al hacerlo, tanto el Presidente como su Consejo Presidencial -integrado, entre otros por la propia Presidenta del Tribunal Supremo y por el propio Defensor del Pueblo- comenzaron el proceso de reforma violando la Constitución[230], en fraude a la misma, tarea que completó la Asamblea Nacional en noviembre de 2007.

---

229 En este sentido llama la atención lo afirmado el 17-08-2007 por la Presidenta del Tribunal Supremo de Justicia, Presidenta de la Sala Constitucional y miembro del Consejo Presidencial para la Reforma Constitucional en el sentido de que, según reseñó Juan Francisco Alonso: "los diputados de la Asamblea Nacional no están facultados para realizar ninguna modificación distinta a las 33 que planteó el jefe del Estado, salvo que alguno de los cambios contenidos en el proyecto de reforma altere otras normas. "La reforma fue planteada por el Presidente, por lo tanto es lo que presentó el Presidente lo que debe ser estudiado (...) Si (algún artículo) tuviese conexión con los que se van a reformar, entonces por técnica legislativa deberían adecuarse, porque no puede haber artículos contradictorios", afirmó, al ser consultada sobre la posibilidad de que el Parlamento cambie alguna de las normas referidas a la estructura y funcionamiento del Poder Judicial". Véase en *El Universal*, 18-08-07.

230 Ello incluso fue advertido de inmediato por el Rector del Consejo Nacional Electoral, Sr. Vicente Díaz, quien el día 16-08-2007 indicó "que la propuesta presidencial para reformar el texto constitucional modifica las disposiciones fundamentales y por ello sería necesario convocar una Asamblea Constituyente para su aprobación". Véase en *Unión Radio, 16 de agosto de 2007*, http://www.unionradio.com.ve/Noticias/Noticia.aspx? noticiaid=212503. El inicio del procedimiento de reforma ante la Asamblea Nacional, por tanto, podría ser impugnado ante la Jurisdicción Constitucional, por inconstitucionalidad. Sin embargo, el día 17-08-2007,

Afortunadamente, el pueblo, consultado en referendo el 2 de diciembre de 2007, rechazó la reforma propuesta, la cual por tanto no se pudo materializar. [231] Pero en realidad, de haber funcionado los mecanismos institucionales para la protección del Estado de derecho, el referendo convocado para el 2 de diciembre de 2007 hubiera podido detenerse por la Sala Constitucional del Tribunal Supremo de Justicia, como supremo guardián de la Constitución. La Sala, sin embargo, renunció a cumplir su obligación y se negó sistemáticamente a controlar la constitucionalidad del procedimiento de reforma constitucional.

En efecto, desde el momento en que la Constitución estableció detalladamente los procedimientos para la revisión de la Constitución, los mismos son obligatorios y

---

adelantándose a cualquier impugnación y emitiendo opinión impunemente, prejuzgando cualquier asunto, la Presidenta del Tribunal Supremo de Justicia, Presidenta de la Sala Constitucional (es decir de la Jurisdicción Constitucional) y miembro del Consejo Presidencial para la Reforma Constitucional, "dejó en claro que la Sala Constitucional no tramitará ninguna acción relacionada con las modificaciones al texto fundamental, hasta tanto éstas no hayan sido aprobadas por los ciudadanos en el referendo. "Cualquier acción debe ser presentada después del referendo cuando la reforma ya sea norma, porque no podemos interpretar una tentativa de norma. Después de que el proyecto sea una norma podríamos entrar a interpretarla y a conocer las acciones de nulidad", precisó". Reseña del periodista Juan Francisco Alonso, en *El Universal*, Caracas 18-08-07. Luego de varias solicitudes de recursos de interpretación sobre el artículo 342 de la Constitución, la misma Presidenta de la Sala Constitucional se reservó la elaboración de las ponencias de las sentencias, y con motivo de su recusación que efectuaron los peticionantes por estar comprometida su imparcialidad en la materia al haber formado parte de la Comisión Presidencial para la Reforma Constitucional, en decisión de 01-11-07, el magistrado J.E. Cabrera de la misma Sala, decidió que de la lectura del Decreto de creación del Consejo de Reforma (art. 5), "se desprende que la Secretaria Ejecutiva, cumplía funciones administrativas y no de redacción, corredacción, o ponencia sobre el contenido de un anteproyecto de reforma constitucional; por lo que la Dra. Luisa Estella Morales Lamuño no es -necesariamente- promovente del "Proyecto de Reforma Constitucional" que ha presentado el Presidente de la República, y los recusantes no señalan cuál aporte de la Secretaria Ejecutiva fue incorporado al Proyecto de Reforma, ni siquiera alguno que haga presumir la intervención de la Dra. Morales"; agregando que "Además, por ser parte del Consejo Presidencial, la Secretaria Ejecutiva no está dando ninguna recomendación sobre el juicio de nulidad de que trata esta causa, ya que nada ha manifestado en ese sentido, ni se le imputa declaración alguna de su parte que adelante opinión sobre la inconstitucionalidad denunciada en esta causa". Véase también, la Reseña periodística de JFA, *El Universal*, Caracas 2-11-07.

231 Tomando en cuenta los resultados anunciados por el Consejo Nacional Electoral en día 2 de diciembre en la noche, de un universo de más de 16.109.664 de electores inscritos, sólo acudieron a votar 9.002.439 votantes, lo que significó un 44.11% de abstención; y de los electores que votaron, votaron por rechazar la reforma (voto NO) por el Bloque de artículos marcado A, 4.504.354 de votantes, con 50.70% y por el Bloque de artículos marcado B, 4.522.332 de votantes, con 51.05%. Es decir, sólo votaron por aprobar la reforma (voto SÍ), por el bloque A 4 379 392 votantes, con 49.29%; y por el bloque B 4.335.136 votantes con 48.94%. Ello equivale a que sólo el 28% del universo de los electores inscritos en el Registro Electoral votaron por aprobar la reforma constitucional. En dicho referendo, por tanto, en realidad, no fue que "triunfó" el voto NO por poco margen, como aludió el Presidente de la República, Hugo Chávez, sino que lo que ocurrió fue que su propuesta de reforma fue rechazada por el 72% de los electores inscritos, quienes, o votaron por el NO (50.7%), o simplemente no acudieron a votar para pronunciarse por la reforma.

debían ser respetados por los órganos constituidos del Estado. De esas previsiones se deriva el derecho ciudadano a que los procedimientos constitucionales se respeten como parte del derecho a la supremacía de la Constitución, de manera que toda violación de esos procedimientos es inconstitucional y atentatoria del derecho ciudadano a esa supremacía, y tiene que ser controlada por el juez constitucional.

Ello, sin embargo, fue desconocido por la Jurisdicción Constitucional en Venezuela, en particular, al decidir varias acciones de amparo constitucional que se ejercieron contra los actos estatales adoptados en sus diversas fases durante el procedimiento de reforma constitucional de 2007 inconstitucionalmente desarrollado: por el Presidente de la República, quien tuvo la iniciativa, por la Asamblea Nacional que discutió y sancionó el proyecto de reforma, y por el Consejo Nacional Electoral, que convocó a referendo aprobatorio el proyecto inconstitucionalmente sancionado.

En todas y cada una de las sentencias que resolvieron las acciones intentadas,[232] la Sala Constitucional desconoció el derecho ciudadano a la supremacía constitucional y a la tutela judicial efectiva, y fue declarando inadmisibles o que no había lugar a ellas, considerando, por una parte, que no había legitimación alguna de parte de los recurrentes para intentar las acciones, y por la otra, con el absurdo argumento de que los actos estatales dictados en el procedimiento de reforma constitucional (la presentación del proyecto y la sanción de la Asamblea Nacional) no eran actos que producían efectos jurídicos externos, ni podían causar gravamen a los derechos de los ciudadanos, concluyendo que solamente hubieran podido ser impugnados cuando concluyera el procedimiento con el referendo aprobatorio de la reforma, y la reforma hubiera sido aprobada.

La primera decisión en esta materia, se adoptó por la Sala Constitucional mediante sentencia N° 1974 de 23 de octubre de 2007, (Ponencia Luisa Estella Morales) en el *Caso José Ignacio Guédez Yépez*, en una acción de amparo constitucional que había sido intentada antes de que la reforma constitucional fuera sancionada por la Asamblea Nacional, ejercida por un ciudadano en su propio nombre y en protección de derechos difusos y colectivos, contra la Asamblea Nacional por la amenaza de violación del derecho constitucional difuso correspondiente "a la alternabilidad democrática del poder" consagrado en el artículo 6 de la Constitución, por la eventual aprobación por la Asamblea Nacional, del proyecto de Reforma constitucional que le había presentado el Presidente de la República.

La Sala declaró **inadmisible** la acción, argumentando que el accionante:

> "no sólo no señaló de qué forma se verían afectados los intereses de la sociedad -o de alguna porción definida de la misma-, sino que al contrario de los planteamientos formulados por el accionante en torno a la interpretación y materialización del principio del alternabilidad, es preciso reiterar que la reelección en nuestro ordenamiento no supone un cambio de régimen o forma del Estado, y muy por el contrario, reafirma y fortalece los mecanismos de participa-

---

232 Véase el estudio de dichas sentencias en Allan R. Brewer-Carías, "El juez constitucional vs. la supremacía constitucional. O de cómo la Jurisdicción Constitucional en Venezuela renunció a controlar la constitucionalidad del procedimiento seguido para la "reforma constitucional" sancionada por la Asamblea Nacional el 2 de noviembre de 2007, antes de que fuera rechazada por el pueblo en el referendo del 2 de diciembre de 2007", en *Revista de Derecho Público*, N° 112, Editorial Jurídica Venezolana, Caracas, 2007, pp. 661-694.

ción dentro del Estado Democrático, Social de Derecho y Justicia, que estableció el Constituyente en 1999 (*Cfr.* Sentencia de la Sala N° 1.488 del 28 de julio de 2006)"[233].

La Sala estimó, entonces, que la acción intentada "no corresponde a derechos o intereses difusos, sino a un interés particular del accionante de limitar el ámbito de la reforma constitucional propuesta", razón por la cual estimó que el presunto agraviado carecía de legitimación procesal para intentar una acción de amparo en tutela de derechos o intereses difusos o colectivos".

Por otra parte, en cuanto a la posibilidad de admitir una acción de amparo contra las amenazas a los derechos del accionante, la Sala, reiterando su jurisprudencia sobre que la necesidad de que la amenaza sea "inminente, factible y practicable por la persona a quien se le imputa el acto, hecho u omisión que se señala como lesiva", señaló que en el caso concreto de la acción de amparo contra la presunta amenaza que se derivaba de la posible sanción, en ese momento, del proyecto de reforma constitucional por la Asamblea Nacional, que ésta sólo era un órgano que participaba en el proceso de reforma constitucional "pero en el marco del mismo, sólo corresponde al pueblo mediante referendo", concluyendo entonces señalando que "el presunto agraviado no puede pretender la materialización de una lesión constitucional, de un hecho futuro o incierto como lo es la eventual aprobación por parte de la Asamblea Nacional y consecuentemente del correspondiente referendo aprobatorio del texto de reforma constitucional"; y que "para que la supuesta amenaza se concrete y, en consecuencia, surta algún efecto jurídico, es necesario la verificación de un conjunto de circunstancias hipotéticas para que se materialice lo que a decir del accionante, constituye una amenaza de lesión constitucional"[234].

Posteriormente, mediante sentencia N° 2042 (Ponencia de Francisco A. Carrasquero), dictada en el Caso *Néstor Luís Romero* de 2 de noviembre de 2007, es decir, el mismo día en el cual la Asamblea Nacional sancionó el proyecto de reforma constitucional, la Sala Constitucional decidió una acción de amparo también intentada contra la amenaza de lesión de los derechos constitucionales del accionante derivados de los artículos 342 y siguientes de la Constitución, por parte del Presidente de la República y la Asamblea Nacional al pretender tramitar como reforma constitucional un proyecto que contenía modificaciones a la estructura y principios fundamentales del Estado, violando la Constitución. La acción había sido intentada específicamente contra el Presidente de la República, por haber presentado el proyecto, y contra la Asamblea Nacional, por haberlo admitido para su discusión. En este caso, la Sala Constitucional también declaró inadmisible la acción, pero en este caso por falta de legitimación del recurrente, considerando que al intentar la acción, el mismo "no señaló, ni se evidencia de autos, de qué manera las actuaciones denunciadas como lesivas son susceptibles de vulnerar sus derechos constitucionales."[235]

---

233 Véase Sentencia del Tribunal Supremo de Justicia en Sala Constitucional N° 1974 de 23 de octubre de 2007, Caso *José Ignacio Guedez Yépez* en http://www.tsj.gov.ve/decisiones/scon/Octu-bre/1974-231007-07-1055.htm.

234 *Ibídem.*

235 Véase sentencia del Tribunal Supremo de Justicia en Sala Constitucional N° 2042 del 2 de Noviembre de 2007, Caso *Néstor Luis Romero Méndez,* en *Revista de Derecho Público*, N°

Para decidir, la Sala recordó el "carácter personalísimo" de la acción de amparo, "de modo que sólo puede ser incoada por el afectado inmediato de la infracción constitucional, dejando a salvo supuestos especiales, como los reclamos efectuados en protección de los derechos colectivos o difusos, que nacen del reconocimiento de esta esfera de derechos por parte del artículo 26 de la Constitución, o el caso del amparo a la libertad y la seguridad personal, en el que cualquier persona está legitimada para intentarlo". En el caso concreto, por tanto, la Sala concluyó que: "el accionante no señaló cuál es la situación jurídica subjetiva lesionada o amenazada por las actuaciones que denunció como lesivas" siendo que "la denuncia planteada está referida a la supuesta amenaza de infracción constitucional producida por la inclusión en el contenido del Proyecto de Reforma presentado ante la Asamblea Nacional por iniciativa del Presidente de la República, de normas que, en opinión del accionante, modifican la estructura y principios fundamentales del Texto Constitucional, en contravención a los límites establecidos en el artículo 342 de la Constitución vigente". Sin embargo, decidió la Sala que el accionante "no expuso de qué forma su situación jurídica personal se vería afectada por las actuaciones denunciadas, ya que sólo se limitó a señalar la presunta inconstitucionalidad del aludido proyecto de reforma"[236].

Para afirmar esto, la Sala desconoció el derecho ciudadano a la supremacía constitucional, afirmando que del artículo 342 de la Constitución que regula el procedimiento de reforma constitucional, "no consagra derechos, garantías o libertades de carácter individual" ni "establece derechos difusos, ya que la misma no prevé una prestación genérica o indeterminada en cuanto a sus posibles beneficiarios, en los términos establecidos por la doctrina de esta Sala." Por último, la Sala consideró que la acción de amparo interpuesta no podía tampoco "ser considerada como ejercido en protección de derechos colectivos, ya que se ejerció en nombre propio y no en nombre de un sector poblacional determinado e identificable."[237]

Con base en estos argumentos declaró la inadmisibilidad de la acción de amparo interpuesta, contrariando doctrina de la propia Sala, como la sentada en sentencia que suspendió las elecciones generales de mayo de 2000, que benefició "tanto para las personas naturales y organizaciones que han solicitado la protección de amparo constitucional como para todos los electores en su conjunto"[238].

A la anterior decisión N° 2042 -Caso *Néstor Luis Romero*- le siguió la sentencia de la misma Sala Constitucional N° 2191 de 22 de noviembre de 2007 (Ponente Marcos Tulio Dugarte), dictada en el Caso *Yvett Lugo Urbaéz* con motivo de la acción de amparo intentada, en esta oportunidad contra el acto sancionatorio de la reforma constitucional adoptado por la Asamblea Nacional el 2 de noviembre de 2007 y la convocatoria a referendo efectuada por el Consejo Nacional Electoral, porque dichos actos constituían una subversión del trámite procedimental para la modifica-

---

112, Editorial Jurídica Venezolana, Caracas, 2007, pp. 636 ss.(Véase también en.http://www.tsj.gov.ve/decisiones/scon/Noviembre/2042-021107-07-1374.htm).

236 *Ibídem.*

237 *Ibídem.*

238 Véase sentencia de la Sala Constitucional N° 483 de 29-05-2000, Caso: *"Queremos Elegir" y otros*, en *Revista de Derecho Público*, N° 82, Caracas, 2000, Editorial Jurídica Venezolana, pp. 489-491.

ción de la Constitución, pues el procedimiento de reforma constitucional no podía utilizarse para alterar la estructura y principios fundamentales de la Constitución Nacional.

En este caso, la Sala decidió que "**no ha lugar a la acción**", pues los actos impugnados supuestamente no causaban gravámenes susceptibles de control. Para llegar a esta conclusión, la Sala, citando dos previas decisiones de 7 de noviembre de 2007 (N° 2108, Caso *Jorge Paz Nava y otros*)[239] y de 13 de noviembre de 2007 (N° 2147, caso *Rafael Ángel Briceño*)[240] , reiteró su criterio de que "la reforma constitucional es un proceso complejo conformado por la concreción de múltiples factores para asegurar la legitimidad institucional y democrática del cambio"[241], el cual "se configura en etapas sucesivas en la que interactúan autoridades públicas (Presidente de la República), órganos del Estado (Asamblea Nacional y Consejo Nacional Electoral) y el pueblo, que en definitiva ostenta el poder para aprobar y validar mediante el voto la reforma propuesta."[242] Con base en ello, la Sala consideró que "las etapas tempranas o de formación del proyecto de reforma constitucional no causan gravamen alguno porque no exteriorizan sus efectos y, por lo tanto, no son susceptibles de control jurisdiccional"[243], de manera que "sólo será el desenvolvimiento de ese proceso el que determine la posibilidad de control de un acto que, sin exteriorizar sus efectos, puede ser objeto de control"[244].

Es decir, conforme al criterio de la Sala, debía esperarse la aprobación de la reforma mediante referendo para poder juzgar su constitucionalidad, pues supuestamente los actos estatales de las diversas fases del procedimiento no producen efectos jurídicos externos. Para llegar a esta conclusión, la Sala afirmó que:

> "el acto de la Asamblea Nacional sancionado el 2 de noviembre de 2007 contentivo de la "Reforma de la Constitución de la República Bolivariana de Venezuela" no es un acto normativo, por cuanto al no adquirir eficacia no produce efectos jurídicos externos, esto es, no afecta relaciones jurídicas abstractas o concretas, por lo que mal puede lesionar o amenazar derecho constitucional al-

---

239 Véase la sentencia del Tribunal Supremo de Justicia en Sala Constitucional N° 2108 del 7 de Noviembre de 2007, Caso *Jorge Paz Nava y otros,* en *Revista de Derecho Público*, N° 112, Editorial Jurídica Venezolana, Caracas, 2007, pp. 572 ss. (Véase también en http://www.tsj.gov.ve/decisiones/scon/Noviembre/2108-071107-07-1484.htm).

240 Véase sentencia del Tribunal Supremo de Justicia en Sala Constitucional Nº 2147 de 13 de Noviembre de 2007, Caso *Rafael Ángel Briceño*, en *Revista de Derecho Público*, N° 112, Editorial Jurídica Venezolana, Caracas, 2007, pp. 578 ss. (Véase también en http://www.tsj.gov.ve/decisiones/scon/Noviembre/2147-131107-07-1476.htm).

241 Véase sentencia del Tribunal Supremo de Justicia en Sala Constitucional Nº 2191 del 22 de Noviembre de 2007, Caso *Yvett Lugo Urbaéz,* en *Revista de Derecho Público*, N° 112, Editorial Jurídica Venezolana, Caracas, 2007, pp. 584 ss. (Véase también en http://www.tsj.gov.ve/decisiones/scon/Noviembre/2191-221107-07-1605.htm). Criterio reiterado también en las sentencias 2108/2007; 2147/2007 y 2189/2007) de la misma Sala.

242 *Ibídem.*

243 *Ibídem.*

244 *Ibídem.*

guno ya que no posee carácter obligatorio y, por tanto, no puede órgano del Estado alguno o particular darle ejecución".[245]

Luego, analizando el procedimiento de reforma constitucional como si fuera equivalente al de formación de las leyes, concluyó la Sala señalando que en Venezuela no hay control previo de constitucionalidad sobre los proyectos de leyes, declarando entonces que no se puede impugnar en forma previa el acto sancionado por la Asamblea Nacional, declarando en consecuencia que "**no ha lugar a la acción**"[246].

Se observa, con esta decisión, que la Sala no fue que declaró "inadmisible" la acción, sino que con la misma, en realidad, **lo** que hizo fue negar el derecho ciudadano de acceso a la justicia y a la tutela judicial efectiva consagrados en la Constitución (Art. 26), al "inventar" la Sala un tipo de "decisión" no prevista en la Ley que rige sus funciones, de que "**no ha lugar a la acción**" que equivale a decidir, que el ciudadano en ese caso, no tiene derecho de acceder a la justicia, lo cual es la negación misma del Estado de derecho.

Por otra parte, en cuanto a la acción de amparo ejercida contra el acto del Consejo Nacional Electoral convocando el referendo, la Sala lo declaró **inadmisible** porque dicho acto sólo se podía impugnar mediante acción de inconstitucionalidad por supuestamente tratarse de actos de ejecución directa de la Constitución, con lo cual, de otro plumazo, la Sala Constitucional renunció a proteger la Constitución, se negó a reconocer la existencia del derecho ciudadano a la supremacía constitucional, y negó la posibilidad de la acción de amparo contra actos del Consejo Nacional Electoral en contra del principio de la universalidad del amparo de otrora arraigada raíz en la jurisprudencia, expresada en la sentencia de la antigua Corte Suprema de Justicia, de 31 de enero de 1991 (Caso *Anselmo Natale)*, en la famosa frase de que "no puede existir ningún acto estatal que no sea susceptible de ser revisado por vía de amparo".[247]

La comentada sentencia N° 2191[248], se dictó en paralelo con la sentencia N° 2193 del mismo día 22 de noviembre de 2007 (Ponente: Carmen Zuleta de Merchán), dictada en el Caso *Luis Hueck Henríquez*[249], con motivo de la interposición de una acción de amparo constitucional también contra los actos de la Asamblea Nacional y contra el Consejo Nacional Electoral mediante los cuales se aprobó

---

245 *Ibídem.*

246 *Ibídem.*

247 Citada por la sentencia de la Sala Político Administrativa de la misma antigua Corte Suprema de 24 de mayo de 1993, en *Revista de Derecho Público,* N° 55-56, Editorial Jurídica Venezolana, Caracas 1993, pp. 284-285.

248 Véase sentencia del Tribunal Supremo de Justicia en Sala Constitucional N° 2191 del 22 de Noviembre de 2007, Caso *Yvett Lugo Urbaéz* en *Revista de Derecho Público*, N° 112, Editorial Jurídica Venezolana, Caracas, 2007, pp. 584 ss. (Véase también en http://www.tsj.gov.ve/decisiones/scon/Noviembre/2191-221107-07-1605.htm).

249 Véase sentencia del Tribunal Supremo de Justicia en Sala Constitucional N° 2193 del 22 de Noviembre de 2007, Caso *Luis Hueck Henríquez* en *Revista de Derecho Público*, N° 112, Editorial Jurídica Venezolana, Caracas, 2007, pp. 596 ss. (Véase también en http://www.tsj.gov.ve/decisiones/scon/Noviembre/2193-221107-07-1641.htm).

el texto definitivo de la Reforma Constitucional y se convocó al referendo a que alude el artículo 346 de la Constitución, a cuyo efecto el recurrente adujo actuar "en nombre de los intereses colectivos y difusos de los inscritos en el Registro Electoral Permanente"[250].

Esta acción también fue declarada **inadmisible**, para lo cual la Sala estimó que en el caso concreto, no estaban presentes "aspectos que caracterizan a este tipo de derechos o intereses, y a los cuales se ha referido esta Sala en distintas oportunidades (entre otras, en sentencia del 18 de febrero de 2003, recaída en el Caso: *César Pérez Vivas*) como lo son que los hechos en que se funde la acción sean genéricos y que la prestación requerida sea indeterminada"[251], constatando que la acción intentada no perseguía "la protección de la calidad de vida de un grupo determinado o indeterminable de ciudadanos, sino que, en la forma en la cual fue planteada dicha pretensión, persigue un pronunciamiento jurisdiccional de esta Sala tendiente a restringir o anular dos actos dictados por órganos que ejercen el Poder Público en los términos previstos en el artículo 343 y 346 de la Constitución"[252]. De ello concluyó la Sala, señalando que "la pretensión de la parte accionante escapa del carácter protector de la calidad de vida que involucra la tutela de los derechos difusos, por cuanto no se persigue la protección de un bien común"[253].

En el caso concreto, además, la Sala señaló que "la lesión constitucional se le atribuye a un proyecto de reforma aprobado por la Asamblea Nacional y que será sometido a referendo próximamente", lo que supuestamente "quiere decir que la efectividad del texto definitivo **aún no se ha verificado** y, por lo tanto, no se cumple con el requisito de la inmediatez de la lesión"[254], razón por la cual declaró la inadmisibilidad de la acción.

En otra sentencia N° 2198 de 23 de noviembre de 2007 (Ponente: Arcadio Delgado Rosales), Caso *Moisés Troconis Villarreal*[255], la misma Sala Constitucional también declaró **inadmisible** otra acción de amparo intentada, esta vez por quien había sido un magistrado del Tribunal Supremo, intentada contra la sanción de la reforma constitucional por la Asamblea Nacional, alegando violación al "derecho fundamental a la Constitución de la República, a su integridad y a su revisión", en particular, "del derecho y de la garantía constitucionales consagrados en los artículos 334, primer párrafo y 342, primer párrafo, de la Constitución de la República". Para tal fin, la Sala consideró que no evidenciaba "que las precitadas normas consagren derechos, garantías o libertades de carácter individual o de naturaleza colectiva o difusa", sino más bien "estas disposiciones consagran competencias a ser ejercidas por el Poder Público"; decidiendo, en definitiva que "no contempla derechos" y que "al no advertirse en dichas normas ningún derecho o garantía, sino competencias y

---

250 *Ibídem.*

251 *Ibídem.*

252 *Ibídem.*

253 *Ibídem.*

254 *Ibídem.*

255 Véase la sentencia del Tribunal Supremo de Justicia en Sala Constitucional, N° 2198 de 23 de Noviembre de 2007, Caso *Moisés Troconis Villareal* en http://www.tsj.gov.ve/decisiones/scon/Noviem-bre/2198-231107-07-1645.htm.

atribuciones a ser ejercidas por los poderes públicos, esta Sala considera que en las aludidas disposiciones no existen derechos a ser tutelados."[256]

Por ello la Sala concluyó, en el caso concreto, que no había evidenciado del escrito del accionante "cómo las actuaciones denunciadas como lesivas son susceptibles de vulnerar sus derechos o garantías constitucionales", decidiendo también que carecía "de legitimación activa para incoar la acción de amparo".[257] Desconoció, así, la Sala Constitucional, de nuevo, el derecho ciudadano a la supremacía constitucional.

La Sala Constitucional, en efecto, al declarar la inadmisibilidad de estas acciones de amparo constitucional, en definitiva, lo que consideró fue que la norma del artículo 342 supuestamente no contenía derecho constitucional alguno, concluyendo como lo dijo en la antes citada sentencia N° 2042 (Caso *Néstor Luis Romero*) de 2 de noviembre de 2007, que el accionante "no tiene legitimación activa alguna para incoar la presente acción de amparo constitucional, por cuanto no señaló, ni se evidencia de autos, de qué manera las actuaciones denunciadas como lesivas son susceptibles de vulnerar sus derechos constitucionales", por lo cual declaró inadmisible la acción de conformidad con lo dispuesto en el artículo 19,5, de la Ley Orgánica del Tribunal Supremo de Justicia, "por la falta de legitimación del accionante".

El magistrado Pedro Rafael Rondón Haaz, en cambio, en dicha sentencia N° 2042 salvó su Voto por considerar básicamente que, al contrario, la norma del artículo 342:

> "entraña un evidente derecho de rango constitucional y alcance general para todos los ciudadanos, en el sentido de que, sólo por su condición de tales, en cuanto suscriptores del pacto social que es, en definitiva, una Constitución, que determina la directa afectación de su esfera jurídica constitucional cuando dicho pacto es alterado, lo cual les proporciona legitimación para la defensa de dicha esfera jurídica y título jurídico suficiente para exigir a los destinatarios directos de la norma (la Asamblea Nacional -mediante acuerdo aprobado por el voto de la mayoría de sus integrantes-, el Presidente o Presidenta de la República en Consejo de Ministros; o un número no menor del quince por ciento de los electores inscritos y electoras inscritas en el Registro Civil y Electoral, que son quienes tienen iniciativa para solicitarla), como conducta determinada de la cual es acreedor aquél, el estricto cumplimiento o apego a ella. En el peor de los casos, se trataría, en términos análogos, de un interés -por oposición a derecho propiamente dicho- igualmente legitimador."[258]

El Magistrado salvante del voto ratificó entonces su criterio de que no cabe duda de que:

---

256 *Ibídem.*

257 *Ibídem*

258 Véase sentencia del Tribunal Supremo de Justicia en Sala Constitucional N° 2042 de 2 de Noviembre de 2007, Caso *Néstor Luis Romero Méndez* en *Revista de Derecho Público*, N° 112, Editorial Jurídica Venezolana, Caracas, 2007, p. 641 (Véase también en http://www.tsj.gov.ve/decisiones/scon/Noviembre/2042-021107-07-1374.htm).

> "el artículo 342 entraña un derecho de todos -como miembros de la sociedad suscriptora del pacto social- a que la reforma constitucional proceda -y solo proceda- para "*una revisión parcial de esta Constitución y la sustitución de una o varias de sus normas que no modifiquen la estructura y principios fundamentales del Texto Constitucional*", de manera que, cuando el demandante alegó la supuesta vulneración de esta norma ante una eventual reforma constitucional que incluya modificaciones en la estructura y principios fundamentales del Estado, está, ciertamente, haciendo referencia a la supuesta lesión a derechos constitucionales difusos, los cuales tienen expresa protección constitucional según dispone el artículo 26 de la Constitución de la República Bolivariana de Venezuela."[259]

En la misma orientación restrictiva de las anteriores sentencias, la Sala Constitucional mediante sentencia N° 2211 (Ponente: Arcadio Delgado Rosales) de 29 de noviembre de 2007, Caso *Claudia Nikken y Flavia Pesci Feltri*[260], también declaró la **inadmisibilidad** de la acción de amparo que estas ciudadanas habían interpuesto en nombre propio como abogadas integrantes del sistema de justicia y asumiendo "la representación del Pueblo de Venezuela" contra el Presidente de la República, la Asamblea Nacional y el Consejo Nacional Electoral, con fundamento en los artículos 26, 27 y 333 de la Constitución, con la finalidad de que se proteja el derecho del pueblo de Venezuela al reconocimiento de su soberanía, que consideraron violado al rebasar dichos órganos los límites sustanciales de su competencia al darle curso a la reforma constitucional.

En este caso, la inadmisibilidad de la acción fue declarada por la Sala, por inepta acumulación de dos acciones que la Sala estimó como no acumulables, que eran la referida en el artículo 26, que es la acción de tutela de intereses colectivos o difusos, y la referida en el artículo 27, que es la acción de amparo. Sin embargo, ello no impidió que la Sala en forma expresa, desconociera el carácter de derecho constitucional del "*derecho del pueblo de Venezuela al reconocimiento de su soberanía",* el cual estimó que en '*sensu stricto'* **no es un derecho** (no está incluido como tal en el Título III de la Constitución), sino un principio contemplado expresamente en el Título I, artículo 5 de la Carta Fundamental," decisión con la cual el juez constitucional redujo la categoría de derechos constitucionales a los incluidos en el Título III de la Constitución, y desconociendo tal condición a los otros derechos fundamentales derivados de la organización del Estado, como el derecho a la democracia, el derecho al control del poder, el derecho a la supremacía constitucional y el derecho al reconocimiento de la soberanía popular.

En todo caso, la actitud de la Sala Constitucional del Tribunal Supremo en 2007 al renunciar a ejercer su rol de guardián de la Constitución, no es de extrañar. El día 17 de agosto de 2007, sólo dos días después de que el Presidente de la República había presentado su Anteproyecto de reforma constitucional ante la Asamblea Nacional para inconstitucionalmente y en fraude a la Constitución iniciar el procedimiento de "reforma constitucional", la Presidenta de la Sala Constitucional del Tri-

---

259 *Ibídem*

260 Véase Sentencia del Tribunal Supremo de Justicia en Sala Constitucional Nº 2211 de 29-11-2007, *Caso Claudia Nikken y Flavia Pesci Feltri*, en http://www.tsj.gov.ve/decisiones/scon/Noviem-bre/2211-291107-07-1617.htm

bunal Supremo (es decir, de la Jurisdicción Constitucional) y del propio Tribunal Supremo, quien a la vez era miembro del Consejo Presidencial para la Reforma Constitucional, adelantándose a cualquier posible y previsible impugnación por inconstitucionalidad de la iniciativa presidencial y del trámite parlamentario, y emitiendo opinión impunemente, prejuzgando cualquier asunto, dijo lo siguiente conforme se reseñó en la prensa:

> "dejó en claro que la Sala Constitucional no tramitará ninguna acción relacionada con las modificaciones al texto fundamental, hasta tanto éstas no hayan sido aprobadas por los ciudadanos en el referendo. "Cualquier acción debe ser presentada después del referendo cuando la reforma ya sea norma, porque no podemos interpretar una tentativa de norma. Después de que el proyecto sea una norma podríamos entrar a interpretarla y a conocer las acciones de nulidad".[261]

Y eso fue, precisamente, lo que decidió la Sala Constitucional en su sentencia N° 2189 de Noviembre de 2007 (Caso *Confederación de Profesionales Universitarios de Venezuela (CONFEPUV)* y otros), (Ponente: Arcadio Delgado Rosales), en la cual participó la Magistrado Presidenta, pues no se inhibió como hubiera correspondido en un Estado de derecho al haber adelantado públicamente opinión sobre lo decidido comprometiendo su imparcialidad[262], declarando como "**improponible**" una acción de inconstitucionalidad contra el acto de la Asamblea Nacional que había sancionado la reforma constitucional.[263].

Al contrario, la inconstitucionalidad en el procedimiento de revisión constitucional debía ser controlada por la Jurisdicción Constitucional que ejerce la Sala Constitucional, en sus fases, desde la iniciativa, la sanción por la Asamblea y la convocatoria de referendo, para lo cual tenía y tiene competencia al tratarse de acciones de nulidad de dichos actos estatales contrarios a la Constitución.

Lamentablemente ello no lo entendió así la Sala Constitucional, y sucesivamente, en diversas sentencias dictadas con motivo de variadas acciones de inconstitucionalidad intentadas contra los diversos actos estatales de las diversas fases del procedimiento de reforma constitucional, las fue sucesiva y sistemáticamente declarando como "**improponibles**", es decir, **negó incluso el derecho ciudadano acceder a la justicia y a obtener tutela judicial**.

En efecto, en sentencia N° 2108 de 7 de noviembre de 2007 (Ponente: Francisco Carrasqueño), dictada en el Caso *Jorge Paz y otros* con motivo de decidir una ac-

---

261 Reseña del periodista Juan Francisco Alonso, en *El Universal*, Caracas 18-08-2007.

262 Conforme al artículo 8 del Código de Ética del Juez, "La imparcialidad constituye supuesto indispensable para la correcta administración de justicia, y por ello el magistrado...juez... que se hallare incurso en alguna causal de inhibición o recusación o viere comprometida su imparcialidad por alguna circunstancia previa o sobreviniente al proceso del cual deba conocer, debe separarse inmediatamente del mismo sin esperar a que se le recuse."

263 Véase la sentencia del Tribunal Supremo de Justicia en Sala Constitucional N° 2189 de 22 de Noviembre de 2007, Caso *Confederación de Profesionales Universitarios de Venezuela (CONFEPUV) y otros*, en *Revista de Derecho Público*, N° 112, Editorial Jurídica Venezolana, Caracas, 2007, pp. 581 ss. (Véase también en http://www.tsj.gov.ve/decisiones/scon/Noviembre/2189-221107-07-1596.htm).

ción popular de inconstitucionalidad contra los actos ejecutados por el Presidente de la República el 15 de agosto de 2007; los actos del Ministro del Poder Popular del Despacho de la Presidencia; los actos de la Asamblea Nacional y de la Comisión Mixta, todos relacionados con el proyecto de reforma de la Constitución que por iniciativa del Presidente de la República tramitaba la Asamblea Nacional, la Sala la declaró la acción como "**improponible**", "inventando" así una nueva categoría de decisiones de la Jurisdicción Constitucional, distinta a la inadmisibilidad, o a declarar sin lugar la acción, consistente en **la negación del derecho ciudadano de accionar**, es decir, de acceso a la justicia y a una tutela judicial efectiva que consagra el artículo 26 de la Constitución. Eso, y no otra cosa, es esto de declarar como "**improponible**" una acción.

Con todas las sentencias dictadas en el mismo sentido, la Sala Constitucional del Tribunal Supremo de Justicia, como Jurisdicción Constitucional, deliberadamente y tal como lo había anunciado públicamente, con anterioridad, su Presidenta, renunció a ejercer el control de constitucionalidad sobre los actos de los poderes constituidos relativos a la reforma constitucional, lo que sin duda contrasta con lo que sucede en otros países latinoamericanos y con lo que incluso se regula expresamente en muchas Constituciones.

Fue el caso, por ejemplo, de lo que sucedió en Colombia, no sólo en 2009, sino antes, desde 2003. Conforme a la Constitución colombiana, la Corte Constitucional tiene a su cargo la guarda de la integridad y supremacía de la Constitución, y en particular de los procedimientos para la revisión constitucional, (arts. 241, 379). Sobre ello, la Corte Constitucional en sentencia N° C-551 del 9 de julio de 2003, por ejemplo, con ocasión del proceso de reforma de la que propuso el Presidente de la República y fue aprobada por el Congreso de la República a través de la Ley N° 796 de 2003, decidió que:

> "La Constitución ha establecido "un control reforzado sobre la convocatoria de un referendo, porque además del control automático que ejerce la Corte sobre la ley de referendo, es viable la acción pública de inconstitucionalidad contra el acto reformatorio de la Constitución". Y este control reforzado es razonable por cuanto, como lo señaló el citado auto, la "reforma a la Constitución por medio de un referendo es un procedimiento que comprende diversas etapas. Por ende, conforme al artículo 241 Ord. 2, la Corte ejerce el control automático definitivo sobre la ley que somete a decisión del pueblo un proyecto de reforma constitucional, sin perjuicio de lo señalado en el artículo 379 superior". Concluyó entonces el citado auto que la "Corte ejerce un control automático sobre todos los eventuales vicios de procedimiento en la formación de la ley que convoca a referendo".

Por otra parte, debe recordarse que en la Constitución de Costa Rica, el artículo 10, b) atribuye a la Sala Constitucional de la Corte Suprema de Justicia, competencia para conocer de las consultas sobre proyectos de reforma constitucional; y que en la Constitución de Chile, el artículo 82, 2 atribuye al Tribunal Constitucional competencia para resolver las cuestiones sobre constitucionalidad que se susciten durante la tramitación de los proyectos de reforma constitucional.

No es posible, por tanto, realizar una reforma constitucional mediante un procedimiento distinto al establecido en la propia Constitución, por lo que los procedimientos de reforma o enmienda constitucional que no se desarrollen conforme a las normas constitucionales que los regulan, o que versen por ejemplo sobre asuntos o materias que la Constitución prohíbe, son inconstitucionales y pueden ser controlados por la Jurisdicción Constitucional, que en el caso de Venezuela, es la Sala Constitucional del Tribunal Supremo de Justicia; órgano que sin embargo, como se ha analizado anteriormente, renunció a ejercer la justicia constitucional, con el argumento de que había que esperar que el procedimiento constitucional culminase en todas sus etapas, incluso con la "aprobación" mediante referendo, para que una vez publicada la nueva Constitución en Gaceta Oficial, una reforma constitucional inconstitucionalmente realizada pudiera impugnarse. Para ese momento, sin duda, entonces, como hecho cumplido, hasta hubiera podido surgir una eventual tesis de la prevalencia de la voluntad popular expresada como poder constituyente originario en el referendo frente a la supremacía constitucional. Sobre ello tenemos experiencia en Venezuela.[264].

En todo caso, en cuanto al procedimiento de "reforma constitucional" desarrollado inconstitucionalmente en Venezuela entre agosto y diciembre de 2007, sin embargo, como se dijo, fue el pueblo el que se encargó de ponerle fin, mediante el masivo rechazo popular a la reforma, la cual no fue aprobada en el referendo del 2 de diciembre de 2007. Ello, sin embargo, no impidió que esta vez en fraude a la voluntad popular, las reformas se hubiesen implementado, mediante decretos leyes y leyes respecto de las cuales el Juez Constitucional se abstuvo de ejercer control de constitucionalidad alguno.

2. *El caso de Colombia en 2012: el juez constitucional controlando las reformas constitucionales realizadas en violación de las prescripciones del propio texto constitucional*

La Constitución colombiana de 1991 establece tres procedimientos para su reforma: por el Congreso (art. 114), por una Asamblea Constituyente o por el pueblo mediante referendo (art. 375).

A tal efecto, en cuanto al primer procedimiento, conforme lo dispone el artículo 375, los proyectos de acto legislativo de reforma constitucional pueden ser presentados ante el Congreso, el Gobierno, por diez miembros del propio Congreso, por el veinte por ciento de los concejales o de los diputados, y por los ciudadanos en un número equivalente al menos, al cinco por ciento del censo electoral vigente (art. 155). El trámite del proyecto debe tener lugar en dos períodos ordinarios y consecutivos. Aprobado en el primero de ellos por la mayoría de los asistentes, el proyecto será publicado por el Gobierno. En el segundo período la aprobación requerirá el voto de la mayoría de los miembros de cada Cámara. En este segundo período sólo podrán debatirse iniciativas presentadas en el primero.

El segundo procedimiento, de la Asamblea Constituyente se debe iniciar mediante ley aprobada por mayoría de los miembros de una y otra Cámara, en la cual el Congreso disponga que el pueblo en votación popular decida si convoca una Asam-

---

264 Véase Allan R. Brewer-Carías, "El desequilibrio entre soberanía popular y supremacía constitucional y la salida constituyente en Venezuela en 1999", en *Anuario Iberoamericano de Justicia Constitucional*, N° 3, Centro de Estudios Políticos y Constitucionales, Madrid 2000, pp. 31-56

blea Constituyente con la competencia, el período y la composición que la misma ley determine (art. 376). En estos casos, se entiende que el pueblo convoca la Asamblea, si así lo aprueba, cuando menos, una tercera parte de los integrantes del censo electoral. La Asamblea debe ser elegida por el voto directo de los ciudadanos, en acto electoral que no puede coincidir con otro. A partir de la elección de la Asamblea Constituyente, conforme al mismo artículo 376 de la Constitución, la facultad ordinaria del Congreso para reformar la Constitución queda en suspenso durante el término señalado para que la Asamblea cumpla sus funciones. La Asamblea es la que debe adoptar su propio reglamento.

El tercer procedimiento se refiere a la votación por el pueblo mediante referendo, lo que debe ocurrir, conforme al artículo 377 de la Constitución en el caso de reformas constitucionales aprobadas por el Congreso referidas a los derechos reconocidos en el Capítulo 1 del Título II y a sus garantías, a los procedimientos de participación popular, o al Congreso, si así lo solicita, si así lo solicita, dentro de los seis meses siguientes a la promulgación del Acto Legislativo, un cinco por ciento de los ciudadanos que integren el censo electoral. La reforma se debe entender derogada por el voto negativo de la mayoría de los sufragantes, siempre que en la votación hubiere participado al menos la cuarta parte del censo electoral.

Por otra parte, conforme al artículo 378 de la Constitución, por iniciativa del Gobierno o de los ciudadanos en las condiciones antes mencionadas (art. 155), el Congreso, mediante ley que requiere la aprobación de la mayoría de los miembros de ambas Cámaras, puede someter a referendo un proyecto de reforma constitucional que el mismo Congreso incorpore a la ley. Dicho referendo debe ser presentado de manera que los electores puedan escoger libremente en el temario o articulado qué votan positivamente y qué votan negativamente.

En todo caso, la aprobación de reformas a la Constitución por vía de referendo requiere el voto afirmativo de más de la mitad de los sufragantes, y que el número de éstos exceda de la cuarta parte del total de ciudadanos que integren el censo electoral.

Ahora bien, por disposición expresa de la Constitución, los Actos Legislativos, la convocatoria a referendo, la consulta popular o el acto de convocación de la Asamblea Constituyente, sólo pueden ser declarados inconstitucionales por la Corte Constitucional "cuando violen los requisitos establecidos" en el Título III (De la Reforma de la Constitución) de la propia Constitución (art. 379), pudiéndose intentar la acción pública contra estos actos sólo dentro del año siguiente a su promulgación, con observancia de lo dispuesto en el artículo 241 numeral 2, en el sentido de que si se trata del control de la constitucionalidad de la convocatoria a un referendo o a una Asamblea Constituyente para reformar la Constitución, ello sólo procede "por vicios de procedimiento en su formación."

La competencia de la Corte Constitucional para ejercer el control de constitucionalidad en estos casos, en su carácter de guardián de la integridad y supremacía de la Constitución, está prevista en el artículo 341, para decidir: (i) sobre las demandas de inconstitucionalidad que promuevan los ciudadanos contra los actos reformatorios de la Constitución, cualquiera que sea su origen, sólo por vicios de procedimiento en su formación; (ii) sobre la constitucionalidad de la convocatoria a un referendo o a una Asamblea Constituyente para reformar la Constitución, con anterioridad al pronunciamiento popular, sólo por vicios de procedimiento en su formación; y (iii), sobre la constitucionalidad de los referendos sobre leyes y de las consultas populares y plebiscitos del orden nacional. Estos últimos sólo por vicios de procedimiento en su convocatoria y realización. [265]

Estas previsiones constitucionales son consecuencia directa del principio de la supremacía y rigidez constitucional, que implican el establecimiento de precisas disposiciones y normas procedimentales para reformar la Constitución, de manera que cualquier inconstitucionalidad en el procedimiento de reforma constitucional que se realice puede ser controlado por la Corte Constitucional.

El antecedente más importante del ejercicio de la competencia de control en Colombia fue el caso de la sentencia Nº Sentencia 555 de 2003[266] que tuvo por objeto ejercer el control de constitucionalidad de la Ley 796 de 2003 mediante la cual se proponía un conjunto extenso de reformas constitucionales a ser sometidas a referendo, a cuyo efecto la Corte precisó el ámbito de su potestad de control sobre las leyes de convocatoria a referendo constitucional, caracterizando dicho control como un control de carácter:

> "*previo* al pronunciamiento popular; *concentrado*, por estar exclusivamente a cargo de la Corte Constitucional; *judicial*, por la naturaleza del órgano que lo lleva a cabo; *automático*, ya que opera por mandato imperativo de la Carta Política; *integral*, pues corresponde a la Corte verificar todos los eventuales vicios en el procedimiento de esa ley; *específico*, por cuanto la Corte sólo puede examinar los vicios de procedimiento de la ley ya que no le corresponde estudiar su contenido material; *participativo*, pues se faculta a los ciudadanos a coadyuvar o impugnar la constitucionalidad; *definitivo*, porque el texto sometido a control no podrá volver a ser objeto de pronunciamiento por parte del Tribunal Constitucional; y delimitado por la propia Constitución en los artículos 379 y 241 ord 2º." [267]

Con base en esa distinción, la Corte consideró que era razonable concluir que el mandato del artículo 379 de la Constitución restringía "la posibilidad de la declaratoria de inexequibilidad de un acto reformatorio de la Constitución, únicamente a aquellas irregularidades que sean de una entidad suficiente como para constituir un vicio de procedimiento en su formación, entendiendo por éste la violación de los requisitos establecidos por la propia Carta para la aprobación de dichas reformas."

Ahora bien, como lo indicó la Corte Constitucional de Colombia en su sentencia C-141 de 2010[268] al decidir sobre el control de constitucionalidad respecto de la Ley de reforma constitucional que preveía la posibilidad de una segunda reelección presidencial, acotando lo antes decidido en la Sentencia C-551 de 2003 dos son las fases de control jurídico en torno a las reformas constitucionales cuando se adoptan por medio de referendo: En primer lugar, el control sobre la ley de convocatoria del

---

265 Véase en general, Allan R. Brewer-Carías, "La reforma constitucional en América Latina y el control de constitucionalidad", en *Reforma de la Constitución y control de constitucionalidad. Congreso Internacional*, Pontificia Universidad Javeriana, Bogotá Colombia, junio 14 al 17 de 2005, Bogotá, 2005, pp. 108-159

266 Véase en http://www.elabedul.net/Documentos/Leyes/2003/C-551-03_sentencia.pdf

267 Véase en http://www.elabedul.net/Documentos/Leyes/2003/C-551-03_sentencia.pdf

268 Véase en http://www.corteconstitucional.gov.co/relatoria/2010/c-141-10.htm

referendo, que es de carácter automático, integral y limitado a los vicios de procedimiento y de competencia que se encuentren en la tramitación de la citada ley; y en segundo lugar, como también lo resolvió la misma Corte en sentencias C-973 y C-1121 de 2004, el control sobre el acto reformatorio de la Carta Política, una vez entra en vigor, es decir, una vez haya sido promulgado por el Presidente de la República, en cuyo caso, el control "se ejerce sobre el referendo constitucional, acto jurídico complejo integrado por los diversos actos emitidos entre la sentencia que declara exequible la ley de convocatoria y la promulgación del decreto que adopta el pronunciamiento popular que contiene la reforma al Texto Superior." Conforme lo resolvió la Corte, "el mecanismo por medio del cual tiene lugar esta segunda fase de control son las demandas de inconstitucionalidad presentadas por los ciudadanos ante la Corte Constitucional, así mismo en estos eventos el control se limita a verificar el cumplimiento de los requisitos en el procedimiento de formación establecidos por la Constitución para esta modalidad de reformas constitucionales."

Y entre esos requisitos en el procedimiento seguido para una reforma de la Constitución estaba, sin duda, el tema de la competencia para mediante determinado procedimiento, poder reformar o no ciertos aspectos de la Constitución. Se trató, en definitiva de lo que la Corte Constitucional calificó como los "límites competenciales" en cuanto a los procedimientos de reforma utilizados, concluyendo en la *sentencia* C-141 de 2010, que en el caso del ejercicio del control de constitucionalidad sobre una ley de convocatoria a un referendo con origen en una iniciativa ciudadana para permitir una segunda reelección presidencial, como se trataba de un cuerpo normativo promulgado dentro de un procedimiento de reforma a la Constitución, el control no sólo se refería a los solos requerimientos procedimentales, sino también a los límites respecto a la competencia para poder afectar mediante los procedimientos los que llamó como "principios estructurales plasmados originalmente en el texto constitucional," considerando que los mismos, en definitiva, sólo podían ser modificados mediante la convocatoria de una Asamblea Nacional Constituyente, y no podían ser afectados por la vía de una ley de reforma sometida a referendo. La Corte, por ello concluyó que "la vía del referendo constitucional no idónea para transformar" dichos principios.

Con estos razonamientos la Corte Constitucional pasó a analizar la constitucionalidad de la reforma constitucional presentada sorteando el tema del control sobre los aspectos materiales de la reforma, distinguiendo entre lo que es un "juicio de sustitución" de la Constitución y lo que sería un "juicio de intangibilidad" o de violación de un contenido material de la Constitución," para lo cual consideró que:

> "la premisa mayor del juicio de sustitución no está específicamente plasmada en un artículo de la Constitución, sino que es toda la Constitución entendida a la luz de los elementos esenciales que definen su identidad. Además, el juicio de sustitución no tiene por objeto constatar una contradicción entre normas -como sucede típicamente en el control material ordinario-, ni se verifica si se presenta la violación de un principio o regla intocable -como sucede en el juicio de intangibilidad-, sino que mediante el juicio de sustitución (a) se aprecia si la reforma introduce un nuevo elemento esencial a la Constitución, (b) se analiza si éste reemplaza al originalmente adoptado por el constituyente y, luego, (c) se compara el nuevo principio con el anterior para verificar, no si son distintos, lo

> cual siempre ocurrirá, sino si son opuestos o integralmente diferentes, al punto que resulten incompatibles."[269]

Fue en definitiva, con estas herramientas, que la Corte Constitucional en definitiva, pasó a juzgar la incidencia en relación con los principios estructurales plasmados en la Constitución, que podía tener la posibilidad de reelección que se establecía en la Ley de reforma constitucional y que estaba dirigida a permitir una nueva reelección del Presidente en funciones que ya había sido reelecto, lo que abría la posibilidad de un tercer mandato consecutivo. La Corte consideró que a causa de la autorización de la reelección por una sola vez, Colombia aparecía ubicada "en el límite máximo de permanencia de una misma persona en el cargo de Presidente," considerando que la experiencia de países con sistemas presidenciales demostraban "que ocho años de mandato presidencial constituyen un límite más allá del cual existen serios riesgos de perversión del régimen y de la estructura definida por el Constituyente." La Corte consideró que:

> "la eventual prolongación del mandato presidencial hasta doce años supondría la ruptura del equilibrio entre la figura del Primer Mandatario investido de relevantes poderes por el sistema de gobierno presidencial, cuyas atribuciones de nominación resultan reforzadas y cuyo período coincide con los de los funcionarios de los distintos organismos de control y judiciales que designó o fueron elegidos de temas por él propuestas, frente al papel que cumplirían estos organismos de control encargados de asegurar el sistema de frenos y contrapesos respecto del poder presidencial."[270]

La Corte consideró entonces el principio democrático considerándolo como un "elemento esencial de la Constitución de 1991" ligado a la realización "de elecciones transparentes, periódicas, inclusivas, competitivas e igualitarias, de donde la idea misma de representación va ligada por lo tanto a los períodos fijos y a las elecciones periódicas;" vinculando a la misma, el principio de "la alternación" en una doble dimensión: por una parte, "como eje del esquema democrático en la que toda autoridad es rotatoria y no hay previstos cargos de elección popular vitalicios;" y por la otra, "como límite al poder político." Y fue en relación con esto último que la Corte consideró, que si bien la reelección inmediata que se había introducido por la reforma constitucional contenida en el Acto legislativo N° 02 de 2004 "no configuraba una sustitución a la Constitución, porque, en todo caso, se contemplaba un límite absoluto al término del ejercicio del poder por parte del Presidente de la República y se mantenían las elecciones periódicas para la provisión de este cargo," sin embargo,

> "un tercer período en el ejercicio del poder, que fuera el resultado de una segunda reelección presidencial, desvirtuaría el principio de alternación, ya que mantendría en el poder a una persona e impondría la reproducción de una misma tendencia política e ideológica durante un lapso mayor al que es juzgado razonable de acuerdo con las reglas de funcionamiento de un régimen presidencial típico y al que el propio constituyente colombiano estableció, tanto en la

269 Véase en http://www.elabedul.net/Documentos/Leyes/2003/C-551-03_sentencia.pdf

270 Véase en http://www.elabedul.net/Documentos/Leyes/2003/C-551-03_sentencia.pdf

versión original de la Carta de 1991, como en la reforma válidamente introducida mediante el Acto Legislativo N° 02 de 2004."[271]

De lo anterior concluyó la Corte Constitucional en su sentencia, que la Ley 1354 de 2009 "Por medio de la cual se convoca a un referendo constitucional y se somete a consideración del pueblo un proyecto de reforma constitucional", con la segunda reelección y el tercer período consiguiente, "implican un quebrantamiento de la Constitución y que esa rotura sustituye varios de los ejes definitorios de la Constitución de 1991 que tienen que ver con la estructura institucional acogida por el Constituyente y con los derechos, principios y valores que, según la concepción plasmada en la Carta, son el soporte de esa estructura que, siendo en sí misma valiosa, adquiere la plenitud de su sentido cuando los sirve de manera efectiva," razón por la cual la Corte la consideró inexequible, es decir, inconstitucional en su totalidad.

## III. EL JUEZ CONSTITUCIONAL Y EL CONTROL DE CONSTITUCIONALIDAD DE LAS REFORMAS CONSTITUCIONALES EFECTUADAS POR EL LEGISLADOR ORDINARIO

### 1. *El caso de Venezuela entre 2008 y 2010: la abstención del Juez Constitucional de controlar la constitucionalidad de la implementación, mediante leyes y decretos leyes, de la rechazada reforma constitucional de 2007*

En efecto, los síntomas de la patología de la justicia constitucional en Venezuela no sólo se manifestaron en la abstención por parte del Juez Constitucional de controlar la constitucionalidad del procedimiento seguido para la "reforma constitucional" de 2007, sino en que la misma reforma tramitada inconstitucionalmente y rechazada por el pueblo mediante referendo, fue implementada mediante leyes y decretos leyes evidentemente inconstitucionales que la Sala Constitucional se abstuvo de controlar. En este caso, también fue la abstención del Juez Constitucional lo que permitió la implementación de la rechazada reforma en violación de la Constitución.[272]

En efecto, Tan pronto fue rechazada por el pueblo la Reforma Constitucional de 2007, el Presidente de la República y los directivos de la Asamblea Nacional anunciaron que a pesar de ello implementarían las reformas rechazadas, mediante leyes y decretos leyes, lo que efectivamente ha ocurrido en muchas áreas.

En particular muchas de las rechazadas reformas constitucionales fueron ilegítima y fraudulentamente implementadas mediante decretos leyes dictados por el Presidente de la República en ejecución de la Ley que Autoriza al Presidente de la Re-

---

271 Véase en http://www.elabedul.net/Documentos/Leyes/2003/C-551-03_sentencia.pdf

272 Véanse los trabajos de Lolymar Hernández Camargo, "Límites del poder ejecutivo en el ejercicio de la habilitación legislativa: Imposibilidad de establecer el contenido de la reforma constitucional rechazada vía habilitación legislativa," en *Revista de Derecho Público*, N° 115 (Estudios sobre los Decretos Leyes), Editorial Jurídica Venezolana, Caracas 2008, pp. 51 ss.; Jorge Kiriakidis, "Breves reflexiones en torno a los 26 Decretos-Ley de Julio-Agosto de 2008, y la consulta popular refrendaría de diciembre de 2007", *Idem*, pp. 57 ss.; y José Vicente Haro García, Los recientes intentos de reforma constitucional o de cómo se está tratando de establecer una dictadura socialista con apariencia de legalidad (A propósito del proyecto de reforma constitucional de 2007 y los 26 decretos leyes del 31 de julio de 2008 que tratan de imponerla)", *Idem*, pp. 63 ss.

pública para Dictar Decretos con Rango, Valor y Fuerza de Ley, en las materias que se Delegan,"[273] la cual había sido sancionada coetáneamente con el anuncio presidencial de iniciar el proceso de reforma constitucional de 2007. Como este resultó rechazado por el pueblo, dicha ley de delegación legislativa fue el instrumento utilizado para implementar fraudulentamente muchas de las reformas rechazadas, particularmente en el área económico y social para estructurar un Estado Socialista centralizado.

Ello, incluso se había comenzado a realizar en ejecución de dicha ley de delegación legislativa con el Decreto Ley N° 5841 de 12 de junio de 2007[274] mediante el cual se dictó la Ley Orgánica de Creación de la Comisión Central de Planificación, la cual constituyó el primer acto estatal formal con el que se comenzó la construcción de un Estado Socialista.[275] Posteriormente, luego de rechazada la reforma constitucional en el referendo realizado el 2 de diciembre de 2007, en ejecución de dicho Decreto Ley, la Asamblea Nacional aprobó el 13 de diciembre de 2007, al adoptar el *Plan de Desarrollo Económico y Social de la Nación 2007-2013* en ejecución de lo establecido en el artículo 32 del Decreto con Fuerza de Ley Orgánica de Planificación, en el cual se establecieron las bases de un "sistema de planificación, producción y distribución orientado hacia el socialismo, donde lo relevante es el desarrollo progresivo de la propiedad social sobre los medios de producción". A tal efecto, las propuestas de la rechazada Reforma Constitucional de 2007, que buscaban atribuir al Estado la facultad de controlar y asumir sectores de la producción agrícola, pecuaria, pesquera y acuícola, en particular la producción de alimentos, se materializaron en el Decreto Ley de Ley Orgánica de Seguridad y Soberanía Agroalimentaria[276] en la cual se atribuye al Estado no sólo autorizar la importación de alimentos, sino priorizar su producción, y además asumir directamente las actividades de distribución e intercambio de los mismos.

En la misma orientación, el Decreto Ley N° 6.130 de 03 junio de 2008, de Ley para el fomento y desarrollo de la economía popular, regula el "modelo socioproductivo comunitario", con diversas formas de organizaciones socioproductivas siguiendo el modelo socialista[277]. En igual orientación abiertamente socialista se dictó el Decreto Ley sobre la Ley para la Defensa de las Personas en el Acceso a los Bienes y Servicios que derogó la Ley de Protección al Consumidor y al Usuario,[278] con el objeto de regular toda la cadena de comercialización y todos los ámbitos económicos en materia de bienes y servicios, ampliando excesivamente las facultades del Estado al punto de poder efectuar confiscaciones de bienes y servicios.

En cuanto a las reformas en la democracia representativa para eliminarla del nivel local, tal y como se buscaba generalizar en la reforma constitucional rechazada

---

273 *Gaceta Oficial* 38.617, de fecha 1° de febrero de 2007

274 *Gaceta Oficial* N° 5.841 Extraordinaria del 22 de junio de 2007.

275 Véase Allan R. Brewer-Carías, "Comentarios sobre la inconstitucional creación de la Comisión Central de Planificación, centralizada y obligatoria", *Revista de Derecho Público*, N° 110, (abril-junio 2007), Editorial Jurídica Venezolana, Caracas 2007, pp. 79-89.

276 *Gaceta Oficial* N° 5.889 Extraordinaria con fecha 31 de julio de 2008.

277 *Gaceta Oficial* N° 5.890 Extraordinaria de 31 julio de 2008.

278 *Gaceta Oficial* N° 37.930 del 4 de mayo de 2004.

de 2007, como se dijo, las mismas ya se habían comenzado a efectuar con la sanción en 2006 de la Ley de los Consejos Comunales,[279] como unidades u organizaciones sociales no electas mediante sufragio universal, directo y secreto y sin autonomía territorial, supuestamente dispuestos para canalizar la participación ciudadana, pero conforme a un sistema de conducción centralizado desde la cúspide del Poder Ejecutivo Nacional.

En cuanto a la eliminación del principio descentralizador como pilar fundamental del constitucionalismo venezolano, que con la reforma constitucional rechazada de 2007 se buscaba desmantelar completamente, minimizándose la forma Federal del Estado, mediante la centralización de competencias que eran de los Estados, la creación de órganos administrativos creados y dirigidos por el Ejecutivo Nacional, la atribución al Presidente de la República para intervenir en los asuntos regionales y locales; y el vaciamiento adicional de las competencias estadales y municipales mediante su transferencia a los consejos comunales. Para implementar estas reformas, no sólo se ha puesto en ejecución el último de los aspectos señalados, obligando a Estados y Municipios de transferir sus competencias a entes locales controlados por el Poder Central (Consejos Comunales), sino que mediante el Decreto Ley N° 6.217 de 15 de julio de 2008, sobre la Ley Orgánica de la Administración Pública,[280] que ahora se aplica directamente a las Administraciones Públicas Nacional, Estadal y Municipal, al poner en ejecución el principio de planificación centralizada, las somete todas a lo que defina el Ejecutivo Nacional a través de la Comisión Central de Planificación. Esta Ley, además, atribuye al Presidente de la República, como se propuso en la rechazada reforma constitucional de 2007, la faculta de designar Autoridades Regionales que tendrían la función de planificación, ejecución, seguimiento y control de las políticas, planes y proyectos de ordenación y desarrollo del territorio aprobado conforme a la planificación centralizada.

En cuanto al sistema de distribución territorial de competencias entre el nivel nacional y el nivel estadal, la propuesta de reforma constitucional de 2007 perseguía eliminar la competencia "exclusiva" atribuida a los Estados en el artículo 164,10 de la Constitución en materia de "La conservación, administración y aprovechamiento de carreteras y autopistas nacionales, así como de puertos y aeropuertos de uso comercial, en coordinación con el Poder Nacional." En este caso, la fraudulenta implementación de la rechazada reforma correspondió hacerlo a la Sala Constitucional del Tribunal Supremo de Justicia, al decidir un recurso de interpretación introducido por el Procurador General de la República en representación del Ejecutivo Nacional,

279 Ley de Consejos Comunales, *Gaceta Oficial*, N° 5806 *Extraordinario*, 10-04-2006. Véase Allan R. Brewer-Carías, "El inicio de la desmunicipalización en Venezuela: La organización del Poder Popular para eliminar la descentralización, la democracia representativa y la participación a nivel local", en *AIDA, Opera Prima de Derecho Administrativo. Revista de la Asociación Internacional de Derecho Administrativo*, Universidad Nacional Autónoma de México, México, 2007, pp. 49 a 67.

280 *G.O.* Extra N° 5.890 de 31-07-2008. Véase Allan R. Brewer-Carías, "El sentido de la reforma de la Ley Orgánica de la Administración Pública", *Revista de Derecho Público*, N° 115, EJV, Caracas 2008, pp. 155 ss.

mediante la sentencia N° 565 de 15 de abril de 2008[281], en la cual, pura y simplemente "modificó" el contenido de esta norma constitucional y dispuso, mutándola, como interpretación vinculante de la misma, que esa "competencia exclusiva" *no es tal competencia exclusiva*, sino una competencia "concurrente" y que, incluso, el Poder Nacional podía revertir a su favor la materia "descentralizada" eliminando toda competencia de los Estados.

En todo caso, por el trastocamiento al orden jurídico que la sentencia provocó, la Sala Constitucional instó a la Asamblea Nacional a dictar la legislación acorde con la "reforma" constitucional que efectuaba, y por tanto inconstitucional, lo cual efectivamente originó en marzo de 2009, la reforma de la Ley Orgánica de Descentralización, Delimitación y Transferencia de Competencias del Poder Público,[282] a los efectos de eliminar las competencias exclusivas de los Estados establecidas en los ordinales 3 y 5 del artículo 11 de dicha Ley, agregando dos nuevas normas que autorizan al Ejecutivo Nacional, para revertir la transferencia de las competencias a los Estados (Art. 8); y decretar la intervención de bienes y servicios públicos transferidos a los Estados en la materia (Art. 9). Con ello se completó el fraude constitucional dispuesto por la Sala Constitucional, trastocándose el régimen federal.[283]

En la misma orientación centralista, mediante la rechazada Reforma Constitucional de 2007 se buscaba eliminar como entidad político territorial dentro de la forma federal del Estado, al Distrito Capital[284] donde tienen su sede los Poderes nacionales, y recrear la desaparecida figura del "Distrito Federal" como entidad totalmente dependiente del Poder Nacional, en particular del Presidente de la república, sin gobierno propio. Esto último, rechazada la reforma constitucional se ha hecho en fraude a la Constitución, mediante la sanción por la Asamblea Nacional en abril de 2009 de la Ley Especial Sobre la Organización y Régimen del Distrito Capital[285], mediante la cual, lejos de haber establecido una organización democrática de una entidad política de la Republica, lo ha regulado como una dependencia del Poder Nacional, con ámbito territorial según se indica en el artículo 4 igual al que "correspondían al

---

281 *Cfr.* Sentencia de la Sala Constitucional N° 565, Caso *Procuradora General de la República*, recurso de interpretación del artículo 164.10 de la Constitución de 1999 de fecha 15 de Abril de 2008, en http://www.tsj.gov.ve/de-cisiones/scon/Abril/565-150408-07-1108.htm.

282 *Gaceta Oficial* N° 39 140 del 17 de marzo de 2009. Véase Alfredo Arismendi y Carlos Luna, *Ley Orgánica de Descentralización, Delimitación y Transferencia de Competencias del Poder Público*, Serie Textos Legislativos N° 3, Universidad Central de Venezuela, Caracas 2011.

283 Véase Allan R. Brewer-Carías, "La Sala Constitucional como poder constituyente: la modificación de la forma federal del estado y del sistema constitucional de división territorial del poder público, en *Revista de Derecho Público*, N° 114, (abril-junio 2008), Editorial Jurídica Venezolana, Caracas 2008, pp. 247-262.

284 Véase Allan R. Brewer-Carías, "Consideraciones sobre el régimen constitucional del Distrito Capital y del sistema de gobierno municipal de Caracas" en *Revista de Derecho Público*, N° 82, Editorial Jurídica Venezolana. Caracas, 2000, pp. 5-17.

285 *Gaceta Oficial* N° 39.156 de 13 de abril de 2009. Véase Allan R. Brewer-Carías, "Introducción general al régimen del Distrito capital y su incidencia en el régimen municipal del Distrito Metropolitano de Caracas" en *Leyes sobre el Distrito Capital y el Área metropolitana de Caracas*, Colección Cuadernos Legislativos N° 45, Editorial Jurídica Venezolana, Caracas, 2009, pp. 9-37.

extinto Distrito Federal a la fecha de entrada en vigencia de la Constitución de la República Bolivariana de Venezuela y que comprende el territorio del actual Municipio Bolivariano Libertador."

Conforme a esta Ley, el Distrito Capital, contrariando la Constitución, no tiene autoridades propias de gobierno, sino que es gobernada por el Poder Nacional mediante, un "régimen especial de gobierno" que consiste en que el ejercicio de la función legislativa en el Distrito está a cargo de la Asamblea Nacional, y el órgano ejecutivo es un Jefe de Gobierno (Art. 3), que de acuerdo con el artículo 7 de la Ley Especial es "de libre nombramiento y remoción" por parte del Presidente de la República, con lo que en el mismo territorio del Municipio Libertador se le ha superpuesto una estructura nacional, mediante una Ley nacional, totalmente inconstitucional.

Otra de las reformas constitucionales que fueron rechazadas por el pueblo, se refirieron al ámbito militar las cuales buscaban transformar la Fuerza Armada Nacional en una "Fuerza Armada Nacional Bolivariana," agregando al Ejército Nacional Bolivariano, a la Armada Nacional Bolivariana, a la Aviación Nacional Bolivariana y a la Guardia Nacional Bolivariana, un nuevo componente que se denomina "Milicia Nacional Bolivariana." Todo ello, a pesar del rechazo popular a la reforma, se ha hecho mediante el Decreto Ley sobre la Ley Orgánica de la Fuerza Armada Nacional,[286] mediante el cual efectivamente, la Fuerza Armada Nacional como se la denomina en la Constitución ahora se llama "Fuerza Armada Nacional Bolivariana" sujeta a la "doctrina militar bolivariana," creándose la Milicia Nacional Bolivariana como órgano de apoyo de la Fuerza Armada Nacional Bolivariana, todo conforme se había propuesto en la rechazada reforma constitucional de 2007.

Todas estas leyes fueron objeto de recursos de inconstitucionalidad, no habiendo sido los mismos siquiera decididos por el Juez Constitucional. Lamentablemente para el Estado de derecho, el Presidente de la República estaba absolutamente seguro de que la sumisa Sala Constitucional que controlaba, jamás ejercería el control de constitucionalidad sobre esos textos inconstitucionales.

Por último, lo mismo ocurrió con el conjunto de leyes dictadas por la Asamblea Nacional después de que se realizaron las elecciones legislativas de septiembre de 2010. En las mismas el gobierno perdió la mayoría del voto popular y la mayoría calificada que tenía en la Asamblea, pero sin embargo, antes de que tomaran posesión los nuevos diputados y se instalara la nueva Asamblea electa, la ya deslegitimada Asamblea Nacional procedió a sancionar un conjunto de Leyes Orgánicas con el deliberado propósito de regular, al margen de la Constitución, el marco normativo de un nuevo Estado, distinto y paralelo al Estado Constitucional, que no es otra cosa que el Estado Socialista, Centralizado, Militarista y Policial que se quiso regular en la rechazada reforma constitucional, denominado "Estado Comunal" o "Estado del

286 Decreto Ley N° 6.239, sobre la Ley Orgánica de la Fuerza Armada Nacional Bolivariana, en *Gaceta Oficial* N° 5.891 Extra. de 31-07-2008. Véase Allan R. Brewer-Carías, *Dismantling Democracy in Venezuela. The Chávez Authoritarian Experiment*. Cambridge University Press,. New York, 2010, pp. 329 ss.; y Jesús María Alvarado Andrade "La nueva Fuerza Armada Bolivariana (comentarios a raíz del Decreto N° 6.239, con rango, valor y fuerza de Ley Orgánica de la Fuerza Armada Nacional Bolivariana)" en *Revista de Derecho Público*, N° 115, Editorial Jurídica Venezolana, Caracas, 2008, pp. 207-214.

Poder Popular." Dichas Leyes Orgánicas en efecto, fueron las del Poder Popular, de las Comunas, del Sistema Económico Comunal, de Planificación Pública y Comunal y de Contraloría Social.[287]

Además, en el mismo marco de estructuración del Estado Comunal montado sobre el Poder Popular, igualmente en diciembre de 2010 se reformó la Ley Orgánica del Poder Público Municipal eliminándose las Juntas parroquiales, y se reformó las Leyes de los Consejos Estadales de Planificación y Coordinación de Políticas Públicas, y de los Consejos Locales de Planificación Pública.[288]

Dichas leyes, todas, implementaron aspectos de la rechazada reforma constitucional y todas fueron impugnadas ante la Jurisdicción Constitucional por violar la Constitución y el derecho de participación de los ciudadanos en el proceso de su formación.[289] Pero frente a ello, la respuesta del Juez Constitucional hasta ahora ha sido el silencio, es decir, la abstención de decidir los recursos de nulidad por inconstitucionalidad intentados, permitiendo así el propio juez constitucional, la implementación de la reforma constitucional de 2007, contra la voluntad popular que la había rechazado.

287 Véase en *Gaceta Oficial* N° 6.011 Extra. de 21-12-2010. Respecto de todas dichas leyes, la Sala Constitucional declaró en cada caso la constitucionalidad del carácter orgánico de las mismas. Véase por ejemplo, sentencia N° 1330 de 17-12-2010 en http://www.tsj.gov.ve/decisiones/scon/Diciembre/1330-171210-2010-10-1436.html; sentencia N° 1329 de 16-12-2010 en http://www.tsj.gov.ve/decisiones/scon/Diciembre/1329-161210-2010-10-1434.html; y sentencia N° 1329 de 16-12-2010 en http://www.tsj.gov.ve/decisiones/scon/Diciembre/%201328-161210-2010-10-1437.html

288 Véase en *Gaceta Oficial* N° 6.015 Extra. de 30-12-2010

289 Véase el texto del recurso de nulidad por inconstitucionalidad de todas esas leyes en José Ignacio Hernández G., Jesús María Alvarado Andrade, Luis A. Herrera Orellana, "Los vicios de inconstitucionalidad de la Ley Orgánica del Poder Popular," en Allan R. Brewer-Carías *et al.*, *Leyes Orgánicas sobre el Poder Popular y el Estado Comunal*, Editorial Jurídica Venezolana, Caracas 2011, pp. 507-593. Véase además, Allan R. Brewer-Carías, "La desconstitucionalización del Estado de derecho en Venezuela: del Estado Democrático y Social de derecho al Estado Comunal Socialista, sin reformar la Constitución," en *Estado Constitucional*, Año 1, N° 2, Editorial Adrus, Lima, junio 2011, pp. 217-236

# TERCERA PARTE

## EL JUEZ CONSTITUCIONAL Y LA USURPACIÓN DEL PODER CON OCASIÓN DEL EJERCICIO DEL CONTROL DE CONSTITUCIONALIDAD

Otro síntoma que nos muestra la patología de la justicia constitucional, que se le presenta como reto al Juez Constitucional, es que el mismo, como poder constituido que es, por más máximo intérprete que sea de la Constitución, ante todo está sometido a la misma, de manera que tiene siempre que cumplir su función de garante de la aquella, sometido a sus previsiones, las cuales no puede cambiar o mutar ilegítimamente.

Como lo expresó hace años la Sala Constitucional del Tribunal Supremo de Justicia de Venezuela en la sentencia N° 74 de 25 de enero de 2006, cuando el Juez Constitucional otorga "a las normas constitucionales una interpretación y un sentido distinto del que realmente tienen, que es, en realidad, una modificación no formal de la Constitución misma," lo que ocurre es un falseamiento de la Constitución." [290]

En tal sentido, Manuel García Pelayo, destacó como de la esencia del Estado constitucional en el mundo contemporáneo, el hecho de "que la Constitución en tanto que norma fundamental positiva, vincula a todos los poderes públicos incluido el Parlamento, y que, por tanto, la Ley no puede ser contraria a los preceptos constitucionales, a los principios de que éstos arrancan, o que se infieren de ellos, y a los valores a cuya realización aspira."[291]

Por supuesto, la referencia era motivada por la idea clave de que la justicia constitucional, como instrumento para finalizar con el absolutismo del parlamento, estaba llamada a asegurar la sumisión del Parlamento y de la Ley a la Constitución; pero al referirse la Constitución como vinculante para "todos los poderes públicos," en esa expresión tenía que estar por supuesto incluido el Tribunal Constitucional, pues si en términos del mismo García Pelayo, se trataba de "un órgano constitucional ins-

290 Véase en *Revista de Derecho Público* Nº 105, Editorial Jurídica Venezolana, Caracas 2006, pp. 76 ss.

291 Véase Manuel García Pelayo, "El 'Status' del Tribunal Constitucional", en *Revista Española da Derecho Constitucional,* Vol. I, Nº 1, Madrid 1981, p. 18.

tituido y directamente estructurado por la Constitución,"[292] a pesar de ser el guardián último de la propia Constitución, el mismo tenía y tiene que estar también sometido a ella.

Es decir, si el Tribunal Constitucional, "como regulador de la constitucionalidad de la acción estatal, está destinado a dar plena existencia al Estado de derecho y a asegurar la vigencia de la distribución de poderes establecida por la Constitución, ambos componentes inexcusables, en nuestro tiempo, del verdadero "Estado constitucional,"[293] para ello tiene que adaptarse a lo que la Constitución establece, y someterse a su normativa, estándole vedado mutarla.

Por su parte, en cuanto al mismo Tribunal Constitucional español, como antes dijimos, Eduardo García de Enterría lo calificó como el "comisario del poder constituyente, encargado de defender la Constitución y de velar por que todos los órganos constitucionales conserven su estricta calidad de poderes constituidos."[294] Si las Constituciones son normas jurídicas efectivas, que prevalecen en el proceso político, en la vida social y económica del país, y que sustentan la validez a todo el orden jurídico,[295] la solución institucional para preservar su vigencia y la libertad, está precisamente en establecer estos comisarios del poder constituyente, como guardianes de la Constitución, que al tener por misión asegurar que todos los órganos del Estado la acaten, también tienen que adaptarse a lo que el texto fundamental establece, sometiéndose a su normativa, estándole vedado mutarla.

Pero lamentablemente ésta no ha sido siempre la situación con los tribunales constitucionales, y en la historia constitucional, particularmente en los regímenes autoritarios, no ha sido infrecuente que tribunales constitucionales, dado el poder que tienen asignados, lejos de garantizar el Estado de derecho, hayan sido los instrumentos utilizados por regímenes autoritarios para demoler sus bases. Lamentablemente, eso es precisamente lo que ha ocurrido en Venezuela a la vista del mundo democrático en la última década (1999-2012).

En efecto, en la Constitución Venezolana de 1999 el principio de la supremacía constitucional se encuentra formalmente expresado en su artículo 7 ("*La Constitución es la norma suprema y el fundamento del ordenamiento jurídico. Todas las personas y los órganos que ejercen el Poder Público están sujetos a esta Constitución*"), lo que implica que la Constitución debería prevalecer sobre la voluntad de todos los órganos constituidos del Estado, incluyendo el Tribunal Supremo de Justicia, por lo que su reforma sólo puede llevarse a cabo conforme se dispone en su propio texto, como expresión-imposición de la voluntad popular producto de ese poder constituyente originario.

La contrapartida de la obligación de los órganos constituidos de respetar la Constitución, de manera que el poder constituyente originario prevalezca sobre la voluntad de dichos órganos estatales constituidos, es el derecho constitucional que todos los ciudadanos tienen en un Estado Constitucional, a que se respete la voluntad po-

---

292 *Idem*, p. 15.

293 *Idem*, p. 15.

294 Véase E. García de Enterría, *La Constitución como norma y el Tribunal constitucional,* Madrid, 1985, p. 198.

295 *Idem*, pp. 33, 39, 66, 71, 177 y 187.

pular expresada en la Constitución, es decir, *el derecho fundamental a la supremacía constitucional.*[296] Nada se ganaría con señalar que la Constitución, como manifestación de la voluntad del pueblo, debe prevalecer sobre la de los órganos del Estado, si no existiere el derecho de los integrantes del pueblo de exigir el respeto de esa Constitución, y además, la obligación de los órganos jurisdiccionales de velar por dicha supremacía.

La supremacía de la Constitución está asegurada mediante la previsión en el mismo texto constitucional, por una parte, de su máximo carácter rígido al disponerse la necesaria e indispensable intervención popular para efectuar cualquier cambio a la Constitución,[297] de manera que sólo el poder constituyente originario del pueblo puede aprobar dichas modificaciones, no existiendo en el texto constitucional poder constituyente originario alguno, distinto al propio pueblo; y por la otra, de todo un sistema de justicia constitucional para garantizar dicha supremacía.

Ella se consagra, además, en primer lugar, mediante la asignación a todos los jueces de la República, en el ámbito de sus respectivas competencias y conforme a lo previsto en la Constitución y en la ley, de la obligación "de asegurar la integridad de la Constitución" (Art. 334). Y en segundo lugar, además, mediante la asignación al Tribunal Supremo de Justicia de la tarea de garantizar "la supremacía y efectividad de las normas y principios constitucionales", como "el máximo y último intérprete de la Constitución," y de velar "por su uniforme interpretación y aplicación" (Art. 335). También, la Constitución asigna en concreto a la Sala Constitucional del Tribunal Supremo, la Jurisdicción Constitucional (Arts. 266,1 y 336) mediante la cual ejerce el control concentrado de la constitucionalidad de las leyes y demás actos estatales de rango legal.

Conforme a estas previsiones, la Sala Constitucional del Tribunal Supremo de Justicia de Venezuela, como cualquier tribunal constitucional, sin duda, es el instrumento más poderoso diseñado para garantizar la supremacía de la Constitución y el Estado de Derecho, la cual, por supuesto, como guardián de la Constitución, también está sometida a la Constitución. Como tal guardián, y como sucede en cualquier Estado de derecho, el sometimiento del tribunal constitucional a la Constitución es una preposición absolutamente sobreentendida y no sujeta a discusión, ya que sería inconcebible que el juez constitucional, como el guardián de la Constitución, pueda violarla, cuando es el llamado a aplicarla y garantizarla.

Pero por supuesto, para garantizar la Constitución y su supremacía, el Tribunal Constitucional debe gozar de absoluta independencia y autonomía, pues un Tribunal Constitucional sujeto a la voluntad del poder, en lugar del guardián de la Constitución, se convierte en el instrumento más atroz del autoritarismo. El mejor sistema de

---

296 Véase Allan R. Brewer-Carías, "El amparo a los derechos y libertades constitucionales (una aproximación comparativa)" en Manuel José Cepeda (editor), *La Carta de Derechos. Su interpretación y sus implicaciones*, Editorial Temis, Bogotá 1993, pp. 21-81.

297 Véase Allan R. Brewer-Carías "La intervención del pueblo en la revisión constitucional en América latina", en *El derecho público a los 100 números de la Revista de Derecho Público 1980-2005*, Editorial Jurídica Venezolana, Caracas, 2006, pp. 41-52.

justicia constitucional, por tanto, en manos de un juez sometido al poder, es letra muerta para los individuos y es un instrumento para el fraude a la Constitución.[298].

Lamentablemente, sin embargo, esto último es lo que ha venido ocurriendo en Venezuela en los últimos años, donde la Sala Constitucional del Tribunal Supremo, como Juez Constitucional, lejos de haber actuado en el marco de las atribuciones expresas constitucionales antes indicadas, ha venido efectuando una inconstitucional interpretación constitucional mediante la cual ha venido asumiendo y auto-atribuyéndose competencias[299] no sólo en materia de interpretación constitucional;[300]; sino en relación con los poderes de revisión constitucional de cualquier sentencia dictada por cualquier tribunal, incluso por las otras Salas del Tribunal Supremo de Justicia;[301] con los amplísimos poderes de avocamiento en cualquier causa; con los supuestos poderes de actuación de oficio no autorizados en la Constitución; con los poderes de solución de conflictos entre las Salas; con los poderes de control constitucional de las omisiones del Legislador;[302]; con la restricción del poder de los jueces de ejercer el control difuso de la constitucionalidad de las leyes; y con la asunción del monopolio de interpretar los casos de prevalencia en el orden interno de los tratados internacionales en materia de derechos humanos.[303]

En ejercicio de estas competencias y poderes, como máximo intérprete de la Constitución, al margen de la misma y mediante interpretaciones inconstitucionales, la Sala Constitucional al ejercer su facultad de interpretación del contenido y alcan-

---

298 Véase Allan R. Brewer-Carías, *Derecho Procesal Constitucional. Instrumentos para la Justicia Constitucional,* Editorial Investigaciones Jurídicas S.A., San José, Costa Rica, 2012, pp. 11-41.

299 Véase Allan R. Brewer-Carías, "La ilegitima mutación de la Constitución por el juez constitucional: la inconstitucional ampliación y modificación de su propia competencia en materia de control de constitucionalidad" en *Temas de Derecho Constitucional y Administrativo, Libro Homenaje a Josefina Calcaño de Temeltas*, Funeda, Caracas, 2010, pp. 319-362.

300 Véase Allan R. Brewer-Carías, *Práctica y Distorsión de la Justicia Constitucional en Venezuela (2008-2012), Colección* Justicia Nº 3, Acceso a la Justicia, Academia de Ciencias Políticas y Sociales, Universidad Metropolitana, Editorial Jurídica Venezolana, Caracas, 2012, pp. 285-294.

301 Véase Allan R. Brewer-Carías, "La metamorfosis jurisprudencial y legal del recurso extraordinario de revisión constitucional de sentencias en Venezuela" en Eduardo Andrés Velandia Canosa (Director Científico), *Derecho Procesal Constitucional*, Tomo III, Vol. III. VC Editores Ltda. y Asociación Colombiana de Derecho Procesal Constitucional, Bogotá, 2012, pp. 269-304 y en *Práctica y Distorsión de la Justicia Constitucional en Venezuela (2008-2012), op. cit*, pp. 309-344.

302 Véase Allan R. Brewer-Carías, "El control de la constitucionalidad de la omisión legislativa y la sustitución del Legislador por el Juez Constitucional: el caso del nombramiento de los titulares del Poder Electoral en Venezuela" en *Revista Iberoamericana de Derecho Procesal Constitucional*, Nº 10, Editorial Porrúa, Instituto Iberoamericano de Derecho Procesal Constitucional, Lima, 2008, pp. 271-283.

303 Véase Allan R. Brewer-Carías, "*Quis Custodiet Ipsos Custodes*: De la interpretación constitucional a la inconstitucionalidad de la interpretación," en *VIII Congreso Nacional de derecho Constitucional, Perú*, Fondo Editorial 2005, Colegio de Abogados de Arequipa, Arequipa, septiembre 2005, pp. 463-489; y en *Revista de Derecho Público*, Nº 105, Editorial Jurídica Venezolana, Caracas 2006, pp. 7-27.

ce de las normas constitucionales (Art. 334) en muchos casos incluso sin que estas sean ambiguas, imprecisas, mal redactadas y con errores de lenguaje, ha venido ilegítimamente modificando ("reformando") el texto constitucional, legitimando y soportando la estructuración progresiva de un Estado autoritario. Es decir, ha falseado el contenido de la Constitución, mediante una "mutación,"[304] ilegítima y fraudulenta de la misma.[305]

Y ello lo ha hecho el Juez Constitucional en Venezuela, lamentablemente, actuando como instrumento que ha sido del régimen autoritario,[306] como se ha analizado anteriormente, desde el momento mismo en el cual la Constitución fue sancionada y aprobada por el pueblo en diciembre de 1999, habiendo sucesivamente introducido múltiples modificaciones a la Constitución directamente, mediante sentencias interpretativas, o legitimando decisiones inconstitucionales de otros órganos del Estado, usurpando así el poder constituyente originario.

Estas modificaciones ilegítimas a la Constitución, por supuesto, al haber sido realizadas por el máximo guardián de la misma, que no tiene quien lo custodie, han quedado consolidadas en la vida político constitucional del país, al haber asumido la Sala Constitucional un poder constituyente derivado que no tiene y que no está regulado en el texto constitucional. La pregunta de siempre que suscita el poder incontrolado, ***Quis custodiet ipsos custodes,*** por tanto, aquí también ha adquirido todo su significado, pues no tiene respuesta.[307].

---

304 Una mutación constitucional ocurre cuando se modifica el contenido de una norma constitucional de tal forma que aún cuando la misma conserva su contenido, recibe una significación diferente. Véase Salvador O. Nava Gomar, "Interpretación, mutación y reforma de la Constitución. Tres extractos" en Eduardo Ferrer Mac-Gregor (coordinador), Interpretación Constitucional, Tomo II, Ed. Porrúa, Universidad Nacional Autónoma de México, México 2005, pp. 804 ss. Véase en general sobre el tema, Konrad Hesse, "Límites a la mutación constitucional", en *Escritos de derecho constitucional*, Centro de Estudios Constitucionales, Madrid 1992.

305 Véase Néstor Pedro Sagüés, *La interpretación judicial de la Constitución*, Buenos Aires 2006, pp. 56-59, 80-81, 165 ss.

306 Véase Allan R. Brewer-Carías, *Crónica sobre la "In" Justicia Constitucional. La Sala Constitucional y el autoritarismo en Venezuela*, Caracas 2007; y Allan R. Brewer-Carías, *Práctica y Distorsión de la Justicia Constitucional en Venezuela (2008-2012), Colección* Justicia N° 3, Acceso a la Justicia, Academia de Ciencias Políticas y Sociales, Universidad Metropolitana, Editorial Jurídica Venezolana, Caracas 2012.

307 Véase nuestros comentarios iniciales sobre esta sentencia en Allan R. Brewer-Carías, *El sistema de justicia constitucional en la Constitución de 1999 (Comentarios sobre su desarrollo jurisprudencial y su explicación, a veces errada, en la Exposición de Motivos),* Editorial Jurídica Venezolana, Caracas 2000.

## I. EL JUEZ CONSTITUCIONAL, LA USURPACIÓN DEL PODER CONSTITUYENTE Y LAS MUTACIONES CONSTITUCIONALES

### 1. *El caso de Venezuela: el juez constitucional asumiendo competencias en materia de justicia constitucional no establecidas en la Constitución*

Uno de los principios fundamentales de la justicia constitucional es que las competencias del juez constitucional son en principio de derecho estricto, en el sentido de que deben estar establecidas en la Constitución y en las leyes.

Este principio, sin embargo, tiene diverso alcance según los sistemas de justicia constitucional. En el sistema difuso o descentralizado de control de constitucionalidad, en efecto, el poder-deber de todos los tribunales y jueces de desechar la aplicación de leyes que estimen contrarias a la Constitución, aplicando ésta preferentemente al decidir casos concretos, no necesita estar expresamente establecido en la Constitución. Estos poderes derivan del principio mismo de supremacía de la Constitución tal como lo delineó el Juez John Marshall, en la conocida decisión de la Corte Suprema de Estados Unidos en el caso *Marbury* vs. *Madison* 1 Cranch 137 (1803). Por ello, en los Estados Unidos, debido a este vínculo esencial entre la supremacía de la Constitución y la *judicial review*, el poder de los jueces de controlar la constitucionalidad de las leyes fue una creación de la Suprema Corte, como también lo fue unas décadas después en Argentina,[308] donde el control de constitucionalidad también fue producto de la creación jurisprudencial de sus respectivas Cortes Supremas de Justicia.

Sin embargo, en el sistema concentrado de justicia constitucional, el principio es la necesidad de contar con una disposición expresa en la Constitución estableciendo la Jurisdicción Constitucional. Es decir, en contraste con lo que ocurre en los sistemas de control difuso, en los sistemas de control concentrado, la facultad exclusiva de los Tribunales o Cortes Constitucionales o de las Cortes Supremas de controlar la constitucionalidad de las leyes, tiene que estar siempre establecida en forma expresa en la Constitución, no pudiendo ser establecida por deducción a través de decisiones judiciales.[309] Este es el principio, particularmente en cuanto a las acciones que se pueden ejercer ante el Tribunal constitucional y los poderes de este, el cual sin embargo se ha visto afectado en casos en los cuales el juez constitucional ha creado sus propias facultades de revisión judicial no establecidas en la Constitución.

Esto es lo que ha sucedido en Venezuela, donde la Sala Constitucional del Tribunal Supremo, por ejemplo, ha creado nuevos medios de control de constitucionalidad no previstos en la Constitución, como el llamado "recurso abstracto para la interpretación constitucional,"[310] que puede ser intentado por cualquier persona inte-

---

308 Véase Allan R. Brewer-Carías, *Judicial Review in Comparative Law*, Cambridge University Press, Cambridge 1989.

309 Véase Allan R. Brewer-Carías, *Judicial Review in Comparative Law*, Cambridge University Press, Cambridge 1989, pp. 185 ss.; y Jorge Carpizo, *El Tribunal Constitucional y sus límites*, Grijley Ed, Lima 2009, p. 41.

310 Véase Sentencia N° 1077 de 22 de septiembre de 2000, caso *Servio Tulio León,* en *Revista de Derecho Público*, N° 83, Editorial Jurídica Venezolana, Caracas 2000, pp. 247 ss. Véase Allan R. Brewer-Carías, "Le Recours d'Interprétation Abstrait de la Constitution au Vénézuéla," en *Renouvau du droit constitutionnel. Mélanges en l'honneur de Louis Favoreu*, Paris

resada en resolver las dudas que resulten de disposiciones constitucionales ambiguas u oscuras; y la "acción innominada de control de la constitucionalidad de las sentencias de la Corte Interamericana de Derechos Humanos."

La primera de las mutaciones ilegítimas de la Constitución efectuada por el Juez Constitucional, ha sido la creación por la Sala Constitucional de un recurso autónomo de interpretación de la Constitución no establecido ni en la Constitución ni en Ley alguna, que a la vez ha servido de vehículo para las otras mutaciones ilegítimas de la Constitución por la misma Sala Constitucional.

Es decir, muchas de las mutaciones constitucionales ilegítimamente efectuadas tienen su origen en interpretaciones inconstitucionales que ha hecho el Juez Constitucional, no al interpretar la Constitución con motivo de resolver una acción de inconstitucionalidad u otro medio de control de la constitucionalidad de los actos estatales, sino al decidir "acciones o recursos autónomos de interpretación abstracta de la Constitución," muchos de ellos interpuestos por el propio Estado (Procurador General de la República), que la propia Sala Constitucional creó, a la vez, mutando ilegítimamente la Constitución.

En efecto, con anterioridad a la entrada en vigencia de la Constitución de 1999, el artículo 42,24 de la derogada Ley Orgánica de la Corte Suprema de Justicia había atribuido competencia a la Sala Político Administrativa de la antigua Corte Suprema para interpretar los "textos legales, en los casos previstos en la Ley." En esa misma tradición, la Constitución de 1999 estableció en forma expresa la competencia del Tribunal Supremo de Justicia, para "conocer de los recursos de interpretación sobre el contenido y alcance de los textos legales", pero "en los términos contemplados en la ley" (artículo 266,6), atribución que debe ser ejercida "por las diversas Salas conforme a lo previsto en esta Constitución y en la ley" (único aparte, artículo 266). Por ello, el artículo 5, párrafo 1°, de la Ley Orgánica de 2004, atribuyó a todas las Salas del Tribunal Supremo, competencia para:

> "52. Conocer del recurso de interpretación y resolver las consultas que se le formulen acerca del alcance e inteligencia de los textos legales, en los casos previstos en la ley, siempre que dicho conocimiento no signifique una sustitución del mecanismo, medio o recurso previsto en la ley para dirimir la situación si la hubiere."[311]

Ahora bien, a pesar de que el ordenamiento constitucional y legal venezolano sólo regulaba el recurso de interpretación respecto de textos legales, la Sala Constitucional creó jurisprudencialmente su propia competencia para conocer de recursos

---

2007, pp. 61-70; y "La ilegítima mutación de la constitución por el juez constitucional: la inconstitucional ampliación y modificación de su propia competencia en materia de control de constitucionalidad," en *Libro Homenaje a Josefina Calcaño de Temeltas,* Fundación de Estudios de Derecho Administrativo (FUNEDA), Caracas 2009, pp. 319-362.

311 En la reforma, de la Ley Orgánica de del Tribunal Supremo de Justicia de 2010 (*Gaceta Oficial* N° 39.522 del 1 de octubre de 2010), el artículo 31.5 atribuyó a todas las Salas del Tribunal Supremo, competencia para: "Conocer las demandas de interpretación acerca del alcance e inteligencia de los textos legales, siempre que dicho conocimiento no signifique una sustitución del mecanismo, medio o recurso que disponga la ley para dirimir la situación de que se trate."

autónomos de interpretación abstracta de la Constitución, mediante lo que fue una inconstitucional interpretación que le dio al artículo 335 de la Constitución, que atribuye a todas las Salas del Tribunal Supremo y no sólo a la Sala Constitucional, el carácter de "máximo y último intérprete de la Constitución."

En efecto, la Sala Constitucional en sentencia N° 1077 de 22 de septiembre de 2000, consideró que los ciudadano no requerían "de leyes que contemplen, en particular, el recurso de interpretación constitucional, para interponerlo"[312], procediendo a "crear" un recurso autónomo de interpretación abstracta de las normas constitucionales no previsto constitucional ni legalmente, basándose para ello en el artículo 26 de la Constitución que consagra el derecho de acceso a la justicia, del cual dedujo que si bien dicha acción no estaba prevista en el ordenamiento jurídico, tampoco estaba prohibida, agregando que, por lo tanto:

> "No es necesario que existan normas que contemplen expresamente la posibilidad de incoar una acción con la pretensión que por medio de ella se ventila, bastando para ello que exista una situación semejante a las prevenidas en la ley, para la obtención de sentencias declarativas de mera certeza, de condena, o constitutivas. Este es el resultado de la expansión natural de la juridicidad"[313].

En esta forma, la acción de interpretación de la Constitución, en criterio de la Sala Constitucional, es una acción de igual naturaleza que la de interpretación de la ley,[314] es decir, tiene por objeto obtener una sentencia declarativa de mera certeza sobre el alcance y contenido de las normas constitucionales, que no anula el acto en cuestión, pero que busca un efecto semejante, ya que en estos casos, coincide el interés particular con el interés constitucional; agregando que:

> "La finalidad de tal acción de interpretación constitucional sería una declaración de certeza sobre los alcances y el contenido de una norma constitucional, y formaría un sector de la participación ciudadana, que podría hacerse incluso como paso previo a la acción de inconstitucionalidad, ya que la interpretación constitucional podría despejar dudas y ambigüedades sobre la supuesta colisión. Se trata de una tutela preventiva."[315]

En cuanto a la legitimidad necesaria para interponer la demanda, la Sala Constitucional ha señalado que el recurrente debe tener un interés particular en el sentido de que:

> "Como persona pública o privada debe invocar un interés jurídico actual, legítimo, fundado en una situación jurídica concreta y específica en que se encuentra, y que requiere necesariamente de la interpretación de normas constitu-

---

312 Véase Sentencia N° 1077 de la Sala Constitucional de 22-09-00, caso: *Servio Tulio León Briceño*. Véase en *Revista de Derecho Público,* N° 83, Caracas, 2000, pp. 247 y ss. Este criterio fue luego ratificado en sentencias de fecha 09-11-00 (N° 1347), 21-11-00 (N° 1387), y 05-04-01 (N° 457), entre otras.

313 Sentencia N° 1077 de la Sala Constitucional de 22-09-00, caso: *Servio Tulio León Briceño*. Véase en *Revista de Derecho Público,* N° 83, Caracas, 2000, pp. 247 y ss.

314 *Idem.*

315 *Ibídem.*

cionales aplicables a la situación, a fin de que cese la incertidumbre que impide el desarrollo y efectos de dicha situación jurídica".

La Sala precisó además que se "está ante una acción con legitimación restringida, aunque los efectos del fallo sean generales"; por lo que señaló que "puede declarar inadmisible un recurso de interpretación que no persiga los fines antes mencionados, o que se refiere al supuesto de colisión de leyes con la Constitución, ya que ello origina otra clase de recurso".

En la antes mencionada sentencia N° 1077 de 22-09-01, la Sala Constitucional reiteró su criterio sobre la legitimación activa para intentar el recurso de interpretación, señalando que el recurrente debe tener un "interés jurídico personal y directo", de manera que en la demanda se exprese con precisión, como condición de admisibilidad, "en qué consiste la oscuridad, ambigüedad o contradicción entre las normas del texto constitucional, o en una de ellas en particular; o sobre la naturaleza y alcance de los principios aplicables; o sobre las situaciones contradictorias o ambiguas surgidas entre la Constitución y las normas del régimen transitorio o del régimen constituyente"[316].

En este caso de esta acción de interpretación constitucional, puede decirse que se está en presencia de un proceso constitucional, que como tal debería requerir de un accionante, como consecuencia de lo debería abrirse el proceso a un contradictorio; pues así como puede haber personas con interés jurídico en determinada interpretación de la Constitución, igualmente puede haber otras personas con interés jurídico en otra interpretación. En tal sentido, la Sala debería emplazar y citar a los interesados para garantizarles el que puedan hacerse parte en el proceso, y alegar a favor de una u otra interpretación del texto constitucional. Sin embargo, sobre esto, después de haber creado el recurso, la Sala Constitucional, en sentencia N° 2651 de 2 de octubre de 2003 (Caso: *Ricardo Delgado (Interpretación artículo 174 de la Constitución),* le negó el carácter de proceso constitucional señalando que en virtud de que "el recurso de interpretación debe tener como pretensión la exclusiva determinación del alcance de normas" -en este caso constitucionales-, entonces "no hay *litis*, enfrentamiento entre unas partes, respecto de las cuales haya que procurar su defensa".

Por último, debe indicarse que en sentencia N° 1347, de 9 de noviembre de 2000, la Sala Constitucional delimitó el carácter vinculante de las interpretaciones establecidas con motivo de decidir los recursos de interpretación, señalando que:

> "Las interpretaciones de esta Sala Constitucional, en general, o las dictadas en vía de recurso interpretativo, se entenderán vinculantes respecto al núcleo del caso estudiado, todo ello en un sentido de límite mínimo, y no de frontera intraspasable por una jurisprudencia de valores oriunda de la propia Sala, de las demás Salas o del universo de los tribunales de instancia.

---

316 Caso: *Servicio Tulio León Briceño*, en *Revista de Derecho Público*, N° 83, Caracas, 2000, pp. 247 y ss. Adicionalmente, en otra sentencia, N° 1029 de 13-06-2001, la Sala Constitucional atemperó el rigorismo de declarar inadmisible el recurso si no precisaba el contenido de la acción, ya que señaló que "La solicitud deberá expresar: 1.- Los datos concernientes a la identificación del accionante y de su representante judicial; 2.- Dirección, teléfono y demás elementos de ubicación de los órganos involucrados; 3.- Descripción narrativa del acto material y demás circunstancias que motiven la acción."

Como puede observarse de lo anterior, estamos en presencia de una mutación constitucional mediante la ampliación de competencias constitucionales propias que se ha arrogado la Sala Constitucional, a través de una inconstitucional interpretación de la Constitución, que no establece la posibilidad de este recurso autónomo y abstracto de interpretación de las normas constitucionales,[317] el cual, por lo demás no encuentra ningún antecedente en el derecho comparado sobre los sistemas de justicia constitucional.

Posteriormente, en la reforma de la Ley Orgánica del Tribunal Supremo de Justicia de 2010 se positivizó el recurso de interpretación constitucional, al disponerse en el artículo 25.17 la competencia de la Sala Constitucional del Tribunal Supremo de Justicia, para "Conocer la demanda de interpretación de normas y principios que integran el sistema constitucional."

Pero además del recurso autónomo de interpretación abstracta de la Constitución, la Sala Constitucional del Tribunal Supremo ha "inventado" otra acción de inconstitucionalidad al margen de la Constitución y de la Ley que la regula, para someter a control de constitucionalidad a las sentencias de la Corte Interamericana de Derechos Humanos, lo que aparte de ser contrario a la Convención Americana de Derechos Humanos, que es de obligatorio cumplimiento mientras el Estado no la denuncie, es contrario al propio texto de la Constitución venezolana que en su artículo 31 prevé como obligación del propio Estado el adoptar, conforme a los procedimientos establecidos en la Constitución y en la ley, "las medidas que sean necesarias para dar cumplimiento a las decisiones emanadas de los órganos internacionales" de protección de derechos humanos.

Sin embargo, la Sala Constitucional del Tribunal Supremo de Justicia mediante sentencia N° 1547 de fecha 17 de octubre de 2011 (Caso *Estado Venezolano vs. Corte Interamericana de Derechos Humanos*),[318] procedió a conocer de una "acción innominada de control de constitucionalidad de las sentencias de la Corte Interamericana de Derechos Humanos," en particular de la dictada el 1° de septiembre de 2011 (caso *Leopoldo López vs. Estado de Venezuela)*, ejercida por el Procurador General de la República, condenada en la sentencia. Dicha sentencia de la Corte Interamericana de Derechos Humanos había decidido, conforme a la Convención Americana de Derechos Humanos (art. 32.2), que la restricción al derecho pasivo al sufragio (derecho a ser elegido) que se le había impuesto al Sr. Leopoldo López por la Contraloría General de la República de Venezuela mediante una decisión administrativa, no judicial, era contraria a la Convención, pues dichas restricciones a derechos políticos sólo pueden establecerse mediante imposición de una condena dictada mediante sentencia judicial, con las debidas garantías del debido proceso.

Frente a la decisión de la Corte Interamericana de Derechos Humanos de condena al Estado Venezolano por violación del derecho político del Sr. Leopoldo López, el Procurador General de la República, como abogado del propio Estado condenado, recurrió ante la Sala Constitucional del Tribunal Supremo solicitándole la revisión judicial por control de constitucionalidad de la misma, de lo cual resultó la sentencia

---

317 Véase Allan R. Brewer-Carías, "Le recours d'interprétation abstrait de la Constitution au Vénézuéla", en *Le renouveau du droit constitutionnel, Mélanges en l'honneur de Louis Favoreu*, Dalloz, Paris, 2007, pp. 61-70.

318 Véase en http://www.tsj.gov.ve/decisiones/scon/Octubre/1547-171011-2011-11-1130.html.

mencionada N° 1547 de 17 de octubre de 2011 de la Sala Constitucional mediante la cual decidió conocer de la mencionada "acción innominada de control de la constitucionalidad" de la sentencia de la Corte Interamericana, y declarar que la sentencia dictada por la misma en protección del Sr. López era "inejecutable" en Venezuela, ratificando así la violación de su derecho constitucional a ser electo, y que le impedía ejercer su derecho a ser electo y ejercer funciones públicas representativas.

El Procurador General de la República, al intentar la acción, justificó la supuesta competencia de la Sala Constitucional en su carácter de "garante de la supremacía y efectividad de las normas y principios constitucionales" (Arts. 266.1, 334, 335 y 336 de la Constitución, el artículo 32 de la Ley Orgánica del Tribunal Supremo de Justicia de 2004 y artículo. 4 de la reforma de 2010), considerando básicamente que la República, ante una decisión de la Corte Interamericana de Derechos Humanos, no podía dejar de realizar "el examen de constitucionalidad en cuanto a la aplicación de los fallos dictados por esa Corte y sus efectos en el país," considerando en general que las decisiones de dicha Corte Interamericana sólo pueden tener "ejecutoriedad en Venezuela," en la medida que "el contenido de las mismas cumplan el examen de constitucionalidad y no menoscaben en forma alguna directa o indirectamente el Texto Constitucional;" es decir, que dichas decisiones "para tener ejecución en Venezuela deben estar conformes con el Texto Fundamental."

Después de analizar la sentencia de la Corte Interamericana, el Procurador General de la República en su solicitud consideró que la misma transgredía el ordenamiento jurídico venezolano, pues desconocía:

> "la supremacía de la Constitución y su obligatoria sujeción, violentando el principio de autonomía de los poderes públicos, dado que la misma desconoce abiertamente los procedimientos y actos legalmente dictados por órganos legítimamente constituidos, para el establecimiento de medidas y sanciones contra aquellas actuaciones desplegadas por la Contraloría General de la República que contraríen el principio y postulado esencial de su deber como órgano contralor, que tienen como fin último garantizar la ética como principio fundamental en el ejercicio de las funciones públicas."

Como consecuencia de ello, el Procurador General de la República solicitó de la Sala Constitucional que admitiera lo que llamó la "acción innominada de control de constitucionalidad", a los efectos de que la Sala declarase "inejecutable e inconstitucional la sentencia de la Corte Interamericana de Derechos Humanos del 1 de septiembre de 2011." En definitiva, la Sala concluyó que se trataba de una acción mediante la cual se pretendía:

> "ejercer un "control innominado de constitucionalidad", por existir una aparente antinomia entre la Constitución de la República Bolivariana de Venezuela, la Convención Interamericana de Derechos Humanos, la Convención Americana contra la Corrupción y la Convención de las Naciones Unidas contra la Corrupción, producto de la pretendida ejecución del fallo dictado el 1 de septiembre de 2011, por la Corte Interamericana de Derechos Humanos (CIDH), que condenó a la República Bolivariana de Venezuela a la habilitación para ejercer cargos públicos al ciudadano Leopoldo López Mendoza."

La Sala Constitucional, en definitiva, consideró que le correspondía en "su condición de último interprete de la Constitución," realizar "el debido control de esas normas de rango constitucional" y ponderar "si con la ejecución del fallo de la CIDH se verifica tal confrontación." Todo esto ha originado una bizarra situación de violación de derechos políticos por parte de los órganos del Estado venezolano, incluyendo la Sala Constitucional del Tribunal Supremo, y de formal desconocimiento de las sentencias dictadas por le Corte Interamericana de Derechos Humanos contra el Estado, a requerimiento del abogado del propio Estado condenado, al declararlas como "inejecutables" en el país.

Quedó en esta forma "formalizada" en la jurisprudencia de la Sala Constitucional en Venezuela, actuando como Jurisdicción Constitucional, y sin tener competencia constitucional alguna para ello, la existencia de una "acción innominada de control de constitucionalidad" destinada a revisar las sentencias de la Corte Interamericana de Derechos Humanos. Es decir, el Estado venezolano, con esta sentencia, estableció un control de las sentencias que la Corte Interamericana pueda dictar contra el mismo Estado condenándolo por violación de derechos humanos, cuya ejecución en relación con el Estado condenado, queda a su sola voluntad, determinada por su Tribunal Supremo de Justicia a su propia solicitud (del Estado condenado) a través del Procurador General de la Republica. Se trata, en definitiva, de un absurdo sistema de justicia en el cual el condenado en una decisión judicial es quien determina si la condena que se le ha impuesto es o no ejecutable. Eso es la antítesis de la justicia.

### 2. *Otro caso de Venezuela: la mutación ilegítima de la Constitución por el Juez Constitucional*

Un principio esencial en materia de Justicia Constitucional, y es que el juez constitucional no puede asumir el rol de poder constituyente y reformar la Constitución, y si se le reconocen poderes para mutar disposiciones constitucionales, es sólo en aplicación de principios constitucionales prevalentes, como ocurre en materia de derechos humanos por ejemplo con el principio de progresividad. En estos casos, el juez constitucional está llamado en muchos casos a adaptar las disposiciones constitucionales a los tiempos presentes, mediante su interpretación, realizando lo que Laurence Claus y Richard S. Kay, denominan una "legislación constitucional positiva" particularmente cuando el fallo que dictan, crea obligaciones públicas "afirmativas" a cargo de los entes públicos en materia de protección de derechos fundamentales.[319] En esta materia, el papel de los jueces constitucionales ha sido el resultado de un proceso de "redescubrimiento" de derechos fundamentales no expresamente establecidos en las Constituciones, con lo que se ha ampliado, así, el alcance de sus disposiciones, manteniéndose "viva" la Constitución.[320]

El papel de la Corte Suprema de los Estados Unidos de Norteamérica en la elaboración de principios y valores constitucionales, proporciona tal vez en esta materia "el ejemplo más destacado de legislación positiva en el transcurso de la jurispru-

---

319 Véase Laurence Claus y Richard S. Kay, "*Constitutional Courts as 'Positive Legislators' in the United States,*" *U.S. National Report*, XVIII International Congress of Comparative Law, Washington, July 2010, p. 6.

320 Véase Mauro Cappelletti, "El formidable problema del control judicial y la contribución del análisis comparado," en *Revista de Estudios Políticos*, N° 13, Centro de Estudios Constitucionales, Madrid 1980, p. 78; "The Mighty Problem" of Judicial Review and the Contribution of Comparative Analysis," en *Southern California Law Review*, 1980, p. 409.

dencia constitucional estadounidense."[321] Así sucedió, en efecto, en el caso *Brown v. Board of Education of Topeka*, 347 U.S. 483 (1954), cuando la Corte Suprema interpretó la cláusula de "igualdad de protección" de la Cuarta Enmienda con el fin de ampliar la naturaleza del principio de igualdad y no discriminación; o cuando decidió acerca de la garantía constitucional del "debido proceso" (Enmiendas V y XIV), o sobre la cláusula abierta de la Enmienda IX, con el propósito de desarrollar el sentido de la "libertad." Ello transformó a la Corte Suprema en "el legislador [constitucional] actual más poderoso de la nación."[322] Lo mismo ha ocurrido por ejemplo, en Francia, donde no conteniendo la Constitución una declaración de derechos fundamentales, el papel del Consejo Constitucional durante las últimas décadas fue precisamente la transformar la Constitución, ampliando el *bloc de constitutionnalité*, otorgándole rango constitucional, mediante el Preámbulo de la Constitución de 1958, al Preámbulo de la Constitución de 1946, y finalmente, a la Declaración de los Derechos del Hombre y de los Ciudadanos de 1789. [323]

Este papel de los jueces constitucionales adaptando las Constituciones con el fin de garantizar los derechos fundamentales, descubriéndolos dentro de sus textos, o deduciéndolos de los previstos en los mismos, puede considerarse en la actualidad como una tendencia principal en el derecho comparado, la cual puede ser identificada en muchos países con diferentes sistemas de control de constitucionalidad, como es el caso de Suiza, Alemania, Portugal, Austria, Polonia, Croacia, Grecia y la India, donde los jueces constitucionales han efectuado cambios importantes a la Constitución, extendiendo el alcance de los derechos fundamentales.[324]

---

321 Véase en Laurence Claus y Richard S. Kay, "Constitutional Courts as positive legislators in the United States," en Allan R. Brewer-Carías, *Constitutional Courts as Positive Legislators*, Cambridge University Press, New York 2011, pp. 819.

322 *Idem*, p. 20.

323 Véase Louis Favoreu, "Le principe de Constitutionalité. Essai de definition d'apres la jurisprudence du Conseil Constitutionnel", *Recueil d'étude en Hommage a Charles Eisenman*, Paris 1977, p. 34. Véase también, en el derecho comparado, Francisco Zúñiga Urbina, *Control de Constitucionalidad y sentencia*, Cuadernos del Tribunal Constitucional, N° 34, Santiago de Chile 2006, pp. 46-68.

324 Véase Tobias Jaag, "*Constitutional Courts as 'Positive Legislators:' Switzerland,*" *Swiss National Report*, XVIII International Congress of Comparative Law, Washington, July 2010, p 11; I. Härtel, "*Constitutional Courts as Positive Legislators,*" *German National Report*, XVIII International Congress of Comparative Law, Washington, July 2010, p. 12; Marek Safjan, "*The Constitutional Courts as a Positive Legislator,*" *Polish National Report*, XVIII International Congress of Comparative Law, Washington, July 2010, p. 9; Sanja Barić and Petar Bačić, "*Constitutional Courts as positive legislators. National Report: Croatia,*" *Croatian National Report*, XVIII International Congress of Comparative Law, Washington, July 2010, p. 23 ss; Julia Iliopoulos-Strangas and Stylianos-Ioannis G. Koutna, "*Constitutional Courts as Positive Legislators. Greek National Report,*" XVIII International Congress of Comparative Law, Washington, July 2010, p. 14; Joaquim de Sousa Ribeiro and Esperança Mealha, "*The Constitutional Courts as a Positive Legislator,*" *Portuguese National Report*, XVIII International Congress of Comparative Law, Washington, July 2010, pp. 9-10; Surya Deva, "*Constitutional Courts as 'Positive Legislators: The Indian Experience*," *Indian National Report*, XVIII International Congress of Comparative Law, Washington, July 2010, p. 4. El texto de estas Ponencias se publicó en Allan R. Brewer-Carías, *Constitutional Courts as Positive Legislators*, Cambridge University Press, New York 2011.

Pero fuera de la adaptación constitucional con base en el principio de la progresividad en materia de derechos humanos, las modificaciones a la Constitución, conforme al texto expreso de la misma, no pueden realizarse por la Jurisdicción Constitucional por más poder que tenga de interpretar la Constitución, sino sólo mediante los procedimientos precisos que se establecen en las propias Constituciones.

Cualquier modificación de la Constitución efectuada fuera de dichos procedimientos, es inconstitucional e ilegítima, razón por la cual la Jurisdicción Constitucional, al ejercer su facultad de interpretación del contenido y alcance de las normas constitucionales no puede, en forma alguna, "modificar" la Constitución, sobre todo si no se trata de normas que sean ambiguas, imprecisas, mal redactadas y con errores de lenguaje. Si lo hace, lo que estaría realizando sería un falseamiento de la Constitución, es decir, una "mutación" ilegítima y fraudulenta de la misma, que falsea su contenido.[325]

La mutación constitucional ocurre en efecto cuando como resultado de una interpretación de la Constitución realizada por el Juez Constitucional, el resultado es que "se modifica el contenido de una norma constitucional de tal forma que aún cuando la misma conserva su contenido, recibe una significación diferente."[326] Hay por supuesto mutaciones constitucionales legítimas, lo que ocurre cuando mediante la interpretación de normas constitucionales por el Juez Constitucional con base en la aplicación de los principios fundamentales establecidos en el propio texto fundamental, como por ejemplo el principio de la progresividad, o el principio *pro homine*, en materia de derechos humanos,[327] se interpreta el alcance de las normas reguladoras de tales derechos en sentido garantista o protectivo más allá de las previsiones formales del articulado constitucional.

En tal sentido puede decirse que el rol del Juez Constitucional "adaptando" la Constitución a los efectos de garantizar la protección de los derechos fundamentales, incluso de aquellos no enumerados expresamente en la Constitución, y además, a veces sin que siquiera exista una cláusula abierta que proteja los derechos "inherentes a la persona humana," puede decirse que se ha aceptado con gran frecuencia en el mundo contemporáneo,[328] particularmente cuando el Juez Constitucional como

---

325 Véase Néstor Pedro Sagüés, *La interpretación judicial de la Constitución*, Buenos Aires 2006, pp. 56-59, 80-81, 165 ss.

326 Véase Salvador O. Nava Gomar, "Interpretación, mutación y reforma de la Constitución. Tres extractos" en Eduardo Ferrer Mac-Gregor (coordinador), *Interpretación Constitucional*, Tomo II, Ed. Porrúa, Universidad Nacional Autónoma de México, México 2005, pp. 804 ss. Véase en general sobre el tema, Konrad Hesse, "Límites a la mutación constitucional", en *Escritos de derecho constitucional*, Centro de Estudios Constitucionales, Madrid 1992.

327 Véase Pedro Nikken, *La protección internacional de los derechos humanos: Su desarrollo progresivo*, Instituto Interamericano de Derechos Humanos, Ed. Civitas, Madrid 1987; Mónica Pinto, "El principio *pro homine*: Criterio hermenéutico y pautas para la regulación de los derechos humanos," en *La aplicación de los tratados sobre derechos Humanos por los tribunales locales*, Centro de Estudios Legales y Sociales, Buenos Aires 1997, p. 163.

328 Véase en general, Allan R. Brewer-Carías, *Constitutional Courts as Positive Legislators*, Cambridge University Press, New York 2011, pp. 79 ss.

consecuencia de su labor interpretativa formula y crea "deberes afirmativos" a cargo de las entidades públicas para asegurar la protección de los derechos.[329]

Pero en otros casos, la mutación constitucional, desligada de la protección de los derechos humanos, puede resultar en un ilegítimo falseamiento de la Constitución al servicio de un proyecto político autoritario. Por ello, si bien es cierto que los jueces constitucionales pueden considerarse como un vehículo fenomenal, con base en la aplicación de los principios constitucionales democráticos, para procurar la adaptación de la Constitución, reafirmando el Estado de derecho; también es cierto que pueden convertirse en el instrumento más diabólico de dictadura constitucional, cuando en un marco de ausencia de efectiva separación de poderes, adaptan la Constitución democrática a un modelo autoritario, convalidan o se abstienen de controlar violaciones constitucionales realizadas por regímenes autoritarios; no estando sujetos en sí mismo a control alguno.[330]

En tiempos recientes, en alguno de nuestros países de América Latina se aprecia esta tendencia del Juez Constitucional de mutar ilegítimamente la Constitución, abandonando su rol de poder constituido y garante de la misma, procediendo, desligándose de la misma, a "adaptarla" a un proyecto autoritario o a la política gubernamental del momento. Ha sido el caso, por ejemplo, de la Sala Constitucional del Tribunal Supremo de Venezuela, implementando a fuerza de interpretación constitucional, la rechazada reforma constitucional de 2007, y de la Sala Constitucional de la Corte Suprema de Nicaragua, declarando "inconstitucional" una norma de la Constitución para permitir la reelección presidencial.

En Venezuela, en efecto, la Sala Constitucional del Tribunal Supremo de Justicia, una vez que la reforma constitucional propuesta por el Presidente de la república en 2007 fue rechazada por el pueblo en referendo, ha procedido en forma ilegítima a implementarla, no sólo como antes se ha dicho, por su activa omisión en ejercer su función de guardián de la Constitución ante leyes y decretos leyes inconstitucionales que la han implementado, sino también por su positiva acción realizando interpretaciones constitucionales abstractas, en general a petición del propio Poder Ejecutivo, que han conducido a ilegítimas mutaciones constitucionales en fraude a la voluntad popular y a la propia Constitución.[331]

---

329 Para poner un solo ejemplo, véase en relación con la evolución de la protección al derecho a la no discriminación en los Estados Unidos, en Laurence Claus y Richard S. Kay, "Constitutional Courts as positive legislators in the United States," en Allan R. Brewer-Carías, *Constitutional Courts as Positive Legislators*, Cambridge University Press, New York 2011, pp. 816 ss.

330 Véase Allan R. Brewer-Carías, "La reforma constitucional en América Latina y el control de constitucionalidad," en *Reforma de la Constitución y control de constitucionalidad*. Congreso Internacional junio 14 al 17 de 2005), Pontificia Universidad Javeriana, Bogotá, 2005, pp. 108–159.

331 Véase Allan R. Brewer-Carías, "El juez constitucional al servicio del autoritarismo y la ilegítima mutación de la Constitución: el caso de la Sala Constitucional del Tribunal Supremo de Justicia de Venezuela (1999-2009)", en IUSTEL, *Revista General de Derecho Administrativo*, N° 21, junio 2009, Madrid, ISSN-1696-9650.

Entre las múltiples mutaciones ilegítimas que ha efectuado la Sala Constitucional,[332] se destacan tres que quiero referir destinadas específicamente a la implementación de la reforma constitucional rechazada de 2007, relativas al régimen de protección internacional de los derechos humanos, a la forma federal del Estado y al financiamiento público de los partidos políticos.

### A. *Las mutaciones constitucionales en materia de protección internacional de los derechos humanos*

Siguiendo una tendencia universal contemporánea, que ha permitido a los tribunales constitucionales la aplicación directa de los tratados internacionales en materia de derechos humanos para su protección, ampliando progresivamente el elenco de los mismos, en el propio texto de las Constituciones se ha venido progresivamente reconociendo en forma expresa el rango normativo de los referidos tratados,[333] al punto de que en Venezuela el artículo 23 de la Constitución dispuso que "los tratados, pactos y convenciones relativos a derechos humanos, suscritos y ratificados por Venezuela, tienen jerarquía constitucional y prevalecen en el orden interno, en la medida en que contengan normas sobre su goce y ejercicio más favorables a las establecidas en esta Constitución y en las leyes de la República."

Esta norma, sin duda, fue uno de las más importantes en materia de derechos humanos en el país pues por una parte, le otorga a los tratados internacionales en materia de derechos humanos no sólo rango constitucional, sino rango supra constitucional, es decir, un rango superior respecto de las propias normas constitucionales cuando contengan regulaciones más favorables al ejercicio de los derechos, debiendo prevalecer sobre las mismas. Además, por otra parte, el artículo establece el principio de la aplicación inmediata y directa de dichos tratados por los tribunales y demás autoridades del país. Su inclusión en la Constitución, sin duda, fue un avance significativo en la construcción del esquema de protección de los derechos humanos, que se aplicó por los tribunales declarando la prevalencia de las normas de Convención Americana de Derechos Humanos en relación con normas constitucionales y legales.

Sin embargo, en sentencia N° 1.939 de 18 de diciembre de 2008 (Caso Gustavo Álvarez Arias y otros) la Sala Constitucional al declarar inejecutable una sentencia de la Corte Interamericana de Derechos Humanos, de fecha 5 de agosto de 2008, dictada en el caso de los ex-magistrados de la Corte Primera de lo Contencioso Administrativo (Apitz Barbera y otros ("Corte Primera de lo Contencioso Administrati-

---

332 Véase en general, Allan R. Brewer-Carías, *Constitutional Courts as Positive Legislators*, Cambridge University Press, New York 2011, pp. 79 ss.

333 En relación con esta clasificación general, véase: Rodolfo E. Piza R., *Derecho internacional de los derechos humanos: La Convención Americana*, San José 1989; y Carlos Ayala Corao, "La jerarquía de los instrumentos internacionales sobre derechos humanos", en *El nuevo derecho constitucional latinoamericano, IV Congreso venezolano de Derecho constitucional*, Vol. II, Caracas 1996 y *La jerarquía constitucional de los tratados sobre derechos humanos y sus consecuencias*, México, 2003; Humberto Henderson, "Los tratados internacionales de derechos humanos en el orden interno: la importancia del principio *pro homine*", en *Revista IIDH*, Instituto Interamericano de Derechos Humanos, N° 39, San José 2004, pp. 71 y ss. Véase también, Allan R. Brewer-Carías, *Mecanismos nacionales de protección de los derechos humanos*, Instituto Internacional de Derechos Humanos, San José, 2004, pp. 62 y ss.

vo") vs. Venezuela), resolvió definitivamente que el artículo 23 citado de la Constitución "no otorga a los tratados internacionales sobre derechos humanos rango "supraconstitucional", reservándose la Sala la potestad de determinar cuál sería la norma aplicable. En esta forma, la Sala Constitucional dispuso una ilegítima mutación constitucional, reformando el artículo 23 de la Constitución al eliminar el carácter supranacional de la Convención Americana de Derechos Humanos en los casos en los cuales contenga previsiones más favorables al goce y ejercicio de derechos humanos respecto de las que están previstas en la propia Constitución.

Debe advertirse, por otra parte, que tan se trata de una reforma constitucional ilegítima, que esa fue una de las propuestas de reforma que se formularon por el "Consejo Presidencial para la Reforma de la Constitución," designado por el Presidente de la República,[334] en informe de junio de 2007,[335] en el cual, en relación con el artículo 23 de la Constitución, lo que se buscaba era eliminar totalmente la jerarquía constitucional de las previsiones de los tratados internacionales de derechos humanos y su prevalencia sobre el orden interno, proponiéndose la formulación de la norma sólo en el sentido de que: "los tratados, pactos y convenciones relativos a derechos humanos, suscritos y ratificados por Venezuela, mientras se mantenga vigentes, forma parte del orden interno, y son de aplicación inmediata y directa por los órganos del Poder Público".

Esa propuesta de reforma constitucional que afortunadamente no llegó a cristalizar, era un duro golpe al principio de la progresividad en la protección de los derechos que se recoge en el artículo 19 de la Constitución, que no permite regresiones en la protección de los mismos.[336] Sin embargo, lo que no pudo hacer el régimen autoritario mediante una reforma constitucional, la cual al final fue rechazada por el pueblo, lo hizo la Sala Constitucional del Tribunal Supremo en su larga carrera al servicio del autoritarismo.[337]

Pero en materia de derechos humanos, el artículo 23 de la Constitución dispuso además que las normas de los tratados, pactos y convenciones internacionales relativos a derechos humanos son "de aplicación inmediata y directa por los tribunales y demás órganos del Poder Público" (art. 23). Sobre esta norma, sin embargo, la Sala Constitucional del Tribunal Supremo, al reivindicar su supuesto rol exclusivo de ser

---

334 Véase Decreto N° 5138 de 17-01-2007, *Gaceta Oficial* N° 38.607 de 18-01-2007.

335 El documento circuló en junio de 2007 con el título Consejo Presidencial para la Reforma de la Constitución de la República Bolivariana de Venezuela, "Modificaciones propuestas". El texto completo fue publicado como *Proyecto de Reforma Constitucional*. Versión atribuida al Consejo Presidencial para la reforma de la Constitución de la república Bolivariana de Venezuela, Editorial Atenea, Caracas 01 de julio de 2007, 146 pp.

336 Véase esta proyectada reforma constitucional Allan R. Brewer-Carías, *Hacia la consolidación de un Estado Socialista, Centralizado, Policial y Militarista. Comentarios sobre el sentido y alcance de las propuestas de reforma constitucional 2007*, Colección Textos Legislativos, N° 42, Editorial Jurídica Venezolana, Caracas 2007, pp. 122 ss.

337 Véase lo expuesto en Allan R. Brewer-Carías, *Crónica sobre la "In" Justicia Constitucional. La Sala Constitucional y el autoritarismo en Venezuela*, Colección Instituto de Derecho Público, Universidad Central de Venezuela, N° 2, Caracas 2007; y en *Práctica y Distorsión de la Justicia Constitucional en Venezuela (2008-2012)*, Colección Justicia N° 3, Acceso a la Justicia, Academia de Ciencias Políticas y Sociales, Universidad Metropolitana, Editorial Jurídica Venezolana. Caracas, 2012.

máximo y último intérprete de la Constitución y de los tratados, pactos y convenios sobre derechos humanos que no tiene, pues todas las Salas del Tribunal Supremo lo tienen, ha establecido en sentencia Nº 1492 de 15 de julio de 2003 (Caso: Impugnación de diversos artículos del Código Penal), que por adquirir los mencionados tratados jerarquía constitucional e integrarse a la Constitución vigente, "el único capaz de interpretarlas, con miras al derecho venezolano, es el juez constitucional, conforme al artículo 335 de la vigente Constitución, en especial, al intérprete nato de la Constitución de 1999, y, que es la Sala Constitucional, y así se declara". De allí la Sala señaló que

> "es la Sala Constitucional quien determina cuáles normas sobre derechos humanos de esos tratados, pactos y convenios, prevalecen en el orden interno; al igual que cuáles derechos humanos no contemplados en los citados instrumentos internacionales tienen vigencia en Venezuela."[338].

Con esta decisión inconstitucional, la Sala Constitucional ha mutado ilegítimamente la Constitución, pues conforme a la norma del artículo 23, esa potestad no sólo corresponde a la Sala Constitucional, sino a todos los tribunales de la República cuando actúen como juez constitucional, por ejemplo, al ejercer el control difuso de la constitucionalidad de las leyes o al conocer de acciones de amparo. La pretensión de la Sala Constitucional en concentrar toda la justicia constitucional no se ajusta a la Constitución y al sistema de justicia constitucional que regula, de carácter mixto e integral; y menos aún en materia de derechos humanos, cundo es la propia Constitución la que dispone que los tratados, pactos e instrumentos internacionales sobre derechos humanos ratificados por la República son "de aplicación inmediata y directa por los tribunales" (art. 23).

Por último, en materia de derechos humanos, la Sala Constitucional en la sentencia antes indicada Nº 1.939 de 18 de diciembre de 2008 (Caso *Gustavo Álvarez Arias y otros*) que en realidad debería identificarse como Caso: *Estado venezolano vs. La Corte Interamericana de Derechos Humanos*, desconoció las decisiones de la Corte Interamericana de Derechos Humanos, declarándolas inejecutables, contrariando el régimen internacional de los tratados.

Con dicha sentencia, en efecto, dictada en juicio iniciado por la Procuraduría General de la República que es un órgano dependiente del Ejecutivo Nacional, la Sala Constitucional declaró "inejecutable" en Venezuela la sentencia de la Corte Interamericana de Derechos Humanos de fecha 5 de agosto de 2008," que se había dictado en el caso de unos ex-magistrados de la Corte Primera de lo Contencioso Administrativo (Apitz Barbera y otros ("Corte Primera de lo Contencioso Administrativo") vs. Venezuela), separados ilegítima e inconstitucionalmente de sus cargos, y en la cual se había condenado al Estado Venezolano por violación de sus garantías judiciales.[339]

Ahora bien, en Venezuela es la propia Constitución en el artículo 31 la que garantiza expresamente en Venezuela el acceso de las personas a la protección interna-

---

338 Véase en *Revista de Derecho Público*, Nº 93-96, Editorial Jurídica Venezolana, Caracas 2003, pp. 135 ss.

339 Véase en www.corteidh.or.cr . Excepción Preliminar, Fondo, Reparaciones y Costas, Serie C Nº 182.

cional en materia de derechos humanos, con la obligación del Estado de ejecutar las decisiones de los órganos internacionales,[340] por lo que la decisión de la Sala Constitucional, fue por tanto, un acto de rebelión contra la justicia internacional y contra la propia Constitución.

En América latina, sin embargo, no era la primera vez que ello ocurría. En Perú había ocurrido en relación con la sentencia de la Corte Interamericana en el Caso *Castillo Petruzzi* de 30 de mayo de 1999 (Serie C, núm. 52), la cual después de que declarar que el Estado peruano había violado masivamente las garantía judiciales del interesado,[341] la Sala Plena del Consejo Supremo de Justicia Militar del Perú se negó a ejecutar el fallo, considerando que la misma desconocía la Constitución Política del Perú y la sujetaba a "la Convención Americana sobre Derechos Humanos en la interpretación que los jueces de dicha Corte efectúan ad-libitum en esa sentencia."[342]

En 2008, entonces, le correspondió a Venezuela seguir los pasos del régimen autoritario del Presidente Fujimori en el Perú, y la Sala Constitucional del Tribunal Supremo también declaró en la mencionada decisión N° 1.939 de 18 de diciembre de 2008 (Caso Abogados Gustavo Álvarez Arias y otros), como "inejecutable" la sen-

---

340 Artículo 31. Toda persona tiene derecho, en los términos establecidos por los tratados, pactos y convenciones sobre derechos humanos ratificados por la República, a dirigir peticiones o quejas ante los órganos internacionales creados para tales fines, con el objeto de solicitar el amparo a sus derechos humanos. // El Estado adoptará, conforme a procedimientos establecidos en esta Constitución y en la ley, las medidas que sean necesarias para dar cumplimiento a las decisiones emanadas de los órganos internacionales previstos en este artículo.

341 Como consecuencia, en la sentencia la Corte Interamericana declaró "la invalidez, por ser incompatible con la Convención, del proceso en contra de los señores Jaime Francisco Sebastián Castillo Petruzzi" y otros, ordenando "que se les garantice un nuevo juicio con la plena observancia del debido proceso legal," y además, "al Estado adoptar las medidas apropiadas para reformar las normas que han sido declaradas violatoria de la Convención Americana sobre Derechos Humanos en la presente sentencia y asegurar el goce de los derechos consagrados en la Convención Americana sobre derechos Humanos a todas las personas que se encuentran bajo su jurisdicción, sin excepción alguna." Véase en http://www.tsj.gov.ve/decisiones/scon/Diciembre/1939-181208-2008-08-1572.html

342 Precisamente frente a esta declaratoria por la Sala Plena del Consejo Supremo de Justicia Militar del Perú sobre la inejecutabilidad del fallo de 30 de mayo de 1999 de la Corte Interamericana de Derechos Humanos en el Perú, fue que la misma Corte Interamericana dictó el fallo subsiguiente, antes indicado, de 7 de noviembre de 1999, declarando que "el Estado tiene el deber de dar pronto cumplimiento a la sentencia de 30 de mayo de 1999 dictada por la Corte Interamericana en el caso Castillo Petruzzi y otros." Sergio García Ramírez (Coord.), La Jurisprudencia de la Corte Interamericana de Derechos Humanos, Universidad Nacional Autónoma de México, Corte Interamericana de Derechos Humanos, México, 2001, p. 629 Ello ocurrió durante el régimen autoritario que tuvo el Perú en la época del Presidente Fujimori, y que condujo a que dos meses después de dictarse la sentencia de la Corte Interamericana del 30 de mayo de 1999, el Congreso del Perú aprobase el 8 de julio de 1999 el retiro del reconocimiento de la competencia contenciosa de la Corte, lo que se depositó al día siguiente en la Secretaría General de la OEA/ Este retiro fue declarado inadmisible por la propia Corte Interamericana, en la sentencia del caso Ivcher Bronstein de 24 de septiembre de 1999, considerando que un "Estado parte sólo puede sustraerse a la competencia de la Corte mediante la denuncia del tratado como un todo." *Idem*, pp. 769-771. En todo caso, posteriormente en 2001 Perú derogó la Resolución de julio de 1999, restableciéndose a plenitud la competencia de la Corte interamericana para el Estado

tencia de la Corte Interamericana de Derechos Humanos Primera de 5 de agosto de 2008 en el caso Apitz Barbera y otros ("Corte Primera de lo Contencioso Administrativo") vs. Venezuela acusando a la Corte Interamericana de haber usurpado el poder del Tribunal Supremo.[343]

En su decisión, la Sala Constitucional, citando precisamente como precedente la decisión antes señalada de 1999 de la Sala Plena del Consejo Supremo de Justicia Militar del Perú, precisó que la Corte Interamericana de Derechos Humanos, no podía "pretender excluir o desconocer el ordenamiento constitucional interno," y que había dictado "pautas de carácter obligatorio sobre gobierno y administración del Poder Judicial que son competencia exclusiva y excluyente del Tribunal Supremo de Justicia" y establecido "directrices para el Poder Legislativo, en materia de carrera judicial y responsabilidad de los jueces, violentando la soberanía del Estado venezolano en la organización de los poderes públicos y en la selección de sus funcionarios, lo cual resulta inadmisible." Además, acusó a la Corte Interamericana de haber utilizado su fallo "para intervenir inaceptablemente en el gobierno y administración judicial que corresponde con carácter excluyente al Tribunal Supremo de Justicia," argumentando que con la "sentencia cuestionada" la Corte Interamericana pretendía "desconocer la firmeza de decisiones administrativas y judiciales que han adquirido la fuerza de la cosa juzgada, al ordenar la reincorporación de los jueces destituidos."

Posteriormente, la Sala Constitucional del Tribunal Supremo de Justicia mediante otra sentencia N° 1547 de fecha 17 de octubre de 2011 (Caso Estado Venezolano vs. Corte Interamericana de Derechos Humanos),[344] también declaró "inejecutable" otra decisión de la Corte Interamericana de Derechos Humanos de 1° de septiembre de 2011 (caso Leopoldo López vs. Estado de Venezuela), al conocer y decidir una "acción innominada de control de constitucionalidad" que no existe en el ordenamiento constitucional venezolano, y que también fue ejercida por el Procurador General de la República contra dicha sentencia de la Corte Interamericana.[345]

En esta, la Corte Interamericana decidió conforme a la Convención Americana de Derechos Humanos (art. 32.2), que la restricción al derecho pasivo al sufragio (derecho a ser elegido) que se le había impuesto al Sr. Leopoldo López por la Contraloría General de la República de Venezuela mediante una decisión administrativa, no judicial, era contraria a la Convención, pues dichas restricciones a derechos polí-

---

343 El tema, ya lo había adelantado la Sala Constitucional en su conocida sentencia N° 1.942 de 15 de julio de 2003 (Caso: *Impugnación de artículos del Código Penal, Leyes de desacato*) (Véase en *Revista de Derecho Público*, N° 93-96, Editorial Jurídica Venezolana, Caracas 2003, pp. 136 ss.) en la cual al referirse a los Tribunales Internacionales "comenzó declarando en general, que en Venezuela "por encima del Tribunal Supremo de Justicia y a los efectos del artículo 7 constitucional, no existe órgano jurisdiccional alguno, a menos que la Constitución o la ley así lo señale, y que aun en este último supuesto, la decisión que se contradiga con las normas constitucionales venezolanas, carece de aplicación en el país, y así se declara."

344 Véase en http://www.tsj.gov.ve/decisiones/scon/Octubre/1547-171011-2011-11-1130.html.

345 Véase Allan R. Brewer-Carías, "El ilegítimo "control de constitucionalidad" de las sentencias de la Corte Interamericana de Derechos Humanos por parte la Sala Constitucional del Tribunal Supremo de Justicia de Venezuela: el caso Leopoldo López vs. Venezuela, septiembre 2011," en *Revista de Derecho Público*, N° 128, Editorial Jurídica Venezolana, Caracas 2011, pp. 227-250.

ticos sólo puede establecerse mediante imposición de una condena dictada mediante sentencia judicial, con las debidas garantías del debido proceso.[346]

En la sentencia dictada por la Sala Constitucional para declarar inejecutable esa decisión internacional en Venezuela, la misma consideró que la Corte Interamericana se había desviado de la Convención Americana y sus propias competencias, "emitiendo órdenes directas a órganos del Poder Público venezolano (Asamblea Nacional y Consejo Nacional Electoral), usurpando funciones cual si fuera una potencia colonial y pretendiendo imponer a un país soberano e independiente criterios políticos e ideológicos absolutamente incompatibles con nuestro sistema constitucional." [347]

Así siguió el proceso del gobierno para desligarse de la Convención Americana sobre Derechos Humanos, y de la jurisdicción de la Corte Interamericana de Derechos Humanos, utilizando para ello a su propio Tribunal Supremo de Justicia; lo cual se ha sido expresado formalmente por el Presidente de la República como voluntad del gobierno en mayo de 2012,[348] y ratificado en julio del mismo año.[349]

En esta materia, la Sala Constitucional también dispuso una ilegítima mutación constitucional, reformando el artículo 23 de la Constitución en la forma cómo se pretendía en 2007 en la antes mencionada propuesta del "Consejo Presidencial para la Reforma de la Constitución," designado por el Presidente de la República, al buscar agregar al artículo 23 de la Constitución, también en forma regresiva, que "corresponde a los tribunales de la República conocer de las violaciones sobre las materias reguladas en dichos Tratados", con lo que se buscaba establecer una prohibición constitucional para que la Corte Interamericana de Derechos Humanos pudiera conocer de las violaciones de la Convención Americana de Derechos Humanos. Es

---

346 Véase Allan R. Brewer-Carías, "El derecho político de los ciudadanos a ser electos para cargos de representación popular y el alcance de su exclusión judicial en un régimen democrático (O de cómo la Contraloría General de la República de Venezuela incurre en inconstitucionalidad e inconvencionalidad al imponer sanciones administrativas de inhabilitación política a los ciudadanos)," texto elaborado para el *Libro homenaje a Francisco Cumplido*, Asociación Chilena de Derecho Constitucional, Santiago de Chile, 2011.

347 Véase en http://www.tsj.gov.ve/decisiones/scon/Octubre/1547-171011-2011-11-1130.html.

348 El Presidente de la República solicitó formalmente al Consejo de Estado que dictaminara sobre el retiro de Venezuela de la Convención Interamericana de Derechos Humanos; retiro que incluso fue apoyado por la Asamblea nacional en declaración de 9 de mayo de 2012. Véase en http://eltiempo.com.ve/venezuela/politica/asamblea-nacional-aprobo-acuerdo-que-respalda-retiro-de-venezuela-de-la-cidh/52223.

349 Con ocasión del ingreso de Venezuela al MERCOSUR, el presidente de la República, Hugo Chávez Frías, dijo que organismos como "la Comisión Interamericana de Derechos Humanos y la Corte Interamericana de Derechos Humanos deben desparecer, pues "son indignos" y no representan los intereses de los pueblos." Además "Calificó a la Corte Interamericana de "nefasta, podrida y degenerada." "Esos organismos tienen que desaparecer porque no están a la altura del mundo nuevo que está naciendo." Véase en "Chávez sostiene que entes de derechos humanos de la OEA deben desaparecer", *El Universal*, 1 de agosto de 2012 en http://www.eluniversal.com/nacional-y-politica/120801/chavez-sostiene-que-entes-de-derechos-humanos-de-la-oea-deben-desapare. En contra de la decisión presidencial se pronunció el Grupo de Profesores de Derecho Público de Venezuela. Véase en http://www.globovision.com/news.php?nid=241628.

decir, con una norma de este tipo, Venezuela hubiera quedado excluida constitucionalmente de la jurisdicción de dicha Corte internacional y del sistema interamericano de protección de los derechos humanos.[350]

En esta materia, también, lo que no pudo hacer el régimen autoritario mediante una reforma constitucional, la cual al final fue rechazada por el pueblo, lo hizo la Sala Constitucional del Tribunal Supremo en su larga carrera al servicio del autoritarismo.

### B. *La mutación constitucional en relación con la distribución de competencias en el Estado federal*

Otra mutación constitucional ilegítima realizada por el Juez Constitucional ocurrió en Venezuela en relación con las normas constitucionales relativas a la forma federal del Estado y a la distribución de las competencias territoriales, de acuerdo con lo que se pretendió en la reforma constitucional de 2007, y a pesar de que fue rechazada por el pueblo.

En efecto, Venezuela siempre ha estado organizada como un Estado Federal, para lo cual, aún cuando encubriendo a una federación centralizada, [351] la Constitución establece un sistema de distribución de competencias entre los niveles territoriales (Poder Municipal, el Poder Estadal y el Poder Nacional), que en definitiva, sólo puede cambiarse mediante una reforma constitucional (artículos 136, 156, 164, 178 y 179).[352] Específicamente, en materia de infraestructura para la circulación y el transporte, la Constitución establece la competencia "exclusiva" al Poder Nacional en materia de "sistema de vialidad y de ferrocarriles nacionales (artículo 156,27), asignado sin embargo, en forma exclusiva a los Estados, "La conservación, administración y aprovechamiento de carreteras y autopistas nacionales... en coordinación con el Poder Nacional;" competencia que deben ejercer sujetos a "la coordinación con el Poder Nacional," que éste debe regular.

Este sistema se quiso reformar en la propuesta de reforma constitucional de 2007, la cual como se ha dicho fue rechazada por el pueblo en referendo de 2 de

---

350 Véase sobre esta proyectada reforma constitucional Allan R. Brewer-Carías, *Hacia la consolidación de un Estado Socialista, Centralizado, Policial y Militarista. Comentarios sobre el sentido y alcance de las propuestas de reforma constitucional 2007*, Colección Textos Legislativos, N° 42, Editorial Jurídica Venezolana, Caracas 2007, p. 122.

351 Véase nuestros estudios sobre el tema, elaborados apenas la Constitución fue sancionada: Allan R. Brewer-Carías, *Federalismo y Municipalismo en la Constitución de 1999 (Alcance de una reforma insuficiente y regresiva)*, Editorial Jurídica Venezolana, Caracas-San Cristóbal 2001; "El Estado federal descentralizado y la centralización de la federación en Venezuela. Situación y perspectiva de una contradicción constitucional" en Diego Valadés y José María Serna de la Garza (Coordinadores), *Federalismo y regionalismo*, Universidad Nacional Autónoma de México, Tribunal Superior de Justicia del Estado de Puebla, Instituto de Investigaciones Jurídicas, Serie Doctrina Jurídica N° 229, México 2005, pp. 717-750.

352 Véase Allan R. Brewer-Carías, "Consideraciones sobre el régimen de distribución de competencias del Poder Público en la Constitución de 1999" en Fernando Parra Aranguren y Armando Rodríguez García Editores, Estudios *de Derecho Administrativo. Libro Homenaje a la Universidad Central de Venezuela,* Facultad de Ciencias Jurídicas y Políticas, con ocasión del Vigésimo Aniversario del Curso de Especialización en Derecho Administrativo, Tomo I, Tribunal Supremo de Justicia, Colección Libros Homenaje N° 2, Caracas 2001, pp. 107-136.

diciembre de 2007, con la que se buscaba modificar el mencionado sistema, centralizando aún más al Estado, y terminando de centralizar materialmente todas las competencias del Poder Público en el nivel nacional.[353] En particular con la reforma se buscaba "nacionalizar," la referida competencia que el artículo 164,10 de la Constitución de 1999 atribuye a los Estados en materia de la conservación, administración y aprovechamiento de autopistas y carreteras nacionales."[354]

Sin embargo, la Sala Constitucional, en sentencia N° 565 de 15 de abril de 2008[355], dictada con motivo de decidir un recurso autónomo de interpretación de dicho artículo formulado por el Poder Ejecutivo nacional, pura y simplemente modificó el contenido de dicha norma constitucional y dispuso, como interpretación vinculante de la misma, que esa "competencia exclusiva" no es tal competencia exclusiva, sino una competencia concurrente y que, incluso, el Poder Nacional puede revertirla a su favor eliminando toda competencia de los Estados. La Sala Constitucional, en efecto, decidió que la Administración Nacional "en ejercicio de la potestad de coordinación pueda asumir directamente la conservación, administración y el aprovechamiento de las carreteras y autopistas nacionales, así como los puertos y aeropuertos de uso comercial," y que "corresponde al Ejecutivo Nacional por órgano del Presidente de la República en Consejo de Ministros, decretar la intervención para asumir la prestación de servicios y bienes de las carreteras y autopistas nacionales, así como los puertos y aeropuertos de uso comercial," en aquellos casos que la prestación del servicio "por parte de los Estados es deficiente o inexistente."

Con esta interpretación, lo que el Juez Constitucional hizo fue mutar el texto constitucional usurpando la soberanía popular a la cual está reservado el poder constituyente, cambiado la forma federal del Estado al trastocar el sistema de distribución territorial de competencias entre el Poder Nacional y los Estados, y en particular "nacionalizando," contra lo que expresamente dispone la Constitución, competencias atribuidas en forma exclusiva a los Estados.[356] La Sala Constitucional, así, olvidándose de que se trata de una competencia exclusiva de los Estados que había sido descentralizada desde 1989 mediante la Ley de Orgánica de Descentralización,[357], dispuso que como las carreteras y puentes nacionales son bienes de la Re-

353 Véase Allan R. Brewer-Carías, *Hacia la Consolidación de un Estado Socialista, Centralizado, Policial y Militarista. Comentarios sobre el sentido y alcance de las propuestas de reforma constitucional 2007*, Colección Textos Legislativos, N° 42, Editorial Jurídica Venezolana, Caracas 2007, pp. 41 ss.

354 Véase Allan R. Brewer-Carías, La *Reforma Constitucional de 2007 (Comentarios al Proyecto Inconstitucionalmente sancionado por la Asamblea Nacional el 2 de Noviembre de 2007)*, Colección Textos Legislativos, N° 43, Editorial Jurídica Venezolana, Caracas 2007, pp. 72 ss.

355 Véase. Sentencia de la Sala Constitucional, n° 565, caso Procuradora General de la República, recurso de interpretación del artículo 164.10 de la Constitución de 1999 de fecha 15 de Abril de 2008, en http://www.tsj.gov.ve/decisiones/scon/Abril/565-150408-07-1108.html.

356 Véase Allan R. Brewer-Carías, "La Sala Constitucional como poder constituyente: la modificación de la forma federal del estado y del sistema constitucional de división territorial del poder público, en *Revista de Derecho Público*, N° 114, (abril-junio 2008), Editorial Jurídica Venezolana, Caracas 2008, pp. 247-262.

357 Véase Allan R. Brewer-Carías, "Bases legislativas para la descentralización política de la federación centralizada (1990): El inicio de una reforma" en *Leyes y Reglamentos para la*

pública, lo que es obvio, "en caso de haber sido transferidos a los Estados pueden ser cogestionados por éstos a través de convenios, pero también reasumidos por el Poder Público Nacional mediante un procedimiento de reversión, ya que la titularidad originaria de los mismos le corresponde a la República."

Entonces, sin base constitucional o legal alguna, la Sala Constitucional dispuso que "corresponde al Ejecutivo Nacional por órgano del Presidente de la República en Consejo de Ministros, decretar la intervención para asumir la prestación de servicios y bienes de las carreteras y autopistas nacionales, así como los puertos y aeropuertos de uso comercial, en aquellos casos que a pesar de haber sido transferidas esas competencias, la prestación del servicio o bien por parte de los Estados es deficiente o inexistente, sobre la base de los artículos 236 y 164.10 de la Constitución."

Después de una ilegítima "modificación constitucional" de esta naturaleza, realizada mediante interpretación vinculante, que trastocó el orden jurídico o, como lo dijo la propia Sala, la misma "genera una necesaria revisión y modificación de gran alcance y magnitud del sistema legal vigente," por lo cual exhortó a la Asamblea Nacional a que procediera "a la revisión y correspondiente modificación de la normativa legal vinculada con la interpretación vinculante establecida en la presente decisión[358], en orden a establecer una regulación legal congruente con los principios constitucionales y derivada de la interpretación efectuada por esta Sala en ejercicio de sus competencias."

En cumplimiento de esta exhortación, la Asamblea Nacional muy diligentemente reformó en marzo de 2009, la Ley Orgánica de Descentralización, Delimitación y Transferencia de Competencias del Poder Público,[359] a los efectos de eliminar las competencias exclusivas de los Estrados establecidas en los ordinales 3 y 5 del artículo 11 de dicha Ley, agregando dos nuevas normas, autorizando al Ejecutivo Nacional para revertir la transferencia de las competencias concedidas a los estados, y para decretar la intervención de bienes y prestaciones de servicios públicos transferidos. Con ello se completó el fraude constitucional dispuesto por la Sala Constitucional, trastocándose el régimen federal.

### C. *La mutación constitucional en relación con el financiamiento de los partidos políticos*

El artículo 67 de la Constitución de 1999 expresamente prohibió "el financiamiento de las asociaciones con fines políticos con fondos provenientes del Estado", al establecer enfáticamente que el mismo "no se permitirá",[360] cambiando así, radi-

---

*Descentralización Política de la Federación*, Colección Textos Legislativos, N° 11, Editorial Jurídica Venezolana, Caracas 1990, 1990, pp. 7-53.

358 De ello resulta según la sentencia: "la necesaria revisión general de la Ley Orgánica de Descentralización, Delimitación y Transferencia de Competencias del Poder Público, Ley General de Puertos y la Ley de Aeronáutica Civil, sin perjuicio de la necesaria consideración de otros textos legales para adecuar su contenido a la vigente interpretación."

359 *Gaceta Oficial* N° 39 140 del 17 de marzo de 2009.

360 Véase sobre la versión inicial de esta norma y sobre nuestra propuesta para su redacción en Allan R. Brewer-Carías *Debate Constituyente (Aportes a la Asamblea Nacional Constituyente), Tomo II (9 septiembre - 17 octubre 1999)*, Fundación de Derecho Público - Editorial Jurídica Venezolana, Caracas 1999, p. 129.

calmente, el régimen de financiamiento público a los partidos políticos que se había previsto en el artículo 230 de la Ley Orgánica del Sufragio y Participación Política de 1998.

En dicha Ley se había buscado establecer un mayor equilibrio y equidad para la participación de los partidos en la vida democrática y en especial en las campañas electorales, tratando de mitigar los desequilibrios y perversiones que podían producirse con el solo financiamiento privado a los partidos, y el eventual financiamiento público indirecto, irregular y corrupto, sólo para los partidos de gobierno.[361] Con la prohibición constitucional, al derogarse este artículo de la Ley Orgánica, quedó derogado el régimen de financiamiento público a los partidos políticos, abandonándose la tendencia inversa que predomina en el derecho comparado.

Esta prohibición constitucional expresa sobre el financiamiento público de los partidos políticos, fue uno de los temas a los que se refirió la reforma constitucional que a iniciativa del Presidente de la República,[362] se pretendió aprobar durante el año 2007, con la cual expresamente se buscó modificar la mencionada prohibición constitucional del artículo 67, previéndose en la norma, al contrario, que "el Estado podrá financiar las actividades electorales", pero sin indicarse si se trata de un financiamiento a los partidos políticos en general. Como se ha dicho la antes mencionada propuesta de Reforma Constitucional de 2007, fue rechazada por voluntad popular expresada abrumadoramente contra su aprobación en el referendo del 2 de diciembre de 2007,[363] con lo que el régimen de financiamiento a los partidos políticos, a su funcionamiento interno y a sus actividades electorales continuó prohibida en la Constitución.

Sin embargo, a pesar de dicha prohibición constitucional y del rechazo popular a modificarla, la Sala Constitucional del Tribunal Supremo de Justicia, actuando como Jurisdicción Constitucional, en sentencia N° 780 de 8 de mayo de 2008 (Exp. n° 06-0785), mediante una interpretación constitucional vinculante, mutó de nuevo la Constitución, sustituyéndose a la voluntad popular y al poder constituyente originario, disponiendo que "en lo que respecta al alcance de la prohibición de financiamiento público de asociaciones políticas" contenida en la mencionada norma, la misma:

> "se circunscribe a la imposibilidad de aportar fondos a los gastos corrientes e internos de las distintas formas de asociaciones políticas, pero [...] dicha limi-

---

361 Véase en general sobre el tema, Allan R. Brewer-Carías, "Consideraciones sobre el financiamiento de los partidos políticos en Venezuela" en *Financiamiento y democratización interna de partidos políticos. Memoria del IV Curso Anual Interamericano de Elecciones*, San José, Costa Rica, 1991, pp. 121 a 139.

362 Véase el documento Proyecto de Exposición de Motivos para la Reforma Constitucional, Presidencia de la República, *Proyecto Reforma Constitucional*. Propuesta del presidente Hugo Chávez Agosto 2007; y la publicación: Proyecto de Reforma Constitucional. Elaborado por el ciudadano Presidente de la República Bolivariana de Venezuela, Hugo Chávez Frías Editorial Atenea, Caracas agosto 2007, p. 19.

363 Véase Allan R. Brewer-Carías, "La proyectada reforma constitucional de 2007", rechazada por el poder constituyente originario", en *Anuario de Derecho Público* N° 1, Universidad Monteavila, Caracas 2008.

tación, no resulta extensiva a la campaña electoral, como etapa fundamental del proceso electoral".

Es decir, la Sala Constitucional, ante una norma tan clara e igualmente tan criticable como la contenida en el artículo 67 de la Constitución, cuya reforma se había intentado hacer en 2007 pero sin lograrse por ser rechazada por la voluntad popular, en esta sentencia ni más ni menos, se erigió en poder constituyente, sustituyendo al pueblo, y dispuso la reforma de la norma, vía su interpretación, en el mismo sentido que se pretendía en la rechazada reforma constitucional, disponiendo en definitiva, que la prohibición constitucional "no limita que en el marco del proceso electoral y como gasto inherente a una fase esencial del mismo, el Estado destine fondos con el objeto de financiar el desarrollo de las campañas electorales, de los partidos y asociaciones políticas," es decir, lo contrario de lo que dispone la Constitución.

Así, la Sala Constitucional, dispuso que lo que la Constitución prohíbe es sólo el financiamiento por el Estado de "los gastos corrientes e internos de las distintas formas de asociaciones políticas", pero no de la "campaña electoral, como etapa fundamental del proceso electoral." Es decir, el Juez Constitucional, simplemente, dispuso que la Constitución no dice lo que dice, sino todo lo contrario; que cuando dice que no se permite "el financiamiento de las asociaciones con fines políticos con fondos provenientes del Estado", no es eso lo que establece, sino lo que prohíbe es solamente "el financiamiento de los gastos corrientes e internos de las asociaciones con fines políticos con fondos provenientes del Estado"; y que los gastos de las campañas electorales de dichas asociaciones con fines políticas, en cambio, si pueden ser financiadas con fondos provenientes del Estado. La Sala, finalmente, precisó que una cosa es que el Estado financie "los gastos corrientes e internos" de los partidos políticos y otra cosa es que financie "sus campañas electorales," deduciendo sin fundamento alguno que lo que la Constitución prohíbe es lo primero y no lo segundo.

Pudo ser muy loable la intención del Juez Constitucional de permitir el financiamiento de las campañas electorales de los partidos políticos con fondos provenientes del Estado, pero habiendo sido ello prohibido expresamente por la Constitución,[364] sólo reformándola es que se podría lograr lo contrario, como se pretendió con la propuesta de reforma de 2007, rechazada por el pueblo. Y ello fue lo que en este caso hizo el Juez Constitucional en Venezuela: reformar la Constitución, usurpando el poder constituyente originario que es del pueblo e, incluso contra su propia voluntad expresada cinco meses antes al rechazar precisamente esa reforma constitucional en igual sentido, estableció la posibilidad de financiar las campañas electorales de los partidos políticos.

#### D. *La mutación constitucional en relación con los referendos revocatorios y su conversión en referendos ratificatorios*

En Venezuela el artículo 72 de la Constitución estableció como derecho político de los ciudadanos la revocatoria de mandatos de todos los cargos de elección popu-

---

364 Por ello fue, incluso, que entre otros aspectos salvamos nuestro voto en relación con dicha norma. Véase Allan R. Brewer-Carías, *Debate Constituyente (Aportes a la Asamblea Nacional Constituyente), Tomo III (18 octubre-30 noviembre 1999),* Fundación de Derecho Público - Editorial Jurídica Venezolana, Caracas 1999, pp. 239, 259.

lar, a cuyo efecto se previó que transcurrida la mitad del período para el cual fue elegido el funcionario, por iniciativa popular de un número no menor del 20% de los electores inscritos en la correspondiente circunscripción, para convocar un referendo para revocar su mandato. La Constitución dispuso que "Cuando igual o mayor número de electores o electoras que eligieron al funcionario o funcionaria hubieren votado a favor de la revocación, siempre que haya concurrido al referendo un número de electores o electoras igual o superior al 25% de los electores o electoras inscritos, se considerará revocado su mandato y se procederá de inmediato a cubrir la falta absoluta conforme a lo dispuesto en esta Constitución y en la ley."

Es decir que los votos necesarios para que se produzca la revocatoria del mandato deben ser en un número igual o mayor de los votos de los electores que eligieron al funcionario, con independencia del número de votos que se hayan depositados contra la revocación; como incluso lo ratificó la Sala Constitucional en varias sentencias,[365] ya que de lo que se trata es de un referendo revocatorio de mandatos de elección popular y no de un referendo "ratificatorio" (plebiscitos) de tales mandatos, el cual no existe en el texto constitucional. Precisamente por ello, nada indica la Constitución para el caso de que si bien voten a favor de la revocación de un mandato un número de electores superior al número de votos que obtuvo el funcionario cuando fue electo, sin embargo, en la votación refrendaria se hubiesen pronunciado por la "no revocación" un número mayor de votos. Ello podría ocurrir, pero conforme al texto de la Constitución, no tendría efecto alguno, pues la regulación constitucional lo que establece es un referendo revocatorio: basta que la votación favorable a la revocación sea igual o mayor que la que el funcionario obtuvo cuando fue electo, para que quede revocado. Y ello es así, incluso a pesar de que el Registro Electoral haya variado con el transcurso del tiempo.

Sin embargo, de manera evidentemente inconstitucional, en las *Normas para regular los procesos de Referendos Revocatorios de mandatos de Elección Popular* dictadas por el Consejo Nacional Electoral en 25 de septiembre de 2003[366], si bien se estableció que se considera revocado el mandato "si el número de votos a favor de la revocatoria es igual o superior al número de los electores que eligieron al funcionario", se agregó la frase: "y no resulte inferior al número de electores que votaron en contra de la revocatoria" (Art. 60). Con este agregado, en una norma de rango sublegal, se restringió el derecho ciudadano a la participación política mediante la revocación de mandatos populares, al establecerse un elemento que no está en la Constitución relativo al voto por la "no revocación," trastocándose la naturaleza "revocatoria" del referendo que regula el artículo 72 de la Constitución, y en evidente fraude a la Constitución, se lo convirtió en un referendo "ratificatorio" de mandatos de elección popular. A partir de ese momento y luego del secuestro del Poder Elec-

365 Sentencia N° 2750 de 21 de octubre de 2003, Caso: *Carlos Enrique Herrera Mendoza, (Interpretación del artículo 72 de la Constitución (Exp. 03-1989). Sentencia* N° 1139 de 5 de junio de 2002 (Caso: *Sergio Omar Calderón Duque y William Dávila Barrios)* Véase en *Revista de Derecho Público,* N° 89-92, Editorial Jurídica Venezolana, Caracas 2002, p. 171. Criterio seguido en la sentencia N° 137 de 13-02-2003 (Caso: *Freddy Lepage Scribani y otros*) (Exp. 03-0287).

366 Resolución N° 030925-465 de 25-09-2003.

toral, en general en Venezuela se confiscó el derecho ciudadano a la revocatoria de mandatos de cargos de elección popular.[367]

Lo inaudito de este fraude constitucional, es que dicha "reforma" constitucional ilegítima fue avalada por la propia Sala Constitucional del Tribunal Supremo al decidir un recurso de interpretación abstracta de la Constitución en la sentencia Nº 2750 de 21 de octubre de 2003 (Caso: *Carlos E. Herrera Mendoza, Interpretación del artículo 72 de la Constitución*), en la cual señaló que:

> "Se trata de una especie de relegitimación del funcionario y en ese proceso democrático de mayorías, incluso, **si en el referendo obtuviese más votos la opción de su permanencia, debería seguir en él**, aunque voten en su contra el número suficiente de personas para revocarle el mandato"[368].

En realidad, en un referendo "revocatorio" no puede haber votos por "la permanencia" del funcionario; lo que puede haber son votos por la "revocación" del mandato o por la "no revocación." El voto por la "no revocación" del mandato es un voto negativo (No); y un voto negativo no puede ser convertido en un voto positivo (Si) por la permanencia del funcionario. Con esta mutación de la Constitución, la Sala Constitucional cambió la naturaleza del referendo revocatorio, ratificando el trastocamiento de la naturaleza de la revocación del mandato, convirtiéndolo en un voto para "relegitimar" o para "ratificar" mandatos de elección popular, cuando ello no sólo no fue la intención del constituyente, sino que no puede derivarse del texto del artículo 72 de la Constitución. Lo único que la Constitución regula es la revocación de mandatos, y para ello, lo único que exige en materia de votación es que un número "igual o mayor de electores que eligieron al funcionario hubieren votado a favor de la revocación."

Todo éste cambio de la Constitución tuvo un objeto preciso: evitar que el mandato del Presidente de República, Hugo Chávez, fuera revocado en 2004: el mismo fue electo en agosto de 2000 con 3.757.774 votos, por lo que bastaba para que su mandato fuese revocado, que el voto a favor de la revocación superara esa cifra. Como lo anunció el Consejo Nacional Electoral el 27 de agosto de 2004, el voto a favor de la revocación del mandato del Presidente de la República en el referendo efectuado ese mismo mes y año, fue de 3.989.008, por lo que constitucionalmente su mandato había quedado revocado.

---

367 Véase Allan R. Brewer-Carías, "El secuestro del Poder Electoral y la confiscación del derecho a la participación política mediante el referendo revocatorio presidencial: Venezuela 2000-2004", en *Boletín Mexicano de Derecho Comparado*, Instituto de Investigaciones Jurídicas, Universidad Nacional Autónoma de México, Nº 112. México, enero-abril 2005 pp. 11-73; en *Revista Jurídica del Perú*, Año LIV Nº 55, Lima, marzo-abril 2004, pp. 353-396; en *Revista Costarricense de Derecho Constitucional*, Tomo V, Instituto Costarricense de Derecho Constitucional, Editorial Investigaciones Jurídicas S.A., San José 2004, pp. 167-312; en *Stvdi Vrbinati, Rivista tgrimestrale di Scienze Giuridiche, Politiche ed Economiche*, Año LXXI – 2003/04 Nuova Serie A–N. 55,3, Università degli studi di Urbino, Urbino, Italia 2004, pp.379-436; y en Juan Pérez Royo, Joaquín Pablo Urías Martínez, Manuel Carrasco Durán, Editores), *Derecho Constitucional para el Siglo XXI. Actas del Congreso Iberoamericano de Derecho Constitucional*, Tomo I, Thomson-Aranzadi, Madrid 2006, pp. 1081-1126.

368 Exp. 03-1989.

Sin embargo, ya se había cambiado ilegítimamente la Constitución, e independientemente de las denuncias de fraude que se formularon respecto del referendo revocatorio del 15 de agosto de 2004, el Consejo Nacional Electoral el mencionado día 27 de agosto de 2004, no sólo dio los datos definitivos de la votación efectuada en el referendo revocatorio, sino que acordó "ratificar" al Presidente de la República en su cargo hasta la terminación del período constitucional en enero de 2007.[369]

### 3. *El caso de Nicaragua en 2009: la mutación de la Constitución por el Juez Constitucional en materia de reelección presidencial*

La Constitución de Nicaragua establece en su artículo 147, primer aparte a), que "No podrá ser candidato a Presidente ni Vicepresidente de la República: a) El que ejerciere o hubiere ejercido en propiedad la Presidencia de la República en cualquier tiempo del período en que se efectúa la elección para el período siguiente, ni el que la hubiere ejercido por dos períodos presidenciales."

Se trata, por tanto, de una prohibición constitucional clara y diáfana prohibiendo la reelección presidencial. La norma, sin embargo, fue "reformada" o mutada por la Sala Constitucional de Nicaragua, mediante sentencia N° 504 de las cinco de la tarde del 19 de octubre de 2009,[370] al decidir, no una acción directa de inconstitucionalidad, sino una acción de amparo constitucional que se había intentado contra una decisión del Consejo Supremo Electoral, en la cual dicho Consejo había rechazado la petición que se le había formulado el 15 de octubre por diversos candidatos a reelección, solicitando se les aplicara el principio de igualdad a todos los funcionarios públicos en materia electoral. En el caso del Consejo Supremo Electoral consistió en

---

369 En efecto, en la *página web* del Consejo Nacional Electoral del día 27 de agosto de 2004, apareció la siguiente nota: "El presidente del Consejo Nacional Electoral, Francisco Carrasquero López, se dirigió al país en cadena nacional para anunciar las cifras definitivas y oficiales del evento electoral celebrado el pasado 15 de agosto, *las cuales dan como ratificado en su cargo al Presidente de la República*, Hugo Rafael Chávez Frías, con un total de 5 millones 800 mil 629 votos a favor de la opción "No". En la contienda electoral participaron 9 millones 815 mil 631 electores, de los cuales 3.989.008 se inclinaron por la opción "Sí" para revocar el mandato del Presidente Chávez. La totalización arrojó que la opción "No" alcanzó el 59,25% de los votos, mientras el "Sí" logró el 40,74% del total general, y la abstención fue del 30,02%. Vale destacar que para estos comicios el Registro Electoral se incrementó significativamente, alcanzando un universo de 14.027.607 de electores con derecho a sufragar en el Referendo revocatorio. Con base en la expresión de la voluntad popular, el Consejo Nacional Electoral, este viernes 27 de agosto, *ratificará en la Presidencia de la República Bolivariana de Venezuela* a Hugo Chávez Frías, quien culminará su período constitucional en el año 2006. Y en efecto, en acto solemne efectuado ese día, el Consejo Nacional Electoral acordó "ratificar" al Presidente de la República en su cargo, a pesar de que un número de electores mayor que los que lo eligieron hubieran votado a favor de la revocación de su mandato. Otro tanto haría la Asamblea Nacional, sin que esa figura de la ratificación estuviese prevista en norma constitucional alguna." Véase además, *El Nacional*, Caracas, 28-08-2004, pp. A-1 y A-2.

370 Véase sobre el caso de Nicaragua: Iván Escobar Fornos, "Relaciones y tensiones de la Justicia Constitucional con los poderes del Estado: crisis permanente (Democracia, gobernabilidad y el Tribunal Constitucional)," en *Anuario Iberoamericano de Justicia Constitucional*, N° 15, Centro de Estudios Políticos y Constitucionales, Madrid 2011, pp. 67-137.

el rechazo de la petición debido a la ausencia de competencia del Consejo para decidir sobre tales materias.

En Nicaragua, de acuerdo con el artículo 52.5 de la Ley de Amparo, la acción de amparo no procede en materia electoral, y por tanto, no procedía contra las decisiones del Consejo Supremo Electoral. Sin embargo, a pesar de esta restricción legal, habiendo la Sala Constitucional entrado a conocer de la misma, en su sentencia, en una forma incomprensible declaró que el artículo 147.4.a y b de la Constitución que prohíbe expresamente la reelección presidencial, era "inaplicable," mutando así ilegítimamente la Constitución, eliminando así del texto la rígida prohibición constitucional a la reelección presidencial.[371] Posteriormente, esta decisión de la Sala Constitucional fue ratificada por la Corte Plena de la Corte Suprema de Justicia, en sentencia de las 2 pm del 30 de septiembre, 2010, con el objeto de establecer su aplicabilidad *erga omnes*.

En esta forma, como consecuencia de la sentencia de la Sala Constitucional del 19 de octubre, 2009 dictada sólo cuatro días después de que se presentó la solicitud inicial ante el Consejo Supremo Electoral, se permitió en Nicaragua la reelección presidencial del Presidente Ortega, para lo cual la Sala consideró que la norma del artículo 147.4.a y b de la Constitución violaba el derecho a la igualdad, el derecho al sufragio y el derecho a la personalidad consagrados en los artículos, 27, 47, 48, 50 y 51 de la Constitución, entre otros, declarando en consecuencia que la norma era inconstitucional en la parte antes mencionada.[372]

La sentencia consideró en efecto, que el derecho a la igualdad era podía considerarse violado porque el artículo 147 contenía una "interdicción electoral solo para el Presidente" lo cual consideró la Sala que "representa un trato desigual, cuando como queda claro hay igualdad de condiciones...". Afirmó además la Sala Constitucional "que los principios constitucionales que informan nuestra Constitución Política en su Preámbulo y Parte Dogmática, prevalecen sobre el resto de Disposiciones Constitucionales que conforman nuestra Constitución Política...". De seguidas, la Sala Cons-

---

371 Véase Sergio J. Cuarezma Terán and Francisco Enríquez Cabistán, *Nicaragua National Report*, XVIII International Congress of Comparative Law, Washington, July 2010, p. 43; Allan R. Brewer-Carías, Constitutional Courts as Positive Legislators, Cambridge University Press, New York 2011, p. 101.

372 Véase el comentario a la sentencia, el Dr. Iván Escobar Fornos, Magistrado de la Corte Suprema de Justicia de Nicaragua, quien indicó que: "Se ha considerado que ésta no es una interpretación [de la Constitución] como se pretende sino más bien una derogación de la prohibición de la reelección antes señalada". Véase Iván Escobar Fornos, "Relaciones y tensiones de la Justicia Constitucional con los poderes del Estado: crisis permanente (Democracia, gobernabilidad y el Tribunal Constitucional)" *ob. cit.*, pp. 67-137; y en Ensayo presentado por el autor ante la Mesa Redonda Jurídica Internacional organizada por la Fundación Alexandre Guzmán y el Instituto de Pesquisa de Relaciones Internacionales (del ITAMARATI, Brasil), Septiembre, 2010, p. 33; citado en el documento de presentado por Renaldy J. Gutiérrez, *Estado de Derecho, Misión de la Federación Interamericana de Abogados (Las Experiencias de Nicaragua y El Salvador), ¿Justicia Constitucional o Activismo Judicial?,* presentado en el Seminario de derecho comparado sobre separación de poderes del Estado y la "Political Questions Doctrine" en los Estados Unidos de América, organizado por Sala Constitucional de la Corte Suprema de Justicia en cooperación con Duquesne University (Pittsburh), San José, Costa Rica, 28 y 29 de marzo de 2012.

titucional además de referirse a los "principios constitucionales" que informan los derechos fundamentales hace mención a "la Soberanía, al igual que la Igualdad, la Unidad Centroamericana, la Independencia, la Autodeterminación, la Paz Social, el Bien común, la Libertad, la Justicia, el respeto a la dignidad de la persona humana, el pluralismo político, social y étnico, la cooperación internacional, el respeto a la libre autodeterminación de los pueblos," para concluir afirmando sin mucha ilación, que los miembros del Consejo Supremo Electoral no podían "negarse a cumplir con la voluntad del Pueblo Soberano, de elegir y ser elegido de manera directa como sus representantes a los ciudadanos que crean conveniente, aplicando de manera inescrutable [sic] los Principios Fundamentales de Igualdad, Libertad y Soberanía, de no ser así ocurriría una muerte política para los recurrentes, violando también el Derecho al reconocimiento de la personalidad y capacidad jurídica... y el reconocimiento de los derechos inherentes a la persona humana consignados en las Declaraciones Universales de Derechos Humanos..."

De ello, la Sala concluyó afirmando que la decisión accionada en amparo del Consejo Supremo Electoral del 16 de octubre de 2009, transgredía "los ya referidos principios constitucionales de los ciudadanos nicaragüenses, por lo cual resulta falta de motivación y congruencia, violando el derecho de petición y a obtener una resolución fundada en derecho; en consecuencia debe ampararse a los recurrentes;" resultando de ello, la decisión de "declarar la inaplicabilidad... del Art. 147 CN., únicamente en la parte que transcribimos al inicio de esta Sección, por existir "una Antinomia constitucional con respecto a" los principios constitucionales antes referidos." Es decir, la Sala Constitucional declaró la inconstitucionalidad de una norma constitucional, con lo cual mutó la Constitución, permitiendo así la reelección presidencial en Nicaragua lo que se materializó en las elecciones generales de noviembre de 2011.

## II. EL JUEZ CONSTITUCIONAL Y LA USURPACIÓN DE LA FUNCIÓN LEGISLATIVA EN VENEZUELA

La Constitución, al establecer y regular la Jurisdicción Constitucional lo hizo dentro de un sistema constitucional de separación de poderes, en el cual la función de administrar justicia, incluida la justicia constitucional, se reserva a los órganos del Poder judicial donde está ubicada la Jurisdicción Constitucional; y la función de legislar se reserva a los órganos legislativos, por ejemplo, en el ámbito nacional a la Asamblea Nacional, con la única posibilidad excepcional de que puede ser delegada única y exclusivamente en el Presidente de la República, mediante la sanción de leyes habilitantes (artículo 203). De ello resulta que la potestad de dictar y reformar leyes, que son los actos que dicta la Asamblea Nacional como cuerpo legislador (artículo 202), sólo puede ejercerse por dicho órgano representativo popular, aún cuando éste pueda delegar dicha función en el Presidente de la República. Ningún otro órgano estatal puede sancionar leyes o reformarlas, y en ello se incluye al Tribunal Supremo y a la Jurisdicción Constitucional, las cuales están autorizadas sólo para efectuar interpretaciones y anulaciones de las mismas, pero sin poder sancionarlas ni modificarlas o reformarlas.

La Sala Constitucional del Tribunal Supremo, por tanto, no puede legislar ni puede, con ocasión de interpretar la Constitución, reformar las leyes. Puede interpretar la Constitución y las leyes, pero no puede reformarlas ni derogarlas. Sin embargo, lo contrario ha ocurrido de manera que la Sala, con motivo de interpretar el artículo 27 constitucional que regula el derecho y la acción de amparo, ha reformado el procedimiento establecido en la Ley Orgánica de Amparo sobre Derechos y Garantías Constitucionales de 1988[373], la cual sin embargo, continúa en vigencia.

Ello, sin embargo, no ha impedido que la Jurisdicción Constitucional en Venezuela, en más de una ocasión haya usurpado las función de legislad de la Asamblea Nacional y haya actuado como "legislador positivo", reformando y re redactando leyes sin tener para ello autorización constitucional alguna, y dada su naturaleza, sin posibilidad de que se pueda ejercerse control alguno sobre sus ilegítimas e inconstitucionales incursiones en materia legislativa.

1. *El caso de Venezuela: la reforma de la ley procesal civil por el juez constitucional en materia de lapsos procesales*

Los primeros pasos de esta tarea de legislador positivo con posterioridad a la entrada en vigencia de la Constitución de 1999, comenzaron a darse con la sentencia de la Sala Constitucional, nº 80 de 1º de febrero de 2001[374], mediante la cual decidió una acción popular de nulidad por inconstitucionalidad que se había intentado contra del artículo 197 del Código de Procedimiento Civil que regula, en general, el régimen de los lapsos procesales, considerando que dicha norma violaba la garantía del debido proceso establecida en el artículo 49 de la Constitución. Dicha norma del Código de Procedimiento Civil, en efecto, establece lo siguiente:

> "Artículo 197. Los términos o lapsos procesales *se computarán por días calendarios consecutivos* **excepto los lapsos de pruebas**, en los cuales no se computarán los sábados, los domingos, el Jueves y el Viernes Santo, los declarados días de Fiestas Nacionales, los declarados no laborables por otras leyes, ni aquellos en los cuales el Tribunal disponga no despachar".

La Sala anuló parcialmente este artículo, particularmente en cuanto a la excepción única que establece (**excepto los lapsos de pruebas**) por considerarla contraria al derecho a la defensa, resultando de ello que más allá de la anulación de la norma, la Sala la "reformó" estableciendo *una nueva redacción*, incluso mediante una aclaratoria posterior a la sentencia, en la cual estableció otra serie de normas procesales

---

373 Véase en *Gaceta Oficial* Nº 33.891 de 22 de enero de 1988. La Ley Orgánica fue reformada en 27-9-88, publicada en *Gaceta Oficial* Nº 34.060 de 27-9-88. *V.* Allan R. Brewer-Carías, "Introducción general al régimen del derecho de amparo a los derechos y garantías constitucionales" en Allan R. Brewer-Carías, Carlos Ayala Corao y Rafael J. Chavero Gazdik, *Ley Orgánica de Amparo sobre Derechos y Garantías Constitucionales*, Colección Textos Legislativos Nº 5, Editorial Jurídica Venezolana, Caracas, 2007, pp. 9-149; y Allan R. Brewer-Carías, "El juez constitucional como legislador positivo y la inconstitucional reforma de la Ley Orgánica de Amparo en Venezuela mediante sentencias interpretativas," en Eduardo Ferrer Mac-Gregor, Arturo Zaldívar Lelo de Larrea (Coordinadores), *La Ciencia del Derecho Procesal Constitucional (Estudios en homenaje a Héctor Fix-Zamudio en sus 50 años como investigador del Derecho, (Homenaje Venezolano,),* Universidad Nacional Autónoma de México (UNAM), Fundación de Estudios de Derecho Administrativo (FUNEDA), Editorial Jurídica Venezolana (EJV), Caracas, 2012, pp. 261-279.

374 Véase. en *Revista de Derecho Público*, Nº 85-89, Editorial Jurídica Venezolana, Caracas 2001, pp. 90 y ss.

que no estaban en el Código. De acuerdo con el texto de la sentencia, el artículo quedó redactado como sigue, sin excepción:

> "*Artículo 197*. Los términos o lapsos procesales se computarán por días calendarios consecutivos excepto los sábados, los domingos, el Jueves y el Viernes Santo, los declarados días de fiesta por la Ley de Fiestas Nacionales, los declarados no laborables por otras leyes, ni aquellos en los cuales el Tribunal disponga no despachar".

Con estas últimas sentencias, la Sala Constitucional inició ilegítimamente su rol de legislador positivo, que se auto-atribuyó, al disponer la reforma de un artículo del Código de Procedimiento Civil y establecer un conjunto de normas procesales casuísticas como consecuencia de la reforma efectuada; rol que ha seguido ejerciendo con posterioridad, en otros casos, por ejemplo, al reformar las normas de competencia y de procedimiento establecidas en la Ley Orgánica de Amparo sobre Derechos y Garantías Constitucionales en 2000, y al reformar, esta vez de oficio, un artículo de la Ley de Impuesto sobre la Renta en 2007.

Sin embargo, en cuanto al fondo de la cuestión, debe destacarse que la sentencia de 2001 de la Sala Constitucional sobre el tema de los lapsos procesales, no había sido la primera dictada por el máximo tribunal del país en la cual se cuestionaba por razones de inconstitucionalidad la norma del artículo 197 del Código de Procedimiento Civil. Ya en 1989, la Sala de Casación Civil de la antigua Corte Suprema de Justicia, en sentencia 4 de octubre de 1989[375], se había pronunciado sobre la inconstitucionalidad de la misma norma, resolviendo su desaplicación, conforme a los poderes de control difuso de la constitucionalidad de las leyes que tienen todos los jueces en Venezuela, también desde el siglo XIX (artículo 20 CPC; artículo 334 C. 1999), incluyendo las Salas del Supremo Tribunal.

En ese caso, sin embargo, la Sala de Casación Civil no sólo decidió la inaplicación de la norma al resolver el caso concreto, como corresponde conforme al control difuso de la constitucionalidad de las leyes, con efectos *inter partes*, sino que también, fungiendo de "legislador positivo", pero igualmente sin posibilidad de ser controlado, estableció una nueva redacción a la norma, de supuesta aplicación general.

Antes de analizar la sentencia de la Sala Constitucional de 2001, estimamos por tanto necesario referirnos a este antecedente de la sentencia de la Sala de Casación Civil de 1989, que al desaplicar la misma norma por considerarla inconstitucional, también había establecido una nueva redacción. Al final, nos referiremos al mismo tema de la constitucionalidad pero de los lapsos en materia penal el cual también se planteó ante la Sala Constitucional, a través de un juicio de amparo, la cual decidió mediante sentencia de 5 de agosto de 2005,[376] que el lapso de cinco días para interponer el recurso de apelación en la fase preparatoria del proceso penal, debe ser computado por días hábiles, esto es, aquellos en los cuales el tribunal disponga des-

---

375 Véanse los comentarios en Allan R. Brewer-Carías, "La sentencia de los lapsos procesales (1989) y el control difuso de la constitucionalidad de las leyes", en *Revista de Derecho Público*, n° 40, Editorial Jurídica Venezolana, Caracas, octubre-diciembre 1989, pp. 157-175.

376 Véase en *Revista de Derecho Público* N° 103, Editorial Jurídica Venezolana, Caracas 2005, pp. 119 ss.

pachar, y por ende, la partes tengan acceso al tribunal, al expediente y al proceso, y no por días continuos como lo exige el artículo 172 del Código Orgánico Procesal Penal.

El juez constitucional es, precisamente, el guardián de la Constitución, pero al ejercer esa función no puede hacerlo violando la propia Constitución y usurpando la función legislativa. Sus sentencias de inaplicación de normas al caso concreto cuando aplica el método difuso de control de constitucionalidad, o de anulación de leyes, cuando ejerce el método concentrado de control de constitucionalidad de las leyes, sin duda, son el mejor aviso al legislador para que revise y reforme las leyes, pero no pueden significar pretender sustituirse en la función legislativa, por más plausibles que sean sus motivaciones e intenciones de garantizar derechos constitucionales. El juez constitucional, en definitiva, no es legislador, y la ley tiene que ser producto de la representación popular y no de un "legislador" no electo democráticamente.

Como se ha dicho, la Sala de Casación Civil de la antigua Corte Suprema de Justicia, en ejercicio del poder de control difuso de la constitucionalidad de las leyes, mediante sentencia de 4 de octubre de 1989, decidió no sólo la inaplicabilidad al caso concreto resuelto del artículo 197 del Código de Procedimiento Civil, que establece la forma de computar los lapsos y términos procesales, por considerarlo que colidía con el artículo 68 de la Constitución de 1961 que establecía el derecho a la defensa, sino que pretendió sustituir la norma que contenía dicho artículo por una nueva, excediéndose, sin duda, en sus poderes de control difuso.

La sentencia de la Sala de Casación Civil fue dictada al decidir un recurso de casación, declarándolo con lugar, que se había intentado contra una sentencia de un Tribunal Superior que había declarado sin lugar un recurso de hecho. Los antecedentes del caso fueron en síntesis los siguientes:

Con motivo de una demanda de ejecución de hipoteca que había sido intentada por ante un Juzgado de Primera Instancia en lo Civil, el tribunal, en el curso del procedimiento y en víspera de los días de Semana Santa de 1987, declaró la inadmisibilidad de la oposición a la ejecución de la hipoteca que se había alegado.

Contra dicha decisión, la parte ejecutada interpuso recurso de apelación, el cual fue negado por extemporáneo. En el caso concreto, la situación de los lapsos procesales fue la siguiente: la sentencia se había dictado un día martes, y el día siguiente, miércoles, fue Miércoles Santo; el jueves, fue Jueves Santo; el viernes, Viernes Santo; el sábado, Sábado de gloria, y el domingo, Domingo de resurrección. Durante esos días, precisamente habían transcurrido los cinco días calendarios consecutivos establecidos para apelar conforme al artículo 298 del Código de Procedimiento Civil. El tribunal consideró computables dichos días en el lapso, conforme lo establece el artículo 197 del mismo Código, de lo que resultó que la apelación sólo podía haberse interpuesto el día lunes siguiente a los días de Semana Santa de 1987. Al no haberse hecho en esa oportunidad, el juez de la causa negó la apelación que fue interpuesta con posterioridad, por extemporánea.

Contra el auto de negativa de la apelación, la parte ejecutada interpuso recurso de hecho y el Juzgado Superior correspondiente declaró sin lugar dicho recurso de hecho, con aclaratoria posterior. Contra dicho auto del Juzgado Superior y su aclaratoria, la parte ejecutada anunció recurso de casación, cuya decisión fue la sentencia de 4 de octubre de 1989 que comentamos, y que desaplicando por inconstitucional la norma del artículo 197 del Código de Procedimiento Civil, declaró con lugar el recurso interpuesto contra el auto y su aclaratoria que habían sido recurridos, ordenando al tribunal competente decidir nuevamente con arreglo a la doctrina establecida.

La parte ejecutada en el proceso argumentó que el criterio del juez que había dictado el auto recurrido, considerando que el lapso de apelación establecido en el artículo 298 CPC se debía computar por días calendarios consecutivos, que en el caso concreto comprendía los días de Semana Santa de 1987, la había colocado en indefensión "debido a una interpretación demasiado literal" de los artículos 197 y 298 CPC. Agregó la parte ejecutada que el artículo 298 CPC, en ninguna parte decía que los cinco días consagrados para apelar debían ser días calendarios, por lo que a su juicio "no puede el intérprete o el sentenciador dar esa interpretación", pues aunque la norma del artículo 197 CPC "no excluye el lapso para apelar quizás por un *desliz* legislativo", tampoco está excluido a la luz del artículo 297 CPC, correspondiendo a la Sala mitigar "la drástica injusticia de tan inequitativa norma". Agregó la parte recurrente que el lapso de cinco días para apelar "tienen que ser días efectivos para poder apelar, días de despacho", pues de lo contrario la norma del artículo 197 sería inconstitucional "porque consagraría la indefensión de las partes en los procesos".

La Sala de casación, al decidir, partió de la premisa de que las reglas legales para computar lapsos y términos procesales no deben estar sujetas a dudas, ni a interpretaciones ni a ambigüedades, por estar envuelta la garantía de derecho a la defensa, lo que en definitiva, podía considerarse como un consejo o requerimiento al legislador para su labor normativa. Apreció la Sala, sin embargo, que en esa materia "históricamente no ha sido del todo afortunado el legislador patrio", pasando luego revista al régimen previsto en el Código de 1916, y a los criterios de aplicación que se habían desarrollado en el foro, destacando la "prudente práctica forense" de identificar los "días hábiles" con los "días de audiencia", y de dar "secretaría" sólo cuando había "día de audiencia", con lo cual se lograba "evitar malos entendimientos, sorpresas, dudas y estados de indefensión". La sala analizó, además, los diversos proyectos del Código de Procedimiento Civil donde se buscaba regular la materia, "sin dejar lugar a dudas", entre ellos, el de 1975, que establecía que "los términos o plazos procesales se computarán por días calendarios consecutivos, *excluyendo solamente aquellos en que no se oiga ni despache en el Tribunal"* (art. 197) (subrayado de la Corte), identificándose entonces los días consecutivos con aquellos "en que el Tribunal tenga dispuesto despachar, quedando excluidos, en consecuencia, aquellos que resulten feriados y de las vacaciones judiciales".

Constató la Sala de Casación, sin embargo, que en el texto definitivo del artículo 197 del Código, el Legislador, guiado "por el principio de la celeridad procesal, de alta pero no exclusiva consideración", estableció terminantemente que "los términos o lapsos procesales se computarán por días calendarios consecutivos, excepto los lapsos de pruebas en los cuales no se computarán los sábados, los domingos, el jueves y el viernes santos, los declarados días de fiesta por la Ley de Fiestas Nacionales, los declarados no laborables por otras leyes, ni aquellos en los cuales el Tribunal disponga no despachar".

Es decir, conforme a esa norma, se estableció que todos los lapsos o términos procesales se deben contar por días calendarios consecutivos, *excepto única u exclusivamente los lapsos de pruebas* en los cuales no se computan los días en que no haya despacho. Es decir, conforme a "la interpretación estrictamente literal" de esta norma, es evidente que a los efectos de los términos o lapsos procesales, todos los días del año son computables, siempre que no se trate de los lapsos de pruebas en los cuales sólo son computables los días de despacho.

Ahora bien, esta "interpretación literal" clara y terminante de la norma, a juicio de la Sala de Casación, estaba "en contradicción con el principio de la legalidad de los lapsos procesales" establecido en el artículo 196 CPC, en el sentido de que por cuanto los lapsos y términos procesales son los expresamente establecidos por la Ley, si se aplica el principio del artículo 197 siempre resultará un lapso menor, pues siempre habrá días en que no se dé despacho (sábado o domingo, al menos). Esta abreviación de lapsos, en la práctica, y a juicio de la Sala de Casación, podría incluso hacer "desaparecer íntegramente" el lapso o término mismo, con un "real y efectivo menoscabo del derecho de defensa de las partes". De allí que la sala concluyera con su apreciación de que "tal interpretación literal" sólo implicaría celeridad procesal sin menoscabo de los derechos de las partes, cuando se trate de lapsos o términos de mayor duración, aun cuando incluso en esos casos, en supuestos de catástrofes, huelgas o casos semejantes cuando el órgano jurisdiccional deje de despachar por períodos prolongados, podría existir indefensión.

Advirtió la Sala que la "interpretación meramente literal" del artículo 197 CPC ha sido sin embargo "atemperada" por la práctica forense, al extenderse analógicamente la disposición del artículo 200 CPC a los supuestos de abreviación de lapsos que implica el artículo 197 CPC en el sentido de prorrogar en un día más el lapso de que se trate, cuando concluya en día en que no haya despacho, considerando la Sala que tal "aplicación analógica extensiva... no resulta conforme a la Ley".

De su análisis hermenéutico de la norma general del artículo 197 del CPC, y tomando en cuenta la absoluta prohibición de actuación de los tribunales fuera de los días y horas hábiles de despacho, concluyó la Sala de Casación en su sentencia indicando que a su juicio, dicha norma.

> "debe interpretarse en el sentido de que por regla general y salvo casos excepcionales más abajo enumerados, los términos y lapsos a los cuales se refiere dicho artículo, deben computarse efectivamente por días consecutivos en los cuales el Tribunal acuerda dar despacho, no siendo computable a esos fines aquellos en los cuales el juez decide no despachar, ni los sábados, ni los domingos, ni el Jueves y Viernes santos, ni los declarados días de fiesta por la Ley de Fiestas Nacionales, ni los declarados no laborables por otras leyes".

Para la Sala de Casación, tal interpretación armonizaba con el principio de la legalidad de los lapsos procesales. Además, señaló la Sala que desaparecida del Código la distinción entre días de audiencia y días hábiles, y sustituida por la noción de día de despacho:

> "no hay necesidad de distinguir los días de despacho solamente para pruebas, porque para toda otra actuación procesal que debe realizarse en día de despacho siempre deberán estar presentes el juez y el secretario, y lo natural es que estos días sean los computables para las actuaciones de las partes y las que competan propiamente al Tribunal".

En definitiva, la Sala llegó a una interpretación de la norma radicalmente distinta a la interpretación literal, pretendiendo normar no sólo lo que no estaba normado, sino en una forma distinta a como estaba, aduciendo además el argumento de que en nuestro país "las mismas razones valederas para el cómputo de los lapsos de pruebas por días de despacho, lo son para la interposición de todos los recursos, así como la solicitud de revocatoria y la de la aclaratoria de la sentencia". De allí que la propia Sala confesara que:

> "La previsión legislativa óptima habría sido el contenido literal del artículo 197, pero con ampliación de cada uno, lapsos y términos de poca duración, para evitar su abreviación o su desaparición, que es lo que corrige esta interpretación jurisdiccional".

En definitiva, la Sala de Casación Civil, al dictar su sentencia estableciendo una interpretación del artículo 197 CPC apartándose del método exegético gramatical exigido en el artículo 4 del Código Civil, y a pesar de encontrarse con una Ley clara y precisa, fue contra la letra de la Ley, al darle a la norma una interpretación distinta a la que aparece evidente del significado propio de las palabras, según la conexión de ellas entre sí y la intención del Legislador, estimando que el texto del artículo colidía con el derecho a la defensa previsto en el artículo 68 de la Constitución de 1961.

En definitiva, la sentencia de la Sala de Casación Civil estimó que con la adopción de la regla general para el cómputo de las diligencias judiciales por días consecutivos establecida en el artículo 197 CPC, el Legislador colidió el derecho a la defensa consagrado en el artículo 68 de la Constitución, por lo que:

> "de conformidad con el artículo 20 del propio Código de Procedimiento Civil, este Alto Tribunal *se aparta de la interpretación meramente literal* del artículo 197 del Código de Procedimiento Civil, y a tal efecto respecto del cómputo para los lapsos y términos del proceso civil en Venezuela, *establece las siguientes normas aplicables a los procesos a partir de la fecha de la publicación de esta sentencia. . .".*

A continuación, en su sentencia, la Sala *"estableció"* la *"norma"* de que "solamente son computables por días calendarios consecutivos", los lapsos o términos "de mayor duración" en los que se impone el principio de la celeridad procesal, y que se consideran "supuestos excepcionales", siendo éstos los previstos en los artículos 199, 231, 251, 267, 317, 318, 319, 335, 374, 386, 515, 521, 614, 756 y 757.

Además, estableció que debían ser computables por días calendarios consecutivos los lapsos que se cumplen ante la propia Sala con motivo del recurso de casación, como la propia Sala lo estableció. Agregó además la sentencia que "en todos estos casos de los lapsos por días consecutivos" es aplicable la regla del artículo 200 del Código de Procedimiento Civil.

En definitiva, la Sala de Casación, en el caso concreto sometido a su consideración, estimó que el Juez del auto recurrido había interpretado el artículo 197 "en su forma más literal", forma que a juicio de la Sala no se compaginaba con los principios establecidos en la sentencia, conforme a la cual la "regla general" en el cómputo de los términos y lapsos procesales, conforme al artículo 197 CPC, es por días consecutivos en los cuales el Tribunal haya acordado oír y despachar, de manera que el cómputo del lapso de apelación establecido en el artículo 298 del Código de Procedimiento Civil debía efectuarse "por días calendarios consecutivos en los cuales se haya acordado oír y despachar y no por días consecutivos". Por ello la Sala de Casación concluyó su fallo declarando en el caso concreto, procedentes las denuncias de infracción de los artículos 289 y 197 CPC, declarando con lugar el recurso de casación interpuesto.

El recurso de casación en el caso concreto, se había interpuesto conforme a lo establecido en los artículos 313,2 y 317,3 CPC, denunciándose la infracción de los artículos 289 y 197 del mismo Código. El artículo 317,3 señala que el recurso de casación debe declararse con lugar, "cuando se haya incurrido en un *error de interpretación* acerca del contenido y alcance de una disposición expresa de la Ley", en este caso, los artículos 289 y 197 del CPC. El artículo 298 establece el lapso de cinco días para apelar, y el artículo 197 determina que el cómputo de dicho lapso es por días calendarios consecutivos. Esta disposición expresa fue la que aplicaron los Tribunales de instancia, sin que hubiese habido interpretación alguna, mucho menos "error de interpretación" acerca del contenido o alcance de las normas. Como lo afirmaron los Magistrados que salvaron el voto en la decisión:

> "de tan cristalina redacción (del art. 197) la única interpretación posible es la literal, esto es, que los términos o lapsos procesales se computarán por días calendarios consecutivos, salvo la excepción del lapso probatorio en el mismo establecido".

Por tanto, el recurso de casación debió haber sido declarado sin lugar, ya que no hubo infracción de ley, sino simple y elemental aplicación de la misma. En realidad, por más plausible que haya sido la intención de la mayoría decisora, la errada interpretación del artículo 197 CPC fue la que ellos hicieron, al punto "de cambiar radicalmente el dispositivo legal" como lo afirmaron los Magistrados disidentes, violentando "el principio de interpretación lógico e histórico de la aparición de la norma". Así se expresaron:

> "Con el fundamento de mantener a salvo el derecho constitucional a la defensa, inviolable en todo estado y grado del proceso, la Sala deroga la norma legislativa, sustituyéndola por una nueva, violentándose así los principios de hermenéutica jurídica, pues desde el punto de vista histórico, es un regreso al pasado, a la confusión y anarquía que ya se creían superadas en esta materia".

Agregaron los Magistrados disidentes, que la Sala:

> "en una clara usurpación de funciones, bajo el pretexto de una nueva interpretación, está cambiando total y absolutamente el contenido, el sentido y el propósito de la Ley. La está sustituyendo por una norma nueva en su contenido literal y jurídico, lo cual no está dentro de las funciones de esta Sala".

Pero la Sala de Casación no se contestó con sentar una interpretación errada del artículo 197 CPC, sino que pretendió hacerlo con carácter y efectos generales, estableciendo "normas aplicables a los procesos a partir de la fecha de la publicación de esta sentencia", en sustitución de una norma legal que virtualmente "derogaba", lo cual es absolutamente inconstitucional, pues esa función estatal corresponde al Legislador.

No puede la Corte Suprema de Justicia, en ninguna de sus Salas, actuar como Legislador creando normas de validez general. A lo sumo, en ese entonces, sólo la

Corte Plena podría actuar como "legislador negativo" como el propio Kelsen lo había concebido hace décadas, al declarar la nulidad por inconstitucionalidad de las leyes, conforme al artículo 215 de la Constitución de 1961. Podría incluso admitirse que la Corte Suprema, en Pleno, como juez constitucional, al declarar sin lugar un recurso de inconstitucionalidad, sin anular la norma impugnada pudiera fijar la interpretación de la misma acorde con la Constitución, para sostener su constitucionalidad. Por ello, la Sala de Casación incurrió además en una extralimitación de atribuciones usurpando en esa oportunidad competencias de la Corte Plena, al haber pretendido, en la práctica, "anular" con carácter general una norma y, en sustitución, establecer otras normas de aplicación general o, como lo afirmaron los Magistrados disidentes, sustituir un dispositivo legal "por uno nuevo".

Por ello, con razón, los Magistrados disidentes señalaron que la Sala, en la sentencia, en realidad derogó el artículo 197 CPC, "atribuyéndose funciones legislativas que sólo le están conferidas en Venezuela, en lo que respecta a leyes nacionales, al soberano Congreso Nacional".

La Sala de Casación, además, ejerció esta función legislativa que no tenía atribuida constitucionalmente, supuestamente para salvaguardar el derecho a la defensa. Pero en realidad, el artículo 197 CPC, como lo observaron los Magistrados disidentes, "no vulnera el derecho ciudadano a la defensa" el cual sólo estaría lesionado "cuando se priva a las partes del uso de los medios que les proporciona la Ley para hacer valer sus derechos". Por ello, afirmaron que era evidente que la interpretación literal del artículo 197, "no colide con el artículo 68 de la Constitución, sino por el contrario, organiza el ejercicio de ese derecho constitucional para hacerlo efectivo, rápido y seguro en el proceso".

Sin embargo, fue precisamente con base en la consideración de que el artículo 197 del CPC colidía con el artículo 68 de la Constitución de 1961, que la Sala de Casación invocó el artículo 20 del Código de Procedimiento Civil que consagra el control difuso de la constitucionalidad, para afirmar que se "apartaba" de la interpretación meramente literal del artículo 197 y procedía a establecer normas de aplicación general a todos los procesos a partir de la fecha de la publicación de la sentencia.

Por supuesto, no es posible ejercer el control difuso de la constitucionalidad de las leyes para establecer interpretaciones distintas a las literales de una norma, y crear normas nuevas de aplicación general sustituyendo las que están en la letra de la ley. Hacerlo, como lo hizo en aquél momento la Sala de Casación Civil, no fue más que desconocer de la manera más absoluta el sentido de los métodos de control de la constitucionalidad en el país.

Pero aun en forma equivocada, si la sentencia pretendía, como lo afirmó la Sala, "apartarse de la interpretación meramente literal" y "establecer normas aplicables a los procesos a partir de la fecha de la publicación de la sentencia", es evidente que ello sólo podía hacerlo sin violar la garantía constitucional establecida en el artículo 44 de la Constitución de 1961, es decir, no podía la Sala crear la norma con efectos retroactivos. Sin embargo, y a pesar de establecer las normas de aplicación general a los procesos "a partir de la fecha de la publicación de la sentencia", en forma totalmente contradictoria y retroactiva, la Sala casó un auto de un Tribunal de la República que había aplicado el artículo 197 del CPC en su forma literal, dictado dos años antes, al declarar con lugar el recurso de casación. Si la nueva interpretación y norma creada sólo se debía aplicar a los procesos a partir de la fecha de publicación de la sentencia, es evidente que no podía servir para casar un auto judicial dictado dos años antes.

En todo caso, y para el supuesto de que la Sala de Casación Civil, al decidir el caso concreto sometido a su consideración, en virtud de que el lapso de apelación discutido había transcurrido en los días de Semana Santa de 1987, hubiera considerado que en ese caso se violaba el derecho a la defensa del recurrente, con base en artículo 20 CPC que prevé el método difuso de control de la constitucionalidad, sólo podía, y nada más, *desaplicar la norma del artículo 197 del CPC al caso concreto aplicando preferentemente el artículo 68 de la Constitución, garantizándole al recurrente su derecho de apelar.*

Pero en definitiva, lo que no podía la Sala de Casación al amparo del método difuso de control de la constitucionalidad de las leyes, era *derogar* una norma y *dictar* otra en su sustitución, pretendiendo que ésta debía aplicarse *con carácter general* a todos los procesos. La Sala, sin duda, aplicó erradamente el artículo 20 CPC desconociendo los principios del control difuso de la constitucionalidad de las leyes, que no le permitían "establecer" normas de aplicación general distintas a las del derecho escrito; ni dar a su sentencia efectos derogatorios respecto de normas de derecho escrito, y menos en forma retroactiva.

Después de comentar dicha sentencia, en 1998, concluíamos señalando que "en materia de control de constitucionalidad, es evidente que el tema del control de la constitucionalidad de las leyes no sólo continúa siendo uno de los más importantes para el adecuado funcionamiento del Estado sometido a una Constitución, sino que todavía es un tema no totalmente dominado por los propios jueces llamados a ejercer el control. De lo contrario, una sentencia como la comentada, no se habría dictado".[377]

Y así continúa siendo, lo que resulta de la sentencia de la Sala Constitucional de 2001, también en relación con el artículo 197 CPC y los lapsos procesales.

En efecto, luego de la sentencia de la Sala de Casación, la norma del artículo 197 CPC fue impugnada por la vía de acción popular de inconstitucionalidad por ante la antigua Corte Suprema, habiendo sido resuelto el procedimiento por la Sala Constitucional del Tribunal Supremo, precisamente mediante la citada sentencia nº 80 de 1 de febrero de 2-2001[378]. Dicha sentencia anuló parcialmente el artículo considerando que establecer que los términos o lapsos procesales establecidos en el Código se deben computar "por días calendarios consecutivos excepto los lapsos de pruebas, en los cuales no se computarán los sábados, los domingos, el Jueves y el Viernes santo, los declarados días de Fiestas Nacionales, los declarados no laborables por otras leyes, ni aquellos en los cuales el Tribunal disponga no despachar", era contrario a la garantía del debido proceso y derecho a la defensa establecidos en el artículo 49 de la Constitución de 1999, al convertir lo que debió ser una regla del cómputo, en la excepción.

---

377 Véase en Allan R. Brewer-Carías, "La sentencia de los lapsos procesales (1989) y el control difuso de la constitucionalidad de las leyes," en *Revista de Derecho Público*, N° 40, Editorial Jurídica Venezolana, Caracas, octubre-diciembre 1989, pp. 157-175.

378 Véase en *Revista de Derecho Público* Nº 85-89, Editorial Jurídica Venezolana, Caracas 2001, pp. 90 ss.

Los impugnantes que intentaron la acción de inconstitucionalidad argumentaron que dicha norma era violatoria del derecho a la defensa, consagrado en el artículo 68 de la Constitución de 1961, basándose en que la misma establecía una diferencia en el cómputo de los lapsos procesales según se tratara del lapso probatorio o de los demás lapsos. Estos últimos se computaban por días calendarios consecutivos, y los primeros (probatorio) por días calendarios consecutivos con excepción de los sábados, domingos, Jueves y Viernes Santos, los declarados días de fiestas por la Ley de Fiestas Nacionales, los declarados no laborables por otras leyes, así como aquellos en los cuales el tribunal dispusiera no despachar.

Al establecer esta diferencia, estimaron los impugnantes que se violaba el derecho a la defensa (artículo 68 C. 1961), pues las mismas razones que tuvo el legislador para contemplar que los lapsos de pruebas debían ser computados por días en que el Tribunal resolviera no despachar, justifican que los restantes lapsos procesales debían ser computados de igual forma. A tal efecto, argumentaron cómo en determinados casos se evidencia que la aplicación de dicha distinción (entre lapsos de pruebas y otros lapsos) conculcaba los derechos de los justiciables, concretamente el derecho a la defensa. En particular hicieron referencia a los lapsos establecidos en el artículo 1.114 del Código de Comercio, sobre el término de tres días para apelar de las sentencias interlocutorias, lo que podía implicar en la práctica la reducción del lapso a un día, si coincidían algunos de los días no laborables, argumentando que lo dispuesto en el citado artículo 197 CPC, trastocaba el principio de legalidad de los lapsos procesales previstos en el artículo 196 del mismo Código.

La Sala Constitucional fundamentó su decisión en el artículo 49 de la Constitución de 1999, que establece el derecho al debido proceso y a la defensa, considerando que dicho derecho:

> "constituye un conjunto de garantías, que amparan al ciudadano, y entre las cuales se mencionan las del ser oído, la presunción de inocencia, el acceso a la justicia y a los recursos legalmente establecidos, la articulación de un proceso debido, la de obtener una resolución de fondo con fundamento en derecho, la de ser juzgado por un tribunal competente, imparcial e independiente, la de un proceso sin dilaciones indebidas y por supuesto, la de ejecución de las sentencias que se dicten en tales procesos".

Dicho derecho al debido proceso se consideró por la Sala como parte del principio de igualdad frente a la ley, "y que en materia procedimental representa igualdad de oportunidades para las partes intervinientes en el proceso de que se trate, a objeto de realizar -en igualdad de condiciones y dentro de los lapsos legalmente establecidos- todas aquellas actuaciones tendientes a la defensa de sus derechos e intereses".

Consideró además, la Sala, que:

> "el derecho al debido proceso -y dentro de éste el derecho a la defensa-, tiene un carácter operativo e instrumental que nos permite poner en práctica los denominados derechos de goce (p.ej. derecho a la vida, a la libertad, al trabajo), es decir, su función última es garantizar el ejercicio de otros derechos materiales mediante la tutela judicial efectiva, por ello, su ejercicio implica la concesión para ambas partes en conflicto, de la misma oportunidad de formular pedimentos ante el órgano jurisdiccional. De manera que la violación del debido proceso podrá manifestarse: 1) cuando se prive o coarte alguna de las partes la facultad

procesal para efectuar un acto de petición que a ella privativamente le corresponda por su posición en el proceso; 2) cuando esa facultad resulte afectada de forma tal que se vea reducida, teniendo por resultado la indebida restricción a las partes de participar efectivamente en plano de igualdad, en cualquier juicio en el que se ventilen cuestiones que les afecte".

La Sala siguió su línea de argumentación indicando que el proceso es un conjunto sucesivo de actos procesales tendientes a la declaratoria final del juez para dilucidar una controversia, lo que amerita de ámbito espacial y temporal para su funcionamiento, "que asegure la participación de los sujetos procesales, a objeto de preservar la certeza jurídica, la igualdad de tratamiento y la lealtad del contradictorio". Para tal efecto, argumentó la Sala, las leyes procesales distinguen el tiempo útil para la realización de los actos procesales en general, del tiempo hábil para ello", conforme a la distinción expresada en el mismo Código de Procedimiento Civil, en su artículo 193 que señala que "Ningún acto procesal puede practicarse en día feriado, ni antes de la seis de la mañana ni después de las seis de la tarde, a menos que por causa urgente se habiliten el día feriado o la noche".

De lo anterior, la Sala dedujo "que no todas las horas del tiempo útil son hábiles para la realización de los actos procesales, debiéndose computar dichos lapsos conforme a una unidad de medida, previamente establecida por la norma adjetiva, y que dentro del marco legal se encuentra diferenciada en atención a las distintas unidades de tiempo que se emplee". Por tanto, consideró la Sala, que los lapsos establecidos por años o meses se debían computar desde el día siguiente al de la fecha del acto que da lugar al lapso, y concluían el día de la fecha igual al acto del año o mes que corresponda para completar el lapso (artículo 199 del Código). Asimismo consideró la Sala, que los lapsos procesales por días, de conformidad con lo dispuesto en el artículo 197 del Código, se debían computar por días calendarios consecutivos, a excepción del lapso de pruebas.

En la fundamentación del fallo, la Sala además, puntualizó que el fin último del proceso es "la decisión del conflicto mediante un fallo que adquiere autoridad de cosa juzgada, sin el cual el proceso por sí mismo carecería de sentido", es decir, la tutela de los derechos, por lo que no podría permitirse "el sacrificio de la tutela jurisdiccional ante el proceso, bien porque la práctica desnaturalice los principios que lo constituyen o porque sea la propia ley procesal la que, por su imperfección, impida tal función tutelar". De lo contrario, consideró la Sala, "el proceso fallaría en su cometido, toda vez que, las formalidades procesales han de entenderse siempre para servir a la justicia, garantizando el acierto de la decisión judicial, y jamás como obstáculos encaminados a dificultar el pronunciamiento de la sentencia".

Con base en lo anterior, la Sala consideró que la rigidez del formalismo procesal no debe arrollar la esencia del derecho, exigiendo la aplicación del principio de supremacía constitucional, de manera que la tutela del proceso se realice bajo el imperio de los principios constitucionales, para garantizar que pueda tutelar los intereses jurídicos de los particulares. A tal efecto, la Constitución consagra "la existencia de un debido proceso como garantía de la persona humana, de modo que, los preceptos que instituyen al proceso se crean en atención a los lineamientos constitucionales, a objeto de hacer efectivo el control constitucional de las leyes."

Con base en lo anterior, la Sala consideró que

> "si una ley procesal instituye una forma del proceso que prive al individuo de una razonable oportunidad para hacer valer su derecho, tal instrumento normativo se encontraría viciado de inconstitucionalidad, ya que, con el mero otorgamiento de la oportunidad de la defensa no se cumple a cabalidad con el precepto constitucional analizado, puesto que amerita ser interpretada y aplicada en concatenación con el principio de la preclusión procesal, que obliga a que la oportunidad sea contemplada de forma racional, pues siendo el proceso una sucesión de actos procesales el hecho de que las diversas etapas del proceso se desarrollen mediante la clausura definitiva de cada una de ellas, impide el regreso a etapas y momentos procesales ya extinguidos y consumados.
>
> De allí que cuando se le otorga una oportunidad a las partes de un proceso para realizar cualquier acto procesal, no basta -se insiste- con el otorgamiento de tal oportunidad, sino que debe haber un plazo racional para ejercer a cabalidad la defensa, por tal motivo, el cómputo debe ser preciso, efectivo y cónsono con el fin para el cual ha sido creado, esto es, garantizar el debido proceso."

En particular, respecto de la garantía del derecho a ser oído establecido en el artículo 49,3 de la Constitución, la Sala consideró que para que pudiera ser garantizado "no basta con la sola posibilidad de actuar ante el tribunal competente, sino que tal actuación debe ser ejercida con las debidas garantías (otorgadas por la Constitución y las leyes), dentro de un *plazo razonable* determinado legalmente, establecido con anterioridad a la fecha de su actuación y, ante un tribunal competente, independiente e imparcial." Dicho plazo, en todo caso, es el que el legislador, en su momento, consideró necesario para la ejecución del acto, el cual sin embargo, consideró la Sala que no podía "ser disminuido por el método ejercido para su cómputo, pues dejaría entonces de ser razonable y en consecuencia se haría inconstitucional"

De ello dedujo la sala su concusión de que la disposición impugnada prevista en el artículo 197 del Código de Procedimiento Civil, resultaba "en franca contradicción con el derecho al debido proceso, el cual como se ha dicho comporta a su vez, el derecho a la defensa", a cuyo efecto se refirió a varios casos, así:

Por ejemplo, para la interposición del anuncio de casación, está estipulado un lapso de diez (10) días, según lo preceptuado en el artículo 314 *eiusdem*, pero de conformidad con lo previsto en el artículo 197, dicho lapso virtualmente nunca es el de los diez (10) días fijados por el artículo 314, sino siempre un lapso menor, donde habrá al menos, y en el mejor de los casos, un sábado y un domingo, o cuando la abreviación pudiera ser mayor por coincidir con cualquiera de los días Jueves y Viernes Santos, o en días de Fiesta Nacional, o uno declarado no laborable por ley distinta a la de Fiestas Nacionales, o alguno o algunos en que el Tribunal no haya dispuesto oír ni despachar; o en forma acumulativa unos u otros días de los señalados en los cuales ni el Tribunal, ni por ende, las partes pueden actuar. En cuanto se refiere a lapsos y términos cortos, como por ejemplo, el de los tres (3) días establecidos en el artículo 10; o el de los dos (2) días del artículo 84 del Código de Procedimiento Civil; o los términos de la formalización y del término de la contestación, respectivamente, de la tacha incidental de documentos de cinco (5) días cada uno, previstos en el artículo 440 *eiusdem*; o aquellos establecidos para el "Procedimiento Breve del Título XII", Parte Primera, Libro Cuarto del Código, conlleva a que tales lapsos y términos podrían quedar abreviados (por virtud de coincidir con alguno o algunos de los días señalados en el artículo 197, como días no hábiles para el cómputo de pruebas, por no haber tampoco en ellos despacho en el Tribunal), y en casos extremos, a un solo día, a horas, a minutos, o bien desaparecer íntegramente el lapso o término mismo, con un real y efectivo menoscabo del derecho a la defensa de las partes en el proceso y en detrimento al decoro de la propia función jurisdiccional, al igual que atenta contra el principio de legalidad de los lapsos procesales, previstos en el artículo 196 del Código de Procedimiento Civil.

La Sala consideró en definitiva que si la finalidad de método de cómputo de lapsos establecido en la norma impugnada

> "era alcanzar la uniformidad y la certeza en el cómputo de los lapsos, no se entiende la razón jurídica de la distinción entre lapsos de pruebas y los demás lapsos procesales para aplicarle, según sea el caso, dos formas de cómputo distintas, pues si bien es cierto que la promoción y evacuación de pruebas son actos procesales de gran transcendencia en el proceso, no menos importantes son los actos que les preceden y que le siguen, sobre todo al tratarse el proceso de una secuencia lógica de actos. Además, tal como está redactada la norma, se pierde la finalidad del método al desaparecer la razonabilidad del plazo otorgado por el legislador para la ejecución del acto, porque se disminuye materialmente el plazo previsto en la norma para efectuarlo, en atención a que los Tribunales -salvo alguna excepción- no despachan los sábados, domingos, días feriados establecidos por la ley de Fiestas Nacionales, ni tampoco cualquier otro día que decida no despachar, debido a elementos exógenos al proceso y que inciden en tal disminución, contrariando así -como bien lo apuntan los accionantes- el principio de legalidad de los lapsos procesales, establecido en el artículo 196 del Código de Procedimiento Civil, pero primordialmente la garantía constitucional del debido proceso, y por tanto el derecho a la defensa, consagrados en el artículo 49 numerales 1 y 3 de la Constitución de 1999".

De ello concluyó la Sala que el contenido del artículo 197 del Código de Procedimiento Civil al establecer el método de cómputo de los lapsos procesales

> "por días calendarios consecutivos excepto los lapsos de pruebas, en los cuales no se computarán los sábados, los domingos, el Jueves y el Viernes santo, los declarados días de Fiestas Nacionales, los declarados no laborables por otras leyes, ni aquellos en los cuales el Tribunal disponga no despachar," se enfrenta a los postulados que respecto al debido proceso y al derecho a la defensa se establecen en la vigente Constitución, al convertir lo que debió ser una regla del cómputo, en la excepción, ya que al computarse los demás lapsos procesales por días calendarios continuos, sin atender a las causas que llevó al mismo legislador a establecer tales excepciones en el cómputo de los lapsos probatorios, se viola el contenido normativo del artículo 49 de la Constitución de 1999, por disminuir, para el resto de los actos procesales, el lapso que el legislador consideró -en su momento- razonable para que las partes cumplieran a cabalidad con los actos procesales que las diferentes normativas adjetivas prevén."

La conclusión de todo lo anterior fue que según la Sala Constitucional, el debido proceso, exige un plazo razonable para todos los actos sin excepción, y por ello, visto que tal como estaba redactada la norma impugnada del artículo 197 del Código de

Procedimiento Civil, consideró que "ésta resulta inconstitucional por ser contraria al debido proceso y al derecho a la defensa" procediendo la Sala en consecuencia a **declarar su nulidad parcial** en lo que respecta a la frase: "(...) *los lapsos de pruebas, en los cuales no se computarán...*"; agregando que:

> "Así, ante la prohibición absoluta de actuación del Tribunal fuera de días y horas de despachos, conforme lo dispone el Código de Procedimiento Civil, debe entenderse, que por regla general los términos y lapsos a los cuales se refiere dicho artículo, tienen que computarse efectivamente por días consecutivos, en los cuales el Tribunal acuerde dar despacho, no siendo computables a esos fines aquellos en los cuales el Juez decida no despachar, ni los sábados, ni los domingos, ni el Jueves y Viernes Santos, ni los días declarados de fiesta o no laborables por ley, criterio que debe ser aplicado en concatenación con lo dispuesto en los artículos 199 y 200 del Código de Procedimiento Civil..."

Pero no le bastó a la Sala anular parcialmente la norma y fijar su interpretación, sino que concluyó reformándola, ordenando como antes se dijo, que "se tenga la redacción de la misma de la siguiente manera":

> "*Artículo 197.* Los términos o lapsos procesales se computarán por días calendarios consecutivos excepto los sábados, los domingos, el Jueves y el Viernes Santo, los declarados días de fiesta por la Ley de Fiestas Nacionales, los declarados no laborables por otras leyes, ni aquellos en los cuales el Tribunal disponga no despachar".

Como se aprecia, si se confronta esta norma con la anterior, la Sala modificó la redacción de la norma de manera que después de la palabra "excepto", eliminó la frase "los lapsos de pruebas, en los cuales no se computarán" que estaba en el artículo del Código, y cambió la frase "los declarados días de fiesta por la Ley de Fiestas Nacionales", por "los declarados días de Fiestas Nacionales".

La sentencia reformatoria del artículo 197 del Código de Procedimiento Civil antes comentada, originó múltiples problemas de aplicación, dada la variedad de lapsos procesales que establece el Código, lo que motivó que se le solicitara a la Sala una aclaratoria a la sentencia, lo que en efecto la Sala realizó en sentencia Nº 319 de 9 de marzo de 2001[379], en la cual la Sala comenzó por aclarar que a pesar de haber ejercido la función legislativa, su rol:

> "bajo ningún supuesto puede ser visto como una ingerencia o usurpación en las atribuciones del órgano legislativo -Asamblea Nacional- que tiene por función propia normar las materias que resultan de orden nacional."

En la aclaratoria, la Sala recordó que la sentencia anterior que había declarado la inconstitucionalidad parcial del artículo 197 CPC se había basado en lo dispuesto en el artículo 46, ordinales 1 y 2 de la Constitución de 1961:

> "en atención a la circunstancia fáctica que se verificaba con los cómputos de los términos y lapsos establecidos para la realización de determinadas actuaciones procesales de los justiciables, a consecuencia de la disminución de los mis-

---

379 Véase en *Revista de Derecho Público*, Nº 85-89, Editorial Jurídica Venezolana, Caracas, 2001.

mos en un número ciertamente menor a aquellos dispuestos en la norma, como producto del no despachar continuo de los tribunales, lo cual tendía a crear un estado de indefensión y a transgredir el debido proceso."

Por tanto, lo que motivó la sentencia inicial, como lo indicó la Sala, fue la consideración de que la actividad jurisdiccional va dirigida a resolver una controversia y siendo que las partes son quienes en definitiva sufren los efectos de la sentencia, "debe garantizársele a cada una de ellas la posibilidad de adversar o contradecir *oportunamente* lo sostenido por su contraparte, es decir, garantizarle su derecho a la defensa."

La Sala aclaró que al decidir tuvo en cuenta el derecho constitucional a la tutela judicial efectiva establecido en el artículo 26 de la Constitución de 1999, y que jamás pretendió "sacrificar las formas sobre el fondo", sino más bien adaptar la norma impugnada a la actividad procesal respetando el derecho a la defensa y al debido proceso; al considerar que "el fin institucional e inmediato del proceso es la justicia, la cual debe ser alcanzada sin sacrificar el fondo por la forma, teniendo claro, la existencia de dos actos fundamentales dentro del esquema procesal; a saber, la demanda y la sentencia, siendo todos los actos intermedios el mecanismo por el cual se preparara la providencia judicial."

Ello, a juicio de la Sala, no quiere decir "que todas las formas son innecesarias, pues, la instrumentalidad de las formas si bien no tienen un valor intrínseco propio, su observancia permite medir concretamente la realización en el tiempo y en el espacio de las actuaciones procesales"; por lo que la decisión se adoptó

"sin desconocer la existencia del derecho a la celeridad procesal consagrado en el citado artículo 26 de la Constitución, motivo por el cual, entendiendo al Código de Procedimiento Civil como un conjunto sistemático de normas, donde los términos o lapsos pautados para realizar las actuaciones procesales se crearon en principio para ser computados por días calendarios continuos, la formalidad de que el término o lapso procesal para la realización de un determinado acto sea computado atendiendo a que el tribunal despache, debe ser entendido para aquellos casos en que efectivamente se vea inmiscuido de forma directa el derecho a la defensa de las partes."

En conclusión, la Sala aclaró que es "la naturaleza de las actuaciones procesales las que distinguirán si el cómputo del término o lapso se realizará por días calendarios continuos sin atender a las excepciones previstas [en la norma] o, si por el contrario, deberán hacerse únicamente en función de que el tribunal despache"; en otras palabras, concluyó señalando que

"si la naturaleza del acto procesal implica, que para que se cumpla cabalmente el derecho a la defensa y al debido proceso, éste deba ser realizado exclusivamente cuando el tribunal despache, en virtud de que sólo así las partes pueden tener acceso al expediente o al juez para ejercer oportunamente -entiéndase de forma eficaz- su derecho a la defensa, indudablemente que los términos o lapsos procesales para la realización de tales actos se computarán en función de aquellos días en que el tribunal acuerde despachar."

En consecuencia, estimó esta Sala que la aplicación del artículo 197, y el considerar para el cómputo de los términos o lapsos los días en que efectivamente despache el tribunal, debe obedecer a la consideración de si "el acto procesal de que se trate involucre o de alguna manera afecte el derecho a la defensa de las partes; en contraposición a aquellos que con su transcurrir no lo involucren"; a cuyo efecto, como ejemplo sentó el criterio de que "el lapso procesal establecido para contestar la demanda o los términos o lapsos procesales establecidos para ejercer oposición a cualquier providencia judicial, deben ser computados por días en que efectivamente el tribunal despache, en virtud de que la naturaleza de tales actos se encuentran vinculadas directamente con el derecho a la defensa y al debido proceso".

Igualmente decidió la Sala, que "los términos o lapsos procesales establecidos para ejercer cualquier acto de impugnación ante el tribunal de instancia; tales como, recurso de hecho, recurso de queja, recurso de regulación de competencia o apelación, también deben ser computados por días en que efectivamente el tribunal despache".

De allí, a los fines de garantizar la tutela judicial efectiva, la Sala pasó a "establecer" las siguientes "normas":

1. Los lapsos para sentenciar así como el de prórroga contemplado en los artículos 515, 521 y 251 del Código de Procedimiento Civil, deben ser computados por días calendarios consecutivos sin atender a las excepciones establecidas en el artículo 197 *eiusdem*.
2. El lapso para la formalización, contestación, réplica y contrarréplica del recurso de casación establecidos en los artículos 317 y 318 del mismo texto legal, deben ser computados por días calendarios consecutivos sin atender a las excepciones establecidas en el artículo 197 *eiusdem*.
3. Los lapsos para los actos conciliatorios consagrados en los artículos 756 y 757 *eiusdem*, así como el lapso para la comparecencia a través de edictos previsto en el artículo 231 de dicho texto legal, y los lapsos de carteles, tales como, los previstos en los artículos 223, 550 y siguientes del Código de Procedimiento Civil, serán computados por días calendarios consecutivos, sin atender a las excepciones establecidas en el artículo 197 *eiusdem*.
4. El lapso para proponer la demanda después que haya operado la perención previsto en el artículo 271 del Código de Procedimiento Civil, igualmente serán computado por días calendarios consecutivos sin atender a las excepciones establecidas en el artículo 197 *eiusdem*.
5. El lapso que tiene la Sala de Casación Civil de este Alto Tribunal para sentenciar, así como el que tiene el Juez de Reenvío, establecido en los artículos 319 y 522 del texto que rige la materia serán computados por días calendarios consecutivos, sin atender a las excepciones establecidas en el artículo 197 del Código de Procedimiento Civil.
6. El lapso para intentar la invalidación contemplado en el artículo 335 del Código de Procedimiento Civil, será computado conforme a la regla prevista en el artículo 199 *eiusdem*, por tratarse de un lapso cuya unidad de tiempo es mensual.
7. Los lapsos para la suspensión de la causa principal, según lo pautado en los artículos 374 y 386 del Código de Procedimiento Civil, serán computados por días calendarios continuos, sin atender a las excepciones establecidas en el artículo 197 *eiusdem*.

8. El lapso de treinta días para la evacuación de las pruebas contemplado en el artículo 392 *íbidem*, así como el lapso para su promoción, admisión y oposición será computado por días en que efectivamente el tribunal despache, en atención a lo dispuesto en el artículo 197 del Código de Procedimiento Civil, por encontrarse vinculada directamente la naturaleza de dicho acto al derecho a la defensa y al debido proceso de cada una de las partes.
9. El lapso para que los árbitros dicten sentencia según lo dispuesto en el artículo 614, parágrafo cuarto, del Código de Procedimiento Civil, se computará por días calendarios consecutivos sin atender a las excepciones previstas en el artículo 197 *eiusdem*
10. El término de la distancia debe ser computado por días calendarios consecutivos, sin atender a las excepciones establecidas en el artículo 197 del Código de Procedimiento Civil.

A pesar de haber "legislado" extensivamente sobre el tema de los lapsos procesales, en virtud de que las "reformas" dictadas se refirieron al procedimiento civil, el tema de la constitucionalidad de otros lapsos también se planteó ante la Sala Constitucional, con motivo de resolver un recurso de amparo contra una decisión de una corte de apelaciones en el ámbito penal.

Efectivamente, mediante sentencia nº 2560 de 5 de agosto de 2005 (Caso: *Rómulo Jesús Pacheco Ferrer y otro vs. Decisión Corte de Apelaciones del Circuito Judicial Penal de la Circunscripción Judicial del Estado Anzoátegui*)[380], la Sala decidió que el lapso de cinco días para interponer el recurso de apelación en la fase preparatoria del proceso penal, debe ser computado por días hábiles, esto es, aquellos en los cuales el tribunal disponga despachar, y por ende, la partes tengan acceso al tribunal, al expediente y al proceso, y no por días continuos. En esta forma, en dicha sentencia, la Sala en virtud de que no existía en los tribunales uniformidad de criterio en materia de los lapsos para interponer el recurso de apelación en la fase preparatoria del proceso penal, decidió sentar doctrina al respecto para garantizar a los recurrentes el derecho de defensa (apelación), enunciándola como "vinculante para la Sala Penal de este Tribunal Supremo y para todos los tribunales penales de la República".

Para ello, la Sala comenzó su argumentación recordando que las discusiones respecto al cumplimiento de los lapsos procesales tenían que ver con el derecho a la defensa, siendo el ejercicio de los recursos una de las manifestaciones de este derecho, de manera que una de las formas de producirse su violación era impedir su ejercicio, bien por acción o por omisión; agregando que:

> "Estas infracciones, obviamente, la mayoría de las veces corren por cuenta del órgano jurisdiccional cuando asume decisiones que las partes consideran no ajustadas a la ley, como cuando el Tribunal remite los autos a otro Tribunal antes de que comience a transcurrir el lapso para el ejercicio de un recurso, o antes de que el mismo concluya. También cuando una de las partes realiza un acto fuera del lapso y el Tribunal lo admite. O, en fin, cuando a las partes y, en general, al público, se le impide el acceso a la sede del tribunal o a la sede donde

---

380 Véase. en *Revista de Derecho Público*, Nº 103, Editorial Jurídica Venezolana, Caracas 2005, pp. 119 ss.

funcionan los Tribunales; o cuando se permite el acceso parcialmente, impidiendo a una parte utilizar el derecho que le da el artículo 8, numeral 2, literal c, de la Ley Aprobatoria de la Convención Aprobatoria de Derechos Humanos (Pacto de San José) de preparar una defensa cabal".

Partiendo de estas premisas, la Sala consideró que la noción de "días hábiles" y "días inhábiles" en el proceso penal "es de vital importancia debido a la *pretendida aplicación literal* del artículo 172 del Código Orgánico Procesal Penal,"[381] que textualmente señala:

> "Para el conocimiento de los asuntos penales en la fase preparatoria **todos los días serán hábiles**. En las fases intermedia y de juicio oral no se computarán los sábados, domingos y días que sean feriados conforme a la ley, y aquellos en los que el tribunal resuelva no despacha".

Frente a esta norma expresa, la Sala argumentó, sin embargo, que:

> "Permitir que el lapso de apelación de las decisiones judiciales en la fase preparatoria del proceso penal debe computarse por días continuos, incluyendo sábados, domingos y feriados, por cuanto "para el conocimiento de los asuntos penales en la fase preparatoria todos los días serán hábiles", sería atentatorio del derecho a la defensa, principio fundamental del sistema procesal."

La Sala consideró que el hecho de que en dicho artículo 172 se estableciera que "en la fase preparatoria todos los días serán hábiles", no podía conllevar a que las partes tuvieran que computar como días para actuar aquellos en los cuales no tenían acceso al tribunal, y por ende, al expediente y al proceso; concluyendo que la "interpretación literal del citado artículo conduce cuando menos a una privación del derecho de defensa de la parte que pretende apelar, cuando los días para incoar el recurso coinciden con días, por cualquier razón, inhábiles".

Al analizar la naturaleza de la primera etapa o fase del proceso penal, de investigación y preparación del juicio oral y público, es decir, exclusivamente pesquisidora encaminada a la investigación de la verdad y que compete al Fiscal del Ministerio Público, la Sala concluyó que era a esa fase, obviamente, a la que "se refiere el señalado artículo 172 cuando establece como regla general que, en la fase preparatoria, para los asuntos penales, "todos los días serán hábiles". Ello es así, -agregó la Sala-, "por cuanto en el esclarecimiento de los hechos punibles, no debe limitarse tiempo alguno, por resultar urgente examinar la escena del crimen, y recabar las informaciones necesarias y los medios de prueba, antes que desaparezcan, y por esto no puede estarse habilitando el tiempo necesario para realizar un acto de investigación."

Sin embargo, argumentó la Sala, que en virtud de que los Jueces de Control y las Cortes de Apelaciones no son Tribunales investigadores y no realizan actos de investigación, "sus actos no pueden ser concebidos bajo una permanente habilitación". La Sala constató que en el anterior proceso penal regido por el derogado Código de Enjuiciamiento Criminal, en el cual el instructor nato era el juez, también había una norma similar (artículo 13) a la del artículo 172 mencionado que disponía que para la formación del sumario eran hábiles todos los días y horas; sin embargo, había sido la Sala de Casación Penal de la antigua Corte Suprema de Justicia la que había in-

381 Véase la última reforma en *Gaceta Oficial* N° 6.078 Extraordinario del 15 de junio de 2012.

terpretado el referido artículo 13 en cuando al modo de contar el lapso para anunciar el recurso de casación ante el Juez Superior durante el sumario, y había establecido que dicho lapso era de cinco audiencias, considerando que no procedía la aplicación del artículo 13 del Código de Enjuiciamiento Criminal porque este artículo disponía que eran hábiles todos los días y horas sólo para el fin determinado por la misma norma que era la formación del sumario (sentencia del 10 de octubre de 1975). Luego, a pesar que el investigador era el Juez, se le respetó a las partes la posibilidad de una apelación efectiva.

De lo anterior concluyó la Sala que "la habilitación legal permanente a fin de la realización de los actos de investigación está destinada a los que ejecuta el Ministerio Público, no a los cumplidos por el Juez de Control", siendo por tanto, "inaplicable en sede judicial en lo atinente al ejercicio de los recursos, al resultar contradictoria con la función que según el Código Orgánico Procesal Penal cumple el Juez de Control en esta fase del proceso", ya que "la impugnación por la inconformidad de una de las partes respecto de una decisión del Tribunal de Control no es un acto de investigación, ni una diligencia destinada a recolectar elementos de convicción".

De ello concluyó la Sala, con carácter general que

> "Si la actuación judicial no se inserta en los propósitos investigativos que caracteriza a la fase preparatoria, los lapsos que transcurren no sólo ante el Tribunal de Control, sino también ante la Corte de Apelaciones cuando esta conoce de un recurso en dicha fase preparatoria, no pueden contarse por días continuos o calendarios, ya que, en esencia, la actuación del Tribunal de Control está destinada a establecer la juridicidad de la actuación del Fiscal del Ministerio Público.

Bajo este orden de ideas, considera esta Sala que el lapso de cinco días para interponer el recurso de apelación, en la fase preparatoria del proceso penal, debe ser computado por días hábiles, esto es, aquellos en los cuales el tribunal disponga despachar, y por ende, la partes tengan acceso al tribunal, al expediente y al proceso, y así se declara.

En relación con esta nueva decisión de la Sala Constitucional, en el seno de la Sala se produjo un Voto Salvado del Magistrado Pedro Rafael Rondón Haaz, en el cual se dejó sentado que si bien la mayoría sentenciadora había decidido, como doctrina vinculante, que el cómputo del lapso para la apelación, dentro de la fase preparatoria del proceso penal, debía ser por días hábiles; ello era contrario al artículo 172 del Código Orgánico Procesal Penal que establece que "para el conocimiento de los asuntos penales en la fase preparatoria todos los días serán hábiles".

El magistrado disidente consideró que contrariamente a lo decidido, el artículo 172 del Código Orgánico Procesal Penal "no ha restringido la habilitación de todos los días de la semana a la actividad de investigación que realice el Fiscal, sino que la misma la extendió a toda la fase de preparación del proceso, la cual, si bien comienza con la orden, que imparte el Fiscal, de apertura de la investigación (de conformidad con el artículo 283 del Código Orgánico Procesal Penal), no se agota en la misma sino que se extiende hasta la presentación del correspondiente acto conclusivo, el cual, si es de acusación o de solicitud de sobreseimiento, da lugar a la siguiente fase: la intermedia (Código Orgánico Procesal Penal: artículo 327)".

El magistrado disidente consideró que según el artículo 172 del Código Orgánico Procesal Penal, "todos los días son hábiles para el conocimiento de los asuntos que correspondan a la fase preparatoria; esto es, claramente, no sólo para el momento inicial de la misma: la apertura y desarrollo de la investigación bajo control exclusivo del Fiscal", sin que ello pueda significar "menoscabo alguno para los derechos de las partes, pues éstas, en la fase preparatoria del procedimiento penal, tienen acceso todos los días, a las actas procesales". El Magistrado disidente continuó su argumentación señalando que:

> "por el contrario, el cómputo, por días hábiles, de los lapsos procesales, dentro de la fase preparatoria, acarreará graves desventajas para el imputado; ello, porque si la apelación, por ejemplo, fuere interpuesta, por el procesado, contra una decisión por la cual se le prive de su libertad personal, el trámite de dicho recurso: formalización, contestación, remisión a la alzada, pronunciamiento sobre admisibilidad y decisión de fondo, si fuere el caso, será ejecutado dentro un término manifiestamente mayor que el que debió observarse, si se acatara el citado artículo 172 del Código Orgánico Procesal Penal; ello, con el consiguiente perjuicio para la rapidez de respuesta que, en tal situación espera, de la administración de justicia, el imputado.

En definitiva, consideró el magistrado disidente que la doctrina vinculante, "lejos de tutelar, como lo pretende, derechos fundamentales de las partes -en este caso particular, del Ministerio Público- menoscabará, como se observó en el antes descrito ejemplo, la situación de las mismas; en especial, del imputado".

Según el Magistrado disidente, la doctrina sentada por la Sala:

> "constituye una derogación tácita del artículo 172 del Código Orgánico Procesal Penal, lo cual es manifiestamente contrario a derecho, por cuanto constituye una decisión que excede de la competencia que la Constitución asignó a esta Sala, la cual sólo podría actuar en tal sentido, bajo fundamento de inconstitucionalidad de dicha disposición legal, mediante el control concentrado que establecen los artículos 336.1 de la Ley Máxima y 5.6 de la Ley Orgánica del Tribunal Supremo de Justicia. Salvo el caso de inconstitucionalidad de la norma legal y previa la declaración de nulidad que, por dicho motivo, decrete la Sala Constitucional, se advierte que, de conformidad con el artículo 218 de la Constitución, desarrollado por el artículo 7 del Código Civil, que las leyes sólo "se derogan por otras leyes y se abrogan por referendo, salvo las excepciones establecidas en esta Constitución".

La justicia constitucional, sobre todo cuando se imparte por un tribunal supremo o por un tribunal constitucional, sin duda, pone en funcionamiento el más excelso instrumento del Estado de derecho para garantizar la supremacía de la Constitución. Por ello, esa función esencial del Estado tiene que cumplirse apegada a la propia Constitución, y a la razón, particularmente porque los actos que resultan de su ejercicio no son controlables en forma alguna.

Para actuar ceñido a la Constitución, un juez constitucional cuando aplica el método difuso de control de constitucionalidad de las leyes, debe limitar su decisión a **desaplicar en el caso concreto y con efectos *inter partes*,** la norma legal en la cual se debía basar para resolverlo, dando preferencia a la norma constitucional. En tal función, el juez constitucional, así sea una de las Salas del Tribunal Supremo, ni puede anular una norma, ni darla por derogada, ni puede re re-redactar o reformar normas legales, y menos aún con efectos generales usando para ello el establecer doctrinas "vinculantes."

Lo que puede es resolver el caso concreto, desaplicando la norma legal que estime inconstitucional, aplicando directamente la Constitución. En tal sentido, la Sala de Casación Civil de la antigua Corte Suprema de Justicia, se extralimitó en su función de juez constitucional, en la sentencia comentada de 1980 al "reformar" el artículo 197 del Código de Procedimiento Civil relativa a los lapsos procesales; y la Sala Constitucional del Tribunal Supremo también se extralimitó en sus funciones al "derogar" en su sentencia comentada de 2005 lo dispuesto en el artículo 172 del Código Orgánico Procesal Penal.

Por su parte, para que la Jurisdicción Constitucional, en este caso, la Sala Constitucional del Tribunal Supremo actúe ceñida a la Constitución, cuando aplica el método concentrado de control de constitucionalidad de las leyes, debe limitarse en sus decisiones, sea a interpretar la norma legal impugnada *secundum constitucione*, sin anularla, al declarar sin lugar la acción intentada; sea a anular la norma legal con efectos *erga omnes* al declarar con lugar la acción intentada, eliminándola del ordenamiento. En tal función, la Jurisdicción Constitucional no puede sustituirse al legislador y sancionar una nueva norma, o reformar la impugnada con efectos generales. En tal sentido, la Sala Constitucional del Tribunal Supremo de Justicia, se extralimitó en su función de juez constitucional, en la sentencia comentada de 2001 sobre el artículo 197 del Código de Procedimiento Civil relativa a los lapsos procesales, al reformar el texto del dicho artículo.

En todos estos casos, las Salas del Tribunal Supremo actuando como jueces constitucionales, en aplicación tanto del método difuso como del método concentrado de control de constitucionalidad, en sus decisiones se extralimitaron en sus funciones, vulnerando en esa forma la propia Constitución, con sentencias que por lo demás no pueden ser controladas. Por más plausibles que puedan haber sido las intenciones de las Salas en buscar preservar las garantías constitucionales del debido proceso y del derecho a la defensa, debieron hacerlo sin violar a su vez la Constitución, y menos usurpando la función legislativa que corresponde en exclusividad, cuando se trata de dictar o reformar leyes, a la Asamblea Nacional.

Un juez constitucional debe garantizar la supremacía de la Constitución, pero ello no lo puede hacer violando la propia Constitución, y menos aún cuando sabe que esas violaciones permanecen impunes, con lo que puede decirse que actúa sobre seguro, con alevosía, porque el guardián de la Constitución en el Estado Constitucional no tiene quien lo controle.

### 2. *Otro caso en Venezuela: la reforma de la Ley Orgánica de Amparo efectuada por el juez constitucional*

En la Constitución venezolana de 1961 se incorporó la institución del amparo a los derechos y garantías constitucionales como un derecho constitucional de las personas a ser protegidas, en una escueta norma con el siguiente texto:

> *Artículo 49.* Los Tribunales ampararán a todo habitante de la República en el goce y ejercicio de los derechos y garantías que la Constitución establece, en conformidad con la Ley.

El procedimiento será breve y sumario, y el juez competente tendrá potestad para restablecer inmediatamente la situación jurídica infringida.

A los efectos de desarrollar la institución del amparo, como se dijo, en 1988 se promulgó la Ley Orgánica de Amparo sobre Derechos y Garantías Constitucionales, en cuyos artículos 19, 23, 24, 26, 29, 30, 31, 32 y 35 se reguló el procedimiento general del proceso de amparo. Dicha Ley Orgánica, sin duda, fue una de las leyes más importantes que se dictaron en el país después de la propia Constitución de 1961, y en la misma se establecieron las siguientes normas procesales, en buena parte explicadas por la antigua Corte Suprema de Justicia, en Corte Plena, en sentencia de del 18 de octubre de 1994.[382]

*Primero*, en cuanto al escrito de la acción de amparo, el mismo debe llenar los requisitos del artículo 18, los cuales deben ser examinados por el juez a los fines de verificar si la misma es suficientemente clara y llena tales requisitos. De faltar algunos de los elementos señalados en dicha norma, el juez deberá notificar al solicitante para que corrija el defecto u omisión dentro del lapso de cuarenta y ocho (48) horas siguientes a la notificación. La falta de oportuna corrección implica la declaratoria de su inadmisibilidad.

*Segundo*, en cuanto a la admisibilidad de la acción, la primera actuación procesal del juez, una vez presentado correctamente el libelo de la acción, es juzgar sobre la admisibilidad o inadmisibilidad de la misma, conforme al artículo 6 de la Ley Orgánica de Amparo y a las otras normas que se refieren a la admisión. Es decir, el juez necesariamente debe examinar los presupuestos de admisibilidad previstos en el artículo 6 de la Ley Orgánica de Amparo sobre Derechos y Garantías Constitucionales, que están redactados en forma tal que al juez le corresponde verificar la inexistencia de los supuestos enunciados en dicho artículo, a los fines de declarar admisible o no la acción. Este examen da lugar a un auto de admisión o inadmisión, según el caso, con lo cual el tribunal afirma los elementos básicos para el conocimiento de la causa.

*Tercero*, en el auto de admisión, el Juez debe ordenar a la autoridad, entidad, organización social o a los particulares imputados de violar o amenazar el derecho o la garantía constitucionales, su comparecencia para que en el termino de cuarenta y ocho (48) horas contadas a partir de la respectiva notificación, informen sobre la pretendida violación o amenaza que hubiere motivado la solicitud de amparo, (art. 23).

De acuerdo al artículo 25 de la Ley, este informe debe contener una relación sucinta y breve de las pruebas en las cuales el presunto agraviante pretenda fundamentar su defensa, sin perjuicio de la potestad evaluativa que la Ley confiere al Juez competente (art. 17).

La Ley Orgánica establece (art. 14) que "la falta de informe correspondiente se entenderá como aceptación de los hechos incriminados," razón por la cual ello debe dar origen a la decisión de amparo con el consiguiente restablecimiento inmediato de la situación jurídica infringida. Sin embargo, aun en estos casos, la decisión debe adoptarse luego de realizada la audiencia oral de las partes.

*Cuarto*, la Ley Orgánica no preveía expresamente, la potestad del Juez de amparo de adoptar medidas cautelares o preventivas en caso de solicitudes de amparo, lo

382 Ponencia: Rafael Alfonso Guzmán, Consultada en original.

que sin embargo, podía interpretarse del artículo 22 de la Ley Orgánica. En todo caso, por la aplicación supletoria del Código de Procedimiento Civil (Art. 48), conforme al artículo 588 los jueces adoptaban las medidas cautelares adecuadas para la protección constitucional, cuando hubiere "fundado temor" de que una de las partes, particularmente el presunto agraviante, pueda causar "lesiones graves o de difícil reparación" al derecho de la otra, en concreto, el agraviado. En estos casos, para evitar el daño, el Juez de amparo puede "autorizar o prohibir la ejecución de determinados actos y adoptar las providencias que tengan por objeto hacer cesar la continuidad de la lesión".

*Quinto*, en cuanto a la audiencia pública y oral en el proceso, al vencerse al termino de cuarenta y ocho (48) horas para la remisión del informe solicitado, sin que ello haya ocurrido, o al presentarse el informe por el presunto agraviado, el Juez de amparo debía fijar la oportunidad para que las partes o sus representantes legales expresasen, en forma oral y pública, los argumentos respectivos (art. 26), en una audiencia que debía realizarse dentro del lapso de noventa y seis (96) horas siguientes a la presentación del mencionado informe o al vencimiento del lapso de 48 horas que tenía el agraviante para presentarlo.

Efectuado dicho acto de audiencia oral, el Juez disponía de un término improrrogable de veinticuatro (24) horas para decidir la solicitud de amparo constitucional (Art. 26).

Ahora bien, al sancionarse la Constitución de 1999, su artículo 27 siguió la orientación del artículo 49 de la constitución de 1961, al regular la institución del amparo, definitivamente como un derecho constitucional, el cual se puede ejercer a través de múltiples medios o recursos judiciales de protección, incluyendo la acción de amparo[383], así:

> *Artículo 27*: Toda persona tiene derecho a ser amparada por los tribunales en el goce y ejercicio de los derechos y garantías constitucionales, aun de aquellos inherentes a la persona que no figuren expresamente en esta Constitución o en los instrumentos internacionales sobre derechos humanos.

---

383 Véase en general, Allan R. Brewer-Carías, *El Derecho y la Acción de Amparo,* Tomo V *Instituciones Políticas y Constitucionales,* Universidad Católica del Táchira-Editorial Jurídica Venezolana. Caracas - San Cristóbal, 1998, pp. 163 ss., y en "Introducción General al Régimen del Derecho de Amparo a los Derechos y Garantías Constitucionales (El proceso de Amparo)" en *Ley Orgánica de Amparo sobre Derechos y Garantías Constitucionales,* Colección Textos Legislativos Nº 5, Editorial Jurídica Venezolana, Sexta edición corregida, aumentada y actualizada. Caracas, 2007, pp. 9-149. Véase además, Hildegard Rondón de Sansó, "La acción de amparo constitucional a raíz de la vigencia de la Constitución de 1999", en *Revista de la Facultad de Ciencias Jurídicas y Políticas de la* UCV, Nº 119, Caracas, 2000, pp. 147-172; Richard D. Henríquez Larrazábal, "El problema de la procedencia del amparo constitucional en el Derecho venezolano", en *Bases y principios del sistema constitucional venezolano (Ponencias del VII Congreso Venezolano de Derecho Constitucional realizado en San Cristóbal del 21 al 23 de Noviembre de 2001),* Volumen II, pp. 403-475; Víctor R. Hernández-Mendible, "El amparo constitucional desde la perspectiva cautelar", en *El Derecho Público a comienzos del siglo XXI. Estudios homenaje al Profesor Allan R. Brewer-Carías,* (Coord. Alfredo Arismendí y Jesús Caballero Ortiz), Instituto de Derecho Público, Universidad Central de Venezuela, Civitas Ediciones, S.L., Madrid 2003, Tomo I, pp. 1219-1301.

> El procedimiento de la acción de amparo constitucional será oral, público, breve, gratuito y no sujeto a formalidad, y la autoridad judicial competente tendrá potestad para restablecer inmediatamente la situación jurídica infringida o la situación que más se asemeje a ella. Todo tiempo será hábil y el tribunal lo tramitará con preferencia a cualquier otro asunto.
>
> La acción de amparo a la libertad o seguridad podrá ser interpuesta por cualquier persona, y el detenido o detenida será puesto bajo la custodia del tribunal de manera inmediata, sin dilación alguna.
>
> El ejercicio de este derecho no puede ser afectado, en modo alguno, por la declaración del estado de excepción o de la restricción de garantías constitucionales.

Las reformas más importantes que introdujo esta norma respecto de lo que se establecía en el artículo 49 de la Constitución de 1961, son las siguientes:

En *primer lugar*, en forma expresa se estableció el amparo como un "derecho" constitucional de toda persona, "a ser amparada por los tribunales en el goce y ejercicio de los derechos y garantías constitucionales".

En *segundo lugar*, en cuanto a los derechos amparables, se estableció que no sólo son los que la Constitución establece, sino aquellos inherentes a la persona que no figuren expresamente no sólo en la Constitución sino en los instrumentos internacionales sobre derechos humanos.

En *tercer lugar*, en cuanto al procedimiento, en lugar de establecer sólo que debía ser "breve y sumario" como lo hacía la Constitución de 1961, se indica que debe ser "oral, público, breve, gratuito y no sujeto a formalidad", y que además "todo tiempo será hábil y el tribunal lo tramitará con preferencia a cualquier otro asunto".

En *cuarto lugar*, no sólo se reiteró la competencia del juez para restablecer inmediatamente la situación jurídica infringida, sino alternativamente, "o la situación que más se asemeje a ella".

Y en *quinto lugar* se precisó expresamente que "el ejercicio de este derecho no puede ser afectado, en modo alguno, por la declaración del estado de excepción o de la restricción de garantías constitucionales".

Como puede observarse de dicha norma, en ella no sólo se recogieron todos los principios fundamentales en materia de amparo que la Constitución de 1961 había establecido, sino los que se habían desarrollado en aplicación de la Ley Orgánica de Amparo sobre Derechos y Garantías Constitucionales de 1988.

Esa norma de la Constitución de 1999 relativa al amparo, fue interpretada por la Sala Constitucional del Tribunal Supremo de Justicia, de manera tal que mediante sentencias dictadas en casos concretos, procedió a modificar la Ley Orgánica de Amparo, no sólo en cuanto a la determinación de la competencia judicial en la materia, sino en especial, en materia de procedimiento judicial en los juicios de amparo, asumiendo en forma irregular, una función de legislador positivo, supuestamente procediendo a "adaptar" el procedimiento regulado en la Ley Orgánica de Amparo al texto de la nueva Constitución, con lo cual estableció, en realidad, un *nuevo proce-*

*dimiento* modificando y reformando, impropiamente, el regulado en la Ley Orgánica de Amparo de 1988[384].

En efecto, en la sentencia nº 7 de 01-02-2000 (Caso: *José A. Mejía y otros*)[385], la Sala, teniendo en cuenta que por mandato del artículo 27 de la Constitución, el procedimiento de la acción de amparo constitucional "será oral, público, breve, gratuito y no sujeto a formalidades"; siendo las características de oralidad y ausencia de formalidades que rigen estos procedimientos las que permiten que la autoridad judicial restablezca inmediatamente, a la mayor brevedad, la situación jurídica infringida o la situación que más se asemeje a ella; y considerando que el artículo 27 de la Constitución es de aplicación inmediata; estimó que debía "adaptar" el procedimiento de amparo establecido en la Ley Orgánica de Amparo sobre Derechos y Garantías Constitucionales a las prescripciones del artículo 27 de la Constitución, aplicando además, el 49 de la Constitución que impone el debido proceso, cuyos elementos deben estar presentes en el procedimiento de amparo cuyas normas procesales también deben adecuarse a dicha norma, prescribiendo que el procedimiento de las acciones de amparo debe contener los elementos que conforman el debido proceso.

Como consecuencia de esta orientación, "la Sala Constitucional, obrando dentro de la facultad que le otorga el artículo 335 *ejusdem,* de establecer interpretaciones sobre el contenido y alcance de las normas y principios constitucionales, las cuales serán en materia de amparo vinculantes para los tribunales de la República, interpreta los citados artículos 27 y 49 de la Constitución de la República Bolivariana de Venezuela, en relación con el procedimiento de amparo previsto en la Ley Orgánica de Amparo sobre Derechos y Garantías Constitucionales, distinguiendo si se trata de amparos contra sentencias o de los otros amparos, excepto el cautelar," precediéndo entonces a establecer un conjunto de normas procesales que estimó las adecuadas para desarrollar los principios constitucionales, reformando la Ley Orgánica de Amparo de 1988, con lo cual, sin duda, usurpó la potestad del legislador y atentó contra la seguridad jurídica. En particular en los casos de ejercicio de la acción autónoma de amparo, siempre que no sea contra sentencias, la Sala dictó las siguientes normas modificatorias del régimen legal:

En cuanto a los principios generales del procedimiento, la Sala señaló que:

*Primero*, que en virtud del mandato constitucional de que el procedimiento de amparo no está sujeto a formalidades, los trámites como se deben desarrollar las audiencias y la evacuación de las pruebas, si fueran necesarias, las debe dictar en las

---

384 Véase en general Humberto Enrique Tercero Bello Tabares, "El procedimiento de Amparo Constitucional, según la sentencia Nº 7 dictada por la Sala Constitucional del Tribunal Supremo de Justicia, de fecha 01 de febrero de 2000. Caso *José Amando Mejía Betancourt y José Sánchez Villavicencio*, en *Revista de derecho del Tribunal Supremo de Justicia,* Nº 8, Caracas, 2003, pp. 139 a 176; María Elena Toro Dupouy, "El procedimiento de amparo en la jurisprudencia de la Sala Constitucional del Tribunal Supremo de Justicia (Años 2000-2002)", en *Revista de Derecho Constitucional,* Nº 6, enero-diciembre-2002, Editorial Sherwood, Caracas, 2003, pp. 241 a 256; María Elena Toro Dupouy, "El amparo contra decisiones judiciales en la jurisprudencia de la Sala Constitucional del Tribunal Supremo de Justicia. El Amparo sobrevenido", en *Revista de Derecho Constitucional,* Nº 7, enero-junio 2003, Editorial Sherwood, Caracas, 2003, pp. 207 a 222.

385 Véase. en *Revista de Derecho Público*, Nº 81, Editorial Jurídica Venezolana, Caracas, 2000, pp. 349 ss.

audiencias el tribunal que conozca del amparo, siempre manteniendo la igualdad entre las partes y el derecho de defensa.

Todas las actuaciones serán públicas, a menos que por protección a derechos civiles de rango constitucional, como el comprendido en el artículo 60 de la Constitución de la República Bolivariana de Venezuela, se decida que los actos orales sean a puerta cerrada, pero siempre con inmediación del tribunal.

*Segundo*, la Sala Constitucional, añadió a las prescripciones de la Ley, en cuanto al inicio del procedimiento, que en la solicitud, que se puede presentar por escrito o en forma oral, el accionante debe señalar, además de los elementos prescritos en el citado artículo 18:

> "las pruebas que desea promover, siendo esta una carga cuya omisión produce la preclusión de la oportunidad, no solo la de la oferta de las pruebas omitidas, sino la de la producción de todos los instrumentos escritos, audiovisuales o gráficos, con que cuenta para el momento de incoar la acción y que no promoviere y presentare con su escrito o interposición oral; prefiriéndose entre los instrumentos a producir los auténticos".

La Sala Constitucional, en esta forma, reformó la ley Orgánica, estableciendo una figura procesal incluso con efectos preclusivos.

*Tercero*, en cuanto a la derogación de la exigencia legal del informe del agraciado, la citación del agraviante y la creación de la audiencia constitucional, la Sala Constitucional estableció en su sentencia que una vez admitida la acción, el juez debe ordenar:

La citación del presunto agraviante y la notificación del Ministerio Público, para que concurran al tribunal a conocer el día en que tendrá lugar la audiencia oral, la cual tendrá lugar, tanto en su fijación como para su práctica, dentro de las noventa y seis (96) horas a partir de la última notificación efectuada.

La Sala, en cuanto a la citación, pero refiriéndola como "notificación", reguló nuevas formas de hacerla ni siquiera establecidas en el Código de Procedimiento Civil, así:

Para dar cumplimiento a la brevedad y falta de formalidad, la notificación podrá ser practicada mediante boleta, o comunicación telefónica, fax, telegrama, correo electrónico, o cualquier medio de comunicación interpersonal, bien por el órgano jurisdiccional o bien por el Alguacil del mismo, indicándose en la notificación la fecha de comparecencia del presunto agraviante y dejando el Secretario del órgano jurisdiccional, en autos, constancia detallada de haberse efectuado la citación o notificación y de sus consecuencias.

*Cuarto*, la Sala Constitucional, en su sentencia también reformó el régimen de la audiencia pública y oral en el proceso del juicio de amparo. Al eliminar la exigencia legal del informe escrito que debe requerir y presentar el agraviante, dispuso la realización de la audiencia oral y pública, con el siguiente régimen:

En cuanto al propósito de su realización, la Sala dispuso que:

> "las partes, oralmente, propondrán sus alegatos y defensas ante la Sala Constitucional o el tribunal que conozca de la causa en primera instancia, y esta o este decidirá, si hay lugar a pruebas, caso en que el presunto agraviante podrá

ofrecer las que considere legales y pertinentes, ya que este es el criterio que rige la admisibilidad de las pruebas. Los hechos esenciales para la defensa del agraviante, así como los medios ofrecidos por él se recogerán en un acta, al igual que las circunstancias del proceso."

En cambio, en el régimen establecido en la Ley Orgánica, que derogó la Sala Constitucional, la audiencia se realizaba en una oportunidad posterior a la presentación del informe por parte del agraviante, eliminándosele al agraviado la posibilidad de analizar su texto escrito con anterioridad, a los efectos de poder contestarlo efectivamente para reforzar su denuncia inicial en la audiencia oral,

Es decir, la Sala Constitucional le cercenó el derecho que tenía el agraviado tal como se lo garantizaba la Ley Orgánica de 1988, en un procedimiento dispuesto para proteger sus derechos, que le permitía conocer por escrito los alegatos que formulara el agraviante, sin lesionar el derecho a la defensa del agraviante. En el procedimiento que estableció la Sala Constitucional, en cambio, se obliga al agraviado a conocer de los alegatos que exprese sólo oralmente el agraviante en la audiencia oral, en la cual el juez además, siempre puede interrogar a las partes y a los comparecientes, y al final de la cual, la Sala Constitucional dispuso que se dictaría la sentencia.

En relación con las pruebas, la Sala señaló el siguiente régimen:

> En cuanto a su admisión y evacuación, el órgano jurisdiccional, en la misma audiencia, debe decreta cuáles son las pruebas admisibles y necesarias, y debe ordenar, de ser admisibles, también en la misma audiencia, su evacuación, debiéndose realizar en ese mismo día, con inmediación del órgano en cumplimiento del requisito de la oralidad o diferir la evacuación de las pruebas para el día inmediato posterior.
>
> En cuanto el desarrollo de la actividad probatoria en la audiencia, y la grabación y registro de las actuaciones procesales, la Sala dispuso el siguiente régimen procesal:
>
>> "Cuando se trate de causas que cursen ante tribunales cuyas decisiones serán conocidas por otros jueces o por esta Sala, por la vía de la apelación o consulta, en cuanto a las pruebas que se evacuen en las audiencias orales, se grabarán o registrarán las actuaciones, las cuales se verterán en actas que permitan al juez de la Alzada conocer el devenir probatorio. Además, en la audiencia ante el Tribunal que conozca en primera instancia en que se evacuen estas pruebas de lo actuado, se levantará un acta que firmarán los intervinientes. El artículo 189 del Código Procedimiento Civil regirá la confección de las actas, a menos que las partes soliciten que los soportes de las actas se envíen al Tribunal Superior."

*Quinto*, el régimen de la sentencia de amparo también se reformó con sentencia de la Sala Constitucional, modificándose el establecido en la Ley Orgánica, el cual se sustituyó por el siguiente:

> "Una vez concluido el debate oral o las pruebas, el juez o el Tribunal en el mismo día estudiará individualmente el expediente o deliberará (en los caso de los Tribunales colegiados) y podrá:

a) Decidir inmediatamente; en cuyo caso expondrá de forma oral los términos del dispositivo del fallo; el cual deberá ser publicado íntegramente dentro de los cinco (5) días siguientes a la audiencia en la cual se dictó la decisión correspondiente. El fallo lo comunicará el juez o el presidente del Tribunal Colegiado, pero la sentencia escrita la redactará el ponente o quien el Presidente del Tribunal Colegiado decida.

El dispositivo del fallo surtirá los efectos previstos en el artículo 29 de la Ley Orgánica de Amparo Sobre Derechos y Garantías Constitucionales, mientras que la sentencia se adaptará a lo previsto en el artículo 32 ejusdem.

b) Diferir la audiencia por un lapso que en ningún momento será mayor de cuarenta y ocho (48) horas, por estimar que es necesaria la presentación o evacuación de alguna prueba que sea fundamental para decidir el caso o a petición de alguna de las partes o del Ministerio Público."

Tal como lo observó en su momento el Magistrado Héctor Peña Torrelles, quien Salvó su Voto (Voto negativo) en relación con la comentada sentencia Nº 7 de 01-02-2000, "reformatoria de la Ley Orgánica":

"Por lo que respecta al procedimiento para tramitar el amparo que se establece en el fallo que antecede, observa quien disiente que en el mismo se han consagrado aspectos no previstos en la Ley Orgánica de Amparo sobre Derechos y Garantías Constitucionales, lo cual, lejos de ser una adaptación al artículo 27 de la Constitución vigente *se convierte en un procedimiento nuevo y distintos conservando algunos de las fases que establece la Ley, violando de esta forma el principio de reserva legal en materia de procedimientos.*"

El Magistrado disidente, además, fue de la opinión de que las nuevas normas procesales establecidas con exceso rigorismo en la sentencia:

"atenta justamente contra la brevedad e informalidad del amparo, asimilándolo a un juicio ordinario civil. En este aspecto, ha debido dejarse al juez que conozca del caso concreto la determinación de la necesidad y forma de tramitación de la fase probatoria.

En todo caso, considero que el presunto agraviado deberá siempre probar sus alegatos, sin necesidad de que tenga que obligatoriamente indicar en la interposición de la acción cuáles medios utilizará a tales fines*; por lo que, se atenta contra sus derechos constitucionales al fijarse la preclusión de la oportunidad para promover pruebas prevista en el fallo, por cuanto se están limitando su derechos a la defensa y a la tutela judicial efectiva mediante un mecanismo distinto al previsto en la Constitución.*"

En cuanto a las nuevas normas procesales establecidas para las notificaciones, el mismo Magistrado observó con preocupación:

"que en el procedimiento establecido se haya consagrado una amplia gama de formas de notificación a los presuntos agraviantes, *que además de no estar previstas en el ordenamiento procesal vigente, atenta contraría el principio de seguridad jurídica* por cuanto en los casos de notificaciones vía teléfono, fax, correo electrónico "o cualquier medio de notificación interpersonal," no se ha establecido la forma en que se dejará constancia en el expediente de que la notificación ha cumplido su finalidad, esto es, poner en conocimiento del interesado de la admisión de un amparo interpuesto en su contra."

Por último, el mismo Magistrado disidente, en general sobre los poderes otorgados al juez de amparo en la sentencia, estimó que:

"Permitir a discreción del juez la alteración de los principios constitucionales en materia procesal desarrollados por la Ley, lejos de proteger a la Constitución, la convierte en un texto manejable con base en criterios de oportunidad o conveniencia del aplicador judicial, que en definitiva causa inseguridad jurídica en un Estado de Derecho, lo que se traduce en su desaparición."

Muy poco hay que agregar, en definitiva, a lo que en su momento advirtió el Magistrado disidente de la sentencia de la Sala Constitucional, Héctor Peña Torrelles, pues de la sentencia de la misma lo que resulta es que a partir ella, el procedimiento en la acción de amparo dejó de estar solamente regulado en la Ley Orgánica de Amparo, la cual no ha sido derogada ni reformada por la Asamblea Nacional, y pasó a estar regulado además por el texto de una sentencia de la Sala Constitucional, la cual ha reformado la Ley Orgánica sin tener autoridad alguna para ello. La seguridad jurídica, en consecuencia, no fue un valor fundamental para la Sala Constitucional, pues de lo contrario, lo que hubieran hecho es una recomendación a la Asamblea Nacional para la reforma de la Ley Orgánica de Amparo.[386]

3. *Un caso más de Venezuela: la reforma de oficio de una ley tributaria*

La Sala Constitucional del Tribunal Supremo de Justicia de Venezuela, mediante sentencia N° 301 de 27 de febrero de 2007[387] (Caso: *Adriana Vigilanza y Carlos A. Vecchio*), al conocer de una acción de inconstitucionalidad contra los artículos 67, 68, 69, 72, 74 y 79 de la Ley de Impuesto sobre la Renta de 1999[388] intentada seis años antes, en 2001; luego de *declarar inadmisible* la acción popular, en lugar de archivar el expediente como procedía, pasó en el mismo texto de la sentencia de inadmisibilidad, ***a reformar de oficio*** y sin debate procesal alguno, un artículo de la mencionada Ley de Impuesto sobre la Renta de 1999, el artículo 31, que ni siquiera había sido de los impugnados.

La sentencia no sólo provocó la airada reacción de la Asamblea Nacional que acusó a la Sala de usurpación de la función legislativa, sino que puso en evidencia

---

386 Véase nuestros comentarios iniciales sobre esta sentencia en Allan R. Brewer-Carías, *El sistema de justicia constitucional en la Constitución de 1999 (Comentarios sobre su desarrollo jurisprudencial y su explicación, a veces errada, en la Exposición de Motivos),* Editorial Jurídica Venezolana, Caracas 2000.

387 Expediente N° 01-2862. Véase *en Gaceta Oficial* N° 38.635 de fecha 01-03-2007. Véase los comentarios en Allan R. Brewer-Carías, "El juez constitucional en Venezuela como legislador positivo de oficio en materia tributaria", en *Revista de Derecho Público*, N° 109 (enero – marzo 2007), Editorial Jurídica Venezolana, Caracas 2007, pp. 193-212. Publicado en Allan R. Brewer-Carías, *Crónica sobre la "In" Justicia Constitucional. La Sala Constitucional y el autoritarismo en Venezuela*, Colección Instituto de Derecho Público. Universidad Central de Venezuela, N° 2, Editorial Jurídica Venezolana, Caracas 2007, pp. 565-592.

388 Decreto Ley N° 307, publicado en la *Gaceta Oficial* N° 5.390 Extraordinario, de 22-10-1999.

una vez más las inconstitucionales interpretaciones que en los últimos años ha venido haciendo impunemente la Sala Constitucional en Venezuela.

En efecto, frente a esta sentencia, la Asamblea Nacional, en fecha 22 de marzo de 2007, adoptó un Acuerdo, por unanimidad en el cual rechazó "de la manera más categórica, por considerarlo inconstitucional, violatorio de derechos sociales y colectivos, y de la ética social, el numeral 2 del dispositivo de la sentencia de la Sala Constitucional del Tribunal Supremo de Justicia N° 01-2862, de fecha 27 de febrero de 2007 y publicada en la Gaceta Oficial de la República Bolivariana de Venezuela número 38.635 de fecha 01 de marzo de 2007, así como la motivación con que sustentó y, en consecuencia, sin ningún efecto jurídico; " pasando de seguidas a exhortar al pueblo venezolano a desconocer la sentencia, y "en especial a los contribuyentes, así como al Servicio Nacional Integrado de Administración Aduanera y Tributaria (Seniat) a continuar el proceso de declaración y recaudación del impuesto sobre la renta tal como lo establece nuestra legislación."[389] Entre las motivaciones del Acuerdo, estuvo la consideración de la competencia de la Asamblea para legislar, así como para supuestamente "ejercer la contraloría política y ética" sobre el Tribunal Supremo de Justicia; afirmando sobre la sentencia dictada por la Sala Constitucional que la misma:

> "excede las funciones de la Sala Constitucional del Tribunal Supremo de Justicia e invade competencias privativas de la Asamblea Nacional, cuando al interpretar el artículo 31 de la Ley de Impuesto sobre la Renta, modifica sustancialmente el contenido del mismo, sus alcances y consecuencias jurídicas, aun cuando la nulidad del referido artículo no había sido denunciada y, declarándolo así expresamente en el numeral 2 de la decisión".

Uno de los diputados de la Asamblea, quien fue un destacado profesor de derecho administrativo de una de las Universidades de Caracas y luego Procurador General de la república (Carlos Escarrá), rechazó la sentencia y la calificó como "profundamente injusta e inconstitucional", mediante la cual la Sala Constitucional abusó de su poder como juez constitucional, diciendo:

> "El problema no es la potestad normativa ni si decidió más allá. El problema es qué decidió. Es el abuso de todo esto (...) Ellos han cambiando todo un conjunto de leyes, no de ahora, tienen 7 años en eso. Esos han sido los mismos magistrados que han creado un conjunto de tribus en el ámbito laboral, en el de menores y adolescentes y en el ámbito penal para favorecer determinados intereses".

Por supuesto, como hemos visto, no era la primera vez que la Sala Constitucional del Tribunal Supremo había reformado leyes en Venezuela. Lo había hecho en los años precedentes cuando reformó globalmente la Ley Orgánica de Amparo sobre Derechos y Garantías Constitucionales de 1988 para regular un nuevo procedimiento judicial[390] y establecer nuevas normas en materia de competencias de los tribuna-

---

389 Véase en *Gaceta Oficial N°* 38.651 de 26-03-2007.

390 Véase sentencia N° 7 de 1° de febrero de 2000 (Caso: *José A. Mejía y otros*), en *Revista de Derecho Público*, N° 81, Editorial Jurídica Venezolana, Caracas, 2000, pp. 349 ss. Sobre esto véase, Humberto Enrique Tercero Bello Tabares, "El procedimiento de Amparo Constitucional, según la sentencia N° 7 dictada por la Sala Constitucional del Tribunal Supremo de Jus-

les en la materia[391]; y lo hizo cuando reformó las disposiciones de la Ley Orgánica del Tribunal Supremo de Justicia de 2004 para establecer nuevas normas en materia de procedimiento en los juicios de nulidad por inconstitucionalidad de las leyes y en los juicios contencioso administrativo de anulación de los actos administrativos.[392] Sin embargo, si era la primera vez que el legislador de verdad, la Asamblea Nacional, reaccionaba públicamente denunciando la usurpación de la función legislativa por parte de la Sala Constitucional, pues en este caso se trataba de una sentencia mediante la cual la Sala Constitucional había "reformado" de oficio el texto de un artículo de la Ley de Impuesto sobre la Renta de 1999, sin ningún recato.

Como se dijo, la sentencia se dictó después de declararse inadmisible la acción propuesta, por considerar que dado que la Ley cuyos artículos se impugnaban había

---

ticia, de fecha 01 de febrero de 2000. Caso *José Amando Mejía Betancourt y José Sánchez Villavicencio*, en *Revista de derecho del Tribunal Supremo de Justicia,* N° 8, Caracas, 2003, pp. 139 a 176; María Elena Toro Dupouy, "El procedimiento de amparo en la jurisprudencia de la Sala Constitucional del Tribunal Supremo de Justicia (Años 2000–2002)", en *Revista de Derecho Constitucional,* N° 6, enero–diciembre–2002, Editorial Sherwood, Caracas, 2003, pp. 241 a 256; María Elena Toro Dupouy, "El amparo contra decisiones judiciales en la jurisprudencia de la Sala Constitucional del Tribunal Supremo de Justicia. El Amparo sobrevenido", en *Revista de Derecho Constitucional,* N° 7, enero–junio 2003, Editorial Sherwood, Caracas, 2003, pp. 207 a 222. Véase sobre ello, Allan R. Brewer-Carías, "El juez constitucional como legislador positivo y la inconstitucional reforma de la Ley Orgánica de Amparo en Venezuela mediante sentencias interpretativas", trabajo elaborado para el *Libro Homenaje al Profesor Héctor Fix- Zamudio*, UNAM México, 2007 (en prensa).

391 Véase sentencia N° 1 de 20 de enero de 2000 dictada con motivo de decidir la admisibilidad de una acción de amparo (Caso: *Emery Mata Millán vs. Ministro del Interior y Justicia y otros*), en *Revista de Derecho Público*, N° 81, Editorial Jurídica Venezolana, Caracas 2000. Posteriormente, la misma Sala Constitucional fue dictando nuevas "normas" reguladoras de la competencia judicial en materia de amparo, en la N° 1555 de 8 de diciembre de 2000 (Caso: *Yoslena Chamchamire B. vs. Instituto Universitario Politécnico Santiago Mariño*), en *Revista de Derecho Público*, N° 84, Editorial Jurídica Venezolana, Caracas 2000, pp. 304 y ss.; y en la sentencia N° 26 de de 25 de enero de 2001 (Caso: *José C.C. y otros vs. Comisión Legislativa Transitoria, Estado Portuguesa*), en *Revista de Derecho Público*, N° 85–88, Editorial Jurídica Venezolana, Caracas 2001. Sobre esto véase en general, Antonio Canova González, "La Sala Constitucional y su competencia en los procesos de amparo", en *Estudios de Derecho Administrativo: Libro Homenaje a la Universidad Central de Venezuela,* Volumen I, Imprenta Nacional, Caracas, 2001, pp. 157–176; Luis Martínez Hernández, "Nuevo régimen de acción de amparo con motivo de sentencias dictadas por la Sala Constitucional del Tribunal Supremo de Justicia", en *Estudios de Derecho Público: Libro Homenaje a Humberto J. La Roche Rincón,* Volumen I. Tribunal Supremo de Justicia, Caracas, 2001, pp. 209–265; Rafael Badell Madrid, "El amparo constitucional en la jurisprudencia del Tribunal Supremo de Justicia, *Revista de derecho del Tribunal Supremo de Justicia,* N° 4, Caracas, 2002, pp. 87 a 129.

392 Véase por ejemplo, la sentencia N° 1645 del 19 de agosto de 2004 (Caso: *Gregorio Pérez Vargas, Impugnación de la Constitución Federal del Estado Falcón*), en *Revista de Derecho Público*, N° 99-100, Editorial Jurídica Venezolana, caracas 2004, pp. 254 y ss. Véase Alejandra Figueiras Robisco, "La nueva jurisprudencia sobre las competencias judiciales y el procedimiento en el orden contencioso administrativo. Estado (provisionalísimo) de la cuestión", en *Revista de Derecho Público*, Nos. 99-100, Editorial Jurídica Venezolana, Caracas 2004, pp. 11-24.

sido derogada, [393] ello había provocado la pérdida de interés procesal de los recurrentes, a pesar de que en el caso habían sostenido que su interés en el juicio persistía a pesar de las reformas sucesivas de las normas de la Ley de Impuesto sobre la Renta, puesto que las normas impugnadas no habían sido modificadas en tales reformas y, por tanto, las denuncias de inconstitucionalidad efectuadas contra el primer Decreto ley persistían.

La Sala Constitucional, para resolver la controversia, precisó que la demanda de inconstitucionalidad de los artículos 67, 68, 69, 72, 74 y 79 del Decreto ley nº 307 de Reforma de la Ley de Impuesto sobre la Renta, se basó en la denuncia de que el Ejecutivo Nacional no habría acatado, al dictar el decreto ley, los límites que le había impuesto el Congreso al dictar la Ley habilitante o de delegación legislativa (artículo 203 de la Constitución) "para legislar en materia de impuesto sobre la renta; usurpando las atribuciones propias del Poder Legislativo y, con ello, violando el principio de legalidad tributaria". Es decir, precisó la Sala que el juicio de nulidad no tenía "por finalidad determinar la correspondencia constitucional de un gravamen a los dividendos (Impuesto a las Ganancias de Capital), sino -ateniéndose estrictamente a lo alegado por la actora- a la forma en que éstos fueron regulados por el Presidente de la República, presuntamente, excediendo los límites derivados de la correspondiente ley autorizatoria". De ello, concluyó la Sala Constitucional considerando inadmisible la acción, desechando "la afirmación de la parte accionante según la cual, como las normas acá impugnadas no sufrieron modificación alguna (al menos en el Decreto-Ley de 2001) tuvieron su origen en el Decreto de 1999, lo que justificaría su análisis en esta oportunidad."

Pero sin embargo, ello no ocurrió así, y la Sala *de oficio*, pasó a verificar "si las normas impugnadas preservan sus efectos de modo que amerite un pronunciamiento de fondo de la Sala" a pesar de que la propia Sala había reconocido que no se le había requerido en el libelo de la acción popular pronunciamiento alguno de fondo sobre el tema tributario, pues las denuncias de inconstitucionalidad formuladas se referían a vicios de forma en la emisión del decreto ley sin sujetarse a los límites de la ley habilitante. Y fue por ello por lo que la Sala concluyó señalando que:

> "más allá de las denuncias abstractas planteadas por la parte actora, no surge de sus afirmaciones que de preservar sus efectos, los fundamentos de la nulidad pudieran ser aplicables en la actualidad, por lo que si bien -como antes se analizó- ella detentó inicialmente suficiente legitimación para intentar la demanda de autos, de forma sobrevenida perdió interés en el presente proceso, por las razones que se han expuesto y, en tal virtud, debe declararse inadmisible la acción que dio lugar a esta causa. Así se decide.

La Sala en consecuencia **declaró inadmisible la acción popular**, decidiendo además que nada tenía que "decir respecto del resto de las denuncias planteadas". Con la inadmisibilidad de la acción, concluía el juicio, pero sin embargo tampoco fue así, y al contrario, de oficio y fuera de juicio alguno, la Sala pasó a legislar, de oficio, sobre materias que ni siquiera habían sido objeto de debate procesal, cuidán-

---

393 La Ley fue reformada en tres ocasiones. Véase en *Gaceta Oficial* Nº 5.557 Extraordinario, de 13-11-2001; *Gaceta Oficial* Nº 5.566 Extraordinario, de 28-12-2001; *Gaceta Oficial* Nº 38.529 de 25-09-2006.

dose de que los propios órganos del Estado con interés en el tema, como el SENIAT y la Asamblea Nacional conocieran de sus intenciones legislativas.

En efecto, no obstante el pronunciamiento de declarar inadmisible la acción intentada, la Sala Constitucional invocó el texto del artículo 5, segundo aparte, **in fine** de la Ley Orgánica del Tribunal Supremo de Justicia de 2004, argumentando que "en las causas relativas al control concentrado de la constitucionalidad no priva el principio dispositivo, por tratarse de un asunto de orden público, dada la enorme relevancia y el intenso grado de afectación colectiva que caracteriza a los actos normativos", concluyendo que:

> "Conforme a ello, este máximo exponente de la Jurisdicción Constitucional está autorizado para apreciar, de oficio, la violación de la Norma Fundamental, no obstante que la parte impugnante no haya advertido tales infracciones, o su técnica recursiva haya sido deficiente".

El artículo de la Ley Orgánica del Tribunal Supremo citado por la Sala, en realidad, disponía que:

> "**Artículo 5. P3.** De conformidad con la Constitución de la República Bolivariana de Venezuela, el control concentrado de la constitucionalidad sólo corresponderá a la Sala Constitucional en los términos previstos en esta Ley, **la cual no podrá conocerlo incidentalmente en otras causas, sino únicamente cuando medie un recurso popular de inconstitucionalidad, en cuyo caso no privará el principio dispositivo, pudiendo la Sala suplir, de oficio, las deficiencias o técnicas del recurrente sobre las disposiciones expresamente denunciadas por éste, por tratarse de un asunto de orden público.** Los efectos de dicha sentencia serán de aplicación general, y se publicará en la Gaceta Oficial de la República Bolivariana de Venezuela, y en la Gaceta Oficial del Estado o Municipio según corresponda."

De esta norma resulta indubitable que lo que se permitía a la Sala era poder ***suplir de oficio las deficiencias del recurrente sobre las disposiciones denunciadas***, pero de ello la Sala dedujo impropiamente sus supuestos poderes, no sólo *para conocer de oficio* de un juicio de interpretación abstracta de la Ley sin que mediara un juicio de nulidad[394], ya que el juicio de inconstitucionalidad que se había intentado había sido declarado inadmisible; sino, además, para *establecer de oficio nuevos argumentos respecto de normas distintas* a las que habían sido originalmente impugnadas, interpretarlas y modificarla como si fuera el Legislador. Y todo ello **de oficio**, es decir, a iniciativa propia. Como se ha dicho, los artículos que fueron denunciados como inconstitucionales en la acción popular fueron los artículos 67, 68, 69, 72, 74 y 79 de la ley, y el artículo que la Sala reformó en su sentencia fue el artículo 31 de la misma Ley, que ni siquiera se había mencionado en el debate procesal.

---

394 Véase el cuestionamiento sobre esos poderes de oficio véase, Allan R. Brewer-Carías, "Régimen y alcance de la actuación de oficio en materia de Justicia Constitucional en Venezuela", en la *Revista Jurídica*. Universidad Arturo Michelena, Centro de Investigaciones Jurídicas Dr. Aníbal Rueda, N° 4, San Diego, 2006, pp. 13-39.

Para justificar este desprecio absoluto al principio dispositivo, a la separación de poderes y a las previsiones constitucionales sobre ejercicio de la función de legislar, la Sala se basó en las siguientes consideraciones:

> "Por otra parte, siendo la Sala Constitucional el garante de la supremacía y efectividad de las normas y principios constitucionales, y máximo y último intérprete de la Constitución, correspondiéndole velar por su uniforme interpretación y aplicación, tal como lo dispone el artículo 335 constitucional, la Sala tiene el deber de interpretar el contenido y alcance de las normas y principios constitucionales, y por ello, *si bien puede declarar inadmisible una demanda de nulidad, como en el caso de autos, la Sala puede, para cumplir su función tuitiva y garantista de la Constitución, y con miras a evitar interpretaciones erradas, analizar de oficio la norma legal cuya nulidad ha sido solicitada, a fin de señalarle una lectura que la haga congruente con los principios constitucionales*, evitando así una errada interpretación por las otras Salas o los otros Tribunales de la República."

Se trata de una facultad de la Sala, derivada de la función que le asigna el artículo 335 constitucional, y del segundo aparte del artículo 5 de la Ley Orgánica del Tribunal Supremo de Justicia, que le permite a la Sala no sólo suplir de oficio deficiencias o técnicas del recurrente, sino que al considerar que la nulidad de normas es de orden público, autoriza al Juez -como principio general del derecho- a proceder de oficio en resguardo del orden público (artículo 11 del Código de Procedimiento Civil) y dictar cualquier providencia legal.

De allí, que a juicio de la Sala, cuando no procede la nulidad de una norma por inconstitucional, la Sala puede no limitarse a declarar sin lugar la demanda, sino que al declarar la validez de la norma, puede señalar la interpretación obligatoria que la adapta a la Constitución, tal como lo ha señalado entre otros, en sentencia N° 2573 del 16 de octubre de 2002.

Esta potestad de la Sala, que emerge de su función constitucional, y que en otras oportunidades ha efectuado no decae porque se declare inadmisible la acción del particular y no sin lugar la solicitud, ya que por protección al orden público, la acción queda viva, impulsada de oficio, máxime cuando lo que la Sala va a efectuar es una interpretación en beneficio de la constitucionalidad de una norma, y por ello la Sala deja viva a la acción y entra a analizar las normas cuestionadas."

Y con fundamento en estas potestades que la Sala se auto atribuyó, pasó entonces a revisar las bases constitucionales que regulan el sistema tributario venezolano, "con el fin de que -sobre ese marco- sea revisada la ley objeto del presente examen", por supuesto, en su conjunto y en los artículos que quiso la Sala o alguno de sus magistrados, sin relación alguna con los artículos de la Ley que habían sido denunciados como inconstitucionales, e independientemente del debate procesal realizado en el juicio que concluía por inadmisibilidad de la acción.

Revisó así la Sala, en su sentencia, conforme a su propio criterio y sin que nadie se lo hubiera requerido, las escuetas normas de los artículos 133, 316 y 317 de la Constitución que regulan el sistema tributario[395], y de las cuales la Sala extrajo:

> "los caracteres esenciales de los tributos que, íntimamente vinculados entre sí, sirven de base para materializar la exigencia axiológica de la justicia tributaria: *generalidad* (todos deben soportar las cargas tributarias), *igualdad* (al momento de contribuir, se proscribe la discriminación) y *capacidad contributiva* (que actúa como gozne entre la generalidad y la igualdad, como herramienta de medición concreta de la aptitud económica -absoluta o relativa- del contribuyente). En síntesis, todos deben pagar tributos, conforme su capacidad".

Pasó luego la Sala a analizar la "compleja noción de capacidad contributiva", que encuentra su límite en la prohibición de la confiscación, enlazada directamente con la exigencia de progresividad del sistema tributario, considerando que "el conjunto de instrumentos de política tributaria debe gravar en menor proporción a los contribuyentes de menores recursos. El sistema será regresivo si, por el contrario, los ciudadanos con menor dotación soportan el mayor peso de las cargas que el Estado impone por la vía impositiva".

La Sala pasó de seguidas a referirse, en particular, a la importancia del Impuesto sobre la Renta, para lo cual consideró "basta anunciar la progresividad que informa este gravamen a la renta, como más acabada expresión de la capacidad contributiva y, por ello, al menos en teoría, eficiente instrumento de política tributaria y de redistribución de la riqueza", deduciendo las siguientes notas características de este impuesto:

> *(i) Es impuesto directo*: ya que grava una manifestación inmediata de capacidad contributiva, como es la renta.
>
> *(ii) Es un impuesto de carácter personal*: está referido a la situación de un sujeto concreto y determinado.
>
> *(iii) Es un impuesto subjetivo*: pues atiende las circunstancias personales del obligado. De tal carácter, se siguen, aunque a ellas no están limitadas, un conjunto de aminoraciones de la base imponible y de la cuota tributaria.
>
> *(iv) Es un impuesto de carácter progresivo*: grava escalonadamente los distintos niveles de renta, sin perjuicio de que a determinadas rentas les resulte aplicable una tarifa proporcional.
>
> *(v) Es un impuesto periódico*: se calcula sobre una base temporal concreta o ejercicio económico señalado por la ley que, generalmente, coincide con el año civil.

Partiendo de estos principios pasó entonces la Sala en su sentencia a "estudiar la presencia de los señalados caracteres, particularmente, en el gravamen que se efectúa a las personas naturales, con ocasión de los enriquecimientos obtenidos por la

---

395 Sobre esas normas véase Allan R. Brewer-Carías, *Debate Constituyente (Aportes a la Asamblea Nacional Constituyente), Tomo III (18 octubre-30 noviembre 1999),* Fundación de Derecho Público-Editorial Jurídica Venezolana, Caracas 1999, pp. 52 y ss.

prestación de servicios personales bajo relación de dependencia". Destacó cómo conforme el artículo 7, literal a) de la Ley de Impuesto sobre la Renta, las personas naturales son sujetos de aplicación de la misma, para lo cual deben pagar impuestos sobre sus enriquecimientos netos (artículo 8). A los efectos de determinarlos, el artículo 16 se refiere a los ingresos brutos constituidos, entre otros, por "los proventos producidos por el trabajo bajo relación de dependencia"; y sobre este tema en particular, es decir, "el caso de los ingresos percibidos con ocasión de la relación de trabajo", la Sala Constitucional entonces, por primera vez en su sentencia, hizo referencia al artículo 31 de la Ley que define como enriquecimiento neto "los sueldos, salarios, emolumentos, dietas, pensiones, obvenciones y demás remuneraciones similares, distintas de los viáticos, obtenida por la prestación de servicios personales bajo relación de dependencia". A juicio de la Sala, "la consideración de tales ingresos como enriquecimiento neto, impide entonces que sobre ese monto se sustraiga costo o deducción alguna".

Luego analizó la Sala el tema de las sustracciones de desgravámenes autorizados por el artículo 59 y en el artículo 60 (sobre desgravamen único) de la Ley para la determinación del ingreso gravable, indicando que "La operación matemática derivada de tales parámetros, ya sea sustrayendo de los enriquecimientos netos así estimados los desgravámenes particulares, o en su lugar, el denominado *desgravamen único*; da lugar a la determinación de la base imponible de este tributo".

De acuerdo con el hilo de la sentencia, la Sala, en este punto, destacó la noción de base imponible que reviste una naturaleza trascendental para constatar la adecuación del tributo a los principios constitucionales que gobiernan la institución, indicando que "en el caso de las personas naturales cuya fuente de ingresos proviene de una relación laboral, la legislación impositiva tomó una amplísima base: "los sueldos, salarios, emolumentos, dietas, pensiones, obvenciones y demás remuneraciones similares, distintas de los viáticos, obtenida por la prestación de servicios personales bajo relación de dependencia", noción que la Sala consideró "que guarda correspondencia con lo que la doctrina del derecho laboral define como *salario integral*, a partir de lo dispuesto en el artículo 133 de la Ley Orgánica del Trabajo, según el cual se "entiende por salario la remuneración, provecho o ventaja, cualquiera fuere su denominación o método de cálculo, siempre que pueda evaluarse en efectivo, que corresponda al trabajador por la prestación de su servicio y, entre otros, comprende las comisiones, primas, gratificaciones, participación en los beneficios o utilidades, sobresueldos, bono vacacional, así como recargos por días feriados, horas extras o trabajo nocturno, alimentación y vivienda".

El tema central de este análisis fue la consideración que hizo la Sala en el sentido de que "frente a la extensa estimación de los enriquecimientos netos de los trabajadores, contrasta la mínima posibilidad a ellos dada para disminuir razonablemente la base sobre la cual habrán de tributar", considerando respecto de los desgrávameles, que contienen "escasos conceptos que les resultan aplicables para lograr tal reducción; lo que prácticamente conduce a la utilización de la figura del desgravamen único, no como una opción, sino como la única alternativa legítima."

Y así concluyó la Sala su tesis, encontrando, sin que nadie se lo hubiera pedido, que "la instrumentación del impuesto sobre la renta que pecha a los asalariados, *desdibuja los principales rasgos de este instrumento impositivo, gravando tan extensa base imponible que, en vez de consultar la razonable manifestación de riqueza derivada de la renta, pesa en mayor medida sobre sus ingresos*"; concluyendo con que:

> "El impuesto sobre la renta a los asalariados, entonces, se aleja en demasía de la progresividad propia de esta clase de tributos, sobre todo si se toma en cuenta que aquella fuente de enriquecimiento se encuentra también incidida por una serie de contribuciones parafiscales (Seguro Social, Política Habitacional, INCE). Además, quizás con un impacto mayor, en cuanto consumidor final, el trabajador se ve obligado a soportar el traslado del gravamen al consumo (IVA), que acaso consulta su capacidad contributiva en forma mediata. Estas afirmaciones, ponen en evidencia una elevada presión fiscal claramente regresiva sobre las fuentes de enriquecimiento de los trabajadores asalariados.
>
> Ello no sólo se aparta de la potestad tributaria que acuerda al Poder Nacional el artículo 156.13 de la Constitución, sino que lesiona la protección especial que a este estrato social confiere el artículo 83 del Texto Fundamental, en la medida produce una merma en el valor del salario como instrumento de dignificación de la calidad de vida de la clase trabajadora."

Pero, la Sala Constitucional, después del anterior análisis y conclusión, reconoció que "La contrariedad absoluta al texto fundamental, sin embargo, no resulta apreciable de manera franca en las normas objeto del presente estudio", por lo que entonces decidió referirse a su propia doctrina "en relación con el rol atribuido al Juez Constitucional" que estableció en la sentencia N° 952/2003 (Caso: *Margarita Farías*), para pretender fundamentar sus poderes de legislador positivo de oficio y pasar a reformar una ley. En dicha sentencia, la Sala, en efecto, había sentado el siguiente criterio:

> "En tal sentido, resulta necesario destacar que en los sistemas Kelsenianos de Justicia Constitucional, del cual esta Sala forma parte, siempre han partido de la premisa de que su ejercicio se asemeja a lo que la doctrina ha denominado "legislador negativo" (KELSEN), debido a que ejerce la función de eliminar del ordenamiento jurídico, normas que sean claramente contrarias al dispositivo constitucional. Sin embargo, y así ha sido su desarrollo en el derecho comparado, esta actividad no se agota con su exclusión, sino que se han suscitado situaciones en que el texto del articulado genere confusiones que si bien pueden tener un halo de inconstitucionalidad, no llega a ser de una evidencia tal, que pueda afirmar la necesidad de su anulación. Esto ha conllevado a que la jurisdicción constitucional vaya más allá de ejercer sus funciones como "legislador negativo", teniendo que dar una interpretación normativa a los fines de esclarecer, delimitar o delinear el sentido de un determinado artículo con respecto a la Constitución [...].
>
> Estas posiciones han conllevado a que Tribunales Constitucionales tales como el alemán, primeramente, y luego el italiano y el español, tuvieran que desarrollar una modalidad de análisis de leyes para aquellos casos en que se evidencien normas cuya inconstitucionalidad no sea evidente, pero que requieren adaptaciones con el objeto de adecuarlas al orden constitucional vigente. Esto dio por origen la elaboración de sentencias que han recibido el calificativo de interpretativas, por cuanto mediante las mismas lo que se busca lograr es una correcta adecuación del ordenamiento jurídico dictado con anterioridad a la

promulgación de una nueva constitución, teoría que se derivó de la circunstancia fáctica de preservar ciertas disposiciones que fueron dictadas con anterioridad a la transición política de regímenes de facto a gobiernos democráticos acaecidos en esos países. Ello conllevó a que en esos casos dichos Tribunales detenten la potestad para revisar si la norma discutida en una solicitud de impugnación se adecua correctamente con los principios de supremacía jerárquica, formal, material, teleológica y axiológica de la Constitución. Si de dicho estudio se observa que la norma cuestionada origina una duda razonable respecto a su constitucionalidad, entonces en esos casos resultaba permisible que la Instancia Constitucional proceda a revisar los términos bajo los cuales fue consagrada dicha normativa, permitiéndose realizar modificatorias en torno a la proposición, bajo la cual esta se formuló, a los fines de aclarar que los elementos que la conforman se presten a plantear posibles inconstitucionales, para así acomodarla al marco de la Constitución.

Esta modalidad de sentencias constituye un instrumento importante en la preservación del ordenamiento jurídico, toda vez que conlleva a que los jueces constitucionales no sólo eliminen normas contrarias a la Constitución que podrían originar lagunas que necesitan de otra regulación que si sea acorde a la norma primaria, sino que les permite en tanto y en cuanto la norma sea subsanable, interpretarla correctamente o reestructurarla (siendo en este caso una decisión cuyos efectos serán ex nunc), siendo en caso de imposible reparación de la norma su consecuente eliminación, toda vez que la interpretación no constituye una suerte de legislación para el juez constitucional [...].

Respecto al ejercicio de la labor interpretativa ejercida por los Tribunales Constitucionales, la doctrina las ha clasificado como "sentencias interpretativas de rechazo" y "sentencias interpretativas de acogida" (BISCARETTI DI RUFFIA), ó "sentencias interpretativas desestimatorias" y "sentencias interpretativas estimatorias" (PEÑA SOLÍS). En primer orden, se ha entendido como decisiones "de rechazo" o "desestimatorias", cuando el tribunal extrae del análisis de la norma o de la interpretación de la proposición normativa que la misma no es contradictoria a la Constitución, siempre y cuando el precepto normativo sea interpretado conforme al análisis que haya asentado el Juez Constitucional en su motivación. Por su parte, en lo relativo a los fallos interpretativos "estimatorios" o "de acogida", se ha expuesto que dichos fallos versan sobre aquellas situaciones en las cuales una disposición normativa se presta a múltiples acepciones o análisis que pudiesen ser considerados válidos. Tales supuestos originan que la labor del sentenciador se preste a verificar si cada una de las interpretaciones que conlleva la norma resulta viable respecto al postulado constitucional ante el cual se le cuestiona. Bajo esos supuestos, de verificarse que una o varias de las acepciones derivadas de esa norma resultan inconstituciones, el juez debe entonces suprimir la interpretación que sea errónea y señalar cuál es el verdadero sentido de la misma. Ello conduce a que esta modalidad de decisiones tengan distintas clasificaciones, toda vez que la sentencia puede conllevar a una supresión de la norma (entendida en sentido intrínseco), o en una adición e inclusive, en una sustitución. En el primer supuesto, la decisión debe acordar que la norma es inconstitucional en aquello "que no dice", por lo que debe establecer en su motivación el análisis sobre el cual existe el vacío legal. Contrariamente, en aquellas decisiones en que el fallo tenga un carácter supresivo o reductivo, la decisión acuerda la inconstitucionalidad en "aquello que dice la norma", por lo que restringe el sentido de la misma. Finalmente, en lo concerniente a las sentencias sustitutivas, o las llamadas por un sector de la doctrina como "manipulativas", el tribunal sustituye una parte del texto, tal como lo indica DI RUFFIA, implica en términos literales la ilegitimidad constitucional y la cambia por otra que esté formulada al mismo nivel de interpretación."

Esta doctrina, sin embargo, a lo que podría conducir es a la interpretación de una norma tachada de inconstitucionalidad *secundum constitucione*, a los efectos de no eliminarla del ordenamiento jurídico mediante su anulación, y dejarla vigente pero para ser aplicada conforme a una interpretación acorde con el texto fundamental. Pero derivar de esta doctrina la pretendida potestad legislativa genérica de la Sala Constitucional, para modificar incluso *de oficio* normas legales que no han sido impugnadas de inconstitucionalidad, no tiene asidero alguno ni en Venezuela ni en el derecho comparado.

Sin embargo, supuestamente tomando en consideración el criterio jurisprudencial antes esbozado, la Sala consideró que en su **"opinión"** la norma del artículo 31 de la Ley de Impuesto sobre la Renta que estipula los conceptos que conforman el enriquecimiento neto de los trabajadores,

> "puede ser interpretada conforme a los postulados constitucionales, estimando que éste sólo abarca las remuneraciones otorgadas en forma regular (*salario normal*) a que se refiere el parágrafo segundo del artículo 133 de la Ley Orgánica del Trabajo, con ocasión de la prestación de servicios personales bajo relación de dependencia, excluyendo entonces de tal base los beneficios remunerativos marginales otorgados en forma accidental, pues de lo contrario el trabajador contribuyente perdería estas percepciones –si no en su totalidad, en buena parte- sólo en el pago de impuestos."

El mencionado artículo 31 de la Ley de Impuesto sobre la Renta tal como había sido sancionado por la Asamblea Nacional, tenía el siguiente texto:

> *Artículo 31.* Se consideran como enriquecimientos netos los sueldos, salarios, emolumentos, dietas, pensiones, obvenciones y demás remuneraciones similares, distintas de los viáticos, obtenidos por la prestación de servicios personales bajo relación de dependencia. También se consideran como enriquecimientos netos los intereses provenientes de préstamos y otros créditos concedidos por las instituciones financieras constituidas en el exterior y no domiciliadas en el país, así como las participaciones gravables con impuestos proporcionales conforme a los términos de esta ley.

Fue precisamente en relación con esta norma que la Sala formuló su "opinión" sobre el tema de las remuneraciones que deberían ser gravables respecto de quienes prestan servicios personales bajo relación de dependencia, y esa "opinión" la convirtió en ley, "con el objeto de adecuar el régimen impositivo a la renta aplicable a las personas naturales con ocasión de los ingresos devengados a título salarial, con los presupuestos constitucionales sobre los que se funda el sistema tributario"; supuestamente "ponderando, por una parte, el apego al principio de justicia tributaria y, por la otra, la preservación del principio de eficiencia presente en tales normas, en los términos bajo los cuales han sido definidos a lo largo de este fallo", a cuyo efecto y con carácter vinculante de acuerdo con el artículo 335 constitucional, la "Sala Constitucional ***modifica la preposición del artículo 31 de la Ley*** *de Impuesto sobre la Renta",* la cual entonces quedó con el siguiente nuevo texto o texto reformado:

> *"**Artículo 31.** Se consideran como enriquecimientos netos los salarios devengados en forma regular y permanente por la prestación de servicios personales bajo relación de dependencia. También se consideran como enriquecimientos netos los intereses provenientes de préstamos y otros créditos concedidos por las instituciones financieras constituidas en el exterior y no domiciliadas en el país, así como las participaciones gravables con impuestos proporcionales conforme a los términos de esta Ley.*
>
> *A los efectos previstos en este artículo, quedan excluidos del salario las percepciones de carácter accidental, las derivadas de la prestación de antigüedad y las que la Ley considere que no tienen carácter salarial» (Subrayados de la nueva redacción)."*

En esta forma, la Sala, supuestamente "ejerciendo su labor de máxima intérprete de la Constitución" *ajustó*, o más bien **reformó** una disposición de la Ley de Impuesto sobre la Renta para supuestamente ajustarla "a los postulados constitucionales", considerando además que se adecuaba al texto del artículo 133 de la Ley Orgánica del Trabajo, reformando así, la norma, como si fuera el mismo Legislador. Es decir, asumió pura y simplemente la labor de legislador positivo, y de oficio, lo cual es absolutamente inconstitucional.

Dictada la sentencia que reformó, con efectos vinculantes y *erga omnes*, el artículo 31 de la Ley de Impuesto sobre la Renta, los recurrentes originales en el recurso que fue declarado inadmisible y además, los representantes del Procurador General de la República y los representantes del Servicio Nacional Integrado de Administración Aduanera y Tributaria (SENIAT), solicitaron diversas aclaratorias a la Sala, particularmente en relación con los efectos temporales de la sentencia reformatoria, dado sus efectos *erga omnes*, lo que era importante precisar dado que no se trataba de una sentencia anulatoria de una norma legal, sino de una sentencia "reformatoria" de una Ley.

En atención a las solicitudes de aclaratoria, la Sala Constitucional, en sentencia Nº 390 de 9 de marzo de 2007[396], estableció la aclaratoria solicitada exclusivamente sobre los efectos del fallo en el tiempo. A tal efecto, reconoció que si bien en el caso concreto se había interpuesto una acción de nulidad por inconstitucionalidad contra varios artículos de la Ley de Impuesto sobre la Renta, la Sala la declaró inamisible y por tanto, no declaró la nulidad de los artículos impugnados, pasando en cambio, de oficio, a interpretar constitucionalmente el sentido y alcance de la proposición contenida en el artículo 31 de la Ley de Impuesto sobre la Renta, disponiendo entonces la reforma a la Ley, en forma vinculante.

Tratándose de una reforma de Ley, la Sala estimó que "lógicamente ella no puede ser mas que aplicada una vez que la sentencia que la contiene sea publicada en la *Gaceta Oficial* de la República", por lo que concluyó señalando que "la interpreta-

396 Expediente Nº 01-2862.

ción que ha hecho la Sala, en forma vinculante, del artículo 31 de la Ley de Impuesto sobre la Renta, tiene efectos *ex nunc,* esto es, a partir de la publicación del fallo que la contiene en la *Gaceta Oficial* de la República, lo cual se hizo en la Nº 38.635 del 1 de marzo de 2007".

Ahora bien, tratándose la materia de una reforma de una ley tributaria como la de impuesto sobre la renta que se rige por períodos fiscales anuales, la Sala "en aras de la certeza jurídica que debe a los justiciables y a la administración fiscal" *aclaró* en su sentencia que la reforma legal efectuada en el fallo Nº 301 del 27 de febrero de 2007, "no es aplicable al período fiscal correspondiente al año 2006 pues el mismo se inició antes de que se hiciera tal interpretación", siendo sólo aplicable, "a partir del ejercicio fiscal siguiente, de acuerdo a lo establecido en la normativa del Código Orgánico Tributario vigente y la legislación sobre impuesto sobre la renta, la cual no ha sido modificada".

Los solicitantes también requirieron de la Sala aclaratorias a la sentencia inicial referidas a "percepciones accidentales excluidas de la base imponible", sobre lo cual el representante del SENIAT alegó que la sentencia de la Sala (es decir, la reforma a la Ley), "podría estimular la elusión fiscal en pro del aumento de beneficios que no poseen carácter salarial, tales como: bonos, dietas, pensiones, obvenciones y demás privilegios afectando directamente los objetivos sociales de la Revolución Bolivariana".

Este requerimiento fue desechado por la Sala, argumentando que en la motiva de la sentencia-reforma se había dicho con precisión que a los efectos de calcular el "*enriquecimiento neto de los trabajadores, éste sólo abarca las remuneraciones otorgadas en forma regular (salario normal)"... **"excluyendo entonces de tal base los beneficios remunerativos marginales otorgados en forma accidental",*** por lo que "independientemente del nombre que pueda dársele a una determinada remuneración, no puede afirmarse, como lo sostiene los representantes judiciales del SENIAT, que dicha interpretación "*podría estimular la elusión (sic) fiscal*", aclarando que debería ser "evasión al pago de los tributos", "pues el **quid** para su inclusión o exclusión a los efectos del cálculo de la base imponible obedece a su forma de ocurrir, o de percibirse, sin que pueda existir elusión alguna proveniente del fallo ya que los pagos salariales regulares, no pueden sustituirse con bonos u otro tipo de remuneración".[397]

La sentencia Nº 301 de 27 de febrero de 2007 (Caso: *Adriana Vigilanza y Carlos A. Vecchio*) que bien podría identificarse como Caso: *Sentencia-reforma de la Ley de Impuesto sobre la Renta,* es una sentencia más, de carácter inconstitucional emanada de la Sala Constitucional del Tribunal Supremo, viciada de usurpación de funciones, por la asunción de la función legislativa que corresponde a la Asamblea Nacional conforme al procedimiento constitucionalmente prescrito para la formación de las leyes; y, además, viciada de inconstitucionalidad por violación de la garantía del debido proceso que es inviolable en toda actuación judicial. La sentencia,

---

397 Véase el comentario en Allan R. Brewer-Carías, "De cómo la Jurisdicción constitucional en Venezuela, no sólo legisla de oficio, sino subrepticiamente modifica las reformas legales que "sanciona", a espaldas de las partes en el proceso: el caso de la aclaratoria de la sentencia de Reforma de la Ley de Impuesto sobre la Renta de 2007, en *Revista de Derecho Público*, Nº 114, Editorial Jurídica Venezolana, Caracas 2008, pp. 267-276.

además, al "sancionar" dicha reforma de una ley impositiva, sin que se hubieran cumplido con la obligación constitucional que se le impone al legislador ordinario, la Asamblea Nacional, de realizar siempre una consulta popular y en esta materia impositiva, en especial al SENIAT como órgano del Estado especializado, violó el artículo 211 de la Constitución, al evadir la obligación constitucional de consulta. Por ello, la sentencia-reforma de la Sala Constitucional es un ejemplo de reforma legislativa secreta, sancionada con sigilo, sin que nadie distinto a los magistrados-legisladores se enteraran del procedimiento y de su intención.

La Sala, en un proceso judicial de un juicio de nulidad de unos artículos de la Ley de Impuesto sobre la Renta, que conforme a la Ley Orgánica del Tribunal Supremo de Justicia exige un debate contradictorio entre partes, como las que participaron en el proceso, es decir, por una parte los accionantes denunciando la inconstitucionalidad de unas normas de la Ley, y por la otra, los representantes de la Asamblea Nacional, de la Procuraduría General de la República y del propio SENIAT; resolvió declarar inadmisible la acción, y entonces proceder a legislar en la oscuridad del Palacio de Justicia, sin que nadie se enterara, en sigilo, a espaldas de las partes del proceso, de la colectividad de contribuyentes en general, y de toda otra persona que hubiera podido tener interés y que la Sala estaba obligada a convocar.

Los vicios en los que incurrió la Sala Constitucional del Tribunal Supremo de Justicia en esta sentencia-reforma de la Ley de Impuesto sobre la Renta, constituyen la negación de las bases del Estado democrático de derecho, atentando en forma inexcusable contra la majestad y prestigio de dicho Tribunal y de la Jurisdicción Constitucional que, al contrario, debería ser la garantía última de aquél.

4. *Un caso adicional de Venezuela: el juez constitucional actuando abiertamente como legislador positivo, sin límites, reformando leyes*

La Sala Constitucional del Tribunal Supremo de Justicia conoció y decidió sobre una acción de inconstitucionalidad que se ejerció contra el artículo 3 de la Ley Orgánica de la Defensa Pública, la cual fue resuelta mediante sentencia N° 163 del 28 de febrero de 2008,[398] en la cual había declarado parcialmente con lugar la acción de nulidad por inconstitucionalidad que se había interpuesto contra el artículo 3 de la Ley Orgánica de la Defensa Pública. Dicha sentencia fue objeto de una petición de aclaratoria la cual fue decidida mediante sentencia N° 1683 de 4 de noviembre de 2008 (Caso: *Defensoría del Pueblo*).[399] Dicha sentencia fue objeto de una solicitud de aclaratoria por parte de la Defensora del Pueblo, la cual fue declarada sin lugar, procediendo sin embargo a establecer las bases de lo que consideró, *primero*, el supuesto carácter de "conservador" del principio de la separación de poderes; y *segundo*, el rol de la sala, abiertamente como Legislador positivo no previsto en la Constitución.

En efecto, en la sentencia N° 163 del 28 de febrero de 2008, la Sala Constitucional anuló parcialmente los ordinales 3 y 7 del artículo 3 de la Ley Orgánica de la Defensa Pública, declarando que la Defensoría Pública estaría adscrita al Tribunal

---

398 Véase en http://www.tsj.gov.ve/decisiones/scon/Febrero/163-280208-07-0124.htm

399 Véase en *Revista de Derecho Público*, N° 116, Editorial Jurídica Venezolana, Caracas 2008, pp. 222 ss.

Supremo de Justicia, a cuyo efecto la Sala procedió a establecer la forma como entonces quedaban redactados dichos artículos.

La Constitución de 1999 hace referencia a la Defensa Pública en tres normas: *Primero*, en el artículo 253 donde se la enumera dentro de los órganos e instituciones integrantes del "sistema de justicia;" *segundo*, en el artículo 267 en el cual se indica que corresponde al Tribunal Supremo de Justicia "la dirección, el gobierno y la administración del Poder Judicial, la inspección y vigilancia de los tribunales de la República y de las Defensorías Públicas;" y *tercero*, en el artículo 268, en el cual se indica que "la ley establecerá la autonomía y organización, funcionamiento, disciplina e idoneidad del servicio de defensa pública, con el objeto de asegurar la eficacia del servicio y de garantizar los beneficios de la carrera del defensor o defensora."

Conforme a estas normas, supuestamente, el Sistema Autónomo de la Defensa Pública fue creado transitoriamente en 2000[400] por la ahora (desde 2010) extinta Comisión de Funcionamiento y Reestructuración del Sistema Judicial, como servicio adscrito a la misma, habiendo sido solo fue regulado por la Asamblea Nacional en 2007, mediante la Ley Orgánica de la Defensa Pública.[401]

Esta Ley Orgánica reconoció la autonomía del Servicio, pero en su artículo 3, sin embargo, lo adscribió a la Defensoría del Pueblo, que es un órgano perteneciente al Poder Ciudadano. Esta circunstancia originó que dicha norma fuese impugnada por ante la Sala Constitucional, por un grupo de funcionarios de la Defensoría Pública, por considerarse que violaba los mencionados artículos 253 y 267 constitucionales, resultando la mencionada sentencia N° 163 del 28 de febrero de 2008 de la Sala Constitucional en la cual se consideró, que como la Defensoría del Pueblo no era parte del sistema judicial pues no está enumerada en el artículo 253, la adscripción de la Defensoría Pública, que si es parte integrante del sistema de justicia, a la misma, era inconstitucional. La Sala Constitucional, en definitiva, dado que la Defensa Pública está en la Constitución dentro del Poder Judicial, y sometida a la inspección y vigilancia del Tribunal Supremo de Justicia, consideró que "no puede estar adscrita a ningún Poder o ente que no pertenezca a dicho sistema de justicia."

De ello resultó la declaratoria de nulidad parcial del artículo 3 de la Ley Orgánica de la Defensa Pública, "pues al establecer la adscripción orgánica de la Defensa Pública a la Defensoría de Pueblo, órgano del Poder Ciudadano, desconoció la preeminencia –constitucionalmente conferida- al Tribunal Supremo de Justicia," de lo cual procedió la Sala a indicar pura y simplemente a reformar la Ley, al indicar que como "efecto de la nulidad parcial decretada," el artículo 3 de la Ley Orgánica de la Defensa Pública, quedaba redactado en otra forma, de manera que indicara que la Defensoría Pública está "adscrita al Tribunal Supremo de Justicia, al cual le corresponde su inspección y vigilancia".

En esta forma, la Sala Constitucional al anular la norma procedió a reformar el texto del artículo, dándole una nueva redacción, considerando igualmente inconstitucionales otras previsiones de la Ley "en virtud de la adscripción orgánica de la Defensa Pública al Tribunal Supremo de Justicia" que la propia Sala del Tribunal

400 Véase Resolución N° 1.191 del 16 de junio de 2000, publicada en *Gaceta Oficial* N° 37.024 del 29 de agosto de 2000.

401 Véase *Gaceta Oficial* N° 38.595 del 2 de enero de 2007.

había "decretado," procediendo entonces a declarar "la nulidad parcial" de los artículos 11, 12, 13 y 15, numerales 5 y 7 de la Ley.

En cuanto a los artículos 11, 12 y 13 de la Ley, la Asamblea Nacional había establecido en ellos la designación y remoción del Director de la Defensoría Pública que se debía "efectuar por la mayoría absoluta de los integrantes de la Asamblea Nacional;" el procedimiento para la designación y, además, que el mismo podía ser removido "por la Asamblea Nacional, con el voto favorable de la mayoría absoluta de sus integrantes, por iniciativa propia de ésta o a instancia del Defensor del Pueblo." El texto de estas normas era el siguiente:

> ***"Artículo 11. Autoridad que la dirige y duración en el cargo.*** *El Director Ejecutivo o Directora Ejecutiva ejercerá sus funciones por un período de cuatro años. Su designación y remoción se efectuará por la mayoría absoluta de los integrantes de la Asamblea Nacional.*
>
> *El Despacho del Director Ejecutivo o Directora Ejecutiva tendrá su sede en la Capital de la República.*
>
> ***Articulo 12. Designación por elección.*** *La Asamblea Nacional, sesenta días antes del vencimiento del período para el cual fue designado el Director Ejecutivo o Directora Ejecutiva de la Defensoría Pública y sus dos suplentes, convocará un Comité de Evaluación de Postulaciones, el cual estará presidido por el Defensor del Pueblo e integrado además, por representantes de diversos sectores de la sociedad. El mecanismo de selección de estos últimos estará a cargo de la Asamblea Nacional.*
>
> *Este Comité adelantará un proceso público de cuyo resultado se obtendrá el listado de aspirantes que cumplan con los requisitos para el cargo de Director Ejecutivo o Directora Ejecutiva de la Defensoría Pública, para ser presentado a la Asamblea Nacional, dentro de los treinta días hábiles siguientes al inicio del respectivo proceso. La Asamblea Nacional, a partir de la fecha de recepción del listado de aspirantes, escogerá en un lapso no mayor de treinta días continuos, al o a la titular de la Defensoría Pública y sus dos suplentes, mediante el voto favorable de la mayoría absoluta de sus integrantes".*
>
> ***"Artículo 13. Remoción.*** *El Director Ejecutivo o Directora Ejecutiva de la Defensoría Pública podrá ser removido o removida por la Asamblea Nacional, con el voto favorable de la mayoría absoluta de sus integrantes, por iniciativa propia de ésta o a instancia del Defensor del Pueblo".*

La Sala Constitucional del Tribunal Supremo entonces argumentó que:

> "como quiera que el Servicio de la Defensa Pública depende orgánicamente del Tribunal Supremo de Justicia, le corresponde a éste, como máximo órgano rector del Poder Judicial, en Sala Plena, por ser su órgano directivo, la designación por elección y remoción del Director Ejecutivo o Directora Ejecutiva de la Defensa Pública."

Y en consecuencia procedió a "modificar el procedimiento establecido en los ya referidos artículos 11, 12 y 13 de la Ley Orgánica de la Defensa Pública," copiándolos íntegramente, cual Legislador, establecido que la designación y remoción del Director de la Defensoría Pública se debía "efectuar por la mayoría absoluta de los integrantes de la Sala Plena del tribunal Supremo de Justicia" y, además, que el mismo podía ser removido "por la Sala Plena del Tribunal Supremo de Justicia, con el voto favorable de la mayoría absoluta de sus integrantes." Como lo dijo el Magistrado que emitió el Voto disidente en el fallo, la sentencia "no se limitó a la modificación de la referencia al órgano con competencia para la designación y remoción del Director Ejecutivo de la Defensa Pública, sino que, además, modificó, sin mayor justificación, el modo en que ha de hacerse esa designación." El Magistrado disidente destacó que con la sentencia se:

> "modificó el mecanismo que preceptuaba el artículo 12 de la Ley Orgánica de la Defensa Pública para la selección de quien deba ser designado Director Ejecutivo de ese Servicio, mecanismo que tenía, como fundamento, el ejercicio del derecho a la participación política de los ciudadanos que recogió el artículo 62 de la Constitución."

Con esta violación al derecho a la participación política de los ciudadanos, el nuevo texto de las normas sancionado por la Sala es el siguiente:

> *"**Artículo 11. Autoridad que la dirige y duración en el cargo.** El Director Ejecutivo o Directora Ejecutiva ejercerá sus funciones por un período de cuatro años. Su designación y remoción se efectuará por la mayoría absoluta de los integrantes de la Sala Plena del tribunal Supremo de Justicia*
>
> *El Despacho del Director Ejecutivo o Directora Ejecutiva tendrá su sede en la Capital de la República.*
>
> ***Articulo 12. Designación por elección.** El Tribunal Supremo de Justicia, en Sala Plena, previo listado de aspirantes que cumplan con los requisitos para el cargo de Director Ejecutivo o Directora Ejecutiva de la Defensoría Pública, escogerá al o a la titular de la Defensoría Pública y sus dos suplentes, mediante el voto favorable de la mayoría absoluta de sus integrantes.*
>
> ***Artículo 13. Remoción.** El Director Ejecutivo o Directora Ejecutiva de la Defensoría Pública podrá ser removido o removida por la Sala Plena del Tribunal Supremo de Justicia, con el voto favorable de la mayoría absoluta de sus integrantes".*

La Sala Constitucional, además, procedió a modificar -reformar- los numerales 5 y 7 del artículo 15 de la Ley en lo relativo a la obligación por parte del Director Ejecutivo de la Defensoría Pública, de consignar el proyecto de presupuesto de la Defensa Pública y presentar el informe anual de su gestión ante la Defensoría del Pueblo; lo cual fue cambiado y en lugar de ante la Defensoría del Pueblo, la Sala dispuso que dicha presentación debe hacerse ante la Sala Plena del Tribunal Supremo de Justicia, copiando el texto íntegro del nuevo artículo 15 de la Ley.

Sin duda, la Sala Constitucional se excedió en su control de constitucionalidad, procediendo abiertamente a actuar como legislador, reformando varios artículos de la ley, dándoles una nueva redacción introduciendo modificaciones sustantivas sobre aspectos respecto de los cuales no había siquiera ningún cuestionamiento de constitucionalidad, y cercenando más bien un derecho ciudadano. La Sala Constitucional, por lo demás, no reformó la ley ni dictó las nuevas normas para garantizar derecho constitucional alguno.

Fue precisamente respecto de esta sentencia, la cual sin duda también entra en los anales de la patología de la justicia constitucional, que la Defensora del Pueblo solicitó de la Sala Constitucional la aclaratoria de la misma, argumentando extensamente para fundamentar su solicitud de aclaratoria, sobre "*un pretendido y excesivo ejercicio de potestad normativa asumida por la Sala Constitucional, contraviniendo el Texto Constitucional, y su propia directriz de actuación, procedió a modificar el contenido original de la norma*," denunciando que la Sala había extendido su pronunciamiento "*a la modificación de otros dispositivos de ley que estimó estrechamente vinculados a la nulidad*" y en un consecuente "*ejercicio legislativo*" modificó las normas relativas a "*la designación y remoción del Director Ejecutivo o Directora Ejecutiva de la Defensa Pública, contenidas en los artículos 11, 12 y 13 que establecen, conforme a la decisión de la Asamblea Nacional en el ejercicio de la potestad delegada por el Pueblo.*"

Después de proceder a realizar una interpretación amplia del artículo 252 del Código de Procedimiento Civil que se refiere al lapso para solicitar aclaratorias de sentencias, la Sala se refirió a la aclaratoria solicitada en relación con las sentencias de efectos *erga omnes* como las relativas a las causas donde se ventilan derechos e intereses difusos o colectivos o las dictadas en juicios de nulidad de las leyes por inconstitucionalidad, y a las decisiones dictadas con ocasión de una interpretación de una norma constitucional. En cuanto a las sentencias anulatorias, la Sala consideró que por sus efectos *erga omnes*, "no recaen únicamente a favor o en contra de los que realmente se constituyeron en partes en el proceso sino que pueden verse afectados ciudadanos que no actuaron en juicio y respecto de los cuales pudieran haber imprecisiones en el fallo objeto de aclaratoria en relación con su situación particular, debido a que sus argumentos no fueron debatidos en el proceso, justamente, por no ser partes."

La Sala, sin embargo, frente a la solicitud de la Defensora del Pueblo, indicó que la aclaratoria de sentencias debe circunscribirse únicamente a la rectificación de los posibles errores materiales en que puede incurrir el juez previstos en el artículo 252 del Código de Procedimiento Civil (error o cálculo numérico, errores de copia o referencias, omisión o puntos obscuros), y en modo alguno "puede afectar la seguridad jurídica ni constituirse en un medio de impugnación tendente a efectuar un nuevo análisis de los argumentos expuestos por las partes en el juicio," considerando que en el caso concreto, la Defensora del Pueblo lo que pretendía era "obtener un nuevo pronunciamiento por no compartir los argumentos expuestos por esta Sala en el fallo objeto de aclaratoria;" particularmente por el alegato de que la sentencia había sido producto de un "*pretendido y excesivo ejercicio de potestad normativa asumida por la Sala Constitucional, contraviniendo el Texto Constitucional, y su propia directriz de actuación.*"

Como consecuencia, la Sala declaró improcedente la aclaratoria solicitada, para lo cual, dado que la Defensora del Pueblo había "osado" cuestionar "la extralimitación -a su decir- en el ejercicio de la potestad normativa de esta Sala, '*contraviniendo el Texto Constitucional,*' "procedió a construir una doctrina sobre sus poderes "legislativos," o de la legitimidad de su actuación en general, como "legislador positivo."[402]

---

402 Véase Allan R. Brewer-Carías, "Constitutional Courts as Positive Legislators" en Karen B. Brown y David V. Snyder (Editors), *General Reports of the XVIIIth Congress of the Interna-*

Para ello, la Sala Constitucional comenzó rememorando el origen del sistema de control concentrado de constitucionalidad de las leyes, afirmando que en Venezuela, la jurisdicción constitucional resultante, conforme al artículo 215 de la Constitución de 1961, era ejercida:

> "por la otrora Corte Suprema de Justicia en pleno, la cual se limitaba al ejercicio del control concentrado de la constitucionalidad siguiendo el modelo de Kelsen, contenido por primera vez en la Constitución austríaca de 1920. Dicho modelo de control concentrado se caracterizaba principalmente, por constituir un sistema especializado, cuyas decisiones son de efectos ***erga omnes***, ***ex nunc*** y tienen el valor de cosa juzgada."

En efecto, el modelo de justicia constitucional austríaco se caracteriza por ser un sistema abstracto y principal, pues se realiza un examen genérico de compatibilidad lógica entre la Constitución y la ley en cuestión, sin detenerse en el conflicto material concreto subyacente. Otro rasgo característico de dicho sistema es la especialización respecto del órgano jurisdiccional -tribunal constitucional- que monopoliza el rechazo de la ley y su anulación por contravenir postulados constitucionales. Siendo ello así, no cabe duda de que el órgano jurisdiccional llamado a ejercer el control de la constitucionalidad de la ley en estos términos se convierte en un "legislador negativo."

En contraste con ese rol, la Sala Constitucional pasó a argumentar que en la Constitución de 1999, en cambio, dado lo "novedoso" del órgano al cual corresponde el ejercicio de la jurisdicción constitucional, la competencia en materia de control concentrado de la constitucionalidad "se ve en gran modo ampliada" colocando a la Sala Constitucional del Tribunal Supremo de Justicia "con las atribuciones que anteriormente poseía la Corte en Pleno para el ejercicio del control concentrado de la constitucionalidad," y además, otorgándole "novedosas competencias enmarcadas bajo el principio de supremacía y fuerza normativa de la Constitución" contenidas en los artículos 334 y 336 de la Constitución, que "ejerce de manera exclusiva como máxima y última intérprete del Texto Fundamental," lo cual, por supuesto, no es cierto, ya que en sustancia, las potestades de control en la Constitución de 1999 son similares a las que existían en la Constitución de 1961.

En todo caso, a juicio de la Sala Constitucional, con la "ampliación" de sus competencias en la Constitución de 1999,

> "la situación de ésta cambió radicalmente en lo que respecta a su competencia anulatoria como un simple legislador negativo, habida cuenta que no podría dicha Sala ejercer su rol como máxima garante del Texto Constitucional si se limita o circunscribe dicha labor únicamente a actuar como un legislador negativo; tampoco podría cumplir con el mandato constitucional de última intérprete de las normas fundamentales, bajo un esquema clásico de la absoluta separación de poderes, que no engrana, en modo alguno, con los valores superiores que propugna la Carta Magna de 1999."

---

*tional Academy of Comparative Law- Rapports Généraux du XVIIIème Congrès de l'Académie Internationale de Droit Comparé*, Springer. Heidelberg, 2012, pp. 549-569.

De esta afirmación, la Sala Constitucional pasó a constatar que el clásico principio de la separación de poderes ya aparecía matizado en la Constitución de 1961, resultando "más que una separación absoluta de poderes" una "colaboración" entre las distintas ramas del Poder Público, resultando ahora que dada la:

> "existencia de una novedosa jurisdicción constitucional, la conservadora separación absoluta de poderes se plantea de una manera distinta, pues ante un Estado democrático, de Justicia y de Derecho, que propugna como valores superiores, entre otros, la libertad, la democracia, la responsabilidad social y la preeminencia de los derechos humanos, no resulta acorde ni conveniente una concepción rígida y aislada respecto de la actividad ejercida por cada uno de los poderes públicos; antes por el contrario, no sólo se justifica sino que se hace necesaria la colaboración de los poderes entre sí, propugnando más bien una invasión de un poder sobre el otro, en aras de lograr la tutela efectiva y el pleno ejercicio de los derechos fundamentales de los justiciables."

De lo anterior concluyó la Sala Constitucional afirmando que "con ocasión de las nuevas competencias" que le son atribuidas:

> "en ejercicio de la jurisdicción constitucional, resulta evidente que la misma, más que un legislador negativo en los términos en que se concebía conforme al modelo clásico del control concentrado austríaco que tradicionalmente han ejercido los tribunales o cortes constitucionales, se erige como un legislador positivo, pues la declaratoria de nulidad de una norma por contravenir con la Constitución, ineluctablemente produce un vacío que lejos de garantizar la efectividad de las normas y principios constitucionales más bien haría nugatorio su ejercicio, habida cuenta que si bien se cumpliría con la obligación de los jueces de emitir respuesta a las pretensiones de los justiciables, sólo se aludiría a la eficacia de los órganos jurisdiccionales pero no a su efectividad, pues se consumaría una justicia formal mas no material."

Es evidente que los Tribunales Constitucionales en el mundo contemporáneo, en muchas ocasiones, han actuado como legisladores positivos, particularmente en materia control de constitucionalidad para suplir temporalmente las omisiones del legislador cuando afectan derechos fundamentales, y en particular en materia de protección del derecho a la igualdad y a la no discriminación;[403] pero de allí a afirmar que en general, los Tribunales Constitucionales se erigen en legisladores positivos, porque supuestamente el principio de la separación de poderes haya que desconocerlo por sea ahora algo "conservador," hay una distancia muy grande en medio de la cual está la Constitución.

Incluso, la "ilustración" que la Sala aporta para argumentar sobre la necesidad de su labor en ejercicio de la jurisdicción constitucional "no solo como un legislador negativo sino también positivo," se refiere exclusivamente a su competencia

> "para conocer de la inconstitucionalidad por omisión del poder legislativo municipal, estadal o nacional, cuando haya dejado de dictar las normas o medidas indispensables para garantizar el cumplimiento de la Constitución o las

---

403 Véase en general Allan R. Brewer-Carías, *Constitutional Courts as Positive Legislators*, Cambridge University Press, 2011.

haya dictado en forma incompleta, para "*establecer el plazo y, de ser necesario, los lineamientos de su corrección*" (cardinal 7 del citado artículo 336).

Competencia que a decir de la Sala, la autoriza para, en caso de que en el plazo fijado el órgano legislativo no cumpla con sus obligaciones, poder "ejercer competencias políticas o legislativas," las cuales sin embargo considera de carácter temporal, "hasta tanto el órgano legislativo cumpla con el mandato constitucional" como la Sala dijo haberlo resuelto en la sentencia N° 1043 del 31 de mayo de 2004 (caso: "*Freddy Alberto Pérez, en su condición de legislador del Consejo Legislativo del Estado Lara*").

La Sala Constitucional luego pasó a razonar que los vacíos legislativos no sólo se derivaban de la declaración de inconstitucionalidad de la omisión legislativa, sino también como consecuencia de la declaratoria de nulidad de una norma por inconstitucional, lo que igualmente resulta en "una ausencia de regulación de un postulado fundamental," de lo que emana la necesidad de realizar una "labor integradora" para no dejar a la deriva "la efectividad de un derecho constitucional," cubriendo entonces "la ausencia normativa cuando ésta sea imprescindible para dotar un derecho fundamental de eficacia y hacer posible su ejercicio;" "labor productora e integradora de Derecho" que la Sala misma calificó como "legítima," derivada de su obligación de "hacer efectivo el goce y ejercicio de los derechos constitucionales."

Todas esas competencias, a juicio de la Sala Constitucional, "la alejan de un simple legislador negativo bajo el sistema clásico austríaco del control concentrado de la constitucionalidad, al anular, luego de un examen abstracto, la compatibilidad de una disposición con el Texto Constitucional," estimando en cambio "que su labor como legislador positivo", queda "evidenciada en el ejercicio de sus competencias al declarar una inconstitucionalidad por omisión o en un recurso de interpretación," lo cual a juicio de la Sala "también se extiende a la declaratoria de nulidad por inconstitucionalidad."

Todo lo anterior le sirvió a la Sala Constitucional para afirmar, pura y simplemente que:

> "resulta innegable el replanteamiento del rol de la jurisdicción constitucional en el proceso de producción del derecho, habida cuenta de la legitimidad de la Sala Constitucional en los términos antes referidos, no sólo para anular o rechazar una disposición por colidir con la Constitución sino también para determinar su interpretación vinculante y establecer los lineamientos para el funcionamiento del órgano al que se refiere la norma fundamental o para su aplicación inmediata."

En esta forma, la Sala Constitucional del Tribunal Supremo de Justicia desconoció el principio de la separación de poderes garantizado en el artículo 136 de la Constitución; violó el artículo 187.1 de la Constitución que asigna a la Asamblea Nacional la potestad de "legislar en las materias de la competencia nacional," y el artículo 218 que reserva a la Asamblea la potestad de reformar las leyes, usurpando en esa forma dichas competencias. De ello resultó, sin duda, que su sentencia quedó como ineficaz y nula conforme al artículo 138 de la Constitución. Con esta sentencia, por otra parte, al autoproclamarse la Sala como legislador positivo, reformó (mutó) ilegítimamente la Constitución, y todo ello, sin que pueda ejercerse un control sobre la misma.

Con sentencias como esta, por supuesto, como sucede en cualquier régimen autoritario, la pregunta de siempre frente al poder incontrolado: *Quis Custodiet Ipsos Custodes?,*[404] queda sin respuesta.

## III. EL JUEZ CONSTITUCIONAL, LA USURPACIÓN DEL PODER Y EL SECUESTRO DE LA JURISDICCIÓN ELECTORAL[*]

### 1. *El Poder Electoral como una de las ramas del Poder Público En Venezuela y la creación de la Jurisdicción Electoral*

En Venezuela como en toda América Latina, en las últimas décadas del siglo pasado ya se había comenzado a institucionalizar un conjunto de órganos del Poder Público que no se encontraban sometidos ni estaban sujetos a los tres conjuntos de órganos de los clásicos Poderes Legislativo, Ejecutivo y Judicial, y a los cuales se había venido dando rango y autonomía de orden constitucional. Fue el caso de las Contralorías Generales, la Defensorías del Pueblo o de los Derechos Humanos, del Ministerio Públicos, de los Consejos de la Magistratura o de la Judicatura, y de los órganos de conducción electoral. Esta evolución autonomista puede decirse que encontró un avance formal de gran importancia en la Constitución venezolana de 1999, al regularizarse el rango constitucional de dichos órganos como ramas autónomas del Poder Público.

La Constitución de 1999, en efecto, en su artículo 136, al establecer el régimen del Poder Público Nacional conforme al principio de la separación orgánica de poderes, rompió con la tradicional división tripartita del Poder Público (Legislativo, Ejecutivo y Judicial) y agregando dos más (Ciudadano y Electoral) en la siguiente forma:

> "El Poder Público Nacional se divide en Legislativo, Ejecutivo, Judicial, Ciudadano y Electoral.
>
> Cada una de las ramas del Poder Público tiene sus funciones propias, pero los órganos a los que incumbe su ejercicio colaborarán entre sí en la realización de los fines del Estado."

Como lo destacó la Sala Electoral del Tribunal Supremo de Justicia en sentencia de fecha 10 de febrero de 2000, al destacar esa línea transformadora, indicó que:

> "... a la clásica trilogía de las ramas del Poder Público Nacional, esto es, Ejecutivo, Legislativo y Judicial, se adicionó el Poder Ciudadano y el Poder Electoral (artículo 136 de la Constitución de 1961). Cabe destacar que esta modificación no ha obedecido a meras razones de técnica legislativa o de racionalidad

---

404 Véase Allan R. Brewer-Carías, "*Quis Custodiet Ipsos Custodes*: De la interpretación constitucional a la inconstitucionalidad de la interpretación", en *Revista de Derecho Público*, N° 105, Editorial Jurídica Venezolana, Caracas 2006, pp. 7-27. Publicado en *Crónica sobre la "In" Justicia Constitucional. La Sala Constitucional y el autoritarismo en Venezuela*, Colección Instituto de Derecho Público. Universidad Central de Venezuela, N° 2, Editorial Jurídica Venezolana, Caracas 2007, pp. 47-79.

* Documento preparado para el *III Congreso Iberoamericano de Derecho Electoral*, Facultad de Estudios Superiores de Aragón de la Universidad nacional Autónoma de México, Estado de México, 27-29 Septiembre de 2012.

en la distribución orgánica del Poder, sino que refleja -se insiste- en una concepción del Estado, y ello explica que se hayan consagrado sendos capítulos del Título referido a la organización del Poder Público Nacional destinados a regular esos dos nuevos Poderes, regulación constitucional que en el caso del Poder Electoral, expresa coherente y sistemáticamente la nueva concepción, pues supera claramente la tesis de la Constitución de 1961, que aludía genéricamente a unos órganos electorales, que debían ser contemplados en la Ley, con la finalidad exclusiva de permitir el ejercicio periódico (cada tres o cinco años) del derecho al sufragio activo y pasivo."[405].

Por tanto, los órganos estatales encargados en Venezuela de garantizar la igualdad, confiabilidad, imparcialidad, transparencia y eficiencia de los procesos electorales, así como la aplicación de la personalización del sufragio y la representación proporcional, conforme al artículo 293 de la Constitución, de 1999, son los que conforman el "Poder Electoral".[406] Se elevó así a rango constitucional al órgano de control electoral, el Consejo Nacional Electoral, para cuya organización y funcionamiento se sancionó la Ley Orgánica del Poder Electoral.[407]

La esencia del principio de la separación de poderes en la Constitución es que cada órgano del Poder Público tiene sus funciones propias, las cuales ejerce con entera autonomía e independencia, en un sistema de balances y contrapesos conforme al cual ningún órgano del Poder Público está sujeto a otro ni puede estarlo, salvo en lo que se refiere a los mecanismos de control judicial, control fiscal o la protección de derechos humanos. Para ello, en cuanto al Poder Electoral, el artículo 294 de la Constitución establece que sus órganos se rigen por los principios de independencia orgánica, autonomía funcional y presupuestaria, despartidización de los organismos electorales, imparcialidad y participación ciudadana; descentralización de la administración electoral, transparencia y celeridad del acto de votación y escrutinios. En particular, como consecuencia del principio de la "despartidización" de los órganos del Poder Electoral, la Sala Electoral del Tribunal Supremo de Justicia en sentencia N° 71 de 23 de junio de 2000 consideró que los artículos 75 y 76 de la Ley Orgánica del Sufragio y Participación Política de 1998 habían quedado tácitamente derogados por la Constitución en lo que se refiere al derecho que tenían los partidos políticos para designar representantes ante el máximo organismo electoral[408]. En esa misma sentencia y en otras anteriores y posteriores, la Sala sin embargo, aclaró que esa

405 Sentencia citada en la sentencia N° 94 de 02-12-2003 (Caso: *Robert Osuna y otros*) del Juzgado de Sustanciación de la Sala Constitucional del Tribunal Supremo de Justicia.

406 Véase María A. Correa de Baumeister, "El Poder Ciudadano y el Poder Electoral en la Constitución de 1999", en *El Derecho Público a comienzos del siglo XXI. Estudios homenaje al Profesor Allan R. Brewer-Carías,* Tomo I, Instituto de Derecho Público, UCV, Civitas Ediciones, Madrid, 2003, pp. 982-995; Rafael Méndez García, "Estudio del Poder Electoral (controles)", en *Bases y principios del sistema constitucional venezolano (Ponencias del VII Congreso Venezolano de Derecho Constitucional realizado en San Cristóbal del 21 al 23 de Noviembre de 2001),* Volumen II, pp. 355-383.

407 Véase en *Gaceta Oficial* N° 37.573 del 19 de noviembre de 2002.

408 Véase en *Revista de Derecho Público*, N° 82, Editorial Jurídica Venezolana, Caracas, 2000, pp. 236 ss.

despartidización "no comporta la necesaria exclusión de todo tipo de mecanismo de participación de los partidos políticos en los procesos electorales"[409].

Conforme al artículo 292 de la Constitución, este Poder Electoral se ejerce por el Consejo Nacional Electoral como ente rector y, además, por una serie de organismos subordinados a éste, como son la Junta Electoral Nacional, la Comisión de Registro Civil y Electoral y la Comisión de Participación Política y Financiamiento. En general, en cuanto a las funciones del Poder Electoral las mismas se enumeraron en el artículo 293 de la Constitución así:

1. Reglamentar las leyes electorales y resolver las dudas y vacíos que éstas susciten o contengan.
2. Formular su presupuesto, el cual tramitará directamente ante la Asamblea Nacional y administrará autónomamente.
3. Emitir directivas vinculantes en materia de financiamiento y publicidad político-electorales y aplicar sanciones cuando no sean acatadas.
4. Declarar la nulidad total o parcial de las elecciones.
5. La organización, administración, dirección y vigilancia de todos los actos relativos a la elección de los cargos de representación popular de los poderes públicos, así como de los referendos.
6. Organizar las elecciones de sindicatos, gremios profesionales y organizaciones con fines políticos en los términos que señale la ley. Así mismo, podrán organizar procesos electorales de otras organizaciones de la sociedad civil a solicitud de éstas, o por orden de la Sala Electoral del Tribunal Supremo de Justicia. Las corporaciones, entidades y organizaciones aquí referidas cubrirán los costos de sus procesos eleccionarios.
7. Mantener, organizar, dirigir y supervisar el Registro Civil y Electoral.
8. Organizar la inscripción y registro de las organizaciones con fines políticos y velar porque éstas cumplan las disposiciones sobre su régimen establecidas en la Constitución y la ley. En especial, decidirá sobre las solicitudes de constitución, renovación y cancelación de organizaciones con fines políticos, la determinación de sus autoridades legítimas y sus denominaciones provisionales, colores y símbolos.
9. Controlar, regular e investigar los fondos de financiamiento de las organizaciones con fines políticos.

El cuadro de autonomía que la Constitución estableció respecto del Poder Electoral, como órgano del Poder Público, se completó en Venezuela al establecerse expresamente en la propia Constitución una Jurisdicción Electoral, separada de la Jurisdicción Contencioso Administrativa y de la Jurisdicción Constitucional para controlar la constitucionalidad y legalidad de los actos del Poder Electoral.

---

409 Véase las sentencias de la Sala Electoral Nº 10 de 25-02-2000, en *Revista de Derecho Público*, Nº 81, Editorial Jurídica Venezolana, Caracas, 2000, pp. 170 ss. y Nº 7 de 05-02-2001 en *Revista de Derecho Público*, Nº 85-88, Editorial Jurídica Venezolana, Caracas, 2001, pp. 188 ss.

A tal efecto, los artículos 262 y 297 de la Constitución crearon esta Jurisdicción Electoral atribuyendo se ejercicio a una de las Salas del Tribunal Supremo de Justicia, la Sala Electoral,[410] y a los demás tribunales que determine la ley, con el objeto de controlar la inconstitucionalidad e ilegalidad de las actuaciones del los órganos del Poder Electoral, asignándosele en el artículo 27 de la Ley Orgánica del Tribunal Supremo de Justicia,[411] específicamente las competencias para:

"1. Conocer las demandas contencioso electorales que se interpongan contra los actos, actuaciones y omisiones de los órganos del Poder Electoral, tanto los que estén directamente vinculados con los procesos comiciales, como aquellos que estén relacionados con su organización, administración y funcionamiento.
2. Conocer las demandas contencioso electorales que se interpongan contra los actos de naturaleza electoral que emanen de sindicatos, organizaciones gremiales, colegios profesionales, organizaciones con fines políticos, universidades nacionales y otras organizaciones de la sociedad civil.
3. Conocer las demandas de amparo constitucional de contenido electoral, distintas a las atribuidas a la Sala Constitucional".

Además, la Sala tiene las atribuciones comunes a todas las Salas del Tribunal Supremo establecidas en el artículo 31, que son las siguientes:

1. Solicitar de oficio, o a petición de parte, algún expediente que curse ante otro tribunal, y avocarse al conocimiento del asunto cuando lo estime conveniente.
2. Conocer de los recursos de hecho que le sean presentados.
3. Conocer los juicios en que se ventilen varias pretensiones conexas, siempre que al tribunal esté atribuido el conocimiento de alguna de ellas".
4. Decidir los conflictos de competencia entre tribunales, sean ordinarios o especiales, cuando no exista otro tribunal superior y común a ellos en el orden jerárquico".
5. Conocer las demandas de interpretación acerca del alcance e inteligencia de los textos legales, siempre que dicho conocimiento no signifique una sustitución del mecanismo, medio o recurso que disponga la ley para dirimir la situación de que se trate".
6. Conocer cualquier controversia o asunto litigioso que le atribuyan las leyes, o que le corresponda conforme a éstas en su condición de más alto Tribunal de la República".

---

410 El Tribunal Supremo de Justicia está dividido en cinco Salas: Sala Constitucional que ejerce la Jurisdicción Constitucional; la Sala Político Administrativa que es parte de la Jurisdicción Contencioso Administrativa; las Salas de Casación Civil, de Casación Penal y de Casación Social en la cúspide de la Jurisdicción Ordinaria, y Sala Electoral, como parte de la Jurisdicción Electoral (art. 262).

411 Véase Ley Orgánica del Tribunal Supremo de Justicia en *Gaceta Oficial* Nº 39.483 de 9-8-2010).

En cuanto al procedimiento ante la Jurisdicción Electoral, la Ley Orgánica de Procesos Electorales estableció en su artículo 214, que "el recurso contencioso electoral se regirá por las disposiciones de la Ley Orgánica del Tribunal Supremo de Justicia en todo lo no previsto por esta Ley," a cuyo efecto, en la reforma de dicha Ley Orgánica de 2012 se reguló dicho proceso contencioso electoral[412] el cual se desarrolla ante la Sala Electoral del Tribunal Supremo de Justicia, conforme a las siguientes pautas:

1. En cuanto a la legitimación activa para interponer la demanda contencioso electoral ante la Sala Electoral, la misma corresponde conforme al artículo 179, a cualquier persona que tenga interés legítimo (Art. 179).
2. En el escrito de la demanda contencioso electoral la misma debe indicar con precisión, la identificación de las partes y debe contener una narración circunstanciada de los hechos que dieron lugar a la infracción que se alegue y de los vicios en los que haya incurrido el supuesto agraviante (Art. 180). El incumplimiento de estos extremos acarrea la inadmisión de la demanda, salvo que se trate de omisiones no sustanciales que no impidan la comprensión de las pretensiones interpuestas (Art. 181).
3. El escrito de la demanda puede ser presentado por el demandante ante cualesquiera de los tribunales que ejerzan competencia territorial en el lugar donde tenga su residencia, cuando su domicilio se encuentre fuera del Área Metropolitana de Caracas. En este caso, el tribunal que lo reciba debe dejar constancia de la presentación al pie de la demanda y en el Libro Diario, y debe remitir a la Sala Electoral el expediente debidamente foliado y sellado, dentro de los 3 días de despacho siguientes (Art. 182).
4. Conforme se indica en el artículo 183 de la Ley Orgánica, la demanda contencioso electoral debe intentarse en un plazo máximo 15 días hábiles contados a partir de que se produzca la publicidad del acto impugnado, si se trata de actos expresos; desde la oportunidad en que el interesado tenga conocimiento de la ocurrencia del hecho, en caso de actuaciones materiales o vías de hecho; y desde el momento en que la decisión ha debido producirse, si se trata de abstenciones u omisiones. En caso de actos expresos que dicten los órganos del Poder Electoral, el lapso de caducidad transcurrirá, bien desde la oportunidad en que haya sido notificado personalmente el demandante, o bien desde su publicación en la *Gaceta Electoral*, según lo que ocurra primero.
5. El mismo día o el día de despacho siguiente a la presentación de la demanda o de la recepción del escrito, según el caso, se debe dar cuenta a la Sala y se debe formar expediente. La Sala Electoral debe remitir copia de la demanda al ente u órgano demandado y le debe solicitar los antecedentes administrativos, de ser el caso, así como la remisión de un informe sobre los aspectos de hecho y de derecho relacionados con la demanda, los cuales deben ser remitidos en el plazo máximo de 3 días hábiles (Art. 184).

---

412 Véase Víctor Hernández Mendible, El proceso administrativo electoral," en Allan R. Brewer-Carías y Víctor Hernández Mendible, *Ley Orgánica del Tribunal Supremo de Justicia*, Caracas 2010, pp. 165 ss.

6. En caso en que la demanda no contenga solicitud de medida cautelar, la Sala debe remitir al Juzgado de Sustanciación el informe y los antecedentes administrativos el mismo día en que los reciba, a los fines de que éste se pronuncie sobre la admisión dentro de los dos días de despacho siguientes. Si la demanda contiene solicitud de medida cautelar se debe designar ponente a fin de que la Sala Electoral se pronuncie sobre la admisión de la demanda y la pretensión cautelar, lo cual puede realizarse, atendiendo a la urgencia del caso, con prescindencia del informe y de los antecedentes administrativos a que se refiere el artículo anterior (Art. 185). Cuando se acuerde alguna medida cautelar, debe transcurrir un lapso de 3 días de despacho para la oposición. Si hubiere la oposición, se debe abrir cuaderno separado y se entiende abierta una articulación de 3 días de despacho para que los intervinientes promuevan y evacuen pruebas. Dentro de los cinco días de despacho siguientes, la Sala debe sentenciar la incidencia cautelar (Art. 187).
7. Conforme se indica en el artículo 186 de la ley Orgánica, en el auto de admisión de la demanda, se debe ordenar la citación del demandado y de los interesados legítimos cuya existencia resulte evidente del examen de los autos. Asimismo, se debe ordenará la notificación del Ministerio Público para que consigne su opinión acerca de la controversia. Igualmente, se debe ordenar emplazar a los interesados por medio de un cartel.
8. Los intervinientes distintos al demandante deben comparecer dentro de los 5 días de despacho siguientes a que conste en autos la práctica de la última de las citaciones o notificaciones que hubieren sido ordenadas (Art. 188). Además, conforme al artículo 189 de la Ley, el cartel de emplazamiento que se expida debe ser retirado, publicado en un diario de circulación nacional o regional, según sea el caso, y consignado por la parte demandante dentro de los 7 días de despacho siguientes a su expedición. Si la parte demandante incumpliere con esta carga, el Juzgado de Sustanciación debe declarar la perención de la instancia y se debe ordenar el archivo del expediente. Sin embargo, puede remitir el expediente a la Sala cuando estimare que existen razones de orden público que justifiquen la continuación de la causa, en cuyo caso, el cartel deberá ser publicado por el Juzgado de Sustanciación.
9. Dentro de los 5 días de despacho siguientes al vencimiento del plazo para el retiro, publicación y consignación del cartel de emplazamiento, los interesados pueden comparecer y presentar sus alegatos.
10. Conforme lo dispone el artículo 190 de la Ley Orgánica, después del vencimiento del lapso de emplazamiento antes indicado, y de la práctica de la última de las citaciones o notificaciones, se debe abrir de pleno derecho un lapso probatorio de 5 días de despacho para la promoción de pruebas. Las partes pueden oponerse a la admisión de las pruebas dentro un plazo de 2 días de despacho siguientes al vencimiento del lapso de promoción. Vencido este último lapso, el Juzgado de Sustanciación se debe pronunciarse sobre la admisión de las pruebas, en un plazo de 3 días de despacho. El lapso de evacuación será de 10 días de despacho contados a partir de la admisión de las pruebas.

11. Al día siguiente del vencimiento del lapso probatorio se debe designar ponente y se debe fijar la oportunidad en la que debe tener lugar el acto de informes orales (Art. 191). Después de la realización del mencionado acto de informes orales se debe remitir el expediente a la Sala Electoral para que decida en un lapso de 15 días de despacho, prorrogable por el mismo lapso, cuando la complejidad del asunto así lo requiera (Art. 192).

Conforme al marco constitucional y legal anterior, fue por tanto voluntad del constituyente de 1999 el establecer el Poder Electoral y la Jurisdicción Electoral con completa autonomía en la materia, de materia que la administración y control de las elecciones corresponde exclusivamente a los órganos del Poder Electoral; y el control de las actuaciones de dichos órganos corresponde a la Jurisdicción Electoral que encuentra en su cúspide a la sala Electoral del Tribunal Supremo de Justicia.

Sin embargo, en un régimen autoritario como el que instaló en Venezuela desde el mismo momento en que se discutía la Constitución de 1999, y que ha desarrollado una política sistemática de desmantelamiento del principio de la separación de poderes,[413] y con ello, del principio democrático, demoliendo todas las instituciones de la democracia,[414] ni el Poder Electoral ni la Jurisdicción Electoral podían escapar de la política de control y sojuzgamiento de todos los poderes del Estado, a cuyo efecto, desde el Poder Ejecutivo se utilizó a la Sala Constitucional el Tribunal Supremo[415] para secuestrar tanto al Poder Electoral como a la Sala Electoral del Tribunal Supremo de Justicia, y someterlos a sus designios, lo que ha ocurrido progresivamente en los últimos diez años.[416]

---

413 Véase Allan R. Brewer-Carías, "The Principle of separation of Powers and the Authoritarian Government in Venezuela", en *Duquesne Law Review*, Volume 47, Spring 2009, Pittsburgh, pp. 813-838.

414 Véase en general, Allan R. Brewer-Carías, *Dismantling Democracy. The Chávez Authoritarian Experiment,* Cambridge University Press, New York 2010; *Reforma Constitucional y fraude a La Constitución (1999-2009)*, Academia de Ciencias Políticas y Sociales, Caracas 2009.

415 Véase en general, Allan R. Brewer-Carías, "La demolición del Estado de derecho y la destrucción de la democracia en Venezuela," en *Revista Trimestral de Direito Público (RTDP),* No. 54, Instituto Paulista de Direito Administrativo (IDAP), Malheiros Editores, Sao Paulo, 2011, pp.5-34; "El rol del Tribunal Supremo de Justicia en Venezuela, en el marco de la ausencia de separación de poderes, producto del régimen autoritario,"en *Segundo Congreso Colombiano de Derecho Procesal Constitucional, Bogotá D.C., 16 de marzo de 2011*, Centro Colombiano de Derecho Procesal Constitucional, Universidad Católica de Colombia, Bogotá de Bogotá 2011, pp. 85-111; "La demolición del Estado de derecho y la destrucción de la democracia en Venezuela (1999-2009)," en José Reynoso Núñez y Herminio Sánchez de la Barquera y Arroyo (Coordinadores), en *La democracia en su contexto. Estudios en homenaje a Dieter Nohlen en su septuagésimo aniversario,* Instituto de Investigaciones Jurídicas, Universidad Nacional Autónoma de México, México 2009, pp. 477-517.

416 Véase en general, Allan R. Brewer-Carías, *La Sala Constitucional versus El Estado Democrático de Derecho. El secuestro del poder electoral y de la Sala Electoral del Tribunal Supremo y la confiscación del derecho a la participación política*, Los Libros de El Nacional, Colección Ares, Caracas 2004.

2. *El secuestro del Poder Electoral por la Jurisdicción Constitucional y la limitación a su autonomía constitucional*

El proceso comenzó con el secuestro del Poder Electoral por parte de la Sala Constitucional del Tribunal Supremo de Justicia, la cual fue utilizada por parte del gobierno para secuestrar y tomar el control directo del mismo, lo que se comenzó a manifestarse en este campo electoral, el rol jugado por el Tribunal Supremo de Justicia en el proceso de desmantelamiento del Estado de derecho en Venezuela.

Esto comenzó en 2002, después de la sanción de la Ley Orgánica del Poder Electoral,[417] cuando la Sala Constitucional del Tribunal Supremo fue la vía utilizada para la toma de control del Poder Electoral, y particularmente del Consejo Nacional Electoral, neutralizando toda posibilidad de tener autonomía e independencia. Para ello, la sala comenzó a asumir la conducción de la política gubernamental en materia electoral, en defensa de las posiciones del gobierno, no ejerciendo su jurisdicción constitucional, por ejemplo, anulando leyes, sino decidiendo asuntos de oficio, *motu proprio*, generalmente incluso después de declarar sin lugar acciones intentadas.

La primera manifestación de este proceso tuvo por objeto impedir en 2003 que el Consejo Nacional Electoral, en ejercicio de sus competencias, pudiera convocar un referendo revocatorio del mandato del Presidente de la República tal como la oposición al gobierno del Presidente Chávez lo había solicitado mediante la recolección y consignación ante dicho organismo de millones de firmas.

A tal efecto, la Sala Constitucional, al declarar sin lugar un recurso de inconstitucionalidad que había ejercido el propio Presidente de la República contra una Disposición Transitoria de la Ley Orgánica de los Procesos Electorales, en un *obiter dictum* y por tanto, de oficio, consideró que dicha Ley resultaba "inaplicable" en materia de quórum para que el Consejo nacional Electoral pudiera decidir, impidiéndole entonces a dicho órgano poder tomar decisión alguna, al considerar la Sala que debía hacerlo con una mayoría calificada de 4/5 que no estaba prevista en la Ley (la cual disponía la mayoría de 3/5). Para lograr ese efecto, la Sala Constitucional tuvo que "revivir" una previsión que estaba en el derogado Estatuto Electoral transitorio que se había dictado en 2000 sólo para regir las primeras elecciones de acuerdo con la nueva Constitución y que tuvieron lugar en ese preciso año 2000; Estatuto que por tanto, ya había cesado de tener efectos.[418] Con dicha decisión, por la composición que en aquél entonces de tenía el Consejo Nacional Electoral, la Sala Constitucional impidió que dicho órgano pudiera funcionar, y que entre otras decisiones, pudiera darle curso a la iniciativa popular respaldada por más de tres millones de firmas para de convocar un referendo consultivo sobre la revocación del mandato del Presidente de la República en 2003.

La decisión de la Sala Constitucional significó, en la práctica, la parálisis total y absoluta del Poder Electoral, lo que se consolidó por decisión de otra Sala del Tribunal Supremo, la propia Sala Electoral, primero, impidiendo que uno de los miembros del Consejo pudiese votar,[419] y segundo, anulando la convocatoria que había

417 Véase en *Gaceta Oficial* N° 37.573 de 19-11-2002.

418 Véase Sentencia N° 2747 de 7 de noviembre de 2002 (Exp. 02-2736).

419 Véase Sentencia N° 3 de 22 de enero de 2003 (Caso: *Darío Vivas y otros*). Véase en Allan R. Brewer-Carías, "El secuestro del Poder Electoral y de la Sala Electoral del Tribunal Supremo

hecho el Consejo Nacional Electoral para la realización de un referendo consultivo sobre la revocación del mandato del Presidente.[420]

Ante semejante atropello a la participación política, la respuesta popular liderizada por la oposición a estas decisiones, fue una el desarrollo de una nueva iniciativa popular respaldada también por otras tres millones y medio de firmas para la convocatoria de un nuevo referendo revocatorio del mandato del Presidente de la República.

Sin embargo, para que se pudiera materializar la convocatoria y realización de dicho referendo, ante la parálisis del Consejo Nacional Electoral decretada por la Sala Constitucional, resultaba indispensable que se pudiera designar un nuevo Consejo Nacional Electoral, como correspondía, mediante la designación de sus miembros, por la Asamblea Nacional. La bancada oficialista en la Asamblea Nacional no pudo hacer por si sola dichas designaciones, pues en aquél entonces no controlaba la mayoría de los 2/3 de los diputados que se requerían para ello, por lo que ante la imposibilidad o negativa de llegar a acuerdos con la oposición, y ante la perspectiva de que no se nombraran los miembros del Consejo Nacional Electoral, la vía que se utilizó para lograrlo, bajo el total control del gobierno, fue acudir de nuevo anta la Sala Constitucional para que esta lo hiciera.

Para ello, se utilizó la vía de decidir un recurso de inconstitucionalidad que se había intentado contra la omisión legislativa en hacer las designaciones, de manera que al decidir el recurso, la Sala Constitucional, en lugar de exhortar sucesivamente a la Asamblea Nacional para que hiciera los nombramientos, como correspondía, lo que hizo fue, motu proprio, proceder la Sala a hacerlo directamente luego de dictar la sentencia Nº 2073 de 4 de agosto de 2003 (Caso: *Hermánn Escarrá Malaver y oros*) mediante sentencia Nº 2341 del 25 de agosto de 2003 (Caso: *Hermánn Escarrá y otros*,)[421] usurpando la función del Legislador, y peor aún, sin cumplir con las condiciones constitucionales que se requerían para hacer los nombramientos, entre ellos, asegurar la indispensable participación popular mediante representantes de los diversos sectores de la sociedad como lo requería la Constitución.[422]

---

y la confiscación del derecho a la participación política mediante el referendo revocatorio presidencial: Venezuela: 2000-2004," en *Revista Costarricense de Derecho Constitucional*, Tomo V, Instituto Costarricense de Derecho Constitucional, Editorial Investigaciones Jurídicas S.A., San José 2004, pp. 167-312.

420 Véase Sentencia Nº 32 de 19 de marzo de 2003 (Caso: *Darío Vivas y otros*). Véase Allan R. Brewer-Carías, en "El secuestro del Poder Electoral y la confiscación del derecho a la participación política mediante el referendo revocatorio presidencial: Venezuela 2000-2004," en *Revista Jurídica del Perú*, Año LIV Nº 55, Lima, marzo-abril 2004, pp. 353-396; en *Boletín Mexicano de Derecho Comparado*, Instituto de Investigaciones Jurídicas, Universidad Nacional Autónoma de México, Nº 112. México, enero-abril 2005 pp. 11-73; y en en Juan Pérez Royo, Joaquín Pablo Urías Martínez, Manuel Carrasco Durán (Editores), *Derecho Constitucional para el Siglo XXI. Actas del Congreso Iberoamericano de Derecho Constitucional*, Tomo I, Thomson-Aranzadi, Madrid 2006, pp. 1081-1126; y en *Stvdi Vrbinati, Rivista tgrimestrale di Scienze Giuridiche, Politiche ed Economiche*, Año LXXI – 2003/04 Nuova Serie A – N. 55,3, Università degli studi di Urbino. pp.379-436.

421 Véase el texto y los comentarios a dichas sentencias en *Idem*.

422 Véase Allan R. Brewer-Carías "La participación ciudadana en la designación de los titulares de los órganos no electos de los Poderes Públicos en Venezuela y sus vicisitudes políticas",

Con esta decisión, la Sala Constitucional le aseguró al gobierno el completo control del Consejo Nacional Electoral, secuestrando a la vez el derecho ciudadano a la participación política, y permitiendo al partido de gobierno tener posibilidad de manipular los resultados electorales. La consecuencia de todo ello ha sido que las elecciones que se han celebrado en Venezuela durante la última década, han sido organizadas por una rama del Poder Público supuestamente independiente pero tácticamente controlada por el gobierno, totalmente parcializada.

Esa es la única explicación que se puede dar, por ejemplo, al hecho de que aún hoy día (2012) se desconozca cuál fue el resultado oficial de la votación efectuada en el referendo de julio de 2007 mediante el cual se rechazó la reforma constitucional propuesta por el Presidente de la República.[423] Ello es igualmente lo que explica que Ley Orgánica de los Procesos Electorales se reformara en 2009,[424] para materialmente, en fraude a la Constitución, eliminar la representación proporcional en la elección de los diputados a la Asamblea nacional, al punto de que en las elecciones parlamentarias de septiembre de 2010, con una votación inferior al cincuenta por ciento de los votos, el partido oficial obtuvo casi los 2/3 de diputados a la Asamblea Nacional.

3. *El sometimiento de la Jurisdicción Electoral a los designios de la Jurisdicción Constitucional*

Pero la intervención del Poder Ejecutivo en los asuntos electorales mediante la acción de la Sala Constitucional del Tribunal Supremo de Justicia, no sólo se ha manifestó con el secuestro del Poder Electoral por parte de la Jurisdicción Constitucional, asegurándole al gobierno el control de los integrantes del Consejo Nacional Electoral, sino que se ha manifestado también con la intervención y control ilimitado por parte de la Sala Constitucional en la Jurisdicción Electoral y de sus sentencias,[425] impidiéndole ejercer el control de constitucionalidad e legalidad de las ac-

---

en *Revista Iberoamericana de Derecho Público y Administrativo*, Año 5, N° 5-2005, San José, Costa Rica 2005, pp. 76-95.

423 Véase Allan R. Brewer-Carías, "La proyectada reforma constitucional de 2007, rechazada por el poder constituyente originario", en *Anuario de Derecho Público 2007,* Año 1, Instituto de Estudios de Derecho Público de la Universidad Monteávila, Caracas 2008, pp. 17-65.

424 Véase Ley Orgánica de Procesos Electorales, *Gaceta Oficial* N° 5.928 Extra. de de 12-08-2009). Antes, sin embargo, ya la Sala Constitucional había afectado el derecho a la representación proporcional en las elecciones parlamentarias. Véase Allan R. Brewer-Carías, "El juez constitucional vs. el derecho al sufragio mediante la representación proporcional," en *Crónica Sobre la "In" Justicia Constitucional. La Sala Constitucional y el autoritarismo en Venezuela*, Colección Instituto de Derecho Público, Universidad Central de Venezuela, N° 2, Caracas 2007, pp. 337-348.

425 Véase Allan R. Brewer-Carías, "El secuestro de la Sala Electoral por la Sala Constitucional del Tribunal Supremo de Justicia", en Rafael Chavero, *La Guerra de las Salas del TSJ frente al Referéndum Revocatorio*, Editorial Aequitas, Caracas 2004, C.A., pp. 13-58; "El secuestro del Poder Electoral y de la Sala Electoral del Tribunal Supremo y la confiscación del derecho a la participación política mediante el referendo revocatorio presidencial: Venezuela: 2000-2004" en *Revista Costarricense de Derecho Constitucional,* Tomo V, Instituto Costarricense de Derecho Constitucional, Editorial Investigaciones Jurídicas S.A., San José 2004, pp. 167-312.

tuaciones del Consejo Nacional Electoral que pudieran favorecer la posición del gobierno y perjudicar la posición de la oposición.

Fueron bien conocidas, en este marco, las decisiones adoptadas en 2004, por la Sala Constitucional avocándose al conocimiento de un juicio de nulidad que se había intentado ante la Sala Electoral, y que en definitiva retrasaron la oportuna convocatoria de un referéndum revocatorio del mandato del Presidente de la República.

En efecto, conforme a sus competencias propias y exclusivas, la Sala Electoral del Tribunal Supremo entró a conocer de un recurso de nulidad intentado por varios diputados de oposición de la Asamblea Nacional el 8 de marzo de 2004, con pretensión de amparo cautelar, contra una Resolución del Consejo Nacional Electoral Nº 131 del 2 de marzo de 2004 y un "Instructivo" dictado días antes, el 24 de febrero de 2004, mediante los cuales se había colocado las solicitudes o firmas presentadas para la convocatoria del referendo revocatorio del mandato del Presidente de la República (El "Reafirmazo") "en observación". Como en ese momento el gobierno no tenía control total sobre la Sala Electoral, algunos "interesados" en la posición del gobierno para impedir dicho referendo acudieron ante la Sala Constitucional del Tribunal Supremo solicitándole, que aún no teniendo competencia específica en la materia electoral, sin embargo se avocara al conocimiento del recurso intentado por ante la Sala Electoral, e impedir, así, que ésta pudiera decidirlos[426] a favor de los recurrentes.

La Sala Constitucional, diligentemente, el 11 de marzo de 2004 ordenó a la Sala Electoral que se inhibiera de tomar decisiones en los casos relacionados con el referendo revocatorio, hasta tanto la Sala Constitucional se pronunciara sobre si se avocaba o no a conocer de dichos asuntos[427]. En un "comunicado" público inusitado, el presidente de la Sala Constitucional, días después, el 15 de marzo de 2004, "explicaría" sus argumentos sobre la "legalidad" de la forma como se habría tomado la decisión[428], y sólo el 16 de marzo de 2004 se ordenó publicar la decisión adoptada por solo tres de sus Magistrados[429].

---

426 Véase la información, corroborada por el Magistrado Iván Rincón, Presidente de la Sala Constitucional, en el reportaje de Edgar López, en *El Nacional*, Caracas, 04-03-2004, p. A-7; 1-5; y la información publicada en *El Nacional*, Caracas, 06-03-2004, p. A-2.

427 Véase la información en *El Universal*, Caracas 12-03-2004; y *Globovisión.com*, Caracas 12-03-2004. Esta irregular situación la constataría posteriormente el Magistrado Rondón Haaz de la Sala Constitucional en su Voto Salvado a la sentencia Nº 566 de la Sala Constitucional de 12-04-2004 en la cual se avocaría al conocimiento de las causas que cursaban ante la Sala Electoral, señalando que el 11-03-2004 "tres Magistrados habrían llamado a otro para informarle que habían tomado una decisión ("se le explico *-sic-* y se le advirtió que quedaba aprobada con el voto de los tres magistrados")..".

428 En efecto en el "Comunicado" hecho público el 15-03-2004 "donde ratifica la validez de la decisión de la Sala Constitucional que impide a la Sala Electoral pronunciarse sobre el referéndum revocatorio", el Presidente de la Sala Constitucional señaló que vista la diligencia que habían formulado los dos Magistrados quienes no participaron en la decisión, que en una reunión convocada el 11-03-2004 aclarando dicho hecho, que "Presentes los cuatro magistrados Iván Rincón, José Manuel Delgado Ocando, Jesús Eduardo Cabrera (ponente) y Antonio García García se le explicó la grave situación que se estaba presentando en la Sala Electoral, el avocamiento que cursaba ante la Sala Constitucional y además el contenido de la ponencia del magistrado Jesús Eduardo Cabrera con la urgencia de la decisión que el caso ame-

Con esta decisión de impedir que la Sala Electoral pudiera dictar las decisiones en materias de su exclusiva competencia (contencioso-electoral), se realizaba un nuevo secuestro institucional por parte de la Sala Constitucional, pero esta vez respecto de otra Sala del Tribunal Supremo de Justicia, de igual jerarquía en el orden judicial, lo cual, por supuesto, no podría tener otra explicación que no fuera una de orden político. La figura del "avocamiento", mediante el cual la Sala Constitucional del Tribunal Supremo puede asumir (se podría avocar) al conocimiento de una causa que curse ante un tribunal inferior, respecto de lo cual la Sala Constitucional, en su propia jurisprudencia para ese momento se había "auto creado" su propia competencia,[430] en ningún caso podría proceder en relación con causas que se pudieran estar ventilando en otras Salas del propio Tribunal Supremo de Justicia conforme a sus propias competencias constitucionales, sino eventualmente ante tribunales inferiores en materias en las cuales la Sala Constitucional pudiera tener competencia[431]; y además, el solicitante del avocamiento al menos debía ser parte en el proceso judi-

ritaba y se le explicó que el Poder Electoral había actuado con la potestad normativa que le delegó la Sala Constitucional y la que esta misma Sala dictó por excepción para el funcionamiento del Poder Electoral y que a fin de resolver sobre la procedencia o no del avocamiento se le estaba ordenando a la Sala Electoral paralizar cualquier acción de nulidad, amparo o cualquier otro recurso incoados contra los actos del Poder Electoral referidos a los procedimientos de referéndum revocatorio de cargos de elección popular e igualmente se le ordenaba abstenerse de decidir los mismos, paralizarlos y remitirlos a la Sala Constitucional al igual que todas las acciones que incoasen en este sentido. Los magistrados Iván Rincón Urdaneta, Jesús Eduardo Cabrera y José Manuel Delgado Ocando manifestaron estar de acuerdo con la sentencia y se le advirtió al magistrado Antonio García García que quedaba aprobada; *el cual exigió el texto escrito; se le entregó firmado ya por los tres magistrados que lo aprobaron* y se retiró del despacho" (cursivas agregada). No es difícil deducir de este "comunicado" cómo el Presidente de la Sala Constitucional lo que hizo en él fue confesar que la decisión la tomaron tres Magistrados y así se la presentaron firmada al cuarto, el cual por tanto no pudo haber "participado" en la toma de la misma. Véase el texto en *Globovisión.com*. Caracas 15-03-2004.

429 En una "diligencia" que se estampó en el expediente por la propia Sala, se dejaría constancia que "en el día de hoy, 16 de marzo de 2004, siendo las 4:50 de la tarde, se recibió del despacho del Magistrado Antonio García García ... la sentencia aprobada en la sesión del 11 de marzo de 2004 a las 2:30 p.m. en el expediente N° 04-0475, la cual fue devuelta sin la firma del mencionado Magistrado" por lo que entonces, la Sala lo remitía a la Secretaría para su publicación.

430 Posteriormente la competencia fue establecida en la Ley Orgánica del Tribunal Supremo de Justicia. Véase los comentarios en Allan R. Brewer-Carías, "*Quis Custodiet ipsos Custodes*: De la interpretación constitucional a la inconstitucionalidad de la interpretación", en *VIII Congreso Nacional de derecho Constitucional, Perú*, Fondo Editorial 2005, Colegio de Abogados de Arequipa, Arequipa, septiembre 2005, pp. 463-489; y en *Revista de Derecho Público*, No 105, Editorial Jurídica Venezolana, Caracas 2006, pp. 7-27.

431 El profesor José Peña Solís, ex Magistrado de la Sala Electoral y quien había sido Presidente de la misma, sobre esto recordó en declaraciones dadas a María Lilibeth da Corte, que la figura del avocamiento está prevista "sólo para tribunales inferiores. Una Sala no es un tribunal, todas constituyen el TSJ. No se puede pretender que una Sala pueda avocarse a lo de otra Sala, porque eso crea una crisis institucional de incalculables dimensiones", en *El Universal*, Caracas 13-03-2004.

cial respecto del cual se requería que la Sala asumiera el conocimiento, lo que no era el caso.

En este caso, sin embargo, la Sala Electoral del Tribunal Supremo reaccionó contra la pretensión de la Sala Constitucional, como correspondía a un órgano judicial al servicio de la justicia, rebelándose ante el intento de secuestro. Fue la primera vez – y sería la última- que una Sala del mismo Tribunal Supremo pondría en duda el rol de la Sala Constitucional, la cual lejos de haber sido el pilar de la construcción del Estado de Derecho, en muchas de sus actuaciones ya para ese momento había sido un instrumento del autoritarismo.

Así, el 15 de marzo de 2004 el Presidente de la Sala Electoral respondió el "memorando" que le había remitido la Sala Constitucional acusando a dicha Sala de haber intentado "violentar el Estado de Derecho" al querer impedir que la Sala Electoral pudiera decidir en las causas de su propia competencia[432], anunciando que ejercería sus competencias constitucionales mediante la decisión del recurso de nulidad y amparo que se había intentado contra la Resolución del Consejo Nacional Electoral. Y así lo hizo mediante sentencia N° 24 del 15 de marzo de 2004, además, declarando con lugar el amparo cautelar que se le había solicitado en protección del derecho constitucional a la participación política en el juicio de nulidad contra la Resolución del Consejo Nacional Electoral.[433]

En esta decisión, la sala Electoral del Tribunal Supremo estimó que los efectos de la Resolución N° 040302-131 de fecha 2 de marzo de 2004 del Consejo Nacional Electoral,[434] colocando "bajo observación", la cantidad de 876.017 firmas o solicitudes de revocatoria de mandato presidencial, sometiéndolas, a un denominado "procedimiento de reparo", por considerar que los datos de identificación habían sido escritos con "caligrafía similar", debía suspenderse, como en efecto lo decidió. Con esta importante decisión[435], la solicitud popular del referendo revocatorio del man-

---

432 En un inusitado "Comunicado" leído por el Presidente de la Sala Electoral y dirigido a los Magistrados de la Sala Constitucional, según el resumen hecho por la periodista Irma Álvarez, aquél cuestionó las comunicaciones que los días 11-03-2004 y 12-03-1004 se habían recibido de ésta, a través de las cuales le participaba a la Sala Electoral que estaba impedida de actuar en los casos relacionados con el referendo, en virtud de la solicitud de avocamiento formulada ante la Sala Constitucional; manifestándoles que "las referidas comunicaciones pretenden constituirse en una orden dictada, sin estar respaldada por sentencia alguna, razón por la cual la Sala Electoral ostenta todo el poder necesario para sustanciar y pronunciarse, de acuerdo a lo previsto en el artículo 297 de la Constitución y la jurisprudencia". Además dijo no entender cuál es la motivación que tuvieron estos magistrados "al pretender sustraer de su juez natural los recursos" o "al participar que hubo una sesión de Sala que no se efectuó, como lo hacen constar los magistrados Antonio García y Pedro Rondón". Sus preguntas fueron pues: ¿qué pretenden? ¿Violentar el Estado de Derecho?. Véase en *El Universal*, caracas 16-03-2004.

433 Caso*: Julio Borges, César Pérez Vivas, Henry Ramos Allup, Jorge Sucre Castillo, Ramón José Medina y Gerardo Blyde vs. Consejo Nacional Electoral.* Exp. AA70-E 2004-000021 (Exp. x-04-00006)

434 Dictada con fundamento en el *Instructivo sobre el tratamiento por el comité técnico superior de las firmas de caligrafía similar o renglones de planillas llenadas por la misma persona.*

435 En un inusitado "comunicado" público de fecha 16-03-2004, sin embargo, el Magistrado Luis Martínez de la Sala Electoral, quien no había firmado la decisión, pondría en entredicho

dato del Presidente de la República, se colocó en un camino libre de obstáculos; o al menos eso fue lo que se creyó, pues al contrario, sería la propia Sala Constitucional la que se interpondría en el camino democrático, actuando abiertamente a favor de la posición del gobierno.

En efecto, con ocasión de diversos recursos que se intentaron ante la Sala Constitucional para tratar de que se impidiese a la sala Electoral ejercer sus competencias, la misma resolvió el 17 de marzo de 2004, paralizar toda actividad judicial de la Sala Electoral en la materia "a fin de resolver si es procedente o no el avocamiento solicitado", habiéndole ordenado a la misma el envío de todos "los expedientes contentivos de las acciones de nulidad, amparo o cualquier otro recurso incoado contra los actos del Poder Electoral, relativos a los procesos de referendos revocatorios de mandatos de cargos de elección popular." Contra esta decisión de la Sala Constitucional volvió a reaccionar públicamente la Sala Electoral, rechazándola de nuevo, a través de un inusitado "comunicado" de su Presidente, de fecha 18 de marzo de 2004, en el cual aseguró que no remitiría a la Sala Constitucional el expediente contentivo de los casos relacionados con el referendo revocatorio presidencial, agregando que "Esta Sala Electoral ratifica su competencia para el conocimiento de la causa que se ventila en esta Sala accidental, y declara no a lugar los requerimientos en el oficio antes identificado, por cuanto los mismos son inaccedibles en derecho y así se declara"[436]. A esta situación se agregó algo más, y fue la iniciativa del propio Consejo Nacional Electoral de intentar ante la Sala Constitucional un inusitado "recurso de controversia constitucional por conflicto de poderes" entre la Sala Electoral y el Consejo Nacional Electoral, lo cual en si mismo era una imposibilidad lógica y constitucional, pues de proceder no habría posibilidad alguna de control judicial de los actos del Poder Electoral, pues ante cualquier impugnación siempre se podría alegar tal "conflicto constitucional".

---

"la honorabilidad de sus colegas Martini y Hernández, quienes con su decisión -dijo- "ponen en duda, no sólo su falta de objetividad e imparcialidad para conocer y decidir del presente recurso, sino su idoneidad ética para desempeñarse como jueces de la República". Véase *Globovisión.com*, Caracas 16-03-2004.

436 La periodista Irma Álvarez reseñó lo expuesto por el Magistrado Martini Urdaneta así: En el oficio de tres páginas indicó que estas medidas las está tomando ante la existencia de un fallo emitido por la misma Sala Constitucional, el 4 de abril del 2003, según el cual el avocamiento de las causas que cursaban en la Sala Electoral sobre el referendo consultivo era "inaccedible en derecho", porque tanto la Sala Electoral como la Constitucional "cuentan con igual rango, siendo ambas en su orden las cúspides de la jurisdicción constitucional y electoral"./ Con esto intentó salirle al paso a las afirmaciones según las cuales la Sala Constitucional puede avocarse y conocer los expedientes sobre el revocatorio, alegando para ello el riesgo de violación de derechos constitucionales o que el Instructivo sobre el Tratamiento de las Firmas de Caligrafía Similar tiene "efectos generales" o "colectivos". / Acto seguido, destacó Martini Urdaneta que la Sala Electoral recurrió a dicha jurisprudencia y se declaró competente para conocer los casos del revocatorio, no sólo por ser "la cúspide de la jurisdicción electoral, sino por mandato del artículo 297 de la Constitución"./ De acuerdo con esta norma, "la jurisdicción contencioso electoral será ejercida por la Sala Electoral del TSJ". Véase en *El Universal*, Caracas 20-03-2004.

El resultado de todo este conflicto entre las Salas[437] fue que la Sala Constitucional, mediante sentencia N° 442 de 23 de marzo de 2004[438], al conocer en esa oportunidad de un recurso de revisión constitucional que se había interpuesto contra la sentencia, lo declaró con lugar, anulándola la referida sentencia[439]. Esta sentencia, sin embargo, también fue rechazada por la Sala Electoral mediante sentencia N° 27 del 29 de marzo de 2004[440], dictada en el mismo expediente[441], planteando ante la Sala Plena del Tribunal Supremo la "resolución de un conflicto de funcionamiento" entre las Salas Electoral y Constitucional, derivado de las "ordenes" que la segunda pretendía darle a la primera, cuando ambas tienen igual jerarquía.

En esta situación, en todo caso, la única fórmula para despojar a la Sala Electoral de toda posibilidad de decidir en la causa contencioso electoral en la que era juez natural [442], sin duda, era que la Sala Constitucional se avocara al conocimiento de la misma, tal como se le habían solicitado inicialmente, lo cual por supuesto no era procedente por tratarse de una materia electoral que correspondía a la Jurisdicción Electoral. A pesar de ello, la Sala Constitucional, el 12 de abril de 2004, mediante sentencia N° 566, en contra de todos los principios adjetivos en la materia, decidió avocarse al conocimiento de la causa[443] que era el juicio de nulidad que se había intentado contra la decisión inicial del Consejo Nacional Electoral. En esta forma quedó consolidado el secuestro de la Sala Electoral al imposibilitarla para poder decidir en cualquier caso vinculado a los referendos revocatorios, quedando confiscado el derecho ciudadano a la participación política. La Sala Constitucional, para ello, declaró nula cualquier decisión que en dichos expedientes hubiera podido haber tomado por la Sala Electoral ", informándole al Consejo Nacional Electoral "que sólo debe acatar las decisiones de esta Sala Constitucional en la materia de que se trata este fallo", declarando que "la doctrina contenida en el presente fallo tiene carácter vinculante".

El mismo día de dicha sentencia de avocamiento, sin embargo, la Sala Electoral del Tribunal Supremo también dictó la sentencia N° 37 de 12 de abril de 2004 en la cual, anuló los actos administrativos del Consejo Nacional Electoral que habían sido

---

437 Véase en general, Rafael Chavero (ed.), *La Guerra de las Salas del TSJ frente al Referéndum Revocatorio*, Editorial Aequitas, Caracas 2004.

438 Caso: *Ismael García vs. Sentencia N° 24 de la Sala Electoral*

439 Sobre este aspecto, la Academia de Ciencias Políticas y Sociales, en Dictamen de 12-04-2004, al advertir la contradicción de criterios aplicados por la Sala Constitucional para la revisión de sentencias, señaló:" Como se puede apreciar, se utilizan dos criterios opuestos para lograr un mismo fin: en un caso, que no haya referéndum consultivo sobre la gestión del Presidente de la República; en el otro, impedir los efectos de una sentencia de la Sala Electoral que convalidaba las firmas de los ciudadanos para solicitar la celebración de un referéndum revocatorio del Presidente de la República".

440 Exp. AA70-E-2004-000021- AA70-V-2004-000006

441 Caso: *Julio Borges, César Pérez Vivas, Henry Ramos Allup, Jorge Sucre Castillo, Ramón José Medina Y Gerardo Blyde vs. Consejo Nacional Electoral.*

442 *Idem.*

443 El Magistrado Rondón Haaz de la Sala Constitucional, calificaría la sentencia de nula, por haber sido publicada sin su voto salvado, para cuya consignación disponía de cinco días. Véase *Globovisión. Com,* Caracas 15-04-2004.

impugnados inicialmente. Frente a ello, la Sala Constitucional, el 23 de abril de 2004, mediante la sentencia Nº 628 dictada con ocasión de decidir las solicitudes de aclaratoria que se le habían formulado respecto de la sentencia Nº 566 de 12 de abril de 2004 mediante la cual se había avocado al conocimiento de la causa; volvió a secuestrar a la Sala Electoral, negándole sus competencias y declarando nulas de "nulidad absoluta" sus decisiones, incluyendo la de nulidad del acto impugnado del Consejo Nacional Electoral negando, además, de antemano, las posibles competencias que pudiera alegar tener la Sala Plena del mismo Tribunal Supremo que se habían planteado.

En esta forma, la posibilidad de realización del referendo revocatorio del mandato del Presidente de la República, conforme a las solicitudes que se habían formulado ante el Consejo Nacional Electoral, quedaba sometida a lo que había resuelto el Consejo Nacional Electoral mediante Resolución Nº 040302-131 del Consejo Nacional Electoral de 2 de marzo de 2004, complementada con las *Normas que tienen por objeto regular la fase de reparo* aprobadas el 20 de abril de 2004. Con ello, el referido procedimiento de "reparo" se había convertido en un "tercer firmazo" con menos posibilidades y con menos días, sometiéndose a los ciudadanos a intensas presiones políticas y gubernamentales, pues en definitiva, lo que constitucionalmente era el simple ejercicio de un derecho ciudadano de peticionar, a los ojos y oídos del poder político y del Gobierno se había convertido en una afrenta contra el Presidente de la República y contra todos los órganos del Estado, dispuestos a vengarla contra más de tres millones de venezolanos que habían osado solicitar la convocatoria de un referendo, y que quedaban marginados de toda posible relación con el Estado, incluso para el ejercicio de sus más elementales derechos.

Se desarrolló así una persecución política contra todos los que había firmado peticionando la convocatoria a la revocación del mandato presidencial (Lista Tascón); referendo que finalmente se desarrolló hacia fines de 2004, para cuando el gobierno había logrado aumentar el Registro Electoral con la legalización y nacionalización de cientos de miles de extranjeros indocumentados, entre otras políticas públicas.

### 4. *La usurpación de funciones del Poder Electoral por el Juez Constitucional actuando de oficio, y la ratificación de la potestad ilimitada de la Sala Constitucional de revisar las sentencias de la Sala Electoral*

Otra manifestación más reciente de la abierta intervención de la Jurisdicción Constitucional en las funciones del Consejo Nacional Electoral y de la Sala Electoral del Tribunal Supremo de Justicia, y de la conducción del proceso político gubernamental que ha adoptado, ha ocurrido con la sentencia Nº 793 de 7 de junio de 2012,[444] mediante la cual la Sala Constitucional después de declarar sin lugar una solicitud de revisión constitucional de una sentencia de la Sala Electoral del Tribunal Supremo, procedió, de oficio, a ejercer funciones de control sobre el partido político PODEMOS, decidiendo sobre su directiva, usurpando las que corresponden al Consejo Nacional Electoral, para en definitiva anular la decisión de dicho partido político, que antes había apoyado al gobierno del Presidente Chávez, de apoyar al candidato de la oposición en las elecciones presidenciales de octubre de 2012.

---

444 Exp. 12-0402. Véase en http://www.tsj.gov.ve/decisiones/scon/Junio/793-7612-2012-12-0402.html

En efecto, entre las competencias del Consejo Nacional Electoral, en el marco de la Ley de Partidos Políticos y Manifestaciones de 1965,[445] está la que le corresponde ejercer en casos de conflictos internos en los partidos, cuando diferentes directivas se disputan su representación, mediante el reconocimiento de las autoridades de los mismos. En efecto, si bien la estructura interna de los partidos políticos no está regulada ni definida expresamente en dicha la Ley de Partidos Políticos, siendo esta una materia que corresponde ser regulada en los estatutos de los propios partidos, sin embargo, el Consejo nacional Electoral tiene competencia en la materia al estar los partidos políticos obligados conforme al artículo 25,6 de la misma Ley a participar por escrito al Consejo Nacional Electoral, en cada oportunidad, los nombres de las personas que integren los supremos órganos directivos del partido y los cargos que dentro de ellos desempeñen. En los Estados y en el Distrito Capital, esta participación debe hacerse ante la Gobernación respectiva, la cual debe remitir copia al Consejo Nacional Electoral.

Como consecuencia de esta participación, en caso de conflicto entre directivas paralelas que puedan designar por facciones distintas dentro de los partidos políticos, el Consejo Nacional Electoral es el órgano llamado a determinar a os efectos de las relaciones entre el parido y el Estado, cuál de las directivas, a su juicio y conforme a los Estatutos del partido, es la que reconoce como tal. Esta decisión puede ser impugnada por vía de recurso contencioso-electoral ante la Sala Electoral del Tribunal Supremo.[446]

El Consejo Nacional Electoral es el órgano competente, por tanto, para resolver los conflictos internos que se pudieran originar en el seno del partido PODEMOS con motivo de conflictos que pudieran surgir en su dirección y en las decisiones adoptadas, cuando se cuestionara la legitimidad de los directivos de los mismos.

En efecto, en los primeros meses de 2012, y con ocasión del proceso abierto para la campaña electoral para la elección del Presidente de la República fijada para octubre de 2012, el partido PODEMOS, que años atrás había apoyado la gestión de gobierno del Presidente Chávez, a través de uno de sus directivos, el Sr. Ismael García, quien antes había sido solicitante importante, como se ha visto, para que en 2004 la Sala Constitucional secuestrara a la Sala Electoral en la época del referendo revocatorio presidencial, expresó el apoyo formal del partido al candidato de la oposición (Henrique Capriles Radonsky). Ello fue cuestionado por otra persona que había sido miembro de la directiva de dicho partido (Didalco Bolívar), pero no reclamando ante el Consejo Nacional Electoral como correspondía y que era el órgano competente para pronunciarse sobre el tema, sino mediante el ejercicio, de una acción de amparo constitucional que interpuso ante la Sala Electoral, solicitando que se permitiera realizar:

---

445 Véase la *Ley de Partidos Políticos, Reuniones Públicas y Manifestaciones* en *Gaceta Oficial* Nº 27.725 de 30-04-1965.

446 Véase sobre esto, Allan R. Brewer-Carías, "Algunas notas sobre el régimen jurídico-administrativo de los partidos políticos en el derecho venezolano" en *Revista de Derecho Español y Americano*, Instituto de Cultura Hispánica, Nº 8, Año X, Madrid, abril-junio 1965, pp. 27-46; Regulación jurídica de los partidos políticos en Venezuela", en Daniel Zovatto (Coordinador), *Regulación jurídica de los partidos políticos en América Latina*, Universidad nacional Autónoma de México, International IDEA, México 2006, pp. 893-937.

"una Consulta General de la Militancia en todas las instancias, para la postulación de cargos de Elección Popular ... Convocar Elecciones Internas en todas las instancias del Partido a Nivel Nacional ... Revisar cualquier Decisión que haya sido tomada sin consultar a la Base del Partido, revocando el respaldo de candidaturas que carezcan de legitimidad ... Prohibición de Enajenar y Gravar sobre Bienes del Partido hasta tanto se defina el escenario de las nuevas autoridades ... Anular la Asamblea Nacional de Podemos VI, efectuada el 19 de marzo de 2011...".

Mediante decisión Nº 53 del 28 de marzo de 2012, la Sala Electoral del Tribunal Supremo de Justicia, luego de declarase competente para conocer la acción de amparo intentada conforme al artículo 27.3 de la Ley Orgánica del Tribunal Supremo de Justicia, por tratarse de una materia de evidente naturaleza electoral, terminó declarando la acción inadmisible porque de las denuncias efectuadas por el accionante no se desprendía que hubiera sido invocado expresamente la violación de algún derecho constitucional, "circunscribiéndose las circunstancias expuestas en el líbelo, a la presunta violación de normas estrictamente estatutarias;" y porque con la acción intentada lo que se pretendía era que se decretase "un mandamiento de amparo con efectos anulatorios y no restitutorios como corresponde a este tipo de acciones;" pues en particular se pretendía que la Sala Electoral declarara la nulidad de "decisiones" partidistas que incluían el apoyo otorgado por el partido PODEMOS al precandidato presidencial Henrique Capriles Radonski. Ello para la Sala Electoral supondría un análisis detallado de la normativa interna de PODEMOS, a fin de verificar el cumplimiento del procedimiento previsto para ello, sobre lo cual, a juicio de la Sala Electoral, el recurrente tenía a su disposición la interposición de recursos ordinarios que no habían sido ejercidos.

Dicha decisión de la Sala Electoral fue objeto de un recurso de revisión constitucional interpuesto el 30 de marzo de 2012 por ante la Sala Electoral ejercida por una abogado (Glesis Johana Machado Fernández) actuando con el carácter de apoderada judicial del Sr. Didalco Bolívar, "en su condición de Secretario General Nacional Adjunto y Miembro de la Dirección Nacional del Movimiento por la Democracia Social (PODEMOS)" considerando que el referido respaldo político antes mencionado dado al candidato de la oposición no había sido "consultada, discutida, ni aprobada por ninguna de las instancias que conforman su organización política," sobre todo "si el candidato a respaldar pertenece a una organización política ajena al Movimiento por la Democracia Social (PODEMOS), y cuyo plan de gobierno es incompatible con el espíritu que identifica a su organización, identificado como un partido de izquierda, profundamente democrático y con asidero social." El Sr. Ismael García, en su carácter de Secretario General Nacional del Movimiento Por la Democracia Social (PODEMOS) solicitó se declarase la inadmisibilidad de la solicitud de revisión planteada. Con el recurso de revisión constitucional, lo que se había solicitado a la Sala Constitucional era lo mismo que se había requerido de la Sala Electoral, como si la revisión constitucional fuese una tercera instancia.

La Sala Constitucional, sin entrar a analizar el fondo de la controversia, sólo constató que quien se identificaba como apoderada del Sr. Didalco Bolívar, no había consignado mandado alguno, y que además, tampoco se había consignado copia certificada de la sentencia cuya revisión se solicitaba, razón por la cual, conforme a los numerales 2 y 3 del artículo 133 de la Ley Orgánica del Tribunal Supremo de Justicia, declaró inadmisible la solicitud de revisión.

Pero no concluyó allí la decisión, pues a pesar de declarar inadmisible la solicitud de revisión por lo que ya había cesado con ello su competencia para decidir, tomando en cuenta los argumentos de los intervinientes, y a pesar de que uno de ellos efectivamente no lo hizo pues quien dijo ser su apoderado no o había acreditado, consideró que de ellos se podía:

> "advertir la existencia de una potencial lesión a una serie de derechos de significativo carácter constitucional, además de evidente trascendencia nacional, pues, en particular, refieren a derechos políticos reconocidos en los artículos 62, 63 y 67 de la Constitución de la República Bolivariana de Venezuela, y a la materia electoral, que es de eminente orden público."

De esto, la Sala Constitucional entonces resolvió que lo planteado "requiere la intervención de oficio de la máxima autoridad constitucional a través de la potestad extraordinaria de revisión constitucional, por ser la llamada a garantizar la supremacía y efectividad de las normas y principios constitucionales," de manera que después que había declarado inadmisible tal revisión solicitada, procedió sin embargo "de oficio a conocer de la revisión constitucional formulada contra la sentencia Nº 53, dictada el 28 de marzo de 2012, por la Sala Electoral de este Alto Tribunal." A renglón seguido, la Sala Constitucional procedió a asumir la conducción de la política gubernamental, actuando en contra de las pretensiones de la oposición en la campaña presidencial, dejándole al partido PODEMOS la posibilidad misma de apoyar al candidato de la oposición.

Para ello, la Sala Constitucional, también de oficio, sin ninguna argumentación adicional, pasó a dictar las siguientes medidas cautelares: *primero*, decidió la suspensión de los efectos de la sentencia de la mencionada Sala Electoral de 28 de marzo de 2012, "hasta tanto sea resuelta la presente causa;" segundo, decidió la suspender "hasta tanto sea resuelta la presente causa, de los efectos del acto de la asamblea de la Organización con fines políticos PODEMOS, de fecha 19 de marzo de 2011;" tercero, acordó directamente, sin que nadie lo hubiese requerido, destituir de su cargo en el partido PODEMOS al Sr. Ismael García, y nombrar encargado del partido, incluso con el cargo de Presidente, al solicitante del recurso de revisión, decidiendo nombrar una "Junta *ad hoc*, la cual estará integrada, provisionalmente, hasta tanto se resuelva el fondo de la presente causa, por los ciudadanos: Didalco Bolívar y Baudilio Reinoso, quienes ejercerán, en el mismo orden en que son mencionados, los siguientes cargos: Presidente y Vicepresidente, cumpliendo las funciones directivas y de representación de la organización política PODEMOS"; cuarto, ordenó "al Consejo Nacional Electoral (CNE), remitir información respecto, a la existencia o no, de algún documento relacionado con la manifestación de voluntad por parte del Movimiento por la Democracia Social (PODEMOS), mediante la cual acuerden respaldar la candidatura del ciudadano Henrique Capriles Radonsky, para el evento electoral de carácter presidencial fijado para el próximo siete (07) de octubre de 2012," y quinto, prohibió enajenar y gravar el inmueble de la Casa Nacional del Movimiento por la Democracia Social (PODEMOS)."

Leída esta sentencia, era imposible para el gobierno haber podido obtener una decisión similar de ningún otro órgano del Estado. La Sala Constitucional, con esta sentencia entregó la conducción del partido PODEMOS al solicitante de la revisión (Sr. Didalco Bolívar), desplazando a quien conducía el partido hasta ese momento (Sr. Ismael García), inclinándose a favor del gobierno anulando el apoyo que dicho partido había dado al candidato de la oposición. Para asegurar que esto no fuese cambiado, la Sala Constitucional, por último, en sexto lugar, ordenó "al Consejo Nacional Electoral abstenerse de aceptar cualquier postulación que derive de los acuerdos realizados por la Organización con fines políticos PODEMOS, posteriores a los del acto de asamblea que este fallo ordena suspender; salvo aquellos que sean acordados, conforme a los procedimientos de rigor, por la Junta *ad hoc* nombrada en este fallo." Con ello la sala Constitucional aseguraba que el partido PODEMOS no pudiera apoyar la postulación del candidato de la oposición, y aseguraba que bajo la dirección del Sr. Didalco Bolívar apoyara la postulación del candidato del gobierno.

Esta decisión, de la Sala Constitucional, usurpó abiertamente competencias que sólo podían corresponder al Consejo Nacional Electoral, órgano que en ningún caso ni siquiera hubiera podido "decidir" todo lo que la Sala acordó. Ello lo hizo la Sala, además, violando el principio de la imparcialidad y tomando partido abiertamente a favor del gobierno y en contra de la oposición democrática. La actuación, además, la realizó la Sala Constitucional *de oficio*, es decir, asumiendo directamente la conducción de la política electoral del gobierno, contraria a la de la oposición.

La Sala Constitucional, como cualquier tribunal, sólo puede ejercer sus competencias conforme a las previsiones constitucionales y legales, y en principio conforme al principio dispositivo, es decir, a instancia de parte. En materia de actuación de oficio sobre control de constitucionalidad,[447] la Constitución establece solo dos previsiones específicas, primero, en materia de control difuso de la constitucionalidad (art. 334); y segundo en materia de revisión de la constitucionalidad de los decretos de estados de excepción (art. 336.6). :

La Ley Orgánica del Tribunal Supremo, sin embargo, luego de que en el artículo 89 garantiza el principio dispositivo al establecer que el Tribunal Supremo de Justicia debe conocer de los asuntos que le competen a instancia de parte interesada, en varias normas ha ampliado la actuación de oficio de la Sala Constitucional conforme a la previsión de dicho artículo 89 en el sentido de que el Tribunal pueda actuar de oficio, "en los casos que disponga la ley." Se eliminó, así, de la LOSJ 2010, la absurda previsión del artículo 18, párrafo 7° de la Ley Orgánica del Tribunal Supremo de 2004, en la cual se había regulado la posibilidad de actuación de oficio sin tener en cuenta el principio de la reserva legal, disponiéndose que el Tribunal y sus Salas podían actuar de oficio, no sólo en los casos contemplados en la propia Ley Orgánica, sino "cuando así lo amerite". Esto, lamentablemente, dejaba a la libre apreciación de los Magistrados del Tribunal Supremo la posibilidad sin límites de actuación de oficio, lo que afortunadamente ha sido eliminado en la Ley de 2010.

Uno de los casos previstos en la Ley para la actuación de oficio está en su artículo 32 de la Ley Orgánica, que dispone que el control concentrado de constitucionalidad "sólo corresponderá a la Sala Constitucional en los términos previstos en esta

447 Véase Allan R. Brewer-Carías, "Régimen y alcance de la actuación judicial de oficio en materia de justicia constitucional en Venezuela", en *Estudios Constitucionales. Revista Semestral del Centro de Estudios Constitucionales*, Año 4, N° 2, Universidad de Talca, Santiago, Chile 2006, pp. 221-250.

Ley, mediante demanda popular de inconstitucionalidad, en cuyo caso, no privará el principio dispositivo, pudiendo la Sala suplir, de oficio, las deficiencias o técnicas del demandante por tratarse de un asunto de orden público." Se trata de una actuación de oficio, exclusivamente limitada a autorizar a la sala a suplir las deficiencias de la demanda.

Otra excepción al principio dispositivo previsto en la Ley se refiere a permitir el inicio de un proceso de control concentrado de la constitucionalidad como consecuencia del ejercicio del control difuso, a cuyo efecto el artículo 33 de la Ley Orgánica, dispone que cuando cualquiera de las Salas del Tribunal Supremo de Justicia y los demás tribunales de la República ejerzan dicho control difuso, al informar a la Sala Constitucional sobre los fundamentos y alcance de la desaplicación que sea adoptada, ésta, de acuerdo con el artículo 34 de la misma Ley puede s casos, conforme al artículo 34 de la Ley, puede "ordenar el inicio del procedimiento de nulidad que dispone esta Ley. Igualmente procederá cuando el control difuso de la constitucionalidad sea ejercido por dicha Sala."

En material de avocamiento, la Ley Orgánica siguiendo una jurisprudencia de la propia Sala dispuso que el mismo procede "de oficio o a petición de parte" (art. 31.1).

Además, en materia de medidas cautelares el artículo 130 de la Ley Orgánica dispone que en cualquier estado y grado del proceso las partes pueden solicitar, y la Sala Constitucional puede acordar, "aun de oficio," las medidas cautelares que estime pertinentes. Para esto, por supuesto, se requiere de la existencia de un proceso en curso.

En norma alguna del ordenamiento se autoriza a la Sala Constitucional a proceder a revisar de oficio sentencias por razones de constitucionalidad, habiendo sido ello construido por la propia Sala Constitucional, cuando además de ampliar el ámbito de las sentencias sujetas a revisión, en sentencia N° 93 de 6 de febrero de 2001 (Caso: *Olimpia Tours and Travel vs. Corporación de Turismo de Venezuela*), dispuso que:

> "En cuanto a la potestad de esta Sala para revisar de oficio las sentencias definitivamente firmes en los mismos términos expuestos en la presente decisión, esta Sala posee la potestad discrecional de hacerlo siempre y cuando lo considere conveniente para el mantenimiento de una coherencia en la interpretación de la Constitución en todas las decisiones judiciales emanadas por los órganos de administración de justicia."[448]

A pesar de que ello se configuró como un abuso de su poder, la competencia que se auto atribuyó la Sala fue para poder revisar de oficio las sentencias definitivamente firmes. Para ello, lo menos que tendría que haber es un proceso previo en el cual haya resultado una sentencia, y la Corte haya decidido revisar la sentencia para mantener la coherencia en la interpretación de la Constitución. Si no hay proceso ni hay sentencia definitivamente firme, no procedería la revisión; y ésta en todo caso, tendría que ser con base a cuestiones de constitucionalidad. Si volvemos al caso analizado se destaca que la sentencia dictada por la Sala Electoral sobre la cual se soli-

---

448 Véase en *Revista de Derecho Público*, N° 85-88, Editorial Jurídica Venezolana, Caracas, 2001, pp. 415.

citó revisión fue de declaración de inadmisibilidad de la acción de amparo intentada, por lo que en realidad no hubo proceso alguno. La decisión de la Sala Constitucional fue la de declarar la inadmisibilidad del recurso de revisión, por lo que ya había cesado el procedimiento de revisión. Pero sin embargo, en lugar de proceder a archivar el expediente, la Sala procedió de oficio a dictar una sentencia sin que en la misma se hubiese "revisar" nada. A lo que estuvo destinada fue a resolver autónomamente un tema de representación de partidos políticos, lo cual ni siquiera se consideró en la sentencia cuya revisión se solicitó, y que era una materia que en realidad correspondía exclusivamente al Consejo Nacional Electoral, cuyas atribuciones fueron usurpadas por la Sala.

Una muestra más de lo que el juez constitucional, sin que se lo pueda controlar, es capaz de hacer en un régimen autoritario, asumiendo directamente la conducción política de la posición gubernamental frente a procesos electorales.

# CUARTA PARTE

# EL JUEZ CONSTITUCIONAL Y EL CONTROL DE CONSTITUCIONALIDAD SOBRE EL RÉGIMEN POLÍTICO Y EL SISTEMA DE GOBIERNO DEMOCRÁTICOS

Un reto importante que tiene el Juez Constitucional en el Estado Constitucional es asegurar no sólo que el acceso al poder se realice conforme a las previsiones establecidas en la Constitución, sino que el ejercicio del poder también se realice de acuerdo al texto de la misma.

En particular, en el sistema democrático establecido en la Constitución, el Juez Constitucional es el que tiene a su cargo el controlar que el acceso al poder se realice sólo mediante métodos democráticos, de manera que pueda tener competencia, por ejemplo, para controlar la constitucionalidad del comportamiento de los partidos políticos, pudiendo proscribir, por ejemplo, aquellos partidos con fines no democráticos cuyo objetivo es precisamente destruir la democracia.

Por otra parte, frente a violaciones constitucionales que signifiquen ruptura del hilo constitucional en el acceso y ejercicio del poder, por ejemplo, cuando mediante un golpe de Estado o un golpe a la Constitución se deponga al Presidente de la República, el Juez Constitucional tiene que asumir el reto de restablecer el orden constitucional violado.

## I. EL JUEZ CONSTITUCIONAL, ASUMIENDO DE OFICIO, LA DEFENSA DEL ORDEN DEMOCRÁTICO FRENTE A UN GOLPE DE ESTADO PRESIDENCIAL: EL CASO DE GUATEMALA EN 1993

El 25 de mayo de 1993, el Presidente de Guatemala, Jorge A. Serrano Elías, adoptó un Decreto que denominó como "Normas Temporales de Gobierno," mediante el cual, materialmente daba un "autogolpe" de Estado, conforme al cual primero, dejaba sin efecto más de cuarenta artículos de la Constitución, veinte artículos de la Ley de Amparo, Exhibición Personal y de Constitucionalidad, que regula la Jurisdicción Constitucional atribuida a la Corte de Constitucionalidad, y varios artículos de la Ley Electoral y de la Ley de Partidos Políticos; y segundo, disolvía todos los poderes del Estado, es decir, al Congreso, a la Corte Suprema y a la Corte Constitucional misma. Todo ello, además, fue anunciado públicamente por radio y televisión.

La Corte de Constitucionalidad, en ejercicio de sus competencias constitucionales y legales para actuar y conocer del control de constitucionalidad, ese mismo día 25 de mayo de 1999 decidió conocer de oficio sobre la constitucionalidad del mencionado Decreto de Normas Temporales de Gobierno, declarando su inconstitucionalidad por romper con el orden constitucional, y por tanto, anulándolo, y considerándolo sin efectos. Para ejecutar su fallo, la Corte ordenó la publicación de la sentencia en el diario oficial.

La sentencia, en definitiva, no se llegó a publicar, y el Presidente de la República pretendió ejecutar el decreto. Frente a ello, y en virtud del carácter obligatorio que tienen las sentencias de la Corte de Constitucionalidad, la misma reunida clandestinamente el 31 de mayo de 1993 (dada que su sede estaba ocupada por la Policía), dictó un auto de seguimiento de su sentencia de 25 de mayo, ordenando su ejecución, requiriendo el auxilio de los Ministros de Gobierno y de la Defensa para que se publicara su fallo, y requiriendo que fuera cumplido por el Poder Ejecutivo.

En buena parte, por el rol asumido por la Corte de Constitucionalidad, fue requerida el 1 de junio de 1993 para tener una reunión con la cúpula del Ejército, donde el Ministro de la Defensa notificó a los Magistrados que el Ejército había decidido acatar lo decidido por la Corte, y que además, que el Presidente había decidido abandonar su cargo. En esa forma, la sentencia de la Corte se ejecutó, habiéndose reinstalado tanto la Corte Suprema de Justicia como el Congreso.

Sin embargo, la crisis política no concluyó, pues el Vicepresidente de la República, quien había participado en el golpe de Estado, pretendió asumir la Presidencia requiriendo que el Congreso legalizara su investidura.

Frente a ello, la Corte de Constitucionalidad dictó una nueva decisión el 4 de mayo de 1993 considerando que el golpe de Estado que se había dado había alterado también al órgano ejecutivo, y dada la corresponsabilidad que tenía el Vicepresidente de la República en el mismo, resolvió que estaba inhabilitado para ejercer el cargo. Dada la acefalía que resultaba en el Poder Ejecutivo, conforme a la Constitución (art. 186), correspondía entonces al Congreso designar los sustitutos del Presidente y Vicepresidente, lo que efectivamente así ocurrió.

En esta forma, el restablecimiento del orden constitucional y democrático lo asumió el supremo guardián de la Constitución, que era la Corte Constitucional, la cual para ello actuó de oficio.[449]

449 Sobre esa experiencia en Guatemala, véase Jorge Mario García Laguardia, "Justicia constitucional y defensa de la democracia. El Golpe de Estado en Guatemala en 1993," en *Cuestiones Constitucionales. Revista Mexicana de Derecho Constitucional*, N° 2, México 2000, pp. 4-20. Véase en *Revista Jurídica Virtual*, Instituto de Investigaciones Jurídicas, Universidad Nacional Autónoma de México, en http://www.juridicas.unam.mx/publica/rev/cconst/cont/2/art/art1.htm.

## II EL JUEZ CONSTITUCIONAL ABSTENIÉNDOSE DE DEFENDER EL ORDEN DEMOCRÁTICO, A RAÍZ DE LA CRISIS CONSTITUCIONAL PROVOCADA POR LA ANUNCIADA RENUNCIA DEL PRESIDENTE DE LA REPÚBLICA Y LA AUSENCIA DEL VICEPRESIDENTE: CASO DE VENEZUELA EN 2002

En contraste con lo acaecido en Guatemala en 1993, en Venezuela, en una situación similar de crisis de gobierno por la anunciada renuncia del Presidente de la República y la acefalía del Ejecutivo, la Sala Constitucional del Tribunal Supremo en cambio ni antes ni después de que se produjera un golpe de Estado el 12 de abril de 2002, asumió su rol de supremo guardián y garante de la constitucionalidad que tiene conforme a la Constitución, habiéndose abstenido, totalmente, de intervenir para resolver constitucionalmente en la crisis política.

En efecto, en la madrugada del 12 de abril de 2002, después de una masiva manifestación pública que se apoderó de las calles de Caracas de rechazo a la gestión gubernamental del Presidente Hugo Chávez, que le exigía la renuncia al cargo, y luego de sucesivas manifestaciones públicas de desobediencia por parte de los altos Oficiales jefes de los diversos componentes militares por las muertes ocurridas de manifestantes indefensos y en rechazo a la ejecución de un plan de guerra represivo de los mismos que había sido ordenado por el gobierno, el Alto Mando Militar del Presidente de la República anunció públicamente al país que se le había pedido al Presidente su renuncia, pues se lo consideraba responsable de esos hechos,[450] y que éste la había aceptado.[451]

Como lo diría el Tribunal Supremo de Justicia en sentencia de su Sala Plena Accidental de 14 de agosto de 2002 (Caso: *Antejuicio de mérito respecto de oficiales militares*), "una vez que se anunció por el General en Jefe la renuncia del Presidente y del Alto Mando Militar, todo el país tenía el derecho y la obligación de creer, tal como sucedió con la OEA, que en Venezuela existía crisis en el poder ejecutivo por carencia de titular de la Presidencia."[452] Ese anuncio sobre la renuncia del Presidente

---

450 Quien había sido Vicepresidente de la República y Coordinador del partido de Gobierno hasta poco tiempo antes, y antes había sido Presidente de la Asamblea Nacional Constituyente en 1999, Luis Miquilena, diría el mismo día 11 de abril en la noche que: "El Presidente es el principal responsable de lo que ha ocurrido en la tarde de hoy. De esa responsabilidad no lo salvará nadie. Ahora las instituciones tienen que funcionar. La Fiscalía, el Poder Judicial y creo que hay posibilidad de que la Asamblea Nacional empiece a funcionar." Véase en *El Universal*, Caracas 12-04-02, p. 1-6.

451 El General en Jefe, Jefe del Alto Mando Militar Lucas Rincón anunció al país lo siguiente: "Pueblo venezolano, muy buenos días, los miembros del Alto Mando Militar deploran los lamentables acontecimientos sucedidos en la ciudad capital el día de ayer. Ante tales hechos se le solicitó al señor Presidente de la República la renuncia a su cargo, la cual aceptó. Los miembros del Alto Mando Militar ponemos, a partir de este momento, nuestros cargos a la orden, los cuales entregaremos a los oficiales que sean designados por las nuevas autoridades." Véase en Albor Rodríguez, (ed), *Verdades, Mentiras y Video. Lo más relevante de las interpelaciones en la Asamblea Nacional sobre los sucesos de abril*, Libros El Nacional, Caracas 2002, pp. 13 y 14.

452 Véase en la sentencia Nº 38 de la Sala Plena Accidental de 14 de agosto de 2002 (Caso: *Julián Isaías Rodríguez Díaz, antejuicio de mérito de oficiales militares superiores*) publicada

de la República produjo, sin duda, consecuencias jurídicas y políticas graves,[453] pues del anuncio oficial militar lo que resultaba era que en Venezuela no había gobierno civil en ejercicio, es decir, no había titulares en ejercicio del Poder Ejecutivo, y que, incluso, habría unas "nuevas autoridades."[454]

En efecto, la renuncia de un Presidente de la República constituye una falta absoluta, y la misma, conforme al artículo 233 de la Constitución, la suple el Vicepresidente Ejecutivo. En el caso del anuncio público oficial de la renuncia del Presidente Chávez el 12 de abril de 2002 por el Jefe del Alto Mando Militar, el mismo no le indicó al país como lo mandaba la Constitución, que en consecuencia de la referida renuncia, el Vicepresidente de la República del momento, Diosdado Cabello, había asumido la Presidencia y estaba en ejercicio del Poder Ejecutivo, lo que hubiera implicado que el Alto Mando Militar habría permanecido inalterado. Al contrario, el Jefe del Alto Mando Militar afirmó que sus integrantes ponían sus cargos a la orden de las "nuevas autoridades," lo que implicaba, jurídicamente, también, el anuncio de que en Venezuela no había nadie en ejercicio del Poder Ejecutivo, y que supuestamente habría "nuevas autoridades."[455]

La Constitución de 1999 no regula una solución jurídica en los casos en los cuales se produce falta absoluta del Presidente y del Vicepresidente, en el sentido de que no establece quién asume en ese caso el Poder Ejecutivo; lo que al contrario, si regulaba la Constitución de 1961 al establecer los supuestos de sucesión presidencial transitoria, y disponer que en caso de falta absoluta del Presidente, mientras el Congreso elegía un nuevo Presidente, se encargaba de la Presidencia el Presidente del Congreso, a falta de éste, el Vicepresidente del mismo (Presidente de la Cámara de Diputados) y, en su defecto, el Presidente de la Corte Suprema de Justicia (art. 187). Nada de eso se establece en la Constitución de 1999.

Por tanto, con el anuncio oficial al país de la renuncia del Presidente, y ante la ausencia del Vicepresidente, se produjo una crisis de gobierno que la Constitución no resolvía.[456] Además, no había ninguna razón para que alguien pudiera poner en

---

el 19 de septiembre de 2002, en http://www.tsj.gov.ve/decisiones/tplen/Septiembre/sentencia%20de%20los%20militares.htm.

453 Véase lo que expusimos sobre la crisis de gobierno que se originó en *El Universal*, Caracas 18-05-02, p. D-4.

454 Incluso, el Ministro de la Defensa, José Vicente Rangel comentó el mismo día 12-04-02, sobre el tema de la ruptura del hilo constitucional, que habría "un nuevo gobierno"; dijo no saber dónde estaba el Vicepresidente Ejecutivo e indicó que "no hemos presentado renuncia puesto que a nosotros nos reemplazan", *El Nacional*, Caracas 13-04-02, p. D-9. El Tribunal Supremo de Justicia en Sala Plena Accidental en sentencia de 14-08-02, sobre esta afirmación del Ministro de Defensa dijo que "Llama la atención a la Sala que el entonces Ministro de la Defensa no haya sido tajante al calificar los acontecimientos que se acababan de producir." *Idem.*

455 Véase lo que expusimos en Allan R. Brewer-Carías, *La Crisis de la democracia en Venezuela. La Carta democrática Interamericana y los sucesos de abril de 2002*, Libros de El Nacional, Caracas 2002, p. 83 ss.

456 La ex Magistrada de la Corte Suprema de Justicia, Hildegard Rondón de Sansó expresó, sobre la crisis de gobierno que se produjo el 12-04-2002, que la ruptura del hilo constitucional se produjo "no por razones de fuerza, sino por las imprecisiones de la Carta Magna frente a la forma de suplir la falta absoluta derivada de la renuncia tanto del Presidente como del

duda el anuncio de la renuncia del Presidente y de la propia renuncia del Alto Mando Militar, y de que habría "nuevas autoridades". El anuncio, en efecto no lo había hecho cualquier ciudadano ni cualquier funcionario; lo había hecho el más alto General de la República con el más alto rango en la jerarquía militar, que había sido designado, además, por el propio Presidente de la República cuya renuncia anunciaba. Dada la seriedad de la situación, no había motivos para dudar de la certeza del anuncio ni para considerar que el anuncio público era una burla al país y al mundo.

Pero por supuesto, por las graves consecuencias de orden constitucional y política que provocaba el anuncio, el mismo debió haber requerido atención y pronunciamiento inmediato por parte de los otros órganos del Estado, y particularmente del Tribunal Supremo de Justicia o de su Sala Constitucional, como garante último de la supremacía y efectividad de las normas y principios constitucionales, entre los cuales está el principio democrático. Ello hacía que la Sala Constitucional, en medio de la crisis, en definitiva era la única que podía dar una interpretación constitucional auténtica y vinculante que pudiera llenar el vacío normativo de la Constitución y contribuir a resolver la crisis política.

El Tribunal Supremo de Justicia, en efecto, conforme al artículo 335 de la Constitución es el órgano llamado a garantizar "la supremacía y efectividad de las normas y principios constitucionales" y es "el máximo y último intérprete de esta Constitución" el cual debe velar "por su uniforme interpretación y aplicación," siendo "las interpretaciones que establezca la Sala Constitucional sobre el contenido o alcance de las normas y principios constitucionales" de carácter "vinculante para las otras Salas del Tribunal Supremo de Justicia y demás tribunales de la República." Conforme a esta previsión, incluso la Sala Constitucional ya había venido desarrollando amplias potestades de actuación de oficio en materias constitucionales,[457] por lo que lo menos que debió esperarse de la misma en ese momento de crisis constitucional era que asumiera su rol de garante supremo de la Constitución en situaciones de emergencia constitucional.

Sin embargo, en abril de 2002, en Venezuela no ocurrió nada parecido, y lo que se produjo fue la abstención del Tribunal Supremo de Justicia en pronunciarse sobre la crisis política y constitucional, lo que provocó que la misma se desarrollara al punto de llegar a formarse un gobierno de transición que luego de adoptar decisiones inconstitucionales, sólo duraría horas, no habiendo llegando nunca a asumir efecti-

---

Vicepresidente Ejecutivo de la República. El vacío de la Constitución se cubriría a través de decretos leyes de facto, de modo que el nuevo régimen busque y encuentre su propia juridicidad", *El Nacional*, 13-04-2002, p. D-10. El Dr. René Buroz Arismendi, abogado de los oficiales generales y almirantes a quienes se le siguió un antejuicio de mérito en el Tribunal Supremo, expresó su criterio sobre los efectos del anuncio del General Rincón: "El vacío de poder se generó cuando el General Lucas Rincón en presencia del Alto Mando militar afirmó que el Presidente había renunciado junto a su gabinete. En ese momento no había visiblemente ninguna autoridad que asumiera el cargo de Presidente", *El Universal*, 11-07-2002, p. 1-8.

457 Véase Allan R. Brewer-Carías, "Régimen y alcance de la actuación judicial de oficio en materia de justicia constitucional en Venezuela", en *Estudios Constitucionales. Revista Semestral del Centro de Estudios Constitucionales*, Año 4, N° 2, Universidad de Talca, Santiago, Chile 2006, pp. 221-250.

vamente el poder.[458] Los Magistrados del Tribunal Supremo, en realidad, el mismo día 12 de abril de 2002, limitaron su actuación a pronunciarse generalmente, condenando los graves acontecimientos ocurridos en el país que motivaron los pronunciamientos militares, y el Presidente de dicho Tribunal, en lugar de convocar a los Magistrados para enfrentar y resolver constitucionalmente la crisis, lo que hizo fue, por su parte, "renunciar a su cargo para facilitar la labor del nuevo gobierno."[459] Como lo señalamos en otro lugar, la renuncia del Presidente y la ausencia del Vicepresidente:

> "planteaba el grave problema constitucional derivado del vacío normativo de la Constitución que no resuelve expresamente la sucesión presidencial en caso de ausencia del Presidente y del Vicepresidente. Quien podía resolverlo era el Tribunal Supremo de Justicia, el cual se reunió el día 12 de abril en horas de mediodía, pero lejos de pronunciarse sobre los acontecimientos, lo único que se supo es que su Presidente renunció para facilitar la labor de las nuevas autoridades, es decir, en definitiva también reconocía que habría nuevas autoridades."[460]

Por ello, con razón, la ex Presidenta de la Corte Suprema de Justicia, Cecilia Sosa, señaló en mayo de 2002 que con la renuncia del Presidente del Tribunal Supremo de Justicia lo que sucedió en Venezuela fue que el Tribunal "en pleno, mantuviera un silencio cómplice con respecto a los hechos del 11 de abril de 2002", agregando, que el Presidente del Tribunal Supremo:

> "era el garante, el que debía evitar que nadie violara la Constitución, pero no lo hizo. El debía alertar a todos los venezolanos sobre la ruptura del hilo democrático, pero no lo hizo. Tenemos a la cabeza del Poder Judicial a un hombre que violó su juramento de cumplir y hacer cumplir las leyes. Tenemos al frente del TSJ a un presidente indigno de su cargo. No tiene condiciones morales ni éticas. Ese señor no puede dictar más sentencias en este tribunal y mucho menos puede juzgar a los generales y almirantes que estarían implicados en la transitoriedad a la que él se plegó."[461]

---

458 Véase sobre el acto de instalación del llamado gobierno de transición el 12 de abril de 2002 y su contrariedad a la Constitución y a la Carta Democrática Interamericana lo que hemos expuesto en Allan R. Brewer-Carías, *La Crisis de la democracia en Venezuela. La Carta democrática Interamericana y los sucesos de abril de 2002*, Libros de El Nacional, Caracas 2002, p. 120.

459 El periodista Edgar López reseñó la renuncia del magistrado Iván Rincón a su cargo de Presidente del Tribunal Supremo de Justicia, con ocasión de la reunión del Tribunal el día 12-04-02 en horas del mediodía, antes de la instalación del llamado gobierno de transición. Señaló que Iván Rincón renunció en estos términos: "A objeto de facilitar la transitoriedad, la continuidad de las instituciones y el respeto al Estado de derecho y la seguridad jurídica, pongo a la orden el cargo de Magistrado de la Sala Constitucional y Presidente del Tribunal Supremo de Justicia", *El Nacional*, Caracas, 13-4-2002, p. D-6.

460 Véase lo que expusimos en Allan R. Brewer-Carías, *La Crisis de la democracia en Venezuela. La Carta democrática Interamericana y los sucesos de abril de 2002*, Libros de *El Nacional*, Caracas 2002, p. 94.

461 Véase en *El Universal*, 03-05-02, p. 1-9. Por ello, la misma ex-Magistrada Cecilia Sosa acudió al Tribunal Supremo de Justicia a requerir se le "aceptara" la renuncia al Presidente del

Es decir, ni el Tribunal Supremo ni su Presidente se pronunciaron en forma alguna sobre la crisis de gobierno que existía y que fue originada por el anuncio de la renuncia del Presidente de la República. La Magistrada Blanca Rosa Mármol de León, de la Sala de Casación Penal, en cambio, "denunció la posición genuflexa del máximo Tribunal ante el entonces Presidente H. Chávez. Lamentó que el Tribunal Supremo de Justicia no hubiera condenado de manera específica los delitos cometidos en los alrededores de Miraflores."[462]

En todo caso, luego de haberse abstenido en pronunciarse para solucionar la crisis constitucional que se había originado por la anunciada renuncia del Presidente de la República, al decidir sobre la solicitud del Fiscal General de la República formulada ante el Tribunal Supremo para proceder al antejuicio de merito por el delito de rebelión militar respecto de varios de los altos oficiales involucrados en los sucesos del 12 de abril de 2002, el Tribunal Supremo en Sala Plena Accidental mediante sentencia N° 38 de 14 de agosto de 2002, publicada el 19 de septiembre de 2002, bajo la Ponencia de su Vicepresidente, Francklin Arrieche, se pronunció sobre el anuncio de la constitución de un gobierno provisorio por los militares imputados, dejando sentada su apreciación de que si bien ello había sido provocado por "el anuncio del General en Jefe sobre la renuncia del Presidente y del Alto Mando Militar," y de que los militares "carecían de competencia" para ello, la situación era que "si no existía Presidente en ejercicio y antes se habían producido los graves acontecimientos que los militares tuvieron como móvil de sus pronunciamientos ... no puede decirse que con ello se pretendía impedir u obstaculizar el ejercicio de un poder ejecutivo sin titular, ni alterar el orden y la paz interior de la Nación que ya se había roto por elementos exógenos a los imputados."[463]

---

mismo, y cuando fue consultada sobre por qué sólo requirió la renuncia a Rincón, respondió: "El fue el único que nos puso la renuncia por escrito, así que yo espero que los demás magistrados también le acepten esa renuncia (*El Universal*, 03-05-02, p. 1-9).

462 Véase la reseña del periodista Edgar López. *El Nacional*, 13-4-2002, p. D-6. En otra reseña periodística de Edgar López, se ponen en evidencia las mutuas acusaciones y recusaciones entre sí, de los Magistrados del Tribunal Supremo, particularmente entre su Presidente Rincón y el Vicepresidente Arriechi, en relación con la actitud asumida por los Magistrados el 12 de abril de 2002. Se menciona el acta de la reunión del Tribunal Supremo del 12 de abril y la decisión de "los Magistrados de continuar en sus cargos". Véase además, *El Nacional*, 15-06-02, p. D-1; *El Universal*, 04-07-02, p. 1-8. Confróntese con la información contenida en los reportajes de los periodistas Irma Álvarez, *El Universal*, Caracas, 23-06-02, p. 1-9; y 08-07-02, p. 1-8; y Alejandra Hernández, *El Universal*, 14-06-02, p. 1-4. Véase además las informaciones en *El Nacional*, 19-06-02, p. D-1; 27-06-02, p. D-1; *El Universal*, 19-06-02, p. 1-10; 04-07-02, p. 1-8; 05-07-02, p. 1-7.

463 De ello concluyó la Sala Plena que "a pesar de que la Sala considere inaceptable el que alguien se arrogue la facultad de designar a un Presidente, tampoco puede concluir en que ese nombramiento encaje dentro de la descripción hecha en el artículo 476, ordinal 1, del Código Orgánico de Justicia Militar que, se ratifica una vez más, constituyó la única imputación fiscal formulada en la querella;" y que "para que pueda imputarse un hecho criminoso a una persona no basta con que ella se encuentre presente en el momento y lugar cuando y donde tal conducta se produzca sino que esa acción censurable debe emanar de ella." El Magistrado Alejandro Angulo Fontiveros, cuya Ponencia en el caso fue rechazada por la mayoría, sin embargo, dijo entre otras cosas que "La sentencia es un "*Monstrum horrendum*" del Derecho y constituye un golpe al Estado de Derecho y un ludibrio internacional. La sentencia tajó la

Con esta decisión en la cual el Tribunal Supremo de Justicia declaró que no había méritos para enjuiciar por el delito de rebelión a los oficiales generales que se habían insubordinado contra el Presidente, considerando que al éste renunciar y no haber el Vicepresidente asumido el ejercicio del cargo, había "un poder ejecutivo sin titular;" en todo caso, se inició la escalada final para la depuración de Magistrados del Tribunal Supremo que no eran afectos al gobierno, comenzando por el Magistrado Vicepresidente Franklin Arriechi quién había sido precisamente el Ponente de dicha decisión. El Magistrado fue sometido de inmediato a investigación por la Asamblea Nacional, la cual adoptó una decisión en su contra el 3 de diciembre de 2002,[464] que sin embargo fue suspendida temporalmente en sus efectos mediante el ejercicio de una acción de amparo. Y como en ese momento el gobierno no contaba con la mayoría calificada de los 2/3 para removerlo de su cargo conforme al artículo 265 de la Constitución, así continuó en forma precaria en ejercicio de sus funciones hasta el 15 de junio de 2004, cuando luego de promulgarse, al fin, la Ley Orgánica del Tribunal Supremo de Justicia el 20 de mayo de 2004,[465] la Asamblea Nacional procedió, no a "removerlo" de su cargo conforme a las previsiones constitucionales, sino a "revocar el acto administrativo de nombramiento" del Magistrado con mayoría simple conforme a la nueva fórmula de remoción que había inventado la Asamblea Nacional en dicha Ley Orgánica, violando la Constitución.

En efecto, para obviar la exigencia constitucional de una mayoría parlamentaria de las 2/3 partes de los diputados integrantes (Art. 265) para remover a los Magistrados del Tribunal Supremo de Justicia, la Asamblea Nacional, en un evidente fraude a la Constitución, al sancionar la Ley Orgánica del Tribunal Supremo en 2004, "inventó" una forma distinta de remoción de los Magistrados, que denominó como "anulación del nombramiento de los Magistrados," que se podía adoptar con mayoría absoluta de votos de los diputados (art. 23), en lugar de la mayoría calificada que exige la Constitución. En consecuencia, una vez publicada a finales de mayo de 2004 la Ley Orgánica del Tribunal Supremo, esta inconstitucional potestad fue ejercida en forma inmediata por la Asamblea Nacional el 15 de junio de 2004 para decidir la remoción, anulando el acto del nombramiento, del mencionado Magistrado Franklin Arrieche, Vicepresidente del Tribunal Supremo, "en razón de haber suministrado falsa información para el momento de la aceptación de su postulación para ser ratificado en ese cargo."[466]

---

Constitución y ha institucionalizado la injusticia y la impunidad e hizo tabla rasa del Derecho Penal, desnaturalizando todas sus finas esencias y el abecé de tan noble ciencia jurídica." Véase en la sentencia Nº 38 de la Sala Plena Accidental de 14 de agosto de 2002 (Caso: *Julián Isaías Rodríguez Díaz, antejuicio de mérito de oficiales militares superiores*) publicada el 19 de septiembre de 2002, en http://www.tsj.gov.ve/decisiones/tplen/Septiembre/sentencia%20de%20LOS%20militares.htm.

464 Véase la información en *El Nacional*, Caracas, 18-06-2004, p. A-4.

465 *Gaceta Oficial* Nº 37.942 del 20 de mayo de 2004. Para los comentarios sobre esta ley, véase, en general, Allan R. Brewer-Carías, *Ley Orgánica del Tribunal Supremo de Justicia. Procesos y Procedimientos Constitucionales y Contencioso-Administrativos*, Caracas, 2004.

466 Según la investigación parlamentaria, el Magistrado no habría tenido 15 años como profesor universitario titular, ni tampoco estudios de postgrado. Véase la información en *El Nacional*, Caracas, 16-06-2004, p. A-5.

Por otra parte, luego de la sanción de la Ley Orgánica, una vez que la Asamblea procedió a realizar los nombramientos de los nuevos Magistrados asegurándole al Gobierno la mayoría en las votaciones del Tribunal Supremo, la sentencia de la Sala Plena del Tribunal de 14 de agosto de 2002, que había declarado la ausencia de méritos para juzgar por el delito de rebelión a los oficiales militares superiores que participaron en los hechos de abril de 2002, fue objeto de una petición de revisión judicial introducida por el Fiscal General de la República ante la Sala Constitucional del Tribunal Supremo alegando que, al dictársela, se había violado el derecho al debido proceso en el caso (derecho al juez natural) porque en el procedimiento respectivo previo a su emisión, un Magistrado había decidido una recusación respecto de otros Magistrados, sin tener competencia para ello.

La Sala Constitucional mediante sentencia Nº 23 de 11 de marzo de 2005 terminó así declarando con lugar la solicitud de revisión constitucional de la sentencia Nº 38 publicada el 19 de septiembre de 2002, de la Sala Plena, tal como lo había pedido el Fiscal General de la República, anulándola, y disponiendo que como los oficiales objeto del procedimiento ya estaban en situación de retiro, no había caso a que se decidiera de nuevo antejuicio de mérito alguno ante el Tribunal Supremo, pudiendo aquél acusarlos directamente ante la jurisdicción ordinaria.[467]

## III. EL JUEZ CONSTITUCIONAL CONTROLANDO LA CONSTITUCIONALIDAD DEL ACTO PARLAMENTARIO DE REMOCIÓN DEL PRESIDENTE DE LA REPÚBLICA: CASO DE PARAGUAY EN 2012

En el artículo 225 de la Constitución del Paraguay, en la Sección VI del Capítulo relativo al Poder Legislativo, se regula lo que en ella se denomina como "Juicio Político" al cual se puede someter al Presidente de la República, al Vicepresidente, a los ministros del Poder Ejecutivo, a los ministros de la Corte Suprema de Justicia, al Fiscal General del Estado, al Defensor del Pueblo, al Contralor General de la República, al Subcontralor y a los integrantes del Tribunal Superior de Justicia Electoral, exclusivamente "por mal desempeño de sus funciones, por delitos cometidos en el ejercicio de sus cargos o por delitos comunes."

En tal juicio político, la acusación correspondiente la debe formular la Cámara de Diputados, por mayoría de dos tercios, y corresponde a la Cámara de Senadores, por mayoría absoluta de dos tercios, "juzgar en juicio público a los acusados por la Cámara de Diputados y, en su caso, declararlos culpables, al sólo efecto de separarlos de sus cargos," pues si en los casos resulta la "supuesta comisión de delitos," se deben pasar los antecedentes a la justicia ordinaria. La decisión que resulte del "juicio" desarrollado ante el Poder Legislativo, por tanto, es esencialmente política y consiste en declarar culpables a los funcionarios sólo a los efectos de separarlos de sus cargos, básicamente por mal desempeño de sus funciones, sin que las Cámaras legislativas puedan "juzgar" ni declarar culpables a los funcionarios de haber cometido delitos, lo que sólo compete a la justicia ordinaria.

Por tanto, el procedimiento constitucional tendiente a separar de sus cargos a los funcionarios del Estado por mal desempeño de sus funciones, a pesar de su denomi-

---

467 Véase la sentencia de la Sala Constitucional Nº 233 de fecha 11 de marzo de 2005 (Caso: *Julián Isaías Rodríguez Díaz, antejuicio de mérito a oficiales militares superiores*), en http://www.tsj.gov.ve/decisiones/scon/Marzo/233-110305-04-3227.htm.

nación de "juicio político," sin embargo, no es un tal "juicio" que se desarrolle en función jurisdiccional por el Poder legislativo en el cual se declare formalmente la "responsabilidad" del funcionario, sino que se trata de un procedimiento de orden político, con una finalidad estrictamente política, tendiente a juzgar políticamente el desempeño en sus cargos de los altos funcionarios del Estado, para lo cual se le confiere al Poder legislativo la potestad de decidir separarlos de los mismos cuando las Cámaras legislativas juzguen que han desempeñado mal sus funciones.

Se trata, en mi criterio, a pesar de cierta similitud formal con el *impeachment* norteamericano,[468] de uno de los tantos injertos del parlamentarismo que se han venido incorporando desde hace décadas en los sistemas presidenciales de América Latina, mediante la asignación al órgano legislativo de poderes de control político en relación con el gobierno, alejados de la ortodoxia de los sistemas presidenciales clásicos. En cuanto a la forma del procedimiento, sin embargo, de acuerdo con el modelo norteamericano, en el caso de la Constitución del Paraguay, tratándose también de una legislatura bicameral, se regula el procedimiento para la separación de sus cargos a los funcionarios mencionados, garantizándose, la participación política de ambas Cámaras, las cuales con determinadas mayorías deben, primero, la de Diputados, decidir formular la "acusación" política contra el funcionario ante el Senado; y segundo, la del Senado, "juzgar" con base en dicha acusación, sobre el mal desempeño en sus funciones del funcionario respectivo, y sobre los delitos que pueda haber cometido.

Sin embargo, en su sustancia, el "juicio político" y la decisión que pueda adoptar el Congreso en el Paraguay, en nuestro criterio, *mutatis mutandi*, es más bien equivalente al voto de confianza que pueda presentarse ante un Parlamento en un sistema parlamentario, y que resulta en la pérdida para el gobierno de la confianza parlamentaria, y en la sustitución del jefe del gobierno, al perder la mayoría parlamentaria, con la posibilidad de convocatoria de inmediato a elecciones generales.

La Constitución del Paraguay, en todo caso, a pesar de que califica el procedimiento como un "juicio político" nada más establece sobre el mismo, y más bien precisa que para los casos en los cuales en la acusación del "juicio político" se haga referencia a supuestos delitos cometidos en el ejercicio de sus cargos o a delitos comunes, se deben entonces necesariamente pasar los antecedentes a la justicia ordinaria. Por tanto, como lo afirma el profesor Luis Enrique Chase Plate, este procedimiento:

---

468 El "juicio político" en relación con el Presidente de la República en el Paraguay, en su regulación formal, podría decirse que tiene su antecedente en el *impeachment* previsto en la Constitución de los Estados Unidos de América (arts. I.2 y I.3), particularmente por la participación en el procedimiento parlamentario tanto de la Cámara de Diputados como de la Cámara de Senadores. Sin embargo, en cuanto a la sustancia del procedimiento, debe recordarse que en los Estados Unidos, en los casos de *impeachment* del Presidente de la Unión, ante la Cámara de Representantes y con la participación de su poderoso Comité de Asuntos Judiciales se desarrolla una intensa labor de investigación para la preparación de una verdadera "acusación," y ante el Senado se desarrolla un verdadero "proceso" con la peculiaridad única de que quien preside las sesiones en el Senado y conduce el "proceso" es el Presidente de la Suprema Corte. He allí la diferencia fundamental con la figura regulada en la Constitución del Paraguay.

"No es un juicio judicial, sino uno de los controles esenciales del Parlamento sobre los actos de los miembros del Poder Ejecutivo y de los ministros de la Corte Suprema de Justicia. Es uno de los pilares de una república para dilucidar la responsabilidad política de los gobernantes, como bien lo enseña Karl Loewenstein. En este juicio, según la doctrina más ponderada, el Congreso tiene un alto grado de discrecionalidad para calificar cuando existe violación de la Constitución y mal desempeño de las funciones. La constitucionalista Gelli dice que "el juicio de destitución o remoción de los funcionarios y magistrados sometidos a ese control es político, con propósitos políticos, promovido por culpas políticas, cuya consideración incumbe a un cuerpo político y con efectos políticos. Aún en los casos de traición y soborno el juzgamiento es político y nada más."[469]

Con fundamento en el referido procedimiento constitucional, en el Paraguay, el 21 de junio de 2012, el Congreso decidió iniciar un juicio político contra el Presidente de la República Fernando Lugo, particularmente después de la ocurrencia de una masacre de cerca de 20 personas, entre policías e invasores de tierras. La acusación fue presentada por la Cámara de Diputados ante el Senado, en la cual, en sesión pública, el Presidente fue representado y defendido por cinco abogados de los cuales tres intervinieron ampliamente ante dicha Cámara. El Presidente Lugo había manifestado el mismo día 21 de junio que iba a acudir personalmente para ser oído ante la Cámara de Senadores. Sin embargo, el día siguiente, 22 de junio, no acudió al Senado permaneciendo en el Palacio de Gobierno con una Comisión de Cancilleres y el Secretario de UNASUR.

Ese mismo día 22 de junio de 2012, después de oír la defensa del Presidente expresada por tres de los abogados que designó (además de un profesional del derecho, abogado en ejercicio, el Asesor Jurídico de la Presidencia de la Republica y el Procurador General de la Republica), la Cámara de Senadores procedió al voto nominal decidiendo separar de su cargo al Presidente de la República. De 80 Diputados, 77 diputados votaron por la acusación del Presidente con un solo voto en contra; y de los 45 Senadores, con tres ausencias, 39 votaron por la condena y separación del cargo del Presidente por mal desempeño de sus funciones. El Presidente separado de su cargo, en un discurso público de despedida en el Palacio de Gobierno acató públicamente la decisión, el cual fue trasmitido por televisión. La consecuencia fue que al final de la tarde de ese mismo día 22 de junio de 2012, en sesión extraordinaria del Congreso (Diputados y Senadores reunidos) juró inmediatamente el Vicepresidente de la Republica Federico Franco como Presidente de la Republica del Paraguay.

Frente a la decisión, aparte de las reacciones políticas de organismos internacionales como de la propia UNASUR y de MERCOSUR, que llegaron a calificar incorrectamente la situación como un golpe de Estado,[470] sin duda hubo premura política

---

469 Véase Luis Enrique Chase Plate, "Inaceptable intervención de Unasur y del Mercosur ,"en el diario *abc*, La Asunción, 26 de junio de 2012, en .www.abc.com.py/edicion-impresa/opinion/inaceptable-intervencion-de-unasur-y-del-mercosur-418706.html

470 Al contrario, Jorge Reinaldo Vanossi, calificó el hecho en un artículo expresando que "Fue una crisis institucional, no una asonada," en Infobae.com, América, 26-6-2012, en http://ameri-ca.infobae.com/notas/53118-Paraguay-fue-una-crisis-institucional.

en su adopción, quizás provocada por la necesidad de preservar el orden democrático frente a presiones indebidas de funcionarios de otros gobiernos latinoamericanos en el ámbito militar interno de Paraguay.[471] En el procedimiento del "juicio político," en todo caso, el derecho a la defensa se le garantizó al Presidente, a pesar incluso de que se trató de una apreciación política sobre mal desempeño del Presidente en sus funciones, y el propio Presidente separado de su cargo aceptó la decisión, a pesar de que se pueda argumentar sobre si las sesiones parlamentarias correspondientes debían haber durado más tiempo. Tratándose de un procedimiento político, llevado a cabo ante un órgano político, cuya motivación es política, para "juzgar" conductas políticas, y cuya decisión es política, sin duda, el tiempo de duración del procedimiento para garantizar el derecho a la defensa no se puede establecer con los mismos criterios que se deben aplicar en un proceso judicial o en un procedimiento administrativo.

En todo caso, el Presidente Lugo, desde cuando se inició el procedimiento del "juicio político" comenzó a ejercer su derecho a la defensa y ejerció una acción de inconstitucionalidad ante la Sala Constitucional de la Corte Suprema de Justicia contra la Resolución del Senado Nº 878 de 21 de junio de 2012 mediante la cual se había establecido "el procedimiento para la tramitación del juicio político previsto en el artículo 225 de la Constitución"; acción que fue decidida por sentencia A.I. Nº 1553 de 25 de junio de 2012, en la cual la Sala desestimó sin más trámites la acción, considerando entre otros aspectos, que "la institución que se denomina 'juicio político' es un procedimiento parlamentario administrativo que la Constitución ha encargado, como competencia exclusiva, al Congreso Nacional." Sobre dicho procedimiento, la Sala además puntualizó:

> "Que se trata de un procedimiento en que se juzgan conductas políticas –causas de responsabilidad–. No es un juicio ordinario de carácter jurisdiccional como el que se realiza en el ámbito judicial y, aunque existen analogías con el proceso ordinario, estas son solo parciales, teniendo en cuenta las características del juicio político que se rige exclusivamente por el artículo 225 de la Constitución (principio de legalidad) en ese sentido, el Dr. Emilio Camacho expresa: Pretender equipararlo a un proceso judicial es desconocer la naturaleza del juicio político, además de constituir una perversión inadmisible del principio de responsabilidad política, esencial e inherente a la democracia misma. Lo que debe garantizarse a una persona sometida a juicio político es que pueda ejercer

---

471 En el diario *La Nación, La Asunción 29 de junio de 2012,* bajo el título "Acusan a Venezuela de instigar una sublevación. Denuncian gestiones con los militares," se reseña lo siguiente, "La nueva ministra de Defensa paraguaya, María Liz García de Arnold, añadió más dramatismo a los hechos que precedieron a la destitución de Fernando Lugo, al declarar que el canciller venezolano, Nicolás Maduro, instigó una "sublevación" militar para salvar al ex presidente. / "El canciller [Maduro] arengó [a los militares paraguayos] a que respondieran a una situación que se estaba dando y que afectaba al ex presidente, y les pidió que respondieran conforme a lo que le ocurriera", fue la grave acusación de la ministra paraguaya. / Maduro se encontraba en Asunción porque integró la delegación de cancilleres de la Unasur que estuvo en la capital paraguaya durante el juicio político a Lugo, para vigilar el proceso. Para eso se reunió con autoridades, políticos y legisladores. "No fuimos escuchados", dijo el propio canciller venezolano" Véase en http://www.lana-cion.com.ar/1486187-acusan-a-venezuela-de-instigar-una-sublevacion.

su defensa dentro de un juicio político y no dentro de un proceso judicial, que se rige por otras normas muy diferentes (CAMACHO, Emilio, *Derecho Constitucional*, Editorial Intercontinental, Asunción, 2007, T. II, Pág. 141,).

Que, por el sistema establecido en la Constitución nacional el llamado juicio político es un mecanismo de control del Congreso sobre la gestión de algunos altos funcionarios con el objeto de que estos, en caso de incurrir en mal desempeño puedan ser removidos del cargo. Lo que el Senado toma en consideración es el mal desempeño en el cargo y la comisión de delitos, pero no juzga en sentido estricto, sino lo que realiza es un juicio de responsabilidad como funcionario publico. Por ello, la declaración de culpabilidad solo implica la separación del cargo, pues en el caso de la supuesta comisión de delitos los antecedentes deben pasar a la justicia ordinario, según en artículo 225 de la Constitución."

En este caso del "juicio político" seguido al Presidente del Paraguay Sr. Fernando Lugo, el juez constitucional intervino oportuna y adecuadamente, "controlando la constitucionalidad del procedimiento seguido a solicitud del propio Lugo, concluyendo en definitiva que el procedimiento pautado en la Constitución "técnicamente no es jurisdiccional," por lo cual "las garantías propias del proceso judicial, aunque puedan ser aplicadas, no lo son de manera absoluta sino parcial con el objeto de garantizar el debido proceso y el derecho a la defensa del acusado;" las cuales en el caso fueron debidamente garantizadas.

## IV. EL JUEZ CONSTITUCIONAL IMPONIENDO UN GOBIERNO NO DEMOCRÁTICO EN VENEZUELA CON OCASIÓN DE LA INCAPACIDAD Y FALLECIMIENTO DEL PRESIDENTE DE LA REPÚBLICA A COMIENZOS DE 2013

### 1. *El derecho a la democracia y su necesaria garantía por el Juez Constitucional*

En el mundo contemporáneo, particularmente en los regímenes donde existe un Estado democrático de derecho, además del derecho a la Constitución y su supremacía, y además de los clásicos derechos políticos de los ciudadanos, cuya garantía esencialmente corresponde al Juez Constitucional, se puede identificar entre los últimos, el derecho ciudadano a la democracia,[472] es decir, a que en el Estado Constitucional el pueblo y los ciudadanos gobiernen a través de sus representantes, sometidos a control. La consecuencia de esta aproximación, por supuesto, es que los de-

---

472 Véase Allan R. Brewer-Carías, "Prólogo: Sobre el derecho a la democracia y el control del poder", al libro de Asdrúbal Aguiar, *El derecho a la democracia. La democracia en el derecho y la jurisprudencia interamericanos. La libertad de expresión, piedra angular de la democracia*, Editorial Jurídica Venezolana, Caracas 2008, 19 ss.; "Sobre las nuevas tendencias del derecho constitucional: del reconocimiento del derecho a la Constitución y del derecho a la democracia", en *VNIVERSITAS, Revista de Ciencias Jurídicas (Homenaje a Luis Carlos Galán Sarmiento)*, Pontificia Universidad Javeriana, facultad de Ciencias Jurídicas, No. 119, Bogotá 2009, pp. 93-111; "Algo sobre las nuevas tendencias del derecho constitucional: el reconocimiento del derecho a la constitución y del derecho a la democracia," en Sergio J. Cuarezma Terán y Rafael Luciano Pichardo (Directores), *Nuevas tendencias del derecho constitucional y el derecho procesal constitucional*, Instituto de Estudios e Investigación Jurídica (INEJ), Managua 2011, pp. 73-94.

rechos políticos han comenzado a dejar de estar reducidos a los que generalmente se habían enumerado expresa y aisladamente en las Constituciones, como ha sido el caso del derecho al sufragio, del derecho al desempeño de cargos públicos, del derecho a asociarse en partidos políticos, y más recientemente, del derecho a la participación política en forma directa; pudiéndose identificar además, un derecho a la democracia que los comprende a todos.

Este derecho a la democracia, exige el funcionamiento de un régimen político en el cual se garanticen los *elementos esenciales* de la misma, tal como por ejemplo fueron enumerados por la *Carta Democrática Interamericana* de la Organización de Estados Americanos en 2001, y que además del respeto al conjunto de los derechos humanos y de las libertades fundamentales, son: 1) el acceso al poder y su ejercicio con sujeción al Estado de derecho; 2) la celebración de elecciones periódicas, libres, justas y basadas en el sufragio universal y secreto, como expresión de la soberanía del pueblo; 3) el régimen plural de partidos y organizaciones políticas y 4) la separación e independencia de los poderes públicos (Art. 3).

En cualquier democracia, por tanto, puede decirse que el ciudadano tiene derecho a que se garanticen todos esos elementos esenciales, los cuales incluso, en muchas Constituciones se han configurado como alguno de los mencionados derechos políticos individualizados, como es el caso del derecho a ejercer funciones públicas, del derecho al sufragio, o del derecho de asociación en partidos políticos. Sin embargo, considerados en su conjunto, y destacándose en particular entre ellos, el relativo a la separación de poderes, se pueden configurar, globalmente, como integrando un "derecho a la democracia" que está destinado a garantizar el control efectivo del ejercicio del poder por parte de los gobernantes, y a través de ellos, del Estado.

Este derecho a la democracia, por supuesto, sólo puede configurarse en Estados democráticos de derecho, no siendo concebible en los Estados con regímenes autoritarios donde, precisamente, los anteriormente mencionados elementos esenciales no pueden ser garantizados por la ausencia de controles respecto del ejercicio del poder, aún cuando pueda tratarse de Estados en los cuales, en fraude a la Constitución y a la propia democracia, los gobiernos puedan haber tenido su origen en algún ejercicio electoral.

> "Es una experiencia eterna – como hace varias centurias lo enseñó Charles Louis de Secondat, Barón de Montesquieu- que todo hombre que tiene poder, tiende a abusar de él; y lo hace, hasta que encuentra límites", de lo que dedujo su famoso postulado de que "para que no se pueda abusar del poder es necesario que por la disposición de las cosas, el poder limite al poder"[473]. De esta apreciación física fue que se derivó, precisamente, el principio de la separación de poderes que establecieron todas las Constituciones que se formularon después de las revoluciones norteamericana y francesa, convirtiéndose no sólo en uno de los pilares fundamentales del constitucionalismo moderno, sino además, de la propia democracia tanto como régimen político como derecho ciudadano para asegurar que quienes sean electos para gobernar y ejercer el poder estatal en representación del pueblo, no abusen del mismo. Por ello, desde la misma Declaración de Derechos del Hombre y del Ciudadano de 1789 se estableció,

473 Charles Louis de Secondat, Barón de Montesquieu, *De l'Espirit des Lois* I, Libro XI, Cáp. IV, 162-163 (ed. G. Tunc, Paris 1949).

con razón, que "toda sociedad en la cual no esté determinada la separación de los poderes, carece de Constitución" (Art. 16).

Más de doscientos años después, pero con su origen en aquellos postulados, en el orden constitucional interno de los Estados democráticos de derecho, es posible entonces identificar un derecho a la democracia conformado por los antes mencionados *elementos esenciales* que se complementan con sus *componentes fundamentales,* enumerados también en la misma *Carta Democrática Interamericana*, y que son los siguientes: 1) la transparencia de las actividades gubernamentales; 2) la probidad y la responsabilidad de los gobiernos en la gestión pública; 3) el respeto de los derechos sociales; 4) el respeto de la libertad de expresión y de prensa; 5) la subordinación constitucional de todas las instituciones del Estado a la autoridad civil legalmente constituida y 6) el respeto al Estado de derecho de todas las entidades y sectores de la sociedad (Art. 4).

Al igual que algunos de los antes mencionados elementos esenciales de la democracia, muchos de estos componentes fundamentales también se han configurado en las Constituciones como derechos ciudadanos individualizados, como es el caso, por ejemplo, el conjunto de derechos sociales y la libertad de expresión del pensamiento. Sin embargo, también considerados en su conjunto, junto con los elementos esenciales, estos componentes fundamentales de la democracia permiten reafirmar la existencia del derecho ciudadano a la democracia, como derecho fundamental en si mismo, lo que implica por sobre todo, la posibilidad ciudadana de controlar el ejercicio del poder.

Ello tiene una significación e importancia fundamentales en la configuración del Estado Constitucional democrático de derecho pues de este factor dependen todos los otros elementos que caracterizan la democracia, de manera que sólo controlando al Poder es que puede haber elecciones libres y justas, así como efectiva representatividad; sólo controlando al poder es que puede haber pluralismo político; sólo controlando al Poder es que puede haber efectiva participación democrática en la gestión de los asuntos públicos; sólo controlando al Poder es que puede haber transparencia administrativa en el ejercicio del gobierno, y rendición de cuentas por parte de los gobernantes; sólo controlando el Poder es que se puede asegurar un gobierno sometido a la Constitución y las leyes, es decir, un Estado de derecho y la garantía del principio de legalidad; sólo controlando el Poder es que puede haber un efectivo acceso a la justicia de manera que esta pueda funcionar con efectiva autonomía e independencia; y sólo controlando al Poder es que puede haber real y efectiva garantía de respeto a los derechos humanos. De lo anterior resulta, por tanto, que sólo cuando existe un sistema de control efectivo del poder es que puede haber democracia, y sólo en esta es que los ciudadanos pueden encontrar asegurados sus derechos debidamente equilibrados con los poderes Públicos.

Por ello es precisamente que en el mundo contemporáneo, la democracia no sólo se define como el gobierno del pueblo mediante representantes elegidos, es decir, donde se garantice el acceso al poder de acuerdo con sujeción al Estado de derecho, sino además y por sobre todo, como un gobierno sometido a controles, y no solo por parte del Poder mismo conforme al principio de la separación de los poderes del Estado, específicamente del Poder Judicial y del Juez Constitucional, sino por parte del pueblo mismo, es decir, de los ciudadanos, individual y colectivamente considerados, y precisamente a ello es que tienen derecho los ciudadanos cuando hablamos del derecho a la democracia.

Entre los componentes del derecho a la democracia, por tanto, está no sólo el derecho a la representación política, lo que implica que los gobernantes sean electos como resultado del ejercicio del derecho al sufragio, sino que el acceso al poder en cualquier caso se haga con arreglo a la Constitución y a las leyes, es decir, a los principios del Estado de derecho.

Esos derechos, en un Estado de derecho, deben ser garantizados por el Juez Constitucional quien es el llamado a asegurar no sólo que el ejercicio del poder por los gobernantes se realice de acuerdo con el texto de la Constitución y las leyes, sino que el acceso al poder se realice conforme a las previsiones establecidas en las mismas.

En particular, en el sistema democrático establecido en la Constitución, el Juez Constitucional es el que tiene que tener a su cargo el controlar que el acceso al poder se realice sólo mediante métodos democráticos, de manera que pueda tener competencia, por ejemplo, para controlar la constitucionalidad no sólo de la elección sino de la designación de gobernantes, e incluso del comportamiento de los partidos políticos, pudiendo proscribir, por ejemplo, aquellos partidos con fines no democráticos cuyo objetivo es precisamente destruir la democracia.

Por tanto, frente a violaciones constitucionales que signifiquen ruptura del hilo constitucional en el acceso y ejercicio del poder, por ejemplo, cuando mediante un golpe de Estado o un golpe a la Constitución se deponga al Presidente de la República, o cuando se asume un cargo de elección popular sin tener la legitimidad democrática derivada del sufragio para ello, el Juez Constitucional tiene que asumir el reto de restablecer el orden constitucional violado.

La garantía del derecho a la democracia, por tanto, significa que el Juez Constitucional es el que en última instancia debe velar porque el acceso al poder se realice por métodos democráticos, conforme a lo dispuesto en las constituciones en materia de representación y sufragio. En cambio, resultaría totalmente inconcebible que en un Estado democrático de derecho, sea el propio Juez Constitucional el que viole el principio democrático, y sea dicho Juez el que designe para ocupar un cargo de elección popular, a quien no ha sido electo por el pueblo. Ello sería un contrasentido y un atentado al Estado de derecho, particularmente porque el Juez Constitucional no es controlable por ningún otro órgano.

Y ese absurdo constitucional fue el que precisamente se produjo en Venezuela, entre enero y marzo de 2013, al terminar el período constitucional 2007-2013 y comenzar el período constitucional 2013-2019, en medio de la enfermedad y desaparición de la vista del público, desde diciembre de 2012, del fallecido Presidente Hugo Chávez Frías, quien había sido reelecto en octubre de 2012 y debía tomar posesión de su cargo el día 10 de enero de 2013 como lo exigía la Constitución. En esos dos meses, contrariando el principio democrático, el Juez Constitucional en Venezuela, a cargo de la Sala Constitucional del Tribunal Supremo de Justicia, fue precisamente el que violó abiertamente el principio democrático, sin que nadie pudiera controlarlo.

Ello ocurrió mediante la emisión de dos sentencias, dictadas para resolver dos recursos de interpretación abstracta de la Constitución – extraña institución procesal constitucional por cierto endémica de Venezuela[474] - mediante las cuales la Sala Constitucional resolvió lo siguiente: mediante la primera, N° 2 el 9 de enero de 2013, la Sala buscó resolver la situación jurídica constitucional que produjo la falta de comparecencia del reelecto Presidente de la República, Hugo Chávez, para tomar posesión de su cargo el día 10 de enero de 2013, que era la fecha en la cual terminaba su período constitucional 2007-2013 y comenzaba el período 2013-2019, rehusándose a considerar que esa situación era lo que era: una falta absoluta del Presidente electo, al no poder comparecer y tomar posesión de su cargo, por encontrarse fuera de Venezuela, concretamente hospitalizado – como se había anunciado -, en La Habana, Cuba. Al rehusarse a reconocer la realidad, y sin prueba procesal alguna que certificara incluso si el Presidente estaba o no vivo, la Sala declaró que había una supuesta "continuidad administrativa" de la gestión de un Presidente enfermo y ausente que terminaba su período el 10 de enero de 2013, y que comenzaba uno nuevo el mismo día, pero sin saber procesalmente cual era realmente su estado de salud, y quien obviamente no estaba en ejercicio de su cargo, ni lo había estado desde que se ausentó para operarse en Cuba el 9 de diciembre de 2012. Al decretarse su continuidad administrativa, la Sala la decretó también respecto de su gabinete incluido su Vicepresidente Ejecutivo, Nicolás Maduro, a quien con se lo instaló a la cabeza del Poder Ejecutivo. En esta primera sentencia el Juez Constitucional procedió a afirmar que a pesar de que el Presidente electo estaba enfermo y ausente del país, sin embargo, supuestamente estaba en ejercicio efectivo de su cargo, lo que obviamente era falso pues, si acaso era que estaba vivo, lo que se había informado era que estaba recluido en un Hospital en La Habana.[475] Así el Vicepresidente no electo y designado por el Presidente Chávez fue instalado en el Poder Ejecutivo sin legitimidad democrática alguna, pues no era un funcionario electo popularmente.

La segunda sentencia fue dictada con el N° 141 el 8 de marzo de 2013, después de que el Vicepresidente Maduro anunciara el fallecimiento del Presidente Chávez, hecho que la Sala Constitucional nunca constató en cuanto a circunstancia ni fecha, mediante la cual dicha Sala pasó a asegurar que el Vicepresidente Ejecutivo que ya había sido impuesto como gobernante por la misma Sala, continuara como Presidente Encargado y, además, habilitándolo, contra lo dispuesto en la Constitución, para poder presentarse como candidato presidencial sin separarse de su cargo.[476]

Ambas sentencias, hechas a la medida del régimen autoritario, fueron abierta y absolutamente inconstitucionales, y dictadas, además, en ausencia de la toda base probatoria: en enero, la Sala nunca tuvo a su vista informe médico alguno que certi-

---

474 Sobre el recurso de interpretación véase las críticas en Allan R. Brewer-Carías, "*Quis Custodiet Ipsos Custodes*: De la interpretación constitucional a la inconstitucionalidad de la interpretación", en *VIII Congreso Nacional de derecho Constitucional, Perú*, Fondo Editorial 2005, Colegio de Abogados de Arequipa, Arequipa, septiembre 2005, pp. 463-489; y en *Revista de Derecho Público*, N° 105, Editorial Jurídica Venezolana, Caracas 2006, pp. 7-27; y en "Le recours d'interprétation abstrait de la Constitution au Venezuela", en *Le renouveau du droit constitutionnel, Mélanges en l'honneur de Louis Favoreu*, Dalloz, Paris 2007, pp. 61-70.

475 Véase el texto de la sentencia en http://www.tsj.gov.ve/decisiones/scon/Enero/02-9113-2013-12-1358.html.

476 Véase el texto de la sentencia en http://www.tsj.gov.ve.decisioes/scon/Marzo/141-9313-2013-13-0196.html.

ficara el estado de salud del Presidente Chávez, y en marzo, el Juez Constitucional nunca tuvo a su vista ni siquiera la partida de defunción del Presidente Chávez, para determinar la fecha de su fallecimiento, basándose sólo para resolver en el hecho de que el Vicepresidente así lo había anunciado.

Ambas sentencias violentaron el derecho ciudadano a la democracia y a ser gobernados por gobiernos de origen democrático, primero, es decir, mediante elecciones libres y con funcionarios que acceden al poder en la forma prescrita en la Constitución.

2. *De cómo un Presidente enfermo y ausente del territorio venezolano, fue falsamente declarado por el juez Constitucional en pleno ejercicio de sus funciones, instalando en el ejercicio del Poder Ejecutivo a un funcionario sin legitimidad democrática*

En efecto, como se dijo, luego de que el Vicepresidente Nicolás Maduro informara a la Asamblea Nacional el 8 de enero de 2013, que el Presidente de la República Hugo Chávez, dado su estado de salud, no iba a poder comparecer ante la Asamblea el día 10 de enero de 2013 para juramentarse en su cargo, permaneciendo en La Habana, el día siguiente la Sala Constitucional del Tribunal Supremo dictó la sentencia No. 2 del día 9 de enero de 2013, mediante la cual resolvió un recurso de interpretación abstracta de la Constitución que había sido intentado por una abogado el 21 de diciembre de 2012,[477] con el objeto de que la Sala determinase el contenido y alcance del artículo 231 de la Constitución, en particular, "en cuanto a si, la formalidad de la Juramentación prevista para el 10 de enero de 2013 constituye o no una formalidad *sine qua non* para que un Presidente reelecto, continúe ejerciendo sus funciones, y si tal formalidad puede ser suspendida y/o fijada para una fecha posterior."[478] El artículo cuya interpretación se requería, indica:

> "Artículo 231. El candidato elegido o candidata elegida tomará posesión del cargo de Presidente o Presidenta de la República el diez de enero del primer año de su período constitucional, mediante juramento ante la Asamblea Nacional. Si por cualquier motivo sobrevenido el Presidente o Presidenta de la República no pudiese tomar posesión ante la Asamblea Nacional, lo hará ante el Tribunal Supremo de Justicia

Basta una doble lectura de la norma para captar su claridad. La misma no se refiere ni se puede referir a la situación de un Presidente para que "continúe ejerciendo sus funciones." En esa fecha del inicio de un período constitucional (10 de enero), un Presidente que fue electo seis años antes, termina su período constitucional y el ejercicio de sus funciones, y en la misma fecha, el Presidente electo (o reelecto) el año anterior, debe iniciar en el ejercicio de sus funciones para el nuevo período constitucional; y ello mediante juramento ante la Asamblea Nacional. La única posibilidad de que el juramento se tome en otra fecha, independientemente del inicio del período constitucional, es cuando por cualquier motivo sobrevenido el Presidente electo (o reelecto) no pueda tomar posesión ante la Asamblea Nacional, en cuyo

---

477 Expediente Nº 12-1358, Solicitante: Marelys D'Arpino

478 Véase el texto de la sentencia en http://www.tsj.gov.ve/decisiones/scon/Enero/02-9113-2013-12-1358.html

caso lo hará posteriormente ante el Tribunal Supremo de Justicia. Nada, por tanto, había que interpretar en la norma.

Sin embargo, la solicitud de interpretación constitucional evidentemente no era una interpretación abstracta de la norma, sino que estaba motivada por una razón estrictamente de hecho: el Presidente de la República, H. Chávez Frías, electo y en posesión de su cargo para el período constitucional 2007-2013, quien había sido reelecto como Presidente para el período 2013-2019, y debía tomar posesión de su cargo el día 10 de enero de 2013, sin embargo, estaba imposibilitado de hacerlo pues desde el 9 de diciembre de 2012 se encontraba en La Habana, Cuba, según se había informado oficial y públicamente, postrado en una cama de hospital luego de haber sido sometido a una operación quirúrgica, por lo que no podía acudir a dicho acto de toma de posesión de su cargo.

En el caso sometido a su consideración, que era la interpretación de una norma que no requería de interpretación alguna, la Sala Constitucional pasó a analizar dos derechos políticos involucrados en la situación fáctica antes mencionada: por una parte, el *derecho político que tenía el ciudadano* H. Chávez para ejercer el cargo para el cual había sido electo (o reelecto), y el *derecho de todos los ciudadanos* a estar gobernados por un gobernante electo popularmente. Para garantizarle *sine die* el primero de dichos derechos, es decir el derecho a H. Chávez de poder algún día tomar posesión de su cargo, y sin que el tribunal constitucional desplegara actividad probatoria alguna para determinar el real estado de salud del Presidente, la sala Constitucional violó el derecho ciudadano a la democracia, y se le impuso a los venezolanos la carga antidemocrática de comenzar el 10 de enero de 2013 a estar gobernados por funcionarios que no tenían legitimidad democrática pues no habían sido electos, también *sine die*. Y ello, se insiste, sin que la Sala Constitucional hubiese desplegado actividad probatoria alguna, así fuera la más elemental para determinar cuál era el estado de salud del Presidente no compareciente.

La primera parte del artículo 231 de la Constitución, por otra parte, en realidad como se dijo, no requería de interpretación alguna, pues concatenada con el artículo anterior que establece que el período constitucional del Presidente "es de seis años" (art. 230), dispone con toda claridad que el Presidente electo (o reelecto) debe tomar ("tomará") posesión del cargo "el diez de enero del primer año de su período constitucional, mediante juramento ante la Asamblea Nacional." La segunda parte de la norma sin embargo, si podía requerir de interpretación, no en cuanto a lo que en ella se indica, sino en relación con quien debía cubrir la ausencia del Presidente electo y no juramentado, es decir, quién debía encargarse de la Presidencia de la República al inicio del nuevo periodo que comienza el 10 de enero del año siguiente a una elección presidencial cuando por motivos sobrevenidos el Presidente electo no comparece a tomar posesión de su cargo mediante juramento ante la Asamblea Nacional; que era el caso concreto involucrado en la solicitud de interpretación.

Por ello, en relación con la primera parte de la norma (que no requería interpretación), la Sala Constitucional precisó, desmintiendo afirmaciones que se habían hecho con anterioridad por altos funcionarios del Estado, que el juramento previsto en la norma constitucional del artículo 231 "no puede ser entendido como una mera formalidad carente de sustrato y, por tanto, prescindible sin mayor consideración," sino que más bien se trata de una "solemnidad para el ejercicio de las delicadas funciones públicas" con "amplio arraigo en nuestra historia republicana," que "procura la ratificación, frente a una autoridad constituida y de manera pública, del compromiso de velar por el recto acatamiento de la ley, en el cumplimiento de los deberes de los que ha sido investida una determinada persona."

Partiendo de esta afirmación que rechazaba el criterio de que la juramentación era un mero formalismo,[479] la Sala Constitucional se refirió al juramento en el caso del Presidente de la República, indicando que el mismo "debe tener lugar ante la Asamblea Nacional, como órgano representativo de las distintas fuerzas sociales que integran al pueblo, el 10 de enero del primer año de su período constitucional." Sobre ello, incluso, la misma Sala Constitucional ya se había pronunciado unos años antes, en sentencia N° 780 del 8 de mayo de 2008 (Caso *Gobernador del Estado Carabobo*), afirmando que el juramento constituía "una solemnidad imprescindible," para la "toma de posesión" de la cual depende "el inicio de la acción de gobierno" y, por tanto, "condiciona la producción de los efectos jurídicos" de la "función ejecutiva" (en este caso del Presidente electo) y, el consiguiente, "desarrollo de las facultades de dirección y gobierno" de Estado, "así como la gestión del interés público que satisface real y efectivamente las necesidades colectivas," considerando, en fin que "de ello depende el funcionamiento de uno de los poderes del Estado."[480]

Precisó además, la Sala Constitucional, en relación con la segunda parte de la norma del artículo 231 constitucional, que "si por '*cualquier motivo sobrevenido,*' a tenor de la citada norma, la misma no se produce ante ***dicho órgano*** y en la ***mencionada oportunidad***, deberá prestarse el juramento ante el Tribunal Supremo de Justi-

---

479 Al contrario, el día anterior a la sentencia, en la reseña de un programa de televisión, se informó que la Fiscal General de la República, Sra. Ortega, afirmaba que "Estamos en presencia de un presidente reelecto y el requisito que exige el 231 es la toma de posesión, y toma posesión del cargo a través del juramento, pero como es reelecto él está en posesión de cargo y él está en el cargo por el juramento", puntualizó. Por ello señaló que las posibles circunstancias planteadas en el 231 de la Constitución "no se hacen necesarias" porque el presidente Chávez sigue en la posición del cargo. Precisó que dicha formalidad no puede poner "en riesgo la estabilidad de un país, la institucionalidad, el estado de derecho, social, sencillamente porque el Presidente que está en posesión del cargo, se encuentra debidamente autorizado por la Asamblea Nacional para recuperarse de su estado de salud". En "Fiscal Ortega Díaz: Presidente Chávez y tren ministerial están en posesión de su cargo," en http://www.patriagrande.com.ve/temas/venezuela/fiscal-ortega-diaz-presidente-chavez-tren-ministerial-posesion-cargo/

480 En la parte pertinente relativa al inicio del período constitucional del Gobernador como jefe del Ejecutivo en un Estado (Estado Carabobo), la Sala Constitucional del Tribunal Supremo decidió como sigue: "Ciertamente y tal como señaló esta Sala en la decisión N° 780 del 8 de mayo de 2008, la eficacia tangible del principio democrático constituye un parámetro esencial en la determinación de la finalidad humanista del Estado y como quiera que el inicio de la acción de gobierno depende de la correspondiente toma de posesión, resulta patente que el acto de juramentación del jefe del ejecutivo estadal constituye una solemnidad imprescindible para la asunción de la magistratura estadal y, por tanto, condiciona la producción de los efectos jurídicos de una de las funciones esenciales de los entes político territoriales, a saber, la función ejecutiva del gobernador electo y, el consiguiente, desarrollo de las facultades de dirección y gobierno de la entidad, así como la gestión del interés público que satisface real y efectivamente las necesidades colectivas, resulta patente la difusividad del asunto planteado ya que de ello depende el funcionamiento de uno de los poderes del Estado Carabobo". Véase la sentencia N° 780 del 8 de mayo de 2008 (Caso Gobernador del Estado Carabobo).

cia, sin señalarse una oportunidad específica para ello" (*Cursiva y negritas de la Sala*). Esto significaba, en criterio de la Sala Constitucional, que el acto de juramentación no era una "formalidad prescindible, sino que al contrario "debe tener lugar, aunque por la fuerza de las circunstancias ("*cualquier motivo sobrevenido*") sea efectuado en otras condiciones de modo y lugar." Nada distinto a lo indicado en la norma resultaba de esta apreciación de la Sala.

Pero luego de estas aclaratorias, la Sala Constitucional precisó que el objetivo de la interpretación de la norma constitucional que se le requería, no era el determinar el carácter imprescindible del acto de la juramentación, que no lo era, sino determinar "con certeza los efectos jurídicos de la asistencia o inasistencia al acto de '*toma de posesión y juramentación ante la Asamblea Nacional,*' el 10 de enero próximo, por parte del ***Presidente reelecto***." Y así pasó la Sala, no ya a resolver una interpretación abstracta del artículo 231 de la Constitución, sino en realidad a resolver una cuestión de hecho, específicamente referida al estado de salud del Presidente de la República Hugo Chávez, quien convalecía en un país extranjero en una cama de hospital, sin poder movilizarse, supuestamente recuperándose de unas complicaciones postoperatorias, lo que sin duda hasta allí era un hecho notorio que no requería de pruebas. Por ello, la Sala Constitucional consideró "imprescindible tomar en consideración el *derecho humano a la salud* y los principios de justicia, de preservación de la voluntad popular – representada en el proceso comicial del 7 de octubre de 2012 - y de continuidad de los Poderes Públicos," refiriéndose además, a la tradición constitucional en la materia, particularmente conforme se consagraba en la Constitución de 1961. La Sala así, para decidir, además de traer a colación el derecho constitucional de todas las personas a la recuperación de la salud, que por supuesto el Estado debe garantizar en los hospitales públicos nacionales (no estando obligado a garantizárselo a los ciudadanos en hospitales fuera de su territorio), lo puso en la balanza no con el derecho ciudadano a tener un gobierno de origen democrático, el cual fue totalmente ignorado, sino con el derecho de un funcionario electo a poder ejercer su cargo.

Partiendo del la consideración de este último derecho, la Sala hizo referencia a lo que antes disponía el artículo 186 de la Constitución de 1961 que regulaba la consecuencia jurídica de la no comparecencia de un Presidente electo y entrante al acto de juramentación, precisando que "*Cuando el Presidente electo no tomare posesión dentro del término previsto en este artículo, el Presidente saliente resignará sus poderes ante la persona llamada a suplirlo provisionalmente en caso de falta absoluta, según el artículo siguiente, quién los ejercerá con el carácter de Encargado de la Presidencia de la República hasta que el primero asuma el cargo.*" En contraste con esta norma, la Sala Constitucional constató la ausencia de una norma similar en la Constitución de 1999, de lo que concluyó que ello impedía "considerar la posibilidad de que, una vez concluido el mandato presidencial, deba procederse como si se tratara de una falta absoluta, a los efectos de la suplencia provisional que cubriría el Presidente de la Asamblea Nacional."

Por supuesto, era evidente que la falta de comparecencia del Presidente electo al acto de juramentación, en si misma y conforme a la Constitución de 1999, no podía ser considerada como una "falta absoluta" en los términos de la misma Constitución de 1999 pues no encuadraba en ninguno de los supuestos establecidos en el artículo 233 de la misma, que por lo demás se aplicaban al Presidente electo en virtud de la misma norma sólo cuando la falta absoluta se produjera "antes de tomar posesión";[481] pero de ello, nada autorizaba a señalar (incluso habiéndose incorporado la reelección inmediata a la Constitución de 1999) que para la solución constitucional del hecho de la no comparecencia del Presidente Chávez el día 10 de enero de 2013, y determinar en ese caso quién se debía encargar de la Presidencia de la República, no debía procederse "como si se tratara de una falta absoluta" del Presidente electo, lo que conforme al artículo 233 de la Constitución conllevaba a que fuera el Presidente de la Asamblea Nacional en que se encargase de la Presidencia, pues era el que tenía legitimidad democrática pues había sido electo. Ningún otro funcionario del Ejecutivo nacional es electo popularmente en Venezuela, siendo el Vicepresidente Ejecutivo de libre nombramiento y remoción del Presidente.

Así como puede considerarse correcta la apreciación de la Sala de que la falta de comparecencia del Presidente electo al acto de toma de posesión no podía *per se* considerarse como una "falta absoluta,"[482] sin embargo no podría considerarse correcta la apreciación de la misma Sala de negar que en esos casos, para determinar quién se debía encargar de la Presidencia hubiera que rechazar a esos solos efectos que se procediera "como si se tratara de una falta absoluta" de manera de poder encargar de la Presidencia de la República al Presidente de la Asamblea de la Asamblea (para garantizar el derecho ciudadano a la democracia) mientras el Presidente electo se juramentaba ante el Tribunal Supremo, ya que dicho funcionario era, en definitiva, el único que tenía legitimidad democrática, pues había sido a su vez electo popularmente, y asegurar así el derecho a la democracia.

Por otra parte, la Sala Constitucional argumentó que "la falta de juramentación ante la Asamblea Nacional, el 10 de enero, tampoco produce tal suerte de ausencia, pues la misma norma admite que dicha solemnidad sea efectuada ante este Máximo Tribunal, en una fecha que no puede ser sino posterior a aquella." Esa conclusión, sin embargo, no era correcta en el caso del Presidente Chávez, en cuanto al hecho de que la norma permitiera que la juramentación pudiera hacerse en una fecha posterior, pues era innegable que si el Presidente electo Hugo Chávez no acudía a juramentarse el 10 de enero de 2013 por estar postrado en una cama de hospital, fuera de Venezuela, gravemente enfermo; en ese caso su "ausencia" si era patente, como cuestión de hecho que la sala estaba obligada a probar -pero no lo hizo -, razón por

481 La Sala, en la sentencia agregó sobre esto que "considerar que la solemnidad del juramento, en la oportunidad prefijada del 10 de enero y ante la Asamblea Nacional, suponga una especie de falta absoluta que, no sólo no recoge expresamente la Constitución, sino que antagoniza con la libre elección efectuada por el soberano, en franco desconocimiento de los principios de soberanía popular y democracia protagónica y participativa que postulan los artículos 2, 3, 5 y 6 del Texto Fundamental." Dijo además la Sala en este aspecto que "al no evidenciarse del citado artículo 231 y del artículo 233 *eiusdem* que se trate de una ausencia absoluta, debe concluirse que la eventual inasistencia a la juramentación prevista para el 10 de enero de 2013 no extingue ni anula el nuevo mandato para ejercer la Presidencia de la República, ni invalida el que se venía ejerciendo."

482 Esto lo reitera la sala en otro párrafo de la sentencia al señalar que "las vacantes absolutas no son automáticas ni deben presumirse. Estas están expresamente contempladas en el artículo 233 constitucional y, al contrario de lo que disponían los artículos 186 y 187 de la Constitución de 1961, la imposibilidad de juramentarse (por motivos sobrevenidos) el 10 de enero de 2013, no está expresamente prevista como causal de falta absoluta."

la cual debía encargarse de la Presidencia el Presidente del Congreso para garantizarle a los ciudadanos el derecho a la democracia, hasta que cesase la ausencia.

Esta circunstancia, hasta aquí, sin duda, como lo hemos repetido, planteaba una cuestión de hecho que si requería de pruebas, y que era la de determinación con precisión, no de la ausencia del Presidente del territorio nacional –que era un hecho notorio-, sino del estado de gravedad del Presidente electo Hugo Chávez, quien a pesar de que estaba ejerciendo su derecho a recuperar su salud, resultaba elemental que la Sala Constitucional determinara el estado real de la misma.

La Sala Constitucional, sin embargo, nada hizo al respecto, pasando a argumentar en su sentencia que "en el caso de una autoridad reelecta y, por tanto, relegitimada por la voluntad del soberano," como era el caso precisamente del Presidente Hugo Chávez, reelecto en octubre de 2012, sería un "contrasentido mayúsculo considerar que, en tal supuesto, existe una indebida prórroga de un mandato en perjuicio del sucesor, pues la persona en la que recae el mandato por fenecer coincide con la persona que habrá de asumir el cargo." Esta afirmación, en realidad, sí era en si misma un "contrasentido mayúsculo," y sin sentido alguno, pues en ningún caso en que se posponga el acto de toma de posesión de un Presidente se puede operar una "prorroga" del mandato del período constitucional que termina; por lo que la afirmación fue contradicha en la misma sentencia al afirmar la misma Sala de seguidas que "tampoco existe alteración alguna del período constitucional pues el Texto Fundamental señala una oportunidad precisa para su comienzo y fin: el 10 de enero siguiente a las elecciones presidenciales, por una duración de seis años (artículo 230 *eiusdem*)."

Por ello es que al no presentarse el Presidente electo Chávez al acto de toma de posesión, el nuevo mandato para el período 2013-2019 se inició ineludiblemente el 10 de enero de 2013, y para ello es que debía garantizarse que mientras no compareciera dicho Presidente electo para tomar posesión del nuevo mandato, quien se debía encargar de la Presidencia era el funcionario de mayor nivel con legitimidad democrática que era el Presidente de la Asamblea Nacional. Nada cambiaba esta solución constitucional el hecho de que el Presidente electo Hugo Chávez hubiese sido a la vez "reelecto."

La Sala Constitucional, sin tomar en cuenta para nada el derecho ciudadano a la democracia y a ser gobernado por autoridades electas mediante sufragio, a renglón seguido pasó luego a referirse a otro aspecto jurídico relativo al ejercicio de cargos públicos, que nada tenía que ver con la norma constitucional que se buscaba interpretar, y fue el referido al llamado "*Principio de Continuidad Administrativa*, como técnica que impide la paralización en la prestación del servicio público," según el cual, "la persona designada para el ejercicio de alguna función pública no debe cesar en el ejercicio de sus atribuciones y competencias, hasta tanto no haya sido designada la correspondiente a sucederle (*vid.* sentencia N° 1300/2005)." Ciertamente, se trata de un principio elemental del derecho administrativo de la función pública, destinada exclusivamente a los funcionarios *nombrados o designados* - no a funcionarios electos -, que no se puede aplicar a la situación de la terminación de un período constitucional y al inicio del otro respecto de funcionarios electos.[483] La Sala Constitucional, en efecto, erradamente resolvió que:

> "En relación con el señalado principio de continuidad, en el caso que ahora ocupa a la Sala, resultaría inadmisible que ante la existencia de un desfase cronológico entre el inicio del período constitucional (10 de enero de 2013) y la juramentación de un Presidente reelecto, se considere (sin que el texto fundamental así lo paute) que el gobierno (saliente) queda *ipso facto* inexistente. No es concebible que por el hecho de que no exista una oportuna "*juramentación*" ante la Asamblea Nacional quede vacío el Poder Ejecutivo y cada uno de sus órganos, menos aún si la propia Constitución admite que tal acto puede ser diferido para una oportunidad ulterior ante este Supremo Tribunal."

Por supuesto, estas afirmaciones partían de supuestos totalmente falsos, pues nadie había dicho o argumentado ante la Sala Constitucional que al terminar un período constitucional y el nuevo Presidente no se juramentaba el 10 de enero, el gobierno saliente quedaba inexistente, y que el Poder Ejecutivo quedaba vacío. La Constitución resuelve el tema de la encargaduría de la presidencia en ese caso, y por supuesto, respecto de los funcionarios ejecutivos no electos el principio de la continuidad administrativa rige en todo caso.

La afirmación de la Sala, era por tanto absolutamente errada, pues ignoraba, primero, que como en la misma sentencia lo afirmó antes, que el Texto Fundamental señala para el período constitucional "una oportunidad precisa para su comienzo y fin: el 10 de enero siguiente a las elecciones presidenciales, por una duración de seis años (artículo 230)." Y por supuesto, en esa fecha, en ningún caso se produce "vacío del Poder Ejecutivo" alguno pues al terminar en esa fecha 10 de enero el período del Presidente en ejercicio, el Presidente electo toma posesión de su cargo iniciando el nuevo período, y si por algún motivo sobrevenido no lo puede hacer, se debe encargar de la Presidencia el Presidente de la Asamblea Nacional.[484] No hay, en caso alguno, tal vacío, debiendo corresponder al Presidente encargado designar el nuevo tren ejecutivo de Vicepresidente y Ministros, estando por supuesto obligados los anteriores (funcionarios salientes) a permanecer en sus cargos hasta ser reemplazados en virtud precisamente del señalado principio de continuidad administrativa.

---

483 Como lo expresó el profesor Ricardo Combellas en declaraciones a BBC Mundo:"Ese es un principio muy sano del derecho administrativo: que independientemente de los cambios en la dirección administrativa de los asuntos del estado, las funciones del gobierno continúan. Lo que está planteado es que ha terminado un período constitucional y que eso no es un supuesto de continuidad administrativa sino es un supuesto de renovación de los poderes públicos que tienen un plazo limitado en la Constitución." En Carlos Chirinos, "El limbo de consecuencias impredecibles", BBC Mundo, 11 de enero de 2013. En : http://www.bbc.co.uk/mundo/movil/noticias/2013/01/130110_venezuela_constityente_combellas_opinion_cch.shtml

484 Es en este contexto que debe leerse lo reiterado por la misma Sala en la sentencia, "tal como señaló esta Sala en los antes referidos fallos números 457/2001 y 759/2001, que no debe confundirse "*la iniciación del mandato del Presidente con la toma de posesión, términos que es necesario distinguir cabalmente*". Efectivamente, el nuevo periodo constitucional presidencial se inicia el 10 de enero de 2013, pero el constituyente previó la posibilidad de que "*cualquier motivo sobrevenido*" impida al Presidente la juramentación ante la Asamblea Nacional, para lo cual determina que en tal caso lo haría ante el Tribunal Supremo de Justicia, lo cual necesariamente tiene que ser *a posteriori*."

Luego de estas consideraciones, pasó la Sala Constitucional a considerar la situación de hecho específica del Presidente Hugo Chávez, a pesar de que la sentencia interpretativa debía ser abstracta, anotando,

> "por si aún quedaran dudas, que en el caso del Presidente Hugo Rafael Chávez Frías, no se trata de un candidato que asume un cargo por vez primera, sino de un Jefe de Estado y de Gobierno *que no ha dejado de desempeñar sus funciones* y, como tal, *seguirá en el ejercicio de las mismas hasta tanto proceda a juramentarse* ante el Máximo Tribunal, en el supuesto de que no pudiese acudir al acto pautado para el 10 de enero de 2013 en la sede del Poder Legislativo.
>
> De esta manera, a pesar de que el 10 de enero se inicia un nuevo periodo constitucional, la falta de juramentación en tal fecha no supone la pérdida de la condición del Presidente Hugo Rafael Chávez Frías, ni como Presidente en funciones, ni como candidato reelecto, en virtud de existir continuidad en el ejercicio del cargo."

En estas afirmaciones, de nuevo, la Sala partió de afirmaciones falsas como la de indicar que la falta de comparecencia al acto de juramentación pudiese implica "la pérdida de la condición de Presidente" del Presidente electo. De nuevo, hay que precisar que en el caso, el 10 de enero de 2013 el Presidente Hugo Chávez terminaba su mandato para el período 2007-2013 (ese día perdía su condición de Presidente para el período 2007-2013), y mientras no se juramentase para el nuevo período 2013-2019 no iniciaba su mandado, ni tenía la condición de Presidente. Además, por otra parte, en sus argumentos la Sala Constitucional dio certeza a determinados hechos (incurriendo en realidad en varios errores fácticos y jurídicos,) sin que hubiese desplegado actividad probatoria alguna:

En primer lugar, la Sala afirmó que el Presidente Chávez, en las circunstancias de su enfermedad e inhabilitación desde la operación quirúrgica efectuada en La Habana el 11 de diciembre de 2012, podía considerarse que era "un Jefe de Estado y de Gobierno que no ha dejado de desempeñar sus funciones." Ello era tácticamente falso. Por supuesto que no había perdido la titularidad de su cargo, pues según se informaba no se había producido falta absoluta, pero al contrario de lo afirmado por la Sala, era un hecho notorio que desde el 11 de diciembre de 2012 el Presidente Chávez había estado postrado en una cama de hospital totalmente imposibilitado de ejercer sus funciones de Jefe de Estado y Jefe de Gobierno, situación constitucional que en todo caso se configuraba como de falta temporal por estar ausente del país. Para demostrar lo contrario, y afirmar en la sentencia, que durante esos días de diciembre de 2012 a enero de 2013 el Presidente Chávez no había "dejado de desempeñar sus funciones," la Sala debió haber acreditado eso en autos, no sólo el verdadero estado de salud del Presidente, sino la prueba que desde La Habana, en un estado postoperatorio crítico, Chávez había "continuado" desempeñando efectivamente sus funciones, lo que era a todas luces, simplemente, imposible físicamente.

El mismo Presidente Chávez había previsto el 9 de diciembre de 2012 que su ausencia del país sería por un período de tiempo de más de 5 días y por ello él mismo solicitó la autorización correspondiente a la Asamblea Nacional para ausentarse del país (art. 235). Su falta temporal como Presidente encargado, en consecuencia, era un hecho notorio y evidente, que imponía la obligación al Vicepresidente Ejecutivo de suplirla conforme a la Constitución, no siendo posible afirmar, como lo hizo la

Sala, salvo dejando probado con certeza los hechos en el expediente, que durante su enfermedad y postración en La Habana, Chávez "no ha dejado de desempeñar sus funciones."

Por otra parte, en esta materia de falta temporal, menos sentido y fundamento constitucional tenía la errada afirmación de la Sala Constitucional de que la solicitud de autorización presentada ante la Asamblea Nacional que pueda formular el Presidente para ausentarse del territorio nacional *por un lapso superior a cinco días,* se refiere "exclusivamente a la autorización para salir del territorio nacional, no para declarar formalmente la ausencia temporal en el cargo." De nuevo, la Sala Constitución ignoró completamente lo que dispone la Constitución, al considerar que las faltas temporales en el ejercicio de la Presidencia constituyen una cuestión de hecho, que no se declara. Si el Presidente en gira por el interior del país, por ejemplo, sufre un accidente de tránsito que lo mantiene inconsciente y hospitalizado por un tiempo, sin duda, se origina una falta temporal que suple el Vicepresidente, así el Presidente no la haya "decretado" previamente anunciando que iba a tener un accidente con sus consecuencias.

Por lo demás, toda ausencia del territorio nacional se configura siempre ineludiblemente como una falta temporal (en el sentido de que temporalmente el Presidente no está en ejercicio de sus funciones por imposibilidad física por estar en otro país), por lo que no es más que un gran disparate la afirmación que hizo la Sala Constitucional en su sentencia, en el sentido de que: "*(ii)* No debe considerarse que la ausencia del territorio de la República configure automáticamente una falta temporal en los términos del artículo 234 de la Constitución de la República Bolivariana de Venezuela, sin que así lo dispusiere expresamente el Jefe de Estado mediante decreto especialmente redactado para tal fin." Esto no tiene lógica y mucho menos sentido y asidero constitucional.[485] No es serio afirmar que si un Presidente por ejemplo, entra en un proceso comatoso por cualquier causa que se prolonga indefinidamente, ello no origina una falta temporal porque el Presidente no la previó anticipadamente ni la decretó, razón por la cual entonces el Vicepresidente no tendía la obligación de suplirla.

Pero además, también carece de toda base constitucional la afirmación infundada, realizada por la Sala Constitucional en la sentencia, en el sentido de que "con posterioridad al 10 de enero de 2013, aún no compareciendo el Presidente Chávez a juramentarse y a tomar posesión de su cargo, "conserva su plena vigencia el permiso otorgado por la Asamblea Nacional, por razones de salud, para ausentarse del país por más de cinco (5) días." La afirmación no tiene sentido alguno pues la autorización parlamentaria otorgada el 9 de diciembre de 2012 al Presidente Chávez, en su período constitucional 2007-2013, para ausentarse del país cesó en sus efectos el día

485 Sobre ello, el profesor Ricardo Combellas en declaraciones a BBC Mundo: "eso me parece un planteamiento absurdo, porque se le solicita al sujeto sobre el cual actúa la falta temporal que se pronuncie. Imagínese, no es el caso del presidente Chávez, sino de un presidente que esté incapacitado en una clínica recibiendo cuidado especial, incapaz de tomar voluntariamente una decisión. Entonces quedamos en un limbo jurídico si el presidente no se pronuncia. Poner ese requisito, que no establece la Constitución, me parece un exabrupto." En Carlos Chirinos, "El limbo de consecuencias impredecibles", BBC Mundo, 11-1-2013, en http://www.bbc.co.uk/mundo/movil/noticias/2013/01/130110_venezuela_constityente_comb ellas_opinion_cch.shtml

10 de enero de 2013, cuando cesó como Presidente para dicho período, razón por la cual era evidente que la autorización sólo tenía efectos hasta la terminación del período constitucional en la cual se dio.[486]

Y más infundada fue la afirmación de la Sala Constitucional en la sentencia de que con motivo de la ausencia del Presidente Chávez del territorio nacional desde el 9 de diciembre de 2012, y por tanto, su falta temporal, en la situación que resultó de la operación a la cual fue sometido el 10 de diciembre de 2012 según informaron los voceros oficiales del gobierno, "no se configura la vacante temporal del mismo al no haber convocado expresamente al Vicepresidente Ejecutivo para que lo supla por imposibilidad o incapacidad de desempeñar sus funciones." No causa sino asombro leer esta afirmación, ante normas tan precisas como las de los artículos 234 y 239.8 de la Constitución que prescriben, clara, pura y simplemente, que "las faltas temporales del Presidente serán suplidas por el Vicepresidente," y que entre las atribuciones del Vicepresidente está la de "suplir las faltas temporales del Presidente," lo cual opera automáticamente, siempre como resultado de una situación de hecho, sin que nadie lo decrete o lo decida, y sin que el Presidente deba "convocar al Vicepresidente" para que cumpla su obligación constitucional. Se insiste, las faltas temporales acaecen, suceden, como es el enfermarse o tener un accidente. Sin embargo, ante estas normas constitucionales, lo que realmente ocurrió, y con su sentencia convalidó la Sala Constitucional, fue que el Vicepresidente Ejecutivo, en esas faltas temporales del Presidente Chávez, que fueron muchas entre 2011 y 2012, nunca las suplió, e decir, nunca cumplió con su obligación constitucional de suplir las frecuentes ausencias temporales del Presidente, limitándose, como acertadamente lo observó Manuel Rachadell:

> "a ejecutar acciones en el estrecho ámbito de la delegación que le hizo el Presidente, dada la ficción de que Chávez no ha incurrido en falta temporal ni absoluta. De esta forma, Chávez sigue siendo, para el oficialismo, el Presidente en funciones, aún cuando se encuentre sumido, frecuente o esporádicamente (no se sabe), en períodos de inconsciencia por anestesia o por otros motivos. Durante esos períodos, Venezuela no tiene Presidente."[487]

La segunda observación que debe formularse a lo afirmado en la sentencia de la Sala Constitucional, y que causa mayor asombro, por la absoluta y total carencia de pruebas que la sustenten, es la aseveración de que el Presidente Hugo Chávez, una vez que concluyó su mandato presidencial del período constitucional 2007-2013 el 10 de enero de 2013, sin embargo, como jefe de Estado y de Gobierno "seguirá en el ejercicio de las mismas hasta tanto proceda a juramentarse ante el Máximo Tribunal,

---

486 Como lo ha hincado el profesor Manuel Rachadell, "Chávez tiene el permiso de la Asamblea Nacional, otorgado por unanimidad del 9 de diciembre pasado, para ausentarse del país "por un lapso superior a los cinco días consecutivos" (art. 235), el cual mantiene su vigencia hasta el vencimiento del período constitucional el 10 de enero próximo, porque la Asamblea Nacional no puede dar permisos para el período siguiente. Llegados a esta fecha, si el Presidente electo no toma posesión del cargo, la Asamblea Nacional no tiene competencia para darle permiso ni prórroga para la juramentación de cumplir la Constitución." Véase Manuel Rachadell, "Tres observaciones a la carta de Maduro sobre la imposibilidad de juramentarse el Presidente electo ante la Asamblea Nacional." 9-1-2013, en: http://t.co/Sd5R2EwX

487 *Idem.*

en el supuesto de que no pudiese acudir al acto pautado para el 10 de enero de 2013 en la sede del Poder Legislativo."

Primero, para hacer esta afirmación de que el Presidente Chávez "seguirá en el ejercicio" de sus funciones "hasta tanto proceda a juramentarse ante el Máximo Tribunal," lo que se exigía de la Sala era que desplegara una labor probatoria elemental sobre el estado de salud del Presidente para poder determinar precisamente si había posibilidad efectiva, al momento de dictarse la sentencia (9 de enero de 2013) de que el mismo se presentaría eventual y efectivamente a juramentarse ante el Tribunal Supremo.

Lo más elemental era que la Sala Constitucional hubiera determinado, por ejemplo, mediante una Junta Médica, el verdadero estado de salud del Presidente en el proceso de recuperación de su salud. Alguna prueba debía tener y constar en el expediente sobre esa situación de salud del Presidente, y si la misma efectiva y médicamente podía recuperarse. No se olvide, por ejemplo, que el primer Ministro Ariel Sharon de Israel, en pleno ejercicio de su cargo, en 2006 sufrió un derrame cerebral, habiendo entrado en un estado comatoso en el cual ha permanecido por siete años.[488] En su momento, sin embargo, dado las pruebas médicas de su estado de salud, hubo de considerarlo separado de su cargo, habiéndose sucedido en Israel varios gobiernos distintos. Hubiera sido una aberración constitucional dejar un "encargado" del gobierno de dicho Primer Ministro, por tiempo indefinido, hasta esperar su recuperación. A la Sala Constitucional de Venezuela, sin embargo, no le interesó probar nada sobre el estado de salud del Presidente enfermo, y resolvió que aún estando el mismo fuera del territorio nacional, y a pesar de las informaciones oficiales sobre la gravedad de su enfermedad, sin probar nada, el Presidente supuestamente seguiría en ejercicio de las funciones que tenía para el período constitucional ya concluido, y para el que se iniciaba, sería juramentado cuando concurriera ante el Tribunal Supremo, sin saber ni determinar si ello era factible médicamente.

En los hechos que se sucedieron en enero de 2013 quedó evidente que al no presentarse ante la Asamblea Nacional el Presidente Chávez electo (o reelecto), al concluir su período constitucional 2007-2013, el día 10 de enero de 2013 para el acto de la toma de posesión y juramentación de su cargo para el período 2013-2019, simplemente, a pesar de que ineludiblemente dicho nuevo período constitucional comenzó en esa fecha, el Presidente electo no podía comenzar a ejercer las funciones de la Presidencia para ese período constitucional 2013-2019 al no entrar en ejercicio del cargo, lo que le impedía poder cumplir dichas funciones. Sus funciones del período 2007-2013, por tanto, concluyeron el 10 de enero, por lo que era una imposibilidad constitucional que a partir del 10 de enero de 2013, si no se juramentaba para el próximo período, pudiera "seguir" "en el ejercicio de las mismas;" pues como no se juramentó el 10 de enero ante la Asamblea no pudo asumir el ejercicio del cargo de Presidente para el período 2013-2019.[489] En consecuencia, fue un gran disparate

488 El 27 de enero de 2013 incluso se informó a la prensa, que a pesar de su estado comatoso había tenido "signos significantes de alguna actividad." Véase en BBC News, 27 January 2013 en http://www.bbc.co.uk/news/world-middle-east-21225929

489 Como también lo ha indicado Manuel Rachadell, "La interpretación que le ha dado la fracción gubernamental en la Asamblea Nacional de que Chávez sigue siendo Presidente en ejercicio, cuya ausencia del acto de juramentación no tendría ninguna incidencia porque es una simple formalidad, que no es necesario que el Presidente de la Asamblea Nacional se jura-

y no tiene asidero constitucional alguno la afirmación de la Sala Constitucional de que:

> "*(iv)* A pesar de que el 10 de enero próximo se inicia un nuevo período constitucional, no es necesaria una nueva toma de posesión en relación al Presidente Hugo Rafael Chávez Frías, en su condición de Presidente reelecto, en virtud de no existir interrupción en el ejercicio del cargo."

Al contrario, precisamente porque el 10 de enero de 2013 se iniciaba un nuevo período constitucional, era absolutamente necesaria una nueva toma de posesión del Presidente Chávez Frías, en su condición de Presidente reelecto, en virtud de que el período constitucional 2007-2013 había terminado, y de que el ejercicio del cargo para el período 2013-2019 no se podía iniciar sin tal juramento, produciéndose en ese caso, inevitablemente, una real y efectiva interrupción en el ejercicio del cargo.[490]

La Sala Constitucional al hacer la indicada afirmación infundada, contradijo lo expresado en su propia sentencia en el sentido de que el juramento previsto en el artículo 231 de la Constitución, "no puede ser entendido como una mera formalidad carente de sustrato y, por tanto, prescindible sin mayor consideración," sino que más bien se trata de una "solemnidad para el ejercicio de las delicadas funciones públicas" con "amplio arraigo en nuestra historia republicana," que "procura la ratificación, frente a una autoridad constituida y de manera pública, del compromiso de velar por el recto acatamiento de la ley, en el cumplimiento de los deberes de los que ha sido investida una determinada persona." Ese juramento debe hacerse ante la Asamblea Nacional que está compuesta por los representantes del pueblo, y con ello, el pueblo puede tomar conocimiento de quién es el que va a gobernarlo. Es una especie de acto constitutivo de "fe de vida" del Presidente, de su propia existencia física, y de su capacidad para gobernar, realizado ante los representantes del pueblo. Y ello no puede eliminarse porque el electo haya sido reelecto, y menos aún cuando había permanecido ausente del país durante un mes, sin que la nación tuviera conocimiento claro de su estado.

---

mente para cubrir la ausencia (que ni es temporal ni absoluta) del Presidente, porque tal función la ejerce, parcialmente, el Vicepresidente Ejecutivo de la República, carece de toda fundamentación en la Ley Suprema. No hay continuidad administrativa al concluir el período constitucional y comenzar el otro, ni siquiera en el supuesto de la reelección, y el nombramiento del Vicepresidente Ejecutivo caduca, como el del Presidente que lo ha designado, al vencimiento del período constitucional, el 10 de enero próximo". *Idem.*

490 Por ello, el profesor Román José Duque Corredor considera esta afirmación "falsa de toda falsedad" agregando que "La reelección no es un mecanismo del ejercicio del cargo o para el ejercicio del cargo, sino un derecho del funcionario que ejerce un cargo electivo de poderse postular como candidato para un nuevo período para ese cargo y no de continuar en el mismo cargo. De modo que por tratarse de una nueva elección, si existe interrupción en su ejercicio. Si no fuera así, entonces, se trataría de un plebiscito y no de una elección, que es lo que parece piensan los Magistrados de la referida Sala que ha ocurrido con el candidato Hugo Chávez que se postuló para las elecciones del 7 de octubre de 20102 para ser Presidente para el nuevo período 2013-2019." Véase Román José Duque Corredor, Observaciones a la sentencia de la Sala Constitucional de 9 de enero de 2013. Véase en http://www.uma.edu.ve/interna/424/0/novedades_del_derecho_publico.

Después de todos las anteriores comentadas "consideraciones para decidir," sin actividad probatoria alguna, ni siquiera efectuada de oficio, la Sala Constitucional puntualizó lo que debió ser el objeto de la interpretación solicitada, en el sentido de que "la Constitución establece un término para la juramentación ante la Asamblea Nacional, pero no estatuye consecuencia para el caso de que por "*motivo sobrevenido*" no pueda cumplirse con ella de manera oportuna y, por el contrario, admite expresamente esa posibilidad, señalando que pueda efectuarse la juramentación ante el Tribunal Supremo de Justicia;" resumen que implicaba, precisamente, pasar a determinar cuál era la realidad fáctica de la enfermedad y del estado de salud del Presidente de la República Hugo Chávez, y cuál era la posibilidad médica real, fáctica, de que pudiera recuperar plenamente su salud para poder ejercer el cargo para el cual había sido electo; y en esa situación, determinar entonces quien debía encargarse de la Presidencia de la República mientras el Presidente electo, por las causas sobrevenidas alegadas, si ello hubiera sido factible conforme a las pruebas médicas, pudiera llegar a tomar posesión del cargo.

La Sala Constitucional, sin embargo, en lugar de cumplir su función interpretativa de la segunda parte de la norma del artículo 231 de la Constitución, y sin realizar actividad probatoria alguna conforme estaba obligada, se limitó a reafirmar lo que la propia norma constitucional dispone en el sentido de que la juramentación del Presidente reelecto podía ser efectuada en una oportunidad posterior al 10 de enero de 2013 ante el Tribunal Supremo de Justicia, de no poderse realizar dicho día ante la Asamblea Nacional, por supuesto, siempre que ello fuera factible; agregando sólo su apreciación de que le corresponde al propio Tribunal fijar dicho acto "una vez que exista constancia del cese de los motivos sobrevenidos que hayan impedido la juramentación." Es decir, en lugar de desplegar una actividad probatoria precisamente para decidir, constatando la salud del Presidente y las posibilidades de su recuperación, la Sala decidió, sin pruebas, imponiendo un gobierno no electo democráticamente, dejando para la actividad probatoria para el futuro, solo para determinar si los motivos que impidieron la juramentación habrían cesado. Ninguna posibilidad dejó abierta la Sala que pudiera llegar a probarse por razón de su salud que el Presidente electo y ausente estaba incapacitado para ejercer su cargo –como era en efecto la situación – y si podía en realidad llegar a juramentarse, y ejercer el cargo para el cual había sido electo.

De lo anterior, sin resolver la consecuencia jurídica derivada del hecho de que por un "motivo sobrevenido" el Presidente electo no pudo tomar posesión del cargo con su juramentación ante la Asamblea Nacional el día fijado constitucionalmente, la Sala concluyó su sentencia, afirmando como por arte de magia, como se dijo, sin que las "consideraciones para decidir" en realidad fundamentaran y condujeran a ello, que:

> "*(vi)* En atención al principio de continuidad de los Poderes Públicos y al de preservación de la voluntad popular, no es admisible que ante la existencia de un desfase cronológico entre el inicio del período constitucional y la juramentación de un Presidente reelecto, se considere (sin que el texto fundamental así lo paute) que el gobierno queda *ipso facto* inexistente. En consecuencia, el Poder Ejecutivo (constituido por el Presidente, el Vicepresidente, los Ministros y demás órganos y funcionarios de la Administración) seguirá ejerciendo cabalmen-

te sus funciones con fundamento en el principio de la continuidad administrativa."

Sobre esto, que es en definitiva la parte resolutiva de la sentencia, con lo que se pretendió legitimar una usurpación de autoridad,[491] deben formularse las siguientes observaciones:

Primero, como se ha dicho anteriormente, es una apreciación errada y sin fundamento alguno que la Sala Constitucional haya expresado la hipótesis de que "se considere (sin que el texto fundamental así lo paute)" - pero sin decir quién lo consideraba -, que "ante la existencia de un desfase cronológico entre el inicio del período constitucional y la juramentación de un Presidente reelecto, [...] que el gobierno queda *ipso facto* inexistente." Esa hipótesis que nadie le planteó pues no hubo debate alguno en el proceso, la verdad es que no tenía posibilidad de ocurrencia. Si un Presidente electo por un motivo sobrevenido no puede prestar su juramento ante la Asamblea Nacional, e, incluso, tampoco ante el Tribunal Supremo, el hecho de que el período constitucional anterior concluya no implica "que el gobierno queda *ipso facto* inexistente." Esta no es más que una lucubración llevada al absurdo que no tiene asidero alguno en el derecho constitucional, salvo en la visión distorsionada de la Sala Constitucional, al negarse a interpretar la norma constitucional que se le solicitó, y que precisamente era con el objeto de determinar, como el gobierno no puede dejar de existir, quién en esa situación se encargaba de la Presidencia de la República. Así como el Presidente de la Asamblea Nacional se debe encargar de la Presidencia en caso de falta absoluta del Presidente electo "antes de la toma de posesión" de su cargo, con la misma lógica de que ejerza interinamente la Presidencia un ciudadano con legitimidad democrática electiva, en caso de que por motivo sobrevenido el Presidente electo no pueda tomar posesión de su cargo y juramentarse, quien debe encargarse de la Presidencia para iniciar el nuevo período constitucional, mientras aquél se juramenta, es el Presidente de la Asamblea Nacional.[492] Y siempre, en

---

491 Con razón la diputada María Corina Machado expresó el 11 de enero de 2013: "que el acto que vimos ayer no tiene precedentes. Dijo que Venezuela amaneció con un gobierno usurpado y el Vicepresidente, los ministros y la Procuradora General pretenden seguir ejerciendo sus cargos. "Todos los cargos de gobierno cesaron el pasado jueves y ante esa pretensión, todos su actos son nulos, como lo establece el artículo 138 de la Constitución", recalcó. Reiteró que Diosdado Cabello ha violado su juramento, porque debió llamar a la sesión solemne de toma de posesión del nuevo período presidencial y agregó que "no reconocemos a Maduro como Vicepresidente, porque hay una situación de ilegitimidad profunda". Aseguró que en Venezuela no existe separación de poderes, "tenemos un TSJ sumiso, nuestra soberanía está siendo pisoteada". Véase reseña de Programa Primera página de Globovisión, 11-1-2013, en http://www.lapatilla.com/site/2013/01/11/maria-corina-nuestra-soberania-esta-siendo-pisoteada/

492 El profesor Román José Duque Corredor expuso sobre la errada conclusión de la sentencia su apreciación de que:"La continuidad de los poderes públicos no se afecta, ni tampoco el gobierno queda *ipso facto* inexistente, cuando de pleno derecho se establece un régimen transitorio precisamente para el caso que los funcionarios que deban ejercer sus funciones no lo puedan hacer, como ocurre cuando por su falta absoluta el candidato electo o reelecto Presidente no pueda asumir su cargo en la fecha programada, en cuyo caso el gobierno sigue existiendo en forma transitoria pero en manos del Presidente de la Asamblea Nacional. Y precisamente para garantizar la voluntad popular, ante la falta absoluta del candidato electo o reelecto para el inicio del nuevo período, la Constitución prevé que se realicen nuevas eleccio-

este caso, con pruebas por delante de la naturaleza del hecho sobrevenido y poder así determinarse si tal juramento podría tener o no lugar.

Segundo, luego de la errada apreciación anterior, y sin resolver el tema central de la interpretación constitucional solicitada en la situación de no comparecencia del Presidente Chávez el 10 de enero de 2013 a tomar posesión de su cargo, sobre quién en ese caso se debía encargar de la Presidencia de la República a partir de esa fecha, la Sala se limitó a afirmar que pura y simplemente que:

> "En consecuencia, el Poder Ejecutivo (constituido por el Presidente, el Vicepresidente, los Ministros y demás órganos y funcionarios de la Administración) seguirá ejerciendo cabalmente sus funciones con fundamento en el principio de la continuidad administrativa," y sin mayor argumentación.

En cuanto al "Presidente," lo que era una referencia sin duda al Presidente H. Chávez, ello no sólo era inconstitucional porque el mismo no se podía juramentar para tomar posesión de su cargo y entrar en ejercicio de sus funciones para el nuevo período constitucional, pues como se había informado oficialmente, y ese era el único hecho notorio que no requería prueba, estaba totalmente ausente del país desde hacía un mes, en un estado postoperatorio que presentaba un cuadro de salud que sin duda lo imposibilitaba e inhabilitaba totalmente, no sólo para comparecer ante la Asamblea Nacional sino para ejercer el cargo y las funciones inherentes al mismo. Respecto del Presidente de la República H. Chávez, no tenía sentido alguno invocar el principio de continuidad administrativa, pues como Jefe del Estado y del Gobierno, lo que le correspondía prioritariamente era dirigir la acción de gobierno (art. 226), y para ello estaba inhabilitado de hacerlo.

Se insiste, en cuanto al Presidente de la República Chávez quién continuaba, según la Sala, "ejerciendo cabalmente sus funciones," ello no pasaba de ser un buen deseo o un buen pensamiento, pues por las informaciones oficiales suministradas desde el gobierno, desde el 1o de diciembre de 2012 el Presidente no sólo estaba ausente del territorio nacional, sino que desde donde permanecía, en una cama de hospital en La Habana, estaba totalmente incapacitado para gobernar.[493] De manera

---

nes y que la Presidencia, transitoriamente hasta la nueva elección, la ejerza un funcionario elegido mediante sufragio directo y universal y no el Vicepresidente que no fue elegido ni designado para el nuevo período. Así como si dicha falta ocurre después del inicio del período y con posterioridad a la toma de posesión, el gobierno lo ejerza el Vicepresidente que si fue designado por el Presidente electo, que tomo posesión del cargo, pero que dejó su cargo por alguna falta absoluta, y ello solo mientras se llevan a cabo nuevas elecciones para que la voluntad popular se pueda manifestar." Véase Román José Duque Corredor, Observaciones a la sentencia de la Sala Constitucional de 9 de enero de 2013. Véase en http://www.uma.edu.ve/interna/424/0/novedades_del_derecho_publico

493 El 13 de enero de 2013, el Ministro de Información Villegas, informaba: "El presidente de Venezuela, Hugo Chávez, evoluciona favorablemente de la cirugía a la que fue sometido el pasado 11 de diciembre, aunque aún necesita "medidas específicas" para la solución de la "insuficiencia respiratoria" que se le originó como consecuencia de una infección. "A pesar de su delicado estado de salud después de la compleja intervención quirúrgica del 11 de diciembre pasado en los últimos días la evolución clínica general ha sido favorable", véase en http://www.lapatilla.com/site/2013/01/13/villegas-en-minutos-comunicado-oficial-sobre-salud-de-chavez/

que no era cierto, como lo afirmó la Sala Constitucional, que el Poder Ejecutivo estaba conducido por el Presidente de la República, ni que éste pudiera ejercer su cargo, y menos "continuar" ejerciéndolo en forma alguna. En cuanto al cuadro de gravedad del Presidente, en realidad, a esa fecha, lo único que se sabía como signo de su condición era que en algún momento había "apretado" la mano del Vicepresidente de la República, según información suministrada por él mismo.[494] Por tanto, al contrario de lo que afirmó la Sala, había una evidente falta efectiva del Presidente de la República del país y del ejercicio del cargo para el cual había sido electo.

Para decretar judicialmente, a pesar de su ausencia del territorio nacional y del mencionado cuadro de salud, que sin embargo, el Presidente enfermo y ausente "seguirá ejerciendo cabalmente sus funciones" lo menos que debía haber requerido la Sala Constitucional era la prueba cabal y cierta de ese estado de salud y de las posibilidades de recuperación de la salud para poder ejercer cabalmente las funciones de la Presidencia. Pero nada de ello ordenó la Sala; es decir, decidió sin pruebas, y además, en contra de "hechos" que eran más que "notorios."

Lo resuelto por la Sala Constitucional, por tanto, estando el "Presidente" de hecho impedido de ejercer cabalmente sus funciones, lo que en realidad significó fue la decisión que sus Magistrados adoptaron de poner el gobierno de Venezuela para el inicio del período constitucional 2013-2019, en manos de funcionarios que no habían sido electos popularmente, contrariando el principio democrático, como fueron los otros (además del Presidente ausente) mencionados en la sentencia: "el Vicepresidente, los Ministros y demás órganos y funcionarios de la Administración" indicando que seguirían "ejerciendo cabalmente sus funciones con fundamento en el principio de la continuidad administrativa."

En este caso, sin embargo, no es que con fundamento en el principio de la continuidad administrativa la Sala Constitucional hubiera resuelto que mientras el Vicepresidente, los Ministros y demás órganos y funcionarios de la Administración fueran *reemplazados en sus cargos*, estaban en la obligación de ejercer sus funciones; sino que lo que resolvió la Sala Constitucional violando la Constitución y el derecho ciudadano a la democracia, fue que en el nuevo período constitucional 2013-2019 que se inició el 10 de enero de 2013, sin Presidente en ejercicio por estar éste confinado a una cama de hospital en La Habana con graves problemas de salud, el gobierno de la República comenzó a estar a cargo de funcionarios no electos, que no tenían legitimidad democrática, como son el Vicepresidente y los Ministros quienes habían sido nombrados en el período constitucional anterior, y cuyas funciones la Sala prolongó sin término alguno, es decir, *sine die*, y hasta cuando el propio Tribunal Supremo fijase la oportunidad de que el Presidente electo enfermo se juramentase ante el mismo.

---

494 "Maduro: "Chávez me apretó la mano con una fuerza gigantesca," indicando que "En uno de los saludos lo saludé (a Chávez) con la mano izquierda y me apretó con una fuerza gigantesca mientras hablábamos", comentó Maduro durante una entrevista exclusiva que ofreció al canal interestatal Telesur desde Cuba, donde se encuentra desde el pasado 29 de diciembre acompañando al gobernante y a sus familiares."Véase en Larazón.com, 2 de enero de 2013, en http://www.larazon.es/detalle_normal/noticias/554672/maduro-chavez-me-apreto-la-mano-con-una-fuerza

Ni más ni menos, la Sala Constitucional lo que produjo con esta decisión fue un golpe contra la Constitución,[495] que en este caso fue dado por el Juez Constitucional, el cual precisamente estaba llamado a defenderla en su supremacía e integridad, vulnerando en cambio el derecho de los ciudadanos a ser gobernados por gobernantes electos.

La decisión de la Sala Constitucional, por otra parte, no resolvió el problema de gobernabilidad democrática de la República, que era lo que la Sala Constitucional estaba en la obligación de garantizar con su interpretación. El Vicepresidente Ejecutivo, entonces en funciones, Nicolás Maduro, a quien conforme a lo decidido en la misma sentencia se dejaba de hecho conduciendo la acción de gobierno, sin embargo, supuestamente aún en ausencia del Presidente del territorio nacional, no está supliendo su "falta temporal" pues Chávez, según la Sala Constitucional ni la había "decretado" ni la había "invocado," de manera que supuestamente sólo podría actuar como Vicepresidente Ejecutivo, con las atribuciones que tiene en la Constitución (art. 239) y con las que el Presidente Chávez le había delegado mediante Decreto N° 9315 de 9 de diciembre de 2012,[496] de contenido absolutamente limitativo.

Además, debe advertirse que dicho Decreto de delegación de diciembre de 2012, al considerar que el Vicepresidente Ejecutivo Maduro, no suplía automáticamente la falta temporal del Presidente delegante (de lo contrario la delegación era innecesaria), impuso que todos los actos que dictase el Vicepresidente distintos a los expresamente delegados en los 8 primeros numerales del artículo 1° del Decreto referidos a temas de finanzas públicas, para poder ser dictados debían ser sometidos "a consulta previa al Presidente" y a su aprobación en Consejo de Ministros, lo que de nuevo planteaba un cuadro de imposibilidad en su ejecución por la ausencia del territorio nacional y la situación de salud del Presidente. Por otra parte, era evidente que el mencionado decreto de delegación cesó en sus efectos, por caducar, a partir del 10 de enero de 2013, al terminar el período constitucional para el cual fue dictado. Sin embargo, y asumiendo que con la decisión de la Sala Constitucional el mismo también había sido "prorrogado" en sus efectos, el resultado de todo lo anterior, era que al no estar el Vicepresidente supliendo la "falta temporal" del Presidente, por no haberlo así resuelto el Presidente y haberlo decidido así el propio Tribunal Supremo, en ausencia del primero, el Vicepresidente Ejecutivo comenzaba a conducir el Poder Ejecutivo con facultades muy limitadas, entre las cuales no estaban las enumeradas en el artículo 236 de la Constitución asignadas al Presidente de la República.

El resultado de todo esto fue que a partir del 10 de enero de 2013, por voluntad la Sala Constitucional del Tribunal Supremo de Justicia, en Venezuela comenzó a gobernar un funcionario no electo, que según la propia sentencia no estaba supliendo la ausencia del Presidente de la República electo y enfermo; funcionario que entonces sólo podía ejercer sus atribuciones establecidas en la Constitución (art. 239) y las

495 También puede calificarse la situación como golpe de Estado, pues en definitiva, todo golpe contra la Constitución es un golpe de Estado. Véase Claudio J. Sandoval, ¿Golpe de Estado en Venezuela?, en *El Universal*, Caracas 10 de enero de 2013, en http://www.eluniversal.com/opinion/130110/oea-golpe-de-estado-en-venezuela.

496 Véase en *Gaceta Oficial* No. 40.078 del 26 de diciembre de 2012.

enumeradas en el decreto de delegación de diciembre de 2013,[497] y quién no podía ejercer las atribuciones que sólo un Presidente en ejercicio podría ejercer. Ello implicaba, por ejemplo, que a partir del 10 de enero de 2013, no podía nombrar y remover los Ministros;[498] no podía dirigir las relaciones exteriores de la República y celebrar y ratificar los tratados, convenios o acuerdos internacionales; no podía dirigir las Fuerza Armada Nacional ni podía tener el carácter de Comandante en Jefe de la misma, no pudiendo ejercer la suprema autoridad jerárquica de ella y fijar su contingente; no podía ejercer el mando supremo de la Fuerza Armada Nacional, promover sus oficiales a partir del grado de coronel o capitán de navío, y nombrarlos para los cargos que les son privativos; no podía declarar los estados de excepción y decretar la restricción de garantías en los casos previstos en esta Constitución; no podía convocar a la Asamblea Nacional a sesiones extraordinarias; no podía reglamentar total o parcialmente las leyes, sin alterar su espíritu, propósito y razón; no podía negociar los empréstitos nacionales; no podía celebrar los contratos de interés nacional conforme a la Constitución y la ley; no podía designar, previa autorización de la Asamblea Nacional o de la Comisión Delegada, al Procurador General de la República y a los jefes o jefas de las misiones diplomáticas permanentes; no podía formular el Plan Nacional de Desarrollo y dirigir su ejecución previa aprobación de la Asamblea Nacional; no podía conceder indultos; no podía fijar el número, organización y competencia de los ministerios y otros organismos de la Administración Pública Nacional, o la organización y funcionamiento del Consejo de Ministros, dentro de los principios y lineamientos señalados por la correspondiente ley orgánica; no podía disolver la Asamblea Nacional en el supuesto establecido en la Constitución; ni podía convocar referendos; ni podrá convocar y presidir el Consejo de Defensa de la Nación.[499]

---

497 Ello no impidió por ejemplo que el Vicepresidente, en virtud de la "continuidad administrativa" decretada por la Sala Constitucional, procediera a designar mediante Decreto Nº 9350 de 11 de enero de 2013, "por delegación del Presidente," a un "Vicepresidente Encargado" para suplir su ausencia del territorio nacional para viajar a Cuba. Véase Decreto Nº 9.350, de fecha 11 de enero de 2013 en *Gaceta Oficial* Nº 40.088, de fecha 11 de enero de 2013.

498 Por ello se recurrió a la ficción de publicar el 18 de enero de 2013 dos decretos con la firma del Presidente "dada en Caracas" cuando ello era falso pues estaba en La Habana, recuperándose, según informó el día anterior 17 de enero de 2013 el propio Vicepresidente Maduro de los "estragos" de unas complicaciones postoperatorias (Véase Entrevista a Nicolás Maduro, "Tratamiento del presidente Chávez es para superar "estragos" de infección respiratoria," *Globovisión* 17 de enero de 2013, en http://globovision.com/articulo/maduro-ahora-tratamiento-de-chavez-es-para-superar-estragos-de-insuficiencia-respiratoria), como fue el caso del Decreto Nº 9.351 de 15 de enero de 2013 publicado en *Gaceta Oficial* Nº 40.090 de la misma fecha, en el cual el mismo Presidente Hugo Chávez nombró a "Elías Jaua Milano, como Ministro del Poder Popular para Relaciones Exteriores;" y el Decreto Nº 9.352, de la misma fecha, mediante el cual el mismo Presidente Hugo Chávez nombró a l mismo Elías Jaua Milano, Ministro del Poder Popular para Relaciones Exteriores, como "Sexto Vicepresidente del Consejo de Ministros Revolucionarios del Gobierno Bolivariano para el Área Política."

499 Véase sobre esta situación, Manuel Rachadell, "Continuidad de la presidencia compartida o un país presidencialista sin Presidente," Caracas, 10 de enero de 2013, en http://manuelrachadell@blogspot.com.

A esta absurda ingobernabilidad era a lo que conducía la sentencia de la Sala Constitucional; a raíz de la cual, por su insostenibilidad jurídica, el gobierno comenzó incluso a perseguir a quienes argumentaran o informaran sobre la correcta interpretación que debía darse a las normas constitucionales y sobre la inconstitucional decisión del Tribunal Supremo y sus efectos;[500] de manera que hasta los estudiantes universitarios que comenzaron a protestar contra la sentencia de la Sala Constitucional, fueron por ello amenazados con cárcel.[501]

El tema central y patético en este caso, sin embargo, es que con la sentencia Nº 2 de 9 de enero de 2013, la Sala Constitucional del Tribunal Supremo de Justicia, a partir del día siguiente 10 de enero de 2013, instaló en Venezuela un gobierno no electo, sin término, ni legitimidad democrática, sujetando su duración sólo hasta cuando la propia Sala Constitucional lo dispusiera al fijar una fecha para tomar juramento del Presidente de la República electo, y no posesionado de su cargo, para comenzar a ejercerlo, a pesar de que por razón del principio de la continuidad administrativa hubiera afirmado que el mismo Presidente supuestamente continuaba "en el ejercicio cabal de su cargo." Esa tan importante y trascendental decisión para la vida democrática de un país, además, y sin embargo, lo adoptó el juez constitucional sin que en el expediente constara prueba alguna sobre el estado de salud del Presidente electo y no posesionado, y sobre las posibilidades de su recuperación.

Ante esta sentencia, por tanto, adquiere todo su valor el principio de que en los procesos constitucionales se precisa ineludiblemente de la prueba cuando sea necesario sustentar la verdad de algo para aplicar determinada consecuencia jurídica,502 y eso es lo que precisamente debe ocurrir en los procesos de interpretación abstracta de la Constitución cuando haya hechos que probar, de manera que el juez constitucional pueda decidir conforme a lo probado en autos, estándole vedado decidir sin que los hechos involucrados hayan sido probados. Lo contrario es arbitrariedad, que fue precisamente lo que ocurrió con la sentencia Nº 2 de 9 de enero de 2013; y

---

500 El 9 de enero de 2013, el consultor jurídico de Globovisión, Ricardo Antela, explicó sobre el nuevo procedimiento administrativo sancionatorio abierto por la Comisión Nacional de Telecomunicaciones (CONATEL) contra la estación de TV, "por la difusión de cuatro micros informativos sobre el articulado de la Constitución", que a juicio del ente regulador, "incitan al odio, la zozobra y la alteración del orden público", prohibiendo de entrada "a la televisora retransmitir dichos mensajes o algunos similares." En horas de la tarde de ese mismo día el "presidente de la Asamblea Nacional, Diosdado Cabello; y el ministro Rafael Ramírez, habían sugerido al ente regulador "iniciar una investigación contra el canal por difundir el artículo 231 de la Constitución.". Véase la información en http://globovision.com/articulo/conatel-notifica-a-globovision-de-nuevo-procedimiento-administrativo-sancionatorio.

501 El Goberndor del Estado Táchira, José Gregorio Vielma Mora, afirmó a la prensa "que los estudiantes de las universidades Católica y de Los Andes de esa entidad, que manifestaron en contra del fallo del Tribunal Supremo de Justicia, estaban ebrios y otros consumieron drogas para "valentonarse en contra de la autoridad". "Son delincuentes", aseveró. Advirtió al rector académico de la ULA, Omar Pérez Díaz y demás profesores, que irá a la Fiscalía a denunciarlos. "No mienta (Pérez Díaz), usted está promoviendo la violencia en Táchira. Les están pagando desde el extranjero. "Tienen armamento y municiones dentro de la universidad", acusó. De seguir protestando "van a ser tratados como bandas criminales e irán a la cárcel de Santa Ana". Véase en http://m.notitarde.com/nota.aspx?id=159398.

502 Ana Giacometto, *La prueba en los procesos constitucionales,* Bogotá 2009.

además, con otra sentencia N° 141 de 8 de marzo de 2013, [503] mediante la cual se completó la violación al principio democrático.

3. *De cómo el Juez Constitucional en Venezuela, al fallecer el presidente Chávez, enfermo y ausente del territorio nacional, designó como encargado de la presidencia a un funcionario sin legitimidad democrática*

En efecto, la arbitraria conducta del Juez Constitucional en el tratamiento de la falta de comparecencia del Presidente Chávez para juramentarse en el ejercicio de su cargo el 10 de enero de 2013, por estar gravemente enfermo y ausente del territorio nacional, considerando contra la razón y los hechos que a pesar de ello, continuaba en ejercicio de su cargo, junto con su gabinete, hasta tanto pudiera – si ello si acaso ocurría – juramentarse ante el Tribunal Supremo, no terminó con la sentencia de 9 de enero de 2013, sino que su actuación contraria a la Constitución la completó dos meses después, una vez que se anunció oficialmente el 5 de marzo de 2013 el fallecimiento del Presidente de la República, después de que supuestamente el 18 de febrero de 2013,[504] había sido trasladado de una cama de hospital en La Habana a una cama de hospital en Caracas, sin haber sido visto nunca más públicamente desde el 10 de diciembre de 2012.

Dos días antes del anunciado y no constatado por nadie "regreso" del Presidente a Caracas, en todo caso, en relación con el tema de la salud del Presidente Chávez, se había anunciado oficialmente que debido a una traqueotomía, el mismo "respiraba por una cánula traqueal," lo que le impedía hablar.[505]

---

503 Véase el texto de la sentencia de interpretación del artículo 233 de la Constitución en http://www.tsj.gov.ve.decisioes/scon/Marzo/141-9313-2013-13-0196.html.

504 Véase la reseña en *El Universal*, Caracas 18-2-2013, "Chávez vuelve a Venezuela. El presidente de Venezuela, Hugo Chávez, regresó a Caracas procedente de La Habana, más de dos meses después de que viajara a Cuba para someterse a la cuarta operación de un cáncer que le fue diagnosticado en junio de 2011, y se encuentra en el hospital militar de Caracas," en http://www.eluniversal.com/nacional-y-politica/salud-presidencial/130218/chavez-vuelve-a-venezuela. A través de la cuenta Twister @chavezcandanga, el Ptresidente habría mandado un mensaje a las 2.30 de la madrigada con el siguiente texto: "Hemos llegado de nuevo a la Patria venezolana. ¡¡Gracias Dios mío!! Gracias ¡¡Pueblo amado!! Aquí continuaremos el tratamiento."

505 El Ministro de Comunicación e Información, Ernesto Villegas, informó ese día en cadena de radio y televisión que al Presidente le persistía "un cierto grado de insuficiencia" y "presenta respiración a través de cánula traqueal que le dificulta temporalmente el habla," sometido a un "tratamiento enérgico para la enfermedad de base, que no está exento de complicaciones,"oportunidad en la cual se publicitó una fotografía que se dijo era de 14 de febrero de 2013 del Presidente con sus hijas, que sin embargo, no mostraban en forma alguna lo que se anunciaba, ni por la vestimenta de los que posaron en la fotografía ni por la asepsia que una situación como la escrita requería. Continuó el Ministro informando que "después de dos meses de un complicado proceso postoperatorio, el paciente se mantiene consciente, con integridad de las funciones intelectuales, en estrecha comunicación con su equipo de gobierno y al frente de las tareas fundamentales inherentes a su cargo." Sin embargo, el Ministro de Ciencia y tecnología Arreaza, informaba en el canal multiestatal Telesur, que Chávez "tiene dificultad para comunicarse verbalmente (...) Uno lo que tiene es que poner atención y él comunica perfectamente sus decisiones, cuando no las escribe (... ) Pero perfectamente se comunica y se da a entender. No tiene la voz que lo caracteriza, pero esto es un proceso que

Ello a pesar de que lo que hacía era confirmar su total imposibilidad de gobernar, no había impedido que unas semanas antes, el Ministro de Relaciones Exteriores Elías Jaua, nombrado "en Caracas" por el Presidente electo, cuando sin embargo, estaba ausente del país y no había tomado posesión de su cargo; luego de un viaje a La Habana, hubiera afirmado el 22 de enero de 2013, a su regreso a Caracas, que había "conversado con Chávez en La Habana;"[506] ni impidió que a principios del mes de marzo de 2013, otros voceros oficiales del gobierno, en particular el Vicepresidente Ejecutivo y otros Ministros, también hubieran llegado a anunciar al país que habían estado con el Presidente Hugo Chávez Frías en una supuesta reunión de gabinete de nada menos que de cinco horas durante la noche el día 23 de febrero.[507]

El día 4 de marzo de 2013, sin embargo, el Ministro de Comunicaciones anunciaba al país que Chávez había tenido "un empeoramiento de la función respiratoria relacionado con el estado de inmunodepresión propio de su situación clínica," presentando "una nueva y severa infección" siendo su estado de salud "muy delicado,"[508] lo que presagiaba ya el anuncio de un desenlace final, que por ahora nadie sabrá cuando efectivamente ocurrió. En todo caso, el presagio se confirmado el día 5 de marzo de 2013, en horas de mediodía en una extraña y sombría rueda de prensa o reunión de gabinete presidida por el Vicepresidente Ejecutivo, Nicolás Maduro, convocada "luego de que se informara oficialmente de un deterioro en la salud del presidente Hugo Chávez,"[509] anunciándose ya, sin anunciarlo, lo que evidentemente había ocurrido o estaba ocurriendo, y que era el fallecimiento del Presidente Chávez.

De allí, luego de los diversos anuncios contradictorios sobre el agravamiento de la salud del Presidente, lo que siguió fue el anuncio formal del hecho del fallecimiento unas pocas horas después, en exposiciones separadas y televisadas del Vice-

---

es reversible y esperamos volverlo a escuchar." Véase la reseña de María Lilibeth Da Corte, "Chávez respira por cánula traqueal que le dificulta hablar. Arreaza: Él comunica perfectamente sus decisiones, cuando no las escribe," en *El Universal*, Caracas 16-2-2013, en http://www.eluniversal.com/nacional-y-politica/130216/chavez-respira-por-canula-traqueal-que-le-dificulta-hablar Véase igualmente en http://globovision.com/articulo/ministro-villegas-en-breve-comunicado-y-fotografias-del-presidente-chavez.

506 Véase la reseña de Ender Ramírez Padrino, "Jaua informó que se reunió con el presidente en La Habana," *El Nacional*, 21 de enero de 2013, en http://www.el-nacional.com/politica/Jaua-asegura-converso-Chavez-Habana_0_122390427.html

507 Véase "Maduro asegura que se reunió con Chávez por más de cinco horas," en *El Universal*, 23 de febrero de 2013, en http://www.eluniversal.com/nacional-y-politica/salud-presidencial/130223/maduro-asegura-que-se-reunio-con-chavez-por-mas-de-cinco-horas; y En "Maduro: Chávez continúa con cánula traqueal y usa distintas vías de entendimiento," Publicado por Caracas en Febrero 23, 2013, en http://venezuelaaldia.com/2013/02/maduro-chavez-continua-con-la-canula-traqueal-y-usa-distintas-vias-de-entendimiento/.

508 "Villegas, "El estado general sigue siendo delicado," en Kikiriki, 4-3-2023, en http://www.kikiriki.org.ve/villegas-el-estado-general-sigue-siendo-delicado/

509 Véase "Venezuela transmitirá reunión entre Maduro, Gabinete y militares: oficial," en Reuters, 5-3-2013, en http://ar.reuters.com/article/topNews/idARL1N0BX9B220130305

presidente Nicolás Maduro,[510] del Presidente de la Asamblea Nacional, Diosdado Cabello[511] y del Ministro de la Defensa, general Diego Molero Bellavía.[512]

Sobre ello, tal y como se afirmó en la sentencia N° 141 de la Sala Constitucional del Tribunal Supremo de Justicia dictada atendiendo a una solicitud de interpretación abstracta del artículo 233 de la Constitución, "el 5 de marzo de 2013, el Vicepresidente Ejecutivo ciudadano Nicolás Maduro Moros anunció, desde la sede del Hospital Militar de Caracas 'Dr. Carlos Arvelo,' el lamentable fallecimiento del Presidente de la República ciudadano Hugo Chávez Frías"[513]; hecho que ocurrió, según dicho anuncio, a las 4.25 pm.,[514] sesenta años después del fallecimiento de Joseph Stalin, hecho éste último que ocurrió el día 5 de marzo de 1953. Nótese que la Sala Constitucional no afirmó que en esa fecha indicada hubiera ocurrido dicho fallecimiento, pues no tenía pruebas de ello, y sólo que esa fue la fecha que anunció el Vicepresidente, sin prueba alguna.

Se trató, en todo caso, de un hecho singular en la vida política del país, pues desde que el presidente Juan Vicente Gómez falleció en diciembre de 1935, estando en ejercicio del cargo, no había ocurrido en Venezuela que un Presidente de la República falleciera siendo titular del cargo, y nunca con la popularidad que había tenido el Presidente Chávez.

Como hecho relevante en la vida política del país, sin duda, el anuncio del fallecimiento del Presidente Chávez produjo una serie de consecuencias jurídicas que deben identificarse claramente. El derecho precisamente regula las consecuencias jurídicas que en determinados momentos producen ciertos hechos o actos adoptados por los sujetos de derecho, así como las relaciones jurídicas que se establecen entre esos sujetos de derecho. Normas, actos y sujetos de derecho configuran, en definitiva, el mundo en el cual opera el derecho, de manera que el hecho del fallecimiento de una persona titular del cargo de Presidente de República, quién incluso no se llegó a posesionar del mismo, ameritaba ser analizado para tratar de establecer sus consecuencias jurídicas. Ese hecho del fallecimiento del Presidente de la República

---

510 Véase en "Muere el presidente Hugo Chávez," en *ElTiempo.com*, 5-3-2013, en http://www.eltiempo.com/mundo/latinoamerica/ARTICULO-WEB-NEW_NOTA_INTERIOR-12639963.html

511 Véase en http://cnnespanol.cnn.com/2013/03/05/diosdado-cabello-nuestros-hijos-tendran-patria-gracias-a-lo-que-hizo-chavez/

512 Véase lo expresado por Diego Molero Bellavía, Ministro de la Defensa, al comprometerse en que las Fuerzas Armadas respetarían la Constitución, expresando,, " Vicepresidente Nicolás Maduro, señor Diosdado Cabello, presidente de la Asamblea Nacional, y todos los poderes, cuenten con la Fuerza Armada, que es del pueblo y para el pueblo," en "Ministro de la defensa venezolano hace un llamado a la unidad," CNN, 5-3-2013, en CNN es la Noticia, 5-3-2013, en http://cnnespanol.cnn.com/2013/03/05/ministro-de-la-defensa-venezolano-hace-un-llamado-a-la-unidad/.

513 Véase el texto de la sentencia de interpretación del artículo 233 de la Constitución en http://www.tsj.gov.ve.decisioes/scon/Marzo/141-9313-2013-13-0196.html

514 Afirmando incluso que no descartaba "que la enfermedad del presidente Chávez haya sido inducida." Véase "Muere el presidente Hugo Chávez,", en *ElTiempo.com*, 5-3-2013, en http://www.eltiempo.com/mundo/latinoamerica/ARTICULO-WEB-NEW_NOTA_INTERIOR-12639963.html

Hugo Chávez Frías, se produjo además en medio de una serie de otros hechos y actos jurídicos que condicionaron sus efectos jurídicos y que es necesario tener también presente para determinar dichas consecuencias jurídicas.

Esos son, en líneas generales, los siguientes:

*Primero*, que el Presidente Chávez había sido reelecto Presidente de la República el 7 de octubre de 2012, para el período constitucional 2013-2019, cuando estaba en ejercicio del cargo de Presidente para el período constitucional 2007-2013, para el cual había sido a su vez reelecto en 2006; período este que terminaba el 10 de enero de 2013.

*Segundo*, que el Presidente Chávez, desde el día 10 de diciembre de 2012, había viajado a La Habana, luego de haber obtenido autorización de la Asamblea Nacional pues se ausentaría del territorio nacional por más de 5 días (art. 234, Constitución), para someterse a una operación quirúrgica, después de la cual nunca más se le vio en público.

*Tercero*, que la ausencia del Presidente del territorio nacional constituyó una falta temporal (art. 234, Constitución) que constitucionalmente el Vicepresidente Ejecutivo estaba obligado a suplir, lo que en este caso, el Vicepresidente que era Nicolás Maduro se negó a hacer, habiendo permanecido en Caracas, con viajes frecuentes a La Habana, conduciendo la acción de gobierno sólo mediante una delegación de atribuciones que el Presidente Chávez había decretado el 9 de diciembre de 2012.

*Cuarto*, que para tomar posesión del cargo de Presidente para el nuevo período constitucional 2013-2019, el Presidente Chávez debía juramentarse ante la Asamblea Nacional el día 10 de enero de 2013 (art. 231, Constitución).

*Quinto*, que si en ese día 10 de enero de 2013, el Presidente electo, por alguna causa sobrevenida, no podía prestar juramento ante la Asamblea Nacional, lo podía hacer posteriormente ante el Tribunal Supremo de Justicia (art. 231, Constitución).

*Sexto*, que en esa fecha 10 de enero de 2013, en todo caso, comenzaba el nuevo período constitucional 2013-2019 (art. 231, Constitución), así no se produjera el acto formal de juramentación del Presidente electo, y éste se juramentase posteriormente ante el Tribunal Supremo.

*Séptimo,* que el Vicepresidente Nicolás Maduro informó a la Asamblea Nacional el 8 de enero de 2013, que el Presidente de la República, dado su estado de salud, no iba a poder comparecer ante la Asamblea el día 10 de enero de 2013 para juramentarse en su cargo, permaneciendo en La Habana.

*Octavo,* que el Presidente Chávez, efectivamente no compareció ante la Asamblea Nacional a tomar posesión del cargo para el período constitucional 2013-2019, de manera que su fallecimiento ocurrió sin haberse juramentado ni haber tomado posesionado de su cargo.

*Noveno,* que antes de que se iniciara el nuevo periodo constitucional el 10 de enero de 2013, sin embargo, como hemos mencionado antes, el Tribunal Supremo de Justicia, el día 9 de enero de 2013, decidió mediante una sentencia interpretativa, que en virtud de que el Presidente Chávez había sido reelecto y había estado en ejercicio de la Presidencia de la República, su no comparecencia ante la Asamblea Nacional no significaba que no continuara en ejercicio de sus funciones junto con todo su gabinete (Vicepresidente y Ministros), todos ellos nombrados en el período constitucional que concluyó el 10 de enero de 2013; para lo cual la Sala Constitucional del Tribunal Supremo aplicó a la cuestión constitucional planteada el "principio de la continuidad administrativa."[515]

*Décimo*, que luego de que se informara que el Presidente Chávez había sido trasladado desde un Hospital en La Habana, al Hospital Militar de Caracas el día 18 de febrero de 2013, donde supuestamente habría permanecido recluido sin ser visto en público, al anunciar el Vicepresidente que se había producido su fallecimiento el día 5 de marzo de 2013, puede decirse que cesó el régimen de "continuidad administrativa" del Presidente electo, de su Vicepresidente y del tren ministerial anterior que la Sala Constitucional del Tribunal Supremo había dispuesto que continuaban en sus funciones, fundamentándose en el hecho de que para el 9 de enero de 2013, el Presidente reelecto estaba en ejercicio de su cargo, por lo que hasta que se juramentase, todos debían continuar en el desempeño de sus funciones o en el ejercicio de sus cargos, y entre ellos el Vicepresidente y sus Ministros, hasta que el Presidente se juramentase; y

*Decimoprimero*, que tal juramento y la toma de posesión del cargo por el Presidente electo Chávez nunca pudo tener lugar, a causa de se fallecimiento.

Para entender bien las consecuencias jurídicas de éste último hecho, por tanto, es bueno refrescar con precisión lo que decidió la Sala Constitucional del Tribunal Supremo de Justicia, en la sentencia Nº. 2 del 9 de enero de 2013 sobre la no comparecencia anunciada del Presidente de la República para su toma de posesión el día siguiente, 10 de enero de 2013, por encontrarse totalmente incapacitado para ello por yacer en una cama de hospital en La Habana después de haber sido operado un mes antes (11 de diciembre de 2012).

La Sala Constitucional, como se ha dicho, consideró que en virtud de que el Presidente Hugo Chávez había sido "reelecto" Presidente para el período 2013-2019 terminando ese mismo día su período constitucional anterior (2007-2013), y que como eventualmente podría prestar dicho juramento posteriormente ante el propio Tribunal Supremo, entonces no podía considerarse que en ese día de terminación del período constitucional 2007-2013, por su ausencia, "que el gobierno queda *ipso facto* inexistente," resolviendo entonces que el Poder Ejecutivo (constituido por el Presidente, el Vicepresidente, los Ministros y demás órganos y funcionarios de la Administración) debía seguir "ejerciendo cabalmente sus funciones con fundamento en el principio de la continuidad administrativa," por supuesto, hasta que se juramentase y tomase posesión de su cargo ante el propio Tribunal.

Fue conforme a esa sentencia, entonces, que el Tribunal Supremo, por una parte, decidió que el Presidente de la Asamblea Nacional, Diosdado Cabello, no debía encargarse de la Presidencia de la República, tal como le correspondía conforme al

515 La Sala dijo en la sentencia, en cuanto al Presidente Chávez, que se trataba "de un Jefe de Estado y de Gobierno que no ha dejado de desempeñar sus funciones y, como tal, seguirá en el ejercicio de las mismas hasta tanto proceda a juramentarse ante el Máximo Tribunal." Agregó además, que " la falta de juramentación en tal fecha no supone la pérdida de la condición del Presidente Hugo Rafael Chávez Frías, ni como Presidente en funciones, ni como candidato reelecto, en virtud de existir continuidad en el ejercicio del cargo". Véase, Expediente Nº 12-1358, Solicitante: Marelys D'Arpino. Véase el texto de la sentencia en: http://www.tsj.gov.ve/decisiones/scon/Enero/02-9113-2013-12-1358.html

principio democrático y que exigía la aplicación analógica de la norma que regula la falta absoluta del Presidente antes de su toma de posesión (art. 233); y por la otra parte, aseguró la continuidad en el ejercicio de su cargo del Presidente de la República reelecto a pesar de estar postrado en una cama de hospital. Finalmente, además, decidió la sala Constitucional que el Vicepresidente Maduro, a partir del 10 de enero de 2013, continuaría en ejercicio del cargo de Vicepresidente Ejecutivo, consolidando así el Tribunal Supremo la usurpación de la voluntad popular, al imponerles a los venezolanos un gobierno de hecho a cargo de funcionarios no electos. Con base en ello, el Vicepresidente y los Ministros que habían sido designados por el Presidente Chávez en el período constitucional anterior (2007-2013), continuaron ejerciendo sus cargos, situación que conforme a la sentencia de la Sala Constitucional debía permanecer hasta que el Presidente se juramentara. Esto último, ya evidentemente era una falacia, pues, sin duda, para ese momento, todo el gobierno ya debía haber sabido sobre la real condición de salud del Presidente y la imposibilidad que ya habría de que efectivamente se pudiera juramentar y tomar posesión de su cargo.

Hasta el 5 de marzo de 2013, por tanto, en virtud de la mencionada sentencia del Tribunal Supremo, el Vicepresidente Maduro continuó ejerciendo atribuciones del Poder Ejecutivo, pero sin siquiera haberse encargado de la Presidencia y sin siquiera suplir al Presidente en su falta temporal como se lo imponía el artículo 234 de la Constitución, no habiéndose dictado actos de gobierno algunos ni decretos presidenciales en los últimos días antes del 5 de marzo de 2013.[516]

El anuncio del fallecimiento del Presidente electo Chávez, quién según estableció la sentencia Nº 2 del Tribunal Supremo de enero de 2013, como había sido reelecto, a pesar de no haberse juramentado en cargo, sin embargo, había continuado en ejercicio de sus funciones del Poder Ejecutivo (aun cuando, de hecho, ello era imposible por su situación de salud), y con él, el Vicepresidente Ejecutivo y los Ministros; en todo caso, originaba una serie de cuestiones jurídicas inmediatas que requerían solución urgente, las cuales giraban en torno a determinar jurídica y constitucionalmente, quién, a partir del 5 de marzo de 2013, debía encargarse de la Presidencia de la República en ese supuesto de efectiva falta absoluta de un Presidente electo, no juramentado, mientras se procedía a una nueva elección presidencial. En virtud de que ya si era evidente que el Presidente electo Chávez ya no podía tomar posesión de su cargo, el régimen de la "continuidad administrativa" ilegítimamente impuesto por el Tribunal Supremo, al producirse la falta absoluta del Presidente con su fallecimiento, sin duda cesó. Todo cambió, por tanto, cuando se anunció el fallecimiento del Presidente y se produjo su efectiva falta absoluta.

La norma constitucional que rige los supuestos de falta absoluta del Presidente de la República es el artículo 233, en el cual se dispone lo siguiente:

> *Artículo 233.* Serán faltas absolutas del Presidente o Presidenta de la República: su muerte, su renuncia, o su destitución decretada por sentencia del Tribunal Supremo de Justicia; su incapacidad física o mental permanente certificada por una junta médica designada por el Tribunal Supremo de Justicia y con aprobación de la Asamblea Nacional; el abandono del cargo, declarado como tal por la Asamblea Nacional, así como la revocación popular de su mandato.

---

516 Véase *Gacetas Oficiales* Nos 40.121 de 1-3-2013; Nos 40.122 de 4-3-2013; Nos 40.123 de 5-3-2013; Nos 40.124 de 6-3-2013.

Cuando se produzca la falta absoluta del Presidente electo o Presidenta electa antes de tomar posesión, se procederá a una nueva elección universal, directa y secreta dentro de los treinta días consecutivos siguientes. Mientras se elige y toma posesión el nuevo Presidente o la nueva Presidenta, se encargará de la Presidencia de la República el Presidente o Presidenta de la Asamblea Nacional.

Si la falta absoluta del Presidente o la Presidenta de la República se produce durante los primeros cuatro años del período constitucional, se procederá a una nueva elección universal, directa y secreta dentro de los treinta días consecutivos siguientes. Mientras se elige y toma posesión el nuevo Presidente o la nueva Presidenta, se encargará de la Presidencia de la República el Vicepresidente Ejecutivo o la Vicepresidenta Ejecutiva.

En los casos anteriores, el nuevo Presidente o Presidenta completará el período constitucional correspondiente.

Si la falta absoluta se produce durante los últimos dos años del período constitucional, el Vicepresidente Ejecutivo o la Vicepresidenta Ejecutiva asumirá la Presidencia de la República hasta completar dicho período."

De este texto aparecen claramente los siguientes tres supuestos generales en los cuales ese hecho de la falta absoluta puede ocurrir, con sus consecuencias jurídicas inmediatas:[517]

*Primero*, que la falta absoluta se produzca ***antes de que el Presidente electo tome posesión del cargo***, en cuyo caso, dice la norma, el Presidente de la Asamblea Nacional ***se encarga*** de la Presidencia de la República mientras se realiza una nueva elección y toma posesión el nuevo Presidente. En este caso, el Presidente de la Asamblea no pierde su investidura parlamentaria, ni asume la Presidencia de la República, sino que solo se "encarga" temporalmente de la misma.

*Segundo*, que la falta absoluta se produzca ***dentro de los primeros cuatro años del periodo constitucional,*** se entiende por supuesto después de ya el Presidente electo tomó posesión de su cargo mediante su juramentación, en cuyo caso, dice la norma, el Vicepresidente Ejecutivo ***se encarga*** de la Presidencia mientras se realiza una nueva elección y toma posesión el nuevo Presidente. Dicho Vicepresidente, por supuesto, debe haber sido nombrado por el propio Presidente de la República antes de su falta absoluta, durante el ejercicio de su cargo. En este caso, el Vicepresidente Ejecutivo tampoco pierde su investidura, ni asume la Presidencia de la República, sino que solo se "encarga" temporalmente de la misma.

---

517 El artículo 233 dispone en la materia", lo siguiente,, "Cuando se produzca la falta absoluta del Presidente electo o Presidenta electa antes de tomar posesión, se procederá a una nueva elección universal, directa y secreta dentro de los treinta días consecutivos siguientes. Mientras se elige y toma posesión el nuevo Presidente o la nueva Presidenta, se encargará de la Presidencia de la República el Presidente o Presidenta de la Asamblea Nacional. // Si la falta absoluta del Presidente o Presidenta de la República se produce durante los primeros cuatro años del período constitucional, se procederá a una nueva elección universal, directa y secreta dentro de los treinta días consecutivos siguientes. Mientras se elige y toma posesión el nuevo Presidente o la nueva Presidenta, se encargará de la Presidencia de la República el Vicepresidente Ejecutivo o la Vicepresidenta Ejecutiva".

*Tercero*, que la falta absoluta se produzca ***durante los últimos dos años del período constitucional***, en cuyo caso, el Vicepresidente Ejecutivo ***asume*** la Presidencia de la República hasta completar el período. En este caso, el Vicepresidente Ejecutivo si pierde su investidura y asume en forma permanente el cargo de Presidente de la República, hasta completar el período constitucional, debiendo nombrar un nuevo Vicepresidente Ejecutivo. En es el único caso en la Constitución en el cual el Vicepresidente podría considerarse como "Presidente encargado de la República."

El anunciado fallecimiento del Presidente de la República Hugo Chávez Frías el 5 de marzo de 2013, sin haberse juramentado ni haber tomado posesión de su cargo, ni ante la Asamblea Nacional ni ante el Tribunal Supremo de Justicia, exigía precisar, por tanto, cuál de los dos primeros supuestos antes mencionados debía aplicarse para determinar la sucesión presidencial.

Como el régimen de la "continuidad administrativa" decretada ilegítimamente por el Tribunal Supremo, en todo caso, concluyó evidentemente el mismo día cuando se produjo la falta absoluta del Presidente Chávez, quien por su estado de salud para el momento de su muerte no pudo juramentarse ni pudo tomar posesión de su cargo, es claro que se aplicaba el primer supuesto previsto en el artículo 233 de la Constitución, ya que la falta absoluta del Presidente electo se produjo en todo caso "***antes de tomar posesión***" de su cargo. La primera parte de la norma se aplica en los dos supuestos que conforme a sus previsiones podrían darse: primero, que el fallecimiento del Presidente ocurra sin tomar posesión de su cargo antes del inicio del período constitucional el 10 de enero; o segundo, que el fallecimiento del Presidente ocurra sin tomar posesión de su cargo por alguna causa sobrevenida después de haberse iniciado el período constitucional el 10 de enero pero antes de tomar posesión de su cargo. Este último fue, precisamente, el supuesto que ocurrió con el anuncio del 5 de marzo de 2013, de manera que conforme a la norma del artículo 233 de la Constitución, el Presidente de la Asamblea Nacional, Diosdado Cabello debió de inmediato encargarse de la Presidencia de la República, *ex constitutione*.[518]

Por tanto, en el mismo momento en que se anunció la falta absoluta del Presidente Chávez, de inmediato, constitucionalmente el Vice-Presidente Maduro dejó de ejercer las funciones del Presidente, por haber cesado la llamada "continuidad administrativa" impuesta por la Sala Constitucional, la cual dependía de que el Presidente

518 Así por ejemplo lo consideró el diputado Soto Rojas, al señalar tras el fallecimiento del Presidente Chávez que "Diosdado Cabello debe juramentarse y nuestro candidato es Nicolás Maduro", en referencia a las próximas elecciones que deben realizarse," en *6to.Poder*, 5-3-2013, en http://www.6topoder.com/venezuela/politica/diputado-soto-rojas-diosdado-cabello-debe-juramentarse-y-nuestro-candidato-es-nicolas-maduro/ Por ello, con razón, el profesor José Ignacio Hernández, explicó que "interpretando de manera concordada los artículos 231 y 233 de la Constitución, puede concluirse que ante la falta absoluta del Presidente electo antes de tomar posesión (mediante juramento), deberá encargarse de la Presidencia el Presidente de la Asamblea Nacional. Es ésa la conclusión que aplica al caso concreto, pues el Presidente Hugo Chávez falleció sin haber prestado juramento, que es el único mecanismo constitucional previsto para tomar posesión del cargo, con lo cual debería asumir la Presidencia quien fue designado como Presidente de la Asamblea Nacional." Véase José Ignacio Hernández, "A propósito de la ausencia absoluta del Presidente", en PRODAVINCI, 5-3-2013, en http://prodavinci.com/blogs/a-proposito-de-la-ausencia-absoluta-del-presidente-de-la-republica-por-jose-ignacio-hernandez-g/

electo pudiera llegar a tomar posesión efectiva de su cargo; y el Presidente de la Asamblea, sin necesidad de acto alguno, *ex constitutione*, se debía encargar de la Presidencia de la República.

Sin embargo, debe mencionarse que una primera lectura del artículo 233 de la Constitución, también podía conducir a considerar, (i) que como la falta absoluta se produjo después de iniciado el periodo constitucional, el cual comenzó el 10 de enero, así no se hubiera juramentado el Presidente electo; (ii) que entonces, como la falta absoluta se produjo "durante los primeros cuatro años del periodo constitucional"; y (iii) que como ya existía una interpretación constitucional, aun cuando errada, dispuesta por la Sala Constitucional, de que desde el 10 de enero de 2013 había una "continuidad administrativa," haciendo que los titulares del Poder Ejecutivo anterior siguieran en funciones (Presidente, Vicepresidente y ministros); entonces se podía aplicar el segundo supuesto de falta absoluta previsto en el artículo 233 (la que ocurría durante los primeros cuatro años del período constitucional que comenzó el 10 de enero de 2013), lo que podía conducir a considerar que el Vicepresidente Ejecutivo debía encargarse de la Presidencia quien ya estaba en funciones por la mencionada "continuidad administrativa" decretada por el Tribunal Supremo.

Esta aproximación que podía derivarse de una primera lectura de la norma, sin embargo, debía descartarse con una lectura detenida, porque la denominada "continuidad administrativa" que se había fundamentado en el hecho de que había un Presidente electo, que era Hugo Chávez, quien por causas conocidas, pero sobrevenidas, no había podido tomar posesión de su cargo, pero supuestamente lo haría; había cesado totalmente con el anuncio del fallecimiento del Presidente. A partir de entonces ya la "continuidad administrativa" no podía sobrevivirle, pues la misma estaba ligada a su propia existencia, razón por la cual, como la falta absoluta se producía entonces sin que el Presidente Chávez hubiese llegado a tomar posesión efectiva de su cargo mediante su juramento, entonces el Presidente de la Asamblea Nacional era quien debía encargarse de la Presidencia.

Sin embargo, ello no fue lo que ocurrió en la práctica política, incumpliendo el Presidente de la Asamblea Nacional el mandato de la Constitución, habiendo sido la segunda opción a la cual hemos hecho referencia, la que de hecho se impuso en el ámbito del gobierno, de manera que el mismo día 5 de marzo de 2013, la Procuradora General de la República afirmaba a la prensa que con la muerte del Presidente Hugo Chávez, "inmediatamente se pone en vigencia el artículo 233, que establece que se encarga el Vicepresidente Nicolás Maduro (...) .Ya la falta absoluta determina que el que se encarga es el Vicepresidente, Nicolás Maduro."[519] Y ello fue efectivamente lo que ocurrió quedando evidenciado en *Gaceta Oficial* del mismo día, mediante la publicación del Decreto N° 9.399 declarando Duelo Nacional, dado y firmado por Nicolás Maduro, ni siquiera como "Vicepresidente encargado de la Presidencia," sino como "Presidente Encargado de la República."[520] Nada se supo, ese

519 Véase "Muerte de Chávez. 06/03/2013 03:16:00 p.m.. Aseguró la Procuradora General de la República Cilia Flores: La falta absoluta determina que se encargará el Vicepresidente Maduro." en Notitarde.com, 7-3-2013, en http://www.notitarde.com/Muerte-de-Chavez/Cilia-Flores-La-falta-absoluta-determina-que-se-encargara-el-Vicepresidente-Maduro/2013/03/06/169847

520 *Gaceta Oficial* 40.123 de 5 de marzo de 2013. Con relación a este Decreto, que fue refrendado por todos los Ministros y publicado en *Gaceta Oficial*, Juan Manuel Raffalli apreció que

día, por lo demás, de la posición del Presidente de la Asamblea Nacional Diosdado Cabello sobre el porqué no había dado cumplimiento a la norma constitucional que lo obligaba a encargarse de la Presidencia.[521]

Lo cierto es que el régimen de la llamada "continuidad administrativa" había cesado, pues había sido impuesta por el Tribunal Supremo para permitirle al Presidente Chávez que eventualmente se pudiera juramentar posteriormente en su cargo una vez recuperada su salud, a lo cual tenía derecho, como lo indico el Tribunal Supremo, y hubiera podido en ese caso tomar posesión de su cargo. Esa posibilidad fue, precisamente, la que se disipó con el anuncio del fallecimiento del Presidente, concluyendo allí el régimen de la "continuidad administrativa," entrando en aplicación, precisamente, el primer supuesto del artículo 233 de una falta absoluta del Presidente ocurrida ***antes de que tomara posesión de su cargo***, lo que nunca ocurrió, en cuyo caso debía encargarse de la Presidencia el Presidente de la Asamblea Nacional.

---

"no hay duda de que Nicolás Maduro es el Presidente encargado de la República," llamando la atención respecto a que "Maduro no ha designado un Vicepresidente y si ostenta la doble condición de Presidente y Vicepresidente, no puede ser candidato," e indicando que "para que pueda ser candidato, tendría que designar a un Vicepresidente." Véase en "Raffalli: Maduro no puede ser candidato mientras también ostente la Vicepresidencia," en *6to. Poder*, Caracas 7-3-2013, en http://www.6topoder.com/venezuela/politica/raffalli-maduro-no-puede-ser-candidato-mientras-tambien-ostente-la-vicepresidencia/; y en "Dudas Constitucionales. ¿Maduro es Vicepresidente y encargado de la Presidencia, o es Presidente encargado a secas?, , en *El Universal*, 8=3-2013, en http://www.eluniversal.com/opinion/130308/dudas-constitucionales . Sin dejar de considerar que con ese Decreto, efectivamente y de hecho, el Vicepresidente Maduro asumió sin título alguno la Presidencia de la República, es decir, ilegítimamente; sin embargo consideramos que debe puntualizarse que de acuerdo con el texto de la Constitución, en cualquier caso en el cual se produzca una falta absoluta del Presidente en los términos del artículo 233 de la Constitución, tanto el Presidente de la Asamblea Nacional como del Vicepresidente, es sus respectivos casos, lo que deben y pueden hacer es "encargarse" de la Presidencia, pero nunca pasan a ser "Presidentes encargados de la República."

521 Sobre el tema de la sucesión presidencial en este caso, el profesor Hermán Escarrá, en una entrevista de televisión ese mismo día 5 de marzo, afirmaba que ante la muerte de Hugo Chávez se abrían dos ámbitos de actuación, de manera que (i), "si era el caso de "un Presidente electo que no ha tomado posesión; en este caso [...] debe sustituir la falta el Presidente de la Asamblea Nacional, Diosdado Cabello"; y que (ii), si era el caso de "un Presidente en ejercicio de sus funciones," entonces en ese caso "le corresponde al Vicepresidente sustituir por el periodo en el que debe convocarse a elecciones para que al final sea el pueblo el que decida quién será su Presidente." De estas opciones, según sus propias palabras, el primer supuesto era el que aparentemente se aplicaba. Pero no; fue la segunda opción, la que consideró aplicable el profesor Escarrá, argumentando que la sentencia del Tribunal Supremo de 9 de enero de 2013 había dicho que "Chávez era un Presidente reelecto que nunca estuvo ausente, 'por lo que debía entonces aplicarse el Artículo 233 de la Constitución.' [...] El Vicepresidente queda encargado, puesto que aunque el Presidente no se juramentó, de conformidad a la sentencia, estaba en el cargo cumpliendo sus funciones." Agregó además, el profesor Escarrá, que "Maduro dejó de ser vicepresidente en el momento en que se supo de la muerte del presidente Chávez y se decretó la falta absoluta. Una vez que opera la falta absoluta asume el poder el vicepresidente." Véase "Hermann Escarrá: Maduro es Presidente encargado desde que se anunció la muerte de Chávez," en Globovisión.com, 6-3-2013, en http://globovision.com/articulo/hermann-escarra-maduro-es-presidente-encargado-desde-que-se-anuncio-la-muerte-de-chavez

Ahora bien, salvo que se trate de falta absoluta ocurrida en los dos últimos años del período constitucional en cuyo caso, el Vicepresidente ***asume*** el cargo de Presidente, es decir, es Presidente, en ningún otro caso, sea en caso del Presidente de la Asamblea Nacional o del Vicepresidente Ejecutivo, en los supuestos respectivos previstos en la Constitución, puede decirse que se convierten en "Presidentes encargados" ya que en ningún caso pierden su investidura. Al contrario, siguen siendo titulares de sus respectivos cargos de Presidente de la Asamblea y de Vicepresidente, y es en ese carácter que se pueden "encargar" de la Presidencia. En el caso del Vicepresidente Ejecutivo, cuando se "encarga" de la Presidencia, no puede auto considerarse ni ser calificado como "Presidente encargado de la República" como erradamente se indicó en el Decreto N° 9399 declarando Duelo Nacional. Y esta no es una cuestión de redacción, es una cuestión sustantiva, pues el Vicepresidente, cuando se encarga de la Presidencia, no deja de ser Vicepresidente; es más, es porque es Vicepresidente que se encarga de la Presidencia.

Por tanto, no es correcto afirmar que el Vicepresidente, en esos supuestos, se transforme en "Presidente encargado de la República," ni que el mismo pueda designar un Vicepresidente. Esto sólo lo puede hacer un Presidente electo una vez en funciones, pero no un Vicepresidente encargado de la Presidencia. El Vicepresidente, en la Constitución, además de tener atribuciones, tiene cargas o deberes, y uno de ellos es precisamente "encargarse" de la Presidencia en esos casos, por lo que debe asumir todas sus consecuencias. Por ello es que, por ejemplo, no puede en ningún caso ser candidato a Presidente en las elecciones a las que debe procederse en el breve lapso de 30 días. Es decir, conforme a artículo 229 de la Constitución, quien esté en ejercicio del cargo de Vicepresidente en el día de su postulación o en cualquier momento entre esta fecha y la de la elección, no puede ser elegido Presidente. Y como el Vicepresidente no puede abandonar su cargo de Vicepresidente al encargarse de la Presidencia, simplemente no puede ser candidato a Presidente.

Esa debió haber comenzado a ser la situación constitucional del Vicepresidente Maduro después de haberse "encargado de la Presidencia" el día 5 de marzo de 2013. Sin embargo, no fue así, y el anuncio antes mencionado de la Procuradora General de la República, de que el Vicepresidente Maduro había pasado a ser "Presidente encargado de la República," mostraba otra realidad, inconstitucional, a lo que se agregaba la situación inconstitucional derivada de la declaración dada por el Ministro de la Defensa al afirmar, pocas horas después de darse a conocer oficialmente la muerte del Presidente Chávez, que "Ahora más que nunca, la FAN debe estar unida para llevar a Maduro a ser el próximo presidente electo de todos los venezolanos."[522] Para una institución como la Fuerza Armada, "sin militancia política"

522 Véase en "Ministro de la Defensa venezolano: "La Fuerza Armada Nacional debe estar unida para llevar a Maduro a ser presidente", en Vínculocrítico.com. Diario de América, España y Europa, en http://www.vinculocritico.com/politica/venezuela/elecciones-venezuela/fuerzas-militares-venezolanas/muere-chavez/muerte-chavez/anuncio-muerte-chavez/ministro-defensa/vtv-/apoyo-de-militares-maduro-/294618 . En la nota publicada en ese diario se concluía con la siguiente reflexión "La clara posición expresada por el Ministro de la Defensa resulta preocupante para muchos ciudadanos, toda vez que bajo sus órdenes se encuentra la Fuerza Armada Nacional que debe velar por la seguridad de Venezuela, pero no obedecer a la voluntad de una sola persona y menos aún en materia electoral. Su posición no presagia

y que "está al servicio exclusivo de la Nación y en ningún caso al de persona o parcialidad política alguna" (art. 328, Constitución), esa manifestación violaba abiertamente el texto fundamental.

Luego le correspondería a la Sala Constitucional del Tribunal Supremo de Justicia, en sentencia N° 141 de 8 de marzo de 2013, que se comenta más adelante, consolidar todo este fraude constitucional.

Pero volvamos a la situación el día 5 de marzo. Nicolás Maduro, como Vicepresidente encargado de hecho de la Presidencia (porque ello correspondía al Presidente de la Asamblea Nacional), y como "Presidente encargado de la República" como se autodenominó, en todo caso, tenía entre sus atribuciones inmediatas velar por que se procediera "a una nueva elección universal, directa y secreta dentro de los treinta días consecutivos siguientes" contados a partir de la falta absoluta del Presidente, es decir, contados a partir del 5 de marzo de 2013.[523]

Esto significaba que la elección presidencial conforme a la Constitución, debía necesariamente efectuarse en ese lapso, para lo cual el Consejo Nacional Electoral debía adoptar todos los actos y realizar todas diligencias necesarias, como la convocatoria, postulación, y organización electoral.[524] Y en ese proceso electoral, en ningún caso el Vicepresidente podía ser candidato a la Presidencia, primero, porque la Constitución expresamente establece que quien esté en ejercicio del cargo de Vicepresidente para el momento de la postulación, es inelegible (art. 229); y segundo, porque el Vicepresidente, en este caso de haberse encargado de la Presidencia, así ello hubiera sido ilegítimo, no podía separarse de su cargo, pues era en tal carácter de Vicepresidente que se encargó de la Presidencia. Si lo hacía crearía un vacío en el Poder Ejecutivo al dejar acéfala la jefatura del Estado. Quizás por ello, en vez de encargarse de la Presidencia, Nicolás Maduro procedió el 5 de marzo de 2013 a autonombrarse "Presidente encargado de la República," para así, seguramente, proceder en el futuro a nombrar un Ministro como "encargado" de la Vicepresidencia, como ya lo había hecho durante el mes de diciembre de 2012.

En todo caso, y aún en el supuesto de que se pretendiera que el Vicepresidente no era tal "Vicepresidente encargado de la Presidencia" sino que era "Presidente encargado de la República," tampoco podía ser candidato a la Presidencia en las

---

una situación de imparcialidad, con la gravedad que ello conlleva para el futuro en democracia de dicha nación latinoamericana."

523 No es correcta la afirmación del diputado Calixto Ortega en el sentido de afirmar que "tras los actos fúnebres, la Asamblea Nacional debe reunirse y declarar formalmente "la ausencia de derecho del presidente", tras lo cual el CNE pasa a organizar y convocar las elecciones dentro de un plazo estimado de 30 días que pudiera extenderse." Ello es contrario a la Constitución, no sólo porque en la misma la falta absoluta del Presidente por muerte no requiere de declaración formal alguna, sino porque los treinta días consecutivos para que se proceda a realzar la elección deben contarse a partir de dicha falta absoluta. Véase la reseña de la declaración en "Oposición venezolana trabaja en escenario electoral", ABC color, 7-3-2013, en http://www.abc.com.py/internacionales/oposicion-venezolana-trabaja-en-escenario-electoral-546632.html

524 Sin embargo, el día 8 de marzo se anunciaba en la prensa que el Consejo Nacional Electoral estaría listo para las elecciones presidenciales a partir del día 14 de abril de 2013. Véase en *El Universal*, Caracas 8-3-2013, en http://www.eluniversal.com/nacional-y-politica/130307/cne-listo-para-presidenciales-a-partir-del-14-de-abril

elecciones a realizarse en breve, ya que el único funcionario en la Constitución que puede participar en un proceso electoral sin separarse de su cargo es el Presidente de la República cuando una vez ya electo popularmente, acude a la reelección, es decir, cuando ya ha sido previamente electo en una elección anterior. Ningún otro funcionario, ni siquiera cuando se autodenomine "Presidente encargado de la República" podría ser considerado Presidente a tales efectos de reelección sin separarse de su cargo, pues no ha sido electo popularmente.

Pero el tema de la sucesión presidencial por la anunciada falta absoluta del Presidente Chávez, a pesar de todo lo que disponía la Constitución, para el mismo día 5 de marzo de 2013, al anunciarse su fallecimiento, ya estaba de hecho resuelto al haberse encargado de la Presidencia de la República el Vicepresidente Nicolás Maduro, bien en contra de lo previsto en la Constitución, y ante el silencio del Presidente de la Asamblea Nacional, quien debió hacerlo; y haberlo hecho ni siquiera como "Vicepresidente encargado de la Presidencia," sino como consta del Decreto antes mencionado que dictó ese mismo día como "Presidente encargado de la República," carácter que no tenía pues sólo era "Vicepresidente encargado de la Presidencia."

Por ello, al inicio causó extrañeza el anuncio que hizo el Presidente de la Asamblea Nacional, Diosdado Cabello, en horas de la noche del día 7 de marzo, en el sentido de que "el vicepresidente Nicolás Maduro será juramentado este viernes a las 7:00 de la noche como Presidente de la República encargado," indicando además, que "una vez juramentado, corresponderá a Maduro convocar a nuevas elecciones para elegir al próximo jefe de Estado."[525] Era extraño porque quien ya se había encargado de hecho de la Presidencia, y ya había dictado un Decreto presidencial en uso de la atribución presidencial de "dirigir la acción de gobierno," (arts. 226 y 236.2 de la Constitución que son los que se citan en el decreto) como Presidente encargado de la República, iba a juramentarse *ex post facto*, para el cargo que ya había comenzado a ejercer.

Ello lo que puso en evidencia fue la tremenda inseguridad que debía existir en las esferas de gobierno sobre la "encargaduría" de la Presidencia a la muerte del Presidente Chávez. El arte del desconcierto que tanto aplicó el fallecido durante su mandato, siguió guiando el comportamiento del gobierno en su "continuidad administrativa" de tiempo indefinido. Sin embargo, con el anuncio, al menos ya quedaba expresada por primera vez la opinión de quien constitucionalmente debió encargarse de la Presidencia, y no lo hizo.[526]

---

525 Véase Alejandra M. Hernández, "Maduro será juramentado mañana como Presidente encargado," *El Universal*, 7-3-2013, en http://www.eluniversal.com/nacional-y-politica/hugo-chavez-1954-2013/130307/maduro-sera-juramentado-manana-como-presidente-encargado; y "Nicolás Maduro asumirá hoy como Presidente,"en http://www.eluniversal.com/nacional-y-politica/130308/nicolas-maduro-asumira-hoy-como-presidente

526 Diosdado Cabello destacó "que la juramentación se efectuará de conformidad con lo establecido en el artículo 233 de la Constitución, el cual establece que cuando "la falta absoluta del Presidente de la República se produce durante los primeros cuatro años del período constitucional (...) mientras se elige y toma posesión el nuevo Presidente, se encargará de la Presidencia de la República el Vicepresidente Ejecutivo." "Cabello aclaró que no le corresponde a él como presidente de la AN, sino a Maduro como vicepresidente asumir la jefatura de Estado, ya que se produjo la falta absoluta del presidente de la República." "Recordó que Hugo Chávez, quien falleció el pasado martes, era un mandatario en posesión de su cargo y no un

Ese anuncio ponía fin, momentáneamente, a las "interpretaciones" de las normas constitucionales a conveniencia, quedando acordada la situación políticamente en el seno del gobierno, pues lo que había pasado en el país respecto de la situación constitucional originada con motivo del inicio del período constitucional presidencial 2013-2017, dada la situación de ausencia del territorio nacional del Presidente electo a partir del 9 de diciembre de 2012, su permanencia en Cuba hasta su supuesta reclusión hospitalaria en Caracas a partir del 18 de febrero de 2013; y el anuncio de su fallecimiento el 5 de marzo de 2013, no fue lo que debió pasar.[527]

En realidad, lo que pasó desde el 10 de diciembre de 2012, al margen de la Constitución, fue que el Vicepresidente Maduro se negó a suplir la falta temporal del Presidente ausente; el Presidente ausente no pudo comparecer el 10 de enero de 2013 ante la Asamblea Nacional para jurar el cargo y tomar posesión del mismo para el período 2013-2013, situación en la cual, en lugar de que el Presidente de la Asamblea Nacional se encargara de la Presidencia, el Tribunal Supremo decidió mediante la sentencia Nº 2 de 9 de enero de 2013 que el Presidente reelecto, ausente y enfermo, su Vicepresidente y sus Ministros, seguían en ejercicio de sus funciones, hasta que el Presidente se juramentase ante el propio Tribunal; que una vez anunciado el fallecimiento del Presidente Chávez, y producida su falta absoluta antes de tomar posesión efectiva y formalmente de su cargo, a pesar de haber cesado el régimen de "continuidad administrativa" impuesto por el Tribunal Supremo, en lugar de que el Presidente de la Asamblea Nacional se encargara de la Presidencia, el Vicepresidente Maduro asumió el cargo de "Presidente encargado de la República."

Contrastado lo que pasó[528] con lo que debía haber pasado, constitucionalmente hablando, la situación de incertidumbre sólo podía quedar resuelta, de hecho, razón

---

Jefe de Estado electo que por primera vez iba a cumplir funciones." "Agregó que se cumplirán las órdenes dadas por Chávez." Véase Alejandra M. Hernández, "Nicolás Maduro asumirá hoy como Presidente," en http://www.eluniversal.com/nacional-y-politica/130308/nicolas-maduro-asumira-hoy-como-presidente

527 Como lo resumió con toda precisión Gerardo Blyde al responder la pregunta ¿Qué debió ocurrir?: "Cuando el Presidente solicitó ausentarse del país para tratarse en Cuba *debió declararse la ausencia temporal y encargarse el Vicepresidente hasta el fin de ese período constitucional.* / Al no regresar para el 10 de enero, fecha constitucional para la juramentación, *debió encargarse de la Presidencia el presidente de la Asamblea Nacional para el nuevo período hasta tanto el Presidente electo pudiera juramentarse y asumir.* / Al regresar, el Presidente electo *debió ser juramentado por el TSJ.* Si no era posible, el TSJ *ha debido nombrar una junta médica* que determinara si había causas que le impedían asumir la Presidencia y si éstas serían permanentes o temporales. En caso de haberse determinado que eran permanentes, el TSJ *debió enviar el informe a la Asamblea Nacional para que se declarara la falta absoluta.* / Una vez declarada la falta absoluta, el CNE *debía convocar a nuevas elecciones presidenciales* y, una vez elegido el nuevo Presidente, el presidente de la AN debía entregarle para que éste culminara el período presidencial en curso." Véase en Gerardo Blyde, "Lo que pasó y no debió pasar. El Vicepresidente encargado de la Presidencia no puede nombrar a otro Vicepresidente," en *El Universal*, 8-3-2013, en http://www.eluniversal.com/opinion/130308/lo-que-paso-y-no-debio-pasar

528 Véase igualmente los comentarios de Gerardo Blyde en *Idem*, "Lo que pasó y no debió pasar. El Vicepresidente encargado de la Presidencia no puede nombrar a otro Vicepresidente," en *El Universal*, 8-3-2013, en http://www.eluniversal.com/opinion/130308/lo-que-paso-y-no-debio-pasar

por la cual se anunció el acto mediante el cual el Presidente de la Asamblea Nacional, quien era quien debía estar encargado de la Presidencia, iba a tomar el juramento del Vicepresidente, pero no sólo como encargado de la Presidencia, sino como "Presidente encargado de Venezuela," cuando ya desde el 5 de marzo éste ya estaba "ejerciendo" dicho cargo

Todo lo anterior se consolidó luego, mediante la sentencia No. 141 de la Sala Constitucional del Tribunal Supremo de Justicia de 8 de marzo de 2013, dictada al resolver un nuevo recurso de interpretación que se había interpuesto (por Otoniel Pautt Andrade) el día 6 de marzo de 2013 sobre la aplicación del artículo 233 de la Constitución a la situación concreta derivada de la anunciada falta absoluta del Presidente Chávez.[529]

En esta nueva decisión, la Sala comenzó con un error de interpretación de la norma cuya interpretación se había requerido, cuyo texto hemos transcrito anteriormente, al concluir, después de transcribirla íntegramente, que "De la lectura de dicho precepto se observa que cuando se produce la falta absoluta del Presidente de la República se habrá de realizar una nueva elección y *se encargará de la Presidencia de la República el Vicepresidente Ejecutivo o la Vicepresidenta Ejecutiva*", cuando ello no es correcto, porque en el primer supuesto de falta absoluta regulado en la norma (de los tres que regula), quien se encarga de la Presidencia es el Presidente de la Asamblea Nacional. Esa parte de la norma fue completamente ignorada en la sentencia.[530]

---

529 Véase el texto de la sentencia en http://www.tsj.gov.ve.decisiones/scon/Marzo/141-9313-2013-13-0196.html.

530 Días después de dictada la sentencia, el 12 de marzo de 2013, en un programa de televisión, la Presidente del Tribunal Supremo diría lo siguiente según la reseña : "La Constitución debemos leerla muy claramente, a mi una de las cosas que más me preocupa es la falta de lectura por parte de algunas personas, o no diría falta de lectura (...) sino la falta gravísima y el engaño que hacen al pueblo cuando se refieren al texto constitucional saltándose párrafos para que se malinterprete el resultado," detalló durante el programa Contragolpe que transmite Venezolana de Televisión. / La magistrada cuestionó que hay quienes pretenden irrespetar la Constitución, al afirmar que debe ser el presidente de la Asamblea Nacional, en este caso Diosdado Cabello, quien debió asumir la Presidencia Encargada. / Refirió que el artículo 233 expresa que "mientras se elige y toma posesión el nuevo Presidente o nueva Presidenta se encargará de la Presidencia de la República el Vicepresidente Ejecutivo o la Vicepresidenta Ejecutiva. Yo estoy leyendo la Constitución, no estoy diciendo algo que a mi se me ocurre." Véase la reseña en http://www.vive.gob.ve/actualidad/noticias/designaci%C3%B3n-de-nicol%C3%A1s-maduro-como-presidente-e-es-constitucional; y en http://www.el-nacional.com/politica/Luisa-Estella-Morales-Maduro-Constitucion_0_152387380.html Por lo visto no se percató la magistrada que quien analizó la Constitución "saltándose párrafos para que se malinterprete el resultado," fue ella misma y la Sala Constitucional que dictó la sentencia bajo su Ponencia, al ignorar (o saltarse) el primer párrafo sobre la falta absoluta del Presidente del artículo 233 que dispone que "Cuando se produzca la falta absoluta del Presidente electo o Presidenta electa antes de tomar posesión, se procederá a una nueva elección universal, directa y secreta dentro de los treinta días consecutivos siguientes. Mientras se elige y toma posesión el nuevo Presidente o la nueva Presidenta, se encargará de la Presidencia de la República el Presidente o Presidenta de la Asamblea Nacional." Tan esa parte fue "saltada" por la Sala que luego de copiar el texto íntegro del artículo la sentencia expresa, pura y simplemente que: "De la lectura de dicho precepto se observa que cuando se produce la falta

Aparte de este error, la sentencia de 8 de marzo de 2013, en definitiva, resolvió que como en la sentencia anterior de la misma Sala Constitucional N° 2 de 9 de enero de 2013, ya se había dispuesto que a pesar de que el período constitucional 2013-2019 comenzó el 10 de enero de 2013, en virtud de que el Presidente Chávez había sido reelecto y que en relación con el mismo "no era necesaria una nueva toma de posesión [...] en virtud de no existir interrupción en ejercicio del cargo," entonces dijo la Sala:

> "se desprende que el Presidente reelecto inició su nuevo mandato el 10 de enero de 2013, que se configuró una continuidad entre el período constitucional que finalizaba y el que habría de comenzar y que por lo tanto, se entendía que el Presidente reelecto, a pesar de no juramentarse dicho día, continuaba en funciones."

Ello, por supuesto, fue una falacia, pues el Presidente Chávez, desde el 10 de diciembre de 2013 nunca más salió de un Hospital. Sin embargo, de allí la Sala concluyó que al momento de anunciarse la falta absoluta del Presidente Chávez el 5 de marzo de 2013, en virtud de que el mismo "se encontraba en el ejercicio del cargo de Presidente de la República, es decir, había comenzado a ejercer un nuevo período constitucional," lo que era totalmente falso e irreal, entonces, como la falta absoluta se produjo dentro de los primeros cuatro años del período constitucional:

> "es aplicable a dicha situación lo previsto en el segundo aparte del artículo 233 de la Constitución, esto es, debe convocarse a una elección universal, directa y secreta, y se encarga de la Presidencia de la República el ciudadano Nicolás Maduro Moros, quien para ese entonces ejercía el cargo de Vicepresidente Ejecutivo."

Estableció la Sala Constitucional, adicionalmente que "dicha encargaduría comenzó inmediatamente después de que se produjo el supuesto de hecho que dio lugar a la falta absoluta," consolidando así lo que efectivamente había ocurrido el 5 de marzo de 2013. Agregó además la Sala que "El Presidente Encargado debe juramentarse ante la Asamblea Nacional," ratificando así, también, lo que de hecho ya había sido anunciado en el gobierno, a pesar de que la misma Sala antes había dicho que el Vicepresidente ya se había encargado desde el 5 de marzo de 2013 de la Presidencia.

Quedaron así muy convenientemente resueltas por el Juez Constitucional todas las dudas e incertidumbres pasadas, que ya habían sido resueltas políticamente entre los órganos del Poder Ejecutivo y del Poder Legislativo. La Sala Constitucional, una vez más, interpretó la Constitución a la medida del régimen autoritario, pero distorsionándola.

Sobre el futuro que en ee momento era cercano, la Sala Constitucional también pasó a resolver de antemano todas las dudas que podían presentarse en el funcionamiento del nuevo gobierno de transición sin legitimidad democrática, declarando que al encargarse el Vicepresidente Ejecutivo Nicolás Maduro "de la Presidencia de

---

absoluta del Presidente de la República se habrá de realizar una nueva elección y *se encargará de la Presidencia de la República el Vicepresidente Ejecutivo o la Vicepresidenta Ejecutiva.*" Basta comparar los dos textos para saber quién se saltó un párrafo de la norma para malinterpretarla.

la República [...] deja de ejercer dicho cargo para asumir la tarea que el referido precepto le encomienda." Es decir, ni más ni menos, dejaba de ser Vicepresidente encargado de la Presidencia y pasaba a ser "Presidente encargado"

De ello derivó la Sala Constitucional, que en cuanto a la previsión de la condición de inelegibilidad establecida en el artículo 229 de la Constitución, según el cual no puede ser elegido Presidente de la República quien esté en ejercicio del cargo de Vicepresidente Ejecutivo en el día de su postulación o en cualquier momento entre esta fecha y la de la elección; la misma –dijo la Sala–, sólo se aplica "mientras el Vicepresidente Ejecutivo o la Vicepresidenta Ejecutiva esté en el ejercicio de dicho cargo," considerando que en dicho "supuesto de incompatibilidad" previsto en la norma, "no está comprendido el Presidente Encargado de la República."

Por tanto, estableció la Sala, que como "el ahora Presidente Encargado no sigue ejerciendo el cargo de Vicepresidente, el órgano electoral competente, una vez verificado el cumplimiento de los requisitos establecidos por la ley, puede admitir su postulación para participar en el proceso que lleve a la elección del Presidente de la República, sin separarse de su cargo," de manera que "durante dicho proceso electoral, el Presidente Encargado está facultado para realizar las altas funciones que dicha investidura trae aparejadas como Jefe del Estado, Jefe de Gobierno y Comandante en Jefe de la Fuerza Armada Nacional Bolivariana, de acuerdo con la Constitución y las leyes."

Tal y como la misma Sala Constitucional lo resumió en su sentencia N° 1116 de 7 de agosto de 2013, el "régimen constitucional de la transición presidencial con ocasión de la muerte del Presidente Hugo Rafael Chávez Frías" que estableció en la sentencia N° 141 de 8 de marzo de 2013, en definitiva fue el siguiente:

"a) Ocurrido el supuesto de hecho de la muerte del Presidente de la República en funciones, el Vicepresidente Ejecutivo deviene Presidente Encargado y cesa en el ejercicio de su cargo anterior. En su condición de Presidente Encargado, ejerce todas las atribuciones constitucionales y legales como Jefe del Estado, Jefe de Gobierno y Comandante en Jefe de la Fuerza Armada Nacional Bolivariana;

b) Verificada la falta absoluta indicada debe convocarse a una elección universal, directa y secreta;

c) El órgano electoral competente, siempre que se cumpla con los requisitos establecidos en la normativa electoral, puede admitir la postulación del Presidente Encargado para participar en el proceso para elegir al Presidente de la República por no estar comprendido en los supuestos de incompatibilidad previstos en el artículo 229 constitucional;

d) Durante el proceso electoral para la elección del Presidente de la República, el Presidente Encargado no está obligado a separarse del cargo." [531]

Y nada más.[532] El Tribunal Supremo de Justicia, de nuevo, "legitimó" lo que el gobierno autoritario ya había dispuesto, para lo cual mutó ilegítimamente la Consti-

---

531 Véase en http://www.tsj.gov.ve/decisiones/scon/agosto/1116-7813-2013-13-0566.html

532 La Sala Constitucional, en su sentencia, procedió a "sistematizar las conclusiones vertidas a lo largo de esta decisión," de manera resumida, así: a) Ocurrido el supuesto de hecho de la

tución, cambiando materialmente la condición de inelegibilidad establecida en la Constitución para la elección del cargo de Presidente de la República, y además, permitiendo de antemano, también ilegítimamente, que el "Presidente encargado de la República" en el período de sucesión presidencial, pudiera participar en la campaña electoral sin separarse del cargo, situación que como se dijo, está reservada a los Presientes electos que buscan la reelección, y no es aplicable a un Vicepresidente encargado de la Presidencia o a un Presidente encargado que no ha sido a su vez ya electo popularmente.

La decisión de la Sala Constitucional, como lo expresó Jesús María Casal, "se construyó a partir de la ficción de que Chávez ejercía su cargo, lo cual sabemos que es falso,"[533] y como lo consideró Enrique Sánchez Falcón, "atenta contra la Constitución, el Estado de Derecho, la Democracia y la paz ciudadana, [...] porque ella dice que el Vicepresidente no puede participar en las elecciones presidenciales, a menos que se separe de ese cargo; y no se puede decir que puede participar porque ya no es Vicepresidente, porque él es el encargado de la Presidencia precisamente porque estaba en la Vicepresidencia." Consideró Sánchez Falcón que la decisión violaba, además, la democracia, en lo que coincidió Jesús María Casal, al expresar que "enrarecía" el clima político, pues "parece ir destinada a favorecer o reforzar el

muerte del Presidente de la República en funciones, el Vicepresidente Ejecutivo deviene Presidente Encargado y cesa en el ejercicio de su cargo anterior. En su condición de Presidente Encargado, ejerce todas las atribuciones constitucionales y legales como Jefe del Estado, Jefe de Gobierno y Comandante en Jefe de la Fuerza Armada Nacional Bolivariana; / b) Verificada la falta absoluta indicada debe convocarse a una elección universal, directa y secreta; / c) El órgano electoral competente, siempre que se cumpla con los requisitos establecidos en la normativa electoral, puede admitir la postulación del Presidente Encargado para participar en el proceso para elegir al Presidente de la República por no estar comprendido en los supuestos de incompatibilidad previstos en el artículo 229 constitucional; / d) Aurante el proceso electoral para la elección del Presidente de la República, el Presidente Encargado no está obligado a separarse del cargo." Véase en http://www.tsj.gov.ve.decisioes/scon/Marzo/141-9313-2013-13-0196.html

533 No es cierto, por tanto, como lo expresó la profesora Hildegard Rondón de Sansó, que "el presidente Chávez al momento de fallecer era un Presidente reelecto y no electo por primera vez, pero además estaba en posesión del cargo. Era un Presidente electo que estaba en posesión del cargo para ser precisos, pero por esa condición de la posesión del cargo no era esencial la juramentación." Véase en Juan Francisco Alonso, "Acusan al TSJ de alentar la desobediencia ciudadana,"en *El Universal*, 10-3-2013, en http://www.eluniversal.com/nacional-y-politica/130310/acusan-al-tsj-de-alentar-la-desobediencia-ciudadana. El Presidente Chávez estaba en posesión del cargo para el cual fue electo en 2007 y que duraba hasta el 10 de enero de 2013. En esta fecha, para tomar posesión del cargo de Presidente para el período constitucional 2013-2019, tenía que juramentarse ante la Asamblea nacional o ante el Tribunal Supremo, y no o hizo. No se puede afirmar seriamente que porque hubiera sido electo, estaba "en posesión de su cargo." Eso, por lo demás, no fue lo que decidió la sala Constitucional, que lo que hizo fue declarar que estaba en ejercicio de sus funciones desde el período anterior, ratificando, por lo demás el acto de juramentación como un requisito esencial para la toma de posesión el cargo.-

ventajismo electoral del que venía haciendo gala el Gobierno Nacional en los últimos años y eso obviamente genera desconfianza en el proceso electoral."[534]

Lo que es cierto, de la polémica, inconstitucional, distorsionante y mutante decisión de la Sala Constitucional es que después de ella, sin duda, el Secretario General de la Organización de Estados Americanos José Miguel Insulza tendría de nuevo ocasión para decir que "*El tema ha sido ya resuelto por los tres poderes del Estado de Venezuela*: *lo planteó el Ejecutivo, lo consideró el Legislativo, y lo resolvió el Judicial";* y podría concluir de nuevo que "Las instancias están agotadas y por lo tanto, el proceso que se llevará a cabo en ese país es el que han decidido los tres poderes,"[535] así esos tres poderes no sean independientes ni autónomos entre sí, lo que es indispensable para el funcionamiento de un régimen democrático. Eso, por lo visto, no le importaba a dicho funcionario internacional.!!

Lo que siguió, en todo caso, se ajustó al libreto ya escrito, de manera que una vez juramentado ante la Asamblea Nacional como Presidente encargado de la República el día 8 de marzo de 2013, incluso mediante la colocación de la banda presidencial;[536] el mismo día, el "Presidente encargado" Nicolás Maduro dictó su segundo Decreto N° 9.401, nombrando como Vicepresidente Ejecutivo a quien hasta ese momento había sido Ministro de Ciencia Tecnología, Jorge Arreaza, yerno del fallecido Presidente Chávez;[537] el día 9 de marzo de 2013, la Presidenta del Consejo Nacional Electoral convocó las elecciones presidenciales fijando el 14 de abril para su realización;[538] el 11 de marzo de 2013, el "Presidente encarado" inscribió su candidatura para dichas elecciones;[539] y el mismo día dictó el Decreto N° 9.402 delegando

---

534 Véase Juan Francisco Alonso, "Acusan al TSJ de alentar la desobediencia ciudadana,"en *El Universal*, 10-3-2013, en http://www.eluniversal.com/nacional-y-politica/130310/acusan-al-tsj-de-alentar-la-desobediencia-ciudadana

535 Véase en "J. M. Insulza: OEA respeta decisión de los poderes constitucionales sobre la toma de posesión del presidente Chávez," 11-1-2013, en http://www.noticierovenevision.net/politica/2013/enero/11/51405=oea-respeta-decision-de-los-poderes-constitucionales-sobre-la-toma-de-posesion-del-presidente-chavez ; y en http://globovision.com/articulo/oea-respeta-cabalmente-decision-del-tsj-sobre-toma-de-posesion-de-chavez

536 En esa oportunidad, el Presidente de la Asamblea Nacional, que "a pesar de ser un acto necesario, el Gobierno hubiera preferido no tener que celebrarlo" Luego de leer el artículo 233 de la Constitución sobre las faltas absolutas del Presidente, "Añadió que el vicepresidente de la República debe tomar el cargo cuando la falta absoluta se produzca mientras el primer mandatario está e funciones. En ese sentido, dijo que Chávez "tenía 14 años mandando", por lo que se justifica la continuidad del período presidencial." Véase en *El Universal*, 9-3-2013, en http://www.eluniversal.com/nacional-y-politica/hugo-chavez-1954-2013/130308/maduro-se-juramento-como-presidente-encargado

537 Véase en *El Universal*, 9-3-2013, en http://www.eluniversal.com/nacional-y-politica/hugo-chavez-1954-2013/130308/juramentado-jorge-arreaza-como-vicepresidente-de-la-republica. Véase Decreto N° 9401 de 8-3-2013 en *Gaceta Oficial* N° 40.126 de 11-3-2013.

538 Véase la reseña de Alicia de la Rosa, "CNE convoca elecciones presidenciales para el 14 de abril,"en *El Universal*, Caracas 9-3-2013, en http://www.eluniversal.com/nacional-y-politica/130309/cne-convoca-elecciones-presidenciales-para-el-14-de-abril

539 Véase en http://www.eluniversal.com/nacional-y-politica/elecciones-2013/130311/nicolas-maduro-formaliza-inscripcion-de-su-candidatura-ante-el-cne

en el Vicepresidente recién nombrado un conjunto de atribuciones presidenciales,[540] con lo cual quedaba más libre para participar en la campaña presidencial sin separarse del cargo.

Si efectuó así en Venezuela, una campaña electoral para la elección presidencial, con un candidato del Estado, el Presidente encargado Maduro, apoyado abiertamente por todos los poderes del Estado incluyendo el Poder Judicial y financiado groseramente con acceso ilimitado a los recursos públicos, a quien se enfrentó el candidato de la oposición, Henrique Capriles. Este último ganó la elección el 14 de abril de 2013, aún cuando no para el Consejo Nacional Electoral el cual a pesar de todos los cuestionamientos que afectaban de nulidad el proceso procedió de inmediato a proclamar a Maduro como Presidente para el período 2013-2019 con una diferencia de menos de un punto[541]. Y en cuanto al Juez Constitucional, la Presidenta de la Sala Constitucional de inmediato, a los dos días después de las votaciones y antes de que se formalizaran las impugnaciones, el 17 de abril de 2013 ya declaraba en la prensa, emitiendo opinión anticipada, que en Venezuela "se eliminó la forma manual de los procesos electorales y en el país el sistema es absolutamente sistematizado, por cuya razón el conteo manual no existe."[542].

Era el anuncio anticipado de que el Juez Constitucional en Venezuela nada decidiría que pudiese modificar la decisión ya tomada por las otras ramas del Poder Público.

### 4. *El juez constitucional, ante las impugnaciones de la elección presidencial de abril de 2013, las ignoró, declarando la "legitimidad" de la misma mediante una "Nota de prensa," en agosto de 2013*

A partir de marzo de 2013, en todo caso, se desarrolló una singular campaña electoral en medio del extraordinario legado de odio y resentimiento políticos que había dejado el recién fallecido Presidente Hugo Chávez, para elegir a la persona que debía completar el período constitucional 2013-2019 que no pudo iniciar, por

---

540 En el artículo 1 de dicho decreto se enumeraron las siguientes atribuciones que se delegaron:1. Traspasos de partidas presupuestarias; 2. Rectificaciones al presupuesto; 3. Prórroga para la liquidación de órganos o entes públicos; 4. Nombramiento de algunos altos funcionarios públicos; 5. Afectación para expropiación; 6. Reforma organizacional de entes descentralizados; 7. Puntos de cuenta ministeriales sobre las anteriores materias; 8. Dictar decretos y actos autorizados por el Presidente de la República y el Consejo de Ministros; 9. Las actuaciones presidenciales como parte de cuerpos colegiados; 10. Jubilaciones especiales a funcionarios; 11. Puntos de cuenta ministeriales sobre adquisición de divisas; 12. Puntos de cuentas sobre presupuestos de los entes descentralizados; 13. Insubsistencias presupuestarias; 14. Exoneraciones del Impuesto al Valor Agregado; 15 Exoneraciones del Impuesto sobre la renta. Véase en *Gaceta Oficial* Nº 40.126 de 11-3-2013.

541 El resultado anunciado fue NICOLAS MADURO, 7.575.704 (50,78%) y HENRIQUE CAPRILES RADONSKI, 7.302.648 (48,95%). Véase en http://www.cne.gob.ve/resultado_presidencial_2013/r/1/reg_000000.html

542 Véase las declaraciones de Luisa Estela Morales, Presidenta del Tribunal Supremod e Justicia, el 17 de abril de 2013 en http://www.eluniversal.com/nacional-y-politica/elecciones-2013/130417/para-la-presidenta-del-tsj-no-existe-el-conteo-manual; y en http://globovision.com/articulo/presidenta-del-tsj-en-venezuela-el-sistema-manual-no-existe-se-ha-enganado-a-la-poblacion

imposibilidad física, no sólo porque como se informó, estaba ausente del país postrado en una cama de hospital en La Habana, sino porque como también se informó, estaba totalmente incapacitado para juramentarse el 10 de enero. En dicha campaña electoral, el candidato de la oposición democrática, Henrique Capriles Radonski se enfrentó al Vicepresidente Ejecutivo Nicolás Maduro, tornado en "Presidente encargado" de la República, actuando como candidato del Estado y alegando ser el "hijo" de Chávez, para lo cual contó con todo el soporte de todos los órganos del poder público.

El Consejo Nacional Electoral luego de una larga espera ya casi a la media noche del mismo día 14 de abril de 2013, anunció mediante un boletín informativo los resultados obtenidos después de escrutados el 92% (14,775,741) de los votos emitidos en el país, en el cual dio como ganador al candidato del Estado y del gobierno, quien además estaba en ejercicio de la Presidencia, Nicolás Maduro por un margen del 1.59 %, en relación a la votación obtenida por el candidato de la oposición, Henrique Capriles Radonski.[543]

Con ello concluía el régimen que Hugo Chávez había iniciado en 1999, y comenzaba un régimen de un gobierno ilegítimo, conducido por un gobernante que había sido impuesto a los venezolanos por el Juez Constitucional violando la Constitución que estaba llamado a garantizar.

Este resultado, y las dudas existentes sobre la limpieza del proceso electoral en su conjunto, incluido su manejo electrónico luego de saberse antes de las elecciones que miembros del partido de gobierno tenían las claves de acceso al mismo, llevó a candidato de la oposición, como era lo esperado, a cuestionar el resultado ofrecido, razón por la cual a los pocos días de las elecciones se presentaron diversos recursos contencioso electorales de nulidad con el propósito de impugnar los resultados del proceso comicial celebrado el 14 de abril de 2013 ante la Sala Electoral del Tribunal Supremo de Justicia, que era la Sala competente conforme a la Constitución para conocer de los mismos, [544] no sin antes haberse producido varios pronunciamientos públicos de la Presidenta del Tribunal Supremo, negado la posibilidad de revisiones, auditorias o cuestionamiento de las elecciones. [545].

543 Los resultados ofrecidos fueron los siguientes: Henrique Capriles: 7,270,403 con 49.20%; Nicolás Maduro: 7,505,338 con 50.80%.

544 Recursos presentados por María Soledad Sarría Pietri, Sonia Hercilia Guanipa Rodríguez y otros; Iván Rogelio Ramos Barnola, Oscar Eduardo Ganem Arenas y otros; Adriana Vigilanza García, Theresly Malavé y otros; Adolfo Márquez López; Henrique Capriles Radonski; Gilberto Rúa; María de las Mercedes de Freitas Sánchez, representante de la Asociación Civil Transparencia Venezuela; Antonio José Varela; así como Carlos Guillermo Arocha y Fernando Alberto Alban, representantes de la organización política "Mesa de la Unidad Democrática (MUD), Expedientes Nos: AA70-E-2013-000025, AA70-E-2013-000026, AA70-E-2013-000027, AA70-E-2013-000028, AA70-E-2013-000029, AA70-E-2013-000031 y AA70-E-2013-000033.

545 Véase por ejemplo en http://www.eluniversal.com/nacional-y-politica/elecciones-2013/130417/para-la-presidenta-del-tsj-no-existe-el-conteo-manual; y en http://globovision.com/articulo/presidenta-del-tsj-en-venezuela-el-sistema-manual-no-existe-se-ha-enganado-a-la-poblacion.

Dos meses después, el 20 de junio de 2013, la Sala Constitucional del Tribunal Supremo, mediante sentencia N° 795, [546] de oficio, y sólo por notoriedad judicial, constató que ante la Sala Electoral se encontraban en sustanciación siete procesos contencioso electorales contra el proceso electoral del 14 de abril de 2013, procediendo a secuestrar la competencia de la Sala Electoral arrebatándole los procesos.

Para ello, la Sala Constitucional procedió, de oficio, es decir sin que nadie se lo solicitara, y sin tener competencia para ello, a avocarse al conocimiento de dichas causas, para lo cual se limitó a analizar en el capítulo "Único" de la sentencia, el artículo 25.16 de la Ley Orgánica del Tribunal Supremo de Justicia de 2010, en el cual se había definido el avocamiento, como "competencia privativa de esta Sala Constitucional, la de "Avocar las causas en las que se presuma violación al orden público constitucional, tanto de las otras Salas como de los demás tribunales de la República, siempre que no haya recaído sentencia definitivamente firme."

Se trata, como lo identificó la Sala en la sentencia, de una "extraordinaria potestad, consecuente con las altas funciones que como máximo garante de la constitucionalidad y último intérprete del Texto Fundamental" que se han asignado a esta Sala Constitucional, reconociendo que:

> "el avocamiento es una figura de superlativo carácter extraordinario, toda vez que afecta las garantías del juez natural y, por ello, debe ser ejercida con suma prudencia y sólo en aquellos casos en los que pueda verse comprometido el orden público constitucional (*vid.* sentencias números 845/2005 y 1350/2006)."

La doctrina y la norma que autoría el avocamiento es, sin duda clara, y de aplicación estricta por la excepcionalidad de la potestad, al exigir como motivo para la avocación que "se presuma violación al orden público constitucional" para lo cual, lo mínimo que se requería era que la Sala hubiera tenido previamente conocimiento del expediente de la causa para poder deducir una presunción de violación del orden público constitucional. Por lo demás, efectivamente tiene que tratarse de que del estudio de los expedientes resulte dicha presunción de "violación al orden público constitucional" y no de cualquier otro motivo, ni siquiera que el tema debatido tenga importancia nacional

Pero por lo visto del texto de la sentencia, esta limitación legal no tuvo importancia alguna para La Sala Constitucional, la cual simplemente anunció que":

> "no sólo hará uso de esta facultad en los casos de posible transgresión del orden público constitucional, ante la ocurrencia de acciones de diversa índole en las cuales se podría estar haciendo uso indebido de los medios jurisdiccionales para la resolución de conflictos o con el fin de evitar el posible desorden procesal que se podría generar en los correspondientes juicios, sino también cuando el asunto que subyace al caso particular tenga especial trascendencia nacional, esté vinculado con los valores superiores del ordenamiento jurídico, guarde relación con los intereses públicos y el funcionamiento de las instituciones o que las pretensiones que han generado dichos procesos incidan sobre la institucionalidad democrática o el ejercicio de los derechos fundamentales de los ciudadanos, particularmente sus derechos políticos."

---

546 Véase en http://www.tsj.gov.ve/decisiones/scon/Junio/795-20613-2013-13-0538.html.

Es decir, para la Sala, su poder de avocación podría ejercerse ilimitadamente, por cualquier motivo de interés general, como (i) la "posible transgresión del orden público constitucional," (ii) "la ocurrencia de acciones de diversa índole en las cuales se podría estar haciendo uso indebido de los medios jurisdiccionales para la resolución de conflictos," (iii) "con el fin de evitar el posible desorden procesal que se podría generar en los correspondientes juicios," (iv) "cuando el asunto que subyace al caso particular tenga especial trascendencia nacional," (v) cuando dicho asunto "esté vinculado con los valores superiores del ordenamiento jurídico, guarde relación con los intereses públicos y el funcionamiento de las instituciones" o (vi) "que las pretensiones que han generado dichos procesos incidan sobre la institucionalidad democrática o el ejercicio de los derechos fundamentales de los ciudadanos, particularmente sus derechos políticos."

Todo ello es esencialmente contrario a lo que dispone la norma atributiva de competencia, la cual no autoriza en forma alguna a que mediante avocamiento, la Sala Constitucional pretenda fundamentar una potestad universal para "aclarar las dudas y agenciar los procesos previstos para darle respuesta a los planteamientos de los ciudadanos y garantizar el ejercicio de sus derechos." Ello no está autorizado en norma alguna, por lo que los párrafos siguientes de la sentencia no pasan de ser pura retórica vacía, que:

> "Así pues, la jurisdicción constitucional en la oportunidad respectiva debe atender al caso concreto y realizar un análisis en cuanto al contrapeso de los intereses involucrados y a la posible afectación de los requisitos de procedencia establecidos para la avocación, en los términos expuestos, con la finalidad de atender prontamente a las posibles vulneraciones de los principios jurídicos y los derechos constitucionales de los justiciables.
>
> De esta manera, la competencia de la Sala establecida en la referida disposición viene determinada, como se expuso, en función de la situación de especial relevancia que afecte de una manera grave al colectivo, en cuyo caso, la Sala podría uniformar un criterio jurisprudencial, en aras de salvaguardar la supremacía del Texto Fundamental y, así, el interés general.

Luego la Sala, para seguir buscando cómo justificar un avocamiento que era a todas luces improcedente apeló a un supuesto "criterio consolidado," citando las sentencias números 373/2012 y 451/2012, supuestamente relativo a "los asuntos litigiosos relacionados con los derechos de participación y postulación, se encuentra vinculado el orden público constitucional," razón por la cual, al decir de la Sala, "en el caso de autos," es decir de la impugnación de las elecciones del 14 de abril de 2013:

> "con mayor razón, existen méritos suficientes para que esta Sala estime justificado el ejercicio de la señalada potestad, pues ha sido cuestionada la trasparencia de un proceso comicial de la mayor envergadura, como el destinado a la elección del máximo representante del Poder Ejecutivo, así como la actuación de órganos del Poder Público en el ejercicio de sus atribuciones constitucionales, de lo que se deduce la altísima trascendencia para la preservación de la paz pública que reviste cualquier juzgamiento que pueda emitirse en esta causa."

O sea que la Sala Electoral podrá ser despojada de su competencia por la Sala Constitucional, a su arbitrio, cada vez que se impugne unas elecciones.

Con base en lo antes indicado, y sólo con base en ello, mediante la sentencia N° 795 de 20 de junio de 2013, la Sala Constitucional "de oficio, en tutela de los derechos políticos de los ciudadanos y ciudadanas, del interés público, la paz institucional y el orden público constitucional, así como por la trascendencia nacional e internacional de las resultas del proceso instaurado," se avocó al conocimiento de las siete antes identificadas causas contencioso electorales

> "así como cualquier otra que curse ante la Sala Electoral de este Máximo Juzgado y cuyo objeto sea la impugnación de los actos, actuaciones u omisiones del Consejo Nacional Electoral como máximo órgano del Poder Electoral, así como sus organismos subordinados, relacionados con el proceso comicial celebrado el 14 de abril de 2013."

De todo ello, la Sala entonces ordenó a la Sala Electoral, que le remitiera todas y cada de las actuaciones correspondientes, no antes de avocarse como lo exige la Ley Orgánica, sino después de ello.

Esta decisión de la Sala Constitucional, implicó, entre otros aspectos, lo siguiente:

Primero, que la Sala Constitucional, materialmente vació de competencias a la Sala Electoral, violando la Constitución, al avocarse en este caso para conocer de impugnaciones a un proceso electoral presidencial. Cualquiera impugnación que se haga en el futuro, implicará el mismo interés general alegado por la Sala, y podrá ser avocado por esta.[547]

En segundo lugar, la Sala Constitucional tenía que comenzar decidiendo sobre la admisibilidad de los recursos contenciosos electorales, ninguno de los cuales había llegado a ser admitido judicialmente.

En tercer lugar, para ello, los Magistrados de la Sala Constitucional que participaron en las decisiones N° 2 del 9 de enero de 2013 y N° 141 del 8 de marzo de 2013 mediante las cuales ante la ausencia del Presidente Chávez del país, y su posterior fallecimiento, se instaló en el ejercicio de la Presidencia de la República a Nicolás Maduro, a quien además se autorizó a ser candidato a la Presidencia sin separarse del cargo de Vicepresidente; debía inhibirse de decidir sobre los proceso pues los recursos cuestionaban la forma cómo se había instalado a Maduro en la Presidencia y ésta se había ejercido desde el 8 de diciembre de 2012 hasta el 14 de abril de 2013,[548] razón por la cual fueron recusados por los apoderados de Henrique Capriles Radonski, uno de los impugnantes del proceso electoral, porque consideraron

---

547 Como lo ha dicho la profesora Cecilia Sosa Gómez, ex Presidenta de la antigua Corte Suprema de Justicia: "La Sala Constitucional por sentencia de 20 de junio de 2013 borró el artículo constitucional 297 al resolver que esa Sala no estaba en condiciones para sentenciar las demandas de nulidad de las elecciones celebradas el 14 de abril de 2013," en "La auto implosión de un Tribunal," publicado en *Panorama.com.ve*, 28 de junio de 2013, en http://m.panorama.com.ve/not.php?id=72067

548 Véase José Ignacio Hernández G., "¿Por qué la Sala Constitucional le quitó a la Sala Electoral las impugnaciones?," en http://www.venetubo.com/no-ticias/%BFPor-qu%E9-la-Sala-Constitucional-le-quit%F3-a-la-Sala-Electoral-las-impugnaciones-R34977.html

que los Magistrados evidentemente tenían "comprometida su imparcialidad y su capacidad subjetiva de resolver el asunto conforme a derecho" pues habían "manifestaron su opinión al suscribir y publicar" las sentencias N° 2 de enero de 2013 y N° 141 de marzo de 2013, mediante las cuales la Sala Constitucional había establecido el régimen constitucional de transición ante la falta del Presidente Electo Hugo Chávez.

Pero como era previsible, nada de ello ocurrió: los recursos de nulidad ni siquiera fueron admitidos, no hubo inhibición alguna, y las recusaciones fueron declaradas "inadmisibles,"[549] de manera que desde que se decidió el avocamiento ya se sabía cómo se decidirían las causas.[550]

Por ello, en realidad, la sentencia de avocamiento de la Sala Constitucional no fue sino una muestra más de la actuación de un órgano del Estado, no sujeto a control alguno, que se ha colocado por encima de la Constitución y la ley, que muta y reforma la Constitución a su antojo y libremente; que reforma las leyes sin límite; que las interpreta *contra legem*; que se inventa poderes por encima de la propia Constitución, como el de controlar ilimitadamente a las otras Salas del Tribunal Supremo; que confisca bienes; que impone Presidentes sin legitimidad democrática; y que hasta controla la actuación de los tribunales internacionales declarando sus sentencias inejecutables y hasta "inconstitucionales." Con esta sentencia de avocamiento, se podía decir abiertamente, que todo en Venezuela dependía de la Sala Constitucional, y que todo ella lo controla, y además, dirige.

Lo antes dicho, en todo caso, quedó confirmado con las sentencias dictadas por la Sala Constitucional en 7 de agosto de 2012, todas las cuales declararon inadmisibles los recursos contencioso electorales respecto de los cuales se había avocado; y con la "decisión" contenida en la "Nota de prensa" difundida por el Tribunal Supremo el mismo día, que fue realmente la "decisión de fondo" en todos los casos, proclamando la "legitimidad" de la elección del Sr. Maduro.

En efecto, mediante la sentencia N° 1.111 de 7 de agosto de 2013,[551] la Sala Constitucional declaró inadmisible un recursos contencioso electoral de anulación

---

549 La Presidente de la Sala declaró "inadmisible" las recusaciones contra todos los Magistrados de la misma porque supuestamente carecían de fundamentación, ya que "las sentencias que pronunció la Sala Constitucional a las que hacen referencia los recusantes, tuvieron como objeto, la resolución de circunstancias claramente distintas a las planteadas por los recusantes en la causa instaurada originalmente ante la Sala Electoral de este Supremo Tribunal, la cual esta Sala Constitucional resolvió avocar mediante la decisión n° 795 del 20 de junio de 2013." La Presidente incluso consideró que resultaba "patente la inverosimilitud de que se suponga un adelanto de opinión por parte de la Magistrada Presidenta de la Sala Constitucional, en unos fallos en los que se examinaron supuestos de hecho y de derecho disímiles de las pretensiones esgrimidas por los recusantes en el recurso contencioso electoral intentado contra la elección presidencial efectuada el 14 de abril de 2013." Véase sentencia N° 1000 de 17 de julio de 2013. Véase en http://www.tsj.gov.ve/decisiones/scon/julio/1000-17713-2013-13-0565.html

550 Como también lo dijo la profesora Cecilia Sosa G., ex Presidenta de la antigua Corte Suprema de Justicia: "Estos expedientes ya están sentenciados, y no hay nada que esperar de la Sala Constitucional," en "La auto implosión de un Tribunal," publicado en *Panorama.com.ve*, 28 de junio de 2013, en http://m.panorama.com.ve/not.php?id=72067

551 Véase en http://www.tsj.gov.ve/decisiones/scon/agosto/1111-7813-2013-13-0561.html

intentado contra el Acto de Votación, de Escrutinio, de Totalización y de Proclamación del ganador de las elecciones celebradas el 14 de abril de 2013, (Caso: *María Soledad Sarría Pietri y otros*) quienes alegaron que estaban "viciados de nulidad absoluta, en virtud de que según se denunció, fueron producto de actuaciones y omisiones imputables al Consejo Nacional Electoral, y que en su conjunto constituían un fraude estructural y masivo que afectaba al sistema electoral venezolano." Entre los argumentos esgrimidos se indicó que el candidato Nicolás Maduro no había sido seleccionado en elecciones internas como lo exige la Constitución; que como la condición para ser Presidente era tener la nacionalidad venezolana por nacimiento se solicitó de la Sala que instara al Consejo Supremo Electoral para que se pronunciara sobre ello; y que la elección había sido nula por fraude en la formación del Registro Electoral y por el control que el poder central ejercía sobre el sistema electoral.

Para declarar la inadmisibilidad del recurso, la Sala consideró que en demandas de ese tipo era necesario que las denuncias fueran "debidamente planteadas," particularmente por la preeminencia del principio de "*conservación de la voluntad expresada del Cuerpo Electoral, o, más brevemente, principio de conservación del acto electoral*;" afirmando que para desvirtuar la presunción de validez del acto electoral, los vicios denunciados no sólo debían estar fundados sino que debían suponer "una modificación de los resultados comiciales."

Así, a pesar de que supuestamente se trataba de una sentencia de inadmisibilidad, la base del argumento de la Sala fue que lo alegado debía estar "soportado por las pruebas necesarias y pertinentes para lograr convencer al juez de lo que la parte actora afirmó en su escrito," razonamiento que era más propiamente de una decisión de fondo. Por ello, la Sala, sin más, consideró que el juzgador también podía "examinar lo sostenido por la parte demandante, en la fase de examinar los requisitos de admisibilidad." Y fue así, por ejemplo, que en relación con el alegato de que el candidato Maduro no había sido seleccionado en elecciones internas, simplemente dijo la Sala que ya se había decidido en otros casos electorales que "ello no excluye otras formas de participación distintas a las elecciones abiertas o primarias;" agregando, sin embargo, que en el caso concreto no se habían acompañado los documentos indispensables para verificar la admisibilidad. En relación con el alegato de que el Consejo Nacional Electoral no se había pronunciado sobre el tema de la nacionalidad del candidato Maduro, la Sala lo que decidió fue que los "demandantes no impugnan ningún un acto, ni señalan ninguna actuación, abstención u omisión imputables al Consejo Nacional Electoral." En relación con la denuncia del fraude masivo en el proceso electoral, la Sala recurrió a lo previsto en el artículo 206 de la Ley Orgánica de Procesos Electorales, según el cual "si se impugnan las actuaciones materiales o vías de hecho, deberán narrarse los hechos e indicarse los elementos de prueba que serán evacuados en el procedimiento administrativo," lo que a pesar de ser un tema de fondo, juzgó que sin embargo, debía examinarse en la fase de admisión de la acción, concluyendo que las denuncias sobre fraude "no son claras, ni precisas, ni completas, y no han sido enmarcadas en una narración circunstanciada de las mismas, ni enlazadas racionalmente con el resultado que se supone provocaron." Y todo ello para, en definitiva, después de analizar el tema de fondo al considerar que la causal de nulidad de las elecciones por comisión de un fraude en la formación del Registro Electoral, en las votaciones o en los escrutinios (art. 215.2 Ley Orgánica de los procesos Electorales), "debe ser interpretada en un sentido que garantice el principio de mínima afectación del resultado a que dio lugar la expresión de la voluntad del Cuerpo Electoral, al cual se ha llamado en este fallo *principio de conservación del acto electoral;*" terminar declarando inadmisible la acción.

Repitiendo básicamente los mismos argumentos, la Sala Constitucional mediante sentencia 1113 también de 7 de agosto de 2013,[552] igualmente declaró inadmisible el recurso contencioso electoral contra el Acto de Votación, de Escrutinio, de Totalización y de Proclamación del ganador de las elecciones celebradas el 14 de abril del año en curso (Caso: *Adriana Vigilanza García y otros*).

Mediante la sentencia N° 1112 igualmente de 7 de agosto de 2013,[553] la Sala Constitucional también decidió declarar inadmisible el recurso contencioso electoral interpuesto un grupo de personas (Caso: *Iván Rogelio Ramos Barnola y otros*), contra el Acto de proclamación de Nicolás Maduro como Presidente Electo, alegando fraude, en particular, por no haberse abierto mesas de votación en la ciudad de Miami; por haberse permitido indiscriminadamente el "voto asistido," y haberse expulsado a testigos de mesa durante el proceso electoral. En esta la sentencia la Sala lo que hizo fue ratificar la decisión de inadmisibilidad que ya había resuelto el Juzgado de Sustanciación de la Sala Electoral en el caso, antes de que se decidiera el avocamiento, por considerar que en el caso, en relación con los hechos que dieron lugar a la infracción alegada, no hubo "la indicación de los vicios de que padece el acto recurrido, en orden a plantear los elementos objetivos necesarios para un pronunciamiento sobre la admisibilidad o no de los recursos para la cual es competente la jurisdicción contencioso electoral."

En la misma línea de inadmisibilidad se dictó la sentencia N° 1114 de 7 de agosto de 2013[554] en el recurso contencioso electoral contra el acto de votación que tuvo lugar el 14 de abril de 2013 (Caso: *Adolfo Márquez López*), en el cual el recurrente había cuestionado el Registro Electoral Permanente utilizado por haber sido elaborado con fraude; la asignación de votos del partido "Podemos" al candidato Maduro; y la nacionalidad misma de dicho candidato por no ostentar las condiciones de elegibilidad para ser Presidente de la República. La Sala, para decidir la inadmisibilidad, sobre el primer alegato, consideró que el mismo no constituía "un recurso por fraude, sino relativas a la inscripción o actualización del referido Registro Electoral" cuya impugnación estimó ya era extemporánea; sobre el segundo alegato, consideró que se trataba de un tema de impugnación del acto de postulación, lo cual también consideró extemporáneo; y sobre el tercer alegato, consideró que en la demanda basada en el cuestionamiento de la nacionalidad de Nicolás Maduro, no había elementos de convicción, "hechos o vicios mas allá de opiniones particulares y la exposición de posiciones políticas del recurrente."

En otro caso, la Sala Constitucional mediante sentencia N° 1116 de 7 de agosto de 2013, también declaró inadmisible un recurso contencioso electoral mediante el cual se solicitó la nulidad de "las "Elecciones 7 de Octubre de 2012" (sic); b) el "acto Proclamación Presidente Ejecutivo de la República Sr Nicolás Maduro Moros en fecha 14 de Abril 2013" (sic); y c) las "Elecciones 14 de Abril 2013" (sic)," (Caso: *Gilberto Rúa*), para lo cual la Sala argumentó que en relación al primer acto, el lapso

552 Véase en http://www.tsj.gov.ve/decisiones/scon/agosto/1113-7813-2013-13-0563.html.

553 Véase en http://www.tsj.gov.ve/decisiones/scon/agosto/1112-7813-2013-13-0562.html.

554 Véase en http://www.tsj.gov.ve/decisiones/scon/agosto/1114-7813-2013-13-0564.html.

de impugnación de dicha elección ya había caducado; y en relación con los otros dos actos objeto del recurso, eran inadmisibles pues el recurrente no señaló los vicios concretos ni contra "el acto de proclamación y el evento electoral del 14 de abril de 2013," considerando que se había omitido "un requisito esencial para la tramitación de la demanda, lo cual acarrea su inadmisibilidad." La Sala consideró, además, que el recurrente había desconocido "el contenido de la sentencia de esta Sala Constitucional signada con el N° 141 de 8 de marzo de 2013, en la cual *se dirimió cuál era el régimen constitucional de la transición presidencial* con ocasión de la muerte del Presidente Hugo Rafael Chávez Frías." Finalmente, en este caso, el recurrente fue multado por haber afirmado que la acción de amparo constitucional que había interpuesto desde 6 de marzo de 2013 en contra del Consejo Nacional Electoral, había sido "aguantado" por la Sala Constitucional," expresión que ésta consideró "como irrespetuosa [...] pues sugiere que los criterios decisorios y la gerencia judicial de este órgano jurisdiccional no obedecen a parámetros objetivos."

La Sala Constitucional en otra sentencia N° 1118 de 7 de agosto de 2013[555] también declaró inadmisible el recurso contencioso electoral interpuesto contra la negativa tácita del Consejo Nacional Electoral en dar respuesta a un recurso jerárquico que se había intentado el 15 de mayo de 2013, contra una decisión de una Comisión del Consejo en relación con una denuncia de violaciones de los artículos 75, 76, 85 y 86 de la Ley Orgánica de Procesos Electorales solicitando se ordenase a dicho Consejo que iniciara la correspondiente "averiguación administrativa para establecer las responsabilidades relativas a la colocación de propaganda indebida y uso de recursos públicos para beneficio de una parcialidad política en las instituciones mencionadas." (Caso: *Transparencia Venezuela*) La Sala Constitucional declaró inadmisible la acción por considerar que conforme a los estatutos de la Asociación Civil recurrente, solo el Directorio de la misma podía otorgar poder para ser representada, no pudiendo hacerlo la Directora Ejecutiva, como había ocurrido en ese caso.

La Sala Constitucional, igualmente, mediante sentencia N° 1119 de 7 de agosto de 2013[556] también declaró inadmisible la acción popular de inconstitucionalidad contra la "aceptación por parte del Consejo Nacional Electoral de las postulaciones de candidatos a los cargos de elección popular correspondiente a las elecciones presidenciales del 14 de abril de 2013" (Caso: *Antonio José Varela*), en el cual se alegó que los postulados no habían sido electos mediante el mecanismo de elecciones internas, y en especial, en relación con el candidato Nicolás Maduro, que no había presentado programa electoral propio, además de no poder postularse por ser inelegible por estar en ejercicio del cargo de Presidente de la República. Para decidir la inadmisibilidad del recurso en este caso, la Sala argumentó que el recurso de nulidad fue "planteado en términos genéricos e indeterminados, con la inclusión de apreciaciones particulares o valorativas de orden personal del recurrente, sin que, al menos, se hayan señalado con precisión los datos que permitan identificar con exactitud el acto emanado del Consejo Nacional Electoral cuya nulidad peticionó, así como tampoco se acompañó copia del mismo, ni fueron revelados los supuestos vicios concretos de que adolecería este acto del Poder Electoral atinente a las elecciones presidenciales celebradas en abril del presente año." La Sala para concluir, recordó que

555 Véase en http://www.tsj.gov.ve/decisiones/scon/agosto/1118-7813-2013-13-0568.html.

556 Véase en http://www.tsj.gov.ve/decisiones/scon/agosto/1119-7813-2013-13-0569.html.

había sido ella misma la que mediante la sentencia Nº 141 de marzo de 2013, había resuelto que la candidatura de Nicolás Maduro como Presidente Encargado sí se podía admitir "para participar en las elecciones presidenciales, por no estar comprendido en los supuestos de incompatibilidad del artículo 229 Constitucional." Y sobre el tema de la falta de selección de los candidatos en "elecciones internas con la participación de los integrantes de los partidos políticos" que exige la Constitución, la Sala ratificó su criterio de que "ello no excluye otras formas de participación de elecciones distintas a las elecciones abiertas o primarias." La Sala, finalmente, consideró que nada de lo dicho en el escrito del recurso sobre las infracciones denunciadas, evidencia "ni tan siquiera los datos que permitan identificar con fidelidad o exactitud, el acto del Poder Electoral cuya nulidad pretende, menos aún acompañó copia del mismo, así como tampoco relató los vicios que estarían presentes en aquel, ni su fundamentación argumentativa," declarando inadmisible la acción.

En otra sentencia Nº 1117 de 7 de agosto de 2013,[557] la Sala Constitucional declaró inadmisible una acción de inconstitucionalidad por omisión que había intentado Henrique Capriles Radonski contra el Consejo Nacional Electoral por no haberse pronunciado sobre las solicitudes que le fueron formuladas los días 17 y 22 de abril de 2013 respecto a la auditoría del proceso electoral, (Caso: *Henrique Capriles Radonski*) porque el petitorio del mismo, según consideró la Sala, era contradictorio "pues constituye un absurdo pretender a través del recurso por abstención, una respuesta; y por medio del mismo recurso, indicar el desacuerdo con los términos de la respuesta recibida." La Sala consideró que se trataba de "pretensiones evidentemente excluyentes, por lo que conforme al marco normativo señalado es procedente declarar inadmisible el recurso contencioso electoral ejercido."

La Sala Constitucional mediante sentencia Nº 1120 de 7 de agosto de 2013,[558] también declaró inadmisible el recurso contencioso electoral de nulidad intentado contra "(*i*) las votaciones" efectuadas en 5.729 mesas electorales; (*ii*) 21.562 Actas de Escrutinio automatizadas y Acta de Escrutinio de Contingencia, y (*iii*) los Actos de Totalización, Adjudicación y Proclamación, con ocasión del proceso comicial celebrado el 14 de abril de 2013," (Caso: *Mesa de la Unidad Democrática*) considerando la recurrente que dichos hechos tenían incidencia en los resultados de las votaciones. Para declarar la inadmisibilidad del recurso en este caso, la Sala también partió del principio de la necesaria *conservación del acto electoral*, que exigen del recurrente que: "(*i*) desvirtúe la presunción de validez y legitimidad del acto electoral; (*ii*) demuestre la gravedad de un vicio que altere la esencia del acto electoral, no de una mera irregularidad no invalidante; y (*iii*) ponga en evidencia, además, que el vicio altera de tal modo los resultados electorales que resulte imposible su convalidación." Y con base en ello consideró la Sala que en el recurso hubo "falta de especificidad," de manera que en el mismo no se "puso en evidencia, como le correspondía, no sólo suponer la ocurrencia de una supuesta irregularidad, sino dejar claro que su magnitud influyó definitivamente en los resultados comiciales." Agregó además la Sala que en estos casos "No basta, entonces, que exista una anomalía: ella debe ser decisiva para comprometer la voluntad del cuerpo electoral y ninguna razón

557 Véase en http://www.tsj.gov.ve/decisiones/scon/agosto/1117-7813-2013-13-0567.html.

558 Véase en http://www.tsj.gov.ve/decisiones/scon/agosto/1120-7813-2013-13-0570.html.

se blandió en ese sentido," lo cual sin duda, era un razonamiento de una decisión de fondo, y no de inadmisibilidad.

Por último, mediante sentencia N° 1.115 de 7 de agosto de 2013[559] la Sala Constitucional también declaró inadmisible el recurso contencioso electoral de nulidad del proceso electoral para la elección presidencial del 14 de abril de 2013, que había intentado el candidato de la oposición democrática a dicha elección, Henrique Capriles Radonski, y en la cual como lo resumió la Sala, éste había denunciado contra el mismo una serie de vicios que se "produjeron: (*i*) previas a los comicios, (*ii*) durante la jornada electoral propiamente dicha y (*iii*) una vez concluida la participación de los electores en las urnas" (Caso: *Henrique Capriles Radonski*). La Sala, para decidir, destacó en cuanto a los vicios de la primera categoría, en particular:

> "las acusaciones dirigidas contra esta Sala Constitucional como integrante del Máximo Tribunal de la República, cuya actuación fue calificada sin soslayo como parcializada en favor de la candidatura del ciudadano Nicolás Maduro Moros. En este sentido, el escrito libelar pretendió delatar, desde el principio, que el ejercicio de la Vicepresidencia por parte de dicho ciudadano fue producto de una sesgada interpretación efectuada por esta Máxima Juzgadora a través de sus sentencias n^ros^ 02/2013 (caso: *Marelys D'Arpino*) y 141/2013 (caso: *Otoniel Pautt*)."

La declaración de inadmisibilidad de la demanda lo fundamentó la Sala en el hecho de que la misma contenía "conceptos ofensivos e irrespetuosos en contra de esta Sala y otros órganos del Poder Público;" es decir, como se afirmó en la sentencia, porque la Sala consideró que los representantes del actor en el libelo de la demanda incurrieron en supuestas "falta a la majestad del Poder Judicial" al haber "en diversas oportunidades y a través de distintos medios ha acusado expresa y radicalmente a la judicatura y, en particular, a esta Sala Constitucional, como un órgano completamente parcializado y llegó incluso a afirmar que este Máximo Juzgado obedecía la línea del partido de gobierno."

Con esta decisión, la Sala, evidentemente decidió en causa propia, pues la inadmisibilidad fue motivada por los conceptos que había emitido el accionante o sus representantes contra ella misma, motivo por el cual, precisamente, en el proceso se había recusado a todos sus Magistrados por haber firmado las mencionadas sentencias N° 2 y N° 141 de enero y marzo de 2013. Pero en lugar de inhibirse los magistrados como correspondía, o de haber declarado con lugar la recusación como era obligado, la Presidenta de la Sala lo que hizo fue declararla sin lugar mediante la sentencia N° 1000 de 17 de julio de 2013, para proceder luego todos los Magistrados "ofendidos" a decidir la inadmisibilidad del la acción, no por razones sustanciales del proceso, sino por los conceptos críticos emitidos contra la Sala, que ésta consideró ofensivos e irrespetuosos, a tal punto que multó al accionante y remitió al Ministerio Público, copia del fallo y del escrito del libelo "con el objeto de que realice un análisis detallado de dichos documentos e inicie las investigaciones que estime

559 Véase en http://www.tsj.gov.ve/decisiones/scon/agosto/1115-7813-2013-13-0565.html.

necesarias a fin de determinar la responsabilidad penal a que haya lugar;" iniciándose así una nueva línea de persecución en contra de Capriles.[560]

Luego pasó la Sala, después de haber resuelto la inadmisibilidad de la acción, en un *Orbiter dictum*, a referirse a lo que denominó "otras falencias del escrito" del recurso, que a su juicio impedían "que la causa sea abierta a trámite," como que el libelo "se limitó a narrar supuestos abusos cometidos por los órganos del Poder Público, pero en modo alguno señala con certeza el impacto que lo que ella caracteriza como mera "*corrupción electoral*" afectó la voluntad del electorado manifestada el día de los comicios, o llanamente acusa la colusión de los órganos del Poder Público para favorecer la candidatura del ciudadano Nicolás Maduro Moros en supuesto perjuicio del actor, especialmente de esta Máxima Juzgadora Constitucional," cuando la Sala supuestamente había actuado "de conformidad con las atribuciones que la propia Carta Magna le encomienda y en total consonancia con los precedentes jurisprudenciales que ha instituido."

La Sala, al decidir el fondo de algunas denuncias, como la relativa al cuestionamiento de la postulación de Nicolás Maduro efectuada por el partido "Podemos," a pesar de que hubiera aclarado que lo hizo "sin entrar a analizar el mérito del asunto," afirmó, sin duda refiriéndose al fondo, que "-en una elección unipersonal como la celebrada- los supuestos vicios formales mal podrían conducir a la anulación arbitraria de los votos obtenidos por el representante electo."

Además, otra "falencia" que destacó la Sala en su sentencia fue que el actor refirió que su Comando de Campaña había recibido "más de cinco mil denuncias" de irregularidades "sin relatar con amplitud suficiente en qué consistieron las irregularidades y su concatenación con los vicios electorales contenidos en los artículos 215 del 220 de la Ley Orgánica de Procesos Electorales." Todos estos argumentos adicionales, por supuesto, no correspondían a cuestión alguna de admisibilidad, sino de fondo o mérito que debieron ser decididos en la sentencia definitiva que la Sala sin embargo se negó a dictar.

De todas las anteriores sentencias se informó oficialmente por el Tribunal Supremo de Justicia en una "Nota de Prensa" del mismo día 7 de agosto de 2013,[561] en la cual puede decirse que el Tribunal Supremo, utilizando una vía irregular de "decidir mediante notas de prensa"[562] resolvió el fondo de todas las demandas que cuestionaban el proceso electoral del 14 de abril de 2013 y sus resultados.

En dicha Nota de Prensa, en efecto, se comenzó informando que el Tribunal Supremo de Justicia, en Sala Constitucional, con ponencia conjunta, había declarado

---

560 Véase por ejemplo, José de Córdova and Ezequiel Minaya, "Venezuelan Opposition Comes Under Siege," *The Wall Street Journal*, New York, Sunday, August 10-11, 2013, p. A6.

561 Véase en http://www.tsj.gov.ve/informacion/notasdeprensa/notasde-prensa.asp?codi-go=11423

562 Véase por ejemplo, Allan R. Brewer-Carías, "Comentarios sobre el 'Caso: Consolidación de la inmunidad de jurisdicción del Estado frente a tribunales extranjeros,' o de cómo el Tribunal Supremo adopta decisiones interpretativas de sus sentencias, de oficio, sin proceso ni partes, mediante 'Boletines de Prensa,' en *Revista de Derecho Público*, N° 118, (abril-junio 2009), Editorial Jurídica Venezolana, Caracas 2009, pp. 319-330.

"inadmisibles los recursos contencioso electorales contra la elección presidencial realizada el pasado 14 de abril de 2013, los cuales fueron incoados por los ciudadanos María Soledad Sarría Pietri, Sonia Hercilia Guanipa Rodríguez y otros; Iván Rogelio Ramos Barnola, Oscar Eduardo Ganem Arenas y otros; Adriana Vigilanza García, Theresly Malavé y otros; Adolfo Márquez López; Henrique Capriles Radonski; Gilberto Rúa; María de las Mercedes de Freitas Sánchez, representante de la Asociación Civil Transparencia Venezuela; Antonio José Varela; así como Carlos Guillermo Arocha y Fernando Alberto Alban, representantes de la organización política "Mesa de la Unidad Democrática (MUD)".

Aclaró la Sala Constitucional, que todos los mencionados recursos contencioso electorales habían sido originalmente intentados ante la Sala Electoral del Máximo Tribunal, a cuyo conocimiento se avocó la Sala Constitucional mediante la sentencia n° 795 de 20 de junio de 2013,

"en tutela de los derechos políticos de la ciudadanía, del interés público, la paz institucional y el orden público constitucional, así como por la trascendencia nacional e internacional de las resultas del proceso instaurado, sustentando que había sido cuestionada la transparencia de un proceso comicial de la mayor envergadura, como el destinado a la elección del máximo representante del Poder Ejecutivo, así como la actuación de órganos del Poder Público en el ejercicio de sus atribuciones constitucionales, de lo que se deducía la altísima trascendencia para la preservación de la paz pública que revestía cualquier juzgamiento relativo a estas causas."

Según la Nota de Prensa, la Sala procedió a examinar que los recursos intentados cumplieran con los requisitos de admisibilidad que ordenan los artículos 133 y 180 de la Ley Orgánica del Tribunal Supremo de Justicia, al igual que el artículo 206 de la Ley Orgánica de Procesos Electorales, y constató "que los mismos no observaron tales requisitos, los cuales son indispensables para la tramitación de las demandas contra actos de naturaleza electoral," pasando así a hacer el siguiente resumen de las sentencias:

"Refieren las sentencias que en el proceso contencioso electoral corresponde realizar un acucioso examen para estimar la procedencia de esta clase de demandas y, por ello, se exige a los reclamantes la carga de exponer de manera clara, precisa y completa las circunstancias cuyo acaecimiento encuadre en los supuestos específicos de nulidad que prevé la ley; no sólo con el propósito de que el órgano administrativo o judicial establezca sin ambages los límites de la controversia, sino porque resulta indispensable la preservación de la voluntad del pueblo expresada en comicios libres, conjugada con la necesidad de brindar garantías institucionales de paz, estabilidad y seguridad, al evitar el cuestionamiento ligero y trivial de la función pública ejercida por un representante elegido por el pueblo.

Los demandantes acaso indicaron la comisión de supuestas irregularidades en diversos centros electorales, sin identificar en forma precisa el cómo los eventos puntuales a los que aludieron produjeron vicios apreciables, capaces de alterar los resultados definitivos que se produjeron en los comicios celebrados el 14 de abril de este año para la elección del Presidente de la República.

De esta manera, queda en evidencia que no fueron alegados motivos suficientes que pongan en duda la voluntad popular expresada en las pasadas elecciones presidenciales."

Adicionalmente, narra la Nota de Prensa que

"determinados recursos esgrimieron alegatos contra la majestad del Tribunal Supremo de Justicia, lo que mereció algunos apuntes en las respectivas sentencias, entre los que destacan que ello no puede ser tenido a la ligera, no sólo porque revela el desconocimiento sobre las competencias de la Sala sino porque se pretende empañar el ejercicio de una garantía como el derecho de acceso a la justicia. Estos cuestionamientos contra las autoridades judiciales, no sólo deben ser desechados porque desconocen la función garantista de la Sala Constitucional, sino porque con su afrenta trivializa el debate democrático. Se evidencia, por tanto, que no se acude a los tribunales con el ánimo de resolver una disputa, sino para acusar al árbitro por no someterse a sus designios y voluntades. Así, por lo que respecta a tales señalamientos, se impuso la inadmisibilidad según el artículo 133, numeral 5, de la Ley Orgánica del Tribunal Supremo de Justicia."

En general, concluyó la "Nota de Prensa" que "las decisiones estatuyen que los alegatos esgrimidos por las partes recurrentes, son argumentos genéricos e imprecisos que conducen también a declarar inadmisibles las pretensiones, según el artículo 181 de la Ley Orgánica del Tribunal Supremo de Justicia, en concatenación del artículo 180 *eiusdem*."

Como se puede colegir de la reseña que hemos efectuado al analizar las sentencias del 7 de agosto de 2013, **todas las demandas que fueron intentadas contra el proceso electoral del 14 de abril de 2013 y sus resultados tuvieron por objeto buscar del Tribunal Supremo que en definitiva se pronunciara definitivamente sobre la legitimidad o ilegitimidad de dicho proceso de votación y, más que todo, sobre la legitimidad o la ilegitimidad de la postulación y la elección declarada del candidato Nicolás Maduro**. Eso fue lo que los recurrentes persistieron al acudir ante el "máximo y último garante de la Constitución" como suele autocalificarse la Sala Constitucional del Tribunal Supremo. Como sentencias formales dictadas en sus recursos, sin embargo, no obtuvieron la decisión en justicia que esperaban, y más bien lo que obtuvieron fue la decisión de que sus peticiones eran inadmisibles, es decir, que no reunían los requisitos legales para ser siquiera consideradas y juzgadas, por lo que formalmente en ninguno de los casos se produjo pronunciamiento de fondo alguno –salvo veladamente, como antes se ha advertido– y en ningún caso sobre el tema de la legitimidad electoral que se buscaba, y que sin duda necesitaba el país.

La decisión de fondo, en realidad, se dictó en la "Nota de Prensa" del Tribunal Supremo de Justicia del 7 de agosto de 2013, en la cual, desechadas las impugnaciones por inadmisibles, en definitiva se "decidió" que el proceso electoral de abril de 2013 fue legítimo y que el Presidente Electo Maduro está amparado por una legitimidad "plena y de derecho." Ello lo "decidió" el Tribunal Supremo de Justicia en la "Nota de Prensa" antes mencionada en la cual concluyó afirmando:

Primero, sobre las impugnaciones incoadas ante el Supremo Tribunal, que:

> "no consiguieron alegar ninguna irregularidad que significase una diferencia con los resultados que emanaron del Poder Electoral, se evidencia que los mismos **fueron completamente legítimos**."

Y segundo, que en ese sentido, para el Tribunal Supremo también fue posible colegir de los fallos que:

> "**la legitimidad** del Presidente de la República Bolivariana de Venezuela Nicolás Maduro Moros, quien obtuvo la mayoría de los votos escrutados en ese proceso, **es plena y de derecho a tenor de las leyes**."

Quizás era a esa "justicia," dada a través de "Notas de Prensa," a lo que el Tribunal Supremo de Justicia se refería al final de su "Nota de Prensa," cuando en la misma quiso reiterar a la ciudadanía que podía contar "con un Poder Judicial fortalecido, que aplica en cada una de sus actuaciones, los mandatos que el Texto Fundamental señala," pidiéndole además al pueblo "puede confiar en la solidez del elenco institucional que impera en nuestro país."

## V. EL JUEZ CONSTITUCIONAL AL SERVICIO DEL MILITARISMO: LA ACEPTACIÓN DEL PROSELITISMO POLÍTICO DE LOS MILITARES

Apenas se publicó la Constitución de 1999 y sobre la base de nuestra participación en los trabajos de la Asamblea Nacional Constituyente, en un estudio denominado "Reflexiones Críticas sobre la Constitución venezolana de 1999" que se publicó en 2000 con ocasión de diversas presentaciones que hice sobre el nuevo texto constitucional,[563] advertimos sobre el "acentuado esquema militarista" que se había incorporado en la Constitución, y cómo, al agregarse dicho esquema, "al presidencialismo [extremo] como forma de gobierno, y a la concentración del Poder en la Asamblea Nacional," resultaba una "combinación que podía "conducir fácilmente al autoritarismo"[564] como lamentable, pero efectivamente ocurrió.

---

563 Véase Allan R. Brewer-Carías, "Reflexiones críticas sobre la Constitución de Venezuela de 1999", en Diego Valadés, Miguel Carbonell (Coordinadores), *Constitucionalismo Iberoamericano del Siglo XXI*, Cámara de Diputados. LVII Legislatura, Universidad Nacional Autónoma de México, México 2000, pp. 171-193; en *Revista de Derecho Público*, N° 81, Editorial Jurídica Venezolana, Caracas, enero-marzo 2000, pp. 7-21; en *Revista Facultad de Derecho, Derechos y Valores*, Volumen III N° 5, Universidad Militar Nueva Granada, Santafé de Bogotá, D.C., Colombia, Julio 2000, pp. 9-26; y en el libro *La Constitución de 1999*, Biblioteca de la Academia de Ciencias Políticas y Sociales, Serie Eventos 14, Caracas 2000, pp. 63-88.

564 Ya en nuestro pronunciamiento sobre las "Razones del voto "NO" en el referéndum sobre la Constitución," que publicamos el 30 de noviembre de 1999, expresamos: "en cuanto a la *Constitución política* en el Proyecto de Constitución, cuando se analiza globalmente, particularmente en los elementos antes mencionados, pone en evidencia un esquema institucional para el autoritarismo, que deriva de la combinación del centralismo de Estado, del presidencialismo exacerbado, de la partidocracia y del militarismo que constituyen los elementos centrales diseñados para la organización del Poder del Estado." Véase en Allan R. Brewer-Carías, *Debate Constituyente (Aportes a la Asamblea Nacional Constituyente), Tomo III (18 octubre-30 noviembre 1999)*, Fundación de Derecho Público-Editorial Jurídica Venezolana, Caracas 1999, p. 325.

En particular, sobre el régimen militar en la Constitución, ya en 2000 destacábamos que:

> "en el texto constitucional quedó eliminada toda idea de sujeción o subordinación de la autoridad militar a la autoridad civil, consagrándose, al contrario, una gran autonomía de la autoridad militar y de la Fuerza Armada Nacional, unificadas las cuatro fuerzas, con la posibilidad de intervenir en funciones civiles.
>
> Ello se evidencia de las siguientes regulaciones: primero, de la eliminación de la tradicional prohibición de que la autoridad militar y la civil no pueden ejercerse simultáneamente, que establecía el artículo 131 de la Constitución de 1961; segundo, de la eliminación del control, por parte de la Asamblea Nacional, respecto de los ascensos de los militares de alta graduación, que en el constitucionalismo histórico siempre se había previsto, disponiéndose en el texto constitucional, al contrario, que ello es competencia exclusiva de la Fuerza Armada (art. 331); tercero, de la eliminación del carácter no deliberante y apolítica de la institución militar, como lo establecía el artículo 132 de la Constitución de 1961, lo que abre la vía para que la Fuerza Armada, como institución militar, comience a deliberar políticamente y a intervenir y dar su parecer sobre los asuntos de los que estén resolviendo los órganos del Estado; cuarto, de la eliminación de la obligación de la Fuerza Armada de velar por la estabilidad de las instituciones democráticas que preveía el artículo 132 de la Constitución de 1961; quinto, lo que es más grave aún, de la eliminación de la obligación de la Fuerza Armada de respetar la Constitución y las leyes "cuyo acatamiento estará siempre por encima de cualquier otra obligación", como lo decía el artículo 132 de la Constitución de 1961; sexto, de la atribución a los militares, en forma expresa, del derecho al sufragio (art. 330), lo cual podría ser incompatible, políticamente, con el principio de obediencia; séptimo, del establecimiento del privilegio procesal, tradicionalmente reservado a los altos funcionarios del Estado, a los altos oficiales de la Fuerza Armada de que para ser enjuiciados se requiera una decisión del Tribunal Supremo sobre si hay o no méritos para ello (art. 266,3); octavo, del sometimiento a la autoridad de la Fuerza Armada de todo lo concerniente con el uso de armas y no sólo las de guerra, lo que se le quita a la Administración civil del Estado (art. 324); noveno, de la atribución, en general, a la Fuerza Armada de competencias en materia de policía administrativa (art. 329); y décimo, de la adopción en el texto constitucional del concepto ya histórico de la doctrina de la seguridad nacional, por ser esta de carácter globalizante, totalizante y omnicomprensiva, conforme a la cual todo lo que acaece en el Estado y la Nación, concierne a la seguridad del Estado, incluso el desarrollo económico y social (art. 326)."
>
> Esta situación –concluía- da origen a un esquema militarista que constitucionalmente es una novedad, pero que puede conducir a un apoderamiento de la Administración civil del Estado por la Fuerza Armada, a la cual, incluso se le atribuye en la Constitución "la participación activa en el desarrollo nacional" (art. 328).

Todo lo anterior, muestra un cuadro de militarismo realmente único en nuestra historia constitucional que ni siquiera se encuentra en las Constituciones de los regímenes militares."[565]

A pesar de ese cuadro de acentuado militarismo, sin embargo, en el texto constitucional se logró preservar en forma expresa, sobre la relación entre la Fuerza Armada nacional y sus integrantes y la actividad política, lo siguiente: primero, que "la Fuerza Armada Nacional constituye una institución esencialmente profesional, sin militancia política, organizada por el Estado para garantizar la independencia y soberanía de la Nación y asegurar la integridad del espacio geográfico" (Artículo 328.); segundo, que "en el cumplimiento de sus funciones, está al servicio exclusivo de la Nación y en ningún caso al de persona o parcialidad política alguna" (Artículo 328.); tercero, que a los integrantes de la Fuerza Armada Nacional no "les esté permitido optar a cargo de elección popular (Artículo 330); y cuarto, que a los integrantes de la Fuerza Armada Nacional, tampoco les está permitido "participar en actos de propaganda, militancia o proselitismo político" (Artículo 330).

Estos postulados esenciales, por supuesto, sólo podrían cambiarse mediante una reforma del texto constitucional, como se pretendió hacer con la rechazada reforma constitucional de 2007, cuando por ejemplo, respecto de la norma del artículo 328, en primer lugar, se buscaba eliminar la previsión constitucional de que la Fuerza Armada es "institución esencialmente profesional, sin militancia política", y en su lugar se proponía establecer que constituye "un cuerpo esencialmente patriótico popular y antiimperialista". Con ello, hubiera desaparecido la institución militar como institución profesional, y desaparecido la prohibición de que la misma no tenga militancia política, definiéndosela como "patriótico popular y antiimperialista," lo que buscaba abrir como lo expresamos en 2007, "el camino constitucional para la integración de la Fuerza Armada Bolivariana en el partido político de su Comandante en Jefe, quien ejerce la Suprema Autoridad Jerárquica en todos sus Cuerpos, Componentes y Unidades, como se propuso en la reforma del artículo 236,6 de la Constitución." [566]

Sin embargo, como ya ha ocurrido con tantos otros aspectos de la fallida rechazada reforma de 2007, ha sido la Sala Constitucional del Tribunal Supremo de Justicia, como ha sucedido en otras ocasiones, el órgano del Estado encargado de implementar dicha reforma, en fraude a la Constitución y además, en fraude a la voluntad popular que la rechazó el 7 de diciembre de 2007, lo que se ha materializado mediante sentencia No. 651 de 11 de junio de 2014 (Caso *Rafael Huizi Clavier y otros*).[567] Esta sentencia, en efecto, ha producido una nueva e ilegítima mutación

565 *Idem.*, pp. 327-329

566 Véase Allan R. Brewer-Carías, *Hacia la Consolidación de un Estado Socialista, Centralizado, Policial y Militarista. Comentarios sobre el sentido y alcance de las propuestas de reforma constitucional 2007,* Colección Textos Legislativos, N° 42, Editorial Jurídica Venezolana, Caracas 2007, p. 94; y en *La reforma constitucional de 2007 (Comentarios al Proyecto inconstitucionalmente sancionado por la Asamblea Nacional el 2 de noviembre de 2007)*, Colección Textos Legislativos, N° 43, Editorial Jurídica Venezolana, Caracas 2007, p. 150.

567 Véase en http://www.tsj.gov.ve/decisiones/scon/junio/165491-651-11614-2014-14-0313.HTML

constitucional,[568] impuesta impunemente a través de un *obiter dictum* pronunciado con ocasión de negar la homologación de un desistimiento y de declarar la improcedencia *in limene lítis* de una acción de amparo que habían intentado en 28 de marzo de 2014 un grupo de militares retirados, alegando la violación por parte de la Ministro de Defensa, de los derechos de los militares en servicio activo de "mantenerse al margen de participar en actos de propaganda, militancia o proselitismo político," garantizados entre otros en los artículos citados 328 y 330 de la Constitución, al haber sido obligados a:

> "participar uniformados en marchas partidistas (15 de marzo de 2014), confeccionar pancartas con mensajes políticos y ordenarles mediante comunicación escrita hacerse acompañar con sus familiares a tales actos; a proferir como mensajes institucionales, expresiones tales como *"patria, socialismo o muerte", "Chávez vive", "la lucha sigue", "hasta la victoria siempre"*, y *"plagar"* las instalaciones operacionales, administrativas y sociales militares, con innumerables expresiones escritas y gráficas de proselitismo del partido político *"PSUV"* y de quien fuera Presidente de la República y presidente fundador del mencionado partido político; así como, de igual forma, que ordenen a los subalternos izar en cuarteles y dependencias militares la bandera de la República de Cuba y difundir, publicar y exhibir en cuarteles y otras instalaciones fotografías del *"dictador cubano Fidel Castro y del reconocido asesino internacional el 'che' Guevara, lo que configura una burla al honor del militar venezolano y la una* (sic) *violación a la nacionalidad, que podría calificarse como traición a la patria".*

Frente a estos alegatos, la Sala Constitucional comenzó por recordar que "en todos los ejércitos del mundo existe el saludo militar, cuya manifestación responde a la idiosincrasia o cultura del país o al momento histórico, social y político por las que hayan atravesado," lo que inevitablemente me hizo recordar el saludo de los ejércitos nazis al Fuhrer, propio de la "idiosincrasia" o "cultura" de Alemania en el "momento histórico, social y político por la que estaba atravesando" a partir de la caída de la República de Weimar en 1933, hasta la conclusión de la segunda guerra mundial, que fue el más negro de su historia.

Pasó luego a agregar la Sala que el saludo militar además, "indica una muestra simbólica, profesional e institucional, de respeto, disciplina, obediencia y subordinación ante la superioridad jerárquica y a la comandancia en jefe a la cual responde," lo que está bien si el comandante en jefe fuera sólo el Jefe del Estado, y el respeto, disciplina, obediencia y subordinación se refirieran a la Nación venezolana; pero no es admisible cuando el jefe de Estado, al ser jefe de un partido político, es decir, de una parcialidad política, el saludo militar, como "muestra simbólica, profesional e

568 Una mutación constitucional ocurre cuando se modifica el contenido de una norma constitucional de tal forma que aún cuando la misma conserva su contenido, recibe una significación diferente. Véase Salvador O. Nava Gomar, "Interpretación, mutación y reforma de la Constitución. Tres extractos" en Eduardo Ferrer Mac-Gregor (coordinador), Interpretación Constitucional, Tomo II, Ed. Porrúa, Universidad Nacional Autónoma de México, México 2005, pp. 804 ss. Véase en general sobre el tema, Konrad Hesse, "Límites a la mutación constitucional", en *Escritos de derecho constitucional*, Centro de Estudios Constitucionales, Madrid 1992.

institucional, de respeto, disciplina, obediencia y subordinación" se hace ante la "superioridad jerárquica" de dicho partido político.

Hacer este tipo de manifestaciones, como las denunciadas, no puede considerarse en forma alguna, como lo hizo la Sala Constitucional, pues nada tiene que ver con ello, la representación de:

> "una expresión, gestual u oral, del sentimiento patriótico que involucra, para el caso de la República Bolivariana de Venezuela, el cumplimiento del deber fundamental *"de honrar y defender a la patria, sus símbolos y, valores culturales, resguardar y proteger la soberanía, la nacionalidad, la integridad territorial, la autodeterminación y los intereses de la Nación"*, tal y como lo consagra el artículo 130 de nuestro Texto Fundamental."

Luego de hacer referencia a normas generales de la Ley Orgánica de la Fuerza Armada Nacional Bolivariana, a las líneas generales definidas por el Ejecutivo Nacional respecto del "Plan de Desarrollo Económico y Social de la Nación (hoy en día reconocido como el Plan de la Patria 2013-2019), y que, además, se encuentra debidamente aprobado por el órgano del Poder Legislativo Nacional para su implementación en toda la República," y al Reglamento Orgánico del Ministerio del Poder Popular para la Defensa, sobre las funciones del Ministro para la Defensa, la Sala destacó que los accionantes no sólo no habían probado – cuando no era necesario por ser público y notorio y además, comunicacional en los términos de la doctrina judicial de la Sala válida para otros casos - que lo denunciado implicara "un fin de propaganda o de proselitismo político," sino que declaró, en contra lo que dispone la Constitución, que supuestamente "la participación de los integrantes de la Fuerza Armada Nacional Bolivariana en actos con fines políticos no constituye un menoscabo a su profesionalidad," y que más bien es "un baluarte de participación democrática y protagónica" derivado del derecho a la participación sin discriminación que tiene todo ciudadano, incluyendo los militares en situación de actividad. Estos, afirmó la Sala, tendrían el derecho, como cualquier ciudadano, "de participar libremente en los asuntos políticos y en la formación, ejecución y control de la gestión pública," al punto de considerar que el "ejercicio de este derecho se erige como un acto progresivo de consolidación de la unión cívico-militar, máxime cuando su participación se encuentra debidamente autorizada por la superioridad orgánica de la institución que de ellos se apresta."

Con las consideraciones que ha formulado la Sala Constitucional en esta sentencia sobre la relación de la actividad militar con la actividad política, los principios esenciales establecidos en la Constitución han sido modificados sin que haya habido una reforma constitucional, en lo que sin duda ha sido una mutación ilegítima más de la misma.

A partir de la sentencia, por tanto, en primer lugar, a pesar de que la Constitución diga que la Fuerza Armada Nacional es una institución "esencialmente sin militancia política" (art. 328), con el reconocimiento generalizado en la sentencia del derecho de los militares activos "de participar libremente en los asuntos políticos y en la formación, ejecución y control de la gestión pública," pero sometidos como están al "respeto, disciplina, obediencia y subordinación" respecto de la "superioridad jerárquica," si esta superioridad es la que preside un partido político, los integrantes de la Fuerza Armada Nacional están sin duda obligados a seguir disciplinadamente lo que la misma ordene desde el punto de vista político, pasando automáticamente a tener la institución, la militancia política del Comandante en Jefe de la misma.

En segundo lugar, y como consecuencia de lo anterior, a pesar de que la Constitución disponga que la Fuerza Armada Nacional "en el cumplimiento de sus funciones, está al servicio exclusivo de la Nación y en ningún caso al de persona o parcialidad política alguna" (Artículo 328.), al reconocer la sentencia y declarar en forma general que los militares activos tienen derecho de "participar libremente en los asuntos políticos y en la formación, ejecución y control de la gestión pública," en la forma "debidamente autorizada por la superioridad orgánica de la institución que de ellos se apresta," lo que ha establecido la Sala Constitucional es que estando los militares activos sometidos a la "superioridad jerárquica," y a los principios de "respeto, disciplina, obediencia y subordinación" respecto de la misma, están en consecuencia obligados a estar al servicio de la parcialidad política que la superioridad les indique, conforme a las instrucciones del Comandante en Jefe de la Fuerza Armada Nacional.

Y en tercer lugar, a pesar de que la Constitución establezca que a los integrantes de la Fuerza Armada Nacional, no les está permitido "participar en actos de propaganda, militancia o proselitismo político" (Artículo 330), al reconocerse en la sentencia el derecho de los integrantes de la Fuerza Armada Nacional "de participar libremente en los asuntos políticos y en la formación, ejecución y control de la gestión pública," sometidos incluso a las instrucciones de la superioridad jerárquica a la cual deben respeto, disciplina obediencia y subordinación, los mismos tienen derecho e incluso la obligación de participar en cuanto acto de propaganda, militancia y proselitismo político decidan o se les ordene o instruya.

De todo lo anterior resulta que a partir de la sentencia, simplemente la Constitución dejó de decir lo que decía, y pasó a decir lo que a la Sala Constitucional se le ocurrió que dice, con lo cual, sin ser reformada y con la misma fraseología, pasó en esta materia a decir otra cosa, es decir, su texto fue mutado. Al hacer esto, la Sala Constitucional usurpó el Poder Constituyente que sólo el pueblo tiene para poder reformar o enmendar la Constitución conforme a los procedimientos previstos en ella, no existiendo mecanismo alguno para controlar lo que hace el guardián de la Constitución.

El resultado, en todo caso, es que por ejemplo, cuando la Constitución prescribe que la Fuerza Armada Nacional no puede tener "militancia política," según lo dispuesto por la Sala Constitucional, lo que dice es que si puede tener dicha militancia, conforme lo ordene la superioridad jerárquica, incuso expresada en el uso de símbolos partidistas; cuando la Constitución prescribe que la Fuerza Armada Nacional no puede estar al servicio de "parcialidad política alguna," según lo dispuesto por la Sala Constitucional, lo que dice es que sí puede o debe tener la parcialidad política del Comandante en Jefe de la misma; y cuando la Constitución dice que los integrantes de la Fuerza Armada Nacional no pueden "participar en actos de propaganda, militancia o proselitismo político," según lo dispuesto por la Sala Constitucional, lo que ello significa es que si pueden "participar libremente en los asuntos políticos y en la formación, ejecución y control de la gestión pública." Tan simple como eso.

En esa forma la Constitución se violó abiertamente, y lo inconstitucional se convirtió en constitucional, mediante una ilegítima mutación constitucional hecha por el juez constitucional, realizada no sólo en fraude a la Constitución, sino en fraude a la voluntad popular expresada en el rechazo de la reforma constitucional de 2007, que tenía la misma finalidad de eliminar la prohibición constitucional de que la Fuerza Armada pudiera tener "militancia política."

## VI. EL JUEZ CONSTITUCIONAL AL SERVICIO DEL AUTORITARISMO Y EL SIGNIFICADO DEL DERECHO A LA DESOBEDIENCIA CIVIL Y A LA RESISTENCIA CONTRA LA OPRESIÓN

### 1. *El derecho a la desobediencia y el derecho a la resistencia a la opresión en algunas Constituciones Latinoamericanas y en la Declaración de Santiago sobre el derecho a la paz*

La *Declaración de Santiago sobre el Derecho Humano a la Paz* de 2010, aprobada entre otros propósitos, con la intención de que la Asamblea General de las Naciones Unidas la haga suya, y así lograrse que forme parte integral del sistema universal de protección los derechos humanos, tiene la enorme importancia de ser el soporte internacional actual para el efectivo desarrollo y consolidación universal, del derecho a la paz, en el sentido de una paz justa, sostenible y duradera, como derecho humano en si mismo, de carácter inalienable y que debe realizarse sin distinción alguna y sin discriminación.

Sobre este derecho a la paz, en América Latina hay que hacer referencia a la muy importante disposición del artículo 22 de la Constitución colombiana de 1991, en la cual por primera vez se declaró en una Constitución que "la paz es un derecho y un deber de obligatorio cumplimiento," de manera que entre los deberes de las personas y ciudadanos está el "propender al logro y mantenimiento de la paz" (art. 95); entre los fines de la educación está el formar "al colombiano en el respeto a los derechos humanos, a la paz y a la democracia" (art. 67); siendo además uno de los fines primordiales de la policía nacional como cuerpo armado "de naturaleza civil" el mantenimiento "de las condiciones necesarias para el ejercicio de los derechos y libertades públicas, y para asegurar que los habitantes de Colombia convivan en paz." Con esta idea de vivir y convivir en paz como derecho de los ciudadanos, en la Constitución de Colombia además, se dispusieron Disposiciones Transitorias para el desarrollo del "proceso de paz" con la insurgencia guerrillera.

En Venezuela, por su parte, en materia de disposiciones sobre derecho a la paz, a pesar de que en la Constitución de 1999 no se encuentra un enunciado igual al colombiano sobre el "derecho a la paz," sin embargo, la paz como derecho y el derecho a vivir en paz, resulta de múltiples declaraciones que fueron incorporadas al texto fundamental, en el cual (i) se establece dentro de los propósitos de la organización política de la sociedad misma conforme a la Constitución, el consolidar "los valores de la libertad, la independencia, la paz, la solidaridad, el bien común, la integridad territorial, la convivencia y el imperio de la ley para esta y las futuras generaciones" (Preámbulo); (ii) se declara que el patrimonio moral de la República y "sus valores de libertad, igualdad, justicia y paz internacional" se fundamentan en "la doctrina de Simón Bolívar, el Libertador" (art. 1); (iii) se precisa como unos de los "fines esenciales" del Estado, "la defensa y el desarrollo de la persona y el respeto a su dignidad, el ejercicio democrático de la voluntad popular, la construcción de una sociedad justa y amante de la paz, la promoción de la prosperidad y bienestar del pueblo y la garantía del cumplimiento de los principios, derechos y deberes reconocidos y consagrados en esta Constitución"(art. 3); (iv) se declara al "espacio geográfico venezolano" como "una zona de paz" (art. 13); (v) se prevé que el cumplimiento de los deberes de solidaridad social y de participación de todas las personas, debe realizarse "promoviendo y defendiendo los derechos humanos como fundamento de la convivencia democrática y de la paz social" (art. 132); (vi) se define entre las competencias de los órganos que ejercen el Poder Público Nacional, "la conservación de la paz pública y la recta aplicación de la ley en todo el territorio nacional" (art. 156.2); y (vii) se indica que la política de "la seguridad de la Nación" se fundamenta en "la corresponsabilidad entre el Estado y la sociedad civil, para dar cumplimiento a los principios de independencia, democracia, igualdad, paz, libertad, justicia, solidaridad, promoción y conservación ambiental y afirmación de los derechos humanos"(art. 326).

Pero además del derecho a la paz, la Declaración de Santiago en una forma aún más importante, por la ausencia general de previsiones constitucionales que los regulen expresamente, establece el derecho a la desobediencia civil y a la resistencia a la opresión, en la siguiente forma:

En cuanto al derecho a la desobediencia, en la Declaración se prevé en general el derecho de toda persona, individualmente o en grupo, a la desobediencia civil específicamente frente a actividades que supongan amenazas contra la paz (art. 5.2), al punto de que en ejercicio de ese derecho a la desobediencia, toda persona, individualmente o en grupo, tiene un derecho consecuencial a ser protegida en el ejercicio efectivo de dicho derecho a la desobediencia (art. 5.7)

Además, en particular, se lo regula en relación con las actividades militares, al establecerse el derecho de los miembros de toda institución militar o de seguridad a no participar en guerras de agresión, operaciones militares no autorizadas por las Naciones Unidas u otras operaciones armadas, internacionales o internas, que violen los principios y normas del derecho internacional de los derechos humanos o del derecho internacional humanitario. Igualmente a dichos miembros de dichas instituciones militares o de seguridad, se les asegura el derecho de desobedecer órdenes manifiestamente contrarias a dichos principios y normas.

Por otra parte, los referidos miembros tienen, además del derecho, la obligación de desobedecer órdenes de cometer o participar en genocidios, crímenes contra la humanidad o crímenes de guerra. En relación con ello, se precisa que la Declaración que la obediencia debida no exime del cumplimiento de estas obligaciones, y la desobediencia de esas órdenes no constituirá en ningún caso delito militar (art. 5.4).

Además, también en particular, la declaración establece el derecho de toda persona, individualmente o en grupo, a no participar en la investigación científica para la producción o el desarrollo armamentístico y a denunciar públicamente dicha investigación.

En cuanto al derecho a la resistencia contra la opresión, la declaración, declara como derecho de toda persona y todo pueblo, primero, a resistir y oponerse a todos los regímenes que cometan crímenes internacionales u otras violaciones graves, masivas o sistemáticas de los derechos humanos, incluido el derecho a la libre determinación de los pueblos, de acuerdo con el derecho internacional; segundo, a oponerse a la guerra; a los crímenes de guerra, de genocidio, de agresión, de *apartheid* y otros crímenes de lesa humanidad, y a las violaciones de otros derechos humanos universalmente reconocidos; y tercero, a oponerse a las violaciones del derecho humano a la paz.

Por último, en esta materia, la *Declaración de Santiago* también declara como derecho de toda persona y todo pueblo a oponerse a toda propaganda a favor de la guerra o de incitación a la violencia, exigiendo que sea prohibida por ley, la glorificación de la violencia y su justificación como supuestamente necesaria para construir el futuro y permitir el progreso.

Estos derechos a la desobediencia y a la resistencia a la opresión, como se dijo, no tienen una consagración frecuente en las Constituciones nacionales, siendo una excepción, lo establecido en el último artículo de la Constitución de Venezuela de 1999, que dispone que:

*Artículo 350.* El pueblo de Venezuela, fiel a su tradición republicana, a su lucha por la independencia, la paz y la libertad, desconocerá cualquier régimen, legislación o autoridad que contraríe los valores, principios y garantías democráticos o menoscabe los derechos humanos.

Se trata, por tanto, de la consagración constitucional del derecho a la desobediencia civil y a la resistencia contra o respecto de regímenes políticos, de la legislación que se sancione y de cualquier autoridad que sea inconstitucional o que actúen en contra de la Constitución o que menoscabe los derechos humanos que la misma declara. Se trata, en definitiva de un derecho a que la Constitución, donde están establecidos los valores, principios y garantías democráticos, no se vulnere, y a que si su supremacía no es capaz de ser garantizada por los órganos de la Jurisdicción Constitucional, entonces toda persona individualmente o en grupo, tiene derecho a procurar que se restablezca el orden constitucional violado. El derecho a la desobediencia civil y a la resistencia a la opresión, por tanto, derivan del derecho ciudadano a la supremacía constitucional, y su ejercicio encuentra justificación cuando los mecanismos institucionales del Estado dispuestos para garantizar dicha supremacía no funcionan. Es en ese contexto, en nuestro criterio, que además de identificarse a la paz como derecho fundamental, y el derecho de todas las personas a vivir y convivir en paz, se identifica la obligación primordial del Estado de garantizar dichos derechos, el deber de los ciudadanos de contribuir a su satisfacción, y además, su derecho a desobedecer y resistir todo régimen que contraríe el valor fundamental de vivir en paz, los valores democráticos y el respeto a los derechos humanos.

### 2. *El derecho a la supremacía constitucional y la ausencia de efectividad de la Jurisdicción Constitucional, como fundamento del derecho a la desobediencia y a la resistencia a la opresión*

En efecto, si la Constitución es la manifestación más suprema de la voluntad del pueblo como poder constituyente originario, la misma con sus principios y valores democráticos y sus derechos y garantías debe prevalecer sobre la voluntad de los órganos constituidos del poder, por lo que su modificación sólo puede llevarse a cabo conforme se dispone en su propio texto, como expresión-imposición de la voluntad popular producto de ese poder constituyente originario.

Este postulado de la supremacía de la Constitución en tanto que norma fundamental, que además se encuentra expresado en forma expresa en el texto de muchas Constituciones, lo que implica que ya no es una deducción lógica, es uno de los pilares fundamentales del Estado Constitucional que comenzó a desarrollarse desde los propios albores del constitucionalismo moderno. Así fue cuando en 1788, Alexander Hamilton en *The Federalist,* afirmó que "ningún acto legislativo contrario a la Constitución, puede ser válido", al punto de que "negar esto significaría afirmar que "los representantes del pueblo son superiores al pueblo mismo; que los hombres que actúan en virtud de poderes, puedan hacer no sólo lo que sus poderes no les autorizan sino también lo que les prohíben."[569]

La contrapartida de la obligación de los órganos constituidos de respetar la Constitución, de manera que el poder constituyente originario prevalezca sobre la voluntad de dichos órganos estatales constituidos, es el derecho constitucional que todos los ciudadanos tienen en un Estado Constitucional, a que se respete la voluntad popular expresada en la Constitución, es decir, *el derecho fundamental a la supremacía constitucional.*[570] Nada se ganaría con señalar que la Constitución, como manifestación de la voluntad del pueblo, debe prevalecer sobre la de los órganos del Estado, si no existiere el derecho de los integrantes del pueblo de exigir el respeto de esa Constitución, y además, la obligación de los órganos jurisdiccionales de velar por dicha supremacía.

El constitucionalismo moderno, por tanto, no sólo está montado sobre el principio de la supremacía constitucional, sino que como consecuencia del mismo, también está montado sobre el derecho del ciudadano a esa supremacía,[571] que se concreta, conforme al principio de la separación de poderes, en un derecho fundamental a la tutela judicial efectiva de la supremacía constitucional, es decir, a la justicia constitucional.

Por ello, el mismo Hamilton, al referirse al papel de los Jueces en relación con dicha supremacía constitucional también afirmó:

> "Una Constitución es, de hecho, y así debe ser considerada por los jueces, como una ley fundamental. Por tanto, les corresponde establecer su significado así como el de cualquier acto proveniente del cuerpo legislativo. Si se produce una situación irreconciliable entre ambos, por supuesto, la preferencia debe darse a la que tiene la mayor obligatoriedad y validez, o, en otras palabras, la Constitución debe prevalecer sobre las Leyes, así como la intención del pueblo debe prevalecer sobre la intención de sus representantes."

Con base en estos postulados se desarrolló no sólo la doctrina de la supremacía de la Constitución, sino también, aún más importante, la doctrina de "los jueces como guardianes de la Constitución," tal como lo expresó el mismo Hamilton al referirse a la Constitución como limitación de los poderes del Estado y, en particular, de la autoridad legislativa, afirmando que:

---

569 *The Federalist* (ed. B.F. Wright), Cambridge, Mass. 1961, pp. 491-493.

570 Véase Allan R. Brewer-Carías "El juez constitucional vs. la supremacía constitucional. (O de cómo la jurisdicción constitucional en Venezuela renunció a controlar la constitucionalidad del procedimiento seguido para la "reforma constitucional" sancionada por la Asamblea Nacional el 02 de noviembre de 2007, antes de que fuera rechazada por el pueblo en el referendo del 02 de diciembre de 2007)," en *Revista de Derecho Público*, N° 112, Editorial Jurídica Venezolana, Caracas, 2007, pp. 661-694.

571 Véase Allan R. Brewer-Carías, "El amparo a los derechos y libertades constitucionales (una aproximación comparativa)" en *La protección jurídica del ciudadano Estudios en Homenaje al Profesor Jesús González Pérez*, Madrid 1993, Tomo III, pp. 2.696 y 2.697.

> "Limitaciones de este tipo sólo pueden ser preservadas, en la práctica, mediante los Tribunales de justicia, cuyo deber tiene que ser el de declarar nulos todos los actos contrarios al tenor manifiesto de la Constitución. De lo contrario, todas las reservas de derechos o privilegios particulares, equivaldrían a nada."[572]

De estos postulados puede decirse que en el constitucionalismo moderno surgió el sistema de justicia constitucional en sus dos vertientes, como protección de la parte orgánica de la Constitución, y como protección de su parte dogmática, es decir, de los derechos y libertades constitucionales, lo que en definitiva, no es más que la manifestación de la garantía constitucional del derecho fundamental del ciudadano al respecto de la supremacía constitucional. El sistema, por otra parte, y si bien tuvo sus raíces como se ha dicho, en el constitucionalismo norteamericano a comienzos del siglo XIX,[573] también se consolidó en Europa continental durante el siglo pasado, con las adopción de la noción de Constitución rígida, el principio de su supremacía, la garantía de la nulidad de los actos estatales que la vulneren, la consagración constitucional de los derechos fundamentales, la consideración de la Constitución como norma de derecho positivo directamente aplicable a los ciudadanos[574], cuya aceptación, incluso, fue calificada hacia finales del Siglo pasado como producto de una "revolución,"[575] que los países europeos sólo en las últimas décadas de dicho siglo comenzaron a "redescubrir,"[576] y con la atribución del control de la constitucionalidad a órganos superiores especializados como los Tribunales Constitucionales.

Ahora bien, la justicia constitucional, es decir, la posibilidad de control judicial de la constitucionalidad de las leyes y demás actos estadales, deriva precisamente de esa idea de la Constitución como norma fundamental y suprema, que debe prevalecer sobre toda otra norma o acto estatal; lo que implica el poder de los jueces o de ciertos órganos constitucionales en ejercicio de funciones jurisdiccionales, de controlar la constitucionalidad de los actos estatales, incluidas las leyes, declarándolos incluso nulos cuando sean contrarios a la Constitución. Ese fue el gran y principal aporte de la Revolución Norteamericana al constitucionalismo moderno, y su desarrollo

---

572 *The Federalist* (ed. B.F. Wright), Cambridge, Mass. 1961, pp. 491-493.

573 Véase en particular A. Hamilton, *The Federalist* (ed. B. F. Wright), Cambridge Mass. 1961, *letter* N° 78, pp. 491–493. Véanse además, los comentarios de Alexis de Tocqueville, *Democracy in America* (ed. J. P. Mayer and M. Lerner), London, 1968, vol. I, p. 120.

574 Véase Eduardo García de Enterría, *La Constitución como norma y el Tribunal Constitucional*, Madrid, 1981.

575 Véase J. Rivero, "Rapport de Synthèse", en L. Favoreu (ed.), *Cours constitutionnelles européennes et droits fundamentaux,* París, 1982, p. 520, donde califica la aceptación de muchos de esos principios por el Consejo Constitucional como una "revolución".

576 El término lo usó con razón Louis Favoreu, al señalar que ha sido sólo después de la Primera Guerra Mundial, y particularmente, después de la Segunda Guerra Mundial, que los países europeos han "redescubierto" la Constitución como texto de carácter jurídico y como norma fundamental, en "Actualité et légitimité du contrôle juridictionnel des lois en Europe Occidentale", *Revue du Droit Public et de la Science Politique en France et á l'étranger,* 1984, p. 1.176.

progresivo ha sido el fundamento de los sistemas de justicia constitucional en el mundo contemporáneo.

Como lo expresó en su momento Manuel García Pelayo:

> "La Constitución, en tanto que norma fundamental positiva, vincula a todos los poderes públicos incluidos el Parlamento y por tanto, la ley no puede ser contraria a los preceptos constitucionales, a los principios de que éstos arrancan o que se infieren de ellos, y a los valores a cuya realización aspira. Tal es lo que configura la esencia del Estado constitucional de derecho..."[577].

Es decir, como en su momento también lo señaló Mauro Cappelletti, la Constitución concebida "no como una simple pauta de carácter político, moral o filosófico, sino como una ley verdadera, positiva y obligante, con un carácter supremo y más permanente que la legislación positiva ordinaria."[578] O como lo puntualizó Eduardo García de Enterría al iniciarse el proceso democrático en España en las últimas décadas del siglo pasado, las Constituciones son normas jurídicas efectivas, que prevalecen en el proceso político, en la vida social y económica del país, y que sustentan la validez a todo el orden jurídico[579]. Se trata, siempre, de una ley suprema, real y efectiva, que contiene normas directamente aplicables tanto a los órganos del Estado como a los individuos. Dicha supremacía, por lo demás, no sólo se refiere a las previsiones establecidas en el texto mismo de la Constitución, como podría ser el elenco de derechos y garantías enumerados en la misma, sino por ejemplo, conforme al artículo 335 de la Constitución de Venezuela, a los "principios constitucionales" conforme a las interpretaciones efectuadas por la Jurisdicción Constitucional, y a los derechos humanos declarados en los tratados, pactos y convenciones internacionales suscritos y ratificados por Venezuela, los cuales conforme al artículo 23 de la Constitución tienen "jerarquía constitucional y prevalecen en el orden interno, en la medida en que contengan normas sobre su goce y ejercicio más favorables a las establecidas en la Constitución y en las leyes de la República."[580] Es lo que se ha deno-

---

577 Véase Manuel García Pelayo, "El Status del Tribunal Constitucional", en *Revista Española de Derecho Constitucional,* Nº 1, Madrid, 1981, p. 18.

578 Véase Mauro Cappelletti, *Judicial Review of Legislation and its Legitimacy. Recent Developments.* General Report. International Association of Legal Sciences. Uppsala, 1984 (mimeo), p. 20; también publicado como "Rapport général" en L. Favoreu y J.A. Jolowicz (ed), *Le contrôle juridictionnel des lois Légitimité, effectivité et développements récents,* París 1986, pp. 285–300.

579 Véase Eduardo García de Enterría, *La Constitución como norma y el Tribunal Constitucional,* Madrid, 1981, pp. 33, 39, 66, 71, 177 y 187.

580 Sobre el tema de la jerarquía constitucional de los tratados en materia de derechos humanos, véase Allan R. Brewer-Carías, "La aplicación de los tratados internacionales sobre derechos humanos en el orden interno", en *Revista IIDH,* Instituto Interamericano de Derechos Humanos, Nº 46, San José 2007, pp. 219-271; y "La interrelación entre los Tribunales Constitucionales de America Latina y la Corte Interamericana de Derechos Humanos, y la cuestión de la inejecutabilidad de sus decisiones en Venezuela," en *Anuario Iberoamericano de Justicia Constitucional,* Centro de Estudios Políticos y Constitucionales, Nº 13, Madrid 2009, pp. 99-136.

minado como el "bloque de la constitucionalidad" en la terminología acuñada hace años, entre otros, por Louis Favoreu.[581]

Todo ello, lo que confirma es que el derecho fundamental a la supremacía constitucional se concreta, en definitiva, en un sistema de control de la constitucionalidad de los actos y actuaciones del Estado que violen dicho derecho, que comprende tanto un derecho al control jurisdiccional de la constitucionalidad de los actos estatales, sea mediante sistemas de justicia constitucional concentrados o difusos, y en un derecho al amparo judicial de los derechos fundamentales de las personas, sea mediante acciones o recursos de amparo u otros medios judiciales de protección inmediata de los mismos. La consecuencia de este derecho fundamental a la supremacía constitucional, por tanto, implica el poder atribuido a los jueces o a determinados órganos jurisdiccionales de asegurar la supremacía constitucional, sea declarando la nulidad de los actos contrarios a la Constitución, sea restableciendo los derechos fundamentales vulnerados por acciones ilegítimas, tanto de los órganos del Estado como de los particulares.

Ahora bien, tratándose de un derecho fundamental de los ciudadanos el que se asegure la supremacía constitucional mediante la tutela judicial de la misma, dado el principio de la reserva legal es evidente que sólo la Constitución podría limitar dicho derecho, es decir, sería incompatible con la idea misma del derecho fundamental de la supremacía constitucional que se postula, cualquier limitación legal al mismo, sea manifestada en actos estatales que se lleguen a excluir del control judicial de constitucionalidad; sea en derechos constitucionales cuya violación no fuera amparable en forma inmediata mediante recursos judiciales de protección.

La supremacía constitucional es una noción absoluta, que no admite excepciones, por lo que el derecho constitucional a su aseguramiento tampoco puede admitir excepciones, salvo por supuesto, las que establezca la propia Constitución.

De lo anterior resulta que, en definitiva, en el derecho constitucional contemporáneo, la justicia constitucional se ha estructurado como una garantía adjetiva al derecho fundamental del ciudadano a la supremacía constitucional, y como el instrumento jurídico para canalizar los conflictos entre la voluntad popular y los actos de los poderes constituidos.

En esta forma, como lo señaló Sylvia Snowiss en su análisis histórico sobre los orígenes de la justicia constitucional, ésta puede decirse que surgió como un "sustituto a la revolución."[582] En efecto, frente al principio de la soberanía y omnipotencia del Parlamento que provenía del derecho inglés, y que Blackstone defendía en Inglaterra,[583] conforme al cual no había otro recurso para el cambio político frente a la tiranía, que no fuera el recurso a la revolución; el desarrollo progresivo y alternativo del principio de la soberanía popular y la supremacía constitucional en Norteaméri-

581 Véase Louis Favoreu, "Le principe de constitutionalité. Essai de définition d'après la jurisprudence du Conseil constitutionnel," en *Recueil d'études en l'honneur de Charles Eisenmann*, Paris 1977, p. 33.

582 Véase Sylvia Snowiss, *Judicial Review and the Law of the Constitution,* Yale University Press, 1990, pp. 2, 3, 6, 113 ss.

583 Véase William Blackstone, *Commentaries on the Laws of England*, 4 vols, 1765-1769, Ed. Facsimilar University of Chicago Press, 1979.

ca, llevó progresivamente a la posibilidad de que el régimen político pudiera ser cambiado, fuera apelando al pueblo mediante una Convención Constitucional (o constituyente) o mediante el desarrollo del poder de los jueces de poder defender la Constitución y juzgar y controlar las acciones del Congreso por las violaciones a la Constitución.[584] En tal sentido, si los ciudadanos tienen derecho a la supremacía constitucional, al ser la Constitución emanación del pueblo soberano, entonces frente al derecho de los ciudadanos a rebelarse, a desobedecer leyes injustas o resistir a la opresión frente a cualquier violación de la Constitución, con el objeto de logar la revocatoria del mandato a los representantes que la violen o a su sustitución por otros, en aplicación del derecho de resistencia o revuelta que defendía John Locke;[585] se fue desarrollando el sistema de justicia constitucional, mediante el poder atribuido a los jueces para conocer de la constitucionalidad de las leyes y poder decidir no aplicarlas cuando violen la Constitución

En caso de opresión de los derechos, de abuso o de usurpación, de violaciones masivas a los derechos fundamentales, antes del desarrollo de los sistemas de justicia constitucional, entonces, la revolución era la solución o la vía de solución de conflictos entre el pueblo y los gobernantes. Sin embargo, como sustituto de la misma fue precisamente que surgió con el constitucionalismo moderno, ese poder atribuido a los jueces para dirimir los conflictos constitucionales entre los poderes constituidos o entre éstos y el pueblo. Esa es, precisamente, la tarea del juez constitucional, quedando configurada la justicia constitucional como la principal garantía al derecho ciudadano a la supremacía constitucional como la calificó Sylvia Snowiss, "como sustituto de la revolución."[586]

En el caso de Venezuela, por ejemplo, como resultado de un proceso evolutivo que se remonta al siglo XIX, se organiza en la Constitución un completísimo sistema de justicia constitucional que combina, basado en el principio de la universalidad del control, un control concentrado de la constitucionalidad de las leyes y demás actos dictados en ejecución directa e inmediata de la Constitución, atribuido a la Jurisdicción Constitucional que ejerce la Sala Constitucional del Tribunal Supremo de Justicia (art. 336); con el control difuso de la constitucionalidad de los actos normativos que está a cargo de todos los jueces con potestad de desaplicar en los casos concretos las leyes que juzguen inconstitucionales (art. 334); y el derecho de amparo respecto de todos los derechos constitucionales que se ejerce ante todos los tribunales de instancia, por tanto, en forma igualmente difusa (art. 27).[587] Conforme a ese sistema, en el texto de la Constitución, todos los actos estatales, incluso aquellos que se dicten con motivo de los procedimientos de revisión o reforma constitucional, cualquiera que sea su naturaleza, en tanto que sean manifestaciones de voluntad de

---

584 Véase Sylvia Snowiss, *Judicial Review and the Law of the Constitution,* Yale University Press, 1990, pp.11 ss., 33, 34, 38 ss. 113.

585 Véase John Locke, *Two Treatises of Government* (ed. Peter Laslett), Cambridge UK, 1967, pp. 221 y ss.

586 Véase Sylvia Snowiss, *Judicial Review and the Law of the Constitution,* Yale University Press, 1990, pp. 2.

587 Véase sobre el sistema venezolano de justicia constitucional, Allan R. Brewer-Carías, *La justicia constitucional (Procesos y procedimientos constitucionales)*, Editorial Porrúa/ Instituto Mexicano de Derecho procesal Constitucional, México 2007.

los poderes públicos constituidos, están sometidos a la Constitución y al control judicial de constitucionalidad. De lo contrario, no tendría sentido ni la supremacía constitucional ni el derecho ciudadano a dicha supremacía constitucional.

Si un sistema de justicia constitucional, y particularmente, uno de tal amplitud funcionase adecuadamente, entonces, es obvio que el derecho a la desobediencia civil o a la resistencia frente a regímenes, legislación o autoridad que contraríen los valores, principios y garantías democráticos o menoscabasen los derechos humanos no tendía operatividad, pues los jueces mediante el control de constitucionalidad funcionarían como sustitutos a la desobediencia o a la resistencia.

Sin embargo, cuando el sistema de justicia constitucional, a pesar de su amplitud, no funciona, o es inocuo por el control político que se ejerce desde el poder sobre los jueces, o cuando en general el mismo se llega a configurar como un sistema puesto al servicio del autoritarismo,[588] entonces, ante la ausencia de poder alguno que pueda controlar la constitucionalidad de los actos de los órganos constituidos del Estado, frente a un régimen político, a una legislación o a una autoridad que contraríen los valores, principios y garantías democráticos o menoscabasen los derechos humanos, resurge con toda su fuerza y valor el derecho a la desobediencia civil o el derecho a la resistencia contra la opresión.

### 3. *Algo sobre el conflicto entre el deber de obediencia y el derecho a la desobediencia civil y a la resistencia ante la opresión*

Los ciudadanos de cualquier Estado, como integrantes de una sociedad regulada por leyes, tienen el deber de obediencia a las mismas, lo que no excluye que el Estado tenga, a la vez, la obligación de garantizar el goce y ejercicio irrenunciable, indivisible e interdependiente de los derechos de las personas, conforme al principio de la progresividad y sin discriminación, por lo que el respeto y garantía de los derechos humanos son obligatorios para los órganos que ejercen el Poder Público.

Además, muchas Constituciones, como la de Venezuela, por ejemplo, declaran expresamente como nulos todos los actos dictados en ejercicio del Poder Público que violen o menoscaben los derechos que la misma garantiza (art. 25), haciendo

---

588 Es el caso en Venezuela, durante la última década. Véase sobre ello, lo que hemos expuesto en Allan R. Brewer-Carías, *Dismantling Democracy. The Chávez Authoritarian Experiment*, Cambridge University Press, New York 2010; *Reforma constitucional y fraude a la Constitución (1999-2009)*, Academia de Ciencias Políticas y Sociales, Caracas 2009; *Reforma Constitucional, Asamblea Constituyente, y Control Judicial: Honduras (2009), Ecuador (2007) y Venezuela (1999)*, Universidad Externado de Colombia, Bogotá 2009; *Crónica sobre la "In" Justicia Constitucional. La Sala Constitucional y el autoritarismo en Venezuela*, Colección Instituto de Derecho Público, Universidad Central de Venezuela, No. 2, Editorial Jurídica Venezolana, Caracas 2007; "La justicia sometida al poder [La ausencia de independencia y autonomía de los jueces en Venezuela por la interminable emergencia del Poder Judicial (1999-2006)]" en *Cuestiones Internacionales. Anuario Jurídico Villanueva 2007*, Centro Universitario Villanueva, Marcial Pons, Madrid 2007, pp. 25-57; "La progresiva y sistemática demolición institucional de la autonomía e independencia del Poder Judicial en Venezuela 1999-2004", en *XXX Jornadas J.M Domínguez Escovar, Estado de derecho, Administración de justicia y derechos humanos*, Instituto de Estudios Jurídicos del Estado Lara, Barquisimeto, 2005, pp. 33-174.

responsables en lo penal, civil y administrativo a los funcionarios públicos que ordenen o ejecuten esos actos violatorios.

Por tanto, ante la violación de la Constitución por las autoridades constituidas, en cualquier Estado en el cual no hay garantía de que los órganos del Poder Público que ejercen funciones constitucionales de balance, contrapeso y control realmente funcione, y en particular, de que el sistema de justicia constitucional no funcione por habérselo puesto al servicio del autoritarismo; particularmente cuando el régimen autoritario tiene su origen en elecciones, sin duda se plantea el dilema o conflicto democrático y constitucional que tiene que condicionar la conducta de los ciudadano, entre rechazar, desobedecer o resistir frente a leyes y autoridades ilegítimas, inconstitucionales e injustas; u obedecerlas de acuerdo con la obligación constitucional, acatándolas y cumpliéndolas. Este es el meollo del ejercicio del derecho a la desobediencia civil y a la resistencia frente a la opresión, que conforme a la *Declaración de Santiago* corresponde con razón a toda persona, individualmente o en grupo.

Frente a este conflicto, una norma constitucional como la del artículo 350 de la Constitución venezolana y el derecho ciudadano que consagra, encuentra entonces toda su operatividad frente para garantizar la resistencia a cumplir y acatar leyes que son ilegítimas, inconstitucionales e injustas.[589]

Este artículo, en el sentido de la *Declaración de Santiago*, en efecto consagra constitucionalmente el derecho a la desobediencia civil, que es una de las formas como se manifiesta el derecho de resistencia, y cuyo origen histórico está en el derecho a la insurrección, que tuvo su fuente en la teoría política difundida por John Locke.[590] Además, tiene su antecedente constitucional remoto en la Constitución Francesa de 1793 en el último de los artículos de la Declaración de los Derechos del Hombre y del Ciudadano que la precedía, en el cual se estableció que

> *Art. 35.* Cuando el gobierno viole los derechos del pueblo, la insurrección es, para el pueblo y para cada porción del pueblo, el más sagrado de los derechos y el más indispensable de los deberes.

---

589 Sobre la desobediencia civil y el artículo 350 de la Constitución, véase: María L. Álvarez Chamosa y Paola A. A. Yrady, "La desobediencia civil como mecanismo de participación ciudadana", en *Revista de Derecho Constitucional,* N° 7 (Enero-Junio). Editorial Sherwood, Caracas, 2003, pp. 7-21; Andrés A. Mezgravis, "¿Qué es la desobediencia civil?", en *Revista de Derecho Constitucional,* N° 7 (enero-junio), Editorial Sherwood, Caracas, 2003, pp. 189-191; Marie Picard de Orsini, "Consideraciones acerca de la desobediencia civil como instrumento de la democracia", en *El Derecho Público a comienzos del siglo XXI. Estudios homenaje al Profesor Allan R. Brewer-Carías,* Tomo I, Instituto de Derecho Público, UCV, Civitas Ediciones, Madrid, 2003, pp. 535-551; y Eloisa Avellaneda y Luis Salamanca, "El artículo 350 de la Constitución: derecho de rebelión, derecho resistencia o derecho a la desobediencia civil", en *El Derecho Público a comienzos del siglo XXI. Estudios homenaje al Profesor Allan R. Brewer-Carías,* Tomo I, Instituto de Derecho Público, UCV, Civitas Ediciones, Madrid, 2003, pp. 553-583. Véase además, lo que hemos expuesto en Allan R. Brewer-Carías, *La Constitución de 1999. Derecho Constitucional Venezolano*. Editorial Jurídica Venezolana, Caracas 2004, Tomo I, pp 133 ss.

590 Véase John Locke, *Two Treaties of Government* (ed. P. Laslett), Cambridge 1967, p. 211.

Esta norma, típica de un gobierno revolucionario (como el del Terror), fue anómala y desapareció posteriormente de los anales del constitucionalismo.

Sin embargo, ello no ha impedido la aparición en las Constituciones de algunas versiones contemporáneas, no del derecho a la insurrección, sino del derecho a la rebelión contra los gobiernos de fuerza, como el consagrado, por ejemplo, en el artículo 333 de l misma Constitución venezolana que establece el deber de "todo ciudadano investido o no de autoridad, de colaborar en el restablecimiento de la efectiva vigencia de la Constitución," si la misma perdiera "su vigencia o dejare de observarse por acto de fuerza o porque fuere derogada por cualquier otro medio distinto al previsto en ella". Es el único caso en el cual una Constitución pacifista como la de Venezuela de 1999, admite que pueda haber un acto de fuerza para reaccionar contra un régimen que por la fuerza haya irrumpido contra la Constitución. Sobre ello, ha señalado la Sala Constitucional en sentencia N° 24 de 22 de enero de 2003 (Caso: *Interpretación del artículo 350 de la Constitución*) que:

> "El derecho de resistencia a la opresión o a la tiranía, como es el caso de los regímenes de fuerza surgidos del pronunciamiento militar, que nacen y actúan con absoluta arbitrariedad, está reconocido en el artículo 333 de la Constitución, cuya redacción es casi idéntica al artículo 250 de la Carta de 1961. Esta disposición está vinculada, asimismo, con el artículo 138 *eiusdem*, que declara que "Toda autoridad usurpada es ineficaz y sus actos son nulos."

El derecho a la restauración democrática (defensa del régimen constitucional) contemplado en el artículo 333, es un mecanismo legítimo de desobediencia civil que comporta la resistencia a un régimen usurpador y no constitucional."[591]

Pero frente a leyes inconstitucionales, ilegítimas e injustas dictadas por los órganos del Poder Público, en realidad, no se está en presencia de este deber-derecho a la rebelión, sino en ausencia de efectivo control judicial de la constitucionalidad o de la garantía de la justicia constitucional, del derecho a la resistencia y, particularmente, del derecho a la desobediencia civil, que tiene que colocarse en la balanza de la conducta ciudadana junto con el deber constitucional de la obediencia a las leyes.

El tema central en esta materia, por supuesto, es la determinación de cuándo desaparece la obligación de la obediencia a las leyes y cuándo se reemplaza por la también obligación-derecho de desobedecerlas y esto ocurre, en general, cuando la ley es injusta; cuando es ilegítima, porque por ejemplo emana de un órgano que no tiene poder para legislar, o cuando es nula, por violar la Constitución; y no hay un sistema de justicia constitucional que funcione.

La actitud del ciudadano en esta situación de derecho a la desobediencia de la ley, como manifestación del derecho a resistencia, puede expresarse de diversas formas y entre ellas, individualmente mediante la objeción de conciencia que se expresa en la declaración de Santiago, y también individual o colectivamente mediante la desobediencia civil, y la resistencia pasiva o activa, todas como manifestaciones cívicas no violentas.

591 Véase en *Revista de Derecho Público*, N° 93-96, Editorial Jurídica Venezolana, Caracas 2003, pp. 126-127.

La objeción de conciencia es una conducta individual; de carácter omisivo, en el sentido que consiste en no hacer lo que se ordena; en forma pública; pacífica; parcial, porque está dirigida al cambio de una norma; y de orden pasivo, porque la resistencia a la norma y el derecho de incumplirla se hace con conciencia de aceptar las consecuencias o sanciones que se imponen por la violación. El derecho a la objeción de conciencia está regulado –mal regulado- en el artículo 61 de la Constitución de Venezuela, que establece que "la objeción de conciencia no puede invocarse para eludir el cumplimiento de la ley o impedir a otros su cumplimiento o el ejercicio de sus derechos," cuando en realidad, lo que debió decir es que no puede invocarse para eludir la aplicación de las sanciones derivadas del incumplimiento de la ley. De lo contrario, no sería tal derecho.

Sobre este derecho a la objeción de conciencia, *la Declaración de Santiago* lo consagra como un derecho de toda persona, individualmente o en grupo, frente a actividades que supongan amenazas contra la paz, y en particular, a obtener el estatuto de objeción de conciencia frente a las obligaciones militares; y a la objeción laboral y profesional, así como a la objeción fiscal al gasto militar, ante operaciones de apoyo a conflictos armados que sean contrarias al derecho internacional de los derechos humanos o al derecho internacional humanitario. En estos caso, dispone la *Declaración de Santiago*, que los Estados proporcionarán alternativas aceptables a los contribuyentes que se opongan a la utilización de sus impuestos para fines militares; y además, que consagra el derecho de toda persona, individualmente o en grupo, a ser protegida en el ejercicio efectivo de este derecho a la objeción de conciencia.

Por otra parte, en cuanto a la resistencia pasiva, como la definió el propio Mahatma Gandhi "es un método que consiste en salvaguardar los derechos mediante la aceptación del sufrimiento" lo que es "lo contrario de la resistencia mediante las armas."[592] Consiste en la negativa a obedecer los dictados de la ley, aceptando la sanción punitiva que resulta de la desobediencia, pero con la certidumbre de no estar obligado a obedecer la ley que desaprueba la conciencia.[593]

En la misma línea se ubica la resistencia activa, la cual también es una conducta no sólo contra la parte perceptiva de una Ley sino contra su parte punitiva; y no sólo de carácter individual sino muchas veces colectiva, como por ejemplo, la conducta comisiva de *hacer lo que la ley prohíbe* y, además, buscando eludir la pena. En todo caso, es de carácter público y parcial. La resistencia activa se materializó, por ejemplo, en los movimientos por la integración racial que liderizó Martín Luther King en la década de los cincuenta.[594]

La resistencia pasiva o activa, en todo caso, se diferencia de la desobediencia civil en cuanto a que esta es fundamentalmente una manifestación colectiva, que lo que persigue de inmediato es demostrar públicamente la injusticia, la ilegitimidad o la inconstitucionalidad de la ley o de un régimen o una autoridad, con el fin de indu-

---

592 M. K. Gandhi, *La Civilización occidental y nuestra Independencia*, Buenos Aires, 1959, p. 84 y ss.

593 *Idem*, pp. 85-86.

594 El movimiento por los derechos civiles liderado, entre otros, por M. L. King, se desarrolló a partir de la sentencia de la Corte Suprema de los Estados Unidos, *Brown vs. Topeka Bord of Education*, 1954.

cir, por ejemplo, al legislador a reformarla o al régimen o a la autoridad a transformarse.[595]

La desobediencia civil, por ello, es una acción que se justifica o que debe considerarse licita, debida e, incluso, tolerada, a diferencia de cualquier otra trasgresión o violación de la ley, pues lo que persigue es el restablecimiento de la justicia, de la legitimidad o de la constitucionalidad, mediante una reforma legal o una trasformación política. Por ello, la desobediencia civil no se considera destructiva sino innovativa, y quienes la asumen no consideran que realizan un acto de trasgresión del deber ciudadano de cumplir la ley, sino que lo que cumplen es con el deber ciudadano de velar porque los regímenes políticos sean democráticos o porque las leyes sean justas, legítimas y acorde con la Constitución.[596] La desobediencia civil, por tanto, es una actitud propia de los buenos ciudadanos.

El efecto demostrativo de la desobediencia civil exige, en todo caso, su carácter colectivo y publicitado al máximo;[597] de lo contrario, sería una desobediencia común, que por lo general es secreta, como la que hace el evasor de impuestos. La desobediencia civil, por tanto, tiene que ser expuesta al público, evidenciando que el deber que tiene todo ciudadano de cumplir la ley, sólo puede existir cuando el legislador respete la obligación de sancionar leyes justas y constitucionales.

La desobediencia civil, así, a pesar de que pueda ser considerada formalmente como una acción que se aparta de la ley, es sin embargo legítima, colectiva, pública y pacífica, es decir, no violenta, que tiene su fundamento, precisamente, como decía Norberto Bobbio[598] en "principios éticos superiores para obtener un cambio de las leyes" o en los valores que establece el artículo 350 de la Constitución, cuando se considere que el régimen, la legislación o la autoridad contraríe los valores, principios y garantías democráticos o menoscabe los derechos humanos; y el conflicto no pueda ser resuelto por la Jurisdicción Constitucional. Como lo ha resumido Juan Ignacio Ugartemedia Eceizabarrena en la primera frase de su libro sobre el tema, la

---

595 La expresión desobediencia civil comenzó a difundirse en los Estados Unidos luego del clásico ensayo de Henry David Thoreau, *Civil Disobedience,* 1849. Véase las referencias en Norberto Bobbio, "Desobediencia Civil" en Norberto Bobbio y Nicola Matteucci (directores). *Diccionario de Política,* 1982, Vol. I, p. 535.

596 A finales de 2001, en Venezuela se dieron dos manifestaciones colectivas que puede considerarse que encuadran en la desobediencia civil: en primer lugar, con la realización del proceso electoral del directorio de la Conferencia de Trabajadores de Venezuela, a pesar de que el Consejo Nacional Electoral había ordenado que no se realizaron dichas elecciones y había dicho que desconocería a la directiva electa; *El Universal,* Caracas, 17-08-01, p. 1-6; en segundo lugar, con la realización de la elección de los jueces de paz en diversos Municipios, entre ellos Chacao, organizada por las autoridades municipales a pesar de la posición en contra del Consejo Nacional Electoral que reclamaba para si la organización de esas elecciones y desconociendo la medida cautelar en contra adoptada por el Tribunal Supremo de Justicia.

597 Un típico ejemplo en Venezuela del carácter demostrativo de ruptura contra un ordenamiento, fue la ruptura en público de la *Gaceta Oficial* que contenía la Ley de Tierras y Desarrollo Rural, por el Presidente de la Federación de Ganaderos, Dr. José Luis Vetancourt, noviembre 2001; y la ruptura de la boleta electoral en el referendo sindical de diciembre de 2000 por Carlos Melo, *El Universal,* Caracas, 04-12-00, p. 1-8.

598 Véase Norberto Bobbio, "Desobediencia Civil" en Norberto Bobbio y Nicola Matteucci (directores). *Diccionario de Política,* 1982, Vol. I, pp. 533 ss.

desobediencia civil "es un fenómeno que se configura como una forma peculiar de protesta contra determinadas actuaciones del poder público llevada a cabo por motivos de justicia."[599]

Por ello, en Venezuela, la desobediencia civil no sólo es un tema de filosofía política, sino de derecho constitucional, pues es la propia Constitución la que consagra expresamente el derecho ciudadano a la desobediencia civil, incluso más allá de la sola resistencia a la ley.

Las condiciones para el ejercicio del derecho a la desobediencia civil y resistencia a la opresión en aplicación, por ejemplo, del antes mencionado artículo 350 de la Constitución, en nuestro criterio,[600] serían las siguientes:

En *primer lugar*, se establece como un derecho constitucional del "pueblo de Venezuela", es decir, se trata de un derecho de ejercicio colectivo y, consecuencialmente, público. No se puede justificar en esta norma, cualquier violación individual de una ley.

En *segundo lugar*, es un derecho basado en la tradición republicana del pueblo, su lucha por la independencia, la paz y la libertad. Se trata, por tanto, de un derecho ciudadano democrático, de carácter pacífico y no violento. No se pueden justificar en esta norma, acciones violentas que son incompatibles con los principios constitucionales que rigen al Estado, a la sociedad y al ordenamiento jurídico.

En *tercer lugar*, el derecho colectivo a la desobediencia civil ("desconocerá", dice la norma) surge cuando el régimen, la legislación o la autoridad, primero, "contraríe los valores, principios y garantías democráticas"; y segundo, "menoscabe los derechos humanos".

En *cuarto lugar,* la desobediencia civil que tiene su fundamento en el artículo 350 de la Constitución, como derecho ciudadano colectivo, de ejercicio público y pacífico, se puede plantear no sólo respecto de la legislación, sino de "cualquier régimen… o autoridad" que, como se dijo, contraríe los valores, principios y garantías democráticos o menoscabe los derechos humanos.

---

599 Juan Ignacio Ugartemedia Eceizabarrena, *La desobediencia civil en el Estado constitucional democrático*, Marcial Pons, Madrid 1999, p.15.

600 Así lo expresamos a comienzos de 2002, en la conferencia sobre "Democracia y desobediencia civil (La democracia venezolana a la luz de la Carta Democrática Interamericana)"dictada en las "Jornadas Día de los Derechos Civiles. El ABC de la No violencia activa y de la desobediencia civil,"organizada por la Asociación Civil Queremos Elegir, en la Cámara de Industriales de Venezuela. Caracas, 26 de enero 2002, disponible en http://allanbrewercarias.com/Content/449725d9-f1cb-474b-8ab2-41efb849fea2/Content/I.1.844.pdf; y en el documento "*Aide Memoire, febrero 2002. La democracia venezolana a la luz de la Carta Democrática Interamericana,*" disponible en http://allanbrewercarias.com/Content/449725d9-f1cb-474b-8ab2-41efb849fea3/Content/I,%202,%2021.%20La%20democracia%20venezolana%20a%20la%20luz%20de%20la%20Carta%20Democratica%20Interamericana%20_02-02-_SIN%20PIE%20DE%20PAGINA.pdf Véase igualmente, Allan R. Brewer-Carías, *La Crisis de la democracia venezolana (la carta democrática Interamericana y los sucesos de abril de 2002)*, Ediciones El Nacional, Caracas 2002, pp. 39 ss; y *La Constitución de 1999. Derecho Constitucional Venezolano.* Editorial Jurídica Venezolana, Caracas 2004, Tomo I, pp 133 ss.

Este derecho constitucional del pueblo, se establece, por tanto, no sólo frente a las leyes (legislación), sino frente a cualquier régimen o autoridad que contraríe los valores, principios y garantías democráticas o menoscabe los derechos humanos, lo que lo amplía considerablemente respecto del tradicional ámbito político institucional de la misma conocido en la ciencia política, que la reduce a la desobediencia de las leyes para lograr su reforma.

La desobediencia civil en la Constitución, por tanto, no sólo tiene el efecto demostrativo de buscar la reforma de leyes injustas, ilegítimas o inconstitucionales, sino de buscar cambiar el régimen o la autoridad que contraríe los valores, principios y garantías democráticos establecidos en la Constitución o los definidos en la Carta Democrática Interamericana; o que menosprecie los derechos humanos enumerados en la Constitución y en los tratados, pactos y convenciones relativas a derechos humanos suscritos y ratificados por Venezuela, los cuales tienen jerarquía constitucional y prevalecen en el orden interno en la medida en que contengan normas sobre su goce y ejercicio más favorables a las establecidas en la Constitución y en las leyes (art. 23).

En todo caso, tratándose de un derecho constitucional colectivo, del pueblo de Venezuela, la desobediencia civil tiene que ser motorizada por las organizaciones sociales, por los organismos de la sociedad civil, por los sectores de la sociedad, es decir, por toda organización que sea de carácter no estatal. He aquí el gran valor y poder de la sociedad civil organizada, esa que está fuera del alcance del Estado.

El pueblo organizado es la sociedad civil y esta es la organización que se contrapone al Estado. Como lo ha dicho la Sala Constitucional en sentencia N° 1395 de 21 de noviembre de 2000 (Caso: *Gobernación del Estado Mérida y otras vs. Ministerio de Finanzas*),

> "la sociedad civil es diferente al Estado y a los entes que lo componen (Estados, Municipios, Institutos Autónomos, Fundaciones Públicas, Sociedades con capital de los Poderes Públicos, etc). En consecuencia, el Estado no puede formar parte, bajo ninguna forma directa o indirecta, de la sociedad civil. Fundaciones, Asociaciones, Sociedades o grupos, totalmente financiados por el Estado, así sean de carácter privado, no pueden representarla, a menos que demuestren que en su dirección y actividades no tiene ninguna influencia el Estado."[601]

La sociedad civil así, es la esfera de las relaciones entre individuos, entre grupos y entre sectores de la sociedad, que en todo caso se desarrollan fuera de las relaciones de poder que caracterizan a las instituciones estatales. En este ámbito de la sociedad civil, en consecuencia, entre otras están las organizaciones con fines políticos (partidos políticos); las organizaciones religiosas; las organizaciones sociales; las organizaciones ambientales; las organizaciones comunitarias y vecinales; las organizaciones educativas y culturales; las organizaciones para la información (medios de comunicación) y las organizaciones económicas y cooperativas que el Estado, por otra parte, tiene la obligación constitucional de respetar y proteger e, incluso, de estimular, facilitar y promover (arts. 52, 57, 59, 67, 100, 106, 108, 112, 118, 127, 184 y 308). En definitiva, conforme a la sentencia de la Sala Electoral del Tribunal Su-

---

601 Véase en *Revista de Derecho Público*, N° 84, Editorial Jurídica Venezolana, Caracas 2000, p. 315 ss.

premo de Justicia Nº 30 del 28 de marzo de 2001 (Caso: *Víctor Maldonado vs. Ministerio de la Familia*) la llamada 'sociedad civil', debe ser entendida "como la organización democrática de la sociedad, no estatal, política, religiosa o militar, que busca fines públicos coincidentes con los del Estado."[602]

Sin embargo, en forma contradictoria, en la mencionada sentencia Nº 1395 de 21 de noviembre de 2000 (Caso: *Gobernación del Estado Mérida y otras vs. Ministerio de Finanzas*), la Sala Constitucional le negó a los partidos políticos el ser parte de la sociedad civil, indicando:

> "Que estando el Estado conformado por ciudadanos que pertenecen a fuerzas políticas, la sociedad civil tiene que ser diferente a esas fuerzas, cuyos exponentes son los partidos o grupos políticos. Consecuencia de ello, es que las organizaciones políticas no conforman la sociedad civil, sino la sociedad política cuyos espacios están delimitados por la Constitución y las leyes. Por lo tanto, todo tipo de participación partidista en personas jurídicas, desnaturaliza su condición de organizaciones representativas de la sociedad civil.

La sociedad civil la forman los organismos e instituciones netamente privados, mientras que la sociedad política es el dominio directo que se expresa en el Estado y en el gobierno jurídico, en el cual contribuyen los partidos en un régimen democrático."[603]

---

602 Véase en *Revista de Derecho Público*, Nº 85-88, Editorial Jurídica Venezolana, Caracas 2001, pp.338-343. Sin embargo, debe advertirse que en la Sala Constitucional del Tribunal Supremo de Justicia, en 2012, los criterios parecen apuntar hacia otra dirección completamente autoritaria. Eso es lo que se desprende, al menos, de lo que expuso el magistrado Arcadio Delgado Rosales en el acto de apertura del Año Judicial en enero de 2012. Allí expuso, basándose nada menos que en Carl Schmitt, que: "... debemos advertir desde el inicio que la sociedad como condición existencial del Estado es una sola y la insistencia en pretender excluir o distinguir de la globalidad a "ciudadanos" integrantes de la "sociedad civil" es una construcción ideológica liberal, en la cual hay reminiscencias censitarias, de desprecio a las clases populares y de odio al Estado como unidad política que, como veremos más adelante, es concebido como una amenaza latente contra la concepción individualista. Por tanto, rechazamos la escisión de la totalidad social (sociedad civil/sociedad militar; sociedad civil/sociedad política) y, en consecuencia, la pretendida división entre actores e interacciones sociales al interior del sistema político y los actores e interacciones al "exterior" del mismo. Todos los ciudadanos y demás integrantes del cuerpo social están dentro del Estado y, como tales, son actores sociales y, potencialmente, políticos". Esta afirmación no sólo demuestra el desconocimiento de la Constitución en donde se evidencia y describe precisamente la separación entre relaciones entre sectores de la sociedad y relaciones de la sociedad para con el Estado, sino además evidencia el desconocimiento de sentencias antes referidas, proponiendo una fórmula clásica de los movimientos totalitarios, en los cuales el individuo se instrumentaliza al servicio del Estado, eliminando la distinción Estado /sociedad, lo cual es violatorio de los derechos humanos . *Cfr.* Arcadio Delgado Rosales, "Reflexiones sobre el sistema político y el Estado Social" en Sesión solemne. Apertura Actividades Judiciales. Discurso de Orden, Tribunal Supremo de Justicia, Caracas, 2012. http://www.tsj.gov.ve/informacion/miscelaneas/DiscursoMagADR.pdf

603 Véase en *Revista de Derecho Público*, Nº 84, Editorial Jurídica Venezolana, Caracas 2000, p. 315 ss.

Aparte, de esta restrictiva afirmación, lo cierto es que frente al derecho a la desobediencia civil y a la resistencia a la opresión, son las organizaciones de la sociedad civil,[604] las que precisamente en nombre del pueblo pueden motorizar la reacción contra las leyes injustas o inconstitucionales y, en última instancia, ejercer el derecho a la desobediencia civil que regula la Constitución, también, contra el régimen o la autoridad que contraríe los valores, principios y garantías democráticas o menoscabe los derechos humanos.

Sin embargo, incluso respecto de las organizaciones de la sociedad civil, la Sala Constitucional en Venezuela le ha dado una interpretación restrictiva al término, expresando en la sentencia N° 1050 de 23 de agosto de 2000 (Caso: *Ruth Capriles y otros vs. Consejo Nacional Electoral*), que "mientras la ley no cree los mecanismos para determinar quiénes pueden representar a la sociedad civil en general o a sectores de ella en particular, y en cuáles condiciones ejercer tal representación, no puede admitirse como legítimos representantes de la sociedad civil, de la ciudadanía, etc., a grupos de personas que por iniciativa propia se adjudiquen tal representación, sin que se conozca cuál es su respaldo en la sociedad ni sus intereses; y sin que pueda controlarse a qué intereses responden: económicos, políticos, supranacionales, nacionales o internacionales."[605]

La Sala, por tanto, a pesar de que reiteró el principio de que las normas constitucionales sobre participación ciudadana tienen aplicación inmediata, a pesar de que no tengan desarrollo legislativo, "ello no se extiende a cualquier grupo que se autoproclame representante de la sociedad civil, y que sin llenar requisito legal alguno, pretenda, sin proporcionar prueba de su legitimidad, más allá del uso de los medios

---

604 Por ejemplo, la sociedad civil organizada, por ejemplo, realizó una muy importante movilización contra el Decreto 1011 de 04-10-00 que contiene el Reglamento del Ejercicio de la Profesión Docente (*G.O.* N° 5496 *Extra.* de 31-10-00), en el cual se reguló a los Supervisores Itinerantes Nacionales, a los efectos de realizar "supervisiones integrales en todos los planteles establecidos a nivel nacional". Como consecuencia de esas supervisiones de cada plantel, esos supervisores podían recomendar la intervención del plantel y la suspensión de los miembros de sus cueros directivos (art. 32,6). La movilización fue contra la posibilidad de aplicación de esta norma respecto de los planteles privados. Véase, en particular, *El Universal,* Caracas, 07-12-00, p. 1-9; 12-12-00, p. 1-12; 13-12-00, p. 1-9; 14-12-00, pp. 1-6, 1-10; 15-12-00, p.1-2; 17-12-00, p. 1-8; 18-12-00, p. 1-6; 19-12-00, p. 1-10 y 20-12-00, p. 1-2. El Ministro de Educación, a pesar de haber señalado que el Decreto si se aplicaba a la educación privada, *El Universal,* Caracas, 12-12-00, p. 1-12, luego señaló que no se aplicaba, *El Universal,* Caracas, 18-12-00, p. 1-6. Pretendió el Ministro "aclarar" esto en un "reglamento del reglamento", totalmente improcedente, *El Universal,* Caracas, 12-12-00, p. 1-8. El Decreto fue impugnado ante el Tribunal Supremo, *El Universal,* Caracas, 22-12-00, p. 1-2, cuya Sala Constitucional un año después (19-12-01) decidió sin lugar la acción aclarando el contenido del Decreto, *El Nacional,* Caracas, 20-12-01, p. C-2, en virtud de la "reglamentación" realizada por el Ministerio mediante Resolución, en el cual subsanó las fallas del Decreto, *El Nacional,* Caracas, 27-12-01, p. 1-4. Otra movilización de la sociedad civil organizada que debe destacarse fue la realizada en caracas, el 11 de abril de 2002 exigiendo la renuncia del Presidente de la República. Véae sobre la misma y los sucesos políticos derivados en Allan R. Brewer-Carías, *La Crisis de la democracia venezolana (La Carta Democrática Interamericana y los sucesos de abril de 2002)*, Ediciones El Nacional, Caracas 2002.

605 Véase en *Revista de Derecho Público*, N° 83, Editorial Jurídica Venezolana, Caracas 2000, pp. 182-184.

de comunicación para proyectarse públicamente, obrar por ante la Sala Constitucional, sin ni siquiera poder demostrar su legitimación en ese sentido;" concluyendo con la siguiente afirmación reductiva del derecho a la participación:

> "La función pública se haría caótica, si cualquier asociación o grupo de personas, arrogándose la representación de la ciudadanía o de la sociedad civil, pretendiere fuese consultada antes de la toma de cualquier decisión; o exigiere de los poderes del Poder Público la entrega de documentos, datos o informaciones sin que la ley los faculte para ello; o quisiera ingresar a dependencias del Estado a indagar sobre lo que allá acontece sin que ninguna disposición legal se lo permita. Tal situación caótica se acentuaría si estos entes mediante el uso de los medios de comunicación tratasen de formar matrices de opinión pública favorables a sus pretensiones cuando ellas carecen de fundamento legal. De allí, que se hace impretermitible, para el desarrollo de los derechos de tales organizaciones ciudadanas, que la ley establezca los requisitos y condiciones a cumplir para que puedan ser considerados representantes de la sociedad civil y de la ciudadanía."[606]

A pesar de estos diversos esfuerzos restrictivos del juez constitucional en Venezuela de reducir y restringir el ejercicio del derecho a la desobediencia civil y a la resistencia frente a la opresión, el mismo ha adquirido cada vez más importancia, porque en ausencia de una justicia constitucional efectiva[607] que asegure la tutela judicial efectiva de los derechos, dichos derechos no sólo se puede ejercer constitucionalmente ante leyes inconstitucionales como muchas de las que han sido dictadas en Venezuela en la última década mediante decretos leyes,[608] sino ante el régimen y autoridad que tenemos, que cada vez más contradice los valores, principios y garantías democráticas y menoscaba los derechos humanos. Por ello, incluso, más que un derecho a la desobediencia civil, comenzamos a estar en presencia de un deber ciudadano que debe cumplirse para salvaguardar nuestra democracia y proteger nuestros derechos.

### 4. *El esfuerzo realizado por el Juez Constitucional en Venezuela para enmarcar y reducir el derecho constitucional ciudadano a la desobediencia civil y a la resistencia a la opresión*

No sólo en Venezuela, la Sala Constitucional del Tribunal Supremo de Justicia, como Jurisdicción Constitucional, durante la última década ha dejado de ser el garante último de la supremacía constitucional, dado el sometimiento al poder que ha

---

606 Véase en *Revista de Derecho Público*, N° 83, Editorial Jurídica Venezolana, Caracas 2000, p. 182 ss.

607 Véase Allan R. Brewer-Carías, *Crónica sobre la "In" Justicia Constitucional. La Sala Constitucional y el autoritarismo en Venezuela*. Colección Instituto de Derecho Público, Universidad Central de Venezuela, N° 2, Caracas, 2007, 702 pp.

608 Véase por ejemplo, sobre los dictados en 2000, en Allan R. Brewer-Carías, "Apreciación general sobre los vicios de inconstitucionalidad que afectan los Decretos Leyes Habilitados,". en *Ley Habilitante del 13-11-2000 y sus Decretos Leyes*, Academia de Ciencias Políticas y Sociales, Serie Eventos N° 17. Caracas, 2002, pp. 63-103; y sobre los dictados en 2008, los trabajos publicados en *Revista de Derecho Público*, N° 115 *(Estudios sobre los Decretos Leyes)*. Editorial Jurídica Venezolana. Caracas, 2009.

sufrido convirtiéndose en un mero agente ejecutor de las políticas públicas. Ello se confirma, por ejemplo, con lo expresado en el discurso de "apertura del Año Judicial" pronunciado el 5 de febrero de 2011 pronunciado por un Magistrado de la Sala Electoral del Tribunal Supremo, en el cual destacó que "el Poder Judicial venezolano está en el deber de dar su aporte para la eficaz ejecución, en el ámbito de su competencia, de la Política de Estado que adelanta el gobierno nacional" en el sentido de desarrollar "una acción deliberada y planificada para conducir un socialismo bolivariano y democrático," y que "la materialización del aporte que debe dar el Poder Judicial para colaborar con el desarrollo de una política socialista, conforme a la Constitución y la leyes, viene dado por la conducta profesional de jueces, secretarios, alguaciles y personal auxiliar."[609]

Con ello ha quedado claro cuál ha sido la razón del rol asumido por el Tribunal Supremo en Venezuela, y que como se anunció en dicha apertura del Año Judicial de 2011, no es otro que la destrucción del "llamado estado de derecho" y "de las estructuras liberales-democráticas," con el objeto de la "construcción del Socialismo Bolivariano y Democrático."

En esta forma la Jurisdicción Constitucional controlada por el poder, no sólo ha dejado de ser la garante suprema de la Constitución, sino que se ha convertido en agente activo de mutaciones constitucionales ilegítimas, por ejemplo, para cambiar la forma federal del Estado,[610] o para desmontar el bloque de la constitucionalidad, al reservarse la decisión sobre la aplicación preferente de los tratados internacionales en materia de derechos humanos[611] e, incluso, para implementar las reformas constitucionales que fueron rechazadas por el pueblo mediante referendo en 2007 mediante interpretaciones constitucionales vinculantes.[612] Y precisamente, mediante una de

---

609 El Magistrado Fernando Vargas, quien fue el Orador de Orden, además agregó que ""Así como en el pasado, bajo el imperio de las constituciones liberales que rigieron el llamado estado de derecho, la Corte de Casación, la Corte Federal y de Casación o la Corte Suprema de Justicia y demás tribunales, se consagraban a la defensa de las estructuras liberal-democráticas y combatían con sus sentencias a quienes pretendían subvertir ese orden en cualquiera de las competencias ya fuese penal, laboral o civil, de la misma manera este Tribunal Supremo de Justicia y el resto de los tribunales de la República, deben aplicar severamente las leyes para sancionar conductas o reconducir causas que vayan en desmedro de la construcción del Socialismo Bolivariano y Democrático." Véase la Nota de Prensa oficial difundida por el Tribunal Supremo. Véase en http://www.tsj.gov.ve/informacion/notasdeprensa/notasdeprensa.asp?codigo=8239.

610 Véase Allan R. Brewer-Carías, "La Sala Constitucional como poder constituyente: la modificación de la forma federal del estado y del sistema constitucional de división territorial del poder público, en *Revista de Derecho Público*, Nº 114, Editorial Jurídica Venezolana, Caracas 2008, pp. 247-262.

611 Véase Allan R. Brewer-Carías, "El juez constitucional vs. La justicia internacional en materia de derechos humanos," en *Revista de Derecho Público*, Nº 116, (julio-septiembre 2008), Editorial Jurídica Venezolana, Caracas 2008, pp. 249-26.

612 Véase en general sobre estas mutaciones constitucionales lo que hemos expresado en Allan R. Brewer-Carías, "El juez constitucional al servicio del autoritarismo y la ilegítima mutación de la Constitución: el caso de la Sala Constitucional del Tribunal Supremo de Justicia de Venezuela (1999-2009)", en *Revista de Administración Pública*, Nº 180, Madrid 2009, pp. 383-418; "La fraudulenta mutación de la Constitución en Venezuela, o de cómo el juez constitucional usurpa el poder constituyente originario,", en *Anuario de Derecho Público*, Centro

esas interpretaciones constitucionales vinculantes, que además en Venezuela se pueden solicitar "a al carta" mediante el ejercicio de un recurso autónomo de interpretación abstracta de la Constitución, con objeto completamente desligado de algún caso concreto o controversia constitucional,[613] la Sala Constitucional del Tribunal Supremo de Justicia, mediante sentencia Nº 24 de 22 de enero de 2003 (Caso: *Interpretación del artículo 350 de la Constitución*) [614] se ha encargado de enmarcar y restringir el ejercicio del derecho ciudadano a la desobediencia civil y a la resistencia a la opresión, vaciando materialmente de contenido la norma del artículo 350 de la Constitución.

Así, en relación con la expresión "pueblo" en dicha norma como titular del derecho, que es de ejercicio colectivo, la Sala Constitucional ha interpretado que "debe vincularse al principio de la soberanía popular que el Constituyente ha incorporado al artículo 5 del texto fundamental," agregando que "el sentido que debe asignarse al pueblo de Venezuela es el conjunto de las personas del país y no una parcialidad de la población, una clase social o un pequeño poblado, y menos individualidades." De allí, la Sala concluyó señalando que "en la medida en que la soberanía reside de manera fraccionada en todos los individuos que componen la comunidad política general que sirve de condición existencial del Estado Nacional, siendo cada uno de ellos titular de una porción o alícuota de esta soberanía, tienen el derecho y el deber de oponerse al régimen, legislación o autoridad que resulte del ejercicio del poder constituyente originario que contraríe principios y garantías democráticos o menoscabe los derechos humanos; y así se decide."

De ello, resultó, en definitiva, que la Sala Constitucional redujo el ejercicio del derecho a la desobediencia civil y a la resistencia a la opresión en un ejercicio de la soberanía por el pueblo, lo que apunta a que en general sólo podría ejercerse mediante el sufragio de la totalidad de los componentes del pueblo, distorsionando totalmente el sentido de la norma. Así, señaló la Sala en la misma sentencia Nº 24 de 22 de enero de 2003 que el desconocimiento al cual alude la norma del artículo 350, sólo:

---

de Estudios de Derecho Público de la Universidad Monteávila, Año 2, Caracas 2009, pp. 23-65; "La ilegítima mutación de la Constitución por el juez constitucional y la demolición del Estado de derecho en Venezuela.," *Revista de Derecho Político*, Nº 75-76, Homenaje a Manuel García Pelayo, Universidad Nacional de Educación a Distancia, Madrid, 2009, pp. 291-325; "El juez constitucional al servicio del autoritarismo y la ilegítima mutación de la Constitución: el caso de la Sala Constitucional del Tribunal Supremo de Justicia de Venezuela (1999-2009)", en *IUSTEL, Revista General de Derecho Administrativo*, Nº 21, junio 2009, Madrid, ISSN-1696-9650.

613 Véase sobre este recurso de interpretación, que además, fue "creado" por la propia Sala Constitucional sin fundamento en la Constitución, lo que hemos expuesto en Allan R. Brewer-Carías, "*Quis Custodiet Ipsos Custodes*: De la interpretación constitucional a la inconstitucionalidad de la interpretación," en *VIII Congreso Nacional de derecho Constitucional, Perú*, Fondo Editorial 2005, Colegio de Abogados de Arequipa, Arequipa, septiembre 2005, pp. 463-489; y en *Revista de Derecho Público*, Nº 105, Editorial Jurídica Venezolana, Caracas 2006, pp. 7-27.; y en "Le recours d'interprétation abstrait de la Constitution au Vénézuéla", en *Le renouveau du droit constitutionnel, Mélanges en l'honneur de Louis Favoreu*, Dalloz, Paris, 2007, pp. 61-70.

614 Véase en *Revista de Derecho Público*, Nº 93-96, Editorial Jurídica Venezolana, Caracas 2003, pp. 126-127.

"puede manifestarse constitucionalmente mediante los diversos mecanismos para la participación ciudadana contenidos en la Carta Fundamental, en particular los de naturaleza política, preceptuados en el artículo 70, a saber: "la elección de cargos públicos, el referendo, la consulta popular, la revocación del mandato, las iniciativas legislativa, constitucional y constituyente, el cabildo abierto y la asamblea de ciudadanos y ciudadanas."[615]

Por ello, la Sala Constitucional, en la citada sentencia N° 24 de 22 de enero de 2003, al interpretar la norma del mencionado artículo 350, primero, aclaró, que la misma al ser aislada no debía conducir "a conclusiones peligrosas para la estabilidad política e institucional del país, ni para propiciar la anarquía;" y luego, contra el "argumento del artículo 350 para justificar el 'desconocimiento' a los órganos del poder público democráticamente electos," ello lo consideró "impertinente" "de conformidad con el ordenamiento constitucional vigente," advirtiendo que:

"se ha pretendido utilizar esta disposición como justificación del 'derecho de resistencia' o 'derecho de rebelión' contra un gobierno violatorio de los derechos humanos o del régimen democrático, cuando su sola ubicación en el texto Constitucional indica que ese no es el sentido que el constituyente asigna a esta disposición."[616]

Luego de analizar el sentido de la ubicación de la norma en el Título sobre la revisión de la Constitución venezolana, en particular, el referido a la institución de la Asamblea Nacional Constituyente, la Sala señaló que aparte del supuesto de derecho a la rebelión regulado en el artículo 333 de la Constitución respecto de gobiernos de fuerza, sobre los otros supuestos que puedan derivarse del artículo 350 de la Constitución, respecto del derecho a la desobediencia civil o a la resistencia frente a la opresión, y que puedan implicar "la posibilidad de desconocimiento o desobediencia," sólo "debe admitirse en el contexto de una interpretación constitucionalizada de la norma objeto de la presente decisión," objeto precisamente de la citada sentencia N° 24 de 22 de enero de 2003:

"cuando agotados todos los recursos y medios judiciales, previstos en el ordenamiento jurídico para justiciar un agravio determinado, producido por "cualquier régimen, legislación o autoridad", no sea materialmente posible ejecutar el contenido de una decisión favorable."

En esta forma, la Sala Constitucional, materialmente redujo la posibilidad de ejercicio de la desobediencia civil, sólo frente a autoridades que desconozcan las decisiones judiciales, señalando que:

"En estos casos quienes se opongan deliberada y conscientemente a una orden emitida en su contra e impidan en el ámbito de lo fáctico la materialización de la misma, por encima incluso de la propia autoridad judicial que produjo el pronunciamiento favorable, se arriesga a que en su contra se activen los mecanismos de desobediencia, la cual deberá ser tenida como legítima sí y solo sí -

615 *Idem.*

616 Véase en *Revista de Derecho Público*, N° 93-96, Editorial Jurídica Venezolana, Caracas 2003, 128-130.

como se ha indicado precedentemente- se han agotado previamente los mecanismos e instancias que la propia Constitución contiene como garantes del estado de derecho en el orden interno, y a pesar de la declaración de inconstitucionalidad el agravio se mantiene."

De esta aproximación restrictiva para la interpretación del artículo 350 de la Constitución, la Sala Constitucional concluyó indicando que:

> "No puede y no debe interpretarse de otra forma la desobediencia o desconocimiento al cual alude el artículo 350 de la Constitución, ya que ello implicaría sustituir a conveniencia los medios para la obtención de la justicia reconocidos constitucionalmente, generando situaciones de anarquía que eventualmente pudieran resquebrajar el estado de derecho y el marco jurídico para la solución de conflictos fijados por el pueblo al aprobar la Constitución de 1999.

En otros términos, sería un contrasentido pretender como legítima la activación de cualquier medio de resistencia a la autoridad, legislación o régimen, por encima de los instrumentos que el orden jurídico pone a disposición de los ciudadanos para tales fines, por cuanto ello comportaría una transgresión mucho más grave que aquella que pretendiese evitarse a través de la desobediencia, por cuanto se atentaría abierta y deliberadamente contra todo un sistema de valores y principios instituidos democráticamente, dirigidos a la solución de cualquier conflicto social, como los previstos en la Constitución y leyes de la República, destruyendo por tanto el espíritu y la esencia misma del Texto Fundamental."[617]

Esta interpretación, por supuesto, sólo podría tener sentido si existiera un régimen político democrático donde la independencia y autonomía judicial estuviese realmente garantizada, y en el cual, como señalamos al inicio, la justicia constitucional fuera realmente el "sustituto de la revolución." Sin embargo, frente a un juez constitucional sometido, la interpretación de la Sala es la negación misma del derecho a la desobediencia civil y a la rebelión consagrado en el artículo 350 de la Constitución venezolana.

5. *La reacción de desobediencia civil frente a una ilegítima orden judicial del Juez Constitucional en 2012, que de haberse cumplido hubiera permitido la elaboración de una "lista" con los electores que participaron en las elecciones primarias del candidato de la oposición democrática, destinada a ejecutar una masiva discriminación política*

Por lo demás, y precisamente por el sometimiento del juez constitucional al poder en Venezuela, fue frente y contra una ilegítima decisión de la propia Sala Constitucional que en febrero de 2012 puede decirse que se produjo un acto de desobediencia civil, a los efectos de desconocerla, y así evitar que se pudiera configurar un nuevo esquema de discriminación política como el que se había desarrollado en 2004.

En efecto, el 30 de enero de 2004, luego de que un grupo de más de tres millones y medio de electores solicitaron con su firma, la realización de un referendo revocatorio del mandato del Presidente de la República Hugo Chávez, este se dirigió al Presidente del Consejo Nacional Electoral para autorizar se entregara al Sr. Luis

---

617 *Idem.*

Tascón las planillas utilizadas con dichas firmas. El Presidente del Consejo Nacional Electoral que en ese momento era el abogado Francisco Carrasquero, procedió a la entrega de esa documentación, con la cual el Sr. Tascón, en ese momento Diputado en la Asamblea nacional, publicó lo que se denominó "Lista Tascón," con base a la cual se efectuó en el país un masivo y abierto proceso de discriminación política, que excluyó a dichos ciudadanos en sus relaciones con la Administración.[618]

Quienes firmaron ejerciendo su derecho de participación política, fueron debidamente "castigados" y estigmatizados como enemigos del régimen, de manera que, por ejemplo, se les negó el acceso a cargos públicos o a contratar con el Estado, y las gestiones que podrían tener la necesidad de realizar ante la Administración, como la simple solicitud de sus documentos de identificación personal, fueron sistemáticamente obstaculizadas.

El "fantasma" de la "Lista Tascón"[619] volvió a aparecer en Venezuela a raíz de las elecciones primarias que se realizaron el 12 de febrero de 2012, para escoger el candidato de la oposición a las elecciones presidenciales de octubre de 2012, proceso en el cual votaron 3.079.284 personas. Dicho proceso de votación se desarrolló con la participación colaborativa del Consejo Nacional Electoral, y en las bases que llevaron a su desarrollo se convino en que los cuadernos de votación serían destruidos dentro de las 48 horas siguientes a la conclusión del proceso, para evitar que las listas de votantes pudieran ser utilizada con fines de discriminación o amenaza políticas contra quienes participaran en dicho proceso de votación.

Sin embargo, horas después de finalizado el proceso de votaciones, a raíz de una acción de "amparo" ejercida el día 13 de febrero de 2012 contra la "Comisión Electoral de la Mesa de la Unidad" que había sido la organización que había organizado las elecciones primarias de la oposición, la Sala Constitucional del Tribunal Supremo de Justicia el día siguiente, 14 de febrero de 2012, dictó una sentencia (Nº 66) acordando una medida cautelar innominada a favor del peticionario,[620] ordenando a dicha Comisión Electoral de la Mesa de la Unidad que en un lapso de 24 horas realizara "la entrega de los referidos cuadernos a las diversas Direcciones Regionales del Consejo Nacional Electoral en las correspondientes circunscripciones electorales," a los efectos de que el Poder Electoral procediera a "resguardar" dicho material electoral, ordenándose "al Plan República, en la persona del General en Jefe Henry Rangel Silva, girar las instrucciones pertinentes a los fines de garantizar la custodia del material antes señalado y hacerlo llegar a las correspondientes sedes del Poder Electoral." El Ponente de la decisión de la Sala Constitucional fue el magistrado "Francisco Antonio Carrasquero López," es decir, el mismo abogado "Francisco Carrasquero" quien seis años antes, como Presidente del Consejo Nacional Electoral había sido el vehículo para la confección de la "Lista Tascón." Con ello, sin duda, se bus-

---

618 Véase por ejemplo, Ana Julia Jatar, *Aparheid del Sig;lo XXI, La informática al servicio de la discriminación política en Venezuela,* Súmate, Caracas 2006, en http://www.anajuliajatar.com/apartheid/

619 Véase Pedro García Otero, "Chávez revive las amenazas de recrear nuevas listas discriminatorias," en La Voz de galicia, 19-02-2012, en http://www.lavozdegalicia.es/noticia/internacional/2012/02/19/chavez-revive-amenazas-crear-nuevas-listas-discriminatorias/0003_201202G19P27991.htm

620 http://www.tsj.gov.ve/decisiones/scon/Febrero/66-14212-2012

caba procurar la confección de una nueva lista,[621] con el objeto de poder discriminar y perseguir políticamente a quienes habían participado en el acto electoral de las primarias de la oposición.

La decisión judicial del Juez Constitucional, que en este caso se dictó con una celeridad judicial inusitada, respondió la solicitud de amparo que había sido interpuesta por un ciudadano Rafael Antonio Velásquez Becerra, a título personal y en su carácter de "candidato a las elecciones primarias celebradas el día 12 de febrero de 2012," contra la referida Comisión Electoral de la Mesa de la Unidad, "por la presunta violación de los derechos a la seguridad jurídica, a la información, al sufragio y a la defensa, a consecuencia del anuncio de destrucción de los cuadernos electorales utilizados en el referido proceso comicial, luego de 48 horas de realizado el proceso comicial," para lo cual solicitó como medida cautelar de urgencia la "suspensión del acto que conlleve la destrucción de los cuadernos electorales que contienen los nombres y números de cédulas de los votantes, con ocasión a la realización de las elecciones primarias por parte de la Unidad Nacional en Venezuela, en fecha 12 de febrero de 2012."

Sin mayor análisis, la Sala Constitucional consideró que la acción interpuesta cumplía "con las exigencias del artículo 18 de la Ley Orgánica de Amparo," y que se encontraban "satisfechas las condiciones de admisibilidad," pasando la Sala, sin embargo, no a proseguir un proceso de amparo, sino a "trasformar" la acción de amparo individual interpuesta (para cuyo conocimiento no tenía competencia pues ella correspondía a la Sala Electoral del Tribunal Supremo), en una acción de protección de derechos e intereses colectivos al considerar que la situación denunciada presentaba "los rasgos característicos de difusividad propios de las demandas por intereses difusos y colectivos, toda vez que podría afectar a un número indeterminado de ciudadanos que participaron en las denominadas primarias celebradas el 12 de febrero de 2012."

Como consecuencia de ello, la Sala "recondujo," o sea, trasformó, por supuesto de oficio, "la demanda interpuesta a una demanda por intereses colectivos y difusos y conforme a lo dispuesto en el artículo 25.21 de la Ley Orgánica del Tribunal Supremo de Justicia," declarándose entonces "competente para conocer" de la misma.

Ello, de por sí ilegítimo, además, lo decidió la Sala en abierta violación del mismo artículo 25.21 de la Ley Orgánica del Tribunal Supremo de Justicia que la Sala invocó para atribuirse la competencia que no tenía, pues en dicha norma precisamente se dice lo contrario. Es decir, en la misma se dispone la competencia a la Sala para "conocer de las demandas y las previsiones de amparo para la protección de intereses difusos o colectivos cuando la controversia tenga trascendencia nacional, salvo lo que disponen leyes especiales y las pretensiones que, por su naturaleza, correspondan al contencioso de los servicios públicos **o al contencioso electoral**." Y

---

621 La presidenta de la Comisión Electoral de las Primarias, Teresa Albanes, señaló "que de acuerdo al artículo 23 del Reglamento de Selección de Candidatos de la Unidad, se establece que este ente debe hacer cumplir las normas relacionadas con la destrucción de todo el material electoral. "Nuestro compromiso de impedir una nueva lista de la infamia sigue en pie", afirmó en referencia a la sentencia del Tribunal Supremo de Justicia (TSJ) de prohibir la quema de los cuadernos de votación." En Globovisión. Com, 14-02-2012, en http://www.globovision.com/news.php?nid=219016

el caso planteado, precisamente, era uno que "por su naturaleza" correspondía "al contencioso electoral" de manera que en virtud de texto expreso la Sala carecía de competencia para conocer del asunto. Pero como a la Sala Constitucional no hay quien la controle, la pregunta de siempre frente al abuso de poder del órgano de control sigue sin respuesta: *Quis Custodiet Ipsos Custodes?*

En todo caso, después de asumir, ilegalmente, una competencia que no tenía, la Sala pasó a considerar la pretensión cautelar innominada formulada, refiriéndose al artículo 130 de la misma Ley Orgánica del Tribunal Supremo, que la faculta para "acordar, aun de oficio, las medidas cautelares que estime pertinentes," para lo cual cuenta "con los más amplios poderes cautelares como garantía de la tutela judicial efectiva, para cuyo ejercicio tendrá en cuenta las circunstancias del caso y los intereses públicos en conflicto." Con base en ello, frente a la solicitud formulada de "suspensión del acto de destrucción de los cuadernos electorales," pero sin análisis jurídico sobre las condiciones elementales para la procedencia de medidas cautelares, la Sala procedió a otorgarla olvidándose de su propia doctrina sentada en sentencia Nº 1946 de 16 de julio de 2003, en la cual recogiendo "reiterada jurisprudencia" de la propia Sala "en cuanto a que los extremos requeridos por el artículo 585 del Código de Procedimiento Civil," consideró que eran "necesariamente concurrentes junto al especial extremo consagrado en el Parágrafo Primero del artículo 588 *eiusdem*," señalando que "debe existir fundado temor de que se causen lesiones graves o de difícil reparación" de manera tal que "faltando la prueba de cualquier de estos elementos, el Juez constitucional no podría bajo ningún aspecto decretar la medida preventiva, pues estando vinculada la controversia planteada en sede constitucional con materias de Derecho Público, donde puedan estar en juego intereses generales, el Juez debe además realizar una ponderación de los intereses en conflicto para que una medida particular no constituya una lesión de intereses generales en un caso concreto."[622] En la misma decisión, la Sala estableció como premisas fundamentales para el otorgamiento o no de solicitudes cautelares innominadas, que se cumpliera con requisitos como:

> "la verosimilitud del derecho que se dice vulnerado o amenazado, la condición de irreparable o de difícil reparación por la definitiva de la situación jurídica o derecho que se alega como propio, y la necesidad de evitar perjuicios en la satisfacción de intereses comunes a todos los integrantes de la sociedad."[623]

Sobre ello, lo único que apreció la Sala fue que era "evidente que de no acordarse la medida se vulnerarían de forma irreparable los derechos denunciados por lo que se ordena la suspensión del proceso de destrucción de los cuadernos electorales del proceso comicial celebrado el 12 de febrero de 2012." Y eso fue todo.

La consecuencia, fue la orden judicial dada a la Comisión Electoral de la Mesa de la Unidad de entregar en un lapso de 24 horas los cuadernos de votación respectivos a las dependencias del Consejo Nacional Electoral, para que el Poder Electoral procediera a resguardarlo, ordenándose "al Plan República, en la persona del Gene-

---

622 Caso: *Impugnación de la Ley de Tierras*. Doctrina reiterada en la sentencia Nº 653 de la Sala Constitucional de 04-04-2003 (Caso: *Impugnación de las Leyes de Reforma Parcial de las Leyes que establecen el Impuesto al Débito Bancario y el Impuesto al Valor Agregado*).

623 *Idem*.

ral en Jefe Henry Rangel Silva, girar las instrucciones pertinentes a los fines de garantizar la custodia del material antes señalado y hacerlo llegar a las correspondientes sedes del Poder Electoral." A tales efectos, se ordenó notificar del proceso a la Defensoría del Pueblo, el Ministerio Público, al Poder Electoral, y al Plan República"

La reacción frente a esta ilegítima intromisión judicial no se hizo esperar,[624] habiendo sido sin embargo lo más importante, el hecho de que los cuadernos de votación fueron debidamente destruidos e incinerados, como se había acordado inicialmente con el Consejo Nacional Electoral, en gran parte en abierta desobediencia civil frente a la ilegítima e infundada decisión judicial de la Jurisdicción Constitucional.[625] Con ello, afortunadamente, la maniobra política no se concretó, y quienes querían elaborar una nueva "Lista" para la discriminación y persecución políticas no pudieron lograr sus objetivos. En este caso, el acto de desobediencia civil mediante la incineración en todo el país de los cuadernos de votación, fue contra el propio Juez Constitucional y su ilegítima decisión.

Y tampoco la reacción de la Sala Constitucional contra el acto de desobediencia civil tampoco se hizo esperar, y en sentencia de 23 de febrero de 2012, afirmando que como desde "el mismo 14 de febrero de 2012, la comunidad nacional sabía de la decisión cautelar dictada por esta Sala;" y como para el momento en el cual la Comisión Electoral de la Mesa de la Unidad conoció de las actuaciones de la Sala, "no habían transcurrido las 48 horas luego de las cuales debía destruirse el material electoral," de ello, a juicio de la Sala, resultó "patente que no sólo se violó la normativa que se había dictado para reglamentar el proceso de las primarias, sino que se desconoció el mandato cautelar que era, incluso, de conocimiento público." Ello, a juicio de la Sala Constitucional evidenciaba que la referida Comisión:

> "incumplió con la [medida] cautelar dictada por esta Sala, lo cual, además, es un desacato susceptible de sanción, de conformidad con lo establecido en el artículo 122 de la Ley que rige las funciones de este Supremo Tribunal, que afecta gravemente el carácter ejecutorio de las sentencias, en cuanto a garantías básicas de toda Administración de Justicia y, al mismo tiempo, a la institucionalidad y la garantía de juridicidad a la cual se encuentran sometidos los particulares y el propio Estado.

---

624 Por ejemplo, la Magistrada del Tribunal Supremo de Justicia, Blanca Rosa Mármol de León expresó públicamente su opinión en el sentido de que "el fallo emitido por el poder judicial de ordenar la no destrucción de los cuadernos electorales, es una burla para los electores que confiaron en que este proceso se realizaría luego de depositar su voto en los comicios del pasado domingo." Véase en El Informador.com.ve, 14-02-2012, en http://www.elinformador.com.ve/noticias/venezuela/poder-judicial/fallo-burla-electores-asegura-magistrada-marmol-leon/53186. Igualmente en NoticieroDigital.com de 14-02-2012, en http://www.noticierodigital.com/forum/viewtopic.php?t=841847

625 En la Nota Editorial de la página web de *Apertura Venezuela*, del 16 de febrero de 2012, titulada "Quemar los cuadernos o someternos a Carrasqueño," se afirmaba que "La destrucción de los cuadernos de votación es el primer acto de desobediencia civil que la Alianza Democrática ejecuta este año 2012, simplemente no estaban dispuestos a someterse a la justicia que impartiría el Magistrado Francisco Carrrasquero." Véase en http://apertura-ven.blogspot.com/2012/02/quemar-los-cuadernos-o-someternos.html

Efectivamente, uno de los presupuestos básicos del Estado social de derecho y de justicia es la sumisión de todos los particulares, así como de las instituciones del Estado, al sistema judicial del cual este Tribunal es la cúspide, y dicha sumisión se extiende al acatamiento de lo decidido, pues el cumplimiento y ejecución de las sentencias, forma parte tanto del derecho a la tutela judicial efectiva, como de los principios de seguridad jurídica y estabilidad institucional, y su quebrantamiento, vulnera las bases mismas del Estado."

En consecuencia de todo ello, y "atendiendo a la trascendencia de lo ocurrido," la Sala impuso, no a la Comisión Electoral de la Mesa de la Unidad, sino a su Presidenta multa en su límite máximo. "atendiendo a que esta Sala estima de suma gravedad el desacato a la tutela cautelar dictada."[626]

Con ello se confirma que en casos como el venezolano, el los cuales ella Jurisdicción Constitucional está al servicio del autoritarismo, cuando dicta sentencias que atenten los derechos ciudadanos, no hay otro recurso ciudadano que no sea recurrir al derecho a la desobediencia civil.

626 Sentencia N° 145 de 23 de febrero de 2012, en http://www.tsj.gov.ve/decisio-nes/scon/Febrero/145-23212-2012-12-0219.html

# QUINTA PARTE

# EL JUEZ CONSTITUCIONAL CONTRA EL PRINCIPIO DEMOCRÁTICO

## I. LA ILEGÍTIMA E INCONSTITUCIONAL REVOCACIÓN DEL MANDATO POPULAR DE ALCALDES POR EL JUEZ CONSTITUCIONAL USURPANDO COMPETENCIAS DE LA JURISDICCIÓN PENAL

### 1. *Sobre la obligatoriedad de las sentencia de amparo*

Ley Orgánica de Amparo sobre Derechos y Garantías Constitucionales de 1988, aún cuando formulado en forma indirecta, repitió en su artículo 29 lo que es una característica de toda decisión judicial y es la obligatoriedad de los fallos en materia de amparo, precisando que los jueces que las dicten, cuando acuerden "el restablecimiento de la situación jurídica infringida," en el dispositivo del fallo de la sentencia siempre deben ordenar "que el mandamiento sea acatado por todas las autoridades de la República, so pena de incurrir en desobediencia a la autoridad" (art. 29).

Adicionalmente, como secuela de dicha obligatoriedad, dispuso el artículo 30 de la Ley Orgánica, que cuando "la acción de amparo se ejerciere con fundamento en violación de un derecho constitucional, por acto o conducta omisiva, o por falta de cumplimiento de la autoridad respectiva," la sentencia debe siempre ordenar "la ejecución inmediata e incondicional del acto incumplido."

En consecuencia, en cuanto a los efectos de la decisión de amparo en relación con su carácter obligatorio, el principio es que como todas las decisiones judiciales, la sentencia es obligatoria no sólo para las partes del proceso, las cuales están obligadas a acatarla de inmediato, sino también respecto de todas las otras personas y funcionarios públicos que deben aplicarlas. Así se establece, además, en casi todas las legislaciones de amparo, como ocurre en las leyes que regulan la acción de amparo de Bolivia (art. 102), Colombia (arts. 27, 30), Costa Rica (art. 53), Ecuador (art. 58), Honduras (art. 65), Nicaragua (art. 48), Paraguay (art. 583) y Perú (arts. 22, 24).[627]

---

627 Para el estudio de todas las leyes de amparo de América Latina véase: Allan R. Brewer-Carías, *Constitutional Protection of Human Rights in Latin America. A Comparative Study of the Amparo Proceedings*, Cambridge University Press, New York, 2008; y *Leyes de Amparo de America Latina*, Instituto de Administración Pública de Jalisco y sus Municipios, Instituto de Administración Pública del Estado de México, Poder Judicial del Estado de México, Aca-

El juez respectivo, además, a los efectos de asegurar la ejecución de la decisión, puede *ex officio*, o a petición de parte, tomar todas las medidas necesarias dirigidas a lograr su cumplimiento, estando facultado, por ejemplo, en la ley guatemalteca, para decretar órdenes y librar oficios a las autoridades y funcionarios públicos de la administración pública o a las personas obligadas (art. 55). Los tribunales de amparo según lo dispuesto en las leyes de amparo de Guatemala (art. 105), Ecuador (art. 61), El Salvador (art. 61) y Nicaragua (art. 77) también están facultados incluso para usar los medios de fuerza pública para asegurar el cumplimiento de sus decisiones. En tal sentido, la Ley Orgánica de Amparo de Venezuela de 1988, su artículo 32.B relativo a la sentencia, también dispone que en la misma, el juez debe especificar en forma precisa "la orden a cumplirse, con las especificaciones necesarias para su ejecución.".

### 2. *El desacato de las sentencias de amparo y la ausencia de poderes sancionatorios del juez de amparo*

En relación con la obligatoriedad de las sentencias de amparo, en los casos de desacato al dispositivo de las mismas, la Ley Orgánica de 1988 lo único que prevé como delito tipificado es el incumplimiento del mandamiento de amparo, para cuyo efecto el artículo 31 prevé que "quien incumpliere el mandamiento de amparo constitucional dictado por el Juez, será castigado con prisión de seis (6) a quince (15) meses."

Ello implica que la Ley Orgánica de 1988, como sucede en general en América Latina, no le otorga al juez de amparo potestad sancionatoria directa alguna frente al desacato respecto de sus decisiones, teniendo el juez de amparo limitada su actuación en los casos de incumplimiento de las sentencias de amparo, sólo a procurar el inicio de un proceso penal ante la jurisdicción penal ordinaria, a cuyo efecto debe poner en conocimiento del asunto al Ministerio Público para que sea éste el que de inicio al proceso penal correspondiente, tendiente a comprobar (o no) la existencia del delito y a imponer (de ser el caso) la sanción penal legalmente establecida, a que ya se ha hecho referencia.

La ley venezolana, por lo demás, sigue la orientación de las leyes reguladoras del amparo en América Latina, en las cuales no se prevé para los jueces de amparo facultad directa de castigar, mediante la imposición de sanciones penales, el desacato a sus órdenes; lo que sin duda contrasta con los poderes de los jueces norteamericanos frente al desacato de las *injunction,* tan características del sistema de protección de derechos en los sistemas anglosajones. Ello fue admitido en los Estados Unidos de América a partir de la sentencia de la Corte Suprema dictada el caso *In Re Debs* (158 U.S. 564, 15 S.Ct. 900, 39 L.Ed. 1092 (1895)), donde de acuerdo con el Juez Brewer -quien pronunció la sentencia-, se decidió que:

> "el poder de un tribunal de emitir una orden también lleva consigo el poder de sancionar la desobediencia a tal orden y la pregunta acerca de la desobediencia ha sido, desde tiempos inmemoriales, la función especial del tribunal. Y esto no es un tecnicismo. Para que un tribunal pueda compeler obediencia a su orden debe tener el derecho a precisar si ha habido desobediencia a su orden. El some-

---

demia de Derecho Constitucional de la Confederación de Colegios y Asociaciones de Abogados de México, 2 Vols., Jalisco 2009.

ter la cuestión de la desobediencia a otro tribunal, sea un jurado u otra corte, equivaldría a privar los procedimientos de la mitad de su eficacia.[628]

En otro caso, *Watson v. Williams,* 36 Miss. 331, 341, la Corte declaró lo siguiente:

"El poder de multar y encarcelar por contumacia ha sido considerado, desde la historia más antigua del derecho, como la necesaria faceta y atributo de un tribunal, sin el cual no podría existir más de lo que pudiera existir sin un juez. Es un poder inherente a todos los tribunales de los que se tiene cuenta y coexistente con ellos por las sabias disposiciones del Common Law. Un tribunal sin el poder efectivo de protegerse a si mismo contra los asaltos de los desaforados o de ejecutar sus órdenes, sentencias o decretos contra los rebeldes a sus disposiciones, sería una desgracia al derecho y un estigma a la era que lo produjo."[629]

Estas facultades de sancionar penalmente los desacatos a decisiones judiciales protectivas han sido las que precisamente han dado a las *injunctions* en los Estados Unidos de América su efectividad en relación con la protección de derechos, estando el mismo tribunal que las dicta facultado para reivindicar su propio poder ante cualquier desobediencia, mediante la imposición de sanciones penales y pecuniarias, con prisión y multas.[630] Los tribunales latinoamericanos, en contraste, como hemos dicho, no tienen esas facultades o éstas son muy débiles.

En efecto, aun cuando el desacato a la sentencia de amparo sea sancionable en las leyes de amparo latinoamericanas, no está en poder del mismo tribunal de amparo el aplicar sanciones afectando personalmente al desobediente o rebelde. Estas facultades sancionatorias están atribuidas sea a la Administración Pública respecto de los funcionarios renuentes, o a un tribunal penal diferente al emisor del fallo, frente al desacato. Así, por ejemplo, en caso de desacato por funcionarios administrativos, a los efectos de las sanciones disciplinarias, al tribunal de amparo le corresponde notificar al superior jerárquico en la Administración para que inicie un procedimiento disciplinario administrativo contra el funcionario público rebelde que debe ser decidido por el órgano superior correspondiente en la Administración Pública, como está establecido en Colombia (art. 27), Perú (art. 59) y Nicaragua (art. 48).

Respecto de la aplicación de sanciones penales a quienes desacaten la decisión de amparo, los tribunales de amparo, o la parte interesada, deben procurar el inicio de un procedimiento judicial penal en contra de aquellos, el cual debe ser iniciado por ante la jurisdicción penal competente, como es la regla general establecida en las leyes reguladoras de la acción de amparo de Bolivia (art. 104); Colombia (arts. 27,

---

628 Véase en. Owen M. Fiss and Doug Rendleman, *Injunctions*, The Foundation Press, 1984, p. 13. v. t. William M. Tabb and Elaine W. Shoben, *Remedies*, Thomson West, 2005, pp. 72 ss.

629 *Idem.*

630 En Filipinas, el Reglamento sobre el Recurso de Amparo, faculta al tribunal competente a "ordenar al accionado que se niega a responder, o que responda falsamente, o a cualquier persona que de cualquier otro manera desobedezca o se resista a un proceso legítimo u orden del tribunal, a ser sancionado por contumacia. El contumaz puede ser encarcelado o multado." Véase los comentarios en Allan R. Brewer-Carías, "The Latin American Amparo Proceeding and the Writ of Amparo in The Philippines," en *City University of Hong Kong Law Review,* Volume 1:1 October 2009, pp 73–90.

52, 53); Costa Rica (art. 71); Ecuador (art. 58); El Salvador (arts. 37, 61); Guatemala (arts. 32, 54, 92); Honduras (art. 62); México (arts. 202, 209); Nicaragua (art. 77); Panamá (art. 2632); Paraguay (art. 584) y Venezuela (art. 31). En algunos casos excepcionales, como en Colombia (art. 27), el juez de tutela puede imponer detenciones administrativas (y sólo eso) a la parte renuente.

Por lo tanto, los jueces de amparo en Latinoamérica no tienen el poder para directamente imponer sanciones disciplinarias o penales a aquellos que desacatan sus órdenes y sólo en algunos países tienen poder para directamente imponer multas (*astreintes*) a las partes continuamente renuentes hasta lograr el cumplimiento de la orden. Este es el caso de las leyes reguladoras de la acción de amparo en Colombia (art. 27); República Dominicana (art. 28); Guatemala (art. 53); Nicaragua, (art. 66); y Perú (art. 22).[631]

### 3. *Las propuestas de reforma (no sancionadas) de la Ley Orgánica de Amparo de octubre 2013 sobre el desacato en materia de amparo*

Ante esta carencia legislativa, en la propuesta de reforma de la Ley Orgánica de Amparo de Venezuela, que sólo se aprobó en primera discusión a finales de 2013, se buscaba introducir como una innovación importante, que al tribunal de amparo tendría competencia para sancionar con multa de una (1) a cincuenta (50) unidades tributarias a las personas y funcionarios, que "no acataren sus órdenes o decisiones o no le suministraren oportunamente las informaciones, datos o expedientes que solicitare de ellos, sin perjuicio de las sanciones penales, civiles, administrativas o disciplinarias a que hubiere lugar" (art. 27 del proyecto). La misma regulación también se buscaba establecer en el artículo 66 del proyecto, al asignar al tribunal de amparo, a los efectos de garantizar la ejecución del mandamiento de amparo, competencia para sancionar directamente con multa de diez (10) a quinientas (500) unidades tributarias a quienes lo incumplieren en el lapso señalado para ello, sin perjuicio de las sanciones penales a que hubiere lugar.

Además, en ese proyecto de reforma de la Ley Orgánica de 2013 se buscaba incorporar en su normativa un título dedicado a regular, en particular, "**el desacato al mandamiento de amparo constitucional, de la protección para los derechos e intereses colectivos o difusos y de la libertad o seguridad personal," con disposiciones como las siguientes:**

**En primer lugar, la regulación general en el artículo 63 del proyecto, de un tipo delictivo más amplio para quienes** incumplieren el mandamiento de amparo dictado por el tribunal, indicando que serían castigados con prisión de uno (1) a tres (3) años y la imposición de las siguientes penas accesorias por el mismo tiempo de la condena:

1. Si el agraviante fuese comerciante, se planteaba que quedaba inhabilitado para el ejercicio del comercio.
2. Si el agraviante fuese funcionario público se proponía que comportaría la destitución del cargo, salvo los funcionarios de elección popular.

---

631 Véase Samuel B. Abad Yupanqui, *El proceso constitucional de amparo*, Gaceta Jurídica, Lima, 2004, p. 136.

3. Si el agraviante o la agraviante fuese una autoridad de elección popular quedaría inhabilitado para el ejercicio de funciones públicas en el período siguiente a la culminación de su mandato.
4. Si el agraviante ejerciere alguna profesión, industria o arte se planteaba que quedaba inhabilitado para su ejercicio.

En estos casos de incumplimiento del mandamiento de amparo, el artículo 64 del proyecto también buscaba establecer como "procedimiento por desacato" que el tribunal de amparo remitiera copia certificada de las actuaciones al fiscal del Ministerio Público a fin de que se iniciase la investigación para la determinación del hecho punible de acuerdo a los procedimientos previstos a tales efectos. Igualmente, en el proyecto también se preveía que el juez de amparo debía remitir copia certificada a la Defensoría del Pueblo la cual podía participar de la investigación, y tener acceso al expediente y a sus actas o cualquier otra información que reposare en los archivos del Estado o en instituciones privadas, con el fin de hacer las recomendaciones a que hubiere lugar. En tales casos, también se contemplaba que el Fiscal General de la República, en el informe anual que debe presentar ante la Asamblea Nacional, debía indicar expresamente los desacatos a mandamientos de amparo que le hubieran sido remitidos por tribunales, con sus respectivas resultas (art. 65).

Por otra parte, como antes se dijo, en la misma orientación del artículo 27 del proyecto antes mencionado, el artículo 66 del mismo buscaba disponer, a los efectos de garantizar la ejecución del mandamiento de amparo, que el tribunal de amparo tenía competencia para sancionar directamente con multa de diez (10) a quinientas (500) unidades tributarias a quienes lo incumplieren en el lapso señalado para ello, sin perjuicio de las sanciones penales a que hubiere lugar. En estos casos de multas, y en los otros supuestos regulados en la Ley, conforme al "principio de proporcionalidad de la multa," el mismo artículo 67 del proyecto de reforma disponía que el importe de la multa se debía determinar atendiendo al principio de proporcionalidad, para lo cual se debía tomar en consideración "la capacidad económica del sancionado, el bien jurídico protegido, los hechos controvertidos, y demás circunstancias concurrentes." En todo caso, agregaba el proyecto de reforma que si quien hubiere sido sancionado con arreglo a las disposiciones antes mencionadas no cumpliere con el mandato de amparo ni tampoco cumpliere la sanción, la multa se debía incrementar a razón de una unidad tributaria por cada día de incumplimiento (art. 68).

Por otra parte, conforme al artículo 69 del proyecto de reforma de la Ley Orgánica, el sancionado podía reclamar por escrito la decisión judicial que le hubiera impuesto las sanciones antes mencionadas, dentro de los tres (3) días siguientes a su notificación, oportunidad en la que debía exponer las circunstancias favorables a su defensa. El reclamo debía ser decidido por el Tribunal dentro de los tres (3) días siguientes al vencimiento del lapso anterior. El tribunal, en estos casos, podía ratificar, revocar o reformar la sanción, siempre y cuando no causase mayor gravamen al sancionado.

Por último, el artículo 70 del proyecto de reforma de la Ley Orgánica buscaba declarar expresamente que sin menoscabo de las multas y sanciones antes mencionadas, el agraviado podía exigir la reparación de los daños y perjuicios causados por el incumplimiento; a cuyo efecto, la sentencia de amparo se debía tener como plena prueba pre constituida y la reclamación debía ser tramitada por el procedimiento correspondiente ante el juez de municipio del domicilio del agraviado.

Sin embargo, como ya se ha dicho, el proyecto de reforma de la Ley Orgánica de Amparo de 2013, si bien fue aprobado en primera discusión en octubre de 2013, no fue siquiera sometido a segunda discusión en el curso de 2013.

4. *La violación al debido proceso (derecho a la defensa, a la presunción de inocencia, al juez natural) por parte de la Sala Constitucional, al usurpar las competencias de la jurisdicción penal y pretender imponer sanciones penales sin proceso, y actuando como juez y parte*

De lo anteriormente expuesto resulta, por tanto, que en Venezuela, el desacato a las sentencias de amparo es un delito tipificado en la propia Ley Orgánica de Amparo de 1988 (art. 31), el cual - como todos los delitos para cuyo juzgamiento no existe una jurisdicción penal especial -, sólo puede ser decidido y sancionado por los tribunales competentes de la jurisdicción penal ordinaria, mediante un proceso penal, con las garantías del debido proceso, no teniendo el juez de amparo competencia alguna para sancionar en forma alguna el desacato de sus decisiones.

Ello sin embargo ha sido trastocado por la Sala Constitucional del Tribunal Supremo de Justicia, en sentencia N° 138 de 17 de marzo de 2014,[632] en la cual, esa Sala usurpando las competencias de la Jurisdicción Penal, se arrogó la potestad sancionatoria penal en materia de desacato a sus decisiones de amparo, violando todas las garantías más elementales del debido proceso, entre las cuales están, que nadie puede ser condenado penalmente sino mediante un proceso penal, el cual es el "instrumento fundamental para la realización de la justicia" (art. 257 de la Constitución), en el cual deben respetarse el derecho a la defensa, el derecho a la presunción de inocencia, el derecho al juez natural (art. 49 de la Constitución), y la independencia e imparcialidad del juez (arts. 254 y 256 de la Constitución); juez que en ningún caso puede ser juez y parte, es decir, decidir en causa en la cual tiene interés.

En efecto, luego de que un conjunto de asociaciones y cooperativas de comerciantes interpusieron una denominada demanda "por derechos e intereses colectivos o difusos" conjuntamente con una petición de medida cautelar innominada contra el Alcalde y el Director de la Policía Municipal de un Municipio del Estado Carabobo (San Diego),[633] para que removieran supuestas obstrucciones en las vías públicas del

632 Véase en http://www.tsj.gov.ve/decisiones/scon/marzo/162025-138-17314-2014-14-0205.HTML

633 Una demanda similar se intentó simultáneamente ante la Sala Constitucional por un abogado a título personal contra los Alcaldes de los Municipios Baruta y El Hatillo, originando una medida de amparo cautelar (sentencia N° 135 de 12 de marzo de 2014, en http://www.tsj.gov.ve/decisiones/scon/marzo/161913-135-12314-2014-14-0194.HTML); la cual, a petición del mismo abogado formulada a título personal, originó una decisión judicial de aplicación por efectos extensivos de la anterior medida judicial de amparo cautelar contra los Alcaldes de los Municipios Chacao, Lechería, Maracaibo y San Cristóbal (sentencia 137 de 17 de marzo de 2014 en http://www.tsj.gov.ve/decisiones/scon/marzo/162024-137-17314-2014-14-0194.HTML). Ello se anunció en la Nota de Prensa del Tribunal Supremo de Justicia de 24 de marzo de 2014. Véase en http://www.tsj.gov.ve/informacion/notasdeprensa/notasdeprensa.asp?codigo=11777. debe destacarse, sin embargo, que en la Nota de Prensa oficial del Tribunal Supremo informando sobre la primera decisión de detención del Alcalde del Municipio San Diego, se afirmó, que "Los alcaldes a quienes se sancionan *son de los municipios donde presuntamente se han cometido mayor número de hechos delictivos como homicidios, destrucción de organismos públicos y privados, destrucción del ambiente, incendio de vehículos y cierre de vías, desde que se iniciaron las manifestaciones violentas en*

Municipio que se habían producido por protestas populares contra las políticas del Gobierno, la Sala Constitucional, mediante sentencia N° 136 de 12 de marzo de 2014, que les "fue notificada vía telefónica" a dichos funcionarios, acordó el amparo constitucional cautelar solicitado, y en líneas generales ordenó a los Alcaldes, entre múltiples actividades de tipo administrativo que son propias de la autoridad municipal como velar por la ordenación de la circulación, la protección del ambiente, el saneamiento ambiental, la prevención y control del delito, y en particular que debían realizar acciones y utilizar los recursos materiales y humanos necesarios:

> "a fin de evitar que se coloquen obstáculos en la vía pública que impidan, perjudiquen o alteren el libre tránsito de las personas y vehículos; se proceda a la inmediata remoción de tales obstáculos que hayan sido colocados en esas vías, y se mantengan las rutas y zonas adyacentes a éstas libres de basura, residuos y escombros, así como de cualquier otro elemento que pueda ser utilizado para obstaculizar la vialidad urbana y, en fin, se evite la obstrucción de las vías públicas del referido municipio."[634]

Cinco días después de dictada la referida sentencia acordando la medida de amparo cautelar, la Sala Constitucional, en sentencia N° 138 de 17 de marzo de 2014, sin que nadie se lo solicitara ni advirtiera, es decir, actuando de oficio, y con el propósito de sancionar directamente a los destinatarios de la medida cautelar por presunto desacato a la medida cautelar decretada, procedió a fijar un procedimiento *ad hoc* para ello, a los efectos de determinar "el presunto incumplimiento al mandamiento de amparo," identificando a su vez a la persona que habría incurrido en delito, anunciando además que "en caso de quedar verificado el desacato," verificación procesal que la propia Sala haría en sustitución del juez penal, en contra lo dispuesto en la Ley Orgánica de Amparo, la misma Sala impondría:

> "la sanción conforme a lo previsto en el artículo 31 de la Ley Orgánica de Amparo sobre Derechos y Garantías Constitucionales y remitirá la decisión para su ejecución a un juez de primera instancia en lo penal en funciones de ejecución del Circuito Judicial Penal correspondiente."

Es decir, la Sala Constitucional resolvió usurpar la competencia de la Jurisdicción Penal y anunció que verificaría la comisión del delito de desacato, identificando a los autores que habían incumplido el mandamiento de amparo constitucional que había dictado, por lo que les impondría directamente la pena de prisión de seis (6) a quince (15) meses, que es la sanción penal prevista en el mencionado artículo 31 de

---

*el país.*" Véase en http://www.tsj.gov.ve/informacion/notasdeprensa/notasdeprensa.asp?codigo=11768. Con ello, el Tribunal Supremo expresó claramente el propósito de su sentencia de amparo, que en definitiva no era el de proteger algún derecho ciudadano, sino el de sancionar a los Alcaldes de oposición, precisamente por ser de oposición.

634 Contra esta decisión de mandamiento de amparo cautelar el Alcalde del Municipio se opuso a la misma mediante escrito de 18 de marzo de 2014, y al día siguiente, el día 19 de marzo de 2014, la Sala Constitucional con base en el argumento de que en el procedimiento de amparo no debe haber incidencias, declaró como "IMPROPONIBLE en derecho la oposición al mandamiento de amparo constitucional cautelar planteada por el ciudadano Vicencio Scarano Spisso." Véase la sentencia N° 139 de 19 de marzo de 2014 en http://www.tsj.gov.ve/decisiones/scon/marzo/162073-139-19314-2014-14-0205.HTML.

la Ley Orgánica. Ni más ni menos, el Juez Constitucional se erigió en el perseguidor de los funcionarios públicos electos responsables de los gobiernos municipales en los Municipios donde la oposición había tenido un voto mayoritario.

Para incurrir en este abuso de poder y usurpación de competencias exclusivas de los jueces de la Jurisdicción Penal, la Sala Constitucional, por supuesto, violó todos los principios más elementales de la garantía del debido proceso enumerados en el artículo 49 de la Constitución, entre ellos, el derecho de toda persona a ser juzgado a través de un proceso penal desarrollado ante jueces penales, que son el juez natural en la materia; el derecho a la defensa y el derecho a la presunción de inocencia.

### A. *Violación del derecho a la defensa por falta de actividad probatoria, y a la presunción de inocencia por inversión de la carga de la prueba*

En efecto, la Sala comenzó violando el derecho a la defensa y a la presunción de inocencia al fundamentar su decisión en el simple "dicho" de que:

> "por la prensa se ha difundido información de la que pudiera denotarse el presunto incumplimiento del mandato constitucional librado en la sentencia N° 136 de 12 de marzo de 2014, lo cual esta Sala califica como un hecho notorio y comunicacional (vid. Sentencia N° 98 del 15 de marzo de 2000).

Esta supuesta motivación inicial, por supuesto, es absolutamente violatoria al debido proceso legal, pues implica que la Sala pasó a tomar una decisión sin desarrollar actividad probatoria alguna, de lo que resulta de los siguientes hechos: primero, que no indicó qué era lo que "la prensa" supuestamente había "difundido"; segundo, que no identificó a qué "prensa" se refería, es decir, cuál o cuáles periódicos o medios de comunicación, y en qué fecha, habrían sido publicados; tercero, que no hizo mención a la existencia de una supuesta "noticia" de hechos que hubieran acaecido que habría sido publicada; y que cuarto, no precisó por qué, de lo que supuestamente se habría "difundió" en la "prensa," que no dijo, podía "denotarse el presunto incumplimiento" de un mandato de amparo constitucional.

Todo ello pone en evidencia, no sólo la violación del debido proceso legal, por violación al derecho a la defensa, sino además, el grave vicio de inmotivación de la sentencia, que la hace nula en los términos del Código de Procedimiento Civil.

Pero además, por el hecho de calificar un "dicho" como "hecho notorio y comunicacional" en ese caso, lo que pretendió la Sala Constitucional fue dar por probados unos inexistentes "hechos" publicitados que no mencionó, pretendiendo invertir la carga de la prueba y violando con ello la presunción de inocencia al compelir a los Alcaldes que "probaran" lo contrario a algo que ni siquiera se decía que era. Como lo resolvió la Sala Constitucional en la sentencia N° 8 de 2000 que la misma Sala cita, el "hecho comunicacional" sólo puede ser "acreditado por el juez o por las partes con los instrumentos contentivos de lo publicado, o por grabaciones o videos, por ejemplo, de las emisiones radiofónicas o de las audiovisuales, que demuestren la difusión del hecho, su uniformidad en los distintos medios y su consolidación; es decir, lo que constituye la noticia." Nada ello ocurrió en este caso, donde la Sala no indicó "hecho" alguno concreto y específico, limitándose a afirmar que en la "*prensa se ha difundido información de la que pudiera denotarse el presunto incumplimiento del mandato constitucional.*" De esa afirmación, es realmente imposible deducir que pudiera haber algo que al calificarse como "hecho notorio y comunicacional" se haya dado "por probado" que los Alcaldes sin embargo, en violación a su derecho a la defensa y a la presunción de inocencia, debían desvirtuar.

La Sala Constitucional, al dictar la sentencia N° 136 de 12 de marzo de 2014, en realidad, lo que hizo fue violar el contenido de la sentencia que invocó, la N° 98 del 15 de marzo de 2000, al pretender calificar "como un hecho notorio y comunicacional," algo que como se dijo, primero, no es ningún "hecho"; segundo, que no es nada "notorio"; y tercero, que es imposible que sea "comunicacional," pues afirmar simplemente que "por la prensa se ha difundido información de la que pudiera denotarse el presunto incumplimiento del mandato constitucional" no puede considerarse como un "hecho" y menos como un "hecho notorio y comunicacional."

En efecto, conforme a la mencionada sentencia N° 98 de 2000 que fijó la doctrina del "hecho notorio y comunicacional," y sobre la concepción del "hecho notorio", la misma Sala Constitucional consideró que para poder ser aplicada, ante todo tenía que existir un "hecho", es decir, un acontecimiento, un suceso o un acaecimiento *que efectivamente hubiera tenido lugar*, y que por haberse conocido habría entrado a formar parte de la cultura, se habría integrado a la memoria colectiva, se habría constituido en referencia en el hablar cotidiano de las personas, parte de sus recuerdos y de las conversaciones sociales. El "hecho notorio," por tanto, para la Sala Constitucional en aquella sentencia, ante todo tiene que ser un suceso o acaecimiento *cierto, real, que ha sucedido indubitablemente*, y que por su conocimiento por el común de la gente debido a su divulgación (ya que no todo el común de la gente pudo haber presenciado el hecho), entonces no requiere ser probado. De allí los precisos ejemplos que utilizó la Sala Constitucional en dicha sentencia No. 98 de 2000, todos referidos a *hechos ciertos, reales, que efectivamente sucedieron o acaecieron*, como: "el desastre de Tacoa" referido al hecho del incendio de tanques de combustible en la Planta de la Electricidad de Caracas en Tacoa (Litoral Central); "la caída de un sector del puente sobre el lago de Maracaibo", referido al hecho del choque de un barco tanquero contra una sección del puente sobre el Lago de Maracaibo y la caída de dicha sección que interrumpió el tránsito; "los eventos de octubre de 1945" referidos al hecho conocido como la "Revolución de octubre" de 1945 que originó el derrocamiento del gobierno del Presidente Isaías Medina Angarita y la instalación de una Junta de Gobierno; y "la segunda guerra mundial", hecho acaecido desde 1939 hasta 1945.

Pero además de tratarse de un "hecho" para que se trate de un "hecho publicitado" o "hecho comunicacional", el mismo debe haber adquirido "difusión pública uniforme por los medios de comunicación social," que por ello, "forma parte de la cultura de un grupo o círculo social en una época o momento determinado, después del cual pierde trascendencia y su recuerdo solo se guarda en bibliotecas o instituciones parecidas, pero que para la fecha del fallo formaba parte del saber mayoritario de un círculo o grupo social, o a el podía accederse." En esos casos, sostuvo la Sala, "los medios de comunicación social escritos, radiales o audiovisuales, *publicitan un hecho como cierto, como sucedido, y esa situación de certeza se consolida cuando el hecho no es desmentido* a pesar que ocupa un espacio reiterado en los medios de comunicación social."[635]

---

635 Véase Allan R. Brewer-Carías, "Sobre el tema del "hecho notorio" me he referido al comentar la doctrina jurisprudencial en la materia sentada por el Tribunal Supremo de Justicia de

En el caso de la sentencia N° 136 de 12 de marzo de 2014, la "calificación" como un "hecho notorio y comunicacional" al dicho de que "*por la prensa se ha difundido información de la que pudiera denotarse el presunto incumplimiento del mandato constitucional*" equivale a considerar como un "hecho" a nada, y de la nada, como una grotesca burla al derecho y a la propia doctrina contenida en la sentencia citada N° 98 del 15 de marzo de 2000 de la misma Sala.

Y en todo caso, quedaba por resolver qué fue lo que pretendió la Sala con declarar como tal "hecho notorio y comunicacional," al dicho de que "*por la prensa se ha difundido información de la que pudiera denotarse el presunto incumplimiento del mandato constitucional.*" La consecuencia directa de la declaratoria era que la Sala habría dado por probado, no un "hecho," sino un "dicho," y por tanto, los Alcaldes supuestamente debían entonces tratar de "desvirtuar" el "dicho" ya que no había ningún "hecho," todo lo cual significa una grave violación al derecho a la defensa, pues equivalía a compelir a alguien a "defenderse" de un "hecho" que ni siquiera se identificó.

### B. *El procedimiento para determinar el desacato al mandamiento de amparo*

Después del desaguisado cometido por la Sala a propósito del inexistente "hecho notorio y comunicacional", la Sala Constitucional pasó a constatar que en la Ley Orgánica de Amparo de 1988 "no está contemplado procedimiento alguno para la valoración preliminar del posible incumplimiento de un mandamiento de amparo a efectos de su remisión al órgano competente," razón por la cual invocó el artículo 98 de la Ley Orgánica del Tribunal Supremo de Justicia a los efectos de establecer el procedimiento que juzgó "más conveniente para la realización de la justicia, siempre que tenga fundamento legal." Con base en ello, la Sala entonces procedió a establecer que para determinar el presunto incumplimiento al mandamiento de amparo cautelar decretado, "el procedimiento que más se adecua para la consecución de la justicia" era el estipulado en el artículo 26 de la propia Ley Orgánica de Amparo, razón por la cual en la misma sentencia procedió a convocar al Alcalde y al Director General de la Policía Municipal del Municipio San Diego del Estado Carabobo, a una audiencia pública que fijo para realizarse dentro de las 96 horas siguientes a que conste en autos su notificación, lo que fue el día 20 de mayo de 2014, para que los Alcaldes expusieran "los argumentos que a bien tuvieren en su defensa," pero sin indicarles de qué es que tenían que defenderse, o cuales eran los "hechos" que tenían que desvirtuar.

Con ello, de nuevo, la Sala Constitucional violó el derecho a la defensa de los Alcaldes notificados, al citarlos para que comparecieran a "defenderse" pero sin decirles cuales eran los hechos que se les imputaban y de los cuales debían defenderse, y lo más grave, afirmando que conforme al artículo 23 de la Ley Orgánica, la falta de comparecencia de los citados "funcionarios municipales a la audiencia pública se

---

Venezuela, en los trabajos: "Consideraciones sobre el 'hecho comunicacional' como especie del 'hecho notorio' en la doctrina de la Sala Constitucional del Tribunal Supremo," en *Revista de Derecho Público*, N° 101, enero-marzo 2005, Editorial Jurídica Venezolana, Caracas 2005, pp. 225-232; y "Sobre el llamado 'hecho comunicacional' como fundamento de una acusación penal", en *Temas de Derecho Penal Económico, Homenaje a Alberto Arteaga Sánchez* (Compiladora Carmen Luisa Borges Vegas), Fondo Editorial AVDT, Obras colectivas OC N° 2, Caracas 2007, pp. 787-816.

tendrá como aceptación de los hechos", pero se insiste, sin indicarles cuáles eran los supuestos hechos que se le "imputaban", que debían supuestamente contradecir, y respecto de los cuales debían "defenderse", de manera que si no acudían a la audiencia se daban por aceptados por ellos. Mayor arbitrariedad, realmente, es imposible encontrar en una sentencia: que se ordene citar a alguien para que bajo la presunción de certeza de un "dicho", que se califica como "hecho notorio y comunicacional" y que por tanto no requiere prueba, comparezca ante el tribunal a defenderse y desvirtuar el supuesto "hecho", pero sin saber exactamente de qué deben defenderse, y todo bajo la amenaza de que si no comparece, se debe tener como que acepta los "hechos" que no conoce.

### C. *La sanción penal al desacato: competencia exclusiva de la Jurisdicción Penal mediante un proceso penal*

Como hemos señalado, el artículo 31 de la ley Orgánica de Amparo dispone como tipo delictivo el incumplimiento del mandamiento de amparo constitucional dictado por el Juez, previendo en tal caso una sanción de prisión de seis (6) a quince (15) meses. Sobre esta norma que sanciona el desacato, la antigua Corte Suprema de Justicia, en sentencia N° 789 de 7 de noviembre de 1995 de la Sala Política Administrativa,[636] estableció con toda precisión que la competencia en materia de desacato corresponde exclusivamente a la Jurisdicción penal. Conforme a esa sentencia, por tanto, al juez de amparo le está vedado siquiera apreciar y hacer una calificación del delito al remitir los autos al juez penal,[637] correspondiendo tal calificación "al tribunal penal, en el contexto del debido proceso con la garantía del derecho a la defensa (artículo 68 Constitución)," no pudiendo el juez de amparo:

> "ejecutar su propia sentencia conforme al procedimiento ordinario (artículo 523 del Código de Procedimiento Civil), *en lo que se refiere a lo previsto en el artículo 31 citado,* ya que en éste, el legislador consagró un tipo delictual (desacato) que requiere de un procedimiento, tal como lo prevé el artículo 60, ordinal 5° de la Constitución: "Nadie podrá ser condenado en causa penal sin antes haber sido notificado personalmente de los cargos y oído en la forma que indique la ley". Debe precisarse al respecto que la jurisdicción ordinaria en materia penal, conforme a la Ley Orgánica del Poder Judicial le compete a los Juzgados

---

636 Véase Caso *Francisco González Aristiguieta v. Rafael Aníbal Rivas Ostos*. Véase en *Revista de Derecho Público*, N° 63-64, Editorial Jurídica Venezolana, Caracas 1995, pp. 370 ss.

637 Fue el vicio en el cual incurrió, según la Sala Político Administrativa, la Corte primera de lo Contencioso Administrativa en sentencia de 18 de octubre de 1995, cuando decidió como sigue: "Por tal razón, y al no haber podido el ciudadano Francisco González Aristiguieta ejercer las funciones propias del cargo de Jefe de la Brigada Territorial Número 81, lo cual ciertamente le impidió la plena y perfecta reincorporación a tal cargo que fuese ordenada en el mandamiento de amparo otorgado, esta Corte considera que el ciudadano Rafael Aníbal Rivas Ostos incurrió en abierto desacato al mandamiento de amparo, subsumiéndose tal conducta en el articulo 31 de la Ley que rige la materia. Así se declara. En consecuencia, esta Corte Primera de lo Contencioso Administrativo ordena remitir a los órganos de la jurisdicción penal copia de la presente decisión y de todas las actas contentivas del procedimiento de desacato a los fines previstos en el articulo 31 de la Ley Orgánica de Amparo sobre Derechos y Garantías Constitucionales." Véase en *Revista de Derecho Público*, N° 63-64, Editorial Jurídica Venezolana, Caracas 1995, pp. 373 y ss.

de Primera Instancia en lo Penal y a los Tribunales Superiores (Título IV, Capítulo IV D y Título IV Capítulo II D, respectivamente). Los jueces de dichos tribunales son entonces los jueces naturales para conocer del desacato en referencia y las personas supuestamente implicadas en este delito tienen el derecho constitucional de ser juzgadas por sus jueces naturales (articulo 69 Constitución)."

En definitiva, concluyó la Corte Suprema, que:

"Con el fin de que el acto de administración de justicia pueda realizarse en el marco del debido proceso y con base a las exigencias legales y constitucionales imperantes, del desacato de un "mandamiento de amparo constitucional dictado por el Juez" –artículo 31 de la Ley Orgánica de Amparo sobre Derechos y Garantías Constitucionales– debe conocer la jurisdicción penal."

Este ha sido, por lo demás, el criterio invariable del Tribunal Supremo luego de sancionada la Constitución de 1999, como resulta por ejemplo de la sentencia de la propia Sala Constitucional de 31 de mayo de 2001 (Caso: *Aracelis del Valle Urdaneta*):

"...Ahora bien, en relación con el desacato, ha señalado este Alto Tribunal que dado el carácter delictual del mismo, ***la calificación que de este delito se haga "le compete al Tribunal Penal, en el contexto del debido proceso con la garantía del derecho a la defensa*** (artículo 68 de la Constitución)" (Vid. Sentencias de la Sala Político-Administrativa del 7 de noviembre de 1995: Caso Rafael A. Rivas Ostos y del 11 de marzo de 1999: Caso Ángel Ramón Navas).

En aplicación de la jurisprudencia precedente y por cuanto en el escrito contentivo de la solicitud que dio origen al recurso de apelación la solicitante imputó la comisión de un hecho punible de acción pública como lo es el desacato, previsto y sancionado en el artículo 31 de la Ley Orgánica de Amparo sobre Derechos y Garantías Constitucionales, ***esta Sala se declara incompetente para conocer del mismo, y ordena remitir copia certificada del mencionado escrito a la Fiscalía General de la República a los fines de que se inicie la investigación correspondiente...***".[638]

En otra decisión, Nº 74 del 24 de enero de 2002 de la misma Sala Constitucional, al revisar la sentencia de un juez penal de control del Estado Portuguesa que se había declarado "incompetente para conocer el desacato" que le había solicitado una juez de primera instancia del Trabajo y Agrario del Circuito Judicial del mismo Estado, "por considerar que no se trata de un delito sino de una sanción administrativa, que corresponde aplicarla al juez que dictó la decisión de amparo incumplida," la Sala consideró errado dicho criterio, "ya que conforme al artículo 31 de la Ley Orgánica de Amparo sobre Derechos y Garantías Constitucionales, quien incumpla el mandamiento de amparo constitucional dictado por el juez, será castigado con prisión de seis (6) a quince (15) meses. Se trata de una pena corporal que se prescribe para toda aquella persona que incurra en el supuesto de desacato del contenido de un mandamiento de amparo, y esto es propio de la jurisdicción penal." La Sala

638 Citada en sentencia Nº 74 de enero de 2003, en http://www.tsj.gov.ve/decisiones/scon/enero/74-240102-01-0934.HTM.

Constitucional agregó que "así lo ha ratificado la jurisprudencia, al considerar que **es dicha jurisdicción, la encargada de conocer las causas iniciadas por incumplimiento de mandamiento de amparo**."[639]

Ello implica que conforme a los principios constitucionales particularmente desarrollados en la Constitución de 1999, y a lo dispuesto en el Código Orgánico Procesal Penal, en Venezuela nadie puede ser condenado penalmente y a nadie se le puede imponer una pena, "sin un juicio previo, oral y público, realizado, sin dilaciones indebidas, ante un juez imparcial," conforme a las disposiciones de dicho Código, "y con salvaguarda de todos los derechos y garantías del debido proceso, consagrados en la Constitución de la República, las leyes, los tratados, convenios y acuerdos internacionales suscritos por la República" (art. 1), correspondiendo en todo caso, a "los tribunales juzgar y hacer ejecutar lo juzgado" (art. 2), y en los términos del artículo 7 del mismo Código, y correspondiendo "exclusivamente [...] a los jueces y tribunales ordinarios o especializados establecidos por las leyes, con anterioridad al hecho objeto del proceso," que son los tribunales penales de la jurisdicción ordinaria, que son los únicos que tienen "la potestad de aplicar la ley en los procesos penales."[640]

639 Véase en http://www.tsj.gov.ve/decisiones/scon/enero/74-240102-01-0934.HTM. En reseña de Juan Francisco Alonso, en *El Universal* de 21 de marzo de 2014, el periodista incluso informa que "Al revisar los archivos del TSJ, *El Universal* verificó que en los años posteriores ese criterio fue ratificado en decisiones como las número 728 del 2 de abril de 2002, la 662 del 4 de abril de 2003 y la 530 del 5 de abril de 2005, en las cuales reiteró que tan pronto se verifique un incumplimiento de un amparo se debe notificar al Ministerio Público sobre el mismo para que investigue al señalado y decida si pide su enjuiciamiento." Véase Juan Francisco Alonso, "Con caso Scarano TSJ echó a la basura 12 años de jurisprudencia. Juristas alertan que Sala Constitucional no puede condenar a nadie", en *El Universal* viernes 21 de marzo de 2014 12:00 AM, en http://www.eluniversal.com/nacional-y-politica/140321/con-caso-scarano-tsj-echo-a-la-basura-12-anos-de-jurisprudencia.

640 Como lo ha dicho con razón el profesor Román José Duque Corredor, en este caso: "Se considero el incumplimiento del mandamiento del amparo como un delito, pero sin embargo, el enjuiciamiento del Alcalde del Municipio San Diego no se tramitó por el procedimiento ordinario penal, sino por el de una falta, por lo que no se efectuó la fase previa de averiguación, el enjuiciado no participó en esta fase y no se le acusó formalmente sino simplemente se le citó sumariamente para la audiencia oral. Siendo un delito se le juzgó, sin embargo, en una sola instancia, sin derecho a recurrir contra la sentencia condenatoria." Véase en su artículo: "Garantías constitucionales violadas por la Sala Constitucional del Tribunal Supremo de Justicia en el caso del enjuiciamiento penal del Alcalde del Municipio San Diego, Estado Carabobo, Venezuela.", Caracas 20 de marzo de 2014 (Consultado en original).

### D. *La inconstitucional asunción de la competencia de la Jurisdicción Penal por la Sala Constitucional, como juez y parte, violando las garantías de la presunción de inocencia, al juez natural y a la doble instancia*

Ahora bien, contrariamente a la anteriormente expuesto, la Sala Constitucional en la sentencia N° 138 de 17 de marzo de 2014, que comentamos, luego de establecer un inconstitucional procedimiento para verificar el desacato a una sentencia cautelar que dictó en materia de amparo, concluyó afirmando que:

> "Esta Sala Constitucional, en caso de quedar verificado el desacato, impondrá la sanción conforme a lo previsto en el artículo 31 de la Ley Orgánica de Amparo sobre Derechos y Garantías Constitucionales y remitirá la decisión para su ejecución a un juez de primera instancia en lo penal en funciones de ejecución del Circuito Judicial Penal correspondiente."

Ni más ni menos, la Sala Constitucional, decidió que una vez ella misma verificara la conducta penal de desacato, ella misma impondría directamente a los culpables la sanción penal de prisión de seis (6) a quince (15) meses prevista en el artículo 31 de la Ley Orgánica; verificación y sanción penal que sólo puede corresponder ser impuesta por un juez penal. Al contrario, en este caso, la Sala Constitucional usurpó la competencia de los tribunales de la jurisdicción penal, que son el juez natural en esos casos, previendo que sólo remitiría los autos, al juez penal "para le ejecución de la decisión," es decir, para decidir lo conducente al lugar de detención del condenado. Con ello, mediante la sentencia comentada, la Sala Constitucional usurpó la competencia de los jueces penales no sólo para "verificar el delito de desacato," sino para imponer la sanción penal prevista en la mencionada norma de la Ley Orgánica de Amparo, todo lo cual es abiertamente violatorio del artículo 49,4 de la Constitución que garantiza el derecho de "toda persona a ser juzgada por sus jueces naturales en la jurisdicción ordinaria," y del artículo 49.1 de la misma Constitución que a la garantía judicial de la doble instancia, es decir, que "toda persona declarada culpable tiene derecho a recurrir del fallo."[641]

En este caso, dicha norma fue violada al erigirse la Sala Constitucional en un tribunal *ad hoc*, de excepción, ni siquiera creado mediante ley antes de la comisión del

---

641 Con razón, Juan Manuel Raffalli consideró que "este 'precedente' no solo supone el fin de un criterio reiterado sino que representa "una violación a la doble instancia, porque si el TSJ ya tomó una decisión ante quién puede apelar el Alcalde". Véase en Juan Francisco Alonso, "Con caso Scarano TSJ echó a la basura 12 años de jurisprudencia. Juristas alertan que Sala Constitucional no puede condenar a nadie", en *El Universal* viernes 21 de marzo de 2014 12:00 AM, en http://www.eluniversal.com/nacional-y-politica/140321/con-caso-scarano-tsj-echo-a-la-basura-12-anos-de-jurisprudencia. Por todo ello, con razón, el profesor Alberto Arteaga explicó que lo decidido "no tiene precedentes en el país. Es tan absurdo como una condena a pena de muerte. Si lo hizo la sala Constitucional, cuyas sentencias tienen carácter vinculante, cualquier tribunal que conozca de un procedimiento de amparo puede hacer lo mismo. Si damos por buena esta decisión cualquier alcalde puede ser destituido sin formula de juicio, como ocurrió con Scarano." Véase Edgard López, "Cualquier alcalde puede ser destituido como Scarano. Los penalistas Alberto Arteaga y José Luis Tamayo consideran que la Sala Constitucional violó la carta magna," en *El Nacional*, Caracas 21 de marzo de 2014, 12.01am, en http://www.el-nacional.com/poli-tica/Cualquier-alcalde-puede-destituido-Scarano_0_376162596.html.

supuesto hecho punible, violando la más elemental de las garantías al derecho proceso; y todo ello, para desarrollar un proceso sumario, alejado totalmente de las garantías del proceso penal, donde la Sala incluso actúa como juez y parte agraviada (cuyas decisiones supuestamente se han desacatado), con el único objetivo de encarcelar rápidamente a quienes "incumplan" sus propias decisiones, sin prueba alguna del supuesto incumplimiento, invirtiendo la carga de la prueba y la presunción de inocencia, e incluso, con la posibilidad de condenar en ausencia, al "presumir" la culpabilidad del supuestamente "imputado" cuando no compareciera a una audiencia fijada.

### 5. *La criminalización del ejercicio de la función administrativa y la violación del principio democrático*

Mayor aberración jurídica que la antes reseñada es inconcebible, y más aún, proviniendo del juez constitucional el cual debería ser el garante de la supremacía e integridad de la Constitución.

Con ella, además, se ha abierto la puerta a la criminalización del ejercicio de la función administrativa al permitirse que mediante el simple expediente de que cualquiera puede acudir ante la Sala Constitucional y demandar a un funcionario administrativo basado en la protección de "derechos e intereses colectivos o difusos" para que ejerza sus funciones propias como lo pautan las leyes, la Sala, inventando un desacato y mediante un procedimiento breve y sumario, invirtiendo la carga de la prueba, pueda rápidamente sancionar por desacato y encarcelar al funcionario por el mal ejercicio de sus funciones. Y si se trata de un funcionario electo, como es el caso de los alcaldes, la Sala, sin ser juez penal, pueda llegar a declarar la inhabilitación política del funcionario, al encarcelarlo y separarlo de su cargo violando el principio democrático.

Y algo parecido, pero más grave fue lo que precisamente ocurrió, como estaba anunciado, en el caso del Alcalde y del Director de la Policía Municipal del Municipio San Diego, luego de efectuada la audiencia que la sentencia N° 138 de la Sala Constitucional había inconstitucionalmente fijado para el día 19 de marzo de 2014, para decidir sobre el supuesto desacato por parte de los mismos al mandamiento de amparo cautela dictado por la propia Sala mediante sentencia N° 136 de 12 de marzo de 2014.

La audiencia, en efecto, se realizó ante la Sala Constitucional con una duración de más de 8 horas, y al final de la noche del mismo día 19 de marzo de 2014, según se informó oficialmente en la Nota de Prensa difundida por el Tribunal Supremo,[642] como había sido anunciado, la Sala Constitucional sancionó al Alcalde Vicencio Scarano Spisso y el Director de la Policía Municipal Salvatore Lucchese Scaletta, a cumplir diez meses y quince días de prisión, más las accesorias de Ley; y además, no sólo le impuso al Alcalde la "pena" accesoria de separarlo del ejercicio de su cargo por ese tiempo, sino más grave, de "cesarlo" definitivamente "en el ejercicio de sus funciones en el cargo de Alcalde del municipio San Diego del estado Carabobo," cuando no hay ley alguna que autorice a la Sala Constitucional a "revocarle" el mandato a un Acalde como funcionario electo popularmente.

---

642 Véase en http://www.tsj.gov.ve/informacion/notasdeprensa/notasdepren-sa.asp?codi-go=11771.

Lo que es definitivo en esta materia es el principio establecido en el artículo 23.1 de la Convención Americana de Derechos Humanos (que conforme al artículo 23 de la Constitución tiene jerarquía constitucional en el país, a pesar de que -violando la propia Constitución-, el gobierno haya denunciado la Convención en 2013) en el sentido de que toda restricción al ejercicio de derechos políticos debe estar basada en una "condena, por juez competente, en proceso penal." Ello significa que para eliminarle a un ciudadano sus derechos democráticos, consistentes por ejemplo, en el derecho a ejercer cargos públicos de elección popular, que es de la esencia de la democracia representativa, es necesario primero, que se produzca una "condena" judicial; segundo, que la misma sea pronunciada por un "juez competente", y tercero que ello ocurra "en un proceso penal." Es lo que precisamente lo que no ocurrió en el caso de la decisión que comentamos de la Sala Constitucional.

Pero teniendo en cuenta que efectivamente la Sala Constitucional usurpó las potestades de la Jurisdicción penal ordinaria, y procedió ella misma, directamente, a condenar penalmente a unos funcionarios, aún cuando sin seguir proceso penal alguno, a una pena de prisión; la pena accesoria que podía dictar sólo podía ser la "inhabilitación política" establecida en el artículo 24 del Código Penal, que establece que la misma "no podrá imponerse como pena principal, sino como accesoria a las de presidio o prisión y produce como efecto la privación de los cargos o empleos públicos o políticos que tengan el penado y la incapacidad, durante la condena, para obtener otros y para el goce del derecho activo y pasivo del sufragio." Pero no. En este caso, la Sala ni siquiera aplicó esta pena accesoria de suspensión del ejercicio de sus funciones durante la condena (10 meses), sino que procedió a despojar al funcionario electo de su cargo, el cual como consecuencia de la cesación decidida, no podrá volver a ejercerlo. Ello por supuesto es inconstitucional, pues la Sala Constitucional no tiene competencia para declarar la "falta absoluta" del Alcalde, es decir, revocarle en este caso su mandato.[643]

Pero así lo hizo, lo que quedó corroborado con el rápido anuncio que al día siguiente de la famosa decisión de cesar al Alcalde en el ejercicio de su cargo de elección popular, hizo en rueda de prensa la Vicepresidenta del Consejo Nacional Electoral, de la cual la Agencia Venezolana de Noticias informó que dijo lo siguiente: "Al ser notificados por el Tribunal Supremo de Justicia sobre el cese en el ejercicio de funciones del ciudadano alcalde del municipio San Diego y, en consecuencia, su falta absoluta, la Junta Nacional Electoral ha convocado a los técnicos de este orga-

643 Sobre esto, el profesor José Ignacio Hernández ha señalado con razón, que "al margen de las irregularidades del proceso que condujo a la detención del Alcalde Scarano, lo cierto es que él sigue siendo Alcalde, pues el mandato popular no se extingue por la sola detención judicial. Tanto más, acoto, cuando esa detención fue producto de un proceso violatorio derechos fundamentales.

Al pretender convocar a elecciones en el Municipio San Diego, se está violando, por ello, el mandato popular, al crearse una ausencia absoluta que no está indicada expresamente.

Ni el TSJ ni el CNE pueden crear nuevas causales de ausencia absoluta distintas a las establecidas en la Ley, pues ello implicaría desconocer, ilegítimamente, ese mandato popular. Eso es lo que está sucediendo, precisamente, con el Alcalde Scarano." Véase en, José Ignacio Hernández, "Es constitucional que el CNE convoque elecciones en el Municipio San Diego?, 20 de Marzo de 2014, en http://prodavinci.com/blogs/es-constitucional-que-el-cne-convoque-elecciones-en-el-municipio-san-diego-jose-ignacio-hernandez/.

nismo para la elaboración de una propuesta de cronograma, que deberá ser discutida en las próximas horas en el Consejo Nacional Electoral."[644] El anuncio se concretó el día 21 de marzo de 2014, al anunciar a la prensa la misma vicepresidente del Consejo Nacional Electoral, Sra. Oblitas que el organismo había decidido "convocar perentoriamente elecciones en el municipio San Diego del estado Carabobo," en vista de la "notificación realizada por los magistrados del Tribunal Supremo de Justicia (TSJ) quienes declararon la falta absoluta e inhabilitación de Scarano," lo que por lo demás, parece que no debía haber sabido porque la sentencia no había sido publicada.[645]

En todo caso, lo decidido por el Consejo Nacional Electoral, además, viola abiertamente el artículo 87 de la ley Orgánica del Poder Público Municipal de 2010 que establece expresamente que "cuando la falta del alcalde se deba a detención judicial, la suplencia la ejercerá el funcionario designado por el Concejo Municipal, dentro del alto nivel de dirección ejecutiva", agregando que es el Consejo Municipal el que puede decidir convertir la falta temporal en absoluta cuando la "falta temporal se prolonga por más de noventa días consecutivos."[646]

En todo caso, la consecuencia inmediata de la decisión de la Sala fue que los funcionarios, es decir, el Alcalde Vicencio Scarano Spisso y el Director de la Policía Municipal Salvatore Lucchese Scaletta, fueron detenidos en el acto, por decisión nada menos que del Juez Constitucional, y puestos "a la orden del Servicio Bolivariano de Inteligencia Nacional (Sebin)," estableciéndose Caracas "como sitio de reclusión [...] hasta tanto un juez de primera instancia en funciones de ejecución determine el sitio definitivo de reclusión." Eso fue lo que leyó en la audiencia la Presidenta de la Sala Constitucional, indicándose además, en la Nota de Prensa que al haber oído a las partes en la audiencia y estar presente representantes del Ministerio Público y de la Defensoría del Pueblo "el TSJ da cumplimiento estricto al debido proceso."[647] Y la Defensora del Pueblo, obviando todo análisis jurídico y olvidán-

---

644 Así lo informó la Agencia Venezolana de Noticias (AVN), jueves, 20/03/2014 01:00 PM. Otra reseña de lo informado por la Sra. Sandra Oblitas, indica que dijo que "el ente electoral se encuentra en proceso de preparación del cronograma electoral para el municipio de San Diego" y que "ante la detención y destitución del alcalde Vicencio Scarano, emitida por Tribunal Supremo de Justicia (TSJ), la rectora del ente electoral informó que en las próximas horas se convocará a nuevos comicios." Véase la reseña en http://www.lapatilla.com/site/2014/03/20/cne-prepara-cronograma-para-elecciones-en-san-diego/.

645 Véase en Eugenio Martínez, "CNE prepara comicios para elegir sustituto en San Diego," en *El Universal*, 21 de marzo de 2014, Como lo escribió el periodista en la reseña de la rueda de prensa que se hizo sin preguntas: "La ausencia de preguntas no permitió aclarar interrogantes técnicas y legales sobre este proceso [...] Desde la perspectiva legal no fue posible precisar por qué el CNE admite la ausencia absoluta de Scarano cuando esta no fue dictada por un juez penal o por qué se avala la inhabilitación política del alcalde a través de un procedimiento especial no previsto taxativamente en las leyes." Véase en http://www.eluniversal.com/nacional-y-politica/140321/cne-prepara-comicios-para-elegir-sustituto-en-san-diego.

646 Véase la Ley Orgánica del Poder Público Municipal en *Gaceta Oficial* Nº 6.015 Extra. del 28 de diciembre de 2010.

647 Véase en http://www.tsj.gov.ve/informacion/notasdeprensa/notasdeprensa.asp?codigo=11771. Sin embargo, el abogado defensor del Alcalde de San Diego, indicó sobre la audiencia, que "la Sala Constitucional actuó como un tribunal penal. Se desarrolló un juicio sumarísimo, en el cual ni siquiera hubo una acusación de parte del Ministerio Público. Ten-

dose de su función de velar por que en los procesos se garanticen los derechos humanos por los órganos del Estado, se limitó a afirmar que "Es imposible que con la presencia de todos los poderes públicos (en la audiencia contra Scarano) se cometa una ilegalidad."[648] Allí está la clave de tanta violación al ordenamiento jurídico en un régimen autoritario: pretender que una acción inconstitucional es "legal" porque se comete por todos los órganos del Estado.[649]

En todo caso, con el Tribunal Supremo como instrumento para someter y encarcelar los alcaldes de oposición, quien ejerce la Presidencia de la República (N. Maduro) al día siguiente de la sentencia del Tribunal Supremo, y antes de que su texto se hubiese publicado, el día 20 de marzo de 2014 ya había comenzado a amenazar directamente a los demás Alcaldes, de que usaría al Tribunal Supremo para eliminarlos,[650] y lo mismo hizo dos días más tarde el Gobernador del Estado Barinas en relación con Alcaldes de esa entidad.[651]

---

íamos 47 testigos y, sin criterio alguno, se nos dijo que solo aceptarían 5. Apenas se nos concedió 10 minutos, compartidos entre el alcalde y yo, para exponer los alegatos de defensa. El TSJ avaló los testimonios de 5 guardias nacionales, una vecina de San Diego y un video con señalamientos del presidente de la Asamblea nacional, Diosdado cabello, contra Scarano. Todo se resolvió al final de una audiencia de 8 horas." Véase Edgard López, "Cualquier alcalde puede ser destituido como Scarano. Los penalistas Alberto Arteaga y José Luis Tamayo consideran que la Sala Constitucional violó la carta magna," en *El Nacional*, Caracas 21 de marzo de 2014, 12.01am, en http://www.el-nacional.com/politica/Cualquier-alcalde-puede-destituido-Scarano_0_376162596.html

648 "La defensora del Pueblo, Gabriela Ramírez, le salió al paso a las críticas que desde distintos sectores se le han formulado al procedimiento realizado por la Sala Constitucional contra Scarano y defendió su legalidad," limitándose dicha funcionara a decir que "Es imposible que con la presencia de todos los poderes públicos se cometa una ilegalidad", afirmó, al tiempo que aseguró que el hoy exalcalde tuvo la oportunidad de defenderse de los señalamientos en una "audiencia muy larga".Véase en Juan Francisco Alonso, "Con caso Scarano TSJ echó a la basura 12 años de jurisprudencia. Juristas alertan que Sala Constitucional no puede condenar a nadie", en *El Universal* viernes 21 de marzo de 2014 12:00 AM, en http://www.eluniversal.com/na-cional-y-politica/140321/con-caso-scarano-tsj-echo-a-la-basura-12-anos-de-jurisprudencia

649 Habría que recordarle a la defensora del Pueblo lo que el político español Iñaki Ianasagasti, destacaba en su comentario a la traducción del profesor Carlos Armando Figueredo del libro de Ingo Müller, *Los Juristas del Horror*, (1987) sobre el comportamiento de los jueces durante el nazismo en Alemania, en el sentido de que "la terrible conclusión que saca del libro es que los atropellos, las prisiones, las torturas y aún el exterminio en masa se hicieron de manera legal y apegada a la norma."

650 El día 20 de marzo de 2014, a las pocas horas de haber la Sala Constitucional dictado su decisión encarcelando al Alcalde del Municipio San Diego del Estrado Carabobo, Nicolás Maduro como Presidente de la República, refiriéndose al Alcalde del Municipio Chacao del Estado Miranda, le dijo: "Ramón Muchacho póngase las pilas, porque si el Tribunal Supremo de Justicia (TSJ) toma acciones con estas pruebas, usted se va de esa alcaldía ¿oyó? llamaríamos a elecciones, para que el pueblo de Chacao tenga un alcalde o una alcaldesa que de verdad lo represente"[…] Alertó que los manifestantes pueden protestar "todos los días que quieran, pero no pueden trancar las vías. En lo que lo hagan, entraremos y formará parte del expediente de desacato de Ramón Muchacho. Mírese en el espejo". Véase en "Maduro amenaza con elecciones en el municipio Chacao", en *El Universal*, jueves 20 de marzo de 2014

Las amenazas se comenzaron a concretar de inmediato, y así, la Sala Constitucional del Tribunal Supremo de Justicia, muy obediente y diligentemente, mediante sentencia Nº 150 de ese mismo día 20 de marzo de 2014, con base en las mismas solicitudes de "demandas de protección por intereses colectivos o difusos," y en vista de la extensión de la medida cautelar de amparo dictada por la sentencia Nº 135 de 12 de marzo de 2014, al Alcalde del Municipio San Cristóbal del Estado Táchira, Sr. Daniel Ceballos, mediante sentencia Nº 137 de 17 de marzo de 2014; resolvió, con la misma motivación de que "por la prensa se ha difundido información de la que pudiera denotarse el presunto incumplimiento del mandato de amparo constitucional" mencionado, lo cual la Sala igualmente lo calificó "como un hecho notorio y comunicacional," convocar al Alcalde, a quien además se había detenido acusado de rebelión,[652] a que concurriera a la misma y famosa "audiencia oral" preconstituida[653] para en todo caso considerarlo culpable de desacato, condenarlo sin juicio penal en violación de todas las garantías del debido proceso, encarcelarlo y revocarle inconstitucionalmente su mandato popular. Y así ocurrió en una audiencia que tuvo lugar el 25 de marzo de 2014, en la cual como lo anunció la Nota de Prensa del Tribunal Supremo "se sancionó a Daniel Ceballos a cumplir 12 meses de prisión," decidiéndose además que "cesa en el ejercicio del cargo de alcalde del municipio San Cristóbal del Estado Táchira."[654]

El Alcalde Ceballos, en todo caso, en la Audiencia del 25 de marzo de 2014 ante la Sala Constitucional, le expresó a los magistrados directamente, entre otras cosas, que estaba allí "porque no existe estado de derecho y justicia," que de esa Sala, no esperaba justicia, y que estaba "preparado para recibir una sentencia de unos verdu-

---

05:53 PM, en http://www.eluniversal.com/nacional-y-politica/140320/maduro-amenaza-con-elecciones-en-el-municipio-chacao

651 Véase en Walter Obregón, "Adán Chávez amenazó con poner presos a dos alcaldes de Barinas. En un acto, el gobernador de Barinas advirtió al alcalde José Luis Machín (Barinas) y Ronald Aguilar (Sucre) que "podrían acabar como Scarano y Ceballos," en *El Universal* viernes 21 de marzo de 2014 12:31pm, en http://www.eluniversal.com/nacional-y-politica/protestas-en-venezuela/140321/adan-chavez-amenazo-con-poner-presos-a-dos-alcaldes-de-barinas

652 El día 19 de marzo de 2013 oficialmente se informó de la detención del Alcalde Daniel Ceballos por parte del Servicio Bolivariano de Inteligencia (Sebin) por supuesta decisión del Tribunal 1ro de Control de Táchira, el cual había ordenado su captura para juzgarlo por rebelión civil, en la cárcel militar de Ramo Verde (Caracas). Véase en http://www.vtv.gob.ve/articulos/2014/03/19/detenido-alcalde-de-san-cristobal-daniel-ceballos-por-rebelion-civil-y-agavillamiento-2064.html y en http://www.el-na-cional.com/politica/Detenidos-Sebin-Daniel-Ceballos-Scarano_0_376162385.html. El 22 de marzo, incluso, se anunciaba en los medios que sería presentado ante dicho juez penal de San Cristóbal.

653 Véase en http://www.tsj.gov.ve/decisiones/scon/marzo/162286-150-20314-2014-14-0194.HTML

654 Véase en http://www.tsj.gov.ve/informacion/notasdeprensa/notasde-prensa.asp?codigo=11784. En la Nota de Prensa se informa que se habría dado "estricto cumplimiento al debido proceso" por el hecho de que se oyó al encausado y a la Asociación Civil que accionó contra él. Se le olvidó a la Sala Constitucional que conforme al artículo 49 de la Constitución, el debido proceso no se agota en el derecho a ser oído, sino a la defensa, a la presunción de inocencia, al juez natural, a la doble instancia entre otros, todos violados en dicha audiencia.

gos que están a punto de consumar un Golpe de Estado contra el Pueblo de San Cristóbal." Se identificó como "un civil secuestrado en una prisión militar que comparte celdas con Enzo Scarano, un alcalde legítimo y depuesto y Leopoldo López, el hombre que con dignidad y valentía despertó al pueblo. Soy perfectamente consciente de por qué estoy aquí. Tengo muy claro las razones que me traen a este patíbulo." Y dichas razones, las resumió en la siguiente forma:

> "Estoy aquí porque el 8 de diciembre, los dignos ciudadanos de San Cristóbal me dieron el honor y el privilegio de gobernar a la capital del Táchira, otorgándome un mandato incuestionable: me eligieron con el 70% de los votos.

Estoy aquí, porque durante 77 días he trabajado sin descanso durante día y noche, para ser digno de ese mandato que el pueblo me confirió: El de acatar las leyes y llevar a mi ciudad hacia un camino de prosperidad. Han sido los mejores 77 días de mi vida: gobernar a un pueblo valiente y libre que se resiste ante todas las dificultades.

> Estoy aquí porque he manifestado públicamente mi rechazo frente a un régimen que ha empobrecido a mi patria, que ha desfalcado sus arcas, que ha encarcelado a inocentes, que ha torturado a estudiantes, que ha asesinado a mis compatriotas. Es un régimen que no merece estar un minuto más en el Poder y contra el que siempre me opondré.
>
> Estoy aquí porque he defendido la Constitución que ha sido violentada en sus principios por una tiranía que ha burlado el sagrado principio de la separación de poderes."[655]

Lamentablemente, sin embargo, en el texto de la sentencia publicada diecisiete días después, la Sala Constitucional no recogió todo lo expresado por el Alcalde.

### 6. *El fallido intento de la Sala Constitucional de justificar lo injustificable: la violación de todos los principios del debido proceso en el caso de las sentencias dictadas contra los alcaldes, revocándoles su mandato popular*

La anunciada y esperada sentencia en el caso de *Vicencio Scarano Spisso*, Alcalde del Municipio San Diego del estado Carabobo y de *Salvatore Lucchese Scaletta* Director General de la Policía Municipal de San Diego del Estado Carabobo, que se adoptó en la audiencia de fecha 19 de marzo de 2014, y que fue publicada con el N° 245 el día 9 de abril de 2014,[656] enjuiciándolos, condenándolos penalmente y encarcelándolos, y en cuanto al Alcalde Scarano, revocándole su mandato popular, es un compendio de violaciones al debido proceso que está garantizado en el artículo 49 de la Constitución, y que el "máximo garante de la misma" simplemente violó impunemente.

Igualmente repite el compendio de dichas violaciones, la sentencia adoptada en la audiencia del día 25 de marzo de 2014, y publicada con el N° 263 el 11 de abril de

---

655 http://cifrasonlinecomve.wordpress.com/2014/03/28/alcalde-daniel-ceballos-le-da-hasta-por-la-cedula-a-los-magistrados-del-tsj/

656 Véase en http://www.tsj.gov.ve/decisiones/scon/abril/162860-245-9414-2014-14-0205.HTML Véase también en *Gaceta Oficial* N° 40.391 de 10 de abril de 2014.

2014[657] dictada en contra del Alcalde del Municipio San Cristóbal del Estado Táchira, Daniel Ceballos, en la cual se aplicó la "doctrina vinculante" que se estableció inconstitucionalmente en la primera, e igualmente, se lo enjuició, condenó penalmente, encarceló y se le revocó su mandato popular en contra de todos los principios del debido proceso.

En las líneas que siguen son referiremos básicamente a la primera de dichas sentencias, en el entendido que todos los razonamientos y críticas que formulamos a la misma se aplican también a la segunda, pues tienen idéntico contenido.

A. *Sobre el debido proceso*

En efecto, la garantía constitucional al debido proceso[658] que se ha desarrollado detalladamente en el artículo 49 de la Constitución, ha sido analizada extensamente por el Tribunal Supremo de Justicia, siendo calificada por la Sala Constitucional como una "garantía suprema dentro de un Estado de Derecho"[659], configurada por un conjunto de derechos como son: el derecho al Juez natural (numeral 4 del artículo 49); el derecho a la presunción de inocencia (numeral 2 del artículo 49); el derecho a la defensa y a ser informado de los cargos formulados (numeral 1 del artículo 49); el derecho a ser oído (numeral 3 del artículo 49); el derecho a un proceso sin dilaciones indebidas (numeral 8 del artículo 49); el derecho a utilizar los medios de prueba pertinentes para su defensa (numeral 1 del artículo 49); el derecho a no confesarse culpable y no declarar contra sí misma (numeral 5 del artículo 49); y el derecho a la tutela judicial efectiva de los derechos e intereses del procesado (artículo 26 de la Constitución).[660]

Por tanto, conforme lo ha decidido Sala Constitucional del Tribunal Supremo de Justicia, por ejemplo, en sentencia N° 97 de 15 de marzo de 2000 (Caso: *Agropecuaria Los Tres Rebeldes, C.A. vs. Juzgado de Primera Instancia en lo Civil, Mercantil, Tránsito, Trabajo, Agrario, Penal, de Salvaguarda del Patrimonio Público de la Circunscripción Judicial del Estado Barinas*), "se denomina *debido proceso* a aquél proceso que reúna las garantías indispensables para que exista una tutela judicial efectiva," de manera que "cualquiera sea la vía procesal escogida para la defensa de los derechos o intereses legítimos, las leyes procesales deben garantizar la existencia

---

657 Véase en http://www.tsj.gov.ve/decisiones/scon/abril/162992-263-10414-2014-14-0194.HTML.

658 Véase en general, Antonieta Garrido de Cárdenas, "La naturaleza del debido proceso en la Constitución de la República Bolivariana de Venezuela de 1999", en *Revista de Derecho Constitucional,* N° 5 (julio-diciembre), Editorial Sherwood, Caracas, 2001, pp. 89-116; Antonieta Garrido de Cárdenas, "El debido proceso como derecho fundamental en la Constitución de 1999 y sus medios de protección", en *Bases y principios del sistema constitucional venezolano (Ponencias del VII Congreso Venezolano de Derecho Constitucional realizado en San Cristóbal del 21 al 23 de Noviembre de 2001),* Volumen I, pp. 127-144.

659 Véase sentencia N° 123 de la Sala Constitucional (Caso: *Sergio J. Meléndez*) de 17 de marzo de 2000, en *Revista de Derecho Público,* N° 81, (enero-marzo), Editorial Jurídica Venezolana, Editorial Jurídica Venezolana, Caracas 2000, p. 143.

660 Véase sentencia de la Sala Político Administrativa del Tribunal Supremo en sentencia N° 157 de 17 de febrero de 2000, (Caso: *Juan C. Pareja P. vs. MRI*), en *Revista de Derecho Público,* N° 81, Editorial Jurídica Venezolana, Caracas 2000, p. 136 ss.

de un procedimiento que asegure el derecho de defensa de la parte y la posibilidad de una tutela judicial efectiva."[661]

En el caso del enjuiciamiento y condena sin proceso, a los Alcaldes de los Municipios San Diego del Estado Carabobo y San Cristóbal del Estado Táchira, es precisamente un caso de violación flagrante del debido proceso, al haberse a "juzgado," condenado y encarcelado a los mismos por el "delito" de desacato de una decisión cautelar de amparo, por un tribunal incompetente por no ser parte de la Jurisdicción penal, es decir, violándose el derecho al juez natural, sin proceso penal alguno cuando al tratarse de un hecho punible de acción pública se requería de la iniciativa del Ministerio Público, mediante un procedimiento sumarísimo en el cual la Sala Constitucional actuó como juez y parte, invirtiendo la carga de la prueba, al presumir la culpabilidad de los encausados, violándose el derecho a la presunción de inocencia, y además, el mismo derecho a la defensa.

### B. *La inconstitucional "presunción" de desacato al mandamiento de amparo y su declaración final"*

Esas violaciones ocurrieron en particular, en la antes mencionada sentencia en el caso de Vicencio Scarano Spisso, Alcalde del Municipio San Diego del estado Carabobo y de Salvatore Lucchese Scaletta Director General de la Policía Municipal de San Diego del estado Carabobo, dictada a raíz de una la "acción autónoma de amparo constitucional para la defensa de derechos e intereses colectivos y difusos de la población venezolana", intentada el 7 de marzo de 2014 por varias asociaciones y organizaciones contra dichos ciudadanos, por omisión de acciones tendentes a prevenir desórdenes públicos dentro del Municipio San Diego"

La Sala Constitucional del Tribunal Supremo de Justicia mediante sentencia N° 136, del 12 de marzo de 2014, había admitido la acción y acordado una medida de "amparo constitucional cautelar." Posteriormente, mediante sentencia N° 138, del 17 de marzo de 2014, la Sala advirtió el posible desacato del amparo cautelar impuesto, convocando a los demandados a audiencia pública que se efectuó el 19 de marzo de 2014, al final de la cual la Sala declaró "el desacato y sancionó a los nombrados ciudadanos a cumplir diez (10) meses y quince (15) días de prisión," de conformidad con lo dispuesto en el artículo 31 de la Ley Orgánica de Amparo sobre Derechos y Garantías Constitucionales, acordando además, "en consecuencia, el cese en el ejercicio de los cargos públicos que ostentaban ambos ciudadanos."

Después de hacer un recuento de la audiencia y su objeto, de las pruebas y de las exposiciones de los intervinientes en la misma, entre ellos de la representante del Ministerio Público (Roxana Orihuela) quien aclaró que ella no había venido a la misma "a imputar o acusar sino a que se restituya la situación jurídica infringida," promoviendo sin embargo los testimonios de cinco oficiales de la Guardia Nacional," limitándose sólo a solicitar de "la Sala que haga lo conducente para que se cumpla el amparo," pero no sin antes afirmar "Que todas estas acciones desestabilizadoras lo que persiguen es un golpe de estado."

Sobre el "hecho probado" la Sala Constitucional de nuevo ratificó que su sentencia N° 138 de 17 de marzo de 2014, había apelado a lo que "*... por la prensa se ha difundido información de la que pudiera denotarse el presunto incumplimiento del*

661 Véase en *Revista de Derecho Público*, N° 82, Editorial Jurídica Venezolana, Caracas, 2000.

*mandato constitucional librado"* lo que calificó como *"un hecho notorio y comunicacional"* en los términos expuestos en su de sus sentencias sentencia N° 98 del 15 de marzo de 2000 (caso: "*Oscar Silva Hernández*"), ratificada en la sentencia N° 280 del 28 de febrero de 2008 (caso: *Laritza Marcano Gómez*), ignorando sin embargo que en las mismas la propia Sala dispuso que la figura del "hecho público comunicacional" no podía invocarse como medio para eludir la carga probatoria, si el mismo había sido *desmentido* por las personas implicadas en el hecho, tal como se expresa en esas sentencias, en las partes que la sala omitió transcribir. La Sala, con base en ello, declaró en la sentencia que fue "el hecho notorio comunicacional [el] que generó la presunción del desacato del fallo dictado por esta Sala Constitucional," de manera que con base en ello, en su recuento de las pruebas que hizo, lo que apreció fue que las aportadas, en su criterio, no desvirtuaban esa ilegítima e inconstitucional "presunción" de culpabilidad que ella misma había construido y que a su juicio, en violación al derecho a la presunción de inocencia, eran los "imputados" quienes debían desvirtuarla. De ello concluyó entonces la Sala, como estaba ya previsto, declarando que las pruebas apreciadas que "acreditaban" el "hecho notorio comunicacional", "le dan certeza y convencimiento de que los ciudadanos Vicencio Scarano Spisso y Salvatore Lucchese Scaletta son responsables del desacato al amparo cautelar decretado en sentencia dictada el 12 de marzo de 2014," y que "aun después de dictado el mandamiento de amparo cautelar se ha mantenido la abstención u omisión de los prenombrados ciudadanos en ejercer las competencias que por la Constitución y las leyes de la República Bolivariana de Venezuela le han sido atribuidas." De todo ello, la Sala concluyó que "quedó demostrada la falta de acatamiento del amparo cautelar dictado por esta Sala, por parte de los encartados de autos, quienes incumplieron las órdenes contenidas en el mismo."

Luego pasó la Sala a analizar "el derecho", partiendo del contenido y de las órdenes impartidas en su "mandamiento de amparo constitucional cautelar" considerando que "en la audiencia de autos quedó demostrado que los demás cuerpos de seguridad del Estado no tuvieron respuesta de la Policía y de la Alcaldía del Municipio San Diego, en materia de prevención y control de acciones violentas," y que "el Alcalde del Municipio San Diego del estado Carabobo no cumplió cabalmente con la inmediata remoción de los obstáculos ubicados en varias vías públicas que se encuentran en el Municipio," ni de "evitar, según la ley y el mandato de esta Sala, la obstrucción total y parcial de vías públicas en el territorio de ese Municipio," considerando en definitiva como co-responsable en esos hechos al ciudadano Salvatore Lucchese Scaletta, todo conforme a "lo previsto en los artículos 34, 44 y 46 de la Ley Orgánica del Servicio de Policía y del Cuerpo de Policía Nacional Bolivariana." En razón de todo lo expuesto, finalmente, la sala estimó

> "demostrado que los ciudadanos Vicencio Scarano Spisso y Salvatore Lucchese Scaletta, omitieron cumplir el mandamiento de amparo cautelar dictado por esta Sala mediante sentencia N° 136, del 12 de marzo de 2014, en los términos ordenados por este Máximo Tribunal de la República, contraviniendo lo resuelto por el más alto nivel de la administración de justicia (vid. artículo 3 de la Ley Orgánica del Tribunal Supremo de Justicia), atentando contra su imagen, autoridad y adecuado acatamiento y funcionamiento, además de poner en riesgo los derechos de la comunidad cuya protección motiva la presente sentencia."

### C. *La consecuencia del desacato y la usurpación de la competencia de la jurisdicción penal por la Sala Constitucional*

Luego de declarar el desacato al mandamiento de amparo, la Sala consideró "de manera definitiva" que la conducta de los ciudadanos Vicencio Scarano Spisso y Salvatore Lucchese Scaletta "encuadra en el supuesto de hecho del precepto establecido en el artículo 31 de la referida Ley Orgánica de Amparo sobre Derechos y Garantías Constitucionales." De allí pasó la Sala, después de considerar que los mencionados ciudadanos violaron los artículos 2, 131, 132 de la Constitución, a constatar que la Constitución dispone que corresponde al poder Judicial "*ejecutar o hacer ejecutar sus sentencias*" (art. 253), para lo cual el ordenamiento jurídico dispone de mecanismos "expeditos y eficaces", con el revestimiento "a la jurisdicción de la fuerza coercitiva necesaria para que ello pueda materializarse de manera efectiva," como resulta del citado artículo 31 de la Ley de Amparo.

Sobre esta norma, que prevé, como se ha visto, una sanción penal tipificada como delito con pena de prisión para quienes desacaten decisiones de amparo, que sólo puede aplicarse por la Jurisdicción Penal, luego de constatar que el artículo 28 de la Ley de Amparo le atribuye potestad sancionatoria de arresto al juez de amparo –inconstitucional por lo demás– en casos de amparos temerarios, pasó a hacer una afirmación insólita, sin base legal alguna, en el sentido de que:

> "si bien no hace referencia expresa "al tribunal" como ente sancionador, lo que pudo estimarse innecesario por parte del legislador, [...] ello no es determinante para privar al juzgador de amparo, cuya decisión ha sido desacatada [...], de aplicar tal sanción en protección no sólo de los derechos que persigue tutelar mediante la misma y el proceso que la contiene, sino también de la labor del juez y del sistema de administración de justicia, pues si no hubiere una reivindicación inmediata de la decisión adoptada, la jurisdicción perdería la fuerza suficiente para cumplir las atribuciones que le asigna la Constitución y el resto del orden jurídico, dejando pasos a otras formas de control de los conflictos e interacciones sociales, que no sólo pudieran contrariar la parte orgánica de la Constitución, sino y sobre todo, su dimensión dogmática: valores, principios, derechos y garantías."

Lo cierto es que buenas intenciones o buenos deseos no pueden ser la premisa para que un juez de impartir justicia; además de ello, necesita tener el poder de hacerlo que sólo la Ley le puede atribuir; y no hay ley alguna en Venezuela que permita a juez alguno distinto a los de la jurisdicción penal, aplicar una sanción penal por ningún motivo ni siquiera por el desacato a sus decisiones; y las Salas del Tribunal Supremo no son ni pueden ser la excepción. Pero no.!! La Sala Constitucional en Venezuela, ante la Ley y la Constitución, se erige a sí misma, por su propia voluntad, en la suprema hacedora de leyes. Por ello, el simple razonamiento en el cual cayó la Sala Constitucional, al afirmar que el hecho de que la misma no tenga la posibilidad de sancionar los desacatos a sus mandamientos, aún existiendo una norma como la del artículo 31 de la Ley Orgánica de Amparo, implicaría en sí mismo "un desacato a la ley," como también lo sería el tener que dirigirse al Ministerio Público para que este, si lo estima iniciase la acción penal correspondiente, lo que podría hacer "completamente ilusorio el cumplimiento del mandamiento de amparo."

Pero es que el tema no es de buenos deseos o de buenas intenciones; sino que es de lo que la ley efectivamente establece, siendo que la misma obligatoria para todos, incluso para la Sala Constitucional. Pero ello, por supuesto no le importó a la Sala Constitucional, la cual concluyó que "para garantizar los artículos 31 de la referida Ley Orgánica de Amparo sobre Derechos y Garantías Constitucionales y 253 de la Constitución," reiteró en su sentencia que los ciudadanos Vicenso Scarano Spisso y Salvatore Lucchese Scaletta "efectivamente incurrieron en desacato del mandamiento de amparo constitucional decretado" por ella misma, y a juicio de la Sala, "subvirtieron la autoridad y el correcto funcionamiento de la Administración de Justicia," representada por la propia Sala Constitucional, razón simple por la cual concluyó imponiendo directamente a los mencionados ciudadanos la sanción de prisión en su término medio de diez (10) meses y quince (15) días, prevista en el mencionado artículo 31 de la Ley Orgánica de Amparo.

Ello por supuesto era totalmente contrario a la Constitución y a la ley e, incluso, a la propia jurisprudencia de la Sala Constitucional que había determinado que la imposición de dicha sanción es de la exclusiva competencia de los tribunales penales.

D. *La pena accesoria de inhabilitación política.*

Ahora bien, siendo que la sanción que impuso con usurpación de funciones, fue una de prisión, la Sala pasó a pronunciarse "respecto de las accesorias de ley," como si fuera un tribunal penal, partiendo de lo dispuesto en el artículo 16 del Código Penal, al disponer que es una pena accesoria a la de prisión "la inhabilitación política durante el tiempo de la condena." Para imponer esta pena accesoria sí se refirió la Sala Constitucional, en su argumentación, a que ello debía ser así porque su determinación "sólo le corresponde al legislador"; hecho que sin embargo no tuvo en cuenta la misma Sala Constitucional al imponer la pena principal, que precisamente el legislador la reserva a la Jurisdicción penal, y le impedía a la Sala aplicarla. Pero por lo visto eso no le importó a la Sala Constitucional: lo que el legislador disponía si era bueno para imponer una pena accesoria de inhabilitación política, pero de nada valía para impedir que pudiera imponer la pena principal, para lo cual no tenía competencia.

Partiendo de esta premisa acomodaticia, pasó entonces la Sala a referirse al artículo 24 del Código Penal que se refiere a los efectos de la inhabilitación política como pena accesoria a la de prisión, en el sentido de que "produce como efecto la privación de los cargos o empleos públicos o políticos, que tenga el penado y la incapacidad durante la condena, para obtener otros y para el goce del derecho activo y pasivo del sufragio," aplicando en consecuencia dichos efectos a los señores Vicenso Scarano Spisso y Salvatore Lucchese Scaletta., a partir del día en que emitió el dispositivo de la sentencia, el día 19 de marzo de 2014. Para imponer esta pena accesoria si lo basó la Sala Constitucional en "el irrevocable mandato de Ley" vinculado a "la voluntad del legislador, representante de la voluntad popular"; lo cual sin embargo ignoró totalmente al imponer la pena principal, para lo cual no tenía competencia alguna.

De allí de este doble estándar del valor de la ley, que la Sala aplica sólo cuando le conviene (y nada importa, que lo haga arbitrariamente, pues sus decisiones no tienen a nadie que las controle), que llevó a la misma Sala a afirmar que en este caso, la inhabilitación política que decretaba en contra de Vicenso Scarano Spisso y Salvatore Lucchese Scaletta, implicaba que los mismos

> "están privados y cesaron en el ejercicio del cargo Alcalde del Municipio San Diego del estado Carabobo, y Director de la Policía de ese Municipio, respectivamente, y no podrán, durante el cumplimiento de la sanción, obtener otros cargos públicos o políticos y gozar del derecho activo y pasivo del sufragio. Así se decide."

### E. *El intento de justificar lo injustificable: que un delito no es un delito y que una pena de prisión no es una pena "penal"*

La decisión de la Sala Constitucional en este caso, de aplicar estrictamente la Ley para imponer una pena accesoria pero ignorando lo que la ley dispone para aplicar la pena principal, que es la que origina la accesoria, la llevó a tratar de justificar lo injustificable, argumentando sobre la competencia para imponer dicha pena principal, que la misma Sala "en algunas decisiones" citando las N° 74 del 24 de enero de 2002 y N° 673 del 26 de marzo de 2002, le había dado correctamente el tratamiento que se le da a los ilícitos penales,

> "en el sentido de que, al advertir el desacato, ordenaba oficiar al Ministerio Público para que investigara si se cometió o no el desacato y, si así lo estimare, acusara ante la jurisdicción penal o, en su defecto, solicitara el sobreseimiento de la causa o archivara el expediente. Actuación que se desplegaba aun a pesar de haber podido comprobar el hecho del desacato por notoriedad comunicacional o por medios de prueba que constaban en la causa."

Frente a ello, todo el argumento subsiguiente de la Sala Constitucional en su sentencia, se redujo a una rebuscado intento de ignorar su propia jurisprudencia, indicando que en este caso, la demanda de amparo había sido intentada ante la propia Sala Constitucional en protección de derechos e intereses colectivos, conforme a las previsiones de la Ley Orgánica del Tribunal Supremo de Justicia de 2010, y que la misma había dictado conforme a dicha Ley, una medida de amparo cautelar. Por ello, entonces, afirmó la Sala, que su propia doctrina "no puede permanecer estática" cuando la Ley Orgánica de Amparo no establece "procedimiento alguno para la valoración preliminar del posible incumplimiento de un mandamiento de amparo a efectos de su remisión al órgano competente," pasando luego a apelar al expediente de que conforme al artículo 98 de la Ley Orgánica del Tribunal Supremo de Justicia de 2010, "cuando en el ordenamiento jurídico no se preceptúe un proceso especial a seguir, se aplicará el que exclusivamente las Salas de este Alto Tribunal juzguen más conveniente para la realización de la justicia, siempre que tenga fundamento legal," ignorando por supuesto, que en materia de aplicación de una pena de prisión como pena principal, si hay un procedimiento establecido que es el del Código Orgánico Procesal Penal a ser desarrollado exclusivamente por los tribunales de la Jurisdicción penal.

En este marco de ignorancia deliberada de lo que la ley establecía, fue que la Sala en su sentencia N° 138 del 17 de marzo de 2014, considerando que la Ley del Tribunal Supremo era de 2010 y que aplicar la ley, es decir, el Código Orgánico Procesal Penal, no era el "tratamiento jurídico que debe dársele al referido ilícito" penal, apeló entonces inconstitucionalmente a la previsión del artículo 26 de la Ley

Orgánica de Amparo para "determinar el presunto incumplimiento al mandamiento de amparo cautelar decretado," citando así a los "encausados" a una audiencia oral en la cual no se garantizaron en forma alguna los principios del debido proceso legal, para proceder de inmediato, como se lo exigía el poder político, a declarar su culpabilidad, condenarlos y encarcelarlos *ipso facto*, en un solo acto y momento en el cual supuestamente podían exponer "los argumentos que a bien tuvieren en su defensa." Y todo ello, tratando de justificar que la norma sancionatoria del artículo 31 de la Ley Orgánica de Amparo, a pesar de que fija un tipo delictivo de desacato y una sanción penal de prisión, supuestamente, "carece de carácter penal" porque ninguna norma la califica como "ilícito penal."

O sea que de acuerdo con la Sala, una tipificación de una conducta en una norma legal como "delito," sancionado con pena de "prisión," no sería un "delito," sino quién sabe qué otra cosa, lo que por tanto no amerita aplicar las garantías del debido proceso, que son entre otras, el derecho al juez natural (jurisdicción penal), y a la presunción de inocencia y el derecho a la defensa; y todo para tratar de tratar de justificar que en esos casos es el propio juez que lleva el proceso el que debe aplicar la sanción, máxime -a juicio de la Sala- cuando se trate de decisiones que "dicte este Máximo Tribunal de la República, en tutela de intereses y derechos constitucionales." Todo ello, por supuesto, es totalmente inconsistente con el régimen de protección de la libertad individual, que garantiza que sólo mediante decisión de un juez penal se puede imponer una pena privativa de libertad como la de prisión, siendo absolutamente falaz la argumentación que hizo la Sala Constitucional en su sentencia de que "no toda norma que contenga sanciones restrictivas de la libertad es necesariamente una norma penal." Ello es cierto, sólo referido a las sanciones de "arresto" establecida como sanción administrativa (incluso la impuesta por autoridades judiciales), pero simplemente no es cierto si se refiere a la pena de "prisión," que siempre, siempre, tiene carácter penal, por más que la Sala pretenda decir que "que hoy día, materialmente hablando, [el arresto] no reporta mayores diferencias con la prisión." A la luz de toda la doctrina citada y copiada en la sentencia, al contrario, si hay diferencia, por lo que la pena de "prisión" impuesta por desacato de una medida de amparo, por más que la Sala la considere anacrónica, si es una sanción que pertenece "al derecho penal" y no simplemente al derecho público," pues no es una simple sanción a una "desobediencia o conducta indebida ante un tribunal." Por lo demás, se le olvidó a la Sala que el arresto, al no ser una pena, no conlleva la pena accesoria de inhabilitación política; en cambio la pena de prisión si la conlleva, como la propia Sala lo ha aplicado en este caso. No se entiende entonces cómo la Sala puede empeñarse en negarle el carácter de pena, de derecho penal a la sanción prevista en el artículo 31 de la Ley Orgánica de Amparo, pero a la vez empeñarse en aplicarle la pena accesoria de inhabilitación política que sólo procede cuando hay una "pena (penal) principal, como la de prisión.

Después de estos argumentos contradictorios, la argumentación de la Sala se quedó en rumiar sobre lo ineficaz que sería "la intervención penal en el caso del desacato de amparo," y sobre "la presencia de tal ilícito en una ley no penal" como la Ley Orgánica de Amparo; y todo para justificar el inconstitucional procedimiento establecido en su decisión para juzgar y condenar por tal delito de desacato, sin seguir el debido proceso penal, considerándolo como "una intervención jurisdiccional absolutamente legítima," y pretender "asimilar" la sanción penal al desacato en materia de amparo y la sanción penal de prisión, a las simples sanciones administrativas y jurisdiccionales de arresto que prevén muchas normas del ordenamiento procesal aplicables por los propios jueces, a las que se refirió la sentencia de la Sala N° 1184 del 22 de septiembre de 2009, que la Sala copió extensamente (diez páginas) en su sentencia.

Se le olvidó a la Sala Constitucional, sin embargo, hacer referencia y copiar su más reciente sentencia en la materia que fue la N° 1013 de 11 de julio de de 2012, en la cual cita a su vez la sentencia N° 341 de 1° de marzo de 2007 y otras decisiones anteriores, en la cual "expresamente se estableció lo siguiente sobre lo establecido en el artículo 31 de la Ley Orgánica de Amparo sobre Derechos y Garantías Constitucionales:

> "ha sido criterio de la Sala que lo señalado en el artículo anteriormente transcrito se trata de una *pena corporal* que se prescribe para toda aquella persona que incurra en el supuesto de desacato del contenido de un mandamiento de amparo, y *esto es propio de la jurisdicción penal.*
>
> *Así lo ha ratificado la jurisprudencia, al considerar que es dicha jurisdicción, la encargada de conocer las causas iniciadas por incumplimiento de mandamiento de amparo.*

En sentencia del 31 de mayo de 2001 (Caso: *Aracelis del Valle Urdaneta*) la Sala dijo:

> *"(...) Ahora bien, en relación con el desacato, ha señalado este Alto Tribunal que dado, el* ***carácter delictual del mismo****, la calificación que de* ***este delito*** *se haga "le* ***compete al Tribunal Penal****, en el contexto del debido proceso con la garantía del derecho a la defensa (artículo 68 de la Constitución)" (Vid. Sentencias de la Sala Político-Administrativa del 7 de noviembre de 1995: Caso Rafael A. Rivas Ostos y del 11 de marzo de 1999: Caso Ángel Ramón Navas).*
>
> Por esta razón, la jurisprudencia citada dispuso que: "al alegarse el incumplimiento del mandamiento de amparo constitucional dictado por el Juez, conforme al artículo 31 ejusdem, **el Tribunal que actuó en la causa, no es el competente para realizar la calificación jurídica del mencionado incumplimiento.**"[662]

Por tanto, la jurisprudencia constante de la Sala Constitucional había sido la de considerar que como el artículo 31 de la Ley Orgánica de Amparo prevé un *delito* sancionado con *pena de prisión*, es decir, dijo la Sala, tipifica un "hecho punible de acción pública," decidió en el caso que conocía en apelación, que la Corte de Apelaciones que había actuado aplicando la mencionada norma, "*no es* el competente para realizar la calificación jurídica del mencionado incumplimiento" del mandamiento de amparo constitucional, razón por la cual, igualmente decidió:

> "en aplicación de la jurisprudencia precedente y por cuanto en el escrito contentivo de la solicitud que dio origen al recurso de apelación la solicitante imputó la comisión de un hecho punible de acción pública como lo es el desacato, previsto y sancionado en el artículo 31 de la Ley Orgánica de Amparo sobre

---

662 Véase Caso Ramón Isidro Nava Aponcio, en http://www.tsj.gov.ve/decisio-nes/scon/julio/1013-11712-2012-2011-1466.HTML

Derechos y Garantías Constitucionales, esta Sala se declara incompetente para conocer del mismo, y ordena remitir copia certificada del mencionado escrito a la Fiscalía General de la República a los fines de que se inicie la investigación correspondiente."[663]

Por todo ello, no puede sino causar asombro cómo la Sala Constitucional en la sentencia que comentamos del caso del Alcalde de san Diego, al contrario de su propia doctrina, concluyó afirmando que con la decisión ahora adoptada por ella misma de condenar y encarcelar a un Alcalde y a un alto funcionario municipal por el "delito" de desacato de una sentencia de amparo que según su propia calificación es un delito "de acción pública," imponerles una "pena de prisión" como "pena principal," y además la "pena accesoria" de inhabilitación política, -con ello dijo-:

> "la Sala no pretende juzgar ilícito penal alguno vinculado a esta causa, pues lo que está siendo objeto de decisión es si hubo o no desacato a la decisión que dictó, y, al haberlo corroborado, imponer la consecuencia jurídica que le obliga atribuir, en estos casos, la ley (artículo 31 de la Ley Orgánica de Amparo)."

O sea que la Sala Constitucional in garantizar en forma alguna el debido proceso, juzga un ilícito penal sin proceso penal alguno, impone una sanción penal como pena principal (pena de prisión), e inhabilita políticamente a los condenados (pena accesoria a la principal), y con toda desfachatez, dice que no se está juzgando ilícito penal alguno vinculado a la causa. Y además, para justificar la inconstitucionalidad cometida, concluye que ello lo ha hecho "en ejercicio de la potestad sancionatoria de la jurisdicción constitucional," que supuestamente "no se contrapone a la competencia penal del Ministerio Público, de la policía de investigación penal y de la jurisdicción penal (*stricto sensu*), la cual no se extiende hasta este ilícito judicial constitucional de desacato." Aparte de que para que exista una "potestad sancionatoria de la jurisdicción constitucional," se requiere texto legal expreso que la regule, la única forma de quitarle el carácter penal al supuesto "ilícito judicial constitucional de desacato" que no es nada más que en palabras de la corte "un hecho punible de acción pública" es mediante una reforma de la ley, y no mediante una sentencia de la Sala Constitucional.

### F. *Las violaciones a las garantías del debido proceso: violación al derecho a la presunción de inocencia*

No es más que una flagrante violación del debido proceso la que cometió en este caso la Sala Constitucional, en el cual procedió a condenar y encarcelar a unos funcionarios públicos, aplicándoles una pena de prisión prevista en la Ley Orgánica de Amparo y una pena accesoria de inhabilitación política prevista en el Código Penal, que sólo un juez penal puede juzgar, por la comisión de un hecho punible de acción pública, sin que haya habido proceso iniciado por el Ministerio Público quien tiene el monopolio de iniciar los procesos penales en estos casos. Como se indicó en la propia sentencia, en este caso, aún cuando la presencia pasiva de la representante del Ministerio Público en la audiencia pública avaló el inconstitucional procedimiento, la misma se cuidó de precisar que ella no había ido a la misma "a imputar o acusar,"

---

663 Véase Caso Ramón Isidro Nava Aponcio, en http://www.tsj.gov.ve/deci-siones/scon/julio/1013-11712-2012-2011-1466.HTML

a nadie, lo que por supuesto no podía hacer sino ante la Jurisdicción Penal con las debidas garantías en aplicación del Código Orgánico Procesal Penal. Pero en lugar de denunciar la inconstitucionalidad que la Sala estaba en proceso de cometer, lo que simplemente expresó – como cualquier ciudadano, sin percatarse que era ella precisamente la representante del Ministerio Público - que lo que quería era que "se restituya la situación jurídica infringida," limitándose a solicitarle a la Sala, "que haga lo conducente para que se cumpla el amparo."

La decisión de la Sala Constitucional, en realidad, violó abiertamente todos los principios del debido proceso que regula el artículo 49 de la Constitución: *violó el derecho a la defensa* al desarrollar un procedimiento sumario "presumiendo la culpabilidad" de los funcionarios por unas informaciones de prensa, quienes sin embargo, no habían sido "imputadas" o " acusadas" formalmente, como para poder defenderse; *violó abiertamente la garantía de la presunción de inocencia*, al "presumir" más buen la culpabilidad de los encausados, sin aportar prueba alguna contra ellos; *violó la garantía de imparcialidad de la justicia*, al erigirse en parte "acusadora" de una parodia de "proceso penal" que ella misma juzgó, actuando por tanto como "juez y parte"; *violó la garantía del juez natural*, al usurpar con su decisión las competencias exclusivas de los tribunales de la Jurisdicción penal; *violó la garantía de la doble instancia* que tofo proceso penal en el cual se condene a alguien; y en fin *violó la esencia misma de la justicia*, al iniciar de oficio un proceso penal de un delito de acción pública, y condenar y encarcelar por un hecho punible a unos funcionarios públicos, pero sin haber "acusado" a nadie de delito, y sin haber desarrollado un verdadero proceso judicial entre partes, con las garantías del contradictorio, y que en materia penal se produce entre el Ministerio Público y los acusados.

Para tratar de justificar estas violaciones, la Sala Constitucional se limitó a afirmar que los "encausados" sabían del "contenido de este ilícito judicial" porque se los había convocado a una audiencia, simplemente informándoles que se había obtenido "información por notoriedad comunicacional," del "presunto incumplimiento del mandato constitucional librado en la sentencia N° 136 de 12 de marzo de 2014," para que allí expusieran "los argumentos que a bien tuvieren en su defensa." Con eso, dijo la Sala, se actuó:

> "en garantía a los derechos a ser oídos y al debido proceso que les asisten, respetando en todo instante, hasta el momento inmediatamente anterior al pronunciamiento del dispositivo, el derecho a la presunción de inocencia."

No se percató la Sala, que en la misma sentencia, lo que antes había dicho era lo contrario, que un "el hecho notorio comunicacional" era el que había generado "la *presunción del desacato* del fallo dictado por esta Sala Constitucional," de manera que con base en ello, en el recuento de las pruebas presentadas que hizo la propia sala en el texto de la sentencia, lo que apreció fue que las mismas no desvirtuaban esa ilegítima e inconstitucional "presunción" de culpabilidad que ella misma había construido y que a su juicio, en violación al derecho a la presunción de inocencia, eran los "imputados" quienes debían desvirtuarla. Afirmar por tanto en la sentencia que a los encausados supuestamente se les respetó el derecho a la presunción de inocencia "hasta el momento inmediatamente anterior al pronunciamiento del dispositivo," no es más que una burla que la Sala se hace de sí misma, de derecho y de la propia jurisprudencia del Tribunal Supremo.

Debe recordársele a la Sala Constitucional, en efecto, que como lo precisó la Sala Político Administrativa del Tribunal Supremo, "la presunción de inocencia es el derecho que tiene toda persona de ser considerada inocente mientras no se pruebe lo contrario, el cual formando parte de los derechos, principios y garantías que son inmanentes al debido proceso,"[664] lo que implica el "derecho a no sufrir sanción que no tenga fundamento en una *previa actividad probatoria* sobre la cual el órgano *competente* pueda fundamentar un juicio razonable de culpabilidad."[665] En otros términos, "la presunción de inocencia debe abarcar todas las etapas del procedimiento sancionatorio, y ello implica que se de al investigado *la posibilidad de conocer los hechos que se le imputan, se le garantice la existencia de un contradictorio, la oportunidad de utilizar todos los elementos probatorios que respalden las defensas que considere pertinente esgrimir, y una resolución precedida de la correspondiente actividad probatoria* a partir de la cual pueda el órgano competente fundamentar un juicio razonable de culpabilidad."[666]

Por tanto, condenar a alguien por un delito, presumiéndolo desde el inicio como culpable, sin actividad probatoria previa y sin competencia jurisdiccional para ello, como ha ocurrido en este caso del Alcalde del Municipio San Diego, es una violación flagrante de dicho derecho.

G. *Las violaciones a las garantías del debido proceso: violación al derecho a la presunción de inocencia*

Otra violación flagrante al debido proceso en este caso, fue la violación de la garantía al juez natural, al haberse dictado una sentencia de condena penal por un tribunal incompetente para ello como lo es la Sala Constitucional.

Sin embargo, en otro intento de justificar las violaciones cometidas al debido proceso, la Sala Constitucional afirmó en la sentencia que comentamos, sin pudor alguno, que en este caso, la "Sala no sólo es el juez natural de la causa en la que dictó el amparo cautelar sino también en la presente incidencia," afirmando que "en ambos procesos el único interés de esta Sala estriba en la Administración de Justicia," siendo supuestamente por ello, que "es el Tribunal que debe declarar el desacato a la decisión que dictó y sancionar la conducta contraria a esta última, conforme a la norma vigente y válida prevista en el artículo 31 de la Ley Orgánica de Amparo," afirmando pura y simplemente que los "atributos en general de las garantías constitucionales del juez natural se mantienen incólumes (artículo 49.4 del Texto Fundamental)."

O sea, conforme a lo decidido por la sala, ello es lo mismo que decir que si en el curso de un proceso civil ante un juez de instancia surge una incidencia con motivo

---

664 Véase TSJ-SPA (5907) 13-10-2005, Caso: Administradora Convida C.A., vs. Ministerio de la Producción y el Comercio, *Revista de Derecho Público,* N° 104, Editorial Jurídica Venezolana, Caracas 2005, pp. 81-82.

665 Véase TSJ-SPA (2189) 5-10-2006, Caso: Seguros Altamira, C.A. vs. Ministerio de Finanzas, *Revista de Derecho Público,* N° 108, Editorial Jurídica Venezolana, Caracas 2006, pp. 90-91.

666 Véase TSJ-SPA (2673) 28-11-2006, Caso: Sociedad Williams Enbeidge & Compañía (SWEC) vs. Ministerio de Energía y Minas, *Revista de Derecho Público,* N° 108, Editorial Jurídica Venezolana, Caracas 2006, p. 91.

de una medida cautelar por ejemplo de prohibición de enajenar y gravar una propiedad, y un testigo o uno expertos llamados por la autoridad judicial comete un delito contra la administración de justicia, declarando falsamente o excusándose de comparecer sin motivo justificado en el proceso civil y su incidencia, que son delitos tipificados y penados en el Código Penal (arts. 239 y 243); entonces, supuestamente, conforme al absurdo criterio de la Sala Constitucional sería el propio el juez civil como supuesto "juez natural de la causa" en la cual se dictó la medida cautelar, el que luego de interpretar que la pena por dichos delitos de falso testimonio o excusa sin justificación en el curso de un juicio sería una "sanción judicial"; el que entonces tendría competencia para juzgar y condenar al presunto delincuente por la misma, sin proceso, simplemente después de presumirlos culpables, llamándolos a una audiencia para que pruebe, que no son culpables. Ello, por supuesto, sería una aberración jurídica, pues el juez natural para juzgar cualquier delito es el juez penal preexistente en la Jurisdicción penal.

En ese absurdo ejemplo, sin embargo, aplicando la misma fraseología que usó la Sala Constitucional en su sentencia, quizás la Sala pudiera llegar a afirmar que en ese hipotético caso, como la falsificación se habría cometido en el curso de un proceso civil, entonces se estaría "ante un ilícito judicial" cuya "conducta típica y sanción están descritas con precisión en la ley (principios de legalidad y reserva de ley), ante un proceso con todas las garantías orientado por la Constitución de la República Bolivariana de Venezuela e instrumentos internacionales en materia de derechos humanos (principios de exclusividad procesal y debido proceso), y ante una sanción impuesta por la jurisdicción," concretamente, en el hipotético caso, por la Jurisdicción Civil "(principios de exclusividad judicial, juez natural –preexistente al hecho, imparcial y competente [...] y tutela judicial efectiva)," y todo ello "a partir de una interpretación garantista" (en la absurda hipótesis de los artículos 239 o 243 del Código Penal), "debidamente ejecutada –como toda sanción judicial– por la jurisdicción."

Este ejemplo muestra en realidad que la argumentación de la Sala parece no haber tomado en cuenta que juez natural es el "órgano judicial creado por la Ley, al cual ésta le haya *investido de jurisdicción y competencia con anterioridad al hecho motivador de la actuación o proceso judicial.*"[667] Es decir, a juicio de la propia Sala Constitucional,

> "el derecho al juez natural consiste, básicamente en la necesidad de que el proceso sea decidido por el juez ordinario predeterminado en la ley. Esto es, aquél al que le corresponde el conocimiento según las normas vigentes con anterioridad. Esto supone, en primer lugar, que el órgano judicial haya sido creado previamente por la norma jurídica; en segundo lugar, que esta lo haya investido de autoridad con anterioridad al hecho motivador de la actuación y proceso judicial; en tercer lugar, que su régimen orgánico y procesal no permita calificarlo de órgano especial o excepcional para el caso; y, en cuarto lugar, que la composición del órgano jurisdiccional sea determinado en la Ley, siguiéndose en cada caso concretó el procedimiento legalmente establecido para la designación de sus miembros, vale decir, que el Tribunal esté correctamente constituido. En

---

667 Así lo estableció desde hace lustros la antigua CSJ-SPA (234) 8-5-97, *Revista de Derecho Público,* N° 69-70, Editorial Jurídica Venezolana, Caracas 1997 pp. 188-189.

síntesis, la garantía del juez natural puede expresarse diciendo que es la garantía de que la causa sea resuelta por el juez competente o por quien funcionalmente haga sus veces."[668]

Por tanto, sobre la garantía del juez natural ha sido en la propia doctrina jurisprudencial de la Sala donde ha establecido que son jueces naturales sólo "los jueces a quienes *la ley ha facultado para juzgar a las personas en los asuntos correspondientes a las actividades que legalmente pueden conocer,"* de manera que "el órgano que ejerce la jurisdicción, en cuanto a la *competencia por la materia, es por excelencia el juez natural* de las personas que tengan que ventilar litigios relativos a esas materias", el cual "debe existir como órgano jurisdiccional *con anterioridad a los hechos litigiosos* sin que pueda crearse un órgano jurisdiccional para conocer únicamente dichos hechos después de ocurridos." De lo anterior concluyó la propia Sala Constitucional que "esta garantía judicial es una de las claves de la convivencia social y por ello confluyen en ella la condición de derecho humano de jerarquía constitucional y de disposición de orden público, entendido el orden público como un valor destinado a mantener la armonía necesaria y básica para el desarrollo e integración de la sociedad;"[669] insistiendo, en otra sentencia, que la garantía exige que "se asegure la presencia de un *juez competente de acuerdo a factores preestablecidos por la ley*, de orden material, territorial y funcional."[670]

Y ha sido precisamente esa garantía la que ha sido violada por la propia Sala en este caso, al usurpar la competencia del juez natural y aplicar una sanción penal a u hecho punible de acción pública, sin proceso ni competencia para ello. La consecuencia de ello, en todo caso, como lo resolvió la Sala Político Administrativa de la antigua Corte Suprema de Justicia, es que "la infracción a un factor de competencia de orden absoluto como lo son la competencia por la materia y la funcional – inderogables por las partes – acarrea la nulidad absoluta de lo actuado, pues constituye violación a un presupuesto esencial del acto procesal (artículo 206 del Código de Procedimiento Civil)."[671] En otras palabras, como la propia Sala Constitucional lo ha argumentado:

> "La infracción de la garantía del Juez Natural, plantea el problema de las consecuencias que tiene en la sentencia dictada, la violación del orden público constitucional. Es decir, qué efectos produce en el fallo proferido, constatar que no intervinieron en su formación los jueces predeterminados en la Ley o dictado en un procedimiento en el cual no se siguieron las reglas previstas en la ley,

---

668 Véase TSJ-SC (520) 7-6-2000, Caso: Mercantil Internacional, C.A. vs. Decisión Juzgado Superior, *Revista de Derecho Público,* N° 82, Editorial Jurídica Venezolana, Caracas 2000, pp. 265 y ss.

669 Véase TSJ-SC (144) 24-3-2000, Caso: Universidad Pedagógica Experimental Libertador vs. Decisión Juzgado Superior Quinto del Trabajo de la Circunscripción Judicial del Área Metropolitana de Caracas, *Revista de Derecho Público,* N° 81, Editorial Jurídica Venezolana, Caracas 2000, pp. 150 y ss.

670 Véase TSJ-SC (3167)9-12-2002, Caso: Interpretación del artículo 29 de la Constitución de la República Bolivariana de Venezuela, *Revista de Derecho Público,* N° 89-90/ 91-92, Editorial Jurídica Venezolana, Caracas 2002, pp. 123 y ss.

671 Véase CSJ-SPA (332) 04-07-91, *Revista de Derecho Público,* N° 47, 1991, pp. 87-88.

para efectuar la sustitución de los jueces por sus ausencias absolutas, accidentales o temporales.

La respuesta se encuentra en el artículo 246 del Código de Procedimiento Civil, en el que se declara que *no se considerará como sentencia ni se ejecutará*, la decisión a cuyo pronunciamiento aparezca que no han concurrido todos los jueces llamados por la ley. Esta declaración, [...] pone de relieve *que el incumplimiento de la garantía del juez predeterminado en la Ley lo que incluye su legítima constitución, hace inexistente la actividad jurisdiccional, pues sólo puede dictar la sentencia quien tiene en la normativa vigente y de acuerdo a las reglas establecidas en ella la responsabilidad de administrar justicia.*"[672]

Y ese, y no otro, es el vicio que acompaña a la sentencia de condena y encarcelamiento del Alcalde de San Diego, que comentamos, que como la propia Sala Constitucional lo ha argumentado en su doctrina jurisprudencial, simplemente debe considerarse como inexistente.

H. *Las violaciones a las garantías del debido proceso: violación al derecho a la doble instancia*

Por último, siguiendo en su fallido intento de justificar lo injustificable en materia de violación de las garantías al debido proceso, la sala Constitucional se refirió al "principio de la doble instancia," afirmando simplemente que el mismo "al igual que la gran mayoría de los axiomas jurídicos, no son absolutos y encuentran excepciones, inclusive, dentro de la propia Constitución (vid., entre otros, los artículos 335 Constitucional y 3 de la Ley Orgánica del Tribunal Supremo de Justicia)."

Efectivamente, al disponer el artículo 49.1 de la Constitución, que la Sala cita, que "Toda persona *declarada culpable* tiene *derecho a recurrir del fallo, con las excepciones establecidas en esta Constitución y la ley*", establece el parámetro exacto de la posible limitación a dicho derecho constitucional, y es que en la propia Constitución o en la Ley establezcan expresamente la excepción. No otra cosa resulta de la norma, siendo engañosa la referencia que hizo la Sala en su sentencia, a los dos artículos citados, en los cuales habría supuestas excepciones al principio, pues en los mismos lo único que se dice es que las decisiones del Tribunal Supremo no está sujetas a recurso alguno pues no hay tribunal superior al mismo. Ello lo único que implica es que habría una excepción al derecho a la doble instancia, en aquellos casos en los cuales la Constitución o la ley atribuyan expresamente al Tribunal Supremo, o sus Salas, la potestad jurisdiccional de condenar a alguien por algún delito, como los previstos en el artículo 266.3 de la Constitución y en el artículo 24.2 de la Ley Orgánica del Tribunal Supremo, luego de realizado el correspondiente antejuicio de mérito (A ello incluso se refirió la Sala, citando lo decidido por la Sala Plena en sentencia N° 1684 del 4 de noviembre de 2008).

La forma de evadir esta limitación constitucional, y la garantía constitucional de las personas que ratifica el Pacto Internacional de Derechos Civiles y Políticos en el sentido del derecho de "toda persona declarada culpable de un *delito* [...] a que el fallo *condenatorio* y la *pena* que se le haya impuesto sean sometidos a un tribunal

---

672 Véase TSJ-SC (520) 7-6-2000, Caso: Mercantil Internacional, C.A. vs. Decisión Juzgado Superior, *Revista de Derecho Público,* N° 82, Editorial Jurídica Venezolana, Caracas 2000, pp. 265 y ss.

superior" (art. 14.5); y que la Sala estaba obligada a interpretar conforme al principio de la progresividad como se lo imponía el artículo 19 de la Constitución; de nuevo fue simplemente ignorar que lo que establece el artículo 31 de la Ley Orgánica de Amparo es un delito" de acción pública" cuyo juzgamiento correspondía a la "jurisdicción penal," como ella mismo lo había decidido anteriormente, y convertirlo en una simple "sanción judicial," "reformando" ilegítimamente el texto de la ley Orgánica.[673]

De allí concluyó la Sala olímpicamente que como "el caso de autos no es penal." y sólo en los casos penales existe la garantía de la doble instancia, al decidir esto la Sala Constitucional entonces "no existe" un tribunal superior, y por tanto "no existe" el derecho humano garantizado en la Constitución respecto de la Sala, porque supuestamente, "cuando ejerciere su potestad sancionatoria constitucional, como ocurre en este asunto, no vulneraría el principio de la doble instancia." Y de allí la lapidaria conclusión a la que llegó la Sala Constitucional al barrer de un plumazo el derecho constitucional a la doble instancia, resolviendo que:

> "En razón de lo antes expuesto, es absolutamente evidente la imposibilidad constitucional y legal de recurrir de la sanción de la jurisdicción constitucional, que esta Sala debe imponer a los responsables de autos. Así se declara."

En definitiva, después de todos estos argumentos para justificar lo injustificable, y poner fin a cualquier discusión en la materia, y en virtud de la necesidad que tenía de enjuiciar y encarcelar a dos alcaldes de oposición en un momento particular de crisis política y manifestaciones callejeras, la Sala Constitucional procedió a "reformar" lo dispuesto en el artículo 31 de la Ley Orgánica de Amparo, estableciendo "con criterio vinculante":

> "el carácter *jurisdiccional constitucional* de la norma establecida en el artículo 31 de la Ley Orgánica de Amparo sobre Derechos y Garantías Constitucionales, ello para garantizar el objeto y la finalidad de esa norma y, por tanto, para proteger los valores que ella persigue tutelar: los derechos y garantías constitucionales, el respeto a la administración de justicia, la administración pública, el funcionamiento del Estado, el orden jurídico y social, la ética, la convivencia ciudadana pacífica y el bienestar del Pueblo, junto a los demás valores e intereses constitucionales vinculados a éstos. *Por lo tanto, las reglas del proceso*

673 Por ello, con razón, en la reseña hecha en el diario *El Universal* sobre lo decidido por la Sala Constitucional, el periodista *Juan Francisco Alonso,* se preguntó: "¿Pero esto no viola las normas básicas del proceso penal, según las cuales un ciudadano debe ser notificado de lo que se le investiga, se le debe garantizar el derecho a la defensa y a que una eventual condena sea revisada por una instancia de alzada? No, según el fallo redactado y firmado por los magistrados Gladys Gutiérrez (presidenta), Francisco Carrasquero, Arcadio Delgado, Luisa Estella Morales, Carmen Zuleta, Marco Tulio Dugarte y Juan José Mendoza, pues el desacato de un amparo no es un delito, sino una infracción judicial y el procedimiento para determinar que uno incurrió en esta infracción no es un juicio. / Asimismo dejaron en claro que el criterio que durante 12 años vinieron manteniendo, según el cual un eventual incumplimiento de un mandato de amparo debía ser analizado por el Ministerio Público para que éste decidiera acusaba o no su presunto ejecutor, es "anacrónica" e "ineficaz". Véase *El Universal*, Caracas 10 de abril de 2014, en http://www.eluniversal.com/nacional-y-politica/140410/sala-constitu-cional-tambien-puede-enviar-gente-a-la-carcel.

*penal y de la ejecución penal no tienen cabida en este ámbito* (fijación de la competencia territorial respecto de la ejecución, intervención fiscal, policial y de la jurisdicción penal –la cual, valga insistir, encuentra su último control constitucional en esta Sala-, suspensión condicional de la pena, fórmulas alternas de cumplimiento de la pena, entre otras tantas), más allá de lo que estime racionalmente esta Sala, de caras al cumplimiento del carácter retributivo, reflexivo y preventivo de la misma y cualquier otra circunstancia que encuentre sustento en el texto fundamental. Así se decide."

¿Qué más se puede decir frente a una decisión tan inconstitucional como voluntarista? Nada más que el juez constitucional en Venezuela perdió la brújula en su misión de ser el máximo intérprete de la Constitución, sobre todo al habérsele olvidado, primero, que sólo está facultada para establecer interpretaciones "vinculantes" respecto de normas y principios constitucionales (art. 335); y segundo, que al establecer una que interpretación vinculante de una norma legal, así ello sea inconstitucional, la misma, al implicar una reforma de la norma, no podría tener nunca efectos retroactivos conforme a la garantía del artículo 24 de la Constitución, que también ignoró la Sala, y sólo se podría aplicar hacia el futuro, respecto de desacatos futuros de mandamientos de amparo.

Pero ello por lo visto tampoco le importa a la Sala Constitucional. Como sus decisiones no pueden ser controladas y no hay nadie que las controle, simplemente puede hacer lo que políticamente le venga en ganas.

### I. *La inhabilitación política, la ausencia absoluta, y el cese de funciones públicas y consecuencias*

Por último, la Sala Constitucional en su sentencia, finalizó con unas consideraciones sobre los efectos de la misma al argumentar sobre "la ausencia absoluta, y el cese de funciones públicas y consecuencias" en relación con el Sr. Vincencio Scarano, como Alcalde del Municipio San Diego del estado Carabobo a partir de la fecha "en que se celebró la presente audiencia y se dictó el dispositivo de esta sentencia firme.

Para ello, sin embargo, ignorando lo que antes había decidido en el texto de la misma sentencia, hizo caso omiso al hecho de que como si hubiera sido un tribunal penal a(que luego negó), luego de haberle impuesto al Alcalde una "pena principal" (prisión), procedió a aplicarle "las accesorias de ley" conforme al artículo 16 del Código Penal, entre ellas, "la inhabilitación política durante el tiempo de la condena," pasando a referirse al artículo 24 del Código Penal que establece los efectos de la misma, en el sentido de que "produce como efecto la privación de los cargos o empleos públicos o políticos, que tenga el penado y la incapacidad durante la condena, para obtener otros y para el goce del derecho activo y pasivo del sufragio," aplicando en consecuencia dichos efectos a los señores Vicenso Scarano Spisso y Salvatore Lucchese Scaletta, a partir del día en que emitió el dispositivo de la sentencia, el día 19 de marzo de 2014.

Sin embargo, ignorando que ya había impuesto al Alcalde una "pena accesoria" a una "pena principal" conforme al Código Penal, aplicándole los efectos dispuestos en el mismo, pasó a hacer caso omiso a sus propias consideraciones, y al final de su sentencia se fue a analizar el artículo 87 de la Ley Orgánica de Poder Público Municipal, que se refiere a las ausencias temporales y absolutas de los alcaldes, el cual en esencia para lo que interesa respecto del fallo, se dispone que las "faltas absolutas" sólo pueden ocurrir por "la muerte, la renuncia, la incapacidad física o mental permanente, certificada por una junta médica, por sentencia firme decretada por cualquier tribunal de la República y por revocatoria del mandato," las dos últimas, conforme a las normas que regulan ambos casos: por un tribunal penal "competente" para dictar la sentencia firme en un proceso penal con las debidas garantías; y conforme al procedimiento de referendo de revocación de mandatos populares que prevé la Constitución. Sólo en esos casos es que puede haber falta absoluta de un alcalde electo, y sólo en esos casos es que se pueden aplicar los efectos de corcovar una nueva elección si la ausencia absoluta se produce antes de cumplir la mitad de su período legal.

En este caso, a pesar de que la sentencia firme haya sido decretada por "el más alto tribunal de la República," el mismo no tiene competencia para condenar penalmente en única instancia a un Alcalde, e imponerle una pena de prisión y una pena accesoria de inhabilitación política. Solo una sentencia dictada por un tribunal penal competente, antes de que la sala Constitucional modificara la ley con esta sentencia, es que ello podría producir los efectos del artículo 87 de la Ley Orgánica del Poder Público Municipal. Pero de nuevo, esas minucias del principio de legalidad parecen no importar, cuando se trata de quien decide es el "máximo intérprete y garante" de la Constitución, así la distorsione. Eso es lo que precisamente implica "contrariar tanto la Constitución como la propia jurisprudencia de la Sala," como en nuestro criterio ha ocurrido en este caso. Con una sentencia firme sancionatoria dictada usurpando la jurisdicción penal, por más que sea dictada por la Sala Constitucional, simplemente no se puede producir "la materialización jurídica de la falta absoluta del Alcalde del Municipio San Diego del Estado Carabobo," conforme a lo dispuesto en el mencionado artículo 87 de la Ley Orgánica del Poder Público Municipal, y menos que la misma Sala disponga que en el caso decidido, por cuanto el Alcalde Vincencio Scarano no habría cumplido la mitad de su período legal, entonces "debe procederse a una nueva elección para proclamar al nuevo Alcalde, en la fecha que fije el organismo electoral competente," lo que casual y coordinadamente fijó el Consejo nacional Electoral el mismo día de publicarse la sentencia, el 9 de abril de 2014.

De paso, la Sala Constitucional, al considerar que como consecuencia de su inconstitucional decisión, se debía encargar de la Alcaldía el Presidente del Concejo Municipal del Municipio, procedió a "extenderle" al mismo "el amparo cautelar dictado en la presente causa," blandiendo la "espada de Damocles" de un sumarísimo enjuiciamiento, condena y encarcelamiento como el ya ocurrido con el Alcalde electo, a juicio de la Sala, cuando aparezcan noticias de prensa que hagan presumir un desacato.

Y por si no fuera poco, finalizó la Sala remitiendo los autos al Ministerio Público, ahora sí, pero para que persiguiera las conductas que pudieran haber vulnerado los intereses tutelados por el Código Penal y otras leyes penales, inclusive en comisión por omisión, y, por lo menos, en grado de co-intervención o co-participación, respecto de:

> "los ciudadanos aquí sancionados y a otras personas, por los posibles atentados penalmente relevantes contra el libre tránsito, el medioambiente, el patrimonio público y privado, el orden público, la paz social e, inclusive, los Pode-

res Públicos, la seguridad de la Nación, la independencia nacional, entre otros que también han podido lesionar o poner en peligro pequeños grupos de personas, en especial ciertos voceros, que en algunos Municipios del país han venido generando hechos de violencia que, en algunos casos, no sólo han vulnerado derechos humanos individuales (incluyendo la vida, entre otros tantos) sino también colectivos, e, inclusive, han generado terror en la población."

Llegando incluso a afirmar que esos atentados

> "probablemente, también han podido provenir, mediante inducción y otras formas de participación criminal, de personas que se han encontrado o se encuentran fuera del espacio geográfico de la República, y que, en algunos casos, la República Bolivariana de Venezuela tiene jurisdicción para su enjuiciamiento, conforme a las reglas de extraterritorialidad de la ley penal venezolana, contempladas en el artículo 4 del Código Penal y en otras normas previstas en otras leyes y normas penales de la República. Así se decide."

Como se dijo, dos días después de publicada la sentencia Nº 245 el día 9 de abril de 2014, revocándole su mandato popular al Alcalde *Vicencio Scarano Spisso*, se publicó la sentencia Nº 263 el 11 de abril de 2014, también revocándole el mandato al Alcalde *Daniel Ceballo,* en la cual se la aplicó el criterio "vinculante" sentado en la primera; siendo ambas –ya que tienen igual contenido– un compendio de las masivas violaciones a las garantías del debido proceso y al principio democrático que hemos comentado anteriormente. Todo parece responder a un libreto predeterminado de con un golpe más, continuar demoliendo el Estado de Derecho y la democracia, por lo que no es de extrañar las palabras que dijo el Alcalde Ceballos de San Cristóbal en la propia audiencia ante la Sala Constitucional el 25 de marzo de 2014, en el sentido de que estaba allí "porque no existe estado de derecho y justicia," y que por tanto, "no esperaba justicia" de esa Sala, diciéndoles a los magistrados que sin embargo "preparado para recibir una sentencia de unos verdugos que están a punto de consumar un Golpe de Estado contra el Pueblo de San Cristóbal."[674]

Quizás por ello, la pena de prisión que la Sala Constitucional le impuso al Alcalde de San Cristóbal, sin ningún razonamiento en el texto de la sentencia que lo justificara fue mayor a la impuesta al Alcalde de San Diego –lo que le agrega un vicio más–. Quizás fue producto de la reacción mezquina de un cuerpo en el cual ya nadie cree, contra el ejercicio de la libertad de expresión del pensamiento por parte del Alcalde, por haberla ejercido ante los propios magistrados.

*Comentario Final*

Y así concluyó esta primera fase de la arremetida de la Sala Constitucional contra el mandato popular de Alcaldes, despojándolos inconstitucionalmente del mismo, mediante una "reforma" de la Ley Orgánica de Amparo, aplicada retroactivamente, con la consecuencia de permitir condenar penalmente a funcionarios, sin debido proceso, en "juicios" sumarísimos, violando todas las garantía del debido proceso, y todo porque el máximo intérprete y garante de la Constitución no tiene quien lo controle.

---

674 http://cifrasonlinecomve.wordpress.com/2014/03/28/alcalde-daniel-ceballos-le-da-hasta-por-la-cedula-a-los-magistrados-del-tsj/.

Por ello, con razón, al conocerse la sentencia, los profesores Alonso Medina, Alberto Arteaga y José Luis Tamayo expresaron, en rueda de prensa transmitida por el canal de internet de *El Nacional*:

> *"su estupor frente a un acto de la Sala Constitucional que consideran "incalificable", porque a su ver y entender no respeta ninguna regla constitucional ni derecho a la defensa. Coinciden en señalar que en este día el Tribunal Constitucional abre una nueva etapa en la administración de la justicia en Venezuela al asumir ilegalmente una parodia de juicio penal, sin acusación por delante, actuando como juez de instrucción (no vigente en el ordenamiento jurídico venezolano actual), y dictando una condena que viola flagrantemente normas procesales y el principio de libertad. En este acto sin nombre, indican que se viola todo principio constitucional comenzando (1) por el Principio fundamental de la Competencia, que es de materia de orden público, y pasando por (2) el Principio de Juez Natural; (3) el Principio del Derecho a la Defensa; y (4) el principio del Debido Proceso. Además de que viola completamente el Código Orgánico Procesal Penal."*[675]

## II. LA REVOCACIÓN DEL MANDATO POPULAR DE UNA DIPUTADA A LA ASAMBLEA NACIONAL POR LA SALA CONSTITUCIONAL, ACTUANDO DE OFICIO, SIN JUICIO NI PROCESO

### 1. *La elección popular de los diputados y la exclusiva revocación popular de su mandato*

Conforme a lo establecido en la Constitución, los diputados que integran la Asamblea Nacional en Venezuela, que son electos por el pueblo mediante sufragio universal directo y secreto conforme a sus artículo 63 y 186 de la Constitución, "son representantes del pueblo y de los Estados en su conjunto, no sujetos a mandatos ni instrucciones, sino sólo a su conciencia" (art. 201), por lo que su voto en la Asamblea "es personal" (art. 201). Dado su origen popular, su mandato sólo puede ser revocado por el mismo pueblo que lo eligió en la "circunscripción" respectiva, como también lo indica el artículo 197 de la Constitución, siguiendo para ello las previsiones del artículo 72 de la misma, donde se regulan los referendos revocatorios de mandatos de elección popular.

Estas referidas normas regulan parte de la esencia del principio democrático en la Constitución, con las consecuencias de que: *primero*, el origen democrático de la elección popular de un diputado implica que su mandato sólo puede revocarse por el mismo voto del pueblo que lo eligió; y *segundo*, que los diputados, electos por el pueblo, conforme a los dictados de su conciencia, deben actuar en beneficio de los intereses del pueblo, atendiendo a las opiniones y sugerencias de los electores, ante quienes deben dar cuenta de su gestión (art. 197). En sus atribuciones, como se indicó, los diputados no están sujetos a mandatos ni a instrucciones de ninguna naturaleza, ni de partidos, ni de bloques o fracciones parlamentarias, ni de directiva alguna del parlamento, ni de lo que decida el Ejecutivo Nacional o cualquier otro órgano de

---

675 Véase en "La anti justicia", VenEconomia.com, 10 de abril de 2014, en http://www.veneconomia.com/site/modulos/m_visor.asp?pub=4228.

cualquier otro poder del Estado. Sólo están sujetos a su conciencia en lo que estimen es lo que beneficia a los intereses del pueblo.

Estas disposiciones constitucionales fueron desconocidas por la Sala Constitucional del Tribunal Supremo de Justicia, mediante sentencia N° 207 de 31 de marzo de 2014,[676] a través de la cual declaró inadmisible una demanda intentada por dos concejales del Municipio Baruta del Estado Miranda (*José Alberto Zambrano García y David Ascensión*), negándoles su legitimación activa para accionar en defensa de "intereses colectivos o difusos" que habían formulado contra el Presidente de la Asamblea Nacional Sr. Diosdado Cabello, por la usurpación de funciones y vías de hecho en que había incurrido al eliminarle el día 24 de marzo de 2014, sin tener competencia para ello, el carácter de diputado a la diputada María Corina Machado, es decir, pretender revocarle su mandato, porque ésta habría acudido en tal carácter de diputada a exponer en la reunión del Consejo Permanente de la Organización de Estados Americanos del día 21 de marzo de 2014, sobre la situación política de Venezuela, como su conciencia le exigía en representación del pueblo que la eligió, siendo para ello acreditada por la representación de Panamá.

En efecto, la Sala, después de desestimar la demanda por considerar que los concejales que la habían intentado carecían de la cualidad necesaria para ello, en lugar archivar el expediente (que era lo que correspondía), "aprovechó la ocasión" para, de oficio, –es decir, sin que nadie se lo pidiera–, "interpretar" el artículo 191 de la Constitución –mal interpretado, por cierto–, y de paso, pronunciarse, pero cuidándose de no "decidir" sobre la pérdida de la investidura de la diputada María Corina Machado, sobre lo cual afirmó que su mandato popular había quedado revocado "de pleno derecho"; y todo ello sin debido proceso alguno, es decir, sin juicio ni pruebas, y sin siquiera oír a la diputada garantizándole el derecho a la defensa. Como si ello no fuera suficiente, la Sala Constitucional no decidió lo que realmente se le había requerido por los concejales demandantes y era que, como lo afirmaron en su libelo, el Diputado Cabello había incurrido "en usurpación de funciones, la violación del debido proceso y el menoscabo de los derechos políticos de los ciudadanos del Municipio Baruta y de todos los ciudadanos venezolanos," al haber anunciado "el día 24 de marzo al país, que haría cesar en sus funciones a la Diputada María Corina Machado por su participación en la Organización de Estados Americanos, lo cual fue ratificado en el día de ayer 25 de marzo, retirándola de la nómina de parlamentarios."

Para no decidir lo que se le había pedido que era declarar que el Presidente de la Asamblea Nacional había incurrido en arbitrariedad y abuso de poder, y para no proteger al mandato popular de la diputada María Corina Machado, lo que hizo la Sala Constitucional fue avalar lo que aquél había dicho para despojar a la diputada Machado de su curul parlamentaria, afirmando, cínicamente, que actuaba así:

> "como máxima autoridad de la Jurisdicción Constitucional, siendo la garante de la supremacía y efectividad de las normas y principios constitucionales, y máximo y último intérprete de la Constitución, [por lo que] le corresponde velar por su uniforme interpretación y aplicación, tal como lo dispone el artículo 335 constitucional, tiene el deber de interpretar el contenido y alcance de las normas

---

676 Véase en http://www.tsj.gov.ve/decisiones/scon/marzo/162546-207-31314-2014-14-0286.HTML Véase además en *Gaceta Oficial* N° 40385 de 2 de abril de 2014.

y principios constitucionales, y por ello, si bien puede declarar inadmisible una demanda como la planteada en el caso de autos, también puede, para cumplir su función tuitiva y garantista de la Constitución, como norma suprema conforme lo expresa su artículo 7, analizar de oficio la situación de trascendencia nacional planteada, que tal y como se ha indicado, y así fue planteado en el escrito "*afecta la institucionalidad democrática*"".

Lo cierto es que la Sala Constitucional, si bien podría entrar a analizar de oficio una "situación de trascendencia nacional" *en el curso de un juicio*, la verdad es que no tenía ni tiene competencia alguna para pretender iniciar de oficio un proceso constitucional, así fuera el de interpretación de la Constitución,[677] fuera de un proceso en curso o que ya ha concluido, así fuera con la excusa de analizar una "situación de trascendencia nacional," que sólo podría iniciarse a petición de parte interesada, como la propia Sala lo tiene establecido; y ello no cambia al auxilio del artilugio o subterfugio al que recurrió la Sala para pretender revestir de "legalidad" su actuación, de aprovechar el "expediente" de un proceso terminado formalmente (al haberse declarado inadmisible la demanda que había sido intentada), para pasar, con la excusa de interpretar el artículo 191 de la Constitución, a revocarle el mandato popular a una diputado para lo que no tiene competencia.

En realidad, con la sentencia que se comenta, lo que se puso en evidencia fue que la Sala Constitucional ya tenía instrucciones o sugerencias de decidir revocarle el mandato a la diputada Machado de inmediato, con o sin proceso, antes del día martes 1° de abril de 2014, para cuando estaba anunciada movilización en Caracas para acompañar a la diputado Machado a la Asamblea Nacional a incorporarse en sus sesiones, a los efectos de que para ese momento la diputada Machado ya no fuera "formalmente" diputado. El Presidente de la Asamblea Nacional ya la había despojado de hecho de su mandato popular;[678] quien ejerce como Presidente de la Re-

---

677 Véase sobre los poderes de actuación de oficio del Tribunal Supremo de Justicia, en Allan R. Brewer-Carías, "Régimen y alcance de la actuación judicial de oficio en materia de justicia constitucional en Venezuela", en *Estudios Constitucionales. Revista Semestral del Centro de Estudios Constitucionales,* Año 4, N° 2, Universidad de Talca, Santiago, Chile 2006, pp. 221-250. Publicado también en *Crónica sobre la "In" Justicia Constitucional. La Sala Constitucional y el autoritarismo en Venezuela*, Colección Instituto de Derecho Público. Universidad Central de Venezuela, N° 2, Editorial Jurídica Venezolana, Caracas 2007, pp. 129-159.

678 Como en efecto lo reportó la agencia EFE sobre lo dicho por Cabello: "Caracas. EFE.- El presidente de la Asamblea Nacional (Congreso unicameral) de Venezuela, Diosdado Cabello, informó este lunes que se le retiró la inmunidad parlamentaria a la diputada opositora María Corina Machado y que pedirá que sea juzgada por traición a la patria. Cabello dijo a periodistas que solicitará el Ministerio Público investigar si Machado cometió el delito de traición a la patria, por su participación en una sesión de embajadores de la Organización de Estados Americanos (OEA)." En efecto, el Presidente de la Asamblea Nacional, expresó según fue reseñado por Globovisión: "Cabello explicó que Machado violó el artículo 191 y el 149 de la Carta Magna, este último se refiere a la autorización a funcionarios públicos para aceptar cargos, honores o recompensas de gobiernos extranjeros..", "Hay que sumarle a la investigación (el delito de) tradición a la patria", dijo Cabello, / Aclaró que ya no hace falta allanarle la inmunidad parlamentaria a Machado "porque según el artículo 191, según este nombramiento (por parte de Panamá), y según sus actuaciones y acciones la señora Machado dejó de ser diputada"./ El presidente del Parlamento anunció que Machado no tendrá más acceso al

pública, ya la había calificado como "ex diputada,"[679] y la propia Presidenta del Tribunal Supremo ya había anunciado formalmente por dónde vendría la actuación de la Sala Constitucional, al declarar en la televisión el domingo 30 de marzo de 2014, que:

> "obviamente tiene consecuencias jurídicas" que la parlamentaria María Corina Machado haya "aceptado un destino diplomático en un país extranjero", pero indicó que era necesario esperar el pronunciamiento del Máximo Tribunal sobre ese tema.
>
> Hemos tenido noticia por la prensa en el sentido de que ella en la condición de diputada habría aceptado un destino diplomático en un país extranjero. Obviamente tiene consecuencias jurídicas pero preferimos hacer el estudio, y de manera formal pronunciarnos en el Tribunal Supremo, esto no es una conclusión, es necesario esperar el pronunciamiento del Tribunal Supremo de Justicia."[680]

Las "consecuencias jurídicas, por supuesto ya estaban establecidas, de manera que al día siguiente se publicó la sentencia que comentamos, con ponencia conjunta de todos los magistrados para que no cupiera duda de su colusión, pero no sin antes aclarar la propia Presidenta del Tribunal Supremo, en el mismo programa de televisión donde ya anunciaba la "justicia" que iba a impartir, que en Venezuela:

---

Hemiciclo "por lo menos, en este periodo". "No tienen acceso porque ella ya no es diputada", recalcó" Véase "Cabello: Por el artículo 191 de la Constitución, María Corina machado "dejó de ser diputada", *Globovisión,* 24 de marzo de 2014, en http://globovision.com/articulo/junta-directiva-de-la-an-anuncia-rueda-de-prensa.

679 Véase lo expresado por Nicolás Maduro: Primero: "El Presidente calificó a María Corina Machado de "exdiputada" y rechazó las intenciones de la parlamentaria de presentarse en la reunión de la Organización de Estados Americanos (OEA) que se realizó este viernes en Washington,"en reseña de Alicia de la Rosa, *El Universal,* 23 de marzo de 2014, en http://www.eluniver-sal.com/nacional-y-politica/140323/maduro-califico-a-maria-corina-machado-de-exdiputada. Segundo: "Exdiputada", la llamó el presidente Nicolás Maduro el sábado, pero ayer el coordinador de la fracción del PSUV, Pedro Carreño, citó la Constitución para argumentar que Machado estaría fuera del Parlamento. "El Artículo 191 de la Constitución señala: 'Los diputados o diputadas a la AN no podrán aceptar o ejercer cargos públicos sin perder su investidura'. Machado es delegada de Panamá en OEA," en la reseña sobre "Presumen despojo de inmunidad de Machado", *La Verdad,* 24 de marzo de 2014, en http://www.laverdaddemonagas.com/noti-cia.php?ide=25132. Tercero: "Nicolás Maduro, indicó que "la exdiputada María Corina Machado la nombraron embajadora de la Organización de Estados Americanos, de un gobierno extranjero, se convirtió en funcionaria para ir a mal poner a Venezuela, a pedir la intervención", Reseña de M.C. Henríquez, ""Maduro: "La exdiputada de la AN, María Corina Machado fue a mal poner a Venezuela," 22 de marzo de 2014, en http://noti-cias24carabobo.com/actualidad/noticia/38925/maduro-la-exdiputada-de-la-an-maria-corina-machado-fue-a-mal-poner-a-venezuela/.

680 Véase la reseña de lo que expresó durante el programa *José Vicente Hoy,* transmitido por *Televen,* publicado por @Infocifras, 31 de marzo de 2014, en http://cifrasonlinecomve.wordpress.com/2014/03/30/presidenta-del-tsj-actuacion-de-machado-tiene-consecuencias-juridicas/

"Hoy en día contamos con un Poder Judicial autónomo, independiente, apegado en sus actuaciones a la Constitución y a las leyes de manera irrestricta y haciendo cumplir la voluntad del pueblo; es al pueblo al que nos debemos, estamos allí haciéndole llegar al colectivo la seguridad que cuenta con un Poder Judicial cuyas decisiones dependen solamente del bien común, de lo que les beneficie, por cuanto esa es la misión, ese es el mandato que tenemos constitucional y legalmente."[681]

Pero no! En este caso, como resulta de las propias expresiones públicas de la Presidenta del Tribunal Supremo de Justicia el día antes de tomar la decisión revocándole inconstitucionalmente el mandato a la diputada Machado, en lugar de quedar "patente" que el Tribunal actuaría con independencia (teniendo en cuenta que la independencia judicial es cuando un tribunal actúa sólo sometido a la Constitución y a la ley), lo que quedó "patente" fue lo que la misma funcionaria dijo en el antes indicado programa de televisión, en el sentido de que el Tribunal actuaría:

"dando cumplimiento al principio de colaboración entre los Poderes, abogamos por los fines esenciales del Estado trabajando de manera coordinada, de manera armónica, con los demás Poderes del Estado."[682]

Es decir, había una decisión tomada entre todos los poderes del Estado para actuar de manera coordinada y en colaboración, de manera de arrebatarle en breve tiempo y sin debido proceso, pero con apariencia de legalidad (es decir, con auxilio de una decisión judicial), el mandato popular a una diputada a la Asamblea Nacional (que si es representante del pueblo). Esa era la "consecuencia jurídica" de la aplicación del artículo 191 de la Constitución a las actuaciones de la Diputado Machado, que la Presidenta del Tribunal Supremo había anunciado, y que operaba –dijo-:

"*de pleno derecho*, ante la aceptación de una representación alterna de un país, indistintamente a su tiempo de duración, ante un órgano internacional por parte de la ciudadana María Corina Machado, quien estaba desempeñando su cargo de diputada a la Asamblea Nacional, lo cual constituye una actividad incompatible durante la vigencia de su función legislativa en el período para el cual fue electa, pues esa función diplomática no solo va en desmedro de la función legislativa para la cual fue previamente electo o electa, sino en franca con-

681 Véase la *Nota de Prensa* del Tribunal Supremo de Justicia: "Aseguró la Presidenta del Tribunal Supremo de Justicia: Contamos con un Poder Judicial autónomo, independiente y apegado a la Constitución y las leyes", 30 de marzo de 2014, en http://www.tsj.gov.ve/informacion/notasdeprensa/no-tasdeprensa.asp?codigo=11797 Debe destacarse que la Presidenta del Tribunal, afirmó que el Poder Judicial era una institución que supuestamente tiene la misión de "cumplir la voluntad del pueblo," como si se tratase de un órgano electo popularmente, lo cual no es cierto. El Poder Judicial y el Tribunal Supremo imparten justicia, y actúan "en nombre de la República y por autoridad de la ley" como lo expresa el artículo 253 de la Constitución, siendo su misión la de impartir justicia, única y exclusivamente aplicando la Constitución y las leyes de la República.

682 *Idem*.

tradicción con los deberes como venezolana (artículo 130 constitucional) y como Diputada a la Asamblea Nacional (artículo 201 *eiusdem*)."[683]

Esto, que se anunció en la Nota de Prensa del Tribunal Supremo, es precisamente el texto del párrafo final de la sentencia dictada en el "caso" N° 207 de 31 de marzo de 2014, la cual, sin duda, para los anales de la justicia, o de la "in" justicia en Venezuela, amerita unos comentarios jurídicos más detallados.

2. *Sobre la declaratoria de inadmisibilidad de la demanda por carecer los demandantes de legitimación para representar intereses colectivos y difusos en defensa del principio democrático y en contra del abuso de poder del presidente de la asamblea nacional*

La demanda intentada en el caso concreto en el cual, de paso, como *obiter dictum* pero *decisorum*, la Sala Constitucional formalizó la inconstitucional revocatoria del mandato de diputado de María Corina Machado, fue intentada el día 26 de marzo de 2014, por dos concejales del Municipio Baruta del Estado Miranda en su condición de "concejales y ciudadanos" por "intereses difusos y colectivos contra el Presidente de la Asamblea Nacional Diputado Diosdado Cabello" por haber incurrido, éste, en "una vía de hecho contra la Diputada" revocándole su mandato popular, vulnerándose "de este modo nuestros derechos de participación en el sufragio directo de nuestros representantes," siguiendo la misma línea de contenido que tuvieron las demandas que habían dado lugar a sendas sentencias del Tribunal Supremo de Justicia, de condena y encarcelamiento de Alcaldes por concepto de un supuesto delito de desacato a mandamientos cautelares de amparo del Tribunal Supremo que se habían dictado días antes.[684]

Los demandantes, en efecto hicieron mención al hecho de que el Diputado Diosdado Cabello Presidente de la Asamblea, el día 24 de marzo de 2014 había anunciado al país,

> "que haría cesar en sus funciones a la Diputada María Corina Machado por su participación en la Organización de Estados Americanos, lo cual fue ratificado en el día de ayer 25 de marzo, retirándola de la nómina de parlamentarios, con lo cual incurrió en usurpación de funciones, la violación del debido proceso y el menoscabo de los derechos políticos de los ciudadanos del municipio Baruta y de todos los ciudadanos venezolanos".

Concluyeron su demanda los concejales solicitando de la Sala que ordenase al Presidente de la Asamblea Nacional, "permitir la entrada a la Asamblea Nacional a la Diputada María Corina Machado con todos los poderes inherentes a su cargo, y así poner fin a esta gravísima situación que atenta contra la institucionalidad democrática y contra los derechos políticos de los electores del Municipio Baruta".

---

683 Véase la *Nota de Prensa* del Tribunal Supremo de Justicia, de 31 de marzo de 2014: "Operó de pleno derecho. Tribunal Supremo de Justicia se pronuncia sobre la pérdida de la Investidura de la diputada María Corina Machado," en http://www.tsj.gov.ve/informacion/notasdeprensa/notasdeprensa.asp?co-digo=11799

684 Véase las *Notas de Prensa* sobre estas sentencias en http://www.tsj.gov.ve/informacion/notasdeprensa/notasdeprensa.asp?codigo=11777 y http://www.tsj.gov.ve/informacion/notasdeprensa/notasdeprensa.asp?codigo=11768.

Tremenda sorpresa que los demandantes debieron haberse llevado, cuando al ir a clamar justicia ante el máximo Tribunal de la República en defensa de intereses colectivos y difusos como electores, contra la arbitrariedad del Presidente de la Asamblea Nacional y en defensa del mandato popular de la diputada María Corina Machado, electa con abrumadora mayoría en el Municipio Baruta, donde los concejales demandantes actúan; se encontraron con que ese Tribunal no sólo declaró inadmisible su demanda, sino que con la sentencia dictada produjo el efecto que los demandantes buscaban evitar, ahorrándole al Presidente de la Asamblea Nacional la necesidad de incurrir en una inconstitucionalidad más, al decidir además el propio Tribunal, la revocación del mandato de la diputada Machado, con la excusa de que "de pleno derecho", es decir, supuestamente sin que nadie tenga que resolverlo, había perdido su investidura, por haber aceptado que se la acreditara en la OEA, en la representación de Panamá, para hablar como diputada venezolana, sobre la situación política venezolana.

La declaratoria de inadmisibilidad de la demanda intentada (y con razón cualquiera se puede preguntar, ¿Cómo, si se declaró inadmisible la demanda, se podía resolver algo que además era distinto y contrario a lo que los demandantes solicitaron?), se basó en dos precedentes anteriores a los que hizo referencia la sentencia:

*Primero*, la sentencia Nº 656 de 30 de junio de 2000 (caso: *Defensoría del Pueblo* vs. *Comisión Legislativa Nacional*) en la que la Sala, si bien admitió que los particulares pueden accionar en protección de los intereses difusos o colectivos, precisó que "dentro de la estructura del Estado":

> "sólo la Defensoría del Pueblo puede proteger a las personas en materia de intereses colectivos o difusos, no teniendo tal atribución (ni la acción), ni el Ministerio Público (excepto que la ley se la atribuya), ni los Alcaldes, ni los Síndicos Municipales, a menos que la ley se las otorgue."

*Segundo,* la sentencia Nº 1395 del 21 de noviembre de 2000, sobre los sujetos autorizados "para reclamar la tutela efectiva de los derechos e intereses colectivos," ratificando que en la estructura del Estado "sólo la Defensoría del Pueblo tenía la potestad," agregando que también podrían actuar:

> "una pluralidad de organizaciones con personalidad jurídica, cuyo objeto esté destinado a actuar en el sector de la vida donde se requiere la actividad del ente colectivo, y que -a juicio del Tribunal- constituya una muestra cuantitativamente importante del sector".

Agregó además, la Sala Constitucional en relación con los sujetos privados, que también los ciudadanos podrían actuar en sede judicial y solicitar la tutela efectiva de los derechos e intereses colectivos, pero que:

> "tales actuaciones podían ser adelantadas por organizaciones sociales con o sin personalidad jurídica, o por individuos que acrediten debidamente en qué forma y medida ostentan la representación de al menos un sector determinado de la sociedad y cuyos objetivos se dirijan a la solución de los problemas de comunidad de que se trate."

De ello concluyó la Sala en dicha sentencia, que "es a dichas organizaciones o actores sociales, a los que corresponde, solicitar ante esta Sala Constitucional, la tutela judicial efectiva de los derechos o intereses colectivos de rango constitucional.".

Con base en todo ello, sin embargo, la Sala Constitucional, a pesar de que reconoció que los accionantes en el caso habían aducido actuar "afectados en este caso," sin embargo, dijo que en los alegatos o documentos del escrito no constaba:

> "que sus propios intereses estén lesionados con la actuación indicada como lesiva proveniente del Presidente de la Asamblea Nacional, lo cual los hace carecer de cualidad para intentar una acción en protección de sus intereses particulares.

Por ello declaró inadmisible la demanda, por ausencia de legitimación, a pesar de que en otras demandas intentadas con legitimación similar por otros ciudadanos contra diversos alcaldes, por intereses colectivos o difusos, la Sala si encontró que había la legitimación activa necesaria.

En todo caso, para "reforzar" su rechazo a admitir la demanda, la Sala también se refirió al hecho de que los demandantes hubiesen invocado su condición de "concejales municipales" del Municipio Baruta, indicando que además de que actuaban a título personal como ciudadanos, lo hacían "...en representación y a nombre de la mayoría de los ciudadanos electores del municipio Baruta y en defensa de los intereses colectivos del resto de los habitantes del municipio Baruta", lo cual le fue negado por la Sala, argumentando que no constaba en autos "documento alguno del cual pueda desprenderse que se les ha atribuido la representación que dicen tener de la mayoría de los habitantes de ese Municipio, que están o se podrían ver afectados por la denunciada vía de hecho proveniente del Presidente de la Asamblea." Agregó además la Sala, que menos aún constaba en el expediente que tuvieran "la representación del órgano legislativo municipal del cual son miembros," con lo cual la Sala, adicionalmente, resolvió que no estaban "legitimados para actuar en protección de los intereses colectivos que dicen representar", y declaró "*inadmisible*" la presente acción."

En esta forma, la Sala Constitucional declaró inadmisible la demanda intentada en contra las vías de hecho cometidas por el Presidente de la Asamblea Nacional y en defensa del mandato popular de la diputada Machado, frente a la pretensiones de aquél de revocarle el mandato a ésta, para lo cual no tenía competencia, a pesar de que hubiera "concierto" en el propósito con los órganos de los otros Poderes del Estado.

### 3. *La decisión del tribunal supremo, adoptada de oficio, mediante un obiter dictum, sin juicio ni proceso, que despojó de su mandato popular a la diputada maría corina machado*

En todo caso, la consecuencia de declarar inadmisible una demanda por falta de legitimación del demandante, es que una vez rechazada la cualidad para demandar, el juicio que se pretendía iniciar no puede iniciarse, y el expediente que se abrió para considerarla, simplemente debe archivarse. Declarada inadmisible una demanda, ya no puede haber "proceso," "causa" o "juicio" alguno. Es decir, no puede haber juicio y menos puede haber una sentencia distinta a la que decide la inadmisibilidad, ni esta puede tener un contenido distinto al fijado en la pretensión del demandante.[685]

Pero no!. En Venezuela, y no es esta la primera vez, la Sala Constitucional ha "inventado" contra todo principio elemental de la justicia constitucional, que luego de declarar inadmisible una demanda, puede de oficio decidir otros asuntos que nadie le ha planteado, ni solicitado. Es de antología el caso de la decisión de inadmisibilidad de una acción de nulidad contra unos artículos de la Ley de Impuesto sobre la Renta, en la cual, luego de declarar inadmisible la acción por falta de legitimación de los actores, de oficio, la Sala "aprovechó" la oportunidad para "reformar" el artículo 31 de la misma relativo a la renta neta presuntiva de los trabajadores asalariados, que ni siquiera había sido de los impugnados.[686]

Pues bien, en el caso de la sentencia Nº 207 nos encontramos con una situación similar, pero más grave, pues declarada sin lugar una demanda intentada en protección de intereses difusos o colectivos, la Sala procedió a "iniciar" un proceso constitucional de interpretación de la Constitución, sin proceso alguno, y "de paso" le revocó el mandato popular a una diputada, sin siquiera haber oído sus argumentos. Tan simple como eso.

Debe recordarse que la expresión latina *obiter dictum*, que significa literalmente "dicho de paso" o "dicho de pasada," normalmente se refiere a argumentos que se exponen por el juez fuera de la decisión concreta del caso, pero que la corroboran, y que por ello, al no formar parte de la decisión, no son ni vinculantes ni obligatorias para las partes ni para el caso. Sin embargo, en la modalidad inventada por la Sala Constitucional, sus *obiter dictum* con frecuencia se convierten en verdaderas sentencias adicionales a la que se dictan en determinados casos, con los cuales se resuelven otros asuntos, en general de oficio, pero sin debido proceso alguno, es decir, a escondidas, en la oscuridad de los cubículos del tribunal, sin que nadie se entere hasta

685 Como lo ha dicho la profesora María Amparo Grau, con su conocida experiencia como juez y Presidenta que fue de la Corte Primera de lo Contencioso Administrativo en Venezuela: "Una regla básica del derecho procesal es que al producirse la inadmisibilidad de la acción propuesta termina la labor del juez y éste no puede realizar ningún otro pronunciamiento. Inadmisible, no admite peros. Inadmisible en el derecho procesal significa que no hay proceso porque no hay acción. La función jurisdiccional, es decir, la función de decidir un caso concreto mediante la aplicación del derecho, requiere de una acción. Salvo en los casos de la actividad de control político de ciertos actos, la Sala Constitucional no puede decidir nada si no hay una acción debidamente admitida, que da inicio al proceso. De manera que inadmisible la acción nada puede el Juez agregar sobre el tema *decidendum*." Véase en María Amparo Grau, "La sentencia política del TSJ: Inadmisible, pero...", publicado en *Badell & Grau*, disponible en http://www.ba-dellgrau.com/?pag=37&ct=1458

686 Véase la sentencia de la Sala Constitucional, Nº 301 de 27 de febrero de 2007, (Caso: *Adriana Vigilanza y Carlos A. Vecchio*), (Expediente Nº 01-2862), en *Gaceta Oficial* Nº 38.635 de fecha 01-03-2007. Véanse los comentarios en Allan R. Brewer-Carías, "El juez constitucional en Venezuela como legislador positivo de oficio en materia tributaria", en *Revista de Derecho Público*, Nº 109 (enero –marzo 2007), Editorial Jurídica Venezolana, Caracas 2007, pp. 193-212; y "De cómo la Jurisdicción constitucional en Venezuela, no sólo legisla de oficio, sino subrepticiamente modifica las reformas legales que "sanciona", a espaldas de las partes en el proceso: el caso de la aclaratoria de la sentencia de Reforma de la Ley de Impuesto sobre la Renta de 2007, Revista *de Derecho Público*, Nº 114, Editorial Jurídica Venezolana, Caracas 2008, pp. 267-276.

que se publica la sentencia. Sorpresa!! Casi como por arte de magia, pero maligna !! Pero sin embargo, usando argumentos o informaciones del expediente ya cerrado.

Así, en este caso, la Sala procedió a decidir sobre otras cosas distintas a las planteadas en la demanda, y en particular, sobre una "pretensión" de interpretación constitucional sobre el sentido y alcance del artículo 191 de la Constitución, artículo que ni siquiera se citó en la demanda que dio inicio al expediente.[687] Pero por supuesto, frente a esas "formalidades" quizás privaba la instrucción que había de "cooperación" con los otros poderes del Estado, como lo destacó la Presidenta del Tribunal Supremo, sobre la "consecuencia jurídica" de la aplicación del artículo 191 de la Constitución en relación con las actuaciones de la diputado Machado. Por ello, la Sala Constitucional, "no obstante" la declaratoria de inadmisibilidad de la demanda, pasó entonces a decidir otra cosa partiendo de la consideración de que la situación planteada "en el presente caso" era de "trascendencia nacional," como si el "caso" siguiese en "proceso" y sin darse cuenta que ya estaba concluido con la decisión de inadmisibilidad. La mencionada "trascendencia nacional" derivaba, como lo afirmó la Sala, de que se trataba de "un asunto relacionado con la alegada pérdida de la investidura de una Diputada a la Asamblea Nacional." En realidad, los demandantes nada habían "alegado" sobre ello, y al contrario, lo que habían hecho había hecho era rechazar la actuación arbitraria y usurpadora del Presidente del Poder Legislativo Nacional, que pretendía despojar a una diputada de su mandato popular. Así, lo que se solicitó de la Sala Constitucional fue que:

> "ordene al Presidente de la Asamblea Nacional, Diputado Diosdado Cabello Rondón, permitir la entrada a la Asamblea Nacional a la Diputada María Corina Machado con todos los poderes inherentes a su cargo, y así poner fin a esta gravísima situación que atenta contra la institucionalidad democrática y contra los derechos políticos de los electores del Municipio Baruta."

De allí en realidad fue que la Sala invocó sus poderes de "máximo y supremo intérprete de la Constitución," que advirtió, "*no decae porque se declare inadmisible la acción,*" pero no para aplicar la Constitución, sino para distorsionarla, dándose la Sala Constitucional, a sí misma, carta blanca para decidir mediante "decisiones jurisdiccionales," lo que quiera y cuando quiera, sólo invocando tal carácter. En este caso, a lo que procedió la Sala, fue a:

> "analizar lo relativo al ejercicio de la función pública legislativa, y las disposiciones constitucionales que la regulan, esto es, hacer una *interpretación en beneficio de la Constitución*, y del Estado democrático y social de Derecho y de Justicia que propugna la misma en su artículo 2."

Sin que se sepa en el mundo del control de la constitucionalidad en el derecho comparado, qué puede entenderse por una "interpretación *en beneficio* de la Constitución" (no puede haber interpretación *válida* "en perjuicio" de la Constitución),[688] la Sala comenzó por analizar el artículo 186 de la Constitución, sobre la forma de

687 Al menos, así se deduce de la narrativa de la sentencia, cuando glosa la demanda y los argumentos de los demandantes.

688 Un caso, precisamente, de interpretación inválida "en perjuicio de la Constitución," es precisamente el de la sentencia que comentamos.

elección de los diputados, y el ejercicio del cargo de diputado, como medio de participación política del pueblo. Sobre la materia, sin embargo, la Sala no mencionó siquiera el contenido del artículo 201 de la Constitución que declara a los diputados como "representantes del pueblo y de los Estados en su conjunto," pasando más bien a referirse al artículo 191 de la misma Constitución para concluir en que conforme al mismo, "de pleno derecho" la diputada Machado había "perdido su investidura" de diputado.

La Sala Constitucional aplicó incorrecta e indebidamente dicha norma al caso de la diputada Machado, pues para que su texto tuviese "consecuencias jurídicas" habría sido necesario que un diputado aceptase o ejerciera "cargos públicos," se entiende, dentro del Estado venezolano,[689] a dedicación exclusiva, y en cualquiera de los órganos de los poderes del Estado.

4. *El sentido del artículo 191 de la Constitución sobre la pérdida de la investidura de los diputados en el marco del sistema de separación de poderes y del sistema presidencial de gobierno*

El artículo 191 de la Constitución, mencionado en la sentencia, y cuyas consecuencias jurídicas fueron la que se aplicaron "de pleno derecho" a la diputado Machado, en efecto establece lo siguiente:

> *Artículo 191*. Los diputados o diputadas a la Asamblea Nacional no podrán aceptar o ejercer cargos públicos sin perder su investidura, salvo en actividades docentes, académicas, accidentales o asistenciales, siempre que no supongan dedicación exclusiva.

Esta norma, que ha sido tradicional en el constitucionalismo histórico de Venezuela, encontró su primera expresión en la Constitución de 1830 en la cual se dispuso que:

> "*Art. 82*. El ejercicio de cualquier otra función pública es incompatible durante las sesiones con las de representante y Senador."

Luego, a partir de la Constitución de 1858, la norma encontró el sentido de la regulación que se refleja en la norma actual, al establecerse la "consecuencia jurídica" derivada de la prohibición, al disponer que:

> "*Art. 45*. Los Senadores y Diputados no podrán aceptar destino alguno de libre elección del Poder Ejecutivo, con excepción de las Secretarías del despacho, empleados diplomáticos y mandos militares en tiempo de guerra; pero la admisión de estos empleos deja vacante los que ocupen en las Cámaras."

Por tanto, históricamente, en el constitucionalismo venezolano, con la sola excepción de la Constitución de 1947 (art. 147), la previsión constitucional del artículo 191 de la Constitución de 1999 ha derivado de un principio tradicional en los sistemas presidenciales, conforme al cual, quien haya sido electo por el pueblo como

---

689 El profesor José Ignacio Hernández interpreta con razón, que la referencia a cargo público en el artículo 191 de la Constitución es a "cargo público" como sinónimo de "cargo dentro del Estado". Véase en su trabajo: ¿María Corina Machado dejó de ser diputada?, en *Prodavinci.com*, 24 de marzo de 2014, en http://noticias24carabobo.com/actualidad/noticia/38925/maduro-la-exdiputada-de-la-an-maria-corina-machado-fue-a-mal-poner-a-venezuela/

representante o diputado al órgano legislativo, en nuestro caso a la Asamblea Nacional, no puede aceptar o ejercer un "cargo público" dentro del Estado, es decir, en ningún otro órgano del mismo Estado, y particularmente en el Ejecutivo Nacional, y si lo hace, pierde su investidura, con la consecuencia jurídica de que cuando cese en el ejercicio del cargo ejecutivo que aceptó o ejerció, no puede regresar a ocupar o ejercer el cargo de diputado para el cual había sido inicialmente electo.

El sentido de la norma, en el sistema de separación de poderes que regula la Constitución, en particular, en las relaciones entre el Poder Legislativo y el Poder Ejecutivo en el marco del sistema presidencial de gobierno, es evitar que se produzca una *turbatio* de funciones entre ambos poderes del Estado, evitando que los diputados electos a la Asamblea Nacional puedan ser nombrados para desempeñar cargos ejecutivos, que están sometidos al control del órgano legislativo, y que luego de cesar en el ejercicio de éstos, puedan volver a realizar funciones legislativas y de control político desde la Asamblea, precisamente en relación con los órganos del Poder Ejecutivo del cual habrían formado parte.

Como lo decidió la propia Sala Constitucional en la sentencia Nº 698 de 29 de abril de 2005, citada en la sentencia que comentamos:

> "un segundo destino público para un Diputado casi de seguro será en una rama distinta del Poder Público, con lo que se generaría una situación que debe siempre ser tratada con cuidado: la posible interferencia –y no colaboración– de una rama en otra. No puede olvidarse que el Poder Legislativo es contralor del Ejecutivo y a su vez controlado, de diferente manera, por el Judicial y por el Ciudadano. Una indefinición de roles pone en riesgo el principio de separación en el ejercicio del poder."[690]

Ese es el sentido y no otro, de la norma del artículo 191, que ha estado con tal intención en todas las Constituciones anteriores, en particular en el artículo 141 de la Constitución de 1961.[691] Conforme a ella, por tanto, para preservar la separación de

---

690 Véase la sentencia en http://www.tsj.gov.ve/decisiones/scon/abril/698-290405-03-1305.HTM

691 Debe recordarse que en la sesión del día 3 de noviembre de 1999, al discutirse el proyecto de articulado sobre el Poder Legislativo nacional, se leyó el texto de un artículo que tuvo sucesivamente los números 208 y 210, con el siguiente texto: "*Los miembros de la Asamblea Nacional no podrán aceptar cargos públicos sin perder su investidura*." Hubo un largo debate sobre la conveniencia de la propia norma e incluso sobre la necesidad de prever algunas, para actividades como las docentes y de otra índole. Incluso el Constituyente Nicolás Maduro llegó a proponer que la norma no debía incluirse y que al contrario debía preverse que "cualquier miembro del Parlamento que sea requerido por el Gobierno para una función ministerial pueda ir a cumplir su función y no pierde la investidura como miembro del Parlamento." Luego propuso que el artículo no se aprobara, lo que fue acogido y el mismo pasó de nuevo a la Comisión para darle una nueva redacción. En la sesión del día 13 de noviembre de 1999, se sometió a discusión la norma, con la siguiente redacción propuesta por el Constituyente Di Giampaolo, con quien había discutido personalmente la importancia de que la norma se incluyera en el texto constitucional, con el siguiente texto: "*Artículo 210.– Los miembros de la Asamblea Nacional no podrán aceptar o ejercer cargos públicos sin perder su investidura, salvo en actividades docentes y asistenciales, siempre que no supongan dedicación exclusiva*," habiendo resultado aprobado, sin discusión de ninguna naturaleza. Es en definitiva el texto del artículo 191 de la Constitución de 1999, aún cuando en alguna Comisión "de estilo," como sucedió con tantas normas, entre las excepciones se agregaron los cargos "acadé-

poderes en el régimen presidencial de gobierno, un diputado, *primero*, no puede aceptar o ejercer un "cargo público" en cualquier otro órgano del Estado, y si lo hace pierde su investidura; *segundo*, puede ejercer un "cargo público" en actividades docentes, académicas, accidentales o asistenciales, siempre que no supongan dedicación exclusiva, en cuyo caso no pierde su investidura; y *tercero*, no puede ejercer "cargos públicos" en dichas actividades si ello supone dedicación exclusiva, y si lo hace, pierde su investidura..

De ello deriva que la aplicación de la norma, es decir, la "consecuencia jurídica" que se deriva de la misma, que es la posible "pérdida de investidura" del diputado, nunca es automática, es decir, no puede operar "de pleno derecho;" y ello, *primero*, porque si se trata de la aceptación o ejercicio de un "cargo público," no basta ni siquiera con que por ejemplo aparezca publicado el nombramiento en *Gaceta Oficial*, o que el mismo esté plasmado en una comunicación oficial, para que la "consecuencia jurídica" de la norma se produzca, sino que el "cargo público" de que se trate tiene que ser "aceptado" o debe ser "ejercido," y todo ello requiere ser probado. *Segundo*, porque si se trata del ejercicio de un *cargo público en actividades* docentes, académicas, accidentales o asistenciales, es necesario determinar si dicho ejercicio del cargo supone o no dedicación exclusiva, lo que de nuevo es casuístico y requiere de prueba.

Sin embargo, ignorando completamente el origen, el sentido, y el mismo texto de la norma que habla de "cargos públicos," y no de "actividades" la Sala Constitucional pasó a interpretarla incurriendo, de entrada en un error de lectura y apreciación, al referirse a que la salvedad que hace el artículo es respecto de "otras *actividades*" que puede realizar el diputado "que no generan la pérdida de su investidura, señalando *actividades* docentes, académicas, accidentales o asistenciales, cuando el desempeño de las mismas no supongan dedicación exclusiva o desmedro de las funciones que ya ejerza." Esa errada interpretación aparentemente inadvertida, fue sin duda deliberada, como se verá más adelante, para terminar "mutando" la Constitución,[692] como ya lo ha hecho en otras ocasiones.[693] En todo caso, dicha interpretación es errada: la norma no establece excepciones respecto de "actividades" que pueden o no ejercerse por los diputados sin perder su investidura. La norma lo que establece es que los diputados no pueden aceptar o ejercer "*cargos públicos*," estableciendo sin embargo como excepción, los casos de ejercicio de *cargos públicos*

micos" y "accidentales." Véase en el *Diario de Debates*, de la Asamblea Nacional Constituyente, sesiones del 3 y 13 de noviembre de 1999.

692 Una mutación constitucional ocurre cuando se modifica el contenido de una norma constitucional de tal forma que aún cuando la misma conserva su contenido, recibe una significación diferente. Véase Salvador O. Nava Gomar, "Interpretación, mutación y reforma de la Constitución. Tres extractos" en Eduardo Ferrer Mac-Gregor (coordinador), *Interpretación Constitucio*nal, Tomo II, Ed. Porrúa, Universidad Nacional Autónoma de México, México 2005, pp. 804 ss. Véase en general sobre el tema, Konrad Hesse, "Límites a la mutación constitucional," en *Escritos de derecho constitucional*, Centro de Estudios Constitucionales, Madrid 1992

693 Véase Allan R. Brewer-Carías, "El juez constitucional al servicio del autoritarismo y la ilegítima mutación de la Constitución: el caso de la Sala Constitucional del Tribunal Supremo de Justicia de Venezuela (1999-2009)", en *Revista de Administración Pública*, N° 180, Madrid 2009, pp. 383-418.

*"en actividades* docentes, académicas, accidentales o asistenciales" que no supongan dedicación exclusiva, ya que conforme al artículo 197 de la Constitución, los diputados "están obligados a cumplir sus labores a dedicación exclusiva."

Esta norma nada tiene que ver con alguna supuesta "ética parlamentaria o legislativa," sino con la preservación de la separación de poderes, al no permitir que los diputados ejerzan otros cargos públicos, y si lo hacen, al cesar en ellos siguieran siendo diputados. Eso es lo que busca evitar la norma, siendo la excepción sólo para los cargos en docentes, académicos, accidentales o asistenciales que no sean de dedicación exclusiva, porque si lo son, el diputado para seguir siendo tal y no perder su investidura, no lo puede aceptar o ejercer. Nada tiene que ver esta norma, con una supuesta "prohibición" que como erradamente lo afirmó la Sala Constitucional:

> "responde a la necesidad de que exista una ética parlamentaria o legislativa, y está plenamente concatenada con otras disposiciones constitucionales tendientes a preservar la ética como valor superior de la actuación de los órganos del Estado, y principios como la honestidad, eficiencia, transparencia y responsabilidad, entre otros, en el ejercicio de la función pública, siendo la condición de funcionario o funcionaria pública, inherente a la prestación de un servicio a los ciudadanos y ciudadanas de la República Bolivariana de Venezuela, independientemente que aquélla se lleve a cabo a través del cargo que se ocupe en alguno de los órganos que conforman el Poder Público Nacional, esto es, sea el cargo ocupado de carrera, de confianza o de elección popular."

Ello, aparte de tratarse de frases floridas relativas a importantes principios y valores constitucionales, es un argumento vacío, que ignora la razón de ser de la norma, cuyas previsiones y consecuencia jurídica nada tiene que ver con el florido argumento contenido en el párrafo. Se insiste, lo que la norma busca es preservar la separación de poderes y evitar que con el vaso comunicante que se pueda establecer con diputados que pasen al Ejecutivo y luego vuelvan a la Asamblea, se pueda empeñar la función de control y balance entre los poderes; y nada cambia por el hecho de que los diputados, a los efectos de las previsiones contra la corrupción, se consideren como funcionarios públicos (art. 3.1 Ley contra la Corrupción), pero a los cuales por supuesto no se les aplica la Ley del Estatuto de la Función Pública como lo menciona la sentencia.

Sobre esta última Ley que se indica en la sentencia, además, debe advertirse que el artículo 1.1 de dicho Estatuto de la Función Pública, al disponer que "quedan excluidos de la aplicación de esta Ley [...] los funcionarios y funcionarias públicos al servicio del Poder Legislativo Nacional," no se refiere en forma alguna a los diputados, que "no están al servicio del Poder Legislativo Nacional" ya que los mismos son precisamente parte por excelencia del mismo, es decir, son quienes ejercen en la Asamblea dicho Poder. Los mismos, además, por supuesto, no ejercen sus funciones por vía "nombramiento" de nadie sino porque son electos popularmente, siendo la exclusión establecida en la norma de la Ley del Estatuto de la Función Pública destinada a los funcionarios (no electos) que están al servicio del Poder Legislativo, es decir, a los funcionarios administrativos que laboran en la Asamblea Nacional, y que están sometidos a su propio estatuto de personal. Ello no excluye por supuesto que los diputados, como todos los funcionarios públicos, estén sujetos como se recuerda en la sentencia, a la "Constitución, las leyes, los Reglamentos y normas que rijan sus funciones" sometidos a los "principios de la ética" y "sin que por ningún motivo puedan menoscabar la soberanía e independencia del país, su integridad territorial, la autodeterminación y los intereses nacionales de Venezuela."

Pero ello nada tiene que ver con el sentido del artículo 191 de la Constitución que lo que busca es evitar que los diputados pasen a ocupar cargos públicos en el Ejecutivo Nacional, a dedicación exclusiva, y luego pretendan volver a su curul parlamentaria, al cesar en el ejercicio de esos cargos. Si hay algún hecho público y notorio en el caso que fue sometido al Tribunal Supremo al demandarse la conducta de hecho y usurpadora del Presidente de la Asamblea, fue que María Corina Machado como diputada de la Asamblea Nacional, nunca aceptó ni ejerció "cargo público" alguno en el Ejecutivo Nacional, ni en la Administración Pública, ni en general, en ninguno de los otros órganos de los Poderes del Estado, por lo que la norma era completamente inaplicable a la situación generada por el hecho de haber sido acreditada, en su carácter de diputada a la Asamblea Nacional, en forma *ad hoc* y *ad tempore* en la representación de Panamá ante la OEA, para precisamente hablar en tal carácter de diputada a la Asamblea Nacional de Venezuela, sobre la crisis política y sobre la situación en el país.

Como lo ha expresado el propio Secretario General de la OEA, José Miguel Insulza, "la Diputada María Corina Machado intervino ante el Consejo Permanente de dicha Organización, en calidad de parlamentaria venezolana y que sólo a tal fin, la República de Panamá solicitó su acreditación en calidad de Representante Alterna," ratificando "que es una práctica usual de esta institución aceptar y permitir "la participación y uso de la palabra en sesiones de los órganos políticos de la OEA de representantes que no necesariamente tenían la nacionalidad del Estado miembro al que representaban", tal y como ocurrió en 2009, cuando la ex canciller hondureña, Patricia Rodas, se dirigió al Consejo Permanente como representante de Venezuela."[694].

5. *La prohibición a los diputados de aceptación de cargos, honores o recompensas de gobiernos extranjeros*

Otra de las normas invocadas en la sentencia de la Sala Constitucional, fue el artículo 149 de la Constitución, supuestamente incorporado en la Constitución, al decir de la Sala Constitucional, para "impedir que las personas que presten la función pública incurran en hechos contrarios a la ética, a la moral y honestidad que debe imperar en todas sus actuaciones; que atenten contra la independencia y soberanía nacional, la integridad territorial, la autodeterminación y los intereses de la nación, o contra el funcionamiento de las instituciones del Estado." Después de afirmar esto la Sala se refirió al mencionado artículo 149, que dispone:

> *Artículo 149.* Los funcionarios públicos y funcionarias públicas no podrán aceptar cargos, honores o recompensas de gobiernos extranjeros sin la autorización de la Asamblea Nacional.

694 Véase "Insulza: Machado habló en la OEA en su condición de diputada venezolana," en El Universal, 28 de marzo de 2014, en http://www.eluniversal.com/nacional-y-politica/protestas-en-venezuela/140328/insulza-machado-hablo-en-la-oea-en-su-condicion-de-diputada-venezolana

Esta norma también tiene una larga tradición en el constitucionalismo histórico de Venezuela, habiendo estado en todas las Constituciones anteriores desde que fue incorporada por primera vez en la Constitución Federal de los Estados de Venezuela de 1811, en la cual se dispuso:

> "205. Cualquiera persona que ejerza algún empleo de confianza u honor, bajo la autoridad del Estado, no podrá aceptar regalo, título o emolumento de algún Rey, Príncipe o Estado extranjero, sin el consentimiento del Congreso."

Como se desprende del texto de dicho artículo 149, antes transcrito, y de su antecedente remoto de 1811, ningún funcionario público puede "aceptar cargos, honores o recompensas de gobiernos extranjeros sin la autorización de la Asamblea Nacional"; autorización que, por supuesto, conforme al artículo 187.13 de la Constitución, debe darla la "Asamblea Nacional" como cuerpo colegiado. Por ello esta última norma dispone que "corresponde a la Asamblea Nacional [...] autorizar a los funcionarios públicos para aceptar cargos, honores o recompensas de gobiernos extranjeros." Es un exabrupto jurídico, por tanto, lo afirmado en la sentencia que comentamos de la Sala Constitucional, en el sentido de que supuestamente:

> "en concordancia con lo establecido en el numeral 13 del artículo 187 de la Constitución, para que un funcionario público o una funcionaria pública acepte de un gobierno extranjero, un cargo, honor o recompensa, es obligatorio que cuente con la autorización, esto es, el *permiso o licencia del Poder Legislativo Nacional, en la persona de su Presidente, por cuanto es quien ejerce la dirección de esa función pública en el Poder Legislativo Nacional.*"

Es imposible creer que esta barbaridad jurídica de atribuir al Presidente de la Asamblea el ejercicio de las competencias que el artículo 187 de la Constitución dispone que "corresponden a la Asamblea Nacional," sea un error jurídico inocente de la Sala Constitucional. Lo que corresponde a la Asamblea (art. 187) sólo lo puede ejercer el cuerpo colegiado en sesión de los diputados; no teniendo el Presidente de la Asamblea en la Constitución sino atribuciones formales particularmente en el procedimiento de formación de las leyes (por ejemplo, artículos 213 y 216). Es totalmente inconstitucional, por tanto, esta atribución que la Sala Constitucional del Tribunal Supremo hace al Presidente de la Asamblea Nacional de las competencias que en la Constitución sólo corresponden a la Asamblea nacional, como cuerpo colegiado.

La norma del artículo 149, en cuanto a la prohibición que establece a los funcionarios públicos en general de aceptar "cargos, honores o recompensas de gobiernos extranjeros," y de la posibilidad de su aceptación sólo con autorización de la Asamblea Nacional, tiene el propósito de regular un mecanismo de control político por parte del órgano representativo nacional en relación con las relaciones o vínculos que existan o se establezcan entre los funcionarios públicos y los gobiernos extranjeros, y nada más. Nada tiene que ver esta norma con argumentaciones como las expresadas en la sentencia en el sentido de que la misma tenga:

> "su razón de ser y es que toda persona tiene el deber de cumplir y acatar la Constitución, las leyes y demás actos que en ejercicio de sus funciones dicten los órganos del Poder Público, y aun mas quienes ejerzan la función pública, pues de conformidad con lo dispuesto en el artículo 25 de la Constitución, "*To-*

*do acto dictado en ejercicio del Poder Público que viole o menoscabe los derechos garantizados por esta Constitución y la Ley es nulo, y los funcionarios públicos y funcionarias públicas que las ordenen o ejecuten incurren en responsabilidad penal, civil y administrativa, según los casos, sin que les sirvan de excusa órdenes superiores".*

Aún cuando sea difícil encontrar relación alguna entre el artículo 25 de la Constitución que establece la garantía objetiva respecto de los derechos humanos, y el artículo 149 de la Constitución; lo cierto es que en cuanto a la prohibición que se establece en dicha norma, no hay en el texto fundamental, al contrario de lo regulado en el artículo 191, previsión alguna que indique cual es "la consecuencia jurídica" de la aplicación de la norma, es decir qué consecuencia existe cuando un funcionario público acepte "cargos, honores o recompensas de gobiernos extranjeros" sin haber obtenido autorización de la Asamblea Nacional. Puede tratarse, por ejemplo, de una condecoración, o de un reconocimiento o recompensa por servicios humanitarios prestados en otro país, o del ejercicio de un cargo en un Estado extranjero, si acaso un país aceptaría que un extranjero ejerza cargos que usualmente se reservan a los nacionales.

En cualquier caso, nada dice la Constitución en relación con cuál es la "consecuencia jurídica" que deriva del hecho de no obtenerse la autorización de la Asamblea Nacional respecto de los funcionarios públicos de cualquiera de las ramas del Poder Público, cuando lleguen a aceptar "cargos, honores o recompensas de gobiernos extranjeros." Es más, en relación con los funcionarios públicos en general, ni siquiera la Ley del Estatuto de la Función Pública de 2002, tipifica esa posible ausencia de autorización como "falta" disciplinaria que amerite "amonestación" y menos destitución (arts. 82 y 86).[695] La única consecuencia jurídica vinculada a la norma, en todo caso, es la previsión del artículo 142 del Código Penal que sanciona, no sólo a los funcionarios sino en general a cualquier venezolano "que acepte honores, pensiones u otras dádivas de alguna nación *que se halle en guerra con Venezuela*" en cuyo caso se prevé un castigo de seis a doce años de presidio.

Ahora bien, en cuanto a los diputados a la Asamblea Nacional, en este caso, al contrario de lo previsto en el artículo 191 de la Constitución, si llegaren a incumplir con la obligación de obtener la autorización mencionada de la Asamblea Nacional, no se prevé en norma alguna constitucional o de otra índole, sanción alguna ni que el diputado "pierda su investidura," por lo cual en el caso de la diputada Machado, para el caso negado de que el haber sido acreditada en la representación de Panamá ante el Consejo Permanente de la OEA, para hablar como diputada de Venezuela y no como "representante" de Panamá, sobre Venezuela en una sesión de la OEA sobre la situación en Venezuela, se llegase a considerar que se requería de la autorización del la Asamblea Nacional, ello en ningún caso produciría en forma alguna la pérdida de su investidura.

Para que pueda aplicarse alguna sanción a un diputado en tal caso, se requeriría de una regulación legal que prevea dicha conducta como delito, en cuyo caso, se le

695 Debo mencionar que a propuesta nuestra, en la Ley de Carrera Administrativa de 1971, en cambio, sí se previó la sanción de destitución respecto de los funcionarios públicos que aceptaren honores, cargos o recompensas de gobiernos extranjeros, sin la autorización del Congreso (arts. 29.4 y 62.9. Véase en *Gaceta Oficial* N° 1745 de 23 de mayo de 1975.

tendría que aplicar la pena que se establezca mediante un proceso penal con las garantías debidas.[696]

6. *El verdadero propósito de la sala constitucional al haber procedido a decidir, de oficio, sin proceso, torciendo la interpretación del artículo 191 de la Constitución, para revocarle su mandato popular a la diputada maría corina machado*

La sentencia Nº 270 del Tribunal Supremo de Justicia, luego del excurso en relación con el artículo 149 de la Constitución que antes hemos destacado, volvió sobre el tema del artículo 191 constitucional a cuyo efecto citó y transcribió parte de otra sentencia de la misma Sala, la Nº 698 del 29 de abril de 2005, en la cual decidió sobre un recurso de interpretación que se había interpuesto respecto de los artículos 148, 162 y 191 de la Constitución considerándolos aplicables a los miembros de los Consejos Legislativos de los Estados, y nada más. Esta sentencia nada agregó sobre el sentido de las normas, salvo como antes se ha dicho, precisar que la norma tiene por objeto salvaguardar la separación de poderes y el contrapeso entre los Poderes Legislativo y Ejecutivo.

Pero independientemente de la cita jurisprudencial, la Sala Constitucional siguió "explicando," sobre la incompatibilidad establecida en el artículo 191, indicando que:

> "la *pérdida de investidura a la que alude el artículo 191 constitucional, es la consecuencia jurídica* prevista por el Constituyente ante el hecho o circunstancia de la aceptación de actividades **incompatibles** –que por su carácter– van en desmedro de la función pública ejercida."

Esa "explicación," en todo caso, como se ha dicho, era errada, pues el artículo 191 no se refiere a "*actividades* incompatibles" sino a "*cargos públicos*" y a "*cargos públicos en actividades*" varias. Pero de esta premisa errada, y distorsionante, fue que derivó, entonces, lo único que la Sala Constitucional quería en realidad decidir, de oficio, siguiendo sin duda el lineamiento fijado por los otros Poderes del Estado, antes mencionados, atendiendo a la "coordinación, "cooperación" y "colaboración" entre los mismos a lo cual había hecho referencia la propia Presidente de la Sala Constitucional la víspera de la decisión; y era que:

> "la aceptación de una representación (sea permanente o alterna), indistintamente a su tiempo de duración, ante un órgano internacional por parte de un Diputado o Diputada a la Asamblea Nacional que está desempeñando su cargo durante la vigencia del período para el cual fue electo o electa, constituye una *actividad* a todas luces incompatible, y no puede considerarse como actividad accidental o asistencial, pues esa función diplomática va en desmedro de la función legislativa para la cual fue previamente electo o electa."

Esta "interpretación," por supuesto, se insiste, es totalmente errada, por múltiples razones:

---

696 Véase Claudia Nikken, "Notas sobre el artículo 187.20 de la Constitución," *Revista de Derecho Público*, Editorial Jurídica Venezolana, Nº 137 (enero-marzo 2014), (en preparación)..

*Primero,* porque la "incompatibilidad" que establece el artículo 191 de la Constitución, como viene de decirse, es entre la condición de diputado y el ejercicio o aceptación de un "cargo público." No es una incompatibilidad entre "actividades" como se advirtió anteriormente, siendo el argumento de la Sala deliberadamente distorsionante para buscar una interpretación igualmente torcida, pero favorable al objetivo perseguido en virtud del lineamiento que debía atender.

*Segundo*, para que se pueda producir la "incompatibilidad," el diputado debe haber aceptado o ejercicio un "cargo público," que además sea incompatible con la dedicación exclusiva de la función parlamentaria. Sin embargo, la Sala de lo que habla en su sentencia es de la supuesta "aceptación de una representación [...] en un organismo internacional," que si se hubiese producido nada tiene que ver con "cargos públicos." Por lo demás, nada se dice en qué consiste eso de aceptar una "representación ante un organismo internacional." ¿En qué consistiría esa "representación"? ¿En cuál carácter sería aceptada? Lo que tenía que decidir la Sala, si acaso, era que ser acreditado para hablar en una sesión de un organismo internacional con el carácter de diputado de la Asamblea Nacional de Venezuela, no era aceptar o ejercer un cargo público. Nada más. Y eso no fue lo que hizo la Sala. Esta lo que hizo fue distorsionar la norma a conveniencia, argumentando sobre supuestos que la misma no regula.

*Tercero*, el que un diputado venezolano sea acreditado por la representación de un país que lo invite a asistir a una sesión de la OEA en el que se trataría el tema de Venezuela, para que hable en tal carácter de diputado de la Asamblea Nacional venezolana; aparte de que en los términos de la Constitución no es aceptar o ejercer ningún "cargo público" –única posibilidad de que se aplique la incompatibilidad–, es una "actividad" completamente compatible con las funciones de diputado, lo que es más, es de la esencia de dicha función teniendo en cuenta, como lo dice la Constitución, que los diputados "son representantes del pueblo, no sujetos a mandatos ni instrucciones, sino a su conciencia" (art. 201), por lo que de su actuación sólo tienen que dar cuenta a sus electores (art. 197).

Ante la sentencia, lo que cabe es preguntarse: ¿Cómo puede entenderse que realizar esa actividad (que no es ejercer "cargo público" alguno), al decir de la Sala, sin argumentación alguna, sino sólo porque sí, "constituye una actividad a todas luces incompatible, y no puede considerarse como actividad accidental o asistencial, pues esa función diplomática va en desmedro de la función legislativa para la cual fue previamente electo o electa."? ¿Cómo puede llegar la Sala a calificar la acreditación para hablar en un organismo internacional como una "función diplomática? Una función diplomática es la que realizan los funcionarios diplomáticos en representación de un Estado ante otros Estados o ante la comunidad internacional. Para ello, en cualquier Estado del mundo, esos funcionarios requieren de un nombramiento que les permita ostentar el "cargo diplomático" que es el que le puede permitir realizar funciones diplomáticas. Nada de eso ocurre cuando un diputado de la Asamblea Nacional de Venezuela va a hablar sobre Venezuela en tal carácter, sin aceptar ni ejercer "cargo público" de Venezuela ni de Estado alguno, en una sesión de la OEA donde se va a discutir la situación de Venezuela. ¿Cómo puede decirse que ello va "en desmedro de la función legislativa para la cual fue previamente electo" el diputado, cuando quien define la función legislativa es el diputado que la ejerce en representación del pueblo, conforme a su conciencia?

Pues bien, con base en todas las distorsiones del texto, letra, espíritu y razón de la norma a las cuales hemos hecho referencia, la Sala concluyó con que:

> "Esa es la interpretación que debe dársele al artículo 191 de la Constitución concatenadamente a otras disposiciones como el artículo 149 *eiusdem*, en aras de preservar la ética como valor superior del ordenamiento jurídico, el respeto a las instituciones del Estado Venezolano y el deber de cumplir de acatar la Constitución, las leyes y las normas del ordenamiento jurídico de la República Bolivariana de Venezuela. Así se declara."

Después de esta "declaración," que no es otra que considerar que el artículo 191 de la Constitución no establece lo que establece, es decir, una incompatibilidad de la situación de diputado con el ejercicio o aceptación de un "cargo público," sino que establece otra cosa –que no establece–, como es una supuesta incompatibilidad del la función legislativa con otras "actividades" que la Sala evalúa libremente, pasó entonces la Sala a arrebatarle el mandato popular a la diputada Machado. Tal como la Presidenta del Tribunal Supremo lo había anunciado el día antes, cuando expresó en un programa de televisión, como antes se ha dicho que: "obviamente tiene consecuencias jurídicas" que la parlamentaria María Corina Machado haya "aceptado un destino diplomático en un país extranjero."[697]

### 7. *El recurso al "hecho público, notorio y comunicacional" para sentenciar sin pruebas, violando el debido proceso*

Para "decidir" sin probar nada sobre lo que ya tenía decidido, la Sala Constitucional recurrió al ya inveterado expediente de la existencia de un "hecho público, notorio y comunicacional" para decidir, sin probar nada, recurriendo a "recortes de periódicos," para lo cual citó y transcribió lo que ya antes había decidido en sentencias N° 98 del 15 de marzo de 2000 (caso: "*Oscar Silva Hernández*")[698] y N° 280 del 28 de febrero de 2008 (caso: "*Laritza Marcano Gómez*"),[699] considerando por tanto, como hechos que no requerían prueba para decidir, "*y se tienen como ciertos*," una serie de hechos que, dijo la Sala "se refiere el asunto examinado en la presente causa," cuando en realidad no había "causa" pues la Sala Constitucional en la sentencia, decidió terminar la única causa que se había iniciado mediante demanda, al declararla inadmisible por falta de legitimación de los demandantes, con lo cual la causa había quedado terminada..

Por ello, antes de referirnos a los "hechos públicos y notorios comunicacionales" que usó la Sala para decidir –no se sabe cuál "causa"–, es por tanto necesario y obligado volver a preguntarse sobre el tema de a cuál causa se refirió la Sala al mencionar la "presente causa." Es decir, es necesario saber cuál era la "causa" que estaba

---

697 Véase la reseña de lo que expresó durante el programa *José Vicente Hoy*, transmitido por *Televen*, publicado por @Infocifras, 31 de marzo de 2014, en http://cifrasonlinecomve.wordpress.com/2014/03/30/presidenta-del-tsj-actuacion-de-machado-tiene-consecuencias-juridicas/

698 Véase sobre esta sentencia véase los comentarios en Allan R. Brewer-Carías, "Consideraciones sobre el "hecho comunicacional" como especie del "Hecho Notorio" en la doctrina de la Sala Constitucional del Tribunal Supremo" en *Revista de Derecho Público*, N° 101, enero-marzo 2005, Editorial Jurídica Venezolana, Caracas 2005, pp. 225-232.

699 Véase en http://www.tsj.gov.ve/decisiones/scon/febrero/280-280208-07-1732.HTM.

decidiendo la sala, para poder saber cuál era "el asunto examinado en la presente causa" que mencionó en la sentencia.

Y la verdad es que no había "causa" alguna, es decir, la Sala decidió revocarle el mandato popular a una diputada a la Asamblea Nacional, sin "causa" ni proceso; siendo la "causa" en materia procesal, la expresión común utilizada en el foro para referirse a un "juicio," o a un "proceso," lo que significa que la Sala Constitucional, como "máxime garante de la Constitución" actuó inconstitucionalmente al decidir un asunto de tanta trascendencia como es, en violación del principio democrático, revocarle el mandato popular a una diputada que sólo le corresponde al pueblo mediante un referendo revocatorio; y todo ello, sin causa, sin proceso, sin juicio, es decir, además, en violación del artículo 49 de la Constitución que garantiza el debido proceso.

La Sala, en efecto, decidió arrebatarle el mandato popular a una diputada, sin garantizarle el derecho a la defensa, "que es inviolable en todo estado y grado de la investigación y del proceso" (art. 49.1). Quizás la Sala para justificar lo injustificable llegue entonces a decir, que como no hubo "proceso" no tenía que garantizarle este derecho a la diputado Machado, lo que haría más aberrante la decisión.

Pero sin duda que si hubo proceso o "causa" como lo calificó la propia Sala al decidir, por lo que estaba obligada a respetar la regla de que "toda persona tiene derecho a ser oída en cualquier clase de proceso" (art. 49.3) y a ser "juzgada con las garantías establecidas en la Constitución y en la ley" (art. 49.4). Nada de ello ocurrió en este caso, en el cual violando todas esas garantías, la Sala decidió una causa o proceso de interpretación de la Constitución, pero para despojar de su mandato popular a una diputado para lo cual en ningún caso tiene competencia, pues ello sólo corresponde al pueblo que la eligió.

La Sala Constitucional además, violó la regla de que "toda persona se presume inocente mientras no se pruebe lo contrario" (art. 49.2), lo que en materia procesar exige que quien alegue algo contra alguien debe probar su alegato. Es decir, que la prueba está a cargo de quien acusa o demanda. Y en este caso de inexistencia de "causa", a la pregunta de quién era el "demandante" o "acusador", no habría otra respuesta que no sea señalar a la propia Sala, que fue la que decidió actuar en este caso de oficio. A la Sala Constitucional le correspondía entonces probar el supuesto de hecho de la norma el artículo 191 de la Constitución para sacar su conclusión preconcebida sobre las "consecuencias jurídicas" de la misma, que era la pérdida de la investidura. Para ello, la Sala tenía que haber probado primero que había un "cargo público" determinado y que la diputado Machado lo había efectivamente aceptado o ejercido, para lo cual debía probar, además, por ejemplo, el nombramiento publicado en *Gaceta Oficial* o el oficio de nombramiento, o actuaciones que demostraran el "ejercicio" efectivo del cargo; y en todo caso, probar además –si estaba demostrada la aceptación o ejercicio de un "cargo público" que no era el caso–, que el nuevo "cargo público" aceptado o ejercido suponía una "dedicación exclusiva." Todo ello requería de actividad probatoria, que en este caso, como el Tribunal estaba actuando de oficio, era la Sala la que tenía que asegurarla.

Pero no! La Sala Constitucional apeló al absurdo expediente de que la norma "opera de pleno derecho" para lo cual nadie debía probar nada, sino dar por probados o por ciertos determinados hechos, y simplemente, basados en que un enemigo político de la persona involucrada formule acusaciones sin fundamento jurídico ni de hecho. Pero como quien las formuló fue el Presidente de la Asamblea Nacional, además del Presidente de la República, la Sala entonces juzgó que había que actuar de oficio, "coordinadamente," en "colaboración" y "cooperación" con ellos, y simplemente decidir que "de pleno derecho" la diputada Machado había perdido su investidura, sin alegatos ni pruebas algunas, es decir, se le revocó el mandato popular a una diputada porque así lo resolvió el "máximo intérprete y garante de la Constitución," sin causa ni proceso ni prueba alguna, de oficio.

Una vez decidida la causa iniciada por los concejales Zambrano y Ascensión del Municipio Baruta, y declarada inadmisible la demanda, que en el caso era la única "causa" existente, la misma cesó, se terminó, y había que archivar el Expediente; y si bien la Sala podía formular argumentaciones adicionales o complementarias en un *obiter dictum*, ello no lo podía hacer para iniciar otra nueva supuesta "causa," sin partes, o actuando la propia Sala Constitucional como juez y parte, que fue lo que ocurrió en esta caso, violando uno de los principios más elementales de la administración de justicia en el mundo, y es que nadie puede ser juez y parte en una causa.

Ahora bien, para cometer esta aberración jurídica, con el único propósito de revocarle el mandato a la diputada María Corina Machado, la Sala Constitucional estableció que los siguientes eran hechos notorios y comunicacionales que daba por ciertos, es decir, por probados, y por tanto que no requerían prueba:

*Primero,*

> "Que con fecha 5 de marzo de 2014, el Presidente Constitucional de la República Bolivariana de Venezuela, ciudadano Nicolás Maduro Moros, en su condición de Jefe de Estado, decidió romper relaciones comerciales y diplomáticas con la República de Panamá, anunciando al país lo siguiente: "***He decidido romper con las relaciones diplomáticas y comerciales con Panamá. Nadie va a conspirar contra nuestro país. A Venezuela se respeta y no voy a aceptar que nadie conspire contra Venezuela para pedir una intervención***". Tomado de la página web http://www.el-nacional.com/politica/Maduro-Venezuela-rompio-relaciones-Panama_0_367163449.html (resaltado de este fallo).

*Segundo,*

> "Que con fecha 20 de marzo de 2014, fue dirigida una misiva al Secretario General de la Organización de Estados Americanos, ciudadano José Miguel Insulza, por parte del Representante Permanente de Panamá ante ese organismo, ciudadano Arturo Vallarino, para solicitar que a partir de ese día, la ciudadana María Corina Machado, fungiera como Representante Alterna de la Delegación de Panamá. En la misma, se lee: "*Tengo el honor de dirigirme a vuestra excelencia a fin de solicitarle tenga a bien acreditar* ***a la diputada María Corina Machado, como Representante Alterna de la Delegación de la República de Panamá*** *ante la Organización de Estados Americanos,* ***a partir de la fecha***".(Resaltado de este fallo). Tomado de la página webhttp://www.informatico.com/25-03-2014/lo-dijo-insulza-maria-corina-silla-prestada."

*Tercero,*

> "Que en Sesión Plenaria de la Asamblea Nacional del día 25 de marzo de 2014, fue solicitada la Moción de Urgencia del Diputado Andrés Eloy Méndez, mediante la cual requirió la declaratoria de pérdida de la investidura de la ciu-

dadana María Corina Machado, como Diputada a la Asamblea Nacional; **la cual fue aprobada por ese órgano legislativo.**"

De todo lo anterior, la Sala Constitucional dedujo que:

> "es un hecho notorio comunicacional, el que la ciudadana María Corina Machado, en su condición de Diputada a la Asamblea Nacional, aceptó participar en el Consejo Permanente de la Organización de Estados Americanos "como representante alterna del gobierno de Panamá", por lo que la circunstancia que haya podido participar o no, y los términos en que lo hubiese hecho, son irrelevantes, ante la evidente violación de las disposiciones constitucionales que regulan la función pública legislativa, la condición de ocupar un cargo de Diputada a la Asamblea Nacional de la República Bolivariana de Venezuela, y el deber que como todo venezolano y venezolana tiene de honrar y defender a la patria, sus símbolos, valores culturales, resguardar y proteger la soberanía, la nacionalidad, la integridad territorial, la autodeterminación y los intereses de la nación (artículo 130 constitucional)."

La conclusión, por supuesto, nada tiene que ver con lo que regula el artículo 191 de la Constitución cuya "consecuencia jurídica" fue la que la Sala consideró que operaba de pleno derecho: que *pierde la investidura de diputado el que acepte o ejerza un cargo público que suponga dedicación exclusiva.* En su argumentación, sin embargo, la Sala Constitucional no se refirió a ello, sino que a lo que se refirió, fue a que la diputada Machado lo que había aceptado era "participar en el Consejo Permanente de la Organización de Estados Americanos '*como representante alterna del gobierno de Panamá,'*" que nada tiene que ver con el supuesto de hecho ni de derecho de la norma que se refiere a la aceptación de un "cargo público dentro del Estado´ venezolano; para concluir entonces, que esa sola circunstancia, planteaba una:

> "evidente violación de las disposiciones constitucionales que regulan la función pública legislativa, la condición de ocupar un cargo de Diputada a la Asamblea Nacional de la República Bolivariana de Venezuela, y el deber que como todo venezolano y venezolana tiene de honrar y defender a la patria, sus símbolos, valores culturales, resguardar y proteger la soberanía, la nacionalidad, la integridad territorial, la autodeterminación y los intereses de la nación (artículo 130 constitucional)."

Nada dijo la sentencia, sin embargo, respecto de cómo y porqué una diputado de la Asamblea Nacional de Venezuela que hable sobre Venezuela, en tal condición de diputada venezolana que actúa en representación del pueblo, en un Consejo Permanente de la OEA donde se discutía el caso de la situación en Venezuela, podría haber "violado disposiciones constitucionales" que no se citaron, sobre el deber de honrar y defender a la patria, la nacionalidad, la integridad territorial, la autodeterminación y los intereses de la nación. Una afirmación de tal calibre y envergadura no se puede formular sin pruebas que demuestren esas agresiones al país, y menos por el "máximo intérprete y garante de la Constitución," y peor, si nada tienen que ver con la aplicación del artículo 191 de la Constitución cuya "consecuencia jurídica" era lo que la Sala Constitucional a toda costa quería aplicar a la diputado Machado.

La argumentación final de la sentencia sobre cómo se desarrollan las reuniones de la Organización de Estados Americanos, y cómo los países están representados en las mismas con miembros permanentes, no tiene relevancia alguna, y menos para concluir como lo hizo la Sala que:

> "resulta evidente que la ciudadana María Corina Machado no sólo omitió solicitar la autorización al Presidente de la Asamblea Nacional, en atención al artículo 149 de la Constitución, para aceptar la designación como representante alterna de otro país (Panamá) ante un organismo internacional como lo es la Organización de Estados Americanos, sino que, peor aún, pretendió actuar como Diputada a la Asamblea Nacional ante ese organismo internacional, sin estar autorizada por la Asamblea Nacional ni por las autoridades que dirigen las Relaciones Exteriores de la República Bolivariana de Venezuela, en evidente transgresión de lo dispuesto en los artículos 152 y 236, numeral 4, de la Constitución de la República Bolivariana de Venezuela."

8. *De nuevo sobre el tema de la autorización de la asamblea nacional para aceptar cargos, honores y recompensas de gobiernos extranjeros, y la aplicación de pleno derecho de la pérdida de la investidura de la diputada machado, sin proceso*

Con el antes transcrito párrafo de la sentencia, la Sala Constitucional pasó a realizar otra argumentación, alejada del artículo 191 de la Constitución, y es la vuelta a lo dispuesto en el artículo 149 de la Constitución sobre la necesidad de los funcionarios públicos de obtener "autorización de la Asamblea Nacional" –no del Presidente de la misma, como lo afirmó erradamente la Sala en la misma sentencia– para aceptar "cargos, honores o recompensas de gobiernos extranjeros." Esta norma, tal como está redactada no tiene "en su propio texto consecuencia jurídica" alguna, y para aplicarse tendría que seguirse un procedimiento que en ningún caso podría iniciarse de oficio por la Sala Constitucional, pues es de la competencia exclusiva del Poder Legislativo, luego de que mediante legislación establezca las consecuencias jurídicas de la no obtención de la mencionada autorización.

Pero por lo demás, el hecho de haber sido acreditada la diputado Machado para hablar desde el puesto físico de Panamá en la sala de sesiones del Consejo Permanente de la OEA, como diputada de la Asamblea Nacional de Venezuela –no como "funcionaria" de Panamá ni en representación alguna de Panamá–, sobre la situación de Venezuela –no de la situación en Panamá–; es una actuación perfectamente legítima que la diputada como representante del pueblo puede hacer, quedando sólo sometida a su conciencia (at. 201) y a dar cuenta de ello al pueblo que la eligió (art. 197).

Para ello no necesitaba estar autorizada por la Asamblea Nacional, pues como se lo garantiza el artículo 201 de la Constitución, como representante del pueblo, no está sujeta a mandatos ni instrucciones y sólo a su conciencia. Tampoco estaba sujeta a obtener "autorización" de las "autoridades que dirigen las Relaciones Exteriores de la República," como impropiamente lo afirma la Sala en flagrante violación al principio de la separación de poderes, pues son sólo dichas autoridades las que deben ejecutar los principios establecidos en los artículos 152 y 236.4 de la Constitución, los cuales por supuesto la Diputada Machado no trasgredió en forma alguna, como errada y maliciosamente lo afirmó la Sala.

Lo cierto es que como ya la decisión de arrebatarle la investidura parlamentaria a la diputada Machado, o sea, su mandato popular, ya estaba tomada porque así lo querían todos los órganos de los Poderes del Estado, tal y como todos lo habían manifestado públicamente,[700] la Sala Constitucional concluyó la "causa" que no existía, y que ella inventó, de oficio, en la cual fue juez y parte, sin que la parte afectada pudiera alegar ni defenderse, afirmando impropiamente que la "aplicación de la consecuencia jurídica prevista en el artículo 191 de la Constitución resulta ajustada al caso planteado, al operar de pleno derecho." Por supuesto, ante este párrafo surgen las preguntas necesarias y obligantes: ¿Cuál "caso"? ¿"Planteado" por quién? En el expediente, en realidad, el único "caso planteado" fue la demanda de unos Concejales del Municipio Baruta contra el Presidente de la Asamblea Nacional acusándolo de usurpación de funciones, que la Sala declaró inadmisible con lo cual quedó concluida antes de iniciarse el proceso correspondiente.

La decisión de la Sala Constitucional de darle efectos "de pleno derecho," es decir, sin formula de juicio, a la consecuencia jurídica del artículo 191, que es la pérdida de la investidura de un diputado por aceptar o ejercer un "cargo público," aplicada a la diputada Machado, violó la misma norma que se quiso aplicar, pues como se dijo anteriormente, nunca dicha norma podría "operar de pleno derecho," sin que exista previamente una actividad probatoria en un juicio contradictorio, con partes, y las garantías judiciales debidas, *primero*, de la existencia de un "cargo público" determinado; *segundo*, de que dicho cargo público fue "aceptado o ejercido" efectivamente por el diputado; y *tercero*, que el mencionado "cargo público" supone "dedicación exclusiva." Sólo probando esos tres supuestos, es que la consecuencia jurídica de la aplicación de la norma podría aplicarse por el juez competente, en un proceso judicial.[701]

La Sala Constitucional no probó nada de eso, a pesar de que en la "causa" era juez y parte, sin que ninguna otra parte participara, y lo único que afirmó fue que la Diputado María Corina Machado había aceptado "una representación alterna de un país, [...] ante un órgano internacional," considerando sin fundamentación o prueba alguna, que ello "constituye una actividad a todas luces incompatible durante la vigencia de su función legislativa," calificando falsamente dicha "actividad," es decir, el hecho de que hablara por Venezuela, como diputada venezolana, en una sesión del Consejo permanente de la OEA sobre Venezuela, como una "función diplomática," considerando de nuevo sin fundamentación ni pruebas, que ello no sólo iba "en desmedro de la función legislativa para la cual fue previamente electa", sino, y es lo

700 Véase "Cabello: Por el artículo 191 de la Constitución, María Corina machado "dejó de ser diputada", *Globovisión*, 24 de marzo de 2014, en http://globovision.com/articulo/junta-directiva-de-la-an-anuncia-rueda-de-prensa; y "Nicolás Maduro, indicó que "la exdiputada María Corina Machado la nombraron embajadora de la Organización de Estados Americanos, de un gobierno extranjero, se convirtió en funcionaria para ir a mal poner a Venezuela, a pedir la intervención", Reseña de M.C. Henríquez, "Maduro: "La exdiputada de la AN, María Corina Machado fue a mal poner a Venezuela," *Noticias24*, 22 de marzo de 2014, en http://noticias24ca-rabobo.com/actualidad/noticia/38925/maduro-la-exdiputada-de-la-an-maria-corina-machado-fue-a-mal-poner-a-venezuela/.

701 Véase sobre esto lo expuesto por Carlos J. Sarmiento Sosa, "La investidura parlamentaria y su pérdida," en *E Universal*, Caracas 27 de marzo de 2014, disponible en http://www.eluniversal.com/opinion/140327/la-investidura-parlamentaria-y-su-perdida

grave de la conclusión de la Sala, que su actuación fue "en franca contradicción con los deberes como venezolana (artículo 130 constitucional) y como Diputada a la Asamblea Nacional (artículo 201 *eiusdem*)." Y así de simple, concluyó "Así se declara."

Esta consideración final, además de inconstitucional, es una infamia imperdonable en la cual han incurrido los señores magistrados de la Sala Constitucional, contra una diputada que lo que ha hecho es cumplir su misión de representar al pueblo, sin sujeción a mandatos ni instrucciones sino conforme a su conciencia, como se lo manda precisamente el artículo 201 de la Constitución –y no en contra del mismo como maliciosamente lo indica la Sala en su sentencia–, y en tal carácter, juzgó conforme su conciencia, que debía hablar ante la OEA como diputada venezolana, sobre Venezuela, en una sesión donde se discutiría la situación política del país.

La Sala Constitucional violó además el principio de separación de poderes al pretender juzgar, "sin juicio," la actuación de una diputada electa en representación del pueblo, y se dió el lujo de concluir una decisión, afirmando –condenándola–, que la Diputada con su actuación ha contradicho sus "deberes como venezolana" que están en el artículo 130 de la Constitución, los cuales, al contrario, todos fueron por ella cumplidos al acudir ante la OEA, y que son: "honrar y defender a la patria, sus símbolos y valores culturales, resguardar y proteger la soberanía, la nacionalidad, la integridad territorial, la autodeterminación y los intereses de la Nación"; deberes todos, que en cambio, han sido violados y violentados por los que ejercen el poder en Venezuela bien "coordinadamente," en "cooperación" estrecha, en el marco del régimen autoritario que se ha establecido en los últimos quince años.[702]

### 9. *La interpretación inconstitucional de la constitución o la mutación ilegítima de la constitución*

Por último, se observa que en el capítulo IV de la sentencia, que contiene la "decisión," después de haber resuelto en párrafos precedentes sobre muchas otras cosas, sin control, como se ha comentado, la Sala se limitó a declarar que tenía competencia para conocer de la "acción propuesta" que no fue otra que la demanda de los concejales contra el Presidente de la Asamblea Nacional; que dicha acción propuesta fue declarada inadmisible, y que por último:

> "INTERPRETA constitucionalmente el sentido y alcance del artículo 191 de la Constitución de la República Bolivariana de Venezuela, en lo que se refiere a la aceptación de una actividad de representación (sea permanente o alterna), indistintamente a su tiempo de duración, ante un órgano internacional por parte de un Diputado o Diputada a la Asamblea Nacional que está desempeñando su cargo durante la vigencia del período para el cual fue electo, y su incompatibilidad con dicha función legislativa."

Ya hemos mencionado en relación con el artículo 191 de la Constitución, que lo que regula es la aceptación o ejercicio de un "cargo público" por un diputado, a lo que nos hemos referido a lo largo de estos comentarios, por lo que la "interpreta-

---

702 Véase Allan R. Brewer-Carías, *Authoritarian Government v. The Rule of Law. Lectures and Essays (1999-2014) on the Venezuelan Authoritarian Regime Established in Contempt of the Constitution*, Fundación de Derecho Público, Editorial Jurídica Venezolana, Caracas 2014.

ción" adoptada por la Sala es simplemente inconstitucional, ya que con ella lo que ha decidido es una mutación del texto y contenido del mencionada artículo 191 de la Constitución, al cambiar la expresión constitucional de "cargo público" que es la que puede originar alguna "incompatibilidad," y trastocarla por la expresión "actividad," para inventar una incompatibilidad entre actividades, usurpando así el poder constituyente del pueblo que es el único que puede reformar la Constitución.

Como último comentario vale la pena señalar que incluso si se aceptara que la Sala Constitucional llevó a cabo una "reforma" velada de la Constitución, a través de esta nueva "interpretación" adoptada respecto de su texto, su decisión sólo podría tener efectos hacia futuro, conforme a la garantía constitucional de la irretroactividad de la ley plasmada en la misma Constitución (art. 24), y nunca hacia el pasado o con efectos retroactivos; es decir, sólo se podría aplicar si se diera el supuesto que ahora se ha establecido o "regulado" en la sentencia después de que la misma hubiera sido publicada en la *Gaceta Oficial*, por lo que no podría aplicarse, en ningún caso, a la diputada María Corina Machado.

Con sentencias como la que hemos comentado, y con atropellos como los que contiene, como persona que le ha dedicado su vida al derecho, no podemos menos que exclamar: Qué terror! Que terrible tragedia que en Venezuela hayamos caído en manos de "jueces del horror."[703]

Por ello, con razón, en el Editorial de *Analítica.com*, del 2 de abril de 2014, titulado "El tribunal Supremo del mal," se lee lo siguiente sobre la sentencia que hemos comentado:

> "En la Venezuela actual una sala parecida es la sala constitucional del tribunal supremo, que se ha caracterizado por ser el instrumento más dócil y más veloz en cumplir los requerimientos del régimen.
>
> Una de esas sentencias sumarias fue la que emitieron, entre gallos y medianoche, el lunes 31 de marzo, mediante la cual, sin un debido proceso, le arrebataron de un solo plumazo la inmunidad parlamentaria a la diputada María Corina Machado. La justificación que dieron para realizar ese acto, a todas luces violatorio de los derechos de la diputada, fue por vía de la interpretación de un oscuro artículo de la Constitución y sin permitirle a la parte agraviada que esgrimiese argumento alguno en su defensa.

---

703 La expresión es una derivación del título del libro de Ingo Müller, *Furchtbare Juristen. Die unbewältigte Vergangenheit unserer Justiz*, con traducción de Carlos Armando Figueredo bajo el título: *Los Juristas del Horror. La justicia de Hitler: El pasado que Alemania no puede dejar atrás*, Caraca 2006. El libro, como se nos dice acertadamente en su Prólogo, es una obra: "que todo ser humano debería leer con cuidado y atención, para evitar que la perversión de la justicia se repita. Que nunca más la justicia se politice y se coloque en posición de servilismos frente a un Poder Ejecutivo intransigente y antidemocrático. No hay justificación alguna para que en nombre de una revolución se le haga tanto daño a pueblo alguno." Esos "los juristas del horror, como más recientemente nos lo ha recordado el propio traductor de la obra, "fueron todos aquellos catedráticos del derecho, abogados, jueces, fiscales y filósofos que se prestaron para darle una supuesta armazón jurídica a una de las peores dictaduras que ha conocido la humanidad como fue la de Adolf Hitler." Véase Carlos Armando Figueredo, "Venezuela también tiene sus 'Juristas del Horror,'" en *Analitica.com*, 3 de abril de 2009, en http://www.analitica.com/va/politica/opinion/7272707.asp

Esta acción de la sala constitucional entrará en los libros de derecho constitucional como un ejemplo aberrante de extra limitación de atribuciones para cometer una violación a la letra de la constitución que prevé taxativamente las únicas causas mediante las cuales se le puede quitar la inmunidad a un diputado que, no olvidemos, es el representante de la voluntad popular."[704]

## III. LA ACEPTACIÓN POR LA SALA CONSTITUCIONAL DEL TRIBUNAL SUPREMO DE LIMITACIONES AL DERECHO A SER ELECTO DERIVADAS DE "INHABILITACIONES POLÍTICAS" INCONSTITUCIONALMENTE IMPUESTAS A FUNCIONARIOS PÚBLICOS COMO SANCIÓN ADMINISTRATIVA [*]

El artículo 39 de la Constitución venezolana de 1999, en relación con el status de las personas, además de distinguir entre venezolanos y extranjeros, regula expresamente el status de "ciudadano,"[705] que es el que corresponde a los venezolanos en virtud del vínculo político que se establece entre los mismos y el Estado,[706] conforme al cual pueden participar en el sistema político como "titulares de derechos y deberes políticos." Estos derechos, por tanto, conforme a la Constitución están reservados a los venezolanos "salvo las excepciones establecidas en la Constitución," que se refieren sólo a la posibilidad, para los extranjeros, de poder ejercer el derecho de voto en las elecciones locales (art. 64).

Salvo esta excepción, los derechos políticos por tanto, son privativos de los ciudadanos, aún cuando sometidos a las "condiciones de edad" que establece la Constitución para el ejercicio de cargos públicos, y a la exigencia de que se trate de personas hábiles en derecho, es decir, que "no estén sujetos a inhabilitación política ni a interdicción civil" (art. 39).

Ahora bien, entre esos derechos políticos privativos de los venezolanos se destaca el "derecho al sufragio" que es, por excelencia, como lo ratificó la Sala Electoral del Tribunal Supremo de Justicia en sentencia N° 29 de 19 de febrero de 2002, (Caso: *Gustavo Pérez y otros vs. Consejo Nacional Electoral*), el "mecanismo de participación del pueblo en ejercicio de su soberanía (artículo 63 de la Constitución)," el

---

704 Véase en http://www.analitica.com/va/editorial/8282103.asp.

* Publicado en Alejandro Canónico Sarabia (Coord.), *El control y la responsabilidad en la Administración Pública, IV Congreso Internacional de Derecho Administrativo, Margarita 2012*, Centro de Adiestramiento Jurídico, Editorial Jurídica Venezolana, Caracas 2012, pp. 293-371.

705 El texto de la norma fue una innovación en relación a lo que establecía la Constitución de 1961. Véase nuestra propuesta en este sentido, en Allan R. Brewer-Carías, *Debate Constituyente,* Tomo II, *op. cit.*, pp. 64 y ss. Véase nuestro voto salvado en la primera discusión, en Allan R. Brewer-Carías, *Debate Constituyente,* Tomo III, *op. cit.*, p. 145.

706 Véase en general, sobre la ciudadanía, Eugenio Hernández Bretón, "Nacionalidad, ciudadanía y extranjería en la Constitución de 1999", en *Revista de Derecho Público,* N° 81 (enero-marzo). Editorial Jurídica Venezolana, Caracas, 2000, pp. 47-59; Enrique Argullol Murgadas, "El status constitucional del ciudadano y la relación jurídico-administrativa", en *El Derecho Público a comienzos del siglo XXI. Estudios homenaje al Profesor Allan R. Brewer-Carías*, Tomo II, Instituto de Derecho Público, UCV; Civitas Ediciones, Madrid, 2003, pp. 1384-1392.

mismo "alude a la libertad de participar en un proceso electoral, tanto en la condición de elector (sufragio activo) como en la de candidato (sufragio pasivo)."[707].

En este contexto, por tanto, el derecho a ser electo para cargos representativos es uno de los más esenciales en una sociedad democrática, que tiene todo ciudadano hábil políticamente, es decir, no sujeto a interdicción civil o a inhabilitación política, pudiendo sólo ser excluidos de su ejercicio sólo aquellos que pierden su ciudadanía, lo que sólo puede ocurrir mediante decisión judicial, o quienes hayan sido objeto de una decisión adoptada por los tribunales de justicia en procesos generalmente penales, en los cuales esté garantizado el debido proceso, en los cuales su imponga la pena de inhabilitación política.

Son incompatibles con una sociedad democrática, por tanto, las inhabilitaciones políticas impuestas a los ciudadanos por autoridades administrativas, es decir, por órganos del Estado que no sean tribunales judiciales y menos aún cuando son impuestas en procedimientos administrativos en los que no se respeten las debidas garantías del debido proceso. Lo contrario significaría que estaría en manos del gobierno de turno excluir a ciudadanos de su derecho a ser electos para cargos representativos, lesionándose así el desarrollo de una democracia pluralista, pues se podría excluir de su derecho a la participación política, al antojo gubernamental, a los miembros de la oposición democrática.

Este derecho ha sido violado en Venezuela por la Contraloría General de la República, la cual al dictar autos de responsabilidad administrativa, aplicando el artículo 105 de la ley Orgánica de la Contraloría General de la República y del Sistema Nacional de Control Fiscal, imponiendo la "pena" de inhabilitación política a ex funcionarios que han sido sancionados, restringiéndoles su derecho político al sufragio pasivo que sólo puede ser restringido, acorde con la Constitución (art. 65) y la Convención Americana de Derechos Humanos (art. 32.2), mediante sentencia judicial que imponga una condena penal. Es decir, en estos primeros años del siglo XXI, una de las armas políticas más arteras contra la representatividad democrática que ha utilizado el régimen autoritario instalado en el país en fraude a la Constitución y a la democracia, ha sido recurrir al expediente de la inhabilitación política impuesta mediante decisiones administrativas dictadas por el Contralor General de la República, a determinados candidatos, generalmente de la oposición para excluirlos del ejercicio democrático, y por tanto, de la posibilidad de ser electos para cargos representativos.

Ello es completamente inconstitucional e inconvencional, pues el derecho a ser electo en Venezuela es un derecho político que sólo puede restringirse de acuerdo con la Constitución de 1999 y con la Convención Americana de Derechos Humanos, mediante sentencia judicial dictada en un proceso penal conforme a las normas del Código Orgánico Procesal Penal, cuando un juez impone a un condenado la pena de inhabilitación política, que es siempre una pena accesoria a la pena principal de prisión o presidio.

En esta materia, sin embargo, la Sala Constitucional, como juez constitucional, en franca violación de la Constitución, resolvió en sentencia Nº 1265/2008 dictada

---

707 Véase en *Revista de Derecho Público*, Nº 89-92, Editorial Jurídica Venezolana, Caracas 2002.

el 5 de agosto de 2008,[708] (caso *Ziomara Del Socorro Lucena Guédez vs. Contralor General de la República*) que el artículo 105 de la Ley Orgánica de la Contraloría no era violatorio de la Constitución ni de la Convención Americana de Derechos Humanos, admitiendo que mediante ley se podían establecer sanciones administrativas de inhabilitación política contra ex funcionarios impidiéndoles ejercer su derecho político a ser electos, como era el caso de las decisiones dictadas por la Contraloría General de la República.

El tema fue llevado por la Comisión Interamericana de Derechos Humanos ante la Corte Interamericana de Derechos Humanos, la cual mediante sentencia dictada en el 1° de septiembre de 2011 (caso *Leopoldo López vs. Estado de Venezuela)*, al contrario, consideró que conforme a la Convención Americana de Derechos Humanos (art. 32.2) la restricción al derecho pasivo al sufragio (derecho a ser elegido) sólo puede establecerse mediante imposición de condena dictada mediante sentencia judicial, con las debidas garantías del debido proceso, condenando en dicho caso al Estado venezolano por violación de dicho derecho en perjuicio del Sr. López, ordenando la revocatoria de las decisiones de la Contraloría General de la República y de otros órganos del Estado que le impedían ejercer su derecho político a ser electo por la inhabilitación política que le había sido impuesta administrativamente.

Ello, sin embargo fue truncado pues la Sala Constitucional del Tribunal Supremo de Justicia, al conocer de una "acción innominada de control de constitucionalidad" de la sentencia de la Corte Interamericana interpuesta por el Procurador General de la República, como abogado del Estado, en sentencia N° 1547 (Caso *Estado Venezolano vs. Corte Interamericana de Derechos Humanos*) de fecha 17 de octubre de 2011,[709] decidió declarar la sentencia de la Corte Interamericana como "inejecutable" en Venezuela, ratificando la violación al derecho constitucional del Sr. López que le impide ejercer su derecho a ser electo y ejercer funciones públicas representativas.

Estos comentarios van destinados a analizar esta bizarra situación de violación de derechos políticos por parte de órganos administrativos y judiciales del Estado, incluyendo la Sala Constitucional del Tribunal Supremo, y de formal desconocimiento de las sentencias dictadas por la Corte Interamericana de Derechos Humanos, al declararlas "inejecutables" en el país. Antes analizaremos el sistema de derechos políticos en el ordenamiento constitucional venezolano y en la Convención Americana de Derechos Humanos, y sus posibles restricciones.

### 1. *Los derechos políticos en el sistema constitucional venezolano*

#### A. *El régimen de los derechos políticos en la Constitución y en la Convención Americana de Derechos Humanos*

En efecto, la Constitución venezolana de 1999, en el Capítulo sobre la "Ciudadanía" dispone expresamente que los derechos políticos corresponden a los ciudadanos, es decir, a los venezolanos que no estén sujetos a inhabilitación política ni a interdicción civil, y en las condiciones de edad previstas en Constitución (art. 39),

---

708 Véase en http://www.tsj.gov.ve:80/decisiones/scon/Agosto/1265-050808-05-1853.htm.

709 Véase en http://www.tsj.gov.ve/decisiones/scon/Octubre/1547-171011-2011-11-1130.html.

agregando como principio general que su ejercicio "sólo puede ser suspendido por sentencia judicial firme en los casos que determine la ley" (art. 42).[710]

Esos derechos políticos de los ciudadanos, todos vinculados al principio democrático, que están enumerados en la Constitución de 1999, son los siguientes: (i) el derecho a la participación política en los asuntos públicos, directamente o por medio de sus representantes elegidos (art. 62) por los medios establecidos en el artículo 70; (ii) el derecho de concurrir a los procesos electorales postulando candidatos o candidatas (art. 67); (iii) el derecho a votar en referendos consultivos, revocatorios, aprobatorios y abrogatorios (arts. 71 a 74); (iv) el derecho a votar para elegir representantes populares (art. 63, 64); (v) el derecho a ser electo, del cual se excluye en la Constitución a quienes hubiesen sido condenados judicialmente por delitos cometidos durante el ejercicio de sus funciones y otros que afecten el patrimonio público (art. 63, 65); (vi) el derecho de exigir que los representantes electos rindan cuentas públicas, transparentes y periódicas sobre su gestión, de acuerdo con el programa presentado (art. 66); (vii) el derecho de asociarse con fines políticos, mediante métodos democráticos (art; 67); (viii) el derecho a manifestar, pacíficamente y sin armas (art. 68); y (ix) el derecho a no ser extraditado (art. 69). También puede considerarse como derecho político, aún cuando no enumerado en forma expresa, (x) el derecho a ejercer funciones públicas no electivas en condiciones de igualdad, lo que deriva del derecho a la participación política (arts. 62, 70) y a la igualdad y no discriminación (art. 21).[711]

Por su parte, la Convención Americana de Derechos Humanos, en su artículo 23.1 distingue y garantiza los siguientes derechos políticos a las personas, los cuales conforme al artículo 23 de la Constitución venezolana, tienen jerarquía constitucional en el país: (i) el derecho de participar en la dirección de los asuntos públicos; (ii) el derecho de votar en las elecciones para elegir representantes; (iii) el derecho de votar en las votaciones dispuestas para expresar la voluntad de los ciudadanos; (iv) el derecho de ser elegidos en sufragio universal y secreto para desempeñar cargos de representación popular; y (v) el derecho de tener acceso en condiciones de igualdad a las funciones públicas para desempeñar cargos administrativos.

Entre todos estos derechos políticos se pueden establecerse muchas distinciones, pero una básica entre ellos, es la que deriva de su vinculación esencial o no al principio democrático representativo. Así, todos los que se enumeran expresamente en la Constitución de 1999 como propios de la ciudadanía y los cuatro primeros enumerados en la Convención Americana, están sin duda estrechamente vinculados al principio democrático, siendo manifestación concreta del ejercicio de los derechos de participación política por los ciudadanos vinculados con la democracia participativa y representativa, en particular, los derechos de votar, de elegir representantes y de

710 Véase en general sobre el régimen de los derechos políticos en el proyecto de Constitución, nuestra propuesta sobre "Principios generales sobre derechos políticos" y "Derecho a la participación política," en Allan R. Brewer-Carías, *Debate Constituyente (Aportes a la Asamblea Nacional Constituyente), Tomo II (9 septiembre-17 octubre 1999)*, Fundación de Derecho Público-Editorial Jurídica Venezolana, Caracas 1999, pp. 119-142.

711 Véase el comentario sobre todos estos derechos políticos en Allan R. Brewer-Carías, *La Constitución de 1999. Derecho Constitucional Venezolano*, Editorial Jurídica Venezolana, Caracas 2004, Tomo I.

ser electos como representante popular. En cambio, el último de los derechos enumerados en la Convención Americana (artículo 23.1.c), que también se puede considerar que deriva de las previsiones constitucionales, de tener acceso en condiciones de igualdad a las funciones públicas para desempeñar cargos administrativos, no necesariamente tiene vínculo esencial con el principio democrático, pues se trata del derecho a acceder a las funciones públicas y ejercer cargos públicos no electivos.

Esta distinción tiene particular importancia a la hora de determinar la posibilidad y el ámbito de las restricciones al ejercicio de los derechos pues en el caso de todos los derechos políticos enumerados en la Constitución de 1999 y los cuatro primeros derechos enumerados en la Convención Americana, las restricciones implican, en definitiva, una restricción al principio democrático; y, en cambio, en el último de los derechos enumerados en la Convención Americana, y que se deduce de las previsiones de la Constitución venezolana, las restricciones que puedan establecerse al ejercicio de cargos públicos no afectan en su esencia el principio democrático.

Esta distinción en importante, sobre todo cuando se enfoca específicamente el derecho político a ejercer cargos públicos *de elección popular* regulado en los artículos 63 y 65 de la Constitución y en el artículo 23.1.b de la Convención Americana, y el derecho político de tener *acceso en condiciones de igualdad para ejercer cargos públicos no electivos*, mediante nombramiento administrativo, regulado en el artículo 23.1.c de la misma Convención Americana, y que encuentra su fundamento en los artículos 61 y 21 de la Constitución.

### B. *Las limitaciones y restricciones constitucionales al ejercicio de los derechos políticos*

Ahora bien, en general, en Venezuela, el ejercicio y oportunidades de los derechos políticos de los ciudadanos, conforme a los artículos 63 y siguientes de la Constitución, es una materia de reserva constitucional, en el sentido de que la Constitución es la que puede establecer las restricciones y limitaciones a los mismos, no pudiendo el legislador establecer limitaciones no autorizadas en la Constitución

Y es así cómo en primer lugar, es la propia Constitución la que establece que el ejercicio de los derechos políticos está sometido a ciertas "condiciones de edad" que ella misma dispone directamente, y que en materia del ejercicio del derecho al sufragio, en cuanto al derecho a votar y a elegir, corresponde a los mayores de 18 años (art. 64); y en cuanto al derecho a ser electo, corresponde así: para ser electo Gobernador de un Estado se requiere ser mayor de 25 años (art. 160); para ser electo diputado a la Asamblea Nacional y legislador estadal, se requiere ser mayor de 21 años (arts. 188 y 162); para ser electo Alcalde se requiere ser mayor de 25 años (art. 174) y para ser electo Presidente de la República se requiere ser mayor de 30 años (arts. 227 y 238).

En segundo lugar, es también la propia Constitución la que dispone determinadas restricciones en cuanto al derecho a ser electo, estableciendo condiciones relativas a la nacionalidad, al disponer en el artículo 41 que sólo los "venezolanos por nacimiento y sin otra nacionalidad," son los que pueden ser electos para los cargos de Presidente de la República, y de Gobernadores y Alcaldes de los Estados y Municipios fronterizos.

En tercer lugar, la Constitución también dispone como limitación al derecho de los venezolanos por naturalización a ser electos diputados a la Asamblea Nacional,

Gobernador y Alcaldes de Estados y Municipios no fronterizos, que deben tener domicilio con residencia ininterrumpida en Venezuela por un tiempo no menor de quince años y cumplir los requisitos de aptitud que se prevean en la ley (art. 41).

En cuarto lugar, la Constitución también dispone en su artículo 198, específicamente respecto del derecho a ser electo diputado que los diputados a la Asamblea Nacional cuyo mandato fuere revocado, no pueden "optar a cargos de elección popular en el siguiente período."

En quinto lugar, y aparte de las condiciones de edad, nacionalidad, residencia y de revocación de mandato antes referidas, la propia Constitución establece que sólo pueden ser excluidos del ejercicio de los derechos políticos quienes hayan sido declarados entredichos lo que en Venezuela puede ocurrir, conforme a las previsiones de la legislación civil, solo mediante sentencia judicial dictada en un proceso de interdicción civil; así como quienes hayan sido declarados inhabilitados políticamente, lo que en Venezuela puede ocurrir, conforme a las previsiones de la legislación penal, mediante condena judicial penal que la establezca como pena accesoria a una pena principal, en un proceso penal (art. 64); y, en general, a quienes hubiesen sido condenados "por delitos cometidos durante el ejercicio de sus funciones y otros que afecten el patrimonio público" respecto de los cuales el artículo 65 de la Constitución dispone que "no podrán optar a cargo alguno de elección popular."

En este sentido, en cuanto a la interdicción civil, la misma está regulada en el artículo 393 del Código Civil al establecer que: "El mayor de edad y el menor emancipado que se encuentren en estado habitual de defecto intelectual que los haga incapaces de proveer a sus propios intereses, serán sometidos a interdicción, aunque tengan intervalos lúcidos."

En cuanto a la inhabilitación política, la regula el Código Penal como pena en su artículo 24, estableciendo que "no podrá imponerse como pena principal, sino como accesoria a las de presidio o prisión y produce como efecto la privación de los cargos o empleos públicos o políticos que tengan el penado y la incapacidad, durante la condena, para obtener otros y para el goce del derecho activo y pasivo del sufragio. También perderá toda dignidad o condecoración oficial que se le haya conferido, sin poder obtener las mismas ni ninguna otra durante el propio tiempo."

En cuanto a la inhabilitación política por condena por delitos cometidos durante el ejercicio de sus funciones, y otros que afecten el patrimonio público, dentro del tiempo que fije la ley, a partir del cumplimiento de la condena de acuerdo con la gravedad del delito que prevé la Constitución, la Ley contra la Corrupción de 2003[712] ha dispuesto en su artículo 96, que el funcionario público "que haya sido condenado por cualesquiera de los delitos establecidos en la presente Ley, quedará inhabilitado para el ejercicio de la función pública y, por tanto, no podrá optar a cargo de elección popular o a cargo público alguno, a partir del cumplimiento de la condena y hasta por cinco (5) años," lo cual "será determinado por el juez, de acuerdo con la gravedad del delito, en la sentencia definitiva que se pronuncie sobre el mismo."

---

712 Véase en *Gaceta Oficial* N° 5.637 Extraordinario del 7 de abril de 2003.

Y por último, en sexto lugar, el artículo 330 de la Constitución establece otra restricción al ejercicio del derecho pasivo al sufragio al disponer que "los integrantes de la Fuerza Armada Nacional en situación de actividad" no pueden "optar a cargos de elección popular."

Concentrándonos al derecho político al sufragio pasivo, las antes mencionadas restricciones son las únicos condicionantes establecidos en la Constitución para el ejercicio del mismo, las cuales tienen su fuente, en la previsión directa del supuesto en la norma constitucional, o en una decisión judicial en un proceso en el cual esté garantizado el debido proceso (que declare la interdicción civil o que imponga una pena que conduzca a la inhabilitación política), no pudiendo establecerse otras restricciones o condiciones de elegibilidad mediante ley. En ello consiste, precisamente, la garantía constitucional de este derecho a ser electo, que es de los más esenciales en una sociedad democrática, razón por la cual, el artículo 42 de la Constitución, al referirse a la ciudadanía dispone en general que el ejercicio de la misma la misma "sólo puede ser suspendido por sentencia judicial firme en los casos que determine la ley" (art. 42).[713]

En consecuencia, siendo las anteriores, las únicas restricciones y exclusiones permitidas en la Constitución respecto del ejercicio de los derechos políticos en Venezuela, en particular, del derecho a ser electo, por lo cual es completamente inconstitucional la previsión contenida en el artículo 52 de la Ley de Nacionalidad y Ciudadanía de 2004,[714] en el cual se estableció, como causales "de suspensión del ejercicio de la ciudadanía," que es la condición para el ejercicio de todos los derechos políticos, además de "la inhabilitación política y la interdicción civil" que son las únicas establecidas en la Constitución, las otras siguientes "causales:" "1. La aceptación de funciones políticas u honores de otro Estado; 2. La prestación de servicios militares a otro Estado, sin la previa autorización de la Asamblea Nacional; y 3. La ofensa a los símbolos patrios y las demás que establezcan la Constitución de la República Bolivariana de Venezuela y las leyes." Estas previsiones, se insiste, son completamente inconstitucionales, por más que el artículo 55 de la misma Ley garantice que la supuesta "decisión" que se adopte para suspender la ciudadanía corresponde ser dictada a la autoridad judicial, al disponer que el ejercicio de la ciudadanía o de alguno de los derechos políticos "sólo puede suspenderse por sentencia judicial firme". Ello es correcto, pero sólo en los casos de inhabilitación política o interdicción civil.[715]

Como se dijo, la Constitución venezolana sólo enumera como derechos políticos, los antes indicados, todos vinculados esencialmente al principio democrático, no

---

713 Véase en general sobre el régimen de los derechos políticos en el proyecto de Constitución, nuestra propuesta sobre "Principios generales sobre derechos políticos" y "Derecho a la participación política," en Allan R. Brewer-Carías, *Debate Constituyente (Aportes a la Asamblea Nacional Constituyente)*, Tomo II (9 septiembre-17 octubre 1999), Fundación de Derecho Público-Editorial Jurídica Venezolana, Caracas 1999, pp. 119-142.

714 Véase en *Gaceta Oficial* Nº 37.971 de 01-07-2004.

715 Sobre estas inconstitucionalidades en la Ley de Nacionalidad y Ciudadanía véase lo que hemos expuesto en Allan R. Brewer-Carías, *Régimen Legal de Nacionalidad, Ciudadanía Y Extranjería. Ley de Nacionalidad y Ciudadanía. Ley de Extranjería y Migración. Ley Orgánica sobre Refugiados y Asilados,* Editorial Jurídica Venezolana, Caracas 2005, pp. 46 ss.

enumerándose entre ellos en forma expresa, el derecho a acceder y ejercer en condiciones de igualdad funciones públicas no electivas, es decir, mediante nombramiento o designación, el cual, sin embargo, es evidente que también corresponde a los ciudadanos por el derecho que tienen a la participación política y a la igualdad y no discriminación.

Sobre el ejercicio de este derecho, por otra parte, la propia Constitución establece restricciones y limitaciones basadas en la edad, al disponer que para ejercer los cargos de Magistrado del Tribunal Supremo de Justicia (art. 263), Procurador General de la República (art. 249) y al Fiscal General de la República (art. 284) se requiere ser mayor de 35 años; para ejercer los cargos de Vicepresidente de la República (arts. 227 y 238), de Defensor del Pueblo (art. 280) y Contralor General de la República (art. 288) se requiere ser mayor de 30 años; y para ejercer el cargo de Ministro se requiere ser mayor de 25 años (art. 244).

La Constitución también establece restricciones para el ejercicio de cargos públicos no electivos por razón de nacionalidad, al disponer en el artículo 41 que sólo los "venezolanos por nacimiento y sin otra nacionalidad," son los que pueden ejercer los cargos de Vicepresidente Ejecutivo, Presidente y Vicepresidentes de la Asamblea Nacional, Magistrados del Tribunal Supremo de Justicia, Presidente del Consejo Nacional Electoral, Procurador General de la República, Contralor General de la República, Fiscal General de la República, Defensor del Pueblo, Ministros de los despachos relacionados con la seguridad de la Nación, finanzas, energía y minas, educación; Gobernadores y Alcaldes de los Estados y Municipios fronterizos y aquellos contemplados en la Ley Orgánica de la Fuerza Armada Nacional.

En cuanto a las condiciones de residencia, el mismo artículo 41 de la Constitución dispone que para ejercer los cargos de Ministro, Gobernadores y Alcaldes de Estados y Municipios no fronterizos, se exige respecto de los venezolanos por naturalización que deben tener domicilio con residencia ininterrumpida en Venezuela no menor de quince años y cumplir los requisitos de aptitud previstos en la ley.

Ahora bien, volviendo al derecho al sufragio pasivo, como cuestión de principio, debe indicarse que es incompatible con una sociedad democrática y con la garantía del mismo, el que puedan establecerse restricciones a su ejercicio que puedan tengan su fuente en una decisión administrativa, es decir, que no sea judicial, por lo que por ejemplo, las autoridades administrativas no podrían imponer a los ciudadanos inhabilitaciones políticas, y menos aún en procedimientos administrativos en los que no se respeten las debidas garantías del debido proceso. Lo contrario significaría que quedaría en manos del gobierno de turno excluir a los ciudadanos de su derecho a ser electos para cargos representativos, lesionándose así el desarrollo de una democracia pluralista, pues se podría excluir de su derecho a la participación política, al antojo gubernamental, a los miembros de la oposición democrática.

Y eso es precisamente lo que ha venido ocurriendo en Venezuela en esta primera década del siglo XXI, donde una de las armas políticas más arteras contra la oposición política democrática que ha utilizado el régimen autoritario instalado en el país en fraude a la Constitución y a la democracia, ha sido la de recurrir al expediente de la inhabilitación política impuesta mediante decisiones administrativas dictadas por el Contralor General de la República, a líderes de la oposición para excluirlos del ejercicio democrático, y por tanto, de la posibilidad de ser electos para cargos representativos.

Ello es completamente inconstitucional e inconvencional, pues el derecho a ser electo en Venezuela como se dijo es un derecho político que sólo puede restringirse de acuerdo con la Constitución de 1999 y con la Convención Americana de Derechos Humanos, mediante sentencia judicial dictada en un proceso civil que declare la interdicción de la persona, o en un proceso penal conforme a las normas del Código Orgánico Procesal Penal, cuando un juez impone a un condenado la pena de inhabilitación política, que es siempre una pena accesoria a la pena principal de prisión o presidio.

### C. *La reglamentación al ejercicio y oportunidades de ejercicio de los derechos políticos en la Convención Americana*

En cuanto a la Convención Americana de Derechos Humanos, los derechos políticos que en ella se enuncian, tal como lo precisa el artículo 23.2 de la misma, solo pueden ser reglamentados o restringidos mediante ley ("la ley puede reglamentar"), y "exclusivamente por razones de edad, nacionalidad, residencia, idioma, instrucción, capacidad civil o mental, o condena, por un juez competente, en proceso penal."

De esta norma resulta, en consecuencia, que las limitaciones (reglamentación) al ejercicio y oportunidades de ejercicio de los derechos políticos sólo pueden establecerse en un Estado en la siguiente forma:

Primero, mediante ley, es decir, mediante el acto normativo que emane del cuerpo representativo del pueblo, integrado por representantes electos mediante sufragio universal y secreto, y que se define en el artículo 202 de la Constitución venezolana como "el acto sancionado por la Asamblea Nacional como cuerpo legislador." Sin embargo, como hemos indicado, en Venezuela es sólo la Constitución la que puede establecer esas restricciones, al disponer que el ejercicio de los derechos políticos corresponde a los venezolanos, "salvo las excepciones establecidas en esta Constitución" (art. 40), y las basadas en "las condiciones de edad previstas en esta Constitución" (art. 39), excluyendo además expresamente del ejercicio de los derechos políticos a quienes hubiesen sido condenados "por delitos cometidos durante el ejercicio de sus funciones y otros que afecten el patrimonio público"(art. 65), y a quienes estuviesen sujetos a interdicción civil o inhabilitación política (art. 64).

Segundo, conforme a la Convención Americana, las restricciones a los derechos políticos sólo se pueden establecer basadas en los siguientes motivos indicados taxativamente en la Convención: 1) edad, 2) nacionalidad; 3) residencia; 4) idioma; 5) instrucción; 6) capacidad civil o mental; o 7) condena, por juez competente, en proceso penal. En relación con estos diferentes motivos de limitaciones que deben siempre ser establecidas por ley, debe señalarse que si bien los primeros seis enumerados en el artículo 23.2 de la Convención Americana no presentan mayor dificultad en la determinación de su alcance respecto de todos los derechos políticos enumerados en el artículo 23.1 de la misma Convención Americana, particularmente en cuanto a la distinción apuntada sobre su vinculación esencial o no del derecho político en concreto al principio democrático representativo, no sucede lo mismo respecto del último de los motivos mencionados ("condena, por juez competente, en proceso penal"), el cual puede tener un tratamiento distinto según se trate de la elección popular para ejercer un cargo público o del acceso a una función pública mediante nombramiento administrativo.

A tal efecto, y en particular, refiriéndonos exclusivamente a dos de los derechos políticos establecidos en el artículo 23.1 de la Convención, el derecho de los ciudadanos a ser elegidos mediante sufragio para desempeñar cargos de elección popular (establecido también en el artículo 63 de la Constitución) y el derecho de los ciudadanos de tener acceso a las funciones públicas para desempeñar cargos administrativos, la interpretación del alcance de los motivos para su restricción mediante ley consistentes en las razones de "edad, nacionalidad, residencia, idioma, instrucción, capacidad civil o mental" puede decirse que no presenta mayor dificultad, ni amerita hacer la distinción en cuanto al origen del cargo público de que se trate, si de carácter electivo o de nombramiento administrativo, pues en general tienen el mismo tratamiento respecto de los dos derechos.

La Constitución y la ley, en efecto, en los diferentes Estados establecen una determinada "edad" para ser electo como representante o para ser nombrado funcionario público, inclusive en forma variable según el cargo electivo o el cargo administrativo de que se trate. En diversos artículos de la Constitución venezolana, como se ha dicho, se establecen edades diferentes para ser electo y para ocupar cargos. En las leyes en otros países se prevé asimismo límites de edad para ocupar cargos públicos.

La "nacionalidad" del país en cuestión se requiere en la ley, en general, tanto para ser electo como para ser funcionario público, excluyéndose a los extranjeros del ejercicio de dichos derechos. En Venezuela es la Constitución la que exige tener la ciudadanía y por ende la nacionalidad venezolana, para ejercer los derechos políticos.

Ciertas condiciones de "residencia" son requeridas en general por la ley para la elección para cargos de representación popular, generalmente en las elecciones locales.

En algunos casos de países signados por el multiculturalismo se podría incluso exigir el hablar determinado "idioma" o lengua para ser electo o para ejercer un cargo público.

Particularmente para el ejercicio de funciones públicas en ciertos cargos administrativos o judiciales, la ley requiere de determinado grado de "instrucción" o de títulos profesionales.

Finalmente en cuanto a la "capacidad civil o mental," se trata, en general, de un asunto relativo a la capacidad regulada en la legislación civil, consistente por ejemplo en la figura de la interdicción civil que sólo puede ser declarada judicialmente para la realización de actos de la vida civil, lo cual se extiende en común a la inhabilitación para el desempeño de cargos de elección popular o cargos administrativos.

Sin embargo, en el caso del último de los motivos que conforme a la Convención la ley podría regular para restringir el derecho a ser electo para cargos de representación popular, consistente en "condena, por juez competente, en proceso penal," dada la precisión del lenguaje utilizado por la Convención Americana, sin duda resulta necesario distinguir el origen del cargo público respecto del cual se trate, en el sentido de si es electivo o de nombramiento o designación.

En efecto, en el caso de la restricción al ejercicio de los derechos políticos para ser electo representante popular o para el ejercicio de funciones públicas y que la misma consista en la inhabilitación para el ejercicio del derecho, la misma, conforme lo exige la Convención, sólo puede ser establecida mediante ley en relación con los ciudadanos como resultado de una "condena" impuesta a los mismos, la cual conforme a la previsión expresa de la Convención sólo puede consistir en una sanción pronunciada en un "proceso penal" mediante decisión que debe emanar de un "juez competente."

En consecuencia, conforme al texto de la Convención Americana, para que un Estado pueda llegar a imponerle a una persona una sanción que lo inhabilite para ser elegido o para tener acceso a las funciones públicas, la misma debe estar prevista en una ley y debe ser siempre adoptada como una decisión de condena, que sea decidida por un juez penal competente, y mediante un proceso penal. Esta es precisamente la situación en Venezuela, donde es la Constitución la que dispone que solo quedan excluidos del ejercicio del derecho a ser electo los venezolanos sujetos a interdicción civil o inhabilitación política, lo que en el ordenamiento solo puede disponerse mediante sentencia judicial, y en general, los condenados por delitos cometidos durante el ejercicio de sus funciones y otros que afecten el patrimonio público (arts. 64 y 65).

## 2. *Las restricciones al ejercicio de los derechos políticos*

### A. *Las restricciones conforme al principio democrático*

En todo caso, en relación con este motivo de restricción de los derechos políticos, particularmente respecto del derecho a ser elegido para cargos de elección popular y del derecho de acceder a funciones públicas para ejercer cargos público mediante nombramiento o designación, el alance de la misma y de su implementación, puede variar según la distinción antes mencionada derivada de si el derecho se vincula esencialmente al principio democrático o no.

En el primer caso, en nuestro criterio, la interpretación de la Convención Americana tiene que ser restrictiva, siendo el principio democrático esencial a la misma, entre otras razones, por una parte, por haberse dictado la Convención para consolidar "*dentro del cuadro de las instituciones democráticas,*" como lo indica en el primero de los "Considerandos," "un régimen de libertad personal y de justicia social, fundado en el respeto de los derechos esenciales del hombre;" y por otra parte, dado la vigencia de la Carta Democrática Interamericana que considera como un elemento esencial a la democracia la garantía y respeto a los derechos humanos (art. 4).

Es decir, las restricciones que impliquen inhabilitación política y que puedan imponerse al ejercicio de derechos políticos, cuando impliquen restricciones al principio democrático y sean establecidas por ley respecto del derecho a ser electo para cargos representativos mediante sufragio (derecho a ser elegido), deben ser objeto de interpretación restrictiva; pudiendo en cambio, las restricciones al ejercicio de derechos políticos que no impliquen restricción al principio democrático, ser objeto de interpretación amplia.

Esto sucede precisamente cuando se interpreta la última parte del artículo 23.2 de la Convención en cuanto al motivo de restricción al ejercicio de derechos políticos basado en "condena, por juez competente, en proceso penal." Para eliminarle a un ciudadano sus derechos democráticos, consistentes por ejemplo, en el derecho a elegir representantes populares o a ser elegido representante del pueblo, que son de la esencia de la democracia representativa, sin duda, en nuestro criterio, la previsión del artículo 23.2 debe interpretarse restrictivamente en el estricto sentido de las palabras usadas en el mismo según la conexión de ellas entre sí, de manera que es necesario que se produzca una "condena" judicial que debe ser pronunciada por un "juez competente, en un proceso penal."

No es posible eliminarle a un ciudadano el ejercicio de los derechos políticos más esenciales a la democracia representativa como son el derecho ciudadano a elegir o a ser elegido para cargos representativos de la voluntad popular, mediante un acto que no sea una sentencia judicial penal, como podría ser, por ejemplo, un acto administrativo imponiendo una sanción administrativa, dictado por un funcionario que no es parte del Poder Judicial, es decir, que no es un "juez" y que para dictarlo no ha seguido un proceso penal que es el regulado en los Códigos reguladores del Proceso Penal.

Conforme a la Convención Americana, la restricción al principio democrático de elegir y ser electo es un asunto exclusivo del Poder Judicial, que sólo puede adoptarse por un "juez penal competente," mediante un "proceso penal," en el cual se "condene" a un ciudadano por delitos o faltas regulados y tipificados en el Código Penal o en leyes penales especiales, y que impliquen o conlleven la inhabilitación política del condenado.

Este es, por lo demás, el caso de la legislación venezolana, donde como se ha dicho, la inhabilitación política está efectivamente prevista en el Código Penal como una pena accesoria a una pena principal (presidio o prisión), que se impone como consecuencia de una condena penal (art. 13 y 16), que sólo se puede dictar e imponer por un juez penal, que además de tener que ser el juez competente tiene que ser un juez profesional que es el único que puede conocer de las fases del proceso penal conforme al artículo 104 del Código Orgánico Procesal Penal, en un proceso penal desarrollado conforme a las previsiones de dicho Código. Dicha pena accesoria de inhabilitación política, que "no podrá imponerse como pena principal sino como accesoria a las de presidio y prisión," produce "como efecto, la privación de los cargos o empleos públicos o políticos que tenga el penado y la incapacidad, durante la condena, para obtener otros y para el goce del derecho activo y pasivo del sufragio" (art. 24).

Es decir, conforme a dicho Código Orgánico Procesal Penal, en Venezuela, y conforme a las previsiones de la Convención Americana, nadie puede ser condenado penalmente y a nadie se le puede imponer una pena, "sin un juicio previo, oral y público, realizado, sin dilaciones indebidas, ante un juez imparcial," conforme a las disposiciones de dicho Código, "y con salvaguarda de todos los derechos y garantías del debido proceso, consagrados en la Constitución de la República, las leyes, los tratados, convenios y acuerdos internacionales suscritos por la República" (art. 1), correspondiendo en todo caso, a "los tribunales juzgar y hacer ejecutar lo juzgado" (art. 2), y en los términos del artículo 7 del mismo Código, y correspondiendo "exclusivamente" "a los jueces y tribunales ordinarios o especializados establecidos por las leyes, con anterioridad al hecho objeto del proceso," "la potestad de aplicar la ley en los procesos penales."

La consecuencia de todo ello, es que la inhabilitación política que puede afectar a un ciudadano para ejercer su derecho político a ser electo, en cualquier ordenamiento, es efectivamente una "inhabilitación política," que sólo puede pronunciarse conforme a las modalidades previstas en los diversos ordenamientos, mediante un juicio político como el que existe en muchos países o mediante una sentencia judicial penal como es el caso de Venezuela, de manera de asegurar la vigencia de los artículos

42 y 65 de la Constitución donde se garantiza que la perdida de la ciudadanía, que implica el ejercicio de los derechos políticos como los vinculados al principio democrático, solo puede ocurrir por "sentencia judicial firme," y que los únicos que no pueden optar a cargos de elección popular por un tiempo que debe fijar la ley, son quienes han sido condenados por delitos cometidos durante el ejercicio de funciones públicas que afecten el patrimonio público.

Es rigurosamente falso, por tanto, lo ha afirmado por la Sala Constitucional del Tribunal Supremo de Venezuela en sentencia Nº 1265 de 5 de agosto de 2008, en el sentido de que el artículo 65 de la Constitución, al disponer que "no podrán optar a cargo alguno de elección popular quienes hayan sido condenados o condenadas por delitos cometidos durante el ejercicio de sus funciones," supuestamente

> "no excluye la posibilidad de que tal inhabilitación pueda ser establecida, bien por un órgano administrativo *stricto sensu* o por un órgano con autonomía funcional, como es, en este caso, la Contraloría General de la República;"

agregando además, erradamente, que:

> "la norma, si bien plantea que la prohibición de optar a un cargo público surge como consecuencia de una condena judicial por la comisión de un delito, tampoco impide que tal prohibición pueda tener un origen distinto; la norma sólo plantea una hipótesis, no niega otros supuestos análogos."[716]

Al afirmar esto, la Sala Constitucional olvidó su propia afirmación expresada unos años antes en la sentencia Nº 2444 de 20 de octubre de 2004 (caso: *Tulio Rafael Gudiño Chiraspo*) en el sentido de que:

> "en materia de ejercicio de derechos, en este caso políticos, muy vinculados al carácter participativo del gobierno del Estado venezolano, las excepciones y/o restricciones son de derecho constitucional estricto y nuestra Constitución sólo dispone de dos medios para terminar anticipadamente el mandato o representación (salvo, por supuesto, la muerte o la renuncia). Estos son: el enjuiciamiento por delitos comunes o políticos –artículo 266– y la revocatoria del mandato –artículo 72–, una de las innovaciones de la nueva Carta Magna que confiere, precisamente, el carácter participativo a nuestra democracia."[717]

El mismo razonamiento de derecho constitucional estricto que se aplica a los casos de terminación de mandatos de elección popular, por supuesto se aplica a los casos de inhabilitación para el ejercicio del derecho político a ser electo, de la esencia del régimen democrático.

### B. *Las restricciones al ejercicio del derecho político de acceder a cargos públicos no electivos o de nombramiento*

En el segundo caso de motivos de restricción de los derechos políticos, particularmente en relación con el derecho de acceder a funciones públicas para ejercer cargos públicos *no electivos*, mediante nombramiento o designación, el alcance de la norma de la Convención Americana y de su implementación ha sido interpretada en

---

716 Véase en http://www.tsj.gov.ve:80/decisiones/scon/Agosto/1265-050808-05-1853.htm

717 Véase en http://www.tsj.gov.ve/decisiones/scon/Octubre/2444-201004-04-0425%20.htm

muchos países en una forma menos estricta que la antes mencionada, por no estar en juego el ejercicio de un derecho esencial a la democracia como sería el derecho activo y pasivo al sufragio, este último, ante órganos representativos del pueblo.

En efecto, en los casos del ejercicio del derecho político a ejercer cargo público en la Administración Pública en sentido global, mediante nombramiento o designación administrativos, sin vínculo con el principio democrático representativo e incluso independientemente del régimen democrático que pueda existir, se ha flexibilizado la aplicación del motivo de restricción a su ejercicio basado en la "condena, por juez competente, en proceso penal," es decir, en cuanto a la necesaria exigencia en la Convención Americana de una decisión judicial de "condena," pronunciada por un "juez competente" en lo penal, en un "proceso penal," habiendo establecido las leyes, que determinados órganos administrativos como los órganos de control fiscal (Contralorías Generales), mediante un procedimiento administrativo en el cual se garantice plenamente el debido proceso, podrían dictar sanciones administrativas de inhabilitación política para hacer cesar a un funcionario en su cargo o para que un ex funcionario pudiera acceder a funciones públicas, las cuales, incluso, cuando el funcionario está ejerciendo su cargo, es una sanción administrativa accesoria a la principal de destitución.

En estos casos es que podría decirse que pudieran existir espacios no judiciales que permiten imponer medidas administrativas sancionatorias que incluyen la inhabilitación para ejercer cargos públicos, pero nunca podrían implicar (i) la destitución del representante electo por la naturaleza popular de la investidura pues de lo contrario, tal como lo ha dicho la Sala Constitucional del Tribunal Supremo de Justicia en la antes mencionada sentencia Nº 2444 de 20 de octubre de 2004 (caso: *Tulio Rafael Gudiño Chiraspo*), colidiría "con la normativa constitucional que estatuye que tales cargos pueden ser objeto de referendo revocatorio";[718] ni (ii) podría implicar la inhabilitación de un ciudadano para ser elegido mediante sufragio, pues lesionaría el principio democrático representativo.

Se trata, como lo dijo la Sala Constitucional del Tribunal Supremo de Justicia en sentencia Nº 1266 de 6 de agosto de 2008 (caso: Acciones de nulidad contra el artículo 105 de la Ley Orgánica de la Contraloría General de la República), refiriéndose a Venezuela, del ejercicio de una potestad sancionadora atribuida al Contralor General de la República que está "referida al ámbito administrativo: es decir, que no es una sanción política" pues la misma "se ciñe a la función administrativa vista la naturaleza jurídica de la Contraloría General de la República."[719]

Por ello es totalmente errada y contradictoria la afirmación de la misma Sala Constitucional, en la misma sentencia últimamente citada, de que la sanción de inhabilitación impuesta por la Contraloría "surte efectos para el desempeño de la función administrativa, indistintamente de cuál sea el origen; esto es por concurso, designación o elección popular," y de que "esta inhabilitación dictada por la Contraloría "se extiende a toda función administrativa, incluso las que derivan del cargo de elección popular."

718 Véase en http://www.tsj.gov.ve/decisiones/scon/Octubre/2444-201004-04-0425%20.htm

719 Véase en http://www.tsj.gov.ve/decisiones/scon/Agosto/1266-060808-06-0494.htm

Aparte de que la Sala Constitucional no definió qué entiende por "función administrativa" se olvidó mencionar que los funcionarios electros popularmente, ante todo, cumplen una "función política" como es representar al pueblo y conducir el gobierno de una entidad política en la organización territorial del Estado.

En todo caso, para ambas circunstancias, tanto para la elección de cargos de representación como para la remoción de los representantes electos de sus cargos, rige la misma apreciación que la Sala Constitucional hizo en la citada sentencia N° 2444 de 20 de octubre de 2004 (caso: *Tulio Rafael Gudiño Chiraspo*), aún cuando solo se haya referido a la destitución del funcionario, al señalar que dado que la destitución y la suspensión de un funcionario de un cargo de elección popular coliden con la normativa constitucional refería al referendo revocatorio de mandatos:

> "siendo ello así, al igual que con los cargos que tienen un régimen especial para la destitución, es ese el mecanismo para cuestionar la legitimidad de la actuación del representante popular, y las sanciones que sin duda alguna se le pudieran imponer con ocasión a ilícitos administrativos, civiles o disciplinarios, según el caso, encuentran su límite en esa circunstancia, sólo desvirtuable con ocasión al establecimiento de una responsabilidad penal."[720]

Y lo mismo sucede con el derecho a ser elegido, que es un derecho político que tiene todo ciudadano, solo desvirtuable con ocasión al establecimiento de una responsabilidad penal que implique la aplicación de la pena accesoria de inhabilitación política sólo con ocasión de penas principales de prisión o presidio.

### C. *La importancia del respeto a la voluntad popular en una sociedad democrática respecto de cargos electivos*

El principio democrático representativo, por otra parte, impone la necesidad de respetar la voluntad popular, de manera que un funcionario electo no puede ser removido salvo por la voluntad popular expresada para revocarle el mandato, cuando ello esté previsto en las Constituciones, o salvo mediante un juicio político que esté igualmente regulado expresamente en las Constituciones con todas las garantías del debido proceso.

El mandato del pueblo al elegir un funcionario, en cambio, nunca puede ser revocado mediante un acto administrativo, así emane de un órgano de control fiscal. Y el mismo principio aplica a la elección del representante popular, en el sentido de que es el pueblo quién decide a quien elegir mediante su voto, lo que sólo puede ser impedido por el juez penal cuando mediante condena dictada en proceso penal inhabilita a un ciudadano para ser electo para ejercer cargos de representación popular, por lo que no puede corresponder a la decisión de un funcionario administrativo el determinar quién puede o no ser electo para cargos representativos.

Es decir, conforme a la Constitución de Venezuela, solo se puede excluir del ejercicio de los derechos políticos que corresponden a los ciudadanos (y el derecho a participar como candidato en las elecciones es uno de ellos -derecho pasivo al sufragio-), a quienes estén sujetos a inhabilitación política o a interdicción civil (art. 39 de la Constitución), y ello solo puede ocurrir mediante sentencia firme, es decir, decisión judicial dictada en un proceso penal en la que se imponga al condenado la

720 Véase en http://www.tsj.gov.ve/decisiones/scon/Octubre/2444-201004-04-0425%20.htm

pena de inhabilitación política (que sólo se concibe en Venezuela como una pena accesoria a la pena principal en materia penal) conforme al Código Penal, o (ii) decisión judicial dictada en un proceso civil en el cual se declare entredicha a la persona (interdicción civil) conforme al Código Civil.

### 3. *Las limitaciones administrativas respecto del ejercicio de cargos públicos de nombramiento en el marco del régimen de la administración pública y la sanción administrativa de inhabilitación*

La situación es distinta cuando se trata del derecho al ejercicio de cargos públicos mediante nombramiento. Todos los ciudadanos tienen derecho a acceder a los mismos en iguales condiciones, siendo el término de su ejercicio materia de orden administrativa, de manera que los funcionarios públicos pueden ser destituidos por las causales que establezca la Ley, mediante actos administrativos disciplinarios, incluso como consecuencia de medidas de control fiscal. Para ello se prevé en el artículo 144 de la Constitución que corresponde a la ley establecer el Estatuto de la función pública mediante normas sobre el ingreso, ascenso, traslado, suspensión y retiro de los funcionarios de la Administración Pública, y proveer su incorporación a la seguridad social.[721]

#### A. *Las funciones de la Contraloría General de la República*

La tradición en Venezuela con motivo de las facultades de la Contraloría General de la República de declarar la responsabilidad o culpabilidad administrativa de un funcionario público, después de establecerse en la Ley de Carrera Administrativa de 1971 que ello era una causal de "destitución" del funcionario público afectado, que como sanción disciplinaria debía imponerse por el funcionario competente (generalmente el superior jerárquico del mismo),[722] condujo a que en la reforma de la Ley Orgánica de la Contraloría General de la República de 1975 se previera que además de la destitución, el auto de responsabilidad administrativa, podía ser acompañado de una decisión imponiendo al funcionario destituido la "inhabilitación para el ejercicio de la función pública" durante un período determinado (art. 84), como sanción disciplinaria accesoria, nunca principal.

Es decir, a la decisión de la Contraloría General declarando la responsabilidad administrativa, le debían seguir unas sanciones administrativas destinadas a ser aplicadas única y exclusivamente a funcionarios públicos nombrados en el ámbito regulado por la Ley de Carrera Administrativa de 1971, que son los que se pueden "des-

---

721 Ley del Estatuto de la Función Pública, *Gaceta Oficial* N° 37.522 de 06-09-2002.

722 La causal de destitución de funcionarios públicos como sanción disciplinaria, como consecuencia de los autos de culpabilidad administrativa dictado por la Contraloría General de la República, se propuso inicialmente en el *Proyecto de Ley sobre Funcionarios Públicos* que elaboramos en la Comisión de Administración Pública en 1970 (Véase en http://allanbrewer-carias.com/Content/449725d9-f1cb-474b-8ab2-41efb849fea3/Content/I,%202,%205.%20%20Proyecto%20de%20Ley%20sobre%20Funcionarios%20Públcios%20CAP%201970.doc).pdf), lo cual fue acogido en la Ley de Carrera Administrativa de 1971, artículo 62.5. Véase lo expuesto en Allan R. Brewer-Carías, *El Estatuto de los Funcionarios Públicos en la Ley de carrera Administrativa, Comisión de Administración Pública*, Caracas 1971, pp. 108 ss. y 117. Véase en http://allanbrewercarias.com/Content/449725d9-f1cb-474b-8ab2-41efb849fea5/Content/II.1.15.pdf

tituir," siendo la inhabilitación para el ejercicio de la función pública" originalmente concebida como una sanción accesoria a la "destitución."

La responsabilidad o culpabilidad administrativa se podía declarar respecto de personas que ejercieran cargos de elección popular, pero como los mismos no podían ser "destituidos" administrativamente, no se previó en la Ley en forma alguna que se pudiera dictar respecto de ellos medida alguna que pudiera implicar suspensión o remoción de su cargo electivo, por ser el mismo fruto de la voluntad popular, y menos que se pudiera decidir la inhabilitación para ejercer en el futuro, así fuera temporalmente, su derecho a ser electo representante mediante sufragio.

La reforma de la Ley Orgánica de la Contraloría General de la República de 1984 en lo que se refiere a su artículo 84, sin eliminar el carácter accesorio que tiene la sanción de inhabilitación para el ejercicio de funciones públicas respecto de la sanción de destitución, aplicable sólo a los funcionarios de nombramiento o designación (no electos), teniendo en cuenta que muchas veces la decisión de responsabilidad administrativa en realidad se dictaba mucho tiempo después de que el funcionario hubiese sido removido de su cargo o hubiese renunciado al mismo, lo que no extinguía su responsabilidad, tuvo por objeto única y exclusivamente agregar que dicha sanción de inhabilitación podía ser aplicada excepcionalmente "aún cuando el declarado responsable se haya separado de la función pública" correspondiendo siempre la aplicación de la sanción al máximo jerarca administrativo del organismo del Estado donde ocurrieron los hechos.

Es decir, se trata de sanciones administrativas, aplicadas en el campo de la función pública administrativa, integrada por funcionarios nombrados o designados (no electos), que correspondían ser dictadas por el superior jerárquico del órgano de la Administración Pública correspondiente, y que nunca podían implicar ni la "destitución" de funcionarios electos, ni su inhabilitación política.

El fundamento y sentido de dicha normativa puede decirse que se siguió en la Ley Orgánica de la Contraloría General de la República de 1995, en el sentido de referirse a las sanciones administrativas a funcionarios públicos designados o nombrados parte de la función pública administrativa (no electa), con solo dos variaciones:

La primera, incorporada al artículo 121 de la Ley Orgánica, que atribuyó al Contralor General de la República la potestad para imponer directamente, como consecuencia de su decisión de responsabilidad administrativa, sanciones pecuniarias de multa.

Y la segunda, incorporada en el artículo 122 de la Ley Orgánica, en la cual luego de ratificar que la sanción de "destitución" como consecuencia del auto de responsabilidad administrativa debe imponerse por la máxima autoridad jerárquica como lo preveía desde el inicio la Ley de Carrera Administrativa, agregó que dicha autoridad jerárquica "o la propia Contraloría" podían "imponer, además, la inhabilitación para el ejercicio de la función pública" por un período determinado.

De ello resultaba, que la sanción disciplinaria de inhabilitación para el ejercicio de cargos públicos, seguía siendo accesoria a la sanción disciplinaria destitución, previéndose sin embargo, como excepción, que también se podía imponer aún cuando el declarado responsable se hubiese separado del cargo.

Esta disposición fue nuevamente reformada en 2001, habiéndose seguido en la Ley Orgánica de la Contraloría General de la República (art. 105), la misma fundamentación de principio de considerar a la sanción disciplinaria de inhabilitación para el ejercicio de cargos como accesoria a la sanción disciplinaria de "destitución" y, por tanto, aplicable sólo a funcionarios administrativos (no electos) con dos nuevas variantes:

La primera, que al Contralor General de la República se le atribuyó directamente "de manera exclusiva y excluyente, la potestad de decidir la "destitución" del funcionario responsable (potestad que hasta esa reforma correspondía al superior jerárquico de la Administración correspondiente conforme a la ley de carrera Administrativa), dejándose en manos del superior jerárquico respectivo solo la "ejecución" de la decisión.

La segunda, además de imponer la sanción de destitución, se atribuye al Contralor General, en general y adicionalmente ("e imponer" dice la norma), la potestad de imponer al funcionario destituido "la inhabilitación para el ejercicio de sunciones públicas" por un tiempo determinado. Esta sanción sigue siendo concebida en la Ley Orgánica de 2001 como sanción disciplinaria accesoria a la sanción disciplinaria de destitución, y exclusivamente destinada a ser aplicada a funcionarios de nombramiento o designación, es decir, que ejerzan cargos públicos mediante designación o nombramiento por las autoridades administrativas (no electos por voto popular).

A tal efecto se especifica en la norma, siendo esta la tercera variante de la misma, que las máximas autoridades de los organismos sujetos a control, "antes de proceder a la designación de cualquier funcionario público, están obligados a consultar el registro de inhabilitados" que lleva la Contraloría; indicándose que "toda designación realizada al margen de esta norma será nula." Ello evidencia la intención de la norma al regular la inhabilitación para el ejercicio de cargos, de referirse exclusivamente a funcionarios de designación o nombramiento

De lo anterior resulta, que desde el origen del artículo 84 en la ley Orgánica de la Contraloría de 1975 hasta la norma del artículo 105 de la Ley Orgánica de la Contraloría de 2001, la intención del Legislador que se deriva del propio texto de las normas, ha sido siempre prever la sanción de inhabilitación para ejercer cargos públicos como una sanción administrativa disciplinaria aplicable sólo y exclusivamente *a funcionarios de nombramiento o designación* en la función pública (nunca de funcionarios electos), que son los que pueden ser "destituidos;" y además, siempre como una sanción administrativa disciplinaria accesoria a la sanción disciplinaria administrativa principal, que es precisamente la destitución, pudiendo sin embargo aplicarse excepcionalmente, sin implicar destitución en aquellos casos en los cuales, para el momento en que se dicta el auto de responsabilidad administrativa, ya el funcionario haya renunciado o haya sido removido.

Por tanto, no hay fundamento ni constitucional ni legal alguno en Venezuela para que se pueda considerar que el ejercicio de un derecho político esencial al principio democrático representativo como es el derecho a ser elegido para cargos de representación popular pueda ser suspendido por decisión administrativa de la Contraloría General de la República, que no tiene competencia para imponer la sanción de inhabilitación política que sólo pueden imponer los jueces penales competentes, mediante una condena penal resultado de un proceso penal, estando referida la potestad sancionatoria atribuida a la Contraloría General de la República conforme a la Ley

Orgánica que rige sus funciones en materia de inhabilitación para ejercer cargos públicos, a aquellos funcionarios públicos de la Administración que pueden ser "destituidos," que son sólo los que pueden ser designados o nombrados por otras autoridades administrativas, lo que es completamente inaplicable a los funcionarios electos por sufragio universal y secreto como representantes populares.

### B. *La ausencia de imparcialidad de la Contraloría General de la República en los procedimientos administrativos de imposición de sanciones de inhabilitación a los funcionarios públicos*

Pero en el supuesto negado de que se pudiera considerar que una instancia no judicial, es decir, de orden administrativo o de control fiscal, como podría ser la Contraloría General de la República de Venezuela (que no es un "juez competente"), pudiera ser competente para imponer la sanción administrativa (que no es una "condena") de inhabilitación política para impedirle a un ciudadano poder ejercer su derecho político a ser elegido, mediante un acto administrativo dictado como resultado de un procedimiento administrativo (que no es un "proceso penal") –supuesto que negamos jurídicamente en Venezuela–, la condición esencial para que ello pudiera llegarse a admitir –circunstancia que insistimos, negamos– sería que dicho procedimiento administrativo desarrollado ante la Contraloría General de la República se ajustara a las garantías judiciales del debido proceso que están establecidas en el artículo 8 de la Convención Americana, y ello, simplemente, es imposible.

En efecto, como se ha dicho, entre las garantías judiciales que establece la Convención Americana que configuran el derecho al debido proceso, están no solo la necesidad de un tribunal preexistente con autonomía e independencia, que decida con imparcialidad y con competencia para decidir, sino que el proceso que se desarrolle ante el mismo, se realice conforme a las normas de procedimiento establecidas en las leyes, respetándose el principio de la igualdad entre las partes, asegurándose la estabilidad de las actuaciones procesales, la cosa juzgada y la efectividad de lo decidido. Como lo ha detallado Héctor Faúndez Ledezma:

> "La garantía de este derecho, en cuanto eminentemente procesal, requiere de la satisfacción de ciertas condiciones previas al proceso mismo, especialmente en lo que se refiere a las características que debe presentar el tribunal; sin la satisfacción de esos requisitos mínimos, previos a la iniciación de cualquier proceso, éste nunca podría llegar a ser justo y equitativo. En segundo lugar, y en lo que se refiere al proceso como tal, este derecho debe estar basado en ciertos principios básicos, o en algunas normas generales que permitan determinar su contenido y alcance, junto con la naturaleza y características de las garantías específicas que van a derivar de los principios antes referidos, y que están diseñadas para asegurar la justicia y rectitud del proceso. En tercer término, hay que examinar las condiciones que debe tener el proceso mismo, y sin cuya concurrencia éste no podría ser justo. Por último —en lo concierne estrictamente a la determinación de acusaciones penales—, es necesario estudiar, con cierto detenimiento, cada una de las garantías específicas que benefician al acusado, así como el alcance y las circunstancias en que ellas resultan aplicables.
>
> Por otra parte, en cuanto instrumento para asegurar no sólo la justicia del proceso sino también la de su resultado, como ya se ha indicado precedentemente, este derecho está íntimamente relacionado con el cumplimiento de ciertas con-

diciones en cuanto se refiere a la naturaleza de la legislación substantiva que se va a aplicar, la cual también podría afectar la rectitud y equidad del resultado del proceso, aún antes de que éste se inicie; sin embargo, tales garantías, aunque estrechamente vinculadas al derecho a un juicio justo, son objeto de un derecho diferente (la prohibición de leyes penales ex post facto, o la garantía del principio de legalidad) y, en consecuencia, desde un punto de vista formal, estas condiciones no son consideradas como parte integrante del derecho a un juicio justo (en sentido estricto), en cuanto éste tiene un carácter eminentemente procesal."[723]

Por todo ello, podemos decir que es imposible que el procedimiento administrativo desarrollado ante la Contraloría General de la República para imponer la sanción administrativa a una persona, de inhabilitación política para el ejercicio su derecho a ser elegido como representante popular mediante sufragio universal y secreto, no se ajusta a las garantías judiciales del debido proceso que están establecidas en el artículo 8 de la Convención Americana, al menos por las siguientes razones.

En primer lugar, es imposible porque ante un órgano administrativo que ejerce funciones administrativas de control en una relación directa que se establece entre la Administración controladora que investiga, y un funcionario investigado, donde la Administración es esencialmente "juez" y "parte" en el procedimiento; aún cuando se le garantizara al funcionario investigado, efectivamente, su derecho a la defensa, nunca podría haber algo equivalente un "juicio justo" o a un "proceso equitativo," también llamado derecho al "debido proceso," o derecho a un "proceso regular," o identificado en el artículo 8 de la Convención Americana como conjunto de "garantías judiciales," que apuntan a identificar el "conjunto de normas plasmadas en el derecho positivo y cuyo propósito es, precisamente, garantizar la justicia, equidad, y rectitud, de los procedimientos judiciales en que pueda verse involucrada una persona;"[724] teniendo en cuenta además, su carácter instrumental para que, como lo ha señalado Héctor Faúndez, pueda servir de garantía para el ejercicio y disfrute de otros derechos, al afirmar que

> "Efectivamente, una decisión judicial injusta o arbitraria —además de constituir en sí misma una violación de un derecho humano— puede constituir la herramienta adecuada para justificar, legitimar, o amparar, la privación previa de otros derechos humanos (tales como la vida, la libertad personal, la libertad de expresión, el derecho al trabajo, etc.), o la lesión de otros intereses jurídicamente protegidos, distintos de los derechos humanos (como, por ejemplo, la privación de la propiedad); además, aún cuando tales violaciones no hayan sido directamente cometidas por el poder judicial, éste se puede hacer cómplice de las mismas mediante la adopción de decisiones que —por apartarse de los principios y normas de un proceso regular— resultan injustas y constituyen el sello mediante el cual se procura lograr la impunidad de tales atropellos y abusos de poder."[725]

---

723 Véase Héctor Faúndez Ledezma, *Administración de Justicia y Derecho Internacional de los Derechos Humanos (El derecho a un juicio justo)*, Caracas 1992, pp. 222-223.

724 *Idem*, pp. 211 y 212.

725 *Idem.*, pp. 212 y 213.

Respecto de este derecho al debido proceso, como lo explicó la sentencia Nº 157 de 17 de febrero de 2000 de la Sala Político Administrativa del Tribunal Supremo de Justicia de Venezuela, (Caso: *Juan C. Pareja P. vs. MRI*):

> "Se trata de un derecho complejo que encierra dentro de sí, un conjunto de garantías que se traducen en una diversidad de derechos para el procesado, entre los que figuran, el derecho a acceder a la justicia, el derecho a ser oído, el derecho a la articulación de un proceso debido, derecho de acceso a los recursos legalmente establecidos, derecho a un tribunal competente, independiente e imparcial, derecho a obtener una resolución de fondo fundada en derecho, derecho a un proceso sin dilaciones indebidas, derecho a la ejecución de las sentencias, entre otros, que se vienen configurando a través de la jurisprudencia. Todos estos derechos se desprenden de la interpretación de los ocho ordinales que consagra el artículo 49 de la Carta Fundamental."
>
> Tanto la doctrina como la jurisprudencia comparada han precisado, que este derecho no debe configurarse aisladamente, sino vincularse a otros derechos fundamentales como lo son, el derecho a la tutela efectiva y el derecho al respeto de la dignidad de la persona humana...
>
> El artículo 49 del Texto Fundamental vigente consagra que el debido proceso es un derecho aplicable a todas las actuaciones judiciales y administrativas, disposición que tiene su fundamento en el principio de igualdad ante la ley, dado que el debido proceso significa que ambas partes en el procedimiento administrativo, como en el proceso judicial, deben tener igualdad de oportunidades, tanto en la defensa de sus respectivos derechos como en la producción de las pruebas destinadas a acreditarlos."[726]

Por ello, en los procedimientos administrativos en los cuales por lo general no hay dos partes en contienda, es decir, en la terminología de la Sala Constitucional, donde no haya unas "ambas partes" con igualdad de oportunidades para su defensa y producción de pruebas, y donde, al contrario, lo que hay es por una parte, una "parte" administrativa que investiga y decide con todo el poder del Estado, y por la otra, un administrado sujeto a investigación, pero donde la primera parte es la que resuelve el asunto, es decir, es el "juez y parte", nunca podría estar garantizado plenamente el derecho al debido proceso o a las "garantías judiciales," razón por la cual, mediante esos procedimientos no se puede decidir respecto del funcionario o parte investigado, la pérdida de un derecho constitucional como el derecho a ser electo, lo que sólo podría corresponder en exclusiva a los tribunales de justicia, los cuales deben ser conducidos pos jueces independientes e imparciales encargados de dirimir los conflictos entre partes en el proceso, en plano de igualdad. Ello incluso, se concibe así, al menos teóricamente, en el proceso penal acusatorio, donde una de las partes es siempre Fiscalía General de la República que investiga, imputa y acusa, y la otra parte es el acusado, correspondiendo a ambas partes dirimir el conflicto ante un juez penal competente, independiente e imparcial, que debe asegurar la igualdad de oportunidades de ambas partes. Por ello, sería imposible que se pudiera llegar a hablar de existencia de debido proceso o de garantías judiciales en el proce-

---

726 Véase en *Revista de Derecho Público*, Nº 81, (enero-marzo), Editorial Jurídica Venezolana, Caracas 2000, p. 135.

so penal acusatorio, si en el mismo, el Fiscal del Ministerio Público fuera quien además de tener a su cargo la realización de la investigación penal contra una persona, así como la tarea de formularle la imputación y acusación sobre la comisión de delitos, fuera luego el llamado a decidir el proceso penal. Ello sería, para decir lo menos, aberrante desde el punto de vista jurídico.

Pues lo mismo puede decirse del procedimiento administrativo de investigación o averiguación administrativa establecido en la Ley Orgánica de la Contraloría General de la República para determinar la responsabilidad administrativa de los investigados e inhabilitar políticamente a los funcionarios, donde la Administración contralora es quien investiga y formula cargos y además es quien decide, imponiendo sanciones al investigado declarado culpable administrativo. Si sólo se tratara de imposición de multas administrativas e, incluso, de decidir la destitución del cargo, que son competencias esenciales de la Administración respecto de sus funcionarios, podría admitirse que el sancionado tendría recursos judiciales para su defensa; sin embargo, cuando se trata de decisiones administrativas adoptadas sin la garantía esencial del tribunal independiente e imparcial, o su equivalente, mediante las cuales se prive a un ciudadano de un derecho político como el derecho a ser electo que la Constitución le garantiza, la violación a sus garantía judiciales es aberrante, como sucede precisamente cuando se aplica el artículo 105 de la Ley Orgánica de la Contraloría General de la república tendiente a privarle a un funcionario uno de sus derechos de la ciudadanía como es el derecho a ser electo en sufragio directo y secreto para ocupar cargos de representación de la voluntad popular.

No es posible que se pueda concebir que mediante un procedimiento administrativo conducido por una Administración de control fiscal pueda despojarse a un ciudadano de un derecho político, cuando quien decide el procedimiento es la misma entidad que investiga y declara la responsabilidad del funcionario. La autoridad decisora, en ese caso, nunca podría llegar a considerarse como equivalente a nada que se parezca a un juez independiente e imparcial; al contrario, es una autoridad decisora que es esencialmente parcializada en el sentido que resulta de su propia "investigación."

### C. *Las sanciones administrativas de inhabilitación administrativa impuestas por la Contraloría General de la República no se dictan en ejercicio de funciones jurisdiccionales*

Pero en segundo lugar, también es imposible que el procedimiento administrativo desarrollado ante la Contraloría General de la República conforme al artículo 105 de la ley Orgánica tendiente a despojar a un funcionario de su derecho político a ser electo por el pueblo, se pueda llegar a considerar que se pueda ajustar a las garantías judiciales del debido proceso que están establecidas en el artículo 8 de la Convención Americana, pues la Contraloría, en esos casos, actúa como un órgano administrativo de control, ejerciendo una función netamente de control, y en ningún caso equiparable a la "función jurisdiccional," que siempre implica la existencia de al menos dos partes que son ajenas a la entidad decisora, y en relación con las cuales ésta decide el asunto asegurando la igualdad de las partes.

En efecto, en Venezuela, entre las funciones del Estado y de sus órganos, además de la función normativa y de la función política, se distinguen las funciones jurisdiccionales, de control y administrativa.[727] Cuando los órganos del Estado ejercen la función jurisdiccional, conocen, deciden o resuelven controversias entre dos o más pretensiones, es decir, controversias en las cuales una parte esgrime pretensiones frente a otra. El ejercicio de la función jurisdiccional se ha atribuido como función propia a los tribunales de la República, pero sin ser ello una atribución exclusiva y excluyente, pues ciertamente otros órganos estatales pueden ejercer la función jurisdiccional.

En efecto, muchos órganos administrativos realizan funciones jurisdiccionales cuando sus autoridades deciden controversias entre partes declarando el derecho aplicable en un caso concreto dentro de los límites de su competencia,[728] por lo que puede decirse que la función jurisdiccional, si bien es una "función propia" de los órganos judiciales, no es una función privativa y exclusiva de ellos, pues otros órganos estatales también la ejercen. Es decir, el "ejercicio de la jurisdicción [no está] supeditada a la jurisdicción ejercida por el poder judicial"[729]. Sin embargo, lo que sí es una función privativa y exclusiva de los tribunales es el ejercicio de la función jurisdiccional a través de un proceso (Art. 257) en una forma determinada: con fuerza de verdad legal, mediante actos denominados sentencias, que es la única forma como se pueden afectar o eliminar o suspender derechos constitucionales de las personas. Sólo los tribunales pueden resolver controversias y declarar el derecho en un caso concreto, con fuerza de verdad legal, por lo que sólo los órganos del Poder judicial pueden desarrollar la "función judicial" (función jurisdiccional ejercida por los tribunales). Los demás órganos del Estado que realizan funciones jurisdiccionales lo hacen a través de actos administrativos condicionados por la legislación.

Los órganos de la Contraloría General de la República, en ese sentido, nunca –léase bien– nunca podrían ejercer una función jurisdiccional, pues nunca, en ninguno de los procedimientos que establece su Ley Orgánica conocen, deciden o resuelven controversias entre dos o más pretensiones que corresponden a dos o más administrados o funcionarios, es decir, controversias en las cuales una parte esgrime pretensiones frente a otra, y la entidad decisora es en principio imparcial.

Al contrario, en los procedimientos que se desarrollan ante la Contraloría General de la República, esta lo que ejerce es una función de control al vigilar, supervisar y velar por la regularidad del ejercicio de las actividades realizadas por los funcionarios y administrados en relación con el manejo de fondos públicos.

En fin, reiterando, la Contraloría General de la República, nunca podría ser considerado como equivalente a un "juez imparcial e independiente" en el procedimiento desarrollado para determinar la responsabilidad administrativa de los funcionarios públicos (arts. 95 ss), pues en realidad, en el mismo, es un órgano de investigación

727 Véase Allan R. Brewer-Carías, *Principios Generales del Derecho Público*, Editorial Jurídica Venezolana, Caracas 2005, pp. 73 ss.

728 Véase, sentencias de la antigua Corte Suprema de Justicia en Sala Política Administrativa de 18-7-63, en *Gaceta Forense* N° 41, Caracas 1963, pp. 116 y 117; de 27-5-68, en *Gaceta Forense* N° 60, Caracas 1969, pp. 115 y 118; y de 9-7-69, en *Gaceta Forense* N° 65, Caracas 1969, pp. 70 y ss.

729 Véase sentencia de 05-10-2000 (caso *Héctor Luis Quintero),* citada en sentencia N° 3098 de la Sala Constitucional (Caso: *nulidad artículos Ley Orgánica de la Justicia de Paz*) de 13-12-2004, en *Gaceta Oficial* N° 38.120 de 02-02-2005.

administrativa (art. 77), actor y director del procedimiento, que lo inicia cuando considere que surgen elementos de convicción o prueba que pudieran dar lugar a la declaratoria de responsabilidad administrativa o a la imposición de multas (art. 96), lo que hace mediante auto motivado que se debe notificar a los interesados, según lo previsto en la Ley Orgánica de Procedimientos Administrativos (art. 96), es decir, como lo hace cualquier otro funcionario de la Administración Pública que el procedimiento administrativo siempre es juez y parte; procedimiento en el cual es la propia Contraloría quien imputa a un funcionario de determinados hechos que investiga (art. 79) que el propio órgano decide. Como órgano de investigación o averiguación administrativa, no tiene ni puede tener nada de imparcialidad en los procedimientos que inicia ni de independencia en el ejercicio de su función investigadora.

D. *La ausencia de efectiva autonomía de la Contraloría General de la República en el régimen autoritario venezolano, dada la ausencia de separación de poderes*

En tercer lugar, tampoco es posible que el procedimiento administrativo desarrollado ante la Contraloría General de la República conforme al artículo 105 de la ley Orgánica tendiente a despojar a un funcionario de su derecho político a ser electo por el pueblo, se pueda llegar a considerar que se pueda ajustar a las garantías judiciales del debido proceso, pues en ningún caso la Contraloría General de la República se puede considerar que sea un órgano efectivamente autónomo e independiente de los otros Poderes del Estado, en particular, del Poder Ejecutivo. Al contrario, en la práctica del sistema de separación orgánica de poderes en Venezuela, aún cuando se haya incluido a la Contraloría dentro del llamado Poder Ciudadano que forma parte de la penta división del Poder Público que regula la Constitución, el sistema de tal separación de poderes se ha desdibujado en Venezuela, estando todos los poderes del Estado al servicio del Poder Ejecutivo.[730] Ello se confirma, por lo demás, con la

730 Sólo así se entiende porqué el Presidente de la República en Venezuela puede llegar a decir, por ejemplo, al referirse a los decretos leyes que dictó en agosto de 2008 implementando la rechazada reforma constitucional de 2007, simplemente: "*Yo soy la Ley. Yo soy el Estado*," repitiendo las mismas frases que ya había dicho en 2001, aún cuando con un pequeño giro (entonces dijo "*La Ley soy yo. El Estado soy yo*" (Véase en *El Universal*, Caracas 12 de abril de 2001, pp. 1,1 y 2,1). Es también lo único que puede explicar, que un Jefe de Estado en 2009 pueda calificar a "la democracia representativa, la división de poderes y el gobierno alternativo" como doctrinas que "envenenan la mente de las masas" (Véase la reseña sobre "Hugo Chávez Seeks To Cach Them Young," *The Economist*, 22-28 de Agosto de 2009, p. 33). Las mencionadas expresiones las utilizó el Presidente al referirse también a la legislación delegada que había sancionado violando la Constitución y que la Sala Constitucional se ha abstenido de controlar. Esas frases, como sabemos, se atribuyeron en 1661 a Luis XIV para calificar el gobierno absoluto de la Monarquía, cuando a la muerte del cardenal Gulio Raimondo Mazarino, el Rey asumió el gobierno sin nombrar un sustituto como ministro de Estado; pero la verdad histórica es que incluso Luis XIV nunca llegó a expresar esas frases (Véase Yves Guchet, *Histoire Constitutionnelle Française (1789–1958)*, Ed. Erasme, Paris 1990, p.8). Por ello, oírlas de boca de Jefe de Estado de nuestros tiempos, es suficiente para entender la trágica situación institucional de Venezuela, precisamente caracterizada por la completa ausencia de separación de poderes, de independencia y autonomía del Poder Judicial y, en consecuencia, de gobierno democrático. Véase el resumen de esta situación en Teodoro Petkoff, "Election and Political Power. Challenges for the Opposition", en *ReVista. Harvard Review of Latin America*, David Rockefeller Center for Latin American Studies,

declaración de la Presidenta del Tribunal Supremo de Justicia dada en diciembre de 2009, proponiendo una reforma a la Constitución de 1999 para definitivamente eliminar el principio de la separación de poderes el cual que "debilitaba al Estado" siendo uno de los aspectos de la Constitución que contradecía la implementación del proyecto político del régimen.[731]

El desprecio al principio, por lo demás, ya ha sido objeto de decisiones de la propia Sala Constitucional, como la adoptada mediante sentencia Nº 1049 de 23 de julio de 2009 en la cual ha considerado que "la llamada división, distinción o separación de poderes fue, al igual que la teoría de los derechos fundamentales de libertad, un instrumento de la doctrina liberal del Estado mínimo" y "un modo mediante el cual se pretendía asegurar que el Estado se mantuviera limitado a la protección de los intereses individualistas de la clase dirigente."[732]

En ese contexto de un régimen político autoritario, donde el principio de la separación de poderes no es más que un eufemismo, es imposible considerar que la Contraloría General de la República pueda llegar siquiera a actuar como órgano independiente y autónomo del Poder Ejecutivo, razón por la cual nunca el procedimiento administrativo que se desarrolla en dicho organismo para determinar la responsabilidad administrativa de los funcionarios e imponerle sanciones como la inhabilitación para ejercer su derecho político a ser electos mediante sufragio como representantes populares, pueda llegar a considerarse que se desarrolla en alguna forma "similar" a un proceso en el cual se aseguren las garantías judiciales del funcionario investigado.

### E. *La ausencia de garantías del debido proceso en el procedimiento administrativo desarrollado ante la Contraloría General de la República para imponer sanciones administrativas de inhabilitación a los funcionarios públicos*

Por último, en cuarto lugar, tampoco es posible que el procedimiento administrativo desarrollado ante la Contraloría General de la República conforme al artículo 105 de la ley Orgánica tendiente a despojar a un funcionario de su derecho político a ser electo por el pueblo, se pueda llegar a considerar que se pueda ajustar a las garantías judiciales del debido proceso indicadas en el artículo 8 de la Convención Americana, porque en el mismo, tal como está regulado en los artículos 96 y siguientes de la ley Orgánica, no se respetan ni aseguran los múltiples derechos que derivan de dichas garantías judiciales.

En efecto, como lo ha indicado la Sala Constitucional del Tribunal Supremo en sentencia Nº 80 de 1 de febrero de 2001 (Caso: *Impugnación de los artículos 197*

---

Harvard University, Fall 2008, pp. 12. Véase además, Allan R. Brewer-Carías, Dismantling Demo-cracy, Cambridge University Press, New York, 2010.

731 Véase la reseña de Juan Francisco Alonso en relación con las declaraciones de Luisa Estela Morales, "Morales: 'La división de poderes debilita al estado.' La presidenta del TSJ afirma que la Constitución hay que reformarla," en *El Universal*, Caracas 5 de diciembre de 2009. Véase lo expuesto por dicha funcionaria en http://www.tsj.gov.ve/informacion/notasdeprensa/notasdeprensa.asp?codigo=7342.

732 Véase en http://www.tsj.gov.ve/decisiones/scon/Julio/1049-23709-2009-04-2233.html.

*del Código de Procedimiento Civil y 18 de la Ley Orgánica del Poder Judicial)* al referirse al artículo 49 que establece el derecho al debido proceso en Venezuela:

> "La referida norma constitucional, recoge a lo largo de su articulado, la concepción que respecto al contenido y alcance del derecho al debido proceso ha precisado la doctrina más calificada, y según la cual el derecho al debido proceso constituye un conjunto de garantías, que amparan al ciudadano, y entre las cuales se mencionan las del ser oído, la presunción de inocencia, el acceso a la justicia y a los recursos legalmente establecidos, la articulación de un proceso debido, la de obtener una resolución de fondo con fundamento en derecho, la de ser juzgado por un tribunal competente, imparcial e independiente, la de un proceso sin dilaciones indebidas y por supuesto, la de ejecución de las sentencias que se dicten en tales procesos. Ya la jurisprudencia y la doctrina habían entendido, que el derecho al debido proceso debe aplicarse y respetarse en cualquier estado y grado en que se encuentre la causa, sea ésta judicial o administrativa, pues dicha afirmación parte del principio de igualdad frente a la ley, y que en materia procedimental representa igualdad de oportunidades para las partes intervinientes en el proceso de que se trate, a objeto de realizar -en igualdad de condiciones y dentro de los lapsos legalmente establecidos- todas aquellas actuaciones tendientes a la defensa de sus derechos e intereses."

Por otra parte, en particular, en relación con el proceso penal o sancionatorio en general, la Sala Político Administrativa del mismo Tribunal Supremo de Justicia ha precisado las siguientes garantías derivadas del debido proceso: el derecho al Juez natural (numeral 4 del artículo 49); el derecho a la presunción de inocencia (numeral 2 del artículo 49); el derecho a la defensa y a ser informado de los cargos formulados (numeral 1 del artículo 49); el derecho a ser oído (numeral 3 del artículo 49); el derecho a un proceso sin dilaciones indebidas (numeral 8 del artículo 49); el derecho a utilizar los medios de prueba pertinentes para su defensa (numeral 1 del artículo 49); el derecho a no confesarse culpable y no declarar contra sí misma (numeral 5 del artículo 49); y el derecho a la tutela judicial efectiva de los derechos e intereses del procesado (artículo 26 de la Constitución).

En cuanto a las garantía judiciales establecidas en el artículo 8 de la Convención Americana, las mismas se refieren, además de la existencia de un juez competente, independiente e imparcial, las siguientes: derecho a ser oído, con las debidas garantías y dentro de un plazo razonable, (art. 8.1); derecho a la presunción de inocencia mientras no se establezca legalmente su culpabilidad (art. 8.2); derecho a ser asistido gratuitamente por el traductor o intérprete (art. 8.2.a); derecho a recibir comunicación previa y detallada de los cargos formulados (art. 8.2.b); derecho de disponer del tiempo y de los medios adecuados para la preparación de su defensa (art. 8.2.c); derecho del inculpado de defenderse personalmente o de ser asistido por un defensor de su elección y de comunicarse libre y privadamente con su defensor (art. 8.2.d); derecho irrenunciable de ser asistido por un defensor proporcionado por el Estado, remunerado o no según la legislación interna, si el inculpado no se defendiere por sí mismo ni nombrare defensor dentro del plazo establecido por la ley (art. 8.2.e); derecho de la defensa de interrogar a los testigos presentes en el organismo y de obtener la comparecencia, como testigos o peritos, de otras personas que puedan arrojar luz sobre los hechos (art. 8.2.f); derecho a no ser obligado a declarar contra sí mismo ni a declararse culpable (art. 8.2.g); y derecho de recurrir de la decisión ante un órgano superior (art. 8.2.h); la garantía de que la confesión del inculpado no puede ser válida si es hecha bajo coacción (art. 8.3); la garantía del *non bis in idem* (art. 8.4); y el derecho a que el proceso penal sea público (art. 8.5).

Ahora bien si se confrontan estas garantías con las previsiones de los artículos 95 y siguientes de la Ley Orgánica de la Contraloría General de la República que establece el procedimiento para la formulación de reparos, la declaratoria de la responsabilidad administrativa y la imposición de multas (art. 95), se observa que en el mismo se prevé lo siguiente:

1) La iniciación del procedimiento de oficio, por denuncia o a solicitud de algún organismo si el organismo considera que hay elementos de convicción o prueba que pudiere dar lugar a para la formulación de reparos, la declaratoria de la responsabilidad administrativa y la imposición de multas (arts. 96 y 97);

2) La notificación a los interesados del auto de apertura del procedimiento en el cual deben describirse los hechos imputados, identificarse los sujetos presuntamente responsables e indicarse los correspondientes elementos probatorios y las razones que comprometen, presumiblemente, su responsabilidad (art. 98);

3) La disposición de un término de 15 días hábiles siguientes a la fecha de notificación del auto de apertura, para que los interesados puedan indicar la prueba (cualquier medio de prueba no prohibido legalmente)que a su juicio desvirtúen los elementos de prueba o convicción que motivaron el inicio del procedimiento (arts. 99 y 100);

4) La realización a los 15 días siguientes de vencido el plazo anterior, de una audiencia oral y pública ante la Contraloría para que los interesados presenten los argumentos que consideren les asisten para la mejor defensa de sus intereses (art. 101);

5) La decisión el mismo día, o a más tardar el día siguiente, en forma oral y pública, sobre si se formula el reparo, se declara la responsabilidad administrativa, se impone la multa, se absuelve de dichas responsabilidades, o se pronuncia el sobreseimiento (art. 103);

6) La atribución al Contralor General de la República para que con posterioridad "de manera exclusiva y excluyente, sin que medie ningún otro procedimiento," pueda acordar en atención a la entidad del ilícito cometido:

> "la suspensión del ejercicio del cargo sin goce de sueldo por un período no mayor de veinticuatro (24) meses o la destitución del declarado responsable, cuya ejecución quedará a cargo de la máxima autoridad; e imponer, atendiendo la gravedad de la irregularidad cometida, su inhabilitación para el ejercicio de funciones públicas hasta por un máximo de quince (15) años, en cuyo caso deberá remitir la información pertinente a la dependencia responsable de la administración de los recursos humanos del ente u organismo en el que ocurrieron los hechos para que realice los trámites pertinentes"(art. 105).

7) La posibilidad de que el interesado pueda ejercer un recurso de reconsideración sin efectos suspensivos ante la misma autoridad que dictó el acto (arts. 107, 110);

8) la posibilidad de que el interesado pueda ejercer un recurso de nulidad contencioso administrativo (arts. 108, 110); y

9) La previsión final de que el procedimiento antes mencionado no impide el ejercicio inmediato de las acciones civiles y penales a que hubiere lugar ante los tribunales competentes "y los procesos seguirán su curso sin que pueda alegarse excepción alguna por la falta de cumplimiento de requisitos o formalidades exigidas por esta Ley" (art. 111).

Estas previsiones de procedimiento administrativo, por supuesto, examinadas en sí mismas y aún cuando no se realicen por un órgano que pueda considerarse equivalente a un juez competente imparcial e independiente, no responden a los estándares de las garantías judiciales establecidas en la Convención Americana. Entre otros aspectos, en el procedimiento previsto en la Ley Orgánica de la Contraloría General de la República:

1) No se garantiza el derecho a ser oído "dentro de un plazo razonable" en la sustanciación de la imputación en contra del funcionario (art. 8.1, Convención). La imputación se formula al notificársele un auto de apertura del procedimiento dándosele al funcionario sólo 15 días hábiles para aportar pruebas y defenderse (art. 99, Ley Orgánica), nada menos que frente a la perspectiva de poder perder su derecho político a ser elegido para cargos de representación popular por un período de hasta 15 años !!;

2) No se garantiza la presunción de inocencia del imputado hasta que se establezca legalmente su culpabilidad (art. 8.2, Convención), ya que iniciado el procedimiento y antes de que siquiera se notifique al imputado sobre el inicio del procedimiento, puede ser demandado por los mismos hechos no probados y los cuales no han podido haber sido desvirtuados, ante los tribunales civiles y penales (art. 111, Ley Orgánica);

3) No se garantiza al imputado del "tiempo y de los medios adecuados para la preparación de su defensa" (art. 8.2.c), ya que como se dijo, los 15 día hábiles para indicar la prueba que presentarán en el acto público (art. 99, Ley Orgánica) son totalmente insuficientes para poder preparar una adecuada defensa sobre todo ante la perspectiva de sanciones administrativa tan draconianas como las establecidas en la Ley;

4) No se garantiza al imputado su "derecho irrenunciable" de ser asistido por un defensor proporcionado por el Estado (art. 8.2.e, Convención);

5) No se garantiza el derecho del imputado de interrogar testigos (art. 8.2.f, Convención);

6) No se garantiza la segunda instancia administrativa, es decir el derecho de recurrir la decisión ante un superior jerárquico (art. 8.2.h); y si bien se prevé la posibilidad de intentar una acción de nulidad ante la jurisdicción contencioso administrativa, se niega el derecho del recurrente a solicitar la suspensión temporal de las sanciones mientras dure el juicio de nulidad (art. 110); y

7) Finalmente se niega el derecho de toda persona de reclamar contra las violaciones de la Ley, al indicarse que intentadas acciones civiles y penales contra el imputado aún antes de que se lo haya declarado culpable o responsable administrativamente, sin embargo, se le niega toda posibilidad de que "pueda alegarse excepción alguna por falta de cumplimiento de requisitos o formalidades exigidas por esta Ley" (art. 111), lo que es la negación de la garantía de la tutela judicial efectiva y del control de legalidad de las actuaciones administrativas.

### F. *La ausencia de garantía del derecho a la defensa en el procedimiento administrativo que se desarrolla ante la Contraloría General de la República para inhabilitar administrativamente a los funcionarios públicos*

En particular en relación con las mencionadas garantías vinculadas al derecho a la defensa el artículo 8 de la Convención Americana y en particular el artículo 49.1 de la Constitución de Venezuela los establecen como derechos inviolables en todo estado y grado de la investigación y del proceso, en particular, el derecho de toda persona a ser notificada de los cargos por los cuales se la investiga, de acceder a las pruebas y de disponer del tiempo y de los medios adecuados para ejercer su defensa. El derecho a la defensa, como lo dijo hace varias décadas Michael Stassinopoulos, "es tan viejo como el mundo";[733] y es quizás el derecho más esencial inherente a la persona humana. Por ello nunca está de más recordar su formulación jurisprudencial histórica en el famoso caso decidido en 1723 por una Corte inglesa (*Caso Dr. Bentley*), en el cual el juez Fortescue, al referirse al mismo como un principio de *natural justice,* señaló:

> "La objeción por falta de citación o notificación jamás puede ser superada. Las leyes de Dios y de los hombres, ambas, dan a las partes una oportunidad para ejercer su defensa. Recuerdo haber oído que se observó en un ocasión, que incluso Dios mismo no llegó a dictar sentencia respecto a Adam, sin antes haberlo llamado a defenderse: "Adam (dijo Dios) ¿dónde estás?. ¿Has comido del árbol respecto del cual te ordené que no debías comer? y la misma pregunta se la formuló a Eva."[734]

Sobre el derecho a la defensa, de indudable rango constitucional, la antigua Corte Suprema de Justicia de Venezuela, en Sala Político Administrativa, ha señalado que el mismo:

> "debe ser considerado no sólo como la oportunidad para el ciudadano encausado o presunto infractor de hacer oír sus alegatos, sino como el derecho de exigir del Estado el cumplimiento previo a la imposición de toda sanción, de un conjunto de actos o procedimientos destinados a permitirle conocer con precisión los hechos que se le imputan y las disposiciones legales aplicables a los mismos, hacer oportunamente alegatos en su descargo y promover y evacuar pruebas que obren en su favor. Esta perspectiva del derecho a la defensa es equiparable a lo que en otros Estados ha sido llamado como el principio del "debido proceso."[735]

---

733 Véase *Le droit a la défense devant les autorités administratives,* París 1976, p. 50.

734 Véase la cita en S.H. Bailey, C.A. Cross y JF. Garner, *Cases and materials in administrative Law,* London 1977, pp. 348 a 351.

735 Sentencia de 17-11-83, en *Revista de Derecho Público,* N° 16, Editorial Jurídica Venezolana, Caracas 1983, p. 151.

Ha agregado la Corte Suprema, además que el derecho a la defensa:

> "constituye una garantía inherente a la persona humana, y es, en consecuencia, aplicable en cualquier clase de procedimientos que puedan derivar en una condena."[736]

El derecho a la defensa, en todo caso, ha sido amplio y tradicionalmente analizado por la jurisprudencia del Tribunal Supremo así como por la de la antigua Corte Suprema de Justicia de Venezuela, considerándose como "garantía que exige el respeto al principio esencial de contradicción, conforme al cual, las partes enfrentadas, en condiciones de igualdad, deben disponer de mecanismos suficientes que les permitan alegar y probar las circunstancias tendientes al reconocimiento de sus intereses, necesariamente, una sola de ellas resulte gananciosa". (Sentencia N° 1166 de 29 de junio de 2001, Ponente Magistrado Jesús Eduardo Cabrera Romero, Caso: *Alejandro Moreno vs. Sociedad Mercantil Auto Escape Los Arales, S.R.L.)*[737]

El derecho a la defensa, como garantía del debido proceso, por tanto, no puede ser desconocido ni siquiera por el legislador,[738] como lo ha hecho en la Ley Orgánica de la Contraloría General de la República tal como antes se ha indicado. Así en efecto se ha expresado la misma Sala Constitucional en sentencia N° 321 de 22 de febrero de 2002, con Ponencia del Magistrado Jesús Eduardo Cabrera Romero (Caso: *Papeles Nacionales Flamingo, C.A. vs. Dirección de Hacienda del Municipio Guacara del Estado Carabobo)* en la que indicó que las limitaciones al derecho de defensa en cuanto derecho fundamental, derivan por sí mismas del texto constitucional, y si el Legislador amplía el espectro de tales limitaciones, las mismas devienen en ilegítimas, señalando lo siguiente:

> "Debe observarse que tanto el artículo 68 de la abrogada Constitución, como el 49.1 de la vigente, facultan a la ley para que regule el derecho a la defensa, regulación que se ve atendida por el ordenamiento adjetivo. Ello en modo alguno quiere significar que sea disponible para el legislador el contenido del men-

---

736 Sentencia de la Sala Político Administrativa de 23-10-86, *Revista de Derecho Público*, N° 28, Editorial Jurídica Venezolana, Caracas 1986, pp. 88 y 89.

737 Esto ya lo había sentado la sentencia N° 3682 de 19 de diciembre de 1999, la Sala Político Administrativa de la antigua Corte Suprema de Justicia al destacar que el reconocimiento constitucional del derecho a la defensa se extiende a todas las relaciones de naturaleza jurídica que ocurren en la vida cotidiana, y con especial relevancia, en aquellas situaciones en las cuales los derechos de los particulares son afectados por una autoridad pública o privada; de manera que el derecho constitucional impone que en todo procedimiento tanto administrativo como judicial, "se asegure un equilibrio y una igualdad entre las partes intervinientes, garantizándole el derecho a ser oída, a desvirtuar lo imputado o a probar lo contrario a lo sostenido por el funcionario en el curso del procedimiento". Véase en *Revista de Derecho Público*, N° 79-80, Editorial Jurídica Venezolana, Caracas 1999.

738 Por ello, ha sido por la prevalencia del derecho a la defensa que la Sala Constitucional, siguiendo la doctrina constitucional establecida por la antigua Corte Suprema de Justicia, ha desaplicado por ejemplo normas que consagran el principio *solve et repete* como condición para acceder a la justicia contencioso-administrativa, por considerarlas inconstitucionales. Véase Sentencia N° 321 de 22 de febrero de 2002 (Caso: *Papeles Nacionales Flamingo, C.A. vs. Dirección de Hacienda del Municipio Guacara del Estado Carabobo* Véase en *Revista de Derecho Público*, N° 89-92, Editorial Jurídica Venezolana, Caracas 2002.

cionado derecho, pues éste se halla claramente delimitado en las mencionadas disposiciones; si no que por el contrario, implica un mandato al órgano legislativo de asegurar la consagración de mecanismos que aseguren el ejercicio del derecho de defensa de los justiciables, no sólo en sede jurisdiccional, incluso en la gubernativa, en los términos previstos por la Carta Magna. De esta forma, las limitaciones al derecho de defensa en cuanto derecho fundamental derivan por sí mismas del texto constitucional, y si el Legislador amplía el espectro de tales limitaciones, las mismas devienen en ilegítimas; esto es, la sola previsión legal de restricciones al ejercicio del derecho de defensa no justifica las mismas, sino en la medida que obedezcan al aludido mandato constitucional.

El derecho a la defensa, por tanto, es un derecho constitucional absoluto, "inviolable" en todo estado y grado de la causa dice la Constitución, el cual corresponde a toda persona, sin distingo alguno si se trata de una persona natural o jurídica, por lo que no admite excepciones ni limitaciones[739]. Dicho derecho "es un derecho, fundamental que nuestra Constitución protege y que es de tal naturaleza, que no puede ser suspendido en el ámbito de un estado de derecho, por cuanto configura una de las bases sobre las cuales tal concepto se erige"[740].

Todas las Salas del Tribunal Supremo han reafirmado el derecho a la defensa como inviolable. Así, por ejemplo, la Sala de Casación Civil en sentencia Nº 39 de 26 de abril de 1995 (Caso: *A.C. Expresos Nas vs. Otros),* ha señalado sobre "el sagrado derecho a la defensa" es un "derecho fundamental cuyo ejercicio debe garantizar el Juez porque ello redunda en la seguridad jurídica que es el soporte de nuestro estado de derecho; más cuando la causa sometida a su conocimiento se dirige a obtener el reconocimiento y posterior protección de los derechos con rango constitucional." Este derecho, ha agregado la Sala, "es principio absoluto de nuestro sistema en cualquier procedimiento o proceso y en cualquier estado y grado de la causa." [741] En otra sentencia Nº 160 de 2 de junio de 1998, la Sala de casación Civil reiteró dicho derecho ha "entenderse como la posibilidad cierta de obtener justicia del tribunal competente en el menor tiempo posible, previa realización, en la forma y oportunidad prescrita por la ley, de aquellos actos procesales encaminados a hacer efectivos los derechos de la persona" agregando que, por tanto, no es admisible "que alguien sea condenado si antes no ha sido citado, oído y vencido en proceso judicial seguido ante un juez competente, pues en tal caso se estaría ante una violación del principio del debido proceso."[742]

---

739 Por ello, por ejemplo, la Corte Primera de lo Contencioso Administrativo, en sentencia 15-8-97 (Caso: *Telecomunicaciones Movilnet, C.A. vs. Comisión Nacional de Telecomunicaciones (CONATEL)* señaló que. "resulta inconcebible en un Estado de Derecho, la imposición de sanciones, medidas prohibitivas o en el general, cualquier tipo de limitación o restricción a la esfera subjetiva de los administrados, sin que se de oportunidad alguna de ejercicio de la debida defensa". Véase en *Revista de Derecho Público,* Nº 71-72, Editorial Jurídica Venezolana, Caracas 1997, pp. 154-163.

740 Así lo estableció la Sala Político Administrativa de la antigua Corte Suprema de Justicia, en sentencia Nº 572 de 18-8-97. (Caso: *Aerolíneas Venezolanas, S.A. (AVENSA) vs. República (Ministerio de Transporte y Comunicaciones*).

741 Véase en *Jurisprudencia Pierre Tapia*, N° 4, Caracas, abril 1995, pp. 9-12.

742 Véase en *Jurisprudencia Pierre Tapia*, N° 6, junio 1998, pp. 34-37.

Por su parte la Sala de Casación Penal de la antigua Corte Suprema de Justicia en sentencia de 26 de junio de 1996, sostuvo que:

> "El derecho a la defensa debe ser considerado no sólo como la oportunidad para el ciudadano o presunto infractor de hacer oír sus alegatos, sino como el derecho de exigir del Estado e cumplimiento previo a la imposición de toda sanción de un conjunto de actos o procedimientos destinados o permitirle conocer con precisión los hechos que se le imputan, las disposiciones legales aplicables a los mismos, hacer oportunamente alegatos en su descargo y promover y evacuar pruebas que obren en su favor. Esta perspectiva del derecho de defensa es equiparable a lo que en otros estados de derecho ha sido llamado como principio del debido proceso."[743]

La Corte Plena de la antigua Corte Suprema de Justicia, por su parte, en sentencia de 30 de julio de 1996, enmarcó el derecho a la defensa dentro del derecho de los derechos humanos, protegido además en el ámbito de los instrumentos internacionales sobre derechos humanos, conforme al principio de la progresividad, señalando lo siguiente:

> "Por ello, la Constitución de la República estatuye que la defensa pueda ser propuesta en todo momento, "en todo estado y grado del proceso", aún antes, entendiéndose por proceso, según Calamandrei, "el conjunto de operaciones metodológicas estampadas en la ley con el fin de llegar a la justicia". Y la justicia la imparte el Estado. En el caso concreto que se estudia, a través de este Alto Tribunal. El fin que se persigue es mantener el orden jurídico.
>
> Así mismo, debe anotar la Corte que en materia de Derechos Humanos, el principio jurídico de progresividad envuelve la necesidad de aplicar con preferencia la norma más favorable a los derechos humanos, sea de Derecho Constitucional, de Derecho Internacional o de derecho ordinario. Esta doctrina de interpenetración jurídica fue acogida en sentencia de 3 de diciembre de 1990 por la Sala Político-Administrativa, en un caso sobre derechos laborales, conforme a estos términos:
>
> > '...Igualmente debe señalarse que el derecho a la inamovilidad en el trabajo de la mujer embarazada y el derecho a disfrutar del descanso pre y post-natal constituyen derechos inherentes a la persona humana los cuales se constitucionalizan, de conformidad con el artículo 50 de nuestro Texto Fundamental. Según el cual "la enunciación de los derechos y garantías contenido en esta Constitución no debe entenderse como negación de otros que, siendo inherentes a la persona humana, no figuren expresamente en ella. La falta de ley reglamentaria de estos derechos no menoscaba el ejercicio de los mismos..."'
>
> Desde el punto de vista internacional, considera este Alto Tribunal que importa fortalecer la interpretación sobre esta materia, señalando la normativa existente.
>
> Así, entre otros, el artículo 8 letra b) de la Convención Americana de Derechos Humanos (Pacto de San José de Costa Rica), establece lo siguiente:

743 Véase en *Jurisprudencia Pierre Tapia*, N° 6, Caracas, junio 1996.

"Toda persona tiene derecho a ser oída, con las debidas garantías y dentro de un plazo razonable por un Juez o Tribunal competentes, independiente e imparcial establecido con anterioridad por la ley, en la sustanciación de cualquier acusación penal formulada contra ella, o para la determinación de sus derechos y obligaciones de orden civil, laboral, fiscal o de cualquier carácter".

De la misma manera, el Pacto Internacional de los Derechos Civiles y Políticos, garantiza a toda persona el derecho a ser juzgado por sus jueces naturales, mediante proceso legal y justo, en el cual se aseguren en forma transparente todos sus derechos.

Esta normativa rige en plenitud dentro del país. Al efecto y tal como se indicó anteriormente, el artículo 50 de la Constitución de la República consagra la vigencia de los derechos implícitos conforme a la cual:

"La enunciación de los derechos y garantías contenidas en esta Constitución no debe entenderse como negación de otros que, siendo inherentes a la persona humana no figuran expresamente en ella".

A ello se agrega que las reproducidas disposiciones de tipo internacional se encuentran incorporadas al ordenamiento jurídico interno, conforme a lo previsto en el artículo 128 de la Constitución de la República.[744]

Pero además, con ocasión de la entrada en vigencia de la Constitución de 1999, la nueva Sala Constitucional del Tribunal Supremo de Justicia, particularmente en sentencias con Ponencias del Magistrado Jesús Eduardo Cabrera Romero, ha insistido en el carácter absoluto e inviolable del derecho a la defensa. Así, por ejemplo, en sentencia N° 97 de 15 de marzo de 2000 (Caso: *Agropecuaria Los Tres Rebeldes, C.A. vs. Juzgado de Primera Instancia en lo Civil, Mercantil, Tránsito, Trabajo, Agrario, Penal, de Salvaguarda del Patrimonio Público de la Circunscripción Judicial del Estado Barinas*), la Sala señaló:

"Se denomina debido proceso a aquél proceso que reúna las garantías indispensables para que exista una tutela judicial efectiva. Es a esta noción a la que alude el artículo 49 de la Constitución de la República Bolivariana de Venezuela, cuando expresa que el debido proceso se aplicará a todas las actuaciones judiciales y administrativas.

Pero la norma constitucional no establece una clase determinada de proceso, sino la necesidad de que cualquiera sea la vía procesal escogida para la defensa de los derechos o intereses legítimos, las leyes procesales deben garantizar la existencia de un procedimiento que asegure el derecho de defensa de la parte y la posibilidad de una tutela judicial efectiva.

De la existencia de un proceso debido se desprende la posibilidad de que las partes puedan hacer uso de los medios o recursos previstos en el ordenamiento para la defensa de sus derechos e intereses. En consecuencia, siempre que de la inobservancia de las reglas procesales surja la imposibilidad para las partes de hacer uso de los mecanismos que garantizan el derecho a ser oído en el juicio,

744 Véase en *Revista de Derecho Público,* N° 67-68, Editorial Jurídica Venezolana, Caracas, 1996, pp. 169-171.

se producirá indefensión y la violación de la garantía de un debido proceso y el derecho de defensa de las partes."[745]

Es decir, en definitiva, el procedimiento administrativo previsto en la Ley Orgánica de la Contraloría General de la República para la declaración de la responsabilidad administrativa de los funcionarios públicos, imponerles multas, destituirlos de sus cargos e imponerles la sanción administrativa de inhabilitación política para ejercer su derechos ciudadano a ser electo para cargos de elección popular por u n período hasta de 15 años, a pesar de la previsión de la notificación, de cargos, un breve lapso para presentar pruebas, de una audiencia pública y oral, y de recursos judiciales, no reúne la condición esencial del debido proceso pues no se adapta a los estándares establecidos en materia de garantía judiciales en el artículo 8 de la Convención Americana, aparte de que la Contraloría General de la República en si misma, no pueda ser considerada como equivalente a un juez "imparcial" (artículo 8.1 de la Convención), y menos aún, cuando en Venezuela existe un control político de todos los Poderes Públicos –incluido el "Poder Moral"- por parte del Poder Ejecutivo y del Poder Legislativo dada la inexistencia de separación de poderes, tampoco puede considerarse como equivalente a un juez "independiente" (artículo 8.1 de la Convención).

Ello es suficiente para considerar que en el procedimiento seguido ante la Contraloría, aparte de que no es ni siquiera sustancialmente jurisdiccional, sino administrativo, no se encuentra garantizado las bases esenciales de un debido proceso que pueda permitir que en un procedimiento administrativo se restringa el ejercicio de derechos políticos esenciales al régimen democrático.

4. *La protección del ejercicio del derecho político al sufragio pasivo por parte de la Corte Interamericana de Derechos Humanos (caso Leopoldo López vs. estado venezolano, septiembre 2011) desconocida por el estado venezolano*

La Contraloría General de la República, con ocasión de diversas averiguaciones administrativas abiertas contra el Sr. Leopoldo López Mendoza, quien había sido Alcalde de uno de los Municipios de la capital de la República (Chacao), de conformidad con el artículo 105 de la Ley Orgánica de la Contraloría, le impuso diversas sanciones administrativas, y entre ellas la de inhabilitación para el ejercicio de cargos públicos, afectándole su derecho constitucional a ser electo para cargos de elección popular.

Luego de que la Sala Constitucional del Tribunal Supremo declarara sin lugar la denuncia de colisión del artículo 105 de la Ley Orgánica de la Contraloría con la Constitución y la Convención Americana de Derechos Humanos, en la sentencia antes mencionada N° 1265/2008 dictada el 5 de agosto de 2008,[746] (caso *Ziomara Del Socorro Lucena Guédez vs. Contralor General de la República*), el Sr. López presentó denuncia de violación de diversos de sus derechos fundamentales ante la Comisión Interamericana de Derechos Humanos, y esta posteriormente presentó formal demanda contra el Estado Venezolano, denunciando la violación, entre otros,

745 Véase en *Revista de Derecho Público,* N° 82, Editorial Jurídica Venezolana, Caracas, 2000.

746 Véase en http://www.tsj.gov.ve:80/decisiones/scon/Agosto/1265-050808-05-1853.htm

del derecho de ser elegido del Sr. Leopoldo López, que estimó le había sido inflingido por la Contraloría General de la República al imponerle sanciones de inhabilitación en aplicación del artículo 105 de la Ley Orgánica de la Contraloría, y con ocasión de un procedimiento administrativo de averiguaciones administrativas, las cuales le habían impedido a dicho ciudadano registrar su candidatura para cargos de elección popular.

La Corte Interamericana de Derechos Humanos, con fecha 1 de septiembre de 2011 dictó sentencia (caso *López Mendoza vs. Venezuela*) (Fondo, Reparaciones y Costas), en la cual, entre las múltiples violaciones denunciadas, se refirió específicamente a la violación del derecho político a ser electo, para lo cual pasó a determinar "si las sanciones de inhabilitación impuestas al señor López Mendoza por decisión de un órgano administrativo y la consiguiente imposibilidad de que registrara su candidatura para cargos de elección popular" eran o no compatibles con la Convención Americana de derechos Humanos" (Párr. 104).

A tal efecto, la Corte Interamericana constató que el artículo 23.1 de la Convención establece que todos los ciudadanos deben gozar de los siguientes derechos y oportunidades, los cuales deben ser garantizados por el Estado en condiciones de igualdad:

> "i) a la participación en la dirección de los asuntos públicos, directamente o por representantes libremente elegidos;
>
> ii) a votar y a ser elegido en elecciones periódicas auténticas, realizadas por sufragio universal e igual y por voto secreto que garantice la libre expresión de los electores, y
>
> iii) a acceder a las funciones públicas de su país"(Párr. 106).
>
> Estos derechos, como todos los que consagra la Convención, es bueno recordarlo, al decir de la Sala Constitucional del Tribunal Supremo de Venezuela, conforman:
>
> > "*una declaración de principios, derechos y deberes de corte clásico que da preeminencia a los derechos individuales, civiles y políticos dentro de un régimen de democracia formal. Obviamente, como tal, es un texto que contiene una enumeración de libertades de corte liberal que son valiosas para garantizar un régimen que se oponga a las dictaduras que han azotado nuestros países iberoamericanos desde su independencia.*"[747]

Por otra parte, la Corte Interamericana precisó que en artículo 23.2 de la Convención es el que determina cuáles son las causales que permiten restringir los dere-

747 Véase sentencia N° 1265/2008 dictada el 5 de agosto de 2008, en http://www.tsj.gov.ve:80/decisiones/scon/Agosto/1265-050808-05-1853.htm. La Sala, sin embargo, en la misma sentencia se lamentaba que en la Convención no había "norma alguna sobre derechos sociales (solo hay una declaración de principios acerca de su desarrollo progresivo en el artículo 26), ni tampoco tiene previsión sobre un modelo distinto al demócrata liberal, como lo es la democracia participativa, ni contempla un tipo de Estado que en lugar de construir sus instituciones en torno al individuo, privilegie la sociedad en su conjunto, dando lugar a un Estado social de derecho y de justicia." *Idem*

chos antes indicados reconocidos en el artículo 23.1, así como, en su caso, los requisitos que deben cumplirse para que proceda tal restricción.

Ahora bien, en el caso sometido a su consideración, que se refería "a una restricción impuesta por vía de sanción," la CIDH consideró que debería tratarse de una "condena, por juez competente, en proceso penal," estimando que en el caso:

> "ninguno de esos requisitos se ha cumplido, pues el órgano que impuso dichas sanciones no era un "juez competente", no hubo "condena" y las sanciones no se aplicaron como resultado de un "proceso penal," en el que tendrían que haberse respetado las garantías judiciales consagradas en el artículo 8 de la Convención Americana" (Párr. 107).

La Corte Interamericana, en su decisión, reiteró su criterio de que "el ejercicio efectivo de los derechos políticos constituye un fin en sí mismo y, a la vez, un medio fundamental que las sociedades democráticas tienen para garantizar los demás derechos humanos previstos en la Convención (*Cfr. Caso Castañeda Gutman, supra* nota 209, párr. 143) y que sus titulares, es decir, los ciudadanos, no sólo deben gozar de derechos, sino también de "oportunidades;" término este último que implica, al decir de la Corte Interamericana, "la obligación de garantizar con medidas positivas que toda persona que formalmente sea titular de derechos políticos tenga la oportunidad real para ejercerlos" (*Cfr. Caso Yatama, supra* nota 209, párr. 195). En el caso decidido en la sentencia, la Corte Interamericana precisamente consideró que "si bien el señor López Mendoza ha podido ejercer otros derechos políticos, está plenamente probado que se le ha privado del sufragio pasivo, es decir, del derecho a ser elegido" (Párr. 108).

Fue en virtud e los anteriores argumentos que la Corte Interamericana determinó que el Estado venezolano violó los artículos 23.1.b y 23.2 en relación con el artículo 1.1 de la Convención Americana, en perjuicio de Leopoldo López Mendoza (Párr. 109), concluyendo que:

> "el Estado es responsable por la violación del derecho a ser elegido, establecido en los artículos 23.1.b y 23.2, en relación con la obligación de respetar y garantizar los derechos, establecida en el artículo 1.1 de la Convención Americana sobre Derechos Humanos, en perjuicio del señor López Mendoza, en los términos del párrafo 109 de la presente Sentencia" (Párr. 249).

Por otra parte, la Comisión Interamericana había solicitado la Corte Interamericana que se ordenase al Estado el adoptar las medidas necesarias para reestablecer los derechos políticos del señor Leopoldo López Mendoza (Párr. 214), sobre lo cual, sus representantes solicitaron la restitución plena en el ejercicio de su "derecho político a ser electo" según el artículo 23 de la Convención, a fin de poder presentarse "como candidato en las elecciones que se celebren en la República Bolivariana de Venezuela," solicitando además, que se dejasen sin efecto "las decisiones de inhabilitación dictadas por la Contraloría General de la República y por las distintas ramas del Poder Público Nacional "en el marco de las inhabilitaciones políticas administrativas;" y que se requiriera al Estado que el Consejo Nacional Electoral permitiera la su inscripción y postulación electoral para cualquier proceso de elecciones a celebrarse en Venezuela (Párr. 214).

Sobre esto, y en virtud de considerar que en el case se habían violado los artículos 23.1.b, 23.2 y 8.1, en relación con los artículos 1.1 y 2 de la Convención Americana (*supra* párrs. 109, 149, 205 y 206), la CIDH declaró que:

> "el Estado, a través de los órganos competentes, y particularmente del Consejo Nacional Electoral (CNE), debe asegurar que las sanciones de inhabilitación no constituyan impedimento para la postulación del señor López Mendoza en el evento de que desee inscribirse como candidato en procesos electorales a celebrarse con posterioridad a la emisión de la presente Sentencia (Párr. 217).

Consecuencialmente, la CIDH declaró que el Estado debía "dejar sin efecto las Resoluciones Nos. 01-00-000206 de 24 de agosto de 2005 y 01-00-000235 de 26 de septiembre de 2005 emitidas por el Contralor General de la República (*supra* párrs. 58 y 81), mediante las cuales se declaró la inhabilitación para el ejercicio de funciones públicas del señor López Mendoza por un período de 3 y 6 años, respectivamente" (Párr. 218), concluyendo en la parte final del fallo, con las siguientes dos disposiciones:

> "2. El Estado, a través de los órganos competentes, y particularmente del Consejo Nacional Electoral (CNE), debe asegurar que las sanciones de inhabilitación no constituyan impedimento para la postulación del señor López Mendoza en el evento de que desee inscribirse como candidato en procesos electorales a celebrarse con posterioridad a la emisión de la presente Sentencia, en los términos del párrafo 217 del presente Fallo;"
>
> "3. El Estado debe dejar sin efecto las Resoluciones Nos. 01-00-000206 de 24 de agosto de 2005 y 01-00-000235 de 26 de septiembre de 2005 emitidas por el Contralor General de la República, en los términos del párrafo 218 del presente Fallo."

Todo lo anterior, sin embargo, fue desconocido por el Estado Venezolano.

### 5. *El control de constitucionalidad ejercido por la Sala Constitucional respecto de la sentencia de la Corte Interamericana de Derechos Humanos en el caso Leopoldo López vs. Venezuela, y su declaración como "inejecutable" en Venezuela*

En efecto, contra la antes mencionada sentencia dictada por la Corte Interamericana de Derechos Humanos el 1 de septiembre de 2011, el día 26 de septiembre de 2011, el Procurador General de la República actuando en representación del Estado Venezolano, interpuso ante la Sala Constitucional del Tribunal Supremo de Justicia lo que denominó una "acción innominada de control de constitucionalidad," que la Sala sin competencia alguna para ello, y en franca violación de la Constitución, pasó a conocer de inmediato, decidiéndola en sólo veinte días, mediante sentencia N° 1547 (Caso *Estado Venezolano vs. Corte Interamericana de Derechos Humanos*) de fecha 17 de octubre de 2011.[748]

---

748 Véase en http://www.tsj.gov.ve/decisiones/scon/Octubre/1547-171011-2011-11-1130.html

### A. *Las competencias de la Sala Constitucional del Tribunal Supremo*

Una de las características fundamentales de la Justicia Constitucional, o del derecho procesal constitucional contemporáneo, es que los Tribunales, como garantes de la Constitución, no sólo tienen que estar sometidos, como todos los órganos del Estado, a las propias previsiones de la Constitución, sino que deben ejercer sus competencias ceñidos a las competencias establecidas en la misma o en las leyes, cuando a ellas remita la Constitución para la determinación de la competencia.

En particular, la competencia de la Jurisdicción Constitucional en materia de control concentrado de la constitucionalidad siempre ha sido considerada como de derecho estricto que tiene que estar establecida expresamente en la Constitución, y no puede ser deducida por vía de interpretación. Es decir, la Jurisdicción Constitucional no puede ser creadora de su propia competencia, pues ello desquiciaría los cimientos del Estado de derecho, convirtiendo al juez constitucional en poder constituyente.[749]

En el caso de Venezuela, la Sala Constitucional del Tribunal Supremo, como Jurisdicción Constitucional, tiene asignadas las competencias que se enumeran en el artículo 336 de la Constitución y en el artículo 25 de la Ley Orgánica del Tribunal Supremo de Justicia de 2010, no estando prevista en ninguna de esas normas una supuesta competencia para someter a control de constitucionalidad, mediante el ejercicio ante ella de una acción e incluso de oficio, de las sentencias de la Corte Interamericana de Derechos Humanos. Aparte de que ello sería contrario a la Convención Americana de Derechos Humanos, que es de obligatorio cumplimiento mientras el Estado no la denuncie, es contrario al propio texto de la Constitución venezolana que en su artículo 31 prevé como obligación del propio Estado el adoptar, conforme a los procedimientos establecidos en la Constitución y en la ley, "las medidas que sean necesarias para dar cumplimiento a las decisiones emanadas de los órganos internacionales" de protección de derechos humanos.

Sin embargo, como se dijo, la Sala Constitucional del Tribunal Supremo de Justicia mediante sentencia N° 1547 de fecha 17 de octubre de 2011 (Caso *Estado Venezolano vs. Corte Interamericana de Derechos Humanos*),[750] procedió al conocer de una "acción innominada de control de constitucionalidad" contra la mencionada sentencia de la Corte Interamericana de Derechos Humanos.

### B. *Sobre la "acción innominada de control de constitucionalidad" de las sentencias de la Corte Interamericana de Derechos Humanos y su trámite*

Para ello, el Procurador General de la República, al intentar la acción, justificó la supuesta competencia de la Sala Constitucional en su carácter de "garante de la supremacía y efectividad de las normas y principios constitucionales" (Arts. 266.1, 334, 335 y 336 de la Constitución, el artículo 32 de la Ley Orgánica del Tribunal Supremo de Justicia), considerando básicamente que la República, ante una decisión de la Corte Interamericana de Derechos Humanos, no podía dejar de realizar "el examen de constitucionalidad en cuanto a la aplicación de los fallos dictados por esa

---

749 Véase en general, Allan R. Brewer-Carías, *Constitutional Courts as Positive Legislators in Comparative Law*, Cambridge University Press, New York 2011.

750 Véase en http://www.tsj.gov.ve/decisiones/scon/Octubre/1547-171011-2011-11-1130.html

Corte y sus efectos en el país," considerando en general que las decisiones de dicha Corte Interamericana sólo pueden tener "ejecutoriedad en Venezuela," en la medida "el contenido de las mismas cumplan el examen de constitucionalidad y no menoscaben en forma alguna directa o indirectamente el Texto Constitucional;" es decir, que dichas decisiones "para tener ejecución en Venezuela deben estar conformes con el Texto Fundamental."

Luego de analizar la sentencia de la Corte Interamericana, y referirse al carácter de los derechos políticos como limitables; y a la competencia de la Contraloría General de la República, conforme al artículo 105 de su Ley Orgánica para garantizar una "Administración recta, honesta, transparente en el manejo de los asuntos públicos, dotada de eficiencia y eficacia en la actividad administrativa en general, y especialmente en los servicios públicos" y para imponer "la sanción de suspensión, destitución e inhabilitación para el ejercicio de funciones públicas;" considerar que lo que le Contraloría le había impuesto al Sr. Leopoldo López había sido una "inhabilitación administrativa" y no una inhabilitación política que se "corresponde con las sanciones que pueden ser impuestas por un juez penal, como pena accesoria a la de presidio (artículo 13 del Código Penal;)" que las decisiones adoptadas por la Corte Interamericana con ordenes dirigidas a órganos del Estado "se traduce en una injerencia en las funciones propias de los poderes públicos," estimando que la Corte Interamericana no puede "valerse o considerarse instancias superiores ni magnánimas a las autoridades nacionales, con lo cual pretendan obviar y desconocer el ordenamiento jurídico interno, todo ello en razón de supuestamente ser los garantes plenos y omnipotentes de los derechos humanos en el hemisferio americano": y en fin, estimar que la sentencia de la Corte Interamericana de Derechos Humanos desconocía "la lucha del Estado venezolano contra la corrupción y la aplicación de la Convención Interamericana contra la Corrupción, ratificada por Venezuela el 2 de junio de 1997 y la Convención de las Naciones Unidas contra la Corrupción, ratificada el 2 de febrero de 2009;" el Procurador General de la República consideró que la mencionada sentencia de la Corte Interamericana transgredía el ordenamiento jurídico venezolano, pues desconocía

> "la supremacía de la Constitución y su obligatoria sujeción, violentando el principio de autonomía de los poderes públicos, dado que la misma desconoce abiertamente los procedimientos y actos legalmente dictados por órganos legítimamente constituidos, para el establecimiento de medidas y sanciones contra aquellas actuaciones desplegadas por la Contraloría General de la República que contraríen el principio y postulado esencial de su deber como órgano contralor, que tienen como fin último garantizar la ética como principio fundamental en el ejercicio de las funciones públicas".

Como consecuencia de ello, el Procurador General de la República solicitó de la Sala Constitucional que admitiera lo que llamó la "acción innominada de control de constitucionalidad", a los efectos de que la Sala declarase "inejecutable e inconstitucional la sentencia de la Corte Interamericana de Derechos Humanos del 1° de septiembre de 2011."

Sobre esta "nueva" acción propuesta por el Procurador para el control de constitucionalidad de sentencias dictadas en contra del Estado por la Corte Interamericana, la Sala Constitucional aclaró en su sentencia que el Procurador no pretendía que se declarase "la nulidad" ni de la Convención Americana de Derechos Humanos ni del fallo de la Corte Interamericana de Derechos Humanos, aclarando por ello, la propia Sala que, por tanto, la "acción innominada intentada" no era un "recurso de nulidad como mecanismo de control concentrado de la constitucionalidad" el cual consideró la Sala que no resultaba el idóneo.

La Sala, por otra parte, también descartó que se tratase de una acción de "colisión de leyes,"

> "pues de lo que se trata es de una presunta controversia entre la Constitución y la ejecución de una decisión dictada por un organismo internacional fundamentada en normas contenidas en una Convención de rango constitucional, lo que excede los límites de ese especial recurso, pues la presunta colisión estaría situada en el plano de dos normas de rango constitucional."

Luego de descartar esas hipótesis de acciones de nulidad o de colisión de leyes, y precisar que de lo que se trataba con la acción intentada era determinar la "controversia entre la Constitución y la ejecución de una decisión dictada por un organismo internacional," concluyó, en definitiva, que de lo que se trataba era de una acción mediante la cual se pretendía:

> "ejercer un "control innominado de constitucionalidad", por existir una aparente antinomia entre la Constitución de la República Bolivariana de Venezuela, la Convención Interamericana de Derechos Humanos, la Convención Americana contra la Corrupción y la Convención de las Naciones Unidas contra la Corrupción, producto de la pretendida ejecución del fallo dictado el 1 de septiembre de 2011, por la Corte Interamericana de Derechos Humanos (CIDH), que condenó a la República Bolivariana de Venezuela a la habilitación para ejercer cargos públicos al ciudadano Leopoldo López Mendoza."

Es bien sabido en el mundo de la justicia constitucional, que el juez constitucional como todo órgano del Estado está, ante todo, sometido a la Constitución, por lo que debe ceñirse a ella no sólo en la emisión de sus sentencias, sino en el ejercicio de sus propias competencias. Para que el juez constitucional sea garante de la Constitución tiene que ejercer las competencias que la Constitución le atribuye, pues de lo contrario si ejerciera competencias distintas estaría actuando como Poder Constituyente, modificando la propia Constitución, en violación a la misma. Eso es precisamente lo que ha ocurrido en este caso, al "inventar" la Sala Constitucional una nueva acción para el control de constitucionalidad, siguiendo la orientación que ya ha sentado en otros casos, como cuando "inventó" la acción autónoma y directa de interpretación abstracta de la Constitución mediante sentencia N° 1077 de 22 de septiembre de 2000 (Caso: *Servio Tulio León*)[751] que por lo demás cita con frecuencia en su sentencia. En aquella ocasión y en esta la Sala Constitucional actuó como poder constituyente al margen de la Constitución.[752]

---

751 Véase en *Revista de Derecho Público*, N° 83, Editorial Jurídica Venezolana, Caracas 2000, pp. 247 ss.

752 Véase Daniela Urosa M, Maggi, *La Sala Constitucional del Tribunal Supremo de Justicia como Legislador Positivo*, Academia de Ciencias Políticas y Sociales, Serie Estudios N° 96, Caracas 2011. Véase nuestro "Prólogo" a dicho libro, "Los tribunales constitucionales como legisladores positivos. Una aproximación comparativa," pp. 9-70. Véase en general, Allan R.

Ahora bien, en el caso concreto, identificado el objeto de la acción "innominada" que intentó el Estado Venezolano ante la Sala Constitucional, la misma consideró que le correspondía en "su condición de último interprete de la Constitución," realizar "el debido control de esas normas de rango constitucional" y ponderar "si con la ejecución del fallo de la CIDH se verifica tal confrontación."

Para determinar el "alcance" de esta "acción de control constitucional" la Sala Constitucional recordó, por otra parte, que ya lo había hecho en anterior oportunidad, al "conocer sobre la conformidad constitucional del fallo de la Corte Interamericana de Derechos Humanos (CIDH) –Caso: *Corte Primera de lo Contencioso Administrativo*–,"[753] en la cual "asumió la competencia con base en la sentencia 1077/2000 y según lo dispuesto en el cardinal 23 del artículo 5 de la Ley Orgánica del Tribunal Supremo de Justicia de 2004."[754]

Ahora bien, en virtud de que esta previsión legal atributiva de competencia desapareció de la nueva ley orgánica del Tribunal Supremo de Justicia de 2010, lo que significaba que "la argumentación de la Sala Constitucional para asumir la competencia para conocer de la conformidad constitucional de un fallo dictado por la Corte Interamericana de Derechos Humanos," había "sufrido un cambio" al no estar incluido en contenido de dicha previsión atributiva de competencia en el artículo 25 de la nueva Ley Orgánica, la Sala, en ausencia de una previsión legal expresa que contemplase "esta modalidad de control concentrado de la constitucionalidad," la Sala pasó a:

> "invocar la sentencia N° 1077/2000, la cual sí prevé esta razón de procedencia de interpretación constitucional, a los efectos de determinar el alcance e inteligencia de la ejecución de una decisión dictada por un organismo internacional con base en un tratado de jerarquía constitucional, ante la presunta antinomia entre la Convención Interamericana de Derechos Humanos y la Constitución Nacional."

Debe recordarse que la mencionada sentencia "invocada" N° 1077/2000, fue la dictada en 22 de septiembre de 2000 (Caso *Servio Tulio León Briceño*) en la cual, la Sala, sin competencia constitucional ni legal alguna, y sólo como resultado de la función interpretativa que el artículo 335 de la Constitución le atribuye, "inventó" la existencia de un recurso autónomo de interpretación abstracta de la Constitución.[755]

---

Brewer-Carías, *Constitutional Courts as Positive Legislators in Comparative Law*, Cambridge University Press, New York 2011.

753 Véase en *Revista de Derecho Público,* N° 116, Editorial Jurídica venezolana, Caracas 2008, pp. 88 ss.

754 En dicha norma de la Ley de 2004 se disponía como competencia de la Sala: "*Conocer de las controversias que pudieran suscitarse con motivo de la interpretación y ejecución de los Tratados, Convenios o Acuerdos Internacionales suscritos y ratificados por la República. La sentencia dictada deberá ajustarse a los principios de justicia internacionalmente reconocidos y será de obligatorio cumplimiento por parte del Estado venezolano*".

755 Véase sobre esta sentencia los comentarios en Marianella Villegas Salazar, "*Comentarios sobre el recurso de interpretación constitucional en la jurisprudencia de la Sala Constitucional,*" en *Revista de Derecho Público*, N°. 84, Editorial Jurídica Venezolana, Caracas 2000, pp. 417 ss.; y Allan R. Brewer-Carías, "Le recours d'interprétation abstrait de la Constitution au Vénézuéla", en *Le renouveau du droit constitutionnel, Mélanges en l'honneur de*

Por ello, la Sala ahora hace la "invocación" a dicha sentencia, pasando luego comentar la competencia establecida en el artículo 335 de la Constitución, la cual en realidad, es una competencia que se atribuye al todo el Tribunal Supremo de Justicia, en todas sus Salas –y no sólo a la Sala Constitucional–, que es la competencia general de garantizar "la supremacía y efectividad de las normas y principios constitucionales," para lo cual el Tribunal Supremo en su totalidad –y no sólo la Sala Constitucional– se lo define como "el máximo y último intérprete de la Constitución" correspondiéndole velar "por su uniforme interpretación y aplicación."

De manera que recordando la "invención" de ese recurso autónomo de interpretación abstracta de la Constitución, la Sala pasó a constatar, sin embargo, que el Legislador había eliminado la previsión antes indicada establecida en el artículo 5.23 de la Ley Orgánica del Tribunal Supremo de Justicia de 2004 que la Sala también había "invocado" para decidir el caso mencionado de la inejecución de la sentencia de la Corte Interamericana condenando al Estado por violación de los derechos de los magistrados de la Corte Primera de lo Contencioso Administrativo; y desconocido esa expresa voluntad del Legislador de eliminar dicha norma del ordenamiento jurídico, pasó a constatar que el propio Legislador no había "dictado las normas adjetivas que permitan la adecuada implementación de las "*decisiones emanadas de los órganos internacionales*" de conformidad con lo previsto en el artículo 31 constitucional (en su único aparte)," afirmando entonces *de oficio*, que:

> "el Estado (y, en concreto, la Asamblea Nacional) ha incurrido en una omisión "*de dictar las normas o medidas indispensables para garantizar el cumplimiento de esta Constitución…*", a tenor de lo previsto en el artículo 336.7 ***eiusdem*** en concordancia con lo pautado en la Disposición Transitoria Sexta del mismo texto fundamental."

Es decir, la Sala Constitucional, no sólo desconoció la voluntad del Legislador en eliminar una norma del ordenamiento jurídico, sino que calificó dicha decisión como una "omisión de la Asamblea Nacional de dictar las normas necesarias para dar cumplimiento a las decisiones de los organismos internacionales y/o para resolver las controversias que podrían presentarse en su ejecución," siendo la consecuencia de ello, la declaratoria de la Sala de asumir la competencia, que ni la Constitución ni la ley le atribuyen:

> "para verificar la conformidad constitucional del fallo emitido por la Corte Interamericana de Derechos Humanos, control constitucional que implica lógicamente un "control de convencionalidad" (o de confrontación entre normas internas y tratados integrantes del sistema constitucional venezolano), lo cual de-

*Louis Favoreu*, Dalloz, Paris, 2007, pp. 61-70, y "*Quis Custodiet Ipsos Custodes*: De la interpretación constitucional a la inconstitucionalidad de la interpretación," en *Revista de Derecho Público*, N° 105, Editorial Jurídica Venezolana, Caracas 2006, pp. 7-27, y en *VIII Congreso Nacional de derecho Constitucional, Perú*, Fondo Editorial 2005, Colegio de Abogados de Arequipa, Arequipa, septiembre 2005, pp. 463-489. Este último trabajo fue también recogido en el libro Allan R. Brewer-Carías, *Crónica sobre la "In" Justicia Constitucional. La Sala Constitucional y el autoritarismo en Venezuela*, Colección Instituto de Derecho Público, Universidad Central de Venezuela, N° 2, Editorial Jurídica Venezolana, Caracas 2007, pp. 47-79.

be realizar en esta oportunidad esta Sala Constitucional, incluso de oficio; y así se decide."

En esta forma quedó formalizada por voluntad de la Sala, la "invención" de una modalidad de control de constitucionalidad, que puede tener su origen en una acción pero que la Sala declara que también puede ejercer *de oficio*. No es esta, sin embargo, la primera vez que la Sala Constitucional muta la Constitución específicamente en materia de justicia constitucional.[756]

En cuanto a la "acción" intentada por el Procurador en este caso, la admitió pura y simplemente, pasando a establecer que como no se trataba de una "demanda" de interpretación de normas o principios del sistema constitucional (artículo 25.17 de la Ley Orgánica del Tribunal Supremo de Justicia), "sino de una modalidad innominada de control concentrado que requiere de la interpretación para determinar la conformidad constitucional de un fallo", la Sala, con fundamento en el artículo 98 de la Ley Orgánica del Tribunal Supremo de Justicia, en concordancia con el párrafo primero del artículo 145 *eiusdem*, determinó que "al tratarse de una cuestión de mero derecho," la causa no requería de sustanciación, ignorando incluso el escrito presentado por el Sr. López, entrando a decidir la causa "sin trámite y sin fijar audiencia oral para escuchar a los interesados ya que no requiere el examen de ningún hecho," incluso, "omitiéndose asimismo la notificación a la Fiscalía General de la República, la Defensoría del Pueblo y los terceros interesados," todo ello, a juicio de la sala, "en razón de la necesidad de impartir celeridad al pronunciamiento por la inminencia de procesos de naturaleza electoral, los cuales podrían ser afectados por la exigencia de ejecución de la sentencia objeto de análisis."

Quedó en esta forma "formalizada" en la jurisprudencia de la Sala Constitucional en Venezuela, actuando como Jurisdicción Constitucional, y sin tener competencia constitucional alguna para ello, la existencia de una "acción innominada de control de constitucionalidad" destinada a ejercerse contra las sentencias de la Corte Interamericana de Derechos Humanos. Es decir, el Estado venezolano, con esta sentencia, estableció un control de las sentencias que la Corte Interamericana pueda dictar contra el mismo, condenándolo por violación de derechos humanos, cuya ejecución en relación con el Estado condenado, queda a su sola voluntad, determinada por su Tribunal Supremo de Justicia a su propia solicitud a través del Procurador General de la Republica. Se trata, en definitiva, de un absurdo sistema de justicia en el cual el condenado en una decisión judicial es quien determina si la condena que se le ha impuesto es o no ejecutable. Eso es la antítesis de la justicia.

---

756 Véase Allan R. Brewer-Carías, "La ilegítima mutación de la constitución por el juez constitucional: la inconstitucional ampliación y modificación de su propia competencia en materia de control de constitucionalidad. Trabajo elaborado para el *Libro Homenaje a Josefina Calcaño de Temeltas*. Fundación de Estudios de Derecho Administrativo (FUNEDA), Caracas 2009, pp. 319-362; "La ilegítima mutación de la Constitución por el juez constitucional y la demolición del Estado de derecho en Venezuela.," en *Revista de Derecho Político*, N° 75-76, Homenaje a Manuel García Pelayo, Universidad Nacional de Educación a Distancia, Madrid, 2009, pp. 291-325.

C. *El tema de la jerarquía constitucional de los tratados sobre derechos humanos, la negación del poder de los jueces a decidir su aplicación preferente, y el monopolio del control de constitucionalidad asumido por la Sala respecto de las decisiones de la Corte Interamericana.*

La Sala Constitucional pasó entonces, en las "motivaciones para decidir," a analizar la sentencia de la Corte Interamericana de Derechos Humanos de 1 de septiembre de 2011, en la cual declaró responsable internacionalmente al Estado "por haber presuntamente vulnerado el derecho político a ser elegido (sufragio pasivo) del ciudadano Leopoldo López Mendoza con base en unas sanciones de inhabilitación de tres (3) y seis (6) años para el ejercicio de funciones públicas que le fueron impuestas por el Contralor General de la República;" y en la cual la Corte Interamericana resolvió el caso "mediante la aplicación de lo dispuesto por el artículo 23 de la Convención Americana, porque se trata de sanciones que impusieron una restricción al derecho a ser elegido, sin ajustarse a los requisitos aplicables de conformidad con el párrafo 2 del mismo, relacionado con "*una condena, por juez competente, en proceso penal*" (destacado de la Sala).

Ahora bien, entre los primeros párrafos de la sentencia de la Corte Interamericana, la Sala Constitucional destacó el siguiente sobre el rango constitucional y la fuerza obligatoria de los Convenios internacionales en materia de derechos humanos el derecho interno, como lo indica el artículo 23 de la Constitución,[757] y la obligación de los jueces de ejercer el control de convencionalidad para asegurar su aplicación, en el cual la Corte Interamericana dijo:

> "Pero cuando un Estado es parte de un tratado internacional como la Convención Americana, todos sus órganos, incluidos sus jueces y demás órganos vinculados a la administración de justicia, también están sometidos a aquél, lo cual les obliga a velar para que los efectos de las disposiciones de la Convención no se vean mermadas por la aplicación de normas contrarias a su objeto y fin. Los jueces y órganos vinculados a la administración de justicia en todos sus niveles están en la obligación de ejercer *ex officio* un control de convencionalidad`, entre las normas internas y la Convención Americana, en el marco de sus respectivas competencias y de las regulaciones procesales correspondientes. En esta tarea, **los jueces y órganos vinculados a la administración de justicia deben tener en cuenta no solamente el tratado, sino también la interpretación que del mismo ha hecho la Corte Interamericana, intérprete última de la Convención Americana**." (destacado nuestro)

---

757 ***Artículo 23.*** Los tratados, pactos y convenciones relativos a derechos humanos, suscritos y ratificados por Venezuela, tienen jerarquía constitucional y prevalecen en el orden interno, en la medida en que contengan normas sobre su goce y ejercicio más favorables a las establecidas en esta Constitución y en las leyes de la República, y son de aplicación inmediata y directa por los tribunales y demás órganos del Poder Público. Véase sobre esta norma Allan R. Brewer-Carías, "Nuevas reflexiones sobre el papel de los tribunales constitucionales en la consolidación del Estado democrático de derecho: defensa de la Constitución, control del poder y protección de los derechos humanos," en *Anuario de Derecho Constitucional Latinoamericano*, 13er año, Tomo I, Programa Estado de Derecho para Latinoamérica, Fundación Konrad Adenauer, Montevideo 2007, pp. 63 a 119.

Esta última afirmación de la Corte Interamericana, que copió la Sala Constitucional en su sentencia, sin embargo, en la misma fue abiertamente contradicha cuestionando la Sala cualquier valor o jerarquía constitucional que conforme al artículo 23 de la Constitución puedan tener las propias sentencias de la Corte Interamericana.

En efecto, sobre el tema de la jerarquía constitucional de los tratados internacionales en materia de derechos humanos conforme a la mencionada norma del artículo 23 de la Constitución, la Sala Constitucional acudió a lo que ya había decidido anteriormente en su sentencia N° 1942 de 15 de julio de 2003 (Caso: *Impugnación artículos del Código Penal sobre leyes de desacato*),[758] en la cual había precisado que el artículo 23 constitucional, "se refiere a normas que establezcan derechos, *no a fallos o dictámenes de instituciones, resoluciones de organismos, etc., prescritos en los Tratados,* (destacado de la Sala) sino sólo a normas creativas de derechos humanos," es decir,

> "que se trata de una prevalencia de las normas que conforman los Tratados, Pactos y Convenios (términos que son sinónimos) relativos a derechos humanos, pero no de los informes u opiniones de organismos internacionales, que pretendan interpretar el alcance de las normas de los instrumentos internacionales, ya que el artículo 23 constitucional es claro: la jerarquía constitucional de los Tratados, Pactos y Convenios se refiere a sus normas, las cuales, al integrarse a la Constitución vigente, el único capaz de interpretarlas, con miras al Derecho Venezolano, es el juez constitucional, conforme al artículo 335 de la vigente Constitución, en especial, al intérprete nato de la Constitución de 1999, y, que es la Sala Constitucional, y así se declara. (....)

De lo anterior resulta entonces la afirmación de la Sala de que es ella la que tiene el monopolio en la materia de aplicación en el derecho interno de los tratados internacionales mencionados, contradiciendo el texto del artículo 23 de la Constitución que dispone que dichos tratados "son de aplicación inmediata y directa por los tribunales y demás órganos del Poder Público," afirmando, al contrario, que ella es la única instancia judicial llamada a determinar "*cuáles normas sobre derechos humanos de esos tratados, pactos y convenios, prevalecen en el orden interno;" competencia esta última que supuestamente emanaría "de la Carta Fundamental"* –sin decir de cuál norma– afirmando que la misma *"no puede quedar disminuida por normas de carácter adjetivo contenidas en Tratados ni en otros textos Internacionales sobre Derechos Humanos* suscritos por el país" *(destacados de la Sala).* De lo contrario, llegó a afirmar la Sala en dicha sentencia, "se estaría ante una forma de enmienda constitucional en esta materia, sin que se cumplan los trámites para ello, al disminuir la competencia de la Sala Constitucional y trasladarla a entes multinacionales o transnacionales (internacionales), quienes harían interpretaciones vinculantes."

En definitiva, la Sala Constitucional decidió que las sentencias de los tribunales internacionales sobre derechos humanos no eran de aplicación inmediata en Venezuela, sino que a sus decisiones sólo "*se les dará cumplimiento en el país, conforme a lo que establezcan la Constitución y las leyes, siempre que ellas no contraríen lo*

---

758 Véase en *Revista de Derecho Público*, N° 93-96, Editorial Jurídica Venezolana, Caracas 2003, pp. 136 ss.

*establecido en el artículo 7 de la vigente Constitución*," concluyendo que "a pesar del respeto del Poder Judicial hacia los fallos o dictámenes de esos organismos, éstos no pueden violar la Constitución de la República Bolivariana de Venezuela, así como no pueden infringir la normativa de los Tratados y Convenios, que rigen esos amparos u otras decisiones"; es decir, que si la Corte Interamericana, por ejemplo, "*amparara a alguien violando derechos humanos de grupos o personas dentro del país, tal decisión tendría que ser rechazada aunque emane de organismos internacionales protectores de los derechos humanos*" (subrayados de la Sala).

Por tanto, no existe órgano jurisdiccional alguno por encima del Tribunal Supremo de Justicia, y si existiera, por ejemplo, en materia de integración económica regional o de derechos humanos, sus decisiones "*no pueden menoscabar la soberanía del país, ni los derechos fundamentales de la República*" (subrayados de la Sala), es decir, en forma alguna pueden contradecir las normas constitucionales venezolanas, pues de lo contrario "carecen de aplicación en el país" Así lo declaró la Sala.

### D. *La reiteración de la negación del carácter supra-constitucional de los tratados sobre derechos humanos si contienen normas sobre su goce y ejercicio más favorables a las establecidas en la Constitución*

Ahora, sobre la prevalencia en el orden interno de la Convención Americana sobre Derechos Humanos como tratado multilateral que tiene jerarquía constitucional, afirmó la Sala que ello es solo, conforme al artículo 23 de nuestro texto fundamental, "*en la medida en que contengan normas sobre su goce y ejercicio más favorables*" a las establecidas en la Constitución; pasando entonces a juzgar sobre la constitucionalidad de la sentencia de la Corte Interamericana, comenzando por "determinar el alcance" del fallo "y su obligatoriedad."

Observó para ello la Sala que en dicho fallo se consideró como su "punto central":

> "la presunta violación del derecho a ser elegido del ciudadano Leopoldo López, infringiendo el artículo 23 de la Convención Americana, en vista de que esta disposición exige en su párrafo 2 que la sanción de inhabilitación solo puede fundarse en una condena dictada por un juez competente, en un proceso penal."

Para analizar esta decisión, la Sala Constitucional comenzó por reiterar lo que antes había decidido en la sentencia N° 1939/2008 (caso: Magistrados de la Corte Primera de lo Contencioso Administrativo)[759] en el sentido de que la protección internacional que deriva de la Convención Americana es "coadyuvante o complementaria de la que ofrece el derecho interno de los Estados americanos," es decir, que la

759 Véase en *Revista de Derecho Público*, N° 116, Editorial Jurídica venezolana, Caracas 2008, pp. 88 ss. Véase sobre esa sentencia Allan R. Brewer-Carías, "El juez constitucional vs. La justicia internacional en materia de derechos humanos," en *Revista de Derecho Público*, N° 116, (julio-septiembre 2008), Editorial Jurídica Venezolana, Caracas 2008, pp. 249-260; y "La interrelación entre los Tribunales Constitucionales de América Latina y la Corte Interamericana de Derechos Humanos, y la cuestión de la inejecutabilidad de sus decisiones en Venezuela," en Armin von Bogdandy, Flavia Piovesan y Mariela Morales Antonorzi (Coodinadores), *Direitos Humanos, Democracia e Integracao Jurídica na América do Sul*, umen Juris Editora, Rio de Janeiro 2010, pp. 661-701.

Corte Interamericana "no puede pretender excluir o desconocer el ordenamiento constitucional interno" que goza de supremacía.

La Sala, además, indicó que el artículo 23 de la Constitución antes citado, contrariando su expreso contenido según el cual "prevalecen en el orden interno" –incluyendo la Constitución–, "en la medida en que contengan normas sobre su goce y ejercicio más favorables a las establecidas en esta Constitución," indicó que:

> "no otorga a los tratados internacionales sobre derechos humanos rango '*supraconstitucional,*' por lo que, en caso de antinomia o contradicción entre una disposición de la Carta Fundamental y una norma de un pacto internacional, correspondería al Poder Judicial determinar cuál sería la aplicable, tomando en consideración tanto lo dispuesto en la citada norma como en la jurisprudencia de esta Sala Constitucional del Tribunal Supremo de Justicia, atendiendo al contenido de los artículos 7, 266.6, 334, 335, 336.11 *eiusdem* y el fallo número 1077/2000 de esta Sala."[760]

### E. *La interpretación de la Constitución conforme al proyecto político del gobierno y el rechazo a los valores universales sobre derechos humanos*

Adicionalmente la Sala se refirió a otro fallo anterior, N° 1309/2001, en el cual había considerado que "el derecho es una teoría normativa puesta al servicio de la política que subyace tras el proyecto axiológico de la Constitución," de manera que la interpretación constitucional debe comprometerse "con la mejor teoría política que subyace tras el sistema que se interpreta o se integra y con la moralidad institucional que le sirve de base axiológica (*interpretatio favor Constitutione*)." Por supuesto, dicha "política que subyace tras el proyecto axiológico de la Constitución" o la "teoría política que subyace" tras el sistema que le sirve de "base axiológica," no es la que resulta de la Constitución propia del "Estado democrático social de derecho y de justicia," que está montado sobre un sistema político de separación de poderes, democracia representativa y libertad económica, sino el que ha venido definiendo el gobierno contra la Constitución y que ha encontrado eco en las decisiones de la propia Sala, como propia de un Estado centralizado, que niega la representatividad, montado sobre una supuesta democracia participativa controlada y de carácter socialista,[761] declarando la Sala que los estándares que se adopten para tal interpre-

760 Se refiere de nuevo la Sala a la sentencia de 22 de septiembre de 2000 (Caso *Servio Tulio León Briceño*), en *Revista de Derecho Público*, N° 83, Editorial Jurídica Venezolana, Caracas 2000, pp. 247 ss.

761 En los últimos años puede decirse que es la doctrina política socialista, la cual, por supuesto, no está en ninguna parte de la Constitución, y cuya inclusión en la Constitución fue rechazada por el pueblo en 2007. (Véase Allan R. Brewer-Carías, "La reforma constitucional en Venezuela de 2007 y su rechazo por el poder constituyente originario," en José Ma. Serna de la Garza (Coordinador), *Procesos Constituyentes contemporáneos en América latina. Tendencias y perspectivas*, Universidad Nacional Autónoma de México, México 2009, pp. 407-449). La Sala Constitucional, incluso, ha construido la tesis de que la Constitución de 1999 ahora "privilegia los intereses colectivos sobre los particulares o individuales,"habiendo supuestamente cambiado "el modelo de Estado liberal por un Estado social de derecho y de justicia" (sentencia de 5 de agosto de 2008, N° 1265/2008, http://www.tsj.gov.ve:80/decisiones/scon/Agosto/1265-050808-05-1853.htm) cuando ello no es cierto, pues el Estado social de derecho ya estaba en la Constitución de 1961.

tación constitucional "*deben ser compatibles con el proyecto político de la Constitución"- que la Sala no deja de llamar como el del "Estado Democrático y Social de Derecho y de Justicia," precisando que:*

> "no deben afectar la vigencia de dicho proyecto con elecciones interpretativas ideológicas que privilegien los derechos individuales a ultranza o que acojan la primacía del orden jurídico internacional sobre el derecho nacional en detrimento de la soberanía del Estado." (subrayados de la Sala)

Concluyó así, la sentencia, que "*no puede ponerse un sistema de principios supuestamente absoluto y suprahistórico por encima de la Constitución," siendo inaceptables las teorías que pretenden limitar "so pretexto de valideces universales, la soberanía y la autodeterminación nacional*" (Subrayados de la Sala).

De allí concluyó la Sala reiterando lo que ya había ya decidido en la sentencia de 5 de agosto de 2008, Nº 1265/2008,[762] en el sentido de que en caso de evidenciarse una contradicción entre la Constitución y una convención o tratado internacional, "*deben prevalecer las normas constitucionales que privilegien el interés general y el bien común, debiendo aplicarse las disposiciones que privilegien los intereses colectivos...(...) sobre los intereses particulares...*"

En el fallo de la Sala Constitucional, la misma también hizo referencia a otro fallo anterior la sentencia Nº 1309/2001, donde se había referido al mismo tema de la interpretación constitucional condicionada "ideológicamente" que debe realizarse conforme a "mejor teoría política que subyace tras el proyecto axiológico de la Constitución" ya que la misma, como derecho, está "puesta al servicio de una política," no debiendo la interpretación verse afectada por "*elecciones interpretativas ideológicas que privilegian los derechos individuales a ultranza o que acojan la primacía del orden jurídico internacional sobre el Derecho Nacional en detrimento de la soberanía del Estado*." De ello concluyó la Sala que "*la opción por la primacía del Derecho Internacional es un tributo a la interpretación globalizante y hegemónica del racionalismo individualista" siendo "la* nueva teoría" el "combate por la supremacía del orden social valorativo que sirve de fundamento a la Constitución;" afirmando que en todo caso, "el carácter dominante de la Constitución en el *proceso interpretativo no puede servir de pretexto para vulnerar los principios axiológicos en los cuales descansa el Estado Constitucional venezolano*" (Subrayados de la Sala).

En la sentencia Nº 1309/2001 la Sala también había afirmado que "el ordenamiento jurídico conforme a la Constitución significa, en consecuencia, salvaguardar a la Constitución misma de toda desviación de principios y de todo apartamiento del proyecto que ella encarna por voluntad del pueblo," procediendo a rechazar todo "sistema de principios supuestamente absoluto y suprahistórico, por encima de la Constitución," y que la interpretación pueda llegar "a contrariar la teoría política propia que sustenta.". Por ello, la Sala negó la validez universal de los derechos humanos, es decir, negó "cualquier teoría propia que postule derechos o fines absolutos," o cualquier "*vinculación ideológica con teorías que puedan limitar, so pretexto de valideces universales, la soberanía y la autodeterminación nacional*" (Subrayado de la Sala).

---

762 Véase en http://www.tsj.gov.ve:80/decisiones/scon/Agosto/1265-050808-05-1853.htm.

F. *El análisis del tema de fondo sobre el tema de las inhabilitaciones políticas impuestas por autoridades administrativas y rechazo al principio de que las mismas puedan ser sólo pueden ser impuestas por decisión judicial*

Con base en lo anterior, al entrar a considerar el "punto central" de la sentencia de la Corte Interamericana sobre la violación del derecho a ser elegido del ciudadano Leopoldo López, por la inhabilitación administrativa dictada en su contra conforme al artículo 105 de la Ley Orgánica de la Contraloría General de la República y del Sistema Nacional de Control Fiscal, la Sala pasó a referirse a su propia sentencia antes mencionada, la N° 1265/2008 dictada el 5 de agosto de 2008,[763] cuando al decidir sobre una denuncia de inconstitucionalidad de dicha norma por violentar precisamente lo dispuesto en al artículo 23.2 de la Convención Americana, observó que conforme a dicha norma, se admite la "´reglamentación` de los derechos políticos mediante ley, incluso en atención a razones de "condena, por juez competente, en proceso penal," no aludiendo la misma "a restricción en el ejercicio de estos derechos, sino a su reglamentación," destacando, sin embargo, que de una manera general, el artículo 30 de la Convención Americana "admite la posibilidad de restricción, siempre que se haga conforme a leyes que se dictaren por razones de interés general y con el propósito para el cual han sido establecidas." Concluyó la Sala que es posible, de conformidad con la Convención Americana "restringir derechos y libertades, siempre que sea mediante ley, en atención a razones de interés general, seguridad de todos y a las justas exigencias del bien común."

Ahora, al resolver la posible antinomia entre el artículo 23.2 de la Convención Interamericana y la Constitución, la Sala señaló que "la prevalencia del tratado internacional no es absoluta ni automática" siendo sólo posible si el mismo cuando se refiere a derechos humanos, contenga "normas más favorables a las de la Constitución," pasando a preguntarse la propia Sala sobre cuál debían ser los valores que debían tener presente "para determinar cuándo debe considerarse que esa disposición convencional es más ´favorable` que la normativa constitucional interna," siendo su respuesta los supuestos valores derivados del proyecto político subyacente en la Constitución ates mencionado.

De ello concluyó sobre el fondo del tema resuelto por la Corte Interamericana que "la restricción de los derechos humanos puede hacerse conforme a las leyes que se dicten por razones de interés general, por la seguridad de los demás integrantes de la sociedad y por las justas exigencias del bien común," no pudiendo el artículo 23.2 de la Convención Americana "ser invocado aisladamente, con base en el artículo 23 de la Constitución Nacional, contra las competencias y atribuciones de un Poder Público Nacional, como lo es el Poder Ciudadano o Moral." En la citada sentencia N° 1265/2008 dictada el 5 de agosto de 2008, la Sala entonces concluyó que:

> "En concreto, es inadmisible la pretensión de aplicación absoluta y descontextualizada, con carácter suprahistórico, de una norma integrante de una Convención Internacional contra la prevención, investigación y sanción de hechos que atenten contra la ética pública y la moral administrativa (artículo 271 constitucional) y las atribuciones expresamente atribuidas por el Constituyente a la

763 Véase en http://www.tsj.gov.ve:80/decisiones/scon/Agosto/1265-050808-05-1853.htm.

Contraloría General de la República de ejercer la vigilancia y fiscalización de los ingresos, gastos y bienes públicos (art. 289.1 *eiusdem*); y de fiscalizar órganos del sector público, practicar fiscalizaciones, disponer el inicio de investigaciones sobre irregularidades contra el patrimonio público, e 'imponer los reparos y aplicar las sanciones administrativas a que haya lugar de conformidad con la ley' (art. 289.3 *eiusdem*). En tal sentido, deben prevalecer las normas constitucionales que privilegian el interés general y el bien común, debiendo aplicarse las disposiciones que privilegian los intereses colectivos involucrados en la lucha contra la corrupción sobre los intereses particulares de los involucrados en los ilícitos administrativos; y así se decide".

Finalmente, después de copiar in extenso el Voto concurrente del Magistrado Diego García-Sayán a la sentencia de la Corte Interamericana, la Sala Constitucional indicó pura y simplemente que "aunque coincide casi en su totalidad con el enfoque alternativo del Magistrado García-Sayán, no puede compartir, por los argumentos vertidos en los fallos referidos *supra*, la conclusión de que la sanción de inhabilitación solo puede ser impuesta por una "autoridad judicial."

Sobre este punto, que es precisamente, el tema *decidendum* en la sentencia de la Corte Interamericana, la Sala Constitucional se refirió de nuevo a su sentencia N° 1265/2008, en la cual resolvió que en Venezuela, "en atención a la prevención, investigación y sanción de los hechos que atenten contra la ética pública y la moral administrativa (art. 274 Constitución), el Poder Ciudadano está autorizado para ejercer un poder **sancionador sustancialmente análogo al derecho penal**, incluyendo sanciones como las accesorias del artículo 105, cuyo objetivo es la protección del orden social general," (destacado nuestro); llegando a afirmar que *"la 'incapacitación para ejercer diversos empleos', lo cual podría jurídicamente derivarse de una sentencia, pero también de una sanción administrativa"* (subrayado de la Sala), concluyendo entonces con su afirmación infundada y falsa de que el artículo 65 del Constitución al señalar que

> "no podrán optar a cargo alguno de elección popular quienes hayan sido condenados o condenadas por delitos cometidos durante el ejercicio de sus funciones, [...] no excluye la posibilidad de que tal inhabilitación pueda ser establecida, bien por un órgano administrativo *stricto sensu* o por un órgano con autonomía funcional, como es, en este caso, la Contraloría General de la República."

Ello, por supuesto, es totalmente errado, pues la restricción constitucional al ejercicio de derechos políticos es de interpretación estricta. Es por tanto errado señalar como lo hizo la Sala para llegar a esta conclusión que como la norma "plantea que la prohibición de optar a un cargo público surge como consecuencia de una condena judicial por la comisión de un delito," supuestamente ello no "impide que tal prohibición pueda tener un origen distinto." Ello es errado, pues de lo contrario no habría sido necesario establecer la restricción en la norma constitucional, siendo también errada la conclusión de que la norma sólo habría planteado "una hipótesis," y por tanto "no niega otros supuestos análogos." Esto es contrario al principio de que las restricciones a los derechos políticos establecidas en la Constitución, son sólo las establecidas en la Constitución, cuando es la propia Constitución la que **no ha dejado** la materia a la regulación del legislador.

Por tanto, es errada la conclusión de la Sala en el sentido de que supuestamente tratándose de un asunto de "política legislativa," sea al legislador al cual correspondería asignarle orientación al *ius puniendi* del Estado, de manera que "negar esta posibilidad significaría limitar al órgano legislativo en su poder autonómico de legislar en las materias de interés nacional, según lo prescribe el artículo 187, cardinal 1, en concordancia con el 152, cardinal 32 del Texto Fundamental."[764]

Al contrario, la política legislativa para el desarrollo del *ius puniendi* tiene que estar enmarcada en la Constitución, cuando sea la Constitución la que remita al legislador para ello. Sin embargo, cuando la Constitución establece que la restricción al ejercicio de un derecho político como el derecho al sufragio pasivo sólo puede limitarse por condena penal mediante decisión judicial ello implica sólo eso, no pudiendo el legislador establecer otras restricciones que sean impuestas por autoridades administrativas.

### G. *La ponderación entre la Convención Americana y otros tratados internacionales como los relativos a la lucha contra la corrupción*

Por otra parte, la Sala destacó que la Convención Americana no es el único tratado suscrito por Venezuela relativo a derechos humanos y, en consecuencia, de rango constitucional a tenor de lo previsto en el artículo 23 de la Constitución Nacional, que debe ser tomado en consideración para resolver sobre la ejecución del fallo de la Corte Interamericana, haciendo alusión específicamente a la Convención Interamericana contra la Corrupción de 1996, que obliga a los Estados Americanos a tomar las medidas apropiadas contra las personas que cometan actos de corrupción en el ejercicio de las funciones públicas o específicamente vinculados con dicho ejercicio, "**sin exigir que tales medidas sean necesariamente jurisdiccionales**." (destacado nuestro), concluyendo de las normas de esta Convención, que los "mecanismos modernos para prevenir, detectar, sancionar y erradicar las prácticas corruptas" (subrayado de la Sala) que deben desarrollar los Estados, a juicio de la Sala, "deben ser entendidos **como aquellos que se apartan y diferencian de los tradicionales, que exigen una sentencia penal firme por la comisión de un delito,**" "sin que se pueda concluir del contenido de dicha disposición que las conductas cuestionadas deban ser **necesariamente objeto de condena judicial**" (destacados nuestro). La Sala enumeró, así en su sentencia los órganos encargados en los diversos países de la ejecución de la Convención, generalmente de orden administrativos, siendo ello atribuido en Venezuela, como "autoridad central," al Consejo Moral Republicano constituido por la Contraloría General de la República, la Fiscalía General de la República y la Defensoría del Pueblo.

En la sentencia la Sala también hizo referencia a la Convención de las Naciones Unidas contra la Corrupción" suscrita en 2003, donde se hace referencia a la obligación de los Estados de "*procurar evaluar periódicamente los instrumentos jurídicos y las medidas administrativas pertinentes a fin de determinar si son adecuadas para*

764 La Sala adicionalmente citó en su sentencia *N° 1260 del 11 de junio de 2002 (caso: Víctor Manuel Hernández y otro contra el artículo 38, parágrafo Segundo, 52, y 54 de la Ley para Promover y Proteger el Ejercicio de la Libre Competencia) en relación con el jus puniendi y la supuesta diferencia entre el derecho administrativo sancionador y el derecho pena, concluyendo que entre ambos "no existen diferencias de tipo material, sino que la gran diferencia es relativa al ámbito normativo."*

*combatir la corrupción*" (subrayado de la sala). Concluyendo que "no existe limitación alguna a que se trate *exclusivamente de tribunales*," destacando que conforme al artículo 30.7 de dicha Convención se establece "la posibilidad *de inhabilitar* "por mandamiento judicial *u otro medio apropiado y por un periodo determinado por su derecho interno*" a los sujetos de corrupción" (subrayado del fallo); y que la previsión de sanciones distintas a las judiciales se reitera en las Disposiciones Finales de la misma Convención (Capítulo VIII, artículo 65).

De todo ello, la Sala Constitucional en su sentencia N° 1547 (Caso *Estado Venezolano vs. Corte Interamericana de Derechos Humanos*) de fecha 17 de octubre de 2011, concluyó que:

> "aun si se pretendiera otorgar un sentido literal y restrictivo al artículo 23 de la Convención Interamericana, impidiendo la inhabilitación de un ciudadano para el ejercicio de cargos públicos por razones de corrupción, limitando la posibilidad de sanción a una sentencia judicial; podemos advertir que tal Tratado no es el único que forma parte integrante del sistema constitucional venezolano según el artículo 23 de nuestra Carta Fundamental. La prevalencia de las normas que privilegien el interés general y el bien común sobre los intereses particulares dentro de un Estado social de derecho y de justicia obligan al Estado venezolano y a sus instituciones a aplicar preferentemente las Convenciones Interamericana y de la ONU contra la corrupción y las propias normas constitucionales internas, que reconocen a la Contraloría general de la República como un órgano integrante de un Poder Público (Poder Ciudadano) competente para la aplicación de sanciones de naturaleza administrativa, como lo es la inhabilitación para el ejercicio de cargos públicos por hechos de corrupción en perjuicio de los intereses colectivos y difusos del pueblo venezolano."

Sin embargo, ante este pronunciamiento dictado con motivo de ejercer el control de constitucionalidad de la sentencia de la Corte Interamericana, la Sala Constitucional se apresuró a afirmar, que

> "no se trata de interpretar el contenido y alcance de la sentencia de la Corte Interamericana de Derechos Humanos, ni de desconocer el tratado válidamente suscrito por la República que la sustenta o eludir el compromiso de ejecutar las decisiones según lo dispone el artículo 68 de la Convención Interamericana de Derechos Humanos,"

No, de eso no se trata, sino que de lo que se trata es:

> "de aplicar un estándar mínimo de adecuación del fallo al orden constitucional interno, lo cual ha sucedido en otros casos y ejercer un "control de convencionalidad" respecto de normas consagradas en otros tratados internacionales válidamente ratificados por Venezuela, que no fueron analizados por la sentencia de la Corte Interamericana de Derechos Humanos del 1 de septiembre de 2011, como lo son las consagradas en la Convención Interamericana contra la Corrupción y la Convención de las Naciones Unidas contra la Corrupción."

Y ha sido precisamente ello, lo que supuestamente habría "obligado" a la Sala Constitucional "a ponderar un conjunto de derechos situados en el mismo plano constitucional y concluir en que debe prevalecer la lucha contra la corrupción como mecanismo de respeto de la ética en el ejercicio de cargos públicos, enmarcada en los valores esenciales de un Estado democrático, social, de derecho y de justicia," y decidir indicando que "no puede ejercerse una interpretación aislada y exclusiva de la Convención Americana de Derechos Humanos sin que con ello se desconozca el "*corpus juris del Derecho Internacional de los Derechos Humanos,*" a los que ha aludido la propia Corte Interamericana en la sentencia del 24 de noviembre de 2004, caso: Trabajadores Cesados del Congreso vs. Perú, sus Opiniones Consultivas de la CIDH Nº OC-16/99 y Nº OC-17/2002.

H. *La denuncia de usurpación respecto de la Corte Interame-ricanas y la inejecución de su sentencia*

Finalmente la Sala Constitucional acusó a la Corte Interamericana de Derechos Humanos de persistir

> "en desviar la teleología de la Convención Americana y sus propias competencias, emitiendo órdenes directas a órganos del Poder Público venezolano (Asamblea Nacional y Consejo Nacional Electoral), usurpando funciones cual si fuera una potencia colonial y pretendiendo imponer a un país soberano e independiente criterios políticos e ideológicos absolutamente incompatibles con nuestro sistema constitucional."

De lo cual concluyó declarando

> "inejecutable el fallo de la Corte Interamericana de Derechos Humanos, de fecha 1 de septiembre de 2011, en el que se condenó al Estado Venezolano, a través "*de los órganos competentes, y particularmente del Consejo Nacional Electoral (CNE),*" a asegurar "*que* las *sanciones de inhabilitación no constituyan impedimento para la postulación del señor López Mendoza en el evento de que desee inscribirse como candidato en procesos electorales";* anuló las Resoluciones del 24 de agosto de 2005 y 26 de septiembre de 2005, dictadas por el Contralor General de la República, por las que inhabilitaron al referido ciudadano al ejercicio de funciones públicas por el período de 3 y 6 años, respectivamente; se condenó a la República Bolivariana de Venezuela al pago de costas y a las adecuación del artículo 105 de la Ley Orgánica de la Contraloría General de la República y el Sistema Nacional de Control Fiscal."

Es decir, la Sala resolvió que la sentencia de la Corte Interamericana en su conjunto, es inejecutable en Venezuela, con la advertencia –cínica, por lo demás–, de que, sin embargo:

> "la inhabilitación administrativa impuesta al ciudadano Leopoldo López Mendoza no le ha impedido, ni le impide ejercer los derechos políticos consagrados en la Constitución. En tal sentido, como todo ciudadano, goza del derecho de sufragio activo (artículo 63); del derecho a la rendición de cuentas (artículo 66); derecho de asociación política (el ciudadano López Mendoza no solo ha ejercido tal derecho, sino que ha sido promotor y/o fundador de asociaciones y partidos políticos); derecho de manifestación pacífica (el ciudadano López Mendoza ha ejercido ampliamente este derecho, incluyendo actos de proselitismo político); así como, el derecho a utilizar ampliamente los medios de participación y protagonismo del pueblo en ejercicio de su soberanía (artículo 70),

incluyendo las distintas modalidades de participación "referendaria", contempladas en los artículos 71 al 74 *eiusdem*, en su condición de elector."

Se destaca, sin embargo, que la Sala Constitucional no mencionó en esta enumeración de "los derechos políticos consagrados en la Constitución" ni el derecho pasivo al sufragio (el derecho a ser electo para cargos públicos), ni el derecho a ejercer cargos públicos, que son precisamente los que le impide ejercer la decisión de la Contraloría General de la república violando lo previsto en la Convención Americana y en la propia Constitución, procedió a "aclarar" lo que no requería aclaratoria, en el sentido de que:

> "la inhabilitación administrativa difiere de la inhabilitación política, en tanto y en cuanto la primera de ellas sólo está dirigida a impedir temporalmente el ejercicio de la función pública, como un mecanismo de garantía de la ética pública y no le impide participar en cualquier evento político que se realice al interior de su partido o que convoque la llamada Mesa de la Unidad Democrática."

Ello no requería "aclararse" pues es bien evidente que las decisiones de la Contraloría o del Estado a través de cualquiera de sus órganos no le puede impedir a un ciudadano poder participar en los eventos políticos internos de las asociaciones políticas o a las cuales pertenezca o en eventos por estas convocados, de manera que la "aclaratoria" no es más que una deliberada expresión de confusión por parte de la Sala; y más aún con la frase final de la decisión que adoptó (dispositivo N° 2), luego de declarar inejecutable la sentencia de la Corte Interamericana en el sentido decidir que:

> "2) La Sala declara que el ciudadano Leopoldo López Mendoza goza de los derechos políticos consagrados en la Constitución de la República Bolivariana de Venezuela, por tratarse solo de una inhabilitación administrativa y no política."

Sin embargo, como se dijo, antes había enumerado la Sala en forma expresa cuáles eran los derechos políticos que el Sr. López podía ejercer estando vigente la inhabilitación política que le había impuesto la Contraloría, refiriéndose la Sala expresamente sólo a el "derecho de sufragio activo (artículo 63); del derecho a la rendición de cuentas (artículo 66); derecho de asociación política '[…]; derecho de manifestación pacífica […]; derecho a utilizar ampliamente los medios de participación y protagonismo del pueblo en ejercicio de su soberanía (artículo 70)," y derecho "de participación "referendaria" (artículos 71 al 74) "en su condición de elector." La Sala, por tanto, se cuidó de no indicar que el Sr. López podía ejercer su derecho político al sufragio pasivo, derecho a ser electo y a ejercer cargos públicos electivos, que fueron precisamente los restringidos inconstitucionalmente por la Contraloría General de la República.

### 6. *La interpretación y aclaración de la sentencia, ex post facto y extra proceso, mediante "Comunicado de prensa" por parte de la Presidenta de la Sala Constitucional*

Sin embargo, el mismo día en el cual se publicó la sentencia de la sala Constitucional, la presidenta del Tribunal Supremo de Justicia y de dicha Sala, expresó mediante un "Comunicado de Prensa"[765] un criterio distinto al que se había expuesto en la sentencia, agregando mayor confusión sobre sus efectos, y en particular sobre los derechos políticos que supuestamente podía ejercer el Sr. López.

Dicha Presidente del Tribunal Supremo, en efecto, comenzó por expresar al referirse a la sentencia de la Sala Constitucional "que declaró inejecutable el fallo de la Corte Interamericana de Derechos Humanos" que había condenado al Estado venezolano, primero, que "los convenios suscritos por la República Bolivariana de Venezuela no pueden tener carácter supra constitucional, pues sus disposiciones deben ajustarse y enmarcarse en los postulados de la Carta Magna;" y que "Venezuela no puede retroceder en los avances que ha logrado en la lucha contra la corrupción," asegurando entre otras cosas, "que **las sanciones de inhabilitación no constituyan impedimento para la postulación de Leopoldo López Mendoza en eventos electorales**" (destacado nuestro).

Ahora bien, frente a esta afirmación de que las sanciones de inhabilitación "no constituyan impedimento para la postulación en eventos electorales," la pregunta elemental es cómo puede, en efecto, pensarse que alguien pueda tener derecho a postularse para la elección de un cargo electivo de representación popular, sin tener derecho a poder ejercer dicho cargo porque se lo impide la Contraloría General de la República? Lo que dijo la Sra. Presidenta de la Sala Constitucional, ni más ni menos era como decir, que una persona inhabilitada para ejercer cargos públicos, sin embargo, puede postularse para ser electo para un cargo público, pero una vez electo no puede ejercer dicho cargo para el cual fue electo !!

La postulación a un cargo de elección popular no es sino la primera fase del ejercicio del derecho pasivo al sufragio que implica además de la postulación, el derecho a ser elegido, y en caso de que así ocurra, el derecho a ejercer el cargo para el cual fue elegido. De resto, no es más que una cómica situación la que informó la Sra. Presidenta del Tribunal Supremo: que una persona inhabilitada para ejercer cargos públicos por la Contraloría, puede postularse para cargos de elección popular, y por tanto, con la posibilidad de salir electo, pero para nada más, pues no puede ejercer el cargo porque ha sido inhabilitado.

Expresó en efecto, la Sra. Presidenta del Tribunal Supremo que:

> "del análisis realizado por la Sala Constitucional el ciudadano López Mendoza goza **de todos** sus derechos políticos, por lo que puede elegir **y ser elegido** en los eventos electorales en los que decida participar."

Y reiteró que "la Constitución de la República Bolivariana de Venezuela es profundamente garantista, y que salvaguarda los derechos políticos de la ciudadanía" precisando que "Leopoldo López Mendoza **sí goza de todos sus derechos políticos**, tal como lo expresa el dictamen (*sic*)."

Ello es por supuesto, totalmente falso, y lo que pone en evidencia, para ser benevolentes, es que, por lo visto, la Presidenta no leyó lo que efectivamente dijo en la sentencia que firmó, pues la misma no incluyó –inconstitucionalmente por lo de-

765 Véase Nota de Prensa del Tribunal Supremo: "Es inejecutable que Venezuela retroceda en sus avances en la lucha contra la corrupción" Afirmó la presidenta del TSJ; magistrada Luisa Estella Morales Lamuño, autor Redacción TSJ, Fecha de publicación 17/10/2011. Véase en http://www.tsj.gov.ve/in-formacion/notasdeprensa/notasdeprensa.asp?codigo=8848.

más– en su contenido y enumeración de los derechos políticos que podía ejercer el Sr. López, el derecho a ser elegido (derecho pasivo al sufragio); es decir, se cuidó de decidir que el Sr. López **no gozaba de todos sus derechos políticos**.

Sin embargo, teniendo en cuenta la "interpretación" que hizo la Sra. Presidenta del Tribunal Supremo de la sentencia, la conclusión es que se trata de una modificación, *ex post facto*, introducida mediante un "Comunicado de Prensa" a la sentencia dictada, indicando que el Sr. López **si podía ejercer su derecho pasivo al sufragio y si podía "ser elegido,"** pero aclarando a renglón seguido que una vez que resultare electo, si fuese el caso, respecto al ejercicio del cargo para el cual resultare electo, ello sería una "situación futura derivada de tal participación" que "no estuvo en el análisis de la Sala, ya que no puede pronunciarse sobre hechos que no han ocurrido." Por lo que, si todo ello sucedía, ya estaba "avisado" el Sr. López de lo que le iba a pasar. Más clara no podía ser esta modificación al fallo dictada por la Presidencia del Tribunal Supremo en el "Comunicado de Prensa;" y como la Sala se atribuyó el poder de ejercer de oficio el control de constitucionalidad de las sentencias de la Corte Interamericana, nadie le tendría que requerir su futura y anunciada acción.

Crear mayor y deliberada confusión, era realmente imposible,[766] al punto de que en el diario *El Mundo* de España del día 18 de octubre de 2011, la noticia se tituló así: "*El Supremo venezolano permite que Leopoldo López sea candidato en 2012,*" precisándose sin embargo, en los subtítulos que*: "El Tribunal aclara que el opositor sí puede presentarse a las elecciones; Lo que se ha rechazado es el fallo de la Corte Interamericana que condenaba al Estado por la 'inhabilitación' para ejercer cargos públicos de López; Por lo tanto, López puede ser candidato pero no se sabe si podrá ejercer; El Tribunal dijo que aplicar* aquel fallo infringiría las leyes nacionales."[767] En la nota de prensa publicada en este Diario se afirma que:

> "El Tribunal Supremo venezolano (TSJ) **aclaró** este lunes que la decisión de la Sala Constitucional de declarar no ejecutable un fallo de la Corte Interamericana de Derechos Humanos a favor de Leopoldo López no impide al político opositor presentar su candidatura a las elecciones presidenciales."
>
> La presidenta del TSJ de Venezuela, Luisa Estella Morales, señaló que López se puede postular, pero el fallo de Corte Interamericana (CorteIDH), que obliga

---

766 Según se reseña En *La patilla.com*, la Contralora General de la República, en medio de la confusión, declaró el día 18 de octubre de 2011, que "el líder opositor Leopoldo López, uno de los aspirantes a ser candidato en las elecciones presidenciales del 7 de octubre del próximo año, no puede desempeñar ningún cargo público hasta 2014. No puede desempeñar cargos públicos, ni por elección, nombramiento, contrato ni designación. ¿El cargo de alcalde, de concejal, de presidente, de gobernador es un cargo público o no? Sí lo es, entonces (López) no puede desempeñar esos cargos públicos dijo Adelina González, Contralora General en funciones. En declaraciones a la televisión estatal, González descartó el supuesto "limbo" en el que quedó López luego de que la presidenta del Tribunal Supremo de Justicia (TSJ), Luisa Estella Morales, indicara que López se podía postular a las elecciones aunque evitando pronunciarse sobre qué ocurriría en caso de ser elegido. Véase "Según la Contralora si López se postula sería "un fraude a la Ley," en http://www.lapatilla.com/site/2011/10/18/segun-la-contralora-si-lopez-se-postula-seria-un-fraude-a-la-ley/.

767 Véase en http://www.elmundo.es/america/2011/10/17/venezuela/131888-4331.html.

a suspender la inhabilitación administrativa del político para ejercer cargo público, es "inejecutable" porque no se pueden anular las decisiones de la Contraloría.

"Leopoldo López tiene pleno derecho a elegir y ser electo, puede concurrir ante el Consejo Nacional Electoral inscribirse y participar en cualquier elección que se realice (...) libremente puede hacerlo", aclaró Estella en una conferencia de prensa.

No obstante, subrayó que "son inejecutables en primer lugar la nulidad de las resoluciones administrativas de la Contraloría y también "la nulidad de los actos administrativos por los cuales se inhabilitó administrativamente al ciudadano Leopoldo López."

Preguntada sobre la posibilidad de que López fuera elegido en los comicios para la Presidencia, convocados para el 7 de octubre de 2012, Morales se excusó de pronunciarse "acerca de situaciones futuras."

"Llegará el momento de que si eso ocurriese tendríamos que pronunciarnos, pero en este momento es ciertamente una posición incierta y futura sobre la cual la Sala no podría pronunciarse," señaló"

Con esta "aclaratoria" a la decisión adoptada mediante declaraciones públicas dadas por la Presidenta del Tribunal Supremo de Justicia, lo que hizo el Tribunal Supremo fue consolidar la incertidumbre y el desconcierto político en el país, dejando vigente la sanción de inhabilitación política que dictó la Contraloría General de la República contra el Sr. Leopoldo López y en lo que resultaba una especie de crónica de una inhabilitación política anunciada, para lo cual impuso el siguiente itinerario a se podía desarrollar en este caso entre 2011 y 2012:

*Primero*, en el texto de la sentencia, declaró que entre los derechos políticos que enumeró expresamente como los que podía ejercer el Sr. López **no estaba el derecho pasivo al sufragio, es decir, el derecho a ser electo**;

*Segundo*, sin embargo, en la "aclaratoria" a la sentencia que se "dictó" por la Presidenta del Tribunal Supremo, la misma declaró que el Sr. López **sí se podía postular para cargos electivos y tenía derecho a ser electo,** lo que por si generaba incertidumbre sobre si efectivamente gozaba o no tal derecho conforme a la sentencia de la Sala;

*Tercero*, lo anterior le planteaba al Sr. López la **disyuntiva de participar o no en el proceso –elecciones primarias– para la selección del candidato presidencial** de oposición, pero con la certeza de que si no lo hacía ello sería por su propia voluntad –como en efecto ocurrió– y no porque se lo hubiese "impuesto" la Sala;

*Cuarto*, si hubiese participado en las elecciones primarias de la oposición y hubiese llegado a salir electo en las mismas, ello le hubiera planteado una **nueva disyuntiva de postularse o no como candidato presidencial en la elección presidencial**, para lo cual si no lo hacía ello también hubiera sido por su propia voluntad y no porque se lo hubiese impuesto la Sala; y, por último,

*Quinto*, para el supuesto de que en ese caso hubiera llegado a ganar la elección presidencial, la posibilidad de que hubiera podido ejercer el cargo para el cual habría sido electo hubiera quedado entonces en manos del Tribunal Supremo de Justicia, el cual, en ese momento, y sólo en ese momento se habría pronunciado sobre lo que al dictar su sentencia consideró como una "situación incierta y futura."

Posteriormente, para agregar algo más a la confusión e incertidumbre, la misma Presidenta del Tribunal Supremo de Justicia en una entrevista de televisión, ratificó que la sentencia de la Corte Interamericana de Derechos Humanos "que ordena restituir los derechos políticos al ex alcalde del municipio Chacao del Estado Miranda, Leopoldo López, no puede ser cumplida por la justicia venezolana," indicando, sin embargo, que dicho ciudadano contaba "con todos sus derechos políticos" lo que no era cierto, pues se la había negado el derecho pasivo al sufragio, agregando que podía "hacer campaña o fundar partidos, [pero] lo que no puede es ejercer cargos de administración pública."[768]

La Presidenta del Tribunal Supremo indicó, además, que la sentencia de la Corte Interamericana confundía "la inhabilitación política con la inhabilitación administrativa," sin percatarse que cuando dicha "inhabilitación administrativa" impide a un funcionario electo ejercer el cargo para el cual fue electo, se convierte en una inhabilitación política; pues aunque la Magistrada parecía ignorarlo, el derecho a ejercer cargos públicos de elección popular es un derecho político. De manera que cuando se impone una sanción de inhabilitación administrativa que según la Presidenta del Tribunal era "de otra naturaleza [pues] es para poder administrar o manejar fondos públicos," y ello impide a un funcionario electo ejercer el cargo para el cual resultó electo, implica que se lo inhabilita políticamente. La Corte Interamericana no "se basó en hechos que no correspondían a la realidad" como dijo la Presidenta del Tribunal considerando que la Corte Interamericana había tratado "el caso del ciudadano Leopoldo López como si él estuviera inhabilitado políticamente y el señor Leopoldo López nunca estuvo inhabilitado políticamente, él tuvo una sanción de carácter administrativo que en Venezuela está perfectamente establecida."

En fin, ignorando el propio texto de su sentencia, la Presidenta del Tribunal afirmó que la Corte Interamericana confundió "sin entrar a analizar lo que es el derecho interno venezolano,[...]dos tipos de inhabilitaciones diferentes," pues según la Presidenta del Tribunal López podía "hacer campaña y fundar partidos, lo que no podía era ocupar cargos administrativos," y las actividades políticas que podía hacer no podía "confundirse con las condiciones de elegibilidad ese es otro punto que no se ha presentado..." Lo que no explicó la Presidenta del Tribunal es cómo podía decirse que una persona no está inhabilitada políticamente si pudiendo ser electa para ocupar un cargo ejecutivo (como el de Alcalde, Gobernador o Presidente) que implica administrar o manejar fondos, en definitiva, no podía ejercer el cargo para el cual fue electo cuando exista contra la misma una sanción de inhabilitación administrativa.[769]

768 Véase reportaje del programa "Dando y Dando transmitido por la estatal Venezolana de Televisión," realizado por Rafael Rodríguez, en El Universal, Caracas 8-11-2011. En http://www.eluniversal.com/nacional-y-politica/111108/morales-no-podemos-levantar-inhabilitacion-adminstrativa-a-lopez.

769 Dijo la Presidenta del Tribunal: "El ciudadano Leopoldo López no está inhabilitado políticamente ni ha estado; él puede ejercer todos sus derechos políticos, en Venezuela hay una gama de derechos políticos extensos, se fundan partidos, se puede hacer campaña electoral,

De todo ello, lo que quedaba claro era que independientemente de si el Sr. López participaría en las elecciones primarias de la oposición, e iba o podía resultar o no electo, respecto de él, la situación política subsiguiente no hubiera dependido de la voluntad del pueblo soberano, sino de la decisión de un Tribunal Supremo que además de usurpar el poder constituyente y rebelarse contra las decisiones del tribunal internacional encargado de la protección de los derechos humanos en América, se reservaba en definitiva el derecho de anular o no la voluntad popular de acuerdo con las circunstancias que se presentasen.

## IV. UN NUEVO ATENTADO CONTRA LA DEMOCRACIA: EL SECUESTRO DEL DERECHO POLÍTICO A MANIFESTAR MEDIANTE UNA ILEGÍTIMA "REFORMA" LEGAL EFECTUADA POR LA SALA CONSTITUCIONAL DEL TRIBUNAL SUPREMO

### 1. *El derecho político a manifestar y sus restricciones*

El derecho político a manifestar está establecido en el artículo 68 de la Constitución en los siguientes términos:

> *"Artículo 68.- Los ciudadanos y ciudadanas tienen derecho a manifestar, pacíficamente y sin armas, sin otros requisitos que los que establezca la ley.*
>
> *Se prohíbe el uso de las armas de fuego y sustancias tóxicas en el control de manifestaciones pacíficas. La ley regulará la actuación de los cuerpos policiales y de seguridad en el control del orden público"*

Esta norma, como lo ha explicado la Mesa de la Unidad Democrática, consagra un derecho que "forma parte de las garantías fundamentales para el funcionamiento de la democracia, pues permite la libre expresión de los reclamos o inquietudes de la ciudadanía y contribuye de esta manera a la formación de opinión pública y el control sobre los gobernantes."[770] Por ello se trata de un derecho político que en la forma cómo está consagrado, confirma el principio de la reserva legal en materia de regulación del ejercicio de derechos y garantías constitucionales, al sujetar expresamente su ejercicio, *única y exclusivamente a los requisitos que establezca la ley*, que en esta materia es la Ley de Partidos Políticos, Reuniones Públicas y Manifestaciones de 2010,[771] la cual reformó la Ley del mismo nombre de 1964.[772] En dicha Ley sólo se establecen los siguientes dos requisitos:

Primero, conforme al artículo 43 de la Ley, el requisito de la "*participación*" previa (con 24 horas de anticipación) que los organizadores de manifestaciones deben formular ante la primera autoridad civil de la jurisdicción *"con indicación del*

---

se puede hacer cualquier tipo de gestión, ahora, eso no debe confundirse cuando se opta a un cargo de elección popular con las condiciones de elegibilidad."

770 Véase "Comunicado de la Mesa de la Unidad Democrática sobre inconstitucional y antidemocrático fallo del TSJ," Caracas, 24 de abril de 2014.

771 *Véase en Gaceta Oficial* N° 6.013 Extra. de 23 de diciembre de 2010. El principio de la reserva legal se ratifica en el Artículo 41 de la Ley, en el cual se dispone que "*Todos los habitantes de la República tienen el derecho de reunirse en lugares públicos o de manifestar, sin más limitaciones que las que establezcan las leyes*".

772 Véase en *Gaceta Oficial* N° 27.620 de 16 de diciembre de 1964.

*lugar o itinerario escogido, día, hora y objeto general que se persiga,"* a cuyo efecto *"las autoridades en el mismo acto del recibo de la participación deberán estampar en el ejemplar que entregan a los organizadores, la aceptación del sitio o itinerario y hora."* (art. 43).

En caso de haber "razones fundadas para temer que la celebración simultánea de manifestaciones en la misma localidad pueda provocar trastornos del orden público," la autoridad ante quien deba hacerse la participación puede disponer, "de acuerdo con los organizadores, que aquellos actos se celebren en sitios suficientemente distantes o en horas distantes." En estos casos la autoridad civil debe dar "preferencia para la elección del sitio y la hora quienes hayan hecho la participación con anterioridad" (art. 44).

Segundo, el requisito de la "autorización" previa que las asociaciones políticas deben solicitar ante la misma autoridad civil (primera autoridad civil de la jurisdicción) para la realización de manifestaciones en *"sitios prohibidos"* que *"no afecten el orden público, el libre tránsito u otros derechos ciudadanos."* (art. 46). La determinación de esos "sitios prohibidos" para manifestaciones, corresponde hacerla a los gobernadores de estado y los alcaldes de municipios o de distritos metropolitanos, quienes deben fijar *"periódicamente mediante resoluciones publicadas en las respectivas Gacetas, los sitios donde no podrán realizarse reuniones públicas o manifestaciones, oyendo previamente la opinión de los partidos."* (art. 46).

La técnica de intervención administrativa establecida por el Legislador como mecanismo de restricción al ejercicio del derecho a manifestar, por tanto, en los mencionados artículos de la Ley de Partidos Políticos, Reuniones Públicas y Manifestaciones se basó en el establecimiento de dos grados de intervención administrativa según su incidencia en el ejercicio del derecho:

*Primero,* una técnica de "participación" previa a la autoridad civil, al disponer el artículo 43 de la Ley que para ejercer el derecho político a manifestar, basta que los organizadores de la manifestación "notifiquen" o "participen" a la autoridad civil el evento, con "indicación de lugar o itinerario escogido, día, hora y objeto general" de la misma, limitándose la acción de la administración (la autoridad civil) a dar "recibo de la participación," estampando en copia de la misma, *"la aceptación del sitio o itinerario y hora."* La autoridad civil no tiene poder alguno para "autorizar" o no el ejercicio del derecho a manifestar, ni puede negar el ejercicio de tal derecho. La "aceptación" a la cual se refiere la norma no es en relación con el ejercicio del derecho (que sería lo propio de tratarse de una autorización) sino única y exclusivamente del "sitio o itinerario y hora" del evento. Ello es lo único que podría cuestionar la autoridad civil al dar recibo de la "participación." El régimen del artículo 46 no es por tanto el de una "autorización" para el ejercicio del derecho político de manifestar, el cual es libre, sino de una "notificación" previa al ejercicio del derecho, respecto de la cual no cabe aceptar o negar el ejercicio del derecho constitucional, siendo la "aceptación" mencionada en la Ley solo respecto del sitio o itinerario y hora.

*Segundo,* una técnica de solicitud de una "autorización" a ser otorgada por parte de la autoridad civil, solo a solicitud de "asociaciones políticas" para el ejercicio del derecho político de manifestar en "sitios" que hubiesen sido previamente declarados como sitios prohibidos para realizar manifestaciones mediante actos administrativos de efectos generales dictados por la autoridad competente. En esos casos, conforme al artículo 46 de la ley, la prohibición no implica la negación del derecho a manifestar en tales sitios, sino que el ejercicio de dicho derecho está sujeto a la obtención de una autorización por parte de la autoridad administrativa correspondiente.

Ese régimen de restricciones al derecho a manifestar que está en la Ley de 2010, se estableció con la misma redacción en la Ley de 1964, en la cual estaba la misma distinción entre una "participación" y una "autorización" para supuestos distintos, como incluso lo advertimos hace ya cincuenta años, cuando recién se sancionó la Ley de 1964.[773]

---

773 En 1965, expresamos lo siguiente: "- **La participación previa.** "La ley, a pesar de que ha podido someter la realización de manifestaciones públicas al requisito de autorización o permiso previo por parte de la autoridad administrativa, sólo ha establecido la obligación para los organizadores de manifestaciones de *participar,* con veinticuatro horas de anticipación por lo menos, la realización de la manifestación, a la primera autoridad civil de la jurisdicción (Artículo 38 de la Ley de Partidos Políticos y artículo 129 de la Ley Electoral). Esta participación debe hacerse por escrito duplicado, donde debe indicarse el lugar o itinerario escogido para la manifestación, además del día, hora y objeto general que se persiga. // La primera autoridad civil de la jurisdicción en el mismo acto del recibo de la participación deberá estampar en el ejemplar que entregará a los organizadores, la *aceptación* del sitio o itinerario y hora. // Esta necesaria aceptación del lugar o itinerario y hora de la manifestación que se proyecta, implica la facultad de la Administración de objetarlos. Y en efecto, el artículo 39 de la ley establece que cuando hubiere razones fundadas para temer que la celebración simultánea de manifestaciones en la misma localidad pueda provocar trastornos del orden público, la autoridad ante quien deba hacerse la participación previa, podrá disponer, de acuerdo con los organizadores de las manifestaciones, que aquéllas se realicen en sitios suficientemente distantes o en horas distintas. En este caso, consagra el artículo 39 de la Ley de Partidos Políticos, "tendrán preferencia para la elección del sitio y la hora quienes hayan hecho la participación con anterioridad." Para ello el artículo 40 de la Ley de Partidos Políticos prevé que la autoridad civil ' llevará un libro en el cual irá anotando, en riguroso orden cronológico, las participaciones de reuniones públicas y manifestaciones que vaya recibiendo. // En todo caso, la ley autoriza a las autoridades de policía para tomar todas las medidas preventivas, tendientes a evitar las manifestaciones para las cuales no se haya hecho la debida participación o las que pretendan realizarse en contravención de las disposiciones de la ley (art. 44). // - **Limitaciones.** La Ley consagra determinadas limitaciones a la realización de manifestaciones. Así, el artículo 43 de la misma prohíbe las manifestaciones de carácter político con uso de uniformes, estableciendo, además, que los infractores serán sancionados con arresto de quince a treinta días, sin perjuicio de las acciones a que dichos actos pudieren dar lugar. // Por otra parte se autoriza expresamente a los Gobernadores de la entidad política respectiva, para fijar periódicamente, mediante resoluciones publicadas en las respectivas Gacetas, y oyendo previamente la opinión de los partidos, los sitios donde no podrán realizarse manifestaciones (art. 41). Sin embargo, a solicitud de las asociaciones políticas, la autoridad civil podrá autorizar manifestaciones en aquellos sitios prohibidos, cuando no afecten el orden público, el libre tránsito u otros derechos ciudadanos." Véase en Allan R. Brewer-Carías, *El régimen jurídico de la nacionalidad y ciudadanía venezolanas*, Publicaciones del Instituto de Derecho Público, Universidad Central de Venezuela, Caracas 1965, pp. 104 ss. Véase igualmente Allan R. Brewer-Carías, "Sobre las manifestaciones públicas," en *El Universal*, Caracas 17 de septiembre de 2000, pp. 1-1 y 1-14, donde denunciábamos la conducta autoritaria de funcionarios del Estado al desconocer lo regulado en el artículo 68 de la Constitución.

2. *La interpretación "a la carta," conforme a los deseos del gobierno, mediante una sentencia que resolvió un supuesto "recurso de interpretación de naturaleza constitucional y legal"*

La clara distinción, antes comentada, establecida en la Ley desde 1964, y el claro régimen general de la sola exigencia de una "participación previa" ante la autoridad civil para la realización de manifestaciones, ha sido radicalmente modificado por la Sala Constitucional del Tribunal Supremo de Justicia, supuestamente actuando como "máxima y última intérprete del Texto Fundamental," mediante sentencia N° 276 de 23 de abril de 2014,[774] dictada a solicitud del Alcalde del Municipio Guácara del Estado Carabobo, miembro del partido político oficial.

En dicha sentencia, la Sala procedió a realizar una supuesta "interpretación abstracta" del artículo 68 de la Constitución, que es evidente que no requiere de interpretación – basta leer su texto - , solo para trastocar o mutar lo establecido en el artículo 43 de la Ley de Partidos Políticos, Reuniones Públicas y Manifestaciones, ejerciendo como legislador positivo. Para ello, la Sala procedió, inconstitucional e ilegítimamente, a "reformar" dicho artículo, estableciendo, como lo anunció el propio Tribunal Supremo en la "Nota de Prensa" que se publicó a raíz de la decisión adoptada, al contrario de lo que dice la norma, que:

> "resulta *obligatorio* para las organizaciones políticas así como para todos los ciudadanos, *agotar el* procedimiento *administrativo de autorización* ante la primera autoridad civil de la jurisdicción correspondiente, *para poder ejercer cabalmente su derecho constitucional a la manifestación pacífica*."[775]

Ello, por supuesto no es lo que establece el artículo 43 de la Ley.

La solicitud de interpretación que se resolvió en la sentencia había sido formulada un mes antes por el Alcalde del Municipio Guácara del Estado Carabobo, asistido de abogado, en forma irregular, al presentar un "***Recurso de Interpretación de Naturaleza Constitucional y Legal,***" no sobre el antes mencionado artículo 68 de la Constitución, que no tiene nada de dudoso o de ambiguo que amerite ser interpretado, sino en realidad sobre los artículos 41, 43, 44, 46 y 50 de la Ley de Partidos Políticos, Reuniones Públicas y Manifestaciones; cuando, como es sabido, la Sala Constitucional no tiene competencia para conocer de recursos de interpretación abstracta de las leyes, sino únicamente de la Constitución.

La Sala Constitucional olvidó que en principio, solo el Legislador, es decir, la Asamblea Nacional, tiene competencia conforme a la Constitución, para "interpretar" con efectos generales las leyes, mediante su reforma; y excepcionalmente, las otras Salas del Tribunal Supremo de Justicia, en relación con las leyes, en los casos de ejercicio de recursos de interpretación de la leyes conforme a lo establecido en el artículo 31.15 de la Ley Orgánica del Tribunal Supremo de Justicia. Por ello, la Sala, consciente de su irregular proceder, al tratar de justificar la usurpación en la que estaba incurriendo, indicó en la sentencia que "la Sala Constitucional ha sido siem-

---

774 Véase en http://www.tsj.gov.ve/decisiones/scon/abril/163222-276-24414-2014-14-0277.HTML Véase además en *Gaceta Oficial* N° 40.401 de 29 de abril de 2014.

775 Véase Nota de Prensa de 24 de abril de 2014 en http://www.tsj.gov.ve/informacion/notasdeprensa/notasdeprensa.asp?codigo=11828

pre muy cuidadosa de no usurpar con su interpretación competencias de otras Salas (por ejemplo, el recurso de interpretación de textos legales)," lo que no pasó de ser una afirmación vacía, pues lo que hizo con su sentencia fue precisamente eso: usurpar la competencia de las otras Salas y, además, del Legislador.

En este caso, en efecto, no se ejerció recurso de interpretación "constitucional" alguno (pues la norma del artículo 68 no requiere de interpretación), ni tampoco el recurso de interpretación "de leyes" previsto en la norma referida (art. 31.15 de la ley Orgánica del Tribunal), ni la Sala hizo siquiera referencia a dicha norma.

En este caso, en concreto, lo que el Alcalde recurrente solicitó de la Sala Constitucional –como una especie de procedimiento de interpretación a la carta- fue que mediante el conocimiento de un "recurso de interpretación de la Constitución," le precisara si, conforme al artículo 43 de la Ley de Partidos Políticos, el sello que debía ponerle la autoridad municipal a la participación de realización de una manifestación como "*aceptación del sitio o itinerario y hora" de la misma,* significaba que el Alcalde podía denegar la realización de la manifestación, como si se tratase de una solicitud de "autorización previa" que debía otorgar la autoridad municipal para la realización de cualquier manifestación, y no de tomar conocimiento de una participación, como lo dispone la Ley.

En definitiva el Alcalde, en su recurso de interpretación de la Constitución, lo que destacó fue que del artículo 43 de la Ley y de todas las otras normas legales citadas, le surgía una supuesta "duda" en cuanto a la "posibilidad autorizatoria" establecida en todas esas normas. Por eso, al final de su argumentación, como lo destacó la Sala, el Alcalde se limitó a identificar su recurso como un "Recurso de Interpretación Legal" para que la Sala "declare con certeza -otorgando la debida Seguridad Jurídica- el contenido y alcance del artículo 68 de la Constitución de la República Bolivariana de Venezuela y de los artículos 41, 43, 44, 46, 50 de la Ley de Partidos Políticos, Reuniones Públicas y Manifestaciones."

Para justificar su supuesta competencia para conocer del recurso de interpretación intentado, la Sala citó su sentencia N° 1077 del 22 de septiembre de 2000 (caso: *Servio Tulio León*),[776] en la cual ella misma auto-determinó su competencia "para interpretar el contenido y alcance de las *normas y principios constitucionales*, de conformidad con lo establecido en el artículo 335 de la Constitución, en concordancia con el artículo 336" de la misma; es decir, solo de normas y principios constitucionales, no de normas legales. Tal y como lo precisó en otra sentencia, también citada por la Sala, la interpretación que puede hacer la Sala Constitucional es de una norma que "esté contenida en la Constitución (sentencia N° 1415/2000 del 22 de noviembre caso: *Freddy Rangel Rojas*, entre otras) o integre el sistema constitucional (sentencia N° 1860/2001 del 5 de octubre, caso: *Consejo Legislativo del Estado Barinas*)." Precisamente por esa limitante, la Sala señaló que en el caso sometido a su consideración, se había solicitado "la interpretación del artículo 68 de la Constitución de la República Bolivariana de Venezuela c*on el objeto de determinar su contenido y alcance, así como de los artículos 41, 43, 44, 44, 46 y 50 de la Ley de Partidos Políticos, Reuniones Públicas y Manifestaciones.*"

---

776 Véase en *Revista de Derecho Público,* N° 83, Editorial Jurídica Venezolana, Caracas 2000, pp. 247 ss.

Ello, por supuesto, no fue más que una confesión de que el objeto del recurso no era la interpretación del artículo 68 de la Constitución, que nada tiene de dudoso o ambiguo, sino solo determinar el contenido y alcance de unas normas legales. El Alcalde recurrente en realidad no señaló la existencia de ninguna "ambigüedad sobre el contenido y alcance del artículo 68 de la Constitución" como falsamente indicó la Sala, de manera que la cita del artículo 68 no fue más que una simple excusa para que la Sala procediera, ilegítima e inconstitucionalmente, a legislar, con el pretexto de interpretar los artículos 41, 43, 44, 46 y 50 de la Ley de Partidos Políticos, Reuniones Públicas y Manifestaciones, considerando que "a pesar de tener tales disposiciones rango legal, ellas guardan una estrecha vinculación con la norma constitucional." Usurpó así la Sala las competencias y funciones del legislador.

La ilegítima actuación de la Sala Constitucional se confirma por el hecho de que para "justificar" su competencia, la Sala citó los artículos 25.17 y 31.3 de la Ley Orgánica del Tribunal Supremo de Justicia, incurriendo en realidad en una nueva confesión de "incompetencia," pues si bien la primera norma le atribuye a la Sala competencia para "conocer la demanda de interpretación *de normas y principios que integran el sistema constitucional,*" la segunda norma sólo contiene una atribución común de todas las Salas para "conocer los juicios en que se ventilen varias pretensiones conexas, siempre que al Tribunal esté atribuido el conocimiento de alguna de ellas." En este caso, por supuesto, no había varias pretensiones, sino una sola claramente de interpretación de una ley, que no podía ni puede asumir la Sala Constitucional. Por lo demás, admitir este simple razonamiento para justificar la competencia de la Sala significa que la misma podría conocer de cualquier interpretación de cualquier norma legal, en forma abstracta, bastando mencionar alguna norma constitucional que en última instancia pueda ser el sustento del orden jurídico.

La decisión, además, se adoptó sin "proceso" judicial alguno, desconociendo el artículo 257 de la Constitución que considera que el "proceso constituye un instrumento fundamental para la realización de la justicia," y fue dictada en un "procedimiento" clandestino en el cual no hubo contradictorio alguno, pues la Sala lo decidió como un "asunto de mero derecho", "sin necesidad de abrir procedimiento alguno," violando el derecho ciudadano a la participación, y además, sin convocar mediante edicto a los interesados, es decir a la ciudadanía en general, a las organizaciones políticas o al menos a los otros 337 Alcaldes del país. Recuérdese que el procedimiento relativo al recurso de interpretación constitucional está expresamente regulado en la Ley Orgánica del Tribunal Supremo de Justicia (artículos 128 y 166) y, en ninguna parte, como es lógico, está prevista la posibilidad de una interpretación sin juicio previo.

Violó, así, la Sala, con su decisión, los principios más elementales del debido proceso que garantiza el artículo 49 de la Constitución.

### 3. *La inconstitucional "reforma" de la Ley de Partidos Políticos, Reuniones y Manifestaciones Públicas mediante una ilegitima "interpretación" o "mutación" por parte de la Sala Constitucional*

Para supuestamente "determinar el alcance y el contenido del artículo 68 de la Constitución" que en realidad resultó ser una mutación, no del texto constitucional, sino del artículo 44 y siguientes de la Ley de Partidos Políticos, Reuniones Públicas y Manifestaciones en cuanto a "la actuación de los Alcaldes como primeras autoridades político territoriales frente al requerimiento de manifestaciones públicas dentro de sus referidos Municipios"; la Sala, en su sentencia, citó su anterior decisión Nº 1309 del 19 de julio de 2001 (caso: *Hermann Escarrá*), en la cual había "explicado" el sentido de la interpretación constitucional, e interpretado "la noción y alcance de su propia potestad interpretativa," indicando, en definitiva, que el artículo 68 constitucional establecía el derecho a la manifestación pacífica, como uno de los derechos políticos de los ciudadanos, afirmando sin embargo, que "no es un derecho absoluto," sino que "admite válidamente restricciones para su ejercicio... al limitar su ejercicio a las previsiones que establezca la Ley," lo que no es novedad alguna ya que es como reza el texto mismo del artículo 68. Es precisamente por ello que la Ley de Partidos Políticos, Reuniones Públicas y Manifestaciones prevé "una serie de disposiciones de cumplimiento obligatorio no sólo para los partidos políticos, sino también para todos los ciudadanos, cuando estos decidan efectuar reuniones públicas o manifestaciones." Realmente nada nuevo, se insiste, "descubrió" la Sala, pues la posibilidad de establecer restricciones al derecho a manifestar mediante las leyes es texto expreso en el artículo 68 de la Constitución.

Es decir, en cuanto al artículo 68 de la Constitución, nada "interpretó" la Sala sobre "su alcance y contenido" que no fuera decir lo que sin duda y sin ambigüedad alguna la propia norma dice en forma expresa, es decir, que el derecho a manifestar está sometido a los requisitos que establezca la ley. Dicha norma, por tanto, en términos de la propia sentencia no requería interpretación alguna.

Y en cuanto al verdadero objeto de la sentencia, que era "interpretar" la Ley de Partidos Políticos, Reuniones Públicas y Manifestaciones para "reformarla" o "mutarla," la Sala confesó que se limitaba "a efectuar dos precisiones" para lo cual, se insiste, carecía de competencia:

> "1.- *La verificación del contenido* de los artículos 41, 43, 44, 46 y 50 de la Ley de Partidos Políticos, Reuniones Públicas y Manifestaciones, publicada en la Gaceta Oficial Nº 6.013 Extraordinario del 23 de diciembre de 2010 a la luz de lo dispuesto en el artículo 68 de la Constitución de la República Bolivariana de Venezuela, y de los planteamientos del solicitante de autos." [...]
>
> "2.- *Aclarar las dudas* que tiene el accionante sobre el procedimiento pautado en la Ley de Partidos Políticos, Reuniones Públicas y Manifestaciones, publicada en la Gaceta Oficial de la República Bolivariana de Venezuela Nº 6.013 Extraordinario del 23 de diciembre de 2010."

### A. *La supuesta verificación del contenido de normas legales*

En cuanto a la "verificación del contenido" de los artículos 41, 43, 44, 46 y 50 de la Ley de Partidos Políticos, Reuniones Públicas y Manifestaciones, la Sala "descubrió" que efectivamente con dichas normas el legislador había dado cumplimiento al artículo 68 de la Constitución, regulando el "ejercicio del derecho a la protesta pacífica de una manera pormenorizada," previendo "las pautas adecuadas para el ejercicio cabal y efectivo del derecho a la manifestación pacífica sin que ello implique en modo alguno una limitación total y absoluta de su ejercicio." La Sala expresó esto solo para realizaren forma ilegítima e inconstitucional una "reforma" de la Ley, al "verificar" de manera completamente errada la supuesta previsión de: "el lapso del cual disponen los organizadores *para solicitar autorización para realizar la reunión pública o manifestación (veinticuatro horas de anticipación a la actividad).*" Con esta sola "verificación" inicial, la Sala Constitucional trastocó la normativa legal, y "convirtió" una "participación" que debe ser hecha a la autoridad civil por los organizadores de una manifestación, que es lo previsto en el artículo 43 de la Ley, en supuesta solicitud de "autorización" por parte de los mismos ante dicha autoridad, que no está regulada en el artículo 43 de la Ley, cambiando de raíz el régimen legal para el ejercicio del derecho político a manifestar.

En su ilegítima "verificación" del contenido de las normas legales citadas, la Sala Constitucional, por supuesto, se cuidó de no "verificar" que al contrario del artículo 43 de la Ley que solo prevé un "participación," en el artículo 46 de la misma Ley sí se establece un régimen de "autorización" de manifestaciones cuando se prevea realizarlas en sitios prohibidos. Es decir, la Sala en su ilegítima "verificación" del contenido de las normas que pretendió "interpretar," no hizo la distinción que sí hizo el legislador entre una "participación" a la autoridad para ejercer un derecho y una "solicitud de autorización" previa para poder ejercer un derecho. La distinción es abismal, pero la Sala se cuidó de no darse cuenta de ella, y convirtió la "participación" en una solicitud de autorización, ignorando el texto expreso de la Ley.

### B. *El supuesto esclarecimiento de las "dudas" del Alcalde recurrente*

En segundo lugar, después de supuestamente "verificar" el contenido del artículo 43 de la Ley de Partidos Políticos, Reuniones Públicas y Manifestaciones, trastocando su contenido y reformándolo, la Sala pasó en su sentencia a supuestamente "aclarar las dudas que tiene el accionante sobre el procedimiento pautado" en la Ley, que desde el comienzo calificó erradamente como "procedimiento de autorización," ignorando deliberadamente que era una simple notificación o participación.

#### a. *Primera duda sobre la "existencia" de una autorización para ejercer derecho político a manifestar, no prevista en la Ley*

Así, frente a la supuesta primera "duda" del Alcalde recurrente y su abogado, sobre si "para ejercer el derecho a manifestar, en los términos previstos en el artículo 68 de la Constitución de la República Bolivariana de Venezuela, debe el o los manifestantes solicitar autorización," la Sala Constitucional concluyó pura y simplemente, como lo anunció en su "Nota de Prensa" sobre la sentencia, antes indicada, que supuestamente de acuerdo con la Ley:

> "resulta obligatorio para los partidos y/o organizaciones políticas así como para todos los ciudadanos, -cuando estos decidan efectuar reuniones públicas o manifestaciones- *agotar el procedimiento administrativo de autorización ante la primera autoridad civil de la jurisdicción correspondiente, para de esta manera poder ejercer cabalmente su derecho constitucional a la manifestación pacífica.*"

Es decir, una técnica de notificación o participación para establecer el lugar o itinerario y hora del ejercicio de un derecho constitucional, lo convirtió la Sala en una técnica autorizatoria para el ejercicio del derecho que no está establecida legalmente

#### b. *Segunda duda sobre el alcance de la "autorización" para el ejercicio del derecho a manifestar como "limitación" legal al mismo*

En la misma línea de distorsión y reforma de la Ley, frente a la segunda "duda" del Alcalde recurrente y su abogado, sobre si "constituye la *autorización* -de ser necesaria- un requisito legal o limitación legal al derecho a manifestar al que hace referencia tanto el artículo 68 de la Constitución de la República Bolivariana de Venezuela como el artículo 41 de la Ley de Partidos Políticos, Reuniones Públicas y Manifestaciones, respectivamente," la Sala sostuvo que

> "*la autorización* emanada de la primera autoridad civil de la jurisdicción de acuerdo a los términos de la Ley de Partidos Políticos, Reuniones Públicas y Manifestaciones, constituye un requisito de carácter legal, cuyo incumplimiento limita de forma absoluta el derecho a la manifestación pacífica, impidiendo así la realización de cualquier tipo de reunión o manifestación."

Es decir, una simple "notificación" o "participación" previa como requisito para el ejercicio de un derecho constitucional, lo convirtió la Sala en una "limitación absoluta" al derecho mismo a la manifestación pacífica, "regulando" *contra legem* que el mismo simplemente no puede ejercerse sin dicha autorización, "impidiendo así la realización de cualquier tipo de reunión o manifestación" sin la obtención de la misma.

De allí, la conclusión a la cual llegó la Sala, de que "*cualquier concentración*, manifestación o *reunión* pública que no cuente con el *aval previo de la autorización por parte de la respectiva autoridad competente* para ello, podrá dar lugar a que los cuerpos policiales y de seguridad en el control del orden público a los fines de asegurar el derecho al libre tránsito y otros derechos constitucionales (como por ejemplo, el derecho al acceso a un instituto de salud, derecho a la vida e integridad física), actúen dispersando dichas concentraciones con el uso de los mecanismos más adecuados para ello, en el marco de los dispuesto en la Constitución y el orden jurídico."

Con ello, el Juez Constitucional le dio carta blanca a la represión de las manifestaciones, violando no sólo el contenido del artículo 68 de la Constitución,[777] sino además, el derecho constitucional de reunión, ya que en su sentencia no sólo se refirió a manifestaciones, sino a "cualquier concentración" o "reunión," por lo cual la Sala con su sentencia también violó el artículo 53 de la Constitución Nacional, que garantiza el derecho de "toda persona [...] de *reunirse, pública* o privadamente, *sin permiso previo*, con fines lícitos y sin armas. Las reuniones en lugares públicos se regirán por la ley".

c. *Tercera duda sobre los poderes del Alcalde para aprobar, modificar o negar la "autorización" para el ejercicio del derecho político a manifestar*

En cuanto a la tercera "duda" del Alcalde recurrente, sobre si "el órgano administrativo que actúe en el marco de la Ley de Partidos Políticos, Reuniones Públicas y Manifestaciones, específicamente con base en los artículos 43, 44, 46 y 50 de esa

---

777 Como lo destacó el Programa Venezolano de Educación Acción en Derechos Humanos (Provea): "con esta decisión, el máximo Tribunal del país avala la represión por parte de los cuerpos armados del Estado contra los ciudadano." Véase Nota de Prensa, "La Sala Constitucional del Tribunal Supremo de Justicia suprimió, mediante una sentencia publicada ayer, las garantías para el ejercicio del derecho a la manifestación pacífica, tal como lo consagra la Constitución Nacional y la Ley de Partidos Políticos, Reuniones Públicas y Manifestaciones," en *el nacional web* 25 de abril 2014.

ley, puede denegar, modificar o aprobar esa autorización mediante acto administrativo expreso," la Sala, siguiendo el "nuevo régimen legal" que estableció en su sentencia, concluyó que "la primera autoridad civil de la jurisdicción -donde se desee realizar la concentración, manifestación o reunión pública- no se encuentra limitada a los términos en que se efectúe la solicitud, pudiendo no sólo negar la autorización, sino también modificarla en caso de acordarla o autorizarla en cuanto a la indicación del lugar y el itinerario escogido (el día y hora)."

La Sala, sin embargo, recordó que en su arbitraria "nueva regulación" no podía soslayar la obligación de la autoridad administrativa de motivar sus actos administrativos conforme a lo que dispone la ley Orgánica de Procedimientos Administrativos, por lo que al menos dispuso que el pronunciamiento que en relación con la "solicitud de autorización" haga la autoridad civil, éste "deberá ser emitido mediante acto administrativo expreso, en el cual se haga alusión a las razones o fundamentos de su decisión."

d. *Cuarta duda sobre los poderes del Alcalde en relación con el contenido de sus decisiones en materia de "autorización" de manifestaciones*

En cuanto a la cuarta "duda" del Alcalde recurrente sobre si la autorización en materia de manifestaciones públicas "tiene como finalidad autorizar o no la manifestación pública o versa solamente acerca de la posibilidad que tiene la autoridad de señalar el sitio donde deba realizarse la reunión o manifestación pública," de nuevo, violentando lo dispuesto en el artículo 44 de la Ley de Partidos Políticos, Reuniones Públicas y Manifestaciones, la Sala Constitucional le precisó al Alcalde recurrente que la supuesta "autorización "prevista en la Ley" – que como resulta de la norma no está prevista -, comprendería "dos aspectos importantes" que son: primero, el "relacionado con la habilitación propiamente dicha para permitir la concentración, reunión pública o manifestación y el segundo, vinculado con las condiciones de modo, tiempo y lugar en que se podrá llevar a cabo dicha actividad."

Con ello, la Sala, usurpando de nuevo la función legislativa, reguló en contra de lo dispuesto en el texto del artículo 43 de la Ley, amplios poderes de limitación del derecho constitucional por parte de la autoridad municipal no previstos en ley alguna.

e. *Quinta duda sobre los poderes de orden público de la policía municipal para reprimir las manifestaciones públicas*

En cuanto a la quinta "duda" del Alcalde recurrente sobre las "facultades que en materia de orden público posee el órgano competente si fuesen desobedecidas las limitaciones o condiciones al derecho de manifestar," la Sala Constitucional se refirió a la previsión constitucional que atribuye a los Municipios competencia en materia de policía (art. 178.7), y a las previsiones de la Ley Orgánica del Servicio de Policía y del Cuerpo de Policía Nacional Bolivariana de 2009 (artículos 34.4, 44 y 46), sobre los servicios de policía municipal para el mantenimiento del orden público en materias propias del municipio y de protección vecinal; imponiéndole de paso, a las policías municipales," la "obligación de coadyuvar con el resto de los cuerpos de seguridad (policías estadales, Policía Nacional Bolivariana y Guardia Nacional Bolivariana) en el control del orden público que resulte alterado con ocasión del ejercicio ilegal del derecho a la manifestación."

La Sala en esta forma, como lo destacó la Mesa de la Unidad Democrática, "alude con amplitud y generosidad o laxitud a los poderes policiales destinados a disolver reuniones o concentraciones en espacios públicos, mientras que omite la referencia a los principios constitucionales e internacionales que limitan el control policial de cualquier manifestación pacífica, autorizada o no,"[778] procediendo además, a igualar la acción de las policías municipales a las policías nacional y estadal, e incluso, a las fuerzas militares, para la utilización de medios represivos que no les está permitido utilizar. Lo que la Sala ha pretendido es "legalizar" un Estado represivo que es contrario a la Constitución, que fue el que se quiso incorporar en la reforma constitucional de 2007, que fue rechazada por el pueblo.[779]

f. *Sexta duda sobre los poderes sancionatorios en materia de desobediencia a las limitaciones impuestas al derecho a manifestar*

En cuanto a la sexta "duda" del Alcalde recurrente sobre las "facultades sancionatorias que posee el órgano competente si fuesen desobedecidas las limitaciones o condiciones al derecho a manifestar," la Sala Constitucional le indicó que:

> "ante la desobediencia de la decisión tomada por la primera autoridad civil de la jurisdicción, bien por el hecho de haberse efectuado la manifestación o reunión pública a pesar de haber sido negada expresamente o por haber modificado las condiciones de tiempo, modo y lugar que fueron autorizadas previamente, la referida autoridad deberá remitir al Ministerio Público, a la mayor brevedad posible toda la información atinente a las personas que presentaron la solicitud de manifestación pacífica, ello a los fines de que determine su responsabilidad penal por la comisión del delito de desobediencia a la autoridad previsto en el artículo 483 del Código Penal, además de la responsabilidad penal y jurídica que pudiera tener por las conductas al margen del Derecho, desplegadas durante o con relación a esas manifestaciones o reuniones públicas."

Con ello, lo que logró la Sala Constitucional fue, ni más ni menos, que "regularizar" la criminalización de la protesta,[780] para justificar la represión, haciendo de los Acaldes cómplices obligatorios de tácticas persecutorias; y siempre con la "espada de Damocles" establecida por la propia Sala en las decisiones de marzo de 2014, de

---

778 Véase "Comunicado de la Mesa de la Unidad Democrática sobre inconstitucional y antidemocrático fallo del TSJ," Caracas, 24 de abril de 2014.

779 Véase Allan R. Brewer-Carías, *Hacia la consolidación de un Estado Socialista, Centralizado, Policial y Militarista. Comentarios sobre el sentido y alcance de las propuestas de reforma constitucional 2007,* Colección Textos Legislativos, N° 42, Editorial Jurídica Venezolana, Caracas 2007.

780 Al contrario, como con razón ha señalado Provea que "Los derechos consagrados en nuestra Carta Magna no pueden ser convertidos en delitos por la acción arbitraria de las instituciones del Estado, la protesta es un mecanismo legítimo que tienen los ciudadanos en las sociedades democráticas para reclamar y conquistar derechos o para defenderse frente a los posibles abusos de poder." Véase Nota de Prensa, "La Sala Constitucional del Tribunal Supremo de Justicia suprimió, mediante una sentencia publicada ayer, las garantías para el ejercicio del derecho a la manifestación pacífica, tal como lo consagra la Constitución Nacional y la Ley de Partidos Políticos, Reuniones Públicas y Manifestaciones," en el nacional web 25 de abril 2014.

los casos de revocación del mandato de los Alcaldes de San Diego y San Cristóbal por supuesto desacato, de que ante cualquier acción de amparo que se intente contra ellos porque no persiguen y denuncian penalmente, suficientemente, a los manifestantes "desobedientes," entonces ellos mismos pueden ser encarcelados y despojados de su investidura popular en un juicio sumario por la propia Sala Constitucional.

4. *La violación del principio de la progresividad en materia de derechos humanos*

Como puede derivarse de lo anteriormente señalado, y de cómo la Sala Constitucional, al resolver el "recurso de interpretación" intentado (sin decir si era de la Constitución o de la Ley), y que buscaba una "reforma" o "mutación" legal "a la carta"; en una forma evidentemente regresiva y limitante, al supuestamente precisar "el contenido y alcance del artículo 68 de la Constitución [...], así como las dudas generadas con ocasión de la aplicación de los artículos 41, 43, 44, 46 y 50 de la Ley de Partidos Políticos, Reuniones Públicas y Manifestaciones," en realidad, además de usurpar las funciones del Legislador, asumiendo ilegítimamente una función de "legislador positivo" que no tiene, lo que hizo fue violar el artículo 19 de la Constitución.

Esta norma, en efecto, como la misma Sala Constitucional lo declaró en otros tiempos: "reconoce de manera expresa el *principio de progresividad* en la protección de los derechos humanos," conforme al cual no solo "el Estado se encuentra en el deber de garantizar a toda persona natural o jurídica, sin discriminación de ninguna especie, el goce y ejercicio irrenunciable, indivisible e interdependiente de tales derechos," sino que "tal progresividad se materializa en el *desenvolvimiento sostenido, con fuerza extensiva, del espectro de los derechos fundamentales en tres dimensiones básicas, a saber, en el incremento de su número, en el desarrollo de su contenido, y en el fortalecimiento de los mecanismos institucionales para su protección.* En este ámbito cobra relevancia la necesidad de que la creación, interpretación y aplicación de las diversas normas que componen el ordenamiento jurídico, se realice *respetando el contenido de los derechos* fundamentales."[781]

Por ello, en otra sentencia (sentencia N° 1.654/2005, del 13 de julio de 2005), la misma Sala Constitucional expresó que "la progresividad de los derechos humanos *se refiere a la tendencia general de mejorar cada vez más la protección y el tratamiento de estos derechos;*" lo que luego volvió a ratificar en sentencia N° 74 de 25 de enero de 2006, al recordar que: "mal podría esta Sala, cúpula de la jurisdicción constitucional, olvidar que, de conformidad con el principio de progresividad de los derechos fundamentales que recoge el artículo 19 de la Constitución, *el Constituyente lo que puede es mejorar y ampliar la protección y el tratamiento de estos derechos, no así lograr su mutación en detrimento de su contenido y atributos.*"[782]

Con mayor razón, ese es también el principio que ha de regir respecto de las sentencias de la Sala Constitucional, como máxima intérprete de la Constitución, en el

781 Véase sentencia N° 1114 de 25-5-2006, Caso: *Lisandro Heriberto Fandiña Campos*, en *Revista de Derecho Público* N° 106, Caracas 2006, pp. 138 ss.

782 Véase sentencia N° 74 de 25-1-2006, Caso: *Acción Democrática vs. Consejo Nacional Electoral y demás autoridades electorales*, en *Revista de Derecho Público*, N° 105, Caracas 2006, pp. 124 ss.

sentido de que mediante las mismas no pueden mutar las disposiciones legales en detrimento del contenido y atributos de los derechos, como ocurrió con el derecho a manifestar.[783] Al contrario, en este caso, como lo resumió José Ignacio Hernández, "la Sala Constitucional creó una prohibición que impide el derecho a manifestar sin autorización. Además, advirtió que obviar esa autorización implica un delito penal. Es decir, los ciudadanos pueden ir presos por manifestar sin autorización de los Alcaldes."[784]

Este inconstitucional proceder de la Sala Constitucional, al secuestrar dicho derecho constitucional, imponiendo requisitos y limitaciones para su ejercicio que no están previstos en la ley, vicia de ilegitimidad dicha sentencia Nº 257 de 25 de abril de 2014, y como cualquier otro acto legítimo de cualquier órgano del Estado, los ciudadanos tienen el derecho a desconocerlo en los términos del artículo 350 de la Constitución,[785] sobre todo porque la Sala, en su actuación, no tiene quien la controle. Es por ello que solo el pueblo puede hacerlo.

---

783 Cuán diferente fue, por ejemplo, la posición del Tribunal Constitucional Español, cuando en sentencia STC 36/1982, al interpretar la Ley 17/1976 sobre reuniones en lugares de tránsito público, que establecía el requisito de autorización, a la luz del artículo 21 de la Constitución de 1978 que nada disponía en tal sentido, interpretó conforme al principio de la progresividad, que de lo que se trataba era sólo de una "comunicación". Véase las referencias en José Luis López González, "El derecho de reunión y manifestación en a jurisprudencia del Tribunal Constitucional," en *Revista de Estudios Políticos* (Nueva Etapa), Nº 96, Madrid 1997, pp. 179 ss.

784 Véase José Ignacio Hernández, "Sobre la decisión del TSJ y el derecho a la protesta, "en *Prodavinci,* abril 2014, en http://prodavinci.com/blogs/sobre-la-decision-de-la-sala-constitucional-y-el-derecho-a-la-protesta-por-jose-ignacio-hernandez/ En el mismo sentido, el Colegio de Abogados del Distrito Federal expresó que con "esta decisión, la Sala Constitucional creó, fabricó en forma inconstitucional e ilegal una prohibición que impide ejercer el derecho a la manifestación sin autorización. Además, advirtió que obviar esa autorización implica un delito penal, lo cual a su vez es inconstitucional, por cuanto viola la reserva legal para los delitos al crear un delito que no existe en la legislación venezolana vigente. Es decir: los ciudadanos pueden ir presos por manifestar sin autorización de la Primera Autoridad Civil del Municipio." Concluye el Colegio observando que: "En consecuencia, estamos en presencia de una sentencia radicalmente nula por mandato de los artículos 25 y 350 constitucionales, ya que entre otros graves vicios: a) conculca de hecho el derecho a la protesta cívica pacífica, b) suspende garantías constitucionales ad infinitum y viola convenios internacionales vinculantes c) crea un delito penal que no existe, d) somete a la libre voluntad del funcionario competente no solo el ejercicio del derecho a la protesta, sino también el lugar y tiempo para su realización, además, e) ordena a las policías municipales a violar la propia Constitución al imponerles el deber de disolver manifestaciones sin poder legalmente tener los equipos necesarios para ellos." Véase "Pronunciamiento del Ilustre Colegio de Abogados de Caracas sobre la sentencia de la Sala Constitucional del Tribunal Supremo de Justicia que interpreta el derecho a manifestar", Caracas 26 de abril de 2014.

785 Es en definitiva lo planteado por Cipriano Heredia, Diputado al Consejo Legislativo del Estado Miranda: "A los venezolanos lo único que nos queda es aplicar por la vía de los hechos la Constitución y continuar manifestando con la simple notificación que es lo que exige la Ley, amparados en el artículo 68 de nuestra Carta magna", en "Heredia: Sentencia del TSJ apuntala talante dictatorial del Gobierno," en *El Universal*, Caracas 28 de abril de 2014.

## V. EL FIN DE LA LLAMADA "DEMOCRACIA PARTICIPATIVA Y PROTAGÓNICA." LA VIOLACIÓN DEL DERECHO A LA PARTICIPACIÓN POLÍTICA POR LA SALA CONSTITUCIONAL, AL TRATAR DE JUSTIFICAR, EN FRAUDE A LA CONSTITUCIÓN, LA EMISIÓN DE LEGISLACIÓN INCONSULTA

Desde cuando se utilizó por primera vez, en 2000, al inicio del régimen autoritario, la modalidad de legislar masivamente mediante legislación delegada, es decir, a través de decretos leyes dictados por el Presidente de la República en Consejo de Ministros en ejecución de una ley habilitante en los términos del artículo 203 de la Constitución de 1999; varios de los decretos leyes fueron impugnados por razones de inconstitucionalidad, entre otros vicios, por violación del derecho ciudadano a la participación política al haber sido dictados inconsultamente, es decir, sin haber sido sometidos a consulta popular a los ciudadanos y a la sociedad organizada, violándose el texto expreso del artículo 211 de la Constitución en materia de consulta popular de las leyes durante el procedimiento de su formación.[786]

En la Constitución de 1999, en efecto, cuyo texto está imbuido por el concepto de democracia "participativa y protagónica," además de establecerse en forma general en los artículos 62 y 70 de la Constitución, el derecho ciudadano a la participación política, éste se estableció en forma específica en dos supuestos que tienen, por tanto, rango constitucional: primero, el derecho constitucional a la participación política para la designación de altos funcionarios del Estado a través de Consejos de Postulaciones integrados por "representantes de los diferentes sectores de la sociedad," en particular para la designación de los magistrados del Tribunal Supremo (art. 270), y en otros Comités similares en el caso de la designación de los jefes de los órganos del Poder Ciudadano y del Poder Electoral (arts. 279 y 295);[787] y el derecho constitucional de los ciudadanos y de la sociedad organizada a participar en el procedimiento de formación de las leyes a través de los mecanismos de consulta popular que se deben efectuar (art. 211).

La legislación básica del país, en los últimos catorce años, sin duda ha sido dictada mediante decretos leyes conforme a sucesivas leyes habilitantes y en ningún caso se ha cumplido con el procedimiento de consulta popular, ni se ha garantizado el derecho de los ciudadanos ni de la sociedad organizada a participar en el proceso de formación de las leyes.

Por ello, en todos los casos, durante los tres lustros de vigencia de la Constitución, en distintas oportunidades se impugnaron diversos decretos leyes precisamente por violación del derecho constitucional a la participación política consagrado en el

---

786 Véase Allan R. Brewer-Carías, "Apreciación general sobre los vicios de inconstitucionalidad que afectan los Decretos Leyes Habilitados" en *Ley Habilitante del 13-11-2000 y sus Decretos Leyes*, Academia de Ciencias Políticas y Sociales, Serie Eventos N° 17, Caracas 2002, pp. 63-103, y "El derecho ciudadano a la participación popular y la inconstitucionalidad generalizada de los decretos leyes 2010-2012, por su carácter inconsulto," en *Revista de Derecho Público*, N° 130, (abril-junio 2012), Editorial Jurídica Venezolana, Caracas 2012, pp. 85-88; Y "Son nulas las 53 leyes dictadas por Chávez," en *Revista Resúmen* (Encarte), Caracas 11 de diciembre de 2001, pp. 8 ss.

787 Véase Allan R. Brewer-Carías, "La participación ciudadana en la designación de los titulares de los órganos no electos de los Poderes Públicos en Venezuela y sus vicisitudes políticas", en *Revista Iberoamericana de Derecho Público y Administrativo*, Año 5, N° 5-2005, San José, Costa Rica 2005, pp. 76-95.

artículo 211 de la Constitución, pero nunca la Sala Constitucional se pronunció sobre dichas denuncias formuladas en sucesivas acciones populares de inconstitucionalidad. Solo fue mediante sentencia Nº 203 de 25 de marzo de 2014 (Caso *Síndica Procuradora Municipal del Municipio Chacao del Estado Miranda, impugnación del Decreto Ley de Ley Orgánica de la Administración Pública de 2008*),[788] cuando por primera vez la Sala Constitucional entró a conocer de la denuncia de inconstitucionalidad formulada, declarándola sin embargo sin lugar, por considerar simplemente que como la legislación no se dictó por la Asamblea Nacional sino por el Poder Ejecutivo, entonces, en fraude a la Constitución, la Sala estimó que las leyes dictadas mediante decretos leyes no exigían la previa consulta popular, evadiendo la obligación del Estado de asegurar la participación popular, y de burlarse del derecho ciudadano a la participación; todo, sin embargo, en una supuesta "democracia participativa y protagónica" que tanto se pregona pero que quedó extinguida con dicha sentencia.

En efecto, al contrario de lo decidido, conforme al espíritu "participativo y protagónico" de la democracia que orientó la letra de la Constitución de 1999 – aun cuando ignorada en la ejecución de la misma -, una de las dos manifestaciones específicas del mismo, inserta en el propio texto constitucional, como se ha dicho, es la imposición a los órganos del Poder Legislativo de la obligación de someter los proyectos de leyes, durante el proceso de su elaboración, a consulta pública. Ello se concretó entre otras, en la norma específica contenida en el artículo 211 de la Constitución, la cual dispone:

> Artículo 211. *La Asamblea Nacional o las Comisiones Permanentes, durante el procedimiento de discusión y aprobación de los proyectos de leyes, consultarán a los otros órganos del Estado, a los ciudadanos y ciudadanas y a la sociedad organizada su opinión sobre los mismos.*

La previsión, que está incluida en la sección relativa al procedimiento de formación de las leyes, cuya elaboración y sanción en una de las "funciones propias" (art. 134 de la Constitución) del órgano legislativo, es decir, de la Asamblea Nacional en ejercicio del Poder Legislativo. Por ello, evidentemente, en la norma se identifican con precisión a los órganos del Estado que deben primariamente cumplir con dicha obligación que son los que normalmente participan en el procedimiento de formación de las leyes, es decir, la propia Asamblea Nacional o las Comisiones Permanentes de las mismas. Y no podría ser de otro modo, pues dichos órganos son los que normalmente legislan.

Lo importante de la norma del artículo 211 de la Constitución, en realidad, no es su aspecto formal de regulación de un "procedimiento legislativo" específico y, en el mismo, la identificación de cuál órgano del Estado es el que debe cumplir específicamente con la obligación de consultar al pueblo la legislación que se proyecta; sino su aspecto sustantivo, en cuanto a la regulación en el propio texto constitucional, de un derecho constitucional de los ciudadanos y de la sociedad organizada a ser consultados en el proceso de formación de las leyes que se proyecta que han de regirlos,

---

788 Véase en http://www.tsj.gov.ve/decisiones/scon/marzo/162349-203-25314-2014-09-0456.HTML La Ley impugnada fue publicada en *Gaceta Oficial* N° 5.890 Extra. de 31 de julio de 2008.

que es un derecho correlativo a una obligación impuesta a los órganos que ejercen la función normativa de rango legal de consultar al pueblo sobre los proyectos de leyes antes de su sanción.

Bajo este ángulo sustantivo del derecho y de la obligación establecidos en el artículo 211, lo importante por tanto, no es cuál órgano específico del Estado sanciona la ley, y a través de cuál procedimiento, sino el derecho constitucional a la participación ciudadana que establece la norma y la obligación de los órganos del Estado de asegurar dicha participación, en este caso, mediante consulta pública de los proyectos de leyes.

La ley, como se ha dicho, puede sancionarse por la Asamblea Nacional en ejercicio del Poder Legislativo, cumpliendo la función normativa como "función propia" de la misma; o por el Presidente de la República en ejercicio del Poder Ejecutivo, cumpliendo la función normativa en virtud de delegación legislativa; En ambos casos, la obligación constitucional establecida en el artículo 211 de la .Constitución, al margen de las normas generales que garantizan el derecho a la participación ciudadana (art. 62 y 70), originan un correlativo derecho constitucional específico de los ciudadanos y de la sociedad organizada a ser consultada no sólo sobre las políticas públicas, sino especialmente sobre los proyectos de leyes con las cuales van a regularlos, antes de que se sancionen, independientemente de que tengan la "forma" de ley o de decreto ley. Lo contrario significaría sostener que el derecho ciudadano a la participación política consagrado constitucionalmente, sólo estaría garantizado en el caso de leyes dictadas por la Asamblea Nacional pero no de leyes dictadas por el Poder Ejecutivo a través de decretos leyes, lo que por supuesto no tendría sentido alguno.

Al contrario, el sentido del derecho constitucional consagrado en el artículo 211 de la Constitución implica que cuando la Asamblea Nacional, en ejercicio del Poder Legislativo y de la función normativa, sanciona una ley, o cuando el Presidente de la República en ejercicio del Poder Ejecutivo y de la función normativa derivada de una delegación legislativa, dicta decretos leyes, en todo caso, se debe siempre consultar a los ciudadanos antes de la sanción definitiva del texto legal, de manera que si esta se produce sin someter el proyecto de ley previamente a consulta pública, en particular, a los ciudadanos y a la sociedad organizada, se viola el derecho a la participación establecido en el artículo 211 de la Constitución y además, por derivación, se violan las previsiones generales que establecen el derecho político a la participación que están en los artículos 62 y 70 de la Constitución.

Sin embargo, la Sala Constitucional del Tribunal Supremo, en la mencionada sentencia Nº 203 de 25 de marzo de 2014, al declarar sin lugar la acción de inconstitucionalidad intentada por la Síndica Procuradora Municipal del Municipio Chacao del Estado Miranda contra el Decreto Ley de Ley Orgánica de la Administración Pública de 2008, en la cual se denunció que el mencionado decreto ley no fue sometido al procedimiento de consulta popular que exigía el artículo 211 de la Constitución, consideró que los ciudadanos tenían derecho constitucional a participar, estimando que ese derecho ciudadano a participar en el proceso de formación de las leyes sólo existe cuando las mismas las dicta la Asamblea Nacional, pero no existe cuando las leyes las dicta el Poder Ejecutivo mediante una delegación legislativa.

En esa forma, la Sala Constitucional formalizó una forma más de fraude a la Constitución, al establecer que el derecho a la participación política en materia de formación de las leyes se puede ignorar, o simplemente no existe, con el sólo hecho de que la ley que se le va a aplicar al ciudadano sea dictada mediante decreto ley en uso de delegación legislativa, y no mediante una ley de la Asamblea Nacional. En otros términos, que una forma de burlar el derecho ciudadano a la participación política mediante consulta popular de las leyes en una "democracia participativa y protagónica," es que el Poder legislativo simplemente delegue la legislación al Poder Ejecutivo y así se obvia la obligación de consultar al pueblo. Ello, se insiste, no es más que un fraude a la Constitución.

Pero para configurar este fraude, lo más insólito de la sentencia es que, contradictoriamente, la Sala Constitucional, procedió a constatar con lujo de detalles, lo contrario, es decir, que el derecho a la participación política se encuentra establecido dentro de los derechos políticos de los ciudadanos, para lo cual procedió a citar exhaustivamente la Exposición de Motivos de la Constitución cuando expresa que "se reconoce la necesidad de la intervención del pueblo en los procesos de formación, formulación y ejecución de las políticas públicas, lo cual redundaría en la superación de los déficits de gobernabilidad que han afectado nuestro sistema político debido a la carencia de sintonía entre el Estado y la sociedad;" a citar el artículo 62 de la Constitución que entre otras cosas establece que "es obligación del Estado y deber de la sociedad facilitar la generación de las condiciones más favorables para su práctica;" a indicar que "en nuestro derecho constitucional se consagra un sistema dual de ejercicio de la participación política" de democracia indirecta y de democracia directa, en el cual ninguna de las dos prevalece sobre la otra; a precisar que "el sistema democrático envuelve la conjunción de los principios de representación y el principio de participación;" a reconocer como "principio fundamental en el desarrollo de los postulados democráticos que deben regir un Estado de Derecho," y entre ellos, el principio de "publicidad de sus actuaciones," que es el que permite a los ciudadanos "ejercer cabalmente su derecho a la participación política;" y a citar indiscriminadamente autores como Alessandro Pizzorusso, *Lecciones de Derecho Constitucional*, Centro de Estudios Constitucionales, 1984, p. 104, 110), Carl Schmitt; *Teoría de la Constitución*, Madrid, Alianza, 1982, p. 174); y Norberto Bobbio, *Diccionario de Política*, Madrid 1983, pp. 1209-1210). Con todo ello, cualquier lector habría sacado la conclusión de que el resultado de la argumentación y de la doctrina citada conduciría a declarar que la falta de consulta pública de las leyes dictadas mediante decretos leyes, en el marco de la "democracia participativa y protagónica" prevista en la Constitución, violaba el derecho ciudadano a la participación política.

Pero: sorpresa!! No!! La conclusión a la que llegó la Sala Constitucional, al contrario y contradictoriamente a los mencionados postulados y doctrina, fue que en Venezuela se puede impunemente violar el derecho ciudadano a la participación política mediante consulta pública de los proyectos de leyes, si estos se dictan mediante decretos leyes.

Para llegar a esta conclusión, la Sala Constitucional utilizó dos argumentos: Primero, al "descubrir" que el ejercicio del derecho a participar por parte de los ciudadanos es de:

> "ejercicio facultativo de los ciudadanos en la presentación de las observaciones al igual a lo que ocurre en la iniciativa legislativa, por ende su falta de ejercicio no acarrea sanción alguna por su inejecución por parte de los ciudadanos."

El argumento, por supuesto, no tiene lógica ni consecuencia jurídica algunas, pues el ejercicio de los derechos por los ciudadanos cuando implica el goce de la libertad en la realización de una actividad, como por ejemplo, el derecho de votar, el derecho a expresar el pensamiento, el derecho al libre tránsito, el derecho de petición, el derecho a manifestar, el derecho a tener una religión, el derecho a participar, siempre es de ejercicio facultativo, pues nadie puede ser obligado a votar, a escribir o hablar públicamente, a circular, a manifestar, a tener una religión o a participar. Todos son libres de ejercer esos derechos, por ello son de ejercicio facultativo, pero ello no implica que por ese "ejercicio facultativo" dejen de ser derechos ni ello excluye la obligación del Estado de garantizar y asegurar su ejercicio. La falta de aseguramiento y garantía por parte del Estado es la que acarrea una sanción, y es la nulidad de la acción u omisión del Estado, y nada tiene que ver eso con la falta de ejercicio por parte del ciudadano que efectivamente es libre.

Pero la Sala Constitucional para formalizar el fraude a la Constitución y a la democracia "participativa y protagónica" que se pregona, recurrió a un segundo argumento, aún más absurdo y es el hecho de que supuestamente en el "procedimiento legislativo" establecido en el artículo 211 del Texto Constitucional, y el "procedimiento legislativo" para la emisión de decretos leyes, "el supuesto fáctico de la aplicación de la norma así como el sujeto pasivo difieren palmariamente entre ambos," cuando como se ha dicho, lo esencial de la norma no es el aspecto formal o procedimental sino el sustantivo relativo al derecho constitucional que consagra.

Con base en esa distinción formal, la Sala Constitucional, entonces consideró que la obligación establecida en el artículo 211 de la Constitución, supuestamente contiene un "imperativo" "dirigido al órgano legislativo de acuerdo con sus funciones naturales –formación de leyes-" siendo que en cambio, "el supuesto de la ley habilitante es un supuesto excepcional en el proceso legislativo."

Se olvidó así, sin embargo, la Sala Constitucional, de nuevo, que el texto del artículo 211 lo que establece en realidad es un derecho específico a la participación política de los ciudadanos en el proceso de formación de las leyes, siendo su esencia, por supuesto, el de la "participación" sea cual fuere la forma de emisión de las leyes, si mediante sanción parlamentaria o mediante emisión de un decreto ley. Lo importante y esencial en una democracia "participativa y protagónica" es el derecho a la participación, no los aspectos procedimentales que se regulen.

Pero lo más insólito de la sentencia, fue la conclusión a la cual llegó la Sala después de argumentar erradamente que los ciudadanos supuestamente tienen derecho de participar en el procedimiento de formación de las leyes sólo cuando la ley la dicta la Asamblea Nacional, pero no cuando la dicta el Poder Ejecutivo mediante decreto ley, expresando, como lo hubiera hecho el personaje "Cantinflas," que:

> "Lo anterior, no implica como erradamente se podría pretender que el Presidente de la República no está sujeto a la apertura de los mecanismos de participación cuando hace uso de las potestades legislativas previamente aprobadas, sino que en virtud de la excepcionalidad que implica la habilitación legislativa, el procedimiento de formación difiere estructural y funcionalmente del procedimiento en el órgano legislativo por lo que su incidencia varía en cuanto a su formación, no solo en cuanto a la representatividad de los funcionarios encargados de su discusión y aprobación sino en cuanto a los lapsos para su ejercicio; por lo que el ejercicio de dicho derecho se desarrolla en atención a uno de

los principios fundamentales que rige el sistema democrático como es la publicidad."

Qué dijo o quiso decir la Sala Constitucional en este párrafo, realmente es indescifrable, pero no así la conclusión rotunda a la cual llegó a renglón seguido de dicho párrafo, sin fundamento alguno, en el sentido de que:

> "visto que el procedimiento establecido en el artículo 211 de la Constitución de la República Bolivariana de Venezuela, *no podría ser exigido al Presidente de la República por carecer de especificidad el procedimiento de formación de leyes dentro del marco de una ley habilitante."*

O sea, que cuando se dictan leyes mediante decretos leyes en ejecución de una ley habilitante no hay "procedimiento de formación de las leyes," es decir, supuestamente se estaría dentro del "reino de la arbitrariedad," y los ciudadanos en "democracia participativa y protagónica" no podrían gozar ni ejercer su derecho constitucional de participar en el proceso de formación de la ley que los va a regir.

Ello, por supuesto, no tiene sentido alguno, pues el derecho a la participación ciudadana en materia de formación de las leyes es absoluto, sea cual fuere el procedimiento de formación de las mismas; de lo contrario, bastaría acudir a una ley habilitante y dictar decretos leyes para, en fraude a la Constitución, quitarle al ciudadano su derecho a participar.

La Sala Constitucional, sin embargo, en la sentencia, trató de seguir justificando el fraude a la Constitución, expresando que la "inaplicación" del derecho a la participación previsto en el artículo 211 de la Constitución, supuestamente

> "deviene igualmente en cuanto al procedimiento de discusión ante la Cámara en el cual se maneja un proyecto legislativo, a diferencia de la presentación y promulgación de Decretos los cuales responden a una excepcionalidad o a una urgencia en cuanto a su realización, por ende, se aprecia que mal puede exigirse la aplicación del artículo 211 de la Constitución de la República Bolivariana de Venezuela" en el caso [del decreto ley impugnado de la ley Orgánica de la Administración Pública].

Ello, por supuesto, no tiene fundamento alguno en el texto de la Constitución de 1999, donde se reguló la delegación legislativa en sentido amplio, sin que necesariamente exista excepcionalidad, extraordinariedad o urgencia alguna en la sanción de una ley habilitante. Recuérdese que el artículo 203 definió las leyes habilitantes como "las sancionadas por la Asamblea Nacional por las tres quintas partes de sus integrantes, a fin de establecer las directrices, propósitos y marco de las materias que se delegan al Presidente o Presidenta de la República, con rango y valor de ley" fijando "el plazo de su ejercicio," y que el artículo 236.8 se limitó a indicar dentro de las atribuciones del Presidente de la República, el "dictar, previa autorización por una ley habilitante, decretos con fuerza de ley."[789]

---

789 Véase Allan R. Brewer-Carias, "El régimen constitucional de los Decretos Leyes y de los actos de gobierno" en *Bases y Principios del Sistema Constitucional Venezolano (Ponencias del VII Congreso Venezolano de Derecho Constitucional realizado en San Cristóbal del 21 al 23 de noviembre de 2001)*, Asociación Venezolana de Derecho Constitucional, Universidad Católica del Táchira, San Cristóbal, 2002, pp. 25-74; y Las potestades normativas del

Es errado y falso el argumento de la Sala Constitucional, el cual que en cambio pudo ser válido en el marco de la Constitución de 1961, al tratar de establecer una distinción entre el "procedimiento legislativo" de formación de las leyes y el de la emisión de los decretos leyes que no existe en la Constitución de 1999, en el sentido de que estos últimos, supuestamente "responden a una excepcionalidad o a una urgencia en cuanto a su realización," lo cual no sólo no tiene fundamento constitucional, sino que nunca se ha invocado en la sanción de las múltiples leyes habilitantes que se han sancionado a lo largo de los últimos catorce años.

Pero además, al tratar de justificar lo injustificable, al Sala Constitucional llegó a argumentar que a pesar de que el decreto ley impugnado no se sometió a consulta popular como lo imponía el artículo 211 de la Constitución, violándose el derecho constitucional a la participación política, sin embargo, tal:

> "derecho a la participación política no se vio conculcado o restringido en virtud que en función del conocimiento público y notorio de la promulgación de la Ley Habilitante los ciudadanos pueden presentar o formular proyectos sobre la discusión de las materias delegadas al Ejecutivo Nacional, para garantizar el ejercicio del derecho a la participación política."

El mismo errado y falso razonamiento lo repite la sentencia al indicar que "cuando se promulga dicha habilitación existe una notoriedad en cuanto a la potestad conferida" en razón de lo cual dijo la Sala, "la participación puede ser realizada por parte de las comunidades organizadas con la finalidad de formular propuestas y opiniones."

O sea, que sin que se lleguen a conocer por los ciudadanos los proyectos de decretos leyes a ser dictados en forma clandestina e inconsulta en ejecución de la ley habilitante, supuestamente el derecho a la participación política queda asegurado según la Sala, por el hecho de que al conocerse la sanción de una ley habilitante cualquiera puede presentar al Ejecutivo algún proyecto de ley para su aprobación. El argumento, por supuesto, no soporta análisis alguno, porque simplemente, el proyecto de ley emitido mediante decreto ley en ejecución de la ley habilitante nunca fue del conocimiento de los ciudadanos o de la sociedad organizada.

Por último, debe mencionarse que en materia de derecho ciudadano a la participación política en relación con el ejercicio de potestades normativas por parte del Poder Ejecutivo, la obligación de consulta pública no sólo está establecida en el mencionado artículo 211 de la Constitución, que fue violado abiertamente en el caso del decreto ley impugnado en este caso de Ley Orgánica de la Administración Pública de 2008, sino en la propia Ley Orgánica de la Administración Pública desde que fue sancionada inicialmente en 2001. En efecto, en el artículo 130 de dicha Ley se dispone que para la adopción de "normas reglamentarias o de otra jerarquía" por los órganos del Poder Ejecutivo, entre las cuales sin duda están los decretos leyes, éstos están obligados a "iniciar un proceso de consulta pública y remitir el anteproyecto a las comunidades organizadas," de tal importancia desde el punto de vista de la "democracia participativa y protagónica" que se pregona, al punto de que el artí-

---

Presidente de la República: los actos ejecutivos de orden normativo", en *Tendencias Actuales del Derecho Constitucional, Homenaje a: Jesús María Casal Montbrun* (Coordinadores: Jesús María Casal, Alfredo Arismendi A. y Carlos Luis Carrillo), Tomo I, Caracas 2007.

culo 140 de la misma Ley Orgánica dispone no sólo que el respectivo órgano del Poder Ejecutivo "no podrá aprobar normas para cuya resolución sea competente, ni remitir a otra instancia proyectos normativos que no sean consultados," sino que "las normas que sean aprobadas por los órganos o entes públicos o propuestas por éstos a otras instancias serán nulas de nulidad absoluta si no han sido consultadas según el procedimiento previsto" en la propia Ley Orgánica.

Esta obligación por supuesto, se aplicaba al decreto ley de reforma de la Ley Orgánica de la Administración Pública, pues estaba prevista en su texto desde 2001, razón por la cual es incomprensible que la Sala Constitucional haya considerado en su sentencia que habría "imposibilidad de aplicar el procedimiento establecido en la Ley Orgánica de la Administración Pública, por ser ésta la ley impugnada" cuando dicho procedimiento era obligatorio y estaba incluido en el texto de la Ley Orgánica desde 2001, siendo el decreto ley impugnado de 2008 sólo una reforma de dicha Ley.

En definitiva, la Sala Constitucional al concluir en su sentencia respecto del decreto ley impugnado, a pesar de que no fue sometido a consulta pública para asegurar la participación de los ciudadanos y de la sociedad organizada en el procedimiento de formación del mismo, como le exige la Constitución y la Ley Orgánica de la Administración Pública; que el mismo, sin embargo, supuestamente no habría contrariado "elementos esenciales de validez formal" previstos en la Constitución "referente a la violación del derecho a la participación política," lo que hizo fue formalizar el fraude a la Constitución, para eludir la obligación de garantizar la participación política, sujetando a dicha consulta solamente a las leyes sancionadas por la Asamblea Nacional, y excluyendo de la misma a leyes sancionadas por el Poder Ejecutivo en ejecución de una delegación legislativa, incluso si en la práctica, estas últimas son las más numerosas en los últimos quince años de vigencia de la Constitución. Con ello, en definitiva, lo que ha hecho la Sala Constitucional es dictar la sentencia de muerte a la llamada "democracia participativa y protagónica," al negarle a los ciudadanos y a la sociedad organizada el derecho de participar en el proceso de formación de las leyes que le van a ser aplicadas, cuando se dicten mediante decretos leyes, que por lo demás, son la mayoría.

# SEXTA PARTE

## EL JUEZ CONSTITUCIONAL Y LOS AVANCES Y CARENCIAS EN LA PROTECCIÓN DE LOS DERECHOS FUNDAMENTALES CONFORME A LOS PRINCIPIOS DE UNIVERSALIDAD Y PROGRESIVIDAD

Otro de los grandes retos del juez constitucional como garante de la Constitución es el de asegurar la efectiva vigencia y protección de los derechos fundamentales, particularmente sobre la base del principio de la progresividad y universalidad.

Ello implica, particularmente, que el juez constitucional debe asumir su rol protector de los derechos constitucionales, mediante el conocimiento y decisión de las acciones de amparo, de tutela o de protección constitucional, denominadas en Brasil como *mandado de segurança* y *mandado de injuncao* (Brasil).[790] La institución del amparo, sin duda, desde el inicio de su regulación en México, se ha convertido en una institución latinoamericana,[791] que además encuentra ahora su paradigma en la Convención Americana sobre Derechos Humanos. El reto, en una forma u otra del Juez Constitucional en los países de América Latina, es asegurar la protección de los

---

790 En relación con nuestros trabajos comparativos sobre el tema véase Allan R. Brewer-Carías, *El amparo a los derechos y libertades constitucionales. Una aproximación comparativa*, Cuadernos de la Cátedra Allan R. Brewer-Carías de Derecho Público, N° 1, Universidad Católica del Táchira, San Cristóbal 1993, 138 pp.; también publicado en el Instituto Interamericano de Derechos Humanos (Curso Interdisciplinario), San José, Costa Rica, 1993, (mimeo), 120 pp. y en el libro *La protección jurídica del ciudadano*. Estudios en Homenaje al Profesor Jesús González Pérez, Tomo 3, Editorial Civitas, Madrid 1993, pp. 2.695-2.740; Allan R. Brewer-Carías, *Mecanismos nacionales de protección de los derechos humanos (Garantías judiciales de los derechos humanos en el derecho constitucional comparado latinoamericano)*, Instituto Interamericano de Derechos Humanos, San José 2005; y Allan R. Brewer-Carías, *Constitutional Protection of Human Rights in Latin America. A Comparative Study of the Amparo Proceedings*. Cambridge University Press, New York 2009. Véase además, y *Leyes de Amparo de América Latina*, (Compilación y Estudio Preliminar), Instituto de Administración Pública de Jalisco y sus Municipios, Instituto de Administración Pública del Estado de México, Poder Judicial del Estado de México, Academia de Derecho Constitucional de la Confederación de Colegios y Asociaciones de Abogados de México, 2 vols. Jalisco 2009.

791 Véase en general, Héctor Fix-Zamudio and Eduardo Ferrer Mac-Gregor (Coordinadores), *El derecho de amparo en el mundo*, Ed. Porrúa, México 2006.

derechos de toda persona, conforme lo indica el artículo 25 de la Convención, mediante un recurso sencillo y rápido o mediante cualquier otro recurso efectivo, que la ampare contra los actos que violen sus derechos fundamentales reconocidos por la Constitución, la ley o la Convención, aún cuando tal violación sea cometida por personas que actúen en ejercicio de sus funciones oficiales.

Esta consagración del derecho de amparo en la Convención Americana, la cual constituye derecho aplicable en todos nuestros países -incluso en muchos de ellos con rango constitucional-, implica el establecimiento de una obligación internacional impuesta a los Estados Miembros de asegurar a las personas ese recurso efectivo de protección de sus derechos. Por ello, la propia Convención dispone que los Estados Partes se comprometen "a garantizar que la autoridad competente prevista en el sistema legal del Estado decidirá sobre los derechos de toda persona que interponga tal recurso" (art. 25,2,a). La Corte Interamericana de Derechos Humanos, por ello, incluso ha señalado en una Opinión Consultiva (OC-9/87, sec. 24) que para que el recurso exista: "no basta con que esté previsto por la Constitución o la ley o con que sea formalmente admisible, sino que se requiere que sea realmente idóneo para establecer si se ha incurrido en una violación a los derechos humanos y prever lo necesario para remediarla"; al punto de que su falta de consagración en el derecho interno podría considerarse como una trasgresión de la Convención.

En la actualidad, por tanto, puede considerarse que la regulación contenida en la Convención Americana sobre el derecho de amparo, constituye el parámetro más adecuado e importante en América Latina sobre este mecanismo efectivo de protección de los derechos humanos, que debe servir de marco para que el Juez Constitucional proceda a asegurar la protección constitucional, superándose las posibles restricciones nacionales a la institución del amparo que todavía subsisten en muchos países.

Conforme al antes mencionado artículo 25 de la Convención Americana sobre Derechos Humanos, cuya redacción y lenguaje sigue los del Pacto Internacional de los Derechos Civiles y Políticos, toda persona tiene derecho a un recurso sencillo y rápido o a cualquier otro recurso efectivo ante los jueces o tribunales competentes, que la amparen contra actos que violen sus derechos fundamentales reconocidos en la respectiva Constitución y en las leyes, y en la propia Convención Americana.

De esta norma internacional puede decirse que se derivan los contornos fundamentales que debería tener la institución del amparo, de tutela o de protección de los derechos fundamentales en los derechos internos, cuyo sentido[792] se puede conformar por los siguientes elementos:

En *primer* lugar, la Convención Americana concibe al amparo como un derecho fundamental[793] en si mismo y no sólo como una garantía adjetiva, en una concep-

792 Véase Allan R. Brewer-Carías, "El amparo en América Latina: La universalización del Régimen de la Convención Americana sobre los Derechos Humanos y la necesidad de superar las restricciones nacionales", en *Ética y Jurisprudencia*, 1/2003, Enero-Diciembre, Universidad Valle del Momboy, Facultad de Ciencias Jurídicas y Políticas, Centro de Estudios Jurídicos "Cristóbal Mendoza", Valera, Estado Trujillo, 2004, pp. 9-34.

793 Véase en general, Héctor Fix-Zamudio, *Ensayos sobre el derecho de amparo,* Porrúa, México 2003; y Héctor Fix-Zamudio and Eduardo Ferrer Mac-Gregor (Coordinadores), *El derecho de amparo en el mundo*, Porrúa, México 2006.

ción que, sin embargo, no se ha seguido generalmente en América Latina. En realidad sólo en Venezuela el amparo se ha concebido en la Constitución como un derecho más que como una sola garantía adjetiva.[794].

Se indica en la Convención, que toda persona "tiene derecho" a un recurso, lo que no significa que solamente tenga derecho a una específica garantía adjetiva que se concretiza en un solo recurso o en una acción de amparo, tutela o protección. El derecho, se ha concebido más amplio como derecho a la protección constitucional de los derechos o al amparo de los mismos. Por eso, en realidad, estamos en presencia de un derecho fundamental de carácter internacional y constitucional de las personas, a tener a su disposición medios judiciales efectivos, rápidos y eficaces de protección.

Por ello, en *segundo* lugar, los mecanismos judiciales de protección de los derechos humanos a los que se refiere la Convención Americana pueden ser variados. Lo que deben ser es efectivos, rápidos y sencillos y los mismos puede ser de cualquier clase, de cualquier medio judicial y no necesariamente una sola y única acción de protección o de amparo. Es decir, la Convención no necesariamente se refiere a un solo medio adjetivo de protección, sino que puede y debe tratarse de un conjunto de medios de protección que puede implicar, incluso, la posibilidad de utilizar los medios judiciales ordinarios.

En *tercer* lugar, debe destacarse que la Convención regula un derecho que se le debe garantizar a "toda persona" sin distingo de ningún tipo, por lo que corresponde a las personas naturales y jurídicas o morales; nacionales y extranjeras; hábiles y no hábiles; de derecho público y derecho privado. Es decir, corresponde a toda persona en el sentido más universal.

En *cuarto* lugar, la Convención señala que el medio judicial de protección o la acción de amparo puede interponerse ante los tribunales competentes, de manera que no se trata de un solo y único tribunal competente, sino de una función que esencialmente es del Poder Judicial.

En *quinto* lugar, conforme a la Convención, este derecho a un medio efectivo de protección ante los tribunales se establece para la protección de todos los derechos constitucionales que estén en la Constitución, en la ley, en la propia Convención Americana o que sin estar en texto expreso, sean inherentes a la persona humana, por lo que también son protegibles aquellos establecidos en los instrumentos internacionales. Por ello, aquí adquieren todo su valor las cláusulas enunciativas de los derechos, que los protegen aún cuando no estén enumerados en los textos, pero que siendo inherentes a la persona humana y a su dignidad, deban ser objeto de protección constitucional.

Además, en *sexto* lugar, la protección que regula la Convención es contra cualquier acto, omisión, hecho o actuación de cualquier autoridad que viole los derechos y, por supuesto, también que amenace violarlos, porque no hay que esperar que la violación se produzca para poder acudir al medio judicial de protección. Es decir, este medio de protección tiene que poder existir antes de que la violación se produz-

794 Véase Allan R. Brewer-Carías, *Instituciones Políticas y Constitucionales*, Vol. V, Derecho y Acción de Amparo, Universidad Católica del Táchira - Editorial Jurídica Venezolana, Caracas - San Cristóbal 1998.

ca, frente a la amenaza efectiva de la violación y, por supuesto, frente a toda violación o amenaza de violación que provenga del Estado y de sus autoridades. Es decir, no puede ni debe haber acto ni actuación pública alguna excluida del amparo, en cualquier forma, sea una ley, un acto administrativo, una sentencia, una vía de hecho, una actuación o una omisión.

Y en *séptimo* lugar, la protección que consagra la Convención es también contra cualquier acto, omisión, hecho o actuación de los particulares, individuos o empresas de cualquier naturaleza, que violen o amenacen violar los derechos fundamentales.

Este es, en realidad, el parámetro que establece la Convención Americana sobre el amparo, y es ese el que debería prevalecer en los derechos internos, donde hay que realizar un importante esfuerzo de adaptación para superar el cuadro de restricciones constitucionales o legislativas que en algunos aspectos ha sufrido la institución del amparo; que teniendo una concepción tan amplia en el texto de la Convención Americana, en muchos casos ha sido restringida.

Por lo demás, no hay que olvidar que en la mayoría de los países latinoamericanos la Convención tiene rango constitucional o rango supra legal, e incluso, en algunos tiene rango supra constitucional[795], lo que implica la necesidad jurídica de que la legislación interna se adapte a la misma. Además, la amplitud de la regulación de la Convención Americana sobre Derechos humanos, así como el proceso de constitucionalización de sus regulaciones que ha ocurrido en América Latina, plantean al juez constitucional, en ausencia de reformas legales, el reto de adaptar las previsiones de la legislación interna a las exigencias de la Convención, cuyo contenido constituye, en definitiva, un estándar mínimo común para todos los Estados.

Ello implica, si nos adentramos en las regulaciones de derecho interno de muchos de nuestros países, la necesidad, por ejemplo, de que se amplíe la protección constitucional de manera que la pueda acordar cualquier juez o tribunal y no sólo un Tribual como ocurre en Costa Rica, El Salvador o Nicaragua; mediante el ejercicio de todas las vías judiciales y no sólo a través de un sólo recurso o acción de amparo como sucede en la gran mayoría de los países; en relación con todas las personas y para la protección de absolutamente todos los derechos constitucionales, y no sólo algunos, como sucede en Chile o Colombia; y contra todo acto u omisión provenga

---

795 En relación a la clasificación de los sistemas constitucionales de acuerdo con el rango de los tratados internacionales, véase Rodolfo E. Piza R., *Derecho internacional de los derechos humanos: La Convención Americana*, San José 1989; Carlos Ayala Corao, "La jerarquía de los instrumentos internacionales sobre derechos humanos", en *El nuevo derecho constitucional latinoamericano*, IV Congreso venezolano de Derecho constitucional, Vol. II, Caracas, 1996 y *La jerarquía constitucional de los tratados sobre derechos humanos y sus consecuencias*, México, 2003; Florentín Meléndez, *Instrumentos internacionales sobre derechos humanos aplicables a la administración de justicia. Estudio constitucional comparado*, Cámara de Diputados, México 2004, pp. 26 ss.; y Humberto Henderson, "Los tratados internacionales de derechos humanos en el orden interno: la importancia del principio *pro homine*", en *Revista IIDH, Instituto Interamericano de Derechos Humanos*, Nº 39, San José 2004, pp. 71 y ss. Véase también, Allan R. Brewer-Carías, *Mecanismos nacionales de protección de los derechos humanos, Instituto Internacional de Derechos Humanos*, San José, 2004, pp. 62 ss.

de quién provenga, incluyendo de particulares, superando las restricciones que en este aspecto existen en muchos de nuestros países.

## I. LA NECESARIA PROTECCIÓN DE TODOS LOS DERECHOS FUNDAMENTALES Y CONSTITUCIONALES

Uno de los propósitos esenciales de los sistemas de justicia constitucional, establecidos precisamente para garantizar la Constitución, es la protección de la parte dogmática del texto fundamental, es decir, la protección de los derechos declarados en la misma o que por virtud de sus normas, han adquirido rango y valor constitucional, estando fuera del alcance del legislador en el sentido que no pueden ser eliminados o disminuidos mediante leyes.

Por ello es que tienen tanta importancia las declaraciones constitucionales de derechos, pues le permiten al juez constitucional proceder de inmediato a asegurar su protección. Ello contrasta con otros sistemas, como el estadounidense, donde la escueta declaración constitucional de derechos hace a veces más laborioso procurar su protección constitucional, como ha ocurrido por ejemplo, con los derechos sociales, como los relativos a la educación o a la vivienda. En relación con el derecho de educación, por ejemplo, no es considerado en los Estados Unidos como un derecho fundamental, razón por la cual la Corte Suprema en el caso *San Antonio Independent School District et al. v. Rodriguez et al.*, 411 U.S. 1; 93 S. Ct. 1278; 36 L. Ed. 2d 16; (1973), del 21 de marzo de 1.973, haya decidido que aunque la educación "es uno de los más importantes servicios prestados por el estado (como se declaró en *Brown v. Board of Education*), no está dentro de la limitada categoría de derechos reconocida por esta Corte como garantizada por la Constitución." En este caso, la Corte Suprema negó a dicho derecho la cualidad de "derecho fundamental", insistiendo que "la educación, no obstante su indiscutida importancia, no es un derecho al que se reconoce, explícita o implícitamente, protección por la constitución."

Al resolver el caso, la Corte Suprema se refirió a otra decisión emitida en el caso *Dandridge v. Williams*, 397 U.S. 471 (1970), donde tratando otras materias de asistencia social pública, la Corte sentenció que:

> "No es terreno de esta Corte el crear derechos constitucionales sustanciales a título de garantizar la igualdad de las leyes. De allí que la clave para descubrir si la educación es "fundamental" no se encontrará en comparaciones sobre la significación social relativa de la educación, con la subsistencia o la vivienda. Ni tampoco se encontrará al sopesar si la educación es tan importante como el derecho a movilizarse. Más bien, la respuesta yace en determinar si existe un derecho a la educación, explícita o implícitamente, garantizado por la Constitución.

En apoyo del antes mencionado caso *San Antonio Independent School District et al. v. Rodriguez et al.*, la Corte también se refirió a otro caso -*Lindsay v. Normet*, 405 U.S. 56 (1972)- dictado solo un año antes y en el cual reiteró firmemente "que la importancia social no es el determinante crítico para sujetar la legislación estadal a examen estricto," negando rango constitucional al derecho a tener una vivienda, disponiendo que sin denigrar de "la importancia de una vivienda decente, segura e higiénica," el hecho es que "la Constitución no dispone de medios judiciales para cada anomalía social o económica," siendo la materia de atribución legislativa y no judicial.

Por consiguiente, el elemento clave para que los derechos humanos sean materia de protección constitucional - también en los Estados Unidos - es su rango o reconocimiento constitucional que tengan como derechos, independientemente de la posibilidad que sean además regulados por las leyes. Esta es la situación general en América Latina, donde como se dijo, la acción de amparo se dispone para la protección de los derechos consagrados en las Constituciones, independientemente de si además están regulados en las leyes.

El tema central, por tanto, en esta materia de la protección constitucional de los derechos es el relativo a cuáles son los susceptibles de tal protección, siendo la regla general, que todos los derechos constitucionales deben y pueden ser protegidos sin excepción. Aún así, esta regla tiene su excepción en los casos de Chile y Colombia donde el alcance de la protección del amparo ha sido reducida a solo ciertos derechos constitucionales.

### 1. *El amparo y hábeas corpus para la protección de todos los derechos constitucionales*

De acuerdo con la regla general, los derechos protegidos por la acción de amparo son los "derechos constitucionales", expresión que comprende, *primero*, los derechos expresamente declarados en la Constitución, cualquiera que sea la fórmula que se utilice; *segundo*, aquellos derechos que aun no siendo enumerados en las Constituciones son inherentes a los seres humanos; y *tercero,* aquellos derechos enumerados en los instrumentos internacionales de derechos humanos ratificados por el Estado. En palabras de las leyes de amparo argentina (art. 1) y uruguaya de 1.988 (art. 72), la protección constitucional se refiere a los derechos y libertades "explícita o implícitamente reconocidas por la Constitución Nacional."

De manera que, por ejemplo, en el caso de Venezuela todos los derechos enumerados en el Título III de la constitución -referido a los derechos humanos, garantías y deberes- son protegidos mediante la acción de amparo. Tales derechos son los derechos de ciudadanía, derechos civiles (o individuales), los derechos políticos, los derechos sociales y de las familias, los derechos culturales y educativos, los derechos económicos, los derechos ambientales y los derechos de los pueblos indígenas enumerados en los artículos 19 al 129. Adicionalmente, todo otro derecho y garantía constitucional derivado de otras disposiciones constitucionales también puede ser protegido aun cuando no esté incluido en el Título III como, por ejemplo, la garantía constitucional de independencia del poder judicial o la garantía constitucional de la legalidad del impuesto (los impuestos solo pueden ser fijados por ley).[796]

Respecto de los derechos protegidos y a través de las cláusulas abiertas de los derechos constitucionales, casi todos los países latinoamericanos han admitido la protección constitucional respecto de los derechos y garantías constitucionales no ex-

796 Véase Allan R. Brewer-Carías, *Instituciones Políticas y Constitucionales*, Vol. V, Derecho y Acción de Amparo, Universidad Católica del Táchira - Editorial Jurídica Venezolana, Caracas - San Cristóbal 1998, pp. 209 ss. Véase decisión de la Corte Primera de lo Contencioso-Administrativo, caso *Fecadove*, en Rafael Chavero G., *El nuevo régimen del amparo constitucional en Venezuela,* Ed. Sherwood, Caracas, 2001, p. 157.

presamente enumerados en la Constitución pero que pueden ser considerados inherentes a los seres humanos. Estas cláusulas abiertas, que han sido ampliamente aplicadas por los tribunales latinoamericanos, no quedando duda en relación con la posibilidad de que un derecho o garantía sea protegido constitucionalmente, tiene su directo antecedente en la Novena Enmienda de la Constitución de los Estados Unidos, la cual, sin embargo, allí solo se ha aplicado en pocas ocasiones.

Por ejemplo, en el caso *Griswold v. Connecticut*, de 7 de junio de 1965 (1965, 381 U.S. 479; 85 S. Ct. 1678; 14 L. Ed. 2d 510), la Suprema Corte declaró que, aunque no estuviese expresamente mencionado en la Constitución, el derecho de privacidad marital debía ser considerado como un derecho constitucional, comprendido en el concepto de libertad y protegido constitucionalmente. En contraste, sin embargo, como se dijo, casi todas las constituciones latinoamericanas, con excepción de Cuba, Chile, México y Panamá, contienen cláusulas abiertas de este tipo, enfatizando que la declaración o enunciación de derechos establecida en la Constitución no se entenderá como la negación de otros no establecidos ahí y que son inherentes al individuo o a su dignidad humana. Cláusulas de este tipo se encuentran en las constituciones de Argentina (art. 33), Bolivia (art. 33), Colombia (art. 94), Costa Rica (art. 74), Ecuador (art. 19), Guatemala (art. 44), Honduras (art. 63), Nicaragua (art. 46), Paraguay (art. 45), Perú (art. 3), Uruguay (art. 72) y Venezuela (art. 22).

La Constitución de la Republica Dominicana es menos expresiva, indicando solamente que la enumeración constitucional de los derechos "no tienen carácter limitativo y, por consiguiente, no excluyen otros derechos y garantías de igual naturaleza " (art. 74.1). La constitución de Ecuador, por ejemplo, se refiere a que el reconocimiento de los derechos y garantías establecidos en la Constitución y en los instrumentos internacionales de derechos humanos, "no excluirá los demás derechos derivados de la dignidad de las personas, comunidades, pueblos y nacionalidades, que sean necesarios para su pleno desenvolvimiento. (art. 11.7).

En otros casos, como la Constitución de Brasil, la cláusula abierta, sin referirse a los derechos inherentes de las personas humanas, indica que la enumeración de derechos y garantías en la Constitución, no excluye otros derechos derivados del régimen y principios establecidos por la Constitución o por los tratados internacionales en los cuales la Republica Federativa de Brasil sea parte." (art. 5.2). La Constitución de Costa Rica se refiere a esos derechos "que se deriven del principio cristiano de justicia social" (art. 74), una expresión que puede interpretarse en el sentido de la dignidad humana y justicia social.

En otras constituciones, en vez de referirse a derechos inherente a los seres humanos, las cláusulas abiertas se refieren a la soberanía del pueblo y a la forma republicana de gobierno y, por consiguiente, más énfasis se hace respecto de los derechos políticos que a los derechos inherentes de las personas humanas. Este es el caso de Argentina, donde el artículo 33 de la Constitución establece que "las declaraciones, derechos y garantías que enumera la Constitución, no serán entendidos como negación de otros derechos y garantías no enumerados; pero que nacen del principio de la soberanía del pueblo y de la forma republicana de gobierno." Disposiciones similares están contenidas en las constituciones de Bolivia (art. 55) y Uruguay (art. 72). En Perú (art. 3) y Honduras (art. 63) las constituciones se refieren a otros derechos de naturaleza análoga o que están fundamentados en la "dignidad del hombre o en la soberanía del pueblo, el imperio democrático de la ley y la forma republicana de gobierno."

En todos estos casos, la incorporación de cláusulas abiertas en la constitución respecto de los derechos humanos implica que la ausencia de regulaciones legales de dichos derechos no puede ser invocada para negar o menoscabar su ejercicio por el pueblo, como está expresado en muchas constituciones (Argentina, Bolivia, Paraguay, Venezuela y Ecuador).

Pero además de los derechos declarados en la Constitución y aquellos derivados de las cláusulas abiertas como inherentes a la persona humana, los derechos declarados en los tratados internacionales pueden también ser protegidos mediante la acción de amparo. Esto está también expresamente previsto en muchos países donde los derechos declarados en tratados internacionales se les ha conferido rango constitucional, como es el caso de Venezuela (Constitución, art. 23). Asimismo en Costa Rica, por ejemplo, el artículo 48 de la Constitución es absolutamente claro cuando garantiza el derecho de toda persona a intentar acciones de amparo para mantener o restablecer el goce de todo otro derecho otorgado por esta Constitución así como de aquellos de naturaleza fundamental establecidos en los instrumentos internacionales de derechos humanos vigentes en la república. En el mismo sentido está regulado en la Ley Orgánica de Garantías Jurisdiccionales y Control Constitucional de 2.009 de Ecuador que establece en su artículo 1 que "esta ley tiene por objeto regular la jurisdicción constitucional, con el fin de garantizar jurisdiccionalmente los derechos reconocidos en la Constitución y en los instrumentos internacionales de derechos humanos y de la naturaleza; y garantizar la eficacia y la supremacía constitucional."

Por consiguiente, el alcance de la protección constitucional del amparo en América Latina en general es muy amplio. Esto ha provocado que en algunos países -a fin de determinar el alcance de la protección constitucional del amparo y habeas corpus- las leyes especiales que regulan el amparo tiendan a ser exhaustivas al enumerar los derechos a ser protegidos, como es el caso de Perú, donde el Código Procesal Constitucional (Ley N° 28.237 de 2.004) expresamente enumera e identifica cuales son los derechos a ser protegidos mediante el amparo y el habeas corpus. Respecto de éste último, una lista extensa está dispuesta en el artículo 25 de la ley, añadiendo que "también procede el hábeas corpus en defensa de los derechos constitucionales conexos con la libertad individual, especialmente cuando se trata del debido proceso y la inviolabilidad del domicilio." Asimismo y respecto de la acción de amparo, el mismo código peruano de procedimiento constitucional incluye una larga lista de derechos (art. 37) a ser protegidos, incluyendo al final una referencia a todos "los demás que la Constitución reconoce", resolviendo los problemas que normalmente tiene la práctica de enumerar situaciones específicas en las leyes con el riesgo general de dejar asuntos por fuera.

La ley guatemalteca de amparo también tiende a agotar la enumeración de casos en que la acción de amparo puede intentarse[797], añadiendo asimismo que su admisión se extiende a cualquier situación que presente un riesgo, amenaza, restricción o violación de los derechos reconocidos por "la Constitución y las leyes de la Re-

797 Véase. Jorge Mario García La Guardia, "La Constitución y su defensa en Guatemala," en *La Constitución y su defensa*, Universidad Nacional Autónoma de México, México, 1984, pp. 717–719; y *La Constitución Guatemalteca de 1985*, México, 1992.

pública de Guatemala", sea que la situación sea causada por entidades o personas de derecho público o privado.

En todos estos casos, cuando se enumeran sin limitación los derechos constitucionales a ser protegidos mediante las acciones de amparo y habeas corpus y si no hay riesgo de dejar fuera derechos constitucionales a ser considerados como protegidos, indudablemente estas leyes son importantes instrumentos para la ejecución judicial de los derechos y para la interpretación jurisprudencial sobre el alcance de los derechos a ser protegidos.

2. *El amparo y hábeas corpus para la protección de sólo algunos derechos constitucionales*

Aun cuando es verdad que el principio general es que solo los derechos constitucionales han de ser protegidos mediante el amparo y hábeas corpus, el hecho es que no todas las constituciones latinoamericanas garantizan esa protección constitucional para todos los derechos constitucionales.

Como ya se mencionó y en contraste con el general sentido protector latinoamericano, en el caso de Chile y Colombia, la acción específica de tutela y de protección de los derechos y libertades constitucionales está solamente establecida en la constitución para proteger ciertos derechos y garantías. En estos casos, el alcance de la acción de amparo es uno restringido, el cual ha caracterizado, asimismo, los sistemas restrictivos seguidos en las constituciones alemana y española en relación con los recursos de amparo que están establecidos únicamente para la protección de los así llamados "derechos fundamentales".

A. *La acción de protección chilena para determinados derechos*

En Chile, aparte de la acción de hábeas corpus establecida para proteger a cualquier individuo contra arrestos inconstitucionales, detenciones y encarcelamiento; el recurso de protección está establecido sólo para garantizar algunos derechos constitucionales enumerados en el artículo 19, numerales 1, 2, 3 (parágrafo 4o.), 4, 5, 6, 9 (parágrafo final), 11, 12, 13, 15, 16 de la constitución y en el cuarto párrafo y numerales 19, 21, 22, 23, 24 y 25 de la misma constitución.

La lista asimismo se refiere principalmente a derechos civiles o individuales, también incluyendo algunos derechos sociales, como el derecho a elegir un sistema de salud pública, la libertad para enseñar y trabajar y de afiliarse a sindicatos laborales; algunos derechos a la libertad económica y de propiedad; y el derecho a tener un ambiente descontaminado.

Aparte de todos estos derechos y libertades constitucionales, los otros derechos consagrados en la constitución no tienen un medio específico de protección, estando su protección a cargo de los tribunales ordinarios a través de los procedimientos judiciales ordinarios.

B. *La acción de 'tutela' colombiana para la protección de derechos fundamentales*

En el caso de Colombia, además del hábeas corpus, la constitución también establece la acción de *tutela*, en el art. 86, para la protección inmediata de lo que se llaman "derechos constitucionales fundamentales".

En efecto, el Título II de la constitución se dedica a establecer "los derechos, garantías y deberes", enumerándolos en tres capítulos: el Capítulo 1 contiene la lista de "derechos fundamentales"; el Capítulo 2 enumera los derechos sociales, económicos y culturales; y el Capítulo 3 se refiere a los derechos colectivos y al ambiente sano.

De esta declaración constitucional de derechos resulta que solamente los tal llamados "derechos fundamentales" enumerados en el Capítulo 1 (art. 11 a 41) son los derechos constitucionales que se pueden proteger por medio de la *acción de tutela*, y los demás quedan excluidos de ella, y protegidos sólo por los medios judiciales ordinarios.

Por otro lado, el art. 85 de la constitución también indica que entre estos "derechos fundamentales", los de "inmediata aplicación" son los protegidos por la acción de *tutela*. La lista también se refiere a los derechos civiles y políticos, y entre los derechos sociales, incluye la libertad de enseñanza. Otros derechos consagrados en otros artículos de la Constitución también se califican como derechos fundamentales, como los "derechos fundamentales" de los niños, enumerados en el art. 44 sobre la vida, la integridad física, la salud y la seguridad social.

Aparte de estos derechos constitucionales expresamente declarados como "derechos fundamentales", los demás derechos constitucionales no tienen protección constitucional por medio de la acción de *tutela* y serán protegidos por medio del proceso judicial ordinario.

No obstante esta norma limitante, incluso si un derecho no está expresamente señalado en la Constitución como "fundamental", la Corte Constitucional de Colombia, como supremo intérprete de la constitución, ha reconocido tal carácter a otros derechos, extendiendo la protección de la *tutela* a derechos no definidos como "fundamentales", pero considerados interdependientes con otros que tienen tal naturaleza, como el derecho a la vida.

Con respecto a esto, en una de sus primeras sentencias (n° T-02 del 8 de mayo de 1992) emitida en un caso sobre derechos educativos, la Corte Constitucional sentenció que el criterio principal para identificar "derechos fundamentales" es "determinar si son o no derechos esenciales de los seres humanos", tarea que siempre debe realizar el juez de *tutela*, quien debe comenzar su sentencia analizando los primeros noventa y cuatro artículos de la constitución, y si es necesario, aplicando la cláusula abierta sobre derechos humanos inherentes a las personas humanas.

Estos artículos, interpretados por la Corte Constitucional a la luz de la Convención Inter-Americana de Derechos Humanos, permiten a la Corte inferir lo que se pueden considerar derechos inalienables, inherentes y esenciales de los seres humanos, lo que hace que, de hecho, la lista de "derechos fundamentales" del Capítulo 1 del Título II de la constitución no sea exhaustiva de los "derechos fundamentales" y no excluya otros derechos de la posibilidad de ser considerados fundamentales y objetos de litigio por medio de la acción de *tutela*.[798]

Con la finalidad de identificar esos derechos fundamentales, la Corte Constitucional también ha aplicado el principio de "conexión" entre los derechos constitu-

---

798 Véase, sentencia T-02 del 8 de mayo de 1992, en Manuel José Cepeda, *Derecho Constitucional Jurisprudencial. Las grandes decisiones de la Corte Constitucional*, Legis, Bogotá, 2001, pp. 49–54.

cionales, en particular sobre los derechos económicos, culturales y sociales, sentenciando que es posible aceptar la acción de *tutela* con respecto a esos derechos en casos en los que también haya ocurrido la violación de un derecho fundamental.

Por ejemplo, en la sentencia N° T-406 del 5 de junio de 1992, la Corte admitió una acción de *tutela* presentada en el caso de una inundación de un drenaje público, por la que el accionante reclamó la reivindicación del derecho a la salud pública, el derecho a un ambiente sano y a la salud de la población en general. Aunque la acción fue rechazada por el tribunal inferior al considerar que no estaban involucrados los derechos fundamentales, la Corte Constitucional la admitió al considerar que el derecho a un sistema de drenaje, en circunstancias en las que evidentemente quedaban afectados los derechos constitucionales fundamentales, tales como la dignidad humana, el derecho a la vida, o los derechos de los discapacitados, debía considerarse objeto de litigio por medio de la *tutela*.[799]

A través de este principio interpretativo de la conexión con los derechos fundamentales, de hecho los tribunales colombianos protegen casi todos los derechos constitucionales, incluso aquellos no enumerados como derechos fundamentales.

3. *La cuestión de la protección de los derechos en situaciones de emergencia*

Otra cuestión que debe mencionarse sobre la situación de los derechos constitucionales como objeto de litigio por medio de la acción de amparo es el alcance y extensión de tal protección constitucional y la admisibilidad de las acciones de amparo en situaciones de emergencia.

Por ejemplo, la cuestión se discutió y además quedó regulada en el artículo 6.7 de la Ley Orgánica de Amparo de Venezuela de 1988, al establecer que la acción de amparo era inadmisible "en caso de suspensión de los derechos y garantías" cuando, en casos de conflicto interno o externo, se declarase una situación de emergencia. Esta disposición fue, por supuesto, tácitamente derogada debido al rango prevalente de la Convención Inter-Americana de Derechos Humanos, respecto de las leyes internas (art. 23 de la Constitución de 1.999) que, al contrario, dispone que, incluso en casos de emergencia, las garantías judiciales de los derechos constitucionales no se pueden suspender.

En este sentido, la normativa prevalente en América Latina es que las acciones de amparo y habeas corpus siempre se pueden presentar, incluso en situaciones de excepción, como por ejemplo se declara expresamente en el artículo 1 del decreto que regula la acción de *tutela* en Colombia. Con respecto al habeas corpus, de modo similar, el artículo 62 de la Ley de Amparo nicaragüense establece que en caso de suspensión de las garantías constitucionales de libertad personal, el recurso de exhibición personal se mantendrá en vigor. El Código Procesal Constitucional peruano también establece el principio que durante los regímenes de emergencia, no se suspenderán los procesos de amparo y habeas corpus, así como los demás procesos constitucionales.[800]

---

799 Véase sentencia T-406 del 5 de junio de 1992, en *Idem*, pp. 55–63.

800 Según el artículo 23 del Código, cuando los recursos se presentan con respecto a los derechos suspendidos, el tribunal debe examinar la razonabilidad y proporcionalidad del acto restrictivo, siguiendo estos criterios: 1) Si la demanda se refiere a derechos constitucionales no suspendidos; 2) Si se refiere a los derechos suspendidos, no teniendo el fundamento del acto res-

En el caso de Argentina, con respecto a la garantía de habeas corpus, la Ley de Habeas Corpus establece que en el caso de un estado de sitio cuando se restringe la libertad personal, es admisible el proceso de habeas corpus cuando se dirige a probar, en un caso particular: 1) la legitimidad de la declaración del estado de sitio; 2) la relación entre la orden de privación de libertad y la situación que origina la declaración del estado de sitio; y 3) el ilegítimo empeoramiento de las condiciones de detención.

El asunto lo resolvió definitivamente en octubre de 1986 la Corte Interamericana de Derechos Humanos por medio de una Opinión Consultiva que requirió la Comisión Inter-Americana para la interpretación de los artículos 25, 1 y 7, 6 de la Convención Inter-Americana de Derechos Humanos, con el fin de determinar si el decreto de habeas corpus era una de las garantías judiciales que, según la última cláusula del artículo 27, 2 de esa Convención, no podía ser suspendida por un estado parte de la convención[801].

En su Opinión Consultiva *OC-8/87* del 30 de enero de 1987 (Habeas Corpus en Situaciones de Emergencia), la Corte Interamericana de Derechos Humanos declaró que si bien es cierto que "en condiciones de grave emergencia es lícito suspender temporalmente ciertos derechos y libertades cuyo ejercicio pleno, en condiciones de normalidad, debe ser respetado y garantizado por el Estado ..." es imperativo que "las garantías judiciales esenciales para (su) protección permanezcan vigentes (art. 27, 2)";[802] añadiendo que estos medios judiciales que "deben considerarse como indispensables, a los efectos del artículo 27.2, [son] aquellos procedimientos judiciales que ordinariamente son idóneos para garantizar la plenitud del ejercicio de los derechos y libertades a que se refiere dicho artículo y cuya supresión o limitación pondría en peligro esa plenitud" (Parr. 29).

También en 1986, el Gobierno de Uruguay solicitó una Opinión Consultiva a la Corte Interamericana de Derechos Humanos sobre el alcance de la prohibición de suspensión de las garantías judiciales esenciales para la protección de los derechos mencionados en el artículo 27, 2 de la Convención Inter-Americana; esto resultó en la *Opinión Consultiva OC-9/87* del 6 de octubre de 1987 (Garantías Judiciales en

---

trictivo del derecho una relación directa con los motives que justifican la declaración del estado de emergencia; 3) Si se refiere a los derechos suspendidos, y el acto restrictivo del derecho es evidentemente innecesario o injustificado teniendo en cuenta la conducta del agraviado o la situación de hecho evaluada brevemente por el juez.

801 El artículo 27 de la convención autoriza a los estados, en tiempo de guerra, peligro público u otra emergencia que amenace la independencia o seguridad de un estado-parte, a tomar medidas que deroguen sus obligaciones según la convención, pero con la declaración expresa que eso no autoriza ninguna suspensión de los siguientes artículos: art. 3 (Derecho a la Personalidad Jurídica), art. 4 (Derecho a la Vida), art. 5 (Derecho al Trato Humanitario), art. 6 (Libertad de la Esclavitud), art. 9 (Irretroactividad de las Leyes), art. 12 (Libertad de Conciencia y de Religión), art. 17 (Derechos de la Familia), art. 18 (Derecho al Nombre), art. 19 (Derechos del Niño), art. 20 (Derecho a la Nacionalidad), y art. 23 (Derecho a Participar en el Gobierno) o de las garantías jurídicas esenciales para la protección de esos derechos.

802 Opinión Consultiva OC-8/87 del 30 de enero de 1987, Habeas corpus en situaciones de emergencia, Parágrafo 27. v. en Sergio García Ramírez (Coord.), *La Jurisprudencia de la Corte Interamericana de Derechos Humanos,* Universidad Nacional Autónoma de México, Corte Interamericana de Derechos Humanos, México, 2001, pp. 1.008 ss.

Estados de Emergencia), en la que la Corte, siguiendo su ya citada *Opinión Consultiva OC-8/97*, acordaba que "la declaración de un estado de emergencia... no puede conllevar la supresión o inefectividad de las garantías judiciales que la Convención requiere de los Estados Miembros para establecer la protección de los derechos no sujetos a derogación o suspensión por el estado de emergencia", concluyendo que "es violatoria de la Convención toda disposición adoptada por virtud del estado de emergencia, que redunde en la supresión de esas garantías." [803]

La Corte Interamericana también indicó que las garantías judiciales "indispensables" que no están sujetas a suspensión, incluyen "aquellos procedimientos judiciales, inherentes a la forma democrática representativa de gobierno (art. 29.c), previstos en el derecho interno de los Estados Partes como idóneos para garantizar la plenitud del ejercicio de los derechos a que se refiere el artículo 27.2 de la Convención y cuya supresión o limitación comporte la indefensión de tales derechos", y que "las mencionadas garantías judiciales deben ejercitarse dentro del marco y según los principios del debido proceso legal, recogidos por el artículo 8 de la Convención" (Párr. 41, 2 y 41, 3).

### 4. *El tema de la protección constitucional de los derechos sociales*

La cuestión más importante en materia de control judicial de los derechos constitucionales en América Latina, mediante el ejercicio de las acciones de amparo, es la relativa a la protección de los derechos económicos, sociales y culturales. En algunos países, muchos de esos derechos no están declarados en las Constituciones, careciendo, por consiguiente, de protección judicial constitucional al no tener rango constitucional. En otros países, como es el caso de Colombia y Chile, muchos de esos derechos sociales no se consideran "derechos fundamentales", los cuales son, en general, los únicos que se pueden proteger mediante las acciones de *tutela* y de protección.

No obstante, incluso en países que no establecen distinción alguna respecto de los derechos protegidos, la cuestión del control jurisdiccional de esos derechos económicos, sociales y culturales sigue siendo un punto importante, particularmente porque en algunos casos se requiere algún tipo de legislación adicional para su plena viabilidad.

Estos derechos, en particular los sociales, generalmente implican la obligación del estado de proveer o prestar servicios o cumplir actividades, para lo cual el gasto público debe disponerse respecto de cada servicio, dependiendo de las decisiones políticas del gobierno. Por tanto, se ha planteado que las disposiciones que establecen tales derechos solo se pueden aplicar después que el Congreso sancione la legislación que disponga el alcance de su disfrute (así como también las obligaciones del Estado) y después que el Poder Ejecutivo adopte políticas públicas específicas. Sin

---

803 Opinión Consultiva OC-9/87 del 6 de octubre de 1987, Garantías Judiciales en Estados de Emergencia, Parágrafos 25, 26. La conclusión de la corte fue entonces que deben considerarse como las garantías judiciales indispensables no susceptibles de suspensión, según lo establecido en el artículo 27.2 de la Convención, el hábeas corpus (art. 7.6), el amparo, o cualquier otro recurso efectivo ante los jueces o tribunales competentes ( art. 25.1 ), destinado a garantizar el respeto a los derechos y libertades cuya suspensión no está autorizada por la misma Convención. (parágrafo 41, 1). *Idem*, pp. 1.019 ss.

embargo, tal método ha sido cuestionado, en particular con base en el principio de la conexión que existe entre los derechos sociales y los civiles, que implican la necesidad de considerar nuevos principios derivados del concepto de Estado Social y del funcionamiento del Estado de Interés Social.

Por ejemplo, a este respecto, la Corte Constitucional colombiana en su sentencia N° T-406 del 5 de junio de 1.992, estableció el principio que esos derechos tienen su razón de ser en el hecho que su satisfacción mínima es una condición indispensable para el disfrute de los derechos civiles y políticos que "sin el respeto de la dignidad humana en cuanto a sus condiciones materiales de existencia, toda pretensión de efectividad de los derechos clásicos de libertad e igualdad formal consagrados en el capítulo primero del título segundo de la Carta, se reducirá a un mero e inocuo formalismo". Por eso, la Corte Constitucional consideró que "la intervención judicial en el caso de un derecho económico social o cultural es necesaria cuando ella sea indispensable para hacer respetar un principio constitucional o un derecho fundamental". En consecuencia, según la Corte Constitucional, el ejercicio de los derechos sociales, económicos y culturales no se puede limitar a la relación política entre el constituyente y el legislador, en el sentido que la eficacia de la Constitución no puede estar sólo en manos del legislador. Al contrario, "la norma constitucional no tendría ningún valor y la validez de la voluntad constituyente quedaría supeditada a la voluntad legislativa."[804]

Sin embargo, basándose en estos argumentos, la Corte Constitucional de Colombia concluyó su sentencia diciendo que debido al hecho que "la aplicación de los derechos económicos sociales y culturales plantea un problema no de generación de recursos sino de asignación de recursos y por lo tanto se trata de un problema político [...] la aceptación de la tutela para los derechos en cuestión, sólo cabe en aquellos casos en los cuales exista violación de un derecho fundamental."[805]

A partir de esta sentencia, el principio de la "conexión" entre los derechos sociales y los derechos fundamentales con respecto a su control jurisdiccional, desarrollado en otros países como México (derecho a la vida) y los Estados Unidos (no discriminación), también se ha aplicado en Colombia.

En consecuencia, cuando no exista tal conexión entre un derecho fundamental y uno social, éste último no puede ser protegido, por sí mismo, mediante una acción de *tutela* como, por ejemplo, fue el caso del derecho constitucional a tener una vivienda o habitación digna, con respecto al cual, la misma Corte Constitucional colombiana decidió que, en tal caso, "al igual que otros derechos de contenido social, económico o cultural, no otorga a la persona un derecho subjetivo para exigir del Estado en una forma directa e inmediata su plena satisfacción."[806]

Estos problemas relativos a las condiciones políticas necesarias para la efectividad de algunos derechos sociales, económicos y culturales ha sido la base de la discusión, en derecho constitucional contemporáneo, no acerca de si esos derechos

---

804 Véase Sentencia T-406 del 5 de junio de 1992 en Manuel José Cepeda, *Derecho Constitucional Jurisprudencial. Las grandes decisiones de la Corte Constitucional*, Legis, Bogotá, 2001, p. 61.

805 *Idem*, p. 61.

806 Véase sentencia T-251 del 5 de junio de 1995, *Idem*, p. 486.

(como la educación, la salud, la seguridad social o la vivienda) tienen o no rango constitucional sino acerca de si pueden ser objeto de protección judicial constitucional, es decir, acerca de la posibilidad de exigir su cumplimiento mediante acciones judiciales contra el estado.

5. *Los avances en materia de protección del derecho constitucional a la salud*

La discusión en torno a la protección de los derechos sociales se ha presentado particularmente en relación con el derecho de la colectividad a la salud, el cual está consagrado en la totalidad de las Constituciones, aún cuando enunciado en forma diferente.

En efecto, algunas Constituciones se refieren a la salud como un bien público, como es el caso de El Salvador (art. 65) y Guatemala (art. 95), donde se dispone que el Estado y las personas individuales tienen el deber de atender a su cuidado y recuperación. En contraste, en otras Constituciones como las de Bolivia (art. 7, a), Brasil (arts. 6 y 196), Ecuador (art. 46), Nicaragua (art. 59) y Venezuela (art. 84), se dispone del "derecho a la salud" como un derecho constitucional e incluso como derecho constitucional "fundamental" (Venezuela, art. 83), que corresponde por igual a todos, como también se expresa en la Constitución de Nicaragua (art. 59). Este principio de igualdad se reafirma en la Constitución de Guatemala al disponer que "El goce de la salud es derecho fundamental del ser humano, sin discriminación alguna." (art. 93). En otras Constituciones, el derecho a la salud deriva del reconocimiento del rango constitucional del Pacto Internacional de Derechos Económicos, Sociales y Culturales, como es el caso de Argentina (art. 75).

Ahora bien, con esta fórmula constitucional del "derecho a la salud", lo que las constituciones han establecido es un derecho constitucional a que todos reciban protección a su salud por parte del Estado, el cual a su vez tiene la obligación, junto con toda la sociedad, de procurar el mantenimiento y la recuperación de la salud de las personas.

Es por eso que otras constituciones latinoamericanas, en lugar de disponer el "derecho a la salud", establecen de modo más preciso el derecho de las personas a "la protección de la salud", como se establece en Honduras (art. 145), Chile (art. 19, 9), México (art. 4), Perú (art. 7), y Colombia (art. 49). Esto implica, en términos generales, como se dispone en la Constitución de Panamá, que es un "derecho a la promoción, protección, conservación, restitución y rehabilitación de la salud y la obligación de conservarla, entendida ésta como el completo bienestar físico, mental y social" (art. 109). Este derecho, también declarado en la Constitución de Paraguay, implica la obligación del Estado que "protegerá y promoverá la salud como derecho fundamental de la persona y en interés de la comunidad." (art. 68).

En consecuencia, este derecho a la salud, en el sentido de un derecho a ser protegido por el Estado, eventualmente implica el derecho de todos a tener igual acceso a los servicios públicos establecidos para cuidar de la salud del pueblo, como lo establece la Constitución de Chile, que dispone que "El Estado protege el libre e igualitario acceso a las acciones de promoción, protección y recuperación de la salud y de rehabilitación del individuo." (art. 19, 9).

Para garantizar el acceso a los servicios de salud, las Constituciones latinoamericanas establecen diferentes enunciados. Por ejemplo, la Constitución de El Salvador declara que el Estado debe dar "asistencia gratuita a los enfermos que carezcan de recursos, y a los habitantes en general, cuando el tratamiento constituya un medio eficaz para prevenir la diseminación de una enfermedad transmisible." (art. 66). La Constitución de Uruguay establece que "El Estado proporcionará gratuitamente los medios de prevención y de asistencia tan sólo a los indigentes o carentes de recursos suficientes." (art. 44); y en Panamá, la Constitución establece que "Estos servicios de salud y medicamentos serán proporcionados gratuitamente a quienes carezcan de recursos económicos." (art. 110.5). Por su parte en la Constitución de Paraguay se dispone que "Nadie será privado de asistencia pública para prevenir o tratar enfermedades, pestes o plagas, y de socorro en los casos de catástrofes y de accidentes." (art. 68).

En otros casos, las Constituciones sólo expresan principios generales que se refieren a las normativas que deben establecerse por la ley. Éste es el caso de la Constitución colombiana (art. 49), que dispone que el legislador "señalará los términos en los cuales la atención básica para todos los habitantes será gratuita y obligatoria."; y éste es también el caso de la Constitución mexicana, que indica que "la ley definirá las bases y modalidades para el acceso a los servicios de salud" (art. 4).

Para todas estas disposiciones constitucionales, además de los deberes de solidaridad general que se imponen a todos para procurar condiciones sostenidas de salubridad, también se imponen una serie de obligaciones al Estado y a las entidades públicas, que eventualmente son las que determinan el alcance de su control jurisdiccional.

Por ejemplo, la constitución panameña establece que "Es función esencial del Estado velar por la salud de la población de la República." (art. 109); y la Constitución de Guatemala establece como obligación del Estado "la salud y la asistencia social de todos los habitantes" y el "desarrollo" a través de sus instituciones de "acciones de prevención, promoción, recuperación, rehabilitación, coordinación y las complementarias pertinentes a fin de procurarles el más completo bienestar físico, mental y social." (art. 94). La Constitución venezolana, después de declarar la salud como derecho fundamental, también dispone, como obligación del Estado, la garantía a la salud como parte del derecho a la vida (art. 83); y la Constitución hondureña establece que "el Estado conservará el medio ambiente adecuado para proteger la salud de las personas." (art. 145).

En este asunto de las obligaciones del Estado con respecto a la salud, otras Constituciones contienen previsiones más detalladas, como es el caso, por ejemplo, de Panamá (art. 106) y Bolivia (art. 158, 1) con respecto a las políticas generales asignadas al Estado. La Constitución de Ecuador de 2008 en esta orientación dispuso en su artículo 32:

> "La salud es un derecho que garantiza el Estado, cuya realización se vincula al ejercicio de otros derechos, entre ellos el derecho al agua, la alimentación, la educación, la cultura física, el trabajo, la seguridad social, los ambientes sanos y otros que sustentan el buen vivir. El Estado garantizará este derecho mediante políticas económicas, sociales, culturales, educativas y ambientales; y el acceso permanente, oportuno y sin exclusión a programas, acciones y servicios de promoción y atención integral de salud, salud sexual y salud reproductiva. La prestación de los servicios de salud se regirá por los principios de equidad, universalidad, solidaridad, interculturalidad, calidad, eficiencia, eficacia, precaución y bioética, con enfoque de género y generacional."

En la misma orientación, la Constitución de Perú determina que "el Estado determina la política nacional de salud" (art. 9), y la Constitución de El Salvador prescribe que "El Estado determinará la política nacional de salud y controlará y supervisará su aplicación" (art. 65). En Nicaragua, la Constitución determina que el Estado debe establecer "las condiciones básicas para su promoción, protección, recuperación y rehabilitación. Corresponde al Estado dirigir y organizar los programas, servicios y acciones de salud y promover la participación popular en defensa de la misma" (art. 59). En Brasil, el Estado tiene el deber constitucional de garantizar la salud como derecho de todos "mediante políticas sociales y económicas que tiendan a la reducción del riesgo de enfermedad y de otros riesgos y al acceso universal e igualitario a las acciones y servicios para su promoción, protección y recuperación" (art. 196).

La consecuencia general de todas estas disposiciones constitucionales, que establecen la obligación del estado de prestar servicios de salud por el derecho constitucional de las personas a que se proteja la misma, es que tales obligaciones siempre se materializan en el establecimiento de servicios de salud para las personas. Esto está expresamente dispuesto en la constitución colombiana al declarar que "la atención de la salud y el saneamiento ambiental son servicios públicos a cargo del Estado" (art. 49) y en la constitución boliviana que establece que "el servicio y la asistencia sociales son funciones del Estado" y que las normas relativas a la salud pública son "de carácter coercitivo y obligatorio" (art. 164).

En todos estos casos, la consecuencia de una disposición constitucional que establezca la obligación del estado de prestar un servicio público para cuidar la salud personal es la existencia de un derecho constitucional a utilizar tal servicio, lo que en consecuencia implica su justiciabilidad, es decir que, en principio, pueden ser reclamados judicialmente y opuestos frente al Estado. El tema, sin embargo, no ha tenido un tratamiento igual en América Latina.

La protección judicial del derecho a la salud, en efecto, depende del modo como las normas específicas han sido establecidas en la Constitución y en las leyes de la materia. Por ejemplo, sólo en casos excepcionales se dispone expresamente la protección judicial del derecho a la salud, como es el caso de Perú, donde el Código Procesal Constitucional expresamente establece que el recurso de amparo puede intentarse para la protección del derecho "a la salud" (art. 37, 24). En el caso de Chile, la constitución sólo se refiere al recurso con miras a la protección del "derecho a elegir el sistema de salud" (art. 19, 9).

Aparte de estas dos disposiciones, no existen en Latinoamérica normas constitucionales o legales expresas respecto al proceso de amparo para exigir el derecho a la salud, lo que por supuesto no excluye la posibilidad de tal protección judicial, como resulta de la jurisprudencia sentada en la materia por los tribunales constitucionales, como ha sucedido por ejemplo en Argentina, Perú, Colombia, Costa Rica, Chile y Venezuela. En esta materia, varias tendencias se pueden distinguir, con carácter progresivo. Una primera tendencia sería, la protección de la salud como derecho colectivo, basada en el interés colectivo. Una segunda tendencia resulta de la protección del derecho a la salud en casos concretos, en relación con el derecho a la vida y cuando una relación legal particular se ha establecido o existe entre el accionante y la entidad pública que actúa en calidad de parte demandada, como la que se deriva de los programas de Seguridad Social a los que contribuye el individuo. En este caso, debido a la íntima "conexión" con otros derechos fundamentales, como el derecho a la vida, los tribunales han rechazado también el carácter "programático" atribuido al derecho a la salud. Y una tercera tendencia sería la protección judicial limitada del derecho a la salud, sujeta a la política estatal vigente al respecto, en particular con respecto a la distribución y disponibilidad de fondos públicos.

### A. *La protección del derecho a la salud como derecho colectivo*

La primera tendencia de la protección constitucional del derecho a la salud se basa en su consideración como un derecho colectivo, como se establece en el Pacto Internacional de Derechos Económicos, Sociales y Culturales, cuyo art. 12,1 dispone que los Estados Partes "reconocen el derecho de toda persona al disfrute del más alto nivel posible de salud física y mental" y en consecuencia, según el art. 12, 2, c, se prescribe que los pasos que deben seguir los Estados Partes para lograr la plena realización de este derecho incluyen los necesarios para "la prevención y el tratamiento de las enfermedades epidémicas, endémicas, profesionales y de otra índole, y la lucha contra ellas".

En Argentina, la Constitución (art. 75, 22) ha dado rango constitucional al Pacto Internacional y, en consecuencia, el derecho colectivo a la salud ha sido aplicado por los tribunales. Éste fue el caso de una acción de amparo decidida por la Cámara Nacional de Apelaciones en lo Contencioso-Administrativo Federal, el 2 de junio de 1998 (*Viceconte, Mariela c. Estado Nacional (Ministerio de Salud y Ministerio de Economía de la Nación) s/ caso Acción de Amparo*), que fue intentado como una acción colectiva de amparo por Mariela Viceconte para obligar al Estado a producir la vacuna *Candid 1*, basada en su propio derecho a la salud y el de otros millones de personas expuestas al contagio con "Fiebre Hemorrágica Argentina".

La accionante alegó específicamente la violación de la obligación de prevenir, tratar y combatir enfermedades epidémicas y endémicas, según el artículo 12, 2, c del Pacto Internacional de Derechos Económicos, Sociales y Culturales y la Cámara de Apelaciones concluyó que la omisión del estado en disponer la producción de la vacuna era una violación del derecho a la salud bajo ese artículo del Pacto. Por tanto, la Cámara sentenció que el estado tenía la obligación de fabricar la vacuna y le ordenó cumplir estrictamente y sin dilación con un cronograma previamente diseñado para tal propósito por el Ministerio de Salud. La Cámara también pidió al Defensor del Pueblo que supervisara ese cronograma.[807]

### B. *La protección del derecho a la salud en relación con el derecho a la vida y las obligaciones del Seguro Social*

La segunda tendencia de la protección judicial del derecho a la salud mediante la acción de amparo, se refiere a su protección en situaciones particulares derivada de las obligaciones específicas, por ejemplo del Seguro Social, con respecto a las personas aseguradas.

Por ejemplo, se puede mencionar la decisión de la Sala Constitucional del Tribunal Supremo de Justicia de Venezuela en sentencia N° 487 del 6 de abril de 2001

807 Véase la referencia en M. Claudia Caputi, "Reseña jurisprudencial. La tutela judicial de la salud y su reivindicación contra los entes estatales" en *Revista Iberoamericana de Estudios Autonómicos*, N° 2, Goberna & Derecho, Guayaquil, 2006, pp. 145–164.

(caso *Glenda López y otros vs. Instituto Venezolano de los Seguros Sociales*), por la que se protegió a una persona infectada con VIH/SIDA y quien había intentado una acción contra el Instituto de los Seguros Sociales, obligando a dicho instituto a suministrar atención médica al accionante, para lo cual el Tribunal consideró el derecho a la salud o a la protección de la salud como parte integral del derecho a la vida, establecido en la Constitución como derecho fundamental cuya satisfacción corresponde básicamente al Estado a través de acciones tendientes a elevar la calidad de la vida de los ciudadanos y al beneficio colectivo.[808]

Esta conexión entre el derecho a la salud y otros derechos fundamentales, tal como el derecho a la vida que se puede exigir de modo inmediato por medio del amparo, también es la tendencia seguida por los tribunales en Argentina, Colombia, Costa Rica y Perú.

En Colombia, como se dijo antes, la Constitución no incluye el derecho a la salud o a la protección de la salud en la lista de los "derechos fundamentales" que son los únicos protegidos por la acción de *tutela*. Sin embargo, la Corte Constitucional, para asegurar su protección judicial, ha aplicado el principio de la conexión del derecho a la salud con el derecho a la vida. Éste fue el caso en la sentencia N° T-484/92 del 11 de agosto de 1992, emitida al revisar una sentencia de *tutela* de un tribunal inferior, que había sido intentada contra el Instituto de los Seguros Sociales. El accionante en el caso, también contagiado de VIH/SIDA, argumentó que se había contagiado mientras estaba cubierto por el programa de Seguridad Social. El accionante obtuvo una decisión favorable del Juzgado de Primera Instancia que ordenó al Instituto continuar suministrando los servicios de salud que el accionante había estado recibiendo, y el Tribunal Constitucional, al revisar el caso, afirmó que "La salud es uno de aquellos bienes que por su carácter inherente a la existencia digna de los hombres, se encuentra protegido, especialmente en las personas que por su condición económica, "física" o mental, se hallen en circunstancias de debilidad manifiesta (C.N., art. 13)."

Al considerar el derecho a la salud como un derecho que "busca el aseguramiento del fundamental derecho a la vida (C.N., art. 11)," la Corte decidió que, debido a su naturaleza asistencial, "impone un tratamiento prioritario y preferencial por parte del poder público ... con miras a su protección efectiva."[809] La Corte, con respecto al caso específico del accionante contagiado con VIH/SIDA que recibió tratamiento de los servicios de salud del Instituto de Seguros Sociales, ratificó la decisión de *tutela* del juzgado inferior, teniendo en cuenta que, en el caso concreto, la protección del derecho a la salud era la condición para la protección de su derecho fundamental a la vida.

En un caso similar, la Sala Constitucional de la Corte Suprema de Justicia de Costa Rica, N° 2003-8377 del 8 de agosto de 2003,[810] al decidir un recurso de amparo presentado por el Defensor del Pueblo actuando por una menor agraviada (*Tania*

---

808 Véase en *Revista de Derecho Público*, N° 85–88, Editorial Jurídica Venezolana, Caracas 2001, pp. 139–141.

809 Archivo N° 2.130, caso *Alonso Muñoz Ceballos*. v. en el mismo sentido, Sentencia T-534 de 24 de setiembre de 1.992, en Manuel José Cepeda, *Derecho Constitucional Jurisprudencial. Las grandes decisiones de la Corte Constitucional*, Legis, Bogotá, 2001, pp. 461 ss.

810 Archivo 03-007020-0007-CO, caso *Tania González Valle*.

*González Valle*) contra la Caja Costarricense del Seguro Social por negarse al tratamiento solicitado para una enfermedad específica (conocida como Gaucher tipo 1), argumentó que tal negativa "lesiona el derecho a la vida y a la salud de la menor" quien requería la medicina prescrita para "mantener su vida." La Sala Constitucional, después de referirse al derecho a la vida protegido en decisiones previas que se basaban en la disposición de la constitución (art. 21) que establecen la inviolabilidad de la vida humana, concluyó derivando "el derecho a la salud que tiene todo ciudadano, siendo en definitiva al Estado a quien le corresponde velar por la salud pública... (N° 5130-94 de 17:33 horas el 7 de setiembre de 1994)". La Sala también se refirió a "la preponderancia de la vida y de la salud, como valores supremos de [la sociedad, los cuales son] de obligada tutela para el Estado, [estando presentes] no sólo en la Constitución Política, sino también en diversos instrumentos internacionales suscritos por el país."[811]

En consecuencia, debido a las responsabilidades del Estado derivada de estas disposiciones, al analizar la misión y funciones de la Caja Costarricense de Seguro Social, la Sala consideró, como había declarado en sentencia previa (N° 1997-05934 del 23 de septiembre de 1997), "que la denegatoria de la Caja Costarricense de Seguro Social a suministrar a los pacientes de Sida la terapia antirretroviral, lesionaba sus derechos fundamentales." Divergiendo de esta afirmación, al analizar el caso particular de la menor con enfermedad de Gaucher, la Sala determinó que no estaba recibiendo el tratamiento prescrito debido a los limitados recursos financieros de la Caja de Seguro Social y concluyó que, aunque el costo de las medicinas prescritas era sin duda oneroso, sin embargo, debido a las características excepcionalmente letales de la enfermedad y a la imposibilidad de sus padres de cubrir los costos de la prescripción, confirmaba el recurso y ordenaba a la Caja de Seguro Social a proveer de inmediato la medicación específica en las condiciones prescritas por su médico[812].

---

811 En particular, la sentencia hacía referencia al art. 3 de la Declaración Universal de los Derechos Humanos, art. 4 de la Convención Americana de Derechos Humanos, art. 1 de la Declaración Americana de Derechos y Deberes del Hombre, art. 6 del Pacto Internacional de Derechos Civiles y Políticos, art. 12 del Pacto Internacional de Derechos Económicos, Sociales y Culturales y los arts. 14 y 26 de la Convención de Derechos de los Niños (Ley N° 7.184 del 18 de julio de 1.990).

812 El Tribunal argumentó como sigue: "Este Tribunal es consciente de que los recursos económicos del sistema de seguridad social son escasos, sin embargo considera que el desafío principal que la Caja Costarricense de Seguro Social enfrenta en esta etapa de su desarrollo institucional, en el que se han logrado para Costa Rica estándares de calidad de vida y salud comparables a los de los países desarrollados, radica en optimizar el manejo de los recursos disponibles, disminuir costos administrativos, para que los recursos del sistema de seguro de salud sean invertidos eficientemente. La Sala aprecia que el medicamento prescrito a la amparada es ciertamente muy oneroso, sin embargo, en atención a las características excepcionales de la enfermedad que sufre, que es letal y dado que se ha descartado que sus padres tengan la posibilidad de colaborar en la adquisición de los medicamentos mediante estudios de trabajo social, con fundamento en los artículos 21 y 173 de la Constitución Política y 24 y 26 de la Convención de los Derechos del Niño procede declarar con lugar el recurso. La estimación del recurso implica que la Caja Costarricense de Seguro Social debe suministrar de inmediato a Tania González Valle el medicamento "Cerezyme" (Imuglucerase) en los térmi-

En Perú, el Tribunal Constitucional, en sentencia del 20 de abril de 2.004, también protegió el derecho a la salud al decidir un recurso extraordinario de revisión intentado contra una decisión de amparo pronunciada por la Corte Superior de Justicia de Lima. Este último había concedido parcialmente la protección del amparo intentada contra el estado peruano (Ministerio de Salud), ordenándole proveer al accionante, también una persona infectada con VIH/SIDA, "atención médica integral [...] la que deberá consistir en a) la provisión constante de medicamentos necesarios para el tratamiento del VIH/SIDA [...] y b) la realización de exámenes periódicos, así como las pruebas [..]. a solicitud del médico tratante".[813] El Tribunal Constitucional, refiriéndose a los derechos protegidos por medio de la acción de amparo, aún admitiendo que "el derecho a la salud no se encuentra contemplado entre los derechos fundamentales establecidos en el artículo 2° de la Constitución, sino más bien se lo reconoce en el capítulo de los derechos económicos y sociales"[814], concluyó –refiriéndose a la doctrina de la corte colombiana– que en "que cuando la vulneración del derecho a la salud compromete otros derechos fundamentales, como el derecho a la vida, la integridad física o el libre desarrollo de la personalidad, tal derecho adquiere carácter de derecho fundamental y, por tanto, su afectación merece protección vía la acción de amparo (STC N° T- 499 Corte Constitucional de Colombia)."[815]

También en Argentina, la Corte Suprema de la Nación, en sentencia del 12 de diciembre de 2.003 (caso *Asociación Esclerosis Múltiple de Salta*), reconoció la acción de amparo como el medio judicial más efectivo para ser ejercitado de modo inevitable "para la salvaguarda del derecho fundamental de la vida y de la salud."[816]

---

nos prescritos por su médico tratante." Archivo 03-007020-0007-CO, caso *Tania González Valle.*

813 Archivo N° 2945-2003-AA/TC, caso *Azanca Alhelí Meza García.*

814 Desde 2.004, el derecho a la salud está establecido en el Código Procesal Constitucional, como uno de los derechos expresamente protegidos por la acción de amparo (art. 37, 24).

815 Considerando la naturaleza de los derechos económicos y sociales, como es el caso del derecho a la salud, que siempre origina obligaciones estatales dirigidas a prestar asistencia social, el Tribunal Constitucional peruano en la misma sentencia alegaba que el derecho a la salud, así como todos los llamados "*prestacionales*" (que implica hacer una prestación de algo), como la seguridad social, la salud pública, la vivienda, la educación y otros servicios públicos, constituye una de "los fines sociales del Estado a través de los cuales el individuo puede lograr su plena autodeterminación." Las personas pueden entonces "exigir" el cumplimiento de las obligaciones del estado al "requerir que el Estado adopte las medidas adecuadas para el logro de fines sociales". Sin embargo, el Tribunal reconoció que "no en todos los casos los derechos sociales son por sí mismos jurídicamente sancionables, al ser necesario el soporte presupuestal para su ejecución." Archivo N° 2945-2003-AA/TC, caso Azanca Alhelí Meza García.

816 Véase Fallos: 326: 4931; y la referencia en M. Claudia Caputi, "Reseña jurisprudencial. La tutela judicial de la salud y su reivindicación contra los entes estatales," en la *Revista Iberoamericana de Estudios Autonómicos*, N° 2, Goberna & Derecho, Guayaquil, 2006, pp. 145–164.

### C. *La protección limitada del derecho a la salud y los recursos financieros del Estado*

La tercera tendencia referente a la protección de los derechos humanos es una restringida o limitada y en la cual el control jurisdiccional del derecho a la salud (también respecto al tratamiento del VIH/SIDA) se subordinó completamente a la disponibilidad real de recursos financieros suficientes; como fue el caso de algunas decisiones de los tribunales chilenos en 2000/2001.

En un caso, la acción de protección fue interpuesta contra el Ministerio de Salud por no prestar tratamiento médico a un grupo de pacientes con VIH/SIDA, argumentando que era una violación del derecho a la vida y al de igualdad ante la ley. El accionante exigía ser tratado con la misma terapia que se daba a otros pacientes con VIH/SIDA, que el Ministerio negaba argumentando que carecía de suficientes recursos económicos para atender a todos los pacientes con VIH/SIDA en Chile. El Tribunal de Apelaciones de Santiago determinó que la obligación del Ministerio de Sanidad, según la Ley que regula las disposiciones sobre salud (Ley nº 2763/1979), era la de proveer cuidados de salud según los recursos disponibles, y consideró que la explicación del Ministerio era razonable, y que existía un déficit de recursos económicos para proveer el mejor tratamiento disponible a los accionantes. La sentencia fue confirmada más adelante por la Corte Suprema[817].

En otro caso de 2.001, el mismo Ministerio de Salud fue demandado por las mismas razones por pacientes con VIH en condiciones más críticas y, aunque la Corte de Apelaciones de Santiago sentenció en favor de los accionantes y ordenó al ministerio que les proveyera inmediatamente con el mejor tratamiento disponible, la Corte Suprema revocó la sentencia, alegando que el ministerio había actuado conforme a la ley.[818]

## II. LA NECESARIA PROTECCIÓN CONSTITUCIONAL PARA TODAS LAS PERSONAS AGRAVIADAS

Las Constituciones declaran derechos fundamentales de las personas, respecto de las cuales, el reto de juez constitucional es garantizar su goce y ejercicio por ellas. Esto plantea el tema de la persona agraviada en los procedimientos de amparo, es decir, de las que pueden ser accionantes, quejosos, peticionarios. En principio, por supuesto, esa capacidad o la legitimación procesal corresponde a las personas titulares del derecho constitucional que ha sido violado, situación que le da particular interés para intentar la acción de protección ante el tribunal competente. Por eso, la acción de amparo se ha considerado en principio como una acción *in personam* por lo cual el accionante debe ser precisamente la persona agraviada. Por eso es que generalmente se considera que la acción de amparo en América latina, como sucede con las *injunctions* del sistema estadounidense, debe ser personalizada, en el sentido

817 Véase referencia en Javier A. Courso, "Judicialization of Chilean Politics" en Rachel Sieder, Line Schjolden y Alan Angeli (Ed.), *The Judicialization of Politics in Latin America*, Palgrave Macmillan, New York, 2005, pp. 119–120.

818 *Idem*, p. 120.

de que se atribuye a una persona particular la cual, por gozar del derecho lesionado, tiene un interés personal en el caso y su resultado.[819]

En este sentido, la Ley de Amparo nicaragüense prevé que sólo la parte agraviada puede intentar la acción de amparo, definiendo como tal a "toda persona natural o jurídica a quien perjudique o esté en inminente peligro de ser perjudicada por toda disposición, acto o resolución, y en general, toda acción u omisión de cualquier funcionario, autoridad o agente de los mismos" (art. 23).[820]

Esto plantea, por tanto diversas cuestiones respecto de quienes pueden ser parte agraviada o lesionada en un proceso de amparo, como las relativas a la legitimación activa o al derecho a actuar, las relativa a la calidad del accionante en el sentido de si tiene que ser sólo una persona física o ser humano, o una persona jurídica o puede ser una corporación, incluyendo las entidades de derecho público. Otros aspectos que se deben considerar son la posibilidad de que el Ministerio Público o los Defensores del Pueblo puedan intentar la acción de amparo.

### 1. *La persona agraviada y la cuestión de la legitimación activa*

En el juicio de amparo, como la acción tiene carácter personal, el accionante, como parte agraviada, en principio puede ser solamente el titular del derecho lesionado[821], es decir, la persona cuyos derechos constitucionales han sido agraviados o amenazados de agravio. Así, nadie puede intentar una acción de amparo alegando en nombre propio el derecho que pertenece a otro. Es por eso que la acción de amparo es una acción personal o "subjetiva" en el sentido que sólo puede intentarla ante los tribunales la parte agraviada, con un interés personal, legítimo y directo, que puede actuar *in personam* o a través de su representante.[822] Éste es el mismo principio que se aplica en la legitimación activa para procurar la medida de *injunction* estadounidense, que sólo se atribuye a la persona agraviada,[823] pues solo ella es la que puede intentar la acción.[824]

---

819 Véase Kevin Schroder *et al*, "Injunction," *Corpus Juris Secundum*, Thomson West, Vol. 43A, 2004; M. Glenn Abernathy and Barbara A. Perry, *Civil Liberties Under the Constitution*, University of South Carolina Press, 1993, p. 4.

820 En este mismo sentido, la Ley N° 437-06 que establecía el Recurso de Amparo de la República Dominicana disponía que "Cualquier persona física o moral, sin distinción de ninguna especie, tiene derecho a reclamar la protección de sus derechos individuales mediante la acción de amparo." (art. 2).

821 En este sentido el artículo 567 del Código Procesal Civil paraguayo establece que "[L]a acción de amparo será deducida por el titular del derecho lesionado o en peligro inminente de serlo".

822 Véase decisión de 27 de agosto de 1.993 (caso *Kenet E. Leal*) en *Revista de Derecho Público*, N° 55-56, Editorial Jurídica Venezolana, Caracas, 1993, p. 322; y decisión del Primer Tribunal de control jurisdiccional de acciones administrativas, del 18 de noviembre de 1993, en *Revista de Derecho Público*, N° 55–56, Editorial Jurídica Venezolana, Caracas, 1993, pp. 325–327.

823 Véase el caso *Alabama Power Co. v. Alabama Elec. Co-op., Inc.*, 394 F.2d 672 (5° Cir. 1968), en John Bourdeau et al., "Injunctions," en Kevin Schroder, John Glenn and Maureen Placilla (Ed.), *Corpus Juris Secundum*, Vol 43A, West 2004, p. 229.

824 Como se establece, por ejemplo, específicamente en Ecuador. v. Hernán Salgado Pesantes, *Manual de Justicia Constitucional Ecuatoriana*, Corporación Editora Nacional, Quito, 2004,

Aunque ésta es la regla general en América Latina, algunas leyes de amparo sin embargo, autorizan a personas distintas de las partes agraviadas o sus representantes a intentar la acción de amparo en su representación,[825] siendo entonces posible distinguir al respecto entre la *legitimatio* o legitimación activa *ad causam* y la *legitimatio* o legitimación activa *ad processum.*[826] La primera se refiere a la persona o entidad titular del derecho constitucional particular que se ha violado; y la segunda a la capacidad particular de las personas para actuar en el proceso (capacidad procesal), es decir, a la capacidad de comparecer ante el tribunal y utilizar los procesos adecuados para apoyar una demanda, que puede referirse a sus propios derechos o a los derechos de otros.

La legitimación activa *ad causam* corresponde en principio a cualquier persona cuyos derechos constitucionales han sido lesionados, o amenazados de ser lesionados, y que tenga derecho a procurar la protección de los tribunales por medio de la acción de amparo; bien sea por ser *personas naturales* o seres humanos (sin distinción entre ciudadanos, incapacitados o extranjeros) o una persona *jurídica* o moral.[827] En algunos casos, la legitimación activa también corresponde a grupos de personas o entidades colectivas aún sin "personalidad" jurídica formal atribuida por ley, como se ha admitido en Chile con respecto al recurso de protección.[828]

---

p. 81. En Costa Rica, aunque la Ley de la Jurisdicción Constitucional prevé que la acción puede intentarla cualquier persona (art. 33), la Sala Constitucional ha interpretado que se refiere a cualquier persona cuyos derechos constitucionales hayan sido agraviados (v. Decisión 93-90). Véase la referencia en Rubén Hernández Valle, *Derecho Procesal Constitucional,* Editorial Juricentro, San José, 2001, p. 234); y en caso de una acción de amparo presentada por una persona distinta de la parte agraviada, esta última debe aprobar la presentación para que continúe el proceso. De otro modo, faltaría la legitimación activa. v. Decisión 5086-94, en *Idem*, p. 235.

825 Artículo 567 Código de Procedimiento Civil, Paraguay.

826 Véase en general, Alí Joaquín Salgado, *Juicio de amparo y acción de inconstitucionalidad,* Astrea, Buenos Aires, 1987, pp. 81 ss.; Joaquín Brage Camazano, *La jurisdicción constitucional de la libertad,* Editorial Porrúa, México, 2005, pp. 162 ss.

827 La palabra "personas" en las leyes de amparo se usa para designar personas humanas o entidades reconocidas por la ley como sujetos de derechos y deberes, incluyendo corporaciones o compañías: Argentina (art. 5: "persona individual o jurídica"; República Dominicana (art. 2: "Cualquier persona física o moral"); Colombia (art. 1: "Toda persona"); Ecuador (art. 9.a: "cualquier persona"; El Salvador (art. 3 y 12: "Toda persona"); Guatemala (art. 8: "las personas"), Honduras (art. 41: "toda persona agraviada"; art. 44: "cualquier persona natural o jurídica"); México (art. 4: "la parte a quien perjudique la ley"); Panamá (art. 2615: "Toda persona"); Perú (art. 39: "El afectado es la persona legitimada"); Uruguay (art. 1: "cualquier persona física o jurídica, pública o privada"); Venezuela (art. 1: "Toda persona natural ... o persona jurídica"). En el Reglamento de Filipinas, la petición del amparo también está disponible a "cualquier persona" cuyo derecho a la vida, la libertad y la seguridad, haya sido violado" (Sec. 1).

828 La Constitución chilena, en materia de legitimación activa, se refiere a "el que" (quien), sin referirse a "personas" (art. 20). v. Juan Manuel Errázuriz y Jorge Miguel Otero A., *Aspectos procesales del recurso de protección,* Editorial Jurídica de Chile, Santiago, 1989, pp. 15, 50. v. el caso *RP, Federación Chilena de Hockey y Patinaje*, C. de Santiago, 1984, RDJ, T, LXXXI, N° 3, 2da. P., Secc. 5ta, p. 240. Sin embargo, en otras decisiones judiciales se ha sostenido el criterio contrario. v. la referencia en Sergio Lira Herrera, *El recurso de protec-*

A. *Las personas naturales: Legitimación activa ad causam y ad processum*

El principio general en las leyes de amparo en América latina es que todos los seres humanos, cuando sus derechos constitucionales son arbitraria o ilegítimamente agraviados o amenazados, tienen la necesaria legitimación para intentar la acción de amparo. En la expresión "personas" usada en tales leyes, están comprendidas todas las personas naturales sin distinción. La expresión, por supuesto, no equivale a "ciudadanos", que son aquellas personas que por nacimiento o por naturalización son miembros de la comunidad política representada por el estado. Sin embargo, estas personas, como ciudadanos, serían las únicas que tendrían la legitimación necesaria para la protección de ciertos derechos políticos, como el derecho al voto o a la participación en la política.

Por otro lado, en materia de amparo, los extranjeros tienen en principio el mismo derecho general que los nacionales y tienen la necesaria legitimación para ejercer el derecho al amparo. Sólo en México se encuentra una excepción respecto a las decisiones del Presidente de la República, dictadas según la constitución, para la expulsión de extranjeros, medida que se encuentra excluida del amparo.[829]

Excepto en este caso particular, el principio general en América Latina es que toda persona lesionada tiene la legitimación *ad causam* para intentar la acción de amparo. Por ello, en México la Suprema Corte en ejercicio del control de convencionalidad declaró contrario al artículo 25 de la Convención Americana el artículo 76 bis.II de la Ley de Amparo, el cual dejó de aplicarse, pues limitaba la protección que otorga solamente al reo excluyendo a la víctima.[830] Por ello, también, respecto de leyes que formalmente restringen la legitimación A este respecto, las leyes deben interpretarse en sentido amplio, como ocurre por ejemplo en la ley de amparo venezolana la cual aunque prevé en su primer artículo que la acción de amparo puede

---

*ción. Naturaleza jurídica. Doctrina. Jurisprudencia, Derecho Comparado*, Santiago, 1990, pp. 144–145.

829 Véase Eduardo Ferrer Mac-Gregor, La *acción constitucional de amparo en México y España*, Editorial Porrúa, México, 2002, p. 230.

830 Tesis 2ª CXXXVII/202 y J.26/2003, *Semanario Judicial de la Federación y su gaceta* 9ª. Época Tomo XVI, noviembre de 2002, p. 449 y Tomo XVIII, agosto de 2003, p.175; citadas por Alfonso Jaime Martínez Lazcano, "Control difuso de convencionalidad en México," en Boris Barrios González (Coordinador), *Temas de Derecho Procesal Constitucional Latinoamericano*, Memorias I Congreso panameño de Derecho Procesal Constitucional y III Congreso Internacional Proceso y Constitución, Panamá 2012, pp. 209.

intentarla "toda persona natural habitante de la República",[831] se entiende la expresión como referida a cualquier persona, incluso quienes no viven en el país.[832]

Los menores, por supuesto, también tienen legitimación *ad causam*, pero sólo están autorizados para intentar acciones de amparo para proteger sus derechos constitucionales a través de sus representantes (padres o tutores), quienes, en esos casos, tienen legitimación *ad processum*. Sólo excepcionalmente permite la ley mexicana que los menores actúen personalmente cuando sus representantes estén ausentes o impedidos.[833] En Colombia, cuando el representante de un menor está en situación de incapacidad para asumir su defensa, cualquiera puede actuar representando a la parte agraviada (art. 10).[834]

Excepto en aquellos casos en que los representantes de personas naturales incapaces sean llamados a actuar, la regla general de legitimación activa *ad processum* por tanto, respecto de las personas naturales, es que tienen la posibilidad de comparecer ante el tribunal como personas agraviadas en defensa de sus propios derechos. En consecuencia, como asunto de principio, ningún otro puede actuar judicialmente en nombre de la persona agraviada, excepto cuando un representante es nombrado legalmente o actúa con un poder notariado o carta de autorización (Paraguay, art. 567).

Sin embargo, una excepción general a esta regla se refiere a la acción de habeas corpus, en cuyo caso, como generalmente la persona agraviada está físicamente im-

---

831 Véase referencias en Allan R. Brewer-Carías, *Instituciones Políticas y Constitucionales*, Vol. V, El derecho y la acción de Amparo, Universidad Católica del Táchira, Editorial Jurídica Venezolana, San Cristóbal-Caracas, 1998, p. 319. La misma antigua Corte Suprema, en ejercicio de su potestad de control jurisdiccional difuso, declaró inconstitucional la referencia limitante del artículo 1 de la Ley al subrayar el carácter de "habitantes de la República", sentenciando en contrario, que cualquier persona, viva o no en la República, cuyos derechos sean agraviados en Venezuela, tiene suficiente legitimación para intentar la acción de amparo. v. Sentencia de 13 de diciembre de 1994, caso Jackroo Marine Limited. Véase la referencia en Rafael Chavero, El Nuevo Régimen del Amparo Constitucional en Venezuela, Caracas, 2001, pp. 98–99.

832 La misma antigua Corte Suprema, por el ejercicio de su potestad de control jurisdiccional difusa, declaró inconstitucional la referencia limitante del artículo 1 de la ley al subrayar el carácter de "habitantes de la República", sentenciando en contrario, que cualquier persona, viva o no en la República, cuyos derechos sean agraviados en Venezuela, tiene suficiente legitimación para intentar la acción de amparo. *V.* Sentencia de 13 de diciembre de 1994, caso *Jackroo Marine Limited*. Véase la referencia en Rafael Chavero, *El Nuevo Régimen del Amparo Constitucional en Venezuela*, Caracas, 2001, pp. 98–99.

833 Este es el caso de México, donde la Ley de Amparo prevé que un menor "podrá pedir amparo sin la intervención de su legítimo representante cuando éste se halle ausente o impedido" y añade que "el juez, sin perjuicio de dictar las providencias que sean urgentes, le nombrará un representante especial para que intervenga en el juicio." (art. 6).

834 Lo que el Legislador quiso asegurar en este caso fue la posibilidad de una efectiva protección de los derechos, por ejemplo, en casos de violencia física infligida por los padres con respecto a sus hijos, en cuyo caso un vecino es la persona que puede intervenir para intentar una acción de tutela. De otro modo, la acción protectora, en tales casos, no podría ser intentada, particularmente porque los padres son los representantes legales de sus hijos. Véase Juan Carlos Esguerra Portocarrero, *La protección constitucional del ciudadano*, Lexis, Bogotá, 2005, p. 122.

pedida de actuar personalmente por sufrir detención o libertad limitada, las leyes de amparo autorizan a cualquier persona a intentar la acción en representación suya.[835]

En el mismo sentido, algunas leyes de amparo, para garantizar la protección constitucional, también establecen la posibilidad que otras personas actúen representando a la parte agraviada e intenten la acción en su nombre. Puede ser cualquier abogado o familiar como se establece en Guatemala (art. 23), o cualquier persona como se establece en Paraguay (art. 567), Ecuador, Honduras, Uruguay[836] y Colombia, donde cualquiera puede actuar en nombre de la parte agraviada cuando esta última esté en situación de incapacidad para asumir su propia defensa (art. 10).[837] El mismo principio está establecido en el Código Procesal Constitucional de Perú.[838]

Otro aspecto que se debe notar sobre la legitimación activa es que algunas leyes de amparo latinoamericanas, en forma restrictiva, obligan al accionante a nombrar formalmente a un abogado que le asista como, por ejemplo, se indica en el Código Judicial panameño (art. 2.261).

B. *Personas Jurídicas: Legitimación activa ad causam y ad processum*

Aparte de las personas naturales, también las personas jurídicas gozan de los derechos constitucionales, por lo que tienen derecho a intentar acciones de amparo cuando los mismos han sido violados, de modo que las asociaciones, compañías, fundaciones o corporaciones también pueden intentar acciones de amparo,[839] por

---

835 Argentina (art. 5: cualquiera que lo represente); Bolivia (art. 89: cualquiera en su nombre); Guatemala (art. 85: cualquier otra persona); Honduras (art. 19: cualquier persona); México (art. 17: cualquier otra persona en su nombre); Nicaragua (art. 52: cualquier habitante de la República); Perú: (art. 26: cualquiera a su favor); Venezuela (art. 39: cualquiera que lo represente). En México, la ley impone en la parte agraviada la obligación de ratificar expresamente la interposición del recurso de amparo, al punto que si la queja no se ratifica, se reputará no presentada (art. 17).

836 En Ecuador, cualquier actor espontáneo que justifique la imposibilidad de la parte agraviada para hacerlo, puede intentar la acción en su nombre, que, sin embargo, debe ser ratificada en los tres días subsiguientes (art. 48). En Honduras, la Ley sobre Justicia Constitucional autoriza a cualquier persona actuar por la parte agraviada, sin necesidad de poder, en cuyo caso el artículo 44 prevé que prevalecerá el criterio de la parte agraviada (art. 44). En Uruguay (art. 3) la Ley Nº 16.011 sobre la Acción de Amparo prevé que en casos en los que la parte agraviada, por sí misma o por su representante, no pudiese intentar la acción, entonces cualquiera puede hacerlo por ella, sin perjuicio de la responsabilidad del agente si éste hubiese actuado con fraude, malicia o culpable ligereza (art. 4).

837 Véase Carlos Augusto Patiño Beltrán, *Acciones de tutela, cumplimiento, populares y de grupo*, Editorial Leyer, Bogotá, 2000, p. 10; y Juan Carlos Esguerra Portocarrero, *La protección constitucional del ciudadano*, Lexis, Bogotá, 2005, p. 122.

838 El artículo 41 del código establece: "Cualquier persona puede comparecer en nombre de quien no tiene representación procesal, cuando esta se encuentre imposibilitada para interponer la demanda por sí misma, sea por atentado concurrente contra la libertad individual, por razones de fundado temor o amenaza, por una situación de inminente peligro o por cualquier otra causa análoga. Una vez que el afectado se halle en posibilidad de hacerlo, deberá ratificar la demanda y la actividad procesal realizada por el procurador oficioso."

839 También es el caso de Colombia, donde la acción de tutela se estableció para la protección de los "derechos fundamentales" de aplicación inmediata, que incluyen los de las personas jurídicas, como el derecho de petición (art. 23), al debido proceso y a la defensa (art. 29) y a la

ejemplo, para proteger su derecho a la no discriminación, al debido proceso legal, a la defensa o a los derechos económicos o de propiedad, en cuyo caso, por supuesto, deben actuar a través de sus directores o representantes según sus estatutos (México, art. 8). Por ello, la jurisprudencia en Venezuela ha establecido que la acción de amparo no está restringida a proteger "derechos o garantías constitucionales a los derechos de las personas naturales," pues también las personas jurídicas son titulares de derechos fundamentales."[840]

En este contexto de la legitimación dada a las personas jurídicas para intentar acciones de amparo, el Código Procesal Civil paraguayo enumera particularmente a los partidos políticos con capacidad reconocida por las autoridades electorales; las entidades con personería gremial o profesional y las entidades con personería gremial o profesional; y las sociedades o asociaciones con fines no contrarios al bien común." (art. 568).

Una cuestión importante sobre la legitimación activa de las personas jurídicas para intentar acciones de amparo se refiere a la posibilidad de que las entidades de derecho público puedan hacerlo, es decir, a la capacidad de las entidades públicas de intentar acciones de amparo.

Históricamente, la acción de amparo, como medio judicial específico para la protección de derechos constitucionales, se concibió originalmente para la defensa de los individuos o personas naturales contra los funcionarios o entidades públicas; es decir, como una garantía para protegerse frente al Estado. Por eso, inicialmente, era inconcebible que una entidad pública intentara una acción de amparo contra otras entidades públicas o privadas. Sin embargo, ya que las entidades públicas pueden, como cualquier persona jurídica, ser titulares de derechos constitucionales, se admite en general que puedan intentar acciones de amparo para la protección de sus derechos. Esto es así expresamente en Argentina,[841] en Uruguay, donde está expresa-

---

revisión de decisiones judiciales (art. 31). En Ecuador, la legitimación activa de las personas jurídicas para intentar una acción de amparo fue negada por Marco Morales Tobar en "La acción de amparo y su procedimiento en el Ecuador," *Estudios Constitucionales. Revista del Centro de Estudios Constitucionales*, Año 1, N° 1, Universidad de Talca, Chile, 2003, pp. 281–282. Así también en la República Dominicana, donde el juicio de amparo fue admitido por la Suprema Corte, incluso sin disposición constitucional o legal, precisamente en un caso presentado ante la Corte por una compañía comercial (*Productos Avon S.A.*). v. por ejemplo, Juan de la Rosa, *El recurso de amparo, Estudio Comparativo*, Santo Domingo, 2001, p. 69.

840 Véase sentencia N° 1395 de 21 noviembre de 2000, caso *Estado Mérida y otros vs. Ministro de Finanzas*, en *Revista de Derecho Público*, N° 84, Editorial Jurídica Venezolana, Caracas, 2000, pp. 315 ss.

841 Véase José Luis Lazzarini, *El Juicio de Amparo*, Ed. La Ley, Buenos Aires, 1987, p. 238–240; 266. Entre los casos de amparo decididos en Argentina como consecuencia de las medidas económicas de emergencia adoptadas por el gobierno en 2001, que congelaron todos los depósitos en cuentas de ahorro y corrientes de todos los bancos y los convirtieron de dólares americanos a pesos devaluados argentinos, uno que se debe mencionar es el caso San Luis, sentenciado por la Corte Suprema el 5 de marzo de 2003, en el cual no sólo declaró la corte la inconstitucionalidad del Ejecutivo sino que en ese caso ordenó al "Banco Central o el Banco de la Nación Argentina le entreguen a la provincia dólares billetes de los plazos fijos que individualiza, o su equivalente en pesos según el valor de la moneda estadounidense en el mercado libre de cambios". El aspecto interesante del juicio fue su presentación por la Provincia de San Luis contra el Estado Nacional y el Banco Central de la Nación Argentina, es

mente regulado en la ley de amparo al referirse a la "persona física o jurídica, pública o privada" (art. 1) y en Venezuela.[842]

También en México se admite expresamente que las corporaciones públicas intenten acciones de amparo pero sólo con referencia a sus intereses patrimoniales lesionados (art. 9), lo que significa que de ninguna otra manera puede una entidad pública en México como, por ejemplo, un estado, una municipalidad o una corporación pública, intentar una acción de amparo, pues de otro modo resultaría en un conflicto entre las autoridades que no podría resolverse a través de esta acción judicial.[843]

Es en este mismo sentido, que en Perú, el Código Procesal Constitucional también expresamente declara la inadmisibilidad de la acción de amparo cuando se refiere a "conflictos entre entidades de derecho público interno", es decir, entre ramas del gobierno u órganos constitucionales o gobiernos locales o regionales que deban ser dirimidos mediante los procedimientos constitucionales establecidos en el código (art. 5,9).[844]

Esta misma discusión general sobre la posibilidad de ejercer la acción de amparo entre entidades públicas ha surgido en otros sistemas federales, en particular cuando se dirigen a proteger la garantía constitucional de autonomía y autogobierno políticos. En Alemania, por ejemplo, se admite que los municipios, o grupos de municipios, puedan intentar una querella constitucional ante el Tribunal Constitucional Federal alegando que su derecho a la autonomía o al autogobierno, garantizados en la constitución (art. 28-2), ha sido violado por una disposición legal federal.[845] Esta

---

decir, un Estado Federal (Provincia de San Luis) contra el Estado Nacional, para la protección de los derechos constitucionales a la propiedad del primero. v. comentarios en Antonio María Hernández, *Las emergencias y el orden constitucional*, Universidad Nacional Autónoma de México, Rubinzal-Culsoni Editores, México, 2003, pp. 119 ss.

842 La Sala Constitucional del Tribunal Supremo en decisión Nº 1395 de 21 de noviembre de 2.000, declaró que los "entes político-territoriales como los Estados o Municipios [pueden] acudir al amparo para defender los derechos o libertades de los que puedan ser titulares, como el derecho al debido proceso, o el derecho a la igualdad, o a la irretroactividad de la ley." Véase el Caso Estado Mérida et al. vs. Ministro de Finanzas, en *Revista de Derecho Público*, Nº 84, Editorial Jurídica Venezolana, Caracas, 2000, pp. 315 ss.

843 Véase Eduardo Ferrer Mac-Gregor, La *acción constitucional de amparo en México y España*, Editorial Porrúa, México, 2002, p. 244–245; Richard D. Baker, *Judicial Review in México*. A Study of the Amparo Suit, University Press of Texas, Austin, 1971 pp. 107–109.

844 El código sustituyó la disposición de la Ley 25.011 de Habeas Corpus y Amparo de 1982 que declaraba inadmisibles las acciones de amparo, pero cuando proceden "de las dependencias administrativas, incluyendo las empresas públicas, contra los Poderes del Estado y los organismos creados por la Constitución, por los actos efectuados en el ejercicio regular de sus funciones" (Ley 25011, art. 6,4). V. comentarios sobre esta disposición en la derogada Ley 25.011 en Víctor Julio Orcheto Villena, *Jurisdicción y procesos constitucionales*, Editorial Rhodas, Lima, p. 169.

845 En el caso de violaciones por una ley del länder, tal recurso se intentará ante el Tribunal Constitucional del länder respectivo (art. 93,1,4 de la Constitución). Una situación similar, aunque debatible, se encuentra en Austria con respecto al recurso constitucional. Sea cual fuese el caso, por supuesto, no se trataría de un amparo para la protección de derechos fun-

posibilidad fue rechazada en México pues, aunque los artículos 103, III y 107 de la Constitución establecen que la acción de amparo es admisible en casos de controversias que surgen por "leyes o actos de las autoridades de los estados o del distrito federal que invadan la esfera de competencia de la autoridad federal", se entienden sólo referidos a la protección de los derechos y garantías individuales y, de ninguna manera, dirigidos a establecer una acción de amparo para la protección de la autonomía constitucional de los Estados con respecto a las invasiones por el estado federal.[846]

En Venezuela, que también es un Estado organizado con forma federal, el asunto se ha discutido con referencia a la protección de los derechos de la autonomía política de los estados y municipios garantizada en la Constitución y respecto de la posibilidad de intentar una acción de amparo para su protección. Una acción intentada con tal propósito, por ejemplo, por los municipios, fue rechazada por la anterior Corte Suprema de Justicia, argumentando que las entidades político territoriales, como personas morales, no pueden intentar acciones de amparo sino sólo para la protección de derechos constitucionales en estricto sentido excluyendo de la protección las garantías constitucionales como la de la autonomía territorial.[847] Con argumentos similares, la Sala Constitucional del Tribunal Supremo de Justicia también rechazó en 2000 una acción de amparo interpuesta por un Estado de la federación contra el Ministerio de Finanzas ya que, según se alegaba, afectaba su autonomía financiera.[848]

Por otro lado, en sistemas como los de Brasil, donde el *mandado de segurança* sólo se puede intentar contra el estado y no contra personas individuales, se considera que el estado mismo o sus dependencias no pueden intentar el recurso.[849]

### C. *Legitimación activa y la protección de derechos constitucionales colectivos y difusos*

Como antes se dijo, la característica general del proceso de amparo es su carácter personal, en el sentido que puede sólo iniciarlo ante los tribunales competentes el titular de los derechos, su representante o una de las partes agraviadas.[850]

---

damentales, sino más bien de una garantía constitucional específica de la autonomía de entidades locales.

846 Véase referencia en Eduardo Ferrer Mac-Gregor, *La acción constitucional de amparo en México y España*, Editorial Porrúa, México, 2002, p. 246, nota 425.

847 Véase sentencia de 2 de octubre de 1997, en Rafael Chavero, *El nuevo régimen del amparo constitucional en Venezuela*, Caracas, 2001, pp. 122–123.

848 Véase sentencia N° 1395 de 21 de noviembre de 2000, Caso *Estado Mérida et al. v. Ministro de Finanzas*, en *Revista de Derecho Público*, N° 84, Editorial Jurídica Venezolana, Caracas, 2000, pp. 315 ss.

849 Véase Celso Agrícola Barbi, *Do mandado de Securança*, Editora Forense, Rio de Janeiro, 1993, pp. 68 ss.; José Luis Lazzarini, *El juicio de amparo*, Editorial La Ley, Buenos Aires, 1987, pp. 267–268.

850 Algunas legislaciones como la brasileña, respecto del mandado de securança establecen que en el caso de amenazas o violaciones de derechos relativos a algunas personas, cualquiera de ellas puede intentar la acción (art. 1,2). En Costa Rica también, respecto del derecho constitucional a rectificación y respuesta en caso de agravios, la Ley de la Jurisdicción Constitu-

Sin embargo, no todos los derechos constitucionales son individuales; y al contrario, algunos son colectivos por naturaleza, en el sentido que corresponden a grupos de personas más o menos definidos, de modo que su violación no sólo lesiona los derechos personales de cada uno de los individuos que los disfruta, sino también a todo el grupo de personas o colectividades a los que pertenecen esos individuos. En tales casos, entonces, la acción de amparo también puede intentarla el grupo o asociación de personas que representan a sus asociados, incluso aun cuando no tengan formalmente el carácter de "persona jurídica."[851]

En algunos casos, como en Venezuela, la Constitución establece expresamente como parte del derecho constitucional de todas las personas, el tener acceso a la justicia y el procurar la protección no sólo de los derechos personales sino también de los "colectivos" o "difusos" (art. 26). Los primeros han sido considerado como los referidos a un sector poblacional determinado (aunque no cuantificado) e identificable, conformado por un conjunto de personas como sería el caso grupos profesionales, grupos de vecinos o los gremios. En cuanto a los derechos difusos, son los que buscan aseguraren general un nivel de vida aceptable, de manera que al afectarlos se lesiona el nivel de vida de toda la comunidad o sociedad, como sucede con los daños al ambiente o a los consumidores.[852]

En esos casos, cualquier persona procesalmente capaz puede intentar la acción, para impedir el daño a la población o a sectores de ella a la cual pertenece. Lo mismo se aplica, por ejemplo, en los casos de la acción de amparo interpuesta para la protección de derechos electorales, en cuyo caso, cualquier ciudadano invocando los derechos generales de los votantes, puede intentar la acción,[853] admitiéndose incluso en estos casos de intereses difusos o colectivos que la legitimación activa la puedan

---

cional prevé que cuando los agraviados son más de una persona, cualquiera de ellas puede intentar la acción; y en los casos en los que los agraviados pueden ser identificados con un grupo o colectividad organizada, la legitimación para actuar debe ejercerla su representante autorizado (art. 67).

851 Es por eso que el Código Procesal Civil de Paraguay, por ejemplo, al definir la legitimación activa en materia de amparo, además de personas físicas o jurídicas, se refiere a partidos políticos debidamente registrados, entidades con personería gremial o profesional y sociedades o asociaciones que, sin investir el carácter de personas jurídicas, no contrarían, según sus estatutos, el bien público (art. 568). En Argentina, la Ley de Amparo también prevé la legitimación activa para intentar acciones de amparo a estas asociaciones que, sin ser formalmente personas jurídicas, pueden justificar, según sus propios estatutos, que no se oponen al bien público (art. 5).

852 Véase sentencia N° 656 de la Sala Constitucional, del 30 de junio de 2000, caso *Defensor del Pueblo vs. Comisión Legislativa Nacional,* citada en sentencia N° 379 del 26 de febrero de 2.003, caso *Mireya Ripanti et vs. Presidente de Petróleos de Venezuela S.A. (PDVSA)*, en *Revista de Derecho Público*, N° 93–96, Editorial Jurídica Venezolana, Caracas, 2003, pp. 152 ss.

853 En tales casos, la Sala incluso ha concedido medidas de precaución con efectos *erga omnes* "tanto para las personas naturales y organizaciones que han solicitado la protección de amparo constitucional como para todos los electores en su conjunto." Véase sentencia de la Sala Constitucional N° 483 del 29 de mayo de 2.000, caso *Queremos Elegir y otros*, en *Revista de Derecho Público*, N° 82, 2000, Editorial Jurídica Venezolana, pp. 489–491. En el mismo sentido, v. sentencia de la misma Sala N° 714 de 13 de julio de 2000, caso APRUM, en *Revista de Derecho Público*, N° 83, Editorial Jurídica Venezolana, Caracas, 2000, pp. 319 ss.

tener las asociaciones, sociedades, fundaciones, cámaras, sindicatos y demás entes colectivos, cuyo objeto sea la defensa de la sociedad,[854]

Estas acciones "colectivas" de amparo dirigidas a proteger derechos difusos,[855] particularmente en materia de ambiente, han sido incluidos expresamente en las Constituciones en América Latina, como es el caso en Argentina, donde la Constitución prevé que la acción de amparo puede intentarlo "el afectado, el defensor del pueblo y las asociaciones que propendan a esos fines, registradas conforme a la ley" (art. 43) contra cualquier forma de discriminación y en lo relativo a los derechos que protegen al ambiente, a la competencia, al usuario y al consumidor, así como a los derechos de incidencia colectiva en general.[856] En Perú, el artículo 40 de Código Procesal Constitucional también autoriza a intentar la acción de amparo a cualquier persona "cuando se trate de amenaza o violación del derecho al medio ambiente u otros derechos difusos que gocen de reconocimiento constitucional, así como las entidades sin fines de lucro cuyo objeto sea la defensa de los referidos derechos". De forma similar en Brasil, la Constitución estableció un *mandado de securança* llamado *colectivo*, dirigido a la protección de derechos difusos o colectivos y a ser intentado por los partidos políticos con representación en el Congreso Nacional, los sindicatos, las instituciones colectivas o las asociaciones legalmente establecidas en defensa de

---

854 Véase la referencia y comentarios en Rafael Chavero, *El nuevo régimen del amparo constitucional en Venezuela*, Caracas, 2001, pp. 110–114.

855 En la República Dominicana y antes de la aprobación de la Ley Nº 437-06 que establece el Recurso de Amparo en 2.006, cuando la Suprema Corte admitía la acción de amparo, los tribunales admitían que cualquier persona con capacidad legal e interés en el cumplimiento general de derechos humanos colectivos, tales como el derecho a la educación, podía intentar una acción de amparo si la materia no era sola y exclusivamente particular. v. Sentencia Nº 406-2 del 21 de junio de 2001, Juzgado de Primera Instancia de San Pedro Macoris. v. referencia en Miguel A. Valera Montero, *Hacia un Nuevo concepto de constitucionalismo*, Santo Domingo, 2006, pp. 388–389.

856 Cuatro acciones colectivas específicas resultaron de este artículo: amparo contra cualquier forma de discriminación; amparo para la protección del ambiente; amparo para la protección de la libre competencia, y amparo para la protección de los derechos del usuario y del consumidor. Por eso, respecto de la discriminación, el objeto de este amparo no es la discriminación respecto de un individuo en particular sino respecto de un grupo de personas entre los cuales existe un nexo o tendencia común que da origen a la discriminación. Véase Joaquín Brage Camazano, *La jurisdicción constitucional de la libertad*, Editorial Porrúa, México, 2005, pp. 94. Por otro lado, respecto a la protección del ambiente, se formaliza la tendencia que comenzó a consolidarse después de un caso de 1983 en el que se presentó un amparo para la protección del equilibrio ecológico para la protección de los delfines. La Corte Suprema aceptó en tal caso la posibilidad que cualquiera, individualmente o en representación de su familia, intentara una acción de amparo para la conservación del equilibrio ecológico debido al derecho de cualquier ser humano de proteger su hábitat. Véase Alí Joaquín Salgado, *Juicio de amparo y acción de inconstitucionalidad*, Astrea Buenos Aires, 1987, pp. 81–89. Sobre las asociaciones que pueden interponer demandas colectivas de amparo, la Corte Suprema de Argentina también ha considerado que no requieren registro formal. v. Sentencias 320:690, caso *Asociación Grandes Usuarios* y Sentencia 323:1339, caso *Asociación Benghalensis*. Véase las referencias en Joaquín Brage Camazano, *La jurisdicción constitucional de la libertad*, Editorial Porrúa, México, 2005, pp. 92–93.

los intereses de sus miembros y que deben haber estado funcionando al menos el año anterior (art. 5.69.2).[857]

En Ecuador, el artículo 9 de la Ley Orgánica de Garantías Jurisdiccionales y Control Constitucional permite directamente que la acción sea intentada por "cualquier persona, comunidad, pueblo, nacionalidad o colectivo, vulnerada o amenazada en uno o más de sus derechos constitucionales, quien actuará por sí misma o a través de representante o apoderado". El caso de Costa Rica debe también mencionarse, donde el amparo colectivo se ha sido admitido por la Sala Constitucional de la Corte Suprema en materia de ambiente, basándose en las disposiciones constitucionales que establecen el derecho de todos "a un ambiente sano y ecológicamente equilibrado" (art. 50), por lo que cualquier persona queda "legitimada para denunciar los actos que infrinjan tal derecho".[858]

Sin embargo, al contrario de la tendencia mencionada, que amplía la acción de amparo para la protección de derechos colectivos, en México el proceso de amparo sigue teniendo carácter esencialmente individual, basado en el interés personal y directo[859] del accionante. El único caso en el que, de cierta manera, el amparo protege intereses colectivos es aquel relacionado con el amparo para la protección de campesinos y de propietarios agrarios colectivos.[860]

También en Colombia, el principio general respecto a la acción de *tutela* es su carácter personal y privado, de modo que sólo puede ser presentada por el sujeto del derecho individual fundamental protegido por la constitución.[861] Esto no significa, sin embargo, que los derechos difusos o colectivos no estén protegidos, pues la Constitución ha regulado además de la acción de *tutela*, la "acción popular" o acción

---

857 Además, desde 1985 se ha desarrollado en Brasil una "acción civil colectiva", con tendencias similares a las Acciones Colectivas de los Estados Unidos, muy ampliamente utilizadas para la protección de derechos de clases, como los consumidores, aunque limitando la legitimación activa a las entidades públicas (nacionales, estatales y municipales) y a las asociaciones. v. Antonio Gidi, Acciones de grupo y "amparo colectivo" en Brasil. La protección de derechos difusos, colectivos e individuales homogéneos, en Eduardo Ferrer Mac-Gregor (Coordinador), *Derecho Procesal Constitucional*, Colegio de Secretarios de la Suprema Corte de Justicia de la Nación, Editorial Porrúa, Tomo III, México, 2003, pp. 2.538 ss.

858 Véase sentencia 1700-03. v. referencia en Rubén Hernández Valle, *Derecho Procesal Constitucional*, Editorial Juricentro, San José, 2001, pp. 239–240.

859 Véase Eduardo Ferrer Mac-Gregor, *Juicio de amparo e interés legítimo: la tutela de los derechos difusos y colectivos*, Editorial Porrúa, México, 2003, p. 56.

860 Véase Eduardo Ferrer Mac-Gregor, *La acción constitucional de amparo en México y España*, Editorial Porrúa, México, 2002, p. 233 ss.

861 Véase Juan Carlos Esguerra Portocarrero, *La protección constitucional del ciudadano*, Lexis, Bogotá, 2005, p. 121. Por eso el artículo 6,3 de la Ley de Tutela expresamente dispone que la acción de tutela es inadmisible cuando los derechos que se busca proteger son "derechos colectivos, tales como la paz y los demás mencionados en el artículo 88 de la Constitución Política", en particular porque para tal propósito se estableció un medio judicial especial llamado "acciones populares". El artículo 6,3 de la Ley de Tutela añadió que lo anterior no impide que el titular de derechos amenazados o violados pueda intentar una acción de tutela en situaciones que comprometan intereses o derechos colectivos y el de sus propios derechos amenazados o violados, amenazados o violados, cuando se trata de prevenir un perjuicio irremediable.

de grupo,[862] es decir, acciones colectivas similitudes a las *class actions* estadounidenses,[863] que han resultado muy efectivas para la protección de los derechos civiles en casos de discriminación.

2. *Funcionarios públicos con legitimación activa en el proceso de amparo*

A pesar de su carácter personal, incluso en casos de acciones para la protección de derechos colectivos y difusos, generalmente se acepta que algunos funcionarios públicos ostenten legitimación activa para intentar acciones de amparo representando a la comunidad o a grupos de personas. Tradicionalmente éste ha sido el caso del Ministerio Público y ahora del Defensor del Pueblo, cargos que existen en casi todos los países latinoamericanos.

En efecto, un aspecto importante del sistema latinoamericano de defensa de los derechos humanos y en particular respecto a la legitimación activa en casos de amparo, ha sido la creación de entidades constitucionales autónomas llamadas Defensorías del Pueblo o Defensorías de los Derechos Humanos con el propósito particular de proteger y procurar la protección de los derechos constitucionales, en particular de los derechos constitucionales difusos.

En algunos casos, estas instituciones siguen las líneas generales del modelo de Ombudsman escandinavo, inicialmente concebido como una institución parlamentaria independiente para la protección de los derechos de los ciudadanos, en particular en relación con la Administración Pública, como ocurre en Argentina[864] (Defensor

862 Estas acciones populares son aquellas establecidas en la constitución para la protección de derechos e intereses relacionados con la propiedad pública, el espacio público, la seguridad y salud públicas, la moral administrativa, el ambiente, la libre competencia económica, y otros de naturaleza similar. Todos éstos son derechos difusos y para su protección, la ley 472 de 1998 ha regulado estas acciones populares. Esta ley también regula otros tipos de acciones para la protección de derechos en casos de agravios sufridos por un número plural de personas. Sobre las acciones populares, éstas las puede intentar cualquier persona u Organización No Gubernamental, organizaciones populares o cívicas, entidades públicas con funciones contraloras cuando el agravio o amenaza no se originan debido a sus actividades, el Fiscal General, el Defensor del Pueblo, los fiscales distritales y municipales, y los alcaldes y funcionarios públicos que por sus funciones deben defender y proteger los derechos antes citados (art. 12). Sobre las acciones de grupo establecidas para la protección de una pluralidad de personas en caso de sufrir lesiones en sus derechos de modo colectivo, la Ley 472 de 1998 establece estas acciones con fines básicamente de indemnización y sólo pueden ser interpuestas por veinte individuos, actuando todos en su propio nombre. Por tanto, no son acciones dirigidas a proteger a toda la población o colectividad, sino sólo a una pluralidad de personas que tienen los mismos derechos y buscan su protección.

863 Regulada por la regla Nº 23 de las Reglas Federales de Procedimiento Civil e incoadas para la protección de los derechos civiles, ésta regla dispone que, en casos de una clase en las que sus integrantes tengan intereses de hecho o de derecho comunes a dicha clase pero que por ser tantos harían impracticable la tarea de reunirlos a todos, la acción pueda intentarla uno o más de dichos integrantes -como partes accionantes representativas de la clase- si las acciones de éstas son acciones características de la clase y si tales representantes protegerían de modo justo y adecuado los intereses de ella (Regla Nº 23, Acciones Colectivas, a).

864 Dentro del primer grupo y cerca del modelo europeo, la constitución argentina, en el capítulo referido al Poder Legislativo (art. 86), establece al Defensor del Pueblo para la protección de los derechos humanos con respecto a la Administración Pública. Se concibe como una enti-

del Pueblo), Paraguay (Defensor del Pueblo)[865] y Guatemala (Procurador de Derechos Humanos).[866]

En otros países latinoamericanos la institución se ha concebido con mayor autonomía, en particular con respecto al parlamento y otras ramas del gobierno, habiéndose establecido para la protección de los derechos humanos sin tener relación específica con la Administración Pública. Éste es el caso de Colombia (Defensor del Pueblo),[867] Ecuador (Defensor del Pueblo)[868] y El Salvador (Procurador para la Defensa de los Derechos Humanos)[869] aunque en estos dos últimos países se ha organi-

---

dad independiente en el ámbito del Congreso, que actúa con autonomía funcional y sin recibir instrucciones de ninguna autoridad. Su misión es la defensa y protección de los derechos humanos, garantizados en la constitución y las leyes, contra hechos, actos u omisiones de la Administración Pública y controlar el ejercicio de las funciones administrativas. El Defensor del Pueblo es nombrado por el Congreso con dos tercios de los votos de los miembros presentes en la votación y sólo puede ser removido de la misma manera.

865 En la Constitución de Paraguay, el Defensor del Pueblo es un comisionado parlamentario para la protección de los derechos humanos, la canalización de las demandas populares y la protección de los intereses comunitarios, sin ninguna función judicial o ejecutiva (art. 276). Es elegido por la Cámara de Diputados a partir de una propuesta del Senado con el voto de dos tercios de sus miembros.

866 En Guatemala, la constitución establece un Procurador de Derechos Humanos como comisionado parlamentario elegido por el Congreso a partir de una propuesta de una Comisión de Derechos Humanos integrada por representantes de los partidos políticos presentes en el Congreso. Su misión es defender los derechos humanos y supervisar la Administración Pública (art. 274). La ley de amparo en Guatemala da suficiente cualidad al Fiscal y al Procurador de Derechos Humanos para intentar acciones de amparo "a efecto de proteger los intereses que les han sido encomendados" (art. 25).

867 En Colombia, el Defensor del Pueblo, elegido por la Cámara de Diputados del Congreso a propuesta formulada por el presidente de la república, fue creado como parte del Ministerio Público (art. 281) con la misión específica de vigilar la promoción, ejercicio y divulgación de los derechos humanos. De entre sus facultades está el invocar el derecho al habeas corpus e incoar acciones de tutela, sin perjuicio de los derechos de la parte interesada. La Ley de Tutela también autoriza al Defensor del Pueblo a intentar estas acciones en nombre de cualquier persona cuando se le fuere solicitado, en caso que la persona se encuentre en situación de desprotección (arts. 10 y 46) o cuando se trate de colombianos residentes en el exterior del país (art. 51). En tales casos, el Defensor del Pueblo será considerado parte en el proceso junto con la parte agraviada (art. 47).

868 El Defensor del Pueblo en Ecuador es una institución completamente independiente y autónoma con respecto a las clásicas ramas del gobierno y es también elegido por el Congreso con el voto de dos terceras partes de sus miembros (art. 96). Entre sus funciones está defender y promover el respeto por los derechos constitucionales fundamentales, vigilar la calidad de los servicios públicos y promover y apoyar las acciones de habeas corpus y de amparo a solicitud de parte. La ley que regula la materia en Ecuador, la Ley Orgánica de Garantías Jurisdiccionales y Control Constitucional, también autoriza al Defensor del Pueblo a intentar acciones de habeas corpus y de amparo (arts. 33 y 48).

869 En El Salvador, el Procurador para la Defensa de los Derechos Humanos es parte del Ministerio Público, junto con el Fiscal General y el Procurador General de la República (art. 191), todos elegidos por la Asamblea Legislativa con el voto de dos tercios de sus miembros. Dentro de sus funciones está vigilar por el respeto y garantía de los derechos humanos y la promoción de acciones judiciales para su protección (art. 194).

zado dentro del Ministerio Público. Éste es también el caso de México (Comisión de Derechos Humanos),[870] Bolivia (Defensor del Pueblo),[871] Perú (Oficina del Defensor del Pueblo),[872] y Nicaragua (Procurador para la Defensa de los Derechos Humanos).[873] También en Venezuela, la Constitución de 1999 creó la institución conocida como el Defensor del Pueblo, siguiendo la tendencia de crear un órgano independiente y autónomo del estado para la protección de los derechos humanos pero, en este caso, con la situación extrema de establecerlo formalmente como una rama separada del gobierno.[874]

La tendencia general con respecto a todas estas instituciones constitucionales autónomas para la protección de los derechos humanos es la facultad que se les atribuye de intentar acciones de amparo, particularmente en relación con la protección de derechos constitucionales difusos, teniendo entonces la necesaria legitimación para intentar una acción, por ejemplo, en casos de protección de los derechos de los

---

870 En México, la constitución también ha establecido que el Congreso y las legislaturas estatales deben crear entidades para la protección de los derechos humanos y recibir quejas respecto de actos u omisiones administrativas de cualquier autoridad, salvo las del poder judicial que violen tales derechos. A nivel nacional, la entidad se llama Comisión Nacional de los Derechos Humanos.

871 En Bolivia, la constitución también crea al Defensor del Pueblo con el propósito de vigilar por la aplicación y respeto de los derechos y garantías de la persona con respecto a actividades administrativas de todo el sector público para la defensa, promoción y divulgación de los derechos humanos (art. 127). El Defensor del Pueblo no recibe instrucciones de los poderes públicos y es elegido por el Congreso (art. 128). Entre sus funciones está intentar acciones de amparo y habeas corpus sin necesidad de un poder (art. 129).

872 En Perú, la constitución también crea el despacho del Defensor del Pueblo como órgano autónomo, cuya cabeza es elegida por el Congreso también con el voto de dos tercios de sus miembros (art. 162) con el propósito de defender los derechos humanos y fundamentales de las personas y de la comunidad y supervisar el cumplimiento de los deberes de la administración estatal y la prestación de los servicios públicos a la ciudadanía. El Código Procesal Constitucional autoriza al Defensor del Pueblo, en el ejercicio de sus competencias, a intentar acciones de amparo (art. 40).

873 En Nicaragua, la constitución sólo establece que la Asamblea Nacional nombrará al Procurador para la Defensa de los Derechos Humanos (art. 138.30).

874 La Constitución de Venezuela de 1.999 a este respecto establece una penta-separación de poderes, distinguiendo cinco ramas de gobierno, separando las ramas legislativa, ejecutiva, judicial, electoral y ciudadana; creando al Defensor del Pueblo dentro del Poder Ciudadano, en adición al despacho del Fiscal General y del Contralor General (art. 134). El Defensor del Pueblo fue creado para la promoción, defensa y supervisión de los derechos y garantías establecidas en la Constitución y en los tratados internacionales de derechos humanos, así como también para los intereses legítimos colectivos y difusos de los ciudadanos (art. 281). En particular y según el artículo 281 de la Constitución, también tiene entre sus atribuciones vigilar el funcionamiento del poder de los servicios públicos y promover y proteger los derechos e intereses legítimos, colectivos y difusos del pueblo contra las arbitrariedades o desviaciones de poder en la prestación de tales servicios, estando autorizado a intentar las acciones necesarias para pedir la compensación de los agravios causados por el mal funcionamiento de los servicios públicos. También tiene entre sus funciones la posibilidad de intentar acciones de amparo y de hábeas corpus.

pueblos indígenas, del derecho al ambiente y el derecho de los ciudadanos a la participación política.

### 3. *La cuestión de la legitimación activa de otros funcionarios públicos en el recurso de amparo*

El efecto principal de la creación de todas estas instituciones constitucionales autónomas para la protección de los derechos humanos, con legitimación activa para intentar acciones de amparo, es la falta de legitimación activa que las otras instituciones del Estado tienen para iniciar el procedimiento de amparo.

Sin embargo, en países donde no se han creado esas instituciones específicas del para la protección de los derechos humanos, o donde éstas tienen un alcance limitado, otras entidades como los fiscales (del Ministerio Público) o el Procurador General se le ha otorgado la necesaria capacidad para han intentar acciones en representación del pueblo en protección de los derechos humanos.

Este ha sido el caso de los Estados Unidos, donde algunos funcionarios públicos, y en particular el Procurador General, se los ha considerado con suficiente legitimación activa para intentar *injunctions* en protección de los derechos humanos,[875] lo cual se generalizó después de la sentencia de la Suprema Corte en el caso de *Brown vs. Board of Education of Topeka* 347 U.S. 483 (1954); 349 U.S. 294 (1955), al declarar inconstitucional el sistema escolar dual ("separados pero iguales"). Después de esta sentencia y mediante La Ley de Derechos Civiles de 1.957, el Congreso comenzó a autorizar al Procurador General para que interpusiera *injunctions* en protección de los derechos humanos, particularmente con el fin de implementar la 15ª Enmienda al referirse, por ejemplo, al derecho de votar sin discriminaciones.[876] La consecuencia de estas reformas ha sido que el Procurador General, al representar los Estados Unidos, ha dejado de participar en procesos de derechos civiles como *amicus curia* solamente y habiendo jugado un papel prominente incoando injunctions en

---

875 El Procurador General, por supuesto, ha tenido la legitimación requerida para la protección del interés general del estado, por ejemplo, en el control del servicio de correos, como lo admitió la Corte Suprema en sentencia *In Re Debs*, 158 U.S. 565, 15 S.Ct. 900,39 L.Ed. 1092 (1895), siendo en tal caso la parte contra los miembros de un sindicato de trabajadores de ferrocarriles que amenazaban el funcionamiento de los trenes. Unos años antes, el Congreso, mediante la ley Sherman, contra los monopolios, atribuyó facultad al Procurador General para activar procesos de enjunciones a fin de impedir restricciones al comercio.

876 Véase ha señalado Owen R. Fiss: "La iniciativa legislativa inmediatamente siguiente -la Ley de Derechos Civiles de 1.960- fue dispuesta en gran parte para perfeccionar las armas de *injunctions* del Procurador General en favor del derecho al sufragio. En cada una de las siguientes leyes sobre derechos civiles -las de 1.964 y 1.968- se repitió el mismo patrón: se autorizó al Procurador General para incoar medidas de *injunction* a fin de exigir el cumplimiento de una amplia gama de derechos – servicios públicos (p. ej. restaurantes), instalaciones estatales (p. ej. parques), escuelas públicas, empleos y vivienda –." Véase Owen M. Fiss, *The Civil Rights Injunction*, Indiana University Press, Bloomington & London, 1978, p. 21.

protección de derechos civiles[877] procurando la protección por ejemplo, en materia de seguridad y salud públicas.[878]

En los países latinoamericanos, excepto por el ya mencionado caso de la legitimación activa conferida al Defensor del Pueblo, o en algunos casos a los fiscales del ministerio público,[879] ningún otro funcionario o organismo público tiene la facultad de invocar la representación de derechos colectivos o difusos con la finalidad de intentar una acción de amparo.

En este sentido, por ejemplo, en Venezuela la Sala Constitucional del Tribunal Supremo decidió el rechazo de una acción de amparo presentada por el gobernador de uno de los Estados federados, resolviendo que los Estados y Municipios no pueden intentar acciones para la protección de derechos e intereses difusos y colectivos excepto si una ley los autoriza expresamente.[880] Esta doctrina fue ratificada en otra sentencia pronunciada en 2.001, en la cual la Sala Constitucional también negó a los Gobernadores o Alcaldes legitimación activa para intentar acciones colectivas, argumentando que "el Estado venezolano, como tal, carece de ella [legitimación activa], ya que tiene mecanismos y otras vías para lograr el cese de las lesiones a esos derechos e intereses, sobre todo por la vía administrativa."[881]

En consecuencia, a las autoridades de los Estados y Municipios (Gobernadores y Alcaldes) se les ha negado legitimación activa para intentar acciones de amparo que persigan la protección de derechos constitucionales colectivos cuando los infrinjan autoridades nacionales.

## III. LA NECESARIA PROTECCIÓN CONSTITUCIONAL FRENTE A TODOS LOS AGRAVIANTES

La garantía de los derechos constitucionales implica que el derecho de amparo o de protección de los mismos que tiene toda persona, debe poder ejercerse sea quien

877 Véase Owen M. Fiss and Doug Rendleman, *Injunctions*, Second Edition, University Casebook Series, The Foundation Press, Mineola, New York, 1984, p. 35.

878 Por eso, por ejemplo, los procedimientos de *injunctions* en casos del ejercicio ilegal de la medicina y de otras profesiones conexas han sido interpuestas por el Procurador General, una Comisión Estadal de Salud y un abogado del condado. v. por ejemplo *State ex rel. State Bd. Of Healing Arts v. Beyrle*, 269 Kan. 616, 7 P3d 1194 (2000), *Idem*, p. 276 ss.

879 En Argentina, se ha aceptado la legitimación activa del Procurador General para intentar acciones de amparo. v. Néstor Pedro Sagüés, "El derecho de amparo en Argentina," en Héctor Fix-Zamudio y Eduardo Ferrer Mac-Gregor, *El derecho de amparo en el Mundo*, Editorial Porrúa, México, 2006, p. 59. En México, la Ley de Amparo autoriza al Ministerio Público Federal a intentar acciones de amparo en casos criminales y de familia, aunque no en casos civiles o comerciales (art. 5, 1,IV).

880 Sentencia del 21 de noviembre de 2000. Caso William *Dávila. Gobernación Estado Mérida.* Véase comentarios en Rafael Chavero, *El nuevo régimen del amparo constitucional en Venezuela*, Caracas, 2001, p. 115.

881 Véase sentencia de la Sala Constitucional n° 656 del 30 de junio de 2000, caso Defensor del Pueblo vs. Comisión Legislativa Nacional, como se cita en sentencia n° 379 del 3 de febrero de 2.003, *Mireya Ripanti et al. vs. Presidente de Petróleos de Venezuela S.A. (PDVSA)*, en *Revista de Derecho Público*, n° 93–96, Editorial Jurídica Venezolana, Caracas, 2003, pp. 152 ss.

fuere la persona que produce la violación o el daño, siempre que el responsable, persona o entidad pública o privada sea individualizable como agraviante, de manera que incluso el resultado final pueda ser una orden judicial "dirigida a un individuo claramente identificado y no solo a la ciudadanía en general."[882] De allí que adjetivamente, el proceso de amparo esté signado siempre por la característica de la bilateralidad, basada en la relación procesal que debe ser establecida entre la parte agraviada y la agraviante, quien debe participar también del proceso.[883]

1. *La cuestión de la individualización del demandado*

La necesidad de individualizar al demandado deriva también del carácter subjetivo o personal del amparo, en el sentido que en el libelo (como se dispone generalmente en todas las leyes de amparo latinoamericanas),[884] el demandante debe claramente identificar la autoridad, funcionario público, persona o entidad contra quien se interpone el recurso.

De acuerdo con lo estipulado en algunas leyes, este requisito solo aplica, desde luego, cuando dicha individualización es posible.[885] Por eso y como dispone el Código de Procedimiento Civil paraguayo, cuando la identificación del demandado no sea posible, el juez, para garantizar la relación procesal bilateral, deberá suplir los medios necesarios para procurar determinarla (art. 569.b). A este respecto, en particular cuando el agraviante no puede ser determinado o localizado y como lo dispone la ley de amparo uruguaya, el tribunal debe designar un defensor público que lo represente en el caso.[886]

No obstante, en el procedimiento de amparo, más importante que el autor del agravio, es la lesión infligida a los derechos constitucionales. De manera que cuando sea imposible para el demandante o el juez identificar claramente al demandado, si el hecho o la acción que causa el daño puede ser claramente determinada, aun sin la identificación del autor exacto que la ha producido, sea una autoridad, funcionario público o un individuo, la queja constitucional puede presentarse y, eventualmente, la protección puede concederse.

Esta regla general ha sido desarrollada en la doctrina argentina que establece que indica que "la acción de amparo tiende a enfocarse más en el acto lesivo, y sólo accesoriamente en su autor,"[887] de manera que una vez que la lesión ha sido causada y

---

882 Véase Owen M. Fiss, *The Civil Rights Injunction*, Indiana University Press, 1978, p. 12.

883 Véase Corte Suprema de Justicia de Venezuela, Sala Político-Administrativa, decisión del 16 de diciembre de 1.992, caso *Haydée Casanova*, en la *Revista de Derecho Público*, N° 52, Editorial Jurídica Venezolana, Caracas, 1992, p. 139.

884 Argentina, art. 6,b; Bolivia, 97,II; Colombia, art. 14; Costa Rica, art. 38; El Salvador, art. 14,2; Guatemala art. 21,d; Honduras, art. 21; 49,4; México 116,III; 166,III; Nicaragua, art. 27,2; Panamá, art. 2619,2; Paraguay, art. 568,b; Perú, art. 42,3; Venezuela art. 18,3

885 Argentina (art. 6,b); Colombia (art. 14); Nicaragua (arts. 25; 55) y Venezuela (art. 18,3).

886 En Uruguay, la Ley de amparo al respecto expresamente prevé la posibilidad de intentar la acción en casos urgentes, aun sin conocer con precisión la persona responsable del daño, en cuyo caso, el tribunal debe publicar avisos oficiales para identificarla y, caso que no se presente, el tribunal deberá designar de oficio un defensor (art. 7).

887 Véase Alí Joaquín Salgado, *Juicio de amparo y acción de inconstitucionalidad*, Astrea, Buenos Aires, 1987, p. 92.

el acto lesivo ha sido determinado, el hecho de que su autor no ha sido identificado no puede impedir la decisión reparadora del daño, "dado el hecho de que la acción de amparo tiende más a restablecer el derecho constitucional lesionado que individualizar el autor de la violación."[888]

Sin embargo, este principio no quiere decir que el demandante puede simplemente liberarse de su obligación de procurar la identificación del autor del daño infligido a sus derechos, así que, como también se ha resuelto en Argentina, en los casos en los cuales no se individualice al agraviante, la demanda puede ser rechazada cuando se determine que lo que el demandante pretendía era forzar al tribunal a hacer el trabajo que le correspondía a él.[889]

Aún así, dejando a un lado estas restricciones, el principio general respecto de la demanda de amparo es que el demandante debe hacer la individualización requerida del agraviante mediante su identificación, sea persona humana o corporación, sea un funcionario o entidad pública, siendo tal persona o entidad la parte causante del daño o de la amenaza de violación de los derechos del demandante.

En el caso de recursos de amparo intentados contra personas jurídicas, entidades públicas o corporaciones, el libelo debe también identificarlas con precisión y, asimismo, con mención, cuando sea posible, de sus representantes. En estos casos de daños causados por entidades o corporaciones, la demanda puede ser intentada directamente contra la persona natural que actúa en representación de la entidad o corporación, por ejemplo, el funcionario público; o directamente contra la entidad misma. En este último caso y de acuerdo con la expresión utilizada en las *injunctions* de los derechos civiles en los Estados Unidos, la demanda puede intentarse contra "el cargo en lugar de la persona".[890]

Esto significa, lo que es regla en México, que en estos casos el amparo se interpone contra la "autoridad responsable"; expresión ésta que está concebida en términos institucionales antes que en términos personales en el sentido que la institución involucrada siempre permanece como autor responsable, independientemente de los cambios de personas que la representen. Por consiguiente, en caso de recursos de amparo intentados contra entidades y corporaciones, la persona natural que las representa puede cambiar (como sucede comúnmente con las entidades públicas), cir-

888 Véase José Luis Lazzarini, *El juicio de amparo*, La Ley, Buenos Aires, 1987, p. 274. Es por esto que, en el caso principal argentino de Ángel Siri (en el cual la Corte Suprema en Argentina admitió la acción de amparo sin ninguna normativa legal al respecto), la corte protegió al propietario de un rotativo que fue clausurado por el gobierno, aun cuando en el expediente no había evidencia clara de cuál autoridad lo había clausurado ni los motivos de la decisión. *Idem*, p. 276.

889 Fue el caso, por ejemplo, decidido por la Corte Suprema de Justicia rechazando una acción de amparo que fue interpuesta por un ex-Presidente de la República (caso *Juan D. Perón*) contra disposiciones del gobierno pidiendo que se regresara el cuerpo de su difunta esposa. En ese caso, la corte suprema dispuso acerca de la necesidad de una "mínima individualización del autor del acto que origina la demanda" rechazando la acción de amparo por falta de individualización mínima del demandado. La corte dedujo que lo que el demandante buscaba era conseguir de los tribunales una orden para practicar las indagaciones necesarias con respecto al paradero del cuerpo.v. Fallos: 248–537, referido en José Luis Lazzarini, *El juicio de amparo*, La Ley, Buenos Aires, 1987, p. 275.

890 Véase Owen M. Fiss, *The Civil Rights Injunction*, Indiana University Press, 1978, p. 15.

cunstancia que no afecta la relación bilateral entre las partes agraviantes y agraviadas.

Como se dijo antes, la demanda puede ser intentada también contra la persona misma del representante de la entidad o corporación; por ejemplo, contra el funcionario público o el director o gerente de la entidad, particularmente cuando el daño o la amenaza ha sido provocada personalmente por él, con independencia de la persona o entidad jurídica por quien actúa.[891] En estos casos, cuando por ejemplo el funcionario público responsable del daño puede ser identificado con precisión como la parte agraviante, es solo éste, personalmente quien debe actuar como demandado en el procedimiento, en cuyo caso no será necesario enviar notificación al superior jerárquico o al Procurador General.[892] En tales casos, es la persona natural o funcionario público individualizado quien debe actuar como la parte agraviante.[893]

Por el contrario, si la demanda es intentada, por ejemplo, contra una entidad ministerial como un órgano de la administración pública, en este caso el Procurador General, como representante del Estado, es el órgano que debe actuar en el proceso como su representante judicial. En otros casos, cuando la demanda de amparo es ejercida contra un órgano de la administración pública perfectamente identificado e individualizado y no contra el estado, el Procurador General, como su representante judicial, no tiene necesariamente una función procesal que desempeñar y no puede actuar en su representación.[894]

---

891 En tales casos, cuando la acción es interpuesta contra funcionarios públicos, como dispone el artículo 27 de la ley de amparo venezolana, el tribunal que decide en el mérito debe notificar su decisión a la autoridad competente "a fin de que resuelva sobre la procedencia o no de medida disciplinaria contra el funcionario público culpable de la violación o de la amenaza contra el derecho o la garantía constitucionales."

892 Véase sentencia de la Corte Primera de lo Contencioso Administrativo del 12.5.1988 en *Revista de Derecho Público*, Nº 34, Editorial Jurídica Venezolana, Caracas, 1988, p. 113; sentencia de la Corte Suprema de Justicia en Sala Político Administrativa de 16.3.1989, en *Revista de Derecho Público*, Nº 38, Editorial Jurídica Venezolana, Caracas, 1989, p. 110; sentencia de la Corte Primera de lo Contencioso Administrativo de 7.9.1989, en la *Revista de Derecho Público*, N° 40, Editorial Jurídica Venezolana, Caracas, 1989, p. 107.

893 Véase sentencia de antigua Corte Suprema de Justicia en Sala Político Administrativa, de 8.3.1990, en la *Revista de Derecho Público*, N° 42, Editorial Jurídica Venezolana, Caracas, 1990, p. 114; sentencia de la Corte Primera de lo Contencioso Administrativo de 21.11.1990, en *Revista de Derecho Público*, Nº 44, Editorial Jurídica Venezolana, Caracas, 1990, p. 148.

894 Véase sentencia de la Corte Primera de lo Contencioso Administrativo de 10.10.1990 en la *Revista de Derecho Público*, N° 44, Editorial Jurídica Venezolana, Caracas, 1990, p. 142; sentencia de la antigua Corte Suprema de Justicia en Sala Político Administrativa de 1.8.1991, en *Revista de Derecho Público*, N° 47, Editorial Jurídica Venezolana, Caracas, 1990, p. 120; sentencia de la. Corte Primera de lo Contencioso Administrativo de 30.7.1992, en *Revista de Derecho Público*, N° 51, Editorial Jurídica Venezolana, Caracas, 1992, p. 164; y sentencia de la antigua Corte Suprema de Justicia en Sala Político Administrativa de 15.12.1992, en *Revista de Derecho Público*, Nº 52, Editorial Jurídica Venezolana, Caracas, 1992, p. 13.

## 2. *El demandado en la demanda de amparo: las autoridades y los particulares*

El aspecto más importante en el proceso de amparo en América Latina respecto de la parte agraviante, es que, con algunas excepciones, la demanda de amparo puede interponerse no solo contra las autoridades públicas sino también contra los particulares. En otras palabras, este específico medio judicial de protección está concebido para la protección de derechos y garantías constitucionales contra los daños y amenazas de violación independientemente de su autor, que puede ser una entidad pública, cualquier autoridades, individuos particulares o compañas o corporaciones privadas.

Es cierto que el procedimiento de amparo fue originalmente establecido para proteger a los particulares contra el Estado; y es por eso que en algunos países, como México, se permanece en la línea de la tendencia tradicional; pero esa tendencia inicial no ha impedido la posibilidad de que en otros países el procedimiento de amparo se admita para la protección de los derechos constitucionales contra acciones de otros individuos.

Por ello, la situación actual es que en la mayoría de los países latinoamericanos está aceptada la admisión de la demanda de amparo ejercida contra particulares, como es el caso en Argentina, Bolivia, Chile, la República Dominicana, Paraguay, Perú, Venezuela y Uruguay, así como, aunque de manera más restringida, en Colombia, Costa Rica, Ecuador, Guatemala y Honduras. En cambio, solo en una minoría de países latinoamericanos la demanda de amparo permanece exclusivamente como un medio tutelar contra las autoridades, como ocurre en Brasil, El Salvador, Panamá, México y Nicaragua. Este es el caso también en los Estados Unidos donde las *injunctions* de los derechos civiles en materia de derechos o garantías constitucionales[895] pueden ser solamente admitidos contra entidades públicas.[896]

---

895 En otras materias las *injunctions* pueden intentarse contra cualquier persona como "altos funcionarios públicos o personas particulares". Véase M. Glenn Abernathy and Barbara A. Perry, *Civil Liberties under the Constitution*, Sixth Edition, University of South Carolina Press, 1993, p. 8.

896 Como lo han explicado M. Glenn Abernathy y Barbara A. Perry: "Recursos limitados contra las interferencias de los particulares a la libertad de decisión. Otro problema en el esfuerzo del ciudadano para estar libre de restricciones está en que muchos tipos de interferencias provenientes de personas particulares no constituyen ilícitos sancionados por la ley. Los prejuicios personales y la discriminación privada no ofrecen -en ausencia de previsiones legales especificas- las bases para una intervención judicial en favor del agraviado. Por ejemplo, si a alguien es negada la admisión a ser miembro de un club social solamente en razón de su raza, religión o afiliación política, éste puede comprensiblemente dolerse por el rechazo pero los tribunales no podrán auxiliarlo (nuevamente, asumiendo que no existe ninguna disposición legal que prohíba tales discriminaciones). Hay, entonces, muchos tipos de restricciones a la libertad de decisión individual que están más allá de la autoridad de los tribunales poderlas resolver o aliviar. Hay que tener en cuenta que la garantía de los derechos en la Constitución de los Estados Unidos solo protege contra la actuación gubernamental y no aplica a los abusos puramente privados, salvo por lo que respecta a la prohibición de la esclavitud de la XIII Enmienda. Los recursos para los abusos personales deben buscarse entonces en leyes especiales, el derecho común o las regulaciones administrativas u oficiales y en las sentencias." *Idem*, p. 6.

### A. *El amparo contra las autoridades públicas: entidades públicas y funcionarios públicos*

Como antes se dijo, en Latinoamérica, solamente en Brasil, El Salvador, Panamá, México y Nicaragua la demanda de amparo permanece como un medio protector para ser intentado sólo contra el Estado, es decir, contra entidades y funcionarios públicos. Como se dijo, en otros países, además de las entidades y funcionarios públicos, la demanda de amparo puede interponerse contra particulares también.

Aquella ha sido la situación en México desde el origen de la acción de amparo cuando la Constitución la concibió para proteger a los particulares contra los agravios de sus garantías constitucionales cometidas por las "autoridades" (art. 103). Es por eso que en la acción de amparo mexicana, debe siempre existir una autoridad responsable;[897] requisito éste que ha sido desarrollado por la jurisprudencia con respecto a los siguientes aspectos:

*Primero*, no todas las entidades públicas pueden ser consideradas "autoridades", sino solo aquellas que estén facultadas para tomar decisiones e imponerlas y ejecutarlas a los particulares mediante el uso del poder público coactivo.[898] De acuerdo con esta doctrina, los tribunales han rechazado la acción de amparo contra entidades públicas que han sido consideradas carentes de facultades de decisión, como son aquellas de naturaleza consultiva.[899] De allí que, por ejemplo, muchas entidades descentralizadas como *Petróleos Mexicanos*, la Comisión Nacional de Electricidad, el Defensor de los Derechos Humanos de la UNAM y las universidades autónomas fueron inicialmente excluidas de la categoría de "autoridades".[900] No obstante, la acción de amparo ha sido progresivamente admitida contra algunas de esas entidades, basada en la posible facultad de decisión en algunos casos particulares.[901]

---

897 De acuerdo con ello, el artículo 11 de la ley de amparo señala que "Es autoridad responsable la que dicta, promulga, publica, ordena, ejecuta o trata de ejecutar la ley o el acto reclamado." Este artículo se ha interpretado en el sentido que las autoridades no son solo aquellas superiores que ordenan los actos, sino también aquellas subordinadas que las ejecutan o procuran ejecutarlas; siendo el amparo admitido contra cualquiera de éstas. Véase "Autoridades para efectos del juicio de amparo" (*Apéndice al Semanario Judicial de la Federación*, 1917–1988, Segunda parte, Tesis 300, p. 519). Véase la referencia en Eduardo Ferrer Mac-Gregor, *La acción constitucional de amparo en México y España. Estudio de derecho comparado*, Editorial Porrúa, México 2002, p. 254.

898 Como se definió en el caso Campos Otero Julia (1935), este término se entiende como "un órgano del Estado, investido legalmente de la facultad de decisión y del poder de mando necesario para imponer a los particulares sus propias determinaciones, o las que emanen de algún otro órgano del mismo Estado.". Véase la referencia en Eduardo Ferrer Mac-Gregor, *La acción constitucional de amparo en México y España. Estudio de derecho comparado*, Editorial Porrúa, México 2002, p. 253; y en Suprema Corte, *Jurisprudencia de la Suprema Corte*, Tesis 179, II, 360. Véase la referencia en Richard D. Baker, *Judicial Review in México. A Study of the Amparo Suit*, Texas University Press, Austin 1971, p. 94.

899 *Idem*, p. 95.

900 Véanse las referencias a las decisiones judiciales en Eduardo Ferrer Mac-Gregor, *La acción constitucional de amparo en México y España. Estudio de derecho comparado,* Editorial Porrúa, México 2002, pp. 255–256.

901 *Idem*, p. 257.

*Segundo*, la jurisprudencia ha desarrollado la doctrina del funcionario público *de facto*, en el sentido que aun si el agraviante no es el legítimo titular del cargo público, el amparo debe ser admitido cuando el daño ha sido causado por alguien que pretende ejercer facultades públicas con el asentimiento de los ciudadanos, que por ello se confían legítimamente a éste.

*Tercero* y respecto del concepto de autoridad en la demanda de amparo, el demandante debe identificar a todos aquellos efectivamente involucrados en la acción agraviante (quienes deben ser notificados por el tribunal); y no solo aquellos que ordenaron la actividad impugnada, sino también aquellos que la han decidido y los que la han ejecutado o aplicado.[902]

En contraste con el tratamiento mexicano, en casi todos los países latinoamericanos, el término "autoridad" ha sido interpretado en sentido más amplio y como referido a cualquier entidad o funcionario público, independientemente de sus poderes o funciones.

En Argentina, por ejemplo, como lo establece la Ley de amparo, la acción puede intentarse contra "todo acto u omisión de autoridad pública" (art. 1), teniendo el término "autoridad pública"[903] un sentido amplio, incluyendo toda suerte de entidades o funcionarios públicos de todas las ramas de gobierno. Por consiguiente, a pesar de algunas aisladas interpretaciones restrictivas,[904] la tendencia general en Argentina es entender "autoridad" en sentido amplio, incluyendo cualquier agente, empleado, funcionario público, magistrado de gobierno o cualquier funcionario actuan-

---

902 Como decidió la Corte Suprema: si la acción de amparo identifica la autoridad responsable como aquella que ha tomado la decisión o la ha ordenado, pidiendo la suspensión de sus efectos sin identificar la autoridad que la ha ejecutado, la suspensión no puede concederse ya que la ejecución se considera como consentida por el accionante. Por el contrario, si la demanda solo menciona como autoridades responsables a aquellas quienes han ejecutado las actuaciones sin identificar quienes las ordenaron, entonces, si bien es cierto que la suspensión puede otorgarse, el caso debe descontinuarse porque, sin identificar al autor de las actuaciones, la situación debe considerarse como consentida por el accionante. v. Jurisprudencia de la Corte Suprema en "Actos Consumados. Suspensión improcedente" y "Actos derivados de actos consentidos," en el *Apéndice al Semanario Judicial de la Federación*, 1917-1995, Primera Sala, Tesis 1090, p. 756; y Tribunal Pleno, Tesis 17, p. 12. Véanse las referencias en Eduardo Ferrer Mac-Gregor, *La acción constitucional de amparo en México y España. Estudio de derecho comparado,* Editorial Porrúa, México 2002, p, 255, notes 450–451.

903 Hay que decir que la expresión "autoridad pública" del artículo 1 de la ley de amparo fue incluida debido a la intención del legislador de 1.964 de no regular el amparo contra particulares; lo que, sin embargo, ya estaba admitido por la Corte Suprema y luego expresamente regulado por el Código de Procedimiento Civil.

904 En algunas ocasiones esta expresión ha sido interpretada también de modo restrictivo como en México, refiriéndose solo a funcionarios públicos con *imperium*, esto es, aquellos con poder para ordenar y declarar actos obligatorios y exigir el uso de la fuerza pública para ejecutarlos. Véase Néstor Pedro Sagüés, *Derecho procesal Constitucional,* Vol. 3, *Acción de amparo,* Editorial Astrea, Buenos Aires, 1988, pp. 91–93; Joaquín Brague Camazano, *La Jurisdicción constitucional de la libertad (Teoría general, Argentina, México, Corte Interamericana de Derechos Humanos),* Editorial Porrúa, México, 2005, p. 97. José Luis Lazzarini, *El juicio de amparo,* Editorial La Ley, Buenos Aires, 1987, pp. 208–209.

do en tal condición, incluyendo individuos particulares cumpliendo funciones públicas, como los concesionarios de servicios públicos.[905]

En un sentido similar, en Bolivia, Colombia, El Salvador, Perú, Nicaragua, Uruguay y Venezuela, por ejemplo, también en sentido amplio, el término "autoridades públicas" se ha concebido con el propósito de conceder la protección del amparo frente a cualquier funcionario o entidad pública,[906] "sea de la categoría que sea y sean cuales sean las funciones que ejerza", como se dispone en la ley brasileña del *mandado de segurança* (art. 1). Por ello, algunas leyes de amparo, para disipar cualquier duda, son enumerativas e incluyen cualquier acto de cualquiera de las ramas del poder público e incluyen entidades desconcentradas, descentralizadas o autónomas, corporaciones municipales o aquellas financiadas con fondos públicos o aquellas operando por delegación del estado por vía de una concesión, contrato o resolución.[907]

Al respecto, el único país latinoamericano donde la demanda de amparo respecto de las autoridades está expresamente restringida a aquellos correspondientes a la rama ejecutiva del gobierno es Ecuador, donde el artículo 46 de la ley de amparo solo admite el amparo contra un "acto ilegitimo de autoridad de la administración pública" (art. 46).

B. *El amparo contra individuos o personas particulares*

Si bien es cierto que la demanda de amparo, como medio judicial específico para la protección de los derechos y garantías constitucionales, fue concebida originalmente para la protección de los particulares contra el Estado y sus funcionarios públicos, en la actualidad también ha ido progresivamente admitida contra personas, corporaciones e instituciones privadas cuyas actividades pueden también causar daños o amenazas de daños respecto de los derechos constitucionales de los demás.

Esto fue admitido por vez primera en Argentina, mediante la decisión de la Corte Suprema de Justicia de la Nación de 1958, dictada en el caso *Samuel Kot*, en el cual decidió que "nada hay, ni en la letra ni en el espíritu de la Constitución, que permita afirmar que la protección de los llamados *derechos humanos* [...] esté circunscripta a los ataques que provengan sólo de la autoridad", siendo importante no solo el origen del daño a los derechos constitucionales sino también los derechos mismos, admitiendo por esta vía la demanda de amparo contra los particulares.[908]

---

905 En algunos casos se ha considerado incluso que las actuaciones de una Asamblea Constituyente Provincial pueden ser impugnadas por vía de la acción de amparo. Véase Alí Joaquín Salgado, *Juicio de amparo y acción de inconstitucionalidad,* Editorial Astrea, Buenos Aires, 1987, pp. 24–25.

906 Bolivia (art. 94), Colombia (art. 1), El Salvador (art. 12), Perú (art. 2), Nicaragua (art. 3), Uruguay (art. 2) and Venezuela (art. 2).

907 Guatemala (art. 9); Honduras (art. 41).

908 Véase José Luis Lazzarini, *El juicio de amparo,* La Ley, Buenos Aires 1987, p. 228; Joaquín Brage Camazo, *La jurisdicción constitucional de la libertad (Teoría general, Argentina, México, Corte Interamericana de derechos humanos)*, Editorial Porrúa, México, 2005, p. 99; Néstor Pedro Sagüés, *Derecho procesal Constitucional*, Vol. 3, *Acción de amparo*, Editorial Astrea, Buenos Aires, 1988, pp. 13, 512, 527 ss.

Después de esta decisión, el amparo contra personas particulares fue admitido seguidamente en muchos países latinoamericanos como en Bolivia, Chile, República Dominicana, Paraguay, Perú, Uruguay y Venezuela, y también como en Colombia, Costa Rica, Ecuador, Guatemala y Honduras, donde la demanda de amparo puede ser incoada contra los actos u omisiones de individuos causantes de daños o riesgos a los derechos constitucionales de las demás personas, aunque no siempre con el mismo sentido.

En algunos países, la posibilidad del amparo contra particulares se mantiene inadmisible, como es el caso en México, donde la tutela constitucional de la demanda de amparo se estipula exclusivamente contra las autoridades.[909] También en Brasil, en relación con el *mandado de segurança,* la constitución dispone su admisibilidad solo para proteger los derechos y libertades "cuando el responsable de la ilegalidad o abuso de poder fuese la administración pública o el representante de una persona jurídica en el ejercicio de atribuciones del poder público", excluyendo así la demanda de la protección contra las acciones de los individuos particulares.[910] Disposiciones similares están previstas en la leyes de amparo de Panamá (Constitución, art. 50; Código Judicial, art. 2.608), El Salvador (art. 12) y Nicaragua (art. 23).

Por contraste y como ya se dijo, la demanda de amparo contra particulares es admisible en Argentina, aun cuando la ley 16.986 del año 1.966 solo se refiere a la demanda de amparo contra el estado cuando se interpone "contra todo acto u omisión de autoridad pública" (art. 1); estando el amparo contra particulares regulado en los artículos 3221,1 y 498 del Código de Procedimiento Civil y Comercial.

En Venezuela, la demanda de amparo también es admisible contra actos de los particulares. La ley orgánica de amparo de 1.988[911] dispone que la demanda de amparo "también procede contra el hecho, acto u omisión originados por ciudadanos, personas jurídicas, grupos u organizaciones privadas que hayan violado, violen o amenacen violar cualquiera de las garantías o derechos amparados por esta Ley." (art. 2).

De manera similar, la ley 16.011 de amparo uruguaya de 1.988 admite, en términos generales, la demanda de amparo "contra todo acto, omisión o hecho de las autoridades estatales o paraestatales, así como de particulares que en forma actual o inminente, a su juicio, lesione, restrinja, altere o amenace, con ilegitimidad manifiesta, cualquiera de sus derechos y libertades reconocidos expresa o implícitamente

---

909 Véase Eduardo Ferrer Mac-Gregor, *La acción constitucional de amparo en México y España. Estudio de derecho comparado*, Editorial Porrúa, México 2002, p, 251; Joaquín Brage Camazo, *La jurisdicción constitucional de la libertad (Teoría general, Argentina, México, Corte Interamericana de derechos humanos)*, Editorial Porrúa, México 2005, 184.

910 Véase Celso Agrícola Barbi, *Do mandado de segurança*, Editora Forense, Rio de Janeiro 1993, p. 92.

911 Véase Allan R. Brewer-Carías, *Instituciones Políticas y Constitucionales*, Vol. V, *Derecho y Acción de Amparo,* Editorial Jurídica Venezolana, Caracas, 1998, pp. 96, 128; Rafael Chavero, *El nuevo régimen del amparo constitucional en Venezuela*, Editorial Sherwood, Caracas 2001.

por la Constitución" (art. 1).[912] Una disposición similar está contenida en el Código Procesal Constitucional peruano (art. 2)[913] y en la constitución boliviana (art. 19).

También en Chile, aun sin una ley que estipule la acción para una tutela, se ha interpretado que la acción está establecida en la constitución a fin de proteger derechos y libertades constitucionales contra actos u omisiones arbitrarias o ilegítimas que perturben o amenacen dichos derechos y libertades (art. 20), sin distinción en cuanto al origen de la acción, siendo la misma admitida contra actos u omisiones de particulares.[914] Una interpretación similar también fue tomada por la Corte Suprema de la República Dominicana respecto de la admisibilidad del amparo contra particulares.[915]

Otros países latinoamericanos, como Guatemala (art. 9), Colombia,[916] Costa Rica,[917] Ecuador[918] y Honduras solo admiten la acción de amparo contra particulares en forma restringida, en el sentido que solo puede ser interpuesta contra individuos o corporaciones que están en una posición de ascendencia con respecto a los ciudadanos o que de alguna manera ejercen funciones o actividades públicas o están prestando servicios públicos o de utilidad social.[919]

---

912 Véase Luis Alberto Viera, *Ley de Amparo*, Ediciones Idea, Montevideo 1993, pp. 63, 157.

913 Véase Samuel B. Abad Yupanqui, *El proceso constitucional de amparo*, Gaceta Jurídica, Lima 2004, pp. 389 ss.

914 Véase Humberto Nogueira Alcalá, "El derecho de amparo o protección de los derechos humanos, fundamentales o esenciales en Chile: evolución y perspectivas," en Humberto Nogueira Alcalá (Editor), *Acciones constitucionales de amparo y protección: realidad y perspectivas en Chile y América Latina*, Editorial Universidad de Talca, Talca 2000, p. 41.

915 Véase Eduardo Jorge Prats, *Derecho Constitucional*, Vol. II, Gaceta Judicial, Santo Domingo 2005, p. 390.

916 En Colombia donde la constitución expresamente remite a la ley para establecer "los casos en los que la acción de tutela procede contra particulares encargados de la prestación de un servicio público o cuya conducta afecte grave y directamente el interés colectivo, o respecto de quienes el solicitante se halle en estado de subordinación o indefensión." (art. 86).

917 Al respecto, la ley de la jurisdicción constitucional costarricense restringe el amparo contra particulares. Véase Rubén Hernández Valle, *Derecho Procesal Constitucional,* Editorial Juricentro, San José 2001, pp. 275, 281 ss. El artículo 57 establece: "El recurso de amparo también se concederá contra las acciones u omisiones de sujetos de Derecho Privado, cuando éstos actúen o deban actuar en ejercicio de funciones o potestades públicas, o se encuentren, de derecho o de hecho, en una posición de poder frente a la cual los remedios jurisdiccionales comunes resulten claramente insuficientes o tardíos para garantizar los derechos o libertades fundamentales a que se refiere el artículo 2, inciso a), de esta Ley."

918 En Ecuador, la acción de amparo está admitida contra entidades que, aun no siendo autoridades públicas, prestan servicios públicos por delegación o concesión y, en términos generales, contra particulares pero solo cuando sus actos u omisiones causen daños o riesgos a los derechos constitucionales y afecten de un modo grave y directo intereses comunes, colectivos o difusos (art. 95,3).

919 De manera similar a las enjunciones admitidas en los Estados Unidos contra corporaciones de servicios públicos. Véase por ejemplo, caso *Wiemer v. Louisville Water Co.*, 130 F. 251 (C.C.W.D. Ky. 1903), en John Bourdeau *et al*, "Injunctions," en Kevin Schroder, John Glenn and Maureen Placilla, *Corpus Juris Secundum*, Volume 43A, Thompson West, 2004, p. 182 ss.

Al respecto, por ejemplo, las acciones de amparo pueden ser incoadas también contra partidos políticos, o sus representantes, cuando su conducta viola los derechos de los ciudadanos, como se ha admitido también en los Estados Unidos.[920]

## IV. LA NECESARIA PROTECCIÓN CONSTITUCIONAL FRENTE A TODOS LOS ACTOS ESTATALES

En virtud de que originalmente la acción de amparo se estableció y desarrolló para la defensa de los derechos constitucionales frente a violaciones infringidas por el Estado y las autoridades, la parte agraviante más comúnmente regulada en las leyes relativas a amparo en Latinoamérica han sido, desde luego, las autoridades públicas o los funcionarios públicos cuando sus actos u omisiones (sean legislativos, ejecutivos o judiciales) violen a amenacen violar los derechos. Por ello, la Convención Americana, de Derechos Humanos por ejemplo, al regular el amparo, como protección judicial, le da una configuración universal de manera que no indica acto alguno del Estado que escape del ámbito del amparo. Si el amparo es un medio judicial de protección de los derechos fundamentales constitucionales, ello es y tiene que serlo frente a cualquier acción de cualquier ente público o funcionario público; por lo que no se concibe que frente a esta característica universal del amparo, pueda haber determinadas actividades del Estado que puedan quedar excluidas del ámbito de una acción de amparo. Es decir, conforme a la Convención Americana, todos los actos, vías de hecho y omisiones de las autoridades públicas pueden ser objeto de la acción de amparo, cuando mediante ellos se violen o amenacen derechos constitucionales, sea que emanen de autoridades legislativas, ejecutivas o judiciales.

Es en este sentido que, por ejemplo, la ley de amparo guatemalteca dispone el principio de que "no hay ámbito que no sea susceptible de amparo" siendo admisible contra cualesquiera "actos, resoluciones, disposiciones o leyes de autoridad [que] lleven implícitos una amenaza, restricción o violación a los derechos que la Constitución y las leyes garantizan." (art. 8).

Son los mismos términos utilizados en la ley de amparo de Venezuela que establece que el recurso de amparo puede ser intentado "contra cualquier hecho, acto u omisión provenientes de los órganos del Poder Público Nacional, Estadal o Municipal" (poderes públicos) (art. 2); lo que significa que la tutela constitucional puede ser incoada contra cualquier acción pública, es decir, cualquier acto formal del Estado o cualquier acto sustantivo de hecho (vías de hecho) (art. 5); así como contra cualquier omisión de las entidades públicas. Es por esto también que los tribunales en Venezuela han decidido que "no puede existir ningún acto estatal que no sea susceptible de ser revisado por vía de amparo, entendiendo ésta, no como una forma de control jurisdiccional de la inconstitucionalidad de los actos estatales capaz de declarar su nulidad, sino –como se ha dicho– un remedio de protección de las libertades públicas cuyo objeto es restablecer su goce y disfrute, cuando alguna persona natural o jurídica, o grupo u organizaciones privadas, amenace vulnerarlas o las vulneren efectivamente" admitiendo, por lo tanto, que el recurso constitucional de amparo puede ser intentado aun contra actos excluidos del control constitucional cuan-

---

920 Véase caso *Maxey v. Washington State Democratic Committee*, 319 F. Supp. 673 (W.D. Wash. 1970), *Idem*, p. 240.

do un daño o violación de derechos o garantías constitucionales haya sido alegado.[921]

No obstante este principio general de universalidad del amparo, pueden encontrarse una serie de excepciones en muchas leyes de amparo latinoamericanas en relación con algunos actos particulares y específicos del estado o actividades que están expresamente excluidas de los procedimientos de amparo, sean de naturaleza legislativa, ejecutiva, administrativa o judicial.

1. *Amparo contra actos legislativos*

La primera cuestión en esta materia se refiere a la posibilidad de intentar acciones de amparo contra actos u omisiones legislativas cuando causan daños a los derechos constitucionales de las personas. Las violaciones en estos casos pueden ser causadas por leyes o por otras decisiones tomadas, por ejemplo, por comisiones parlamentarias.

A. *El amparo contra decisiones de cuerpos parlamentarios y sus comisiones*

En relación con actos del Congreso y de las comisiones parlamentarias (incluyendo los consejos legislativos regionales o municipales) cuando lesionan derechos y garantías constitucionales, en principio, es posible impugnarlos mediante la acción

921 Véase sentencia de la antigua Corte Suprema de Justicia del 31 de enero de 1.991, caso *Anselmo Natale*, en *Revista de Derecho Público*, n ° 45, Editorial Jurídica Venezolana, Caracas 1991, p. 118; sentencia de la Corte Primera de lo Contencioso Administrativo de 18 de junio de 1992, en *Revista de Derecho Público*, n °46, Editorial Jurídica Venezolana, Caracas 1991, p. 125. De acuerdo con las cortes venezolanas, este carácter universal del amparo respecto de los actos u omisiones de las autoridades públicas implica que La lectura del artículo 2 de la Ley Orgánica de Amparo evidencia que no hay prácticamente ningún tipo de conducta, independientemente de su naturaleza o carácter, así como de los sujetos de los cuales provenga, del cual pueda predicarse que está excluido *per se* de su revisión por los jueces de amparo, a los efectos de determinar si vulnera o no algún derecho o garantía constitucional"; Decisión de la Corte Primera de lo Contencioso-Administrativo del 11 de noviembre de 1.993 en *Revista de Derecho Público*, N° 55–56, Editorial Jurídica Venezolana, Caracas, 1993, p. 284.. En otra sentencia del 13 de febrero de 1.992, la Corte Primera decidió: "Observa esta Corte que la característica esencial del régimen de amparo, tanto en la concepción constitucional como en su desarrollo legislativo, es su universalidad... por lo cual hace extensiva la protección que por tal medio otorga, a todos los sujetos (personas físicas o morales que se encuentran en el territorio de la nación) así como a todos los derechos constitucionalmente garantizados, e incluso aquéllos que sin estar expresamente previstos en el texto fundamental, son inherentes a la persona humana. Este es el punto de partida para entender el ámbito del amparo constitucional. Los únicos supuestos excluidos de su esfera son aquéllos que expresamente señala el artículo 6 de la Ley Orgánica de Amparo sobre Derechos y Garantías Constitucionales y, desde el punto de vista sustantivo, no hay limitaciones respecto a derechos o garantías específicas." Véase *Revista de Derecho Público*, N° 49, Editorial Jurídica Venezolana, Caracas 1992, pp. 120–121.

de amparo ante los tribunales competentes.[922] Esto ha sido expresamente admitido, por ejemplo, en Argentina[923], Costa Rica[924] y Venezuela.[925]

En contraste, en México, el artículo 73, VIII de la Ley de amparo expresamente excluye del recurso de amparo, las resoluciones y declaraciones del Congreso federal y sus Cámaras, así como las de los cuerpos legislativos estadales y sus comisiones respecto de la elección, suspensión o remoción de funcionarios públicos en casos donde las constituciones correspondientes les confieran el poder para resolver el asunto de una manera soberana o discrecional.[926] Las decisiones tomadas por la Cámara de Diputados o del Senado, en juicios políticos, que sean declaradas inatacables[927] (Constitución, art. 110) también están excluidas del recurso de amparo.

### B. *El amparo contra las leyes*

Ahora bien, aparte de los actos de los cuerpos legislativos, uno de los aspectos más importantes del procedimiento de amparo latinoamericano se refiere a la posibilidad de intentar la acción de amparo contra las leyes. Si bien es cierto que en algu-

---

922 En los Estados Unidos, los actos del Concejo Municipal pueden ser impugnados mediante injunctions. Véase *Stuab v. City of Baxley*, 355 U.S. 313 (1958), en M. Glenn Abernathy and Barbara A. Perry, *Civil Liberties under the Constitution*, University of South Carolina Press, 1993, pp. 12–13.

923 En Argentina fue el caso de las interpelaciones parlamentarias desarrolladas en 1.984 en relación con los hechos ocurridos durante el gobierno de facto anterior, en el cual una comisión parlamentaria ordenó allanar la oficina de una firma de abogados y confiscar documentos. En las decisiones de la Corte Suprema de Justicia en el caso Klein en 1.984, sin cuestionar las facultades de las comisiones parlamentarias para hacer pesquisas, se sentenció que ellas no pueden, sin disposiciones legales formales, válidamente restringir los derechos individuales, en particular, allanar el domicilio personal de las personas y decomisar sus documentos personales. En el caso, por tanto, fue decidido que la orden solo podía tomarse basándose en disposiciones legales y no en la sola decisión de las comisiones y, eventualmente, fundados en una orden judicial. Véase los comentarios en la sentencia de Primera Instancia de 1.984 (1ª InstCrimCorrFed, Juzg Nº 3, 10-9-84, ED 110-653), en Néstor Pedro Sagüés, *Derecho procesal Constitucional*, Vol. 3, *Acción de amparo*, Editorial Astrea Buenos Aires 1988, pp. 95–97; Joaquín Brague Camazano, *La Jurisdicción constitucional de la libertad (Teoría general, Argentina, México, Corte Interamericana de Derechos Humanos)*, Editorial Porrúa, México 2005, p. 98; José Luis Lazzarini, *El juicio de amparo*, Editorial La Ley, Buenos Aires 1987, pp. 216–216.

924 Véase Rubén Hernández Valle, *Derecho Procesal Constitucional*, Editorial Juricentro, San José 2001, pp. 211–214.

925 En Venezuela, similarmente, la Corte Suprema, aun reconociendo la existencia de atribuciones exclusivas de los cuerpos legislativos, los cuales de acuerdo con la constitución de 1.961 (art. 159) no estaban sujetos al control jurisdiccional, admitió la protección del amparo contra ellas para la inmediata restauración de los derechos constitucionales lesionados del accionante; y admitió la acción de amparo contra actos legislativos. Sentencia de 31 de enero de 1.991 (caso *Anselmo Natale*) Véase en *Revista de Derecho Público*, Nº 45, Editorial Jurídica Venezolana, Caracas 1991, p. 118.

926 Véase Richard D. Baker, *Judicial Review in México. A Study of the Amparo Suit*, Texas University Press, Austin 1971, p. 98.

927 Véase Eduardo Ferrer Mac-Gregor, *La acción constitucional de amparo en México y España. Estudio de derecho comparado*, Editorial Porrúa, México 2002, p. 378.

nos países está expresamente admitido como es el caso de Guatemala, Honduras, México y Venezuela; en la mayoría de los países latinoamericanos está expresamente excluido como es el caso en Argentina, Bolivia, Brasil, Colombia, Chile,[928] Costa Rica, Republica Dominicana, Ecuador, El Salvador,[929] Panamá, Perú, Paraguay, Nicaragua y Uruguay ( ley de amparo, art. 1,c).

Con respecto a los países donde la acción de amparo es admitido contra las leyes, la interposición de la acción, por ejemplo en México y n Venezuela, está limitada a solo las leyes de aplicación directa (las que pueden lesionar los derechos constitucionales sin necesidad de ningún otro acto del Estado que la ejecute o aplique), o a los solos actos que aplican la ley en particular. Solamente en Guatemala y Honduras, es el recurso de amparo admitido directamente contra las leyes.

En efecto, en México, el artículo 1,I de la Ley de amparo establece que el amparo puede intentarse contra leyes de aplicación directa o leyes auto-aplicables cuando causen un daño directo a las garantías constitucionales del accionante sin requerirse un acto judicial o administrativo adicional para su aplicación.[930] En tales casos, la acción se intenta directamente contra la ley dando lugar al control de constitucionalidad de la misma. Por ello el amparo contra las leyes en México está considerado como un medio judicial para el control constitucional directo de las mismas (aun cuando la acción no se intente en forma abstracta debido a que el accionante debe haber sido lesionado directamente y sin necesidad de otro acto adicional del Estado para la aplicación de la ley). Por el contrario, cuando la ley, por sí misma, no causa un daño directo y personal al accionante (porque no es de aplicación directa), la acción de amparo es inadmisible al menos que sea intentada contra los actos del Estado que aplican dicha ley a una persona especifica.[931]

---

928 Véase Humberto Nogueira Alcalá, "El derecho de amparo o protección de los derechos humanos, fundamentales o esenciales en Chile: evolución y perspectivas," in Humberto Nogueira Alcalá (Editor), *Acciones constitucionales de amparo y protección: realidad y perspectivas en Chile y América Latina*, Editorial Universidad de Talca, Talca 2000, p. 45.

929 Véase Edmundo Orellana, *La Justicia Constitucional en Honduras*, Universidad Nacional Autónoma de Honduras, Editorial Universitaria, Tegucigalpa 1993, p. 102, nota 26.

930 Véase *Garza Flores Hnos., Sucs.* case, 28 S.J. 1208 (1930). Véase la referencia en Richard D. Baker, *Judicial Review in México. A Study of the Amparo Suit*, Texas University Press, Austin 1971, p. 167. En estos casos la acción debe ser intentada dentro de los treinta días siguientes a su ejecución. En dichos casos, los demandados son las instituciones supremas del estado que intervinieron en la redacción de la ley, es decir, el Congreso de la Unión o las legislaturas de los estados que sancionaron la ley, el presidente de la república o estado, gobernadores que ordenaron su ejecución y las secretarías ejecutivas que la sancionaron y ordenaron su promulgación.

931 Como se dispone expresamente en el artículo 73,VI, el juicio de amparo es inadmisible "contra leyes, tratados y reglamentos que, por su sola vigencia, no causen perjuicio al quejoso, sino que se necesite un acto posterior de aplicación para que se origine tal perjuicio." En estos casos de leyes que no son de aplicación directa, la acción de amparo debe ser interpuesta dentro de los quince días siguientes a la producción del primer acto que las ejecute o aplique. Véase Eduardo Ferrer Mac-Gregor, *La acción constitucional de amparo en México y España. Estudio de derecho comparado*, Editorial Porrúa, México, 2002, p, 387. El principal aspecto a resaltar, desde luego, es la distinción entre leyes que son de aplicación directa de las leyes que no lo son. Siguiendo la doctrina asentada en el caso de Villera de Orellana, María de los Ángeles et al., aquellas son las que obligan inmediatamente y en cuyas disposiciones

En Venezuela, dado el carácter universal del sistema de control de constitucionalidad, consolidado en la Constitución de 1.999, puede decirse que una de las más destacadas innovaciones de la Ley de amparo de 1.988 fue la de establecer la acción directa de amparo contra las leyes y otros actos normativos, complementando el sistema general mixto de control constitucional.[932] Considerábamos que cuando se intentaba directamente la acción contra leyes, el propósito de la disposición legal era asegurar la inaplicabilidad de la ley al caso particular con efectos *inter partes*.[933]

Sin embargo, a pesar de las disposiciones de la ley de amparo, lo cierto es que la jurisprudencia del Tribunal Supremo rechazó tales acciones imponiendo la necesidad de intentarlas solo contra los actos del Estado dictados para aplicar las leyes y no directamente en contra de las mismas.[934] La antigua Corte Suprema, en sus decisiones a partir de 1993, aún admitiendo la diferencia que existe entre las leyes de aplicación directa de aquellas que no lo son,[935] concluyó declarando la imposibilidad de que un acto normativo pueda lesionar directa y efectivamente, por sí mismo, los derechos constitucionales de una persona. El tribunal también consideró que una ley, a los efectos de la acción de amparo no podría ser una amenaza a derechos constitucionales, en razón de que para intentar una acción de amparo, esta tiene que ser "inminente, posible y realizable", condiciones que se considera no se dan respecto de las leyes.

Ahora bien, en contraste con las normas mexicanas y venezolanas, el amparo contra las leyes en Guatemala está previsto bajo la modalidad directa, estando la Corte de Constitucionalidad facultada "para que se declare en casos concretos que

---

las personas a quienes aplica son clara e inequívocamente identificadas, siendo *ipso facto* sujetas a una obligación que implica el cumplimiento de actos no requeridos previamente, resultando en una modificación perjudicial de los derechos de la persona. Suprema Corte de Justicia, 123 S.J. 783 (1955). Véase comentarios en Richard D. Baker, *Judicial Review in México. A Study of the Amparo Suit*, Texas University Press, Austin 1971, p. 168–173.

932 De acuerdo con el artículo 3 de la ley de amparo, son dos las formas establecidas mediante las cuales puede conducirse una pretensión de amparo ante la corte competente: de una manera autónoma o ejercida en conjunto con la acción popular de inconstitucionalidad de las leyes. En el último caso, la pretensión de amparo está subordinada a la acción principal de control jurisdiccional, permitiendo a la corte solamente la posibilidad de suspender la aplicación de la ley mientras se resuelve la acción por inconstitucionalidad. Véase Allan R. Brewer-Carías, *Instituciones Políticas y Constitucionales*, Vol. V, *Derecho y Acción de Amparo*, Editorial Jurídica Venezolana, Caracas, 1998, pp. 227 ss.

933 Véase Allan R. Brewer-Carías, *Instituciones Políticas y Constitucionales*, Vol. V, *Derecho y Acción de Amparo*, Editorial Jurídica Venezolana, Caracas, 1998, pp. 224 ss.; Rafael Chavero, *El nuevo régimen del amparo constitucional en Venezuela*, Editorial Sherwood, Caracas 2001, pp. 553 ss.

934 Véase decisión del 24 de mayo de 1.993, la Sala Político-Administrativa de la Corte Suprema de Justicia, en *Revista de Derecho Público*, N° 55-56, Editorial Jurídica Venezolana, Caracas 1993, pp. 287–288.

935 Sentenciando que las leyes de aplicación directa imponen, con su promulgación, una inmediata obligación a las personas para quienes se dicta; y, por el contrario, aquellas leyes que no son de aplicación directa requieren de un acto para su aplicación, en cuyos casos su sola promulgación no puede producir una violación constitucional. Véase en *Revista de Derecho. Público*, N° 55-56, Editorial Jurídica Venezolana, Caracas 1993, p. 285.

una ley, un reglamento, una resolución o acto de autoridad, no obligan al recurrente por contravenir o restringir cualesquiera de los derechos garantizados por la Constitución o reconocidos por cualquiera otra ley" (Ley de Amparo de Guatemala, art. 10,b). Esta misma facultad judicial, pero solo relativa a los reglamentos del poder ejecutivo, está establecida en Honduras (Ley sobre Justicia Constitucional, art. 41,b). En ambos casos, las sentencias en los procedimientos de amparo tienen el efecto de suspender la aplicación de la ley o reglamento del ejecutivo respecto del recurrente y, si fuese pertinente, el restablecimiento de la situación jurídica lesionada o la cesación de la medida (Ley de amparo, art. 49,a).[936]

Aparte de estos cuatro casos de México, Venezuela, Guatemala y Honduras, como se ha dicho, en los otros países latinoamericanos el amparo contra las leyes está expresamente excluido.

En efecto, en Argentina, aun contando con la larga tradición del control de constitucionalidad de las leyes mediante la aplicación del método difuso de control, el amparo contra las leyes no se admite.[937] Sin embargo, si en el ejercicio de una acción de amparo contra actos del estado, se considera inconstitucional la ley sobre la cual el acto impugnado está basado, el juez de amparo, mediante el método difuso de control de constitucionalidad, podría decidir acerca de la inaplicabilidad de la ley en ese caso.[938]

En Brasil, el *mandado de segurança* también está excluido contra las leyes o disposiciones legales cuando éstas no han sido aplicadas a través de actos administrativos.[939]

En Uruguay, en sentido similar, aun siendo un país con un sistema concentrado de control constitucional, el amparo contra las leyes está excluido en relación con las leyes y actos del Estado de similar rango (Ley N° 16.011, art. 1,c). En Uruguay, en efecto, el único medio para lograr la declaratoria de la inconstitucionalidad de una ley, es mediante el ejercicio de un recurso ante la Corte Suprema, la cual sólo puede decidir sobre la inconstitucionalidad con efectos limitados al caso concreto. En el caso de una acción de amparo donde se plantee la cuestión de inconstitucionalidad de una ley, la decisión del juez competente sólo tendría efectos suspensivos respecto de la aplicación de la ley en relación con el recurrente, sujeta a la decisión

---

936 Véase Edmundo Orellana, *La justicia constitucional en Honduras*, Universidad Nacional Autónoma de Honduras, Tegucigalpa 1993, p. 102, nota 26.

937 Véase José Luis Lazzarini, *El juicio de amparo*, Editorial La Ley, Buenos Aires 1987, p. 214; Néstor Pedro Sagüés, *Derecho procesal Constitucional*, Vol. 3, "Acción de amparo," Editorial Astrea, Buenos Aires, 1988, p. 97.

938 En este respecto, el artículo 2,d de la ley de amparo dispuso que la acción de amparo no es admisible "cuando la determinación de la eventual invalidez del acto requiriese ... la declaración de inconstitucionalidad de leyes". Esto se ha tomado como no vigente porque contradice el artículo 31 de la constitución (ley suprema de la nación). Véase Néstor Pedro Sagüés, *Derecho procesal Constitucional*, Vol. 3, *Acción de amparo*, Editorial Astrea Buenos Aires, 1988, p. 243–258. Adicionalmente, el artículo 43 de la constitución de 1.994, que ahora rige la acción de amparo, ha expresamente resuelto la situación disponiendo que "En el caso, el juez podrá declarar la inconstitucionalidad de la norma en que se funde el acto u omisión lesiva."

939 Véase José Luis Lazzarini, *El juicio de amparo*, La Ley, Buenos Aires 1987, pp. 213–214.

de la Corte Suprema en cuanto a la inconstitucionalidad de la ley.[940] Por su parte, la ley de amparo en el Paraguay también dispone que cuando para una decisión en un procedimiento de amparo sea necesario determinar la constitucionalidad o inconstitucionalidad de una ley, el tribunal debe enviar los expedientes a la Sala Constitucional de la Corte Suprema a fin de decidir sobre su inconstitucionalidad. Esta incidencia no suspendería el procedimiento en el tribunal inferior, el cual debe continuarlo hasta antes de su decisión (art. 582).

En Costa Rica, la Ley de la Jurisdicción Constitucional también dispone la inadmisibilidad de la acción de amparo contra las leyes o contra otras disposiciones reglamentarias, con la excepción de cuando son impugnadas junto con los actos que las aplican individualmente, o cuando se relacionan con normas de aplicación directa o automática, sin necesidad de otras normas o actuaciones que las desarrollen o hagan aplicables al recurrente (Ley de la Jurisdicción Constitucional, art. 30,a). Sin embargo, en estos casos, el amparo contra la ley de aplicación directa no es directamente resuelto por la Sala Constitucional, sino que debe ser convertido en una acción de inconstitucionalidad de la ley impugnada.[941] En dichos casos, el presidente de la Sala Constitucional debe suspender el procedimiento de amparo y dar al recurrente quince días para formalizar una acción directa de inconstitucionalidad contra la ley (Ley de la Jurisdicción Constitucional de Costa Rica, art. 48). Así que solo después que la ley es anulada por la Sala Constitucional, la acción de amparo será decidida.

En el Perú, de manera similar a la solución argentina y después de discusiones habidas bajo la legislación precedente,[942] el Código Procesal Constitucional dispone que cuando se invoque la amenaza o violación de actos que tienen como sustento la aplicación de una norma incompatible con la Constitución, la sentencia que declare fundada la demanda dispondrá, además, la inaplicabilidad de la citada norma (art. 3). En este caso también, para decidir, el tribunal debe utilizar sus facultades de control jurisdiccional a través del método difuso.

También en Colombia, la acción de tutela está excluida respecto de todos los "actos de carácter general, impersonal y abstracto" (art. 6,5); y en Nicaragua, la acción de amparo no es admisible "en contra del proceso de formación de la ley desde la introducción de la correspondiente iniciativa hasta la publicación del texto definitivo (Ley de Amparo, art. 7)

### 2. *El amparo contra las actuaciones ejecutivas y actos administrativos*

#### A. *El amparo contra actos del Poder Ejecutivo*

Con respecto a las autoridades del Poder Ejecutivo, el principio general es que la acción de aparo es admisible respecto de los actos administrativos, hechos u omisiones de los órganos e entidades públicas que integran la Administración Pública, en

---

940 Véase Luis Alberto Viera, *Ley de Amparo*, Ediciones Idea, Montevideo 1993, pp. 23.

941 Véase Rubén Hernández, *Derecho Procesal Constitucional*, Editorial Juricentro, San José 2001, pp. 45, 208–209, 245, 223.

942 Particularmente y respecto de las acciones de amparo contra leyes de aplicación directa, Véase Samuel B. Abad Yupanqui, *El proceso constitucional de amparo*, Gaceta Jurídica, Lima, 2004, pp. 352-374.

todos sus niveles (nacional, estadal y municipal), incluyendo las entidades descentralizadas, autónomas, independientes y desconcentradas. La acción de amparo, por supuesto, también procede contra los actos dictados por la cabeza del poder ejecutivo, es decir, por el Presidente de la Republica.

No obstante, en relación con actos administrativos y en general del Poder Ejecutivo, algunas restricciones específicas se han establecido en América latina, por ejemplo, en México, donde el acto presidencial específico de expulsión de un extranjero del territorio (art. 33)[943] no puede ser impugnado por medio de la acción de amparo y, en Uruguay, contra los reglamentos del ejecutivo.[944]

Con relación a los actos administrativos, como se dijo antes, todos los países latinoamericanos admiten la posibilidad de la interposición de acciones de amparo contra dichos actos; y, aun en algunos países, como en Venezuela, la Ley de amparo (art. 5) dispone la posibilidad de ejercer la acción de dos maneras: en forma autónoma o en conjunción con un recurso contencioso-administrativo de nulidad del acto en cuestión.[945] La diferencia principal entre las dos vías[946] está, primero, en la natu-

943 Véase Eduardo Ferrer Mac-Gregor, *La acción constitucional de amparo en México y España. Estudio de derecho comparado*, Editorial Porrúa, México, 2002, p. 377.

944 Véase Luis Alberto Viera, *Ley de Amparo*, Ediciones Idea, Montevideo, 1993, p. 99.

945 Respecto de la última, la antigua Corte Suprema de Justicia en sentencia de 10 de julio de 1.991 (caso *Tarjetas Banvenez*), aclaró que en dicho caso, la acción no es una acción principal sino subordinada a la acción principal al que se le ha adjuntado y está sujeta a la decisión final anulatoria de la decisión que tiene que ser dictada en la acción principal. Véase texto en la *Revista de Derecho Público*, N° 47, Editorial Jurídica Venezolana, Caracas, 1991, pp. 169–174 y comentarios en *Revista de Derecho Público*, N° 50, Editorial Jurídica Venezolana, Caracas 1992, pp. 183–184. Es por esto que en estos casos la pretensión del amparo (que debe estar fundamentada en una presunción grave de la violación del derecho constitucional) tiene un carácter preventivo y temporal que consiste en la suspensión de los efectos del acto administrativo impugnado mientras se produce la decisión final en el recurso de nulidad. Este carácter cautelar de la protección del amparo mientras se resuelve la acción está, por tanto, sujeto a la decisión final a ser dictada en el proceso contencioso-administrativo de nulidad contra el acto impugnado. Véase en *Revista de Derecho Público*, N° 47, Editorial Jurídica Venezolana, Caracas 1991, pp. 170–171.

946 La principal diferencia entre ambos procedimientos según la Corte Suprema de Justicia es que, en el primer caso del recurso autónomo de amparo contra actos administrativos, el recurrente debe alegar una violación directa, inmediata y flagrante del derecho constitucional, el cual por sí mismo evidencia la necesidad de la orden de amparo como medio definitivo para restaurar la situación jurídica lesionada. En el segundo caso y dada la naturaleza suspensiva de la orden de amparo, la cual solo tiende a detener temporalmente los efectos del acto lesivo hasta que el recurso contencioso-administrativo que confirme o anule dicho acto sea decidido, las violaciones inconstitucionales alegadas de disposiciones constitucionales pueden ser formuladas junto con las violaciones de disposiciones legales, o correspondientes a una ley, que desarrollan disposiciones constitucionales; y porque es un recurso de control constitucional contra actos administrativos que persiguen la nulidad de éstos, pueden también dichos recursos fundamentarse en textos legales. Lo que la corte no puede hacer en estos casos de acciones conjuntas con el fin de suspender los efectos del acto administrativo impugnado, es fundamentar su decisión solamente en las alegadas violaciones de la ley porque esto significaría anticipar la decisión final en el recurso principal (de control constitucional de nulidad). *Idem*, pp. 171–172.

raleza del alegato: en el sentido de que en el primer caso, la violación alegada respecto del derecho constitucional debe ser una violación directa, inmediata y flagrante; en el segundo caso, lo que tiene que ser probado es la existencia de una grave presunción de la violación del derecho constitucional.

Y, segundo, hay también una diferencia en cuanto al objetivo general del procedimiento: en el primer caso, la sentencia pronunciada es una sentencia definitiva de tutela constitucional, de carácter restauradora; en el segundo caso, la sentencia sólo tiene carácter cautelar de suspensión de los efectos del acto impugnado, que queda sujeta a la decisión de la causa principal de nulidad.[947]

De manera similar a la solución venezolana, el artículo 8 de la Ley de tutela colombiana establece la posibilidad de interponer "la tutela como mecanismo transitorio" contra actos administrativos en conjunción con el recurso contencioso-administrativo de nulidad.

### B. *La acción de amparo y las cuestiones políticas*

Un tema importante en relación al amparo contra actos del Poder Ejecutivo, es el relacionado con los llamados actos políticos o las llamadas cuestiones políticas, lo cual, sin embargo, en América Latina solo es relevante en Argentina y Perú.

En efecto, de acuerdo con la doctrina que se originó en los Estados Unidos con relación al control jurisdiccional de constitucionalidad, siempre se ha considerado como exentos de control judicial a los actos de naturaleza política, todo ello, en el marco de la "separación de los poderes" y de las relaciones que deben existir "entre la rama judicial y las agencias coordinadas del gobierno federal".[948] En estos casos se considera que la Corte Suprema ha considerado que la solución de las controversias constitucionales corresponde a las ramas políticas del gobierno, quedando excluidos de control judicial. Esas cuestiones políticas, en general, son las relativas a las relaciones exteriores que impliquen definición de "política general, consideraciones de extrema magnitud y, ciertamente, por entero fuera de la competencia de una corte de justicia."[949] En todos estos casos, desde luego, aun cuando pueda elabo-

---

947 *Idem*, p. 172. Véase t. respecto de la nulidad del artículo 22 de la ley orgánica de amparo, la decisión de la anterior Corte Suprema del 21 de mayo de 1.996 en Allan R. Brewer-Carías, *Instituciones Políticas y Constitucionales,* Vol. V, *Derecho y Acción de Amparo*, Editorial Jurídica Venezolana, Caracas 1996, pp. 392 ss.

948 Véase *Baker v. Carr,* 369 U.S. 186 (1962), en M. Glenn Abernathy and Barbara A. Perry, *Civil Liberties under the Constitution*, Sixth Edition, University of South Carolina Press, 1993, pp. 6–7.

949 Véase *Ware v. Hylton*, 3 Dallas, 199 (1796). Las decisiones sobre relaciones exteriores por lo tanto y como declaró el magistrado Jackson en *Chicago and Southern Air Lines v. Waterman Steamship Co.* (1948): "Están enteramente confinadas por nuestra constitución a los departamentos políticos del gobierno ... Son decisiones de una naturaleza para la que el poder judicial no tiene aptitudes, facilidades ni responsabilidad y que, desde mucho tiempo, ha sido considerada pertenencia del dominio del poder político, no sujeto a la intromisión o cuestionamiento judicial." *Chicago and Southern Air Lines v. Waterman Steamship Co.*, 333 US 103 (1948), p. 111. Aunque desarrollada principalmente para materias de asuntos exteriores, la Corte Suprema también ha considerado como *cuestiones políticas* determinadas materias relacionadas con el manejo de los asuntos interiores, los cuales son por lo tanto no enjuiciables jurisdiccionalmente; como, por ejemplo, la decisión de si un estado debe tener una for-

rarse una lista de "cuestiones políticas" que no sean justiciables, la responsabilidad última en determinarlas corresponde a la Corte Suprema.[950]

Siguiendo esta doctrina e igualmente sin ninguna base constitucional expresa, la Corte Suprema en Argentina y el Tribunal Constitucional en Perú[951] también han desarrollado la misma eximente para el control judicial y las acciones de amparo en materias políticas.

La excepción argentina se refiere principalmente a los denominados "actos de gobierno" o "actos políticos" referidos, por ejemplo, a las declaraciones de guerra y de estados de sitio; a las intervenciones del gobierno central en las provincias, a la "conveniencia pública" con fines de expropiación, a la emergencia para aprobar determinados tributos impositivos directos; y a los actos relativos a las relaciones exteriores como son el reconocimiento de nuevos Estados o gobiernos extranjeros, o la expulsión de extranjeros.[952] Todos estos actos son considerados en Argentina como asuntos de carácter político, que son dictados por los órganos políticos del Estado de acuerdo con las atribuciones que les han sido atribuidas exclusiva y directamente en la Constitución; razón por la cual se los considera fuera del ámbito de la acción de amparo.

En esta materia, también debe mencionarse en argentina, la restricción establecida en la Ley de amparo, al establecer la inadmisibilidad de la acción de amparo contra actos dictados en aplicación expresa de la Ley de Defensa Nacional (Ley N° 16.970, art. 2,b).[953]

### C. *La acción de amparo y el funcionamiento de los servicios públicos*

Finalmente y en relación con los actos administrativos, también en Argentina la Ley de amparo establece la inadmisibilidad de la acción de amparo en casos en los cuales la intervención judicial comprometa directa o indirectamente "la regularidad, continuidad y eficacia de la prestación de un servicio público, o el desenvolvimiento

---

ma republicana de gobierno y la cual en Luther v. Borden (1849) fue considerada una "decisión vinculante para cada uno de los departamentos del gobierno y que no podía ser cuestionada en un tribunal judicial." *Luther v. Borden* 48 U.S. (7 Howard), 1, (1849). *Idem*, pp. 6–7.

950 Como dijo la corte en *Baker v. Carr* 369 U.S. 186 (1962): "Decidir si una materia ha sido, en cualquier medida, atribuida por la constitución a otra rama del gobierno o si la acción de esa rama excede la autoridad cualquiera que se le haya atribuido -dijo la corte, es en sí mismo un ejercicio delicado de interpretación constitucional y es responsabilidad de esta corte decidirlo como intérprete último de la constitución." *Idem*, p. 6-7.

951 Véase Samuel B. Abad Yupanqui, *El proceso constitucional de amparo*, Gaceta Jurídica, Lima 2004, pp. 128 ss.

952 Para que esta excepción sea aplicada, se ha considerado que el acto impugnado debe en forma clara y exacta basarse en las disposiciones de dicha ley. Véase José Luis Lazzarini, *El juicio de amparo*, La Ley, Buenos Aires 1987, p. 190 ss.; Néstor Pedro Sagüés, *Derecho procesal Constitucional*, Vol. 3, "Acción de amparo," Editorial Astrea, Buenos Aires 1988, pp. 270 ss.; Alí Joaquín Salgado, *Juicio de amparo y acción de inconstitucionalidad*, Astrea, Buenos Aires 1987, p. 23.

953 Véase caso *Diario El Mundo c/ Gobierno nacional*, CNFed, Sala 1 ContAdm, 30 de abril de 1.974, JA, 23-1974-195. Véanse los comentarios en Néstor Pedro Sagüés, *Derecho procesal Constitucional*, Vol. 3, *Acción de amparo*, Editorial Astrea, Buenos Aires 1988, pp. 212–214.

de actividades esenciales del Estado" (art. 2,c). La misma disposición se establece respecto de la acción de amparo en el Código de Procedimiento Civil de Paraguay (art. 565,c).

Dado la forma de redacción y la utilización de conceptos indeterminados (comprometer, directo, indirecto, regularidad, continuidad, eficacia, prestación, servicio público) y debido al hecho que cualquier actividad administrativa del Estado puede siempre relacionarse con un servicio público,[954] esta disposición ha sido altamente criticada en Argentina, considerando que con su aplicación materialmente sería difícil que un amparo se decida contra el Estado.[955]

En todo caso la decisión final corresponde a los tribunales y si bien es verdad que en la práctica la excepción no ha sido casi nunca utilizada,[956] en algunas materias importantes sí se ha alegado.[957]

### 3. *El amparo contra las sentencias y actos judiciales*

#### A. *La admisión de los recursos de amparo contra las decisiones judiciales*

En contraste con la admisión general de la acción de amparo contra actos administrativos y en general, actos del Poder Ejecutivo (incluyendo aquellos actos administrativos dictados por los tribunales), lo mismo no puede decirse respecto de las decisiones judiciales, las cuales en muchos casos se han excluido del ámbito de la acción de amparo. En otras palabras, si bien la acción de amparo está admitido en muchos países de América Latina contra los actos judiciales, en la mayoría de los países han sido expresamente excluidos y considerados inadmisibles, específicamen-

954 *Idem*, pp. 226 ss.

955 Véase José Luis Lazzarini, *El juicio de amparo*, La Ley, Buenos Aires 1987, p. 231.

956 *Idem*, p. 233; Néstor Pedro Sagüés, *Derecho procesal Constitucional*, Vol. 3, *Acción de amparo*, Editorial Astrea, Buenos Aires 1988, p. 228.

957 Pasó, por ejemplo, en las acciones de amparo interpuestas en 1.985 contra la decisión del Banco Central de la República suspendiendo, por algunos meses, el plazo de los pagos de depósitos en moneda extranjera. Aunque algunos tribunales rechazaron las acciones de amparo en el asunto (v. CFed *BBlanca* case, 13 de agosto de 1.985, ED, 116-116, en Alí Joaquín Salgado, *Juicio de amparo y acción de inconstitucionalidad*, Editorial Astrea 1987, p. 51, note 59), en el caso *Peso*, la Cámara Nacional de Apelaciones en lo Contencioso-Administrativo Federal de Buenos Aires decidió rechazar los argumentos que pedían el rechazo de la acción de amparo basados en el concepto de que el caso es uno relativo a un "servicio público", considerando que las actividades del Banco Central no posee los elementos para ser considerado un servicio público como tal. Véase CNFedConAdm, Sala IV, 13 de junio de 1.985, ED, 114-231in Alí Joaquín Salgado, *Juicio de amparo y acción de inconstitucionalidad*, Editorial Astrea 1987, p. 50, nota 56. Algunos años mas tarde y respecto de una decisión similar del Banco Central de Venezuela sobre los impagos de los depósitos en moneda extranjera, en los casos referidos como *Corralito*, no hubo alegato alguno que considerara esas decisiones del Banco Central (que fueron tomadas en un estado nacional de emergencia económica) como actividades correspondientes a un servicio público. En tales casos, las acciones de amparo fueron admitidas y declaradas con lugar, pero con múltiples incidentes judiciales. Véase, por ejemplo, los casos Smith y San Luis, 2.002, en Antonio María Hernández, *Las emergencias y el orden constitucional*, Universidad Nacional Autónoma de México, México, 2003, pp. 71 ss., 119 ss. En dichos casos, las leyes y decretos de emergencia económica fueron declarados inconstitucionales.

te cuando las decisiones judiciales son pronunciadas en ejercicio del poder jurisdiccional.[958]

Respecto de los países que admiten el recurso de amparo para la tutela de los derechos constitucionales contra decisiones judiciales, puede decirse que ello ha sido la tradición en México (el amparo casación);[959] admitiéndose además, en general, en Guatemala (art. 10,h), Honduras (art. 9,3 y 10,2,a), Panamá (art. 2.615),[960] Perú y Venezuela.

El principio general en estos casos, según lo dispone el Código Procesal Constitucional peruano, es que el amparo es admitido contra resoluciones judiciales firmes dictadas con manifiesto agravio a la tutela procesal efectiva, que comprende el acceso a la justicia y el debido proceso (art. 4).[961] En el caso de Venezuela, de manera similar a como estaba establecido en la legislación de Perú antes de la sanción del Código, el artículo 4 de la Ley de amparo dispone que en los casos de decisiones judiciales "procede la acción de amparo cuando un Tribunal de la República, actuando fuera de su competencia, dicte una resolución o sentencia u ordene un acto que lesione un derecho constitucional." Debido a que ningún tribunal puede tener facultad para ilegítimamente causar una lesión a los derechos y garantías constitucionales, el amparo contra decisiones judiciales es ampliamente admitido cuando la decisión de un tribunal lesiona directamente los derechos constitucionales del accionante, normalmente vinculados al debido proceso.

El caso de Colombia también debe mencionarse, especialmente debido al hecho que el artículo 40 del decreto Nº 2.591 de 1.991 que reguló la acción de tutela apenas sancionada la Constitución, admitió la acción de tutela contra decisiones judiciales, lo que por lo demás, no estaba excluido en la Constitución. Por consiguiente, el Decreto expresamente estableció la posibilidad de intentar la acción de *tutela* contra actos judiciales cuando éstos infligieran daños directos a los derechos fundamentales. En esos casos, la *tutela* debía ser interpuesta *junto con el recurso apropiado*, es decir, el recurso de apelación. No obstante esta admisibilidad establecida por una ley de la tutela contra decisiones judiciales, en 1.992, la Corte Constitucional declaró su inconstitucionalidad, anulando la norma porque se la consideró contraria al principio de intangibilidad de los efectos de la cosa juzgada.[962]

Por consiguiente, la acción de *tutela* contra las decisiones judiciales fue eliminada, pero no por mucho tiempo. Solo un año más tarde y después de numerosas deci-

958 Por consiguiente, los actos administrativos dictados por los tribunales pueden ser impugnados mediante el amparo. Véase, por ejemplo, en relación con Argentina a Néstor Pedro Sagüés, *Derecho procesal Constitucional*, Vol. 3, *Acción de amparo*, Editorial Astrea, Buenos Aires 1988, pp. 197 ss.

959 Véase Richard D. Baker, *Judicial Review in México. A Study of the Amparo Suit*, Texas University Press, Austin 1971, p. 98.

960 En este caso, sin ningún efecto suspensivo. Véase Boris Barrios González, *Derecho Procesal Constitucional*, Editorial Portobelo, Panamá 2.002, p. 159.

961 Véase Samuel B. Abad Yupanqui, *El proceso constitucional de amparo*, Gaceta Jurídica, Lima 2004, p. 326.

962 Véase Decisión C-543 del 1 de octubre de 1.992 en Manuel José Cepeda Espinosa, *Derecho Constitucional jurisprudencial. Las grandes decisiones de la Corte Constitucional*, Legis, Bogotá 2001, pp. 1009 ss.

siones judiciales con respecto a la materia, la misma Corte Constitucional readmitió la acción de *tutela* contra las decisiones judiciales cuando constituyesen vías de hecho,[963] es decir, cuando fuesen pronunciadas como consecuencia de un ejercicio arbitrario de la función judicial, violando los derechos constitucionales del demandante.[964] De manera que, de acuerdo con esta doctrina, la cual es aplicable a casi todos los casos en que la acción de amparo es incoada contra decisiones judiciales, éstas, para que sean impugnadas por vía de la acción de tutela deben haber sido pronunciadas en violación grave y flagrante de las garantías al debido proceso legal, constituyéndose en una decisión ilegítima o arbitraria sin soporte legal ninguno.

Aparte del requisito general establecido de requerir el previo agotamiento de los recursos judiciales ordinarios disponibles contra la decisión impugnada, en los países de América Latina donde se admite la acción de amparo contra las decisiones judiciales, algunas limitaciones se han establecido respecto de las decisiones de la Cortes Supremas (México, Panamá art. 2,615, Venezuela art. 6,6) o del Tribunal Constitucional (Perú), que no pueden ser objeto de las acciones de amparos.

Por otra parte, otras restricciones se han establecido respecto de las decisiones judicial que se dicten en los procedimientos de amparo, las cuales no pueden ser objeto de otra acción de amparo, como se dispone en Honduras (art. 45,2) y en México (art. 73,II).[965] En otros países, por el contrario, la acción de amparo es admitidas aun contra decisiones judiciales dictadas en materia de amparo, como sucede en de Colombia,[966] Perú[967] y Venezuela,[968] tomando en consideración que esas decisiones también pueden, por sí mismas, violar derechos constitucionales del recurrente o del recurrido, distintos de aquellos reclamados en el recurso original de amparo.

### B. *La exclusión de los recursos de amparo contra las decisiones judiciales*

Aparte de los casos antes mencionados, sin embargo, puede decirse que la tendencia general en los países de América Latina, es el rechazo de la acción de amparo contra las decisiones judiciales, como es el caso en Argentina (art. 2,b),[969] Bolivia

---

963 Véase Decisión S-231 del 13 de mayo de 1.994, *Idem*, pp. 1022 ss.

964 Véase Decisión US-1218 del 21 de noviembre de 2.001. Véase en Juan Carlos Esguerra, *La protección constitucional del ciudadano,* Legis, Bogotá 2004, p. 164. Véase Eduardo Cifuentes Muñoz, "Tutela contra sentencias (El caso colombiano)," en Humberto Nogueira Alcalá (Ed.), *Acciones constitucionales de amparo y protección: realidad y perspectivas en Chile y América Latina*, Editorial Universidad de Talca, Talca 2000, pp. 307 ss.

965 Véase Eduardo Ferrer Mac-Gregor, *La acción constitucional de amparo en México y España. Estudio de derecho comparado*, Editorial Porrúa, México, 2002, p. 379.

966 Véase Juan Carlos Esguerra, *La protección constitucional del ciudadano*, Legis, Bogotá 2004, p. 164.

967 Véase Samuel B. Abad Yupanqui, *El proceso constitucional de amparo*, Gaceta Jurídica, Lima 2004, pp. 327, 330.

968 Véase Allan R. Brewer-Carías, *Instituciones Políticas y Constitucionales,* Vol. V, *Derecho y Acción de Amparo*, Universidad católica del Táchira, Editorial Jurídica Venezolana, San Cristóbal-Caracas 1998, pp. 263 ss.

969 Véase Joaquín Brague Camazano, *La Jurisdicción constitucional de la libertad (Teoría general, Argentina, México, Corte Interamericana de Derechos Humanos)*, Editorial Porrúa, México 2005, p. 98. José Luis Lazzarini, *El juicio de amparo*, Editorial La Ley, Buenos Ai-

(art. 96,3), Brasil (art. 5,II), Costa Rica (art. 30,b),[970] Chile,[971] República Dominicana (art. 3,a),[972] Ecuador,[973] Nicaragua (art. 51,b) Paraguay (art. 2,a) y Uruguay (art. 2,a).[974]

En El Salvador y Honduras la exclusión está limitada a los actos judiciales "puramente civiles, comerciales o laborales, y respecto de sentencias definitivas ejecutoriadas en materia penal." (El Salvador, art. 13; Honduras, art. 46.7). También, en Brasil el *mandado de segurança* está excluido contra decisiones judiciales cuando de acuerdo con las normas procesales, existe contra ellas un recurso judicial o cuando tales decisiones pueden ser modificadas por otros medios (art. 5,II).

4. *El amparo contra actos de otros órganos constitucionales*

Aparte de los actos de las ramas legislativa, ejecutiva y judicial, el principio de la separación de los poderes ha dado origen en el derecho constitucional latinoamericano contemporáneo a otros órganos del Estado independientes de dichas clásicas tres ramas del Poder Público. Este es el caso de los cuerpos u órganos electorales encargados de dirigir los procesos electorales, de las oficinas de Defensoría del Pueblo o de los Derechos Humanos, de las entidades fiscalizadoras o Contralorías Generales, y de los Consejos de la Judicatura o de la Magistratura establecidos para la dirección y administración de las cortes y tribunales.

Debido a que dichos órganos emanan actos estatales, los mismos, al igual que sus hechos y omisiones, pueden ser objeto de acciones de amparo cuando violen derechos constitucionales. No obstante, algunas excepciones también han sido establecidas para negar la admisibilidad de acciones de amparo, por ejemplo, contra los cuerpos electorales como sucede en Costa Rica (art. 30,d),[975] México (art. 73,VII),[976] Nicaragua (art. 51,5), Panamá (art. 2.615),[977] y Uruguay (art. 1,b).

---

res, 1987, pp. 218–223; Alí Joaquín Salgado, *Juicio de amparo y acción de inconstitucionalidad*, Astrea, Buenos Aires 1987, p. 46.

970 Véase Rubén Hernández Valle, *Derecho Procesal Constitucional*, Editorial Juricentro, San José 2001, pp. 45, 206, 223, 226.

971 Véase Juan Manuel Errazuriz G. y Jorge Miguel Otero A., *Aspectos procesales del recurso de protección*, Editorial Jurídica de Chile, Santiago, 1989, p. 103. No obstante, algunos autores consideran que el recurso de tutela es admisible contra decisiones judiciales cuando son pronunciadas en forma arbitraria y en violación de los derechos al debido proceso. Véase Humberto Nogueira Alcalá, "El derecho de amparo o protección de los derechos humanos, fundamentales o esenciales en Chile: evolución y perspectivas," en Humberto Nogueira Alcalá (Editor), *Acciones constitucionales de amparo y protección: realidad y perspectivas en Chile y América Latina*, Editorial Universidad de Talca, Talca 2000, p. 45.

972 Véase Eduardo Jorge Prats, *Derecho Constitucional*, Vol. II, Gaceta Judicial, Santo Domingo 2005, p. 391.

973 Véase Hernán Salgado Pesantes, *Manual de Justicia Constitucional Ecuatoriana*, Corporación Editora Nacional, Quito 2004, p. 84.

974 Véase Luis Alberto Viera, *Ley de Amparo*, Ediciones Idea, Montevideo 1993, pp. 50, 97.

975 Véase Rubén Hernández Valle, *Derecho Procesal Constitucional*, Editorial Juricentro, San José 2001, pp. 228–229. Otras materias decididas por el Tribunal Supremo de Elecciones como nacionalidad, capacidad o estado civil son materias sujetas al control jurisdiccional mediante el amparo. Véase José Miguel Villalobos, "El recurso de amparo en Costa Rica,"

En Perú, el artículo 5.8 del Código Procesal Constitucional también excluía la acción de amparo contra las decisiones del Juzgado Nacional de Elecciones, norma que sin embargo fue anulada por el Tribunal Constitucional al ejercer el control de convencionalidad, invocando el carácter vinculante de la jurisprudencia de la Corte Interamericana, incluidas sus opiniones consultivas.[978] En Perú, sin embargo, subsiste la exclusión de los recursos de amparo contra los actos del Consejo de la Magistratura de destitución o ratificación de jueces (art. 5,7) dictados en forma debidamente motivada y con previa audiencia del interesado.[979]

5. *El amparo contra las omisiones de entes públicos*

Aparte de los actos o acciones positivas de funcionarios o autoridades públicas o de individuos, el recurso de amparo también puede incoarse contra las omisiones de las autoridades cuando las correspondientes entidades o funcionarios públicos no cumplen con sus obligaciones generales, causando daño o amenazando los derechos constitucionales.

En estos casos de las omisiones de funcionarios públicos, la acción de amparo contra los mismos es admitida en general en América Latina, de manera de obtener, de parte de un tribunal, una orden dirigida contra el funcionario público obligándole a actuar en el asunto respecto del cual tiene autoridad o jurisdicción.

En todo caso, para que una omisión pueda sea objeto de una acción de amparo, debe infligir un daño directo al derecho constitucional del recurrente. Si en cambio se tratase de un derecho de rango legal, en algunos países como Venezuela, la acción de amparo será inadmisible estando la parte afectada obligada a utilizar los recursos judiciales ordinarios, como el recurso contencioso-administrativo por caren-

---

en Humberto Nogueira Alcalá (Editor), *Acciones constitucionales de amparo y protección: realidad y perspectivas en Chile y América Latina*, Editorial Universidad de Talca, Talca 2000, pp. 222–223.

976 Véase Eduardo Ferrer Mac-Gregor, *La acción constitucional de amparo en México y España. Estudio de derecho comparado*, Editorial Porrúa, México 2002, p. 378; Véase Richard D. Baker, *Judicial Review in México. A Study of the Amparo Suit*, Texas University Press, Austin 1971, pp. 98, 152.

977 Véase Boris Barrios González, *Derecho Procesal Constitucional*, Editorial Portobelo, Panamá 2002, p. 161.

978 Véase sentencia del Tribunal Constitucional del Perú de 19 de junio de 2007 dictada en el caso *Colegio de Abogados del Callao vs. Congreso de la República*, (00007-2007-PI/TC-19); citada por Carlos Ayala Corao, "El diálogo jurisprudencial entre los Tribunales internacionales de derechos humanos y los Tribunales constitucionales," en Boris Barrios González (Coordinador), *Temas de Derecho Procesal Constitucional Latinoamericano*, Memorias I Congreso panameño de Derecho Procesal Constitucional y III Congreso Internacional Proceso y Constitución, Panamá 2012, p. 176. Antes de la anulación, sin embargo, la acción de amparo se admitía si la decisión del Jurado Nacional de Elecciones no tenía una naturaleza jurisdiccional o, teniéndola, violaba la efectiva protección judicial (el debido proceso). Véase Samuel B. Abad Yupanqui, *El proceso constitucional de amparo,* Gaceta Jurídica, Lima 2004, pp. 128, 421, 447.

979 Véase Samuel B. Abad Yupanqui, *El proceso constitucional de amparo*, Gaceta Jurídica, Lima 2004, p. 126.

cia u omisión.[980] A fin de determinar cuándo sea posible intentar la acción de amparo contra las omisiones de los funcionarios públicos, el elemento clave establecido por los tribunales en Venezuela se ha referido a la naturaleza de los deberes de los funcionarios públicos, de manera que la acción de amparo sólo es admisible cuando la materia haga referencia a un deber constitucional en general del funcionario, y no a deberes específicos conforme a una ley.

980 Véanse las decisiones de la antigua Corte Suprema de Justicia, Sala Político-Administrativa del 5 de noviembre de 1.992, caso *Jorge E. Alvarado*, en *Revista de Derecho Público*, N° 52, Editorial Jurídica Venezolana, Caracas 1992, p. 187; y 18 de noviembre de 1.993 en la *Revista de Derecho Público*, N° 55-56, Editorial Jurídica Venezolana, Caracas 1993, p. 295.

# SÉPTIMA PARTE

# EL JUEZ CONSTITUCIONAL Y EL DESPRECIO A LAS SENTENCIAS DE LA CORTE INTERAMERICANA DE DERECHOS HUMANOS*

## I. EL CARÁCTER VINCULANTE DE LAS SENTENCIAS DE LA CORTE INTERAMERICANA DE DERECHOS HUMANOS, Y LAS PRIMERAS MANIFESTACIONES DE DESACATO POR LOS ESTADOS: EL CASO DEL PERÚ EN 1999

Al reconocer los Estados Partes de la Convención Americana de Derechos Humanos, la jurisdicción de la Corte Interamericana de Derechos Humanos, como lo expresa el artículo 68.1 de la Convención, los mismos "se comprometen a cumplir la decisión de la Corte en todo caso en que sean partes."

Más clara no puede haberse expresado esta obligación sobre la cual la propia Corte Interamericana tuvo ocasión de pronunciarse en su la sentencia dictada en el caso *Castillo Petruzzi y otros vs. Perú* el 4 de septiembre de 1998 (Excepciones Preliminares)[981] al desestimar la excepción que había alegado el Estado peruano contra la competencia de la Corte Interamericana basándose en el supuesto "desconocimiento" por parte de la misma "de los principios de soberanía y jurisdicción," considerando que "la decisión soberana de cualquier organismo jurisdiccional del Perú no podía ser modificada y menos aún dejada sin efecto por ninguna autoridad nacional, extranjera o supranacional."

Al decidir sobre este alegato, la Corte Interamericana comenzó por "recordarle" al Estado que el Perú había "suscrito y ratificado la Convención Americana," y que con ello "aceptó las obligaciones convencionales" contenidas en la misma, y ello lo había hecho, "precisamente en el ejercicio de su soberanía (par. 110), por lo que:

---

* Texto base de las conferencias dictadas en el "Conversatorio: Primer Centenario de la Justicia Administrativa en Bolívar. Contribuyendo al Fortalecimiento del Estado de Derecho", organizado por el *Tribunal Administrativo de Bolívar y la Universidad San Buenaventura de Cartagena, con la participación del Consejo de Estado*, Cartagena 24 de julio de 2014; y en el "5° Coloquio Iberoamericano: Estado Constitucional y Sociedad" organizado por la *Universidad Veracruzana y el Poder Judicial del Estado de Veracruz*, Xalapa 6 y 7 de noviembre de 2014.

981 Véase en http://www.corteidh.or.cr/docs/casos/articulos/seriec_41_esp.pdf

"Al constituirse como Estado Parte en la Convención, el Perú admitió la competencia de los órganos del sistema interamericano de protección de los derechos humanos, y por ende se obligó, también en ejercicio de su soberanía, a participar en los procedimientos ante la Comisión y la Corte y asumir las obligaciones que derivan de éstos y, en general, de la aplicación de la Convención" (párr. 102).

Concluyó la Corte Internacional desestimando la excepción del Estado, indicándole al Perú que así las víctimas hubiesen actuado en ese caso, como lo afirmaba el Perú, en forma inconsecuente con las disposiciones de la Convención y de la ley nacional a la que debían sujetarse, ello en ningún caso releva al Estado de su obligación "de cumplir las obligaciones que éste asumió como Estado Parte en la Convención."

Posteriormente, en el mismo caso, la Corte Interamericana de Derechos Humanos dictó la sentencia de 30 de mayo de 1999 (Serie C, núm. 52), sobre el fondo, y ejerciendo el control de convencionalidad condenó al Estado peruano por violación de los derechos humanos de las víctimas indicados en los artículos 20; 7.5; 9; 8.1; 8.2.b,c,d y f; 8.2.h; 8.5; 25; 7.6; 5; 1.1 y 2, declarando además "la invalidez, por ser incompatible con la Convención," del proceso penal que se había seguido contra de los señores Jaime Francisco Sebastián Castillo Petruzzi y otros, ordenando que se les garantizase "un nuevo juicio con la plena observancia del debido proceso legal." Ordenó, además, la Corte:

"al Estado, adoptar las medidas apropiadas para reformar las normas que han sido declaradas violatoria de la Convención Americana sobre Derechos Humanos en la presente sentencia y asegurar el goce de los derechos consagrados en la Convención Americana sobre derechos Humanos a todas las personas que se encuentran bajo su jurisdicción, sin excepción alguna."

En relación con esa decisión de la Corte Interamericana, sin embargo, la Sala Plena del Consejo Supremo de Justicia Militar del Perú se negó a ejecutar el fallo, considerando en una decisión, entre otras cosas:

"que el poder judicial "*es autónomo y en el ejercicio de sus funciones sus miembros no dependen de ninguna autoridad administrativa, lo que demuestra un clamoroso desconocimiento de la Legislación Peruana en la materia*"; que "*pretenden desconocer la Constitución Política del Perú y sujetarla a la Convención Americana sobre Derechos Humanos en la interpretación que los jueces de dicha Corte efectúan ad-libitum en esa sentencia*"; que el fallo cuestionado, dictado por el Tribunal Supremo Militar Especial, adquirió la fuerza de la cosa juzgada, "*no pudiendo por lo tanto ser materia de un nuevo juzgamiento por constituir una infracción al precepto constitucional*"; que "*en el hipotético caso que la sentencia dictada por la Corte Interamericana fuera ejecutada en los términos y condiciones que contiene, existiría un imposible jurídico para darle cumplimiento bajo las exigencias impuestas por dicha jurisdicción supranacional*", pues "*sería requisito ineludible que previamente fuera modificada la Constitución" y que "la aceptación y ejecución de la sentencia de la*

> *Corte en este tema, pondría en grave riesgo la seguridad interna de la República.*"[982]

Lo contrario es precisamente lo que deriva del control de convencionalidad atribuido a la Corte Interamericana. Sin embargo, con base en esa declaración adoptada por la Sala Plena del Consejo Supremo de Justicia Militar del Perú donde planteaba la inejecutabilidad del fallo de 30 de mayo de 1999, el Estado Peruano alegó ante la Corte Interamericana que ésta, con su sentencia, pretendía "invalidar y ordenar la modificación de normas constitucionales y legales," lo que afectaba "la soberanía del Estado."

Ante el incumplimiento, la Corte Interamericana dictó una nueva decisión (Resolución) el 17 de noviembre de 1999 ("Cumplimiento de la sentencia") [983] considerando que "el artículo 68.1 de la Convención Americana sobre Derechos Humanos estipula que "los Estados Partes en la Convención se comprometen a cumplir la decisión de la Corte en todo caso en que sean partes," por lo que "las obligaciones convencionales de los Estados Partes vinculan a todos los poderes y órganos del Estado," resolviendo que el Estado tenía el deber de cumplir la sentencia, ya que dicha:

> "[...] obligación corresponde a un principio básico del derecho de la responsabilidad internacional del Estado, respaldado por la jurisprudencia internacional, según el cual los Estados deben cumplir sus obligaciones convencionales de buena fe (*pacta sunt servanda*) y, como ya ha señalado esta Corte, no pueden por razones de orden interno dejar de asumir la responsabilidad internacional ya establecida." (par. 4).

Lo anterior ocurrió durante el régimen autoritario que tuvo el Perú en la época del Presidente Fujimori, lo que condujo a que dos meses después de dictarse la sentencia de la Corte Interamericana del 30 de mayo de 1999, el Congreso del Perú aprobase el 8 de julio de 1999 el retiro del reconocimiento de la competencia contenciosa de la Corte, lo que se depositó al día siguiente en la Secretaría General de la OEA.

Este retiro, sin embargo, fue declarado inadmisible por la propia Corte Interamericana en la sentencia del caso *Ivcher Bronstein* de 24 de septiembre de 1999, considerando que un "Estado parte sólo puede sustraerse a la competencia de la Corte mediante la denuncia del tratado como un todo,"[984] que fue lo que en definitiva ocu-

---

982 Esta cita es extraída de la sentencia Nº 1.939 de la Sala Constitucional del Tribunal Supremo de Venezuela de 18 de diciembre de 2008 (Caso *Abogados Gustavo Álvarez Arias y otros*), en la cual también se declaró inejecutable una sentencia de la Corte Interamericana de Derechos Humanos. Véase en http://www.tsj.gov.ve/decisiones/scon/Diciembre/1939-181208-2008-08-1572.html.

983 Véase en http://www.corteidh.or.cr/docs/casos/articulos/Seriec_59_esp.pdf Véase también referencias a este caso en: Sergio García Ramírez (Coord.), *La Jurisprudencia de la Corte Interamericana de Derechos Humanos*, Universidad Nacional Autónoma de México, Corte Interamericana de Derechos Humanos, México, 2001, pp. 628-629

984 Véase Sergio García Ramírez (Coord.), *La Jurisprudencia..., cit*, pp. 769-771. En todo caso, posteriormente en 2001 Perú derogó la Resolución de julio de 1999, restableciéndose a plenitud la competencia de la Corte interamericana para el Estado.

rrió doce años después, en Venezuela, en 2012, después de haber desacatado el Estado las sentencias de la Corte Interamericana.[985]

## II. EL JUEZ CONSTITUCIONAL COMO INSTRUMENTO PARA LA VIOLACIÓN DE OBLIGACIONES CONVENCIONALES, Y LA DECLARATORIA DE LAS SENTENCIAS DE LA CORTE INTERAMERICANA DE DERECHOS HUMANOS COMO "INEJECUTABLES" EN VENEZUELA

La disyuntiva entre la obligación de cumplir con la Convención Interamericana y los supuestos derechos de soberanía que tienen los Estados para desligarse de las mismas, que se manifestó en el caso del gobierno autoritario del Perú en 1999, no tardó en plantearse también en el caso de Venezuela a medida que se fue consolidando el régimen autoritario que hemos padecido los venezolanos durante los últimos tres lustros, para cuya "resolución," fue la Jurisdicción Constitucional, es decir, la Sala Constitucional del Tribunal Supremo de Justicia, completamente controlada por el Poder Ejecutivo y el partido oficial del gobierno, la que fue preparando el terreno.

### 1. *El rol del Juez Constitucional en el cuestionamiento del valor de las decisiones de la Corte Interamericana de Derechos Humanos*

Ese proceso comenzó con la decisión Nº 1.942 de 15 de julio de 2003 (Caso: *Impugnación de artículos del Código Penal, Leyes de desacato*),[986] dictada para resolver una acción de inconstitucionalidad de normas del Código Penal que limitaban el derecho de expresión del pensamiento en relación con las actuaciones de los funcionarios públicos, criminalizando el ejercicio del derecho, en la cual se invocaba entre sus fundamentos la doctrina de la Comisión y de la Corte Interamericanas en materia de leyes de desacato. La Sala, en dicha sentencia, al referirse a los Tribunales Internacionales comenzó declarando en general, pura y simplemente, que en Venezuela, "por encima del Tribunal Supremo de Justicia y a los efectos del artículo 7 constitucional" que regula el principio de la supremacía constitucional,

> "no existe órgano jurisdiccional alguno, a menos que la Constitución o la ley así lo señale, y que aun en este último supuesto, la decisión que se contradiga con las normas constitucionales venezolanas, carece de aplicación en el país, y así se declara."

O sea, la negación total del ejercicio de sus funciones de control de convencionalidad por parte de la Corte Interamericana.[987]

---

985 Véase en general sobre estos temas Eduardo Meier García, *La eficacia de las sentencias de la Corte Interamericana de Derechos Humanos frente a las prácticas ilegítimas de la Sala Constitucional*, Academia de Ciencias Politicas Y Sociales, Serie Estudios Nº 15, Caracas 2014.

986 Véase en *Revista de Derecho Público*, Nº 93-96, Editorial Jurídica Venezolana, Caracas 2003, pp. 136 ss.

987 Véase Allan R. Brewer-Carías y Jaime Orlando Santofimio, *El Control de convencionalidad y responsabilidad del Estado,* Prólogo de Luciano Parejo, Universidad Externado de Colombia, Bogotá 2013.

En todo caso, la Sala continuó su argumentación distinguiendo, en el ámbito de los Tribunales Internacionales, aquellos de carácter supranacional como los derivados de los procesos de integración establecidos en aplicación de los artículos 73 y 153 de la Constitución que "contemplan la posibilidad que puedan transferirse competencias venezolanas a órganos supranacionales, a los que se reconoce que puedan inmiscuirse en la soberanía nacional"[988]; de aquellos de carácter multinacional y transnacional "que –dijo la Sala– nacen porque varias naciones, en determinadas áreas, escogen un tribunal u organismo común que dirime los litigios entre ellos, o entre los países u organismos signatarios y los particulares nacionales de esos países signatarios," considerando que en estos casos "no se trata de organismos que están por encima de los Estados Soberanos, sino que están a su mismo nivel."

En esta última categoría la Sala Constitucional ubicó precisamente a la Corte Interamericana de Derechos Humanos, considerando que en estos casos:

> "un fallo [de dicha Corte] violatorio de la Constitución de la República Bolivariana de Venezuela se haría inejecutable en el país. Ello podría dar lugar a una reclamación internacional contra el Estado, pero la decisión se haría inejecutable en el país, en este caso, en Venezuela."

La Sala, insistió en esta clásica y superada doctrina, señalando que:

> "Mientras existan estados soberanos, sujetos a Constituciones que les crean el marco jurídico dentro de sus límites territoriales y donde los órganos de administración de justicia ejercen la función jurisdiccional dentro de ese Estado, las sentencias de la justicia supranacional o transnacional para ser ejecutadas dentro del Estado, tendrán que adaptarse a su Constitución. Pretender en el país lo contrario sería que Venezuela renunciara a la soberanía."[989]

De esta afirmación resultó la otra afirmación general de la Sala Constitucional en 2003, de que fuera de los casos de procesos de integración supranacional,

> "la soberanía nacional no puede sufrir distensión alguna por mandato del artículo 1° constitucional, que establece como derechos *irrenunciables* de la Nación: la independencia, la libertad, la soberanía, la integridad territorial, la inmunidad y la autodeterminación nacional. Dichos derechos constitucionales son irrenunciables, no están sujetos a ser relajados, excepto que la propia Carta Fundamental lo señale, conjuntamente con los mecanismos que lo hagan posi-

---

988 En este caso de tribunales creados en el marco de un proceso de integración supranacional, la Sala puntualizó que "Distinto es el caso de los acuerdos sobre integración donde la soberanía estatal ha sido delegada, total o parcialmente, para construir una soberanía global o de segundo grado, en la cual la de los Estados miembros se disuelve en aras de una unidad superior. No obstante, incluso mientras subsista un espacio de soberanía estatal en el curso de un proceso de integración y una Constitución que la garantice, las normas dictadas por los órganos legislativos y judiciales comunitarios no podrían vulnerar dicha área constitucional, a menos que se trate de una decisión general aplicable por igual a todos los Estados miembros, como pieza del proceso mismo de integración." *Idem*, p. 140.

989 *Idem*, p. 139

ble, tales como los contemplados en los artículos 73 y 336.5 constitucionales, por ejemplo."[990]

Con esta decisión, sin duda, el terreno para proceder a declarar inejecutables las sentencias de la Corte Interamericana de Derechos Humanos por la propia Sala Constitucional ya estaba abonado, lo que precisamente ocurrió cinco años después, a partir de 2008, concluyendo el proceso con la lamentable denuncia de la Convención Americana por arte del Estado en 2012, lo que Fujimori no tuvo tiempo de hacer en el Perú en 1999.

### 2. *El inicio de la violación de las obligaciones convencionales por el Estado venezolano mediante el ejercicio del "control de constitucionalidad de las sentencias de la Corte Interamericana": el caso de los Magistrados de la Corte Primera de lo Contencioso Administrativo en 2008*

En Venezuela todo comenzó con la emisión de la sentencia de la Sala Constitucional del Tribunal Supremo N° 1.939 de 18 de diciembre de 2008 en el Caso *Abogados Gustavo Álvarez Arias y otros*, que más bien debió denominarse *Estado de Venezuela vs. Corte Interamericana de Derechos Humanos*, porque el Sr. Álvarez y los otros en realidad eran los abogados del Estado (Procuraduría General de la República), en la cual la Sala declaró inejecutable en el país la sentencia que había dictado la Corte Interamericana de Derechos Humanos Primera cuatro meses antes, el 5 de agosto de 2008 en el caso *Apitz Barbera y otros ("Corte Primera de lo Contencioso Administrativo") vs. Venezuela*, en la cual se había condenado al Estado Venezolano por violación de los derechos al debido proceso de los jueces de la Corte Primera de lo Contencioso Administrativo establecidas en la Convención Americana, al haber sido destituidos sin garantías judiciales algunas de sus cargos.[991]

Como estamos celebrando con júbilo el centenario del Tribunal Contencioso Administrativo de Bolívar, y por tanto, del desarrollo de esta jurisdicción tan importante para el Estado de derecho por ser la garantía más esencial para asegurar el sometimiento del mismo a la ley, es obligado que me refiera a lo que les sucedió a dichos jueces contencioso administrativos para que hubieran tenido que recurrir ante la Comisión Interamericana de Derechos Humanos en búsqueda de protección de sus derechos; hechos que además, tuvieron trágicas consecuencias en el proceso institucional de Venezuela, pues para los venezolanos marcaron el inicio del fin de la justicia contencioso administrativa y el inicio del fin del derecho de acceso a la justicia internacional en materia de derechos humanos.

Todo comenzó el 17 de julio de 2003 cuando la Federación Médica Venezolana inició un proceso contencioso administrativo de anulación con pretensión de tutela (amparo) por ante dicha Corte Primera de lo Contencioso Administrativo, contra los

---

990 *Idem*, p. 138

991 Véase Allan R. Brewer-Carías, "La interrelación entre los Tribunales Constitucionales de América Latina y la Corte Interamericana de Derechos Humanos, y la cuestión de la inejecutabilidad de sus decisiones en Venezuela," en Armin von Bogdandy, Flavia Piovesan y Mariela Morales Antonorzi (Coodinadores), *Direitos Humanos, Democracia e Integraçao Jurídica na América do Sul*, Lumen Juris Editora, Rio de Janeiro 2010, pp. 661-70; y en *Anuario Iberoamericano de Justicia Constitucional,* Centro de Estudios Políticos y Constitucionales, N° 13, Madrid 2009, pp. 99-136.

actos del Alcalde Metropolitano de Caracas, del Ministro de Salud y del Colegio de Médicos del Distrito Metropolitano de Caracas mediante los cuales se había decidido contratar médicos de nacionalidad cubana para el desarrollo de un importante programa asistencial de salud en los barrios de Caracas, pero sin que se cumplieran los requisitos para el ejercicio de la medicina establecidos en la Ley de Ejercicio de la Medicina. La Federación Médica Venezolana, actuando en representación de los derechos colectivos de los médicos venezolanos, consideró dicho programa como discriminatorio y violatorio de los derechos de los médicos venezolanos a ejercer su profesión (derecho al trabajo, entre otros), solicitando su protección.[992]

Un mes después, el 21 de agosto de 203, la Corte Primera dictó una simple medida cautelar de tutela (amparo) considerando que había suficientes elementos en el caso que hacían presumir la violación del derecho a la igualdad ante la ley de los médicos venezolanos, ordenando la suspensión temporal del programa de contratación de médicos cubanos, y ordenando al Colegio de Médicos del Distrito metropolitano el sustituir los médicos cubanos ya contratados sin licencia por médicos venezolanos o médicos extranjeros con licencia para ejercer la profesión en Venezuela.[993]

La respuesta gubernamental a esta decisión preliminar con medida cautelar, que tocaba un programa social muy sensible para el gobierno, fue el anuncio público hecho por el Ministro de Salud, por el Alcalde metropolitano y por el propio Presidente de la República de que la medida judicial cautelar dictada no iba a ser ejecutada en forma alguna.[994]

Estos anuncios fueron seguidos de varias decisiones gubernamentales: La primera, la Sala Constitucional del Tribunal Supremo de Justicia, controlada por el Poder Ejecutivo, se avocó al conocimiento del caso, y usurpando las competencias de la Corte Primera de lo Contencioso Administrativo, declaró la nulidad del amparo cautelar decretado. A ello siguió el hecho del allanamiento de la sede de la Corte Primera por agentes de la policía política, con la detención de un escribiente o alguacil por motivos fútiles. Luego, el Presidente de la República públicamente se refirió al Presidente de la Corte Primera como "un bandido;"[995] y unas semanas después, la Comisión Especial Judicial del Tribunal Supremo de Justicia, sin fundamento legal alguno, destituyó a los cinco magistrados de la Corte Primera que osaron tomar la medida, la cual desde luego fue intervenida.[996] A pesar de la protesta de los Colegios

---

992 Véase Claudia Nikken, "El caso "Barrio Adentro": La Corte Primera de lo Contencioso Administrativo ante la Sala Constitucional del Tribunal Supremo de Justicia o el avocamiento como medio de amparo de derechos e intereses colectivos y difusos," en *Revista de Derecho Público*, Nº 93–96, Editorial Jurídica Venezolana, Caracas, 2003, pp. 5 ss.

993 Veáse la decisión de 21 de agosto de 2003 en *Idem*, pp. 445 ss.

994 El Presidente de la República dijo: "*Váyanse con su decisión no sé para donde, la cumplirán ustedes en su casa si quieren…*", en el programa de TV *Aló Presidente*, Nº 161, 24 de Agosto de 2003.

995 Discurso público, 20 septiembre de 2003.

996 Véase la información en *El Nacional*, Caracas, Noviembre 5, 2003, p. A2. En la misma página el Presidente destituido de la Corte Primera dijo: "*La justicia venezolana vive un momento tenebroso, pues el tribunal que constituye un último resquicio de esperanza ha sido clausurado*".

de Abogados del país e incluso de la Comisión Internacional de Juristas;[997] el hecho es que la Cote Primera permaneció cerrada sin jueces por más de diez meses,[998] tiempo durante el cual simplemente no hubo a ese nivel justicia contencioso administrativa en el país.

Esa fue la respuesta gubernamental a una tutela (amparo) cautelar, a partir de la cual se afianzó el control político sobre el Poder Judicial en Venezuela.[999] No es difícil deducir lo que significó ese hecho para los jueces que fueron luego nombrados para reemplazar a los destituidos, quienes sin duda comenzaron a entender cómo es que debían comportarse en el futuro frente al poder; y a partir de entonces la declinación de la justicia contencioso administrativa en el país ha sido manifiesta.[1000]

Fue contra esa arbitrariedad que los jueces contencioso administrativo destituidos fueron ante la Comisión Interamericana de Derechos Humanos por violación a sus garantías constitucionales judiciales, y el caso llegó ante la Corte Interamericana de Derechos Humanos, la cual dictó su decisión el 5 de agosto de 2008,[1001] condenando al Estado por la violación de las garantías judiciales, a pagarles compensación, a reincorporarlos a cargos similares en el Poder Judicial, y a publicar parte de la sentencia en la prensa venezolana.

Sin embargo, frente a esta decisión, Sala Constitucional del Tribunal Supremo, en sentencia N° 1.939 de 12 de diciembre de 2008,[1002] citando precisamente como precedente la antes mencionada sentencia del Tribunal Superior Militar del Perú de 1999, declaró dicha sentencia como "inejecutable" en Venezuela, solicitando de paso al Ejecutivo Nacional que denunciara la Convención Americana de Derechos Humanos por considerar que supuestamente había usurpado los poderes del Tribunal Supremo.

Lo que primero debe destacarse de esta sentencia es que con la misma la Sala Constitucional decidió un curioso proceso constitucional iniciado por los abogados del Estado (Procuraduría General de la república) mediante una llamada "acción de

---

997 Véase en *El Nacional*, Caracas, Octubre 12, 2003, p. A–5; y *El Nacional*, Caracas, Noviembre 18,2004, p. A–6.

998 Véase en *El Nacional*, Caracas, Octubre 24, 2003, p. A–2; y *El Nacional*, Caracas, Julio 16, 2004, p. A–6.

999 Véase Allan R. Brewer–Carías, "La progresiva y sistemática demolición institucional de la autonomía e independencia del Poder Judicial en Venezuela 1999–2004," en *XXX Jornadas J.M Domínguez Escovar, Estado de derecho, Administración de justicia y derechos humanos,* Instituto de Estudios Jurídicos del Estado Lara, Barquisimeto, 2005, pp. 33–174; "La justicia sometida al poder (La ausencia de independencia y autonomía de los jueces en Venezuela por la interminable emergencia del Poder Judicial (1999–2006))," en *Cuestiones Internacionales. Anuario Jurídico Villanueva 2007*, Centro Universitario Villanueva, Marcial Pons, Madrid, 2007, pp. 25–57.

1000 Véase Antonio Canova González, *La realidad del contencioso administrativo venezolano (Un llamado de atención frente a las desoladoras estadísticas de la Sala Político Administrativa en 2007 y primer semestre de 2008)*, Funeda, Caracas 2009.

1001 Véase Caso *Apitz Barbera y otros ("Corte Primera de lo Contencioso Administrativo") vs. Venezuela,* Excepción Preliminar, Fondo, Reparaciones y Costas, Serie C N° 182, en www.corteidh.or.cr

1002 Véase en http://www.tsj.gov.ve/decisiones/scon/Diciembre/1939-181208-2008-08-1572.html

control de la constitucionalidad" –cito– "referida a la interpretación acerca de la conformidad constitucional del fallo de la Corte Interamericana de Derechos Humanos, de fecha 5 de agosto de 2008," en el caso de los ex-magistrados de la Corte Primera de lo Contencioso Administrativo.

Es decir, quien peticionó ante la Sala Constitucional fue el propio Estado que buscaba incumplir la sentencia de la Corte Interamericana, y lo hizo por medio del abogado del Estado (Procuraduría General de la República) a través de esa curiosa "acción de control constitucional" para la interpretación de la conformidad con la Constitución de la sentencia internacional, no prevista en el ordenamiento jurídico venezolano.

La fundamentación básica de la "acción" fue que las decisiones de los "órganos internacionales de protección de los derechos humanos *no son de obligatorio cumplimiento y son inaplicables si violan la Constitución,*" argumentando los abogados del Estado que lo contrario "sería subvertir el orden constitucional y atentaría contra la soberanía del Estado," denunciaron que la Corte Interamericana de Derechos Humanos violaba:

> "la supremacía de la Constitución y su obligatoria sujeción violentando el principio de autonomía del poder judicial, pues la misma llama al desconocimiento de los procedimientos legalmente establecidos para el establecimiento de medidas y sanciones contra aquellas actuaciones desplegadas por los jueces que contraríen el principio postulado esencial de su deber como jueces de la República."

El Estado en su petición ante su Sala Constitucional, concluyó que la sentencia de la Corte Interamericana "de manera ligera dispone que los accionantes no fueron juzgados por un juez imparcial," afirmando en definitiva, que era inaceptable y de imposible ejecución por parte del propio Estado peticionante.

La Sala Constitucional, para decidir, obviamente tuvo que comenzar por "encuadrar" la acción propuesta por el Estado, deduciendo por su cuenta que la misma no pretendía "la nulidad" del fallo de la Corte Interamericana que obviamente no era idóneo, ni se trataba de una "colisión de leyes," sino que de lo que se trataba era de una "presunta controversia entre la Constitución y la ejecución de una decisión dictada por un organismo internacional fundamentada en normas contenidas en una Convención de rango constitucional."

En virtud de ello, la Sala simplemente concluyó que de lo que se trataba era de una petición "dirigida a que se aclare una duda razonable en cuanto a la ejecución de un fallo dictado por la Corte Interamericana de Derechos Humanos, que condenó a la República Bolivariana de Venezuela a la reincorporación de unos jueces y al pago de sumas de dinero," considerando entonces que se trataba de una "acción de interpretación constitucional" que la propia Sala constitucional había creado en Venezuela, a los efectos de la interpretación abstracta de normas constitucionales, a partir de su sentencia de 22 de septiembre de 2000 *(caso Servio Tulio León).* [1003]

---

1003 Véase *Revista de Derecho Público*, N° 83, Editorial Jurídica Venezolana, Caracas 2000, pp. 247 ss. Véase Allan R. Brewer-Carías, "Le recours d'interprétation abstrait de la Constitution au Vénézuéla", en *Le renouveau du droit constitutionnel, Mélanges en l'honneur de Louis Favoreu*, Dalloz, Paris, 2007, pp. 61-70.

A tal efecto, la Sala consideró que era competente para decidir la acción interpuesta, al estimar que lo que peticionaban los representantes del Estado en su acción, era una decisión "sobre el alcance e inteligencia de la ejecución de una decisión dictada por un organismo internacional con base en un tratado de jerarquía constitucional, ante la presunta antinomia entre esta Convención Internacional y la Constitución Nacional," considerando al efecto, que el propio Estado tenía la legitimación necesaria para intentar la acción ya que el fallo de la Corte Interamericana había ordenado la reincorporación en sus cargos de unos ex magistrados, había condenado a la República al pago de cantidades de dinero y había ordenado la publicación del fallo. El Estado, por tanto, de acuerdo a la Sala Constitucional tenía interés en que se dictase

> "una sentencia mero declarativa en la cual se establezca el verdadero sentido y alcance de la señalada ejecución con relación al Poder Judicial venezolano en cuanto al funcionamiento, vigilancia y control de los tribunales."

A los efectos de adoptar su decisión, la Sala sin embargo reconoció el rango constitucional de la Convención Americana sobre Derechos Humanos conforme al artículo 23 de la Constitución, así como las competencias de la Comisión y de la Corte Interamericana, pero precisando sin embargo, que ésta no podía "pretender excluir o desconocer el ordenamiento constitucional interno," pues "la Convención coadyuva o complementa el texto fundamental que es "*la norma suprema y el fundamento del ordenamiento jurídico*" (artículo 7 constitucional).

La Sala para decidir, consideró que la Corte Interamericana, para dictar su fallo, además de haberse contradicho[1004] al constatar la supuesta violación de los derechos o libertades protegidos por la Convención:

> "dictó pautas de carácter obligatorio sobre gobierno y administración del Poder Judicial que son competencia exclusiva y excluyente del Tribunal Supremo de Justicia y estableció directrices para el Poder Legislativo, en materia de carrera judicial y responsabilidad de los jueces, violentando la soberanía del Estado venezolano en la organización de los poderes públicos y en la selección de sus funcionarios, lo cual resulta inadmisible."

La Sala consideró en definitiva, que la Corte Interamericana "utilizó el fallo analizado para intervenir inaceptablemente en el gobierno y administración judicial que corresponde con carácter excluyente al Tribunal Supremo de Justicia, de conformidad con la Constitución de 1999," (artículos 254, 255 y 267), alegando que los jue-

---

1004 La Sala Constitucional consideró que la Corte Interamericana decidió que la omisión de la Asamblea Nacional de dictar el Código de Ética del Juez o Jueza Venezolano, "*ha influido en el presente caso, puesto que las víctimas fueron juzgadas por un órgano excepcional que no tiene una estabilidad definida y cuyos miembros pueden ser nombrados o removidos sin procedimientos previamente establecidos y a la sola discreción del TSJ,*" pero luego "sorprendentemente, en ese mismo párrafo [147] y de manera contradictoria, afirma que no se pudo comprobar que la Comisión de Emergencia y Reestructuración del Poder Judicial haya incurrido en desviación de poder o que fuera presionada directamente por el Ejecutivo Nacional para destituir a los mencionados ex jueces y luego concluye en el cardinal 6 del Capítulo X que "*no ha quedado establecido que el Poder Judicial en su conjunto carezca de independencia*".

ces provisorios no tienen estabilidad alguna, y podían ser removidos en forma completamente "discrecional," y que la "sentencia cuestionada" de la Corte Interamericana lo que pretendía era "desconocer la firmeza de decisiones administrativas y judiciales que han adquirido la fuerza de la cosa juzgada, al ordenar la reincorporación de los jueces destituidos."

En este punto, como se dijo, la Sala recurrió como precedente para considerar que la sentencia de la Corte Interamericana de Derechos Humanos era inejecutable en Venezuela, la misma sentencia antes señalada de 1999 de la Sala Plena del Consejo Supremo de Justicia Militar del Perú, que consideró inejecutable la sentencia de la Corte Interamericana de 30 de mayo de 1999, dictada en el caso: *Castillo Petruzzi y otro*.

En sentido similar a dicho caso, la Sala Constitucional venezolana concluyó que:

> "En este caso, estima la Sala que la ejecución de la sentencia de la Corte Interamericana de Derechos Humanos del 5 de agosto de 2008, afectaría principios y valores esenciales del orden constitucional de la República Bolivariana de Venezuela y pudiera conllevar a un caos institucional en el marco del sistema de justicia, al pretender modificar la autonomía del Poder Judicial constitucionalmente previsto y el sistema disciplinario instaurado legislativamente, así como también pretende la reincorporación de los hoy ex jueces de la Corte Primera de lo Contencioso Administrativo por supuesta parcialidad de la Comisión de Funcionamiento y Reestructuración del Poder Judicial, cuando la misma ha actuado durante varios años en miles de casos, procurando **la depuración del Poder Judicial** en el marco de la actividad disciplinaria de los jueces. Igualmente, el fallo de la Corte Interamericana de Derechos Humanos pretende desconocer la firmeza de las decisiones de destitución que recayeron sobre los ex jueces de la Corte Primera de lo Contencioso Administrativo que se deriva de la falta de ejercicio de los recursos administrativos o judiciales, o de la declaratoria de improcedencia de los recursos ejercidos por parte de las autoridades administrativas y judiciales competentes." (énfasis añadido)

Por todo lo anterior, la Sala Constitucional del Tribunal Supremo, a petición del propio Estado venezolano ante la mencionada decisión de la Corte Interamericana, declaró "*inejecutable*" la sentencia internacional "con fundamento en los artículos 7, 23, 25, 138, 156.32, el Capítulo III del Título V de la Constitución de la República y la jurisprudencia parcialmente transcrita de las Salas Constitucional y Político Administrativa."

Pero no se quedó allí la Sala Constitucional, sino en una evidente usurpación de poderes, ya que las relaciones internacionales es materia exclusiva del Poder Ejecutivo, solicitó instó

> "al Ejecutivo Nacional proceda a denunciar esta Convención, ante la evidente usurpación de funciones en que ha incurrido la Corte Interamericana de los Derechos Humanos con el fallo objeto de la presente decisión; y el hecho de que tal actuación se fundamenta institucional y competencialmente en el aludido Tratado."

Con esta sentencia el Estado comenzó el proceso de desligarse de la Convención Americana sobre Derechos Humanos, y de la jurisdicción de la Corte Interamericana de Derechos Humanos utilizando para ello a su propio Tribunal Supremo de Justicia, que lamentablemente ha manifestado ser el principal instrumento para la consolidación del autoritarismo en el país.[1005]

### 3. *Una nueva "acción innominada de control de constitucionalidad" contra las sentencias de la Corte Interamericana de Derechos Humanos para declararlas "inejecutables": el caso Leopoldo López en 2011*

Con base en todos estos precedentes, en 2011, la Sala Constitucional procedió a completar su objetivo de declarar inejecutables las decisiones de la Corte Interamericana de Derechos Humanos, consolidando una supuesta competencia que tenía para ejercer el "control de constitucionalidad" de las sentencias de la Corte Interamericana de Derechos Humanos, que por supuesto no tenía ni puede tener.

En efecto, una de las características fundamentales de la Justicia Constitucional es que los Tribunales, como garantes de la Constitución, no sólo tienen que estar sometidos, como todos los órganos del Estado, a las propias previsiones de la Constitución, sino que deben ejercer sus competencias ceñidos a las establecidas en la misma o en las leyes, cuando a ellas remita la Constitución para la determinación de la competencia. En particular, la competencia de los Tribunales Constitucionales en materia de control concentrado de la constitucionalidad siempre ha sido considerada como de derecho estricto que tiene que estar establecida expresamente en la Constitución, y no puede ser deducida por vía de interpretación. Es decir, la Jurisdicción Constitucional no puede ser creadora de su propia competencia, pues ello desquiciaría los cimientos del Estado de derecho, convirtiendo al juez constitucional en poder constituyente.[1006]

En el caso de Venezuela, sin embargo, esto ha sido así,[1007] agregándose ahora esta nueva supuesta competencia de la Sala Constitucional del Tribunal Supremo, para someter a control de constitucionalidad las sentencias de la Corte Interamericana contrariando el propio texto de la Constitución que en su artículo 31 prevé como obligación del Estado el adoptar, conforme a los procedimientos establecidos en la Constitución y en la ley, "las medidas que sean necesarias para dar cumplimiento a las decisiones emanadas de los órganos internacionales" de protección de derechos humanos.

Sin embargo, luego del precedente señalado de 2008, la Sala Constitucional del Tribunal Supremo de Justicia mediante sentencia N° 1547 de fecha 17 de octubre de

---

1005 Véase Allan R. Brewer-Carias, *Crónica sobre la "In" Justicia Constitucional. La Sala Constitucional y el autoritarismo en Venezuela*, Colección Instituto de Derecho Público. Universidad Central de Venezuela, N° 2, Editorial Jurídica Venezolana, Caracas 2007; y "El juez constitucional al servicio del autoritarismo y la ilegítima mutación de la Constitución: el caso de la Sala Constitucional del Tribunal Supremo de Justicia de Venezuela (1999-2009)", en *Revista de Administración Pública*, N° 180, Madrid 2009, pp. 383-418.

1006 Véase en general,,Allan R. Brewer-Carías, *Constitutional Courts as Positive Legislators in Comparative Law*, Cambridge University Press, New York 2011.

1007 Véase Allan R. Brewer-Carías, "La ilegítima mutación de la constitución por el juez constitucional: la inconstitucional ampliación y modificación de su propia competencia en materia de control de constitucionalidad," en *Libro Homenaje a Josefina Calcaño de Temeltas*. Fundación de Estudios de Derecho Administrativo (FUNEDA), Caracas 2009, pp. 319-362.

2011 (Caso *Estado Venezolano vs. Corte Interamericana de Derechos Humanos*),[1008] procedió a declararse competente para conocer de una "acción innominada de control de constitucionalidad" intentada contra la sentencia de la Corte Interamericana de Derechos Humanos dictada en el 1° de septiembre de 2011 (caso *Leopoldo López vs. Estado de Venezuela)*, que por supuesto no existe en el ordenamiento constitucional venezolano, ejercida también en este caso por el abogado del Estado (Procurador General de la República), condenado en la sentencia.[1009]

Dicha sentencia de la Corte Interamericana de Derechos Humanos, había decidido, conforme a la Convención Americana de Derechos Humanos (art. 32.2), que la restricción al derecho pasivo al sufragio (derecho a ser elegido) que se le había impuesto al ex Alcalde Sr. Leopoldo López por la Contraloría General de la República ("pena" de inhabilitación política ) mediante una decisión administrativa, era contraria a la Convención, pues dicha restricción a su derecho político al sufragio pasivo sólo puede ser restringido, acorde con la Constitución (art. 65) y a la Convención Americana de Derechos Humanos (art. 32.2), mediante sentencia judicial que imponga una condena penal.[1010]

En tal virtud, buscando protección a su derecho, el Sr. López recurrió mediante denuncia ante la Comisión Interamericana de Derechos Humanos, para ante la Corte Interamericana de Derechos Humanos, resultando la decisión de ésta última condenando al Estado venezolano por "la violación del derecho a ser elegido, establecido en los artículos 23.1.b y 23.2, en relación con la obligación de respetar y garantizar los derechos, establecida en el artículo 1.1 de la Convención Americana sobre Derechos Humanos, en perjuicio del señor López Mendoza," (Párr. 249); y ordenando la revocatoria de las decisiones de la Contraloría General de la República y de otros órganos del Estado que le impedían ejercer su derecho político a ser electo por la inhabilitación política que le había sido impuesta administrativamente.

Fue contra la decisión de la Corte Interamericana de Derechos Humanos de condena al Estado Venezolano por violación del derecho político del Sr. Leopoldo López, que los abogados de la Procuraduría General de la República, como abogados del propio Estado condenado, recurrieron ante la Sala Constitucional del Tribunal Supremo solicitándole la revisión judicial por control de constitucionalidad de la sentencia de la Corte internacional, de lo cual resultó la sentencia mencionada N° 1547 de 17 de octubre de 2011 de la Sala Constitucional que declaró "inejecutable"

---

1008 Véase en http://www.tsj.gov.ve/decisiones/scon/Octubre/1547-171011-2011-11-1130.html

1009 Véase Allan R. Brewer-Carías, "El ilegítimo "control de constitucionalidad" de las sentencias de la Corte Interamericana de Derechos Humanos por parte la Sala Constitucional del Tribunal Supremo de Justicia de Venezuela: el caso de la sentencia *Leopoldo López vs. Venezuela, 2011*," en *Constitución y democracia: ayer y hoy. Libro homenaje a Antonio Torres del Moral*. Editorial Universitas, Vol. I, Madrid, 2013, pp. 1.095-1124.

1010 Véase Allan R. Brewer-Carías, "La incompetencia de la Administración Contralora para dictar actos administrativos de inhabilitación política restrictiva del derecho a ser electo y ocupar cargos públicos (La protección del derecho a ser electo por la Corte Interamericana de Derechos Humanos en 2012, y su violación por la Sala Constitucional del Tribunal Supremo al declarar la sentencia de la Corte Interamericana como "inejecutable"), en Alejandro Canónico 'Sarabia (Coord.), *El Control y la responsabilidad en la Administración Pública, IV Congreso Internacional de Derecho Administrativo, Margarita 2012*, Centro de Adiestramiento Jurídico, Editorial Jurídica Venezolana, Caracas 2012, pp. 293-371.

la sentencia dictada en protección del Sr. López, ratificando así la violación de su derecho constitucional a ser electo, y que le impedía ejercer su derecho a ser electo y ejercer funciones públicas representativas.

Y el vehículo para lograr este objetivo, algo más de tres semanas después de la mencionada sentencia de la Corte Interamericana (1° de septiembre de 2011), fue la demanda formulada ante la Sala Constitucional del Tribunal Supremo de Justicia, el 26 de septiembre de 2011, por el Procurador General de la República, denominándola como una "acción innominada de control de constitucionalidad," que la Sala, sin competencia alguna para ello y en franca violación de la Constitución, pasó a conocer de inmediato, decidiéndola veinte días después, mediante sentencia N° 1547 (Caso *Estado Venezolano vs. Corte Interamericana de Derechos Humanos*) de fecha 17 de octubre de 2011.[1011]

El Procurador General de la República, al intentar la acción, justificó la supuesta competencia de la Sala Constitucional en su carácter de "garante de la supremacía y efectividad de las normas y principios constitucionales" (Arts. 266.1, 334, 335 y 336 de la Constitución, el artículo 32 de la Ley Orgánica del Tribunal Supremo de Justicia), considerando básicamente que la República, ante una decisión de la Corte Interamericana de Derechos Humanos, no podía dejar de realizar "el examen de constitucionalidad en cuanto a la aplicación de los fallos dictados por esa Corte y sus efectos en el país," considerando en general que las decisiones de dicha Corte Interamericana sólo pueden tener "ejecutoriedad en Venezuela," en la medida que "el contenido de las mismas cumplan el examen de constitucionalidad y no menoscaben en forma alguna directa o indirectamente el Texto Constitucional;" es decir, que dichas decisiones "para tener ejecución en Venezuela deben estar conformes con el Texto Fundamental."

Luego de analizar la sentencia de la Corte Interamericana, referirse al carácter de los derechos políticos como limitables; y a la competencia de la Contraloría General de la República, para imponer sanciones, el abogado del Estado pasó a considerar que lo que la Contraloría le había impuesto al Sr. Leopoldo López había sido realmente sólo una "inhabilitación administrativa" y no una inhabilitación política que se "corresponde con las sanciones que pueden ser impuestas por un juez penal, como pena accesoria a la de presidio (artículo 13 del Código Penal);" y que las decisiones adoptadas por la Corte Interamericana con órdenes dirigidas a órganos del Estado "se traduce en una injerencia en las funciones propias de los poderes públicos." El Procurador estimó que la Corte Interamericana como en general las cortes internacionales no podían "valerse o considerarse instancias superiores ni magnánimas a las autoridades nacionales, con lo cual pretendan obviar y desconocer el ordenamiento jurídico interno, todo ello en razón de supuestamente ser los garantes plenos y omnipotentes de los derechos humanos en el hemisferio americano": y además, que la sentencia de la Corte Interamericana de Derechos Humanos desconocía "la lucha del Estado venezolano contra la corrupción y la aplicación de la Convención Interamericana contra la Corrupción, ratificada por Venezuela el 2 de junio de 1997 y la Convención de las Naciones Unidas contra la Corrupción, ratificada el 2 de febrero de 2009." Después de todo ello, el Procurador General de la

1011 Véase en http://www.tsj.gov.ve/decisiones/scon/Octubre/1547-171011-2011-11-1130.htmll

República alegó ante la Sala Constitucional que la mencionada sentencia de la Corte Interamericana transgredía el ordenamiento jurídico venezolano, pues desconocía:

> "la supremacía de la Constitución y su obligatoria sujeción, violentando el principio de autonomía de los poderes públicos, dado que la misma desconoce abiertamente los procedimientos y actos legalmente dictados por órganos legítimamente constituidos, para el establecimiento de medidas y sanciones contra aquellas actuaciones desplegadas por la Contraloría General de la República que contraríen el principio y postulado esencial de su deber como órgano contralor, que tienen como fin último garantizar la ética como principio fundamental en el ejercicio de las funciones públicas."

Como consecuencia de ello, el Procurador General de la República solicitó de la Sala Constitucional que admitiera la "acción innominada de control de constitucionalidad", a los efectos de que la Sala declarase "inejecutable e inconstitucional la sentencia de la Corte Interamericana de Derechos Humanos del 1° de septiembre de 2011."

Y así efectivamente lo hizo la Sala, no sin antes también precisar en este caso que lo que el Procurador pretendía no era que se declarase "la nulidad" ni de la Convención Americana de Derechos Humanos ni del fallo de la Corte Interamericana de Derechos Humanos, y que la "acción innominada intentada" no era ni un "recurso de nulidad como mecanismo de control concentrado de la constitucionalidad" ni una acción de "colisión de leyes," sino que de lo que se trataba era de "una presunta controversia entre la Constitución y la ejecución de una decisión dictada por un organismo internacional fundamentada en normas contenidas en una Convención de rango constitucional." Para ello concluyó que entonces de lo que se trataba el caso era de una acción mediante la cual se pretendía:

> "ejercer un "control innominado de constitucionalidad", por existir una aparente antinomia entre la Constitución de la República Bolivariana de Venezuela, la Convención Interamericana de Derechos Humanos, la Convención Americana contra la Corrupción y la Convención de las Naciones Unidas contra la Corrupción, producto de la pretendida ejecución del fallo dictado el 1 de septiembre de 2011, por la Corte Interamericana de Derechos Humanos (CIDH), que condenó a la República Bolivariana de Venezuela a la habilitación para ejercer cargos públicos al ciudadano Leopoldo López Mendoza."

Inventó, en este caso, la Sala Constitucional una nueva acción para el ejercicio del control de constitucionalidad, siguiendo la orientación que ya había sentado en otros casos, como cuando "inventó" la acción autónoma y directa de interpretación abstracta de la Constitución mediante sentencia N° 1077 de 22 de septiembre de 2000 (Caso: *Servio Tulio León*),[1012] sentencia que por lo demás citó con frecuencia

---

1012 Véase la sentencia en *Revista de Derecho Público*, N° 83, Editorial Jurídica Venezolana, Caracas 2000, pp. 247 ss. Véase Allan R. Brewer-Carias, "Quis Custodiet ipsos Custodes: De la interpretación constitucional a la inconstitucionalidad de la interpretación", in *VIII Congreso Nacional de derecho Constitucional*, Peru, Fondo Editorial 2005, Colegio de Abogados de Arequipa, Arequipa, September 2005, pgs. 463-489.

en su decisión, sin percatarse de que en aquella ocasión y en esta, la Sala Constitucional actuó como poder constituyente al margen de la Constitución.[1013]

Ahora bien, en el caso concreto, identificado el objeto de la acción "innominada" que intentó el Estado Venezolano ante la Sala Constitucional, la misma consideró que le correspondía en "su condición de último interprete de la Constitución," realizar "el debido control de esas normas de rango constitucional" y ponderar "si con la ejecución del fallo de la CIDH se verifica tal confrontación."

Para determinar el "alcance" de esta "acción de control constitucional" la Sala Constitucional recordó, por otra parte, que ya lo había hecho en anterior oportunidad, precisamente en el caso antes referido sobre "la conformidad constitucional" del fallo de la Corte Interamericana de Derechos Humanos (CIDH) en sentencia N° 1939 de 18 de diciembre de 2008 (caso: *Estado Venezolano vs. Corte Interamericana de derechos Humanos, caso Magistrados de la Corte Primera de lo Contencioso Administrativo*),[1014] mediante la cual "asumió la competencia con base en la sentencia 1077/2000 y según lo dispuesto en el cardinal 23 del artículo 5 de la Ley Orgánica del Tribunal Supremo de Justicia de 2004."[1015]

Pero resulta que este numeral 23 del artículo 5 de la Ley del Tribunal Supremo le que le había dado competencia a la Sala Constitucional para "conocer de las controversias que pudieren suscitarse con motivo de la interpretación y ejecución de tratados, convenios y acuerdos constitucionales suscritos ratificados por la República", había desaparecido en la reforma de la Ley de 2010, lo que significaba, al decir de la Sala en la sentencia, que "la argumentación de la Sala Constitucional para asumir la competencia para conocer de la conformidad constitucional de un fallo dictado por la Corte Interamericana de Derechos Humanos," había "sufrido un cambio," por lo que, en ausencia de una previsión legal expresa que contemplase "esta modalidad de control concentrado de la constitucionalidad," la Sala entonces pasó a:

> "invocar la sentencia N° 1077/2000, la cual sí prevé esta razón de procedencia de interpretación constitucional, a los efectos de determinar el alcance e inteligencia de la ejecución de una decisión dictada por un organismo internacional con base en un tratado de jerarquía constitucional, ante la presunta antinomia entre la Convención Interamericana de Derechos Humanos y la Constitución Nacional."

---

1013 Véase Allan R. Brewer-Carías, *Constitucional Courts as Positive Legislators*, New York 2011; Daniela Urosa M, Maggi, *La Sala Constitucional del Tribunal Supremo de Justicia como Legislador Positivo,* Academia de Ciencias Políticas y Sociales, Serie Estudios N° 96, Caracas 2011. Véase nuestro "Prólogo" a dicho libro, "Los tribunales constitucionales como legisladores positivos. Una aproximación comparativa," pp. 9-70.

1014 Véase en *Revista de Derecho Público,* N° 116, Editorial Jurídica venezolana, Caracas 2008, pp. 88 ss.

1015 En dicha norma de la Ley de 2004 se disponía como competencia de la Sala: "*Conocer de las controversias que pudieran suscitarse con motivo de la interpretación y ejecución de los Tratados, Convenios o Acuerdos Internacionales suscritos y ratificados por la República. La sentencia dictada deberá ajustarse a los principios de justicia internacionalmente reconocidos y será de obligatorio cumplimiento por parte del Estado venezolano*".

Debe recordarse que la mencionada sentencia "invocada" N° 1077/2000, como se dijo fue la dictada en 22 de septiembre de 2000 (Caso *Servio Tulio León Briceño*) en la cual, la Sala, sin competencia constitucional ni legal alguna, y sólo como resultado de la función interpretativa que el artículo 335 de la Constitución le atribuye, "inventó" la existencia de un recurso autónomo de interpretación abstracta de la Constitución.[1016]

Por ello, la Sala en este caso hizo la "invocación" a dicha sentencia, pasando luego comentar la competencia establecida para todas las Salas en el artículo 335 de la Constitución para garantizar "la supremacía y efectividad de las normas y principios constitucionales,", la cual en realidad, no es sólo de la Sala Constitucional, sino del Tribunal Supremo que es el que se define como "el máximo y último intérprete de la Constitución" correspondiéndole velar "por su uniforme interpretación y aplicación."

Sin embargo, recordando la "invención" de ese recurso autónomo de interpretación abstracta de la Constitución, la Sala pasó a constatar que el Legislador había eliminado la previsión antes indicada establecida en el artículo 5.23 de la Ley Orgánica del Tribunal Supremo de Justicia de 2004 que la Sala también había "invocado" para decidir el caso mencionado de 2008 de la inejecución de la sentencia de la Corte Interamericana (caso Magistrados de la Corte Primera de lo Contencioso Administrativo); y desconociendo esa expresa voluntad del Legislador de eliminar dicha norma del ordenamiento jurídico, pasó a constatar que el propio Legislador no había "dictado las normas adjetivas" que permitiera la adecuada implementación de las "*decisiones emanadas de los órganos internacionales*" de conformidad con lo previsto en el artículo 31 constitucional (en su único aparte)." De ello pasó a afirmar entonces, *de oficio*, que:

> "el Estado (y, en concreto, la Asamblea Nacional) ha incurrido en una omisión "*de dictar las normas o medidas indispensables para garantizar el cumplimiento de esta Constitución...*", a tenor de lo previsto en el artículo 336.7 *eiusdem* en concordancia con lo pautado en la Disposición Transitoria Sexta del mismo texto fundamental."

Es decir, la Sala Constitucional, no sólo desconoció la voluntad del Legislador en eliminar una norma del ordenamiento jurídico, sino que calificó de oficio dicha decisión como una "omisión de la Asamblea Nacional de dictar las normas necesarias para dar cumplimiento a las decisiones de los organismos internacionales y/o para resolver las controversias que podrían presentarse en su ejecución." La consecuencia de ello, fue la declaratoria de la Sala, también de oficio, de asumir la competencia, que ni la Constitución ni la ley le atribuyen:

---

1016 Véase sobre esta sentencia los comentarios en Marianella Villegas Salazar, "Comentarios sobre el recurso de interpretación constitucional en la jurisprudencia de la Sala Constitucional," en *Revista de Derecho Público*, N° 84, Editorial Jurídica Venezolana, Caracas 2000, pp. 417 ss.; y Allan R. Brewer-Carías, *Crónica sobre la "In" Justicia Constitucional. La Sala Constitucional y el autoritarismo en Venezuela*, Colección Instituto de Derecho Público, Universidad Central de Venezuela, N° 2, Editorial Jurídica Venezolana, Caracas 2007, pp. 47-79.

> "para verificar la conformidad constitucional del fallo emitido por la Corte Interamericana de Derechos Humanos, control constitucional que implica lógicamente un "control de convencionalidad" (o de confrontación entre normas internas y tratados integrantes del sistema constitucional venezolano), lo cual debe realizar en esta oportunidad esta Sala Constitucional, incluso de oficio; y así se decide."

En esta forma quedó formalizada por voluntad de la Sala, la "invención" de una nueva modalidad de control de constitucionalidad, con lo cual, una vez más la Sala Constitucional mutó la Constitución específicamente en materia de justicia constitucional.[1017]

En cuanto a la "acción" intentada por el Procurador en el caso de la impugnación de la sentencia internacional del caso Leopoldo López, la Sala Constitucional admitió pura y simplemente la acción intentada por el Procurador, pasando a disponer que como no se trataba de una "demanda" de interpretación de normas o principios del sistema constitucional (artículo 25.17 de la Ley Orgánica del Tribunal Supremo de Justicia), "sino de una modalidad innominada de control concentrado que requiere de la interpretación para determinar la conformidad constitucional de un fallo", con fundamento en el artículo 98 de la Ley Orgánica del Tribunal Supremo de Justicia, en concordancia con el párrafo primero del artículo 145 *eiusdem*, determinó que "al tratarse de una cuestión de mero derecho," la causa no requería de sustanciación, ignorando incluso el escrito presentado por el Sr. López, entrando a decidir la causa "sin trámite y sin fijar audiencia oral para escuchar a los interesados ya que no requiere el examen de ningún hecho," incluso, "omitiéndose asimismo la notificación a la Fiscalía General de la República, la Defensoría del Pueblo y los terceros interesados." Y todo ello lo hizo la Sala, "en razón de la necesidad de impartir celeridad al pronunciamiento por la inminencia de procesos de naturaleza electoral, los cuales podrían ser afectados por la exigencia de ejecución de la sentencia objeto de análisis." La violación al debido proceso y a la necesaria contradicción del proceso constitucional por supuesto era evidente, y solo explicable por la urgencia de decidir y complacer al poder.

Quedó en esta forma "formalizada" en la jurisprudencia de la Sala Constitucional en Venezuela, actuando como Jurisdicción Constitucional, y sin tener competencia constitucional alguna para ello, la existencia de una "acción innominada de control de constitucionalidad" destinada a revisar las sentencias que la Corte Interamericana de Derechos Humanos pueda dictar contra el mismo Estado condenándolo por violación de derechos humanos. En esta forma, la ejecución de las sentencias en relación con el Estado condenado, quedó sujeta a su voluntad, determinada por su Tribunal Supremo de Justicia a su solicitud del propio Estado condenado a través del

---

1017 Véase Allan R. Brewer-Carías, "La ilegítima mutación de la constitución por el juez constitucional: la inconstitucional ampliación y modificación de su propia competencia en materia de control de constitucionalidad. Trabajo elaborado para el *Libro Homenaje a Josefina Calcaño de Temeltas*. Fundación de Estudios de Derecho Administrativo (FUNEDA), Caracas 2009, pp. 319-362; "La ilegítima mutación de la Constitución por el juez constitucional y la demolición del Estado de derecho en Venezuela," en *Revista de Derecho Político*, Nº 75-76, Homenaje a Manuel García Pelayo, Universidad Nacional de Educación a Distancia, Madrid, 2009, pp. 291-325.

Procurador General de la Republica. Se trata, en definitiva, de un absurdo sistema de justicia en el cual el condenado en una decisión judicial es quien determina si la condena que se le ha impuesto es o no ejecutable. Eso es la antítesis de la justicia.

### 4. *La extraña tesis de la Sala Constitucional de la subordinación del derecho internacional al orden interno y el rechazo al valor del derecho internacional de los derechos humanos*

Pero no quedó allí el razonamiento de la Sala con la "creación" de este nuevo medio de control de constitucionalidad en franca violación de la Constitución, sino que al "controlar" la sentencia de la Corte Interamericana de Derechos Humanos de 1 de septiembre de 2011, en la sentencia N° 1547 (Caso *Estado Venezolano vs. Corte Interamericana de Derechos Humanos*) 17 de octubre de 2011,[1018] pasó a analizar el rango constitucional y la fuerza obligatoria de los Convenios internacionales en materia de derechos humanos en el derecho interno, como lo indica el artículo 23 de la Constitución de Venezuela,[1019] destacando lo que precisamente había dicho la Corte Interamericana en relación con el poder de los jueces de ejercer el control de convencionalidad para asegurar su aplicación, indicando la Corte Interamericana que:

> "cuando un Estado es parte de un tratado internacional como la Convención Americana, todos sus órganos, **incluidos sus jueces y demás órganos vinculados a la administración de justicia**, también están sometidos a aquél, lo cual les obliga a velar para que los efectos de las disposiciones de la Convención no se vean mermadas por la aplicación de normas contrarias a su objeto y fin. Los jueces y órganos vinculados a la administración de justicia en todos sus niveles están en la obligación de ejercer *ex officio* un control de convencionalidad`, entre las normas internas y la Convención Americana, en el marco de sus respectivas competencias y de las regulaciones procesales correspondientes. En esta tarea, **los jueces y órganos vinculados a la administración de justicia deben tener en cuenta no solamente el tratado, sino también la interpretación que del mismo ha hecho la Corte Interamericana, intérprete última de la Convención Americana**." (destacado nuestro)

Esta última afirmación de la Corte Interamericana, que copió la Sala Constitucional en su sentencia, sin embargo, en la misma fue abiertamente contradicha, cuestionando el valor o jerarquía constitucional que conforme al artículo 23 de la Consti-

1018 Véase en http://www.tsj.gov.ve/decisiones/scon/Octubre/1547-171011-2011-11-1130.htmll

1019 *Artículo 23.* Los tratados, pactos y convenciones relativos a derechos humanos, suscritos y ratificados por Venezuela, tienen jerarquía constitucional y prevalecen en el orden interno, en la medida en que contengan normas sobre su goce y ejercicio más favorables a las establecidas en esta Constitución y en las leyes de la República, y son de aplicación inmediata y directa por los tribunales y demás órganos del Poder Público. Véase sobre esta norma Allan R. Brewer-Carías, "Nuevas reflexiones sobre el papel de los tribunales constitucionales en la consolidación del Estado democrático de derecho: defensa de la Constitución, control del poder y protección de los derechos humanos," en *Anuario de Derecho Constitucional Latinoamericano*, 13$^{er}$ año, Tomo I, Programa Estado de Derecho para Latinoamérica, Fundación Konrad Adenauer, Montevideo 2007, pp. 63 a 119.

tución puedan tener las propias sentencias de la Corte Interamericana al aplicar la Convención.

En efecto, sobre el tema de la jerarquía constitucional de los tratados internacionales en materia de derechos humanos conforme a la mencionada norma del artículo 23 de la Constitución, la Sala Constitucional acudió a lo que ya había decidido anteriormente en la antes mencionada sentencia Nº 1942 de 15 de julio de 2003 (Caso: *Impugnación artículos del Código Penal sobre leyes de desacato*),[1020] en la cual había precisado que el artículo 23 constitucional, "se refiere a normas que establezcan derechos, *no a fallos o dictámenes de instituciones, resoluciones de organismos, etc., prescritos en los Tratados,* (destacado de la Sala) sino sólo a normas creativas de derechos humanos," es decir,

> "que se trata de una prevalencia de las normas que conforman los Tratados, Pactos y Convenios (términos que son sinónimos) relativos a derechos humanos, pero no de los informes u opiniones de organismos internacionales, que pretendan interpretar el alcance de las normas de los instrumentos internacionales, ya que el artículo 23 constitucional es claro: la jerarquía constitucional de los Tratados, Pactos y Convenios se refiere a sus normas, las cuales, al integrarse a la Constitución vigente, el único capaz de interpretarlas, con miras al Derecho Venezolano, es el juez constitucional, conforme al artículo 335 de la vigente Constitución, en especial, al intérprete nato de la Constitución de 1999, y, que es la Sala Constitucional, y así se declara. (….)

De lo anterior resultó entonces la afirmación sin fundamento de la Sala Constitucional de que es ella la que tiene el monopolio en la materia de aplicación en el derecho interno de los tratados internacionales mencionados, contradiciendo el texto del artículo 23 de la Constitución que dispone que dichos tratados "son de aplicación inmediata y directa por los tribunales y demás órganos del Poder Público." La Sala afirmó, al contrario, que ella es la única instancia judicial llamada a determinar "*cuáles normas sobre derechos humanos de esos tratados, pactos y convenios, prevalecen en el orden interno;" competencia esta última que supuestamente emanaría "de la Carta Fundamental"* –sin decir de cuál norma– afirmando que la misma *"no puede quedar disminuida por normas de carácter adjetivo contenidas en Tratados ni en otros textos Internacionales sobre Derechos Humanos* suscritos por el país" *(destacados de la Sala).* De lo contrario, llegó a afirmar la Sala en dicha sentencia, "se estaría ante una forma de enmienda constitucional en esta materia, sin que se cumplan los trámites para ello, al disminuir la competencia de la Sala Constitucional y trasladarla a entes multinacionales o transnacionales (internacionales), quienes harían interpretaciones vinculantes." En realidad, fue la sala Constitucional la que Mutó ilegítimamente la Constitución en esta materia.

En definitiva, la Sala Constitucional decidió que las sentencias de los tribunales internacionales sobre derechos humanos no eran de aplicación inmediata en Venezuela, sino que a sus decisiones sólo "*se les dará cumplimiento en el país, conforme a lo que establezcan la Constitución y las leyes, siempre que ellas no contraríen lo establecido en el artículo 7 de la vigente Constitución*," concluyendo que "a pesar

---

1020 Véase en *Revista de Derecho Público*, Nº 93-96, Editorial Jurídica Venezolana, Caracas 2003, pp. 136 ss.

del respeto del Poder Judicial hacia los fallos o dictámenes de esos organismos, éstos no pueden violar la Constitución de la República Bolivariana de Venezuela, así como no pueden infringir la normativa de los Tratados y Convenios, que rigen esos amparos u otras decisiones"; es decir, que si la Corte Interamericana, por ejemplo, "*amparara a alguien violando derechos humanos de grupos o personas dentro del país, tal decisión tendría que ser rechazada aunque emane de organismos internacionales protectores de los derechos humanos"* (subrayados de la Sala)."

Por tanto, de acuerdo con la sentencia de la Sala Constitucional no existe órgano jurisdiccional alguno por encima del Tribunal Supremo de Justicia, y si existiera, por ejemplo, en materia de integración económica regional o de derechos humanos, sus decisiones "*no pueden menoscabar la soberanía del país, ni los derechos fundamentales de la República*" (subrayados de la Sala), es decir, en forma alguna pueden contradecir las normas constitucionales venezolanas, pues de lo contrario "carecen de aplicación en el país" Así lo declaró la Sala.

Ahora, sobre la prevalencia en el orden interno de la Convención Americana sobre Derechos Humanos como tratado multilateral que tiene jerarquía constitucional, afirmó la Sala que ello es solo, conforme al artículo 23 de nuestro texto fundamental, "*en la medida en que contengan normas sobre su goce y ejercicio más favorables*" a las establecidas en la Constitución; pasando entonces a juzgar sobre la constitucionalidad de la sentencia de la Corte Interamericana, comenzando por "determinar el alcance" del fallo del caso *Leopoldo López* "y su obligatoriedad."

Observó para ello la Sala que en dicho fallo internacional se consideró como su "punto central":

> "la presunta violación del derecho a ser elegido del ciudadano Leopoldo López, infringiendo el artículo 23 de la Convención Americana, en vista de que esta disposición exige en su párrafo 2 que la sanción de inhabilitación solo puede fundarse en una condena dictada por un juez competente, en un proceso penal."

Para analizar esta decisión, la Sala Constitucional comenzó por reiterar lo que antes había decidido en la sentencia antes analizada N° 1939 de 18 de diciembre de 2008 (caso: *Estado Venezolano vs. Corte Interamericana de derechos Humanos, caso Magistrados de la Corte Primera de lo Contencioso Administrativo*)[1021] en el sentido de que la protección internacional que deriva de la Convención Americana es "coadyuvante o complementaria de la que ofrece el derecho interno de los Estados americanos," es decir, que la Corte Interamericana "no puede pretender excluir o desconocer el ordenamiento constitucional interno" que goza de supremacía.

La Sala, además, indicó que el artículo 23 de la Constitución antes citado, contrariando su expreso contenido según el cual las normas internacionales sobre derechos humanos "prevalecen en el orden interno" –incluyendo la Constitución–, "en la me-

---

1021 Véase en *Revista de Derecho Público,* N° 116, Editorial Jurídica venezolana, Caracas 2008, pp. 88 ss. Véase sobre esa sentencia Allan R. Brewer-Carías, "El juez constitucional vs. La justicia internacional en materia de derechos humanos," en *Revista de Derecho Público*, N° 116, (julio-septiembre 2008), Editorial Jurídica Venezolana, Caracas 2008, pp. 249-260.

dida en que contengan normas sobre su goce y ejercicio más favorables a las establecidas en esta Constitución," indicó que:

> "no otorga a los tratados internacionales sobre derechos humanos rango '*supraconstitucional,'* por lo que, en caso de antinomia o contradicción entre una disposición de la Carta Fundamental y una norma de un pacto internacional, correspondería al Poder Judicial determinar cuál sería la aplicable, tomando en consideración tanto lo dispuesto en la citada norma como en la jurisprudencia de esta Sala Constitucional del Tribunal Supremo de Justicia, atendiendo al contenido de los artículos 7, 266.6, 334, 335, 336.11 *eiusdem* y el fallo número 1077/2000 de esta Sala."[1022]

Adicionalmente la Sala, en su sentencia, negando valor a la sentencia de la Corte Interamericana, se refirió a otro fallo anterior, Nº 1309/2001, en el cual había declarado que "el derecho es una teoría normativa puesta al servicio de la política que subyace tras el proyecto axiológico de la Constitución," de manera que la interpretación constitucional debe comprometerse "con la mejor teoría política que subyace tras el sistema que se interpreta o se integra y con la moralidad institucional que le sirve de base axiológica (*interpretatio favor Constitutione*)."

Por supuesto, dicha "política que subyace tras el proyecto axiológico de la Constitución" o la "teoría política que subyace" tras el sistema que le sirve de "base axiológica," que usa la Sala Constitucional no es la que resulta de la Constitución propia del "Estado democrático social de derecho y de justicia," que está montado formalmente sobre un sistema político de separación de poderes, de control del poder, de pluralismo, de democracia representativa y de libertad económica, sino el que ha venido definiendo el gobierno contra la propia Constitución y que ha encontrado eco en las decisiones de la propia Sala, como propia de un Estado centralizado, socialista y represivo, que niega la representatividad, y que pretende estar montado sobre una supuesta democracia participativa controlada por el poder central,[1023] declarando la Sala que los estándares que se adopten para tal interpretación constitucional "*deben ser compatibles con el proyecto político de la Constitución"- que la*

---

1022 Se refería de nuevo la Sala a la sentencia de 22 de septiembre de 2000 (Caso *Servio Tulio León Briceño*), en *Revista de Derecho Público*, Nº 83, Editorial Jurídica Venezolana, Caracas 2000, pp. 247 ss.

1023 En los últimos años puede decirse que es la doctrina política socialista, la cual, por supuesto, no está en ninguna parte de la Constitución, y cuya inclusión en la Constitución fue rechazada por el pueblo en la rechazada reforma constitucional de 2007. Véase Allan R. Brewer-Carías, "La reforma constitucional en Venezuela de 2007 y su rechazo por el poder constituyente originario," en José Ma. Serna de la Garza (Coordinador), *Procesos Constituyentes contemporáneos en América Latina. Tendencias y perspectivas*, Universidad Nacional Autónoma de México, México 2009, pp. 407-449). La Sala Constitucional, incluso, ha construido la tesis de que la Constitución de 1999 ahora "privilegia los intereses colectivos sobre los particulares o individuales," habiendo supuestamente cambiado "el modelo de Estado liberal por un Estado social de derecho y de justicia*" (*sentencia de 5 de agosto de 2008, Nº 1265/2008, http://www.tsj.gov.ve:80/decisiones/scon/Agosto/1265-050808-05-1853.htm) cuando ello no es cierto, pues el Estado social de derecho ya estaba plasmado en la Constitución de 1961. Véase Allan R. Brewer-Carías, *Cambio Político y Reforma del Estado (Contribución al Estad Social de Derecho)*, Ed. Tecnos Madrid 1975.

*Sala no deja de llamar como el del "Estado Democrático y Social de Derecho y de Justicia," precisando que:*

> "no deben afectar la vigencia de dicho proyecto con opciones interpretativas ideológicas que privilegien los derechos individuales a ultranza o que acojan la primacía del orden jurídico internacional sobre el derecho nacional en detrimento de la soberanía del Estado." (subrayados de la Sala)

Concluyó así, la sentencia, que "*no puede ponerse un sistema de principios supuestamente absoluto y suprahistórico por encima de la Constitución,*" siendo inaceptables – para la Sala -las teorías que pretenden limitar "*so pretexto de valideces universales, la soberanía y la autodeterminación nacional*" (Subrayados de la Sala). O sea, que el derecho internacional de derechos humanos es una de esas "valideces" universales" olímpicamente rechazadas por la Sala Constitucional ante el proyecto político autoritario desarrollado al margen de la Constitución y defendido por el órgano que se atribuye el carácter de máximo intérprete de la Constitución[1024]

De allí concluyó la Sala reiterando lo que ya había decidido en la sentencia de 5 de agosto de 2008, N° 1265/2008[1025] (Caso: *Ziomara Del Socorro Lucena Guédez vs. Contralor General de la República*) en el sentido de que en caso de evidenciarse una contradicción entre la Constitución y una convención o tratado internacional, "*deben prevalecer las normas constitucionales que privilegien el interés general y el bien común, debiendo aplicarse las disposiciones que privilegien los intereses colectivos...(...) sobre los intereses particulares...*"

Al entrar a considerar el "punto central" de la sentencia de la Corte Interamericana sobre la violación del derecho a ser elegido del ciudadano Leopoldo López, por la inhabilitación administrativa dictada en su contra conforme al artículo 105 de la Ley Orgánica de la Contraloría General de la República y del Sistema Nacional de Control Fiscal, la Sala pasó a referirse a su propia sentencia antes mencionada, la N° 1265/2008 dictada el 5 de agosto de 2008,[1026] cuando al decidir sobre una denuncia

---

1024 En el fallo de la Sala Constitucional, la misma también hizo referencia al antes indicado fallo anterior N° 1309/2001, donde se había referido al mismo tema de la interpretación constitucional condicionada "ideológicamente" que debe realizarse conforme a "mejor teoría política que subyace tras el proyecto axiológico de la Constitución," subordinándose el derecho internacional al orden nacional. De ello concluyó la Sala que " *la opción por la primacía del Derecho Internacional es un tributo a la interpretación globalizante y hegemónica del racionalismo individualista"* siendo "la nueva teoría" el "combate por la supremacía del orden social valorativo que sirve de fundamento a la Constitución;" afirmando que en todo caso, "el carácter dominante de la Constitución en el *proceso interpretativo no puede servir de pretexto para vulnerar los principios axiológicos en los cuales descansa el Estado Constitucional venezolano"* (Subrayados de la Sala). // En la sentencia N° 1309/2001 la Sala también había afirmado que "el ordenamiento jurídico conforme a la Constitución significa, en consecuencia, salvaguardar a la Constitución misma de toda desviación de principios y de todo apartamiento del proyecto que ella encarna por voluntad del pueblo." Por ello, la Sala reiteró la negación de la validez universal de los derechos humanos, es decir, negó "cualquier teoría propia que postule derechos o fines absolutos," o cualquier "*vinculación ideológica con teorías que puedan limitar, so pretexto de valideces universales, la soberanía y la autodeterminación nacional*" (Subrayado de la Sala).

1025 Véase en http://www.tsj.gov.ve:80/decisiones/scon/Agosto/1265-050808-05-1853.htm

1026 Véase en http://www.tsj.gov.ve:80/decisiones/scon/Agosto/1265-050808-05-1853.htm

de inconstitucionalidad de dicha norma por violentar precisamente lo dispuesto en al artículo 23.2 de la Convención Americana que sólo admite restricción al sufragio mediante sentencia judicial, observó que conforme a dicha norma, se admite la "´reglamentación` de los derechos políticos mediante ley, destacando que de una manera general, el artículo 30 de la Convención Americana "admite la posibilidad de restricción, siempre que se haga conforme a leyes que se dictaren por razones de interés general y con el propósito para el cual han sido establecidas." Concluyó la Sala que es posible, de conformidad con la Convención Americana "restringir derechos y libertades, siempre que sea mediante ley, en atención a razones de interés general, seguridad de todos y a las justas exigencias del bien común."

Y así pasó la Sala a resolver la posible antinomia entre el artículo 23.2 de la Convención Interamericana y la Constitución señalando que "la prevalencia del tratado internacional no es absoluta ni automática" siendo sólo posible si el mismo cuando se refiere a derechos humanos, contenga "normas más favorables a las de la Constitución," pasando a preguntarse la propia Sala sobre cuál debían ser los valores que debían tener presente "para determinar cuándo debe considerarse que esa disposición convencional es más favorable que la normativa constitucional interna," siendo su respuesta que ellos deben ser los supuestos valores derivados del proyecto político subyacente en la Constitución antes mencionado, que la Sala ha venido interpretando a su antojo.

De ello concluyó entonces que entonces no podía el artículo 23.2 de la Convención Americana "ser invocado aisladamente, con base en el artículo 23 de la Constitución Nacional, contra las competencias y atribuciones de un Poder Público Nacional, como lo es el Poder Ciudadano o Moral," concluyendo en la sentencia N° 1265/2008 dictada el 5 de agosto de 2008, sobre dicha antinomia, de nuevo que "es inadmisible la pretensión de aplicación absoluta y descontextualizada, con carácter suprahistórico, de una norma integrante de una Convención Internacional" contra las atribuciones en materia de control fiscal y lucha contra la corrupción de la Contraloría General de la República y su potestad de aplicar las sanciones administrativas. Con base en ello, la Sala concluyó que en la materia prevalecía el orden interno y las "normas constitucionales que privilegian el interés general y el bien común, debiendo aplicarse las disposiciones que privilegian los intereses colectivos involucrados en la lucha contra la corrupción sobre los intereses particulares de los involucrados en los ilícitos administrativos"," rechazando el postulado de que las sanciones de inhabilitación solo puede ser impuesta por una "autoridad judicial.

Para ello, la Sala Constitucional en su sentencia que comentamos N° 1547 (Caso *Estado Venezolano vs. Corte Interamericana de Derechos Humanos*) de fecha 17 de octubre de 2011, concluyó señalando que aun si se pretendiera otorgar un sentido literal y restrictivo al artículo 23 de la Convención Interamericana, imponiendo la necesidad de la inhabilitación de un ciudadano para el ejercicio de cargos públicos sólo mediante una sentencia judicial, tal Tratado –dijo la Sala– "no es el único que forma parte integrante del sistema constitucional venezolano según el artículo 23 de nuestra Carta Fundamental" concluyendo que conforme a su tesis de la "prevalencia de las normas que privilegien el interés general y el bien común sobre los intereses particulares" entonces debía darse preferencia "a las Convenciones Interamericana y de la ONU contra la corrupción y las propias normas constitucionales internas, que reconocen a la Contraloría General de la República como un órgano competente para la aplicación de sanciones de naturaleza administrativa, como lo es la inhabilitación para el ejercicio de cargos públicos por hechos de corrupción en perjuicio de los intereses colectivos y difusos del pueblo venezolano."

Sin embargo, después de este pronunciamiento dictado con motivo de ejercer el control de constitucionalidad de la sentencia de la Corte Interamericana, la Sala Constitucional se apresuró a afirmar, como aclaratoria que:

> "no se trata de interpretar el contenido y alcance de la sentencia de la Corte Interamericana de Derechos Humanos, ni de desconocer el tratado válidamente suscrito por la República que la sustenta o eludir el compromiso de ejecutar las decisiones según lo dispone el artículo 68 de la Convención Interamericana de Derechos Humanos,"

De lo que se trata, en cambio, dijo la Sala, fue supuestamente de adecuar el fallo internacional "al orden constitucional interno," y ejercer un supuesto "control de convencionalidad" pero respecto de normas consagradas en otros tratados internacionales válidamente que no habían sido analizados por la sentencia de la Corte Interamericana de Derechos Humanos que la Sala "controló," como la citada Convención Interamericana contra la Corrupción y la Convención de las Naciones Unidas contra la Corrupción," de todo lo cual concluyó la Sala que como "debe prevalecer la lucha contra la corrupción [...] no puede ejercerse una interpretación aislada y exclusiva de la Convención Americana de Derechos Humanos" y supuestamente se desconozca el "*corpus juris del Derecho Internacional de los Derechos Humanos,*" referido por la Corte Interamericana en otra sentencia.[1027]

Finalmente la Sala Constitucional acusó a la Corte Interamericana de Derechos Humanos de persistir:

> "en desviar la teleología de la Convención Americana y sus propias competencias, emitiendo órdenes directas a órganos del Poder Público venezolano (Asamblea Nacional y Consejo Nacional Electoral), usurpando funciones cual si fuera una potencia colonial y pretendiendo imponer a un país soberano e independiente criterios políticos e ideológicos absolutamente incompatibles con nuestro sistema constitucional."

Todo ello para terminar declarando que el fallo dictado en el caso Leopoldo López, simplemente era "inejecutable" en Venezuela porque había condenado al Estado Venezolano a través del *Consejo Nacional Electoral* a asegurar "*que las sanciones de inhabilitación no constituyan impedimento para la postulación del señor López Mendoza en el evento de que desee inscribirse como candidato en procesos electorales";* y porque había anulado los actos administrativos que le habían impuesto las sanciones de inhabilitaron"; todo lo cual fue rechazado por la Sala.

La conclusión de todo este proceso de confrontación entre la Sala Constitucional y la Corte Interamericana de Derechos Humanos evidenciada en las sentencias antes comentadas, exhortando al Ejecutivo Nacional para desligar a Venezuela de la Convención Americana sobre Derechos Humanos, se produjo finalmente el día 6 de septiembre de 2012 cuando el Ministro de Relaciones Exteriores de Venezuela, Sr. Ni-

---

1027 Sentencia del 24 de noviembre de 2004, caso: *Trabajadores Cesados del Congreso vs. Perú*, sus Opiniones Consultivas de la CIDH Nº OC-16/99 y Nº OC-17/2002) colás Maduro, quien ejerce actualmente la Presidencia de la República, luego de denunciar una supuesta campaña de desprestigio contra al país desarrollada por parte de la Comisión Interamericana de Derechos Humanos y de la Corte Interamericana de Derechos Humanos, manifestó formalmente al Secretario General de la OEA la "decisión soberana de la República Bolivariana de Venezuela de denunciar la Convención. Americana sobre Derechos Humanos, cesando en esta forma respecto de Venezuela los efectos internacionales de la misma, y la competencia respecto del país tanto de la manifestó formalmente al Secretario General de la OEA, ara el país, tanto de la Comisión Interamericana de Derechos Humanos como de la Corte Interamericana de Derechos Humanos.

Para fundamentar la decisión, el Ministro de Relaciones Exteriores hizo precisamente referencia, entre varios casos decididos por la Corte Interamericana condenando a Venezuela y otros por decidir, a los dos casos que hemos comentado anteriormente, fundamentando jurídicamente su decisión en la "doctrina" sentada por la Sala Constitucional sobre la supuesta prevalencia del derecho nacional frente al derecho internacional, en violación de la propia normativa de la Constitución.[1028]

5. *Algunas secuelas del desprecio por Venezuela de las decisiones de la Corte Interamericana de Derechos Humanos y la indebida presión ejercida ante la misma al Estado denunciar la Convención Americana de Derechos Humanos*

Las decisiones de la Sala Constitucional del Tribunal Supremo y del gobierno de Venezuela en desprecio de las sentencias de la Corte Interamericana de Derechos Humanos, sin duda ha tenido efectos y consecuencias catastróficas respecto del derecho de los venezolanos garantizado en el artículo 31 de la Constitución, según el cual el Estado está obligado a adoptar "las medidas que sean necesarias para dar cumplimiento a las decisiones" de los órganos internacionales de protección de los derechos humanos; sobre todo por la presión indebida ejercida por el gobierno sobre la Corte, al haber mencionado en la comunicación de denuncia de la Convención Americana, no sólo casos ya decididos por la Corte, sino otros casos admitidos por la Comisión y sometidos a la Corte, que estaban pendientes de conclusión y decisión. Lamentablemente la presión quizás surtió efectos, quizás estamos comenzado a presenciar el inicio del fin del acceso a la justicia internacional; al menos es lo que cualquier estudioso de la materia podría apreciar, si se tiene en cuenta, *mutatis mutandi*, lo que le ocurrió a los jueces contencioso administrativos en Venezuela los cuales "aprendieron" que decidir casos contra el Estado les acarreaba destitución de sus cargos, siendo la consecuencia de ello, que los venezolanos ya no tenemos justicia contencioso administrativa.

Lo cierto es que la Corte Interamericana, acaba de decidir uno de los casos citados por el Estado para justificar la denuncia de la Convención, y lo acaba de hacer con una sentencia que cambia de raíz la jurisprudencia de la Corte de hace un cuarto

1028 Véase nuestra propuesta para la inclusión de la norma del artículo 23 en la Constitución de 1999 dándole jerarquía constitucional a los tratados sobre derechos humanos: "Constitucionalización de los tratados sobre derechos humanos," en Allan R. Brewer-Carías, *Debate Constituyente (Aportes a la Asamblea Nacional Constituyente), Tomo II (9 septiembre- 17 octubre 1999)*, Fundación de Derecho Público, Caracas 1999 pp.111-115. Véase igualmente *Idem*, pp. 88-91.

de siglo en materia de excepción del agotamiento de recursos internos, para proteger al Estado que desprecia sus sentencias, y cercenarle el acceso a la justicia a un ciudadano que acudió a la Corte clamando por ella, ya que no la podía obtener en su país. ¿Habrá sido esa la consecuencia de la presión ejercida por el Estado venezolano contra la Corte, primero al despreciar sus sentencias, y segundo al denunciar la propia Convención Americana sobre Derechos Humanos, escapándose de la justicia internacional? La historia lo dirá.

En todo caso, ese caso decidido por la Corte Interamericana de Derechos Humanos, es el caso *Allan R. Brewer-Carías vs. Venezuela*, resuelto mediante sentencia Nº 277 de 26 de mayo de 2014,[1029] con motivo de las denuncias que formulé de violación masiva de mis derechos y garantías judiciales (mis derechos a la defensa, a ser oído, a la presunción de inocencia, a ser juzgado por un juez imparcial e independiente, al debido proceso judicial, a seguir un juicio en libertad, a la protección judicial) y de otros derechos (a la honra, a la libertad de expresión, incluso al ejercer su profesión de abogado, a la seguridad personal y a la circulación y a la igualdad y no discriminación) en el proceso penal desarrollado en mi contra en Venezuela, desde 2005, por el delito político de conspiración para cambiar violentamente la Constitución, por mi posición crítica al gobierno y haber dado una opinión jurídica como abogado en ejercicio de mi libertad de expresión, y con la única arma que he tenido siempre que es el verbo y la escritura.

Al admitir la excepción de falta de agotamiento de los recursos internos, y negarse a conocer y decidir mis denuncias, la Corte Interamericana violó mi derecho de acceso a la Justicia internacional, y protegiendo en cambio al Estado, renunció a las obligaciones convencionales que tenía de juzgar sobre la masiva violación de mis derechos y garantías.

Para ello, la Corte se excusó, sin razón jurídica alguna, en el argumento de que en este caso, antes de que yo pudiese pretender acudir ante la jurisdicción internacional para buscar la protección que nunca pude obtener en mi país, yo debía haber "agotado" los recursos internos en Venezuela, que por lo demás lo había hecho mediante *el ejercicio del único recurso disponible y oportuno que tuve al comenzar la etapa intermedia del proceso penal*, que fue el ejercicio de la solicitud de nulidad absoluta de lo actuado por violación de mis derechos y garantías constitucionales, o amparo penal; recurso que en los nueve años transcurridos nunca fue decidido por el juez de la causa, violando a la vez mi derecho a la protección judicial.

La Corte Interamericana, con su sentencia, primero, demostró una incomprensión extrema del sistema venezolano de protección constitucional mediante el amparo o tutela constitucional, desconociendo la solicitud de amparo penal que se había ejercido, llegando incluso a afirmar que si se formula un amparo o tutela con petición de nulidad absoluta, mediante un escrito extenso, en ese caso tenía 532 páginas, entonces según el criterio de los jueces que hicieron la mayoría, el amparo deja de ser una petición de amparo, porque en su miope criterio, por su "extensión" no podría resolverse perentoriamente.

Pero además, segundo, la Corte Interamericana incurrió en el gravísimo error de afirmar que en un proceso penal, supuestamente habría la referida "etapa temprana"

---

1029 Véase en http://www.corteidh.or.cr/docs/casos/articulos/seriec_278_esp.pdf.

(párrafos 95, 96, 97, 98) que como lo advirtieron los Jueces **Eduardo Ferrer Mac Gregor** y **Manuel Ventura Robles**, en su *Voto Conjunto Negativo* a la sentencia, es un "*nuevo concepto* acuñado en la Sentencia y en la jurisprudencia" (párrafo 46), que implica la absurda consecuencia de que si en la misma (como sería la etapa de investigación de un proceso penal) se han cometido violaciones a los derechos y garantías constitucionales, las mismas nunca podrían apreciarse ni juzgarse por el juez internacional, porque eventualmente podían ser corregidas en el curso del proceso interno (se entiende, por supuesto, en un sistema donde funcione el Estado de derecho), así esté viciado.

Ello equivale a dejar sentada la doctrina de que en esa "etapa temprana" del proceso penal se podrían violar impunemente las garantías judiciales, y las víctimas lo que tienen que hacer es esperar *sine die*, incluso privadas de libertad y en condiciones inhumanas, para que un sistema judicial sometido al Poder, deliberadamente lento, termine de demoler todos los derechos y garantías, para entonces, después de varios años de prisión sin juicio, las víctimas, quizás desde la ultratumba puedan pretender tener oportunidad de acudir al ámbito internacional buscando justicia.

Como lo advirtieron los Jueces **Ferrer Mac Gregor** y **Ventura Robles** en su *Voto Conjunto Negativo*, en "la Sentencia se consideró que en este caso en el cual todavía se encuentra pendiente la audiencia preliminar y una decisión al menos de primera instancia, *no era posible entrar a pronunciarse sobre la presunta vulneración de las garantías judiciales*, debido *a que todavía no habría certeza sobre cómo continuaría el proceso* y si muchos de los alegatos presentados *podrían ser subsanados a nivel interno*" (párrafo 25, e igualmente párrafos 35, 46, 50), considerando el *Voto Conjunto Negativo* que con ello, la Corte Interamericana:

> "contradice la línea jurisprudencial del propio Tribunal Interamericano en sus más de veintiséis años de jurisdicción contenciosa, desde su primera resolución en la temática de agotamiento de los recursos internos como es el caso *Velásquez Rodríguez Vs. Honduras*,[1030] ***creando así un preocupante precedente contrario a su misma jurisprudencia y al derecho de acceso a la justicia en el sistema interamericano***" (párrafo 47).

Por ello, los Jueces **Ferrer Mac Gregor** y **Ventura Robles** en su *Voto Conjunto Negativo* insistieron en este grave error de la sentencia de la Corte de establecer esta "nueva teoría" de la "etapa temprana" de un proceso, que:

> "representa un retroceso que afecta al sistema interamericano en su integralidad, en cuanto a los asuntos ante la Comisión Interamericana y casos pendientes por resolver por la Corte, toda vez que tiene ***consecuencias negativas para las presuntas víctimas en el ejercicio del derecho de acceso a la justicia. Aceptar que en las "etapas tempranas" del procedimiento no puede determinarse alguna violación (porque eventualmente puedan ser remediadas en etapas posteriores) crea un precedente que implicaría graduar la gravedad de las violaciones atendiendo a la etapa del procedimiento en la que se encuentre***; ***más aún, cuando es el propio Estado el que ha causado que no se hayan agotado los recursos internos en el presente caso, dado que ni siquiera dio***

1030 *Caso Velásquez Rodríguez Vs. Honduras*. Excepciones Preliminares. Sentencia de 26 de junio de 1987. Serie C Nº 1.

***trámite a los recursos de nulidad de actuaciones —de 4 y 8 de noviembre de 2005— por violación a derechos fundamentales***" (párrafo 56).

Todo ello llevó a los Jueces disidentes en su *Voto Conjunto Negativo* a concluir que la utilización por la sentencia, como uno de sus argumentos centrales, de "***la artificiosa teoría,***" -así la califican-:

> "de la "etapa temprana" del proceso, para no entrar al análisis de las presuntas violaciones a los derechos humanos protegidos por el Pacto de San José, constituye un ***claro retroceso en la jurisprudencia histórica de esta Corte, pudiendo producir el precedente que se está creando consecuencias negativas para las presuntas víctimas en el ejercicio del derecho de acceso a la justicia***; derecho fundamental de gran trascendencia para el sistema interamericano en su integralidad, al constituir en si mismo una garantía de los demás derechos de la Convención Americana en detrimento del efecto útil de dicho instrumento" (párrafo 119).

Con esta sentencia, en realidad, la mayoría sentenciadora de la Corte Interamericana, al pensar que el viciado proceso penal seguido en mi contra como instrumento de persecución política, signado por la persecución política, podía avanzar y salir de la "etapa temprana" en la que en criterio de la Corte se encontraba, y creer que el Estado, con el Poder Judicial como está, podía sin embargo corregir los vicios denunciados, lo que ha resuelto en definitiva, es darle un aval a la situación y el funcionamiento del Poder Judicial en Venezuela, considerándolo apropiado para impartir justicia, precisamente todo lo contrario de lo denunciado. Ello, además, constituye un vicio de inmotivación que hace nula la sentencia.

Lástima, en todo caso, que los señores jueces que tomaron la decisión – aparte de las toneladas de informes y documentos que muestran la situación del poder judicial en Venezuela - no leyeron o no se enteraron del más reciente informe sobre la problemática estructural del Poder Judicial en Venezuela elaborado por la *Comisión Internacional de Juristas*, titulado *Fortalecimiento del Estado de Derecho en Venezuela*, publicado en Ginebra en marzo de 2014, es decir, sólo dos meses antes de dictar sentencia, en cuya Presentación, su Secretario General, Wilder Tayler, explica que:

> *"Este informe da cuenta de la falta de independencia de la justicia en Venezuela, comenzando con el Ministerio Público cuya función constitucional además de proteger los derechos es dirigir la investigación penal y ejercer la acción penal. El incumplimiento con la propia normativa interna ha configurado un Ministerio Público sin garantías de independencia e imparcialidad de los demás poderes públicos y de los actores políticos, con el agravante de que los fiscales en casi su totalidad son de libre nombramiento y remoción, y por tanto vulnerables a presiones externas y sujetos órdenes superiores.*
>
> *En el mismo sentido, el Poder Judicial ha sido integrado desde el Tribunal Supremo de Justicia (TSJ) con criterios predominantemente políticos en su designación. La mayoría de los jueces son "provisionales" y vulnerables a presiones políticas externas, ya que son de libre nombramiento y de remoción discrecional por una Comisión Judicial del propio TSJ, la cual, a su vez, tiene una marcada tendencia partidista. [...]".*

Luego de referirse a que "el informe da cuenta además de las restricciones del Estado a la profesión legal," el Sr. Tayler concluyó su Presentación del Informe afirmando tajantemente que:

> *"Un sistema de justicia que carece de independencia, como lo es el venezolano, es comprobadamente ineficiente para cumplir con sus funciones propias. En este sentido en Venezuela, un país con una de las más altas tasas de homicidio en Latinoamérica y en familiares sin justicia, esta cifra es cercana al 98% en los casos de violaciones a los derechos humanos. Al mismo tiempo, el poder judicial, precisamente por estar sujeto a presiones externas, no cumple su función de proteger a las personas frente a los abusos del poder sino que por el contrario, en no pocos casos es utilizado como mecanismo de persecución contra opositores y disidentes o simples críticos del proceso político, incluidos dirigentes de partidos, defensores de derechos humanos, dirigentes campesinos y sindicales, y estudiantes."*[1031]

Ese Poder Judicial, es el que la Corte Interamericana no se atrevió a juzgar, avalándolo sin embargo, pero sin motivación, al pensar que podría corregir violaciones masivas cometidas en un proceso penal cuyo objeto es una persecución política.

Si el Estado venezolano despreció la justicia internacional el negarse a ejecutar las sentencias de la Corte Interamericana, minando su majestad decisora; con sentencias como estas dictada en el caso *Allan R. Brewer-Carías vs. Venezuela*, protegiendo a un Estado despreciador de sus sentencias, ha sido la misma Corte la que está contribuyendo a minar la confianza que puedan tener en ella los ciudadanos cuando buscan la justicia que no encuentran en sus países. Y si no hay justicia, queridos amigos, y ello es válido para todas las jurisdicciones, como lo escribió Quevedo hace siglos: **"*Si no hay justicia, Qué difícil es tener razón* !!"**

## Apéndice I. *Notas críticas a la sentencia Nº 277 de 26 de mayo de 2014 de la Corte Interamericana de Derechos Humanos pronunciada en el caso Allan Brewer Carias vs. Venezuela, y sobre la presión indebida ejercida por Venezuela sobre La Corte Interamericana.*[*]

En el libro *El Caso CIDH Allan R. Brewer-Carías vs. Venezuela ante la Corte Interamericana de Derechos Humanos. Estudio del caso y análisis crítico de la errada sentencia de la Corte Interamericana de Derechos Humanos Nº 277 de 26 de mayo de 2014,* Colección Opiniones y Alegatos Jurídicos Nº 14, Editorial Jurídica Venezolana, Caracas 2014, 500 pp., formulé mi reflexión personal, general y de conjunto sobre dicho caso, como demandante y como víctima, y sobre la mencionada sentencia Nº 277 dictada por la Corte Interamericana, firmada por los Jueces:

---

1031 Véase en http://icj.wpengine.netdna-cdn.com/wp-content/uploads/2014/06/VENEZUELA-Informe-A4-elec.pdf

* El texto de de este Apendice I está tomado de parte de la "Nota Explicativa" de libro: Allan R. Brewer-Carías, *El Caso CIDH Allan R. Brewer-Carías vs. Venezuela ante la Corte Interamericana de Derechos Humanos. Estudio del caso y análisis crítico de la errada sentencia de la Corte Interamericana de Derechos Humanos Nº 277 de 26 de mayo de 2014,* Colección Opinones y Alegatos Jurídicos Nº 14, Editorial Jurídica Venezolana, Caracas 2014, pp. -22.

**Humberto Antonio Sierra Porto,** Presidente y Ponente; **Roberto F. Caldas, Diego García-Sayán** y **Alberto Pérez Pérez,** y que tiene además un muy importante *Voto Conjunto Negativo* de los Jueces **Manuel E. Ventura Robles** y **Eduardo Ferrer Mac-Gregor Poisot.**[1032]

Dichas reflexiones, por supuesto las elaboré después de celebrada la audiencia pública del juicio ante la Corte Interamericana los días 3 y 4 de septiembre de 2013, y después de haberse publicado la sentencia, en la cual la Corte admitió la excepción preliminar de falta de agotamiento de recursos internos alegada por el Estado, protegiendo al Estado, denegando mi derecho de acceso a la justicia y archivando el expediente. Las mismas, además, las terminé de redactar después que el Presidente de la Corte, Juez **Sierra Porto**, el 21 de agosto de 2014, autorizó unilateralmente al Juez **García Sayán**, desconociendo las competencias del Pleno de la Corte para decidir los casos de incompatibilidad, para que sin dejar de ser Juez, realizase todas las actividades políticas necesarias, totalmente incompatibles con ese cargo, como eran las que resultaban de la promoción de su candidatura a la Secretaría General de la Organización de Estados Americanos que fue anunciada el 16 de agosto de 2014; candidatura a la cual aspiraba desde 2013, lo que desde entonces lo obligaba a renunciar a su cargo. Buscar los votos de los Estados para que lo apoyasen y eligieran, cuando eran precisamente los sujetos a los que la Corte juzga por violaciones a los derechos humanos, es elemental que era incompatible con el cargo de Juez de la Corte. Por ello, el Juez **García Sayán** no podía pedir "excusa" para ello, ni el Presidente **Sierra Porto** podía otorgársela, y menos de espaldas a la Corte, razón por la cual los Jueces **Eduardo Vio Grossi** y **Manuel Ventura**, al respecto, consignaron una "Constancia de Disentimiento" cuestionando la decisión del Presidente **Sierra Porto.**[1033]

La sentencia, en todo caso, se dictó luego del proceso iniciado ante la Comisión Interamericana de Derechos Humanos en 2007 y desarrollado ante la propia Corte Interamericana desde 2012, en el cual mis representantes, los profesores **Pedro Nikken, Claudio Grossman, Juan E. Méndez, Douglas Cassel, Helio Bicudo y Héctor Faúndez Ledezma,** denunciaron al Estado venezolano por las violaciones masivas cometidas por el Estado venezolano contra mis derechos y garantías judi-

---

1032 Véase en http://www.corteidh.or.cr/docs/casos/articulos/seriec_278_esp.pdf. El Juez **Eduardo Vio Grossi,** el 11 de julio de 2012, apenas el caso se presentó ante la Corte, muy honorablemente se excusó de participar en el mismo conforme a los artículos 19.2 del Estatuto y 21 del Reglamento, ambos de la Corte, recordando que en la década de los ochenta se había desempeñado como investigador en el Instituto de Derecho Público de la Universidad Central de Venezuela, cuando yo era Director del mismo, precisando que aunque ello había acontecido hacía ya bastante tiempo, "no desearía que ese hecho pudiese provocar, si participase en este caso en cuestión, alguna duda, por mínima que fuese, acerca de la imparcialidad" tanto suya "como muy especialmente de la Corte." La excusa le fue aceptada por el Presidente de la Corte el 7 de septiembre de 2012, después de consultar con los demás Jueces, estimando razonable acceder a lo solicitado.

1033 Véase el texto de la "Constancia de Disentimiento", en Allan R. Brewer-Carías, *El Caso CIDH Allan R. Brewer-Carías vs. Venezuela ante la Corte Interamericana de Derechos Humanos. Estudio del caso y análisis crítico de la errada sentencia de la Corte Interamericana de Derechos Humanos N° 277 de 26 de mayo de 2014,* Colección Opinones y Alegatos Jurídicos N° 14, Editorial Jurídica Venezolana, Caracas 2014, pp. 481 a 488 ciales (a la defensa, a ser oído, a la presunción de inocencia, a ser juzgado por un juez imparcial e independiente, al debido proceso judicial, a seguir un juicio en libertad, a la protección judicial) y otros (a la honra, a la libertad de expresión, incluso al ejercer mi profesión de abogado, a la seguridad personal y a la circulación y a la igualdad y no discriminación), consagrados en los artículos 44. 49, 50, 57 y 60 de la Constitución de Venezuela y de los artículos 1.1, 2, 7, 8.1, 8.2, 8.2.c, 8.2.f, 11, 13, 22, 24 y 25 de la Convención Americana sobre Derechos Humanos. Dichas violaciones fueron cometidas en mi contra durante el curso del proceso penal desarrollado en Venezuela desde 2005, con motivo de la falsa acusación formulada en mi contra de haber "conspirado para cambiar violentamente la Constitución," con motivo de los hechos políticos ocurridos tres años antes, en 2002, con ocasión de la anunciada renuncia del Presidente Hugo Chávez; proceso que fue desarrollado como instrumento de persecución política por mi posición crítica al gobierno en ejercicio de mi libertad de expresión, y por haber dado una opinión jurídica como abogado en ejercicio en esos momentos de crisis institucional, todo con la única arma que he tenido siempre que no ha sido otra que el verbo y la escritura.

La Corte Interamericana, en su sentencia, al admitir la excepción de falta de agotamiento de los recursos internos opuesta por el Estado, y negarse a conocer y decidir mis denuncias, violó mi derecho de acceso a la Justicia internacional, y protegiendo en cambio al Estado, renunció a las obligaciones convencionales que tenía de juzgar sobre la masiva violación de mis derechos y garantías, y abandonó la más tradicional de su jurisprudencia sentada desde el caso *Velásquez Rodríguez Vs. Honduras,*[1034] que le imponía la obligación de entrar a conocer del fondo de la causa cuando las denuncias formuladas contra un Estado son de violaciones a las garantías judiciales, como la violación a los derechos al debido proceso, a un juez independiente e imparcial, a la defensa, a la presunción de inocencia, y a la protección judicial. En esos casos, no se puede decidir la excepción de falta de agotamiento de recursos internos sin entrar a decidir si el Poder Judicial efectivamente es confiable, idóneo y efectivo para la protección judicial.

Para decidir, la Corte se excusó, sin razón jurídica alguna, y de la manera más inconcebible, en el argumento de que en este caso, antes de que yo pudiese pretender acudir ante la jurisdicción internacional para buscar la protección que nunca pude obtener en mi país, yo debía haber supuestamente "agotado" recursos internos en Venezuela, ignorando que mis abogados defensores **León Henrique Cottin** y **Rafael Odreman** había agotado en noviembre de 2005, *el único recurso disponible y oportuno que tuve al comenzar la etapa intermedia del proceso penal*, que fue la solicitud de nulidad absoluta de lo actuado por violación masiva de mis derechos y garantías constitucionales, o amparo penal; recurso que nunca fue decidido por el juez de la causa, violando a la vez mi derecho a la protección judicial.

La Corte Interamericana decidió, en efecto, que para que yo pudiera acceder a la justicia internacional buscando protección a mis derechos, debía previamente lograr que el paródico proceso penal iniciado en mi contra, que estaba viciado *ab initio* y de raíz, y en el cual ya había sido condenado de antemano, sin juicio, por el Ministerio Público en violación de mi derecho a la defensa y a la presunción de inocencia;

---

1034 Caso *Velásquez Rodríguez Vs. Honduras*. Excepciones Preliminares. Sentencia de 26 de junio de 1987. Serie C N° 1.

pasara de una supuesta "etapa temprana" (párrafos 95, 96, 97, 98 de la sentencia) en la cual según la Corte se encontraba, a alguna imprecisa y subsiguiente "etapa tardía" que nadie sabe cuál podría ser, pero eso sí, privado de libertad y sin garantía alguna del debido proceso, en un país donde simplemente no existe independencia y autonomía del Poder Judicial; y entonces en esa "etapa tardía" en unos lustros, si todavía subsistiesen las violaciones, entonces si podía acudir a buscar justicia ante la Corte Interamericana.

Con ello, lo que la Corte resolvió fue, ni más ni menos, que yo debía regresar a Venezuela a entregarme a mis perseguidores, para que me privasen de mi libertad, y sin garantías judiciales algunas, tratara de seguir, desde la cárcel, un proceso judicial que está viciado desde el inicio; y si después de varios años, quizás pudiera tener la suerte de que el proceso "avanzara" y las violaciones a mis derechos se agravasen, entonces, si aún contaba con vida, o desde la ultratumba, podía regresar ante la Corte Interamericana a denunciar los mismos vicios, que con su sentencia la Corte se negó a conocer; pero ignorando la propia Corte el hecho de que ello ni iba a ser posible por la denuncia que Venezuela había hecho de la Convención. Y todo ello, además, en relación con un fácticamente inexistente proceso en Venezuela que se extinguió legalmente desde diciembre de 2007, cuando en Venezuela se dictó una Ley de Amnistía que despenalizó los hechos por los que se me había acusado, habiéndose extinguido en consecuencia el proceso penal para todos los imputados. Sin embargo, como yo reclamé justicia ante la justicia internacional, no sólo la Corte Interamericana me la negó ejerciendo Venezuela sobre ella toda la presión inmaginable, sino que en Venezuela, por ese reclamo que pretendí me "castigó" de manera tal que la extinción del proceso penal operó para todos, excepto para mí, por haberme atrevido a reclamar justicia.

La Corte Interamericana, con su sentencia, ***primero***, demostró una incomprensión extrema del sistema venezolano de protección constitucional mediante el amparo o tutela constitucional, que en el país es un derecho constitucional (el derecho a ser amparado) y no sólo una acción o recurso, desconociendo la solicitud de amparo penal que se había ejercido, llegando incluso a afirmar que si se formula un amparo o tutela con petición de nulidad absoluta, mediante un escrito extenso, que en ese caso tenía 532 páginas, entonces según el criterio de los Jueces internacionales que hicieron la mayoría, el amparo deja de ser una petición de amparo, porque en su miope criterio, por su "extensión," no podría resolverse perentoriamente. Por ello, con razón, en el Voto Conjunto Negativo de los Jueces Eduardo **Ferrer Mac Gregor** y **Manuel Ventura Robles** se advierte la incongruencia de la sentencia indicándose que:

> "a pesar de la complejidad de los alegatos de ambas partes sobre el momento procesal en que debe resolverse, en la Sentencia se entra posteriormente a definir un aspecto polémico, entre otros argumentos, dejando ver que un recurso de 523 páginas no podía resolverse en 3 días, ***como si la extensión del recurso sea lo que determina el momento procesal en que se debe resolver***" (párrafo 94).

Pero además, ***segundo***, la Corte Interamericana incurrió en el gravísimo error de afirmar que en un proceso penal, supuestamente habría la antes referida "etapa temprana" (párrafos 95, 96, 97, 98) que como lo advirtieron los Jueces **Ferrer Mac Gregor** y **Ventura Robles**, en su *Voto Conjunto Negativo* a la sentencia, es un "*nuevo concepto* acuñado en la Sentencia y en la jurisprudencia" (párrafo 46), que implica la absurda consecuencia de que si en la misma (como sería la etapa de investigación de un proceso penal) se han cometido violaciones a los derechos y garantías constitucionales, las mismas nunca podrían apreciarse ni juzgarse por el juez internacional, porque eventualmente podían ser corregidas en el curso del proceso interno (se entiende, por supuesto, en un sistema donde funcione el Estado de derecho), así este esté viciado.

Ello, sin embargo, equivale a dejar sentada la doctrina de que en esa "etapa temprana" del proceso penal se podrían violar impunemente las garantías judiciales, y las víctimas lo que tienen que hacer es esperar *sine die*, incluso privadas de libertad y en condiciones inhumanas, para que un sistema judicial sometido al Poder, deliberadamente lento, termine de demoler todos los derechos y garantías, para entonces, después de varios años de prisión sin juicio, las víctimas puedan pretender tener oportunidad de acudir al ámbito internacional buscando justicia.

Como lo advirtieron los Jueces **Ferrer Mac Gregor** y **Ventura Robles** en su *Voto Conjunto Negativo*, en "la Sentencia se consideró que en este caso en el cual todavía se encuentra pendiente la audiencia preliminar y una decisión al menos de primera instancia, *no era posible entrar a pronunciarse sobre la presunta vulneración de las garantías judiciales*, debido *a que todavía no habría certeza sobre cómo continuaría el proceso* y si muchos de los alegatos presentados *podrían ser subsanados a nivel interno*" (párrafo 25, e igualmente párrafos 35, 46, 50), considerando el *Voto Conjunto Negativo* que con ello, la Corte Interamericana:

> "contradice la línea jurisprudencial del propio Tribunal Interamericano en sus más de veintiséis años de jurisdicción contenciosa, desde su primera resolución en la temática de agotamiento de los recursos internos como es el caso *Velásquez Rodríguez Vs. Honduras,*[1035] ***creando así un preocupante precedente contrario a su misma jurisprudencia y al derecho de acceso a la justicia en el sistema interamericano***" (párrafo 47).

Por ello, los Jueces **Ferrer Mac Gregor** y **Ventura Robles** en su *Voto Conjunto Negativo* insistieron en este grave error de la sentencia de la Corte de establecer esta "nueva teoría" de la "etapa temprana" de un proceso, que:

> "representa un retroceso que afecta al sistema interamericano en su integralidad, en cuanto a los asuntos ante la Comisión Interamericana y casos pendientes por resolver por la Corte, toda vez que tiene ***consecuencias negativas para las presuntas víctimas en el ejercicio del derecho de acceso a la justicia. Aceptar que en las "etapas tempranas" del procedimiento no puede determinarse alguna violación (porque eventualmente puedan ser remediadas en etapas posteriores) crea un precedente que implicaría graduar la gravedad de las violaciones atendiendo a la etapa del procedimiento en la que se encuentre***; ***más aún, cuando es el propio Estado el que ha causado que no se hayan agotado los recursos internos en el presente caso, dado que ni siquiera dio trámite a los recursos de nulidad de actuaciones —de 4 y 8 de noviembre de 2005— por violación a derechos fundamentales***" (párrafo 56).

1035 Caso *Velásquez Rodríguez Vs. Honduras*. Excepciones Preliminares. Sentencia de 26 de junio de 1987. Serie C Nº 1.

Todo ello llevó a los Jueces disidentes en su *Voto Conjunto Negativo* a concluir que la utilización por la sentencia, como uno de sus argumentos centrales, de "***la artificiosa teoría,"*** -así la califican-:

> "***de la "etapa temprana***" del proceso, para no entrar al análisis de las presuntas violaciones a los derechos humanos protegidos por el Pacto de San José, constituye un ***claro retroceso en la jurisprudencia histórica de esta Corte, pudiendo producir el precedente que se está creando consecuencias negativas para las presuntas víctimas en el ejercicio del derecho de acceso a la justicia***; derecho fundamental de gran trascendencia para el sistema interamericano en su integralidad, al constituir en sí mismo una garantía de los demás derechos de la Convención Americana en detrimento del efecto útil de dicho instrumento" (párrafo 119).

Con esta sentencia, ***tercero***, en realidad, la mayoría sentenciadora de la Corte Interamericana, al pensar que el viciado proceso penal seguido en mi contra como instrumento de persecución política podía avanzar y salir de la "etapa temprana" en la que en criterio de la Corte se encontraba, y creer que el Estado, con el Poder Judicial como está, podía sin embargo corregir los vicios denunciados, lo que ha resuelto en definitiva, es darle un aval a la situación y el funcionamiento del Poder Judicial en Venezuela, considerándolo apropiado para impartir justicia, para que "avance" a "etapas tardías," precisamente todo lo contrario de lo denunciado. Ello, además, constituye un vicio de inmotivación que hace nula la sentencia.

Lástima, en todo caso, que los señores Jueces que hicieron la mayoría sentenciadora -aparte de las toneladas de informes y documentos que muestran la situación del poder judicial en Venezuela- no leyeron o no se quisieron enterar del más reciente informe sobre la problemática estructural del Poder Judicial en Venezuela elaborado por la *Comisión Internacional de Juristas*, titulado *Fortalecimiento del Estado de Derecho en Venezuela*, publicado en Ginebra en marzo de 2014, es decir, sólo dos meses antes de dictar sentencia, en cuya Presentación, su Secretario General, Wilder Tayler, explica que:

> *"Este informe da cuenta de la falta de independencia de la justicia en Venezuela, comenzando con el Ministerio Público cuya función constitucional además de proteger los derechos es dirigir la investigación penal y ejercer la acción penal. El incumplimiento con la propia normativa interna ha configurado un Ministerio Público sin garantías de independencia e imparcialidad de los demás poderes públicos y de los actores políticos, con el agravante de que los fiscales en casi su totalidad son de libre nombramiento y remoción, y por tanto vulnerables a presiones externas y sujetos órdenes superiores.*
>
> *En el mismo sentido, el Poder Judicial ha sido integrado desde el Tribunal Supremo de Justicia (TSJ) con criterios predominantemente políticos en su designación. La mayoría de los jueces son "provisionales" y vulnerables a presiones políticas externas, ya que son de libre nombramiento y de remoción discrecional por una Comisión Judicial del propio TSJ, la cual, a su vez, tiene una marcada tendencia partidista. [...]".*

Luego de referirse a que "el informe da cuenta además de las restricciones del Estado a la profesión legal," el Sr. Tayler concluyó su Presentación del Informe afirmando tajantemente que:

*"Un sistema de justicia que carece de independencia, como lo es el venezolano, es comprobadamente ineficiente para cumplir con sus funciones propias. En este sentido en Venezuela, un país con una de las más altas tasas de homicidio en Latinoamérica y en familiares sin justicia, esta cifra es cercana al 98% en los casos de violaciones a los derechos humanos. Al mismo tiempo, el poder judicial, precisamente por estar sujeto a presiones externas, no cumple su función de proteger a las personas frente a los abusos del poder sino que por el contrario, en no pocos casos es utilizado como mecanismo de persecución contra opositores y disidentes o simples críticos del proceso político, incluidos dirigentes de partidos, defensores de derechos humanos, dirigentes campesinos y sindicales, y estudiantes.*"[1036]

Ese Poder Judicial, es el que la Corte Interamericana no se atrevió a juzgar, avalándolo sin embargo, pero sin motivación, al pensar que podría corregir violaciones masivas cometidas en un proceso penal cuyo objeto es una persecución política. Por si no lo sabe la Corte Interamericana, vale la pena que sus Jueces lean al menos lo que recientemente, cuando trabajaba en esta Nota, ha escrito el profesor y académico Alberto Arteaga, el más destacado de los penalistas venezolanos, expresando que:

"nuestro Poder Judicial se ha convertido en un simple apéndice del Poder Ejecutivo, llegando al extremo de que el Presidente, abiertamente, ha declarado que un procesado, como Leopoldo López, debe ser castigado como responsable por los delitos cometidos, sin que se haya dado pronunciamiento alguno de un Tribunal y sin que el Juez del caso haya protestado por tan descarada intromisión en el proceso a su cargo, en el cual debe decidir conforme a su conciencia y al derecho. Ahora, ni siquiera se cubre la formalidad de declarar que un asunto corresponde al Poder Judicial y que sus decisiones serán respetadas. Simplemente se dictamina y se comienza a ejecutar una pena, como si no existiera la presunción de inocencia, el derecho a ser juzgado en libertad, el trato digno a un encarcelado y el respeto al dolor de su esposa, hijos, padres, amigos y de cualquier ciudadano que crea en la institucionalidad democrática. Sin duda, hay un país sumido en la más profunda crisis cuando la justicia no se hace sentir y se la pretende colocar al servicio de intereses políticos."[1037]

Debe tenerse en cuenta, por otra parte, que la sentencia de la Corte Interamericana en mi caso, que bien conoce el profesor Arteaga pues dictaminó en él, desarrollado en similares circunstancias a las que ha descrito, se dictó después de que el Estado de Venezuela culminó el proceso de desligarse de la Convención Americana de Derechos Humanos, que se inició desde 2003,[1038] ejerciendo presiones indebidas contra la Corte Interamericana de Derechos Humanos, primero con sendas senten-

---

1036 Véase en http://icj.wpengine.netdna-cdn.com/wp-content/uploads/2014/06/VE-NEZUELA-Informe-A4-elec.pdf

1037 Véase Alberto Arteaga, Justica, ¿Materia pendiente?," en *El Universal*, Caracas, 30 de julio de 2014, en http://www.eluniversal.com/opinion/140730/justicia-materia-pendiente

1038 Véase sentencia Nº 1.942 de 15 de julio de 2003 (Caso: *Impugnación de artículos del Código Penal, Leyes de desacato*), en *Revista de Derecho Público*, Nº 93-96, Editorial Jurídica Venezolana, Caracas 2003, pp. 136 ss.

cias de la Sala Constitucional de 2008 y 2011 en las cuales declararon "inejecutables" en Venezuela las propias sentencias de la Corte Interamericana;[1039] y segundo, mediante la propia denuncia de la Convención Americana efectuada mediante comunicación de 6 de septiembre de 2012, firmada por el Ministro de Relaciones Exteriores de Venezuela de entonces, Nicolás Maduro,[1040] quien actualmente (2014) ejerce la Presidencia de la República.

Dicho funcionario, en efecto, para denunciar la Convención, hizo referencia a una supuesta campaña de desprestigio contra al país desarrollada por parte de la Comisión Interamericana de Derechos Humanos y por la propia la Corte Interamericana de Derechos Humanos, manifestando formalmente al Secretario General de la OEA la "***decisión soberana de la República Bolivariana de Venezuela de denunciar la Convención Americana sobre Derechos Humanos***," cesando en esta forma respecto de Venezuela los efectos internacionales de la misma, y la competencia respecto del país tanto de la Comisión Interamericana de Derechos Humanos como de la Corte Interamericana de Derechos Humanos.

Para fundamentar la Denuncia de la Convención presionando a la Corte Interamericana, lo cual ha tenido efectos y consecuencias catastróficas respecto del derecho de los venezolanos garantizado en el artículo 31 de la Constitución, según el cual el Estado está obligado a adoptar "las medidas que sean necesarias para dar cumplimiento a las decisiones" de los órganos internacionales de protección de los derechos humanos, el Ministro de Relaciones Exteriores no solo hizo precisamente referencia a varios casos que habían sido decididos por la Corte Interamericana condenando a Venezuela, entre ellos precisamente los que en desprecio del Sistema Interamericano de Protección el Juez Constitucional venezolano habían declarado en el país como "inejecutables;" sino más grave aún, en la comunicación oficial de denuncia de la Convención, hizo mención a casos aún no decididos, que estaban pendientes de decisión por la Corte Interamericana, como era precisamente el caso *Allan Brewer Carías vs. Venezuela*. Dicha presión indebida ejercida por el gobierno de Venezuela sobre la Corte, formulada como fundamento para la Denuncia de la Convención, fue incluso advertida por mis representantes ante la Corte, pero la misma prefirió ignorar el alegato.

Lamentablemente la presión quizás surtió efectos, y por ello, en el libro crítico ante mencionado expresé que quizás estamos comenzando a presenciar el inicio del fin del acceso a la justicia internacional, o del desarrollo de una patología endémica en una Corte internacional. Al menos es lo que cualquier estudioso de la materia podría apreciar, si se tiene en cuenta, *mutatis mutandi*, lo que le ocurrió or ejemplo a los jueces contencioso administrativos en Venezuela en uno de los casos decididos

---

1039 Véase la sentencia de la Sala Constitucional del Tribunal Supremo N° 1.939 de 18 de diciembre de 2008 en el Caso *Abogados Gustavo Álvarez Arias y otros* (*Estado Venezolano*) *vs. Corte Interamericana de Derechos Humanos* en http://www.tsj.gov.ve/decisiones/scon/Diciembre/1939-181208-2008-08-1572.html; y sentencia N° 1547 de fecha 17 de octubre de 2011 (*Caso Estado Venezolano vs. Corte Interamericana de Derechos Humanos*), en http://www.tsj.gov.ve/deci-siones/scon/Octubre/1547-171011-2011-11-1130.html

1040 Véase la carta del Ministro de Relaciones Exteriores de Venezuela dirigida al Secretario General de la OEA el 6 de septiembre de 2012.

por la propia Corte Interamericana,[1041] cuando después de haberlos protegido, sus sustitutos "aprendieron" que en el país, decidir casos contra el Estado les acarreaba destitución de sus cargos, siendo la consecuencia de ello, que los venezolanos ya no tenemos justicia contencioso administrativa.[1042]

En todo caso, lo cierto es que con la sentencia Nº 277 que dictó la Corte Interamericana en el caso *Allan Brewer Carías vs. Venezuela*, luego de la denuncia de la Convención y de la indebida presión ejercida sobre la Corte por el Estado, la misma, como se dijo, cambió de raíz su jurisprudencia de un cuarto de siglo de tradición en materia de la excepción del agotamiento de recursos internos, en el sentido lógico de que cuando se demanda al Estado por violaciones del debido proceso y de las demás garantías judiciales (derechos a un juez independiente, a la defensa, a la presunción de inocencia, a la protección judicial), la Corte no puede resolver aisladamente la excepción preliminar de supuesta falta de agotamiento de recursos internos, sin examinar y decidir necesariamente el fondo de las violaciones mencionadas, como por ejemplo, la ausencia de independencia y autonomía del Poder Judicial. Lo contrario sería, avalar sin motivación a un Poder Judicial que no es independiente ni autónomo, y obligar a la víctima a someterse a mayores violaciones de sus garantías judiciales, e incluso de su libertad y seguridad personales, para luego quizás poder acudir a la justicia internacional, que es lo que se ha pretendido en mi caso.

Y lo más lamentable es que la decisión de la Corte, en el caso, cambiando dicha justa jurisprudencia histórica, se dictó sólo para proteger a un Estado que desprecia sus sentencias, y para cercenarle el acceso a la justicia a un ciudadano que acudió a la Corte Interamericana clamando por ella, ya que no la podía obtener en su país.

Con esta sentencia de la Corte Interamericana, en todo caso, por ello, lamentablemente, quizás se ha iniciado una nueva etapa en el ámbito del sistema interamericano de protección a los derechos humanos. ¿Habrá sido esa la consecuencia de la presión ejercida por el Estado venezolano contra la Corte al denunciar la Convención Americana, con base a la existencia de este caso? ¿Habrán privado sobre la justicia intereses personales políticos de algunos Jueces? La historia lo dirá, o lo ha

---

1041 El caso de la destitución de los jueces contencioso administrativo por haber dictado una medida cautelar contra el Estado, que fueron protegidos por la Corte Interamericana de Derechos Humanos por sentencia de 5 de agosto de 2008 (Caso *Apitz Barbera y otros ("Corte Primera de lo Contencioso Administrativo") vs. Venezuela*), que fue la declarada "inejecutable" en Venezuela por sentencia Nº 1.939 de la Sala Constitucional del Tribunal Supremo de Venezuela de 18 de diciembre de 2008 (Caso *Abogados Gustavo Álvarez Arias y otros (Estado Venezolano) vs. Corte Interamericana de Derechos Humanos*). Véase en http://www.tsj.gov.ve/decisiones/scon/Diciembre/1939-181208-2008-08-1572.html. Véanse los comentarios a esa sentencia en Allan R. Brewer-Carías, "La interrelación entre los Tribunales Constitucionales de América Latina y la Corte Interamericana de Derechos Humanos, y la cuestión de la inejecutabilidad de sus decisiones en Venezuela," en Armin von Bogdandy, Flavia Piovesan y Mariela Morales Antonorzi (Coodinadores), *Direitos Humanos, Democracia e Integraçao Jurídica na América do Sul*, Lumen Juris Editora, Rio de Janeiro 2010, pp. 661-70; y en *Anuario Iberoamericano de Justicia Constitucional,* Centro de Estudios Políticos y Constitucionales, Nº 13, Madrid 2009, pp. 99-136.

1042 Véase Antonio Canova González, *La realidad del contencioso administrativo venezolano (Un llamado de atención frente a las desoladoras estadísticas de la Sala Político Administrativa en 2007 y primer semestre de 2008)*, Funeda, Caracas 2009.

estado comenzando a decir, al menos si nos atenemos a los graves hechos ocurridos en el seno de la propia Corte, con motivo de la campaña política que realizó el Juez **García Sayán,** sin dejar de ser Juez, para lograr se concretara su candidatura a la Secretaría General de la OEA que presentó el Estado peruano,[1043] lo que hizo con la autorización del Presidente **Sierra Porto,**[1044] de espaldas al Pleno de la Corte, y desconociendo que el tema era de incompatibilidad y no de escusa. Con ello, el Juez **García Sayán**, sin dejar de ser Juez, siguió realizando actividades políticas en busca de compromisos y apoyos de los Estados que la propia Corte debía juzgar, para que votasen por su candidatura a la Secretaría General de la OEA. Todo ello ocurrió hasta que el Estado Peruano retiró la candidatura de dicho Juez, y éste, unas semanas después de haber intensamente gestionado los apoyos políticos de los Estados que juzga, sin más, se reincorporó a sus labores en la Corte.[1045]

Apéndice II. *Sobre el grave tema de las actuaciones de los jueces de la Corte Interamericana que pueden afectar seriamente la credibilidad de la misma, en lo que concierne a* su *"imparcialidad" "dignidad"* o *"prestigio": ¿signos de patología de la justicia convencional?* [*]

Lo ocurrido en el seno de la Corte Interamericana de Derechos Humanos en 2014, en efecto, podría considerase, lamentablemente, como un indicio no deseado de signos patológicos en el desarrollo de la justicia convencional internacional que, también muy lamentable, es posible que hayan podido afectar su funcionamiento, particularmente en el caso *Allan R. Brewer-Carías vs. Venezuela,* cuya audiencia, ante la Corte Interamericana de Derechos Humanos realizada el 4 de septiembre de

---

1043 El periodista Daniel Coronell, en su Columna en la *Revista Semana* titulada "Un juez con aspiraciones," en relación precisamente con el Juez **García Sayán** y la Corte Interamericana de Derechos Humanos, ya en diciembre de 2013, escribía con razón que: "**Un juez no puede esperar el favor político de quienes son juzgados por él. Un voto futuro, una decisión favorable a una aspiración, compromete su imparcialidad y hace sospechosa cualquier decisión que toque intereses de su eventual elector**," agregando que en relación a las aspiraciones políticas futuras de los jueces que "si su futuro depende de la decisión de quienes hoy juzga, su decisión nos incumbe a todos. Sencillamente porque no habría garantías para quienes demandan justicia ante la Corte Interamericana.". Véase "Un juez con aspiraciones." Véase Daniel Coronell, "Un juez con aspiraciones," *Revista Semana,* 07-12-2013, en http://m.semana.com/opinion/articulo/columna-daniel-coronell-sobre-juez-garcia-sayan/367384-3.

1044 Véase el Comunicado de Prensa de la Corte en http://www.corteidh.or.cr/docs/comunicados/cp_14_14.pdf. Véase el texto además, en el ***Anexo III*** (páginas 481) de este libro.

1045 Véase el texto de la "Constancia de Disentimiento", en Allan R. Brewer-Carías, *El Caso CIDH Allan R. Brewer-Carías vs. Venezuela ante la Corte Interamericana de Derechos Humanos. Estudio del caso y análisis crítico de la errada sentencia de la Corte Interamericana de Derechos Humanos N° 277 de 26 de mayo de 2014,* Colección Opinones y Alegatos Jurídicos N° 14, Editorial Jurídica Venezolana, Caracas 2014, pp. 481 a 488

* Texto del Apendice al libro: Allan R. Brewer-Carías, *El Caso CIDH Allan R. Brewer-Carías vs. Venezuela ante la Corte Interamericana de Derechos Humanos. Estudio del caso y análisis crítico de la errada sentencia de la Corte Interamericana de Derechos Humanos N° 277 de 26 de mayo de 2014,* Colección Opinones y Alegatos Jurídicos N° 14, Editorial Jurídica Venezolana, Caracas 2014, pp. 355-369.

2013, estuvo presidida precisamente por el Juez **Diego García Sayán**, quien fue su Presidente hasta diciembre de 2013, cuando también precisamente el Juez **Humberto Sierra Porto**, en lugar del Juez **Manuel Ventura Robles** a quien en principio le correspondía, asumió la Presidencia de la misma.

Ambos, **García Sayán** y **Serra Porto** suscribieron la sentencia Nº 277 de 26 de mayo de 2014, relativa a dicho caso, ordenando el archivo del expediente y denegándome el derecho de acceso a la justicia internacional, protegiendo al Estado venezolano, para lo cual como se ha dicho, tuvieron que cambiar la tradicional jurisprudencia de la Corte de que cuando se alegan violaciones a los derechos y garantías judiciales, y particularmente, a los derechos al debido proceso, a un juez independiente, a la defensa, a la presunción de inocencia y a la protección judicial, no puede la Corte considerar aisladamente la excepción de falta de agotamiento de los recursos internos, sin antes entrar a considerar el fondo de las denuncias formuladas.[1046] En definitiva, la Corte lo que hizo fue decidir sin motivación alguna, avalando al Poder Judicial del Estado cuya independencia y autonomía era precisamente la que se cuestionó con la demanda, como era precisamente mi caso.

La verdad es que al acudir ante la Corte Interamericana de Derechos Humanos creí en la misma como el órgano idóneo en el Sistema Interamericano para conocer y decidir las demandas por violaciones de los derechos humanos cometidas por los Estados Miembros, confiado en que sus Jueces actuaban todos ajustados a las normas elementales de la Justicia, que establecen la absoluta incompatibilidad entre la función de Juez de la Corte y la realización de actividades que, como lo indica el artículo 71 de la Convención Americana sobre Derechos Humanos, puedan *"afectar su independencia o imparcialidad,"* o como lo dispone el artículo 18.1.c del Estatuto de la Corte *Interamericana, puedan* afectar *"su independencia, imparcialidad, la dignidad o prestigio de su cargo."*

Conforme a ello, por tanto, por ejemplo, un Juez de la Corte Interamericana no puede, en forma simultáneamente a su labor de Juez, que implica juzgar en procesos judiciales complejos a los Estados miembros de la Convención, realizar actividades como aspirante a candidato, o candidato a un cargo como el de Secretario General de la Organización de Estados Americanos, que implica y exige buscar, gestionar o procurar el apoyo de los mismos Estados que son juzgados por él, y que son en defi-

---

1046 Véase Caso *Velásquez Rodríguez Vs. Honduras*. Excepciones Preliminares. Sentencia de 26 de junio de 1987. Serie C Nº 1. Por ello, por ejemplo, Fernando Zamora C, refiriéndose al caso *Allan R. Brewer-Carías vs. Venezuela*, destacó que la Corte de Derechos Humanos "rechazó la demanda porque el Dr. Brewer no había agotado los procedimientos judiciales en Venezuela. Pero argüir esa razón para rechazarla es un grave contrasentido, pues de lo que Brewer se defendía ante la CIDH era, precisamente, del cúmulo de arbitrariedades y abusos judiciales que sufría en su país. // El amparo que se le pedía a la CIDH era, concretamente, a raíz de la violación del debido proceso y las garantías judiciales, por la inexistencia de independencia judicial, por el impedimento del ejercicio de la abogacía y por la provisionalidad de los jueces. ¿Cómo, entonces, devolverlo a esa misma jurisdicción sin antes entrar a analizar el fondo de los hechos alegados? // Por eso, la sentencia ha sido vista "con preocupación" por el juez de dicha Corte, Dr. Eduardo Ferrer Mac-Gregor, y por otros juristas distinguidos." Véase Fernando Zamora C., "La CIDH y el desamparo al Dr. Brewer," en *La Nación*, San José 23 de agosto de 2014, en http://www.nacion.com/opinion/foros/CIDH-desamparo-Dr-Brewer_0_1434656532.html.

nitiva los que lo pueden elegir. Es perfectamente legítimo que un Juez de la Corte Interamericana aspire ser candidato a dicho cargo de Secretario General de la OEA, pero para ello, por el conflicto de intereses y la incompatibilidad que origina, tiene el deber de necesariamente renunciar de inmediato a su condición de Juez.

A. *El Juez Diego García Sayán, su aspiración a la Secretaría General de la organización de Estados Americanos, y la percepción sobre su "imparcialidad"*

Ello sin embargo no ocurrió en el caso del Juez **Diego García Sayán**, quien desde 2013 había sido aspirante a candidato a la Secretaría General de la Organización de Estados Americanos, pero sin embargo, no sólo hasta diciembre de 2013 fue Presidente de la Corte, sino que con posterioridad nunca dejó su cargo de Juez, y paralelamente a sus aspiraciones y gestiones para contar con el apoyo y votos necesarios de los Estados para poder ser siquiera aspirante y poder ser electo, siguió participando en los procesos y en las audiencias ante la Corte, y siguió participando en las sentencias en las cuales se ha juzgado a los mismos Estados.

Esa actividad simultánea del Juez **García Sayán** de ser un Juez que pretendía juzgar a los Estados y que simultáneamente era un aspirante a ser candidato a la Secretaría General de la Organización de los Estados Americanos para lo cual buscaba el favor de los Estados que juzgó, firmando sentencias incluso de casos importantes y polémicos en los cuales, por ejemplo, se exoneró a los Estados de responsabilidad; había sido ciertamente un secreto a voces en el mundo latinoamericano, pero bien conocido por cierto, al menos desde 2013.

Una de esas sentencias fue la dictada bajo su presidencia, en el caso *Mémoli vs. Argentina*, el 22 de agosto de 2103,[1047] en la cual la Corte por primera vez consideró que una condena penal por delito de injurias y calumnias no afectaba la libertad de expresión protegida en el artículo 13 de la Convención, liberando al Estado argentino de responsabilidad. Sobre esa sentencia por ejemplo, José Miguel Vivanco, Director de *Human Rights Watch*, expresó en noviembre de 2013, a los pocos días de que la misma fue notificada, que detrás de la misma habría "políticamente, ojo, no jurídicamente":

> "una sutil estrategia política del Presidente de este organismo, **Diego García-Sayán**, con el apoyo de por lo menos cuatro de sus colegiados que apoyaron esa sentencia, contra tres que no lo apoyaron, de **congraciarse con el gobierno argentino, más precisamente con la mandataria, Cristina Fernández de Kirchner.**
>
> **Sucede que en los corrillos políticos latinoamericanos no hay secreto alguno de los órganos interamericanos que no se sepa, y es *vox populi*, que el presidente peruano de la Corte IDH ambicionaba tener el apoyo del gobierno argentino en su pretensión de coronarse como secretario general de la OEA, en atención a que el secretario general, el chileno Jaime Insulza, no iba a ir a la reelección en el cargo..."**[1048]

---

1047 Véase en http://www.corteidh.or.cr/docs/casos/articulos/seriec_265_esp.pdf.

1048 Véase el reportaje de la Unidad de Investigación del diario *La Razón*, "Jugadas políticas de García-Sayán a expensas de fallo contra la libertad de expresión," en *La Razón*, 16 de no-

De ese secreto a voces, por tanto, podía concluirse que un Juez de la Corte Interamericana que pretendiera, aspirase a ser o fuera, a la vez, candidato a la Secretaría General de la OEA, no podía ser percibido como un juez imparcial, pues su interés político obviamente prevalecería sobre la labor de juzgar. Ello, además, lo observó en diciembre de 2013 el periodista Daniel Coronell, en un artículo publicado en la Revista Semana de Colombia, titulado "Un juez con aspiraciones," en el cual precisamente se refirió al Juez **García Sayán**, con el siguiente subtítulo: "*Si el futuro de García-Sayán depende de los países que hoy juzga, su decisión nos incumbe a todos, porque no habría garantías ante la Corte Interamericana*," y con el siguiente contenido:

> **"Un juez no puede esperar el favor político de quienes son juzgados por él. Un voto futuro, una decisión favorable a una aspiración, compromete su imparcialidad y hace sospechosa cualquier decisión que toque intereses de su eventual elector.** El caso del que hoy les quiero hablar no es sencillo.
>
> El presidente de la Corte Interamericana de Derechos Humanos es un jurista prominente y reconocido mundialmente. **Diego García-Sayán** ha sido ministro de Justicia y canciller del Perú. Es un hombre brillante y tiene sobrados méritos para aspirar a cualquier cargo.
>
> Lo particular del asunto es que hace unos días la Unidad de Investigación del diario *La Razón* del Perú, el país natal de **García-Sayán**, informó que el juez ha tenido la aspiración de convertirse en secretario general de la Organización de Estados Americanos (OEA) o, si no se puede, cuando menos secretario general de la Unión de Naciones Suramericanas (Unasur).
>
> Asegura el periódico que el plan para llegar a la Secretaría de la OEA se frustró porque el actual secretario José Miguel Insulza decidió a última hora presentarse a la reelección y resultaba imbatible. Ante esto, siempre según la versión del diario, los esfuerzos del juez se concentraron en Unasur.
>
> **La aspiración no tendría nada de malo si no fuera porque para cualquiera de esos cargos, el juez García-Sayán requiere del voto de los Estados y justamente la Corte Interamericana de Derechos Humanos, de la cual es miembro y presidente hasta el 31 de este mes, juzga si esos Estados han violado los derechos y libertades establecidos en una convención continental. [...]**
>
> Ante la duda, le envié un correo electrónico al juez **Diego García-Sayán**, preguntándole si era cierto o no que había aspirado a la OEA, si aspiraba a Unasur, si sabía de las gestiones del presidente Humala, si creía que podía surgir un conflicto de intereses ya que necesitaba los votos de los Estados que como juez procesaba en la Corte IDH y si podía asegurar que no aspiraría en el futuro a ningún cargo cuya elección dependiera de esos estados.
>
> La respuesta llegó cinco días después. **El juez afirma que no ha aspirado, ni aspira a esos cargos y que desconoce las supuestas gestiones del gobierno de su país. En lo que tiene que ver con aspiraciones futuras la respuesta fue esta: "En cuanto al futuro mediato de mi vida profesional, eso es algo que**

---

viembre de 2014, en http://larazon.pe/26193-jugadas-politicas-de-garcia-sayan-a-expensas-de-fallo-contra-la-libertad-de-expresion.html.

**me corresponderá analizar y decidir a mí y a mi familia en su momento y no es de incumbencia de terceras personas".**

**Lamento discrepar del ilustre juez pero si su futuro depende de la decisión de quienes hoy juzga, su decisión nos incumbe a todos. Sencillamente porque no habría garantías para quienes demandan justicia ante la Corte Interamericana.**

**Hace unos días el juez Diego García-Sayán decidió una demanda a favor del gobierno de Cristina Kirchner (que vota en la OEA y en Unasur). Su papel fue fundamental para que una escasa mayoría cambiara la doctrina de la Corte sobre la libertad de expresión dándole la razón al gobierno argentino en contra de un periodista que denunció un caso probado de corrupción tolerado por las autoridades de ese país.**

**Resulta preocupante también que el juez García-Sayán vaya a tomar decisiones en el caso de las familias de los desaparecidos en el Palacio de Justicia contra el Estado colombiano. El gobierno de Colombia tiene voto en los organismo continentales y las víctimas no."**[1049]

Y efectivamente, desde 2013, el Juez **García Sayán**, sin separarse de su condición de Juez, mientras esperaba que se concretara la formalización de su candidatura a la Secretaría General de la OEA, siguió participando activamente en los debates y audiencias ante la Corte, firmando sentencias en relación con denuncias presentadas contra Estados con cuyos votos, precisamente, tendría que contar para pretender ser Secretario General de la OEA.

Uno de esos otros casos fue precisamente el caso *Allan R. Brewer-Carías vs. Venezuela*, cuya audiencia celebrada el 4 de septiembre de 2013, estuvo presidida precisamente por el Juez **Diego García Sayán**, quien condujo la Corte hasta diciembre de 2013, cuando el Juez **Humberto Sierra Porto,** asumió la Presidencia de la misma. Ambos suscribieron la sentencia N° 277 de 26 de mayo de 2014, relativa a mi caso,[1050] ordenando el archivo del expediente, denegándome el derecho de acceso a la justicia internacional, protegiendo al Estado venezolano, para lo cual en el caso, los jueces tuvieron que cambiar la tradicional jurisprudencia de la Corte sentada desde el Caso *Velásquez Rodríguez Vs. Honduras* de 1987,[1051] conforme a la cual cuando se alegan violaciones a los derechos y garantías judiciales, y particularmente, de los derechos al debido proceso, a un juez independiente, a la defensa, a la presunción de inocencia y a la protección judicial, la Corte, como es obvio y elemental, tiene necesariamente que considerar y juzgar dichas violaciones, y no puede juzgar aisladamente sobre la excepción de falta de agotamiento de los recursos internos sin antes entrar a considerar el fondo de las denuncias formuladas. Lo contrario no es otra cosa que decidir sin motivación alguna, avalando al Poder Judicial del Estado cuya independencia y autonomía es precisamente la que se cuestionó con la deman-

---

1049 Véase Daniel Coronell, "Un juez con aspiraciones," en la Revista *Semana*, 7 de diciembre de 2013, en http://m.semana.com/opinion/articulo/columna-daniel-coronell-sobre-juez-garcia-sayan/367384-3.

1050 Véase en http://www.corteidh.or.cr/docs/casos/articulos/seriec_278_esp.pdf.

1051 Véase Caso *Velásquez Rodríguez Vs. Honduras*. Excepciones Preliminares. Sentencia de 26 de junio de 1987. Serie C N° 1.

da en el caso *Allan Brewer Carías vs. Venezuela*. Como lo observó Fernando Zamora C, refiriéndose a ese caso, la Corte al rechazar la demanda incurrió en un grave contrasentido:

> "pues de lo que Brewer se defendía ante la CIDH era, precisamente, del cúmulo de arbitrariedades y abusos judiciales que sufría en su país.
>
> El amparo que se le pedía a la CIDH era, concretamente, a raíz de la violación del debido proceso y las garantías judiciales, por la inexistencia de independencia judicial, por el impedimento del ejercicio de la abogacía y por la provisionalidad de los jueces. ¿Cómo, entonces, devolverlo a esa misma jurisdicción sin antes entrar a analizar el fondo de los hechos alegados?
>
> Por eso, la sentencia ha sido vista "con preocupación" por el juez de dicha Corte, Dr. Eduardo Ferrer Mac-Gregor, y por otros juristas distinguidos."[1052]

Durante el curso de los casos antes mencionados, en los cuales la Corte cambió de raíz su anterior jurisprudencia garantista, como se ha reseñado, el Juez **García Sayán** actuó activamente en los mismos, ejerciendo de Juez en forma simultánea a su aspiración a ser candidato a la Secretaría General de la OEA. Ello implicaba, de acuerdo con su aspiración, sin la menor duda, además de juzgar a los Estados, el realizar una intensa actividad para consolidar el apoyo de los mismos a su aspiración, en forma totalmente incompatible con el ejercicio del cargo de Juez de la Corte, que como se dijo, precisamente juzga a los Estados cuyos votos son con a los que tiene que aspirar poder contar. Esa incompatibilidad debió llevarlo a renunciar al cargo de Juez, pero no lo hizo.

El aspirar a ser Secretario General de la OEA, implicaba la necesidad ineludible de tener que gestionar y contar con el voto favorable de una mayoría de Estados miembros de la Organización. Esa actividad, netamente política, de buscar el apoyo de los gobiernos de los Estados, es precisamente la que era completamente incompatible con la función de juzgar como Juez de la Corte Interamericana de Derechos Humanos, pues como se ha dicho, la Corte juzga precisamente a los Estados Miembros por responsabilidad internacional, los mismos respecto de los cuales el Juez, como aspirante o candidato a la Secretaría General de la OEA, tendría que esperar apoyo y votación a su favor. Por ejemplo, entre esos Estados de los cuales un Juez de la Corte, candidato a la Secretaría General de la OEA, tendría necesariamente que esperar apoyo definitivo en el mundo iberoamericano actual, está sin duda Venezuela, sabiendo que en la madeja de las relaciones internacionales, como también es un secreto a voces bien conocido, muchos Estados miembros de la OEA tienen el compromiso de votar en la misma línea de Venezuela, con base en acuerdos internacionales como es el de Petrocaribe, mediante el cual Venezuela suministra y financia petróleo a varios Estados en condiciones más favorables que los del mercado general.

Por todo lo anterior, Andrés Openheimer recordó lo que expresó José Miguel Vivanco, Director de *Human Rights Watch*, en diciembre de 2013 en el diario español *El País*, en el sentido de que

---

1052 Véase Fernando Zamora C., "La CIDH y el desamparo al Dr. Brewer," en *La Nación*, San José 23 de agosto de 2014, en http://www.nacion.com/opinion/fo-ros/CIDH-desamparo-Dr-Brewer_0_1434656532.html.

**"el voto de García Sayán como presidente de la CorteIDH en un caso clave relacionado con la sentencia contra un periodista argentino representó "un gravísimo retroceso" contra los derechos y la libertad de expresión.**

**La Corte presidida por García Sayán apoyó el dictamen de un juez argentino que afirmaba que Pablo Mémoli, editor de un pequeño diario en la provincia de Buenos Aires, había supuestamente difamado a varias personas. El tribunal presidido por García Sayán también votó en contra del prominente exiliado político venezolano Allan Brewer Carías, quien afirmaba que no gozaba de garantías para un juicio justo en Venezuela."** [1053]

Con razón, por tanto, el mismo José Miguel Vivanco, Director de Human Rights Watch, expresó refiriéndose al caso del Juez **García Sayán**, que:

**"el hecho de que García Sayán haya permanecido en su cargo de juez de la CorteIDH mientras hacía campaña para conseguir la nominación para la jefatura de la OEA "es algo escandaloso, porque tenía un obvio conflicto de intereses al hacer campaña para el cargo de la OEA y tratar de conseguir los votos de los mismos países que supuestamente debía estar evaluando."**[1054]

Todo lo anterior llevó al periodista Juan Francisco Alonso, después de analizar el fallo de la Corte Interamericana en el caso *Allan R. Brewer-Carías vs. Venezuela,* en el reportaje que publicó en el diario en El Universal de Caracas, el 26 de agosto de 2014, con el título: "La Corte IDH evadió estudiar denuncias en el caso Brewer," al preguntarse ¿Por qué el fallo?, a responder que:

"Esta victoria, la segunda consecutiva que logra Venezuela, se produce a semanas de que se conmemore el primer aniversario del retiro oficial del país de la jurisdicción de la Corte IDH.

Especialistas en la materia consultados y que prefirieron el anonimato, no descartaron que en este dictamen haya sido influenciado **por "las ansías" del magistrado peruano Diego García Sayán de sustituir al chileno José Miguel Insulza al frente de la Organización de Estados Americanos** (OEA).

**"Está buscando votos y no quiere molestar a Venezuela ni a sus aliados"**, dijo el experto consultado."[1055]

---

1053 Véase Andrés Openheimer, "Candidaturas preocupantes en la OEA," en *El Nuevo Herald*, 23 de agosto de 2014, en http://www.elnuevohe-rald.com/2014/08/23/1827006/oppenheimer-candidaturas-preocupantes.html.

1054 Véase en Andrés Openheimer, "Candidaturas preocupantes en la OEA," en *El Nuevo Herald*, 23 de agosto de 2014, en http://www.elnuevohe-rald.com/2014/08/23/1827006/oppenheimer-candidaturas-preocupantes.html

1055 Véase Juan Francisco Alonso, "La Corte IDH evadió estudiar denuncias en el caso Brewer," en *El Universal*, Caracas 26 de agosto de 2014, pp.. Véase además en http://www.eluniversal.com/nacional-y-politica/140826/la-corte-idh-evadio-estudiar-denuncias-en-el-caso-brewer.

B. *La formalización de la candidatura del Juez Gar-cía Sayán a la Secretaría General de la OEA, y la solicitud de una improcedente "excusa," que le fue otorgara por el presidente sierra porto, para seguir siendo Juez simultáneamente con la actividad de gestionar apoyos de los Estados para lograr votos a su favor*

Pero lo grave de la situación en la Corte Interamericana de Derechos Humanos fue que cuando como al fin, el Juez **García Sayán** había logrado que el Perú lo postulase formalmente para el cargo que aspiraba, lo que ocurrió el 16 de agosto de 2014, por tal razón, después de sentenciar varios casos, incluso los casos *Mémoli vs. Argentina* y *Allan R. Brewer-Carías vs. Venezuela*, protegiendo celosamente en ambos casos a los Estados, negándome a las víctimas el acceso a la justicia, para lo cual como se dijo la Corte tuvo que cambiar su jurisprudencia de siempre, el Juez **García Sayán**, con el acuerdo del Presidente de la Corte, **Humberto Sierra Porto**, en lugar de renunciar a su cargo, que era lo que procedía aun cuando fuera tardíamente pues debió hacerlo desde cuándo comenzó a aspirar a ser nominado como candidato a la Secretaria General de la OEA, ***logró el insólito status de seguir ejerciendo el cargo de Juez de la Corte Interamericana mientras hacía campaña política abierta para lograr los votos necesarios de los Estados*** muchos de los cuales estaban *subjudice* ante la Corte.

Para ello, el 19 de agosto de 2014, el Juez **García Sayán** solicitó a la Corte Interamericana que se le "excusara" temporalmente -mientras fuera tal candidato- de participar sólo en algunos asuntos ante la misma, y así poder hacer campaña política abiertamente sin perder su condición de Juez. El Juez **García Sayán**, en efecto, formuló su solicitud de excusa -según se informó en la antes mencionada "Constancia de Disentimiento" de fecha 21 de agosto de 20014 firmada por los Jueces **Eduardo Vio Grossi** y **Manuel Ventura Robles,**, argumentando que lo hacía para que no se generase "*percepción alguna de que las decisiones adoptadas por la Corte o mis votos pudieran estar influidos por factores ajenos a los estrictamente jurídico*".

La afirmación fue en realidad una confesión, de manera que la pregunta obligada era ¿Por qué fue que esa "preocupación" del Juez **García Sayán**, de que su candidatura a la Secretaría General de la OEA podía generar la indudable *percepción de que las decisiones adoptadas por la Corte o sus votos pudieran estar influidos por factores ajenos a los estrictamente jurídico*? Ello evidentemente fue así desde 2013, pero sin embargo sólo le surgió cuando su candidatura se concretó, pero por lo visto no le preocupó durante los largos meses en los cuales la misma se gestó, y durante los cuales, con su voto, en varios casos, la Corte protegió a los Estados y desamparó a las víctimas.

Durante los largos meses de la gestación de su candidatura a la Secretaría General de la OEA, la percepción negativa señalada por el Juez **García Sayán**, por si no lo supo, ya se había manifestado -yo mismo soy testigo de ello durante la audiencia de la Corte de septiembre de 2014- , Y ello se confirmó en forma notable, con la sola solicitud de excusa que formuló ante la Corte, que es el reconocimiento más patente de que su participación en el ejercicio de la competencia contenciosa de la Corte mientras aspiraba y pretendía ser candidato a la Secretaria General de la OEA, era tan comprometedora como la que resultó después de la formalización de su candidatura. Ambas situaciones, por una parte, la de ser Juez de la Corte, y por la otra, simultáneamente, la de ser aspirante a candidato o candidato a dicho cargo internacional, generaron la percepción de la incompatibilidad entre el mencionado cargo y la actividad que resultó de la aludida aspiración o postulación.

Pero en todo caso, lo planteado por el Juez **García Sayán** con su petición de "excusa," era ciertamente de suprema importancia para el funcionamiento de la Corte Interamericana, sobre todo respecto de la percepción sobre su independencia, imparcialidad, dignidad y prestigio, lo cual ameritaba, sin duda, la necesidad de que el asunto fuera decidido por el Pleno de la misma. Pero no; el Presidente de la Corte, Juez **Sierra Porto**, ignoró a la propia Corte y a sus otros Jueces, y personalmente autorizó la "excusa" solicitada por el Juez **García Sayán**.

Todo ello fue incluso anunciado por la propia Corte Interamericana de Derechos Humanos en "Comunicado de Prensa" publicado el 21 de agosto de 2014, titulado: "S*e acepta la excusa del Juez Diego García-Sayán de participar de todas las actividades de la Corte mientras sea candidato a la Secretaria General de la OEA*," con el cual la Corte puso en conocimiento de la comunidad, no sólo la postulación formal por el Perú de la candidatura del Juez **Diego García-Sayán** a Secretario General de la Organización de Estados Americanos (OEA), sino la presentación ante la Corte de la solicitud de "su excusa de participar, mientras sea candidato, de todas las actividades de la Corte;" y además, la decisión unilateral adoptada por el Presidente, **Humberto Sierra Porto**, aceptando la excusa. A tal efecto, incluso se informó que el Juez **Sierra Porto** valoraba "la iniciativa del Juez **García-Sayán** de apartarse de todas las actividades de la Corte mientras sea candidato a la Secretaría General de la OEA," considerando esa actitud como "generosa," estimando que así se "propician las condiciones para el adecuado funcionamiento del Tribunal."

Para entender el significado de esta excusa tardía, del episodio ocurrido con la decisión unilateral del Presidente de la Corte de "aceptarla" por sí solo, a pesar de que otros Jueces miembros de la misma habían solicitado que el asunto se debatiera en el Pleno de la Corte, como correspondía, y de cómo todo ello empañó la percepción sobre la independencia, imparcialidad, dignidad y prestigio del tribunal, basta leer el texto de la antes mencionada "Constancia de Disentimiento," consignada ante la Corte por el Juez **Eduardo Vio Grossi** el día 21 de agosto de 2014, a la cual se adhirió en Juez **Manuel Ventura Robles.**

En dicha "Constancia de Disentimiento" en efecto, los Jueces **Eduardo Vio Grossi** y **Manuel Ventura Robles**, solicitaron, por "la trascendencia del asunto para el desarrollo de la propia Corte," que quedase registrada en los archivos de la misma "su disconformidad" tanto con la solicitud presentada por el Juez **García Sayán**, en orden a que, *mientras fuese candidato* a la Secretaría General de la OEA, se le excusase *"de participar en la deliberación e las sentencias u otras decisiones relativas a casos contenciosos, supervisión de cumplimiento de sentencias o medidas provisionales sobre las que la Corte tenga que pronunciarse;"* como con lo resuelto unilateralmente por el Presidente de la Corte, aceptando la mencionada excusa luego de afirmar que el asunto no correspondía haber sido sometido al Pleno de la Corte, pues esto supuestamente sólo procedía si el Juez **Sierra Porto** no hubiese aceptado la "excusa" presentada.

Lo que más llama la atención de todo este episodio, sin embargo, es que el Presidente **Sierra Porto** informó de la solicitud de "excusa" del Juez **García Sayán** al Pleno de la Corte, integrado en ese momento, además, por los jueces **Roberto Fi-**

**gueiredo Caldas**, **Manuel Ventura Robles**, **Eduardo Ferrer Mac-Gregor Poisot** y **Eduardo Vio Grossi**," solicitándoles su opinión; ocasión en la cual, como lo indicaron los Jueces **Vio Grossi** y **Ventura Robles** en su "Constancia de Disentimiento," incluso hubo debate, quedando expresada la posición de ambos sobre la "incompatibilidad entre el cargo de juez de la Corte que detenta el juez **García Sayán** y la presentación de su candidatura a la Secretaría General de la OEA," considerando que "lo que procedía era someter el asunto a consideración del Pleno de la Corte." Ello incluso lo solicitó por escrito el Juez **Ventura Robles** ante el Presidente **Sierra Porto**, *para que fuera la Corte en Pleno la que resolviera lo pertinente sobre incompatibilidad en el caso, y los Jueces pudieran pronunciarse sobre el tema.* Ello, sin embargo, fue negado por el Presidente **Sierra Porto**, pasando él mismo a decidir el asunto unilateralmente, aceptando la "excusa" presentada, ignorando a la Corte.

C. *La evidente improcedencia de la solicitud de "excusa" presentada por el Juez García Sayán y el ineludible deber que tenía de renunciar a su cargo, así fuera tardíamente*

Era evidente, como bien lo observaron los Jueces **Vio Grossi** y **Ventura Robles**, en su "Constancia de Disentimiento," que la solicitud de "excusa" presentada por el Juez **García Sayán** era totalmente improcedente, pues conforme al artículo 19.2 del Estatuto de la Corte, las solicitudes de excusa se deben presentar sólo en los casos en los cuales un juez "estuviere impedido de conocer, o por algún motivo calificado considerare que no debe participar **en determinado asunto**." En el caso de la solicitud del Juez **García Sayán**, era demasiado evidente que la "excusa" no se refería a *"determinado asunto,"* y, además, se presentaba por un período de tiempo indeterminado que no estaba referido a algún caso que hubiese sido sometido a conocimiento de la Corte, sino sólo a una circunstancia completamente ajena a los asuntos sometidos al tribunal, como era su candidatura a la Secretaría General de la OEA. Ello, por supuesto, no era materia de "excusa" sino evidentemente de renuncia.

La situación era sin duda grave. Y ello, además, por dos motivos: primero, como lo apuntaron los Jueces **Vio Grossi** y **Ventura Robles** en su "Constancia de Disentimiento," la "excusa" presentada por el Juez **García Sayán** en sus propios términos, era única y exclusivamente en relación con *"participar en la deliberación de las sentencias u otras decisiones relativas a casos contenciosos, supervisión de cumplimiento de sentencias o medidas provisionales sobre las que la Corte tenga que pronunciarse,"* excluyendo de su solicitud de "excusa" la intervención en la emisión de Opiniones Consultivas y en las demás actividades que la Corte pudiera llevar a cabo, "tales como participación en actos protocolares, actividades académicas y actos de representación ante otras entidades, y en el empleo de oficinas, recursos e infraestructura de la Corte."

Y segundo, porque la solicitud de "excusa" presentada por el Juez **García Sayán**, la formuló con el claro sentido y propósito de que una vez aprobada, como fue en efecto aprobada por el Presidente unilateralmente, el Juez **García Sayán**, continuaría *"desempeñando la función de juez de la Corte Interamericana."* Es decir, que no obstante ser simultáneamente Juez de la Corte y candidato a la Secretaría General de las OEA, el Juez **García Sayán** por decisión del Presidente de la Corte **Sierra Porto** había conservado "todas las prerrogativas, inmunidades y privilegios inherentes al cargo o función de juez de la Corte," siendo relevado sólo de sus obligaciones en relación con el ejercicio de la función contenciosa. Todo ello se lo concedió el Presidente de la Corte, Juez **Sierra Porto**, unilateralmente, aun cuando extendiendo la "excusa" en general respecto de todas las actividades de la Corte, confiriendo indebidamente a tal "excusa," como lo observaron los Jueces **Vio Grossi** y **Ventura Robles** en su "Constancia de Disentimiento," "algunas de las consecuencias propias de la institución de las incompatibilidades y ajenas a la de las excusas.

De todo lo anterior, era evidente que el Juez **García Sayán** no podía pretender seguir ejerciendo su cargo como Juez de la Corte Interamericana y además, simultáneamente, con una "excusa," realizar la gestión política de compromisos internacionales buscando apoyos y votos de los Estados, que son los sujetos a ser juzgados por la propia Corte, para lo cual fue autorizado unilateralmente por el Presidente de la Corte, Juez **Sierra Porto**. Al contrario, lo que debió hacer era renunciar a su cargo para dedicarse de lleno a la actividad política que demanda su postulación como candidato a la Secretaría General de la OEA, como bien lo indicaron los Jueces **Vio Grossi** y **Ventura Robles**, en su "Constancia de Disentimiento," conforme a lo que está previsto en el artículo 21.1 del Estatuto del Corte, lo cual sin embargo no hizo.

D. *La incompatibilidad del cargo de Juez de la Corte Interamericana de Derechos Humanos del Juez Diego García Sayán, con su actividad de ser candidato a la Secretaría General de la OEA, y la "excusa" que le aprobó el Presidente de la Corte Juez Sierra Porto, sin competencia para ello.*

El resultado de la improcedente "excusa" que le aprobó unilateralmente el Presidente de la Corte **Sierra Porto** al Juez **García Sayán**, es que con el acuerdo entre ambos, se buscó "regularizar" una absoluta incompatibilidad entre el cargo de Juez de la Corte y la asunción de la mencionada candidatura a la Secretaría General de la OEA, que la Corte en Pleno tenía el derecho a discutir y debatir, lo cual le fue cercenado a los otros Jueces de la misma, pues como lo indicaron los Jueces **Vio Grossi** y **Ventura Robles**, el Presidente **Sierra Porto** "no permitió que ocurriera." Dicha incompatibilidad, que el Pleno de la Corte tenía el derecho de discutir, derivó del hecho de que conforme al artículo 71 de la Convención Americana y al artículo 18.1 del Estatuto de la Corte, la actividad que exigía ser desplegada como candidato a un cargo como Secretario General de la OEA, obviamente podía *afectar* "su independencia, imparcialidad, la dignidad o prestigio de su cargo."

Sobre ello, los Jueces **Vio Grossi** y **Ventura Robles** en su "Constancia de Disentimiento" fueron enfáticos en considerar que:

> "es a todas luces evidente que la "*actividad*" consistente en la candidatura a la Secretaría General de la OEA, no solo puede en la práctica impedir el ejercicio del cargo de juez de la Corte, sino que también puede afectar la *"independencia, "imparcialidad", "dignidad" o "prestigio"* con que necesariamente debe ser percibido dicho ejercicio por quienes comparecen ante la Corte demandando Justicia en materia de derechos humanos."

Para llegar a esta conclusión, los Jueces **Vio Grossi** y **Ventura Robles** advirtieron cómo el propio Juez **García Sayán** había afirmado, como fundamento de su solicitud de "excusa," que la misma la formulaba *"de manera que no se genere percepción alguna de que las decisiones adoptadas por la Corte o mis votos pudieran* *estar influidos por factores ajenos a los estrictamente jurídico,"* de lo cual derivaron la conclusión obvia de que con ello, el Juez **García Sayán**:

> "estaría reconociendo que, si continuaba participando en el ejercicio de la competencia contenciosa de la Corte no obstante ser simultáneamente candidato a la Secretaría General de la OEA, podrían generarse percepciones respecto de la incompatibilidad entre el mencionado cargo y la aludida postulación."

Por ello la conclusión de los Jueces **Vio Grossi** y **Ventura Robles** en su "Constancia de Disentimiento," de que lo que debió proceder en el caso de la solicitud de "excusa" del Juez **García Sayán**, "no era un pronunciamiento acerca de una excusa, que, como ya se expresó, era improcedente, sino en cuanto a la aludida incompatibilidad, lo que no aconteció ni se permitió que ocurriera," precisamente por decisión unilateral del Presidente **Sierra Porto**, quien no tenía competencia para ello. Como lo afirmaron los Jueces **Vio Grossi** y **Sierra Porto**, porque "el Presidente carece de facultades para pronunciarse, como lo hizo, respecto de la solicitud del juez **García Sayán**."

El asunto planteado era claramente un tema de incompatibilidad y no de "excusa," al punto de que como lo observaron los Jueces **Vio Grossi** y **Ventura Robles** en su "Constancia de Disentimiento," el propio Juez **García Sayán,** en su solicitud sólo se refirió a que en su criterio conforme al artículo 19.2 del Estatuto de la Corte, supuestamente no existía "incompatibilidad convencional, estatutaria o reglamentaria" que le impidiera "seguir desempeñando la función de juez de la Corte Interamericana y, simultáneamente, ser candidato a [...] Secretario General de la Organización de Estados Americanos (OEA)," mencionando causales propias de la incompatibilidad del cargo de Juez con otras actividades. Por ello, siendo un tema de incompatibilidad, conforme al artículo 18.2 del Estatuto de la Corte, correspondía a la misma Corte, y no al Presidente **Sierra Porto,** decidir sobre la materia. Por ello, al resolver dicho Presidente sobre la solicitud del Juez **García Sayán** sustentada "en causales propias de las incompatibilidades y no en las procedentes para las excusas," lo que hizo fue impedir como lo observaron los Jueces **Vio Grossi** y **Ventura Robles**, en su "Constancia de Disentimiento," "que la Corte se pronunciara sobre dicha petición y más especialmente, sobre la eventual incompatibilidad entre dicho cargo y la mencionada candidatura;" es decir, impedir "que la Corte ejerciera una facultad expresamente reconocida en su Estatuto."

Y lo más insólito del procedimiento seguido, como resulta de lo observado y expuesto por los Jueces **Vio Grossi** y **Ventura Robles** en su "Constancia de Disentimiento," es que:

> "a juicio del juez **García Sayán** y del Presidente, bastó con que la solicitud en comento del primero haya aludido a la excusa para que se haya debido proceder conforme al procedimiento previsto para la misma, descartando de plano y sin otro fundamento, la posibilidad de analizarla y resolverla a través del procedimiento expresamente previsto tanto para el caso de renuncia al cargo de juez de la Corte como para el de la adopción de una decisión sobre la incompatibilidad del mismo con la actividad de ser candidato a la Secretaría General de la OEA."

En esta forma, el Presidente de la Corte usurpó lo que correspondía ser decidido por el Pleno de la Corte; como concluyeron los Jueces **Vio Grossi** y **Ventura Robles**:

"no procedía que el Presidente se pronunciara con relación a la aludida petición del juez **García Sayán** como efectivamente lo hizo, por carecer de competencia para ello y en cambio, lo que correspondía era permitir su análisis y resolución por el Pleno de la Corte."

E. *Algunas consecuencias de la decisión del Presidente Juez Sierra Porto, viciada de incompetencia, aprobando la excusa solicitada por el Juez García Sayán en relación con el funcionamiento de la Corte Interamericana: la percepción sobre su "imparcialidad" "dignidad"* o *"prestigio".*

De todo ello, entre las "graves consecuencias" que los Jueces **Vio Grossi** y **Ventura Robles** observaron sobre lo decidido, sin competencia alguna para ello, por el Presidente **Sierra Porto** en combinación con el Juez **García Sayán**, es el "serio riesgo" que se corría de que tanto "la solicitud del juez **García Sayán** como lo resuelto por el Presidente a su respecto, fueran percibidos como ***actos realizados únicamente para legitimar la peculiar situación de que se trata***," como efectivamente fue lo que se percibió; autorizándose indebidamente "a un juez de la Corte para que suspenda temporalmente su obligación de ejercer debidamente dicho cargo, para privilegiar otras actividades no judiciales." Además observaron con razón los Jueces **Vio Grossi** y **Ventura Robles** que:

> "la solicitud del juez **García Sayán** así como la decisión afirmativa adoptada a su respecto por el Presidente podrían ser comprendidas en cuanto que sería permitido que los jueces de la Corte, por intereses ajenos a los de la Corte, dejen de ejercer temporalmente sus funciones para posteriormente reintegrarse a ella. Ello evidentemente podría generar una percepción de inestabilidad o fragilidad institucional de la Corte y aún de inseguridad jurídica respecto de sus fallos."

Por todo lo que se deriva de la "Constancia de Disentimiento" formulada por los Jueces **Vio Grossi** y **Ventura Porto**, resultaba más que plausible sostener, como ellos mismos lo afirman "que la referida solicitud de excusa del juez **García Sayán** y lo resuelto al efecto por el Presidente, pueden afectar seriamente la credibilidad en lo que concierne a su *"imparcialidad" "dignidad"* o *"prestigio";* razón por la cual dichos Jueces precisamente extendieron dicha "Constancia de Disentimiento," con el objeto de evitar, con razón, que se pudiera presumir que ellos avalaban los indicados actos, y evitar que se pudieran llegar a considerar "en el futuro como precedente en cuanto a limitar, desconocer o evitar las facultades expresamente otorgadas a la Corte."

Concluyeron los Jueces **Vio Grossi** y **Ventura Robles**, indicando que su "Constancia de Disentimiento," "responde a la transparencia" que a su juicio:

> "debe imperar en una instancia judicial de la envergadura de la Corte, que imparte Justicia en materia de derechos humanos con estricto apego a los principios de imparcialidad, independencia, legalidad y certeza y seguridad jurídicas, otorgando, por ende, a quienes comparecen ante ella la máxima garantía de que efectivamente procede así."

Es importante esta afirmación de fe, porque lamentablemente, con conductas como las del Juez **García Sayán** y del Presidente de la Corte **Sierra Porto**, lo que resulta es una percepción contraria, la cual lamentablemente me tocó vivir en carne propia en el caso *Allan R. Brewer-Carías vs. Venezuela*, que fue decidido con la participación de ambos, y es que en la Corte Interamericana hay jueces que imparten Justicia en materia de derechos humanos sin estricto apego a los principios de imparcialidad, independencia, legalidad y certeza y seguridad jurídicas, negándole el acceso a la justicia a quienes comparecen ante ella clamando justicia cuando en sus países no la pueden obtener.

De los hechos mencionados, en todo caso, resultó que una vez que el Juez **García Sayán** perdió apoyo del propio Estado peruano para su candidatura a la Secretaría General de la OEA, declinó de la misma, declarando a la prensa que:

> "No dudo de que el canciller puede haber llamado por teléfono a otros cancilleres. Pero ese no es el tema. El tema es que, sistemáticamente, el mensaje que hemos recibido [de otros países] es que, mientras no se reciba un mensaje público y claro de un apoyo consistente a la candidatura, ellos no van a poder comprometer su voto", comentó García Sayán en el programa sobre su postulación.
>
> Esa posición se la transmití de manera reiterada al canciller Gutiérrez. Hay países que dicen que nos daban su voto, pero para anunciarlo tenían que ver que el Gobierno me apoye públicamente."[1056]

O sea, que el Juez **García Sayán**, confesó en esta forma que sin perder su condición de Juez de la Corte Interamericana, teniendo él el apoyo de los Estados necesarios, los mismos, que eran los que él mismo juzgaba como Juez, sin embargo, le habían mandado "mensaje" de que no habían recibido mensajes públicos y claros del apoyo del propio gobierno del Perú a su candidatura. Tan simple como eso.

Y sobre la "Constancia de Disentimiento" de los Jueces **Vio Grossi** y **Ventura Robles**, al comentar públicamente su intención de reintegrarse a la Corte Interamericana afirmando que "la licencia está concluyendo y me reincorporo plenamente," negando que hubiera "incompatibilidad entre el cargo de juez y el de candidato a la secretaría" general de la OEA, y afirmando que el "presidente de la Corte tenía, la facultad de concederle la licencia;" acusó a dichos jueces, sin razón, de "divulgar públicamente discusiones internas, tildándolos como "dos jueces de una minoría recalcitrante en este y en todos los demás aspectos sustantivos de la Corte."[1057]

Dichas declaraciones y calificativos del Juez **García Sayán** fueron rechazadas por los Jueces **Vio Gorssi** y **Ventura Robles**, en "Declaración" pública de 6 de octubre de 2014, en la cual expresaron que con la antes mencionada "*Constancia de Disentimiento*" solo habían ejercido "el derecho de disentir," pues en la misma no se divulgaron deliberaciones internas de la Corte, "sino que expresa, con transparencia y el debido respeto y consideración, únicamente nuestra opinión o discrepancia de

---

1056 Véase el reportaje "Diego García Sayán declinó ser el candidato del Perú a la OEA," en *El Comercio*, Lima 2 de octubre de 2014, en http://elcomercio.pe/politica/gobierno/diego-garcia-sayan-declino-candidato-peru-oea-noticia-1761054.

1057 Véase el reportaje "Canciller Gutierres asegura que sí se apoyó a García Sayán,", en *El Comercio*, Lima, 3 de octubre de 2014.

orden jurídico respecto de lo actuado por el Sr. García Sayán y de lo resuelto al efecto, ambos hechos dados a conocer públicamente en el sitio web de aquella. "Reiteraron entonces los Jueces **Vio Grossi** y **Ventura Rob**les, que:

> "la citada excusa presentada por el Sr. García Sayán era, a nuestro juicio y al amparo de lo dispuesto en el artículo 19.2 del Estatuto de esta última, improcedente, pues basta leer dicha disposición para percatarse que solo la prevé para un "*caso determinado*" y no para un período indeterminado ni respecto de todos los casos que la CorteIDH conozca en el mismo, como lo solicitó el Sr. García Sayán y se aceptó.
>
> Lo que hemos señalado se sustenta, además, en los constantes precedentes a este respecto, el último de los cuales fue precisamente conocido y resuelto por el propio Sr. García Sayán en su calidad en ese entonces de Presidente de la CorteIDH, cuando, previa consulta con ésta, autorizó a uno de los suscritos para que no participara en el caso concerniente *Brewer Carías Vs. Venezuela* a fin de evitar, en los términos de la solicitud pertinente, que se "*pudiese provocar, si* (participaba*) en el caso en cuestión, alguna duda, por mínima que fuese, acerca de la imparcialidad tanto (*del peticionario*) como, muy especialmente, de la Corte*."

También reafirmaron los Jueces **Vio Grossi** y **Ventura Robles**, que al tenor de lo dispuesto en los artículos 72 de la Convención Americana sobre Derechos Humanos y 18.1.c del Estatuto de la CorteIDH:

> "son absolutamente incompatibles el cargo de juez de la misma, de orden judicial, con la actividad de candidato a la Secretaría General de la OEA, de naturaleza política, por lo que, en el caso del Sr. García Sayán, lo que correspondía era que la CorteIDH, y no su Presidente, decidiera sea, conforme a lo dispuesto en la primera frase del artículo 18.2 de dicho Estatuto, respecto de la incompatibilidad del tal cargo con la de mencionada actividad, sea, de acuerdo a lo dispuesto en el artículo 21.1. del mismo Estatuto, respecto a la renuncia al cargo de juez, teniendo en cuenta, a este último efecto, el *precedente del juez Carlos Roberto Reina, quién para presentarse como candidato a la Presidencia de Honduras, renunció previamente a la Corte*.

La conclusión de todo este episodio, que muy lamentable muestra un caso propio de la patología de la justicia convencional, fue que días después, el 16 de octubre de 2014 el Juez **García Sayán** se reincorporó como Juez a las actividades de la Corte Interamericana,[1058] presto, sin duda, a juzgar con toda imparcialidad a los Estados que le habían ofrecido su apoyo político.

---

1058 Véase el reportaje "Diego García Sayán retomó sus actividades dentro de la CIDH," en La república. Lima, 16 de octubre de 2014, en http://www.larepublica.pe/16-10-2014/diego-garcia-sayan-retomo-sus-actividades-dentro-de-la-cidh.

## III. EL JUEZ CONSTITUCIONAL COMO INSTRUMENTO PARA EL DESCONOCIMIENTO DE LAS SENTENCIAS DE LA CORTE INTERAMERICANA Y PARA DESLIGAR AL ESTADO DE SU JURISDICCIÓN: EL CASO DE LA REPÚBLICA DOMINICANA*

El tercer caso de reacción irregular contra las sentencias o la jurisdicción de la Corte Interamericana de Derechos humanos, además del caso del Perú en 1999 y del caso de Venezuela en 2008, 2011 y 2012; es el caso de la República Dominicana en 2014, que ha culminado con la declaratoria de inconstitucionalidad, por parte del Tribunal Constitucional mediante sentencia TC/0256/14 de fecha 4 de noviembre de 2014, del acto del Presidente de la República de aceptación por parte del Estado dominicano de la jurisdicción de la Corte Interamericana, con efectos imprecisos, pretendiendo en esa forma desligar al Estado de dicha jurisdicción.

Dicha sentencia, en efecto, declaró con lugar una acción directa de inconstitucionalidad que se había intentado en 2005, por un grupo de ciudadanos por ante la antigua Corte Suprema de Justicia de la República Dominicana, contra el "Instrumento de Aceptación de la Competencia de la Corte Interamericana de Derechos Humanos" suscrito por el Presidente de la República el 19 de febrero de 1999, mediante el cual el Gobierno de la República Dominicana, declaró que reconocía "como obligatoria de pleno derecho y sin convención especial la competencia de la Corte IDH sobre todos los casos relativos a la interpretación o aplicación de la Convención Interamericana sobre Derechos Humanos."

Dicha acción de inconstitucionalidad fue decidida nueve años después, por el Tribunal Constitucional de la República Dominicana mediante la mencionada sentencia TC/0256/14 (Expediente núm. TC-01-2005-0013) de fecha 4 de noviembre de 2014,[1059] declarando con lugar la inconstitucionalidad, anulando el acto impugnado y, como consecuencia, pretendiendo el Tribunal Constitucional desligar a la República Dominicana de la jurisdicción de la Corte Interamericana, lo que sólo podría ocurrir si se denuncia la Convención Americana, como quedó establecido desde 1999 por la propia Corte Interamericana en el caso *Ivcher Bronstein* de 1999.[1060]

La acción de inconstitucionalidad se fundamentó en la violación de los artículos 37.14 y 55.6, 46, 99, 3 y 4 de la Constitución de 2002 que estaba vigente cuando se introdujo el recurso, y que se corresponden con las disposiciones de los artículos 93, literal l, 128, literal d de la Constitución vigente de 2010, en los cuales se regulan las competencias del Congreso Nacional para "Aprobar o desaprobar los tratados y convenciones internacionales que suscriba el Poder Ejecutivo," y del Presidente de

---

* Esta parte fue preparada específicamente con ocasión de la conferencias sobre "El carácter vinculante de las decisiones de los Tribunales Internacionales y su desprecio por los Estados, en particular por los Tribunales Constitucionales: los casos de Perú, Venezuela y República Domnicana," dictada en el "5° Coloquio Iberoamericano: Estado Constitucional y Sociedad" organizado por la Universidad Veracruzana y el Poder Judicial del Etado de Veracruz, Xalapa 6 y 7 de noviembre de 2014.

1059 Véase en http://www.tribunalconstitucional.gob.do/sites/default/files/documentos/Sentencia%20TC%200256-14%20%20%20%20C.pdf.

1060 Véase Sergio García Ramírez (Coord.), Sergio García Ramírez (Coord.), *La Jurisprudencia de la Corte Interamericana de Derechos Humanos*, Universidad Nacional Autónoma de México, Corte Interamericana de Derechos Humanos, México, 2001, pp. 769-771.

la República para "Celebrar y firmar tratados o convenciones internacionales y someterlos a la aprobación del Congreso Nacional, sin la cual no tendrán validez ni obligarán a la República."

Se alegó, además la violación de los artículos 46 y 99 de la Constitución de 2002, equivalentes a los artículos 6 y 73 de la Constitución de 2010, en los cuales se declara que "Son nulos de pleno derecho toda ley, decreto, resolución, reglamento o acto contrarios a esta Constitución," y que "Son nulos de pleno derecho los actos emanados de autoridad usurpada." Adicionalmente los impugnantes invocaron el artículo 3 de la Constitución de 2002, cuyas disposiciones están contenidas en los artículos 3 y 26.2 de la Constitución de 2010, relativos a la inviolabilidad de la soberanía y a las Relaciones internacionales y derecho internacional; y el artículo 4 de la Constitución de 2002, que corresponde al artículo 4 de la Constitución de 2010, el cual establecen los principios del gobierno de la Nación y en particular, el principio de la separación de poderes en los términos determinados en la Constitución.

La esencia del argumento esgrimido para fundamentar el recurso fue que el procedimiento desarrollado para reconocer "como obligatoria de pleno derecho y sin convención especial la competencia de la Corte Interamericana de Derechos Humanos "se hizo violando, el Presidente de la República, las normas constitucionales dominicanas, y usurpando atribuciones exclusivas e indelegables del Congreso Nacional, estando ese acto viciado de nulidad absoluta," particularmente porque "no fue confirmado ulteriormente por el Congreso de la República Dominicana, mediante ratificación."

A pesar de las valiosas opiniones formuladas ante la antigua Corte Suprema en las cuales se argumentó sobre la diferencia entre la Convención Americana sobre Derechos Humanos como Tratado que se había aprobado y ratificado con la intervención del Congreso Nacional y del Presidente de la República conforme a lo establecido en la Constitución, y la aceptación de la competencia de la Corte Interamericana de Derechos Humanos no es un tratado, sino una disposición contenida en la Convención, que no requería de la aprobación del Congreso; el Tribunal consideró finalmente que el Instrumento de Aceptación impugnado era inconstitucional por no haber sido sometido a la aprobación del Congreso Nacional. Como bien lo precisó la magistrada Ana Isabel Bonilla Hernández en su "Voto Disidente" a la sentencia:

> "la aceptación de la jurisdicción contenciosa de la Corte IDH es una disposición de la Convención Americana de Derechos Humanos que ya había sido firmada y ratificada por el Estado dominicano, con lo cual se daba cumplimiento a lo establecido en la Constitución, por lo que el Gobierno del Presidente Leonel Fernández Reyna, cuando el veinticinco (25) de marzo de mil novecientos noventa y nueve (1999) emitió el instrumento de aceptación de la competencia de la Corte IDH, lo hizo en cumplimiento de los compromisos derivados de la ratificación de la Convención en el marco de sus atribuciones constitucionales como máximo representante del Estado dominicano, por lo que entendemos que el procedimiento realizado por el Presidente de la República en aquel momento, no se puede considerar como una violación a la Constitución" (párr..2.6)

En conclusión, la Convención Americana de Derechos Humanos es un tratado que ha sido ratificado por el Estado dominicano, y la aceptación de la jurisdicción contenciosa de la Corte IDH no es un tratado o convención especial que ameritara de una ratificación congresual distinta a la dada al tratado internacional que la contiene (Convención IDH), razón por la cual entendemos que el Tribunal Constitucional, contrario a lo decidido por el criterio mayoritario debió rechazar la presente acción directa de inconstitucionalidad, y declarar conforme con la Constitución el instrumento de aceptación de la competencia de la Corte Interamericana de Derechos Humanos, suscrito por el presidente de la República el diecinueve (19) de febrero de mil novecientos noventa y nueve (1999)" (parr. 2.7) [1061]

Sin embargo, el Tribunal Constitucional para arribar a la conclusión contraria, aun cuando constató, pero ignoró, que conforme al artículo 62 de la Convención Americana la aceptación de la competencia de la Corte IDH, se debe producir "mediante una declaración en la que se reconoce dicha competencia como obligatoria de pleno derecho y, en principio, sin convención especial," lo que implica que para los Estados miembros, como la República Dominicana, esa norma ya era parte de sus obligaciones internacionales, lo que implica la aceptación por el Estado del mecanismo posterior de aceptación de la competencia de la Corte solo mediante una declaración, sin necesidad de convención especial, sin que ello, por tanto signifique establecer ninguna nueva obligación internacional. Tal como lo precisó el magistrado Hermógenes Acosta De Los Santos en su "Voto Disidente" a la sentencia: "desde el momento que el Congreso Nacional ratificó la Convención en el año de 1977 aceptó la formula prevista en el mencionado artículo 62.1 de la misma, por lo cual no era necesario que el instrumento de aceptación que nos ocupa recibiera la ratificación de dicho poder del Estado" (párr. 20).[1062]

Sin embargo, al contrario, el Tribunal concluyó afirmando que "La aceptación de la competencia de la Corte IDH, para ser vinculante respecto al Estado dominicano, debió haber cumplido, pues, los requerimientos del artículo 37 numeral 14 de la Constitución de 2002, es decir: "aprobar o desaprobar los tratados y convenciones internacionales que celebre el Poder Ejecutivo," concluyendo entonces que:

> "Dicho Instrumento de Aceptación, aunque constituye un acto unilateral no autónomo producido en el marco de CADH, tiene la misma fuerza de las convenciones internacionales, y, por tanto, la capacidad ínsita de producir efectos jurídicos en el plano internacional; efectos que, a su vez, pueden repercutir en el Derecho Interno y afectar directamente a los dominicanos. En consecuencia, resulta lógico convenir que la voluntad del Poder Ejecutivo de establecer un vínculo jurídico internacional debe requerir la participación de otros órganos estatales más allá de los que expresamente consientan el tratado que le sirva de marco (en este caso, la CADH), como una especie de contrapeso o ejercicio de vigilancia de los demás poderes del Estado, y con la finalidad última de salvaguardar el principio rector de supremacía constitucional establecido por el artículo 46 de la Constitución dominicana de 2002, equivalente al artículo 6 de la Constitución de 2010.

---

1061 Véase en http://tribunalconstitucional.gob.do/node/1764

1062 Véase http://www.tribunalconstitucional.gob.do/sites/default/files/documentos/Sentencia%20TC%200256-14%20%20%20%20C.pdf

Es decir, el Estado dominicano no ha de acumular obligaciones significativas hasta tanto los órganos correspondientes las aprueben a través de los procesos legitimadores requeridos por su Constitución y el resto del ordenamiento interno. Resulta, en efecto, de la mayor importancia que antes de adherirse a un compromiso internacional de cualquier índole, la República Dominicana verifique su conformidad con los procedimientos constitucionales y legales nacionales previamente establecidos. Sin embargo, esta verificación fue omitida en la especie respecto Instrumento de Aceptación, que no fue sometido al Congreso Nacional como dispone el precitado artículo 55.6 de la Constitución de 2002, lo cual, a juicio del Tribunal Constitucional, genera su inconstitucionalidad."

El Tribunal Constitucional, en su decisión concluyó declarando "la inconstitucionalidad del Instrumento de Aceptación de la Competencia de la CIDH suscrito por el presidente de la República Dominicana el diecinueve (19) de febrero de mil novecientos noventa y nueve (1999)," lo que se presume implica declarar la nulidad absoluta o de pleno derecho de dicho acto, para lo cual sin embargo, no fijó nada específico sobre los efectos de dicha declaratoria en el tiempo.

En apoyo a su decisión, el Tribunal Constitucional invocó lo decidido por la Corte Constitucional colombiana en sentencia No C-801/09 de 10 de noviembre de 2009, en la cual ratificó que había dejado en claro que: "un tratándose de instrumentos internacionales que son desarrollo de otros, si a través de los mismos se crean nuevas obligaciones, o se modifican, adicionan o complementan las previstas en el respectivo convenio o tratado del que hacen parte, esos también deben someterse a los procedimientos constitucionales de aprobación por el Congreso;" pero lamentablemente ignorando que en este caso, en virtud de lo previsto en el artículo 62 de la Convención Americana, una vez ratificada por los Estados Miembros, estos aceptan la competencia de la Corte sólo sujetando ello a una declaración del Estado, sin convención especial, por lo que con dicha declaración de sujeción a la jurisdicción de la Corte no se crea ninguna nueva obligación ni se modifican, adicionan o complementan las ya asumidas. Por ello, la magistrada Katia Miguelina Jiménez Martínez, en su "Voto Disidente," con razón expresó que del examen de los argumentos de la mayoría del Tribunal Constitucional, "se evidencia que son incomprendidos los términos del artículo 62 de la Convención Americana de Derechos Humanos, por cuanto se confunde lo que es un tratado internacional con un acto unilateral" (párr. 4.2.5), concluyendo, también con razón, que "resulta ostensible que el acto jurídico a través del cual República Dominica aceptó la competencia contenciosa de la Corte no tenía que ser refrendado por el Poder Legislativo, ya que el referido documento no es un tratado o convención internacional," (párr. 4.2.8).[1063]

Finalmente, en forma contradictoria, pero como cuestión de principio, el Tribunal declaró compartir en su sentencia, "los postulados, principios, normas, valores y derechos de la Convención Americana de Derechos Humanos," precisando "que seguirán siendo normalmente aplicados, respetados y tomados en consideración por nuestra jurisdicción," aclarando que "El Estado dominicano siempre tiene la potestad, en el respeto de los debidos procedimientos constitucionales, de adherirse a cualquier instrumento de cooperación, de integración regional, o de protección de

---

1063 Véase en http://www.tribunalconstitucional.gob.do/sites/default/files/documentos/Sentencia%20TC%200256-14%20%20%20%20C.pdf.

los derechos fundamentales." O sea que el Tribunal Constitucional con su sentencia, efectivamente pretendió desligar totalmente al Estado dominicano de la jurisdicción de la Corte Interamericana, informándole a los Poderes públicos que el Estado sin embargo podría adherirse a la misma cumpliendo con los procedimientos constitucionales; ignorando globalmente que para que un Estado pueda sustraerse de la competencia de la Corte Interamericana, como hemos dicho, debe denunciar la Convención Americana.

Esta lamentable decisión del Tribunal Constitucional de la República Dominicana de desligar al Estado dominicano de la jurisdicción de la Corte Interamericana, no pasaría de ser una decisión aislada de un Juez Constitucional interpretando erradamente la naturaleza de las obligaciones internacionales contraídas válidamente por un Estado al aprobar y ratificar la Convención Americana de Derechos Humanos, si no se la ubica en un proceso político constitucional conducido en buena parte por el Juez Constitucional para desconocer no sólo las obligaciones en materia de protección de los derechos humanos contenidas en la Convención, sino las decisiones de la Corte Interamericana de Derechos Humanos que han condenado al Estado de la República Dominicana. Con esta sentencia, a juicio del Tribunal Constitucional ya el Estado se habría desligado de la jurisdicción de la Corte Interamericana.

En ese contexto, entonces, en realidad, la sentencia no es sino la respuesta final a la sentencia de la Corte Interamericana de Derechos Humanos dictada en el caso *Personas dominicanas y haitianas expulsadas vs. República Dominicana* (Excepciones Preliminares, Fondo, Reparaciones y Costas) de 28 de agosto de 2014,[1064] caso que se había iniciado con motivo de denuncias formuladas ante la Comisión Interamericana de Derechos Humanos por un conjunto de organizaciones, familias y personas sobre la existencia de un contexto de discriminación de la población haitiana y de ascendencia haitiana en República Dominicana, consistentes en prácticas de expulsiones colectivas y, respecto de personas de ascendencia haitiana que hubieran nacido en territorio dominicano y la denegación de la nacionalidad y del acceso a documentación de identificación personal de dichas personas, en las cuales se denunció la violación de sus derechos al reconocimiento de la personalidad jurídica, a la integridad personal, a la libertad personal, a las garantías judiciales, a la protección a la familia, del niño, a la nacionalidad, a la propiedad privada a la circulación y de residencia, a la igualdad ante la ley, y a la protección judicial consagrados en los artículos 3, 5, 7, 8, 17, 19, 20, 21, 21.1, 22.5, 22.9, 24, y 25 de la Convención.

Uno de los puntos en discusión con ocasión de esa política discriminatoria era la previsión constitucional inserta en las Constituciones anteriores (art. 11.1) atribuyendo la nacionalidad originaria *ius soli*, a los nacidos en territorio de la República dominicana con excepción de los hijos de funcionarios diplomáticos o de quienes estuviesen "en tránsito" en el territorio; la previsión de la Ley N° 285-04, General de Migración, de 27 de agosto de 2004 (art. 36.10 que disponía que "los no residentes son considerados personas en tránsito, para los fines de la aplicación del artículo 11 de la Constitución," lo que implicaba que los haitianos que no tuviesen legalmente la condición de residentes (los indocumentados por ejemplo), al ser considerados en tránsito, sus hijos nacidos en República Dominicana no tenían derecho a la nacionalidad dominicana.

---

1064 Véase en: http://corteidh.or.cr/docs/casos/articulos/seriec_282_esp.pdf.

El tema ya había sido resuelto por la antigua Suprema Corte de Justicia, actuando como Juez Constitucional, en una sentencia de 14 de diciembre de 2005 en la cual había establecido que:

> "cuando la Constitución [1994] en el párrafo 1 de su artículo 11 excluye a los hijos legítimos de los extranjeros residentes en el país en representación diplomática o los que están de tránsito en él para adquirir la nacionalidad dominicana por jus soli, esto supone que estas personas, las de tránsito, han sido de algún modo autorizadas a entrar y permanecer por un determinado tiempo en el país; que si en esta circunstancia, evidentemente legitimada, una extranjera alumbra en el territorio nacional, su hijo (a), por mandato de la misma Constitución, no nace dominicano; que, con mayor razón, no puede serlo el hijo (a) de la madre extranjera que al momento de dar a luz se encuentra en una situación irregular y, por tanto, no puede justificar su entrada y permanencia en la República Dominicana."

La Constitución de 2010, a los efectos de precisar esta excepción al régimen de la nacionalidad *ius soli*, regulo expresamente el tema de los hijos de no residentes y de los que se encontraren en situación irregular en el territorio, estableciendo específicamente con rango constitucional que son dominicanos las personas nacidas en territorio nacional, con excepción de los hijos de extranjeros "que se hallen en tránsito o residan ilegalmente en territorio dominicano," remitiendo a la ley para la definición de los extranjeros "en tránsito." a toda extranjera o extranjero definido como tal en las leyes dominicanas". Después de sancionada la Constitución, se dictó el Reglamento Nº 631-11 de 2011 el cual dispuso que para los fines de aplicación de la Ley General de Migración, se consideraban como "personas en tránsito" los extranjeros no residentes y los "que ingresen o hayan ingresado y que residan o hayan residido en territorio dominicano sin un estatus migratorio legal al amparo de las leyes migratorias" (art. 68).

Posteriormente, el propio Tribunal Constitucional en la sentencia TC/0168/13 de 23 de septiembre de 2013,[1065] reiteró lo que había antes expresado la antigua Corte Suprema en la señalada sentencia 14 de diciembre de 2005 en el sentido de considerar como "extranjeros en tránsito," a los que se encuentren en "situación migratoria irregular," es decir, "los extranjeros que permanecen en el país careciendo de permiso de residencia legal o que hayan penetrado ilegalmente en el mismo," que por ello " violan las leyes nacionales." En relación con esos extranjeros, el Tribunal decidió que "no podrían invocar que sus hijos nacidos en el país tienen derecho a obtener la nacionalidad dominicana al amparo del precitado artículo 11.1 de la Constitución de 1966, en vista de que resulta jurídicamente inadmisible fundar el nacimiento de un derecho a partir de una situación ilícita de hecho

Conforme a estas interpretaciones jurisprudenciales, el criterio del Juez Constitucional en la República Dominicana es que las personas cuyos padres son personas extranjeras que residen en forma irregular en territorio dominicano no pueden adquirir la nacionalidad dominicana.

---

1065 Véase en http://www.tribunalconstitucional.gob.do/sites/default/files/documentos/Sentencia%20TC%200256-14%20%20%20%20C.pdf.

Contra este criterio, sin embargo, la propia Corte Interamericana de Derechos Humanos había estableciendo en la sentencia dictada en el *Caso de las Niñas Yean y Bosico vs. República Dominicana* (Demanda de Interpretación de la Sentencia de Excepciones Preliminares, Fondo, Reparaciones y Costas) de 23 de noviembre de 2006,[1066] que "la condición del nacimiento en el territorio del Estado es la única a ser demostrada para la adquisición de la nacionalidad, en lo que se refiere a personas que no tendrían derecho a otra nacionalidad, si no adquieren la del Estado en donde nacieron."

Consecuente con este criterio, en la sentencia de la Corte Interamericana dictada en el caso *Personas dominicanas y haitianas expulsadas vs. República Dominicana* sentencia de 28 de agosto de 2014, la misma concluyó que la negación estatal del derecho de las presuntas víctimas a la nacionalidad dominicana conlleva una vulneración arbitraria de ese derecho, así como también, al derecho al reconocimiento de su personalidad jurídica, al derecho al nombre y al derecho a la identidad, y en relación con los menores, la violación del derecho del niño.

Adicionalmente, la Corte Interamericana, dado que en el curso del proceso se había dictado la antes mencionada sentencia TC/0168/13 del Tribunal Constitucional, al analizar dicha sentencia la Corte Interamericana precisó que si bien no se aplicaba a las víctimas, apreció que la misma ordenó "una política general de revisión [del Registro Civil] desde 1929 a efectos de detectar 'extranjeros irregularmente inscritos' (párr. 310), lo cual sí consideró que podía afectar el goce del derecho a la nacionalidad" de algunas de las víctimas en el caso; a cuyo efecto precisó que todos los órganos del Estado, incluidos los jueces, y el propio Tribunal Constitucional, están sometidos a las disposiciones de la Convención y deben velar porque no se vean mermadas por la aplicación de normas contrarias a su objeto y fin, estando incluso en la "obligación de ejercer *ex officio* un "control de convencionalidad" entre las normas internas y la Convención Americana" (párr. 311).

Sin embargo, el Tribunal Constitucional, lejos de ejercer ese control, como lo constató la Corte Interamericana, dispuso una política general de efectos retroactivos que dicha Corte Interamericana consideró que lesionó los derechos de las víctimas, ya que la situación de los padres en cuanto a la regularidad o irregularidad migratoria no puede afectar los derechos de las personas nacidas en territorio dominicano que son hijas de extranjeros, es decir, que la "diferenciación entre la situación de los padres, en sí misma, no resulta una explicación de la motivación o finalidad de la diferencia de trato entre personas que nacieron en el territorio dominicano" (párr. 317).

De ello concluyó la Corte Interamericana ratificando lo dicho en su Sentencia sobre el *Caso de las Niñas Yean y Bosico vs. República Dominicana*, en el sentido de que "el estatus migratorio de una persona no se transmite a sus hijos" (párr. 318). En definitiva, resolvió la Corte Interamericana que la introducción del criterio de la situación de estancia irregular de los padres como una excepción a la adquisición de la nacionalidad en virtud del *ius solis*, "termina por revelarse discriminatorio como tal en República Dominicana," contra la población dominicana de ascendencia haitiana" (párr. 318) violatorio del derecho a la igualdad ante la ley reconocido en el artículo 24 de la Convención.

---

1066 Véase en http://www.corteidh.or.cr/docs/casos/articulos/seriec_156_esp.pdf.

La Corte Interamericana en su sentencia también consideró las previsiones de la Ley N° 169-14 de 23 de mayo de 2014, presentada por el Estado como hecho superviniente, y que tenía por base lo establecido en la sentencia antes mencionada del Tribunal Constitucional TC/0168/13, en el sentido de pretender regularizar las "actas del estado civil," distinguiendo "la situación de ciertas personas inscritas en el Registro Civil de otras que no lo están," y partiendo de "de considerar extranjeras a las personas nacidas en territorio dominicano que sean hijas de extranjeros en situación irregular," lo que a juicio de la Corte Interamericana "aplicado a personas que nacieron antes de la reforma constitucional de 2010, implica en los hechos, una privación retroactiva de la nacionalidad que, en relación con presuntas víctimas del presente caso, ya se determinó contrario a la Convención" (párr. 323), concluyendo en considerar que "la Ley N° 169-14 implica un obstáculo a la plena vigencia del derecho a la nacionalidad de las víctimas" (párr. 324).

Concluyó entonces la Corte Interamericana en relación con la sentencia del Tribunal Constitucional, afirmando que:

> "dados sus alcances generales, constituye una medida que incumple con el deber de adoptar disposiciones de derecho interno, normado en el artículo 2 de la Convención Americana, en relación con los derechos al reconocimiento de la personalidad jurídica, al nombre y a la nacionalidad reconocidos en los artículos 3, 18 y 20, respectivamente, del mismo Tratado, y en relación con tales derechos, el derecho a la identidad, así como el derecho a la igual protección de la ley reconocido en el artículo 24 de la Convención Americana; todo ello en relación con el incumplimiento de las obligaciones establecidas en el artículo 1.1 del mismo tratado" (párr. 325).

Y ello lo reiteró en las medidas resolutorias de la sentencia al declarar que:

> "El Estado incumplió, respecto de la sentencia TC/0168/13, su deber de adoptar disposiciones de derecho interno, establecido en el artículo 2 de la Convención Americana sobre Derechos Humanos, en relación con los derechos al reconocimiento de la personalidad jurídica, al nombre y la nacionalidad, así como en relación con tales derechos, el derecho a la identidad, y el derecho a la igualdad ante la ley, reconocidos en los artículos 3, 18, 20 y 24 de la Convención, en relación con el incumplimiento de las obligaciones establecidas en el artículo 1.1 de la Convención." (párr. 512.10)

La consecuencia de la sentencia de la Corte Interamericana fue la imposición al Estado de dictar una serie de medidas de reparación  en plazos determinados, por ejemplo para asegurar a las víctimas que puedan contar con la documentación necesaria para acreditar su identidad y nacionalidad dominicana, debiendo, si fuera necesario, proceder al reemplazo o restitución de documentación, así como proceder a cualquier otra acción que sea necesaria a efectos de cumplir lo dispuesto, en forma gratuita (párr. 452). Además, la sentencia impuso al Estado la obligación de realizar una "revisión de la legislación interna sobre inscripción y otorgamiento de nacionalidad de personas de ascendencia haitiana nacidas en territorio dominicano, y la derogación de aquellas disposiciones que de manera directa o indirecta tengan un impacto Discriminatorio basado en las características raciales o el origen nacional, teniendo en cuenta el principio de *ius soli* receptado por el Estado, la obligación estatal de prevenir la apatridia y los estándares internacionales del derecho Internacional de los derechos humanos aplicables" (párr 466).

Igualmente la Corte Interamericana , impuso al Estado, de acuerdo con la obligación establecida por el artículo 2 de la Convención Americana, la adopción en un plazo razonable, de "las medidas necesarias para dejar sin efecto toda norma de cualquier naturaleza, sea ésta constitucional, legal, reglamentaria o administrativa, así como toda práctica, decisión o interpretación, que establezca o tenga por efecto que la estancia irregular de los padres extranjeros motive la negación de la nacionalidad dominicana a las personas nacidas en el territorio de República Dominicana, por resultar tales normas, prácticas, decisiones o interpretaciones contrarias a la Convención Americana (párr. 496).

Por último, para evitar que se repitan hechos como los del caso decidido, la Corte Interamericana dispuso que "el Estado adopte, en un plazo razonable, las medidas legislativas, inclusive, si fuera necesario, constitucionales, administrativas y de cualquier otra índole que sean necesarias para regular un procedimiento de inscripción de nacimiento que debe ser accesible y sencillo, de modo de asegurar que todas las personas nacidas en su territorio puedan ser inscritas inmediatamente después de su nacimiento independientemente de su ascendencia u origen y de la situación migratoria de los padres" (párr. 496).

Como se puede apreciar de la sentencia de la Corte Interamericana de Derechos Humanos de 28 de agosto de 2014, al condenar al Estado de la república Dominicana por violaciones a los derechos constitucionales de las víctimas, todas descendientes de haitianos, al reconocimiento de la personalidad jurídica, a la integridad personal, a la libertad personal, a las garantías judiciales, a la protección a la familia, del niño, a la nacionalidad, a la propiedad privada a la circulación y de residencia, a la igualdad ante la ley, en particular consideró que entre otros había sido el Tribunal Constitucional uno de los responsables de tales violaciones, y objeto, por tanto, de las obligaciones impuestas por la Corte Interamericana a los órganos del Estado.

Lamentablemente, en lugar de acatar lo resuelto por la Corte Interamericana, en los términos de las obligaciones establecidas en la Convención Americana sobre Derechos Humanos, lo que era el primer deber de un Estado miembro y de sus órganos, lo que ha ocurrido es, *primero*, que el propio gobierno de la República Dominicana haya emitido al mes siguiente un Pronunciamiento con fecha 23 de octubre de 2014, rechazando la sentencia de la Corte Interamericana de fecha 28 de octubre, todo ello en un contexto de falta de cumplimiento por el Estado de sus obligaciones convencionales; y *segundo*, que el Juez Constitucional, es decir, el Tribunal Constitucional de la República Dominicana, con su sentencia TC/0256/14 de fecha 4 de noviembre de 2014, haya declarar la inconstitucionalidad de la decisión del Presidente de la República de 1999, adoptada conforme se establece en el artículo 65 de la Convención Americana sobre Derechos Humanos, mediante la cual se había reconocido "como obligatoria de pleno derecho y sin convención especial la competencia de la Corte IDH sobre todos los casos relativos a la interpretación o aplicación de la Convención Interamericana sobre Derechos Humanos.

Frente a ello, por ejemplo, la Comisión Interamericana de Derechos Humanos emitiera un "Comunicado de prensa 130/14" con fecha 6 de noviembre de 2014,[1067]

1067 Véase en http://www.oas.org/es/cidh/prensa/comunicados/2014/130.asp.

condenando la sentencia del Tribunal Constitucional de República Dominicana dictada dos días antes, considerando que la misma "no encuentra sustento alguno en el derecho internacional, por lo cual no puede tener efectos," particularmente invocando los principios de buena fe y *estoppel*, indicando que conforme a este último "un Estado que ha adoptado una determinada posición, la cual produce efectos jurídicos, no puede luego asumir otra conducta que sea contradictoria con la primera y que cambie el estado de cosas en base al cual se guio la otra parte." Sobre esto mismo, en su "Voto Disidente" a la sentencia del Tribunal Constitucional, el magistrado Hermógenes Acosta de los Santos, hizo un extenso análisis sobre el "comportamiento asumido por los poderes del Estado, incluyendo al propio Poder Legislativo" respecto al hecho de que la "aceptación de la competencia de la Corte Interamericana se hizo de manera regular," lo que en su criterio "no dejan dudas" de tal aceptación (párr.21), refiriéndose además a los efectos de la doctrina del *estoppel*, indicando que la misma "es perfectamente aplicable en la especie, en razón de que al declarar contrario a la Constitución el instrumento de aceptación de la competencia de la Corte Interamericana se pretende ejercer una facultad que contradice el comportamiento asumido por el Estado dominicano durante 15 años"(párr.. 30). En el mismo sentido, la magistrada Katia Miguelina Jiménez Martínezo, en su "Voto Disidente" a la sentencia, expresó además de destacar el principio de la no contradicción del acto propio (*venire contra factum proprium non valet*), y su coincidencia con la doctrina del *estoppel*, (párr.. 4.4.2) expresó que "como lo establece el artículo 45 de la Convención de Viena de Derechos de los Tratados, el Estado dominicano no puede alegar la nulidad de dicho acto jurídico unilateral no autónomo, luego de haber manifestado durante quince años, la validez del acto en cuestión,"(párr.. 4.1.14) sobre lo cual detalló exhaustivamente en su Voto Disidente. [1068]

Sobre esto mismo, en su Nota de Prensa del 5 de noviembre de 2014, la Comisión Interamericana de Derechos Humanos constató que

> "durante los más de 15 años en que ha estado en vigencia la aceptación de la competencia de la CorteIDH, República Dominicana ha actuado en las medidas provisionales y casos contenciosos sometidos a la CorteIDH por violaciones a la Convención Americana que ocurrieron o continuaron ocurriendo con posterioridad al 25 de marzo de 1999."

La Comisión también consideró que "tampoco existe base en el derecho internacional para entender que la sentencia del Tribunal Constitucional puede tener efectos en el futuro" pues "la Convención Americana no establece la posibilidad de que un Estado que continúa siendo parte del Tratado se desvincule de la competencia de la Corte Interamericana," tal como ha sido interpretado por la propia Corte interamericana.

La Comisión Interamericana en el mencionado Comunicado de Prensa también se refirió al mencionado Pronunciamiento del Gobierno dominicano de 23 de octubre de 2014, rechazando la sentencia de la Corte Interamericana de Derechos Humanos de 28 de agosto de 2014, en el caso de *Personas Dominicanas y Haitianas*

---

1068 Véase en http://www.tribunalconstitucional.gob.do/sites/default/files/documentos/Sentencia%20TC%200256-14%20%20%20%20C.pdf.

*Expulsadas vs. República Dominicana*, expresando su profunda preocupación por ello, indicando que:

> "El rechazo del Gobierno dominicano a la sentencia del 28 de agosto tuvo lugar en un contexto de falta de cumplimiento por parte de República Dominicana con varias decisiones del sistema interamericano, en especial en lo relativo a las violaciones a los derechos humanos que resultan de la situación de discriminación estructural contra las personas de ascendencia haitiana que viven en el país. El Estado dominicano expresa en el mismo pronunciamiento su compromiso con el Sistema Interamericano. Sin embargo, al desconocer sus obligaciones en materia de derechos humanos, voluntariamente contraídas a través de decisiones y acciones soberanas, el Estado dominicano contradice el compromiso expresado. Este tipo de acciones socava la protección que las personas sujetas a la jurisdicción del Estado dominicano tienen ante instancias internacionales de protección de los derechos humanos.

En todo caso, desde el punto de vista jurídico, la respuesta del Tribunal Constitucional a la decisión de la Corte Interamericana de agosto de 2014, ha sido, como se ha dicho, pretender desligar al Estado dominicano de la jurisdicción de la misma, lo que no es posible sin la denuncia de la Convención Americana, para lo que no tiene competencia constitucional, todo lo cual lo que ha originado es más dudas sobre su implementación y efectos. Como lo ha observado Eduardo Jorge Prats:

> "La única manera para desvincularse de la competencia de la Corte, es la denuncia de la Convención Americana sobre Derechos Humanos (CADH) como un todo. Pero para ello, se requiere una reforma constitucional que efectivamente nos desvincule del sistema de protección interamericano de derechos humanos, pues la Constitución constitucionaliza la CADH en el artículo 74.3. Por lo tanto, la decisión de nuestros jueces constitucionales especializados no producirá ningún efecto sobre la competencia contenciosa de la Corte IDH. La Corte continuará conociendo los casos que se presenten contra República Dominicana. Así las cosas, si el Estado dominicano no cumple con las decisiones emitidas por la Corte IDH, ello acarrearía su responsabilidad internacional."[1069]

Ahora bien, al dictar la sentencia declarando la inconstitucionalidad del acto ejecutivo de la aceptación de la jurisdicción de la Corte Interamericana, podría considerarse que al declarar su nulidad pleno derecho, ello técnicamente implicaría que siendo la adhesión nula, entonces el Estado supuestamente nunca habría aceptado la adhesión. Eso implicaría entonces que la sentencia tendría entonces efectos *ex tunc,* o retroactivos. Para ello, sin embargo, el Tribunal, conforme al artículo 48 de la Ley Orgánica del Tribunal Constitucional y de los Procesos Constitucionales de 2011, tendría que haber reconocido y graduado "excepcionalmente, de modo retroactivo, los efectos de sus decisiones de acuerdo a las exigencias del caso," lo que no hizo. En consecuencia lo que se aplica respecto de los efectos temporales de la sentencia es que la misma tiene efectos hacia el futuro, es decir, "a partir de la publicación de la sentencia," o como lo precisa el mismo artículo 48 de la Ley Orgánica, produce efectos inmediatos y para el porvenir," lo que implica que la sentencia de la Corte

---

1069 Véase Eduardo Jorge Prats, "La vergüenza," en *Hoy digital*, Santo Domingo, 6 de noviembre de 2014, en http://hoy.com.do/la-verguenza-2/autor/eduardo-jorge-prats/

Interamericana dictada en el caso *Personas dominicanas y haitianas expulsadas vs. República Dominicana* de 28 de agosto de 2014, sigue constituyendo una obligación internacional que el Estado de la República Dominicana está obligado a cumplir.

En todo caso, sin embargo, la sentencia del Tribunal Constitucional de la República Dominicana de noviembre de 2014, al pretender desligar al Estado de la jurisdicción de la Corte Interamericana, se une a la línea de las sentencias del Tribunal Superior Militar del Perú en 1999 y de la sala Constitucional del Tribunal Supremo de Venezuela de 2008 y 2011, de desconocer las sentencias de la Corte Interamericana de Derechos Humanos y propugnar la denuncia de la Convención, como un capítulo más de la patología de la justicia constitucional en el continente.

## A MANERA DE CONCLUSIÓN:

## EL JUEZ CONSTITUCIONAL COMO GUARDIÁN DE LA CONSTITUCIÓN, Y EL PROBLEMA DEL CONTROL DEL GUARDIÁN

Si las Constituciones son normas jurídicas efectivas que prevalecen en el proceso político, en la vida social y económica del país, y que sustentan la validez de todo el orden jurídico, la solución institucional para preservar su vigencia y la libertad, está precisamente en establecer a los Jueces Constitucionales como comisarios del poder constituyente y guardianes de la Constitución, cuyas decisiones tienen que ser obligatorias y vinculantes para todos. Nada se lograría con establecer una Jurisdicción Constitucional si los órganos del propio Estado pudieran escaparse de acatar las decisiones del juez constitucional, lo que no debe ocurrir, ni siquiera alegando una supuesta voluntad popular expresada en elecciones parlamentarias o presidenciales.

Ya en la primera parte nos referimos al conflicto o dilema entre supremacía constitucional y soberanía popular que el juez constitucional tiene que dilucidar. La misma problemática se presenta, por ejemplo, como ocurrió en Egipto a comienzos de julio de 2012, al plantearse el dilema entre resultados electorales y apoyo popular al Poder Ejecutivo, como argumento para justificar el desacato a lo decidido por un Juez Constitucional, el cual por supuesto no tiene origen electoral,[1070] lo que no es

---

1070 El proceso constitucional en Egipto, luego de la sustitución del Presidente Mubarak por un Consejo Supremo de las Fuerzas Armadas -las cuales, en realidad, habían estado gobernando el país y conduciendo el Estado desde el derrocamiento del Presidente Nasser, teniendo durante las últimas décadas a Mubarak en la cabeza, de manera que luego de su sustitución han seguido gobernando y manejando el Estado-, como es sabido, los militares lograron su objetivo de establecer unas reglas constitucionales de facto a su medida que fueron las que condujeron al supuesto "proceso de transición" hacia la democracia, impidiendo en todo caso el desarrollo -como inicialmente se había prometido y pensado- de un proceso constituyente plural para dotar a Egipto de una nueva Constitución, de manera que luego, conforme a sus disposiciones se pasara a elegir a los nuevos gobernantes. La consecuencia de ello fue que en el marco de las reglas constitucionales fijadas por los militares -que atribuían amplias potestades legislativas y ejecutivas al Consejo Supremo- se procedió a elegir un Parlamento en un proceso electoral que concluyó en enero de 2012, integrado con una mayoría de candidatos de la Hermandad Musulmana. Se previó luego la realización de la elección presidencial, la cual después del cuestionamiento judicial de diversas candidaturas, a finales de junio de 2012 se realizó, habiendo resultado electo Mohamed Morsi como Presidente, candidato de la Hermandad Musulmana. Días antes de la elección presidencial, sin otra cosa que el viejo tema de la llamada "legitimidad democrática" del juez constitucional.[1071]

Sea cual sea la solución de esos dilemas, lo cierto es que para que un Juez Constitucional tenga sentido, sus decisiones tienen que ser acatadas, siempre que por supuesto se atenga a lo establecido en la Constitución, debiendo el juez constitucional asegurar que todos los órganos del Estado la acaten. Para ello, por supuesto, la premisa esencial es que el Juez Constitucional es el primero que tiene que adaptarse y

---

embargo, la Corte Constitucional de Egipto en decisión de 14 de junio de 2012, había declarado nula parte de la ley conforme a la cual se había efectuado la elección de numerosos diputados al Parlamento, por lo cual antes de que se eligiera a Morsi como Presidente, el Consejo Superior de las Fuerzas Armadas ya había decidido disolver el Parlamento. El Consejo Superior, además, estableció nuevas reglas constitucionales restringiendo las competencias del nuevo Presidente a ser electo, particularmente en materia presupuestaria, política exterior, seguridad y defensa. Entre las primeras decisiones del nuevo Presidente adoptada el 8 de julio de 2012, fue la de convocar al disuelto Parlamento a que se reuniera, disponiendo que el mismo estaría en funciones hasta que se eligiera un nuevo Parlamento de acuerdo con la nueva Constitución que se adoptase, cuando ello ocurriera. La Corte Constitucional decidió el 9 de julio que su decisión del 14 de julio era obligatoria e irrevisable, suspendiendo los efectos del decreto del Presidente Morsi; y la Hermandad Musulmana argumentó que la decisión del Presidente Morsi no intentaba desconocer lo decidido por la Corte Constitucional, sino lo decidido por el Consejo Superior de las Fuerzas Armadas al ejecutarla, alegando tener los mismos poderes ejecutivos. Esa decisión del Consejo Superior, por lo demás, fue impugnada ante la Corte Contencioso Administrativo. En todo caso, el Parlamento reconvocado se reunió brevemente el 11 de julio de 2012, para votar que se "apelara" la decisión de la Corte Constitucional, no sólo ante la Corte de Casación sino ante la propia Corte Constitucional, lo cual fue rechazado el mismo día, emitiendo una nueva decisión reforzando la anterior, y amenazando al propio Presidente con desacato si continuaba desconociendo la sentencia. Ese era el estado del conflicto constitucional en 15 de julio de 2012. Había sin duda un grave dilema entre las partes electas y no electas del Estado, entre la Hermandad Musulmana que clama por legitimidad democrática y la estructura del Estado que venía del control por los militares; como lo planteó un portavoz del partido de la Hermandad Musulmana: "El juego es tan simple como esto: Debe el Poder legislativo estar en manos de 508 personas electas por 30 millones de egipcios o en manos de 19 generales nombrados por Mubarack" (Véase Matt Braddley, "Egypt's High Court Blocks Parliament," *The Wall Street Jornal*, July 11, 2012, p. A9); expresando en fin que "El decreto de Morsi expresa la voluntad de 30 millones de egipcios" (Kareem Fahim, "Egypt's Military and President Escalate Their Power Struggle," en *The New York Times*, July 10, 2012, pp. A1 y A7). La trágica realidad política fue que un año después, se impusieron los "19 generales" sobre los 30 milones de egipcios, con el general Abdel Fatah al-Sissi, Ministro de la Defensa del Presidente Morsi, a la cabeza, deponiéndolo y apresándolo. Véase Abigail Hauslohner, William Booth y Sharaf al-Hourani, "Egyptian military ousts Morsi, suspends constitution,"en *The Washington Post*, Washington, 3 de julio de 2013, en http://www.washingtonpost.com/world/egypts-morsi-defiant-under-pressure-as-deadline-looms/2013/07/03/28fda81c-e39d-11e2-80eb-3145e2994a55_story.html. La realidad fue que los militares nunca dejaron de controlar al Estado, habiendo sido posteriormente electo al-Sissi como Presidente de Egipto.

1071 Véase por todos, Mauro Cappelletti, "El formidable problema del control judicial y la contribución del análisis comparado," en *Revista de Estudios Políticos*, N° 13, Madrid 1980, p. 61-103.

seguir lo que el texto fundamental establece, debiendo someterse a su normativa, estándole vedado mutarla.

Es decir, como guardián de la Constitución, y como sucede en cualquier Estado de derecho, el sometimiento del tribunal constitucional a la Constitución es una preposición absolutamente sobreentendida y no sujeta a discusión, ya que sería inconcebible que el juez constitucional pueda violar la Constitución que está llamado a aplicar y garantizar.

Sin embargo, para garantizar que ello no ocurra, otra garantía adicional debe establecerse en todos los sistemas jurídicos, -y he aquí otro de los grandes retos de la justicia constitucional- y es que el Juez Constitucional debe gozar de absoluta independencia y autonomía frente a todos los poderes del Estado, pues un tribunal constitucional sujeto a la voluntad del poder, en lugar de ser el guardián de la Constitución se convierte en el instrumento más atroz del autoritarismo.

El mejor sistema de justicia constitucional, por tanto, en manos de un juez sometido al poder, es letra muerta para los individuos y es un instrumento para el fraude a la Constitución. Por ello, para garantizar esa autonomía e independencia, en todas las Constituciones donde se han establecido sistemas de justicia constitucional, se han dispuesto, entre otros aspectos, mecanismos tendientes a lograr una elección de los miembros o magistrados de los tribunales, de manera de neutralizar las influencias políticas no deseadas en una democracia.[1072] Con ello se busca asegurar, por la forma de selección de sus integrantes, que los poderes atribuidos a un órgano estatal de esta naturaleza quien no tiene quien lo controle, no sean distorsionados y abusados. La pregunta, en todo caso, en este campo de los Jueces Constitucionales, *Quis custodies ipso custodiem*? siempre hay que hacerla, aunque no tenga respuesta.[1073] Ello es importante, porque lo cierto es que no hay quien pueda controlarlos, pues la estructura del Estado de Derecho lo impide.

Por ello no tiene sentido jurídico alguno lo que ha ocurrido a mitades de 2012, luego de que la Sala Constitucional de la Corte Suprema de Justicia de El Salvador decidiera mediante sentencias N° 19-2012 y 23-2012 de 5 de junio de 2012, declarar la inconstitucionalidad de la elección de Magistrados de la Corte Suprema de Justi-

---

1072 Véase Allan R. Brewer-Carías, "The Question of Legitimacy: How to choose the Supreme Court Judges", en Ingolf Pernice, Julianne Kokott, Cheryl Sauders (eds), *The Future of the European Judicial System in Comparative Perspective. 6th International ECLN Colloquium / IACL Round Table*, Berlin, 2-4 November 2005, European Constitutional Law Network Series, Vol. 6, Nomos, Berlín 2006, pp. 153-182; y Allan R. Brewer-Carías "La cuestión de legitimidad: cómo escoger los jueces de las Cortes Supremas. La doctrina europea y el contraste latinoamericano," en *Estudios sobre el Estado Constitucional (2005-2006)*. Cuadernos de la Cátedra Fundacional Allan R. Brewer Carías de Derecho Público, Universidad Católica del Táchira, N° 9, Editorial Jurídica Venezolana. Caracas, 2007, pp. 125-161.

1073 Véase Jorge Carpizo, *El Tribunal Constitucional y sus límites*, Grijley Ed., Lima 2009, pp. 44, 47, 51; Allan R. Brewer-Carías, "Quis Custodiet Ipsos Custodes: De la interpretación constitucional a la inconstitucionalidad de la interpretación", en *Revista de Derecho Público*, N° 105, Editorial Jurídica Venezolana, Caracas 2006, pp. 7-27; y en *VIII Congreso Nacional de derecho Constitucional*, Perú, Fondo Editorial 2005, Colegio de Abogados de Arequipa, Arequipa, septiembre 2005, pp. 463-489.

cia realizadas por las legislaturas 2003-2006 y 2009-2012, por violar los artículos 186 inciso 2º, 83 y 85 de la Constitución.[1074]

La mayoría de los diputados a la Asamblea Legislativa no sólo declararon públicamente que no acatarían las sentencias de la Sala Constitucional, sino que llegaron al extremo inconcebible de intentar el 14 de junio de 2012, un recurso de nulidad contra las decisiones de la Sala Constitucional por ante la Corte Centroamericana de Justicia, buscando que ésta decidiera sobre una materia, para lo cual carece totalmente de competencia. Esa Corte de Justicia regional, en efecto, sólo tiene competencia para conocer de conflictos y diferencias interpretativas relacionadas con el Derecho de Integración centroamericano, y en ningún caso tiene ni puede tener competencia para conocer de la impugnación de las decisiones de los Tribunales Constitucionales de ninguno de los Estados centroamericanos.

La Corte Centroamericana de Justicia, sin embargo, en fecha 21 de junio de 2012 admitió la insólita acción intentada, y es más, decidió suspender la eficacia de las sentencias dictadas por la Sala Constitucional, lo cual notificó a la Sala Constitucional. Los Magistrados de esta consideraron, con razón, que el fallo de la Corte de Justicia Centroamericana "representa una invasión indebida en la justicia constitucional del Estado salvadoreño y, por ello, lesiva al ordenamiento constitucional por haber ejercido competencias que no le han sido cedidas por medio del Convenio de Estatuto que la rige"[1075], y mediante sentencia Nº 23-2012 de 25 de junio de 2012 rechazaron la decisión de la Corte Regional "ya que se auto-atribuye una competencia que no respeta el orden constitucional y excede el ámbito material del Derecho de la Integración; y por violación del artículo 183 de la Constitución, en tanto que desconoce el carácter jurídicamente vinculante de la sentencia que esta Sala emitió en el presente proceso."[1076] Este es un caso que lo que nos muestra es la patología no ya de la justicia constitucional, sino de la justicia internacional cuando se pone al servicio de partidos.

En todo caso, lo cierto es que uno de los principios fundamentalísimos de la justicia constitucional, particularmente cuando se imparte por Jurisdicciones Constitucionales en cada país, es que las decisiones de los Tribunales Constitucionales no tienen ninguna otra vía de revisión: son siempre imperativas y constituyen la última palabra en el derecho interno sobre la aplicación e interpretación de la Constitución.

Por ello, la pregunta mencionada: ¿Quién custodia al custodio? No tiene respuesta, y sólo una elección sabia de los miembros de las Cortes Constitucionales, puede evitar que en determinados momentos se clame por la respuesta.

Por ello, George Jellinek decía que la única garantía del guardián de la Constitución al final radica en su "conciencia moral;"[1077] y Alexis de Tocqueville fue tan

---

1074 Véase entre otros, Cristina López, "Crónica de una crisis institucional salvadoreña con inspiración nicaragüense," 4 de julio de 2012, en http://www.elcato.org/cronica-de-una-crisis-institucional-salvadorena-con-inspiracion-nicaragueense.

1075 Véase en http://www.estrategiaynegocios.net/2012/06/26/el-salvador-sala-constitucional-frena-a-corte-de-ca/.

1076 Véase el texto de la sentencia de las quince horas del 25 de junio de 2012 en http://www.slideshare.net/eldiariodehoy/inaplicacin.

1077 Véase George Jellinek, *Ein Verfassungsgerichtshof fur Österreich*, Alfred Holder, Wien 1885, citado por Francisco Fernández Segado, "Algunas reflexiones generales en torno a preciso al observar cuando analizó la Constitución federal de los Estados Unidos que:

> "La paz, la prosperidad, y la existencia misma de la Unión están depositados en manos de siete Jueces Federales. Sin ellos, la Constitución sería letra muerta...,
>
> No solo los Jueces federales deben ser buenos ciudadanos, y hombres con la información e integridad indispensables en todo magistrado, sino que deben ser hombres de Estado, suficientemente sabios para percibir los signos de su tiempo, sin miedo para afrontar obstáculos que puedan dominarse, no lentos en poder apartarse de la corriente cuando el oleaje amenaza con barrerlos junto con la supremacía de la Unión y la obediencia debida a sus leyes.
>
> El Presidente, quien ejerce poderes limitados, puede fallar sin causar gran daño en el Estado. El Congreso puede errar sin que la Unión se destruya, porque el cuerpo electoral en el cual se origina puede provocar que se retracte en las decisiones cambiando sus miembros. Pero si la Corte Suprema alguna vez está integrada por hombres imprudentes y malos, la Unión caería en la anarquía y la guerra civil."[1078]

Esto es particularmente importante a tener en cuenta en regímenes democráticos, donde la tentación de los Jueces Constitucionales en convertirse en legisladores e incluso en poder constituyente, resquebraja el principio de la separación de poderes, pues cumplirían funciones estatales sin estar sometidos a control alguno ni del pueblo ni de otros órganos estatales. En otras palabras, la usurpación incontrolada por el juez constitucional de poderes normativos "podría transformar al guardián de la Constitución en soberano."[1079]

Y la verdad, es que lamentablemente, en muchos países, por el régimen político desarrollado o por la condición de los integrantes de los tribunales constitucionales, estos importantes instrumentos diseñados para garantizar la supremacía de la Constitución, para asegurar la protección y el respeto de los derechos fundamentales y asegurar el funcionamiento del sistema democrático, algunas veces se han convertido en un instrumento del autoritarismo, legitimando las acciones de las otras ramas del poder público contrarias a la Constitución, y en algunos casos, por propia iniciativa, en fieles servidores de quienes detentan el poder, configurándose lo que podría denominarse la "patología" de la justicia constitucional.

---

los efectos de las sentencias de inconstitucionalidad y a la relatividad de ciertas fórmulas esterotipadas vinculadas a ellas," en *Anuario Iberoamericano de Justicia Constitucional*, Centro de Estudios Políticos y Constitucionales, N° 12, 2008, Madrid 2008, p. 196.

1078 Véase Alexis de Tocqueville, *Democracy in America*, Chapter VIII "The Federal Constitution," (Trad. Henry Reeve, revisada y corregida en 1899), en http://xroads.virginia.edu/~HYPER/DETOC/1_ch08.htm Véase igualmente la referencia en Jorge Carpizo, *El Tribunal Constitucional y sus límites*, Grijley Ed., Lima 2009, pp. 46-48.

1079 Véase Francisco Fernández Segado, "Algunas reflexiones generales en torno a los efectos de las sentencias de inconstitucionalidad y a la relatividad de ciertas fórmulas esterotipadas vinculadas a ellas," en *Anuario Iberoamericano de Justicia Constitucional*, Centro de Estudios Políticos y Constitucionales, N° 12, 2008, Madrid 2008, p. 161.

La afección que la origina ocurre precisamente cuando los tribunales constitucionales asumen las funciones del legislador, o proceden a mutar[1080] la Constitución en forma ilegítima y fraudulenta, configurando un completo cuadro de "in" justicia constitucional.[1081] En una situación como esa, sin duda, todas las ventajas de la justicia constitucional como garantía de la supremacía de la Constitución se desvanecen, y la justicia constitucional pasa a convertirse en el instrumento político más letal para la violación impune de la Constitución, la destrucción del Estado de derecho y el desmantelamiento de la democracia.[1082]

Como lo reconoció la propia Sala Constitucional del Tribunal Supremo de Justicia de Venezuela en su sentencia Nº 1309/2001, en la cual consideró que "el derecho es una teoría normativa puesta al servicio de la política que subyace tras el proyecto axiológico de la Constitución," de manera que la interpretación constitucional debe comprometerse "con la mejor teoría política que subyace tras el sistema que se interpreta o se integra y con la moralidad institucional que le sirve de base axiológica (interpretatio favor Constitutione)."

Por supuesto, dicha "política que subyace tras el proyecto axiológico de la Constitución" o la "teoría política que subyace" tras el sistema que le sirve de "base axiológica," a la que se refiere el Juez Constitucional venezolano, no es la que resulta de la Constitución propia del "Estado democrático social de derecho y de justicia," que está montado sobre un sistema político de separación de poderes, democracia representativa y libertad económica; sino el que ha venido definiendo el gobierno autoritario contra la Constitución y que ha encontrado eco en las decisiones de la propia Sala Constitucional, como propia de un Estado centralizado, que niega la representatividad, montado sobre una supuesta democracia participativa controlada y de carácter socialista,[1083] declarando la Sala que los estándares que se adopten para tal interpretación constitucional "deben ser compatibles con el proyecto político de la Constitución" precisando que:

---

1080 Véase por ejemplo sobre el caso de Venezuela, Allan R. Brewer-Carías, "El juez constitucional al servicio del autoritarismo y la ilegítima mutación de la Constitución: el caso de la Sala Constitucional del Tribunal Supremo de Justicia de Venezuela (1999-2009)", en *Revista de Administración Pública,* Nº 180, Centro de Estudios Políticos y Constitucionales, Madrid 2009, pp. 383-418.

1081 Véase por ejemplo el caso en Venezuela durante la primera década del siglo XXI, en Allan R. Brewer-Carías, *Crónica de la "In" Justicia Constitucional. La Sala Constitucional y el autoritarismo en Venezuela*, Editorial Jurídica Venezolana, Caracas 2007.

1082 Véase por ejemplo, también sobre el caso de Venezuela, Allan R. Brewer-Carías, "La demolición del Estado de derecho y la destrucción de la democracia en Venezuela (1999-2009)," en José Reynoso Núñez y Herminio Sánchez de la Barquera y Arroyo (Coordinadores), *La democracia en su contexto. Estudios en homenaje a Dieter Nohlen en su septuagésimo aniversario*, Instituto de Investigaciones Jurídicas, Universidad nacional Autónoma de México, México 2009, pp. 477-517.

1083 La Sala Constitucional, incluso, ha construido la tesis de que la Constitución de 1999 ahora "privilegia los intereses colectivos sobre los particulares o individuales," habiendo supuestamente cambiado "el modelo de Estado liberal por un Estado social de derecho y de justicia" (sentencia de 5 de agosto de 2008, Nº 1265/2008, http://www.tsj.gov.ve:80/decisiones/scon/Agosto/1265-050808-05-1853.htm) cuando ello no es cierto, pues el Estado social de derecho ya estaba en la Constitución de 1961.

"no deben afectar la vigencia de dicho proyecto con elecciones interpretativas ideológicas que privilegien los derechos individuales a ultranza o que acojan la primacía del orden jurídico internacional sobre el derecho nacional en detrimento de la soberanía del Estado." (subrayados de la Sala)

Concluyó así, la Sala Constitucional afirmando que "no puede ponerse un sistema de principios supuestamente absoluto y suprahistórico por encima de la Constitución," siendo inaceptables las teorías que pretenden limitar "so pretexto de valideces universales, la soberanía y la autodeterminación nacional." Por ello, en otra sentencia N° 1265/2008 la misma Sala estableció que en caso de evidenciarse una contradicción entre la Constitución y una convención o tratado internacional, "deben prevalecer las normas constitucionales que privilegien el interés general y el bien común, debiendo aplicarse las disposiciones que privilegien los intereses colectivos [...] sobre los intereses particulares..." [1084]

La verdad es que ante estas expresiones del Juez Constitucional venezolano, pocas palabras pueden agregarse para evidenciar los enormes retos que tiene la justicia constitucional en América latina, precisamente para hacer prevalecer frente a gobiernos autoritarios, los valores democráticos universales que privilegian al individuo frente al Estado.

1084 Véase en http://www.tsj.gov.ve/decisiones/scon/Diciembre/1939-181208-2008-08-1572.html

# ÍNDICE GENERAL

www.ingramcontent.com/pod-product-compliance
Lightning Source LLC
Chambersburg PA
CBHW021022210326
41598CB00016B/885

* 9 7 8 9 8 0 3 6 5 2 7 3 9 *